桐鄉文化體育志

桐乡文化体育志编纂委员会　编

中華書局

图书在版编目(CIP)数据

桐乡文化体育志/桐乡文化体育志编纂委员会编. —北京：
中华书局,2018.6
ISBN 978-7-101-12997-7

Ⅰ.桐… Ⅱ.桐… Ⅲ.①文化事业-概况-桐乡②体育事业-
概况-桐乡 Ⅳ.①G127.553 ②G812.755.3

中国版本图书馆 CIP 数据核字(2017)第 315758 号

书　　名	桐乡文化体育志	
编　　者	桐乡文化体育志编纂委员会	
责任编辑	许旭虹	
封面题签	钱君匋	
出版发行	中华书局	
	(北京市丰台区太平桥西里 38 号　100073)	
	http://www.zhbc.com.cn	
	E-mail:zhbc@zhbc.com.cn	
印　　刷	北京市白帆印务有限公司	
版　　次	2018 年 6 月北京第 1 版	
	2018 年 6 月北京第 1 次印刷	
规　　格	开本/880×1230 毫米　1/16	
	印张 46½　插页 16　字数 1200 千字	
国际书号	ISBN 978-7-101-12997-7	
定　　价	480.00 元	

桐乡文化体育志编纂委员会

2010—2011年

主　任　杨惠良

委　员　钱少华　张建方　张　琳　全见方　褚万根　范方明

2012—2017年

主　任　吴利民

委　员　王士杰　李少毅　钟云坤　徐有林　徐玲芬　沈新方
　　　　张　琳　吴赟娇　全见方　褚万根　陈洪标　邓　雷
　　　　范方明

主　编　吴利民
总　纂　颜剑明
分　纂　朱妙学　范汉光　朱鑫浪

2014年桐乡市公共文化（体育）设施示意图

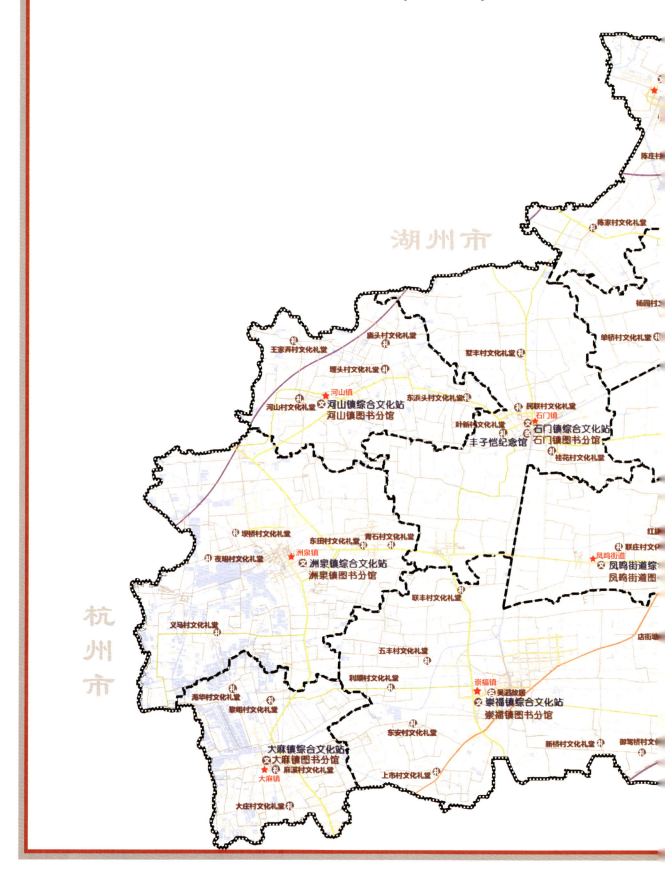

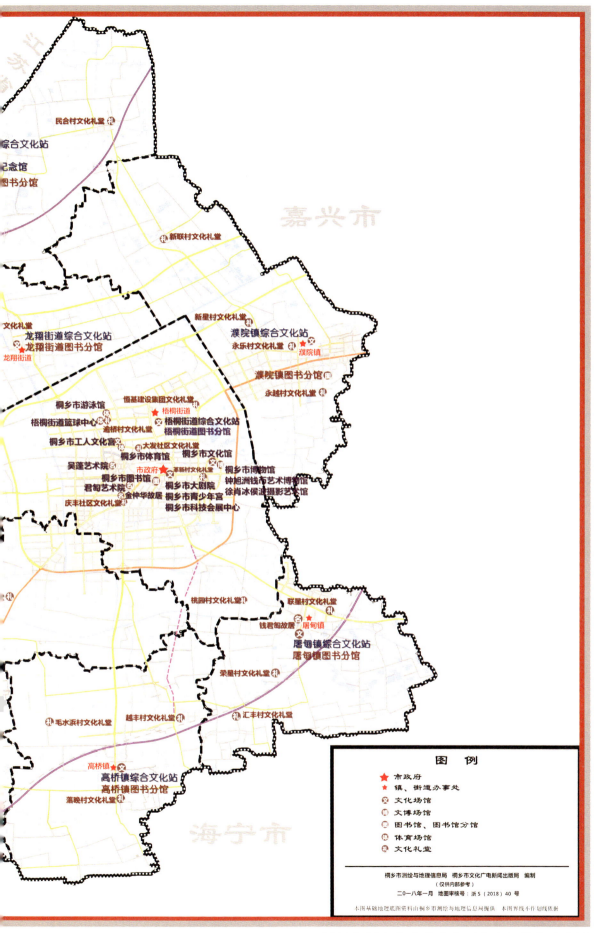

民合村文化礼堂

综合文化站

纪念馆
图书分馆

嘉兴市

新联村文化礼堂

文化礼堂
龙翔街道综合文化站
龙翔街道图书分馆
龙翔街道

新星村文化礼堂
濮院镇综合文化站
永乐村文化礼堂　濮院镇

濮院镇图书分馆

永越村文化礼堂

桐乡市游泳馆　恒基建设集团文化礼堂
梧桐街道篮球中心　梧桐街道
渝桥村文化礼堂　梧桐街道综合文化站
梧桐街道图书分馆

桐乡市工人文化宫　大发社区文化礼堂
　　　　　桐乡市体育馆　桐乡市文化馆
吴蓬艺术院　　　革新村文化礼堂
桐乡市图书馆　市政府　桐乡市博物馆
君匋艺术院　　桐乡市大剧院　钟旭洲钱币艺术博物馆
庆丰社区文化礼堂　金仲华故居　徐肖冰侯波摄影艺术馆
　　　　　桐乡市青少年宫
　　　　　桐乡市科技会展中心

桃园村文化礼堂　联星村文化礼堂

钱君匋故居　屠甸镇

屠甸镇综合文化站
屠甸镇图书分馆

荣星村文化礼堂

毛水浜村文化礼堂　越丰村文化礼堂　汇丰村文化礼堂

高桥镇　高桥镇综合文化站
高桥镇图书分馆
落晚村文化礼堂

海宁市

图　例

★ 市政府
☆ 镇、街道办事处
Ⓧ 文化场馆
Ⓜ 文博场馆
◨ 图书馆、图书馆分馆
Ⓨ 体育场馆
Ⓗ 文化礼堂

桐乡市测绘与地理信息局　桐乡市文化广电新闻出版局　编制
（仅供内部参考）
二〇一八年一月　地图审核号：浙S（2018）40号
本图基础地理底图资料由桐乡市测绘与地理信息局提供　本图界线不作划线依据

2014年桐乡市公共文化（体育）设施示意图

2014年桐乡市文物保护单位示意图

湖州市

杭州市

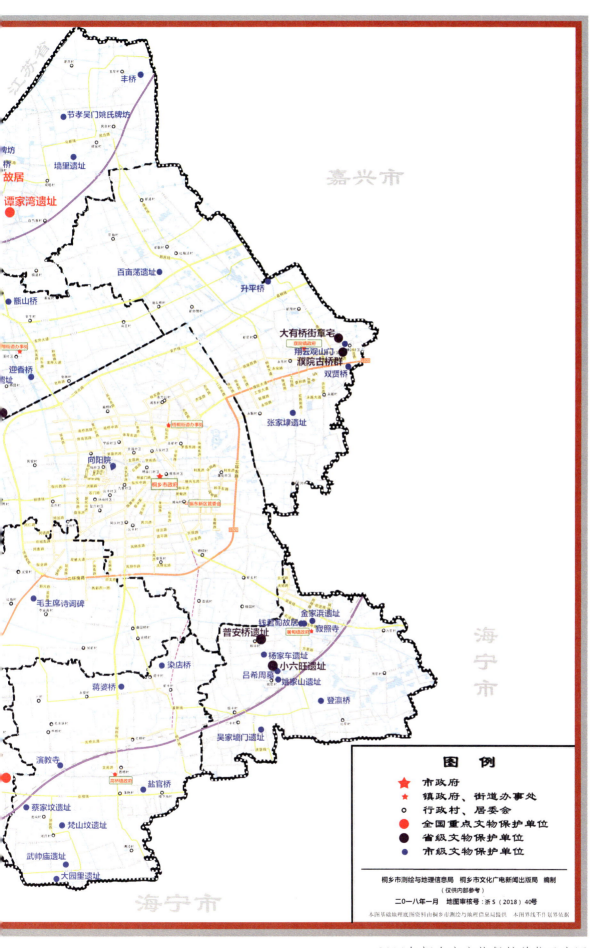

2014年桐乡市文物保护单位示意图

罗家角遗址

谭家湾遗址

新地里遗址

昭明太子读书处

崇德孔庙

立志书院

市文化中心鸟瞰

桐乡市博物馆

桐乡市文化馆

徐肖冰侯波纪念馆

钟旭洲钱币艺术博物馆

桐乡市非物质文化遗产陈列馆

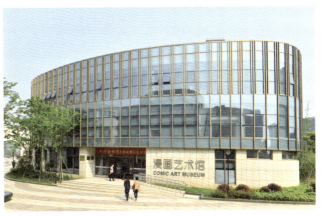

漫画艺术馆

茅盾故居

丰子恺故居

君匋艺术院

金仲华纪念馆

桐乡市图书馆（陆费逵图书馆）

屠甸镇图书分馆

桐乡大剧院（科技会展中心）

石门镇文化中心

濮院镇新港村文化礼堂

20世纪70年代的京杭大运河

乌镇桥里桥

含山轧蚕花

高杆船技

大纛旗

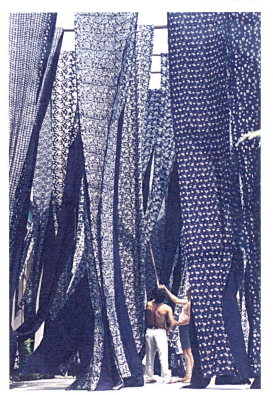

蓝印花布

第六届茅盾文学奖颁奖典礼

"子恺杯"第七届中国漫画大展

"徐肖冰杯"全国摄影大展颁奖典礼

全国新农村文化发展论坛

第三届浙江未成年人读书节在桐乡开幕

浙江省万人排舞大展演

1976年纪念毛主席畅游长江十周年游泳活动

2008年4月30日迎奥运100天健身活动

钟红燕在2008年北京奥运会上

玉琮

玉鸟

兽面纹牌饰

桐乡银锭

宋旭山水堂轴

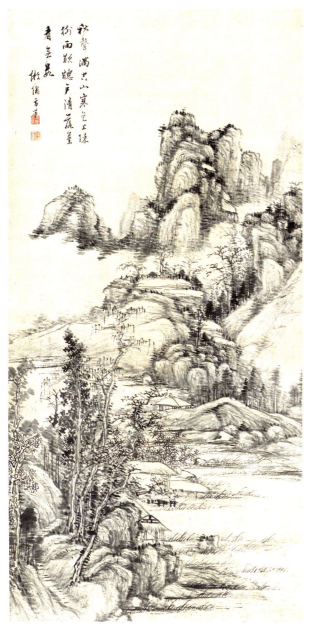

方薰山水轴　　　　　　　　　　　　　董棨花卉

至如白鹿貞松青牛文梓根枉鹽塊山崖表裏桂何事而銷之桐為而半死昔之三河徙殖九畹移根花開蓬蒻始之殿落寔雕陽之圍聲合嶰谷曲抱雲門將鴰集鳳比翼棲駕

癸未七月既望臨自南書
書田老棟臺雅正
北山沈桿

沈桿行书轴

雲林寄興頗高弘老木虛堂傍大湖曠朗不容塵隔一派山影淡迎無倪高士畫意趣越紗無義不蹇而岸高古渾厚學者不易知也
于裁仁兄鑒家壽素紙四幅雲區即擬元季四家烏振之異具形似電
己卯秋七月伯希兄指正 秋坐野航

雲林畫多平遠鳳山依側起勝不兩合而武為京北范而自武之層疊高巖著有吴松山色磅礴之氣直巨公又非平遠于筆墨非道人謂雲林生畫石隱大季將軍勾斫中來畫梧謂之減筆營即蕭開古澹自成一種逸品所以大癡老人極賣之須非傚學而能夢見此語信矣
滔再書

吴滔山水轴

严辰行书扇面

读璇卿来书云女报入股未见踊跃感
而有作

时丁过渡感余心横览中原痛不禁绝好
江山今破碎如何女界尚昏沉

医国谁谋补救方振兴女报费周章斩除
奴性成团体此后蛾眉当自强

求艾三年不惮难好凭隻手挽狂澜同胞
愤激应知感寄语休为壁上观

明珠翠羽日争妍公益轻财孰肯先我勤
红闺诸姊妹漆妆犹有买花钱

守财虏太为兔孙志原平生在饱温试问
黑龙江上惨铜山金穴几家存

祇凭笔墨话名保种忧时尽国民口说
维新无实践世间几箇热心人

贺新凉璇卿至申时将赴扬州
送子春申去好无聊做愁天气风々雨々萍

梗江湖成浪踪十事九同意作谁解得用
心良苦僕々尘劳嗟不己问今宵别后何时

聚君去也留难住临岐记取叮咛语慎风
霜客中珍重勤传鱼素闻说扬州烟景好

载酒虹桥著有几许豪游佳句劳我
蒹葭秋水感望伊人不见知何处空日断

江南路
寄呈

松筠女士 吟坛
指正　　寄尘待定稿

徐自华诗稿

改妹：七月廿日来信，昨日收到。下借我家僅有的一間客房早已有人住了，她是我爱的親戚，请来照顾我的十岁女的，甚至今年五月底就到了我校旁勤工，棚居一年。家中無人照管甘丹，阿曩早出晚歸，家只他除了星期天，难得見面，家中人少，白天只余一人在家，而亲又是行動不便（兩腿麻軟，不能站立、走一步要人扶助），身边没有傭人照甘丹了，医往親戚家但曾教甘丹C，也招呼来客，她是退休人員，又無子女，孤單，需她照管，所以肯来帮忙。你们趙来北京，今年不行，明后年再行，盖今年尚未解除地震警报。匆此即颂

健康！

鸿 八月三日

茅盾致沈德汶信札

丰子恺漫画 "红了樱桃，绿了芭蕉"

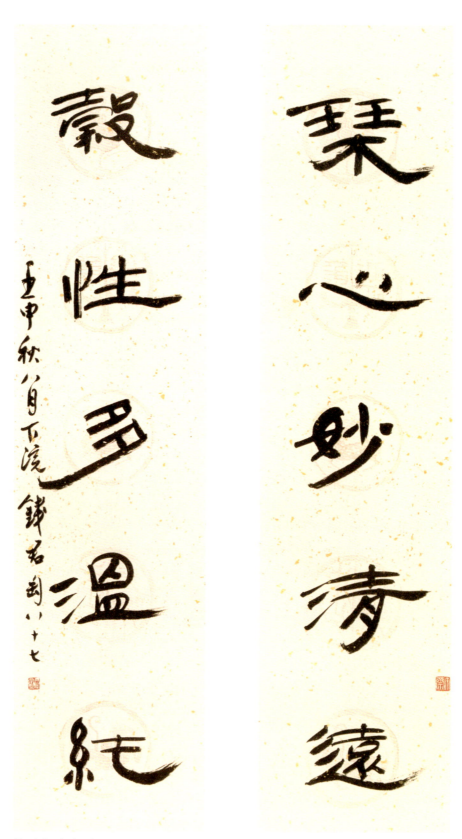

琴心妙清远

縠性多温纯

壬申秋首下浣 钱君匋八十七

钱君匋隶书联

目　录

第一章　群众文化

第二章　文　博

第三章　图　书

第四章　电　影

第五章　文化市场

第六章　非物质文化遗产

第七章　文学艺术

第八章　体　育

第九章　行政管理

第十章　党群组织

第十一章　人　物

第十二章　诗文选

序　一

　　桐乡的文化，底蕴深厚，源远流长，辉煌灿烂，新石器时代的罗家角遗址、谭家湾遗址等已列为全国文物保护单位，正在受到人们的重视和保护；桐乡籍文化界前辈的贡献，从中国文化史角度看，有的甚至影响中国文化的发展进程，崇德吕留良的思想和学术影响了几代人；炉头农学家张履祥对桐乡农业研究的贡献，至今仍是中国农业发展史上灿烂一笔；在我看来，乌镇沈雁冰这位第一个加入共产党组织的新文学作家，五四运动以后的努力，高举新文学大旗，主编《小说月报》等，推动了中国新文学运动的发展进程；石门湾出来的艺术大师丰子恺的文化贡献，无论是漫画，还是散文，至今还在影响一代又一代的读者，滋润着中国读书人的心田；屠甸人钱君匋20世纪80年代的壮举，让国内外艺术界为之一振，深远的影响何止一县一时？梧桐镇上的金仲华在20世纪抗战时期的国际问题研究，是当时响当当的权威声音；陆费逵的中华书局，在中国出版史上是一个奇迹；而摄影大师徐肖冰和侯波的贡献，在中国共产党的影像史上，是一个绕不开的存在。所以，这些乡里前贤创造的灿烂文化，是桐乡文化的骄傲，也是今天桐乡文化自豪自信的理由。

　　桐乡的文化向来一脉相承，尤其新中国成立后，特别是十一届三中全会改革开放以来，文化和经济一样，承前启后，一派繁荣。几十年之间，基本文化设施从小到大，从少到多，从单一到多功能，比如博物馆建设，记得20世纪80年代初是几个房间，90年代在庆丰路上新造了博物馆，21世纪在文化中心新建了市博物馆，其气魄和先进，几十年间的变化天翻地覆！群众文化、体育活动同样丰富多彩，这部文化志里记录了数十年来文化、体育活动的活跃和繁荣，画展、书法展、篆刻展、摄影展、研讨会、读书会、演唱会、运动会等，林林总总，以人民为中心，让富裕起来的人们得到健康的精神享受。所以，在桐乡从事文化、体育工作，其实是在做一件有益于世道人心、功德无量的工作。

　　同样，几十年来，天时地利人和，桐乡文化界、体育界人才辈出，涌现了一大批各方面的人才，在浓郁的文化氛围里，无论耄耋之年的前辈还是青春少年，勤奋努力，出现了可喜的气象。文化的繁荣，首先是人才的涌现，有人才，才有成果，有人才，才能繁荣。同样，桐乡的体育，几十年来从民间走向产业，从普及走向提高，从少数走向大众，让桐乡市民的精神和体魄都得到强健。从这部《桐乡文化体育志》的介绍和我的直接体会，桐乡的文化、体育已经走在前列，可喜的局面已经呈现，正在向更新的高度迈进。

文化是有传承的，《桐乡文化体育志》的问世，预示着一个地方文化光前裕后的一个新起点的开始，因为在这部文化体育志里，我读到了桐乡市各级领导对文化的真重视，因为各级领导的真重视，给了文化界做事的充分空间和浓厚氛围，这是桐乡文化界所以能做事、能做成事的基本前提；在这部志书里，我也读到了桐乡文化界一代又一代人的努力和勤奋，厚厚的文化体育志，不仅仅是记录了桐乡的文化历史，更是记录了桐乡文化人的勤奋和努力，书中几行字的一个活动记录，不知要为之付出多少心血？一个破纪录的成果，不知道要付出多少汗水？一个项目落成，在书里只有几行字，实际上是文化体育界同志多少年的汗水和辛苦才取得的。所以在这部文化体育志里，我们既看到了桐乡文化人个体的努力，也看到了桐乡文化行政管理者的辛苦和敬业；在这部志书里，我也看到了桐乡文化体育的希望。希望在未来，但未来恰恰是从今天开始的，看看桐乡文化繁荣的今天，人才济济的文化、体育队伍，以及面广量大的群众文化、群众体育，我们有理由相信桐乡未来的文化、体育将依然是一片灿烂！

修志是一件能够传之后世的盛事，然而又是一件艰苦寂寞的工作，尤其像这部新中国成立以后第一部大型的《桐乡文化体育志》，涉及时间长，涉及面广，几乎涉及全市各行各业的文化体育活动，文化体育志的同志经年累月，不辞辛苦，广泛搜集史料，认真核实材料，务求简明而真实准确。所以，读完这部《桐乡文化体育志》，对桐乡文化体育界同志为桐乡的经济社会文化发展作出的贡献，以及对编写这部文化体育志的同志，表示崇高的敬意和衷心的感谢！

《桐乡文化体育志》告竣，文化志编辑部同志送来稿子让我先睹为快的同时，也让我写个序，我没有推辞，因为有当年在桐乡宣传文化系统工作的缘分，也因为与家乡文化界朋友多年的友谊，我乐意读这部让人带来美好回忆和激动的文化志，并写下这些感想。以为序。

浙江省政协常委、文化卫生体育委员会主任　　钟桂松

序　二

在我市"人文名城"建设向纵深大力推进之际，欣闻《桐乡文化体育志》即将付梓，堪赞堪贺！

文化是人类在生产、生活等社会实践中创造出来的精神产品，是一笔取之不尽、用之不竭的精神财富，虽然无形，却极其宝贵。文化又是一种不断发展的历史现象，从孕育、演进、更替到繁荣普及，再到深入骨髓，伴随着人类的成长，也见证了人类的进步。在当下文化大发展、大繁荣的新的历史时期，挖掘、整理悠久的历史文化，传承、弘扬优秀的传统文化，创新、发展先进的科学文化，是我们每个人特别是从事文化工作的人们所义不容辞的职责。

桐乡自古即有"文化之邦"的美誉，如果从罗家角文化算起，有七千多年的历史，远古时期的各个文化类型，在桐乡均有实物发现，特别是良渚文化出土的玉器，见证了远古文明的灿烂。春秋战国时期，桐乡地处吴根越角，两国争战，留下了石门、晏城、乌镇、纪目等氤氲着兵气的地名。隋唐以后，随着大运河的开通，桐乡进入了经济发展文化繁荣的高速通道，市镇星罗棋布，物产丰饶纷呈，人文鼎盛，名家辈出，延续千年而不衰。这七千多年的演变是一部丰厚的人文历史，值得我们好好品读，好好深思，好好总结，并从中感悟出一些道理，为当下服务，为将来着想，承前启后，继往开来。《桐乡文化体育志》明古详今，疏理了这部历史，为我们阅读这部历史提供了文本。"资政、教化、存史"，是史志的功能，毫无疑问，《桐乡文化体育志》也将发挥这些功能。

有哲人言，政治是骨髓，经济是血肉，文化是灵魂。这一比喻形象地揭示了政治、经济、文化之间的关系。当今时代，文化越来越成为民族凝聚力和创造力的重要源泉，越来越成为综合国力竞争的重要因素，越来越成为经济社会发展的重要支撑，丰富精神文化生活越来越成为人民群众的热切愿望。所以说，文化是人民群众的精神家园。改革开放以来，特别是近十年来，桐乡历届市委、市政府高度重视文化事业的发展，一以贯之地推进"人文名城"建设战略，文化事业突飞猛进，取得令人瞩目的成就。经济建设与文化建设协调发展，文化设施与城市建筑完美结合，传统文化与现代文化交相辉映，高雅文化与群众文化互补并进，文化市场与文化生活繁荣多彩，名人文化、漫画文化、运河文化、农耕文化日益成为桐乡的品牌文化，成为桐乡对外展示的窗口和交流的金名片。这些在《桐乡文化体育志》里都有详细的介绍和说明，无须赘言。

昔者乡贤有诗："凤鸟从何来？来止桐溪旁。"凤栖梧桐是桐乡最美丽的一个传说，也是桐乡人民千百年来的骄傲。的确，桐乡物华天宝，人杰地灵，七千年积淀下来的文化底蕴，何其丰厚，何其璀璨，足以让我们雄踞浙北，傲视海宇。《桐乡文化体育志》是对以前的文化事迹、事件和成就的回顾和总结，希望在以后，桐乡取得更大的文化成就，产生更多如茅盾、丰子恺、戴麟经、钟红燕这样的文化体育人才。

桐乡市人民政府副市长　徐剑东

2017年8月

凡　例

　　编纂《桐乡市文化体育志》，秉承实事求是、求实存真之原则，力求古明今详。

　　记述范围。为现桐乡市管辖区域。历史上县域时有分合，县境略有变迁，记事时悉冠以当时地名。1958年11月，桐乡、崇德两县合并为桐乡县，合并前所称桐乡县，均不含崇德县。

　　记事断限。上限溯至事物肇始之时，下限为2014年年底，大事记延伸至2015年年底，极少人事因难以割裂，延伸至终。

　　纪年。中华民国及以前用旧纪年，括号内注公元纪年。中华人民共和国成立后，用公元纪年。

　　数据。中华人民共和国成立前的数据多引自文献记载；成立后的数据多引自统计部门、档案馆（室）存档资料、专题调查数据和可信的年终报告等。

　　人物。遵循"生不立传"之原则，入传者均为逝世人物。在世之较有成就和影响者，载入"人物简介"。文化系统高级、中级专业技术人员和文联系统国家级、省级会员，列入名录。先进个人仅列受省级以上文化部门表彰者。人名、作品排列，均不分先后。

　　一些专用名词，首次出现用全称，其后用简称。政府机构、官职，一般均按当时习惯称呼。

　　入志资料取自正史、旧志、档案、报刊、专著、考古资料及采访记录等，一般不注明出处。

概　述

　　桐乡历史悠久，人文荟萃。早在 7000 余年前，先民就在这片土地上繁衍生息，创造了灿烂的罗家角文化，其后的新石器时期各个文化类型，在桐乡均有重大发现。战国时期，吴越两国曾在此争战，留下许多遗迹与地名。隋唐以后，随着京杭大运河的开凿，南北交流日益频繁；南宋迁都临安（今杭州），士族百工纷纷南渡，更为日后的经济繁荣和文化昌盛奠定了基础。此后在长达 700 年的时间内，历经元、明、清及民国时期，桐乡名人辈出，人文鼎盛，文运一脉相承，成为驰名远近的"文化之邦"。

　　新中国成立以后，随着文体机构的设立、文体设施的建造和文体人才的培养，桐乡文体事业得到逐步发展。党的十一届三中全会以后，随着经济实力的迅速提升，桐乡文体事业以空前的速度发展，被誉为"五只金凤凰"的名人场馆享誉全国，名人文化与漫画文化成为桐乡文化的两大品牌，特别是近十年来，随着"文化名市"和"人文名城"的深入开展，桐乡的公共文化设施得到进一步完善，群众性文体事业空前繁荣，一批国家级展赛活动先后落户桐乡，"文化之邦"的美誉响彻海内外。

一

　　桐乡保存于地下的文化遗址，极为丰富，除罗家角、谭家湾文化遗址外，尚有新桥、湾里村等 24 处，20 世纪 50 年代后陆续发现，出土了大量的石器、玉器、陶器和瓷器等文物。古城址、古墓葬虽然大多已不存，但方位甚明，遗迹可辨。古建筑、古桥梁、古碑刻、古石坊、私家园宅和名花古木保存甚多，进入 21 世纪后得到很好保护。罗家角文化遗址、谭家湾文化遗址、新地里文化遗址、茅盾故居和京杭大运河（桐乡段）前后被列入全国文物保护单位（点），其中京杭大运河（桐乡段）作为京杭大运河最重要区段之一，在 2014 年被列入世界文化遗产；东园遗址、普安桥遗址、小六旺遗址、濮院古桥群、濮院大有桥街章宅、俞家湾桑基鱼塘和崇德城旧址（含横街）前后被列入省级文物保护单位；徐家墩遗址等 104 处被列入桐乡市级文物保护单位。

　　桐乡文博场馆的馆藏文物极为丰富，国家级三级以上文物，计有良渚文化穿孔石钺等石器 3 件，良渚文化玉耘田器等玉器 11 件，北宋越窑（牡丹纹）暖器等瓷器 14 件，明徐渭《墨梅芭蕉图轴》等书画 71 件，赵之谦"二金蝶堂"印等金石、篆刻 29 件，春秋战国"齐建邦长法化"六字刀币等钱币 11 件。

1980 年后，陆续修建、新建、扩建了许多名人故居和文博场馆，其中茅盾故居、丰子恺故居缘缘堂、君匋艺术院、徐肖冰摄影艺术馆和金仲华故居被誉为"五只金凤凰"，名闻遐迩。进入 21 世纪后，陆续新建了大可艺术园等 11 处文博场馆，其中多数为私人所创办；还修建了吴滔故居等其他名人故居。

桐乡民间收藏由来已久，历史上曾有王济、李嘉福等收藏名家。2006 年，桐乡成立收藏家协会。

二

民国时期及以前，群众文化活动多为时令节气活动，在新年、清明及庙会期间举行。民国十五年（1926），县级建立通俗教育馆，后改称民众教育馆。

1949 年至 1976 年，县、镇（公社）两级建人民文化馆和文化站，承担向人民群众进行宣传教育和组织辅导开展群众文化活动的职责。1978 年十一届三中全会后，各公社（后称乡）均建有文化站。2007 年，为推动社会主义文化大发展大繁荣，加大了对文化设施的建设，完善了市、镇（街道）、村、户四级文化网络，其中市级以文化馆、图书馆、博物馆为主，镇（街道）级以文体站为主，村（社区）级以文体活动中心（室）为主，户级以文化示范户为主，辅以文化茶馆、文化礼堂、文化广场、老年活动中心（室）等设施，大力开展群众文体活动。东海文化明珠工程始于 1992 年，至 2010 年，实现全覆盖。

民间群文活动形式多样，计有舞龙灯、迎台阁、拜香凳等 20 种，其中多数在庙会期间或清明等节气举行，由民间自发组织。2008 年后掀起了排舞热潮，2013 年被亚太国际排舞联合会授予"排舞之乡"称号，2014 年被列为浙江省排舞推广基地。

从 20 世纪 80 年代后期开始，为推动经济发展，组织了各类大中型文艺活动。1989 年，举办文化艺术节，后改称文化艺术节暨商品物资交易会，后又改称经贸艺术节。1999 年，桐乡举办菊花节，至 2012 年共举办 11 届。

群众文艺演出活动频繁，形式有民间文艺、节庆文艺、文化下乡、社区文化、村落文化、校园文化、企业文化等；文艺演出活动获地市级以上表彰达数十次之多；重大展览活动和文化交流活动频繁。此外，镇（街道）还有许多特色活动，如河山镇的迎春文化活动、乌镇的香市、洲泉的湘溪艺术节等。

群众文艺"菊花奖"始于 2003 年，至 2012 年共举办 5 届。

三

桐乡一地人文荟萃，然南北朝以前，因史料散佚，少有记载，唐宋以后记述渐多，据清光绪《桐乡县志》《石门县志》等地方史籍记载，唐至晚清，桐乡一地有学者达千人之多，著名的有王升、沈晦、赵汝愚、辅广、子温、卫富益、鲍洵、贝琼、朱逢吉、宋旭、张履祥、吕留良、吴之振、方薰、吴滔、胡菊邻等，计有著作逾 2000 部。至近现代，更是人才辈出，涌现了茅盾、丰子恺、钱君匋、严独鹤、孔另境、木心等文学名家，在海内外具有相当影响。此外，自程柱石发表小说《小河结冰了》后，出现了一大批文艺人才，出版了大量作品集。学校文学社团由来已久，至 2002 年，学校文学社团实现全覆盖。

民间文学源远流长，1987 年的民间文学普查共采集到民间故事 1500 多篇，歌谣 300 余首，谚语 4000 余条，出版《中国民间故事集成》"桐乡卷"。蔡一等民间文艺工作者整理出版了大量民间文学作品集。20 世纪 90 年代后，新故事兴起，大量作品在《故事会》《山海经》等杂志上发表。

音乐、舞蹈、戏剧、曲艺等艺术门类的人才不断涌现，作品纷呈出世，说唱艺术"三跳"作为普通百姓最喜欢的民间艺术，曾深入城乡角落。书法、美术、篆刻、摄影等艺术在桐乡具有极深的渊源，历史上曾名家辈出，1949 年后特别是最近三十年，更是人才济济，在嘉兴地区独占鳌头。

进入新世纪后，桐乡先后举办了"子恺杯"中国漫画大展、中国·桐乡廉政漫画大赛、"徐肖冰杯"全国摄影大赛、伯鸿书香奖、"金仲华国研杯"国际问题征文奖、全球"丰子恺散文奖"等国家级大赛、大奖、大展活动。1994 年设立的文学艺术金凤凰奖，至 2014 年已举办 6 届，18 部（件）作品获奖。先后获得中国漫画（民间文艺）之乡、文学之乡、书法之乡、摄影之乡、篆刻之乡、戏剧之乡等称号。

四

桐乡一地素有读书、著书、藏书的传统，宋以后，历代均有藏书家、藏书楼，以清为例，著名的有鲍氏知不足斋、吕氏天盖楼、吴氏黄叶村庄、金氏桐华馆、汪氏裘杼楼和古香楼等。现当代藏书家有张森生、徐树民等。图书馆事业始于民国十一年（1922），后藏书逐渐增多，新中国成立后，随着经费逐年增加，至 2014 年，市图书总馆藏书达 30 余万册。地方文献征集也颇有成效，达 8700 余册。市图书馆设有中华书局版图书珍藏室。

2008 年启动镇（街道）图书分馆建设，至 2012 年，实现全覆盖，总藏书达 20 余万册。并在全市各地设有近百个图书流通站（点）。

桐乡一地现代书店始于民国时期，新中国成立后，由新华书店统一经营，1995 年又开始出现私营书店。

现代报刊始于民国时期，抗战时期为鼓动民众救国，曾出现许多战地报刊。1958年，党报《崇德报》《桐乡报》相继问世，不久停刊，1998年《桐乡报》复刊。1957年，《桐乡文艺》创刊，旋即停刊，1980年复刊，至2014年底，共出刊118期。

地方史志颇众，存佚参半，县志存世11种，佚8种，镇志存世11种，佚亦11种。20世纪90年代后，新编县志、镇志、部门志、村志、厂志、医院志等共31种。

五

民国十四年（1925），桐乡一地始有电影。新中国成立之初，嘉兴电影中队在崇德、桐乡设有固定放映点。1958年，有电影队7个。1960年，电影管理站建立，1981年称电影发行放映公司。1978年党的十一届三中全会后，电影事业快速发展，至1990年，实现乡镇电影院全覆盖，不久因受电视等媒体冲击，陆续停业。至2014年，有桐乡会展中心电影世界等5家电影院。农村电影"2131工程"始于2004年，2008年实现数字化放映。1959年，浙江电影制片厂第一部故事片《人小志大》在桐乡拍摄，此后，共有21部电影在桐乡选取外镜，其中多在乌镇景区。

文化产业始于20世纪80年代初，至新世纪初形成规模，包括文艺演出经营、音像制品经营、歌舞厅、电子游戏机、网吧、图书经营、书画装裱业、印刷业等。

2008年，桐乡非物质文化遗产普查结束，基本掌握了全市范围内重要的非物质文化遗产资源的种类、数量、分布状况、生存环境及保护现状。至2015年，桐乡蚕桑习俗作为中国蚕桑丝绸技艺的子项目列入联合国人类非物质文化遗产代表作名录；含山轧蚕花、高杆船技和蓝印花布列入国家级非物质文化遗产名录；三跳等18项列入省级非物质文化遗产名录；大纛旗等52项列入嘉兴市级非物质文化遗产名录；皮影戏等89项列入桐乡市级非物质文化遗产名录。周继明等9人列入省级非物质文化遗产传承人名录；褚林凤等25人列入嘉兴市级非物质文化遗产传承人名录。

六

桐乡民间体育源远流长，有武术、举石担、爬高杆、舞大刀等，一般在清明和庙会期间进行。近代体育始于民国初，朱培生曾获远东运动会100米低栏冠军，戴麟经曾是上海东华足球队第一中锋，多次参加远东运动会，声名卓著。

新中国成立后，群众体育兴起，1950年，桐乡、崇德分别举行第一届人民体育运动大会，此后相沿成习，至2011年，已举办16届，规模不断扩大，参与人数不断增加。职工体育主要有球类、田径、棋类、举重等。农民体育除民间传统项目外，有田径、球类等。20世纪80年代，老年人体育兴起，主要有传统武术、健身操、慢长跑、门球和钓鱼等项目。

学校体育除日常体育教学外,每年举办学校运动会和全市性的田径运动会、篮球锦标赛等。残疾人运动始于 20 世纪 80 年代后期,桐乡多次派员参加全国性运动会和国际比赛,并取得优异成绩。全民健身月（周）活动始于 1991 年,此后每年举行。

新中国成立后,桐乡竞技体育发展迅速,前期以举重为主,后期为游泳、皮划艇为主,优秀运动员有万元豹、姚梓芳、赵春荣、钟红燕等,其中钟红燕多次参加奥运会等国际比赛,并取得优异成绩,为家乡人民争光。

20 世纪 90 年代以后,随着资金投入的增加和群众健身意识的提高,市、镇（街道）、村级体育设施遍布全市,群众性体育组织逐步完善,形成网络。

大事记

南北朝

梁天监二年（503）　福严禅院建立。初名无考，宋大中祥符元年（1008），始名福严禅院。同年，建崇福寺、祇园寺。

梁天监年间（502—519）　密印寺、石佛寺、普静寺等寺院相继建立。相传昭明太子萧统曾与尚书沈约寓乌镇读书，留有读书处古迹。

唐

元和三年（808）　浙江观察使李锜叛，唐宪宗遣淮南节度使王锷讨伐，部将乌赞战死于乌墩（今乌镇），葬于车溪西。居民建庙纪念，并植银杏一株，至今犹存。

广明元年（881）　浙西节度使裴璩、副将蒋都尉围剿黄巢起义军，浙北一地免遭涂炭，乡人念其功德，在今洲泉镇义马村建马鸣庙。

五代

晋天福三年（938）　置崇德县。

晋天福八年（943）　建报恩院于今屠甸镇。宋治平间（1064—1067）改称寂照院。明洪武二十四年（1391）定为寂照教寺。

宋

咸平元年（998）　建修真观于乌镇印家港北。

熙宁五年（1072）　日本僧人成寻游历中国。八月二十六日，北上开封途经崇德。次年南下，五月十八日，再过崇德。

元丰八年（1085）　崇德县始建县学于运河西岸。是年始建孔庙大成殿。

建炎（1127—1130）初　著作郎濮凤随宋高宗南渡，定居梧桐乡之幽湖。传至六世孙濮斗南，因拥立理宗（1225—1264）有功，擢吏部侍郎，赐第名"濮院"。是为濮院镇得名之由来。

隆庆元年（1163）　四月，起居郎周必大过崇德，游福严寺，夜宿福严渡。

乾道六年（1170）　六月三十日，陆游西行入蜀，途经崇德，会见县令吴道夫，畅谈乡土情事。有《入蜀记》记及。

嘉泰年间（1201—1204）　辅广筑传贻堂于崇德，教授学生。咸淳五年（1269），改名传贻书院。

淳祐十一年（1251）　县令黄元直延请儒士钱达善、朱鹏飞执笔，编纂《语溪志》。桐乡有志自此始。

元

大德（1297—1307）中　濮鉴建濮氏义塾于濮院，环以幽篁，覆以丛桂，岁延名师主教事，文行兼崇。

至顺（1330—1332）后　濮彦仁倡立聚桂文会于濮院，东南名士以文卷赴会者五百人，请杨廉夫评其优劣，所取三十人之文皆传世。

明

宣德五年（1430）　析崇德东部梧桐、募化、千金、保宁、清风、永新六乡，置桐乡县。

弘治四年（1491）　改建崇德社学堂于城隍庙东南。其后各乡都有修建。

正德九年（1514）　县令任洛修《桐乡县志》十卷，陈良猷、谭铠同编纂。

正德十二年（1517）　县令洪昇修《崇德县志》五卷，董遵编纂。

万历二十九年（1601）　李乐修纂《乌青镇志》五卷。

万历三十九年（1611）　张履祥生。

万历四十二年（1614）　乌镇同知全廷训建"六朝遗胜"石坊于白莲寺前。

崇祯二年（1629）　正月二十一日，吕留良生。

清

康熙元年（1662）　改崇德县为石门县，改石门镇为玉溪镇。

康熙十三年（1674）　张履祥卒。

康熙十五年（1676） 道士徐铎铭随穹窿法师施亮生应召入都，裕亲王赐书乌镇修真观额。

康熙二十二年（1683） 八月十三日，吕留良卒。

康熙二十八年（1689） 康熙南巡自嘉兴至杭州，往返均过县境。其后康熙三十八年、四十二年、四十四年、四十六年南巡，亦均过县境。

康熙五十九年（1720） 正月二十八日，濮院行夜灯会，南新街灯彩大盛，观者摩肩接踵。

雍正十年（1732） 吕留良案结案：吕留良及长子吕葆中戮尸，幼子吕毅中斩首，家属、亲戚、门人一一治罪。二月十七日，嘉兴府尹奉旨去积善乡（今洲泉镇晚村村）识村东长板桥吕氏墓地，掘开吕留良和长子吕葆中之墓，开棺戮尸。

乾隆十六年（1751） 二月，乾隆南巡，自嘉兴至杭州等地，驻跸石门镇大营；三月回銮，驻跸如前。其后，乾隆二十二年、二十七年、三十年、四十五年、四十九年南巡往返，均驻跸石门镇，多有蠲免赏赐。其时，里人方薰进《太平欢乐图》百幅，图绘两浙风土，各题以跋语，极蒙嘉奖。

乾隆二十五年（1760） 乌镇同知董世宁修《乌青镇志》十二卷。

乾隆三十七年（1772） 设立四库全书馆。桐乡陆费墀任《四库全书》总校官。乌镇鲍廷博献珍本书籍六百余种，多系宋元旧版，为私人献书之首，得乾隆褒扬，并颁赐《古今图书集成》等。

咸丰元年（1851） 八月，曾任桐乡县知县的张家缙倡建开文书院于玉溪镇（院址在南高桥下塘东）。

咸丰三年（1853） 九月，重建崇德孔庙前文壁塔。

同治四年（1865） 严辰发起在青镇观前街创办立志书院。是年重修崇德孔庙。

同治九年（1870） 建张杨园祠于青镇立志书院后。

同治十一年（1872） 濮院镇沈梓等筹款创设翔云书院，严辰任山长。

光绪元年（1875） 重修翔云观灵官殿、戏台。

光绪五年（1879） 余丽元主修、谭逢仕等编纂的《光绪石门县志》付梓。

光绪七年（1881） 绅沈梓等筹捐创设保元堂，办理护葬、掩埋、收殓路毙等善举。

光绪十三年（1887） 严辰编纂的《光绪桐乡县志》付梓。

光绪二十二年（1896） 五月二十四日，文学家、中共早期党员茅盾（沈雁冰）诞生于乌镇。

光绪二十四年（1898） 九月二十六日，艺术家丰子恺诞生于石门镇。

光绪二十八年（1902） 濮院镇绅夏辛铭等筹款创办两等小学堂，借翔云书院为校舍。民国十二年（1923），改名敬业完全小学。

光绪二十九年（1903） 陆明焕、陆葆粹创办濮院女学。

光绪三十一年（1905）　夏辛铭、张华亭筹集茶捐、绸丝捐等款，设立民义初等小学校。此后数年间，各地创办区立初级小学校。

光绪三十三年（1907）　夏，秋瑾来徐自华家，小作逗留，谈及为反清起义筹饷之事，徐捐以饰物、黄金三十两，临别时秋瑾以翠钏一双赠徐。

光绪三十四年（1908）　十二月十八日，桐乡县开办电报局。是年，炉头龙翔寺新建观音殿。

宣统三年（1911）　冬，浙江都督汤寿潜改西湖彭公祠为先贤祠，吕留良入祀先贤祠。

中华民国

民国元年（1912）

1月，陆费逵等在上海创办中华书局，陆费逵首任总经理、董事长。

12月，经章太炎请求，临时总统袁世凯特颁命令，对吕留良后裔重予褒恤。吕留良文字狱沉冤180多年后昭雪。沈湘渔、吕在廷呈准当局，在洲泉识村东长板桥吕留良戮尸处重建吕墓，墓前立"先贤吕晚村先生之墓"石碑，墓地所在之乡积善乡改称晚村乡。

是年，丰子恺的大姐丰瀛在石门湾创办振华女校（民国二十五年并入崇德县立第三小学）。

是年，吕留良僧装像在屈家浜曲滨学圃主人家藏旧书中发现。该像系康熙年间画家黄九烟所绘，为我县近代发现的文物珍品之一。

民国二年（1913）

1月，为纪念秋瑾，崇德徐自华发起建秋社，筑风雨亭于杭州西湖。

1月，《中国女报》改组为《神州女报》，汤国梨参与笔政。

2月20日，屠甸镇举办元宵灯会，镇民与警察发生冲突，引发罢市。

7月，崇德县在大操场召开全县高等小学运动会，是为境内最早的学生体育运动会。

9月，桐乡县在县城设立师范传习所，培训小学师资，是为境内最早的师范类学校。

民国三年（1914）

2月，在崇德县城东岳庙建吕公祠，延请萧山蔡东藩撰《募建吕晚村先生专祠启》，吴兴丁乃昌撰《前明大儒留良吕公祠碑文》，杭州李盛书丹，立碑纪念。

民国四年（1915）

5月，崇德县创办模范小学于晚村路东，是为境内第一所新式学校。

10月，在宗扬庙建宗扬将军墓庐、战马冢。

是年，崇德县创办乙种商业学校，有学生90余人。

民国五年（1916）

曹辛汉创办桐乡乙种农业学校，有学生100余人。民国八年该校迁日晖桥灵觉寺。

民国六年（1917）

1月，陆费逵发起成立中华职业教育社。

是年，崇德县模范小学首先实行男女同校。

民国七年（1918）

崇福寺金刚殿重修。

桐乡创办培德女校，民国十八年该校并入崇实小学。

崇德县创办女子师范讲习所。

民国八年（1919）

8月，茅盾及其胞弟沈泽民发起成立桐乡第一个文化社团——桐乡青年社。

9月1日，桐乡青年社创办《新乡人》杂志在乌镇出刊。

是年，严独鹤开始在上海主持《新闻报》副刊。

民国九年（1920）

9月，受"五四"运动影响，乌镇植材小学师生召开大会，抵制日货，集中焚烧。

民国十年（1921）

10月，浙江省政府通令各县编纂县志，崇德县修志馆随即成立，吕在廷任馆长。

是年，丰子恺参加茅盾、郑振铎等发起组织的"文学研究会"。

是年，石门接待寺戏台重建。

民国十一年（1922）

崇德县成立通俗图书馆，藏有《四部丛刊》《万有文库》。

民国十二年（1923）

春，杭州人王文坤来崇福镇开设"老宝记"照相馆。

夏，桐乡青年社在崇实小学举办全县小学教师暑期讲演会，茅盾、沈泽民、曹辛汉等出席，介绍和宣传马克思主义。后又赴屠甸崇道小学和乌镇植材小学讲演。

民国十三年（1924）

7月，茅盾、郑明德在桐乡创办《新少年》刊物。

民国十四年（1925）

3月12日，孙中山在北京逝世，崇德、桐乡两县举行追悼大会。

是年，杭州私人电影"电光影戏队"携带手摇发电机来崇德县城北桥西塬，放映汽车风光片和卓别林的滑稽片，时间一个月。

8月，《吕晚村先生家书真迹》由上海大东书局石印出版，共四卷十八篇。

民国十五年（1926）

春，徽州人俞仲英在崇德县城太平坊开设俞仲记书店，经营新书。

12月，石门镇郭俊（字石麟）为响应革命军北伐，组织青年团，创办《西溪周刊》，宣传革命。

是年，丰子恺《音乐入门》由开明书店出版。

是年，崇德县通俗图书馆与阅报社合并，改称县立通俗教育馆。

民国十六年（1927）

夏辛铭编纂的《濮院志》三十卷付梓。

乌镇国乐戏院建立。

民国十七年（1928）

4月，崇德县立通俗教育馆改称民众教育馆。

是年，金仲华应聘为上海商务印书馆《妇女杂志》助理编辑。

是年，黄澄如出资在乌镇西寺南建乌镇公园。

民国十八年（1929）

10月，桐乡县举行体育运动会，各学校选派运动员参加，项目有田径、球类和团体操。

11月12日，孙中山诞辰63周年纪念日，桐乡县在县城南司公园第一次放映电影《海滨豪侠》。

是年，丰子恺始任开明书店编辑。

民国十九年（1930）

11月，桐乡县通俗教育馆改名为民众教育馆。

民国二十年（1931）

1月，丰子恺的第一部散文集《缘缘堂随笔》出版。

"九一八"事变后，崇德、桐乡两县掀起抗日高潮，学生上街宣传抗日，查禁、抵制日货。桐乡崇实小学出刊抗日墙报，礼堂悬挂大幅漫画《铁蹄下的东北》。

10月，崇德青年马赞明、徐世英等组织爱国剧团，下设宣传组、演说队，上街宣传抗日，并在西寺金刚殿前演出活报剧。

民国二十一年（1932）

"一·二八"事件后，崇德县城各校师生在西寺前宣传抗日，演出活报剧，化装游行，查封日货，劝募寒衣，征集慰问品，支援上海抗日将士。

9月，丰子恺应母校崇德县立第三小学校长沈元之请，作校歌。

民国二十二年（1933）

1月，茅盾长篇小说《子夜》出版。

春，缘缘堂在石门镇绵纱弄落成。

6月，崇德中山公园建成。陈英士纪念塔在公园内落成，林森题写：陈英士先生纪念塔；蒋中正题写：碧血丹心。同月，崇德县长毛皋坤征集书画义卖，所得款项用于修缮吕留良祠、吕留良墓，并在孔庙前建吕晚村纪念亭。

7月，桐乡县教育局在孔庙大成殿举行高小毕业生首次会考。

11月，全国国耻电影宣传团在乌镇密印寺放映电影《十九路军光荣史》。

是年，新乌青社出刊《新乌青报》。

民国二十三年（1934）

春，崇德飞星篮球队成立。是为崇德第一个业余体育组织。

是年，濮院放映无声电影《火烧红莲寺》。

民国二十四年（1935）

崇德东大街吕正亚医室放映卓别林滑稽电影。

民国二十五年（1936）

卢学溥续修《乌青镇志》，自任总纂，聘请嘉兴朱辛彝、武进张惟骧任编辑，历时三年，编成刊行，计四十四卷，首一卷。

是年，乌青镇和裕印刷所始置圆盘机，为境内铅字印刷之始。

民国二十六年（1937）

10月，崇德县民众教育馆发起成立崇德剧艺研究会。

是年冬，吴曼华创办《啸报》。翌年夏从海宁路仲迁至洲泉镇郊蒋家浜，金文楚创办的《后盾报》并入。

是年底，缘缘堂为侵华日军炮火所毁。

民国二十七年（1938）

2月，石门镇周敬前、夏联章发起成立战地宣传剧团，进行抗日宣传。

2月，丰子恺在江西萍乡获悉缘缘堂被烧毁，愤而写下《还我缘缘堂》一文。

是年，金仲华任香港《星岛日报》总编辑。

民国二十八年（1939）

10月，日军驻崇德菅原部队在南门外徽州会馆内捣毁北宋书法家米芾《登岘山》碑石。

民国二十九年（1940）

10月，崇德孔庙古建筑魁星阁、明伦堂被日军森田部队拆毁，材料移筑碉堡。

11月1日，塘南文化社主办的《塘南半月》创刊。

民国三十年（1941）

9月，茅盾主编的《笔谈》半月刊在香港创刊。

民国三十一年（1942）

5月25日，"狱中歌手"濮院人钟袁平遇难。

民国三十二年（1943）

11月，汪伪崇德县政府创办《崇德新报》，抗战胜利后被接管。

民国三十三年（1944）

12月，桐乡县政府塘南办事处主任、《塘南半月》主编郑启新遇敌，溺水而亡。次年建启新小学，以示纪念。

民国三十四年（1945）

9月20日，崇德县各界在县城运动场上召开抗战胜利庆祝大会，夜晚举行盛大提灯会。

是月，崇德县立简易师范学校建立。

民国三十五年（1946）

4月，《桐乡年鉴》编印出刊。

9月，桐乡县在龙翔寺创办简易师范学校。

10月，上海"启新流动放映班"在梧桐镇、宗扬庙放映纪录片《第二次世界大战》。

民国三十六年（1947）

4月，崇德县芦母桥、草庵、芝村等地举行迎神赛会，并进城活动，观众数万。

民国三十七年（1948）

5月，中共党员陈振在桐乡简易师范学校创办文艺刊物《新羽》。

8月27日，濮院梅泾同学联谊剧咏团在梅泾剧场演出《野玫瑰》《半斤八两》《哑子背疯》等话剧。

民国三十八年（1949）

5月3日，中国人民解放军二十七军某部进驻乌镇。

5月4日，中国人民解放军二十七军八十师二三八团进驻梧桐镇，桐乡解放。

5月5日，中国人民解放军二十八军八十二师某部进驻崇福镇，崇德解放。

同月，桐乡、崇德两县政府均设文教科，由一名干部分管文化工作。

中华人民共和国

1949年

11月27日，桐乡县文教局接收民众教育馆，改称桐乡县人民文化馆。

12月6日，崇德县文教局接收民众教育馆，改称崇德县人民文化馆。

是年，金仲华离港北上抵京后，又随军南下，任上海《新闻日报》社长兼总编辑。

1950年

3月15日，桐乡县人民文化馆筹办民校，成立校务委员会。

4月8日，桐乡县人民文化馆发起成立音乐研究会。

5月5日，崇德县人民文化馆在县城开办民校，有7个班级，327人入学。

5月25日，桐乡县配合和平签名运动，在县城大操场举行腰鼓会。同日，桐乡县人民文化馆召开文艺工作者座谈会，成立文艺工作者筹备会。

7月3日，桐乡县人民文化馆第一期民校结业典礼，县长韩永安到会讲话。

7月，乌镇人民文化馆建立。

12月，福严寺拆除佛像，部分房屋改作粮库。

是年，炉头区民建乡组建全县第一个农民业余剧团。

1951年

1月，新华书店在崇德县设立分销处。

4月21日，桐乡县首届人民体育大会开幕。

5月，桐乡县人民文化馆设立收音室。

6月，崇德县人民文化馆设立收音室。

同月，濮院镇、崇福镇人民文化馆建立。

11月25日，嘉兴地区农委电影队首次来桐乡放映电影《吕梁英雄传》。

1952年

1月，桐乡县文物保管委员会成立。

同月，石门镇、灵安镇人民文化馆建立。

5月，新华书店在桐乡县设立分销处。

8—9月，崇德、桐乡两县人民政府先后公告，取缔一贯道、同善社、九宫道等反动会道门组织。

是年，乌镇、濮院、石门、灵安人民文化站配备幻灯机。

1953年

1月，新华书店浙江分店崇德支店开业。

1月8日，桐乡县人民政府召开第一次业余剧团代表会议。

2月18日，桐乡县举办全县农村业余剧团观摩演出。同月，崇德、桐乡两县人民文化馆改称崇德、桐乡县文化馆。同月，乌镇、濮院、崇福、石门、灵安人民文化馆统一改称文化站。

是年，崇德西寺金刚殿改建为崇德人民剧场。

1954年

3月13—16日，崇德县召开全县农村剧团代表会议。

7月1日，新华书店浙江分店桐乡支店开业。

10月，桐乡县成立新光越剧团。同月，屠甸镇文化站建立。

是年，乌镇国乐戏院改名为乌镇剧场，隶属于县文教科。

是年，浙江省文管委在崇德县青石、大麻等地征集到太平天国时期文物1000余件。

1955年

4月，崇德县成立东方红越剧团。

12月14日，桐乡县人民委员会召开全县文化工作积极分子会议。

1956年

2月，桐乡县人民广播站开始播音。

3月，崇德县人民广播站开始播音。

4月，桐乡县委召开第一次全县文化工作会议，提出要大力发展群众文艺创作。

6月，桐乡人民大会堂建成，兼作演出场所，开始接收剧团演出。

7月1日，崇德县机关报《崇德报》创刊。1958年4月改为《崇德日报》，11月，并入桐乡日报社。

8月1日　桐乡县委机关报《桐乡报》创刊。1958年7月1日改为《桐乡日报》。1961年停刊。

9月，梧桐镇县前街节孝祠改建为梧桐书场。

是年，乌镇东方书场、艺乐书场合并，改称乌镇书场。

是年，崇德、桐乡两县文教科改称文教局，由一名副局长和一名干部分管文化工作。

是年冬，石门罗家角遗址发现。

1957年

1月8日，崇德县民间舞蹈《并蒂莲花》和花鼓戏《还披风》参加省第二届民间音乐舞蹈观摩演出大会。

2月17日，桐乡县文化馆发起成立文艺联谊会，会员26人。

4月14日，经桐乡县人民委员会批复，桐乡县文学艺术爱好者联谊会成立，会员119人。

5月中旬，《桐乡文艺》创刊，文化部长茅盾题写刊名。第一次印刷200份。

是年，捷克斯洛伐克学者高利克来乌镇寻访茅盾旧居。

1958年

8月，崇德、桐乡两县组建35毫米电影放映队。

11月，崇德、桐乡两县合并，成立桐乡县文化馆、桐乡新华书店。崇德支店改称桐乡新华书店崇福门市部。新光越剧团改称桐乡越剧一团，东方红越剧团改称桐乡越剧二团。

12月11日，全县文教现场会议在洲泉镇召开。

1959年

9月4日，原崇德县大礼堂改称崇德剧场。

11月，浙江电影制片厂第一部故事片《人小志大》在桐乡开机拍摄，由桐乡人黄解寄编剧，吴晓红主演。

是年冬，桐乡县第一个社办16毫米电影队在炉头人民公社建立。

1960年

2月2日，县文化馆排练的越剧《在工地上》《好媳妇》赴湖州参加嘉兴地区戏曲演出。

7月，桐乡县电影管理站建立。

1961年

6月25日，桐乡县人民委员会公布茅盾旧居、孔庙大成殿等28处为第一批县级重点文物保护单位。

是年，桐乡县文物领导小组成立。

1962年

4月，洲泉公社文化站建立。

5月，丰子恺当选为上海市美术家协会主席。

1963年

罗家角文化遗址被公布为省级重点文物保护单位。

桐乡县文化馆布置"阶级教育展览"。

1964年

梧桐、南日公社文化站建立。

1965年

2月16日，芝村公社五丰大队俱乐部赴杭州参加全省农村俱乐部代表会议暨观摩演出，并在大会上印发《我们是怎样开展读报活动的》材料。

6月，建立桐乡县曲艺队。

1966年

1月11日，全县11个大队俱乐部选送12个文艺节目赴湖州参加嘉兴地区农村俱乐部演出。

2月12日，石门公社曹云阶、芝村公社曹桐春、梧桐公社杭德生赴杭州参加浙江省第二次农村俱乐部代表大会暨业余文艺队观摩演出。

8月，红卫兵大肆破坏文物古迹、教堂庙宇等。乌镇有856户被查抄，崇福镇有160户被查抄。破"四旧"运动骤起，全县城乡陷入混乱。

9月，东方红剧团40余人上街破"四旧"。同福福严寺和乌镇石佛寺遭毁，崇福中山公园内的吕晚村纪念亭和陈英士纪念塔遭毁。

11月，桐乡县各镇文化站人员集中县文化馆"闹革命"，文化站业务停止。

1967年

3月9日，全县农村俱乐部改称红色宣传队。

5月，桐乡县电影站建立"抓革命，促生产"领导班子。

1968年

1月6日，桐乡县人武部生产办公室批准文艺团体及半职业艺人下乡演出，内容限于八个"样板戏"。

10月30日，经省革命委员会批准，桐乡县革命委员会成立，县城组织大游行，西街的古梧桐树被砍去。

11月，桐乡县电影管理站革命委员会成立。

1969年

6月2日，文化馆、文化站全体人员入"五七"干校学习。

12月21日，桐乡县革委会政治工作组发出《关于加强对查抄文物、图书清理工作的通知》。

1970年

1月19日，县革命委员会决定成立毛泽东思想文艺宣传队。

5月，凤鸣寺惠云桥（俗称软桥）拆除。

同月，桐乡曲艺队撤销。

7月3日，桐乡县文化馆成立革命领导小组。

9月4—21日，举办全县革命文艺（样板戏）调演，29个公社，5个镇参加。

12月，桐乡县文化馆在晚村公社坝桥大队召开全县创作会议。

是年，全县第一个农村8.75毫米电影放映队在虎啸人民公社建立。

1971年

5月1日，桐乡电影管理站租用县人民大会堂，成为全县首个国有固定电影放映场所。同日，桐乡县文化馆图书阅览室在关闭五年后重新开放。

1972年

12月，桐乡县评弹组成立。

1973年

2月14日，桐乡县革委会政工组批转县文化馆《关于做好文物保护工作的报告》。

11月23日，桐乡县革委会政工组批复同意建立崇福、乌镇、濮院、石门镇文化站。

1974年

7月，桐乡县工宣队进驻文化馆。

9月，梧桐公社文化站建立。

1975年

2月，河山公社文化站建立。

4月，丰子恺回故乡石门探亲，居十日。9月15日，在上海逝世。

5月1日，全县第一个大队办8.75毫米电影队在义马公社众安大队建立。同月，芝村公社革委会分配到16毫米电影放映机一台。

6月，高桥、留良、同福公社文化站建立。

12月14日，县革委会发出《进一步加强文物保护工作的通知》。

1976年

8月25日，县委宣传部批准成立县图书馆和县博物馆，成员、经费由文化馆调拨。

1977年

5月，桐乡影院剧在梧桐大街北端建成。

是年，由乌镇镇政府拨款，修复茅盾旧居后院三间平屋。

是年，桐乡县博物馆新建陈列室。

1978年

4月8日，恢复县电影管理站建制。

6月，经县委宣传部批准，桐乡人民大会堂划归桐乡电影管理站管理，更名为"桐乡人民电影院"。

10月22日，撤销县文教局，分设县文化局和县教育局。

12月，茅盾题写"浙江桐乡乌镇中学"校名。

1979年

3月17日，县革委会下文，撤销县文宣队，成立县越剧团。

5月17日，嘉兴地区首届《南湖之春》音乐会举行，桐乡有6个节目参加。

10月，成立桐乡县评弹团。

11月，省文物考古研究所对罗家角遗址进行发掘，发掘面积1338平方米，出土文物794件。

1980年

4月，梧桐派出所向文化馆移交明代宋旭《松壑楼居图》。

7月1日，桐乡县委建立文化局党组。

9月13日，"文革"后全县第一个民间业余剧团"新艺越剧团"成立。是月，大麻公社文化站建立。

10月，炉头公社文化站建立。

11月18日，经县委宣传部批准，《桐乡文艺》复刊。

11月25日，南日公社试办全县第一个文化中心。

12月13日，由文化馆牵头，范雪森等12名民间文艺爱好者自发成立民间文艺研究小组。同月，梧桐书场在县前街开业。

是年，全县第一个35毫米公社影剧院在南日公社建立。

1981年

1月，桐乡县人民政府成立社会文化管理委员会。

同月，茅盾题写"乌镇电影院"院名。

同月，青石、义马公社文化站建立。

3月14日，茅盾致信中国作家协会书记处，捐献稿费25万元，作为设立文学奖的基金。3月27日，在北京逝世，终年85岁。3月31日，中共中央决定，恢复茅盾的党籍，党龄从1921年算起。4月11日，追悼大会在人民大会堂举行，邓小平主持，胡耀邦致悼词。

同月，县电影管理站更名为电影发行放映公司。

5月9日，上海美术馆举办建国后首次丰子恺个人画展。

8月31日，乌镇电影院开业。

12月，经省文物局批准，"茅盾旧居"改称"茅盾故居"。

是年，浙江电视台在乌镇拍摄电视片《乡情赋》。

1982年

1月，成立桐乡县文物管理委员会。

2月2日，福严寺文物阴阳镜在文化馆展出。

2月，省人民政府公布茅盾故居为省级重点文物保护单位。

4月，钱君匋与上海书画家刘伯年、曹用平、曹简楼、吴长邺、富华、陈舜今等来桐乡进行书画交流活动。同月，上市、屠甸公社文化站建立。

5月8日，电影《子夜》嘉兴地区首映式在乌镇电影院举行。

8月23日，中共中央书记处第201次会议决定编辑出版《茅盾全集》，筹建茅盾故居和茅盾研究会。

同月，骑塘、民合、晚村、濮院、乌镇、钱林、永秀公社文化站相继建立。

同月，新建博物馆文物库房，面积180平方米。

11月，全县第一次文物普查开始。

同月，新桥遗址开始发掘。

同月，羔羊、民兴、芝村公社文化站相继建立。

12月，虎啸、安兴、百桃、新生、石门、八泉公社文化站相继建立。

1983年

1月，全县完成政社分设，取消人民公社体制，公社文化站全部改称镇、乡文化站。

1月25日，濮院电影院建成，钱君匋题写院名。

4月7日，建立县业余文化辅导服务站，挂靠县文化馆。

7月28日，崇福电影院建成，吴敕木题写院名。

8月21日，县业余艺术团成立。

8月27日，县人民政府成立"茅盾故居修复工作领导小组"，副县长朱国勤任组长。

8月29日，崇德剧场改名为崇德影剧院。

10月31日，中影公司放映管理处处长周泰来崇福电影院检查工作。

是年，八一电影制片厂《琵琶魂》摄制组来濮院秀桐桥塊等处拍摄外景。

1984年

4月20日，桐乡电视台开播。

5月22—26日，县文化局与省书法家协会在乌镇举行《茅盾笔名印集》篆刻创作活动。

7月27—29日，桐乡县文学艺术工作者第一次代表大会召开，桐乡县文联成立。

8月10日，桐乡县博物馆、桐乡县图书馆从县文化馆分出，单独建制，隶属于县文化局。同日，石门缘缘堂举行奠基典礼。

同月，设立茅盾故居管理所，隶属于县文化局。

9月13日，县工艺美术研究所建立。

10月，茅威涛赴北京参加国庆演出，获第二届梅花奖，受邓颖超等国家领导人接见。

11月，《茅盾笔名印集》由浙江人民出版社出版发行。

12月29日，经省人事厅批准，桐乡县14名民办文化站工作人员录用为国家干部。

1985年

1月20日，桐乡县文化局成立文华公司。

1月，亭桥乡、史桥乡文化站建立。

3月，桐乡县电影公司开始发行录像片业务。

3月15日，乌镇茅盾故居修复竣工。"茅盾故居"匾额由中共中央政治局常委、中央纪委第一书记陈云题写。

4月，全县第二次文物普查开始，共调查和发现遗址360多处。

同月，全县"文革"查抄文物在崇福、濮院、乌镇、梧桐展示，并现场发还。

5月7日，桐乡文化馆青年越剧团进入上海市青年宫（大世界）演出，历时一个月。

5月14日，乌镇剧场拆建竣工，改名为乌镇影剧院。

6月1日，桐乡文化馆组织36人，11个节目参加嘉兴市《南湖之春》汇演。

6月10日，桐乡县人民政府与钱君匋签约，由钱君匋向桐乡捐赠图书文物，桐乡建造君匋艺术院。

6月，乌镇乡文化站并入乌镇文化站。

7月4日，举行茅盾故居开放仪式。文化部副部长周巍峙、上海市人大常委会副主任陈沂、浙江省政协主席王家扬为茅盾故居揭幕。

9月15日，丰子恺故居——缘缘堂重建后对外开放。

11月10日，君匋艺术院举行奠基仪式。

12月12日，浙江省茅盾研究会在桐乡成立。

12月25日，桐乡县图书馆新馆竣工。新馆位于文昌路50号，建筑面积2030平方米。

1986年

1月，桐乡县博物馆去上海市进出口公司认领"文革"期间移交的字画278件。

同月，成立县社会文化管理委员会。

2月18—24日，桐乡135件书画作品在上海美术馆展出。

3月，石门丰子恺故居文物管理所建立。

4月，"嘉兴市文物普查成果展"在海宁县博物馆展出时遭窃，桐乡县博物馆送展的良渚玉珮、战国铜鼎、西汉铜鐎斗、西汉铜镜失窃。

同月，筹建中的君匋艺术院举办虎年篆刻竞赛，24个省、市、自治区及香港等地的500余名作者的2000余件作品参赛。

5月10日，桐乡156幅书画作品在上海金山石化总厂展出。

5月28日，桐乡县茅盾研究会在乌镇成立。

7月4日，纪念茅盾诞辰九十周年大会在乌镇举行，同时举办邮品展和书画作品展，全国集邮协会副主席张子俊剪彩。

9月4日，中共浙江省委顾问委员会主任、省委原第一书记铁瑛参观茅盾故居。

11月15日，南日、河山、同福、新生、乌镇文化站参加嘉兴市举行的"文艺工厂经验、产品和文艺节目三交流"会议。

12月，晏城乡文化站建立。

1987年

1月，桐乡县博物馆去上海市进出口公司认领第二批"文革"期间移交的字画795件。

1月16日，桐乡县首届戏剧（清唱）曲艺有奖赛在桐乡影剧院举行。

2月，石门乡文化站并入石门镇文化站。

3月17日，中国社会科学院院长胡绳参观茅盾故居并题字。

5月21日，徐肖冰、侯波首次回乡摄影作品展在桐乡图书馆开幕。

6月5日，桐乡159幅书画作品在浙江展览馆展出。

6月20日，县委宣传部、文化局在乌镇召开全县民间文学普查工作会议。

7月1日，桐乡县现代民间绘画研究会成立。

7—9月，组织开展全县民间文艺大普查。

11月10日，君匋艺术院举行开院典礼。

是年，中央电视台、浙江电视台在濮院众安桥、语儿桥、翔云观等处拍摄根据茅盾的农村三部曲《春蚕·秋收·残冬》改编的电视连续剧，历时三个月。

1988年

1月13日，乌镇茅盾故居被国务院公布为全国重点文物保护单位。

春，桐乡工人书画会举办全国职工国画展览，收到25个省、市、自治区300多名作者的400余件应征作品。

5月1日，中共中央政治局委员丁关根视察君匋艺术院。

9月8—10日，县文学艺术工作者第二次代表大会召开。

9月25日，日、美、英、法、意、德、苏、捷等国驻上海领事馆的总领事、领事和参赞共30余人参观茅盾故居。

9月24日—10月5日，县文化局、县文联赴北京石景山雕塑公园举办"茅盾故乡——桐乡文化周"活动。

12月，丰子恺诞辰90周年座谈会暨"丰子恺书画、缘缘堂藏品展"在君匋艺术院举办。

1989年

1月1日，桐乡县广播电台开播。

3月1日，君匋艺术院与青石制鞋工业公司举办"足佳怀"龙年全国书法篆刻评展，全国28个省、市、自治区的1028名作者的1428件作品参加评展。

3月6日，吕园在崇福镇中山公园落成开放。

5月4日，桐乡县编委批复县文化局设立文化市场管理办公室。

5月，《中国民间文学集成·浙江省桐乡县卷》出版发行。

6月，城南乡文化站建立。

9月，撤销县评弹团，人员调入越剧团。

9月27日，桐乡县"凤鸣金秋"首届文化艺术节在桐乡影剧院开幕。

11月10日，西泠印社、省书法家协会、君匋艺术院在桐乡举办纪念赵之谦诞辰160周年学术研讨会。

12月11日，乌镇立志书院开始修复并划归茅盾故居管理。

12月22日，日本东京文化交流团一行19人参观"罗家角遗址发掘成果展"，并实地考察。

同月，《桐乡县地名志》出版。

1990年

1月，桐乡县文化局被省文化厅评为"文化市场管理先进集体"。

2月，桐乡青桐印社与西泠印社等12个印社在君匋艺术院举办"全国印社作品联展"。

3月，桐乡县电影公司被广播电影电视部授予"电影发行放映先进集体"。

4月，桐乡县博物馆馆藏国家一级文物《松壑楼居图》送上海博物馆修复。

同月，桐乡县图书馆被评为省文明图书馆。

5月15日，严独鹤图书馆开馆及严独鹤纪念亭落成仪式在乌镇举行。

5月21日—6月18日，君匋艺术院藏品吴昌硕篆刻印章60方在日本名古屋、金泽展出。

5月，人民电影院改建成立体声影院，同时建造镭射影视厅。

6月12日，经中共嘉兴市委、市人民政府批准，重建福严禅寺。

7月5日，桐乡县电影公司录像发行站与县广电局音像站合并，改称桐乡县电影文化音像制品发行总站。

9月1日，全县第一个建筑面积达到省定特级站标准的安兴乡文化站开放。

10月3日，县委宣传部、文化局在濮院丝厂举行企业文化建设经验座谈会，中共嘉兴市委副书记、市人大常委会副主任许国桢，市委常委、宣传部长李旭峰参加会议。

10月21日，中顾委常委康世恩来君匋艺术院观看藏品。次日，参观考察茅盾故居。

10月28日，卫生部部长陈敏章来君匋艺术院观看藏品。

12月20—24日，"凤鸣金秋"桐乡县第二届文化艺术节暨商品物资交易会在桐乡一中大操场开幕。

12月25日，省文化厅厅长钱法成来桐乡参加洲泉镇"首届湘溪文化艺术节"开幕式，并为洲泉镇文化站题写"群众乐园"。

12月26日，乌镇、洲泉、河山、同福被省文化厅评为群文工作先进集体。

12月，乌镇文化站被文化部评为全国先进文化站。

1991年

2月7日，梧桐镇凤鸣公园落成开放。

3月19—22日，浙江省农村电影工作会议在桐乡召开，省文化厅厅长钱法成出席会议并讲话。

3月28日，钱法成率华东六省一市文化厅长和厦门、南京、宁波三市文化局长来桐乡考察文化工作。

3月，石门镇政府在磊石弄口竖立"古吴越疆界"石碑。

4月11日，乌镇立志书院修复工程竣工。

同月，君匋艺术院被文化部列为全国"优秀文化设施单位"。

5月，桐乡县委批准文化局建立党委。

6月2日，省委原第一书记谭启龙参观茅盾故居。

6月16日，上海市委书记吴邦国参观茅盾故居。

6月26日，浙江省原省长李丰平参观茅盾故居。

7月4日，乌镇立志书院对外开放。

9月18日，嘉兴市文化局和县政府在安兴乡举行"浙江省特级文化站"授牌仪式。

10月24日，外交部原副部长韩念龙、文化部原副部长周而复参观茅盾故居、君匋艺术院。

11月27—29日，"凤鸣金秋"桐乡县第三届文化艺术节暨物资商品交流会在梧桐镇举行。

11月，乌镇被列为"浙江省历史文化名镇"。

11月，国务院副总理田纪云为世界超级模特大赛中国选拔赛区暨第二届中国最佳时装模特大赛金奖获得者陈娟红颁奖。

12月，迁建博物馆，新建蚕桑丝绸博物馆、侯波徐肖冰摄影艺术馆。

1992年

1月29日，全国政协原副主席吕正操参观茅盾故居。

4月2—7日，"茅盾故乡——桐乡书画摄影展"在北京中国革命历史博物馆展出，展出作品160件，全国人大常委会副委员长严济慈为展览剪彩。

4月19日，文化部代部长贺敬之参观茅盾故居、丰子恺故居。

4月25日，崇德剧场竣工，改名为崇福大戏院，投资160万元，面积2200平方米。7月25日开业。

6月9日，中央电视台、浙江电影制片厂和县人民政府联合摄制的电视连续剧《蚕乡恩怨》在凤鸣宾馆举行开拍仪式。

6月28日，全县第一家营业性舞厅——桐乡影剧院新月舞厅开业。

6月，梧桐乡、钱林乡、城南乡文化站合并为梧桐镇文化站；河山乡、八泉乡文化站合并，新建河山镇文化站；南日乡、晏城乡文化站合并，新建南日镇文化站；屠甸乡文化站并入屠甸镇文化站；濮院乡文化站并入濮院镇文化站；亭桥乡文化站并入高桥镇文化站。

9月4—7日，中日民俗学者联合考察团一行20人来石门罗家角文化遗址考察江南农耕文化。

9月25—26日，桐乡县文学艺术工作者第三次代表大会召开。

10月15—18日，"凤鸣金秋"桐乡县第四届文化艺术节暨物资商品交流会在梧桐镇举行。

10月8日，县政府举办君匋艺术院建院五周年暨钱君匋从艺70周年学术研讨会。

10月10日，上海文史馆、解放日报社等在上海银河宾馆联合举办"钱君匋从艺70周年音乐作品欣赏会"。同日，崇福孔庙大成殿因道路拓宽整体南移40米，重建竣工。

12月12日，省委副书记沈祖伦参观茅盾故居。

是年，陈娟红前往美国洛杉矶参加世界超级模特大赛，夺得第四名，始享"世界超级模特"之誉。

1993年

3月1日，崇福大戏院被评为省文化系统"录像放映先进单位"。

4月4日，香港著名作家金庸在嘉兴市委书记王国平陪同下参观君匋艺术院。

4月25日，省内30多名县（市、区）文化馆长参观河山镇文化中心。

5月4日，撤县设市，在桐乡影剧院举行专场文艺演出。

5月12日，中共中央政治局委员、国务委员李铁映参观君匋艺术院。

5月14日，全国人大常委会副委员长陈慕华参观茅盾故居。

5月18日，桐乡市文化实业公司开业。

6月28日，桐乡电影公司投资100万元开办的亚细亚歌舞厅开业。

8月，省委宣传部长梁平波视察市博物馆、蚕桑丝绸博物馆、侯波徐肖冰摄影艺术馆基建工地。

8月25日，省委副书记、省长万学远参观茅盾故居。

10月18日，芝村乡文化中心开业，徐肖冰、侯波参加开业仪式，徐肖冰题词。

10月27日，省委书记李泽民来君匋艺术院观看藏品。

11月9日，举办丰子恺先生诞辰95周年系列活动。

12月4日，全国人大常委会副委员长李锡铭参观茅盾故居。同日，上海市原市长、海峡两岸关系协会会长汪道涵参观茅盾故居、君匋艺术院。

12月10日，举行纪念毛泽东同志诞辰100周年大型摄影展览暨桐乡市博物馆、蚕桑丝绸博物馆、侯波徐肖冰摄影艺术馆开馆典礼，副省长徐志纯等参加。

1994年

1月，百桃普安桥遗址发生文物盗掘，市博物馆会同公安部门追缴盗掘文物31件，收缴非法所得2.5万元。

3月7日，全国乡镇企业文化委员会第一届年会暨乡镇企业文化理论研讨会在凤鸣宾馆召开。

4月23日，民政部原部长崔乃夫参观茅盾故居。

4月27日，文化部常务副部长高占祥参观市博物馆、君匋艺术院，分别题写"领袖风采，日月同辉"和"艺海光华"。

4月，桐乡市图书馆被定为国家三级图书馆。

5月4日，文化部副部长王济夫参观君匋艺术院。

5月19日，民间艺人范伯寿获"浙江省首批民间艺术家"称号。

8月21日，国务院特区办公室主任、商业部原部长胡平参观茅盾故居、君匋艺术院。

9月16日，文化部常务副部长高占祥参观茅盾纪念馆、君匋艺术院，视察河山镇文化中心。

12月15日，市文化馆在百桃乡梧桐村举办神歌演唱活动，上海、浙江等地的10多名民间文艺专家前来观摩。

12月8日，市首届文学艺术金凤凰奖评出金凤凰奖3件，提名奖9件。

同月，由北京大学、省文物考古研究所、日本上智大学组成的浙北史前地下文物调查队来我市开展文物调查。

1995年

2月10日，茅盾故居被列为首批省级爱国主义教育基地。

2月26日，国务委员王芳参观君匋艺术院。

4月16日，桐乡市被国家人事部、文化部评为"全国文化模范市"。

5月10日，市文化馆开馆。新馆位于庆丰南路广福路1号，面积2400平方米。

6月9日，市政府在市文化馆召开东海文化明珠工程领导小组成员规划建设会议，规划河山等9个乡镇为省级东海文化明珠工程乡镇。

8月，由北京大学、省文物考古研究所、日本上智大学组成的中日考古队对普安桥遗址进行第一期考古发掘。

9月9日，海协会会长汪道涵等一行14人参观君匋艺术院。

9月10日，电视连续剧《子夜》在茅盾纪念馆举行开机仪式。

9月15日，举办纪念丰子恺逝世20周年和缘缘堂重建10周年系列活动。

9月，在梧桐街道城南村秦王庙旧址重建凤鸣寺。

10月17日，岳石尘、谭建丞在台北国父纪念馆举办"大陆双百老人书画精品展"。

10月31日，浙江先锋机械厂企业文联成立，下设5个文艺兴趣小组，首批会员55人。

11月，在高速公路晏城段施工现场发现良渚文化遗址，省考古所进行抢救性发掘。

12月，河山镇被省文化厅命名为省级"东海明珠工程"；濮院镇被嘉兴市文化局命名为嘉兴市级"东海明珠工程"。

1996年

1月，市文化馆被省文化厅授予"一级馆"称号。

2月25日，马来西亚艺术学院院长钟正山参观丰子恺故居。

3月，侯波徐肖冰摄影艺术馆被省委、省政府命名为"省级爱国主义教育基地"。

4月，桐乡越剧团新楼在城河路311号落成。

同月，省考古所在屠甸镇千金村发掘良渚墓葬。

5月，市博物馆在民合乡发掘明代墓葬。

同月，市博物馆在屠甸镇金家浜发掘良渚文化时期墓葬10座。

同月，高桥镇高桥村农民沈华良自发创建文化个体户，向当地农民开放服务。

7月3日，纪念茅盾诞辰100周年大会在乌镇举行。同日，茅盾诗碑在乌镇公园揭幕。

7月10日，纪念茅盾诞辰100周年国际学术研讨会在乌镇茅盾故居举行。

9月，日本NHK电视台"中华五千年文明史"摄制组来百桃普安桥中日联合考古现场进行实地拍摄。

10月8日，市文化局迁入庆丰南路广福路3号新址办公。

10月，新中国成立后第一部《桐乡县志》由上海书店出版社出版。

是年，东兴文化广场投入使用。

1997年

1月，"茅盾诞辰100周年书画精品展"在君匋艺术院展出，共展出周而复、臧克家、魏巍等名人作品50幅。

2月，市电影公司获1996年度"浙江省电影发行放映先进集体"称号。

3月12日，市图书馆举办《四库全书存目丛书》展示会。

3月31日，市文化局增挂旅游局牌子，对外改称文化旅游局。

4月15日，梧桐镇钱林村唐家石桥农田取土现场发现良渚文化遗址。

5月18日，召开纪念毛泽东《在延安文艺座谈会上的讲话》发表55周年暨桐乡市第二届文学艺术"金凤凰"奖颁奖大会，省文联主席顾锡东出席。

6月28日，杭州园林局在虎跑举办"李叔同及弟子丰子恺（藏品）艺术展"，丰子恺纪念馆藏品45件参展。

10月25日，全国人大常委会委员长乔石由浙江省委书记李泽民陪同，参加君匋艺术院建院十周年庆典活动。

11月27日，国务委员、教育部长陈至立参观君匋艺术院并观看藏品。

是年，市文化局被省文化厅评为"文化市场管理先进集体"。

1998年

2月14日，全国政协副主席杨汝岱参观茅盾故居、君匋艺术院。

4月8—9日，桐乡市文学艺术界联合会第四次代表大会召开。

5月4日，《桐乡报》正式复刊。

8月2日，钱君匋在上海瑞金医院逝世，享年93岁。

8月10日—10月30日，由北京大学、日本上智大学和省考古研究所组成的中日联合考古队，第三次在百桃普安桥遗址进行考古发掘。

10月31日，乡镇区域调整。民兴乡文化站并入乌镇文化站；上市乡文化站并入崇福镇文化站；晚村乡、义马乡文化站并入洲泉镇文化站；安兴乡文化站并入石门镇文化站；史桥乡文化站并入灵安镇文化站。

11月9日，举办纪念丰子恺诞辰100周年座谈会、丰子恺漫画馆落成典礼暨丰子恺雕像揭幕仪式，中国文联主席周巍峙参加活动。

是年，桐乡市图书馆被定为国家二级图书馆。

是年，茅威涛当选为中国戏剧家协会副主席。

1999年

5月14—27日，袁道厚率省书画交流代表团一行5人，赴日本栃木、静冈、福井进行书画艺术交流。

5月21日，全国政协副主席白立忱参观茅盾纪念馆。

7月，市十二届人大常委会第十三次会议通过确定菊花为桐乡市花，梧桐树为桐乡市树。

8月2日，君匋艺术院举办纪念钱君匋逝世一周年暨钱君匋铜像落成仪式。

9月26日，庆祝建国50周年"岁月如歌"大型团体操比赛在桐乡一中大操场举行，1700人参加表演。

11月5日，"茅盾杯"全国摄影大赛在桐乡举行。同日，"凤栖梧桐""菊花仙子"大型雕塑在梧桐镇落成。

11月6日，举办首届中国·桐乡菊花节。同日，金仲华故居在庆丰南路广福路1号落成开馆。

2000年

2月2日，中共中央政治局常委、全国政协主席李瑞环在海宁钱君匋艺术研究馆观看桐乡君匋艺术院书画藏品。

9月30日，桐乡设计制作的"菊乡凤凰"和"世纪腾飞"彩船参加嘉兴市首届南湖船文化节，分获特等奖和一等奖。

10月13日，陆费逵图书馆举行开馆仪式。

10月22日，第二届中国·桐乡菊花节"富神杯"菊花仙子评选决赛在嘉兴电视台演播厅举行，郁菊萍获金冠，高秋芳、董汝华获银冠，另有七人获"菊花仙子"称号。

11月，新地里遗址发现。次年3月发掘。

11月6日，鲍月景纪念亭与广福长廊、广福楼、古戏台在广福路落成开放。

同月，举办首届丰子恺故里漫画周系列活动，漫画家缪印堂、徐昌酩、沈天呈、谢春彦、于保勋等来桐乡采风创作。

11月7日，丰子恺漫画学校在凤鸣小学挂牌成立。

11月8日，在市区茅盾东路举行茅盾塑像揭幕仪式。

11月9日，新世纪公园对外开放。

11月11日，第五届茅盾文学奖颁奖典礼在乌镇举行。张平《抉择》、阿来《尘埃落定》、王安忆《长恨歌》、王旭烽《茶人三部曲》获奖。

2001年

1月14日，日本静冈县文物保护交流考察团考察新地里良渚文化遗址。

3月24日，中国广播电视学会、电视文学研究会和桐乡市乌镇管委会联合摄制的电视艺术片《乌镇古韵》在乌镇开机。

3月25日，浙江省委书记张德江参观茅盾纪念馆。

3月26日，全国人大常委会原副委员长陈慕华参观茅盾纪念馆。同日，茅盾逝世20周年纪念活动暨第七届茅盾国际学术研讨会在乌镇举行。

4月5日，首届中国乌镇香市——江南水乡狂欢节开幕。

4月25日，第三届全国漫画精选作品展在君匋艺术院开幕。

4月26日，中国美术家协会漫画艺术委员会在丰子恺纪念馆建立全国第一个漫画创作基地。

5月16日，全国人大常委会原副委员长费孝通参观茅盾纪念馆。

5月19日，文化部原部长王蒙来乌镇参观。

5月24日，中国文联党组书记、副主席高占祥参观茅盾纪念馆。

6月15日，罗家角遗址被国务院公布为全国重点文物保护单位。

6月20日，中共中央宣传部副部长、国家广电总局局长徐光春，中央电视台台长赵化勇参观茅盾纪念馆。

6月，徐肖冰侯波大型摄影作品展《没有共产党就没有新中国》在省博物馆展出，徐肖冰、侯波出席开幕式。

8月12日，中共中央政治局委员、书记处书记、国务院副总理温家宝参观茅盾纪念馆。

8月28日—9月2日，"丰子恺漫画艺术展"在北京中国美术馆展出，展出作品120幅。

9月8日，中国人民银行行长戴相龙参观茅盾纪念馆。

9月15日，"古镇风韵"花车参加上海旅游节花车巡游，获最高荣誉奖——最佳造型奖。

9月29日，中共中央政治局原常委宋平参观茅盾纪念馆。

10月15日，全国人大常委会委员长乔石参观茅盾纪念馆。

10月30日，市委、市政府决定不再保留文化局、体育运动委员会，组建文化体育局。

10月，乡镇区域调整。民合乡文化站并入乌镇文化站；新生乡文化站并入濮院镇文化站；百桃乡文化站并入梧桐镇文化站；南日、骑塘乡文化站并入高桥镇文化站；羔羊乡文化站并入石门镇文化站；青石、永秀乡文化站并入洲泉镇文化站；芝村、留良、虎啸乡文化站并入崇福镇文化站。

10月，桐乡市被文化部授予"中国民间艺术（漫画）之乡"称号。

11月6日，茅盾之子韦韬向茅盾纪念馆捐赠茅盾收藏的17幅名家书画及友人书画。

11月7日，全国人大常委会副委员长成思危参观茅盾纪念馆。

11月9—18日，举行第三届中国·桐乡菊花节。

12月6日，中央电视台三套节目全场播出第三届中国·桐乡菊花节开幕式《花开桐乡》大型文艺晚会。

12月8日，全国人大常委会副委员长、全国妇联主席彭珮云参观茅盾纪念馆。

12月17日，市委召开全市农村文化示范户建设现场会。

12月28日，经国家邮政局批准，桐乡邮政局首次公开发行2001年《桐乡风光》贺年有奖明信片共6000套。

2002年

2月16日，中共中央政治局常委、全国政协主席李瑞环视察茅盾纪念馆。

3月27日，全国政协副主席李贵鲜参观茅盾纪念馆。

3月28日，第二届中国·乌镇香市——江南水乡狂欢节开幕。

4月2日，新世纪公园举办"潍坊大型风筝艺术展"，展出各类风筝5400只。

4月7日，国家邮政局发行的特种邮票《水乡古镇》首发式在乌镇修真观古戏台举行。

6月5日，全国人大常委会副委员长王光英参观茅盾纪念馆。

6月17日，国家文物局局长张文彬一行4人参观君匋艺术院。

6月19日，"茅盾杯"全国中小学作文大赛在乌镇举行，20多个省市参加，来稿1万余篇。

7月1日，法国电视台拍摄的大型电视记录片《徐肖冰、侯波——毛泽东的摄影师》，历时一个月，在桐乡封镜。

7月25日，乌镇举办首届江南水乡童玩艺术节。

7月30日，中共中央政治局委员、上海市委书记黄菊，中国工程院党组书记徐匡迪参观茅盾纪念馆。

7月，第三次全省历史文化遗产普查工作开始。

8月23日，全国文联党组书记李树文率出席全国文联工作经验交流会的130多名代表来乌镇考察水乡文化和古镇文化。

9月2日，庆祝君匋艺术院建院15周年暨院藏书画精品展在浙江西湖美术馆展出。

9月17日，"子恺杯"2002年第四届全国漫画大展在北京炎黄艺术馆展出。

10月6日，花车"香市之舟"参加在上海世纪公园举行的上海旅游节暨第三届国际音乐烟花大会闭幕式，获最佳仿真效果奖。

10月7日，日本书法篆刻代表团一行8人专程来君匋艺术院观看书法篆刻藏品。

11月1—3日，举行第四届中国·桐乡菊花节。

11月，石门东园遗址发掘。

2003年

1月，香海寺在濮院镇杨家桥易地重建。

3月2日，桐乡市图书馆新馆在行政大楼西侧落成开馆，建筑面积7200平方米。

3月27日，钱君匋家属向君匋艺术院移交第三批文物。

3月29日，第三届中国·乌镇香市——江南水乡狂欢节开幕。

7月14日，全市土地整理项目区块地下文物勘测全面开始。

7月30日，桐乡市文学艺术界联合会第五次代表大会召开。

8月8日，《桐乡文化报》创刊。

8月28日，桐乡市科技会展中心通过验收，建筑面积3.6万平方米，总投资1.7亿元。

10月8日，浙江省考古所、香港中文大学一行专家拍摄新地里遗址出土玉器，进行玉器制作工艺的课题研究。

10月10日，董家桥遗址发掘。

10月11日，中国考古学会理事长徐苹芳考察东园遗址。

10月28日，中央军委主席江泽民视察茅盾纪念馆。

10月28日，第一届群众文艺"菊花奖"汇演在桐乡科技会展中心大剧院举行。

11月8日，第五届中国·桐乡菊花节暨浙江省第十三届电视牡丹奖颁奖典礼举行。

11月9日，"缘缘杯"2003年浙江省漫画大赛颁奖仪式在市图书馆举行。同日，桐乡市政府、浙江省社会科学院联合在崇福中山公园举行吕留良纪念活动。

11月10日，《小说月报》第十届"百花奖"颁奖典礼在乌镇举行。

11月27日，省文史馆馆员、书画家岳石尘逝世，享年102岁。

11月27日，建设部、国家文物局授予乌镇"中国（首批）历史文化名镇"称号。

12月1日，市政府公布第四批市级文物保护单位34处。

12月9日，乌镇获联合国遗产保护杰出成就奖。

12月26日，河南省委书记、省人大常委会主任李克强，河南省委副书记、省长李成玉参观茅盾纪念馆。

12月26日，乌镇白莲塔塔基抢救性发掘工作结束。

是年，洲泉、石门被省文化厅命名为省级"东海明珠工程"。

2004年

1月27日，中共中央政治局常委、全国人大常委会委员长吴邦国参观茅盾纪念馆。

3月12日，石门镇董家桥村发现战国时期文化遗址。

3月22日，石门东园遗址入围"2003年十大考古新发现"评选。

3月27日，第四届中国·乌镇香市——江南水乡狂欢节开幕。

4月6日，新地里遗址荣获2001—2002年度国家田野考古三等奖。

4月14日，中共中央政治局原常委、全国人大常委会原委员长李鹏参观茅盾纪念馆。

5月2日，全国人大常委会副委员长蒋正华参观茅盾纪念馆。

6月，市文化馆被文化部授予"一级文化馆"称号。

6月，市电影公司开始组织实施农村电影放映"2131工程"。

7月15日，"子恺杯"2004年第五届中国漫画大展在北京中国美术馆展出。

8月17—23日，丰子恺纪念馆应邀赴台湾云林县举办"漫画大师丰子恺漫画艺术展"。

9月1日，第二届中国·乌镇江南水乡童玩艺术节开幕。

9月10—26日，中国"七艺节"期间，广西柳州歌舞团《八桂大歌》、浙江小百花越剧团《藏书之家》、安徽黄梅戏剧院《长恨歌》在桐乡大剧院连演6场。同时，桐乡市博物馆馆藏文物——明代宋旭《松壑楼居图》在浙江省博物馆举办的"旷世墨宝——浙江馆藏唐、元、明书画珍品大展"中展出。

9月16日，省委书记、省人大常委会主任习近平到桐乡视察文化建设。

10月5日，中共中央政治局委员、国务院副总理吴仪参观茅盾纪念馆。同日，屠甸姚家山遗址发掘。

11月5日，第六届中国·桐乡菊花节暨皮草展示会在崇福镇开幕。

12月，复兴电影文化广场开工建造。

2005年

3月29日，组建桐乡市文化广电新闻出版局，设立桐乡市体育局，市体育局与市文化广电新闻出版局合署办公。

同月，屠甸普安桥遗址被省人民政府公布为第五批浙江省文物保护单位。

5月26日，参加"连线浙江——世界作家看浙江"文学采风活动的19名作家来桐乡采风，其中9人分别来自美国、俄罗斯、法国、希腊、韩国、新加坡及中国台湾地区。

6月20日，徐肖冰、侯波"在毛泽东的那个年代"摄影作品展在台湾国际视觉中心展出。

6月22日，市图书馆被定为国家一级图书馆。

7月26日，第六届全国茅盾文学奖颁奖典礼在乌镇举行，熊召政的《张居正》、张洁的《无字》、徐贵祥的《历史的天空》、柳建伟的《英雄时代》、宗璞的《东藏记》获奖。

7月，全国文化信息资源共享工程桐乡支中心开通。

8月19日，市博物馆选送的13件文物在国家博物馆"文明的曙光"——良渚文化文物精品展展出。

同月，市电影公司被国家广播电影电视总局授予"全国农村电影工作先进集体"。

9月14日，市政府和杭州师范学院弘丰研究中心联合主办的丰子恺研究国际学术会议在杭州开幕。

9月15日，市举办丰子恺逝世30周年暨缘缘堂重建20周年系列活动。

9月23日，台北故宫博物院邓淑萍等一行来市博物馆观看姚家山出土文物。

9月28日，首届中国·崇福皮草博览会在崇福镇举行。

10月13日，乌镇"台阁"民俗方队应邀赴日本参加第22届御堂筋国际大巡游。

10月16日，洲泉镇旱船舞队，大麻镇大刀队、高杆旗队，河山镇高跷队参加嘉兴江南文化节开幕式"吴风越韵"——江南民间文艺行街表演。

10月25日，第二届群众文艺菊花奖汇演在桐乡科技会展中心大剧院举行。

10月26日，河山镇东浜头村获中央精神文明建设指导委员会授予的"全国文明村"称号，成为嘉兴市首个"全国文明村"。

10月，《毛谈虎墨迹》由西泠印社出版社出版。

11月，庆丰社区被中央文明办、文化部评为"全国文化先进社区"。

11月3日，第七届中国·桐乡菊花节开幕式暨"花开桐乡·魅力乌镇"大型文艺晚会在乌镇西栅景区水上舞台举行。

11月11日，乌镇入选"2005中国十大魅力名镇"。

11月25日，民乐演奏家傅华根应邀赴美国举办音乐会。

是年，新地里遗址被列为省级文物保护单位。

2006年

2月17—28日，应美国美洲亚洲艺术学会邀请，市文联主席杨惠良一行6人赴美国进行文化艺术交流。

3月16日，以"弘扬企业文化，打造文化名市"为主题的"企业文化月活动"启动。

4月22日，丰子恺墓园在河山镇东浜头村落成，丰子恺骨灰迁葬故里。

5月25日，乌镇谭家湾遗址公布为全国重点文物保护单位。

6月3日，嘉兴市公共图书馆"一卡通"工程和数字图书在市图书馆开通。

7月4—6日，举办茅盾诞辰110周年系列活动。活动内容有茅盾纪念堂开放、茅盾夫妇骨灰安放暨茅盾陵园落成仪式和第八届茅盾研究国际学术研讨会等。

7月14日，"子恺杯"第六届中国漫画大展在北京中国美术馆开幕。

8月4日，全国人大常委会副委员长、中国科学院院长路甬祥参观茅盾纪念馆。

8月20日，乌镇入选十大中国最美村镇。

9月5日，省考古所发掘白墙里遗址。

9月27日，副省长盛昌黎考察乌镇双塔村文化活动中心和浮澜桥村沈兴坤文化示范户。

9月28日，重修后的崇德孔庙开放，同时举行孔子塑像揭幕仪式。

9月22日—11月5日，举行第八届中国·桐乡菊花节。

10月，《桐乡市馆藏书画精品集》由西泠印社出版社出版。

10月25日，全省公共图书馆地方文献征集工作会议在市图书馆举行。

11月，市图书馆在上海图书馆征集到《洲钱吴氏宗谱》。

11月25日，桐乡工艺美术馆在乌镇落成开馆，建筑面积800平方米。

11月，河山镇庙头村被省文化厅命名为"浙江省文化示范村"。

是年，乌镇、濮院镇、屠甸镇被省文化厅命名为省级"东海明珠工程"。

2007年

1月，《钱君匋墨迹》由西泠印社出版社出版。

4月2日，举办纪念金仲华诞辰100周年暨金仲华雕像揭幕仪式。

4月21—23日，全国新农村文化发展论坛在桐乡举行，同时举办全国新农村建设漫画大赛获奖作品展和群众文艺汇报演出。

4月27日，孔另境纪念馆在乌镇西栅景区开馆。

6月9日，桐乡市非物质文化遗产陈列馆在庆丰南路广福路1号开馆。

7月22日，舞蹈《瞻瞻的脚踏车》在深圳参加第四届全国"小荷风采"少儿舞蹈展演，并获银奖。

7月26日，京杭大运河主体和沿岸文物现况调查启动。

9月，市图书馆征集到光绪四年（1878）再版本《黄叶村庄续集》。

9月25日，第五届浙江作家节在桐乡开幕。

10月，同福乡、凤鸣街道文化站合并为凤鸣街道文化站。

10月20日，第三届浙江省未成年人读书节在桐乡大剧院举行开幕式。

11月22日，第三届群众文艺菊花奖汇演在桐乡科技会展中心大剧院举行。

11月29日，中国·桐乡廉政漫画大赛作品展在桐乡科技会展中心展出。

12月3日，第二十三届中国戏剧梅花奖在苏州举行颁奖典礼，茅威涛获"梅花奖"。

12月9日，文化部部长、全国文联主席孙家正一行来桐乡考察调研文化建设。

12月15日，浙江省第四届刻字艺术展及颁奖典礼在桐乡科技会展中心大剧院举行。

12月26日，第三次文物普查野外调查工作启动。

是年，洲泉镇东田村被省文化厅命名为"浙江省文化示范村"。

是年，大麻镇、崇福镇被省文化厅命名为省级"东海明珠工程"。

是年，龙翔街道、梧桐街道、凤鸣街道被嘉兴市文化局命名为嘉兴市级"东海明珠工程"。

是年，由桐乡市纪委、中国美术家协会漫画艺术委员会、浙江省纪委等联合举办的第一届中国·桐乡廉政漫画大赛，入选当年度"全国十大廉政文化事件"。

2008年

1月，由省文物考古研究所和市文物管理委员会编著的《新地里》一书由中国文物出版社出版。

2月1日，复兴影城开业。

4月21日，缘缘亭在丰子恺墓地落成。

4月24日，《桐乡文艺》恢复为季刊。

4月29日，农村电影"2131工程"数字化放映启动仪式在屠甸镇汇丰村举行。

8月14日，桐乡市被中国书法家协会授予"中国书法之乡"称号。

9月2—3日，桐乡市文学艺术界联合会第六次代表大会召开。

10月，《丰子恺墨迹》由西泠印社出版社出版。

11月2日，第七届全国茅盾文学奖颁奖典礼在乌镇举行，贾平凹的《秦腔》、迟子建的《额尔古纳河右岸》、周大新的《湖光山色》、麦家的《暗算》获奖。

11月1—3日，举办第九届中国·桐乡菊花节。

11月2—3日，举办纪念丰子恺诞辰110周年系列活动。

11月17日，洲泉镇青石村陆家墩遗址发掘。

12月，《桐乡市馆藏文物精品集》由西泠印社出版社出版。

同月，大麻镇大庄村被省文化厅命名为"浙江省文化示范村"。

2009年

4月17日，中国·桐乡廉政漫画馆暨浙江省廉政文化教育基地在丰子恺纪念馆挂牌。

5月19日，"浙江当代中国画研究院作品展"在君匋艺术院展出。

6月8日，中共中央政治局常委李长春参观茅盾纪念馆，并在昭明书院观看君匋艺术院藏品。

8月16日，桐乡新华书店购书中心开业。

8月29日，取材于桐乡、展示大学生村官工作和生活的电影《情系梧桐》在桐乡开机拍摄。

9月10日，莱索托王国文化部长一行参观茅盾故居。

9月15日，丰子恺幼女丰一吟向丰子恺纪念馆捐赠《丰子恺致广洽法师信札集册》、中篇小说《六千元》手稿、《竹取物语》等4部日本小说译稿。

9月21日，钟山隐等15名民间艺人被省委宣传部、省文化厅、省文联授予"浙江省优秀民间文艺人才"称号。

9月30日，联合国教科文组织在阿联酋召开的保护非物质文化遗产委员会会议上，通过了由桐乡市等协作共同申报的"中国蚕桑丝织"项目列入"人类非物质文化遗产代表作名录"。

10月27日，徐肖冰在北京逝世，享年93岁。

10月29日，君匋艺术院珍藏的赵之谦书画精品50件、篆刻印章104方在杭州西湖美术馆展出。

11月5日，市图书馆征集到《吕氏家塾读本》。

11月6日，市委、市政府在侯波徐肖冰摄影艺术馆举行徐肖冰同志追思会。8日，骨灰撒入乌镇南栅市河。

11月，《桐乡市馆藏篆刻精品集》由西泠印社出版社出版。

12月3日，市图书馆乌镇分馆（严独鹤图书馆）开馆。

12月22日，桐乡市文化中心开工。2014年竣工。

是年，陈娟红被评为"中国骄傲·第八届中国时代十大新闻人物"。市博物馆被国家文物局评为国家"三级博物馆"。

是年，桐乡市被浙江省文化厅列为传统节日保护地。

2010年

1月29日，市图书馆通过国家一级图书馆复评。

2月19日，振兴西路小学表演的舞蹈《菊乡童韵》在中央电视台少儿频道播出，并获第五届全国校园文艺汇演金奖。

3月30日，钟旭洲捐赠首批古钱币仪式在桐乡东方大酒店举行。

5月25日，"子恺杯"第八届中国漫画大展暨首届丰子恺漫画艺术节在市科技会展中心举行。

7月9—19日，丰同裕的蓝印花布、沈学章的麦秆画、胡银松的核桃雕刻等由中国友协文化代表团携带，参加在法国巴黎怡黎园举行的"中国嘉兴民间艺术展暨中法文化交流会"。

10月18—20日，第四届群众文艺菊花奖汇演在桐乡大剧院举行。

10月23日，第十届中国·桐乡菊花节开幕。

10月25日，"徐肖冰杯"全国摄影大赛颁奖典礼暨获奖作品展在桐乡科技会展中心举行。

12月，《桐乡市馆藏水陆道场画集》由西泠印社出版社出版。

2011年

1月22日，市委书记费建文等领导专程赴京看望徐肖冰家属。

2月，《茅盾墨迹》由西泠印社出版社出版。

4月12—14日，纪念茅盾逝世30周年暨全国第九届茅盾研究学术研讨会在桐乡举行。

10月20日，第五届文学艺术金凤凰奖颁奖典礼在广电大楼演播大厅举行。

10月26日，举行纪念张履祥诞辰400周年学术研讨会暨张履祥先生墓园落成仪式。

10月28日，纪念中华书局100周年暨陆费逵诞辰125周年活动在市图书馆举行，同时授予"中华书局版本图书馆"匾额。

12月21日，文学家、画家木心逝世，享年84岁。24日上午在桐乡殡仪馆举行木心遗体告别会，下午在乌镇西栅昭明书院举行追思会。

是年，桐乡市被文化部授予"中国民间艺术之乡（摄影）"称号。

2012年

1月，反映桐乡历史文化和风土人情的桐乡历史文化丛书第一辑（《桐乡史话》《小镇模样》《风土杂记》《文明留痕》《名物小识》），由浙江人民出版社出版。

3月，第一部全面介绍桐乡人文历史的大型图片书籍《桐乡文脉》由浙江人民美术出版社出版。

4月17日，《今日桐乡》刊登长篇通讯《一生好人范雪森》，介绍文化馆原党支部书记范雪森同志的事迹。

4月28日，举行君匋艺术院建院25周年、钱君匋诞辰105周年暨君匋艺术院扩建工程竣工庆典活动。

5月9日，中央电视台电影频道10集系列网络微电影"爱@的桐乡"在桐乡开机拍摄。

5月18日，应中华书局（香港）有限公司邀请，市长盛勇军等参加中华书局（香港）百年纪念活动。

5月19日，波兰华沙大学民族舞蹈团在市科技会展中心大剧院专场演出。

5月19—21日，第二届丰子恺研究国际学术会议在杭州召开。

6月18日，桐乡市越剧团更名为桐乡市文化艺术服务中心。

7月23日，中央电视台4套《走遍中国》播出石门桂花村端午习俗"蜘蛛煨蛋"。

8月22日，"子恺杯"第九届全国漫画大展暨第二届丰子恺漫画艺术节在市科技会展中心开幕。

10月27日，第十一届中国·桐乡菊花节在市政广场开幕，副省长陈加元出席。同日，第二届"徐肖冰杯"全国摄影大展开幕式暨颁奖典礼在浙江传媒学院桐乡校区举行。

10月30日，纪念金仲华诞辰105周年座谈会暨《金仲华传》首发式在钱塘新世纪大酒店举行。

11月4日，台湾台东市市长陈建阁率台东经贸投资文化交流考察团到桐乡开展旅游文化交流合作活动，并举行桐乡——台东两地旅游交流合作活动签约仪式暨两岸文化走亲联谊会。

11月7日，全市排舞比赛在市政广场举行。

12月19日，"2012年长三角文化创意产业金鼎奖"在上海颁奖，乌镇西栅景区获"最佳文化景区"。

2013年

1月2日，美国瓦尔普莱索大学孔子学院组织的瓦尔普—卡内基音乐剧团来桐乡巡演。

5月3日，国务院公布桐乡新地里遗址为第七批全国重点文物保护单位。

5月9日，首届乌镇戏剧节在乌镇大剧院开幕。

5月10日，市委书记卢跃东主持召开"人文名城"建设座谈会。

5月16日，"卖花人去路还香——丰子恺漫画展"在君匋艺术院开展。

5月24日，由中国摄影家协会、桐乡市人民政府、延安市委宣传部主办的"回延安——徐肖冰、侯波摄影经典回顾展"在延安枣园革命旧址展出。

6月14日，全省第一个村级非物质文化遗产保护站在乌镇民合村成立。

6月14日，钟旭洲第二次提交捐赠古钱币清单目录。

6月28日，全国书画名家作品邀请展暨《钱君匋隶书千字文》首发式在君匋艺术院举行。

7月13日，由中华书局、《光明日报》社、桐乡市人民政府、中国阅读学研究会主办的"伯鸿书香奖"启动仪式在北京举行。

8月2日，市文化馆选送的少儿舞蹈《菊娃梦》在北京举行的第七届"小荷风采"全国少儿舞蹈展演获金奖。

9月，桐乡历史文化丛书第二辑（《水墨乌镇》《人文濮院》《水韵洲泉》《古韵石门》《浅读崇福》），由浙江人民出版社出版。

10月23—24日，市文学艺术界联合会第七次代表大会召开。

10月28日，台湾、澳门、上海、杭州等两岸四地的排舞队参加在市政广场举行的"中华同心"排舞邀请赛。同日，亚太国际排舞联合会授予桐乡市"中国排舞之乡"称号。

11月5日，"第三届中国·桐乡廉政漫画大赛作品展"在君匋艺术院开展。

11月17日，中华文学基金会授予桐乡市"文学之乡"称号。

12月4日，丰子恺铜像在石门缘缘堂内落成。

2014年

4月1日，艺兼四绝——钱君匋书画篆刻装帧展在上海笔墨博物馆展出。

4月20日，首届"伯鸿书香奖"颁奖典礼暨伯鸿书香论坛在桐乡举行。

6月26日，钟旭洲钱币艺术博物馆开馆。

同月，在联合国教科文组织第38届世界遗产委员会会议上，京杭大运河列入世界遗产名录。

9月29日，石门镇桂花村村歌参加全国第六届村歌大赛，获金曲奖。

10月24日，桐乡、港澳台两岸四地南宋货币学术研讨会在钟旭洲钱币艺术博物馆举行。同日，夏家浜"吴蓬艺术馆"开工，2016年竣工。

10月26日，全国全健排舞大赛在桐乡大剧院开幕。

10月30日，第二届乌镇戏剧节在乌镇大剧院开幕。

11月9日，"美丽浙江、幸福乡村"——浙江省农村文化礼堂乡村排舞大赛在市政广场举行。

11月19日，首届世界互联网大会在乌镇开幕。

12月16日，举行徐肖冰、侯波纪念馆开馆仪式暨第三届"徐肖冰杯"全国摄影大展和首届"徐肖冰杯"中国大学生摄影双年展颁奖典礼。

2015年

1月12日，市图书馆工程征迁工作启动，新址位于庆丰南路。

7月28日，吴蓬向市政府捐赠书画作品签约仪式在市博物馆举行。

9月11日，君匋艺术院藏品"吴赵风流——吴让之、赵之谦书画印特展"在澳门艺术博物馆展出。

10月15日，第三届乌镇戏剧节在乌镇大剧院开幕。

11月7日，由桐乡市人民政府和《美文》杂志社联合主办的首届全球丰子恺散文奖颁奖典礼在桐乡举行。

11月15日，乌镇木心美术馆对外开放。

11月19日，首届中国古村大会在乌镇景区举行，来自全国25个省（市）的近700名专家学者、古村落代表与相关负责人出席。

11月22日，首届世界互联网音乐大赛颁奖典礼在桐乡科技会展中心大剧院举行。

12月16日，第二届世界互联网大会在乌镇开幕，国家主席习近平出席开幕式并发表主旨演讲。

12月22日，第六届群众文艺菊花奖颁奖典礼在科技会展中心举行。

第一章　群众文化

群众文化是人民群众自我进行的以满足自身精神生活和知识需要为目的，以文化娱乐、艺术为中心内容的社会历史现象。

晚清时期，桐乡、崇德两地的群众文化活动多为时令节庆活动，如庙会、清明蚕花胜会等，自发组织，相沿成俗。上层富绅也有诗会、堂会出现，下层市民常以茶馆为中心，自娱自乐。民国初期，提倡社会教育和通俗教育，设立通俗教育馆，后改民众教育馆。"五四"运动推广新文化，广大爱国青年学生和职工开展群众性的戏剧、歌咏活动。抗日战争期间，群众性的戏剧、歌咏活动结合抗日救亡宣传，影响深远。

新中国成立后，群众文化受到党和政府重视，设置文化馆、文化站等专门机构，予以辅导和扶持，设施不断兴建，活动迅速发展。1978年党的十一届三中全会召开后，加快群众文化设施建设步伐，城乡群众文化同步发展。特别是2007年党的十七大提出"推动社会主义文化大发展大繁荣"后，进一步加强对群众文化的投入，改善市属文化设施，完善镇、村、户三级农村文化网络。节庆文化、社区文化、村落文化、企业文化、校园文化、老年文化、广场文化、文化下乡等活动迅速发展，群众文化广泛普及和提高。2011年12月，桐乡市第十三次党代会提出建设"人文名城"的行动目标后，实施文化惠民工程，启动民星大舞台，开办排舞训练营，培训排舞骨干，建立排舞队，兴起排舞热。2013年，在全省公共文化服务建设绩效考核中获一等奖。

第一节　机构、设施及职能

一、民众教育馆

1911年辛亥革命后，全国提倡社会教育和通俗教育。民国十五年（1926），崇德、桐乡两县相继建立通俗教育馆。十七年（1928）4月，崇德县通俗教育馆改称民众教育馆，馆址设在崇福镇西寺前。十九年（1930）11月，桐乡县通俗教育馆改称为民众教育馆，馆址设在梧桐镇公园内。二十二年（1933），崇德县建立第三区（石湾）民众教育馆，馆址设在石门镇棉纱弄。

民国二十六年（1937），日军入侵，崇德、桐乡两县先后沦陷，民众教育馆分别撤至芝村和南日晖桥，不久停止活动。崇德县第三区（石湾）民众教育馆被日军烧毁，人员撤至八泉西圣埭，不久也停止活动。二十九年（1940），崇德县民众教育馆在洲泉重建，不久也因遭日军"扫荡"而解体。

民国三十四年（1945）8月，抗战胜利，崇德、桐乡两县恢复民众教育馆。崇德县民众教育馆设在崇福镇崇福寺内，三十七年（1948）迁至新民路18号，设总务、教育、艺术、生计组，图书部有图书1554册，馆长孙季梁。桐乡县民众教育馆设在梧桐镇公园内，设康乐、阅览、图书三室和体育部，图书1930册，馆长吴葆元。两县民众教育馆在做好图书阅览、问字代笔、识字教育等日常工作外，还举办一些踢毽子、棋类、风筝、国术、篮球、乒乓球、婴儿健康等比赛和野餐、音乐会、菊花展览、时事图片展览等活动，举办民众讲座，开办民众学校，为宣传民众，教育民众，满足群众的文化生活起了作用。三十七年1月，桐乡县民众教育馆归并桐乡简师兼办，改称民教部，后因简师兼办困难，仍改设民众教育馆。

1949年5月4日和5日，桐乡、崇德先后解放，两县民众教育馆分别由两县人民政府接管。

二、文化馆

桐乡市文化馆是市政府为了向人民群众进行宣传教育，组织辅导开展群众文化活动而设立的公益性全民所有制文化事业机构，是群众文化艺术活动中心和辅导中心。1995年、2004年先后被省文化厅授予一级文化馆称号。2012年12月25日，被省人民政府授予浙江省申报人类非物质文化遗产和国家非物质文化遗产工作先进单位。2014年，被列为全国全民健身排舞推广中心、浙江省排舞推广基地。

机构与沿革

1949年11月27日，在民众教育馆基础上建桐乡县人民文化馆，馆址在县前街公园口，有平房2间，面积50平方米。1950年2月26日，徐楚才负责馆务，3月25日在公园礼堂举行开馆仪式。6月5日，徐楚才首任副馆长。

1949年12月6日，在民众教育馆基础上建崇德县人民文化馆，馆址在太平弄。1950年2月，胡秋心首任副馆长，有工作人员1名。

两县人民文化馆初建时，直属县政府领导。1952年5月，划归县政府文教科领导。1953年2月，奉省文化事业管理局通知，改称文化馆。

1958年11月，桐乡、崇德两县合并为桐乡县，两县文化馆合并，称桐乡县文化馆，馆址设在梧桐镇东大街混堂弄口。

1966年8月，"文化大革命"开始，文化馆业务活动停顿，工作人员进入干校学习、劳动。

1970年7月，文化馆恢复办公，设革命领导小组，步祖林任组长，工宣队进驻。内设戏剧、文学、民间文艺、音乐舞蹈、摄影、图书、博物专业线。

1976年8月，县委宣传部批复单独建立文化馆、图书馆、博物馆，原文化馆人员、馆舍和财产一分为三，独立挂牌。

1980年5月，撤销革命领导小组，恢复馆长制，步祖林任馆长，范雪森任党支部书记。内设戏剧、文学、民间文艺、音乐舞蹈、摄影专业线。

1984年8月，机构改革，图书馆、博物馆迁出，馆舍划归文化馆。

1985年4月，文化馆设文艺创作组、群文辅导组、美术摄影组、音乐舞蹈组、财务后勤组。

1988年7月，改组为科，设群众文化科、文艺辅导科、宣传阵地科、后勤财务科、多种经营科，另设办公室。

1993年5月，撤县建市，改称为桐乡市文化馆。

1994年3月，改科为股，设文艺辅导股、阵地宣传股、文化经营股，新设调研创作室。同年4月，因旧城改造，原馆舍拆除，择地新建，暂在庆丰南路博物馆内办公。

1995年5月10日，新建馆舍在庆丰南路广福路1号落成，举行开馆典礼。

1997年，设行政财务科、文艺辅导科、宣传阵地科。

1999年11月，金仲华故居开放，管理人员由馆内调配。2007年6月9日，非物质文化遗产陈列馆开放，管理人员由馆内调配。同年，科室调整为书记馆长室、副馆长室、艺术一部、艺术二部、非物质文化遗产办公室、财务办公室、业余艺术学校、金仲华故居管理办公室、非物质文化遗产陈列馆。

2009年12月22日，桐乡市文化中心开工建造，总占地15334平方米，建筑面积22777平方米，其中文化馆区域面积7207平方米，建筑面积8578.5平方米。2012年底，文化馆大楼顺利结顶并完成外墙装修。馆内科室有书记馆长室、副馆长室、财务科、艺术一部、艺术二部、非物质文化遗产保护中心、金仲华故居管理室、青少年业余艺术学校，下辖非物质文化遗产陈列馆、漫画馆。2013年12月28日，新文化馆竣工。2014年1月23日，文化馆迁入振东新区环园路399号新馆办公。新馆为框架结构，一楼为展厅和多功能厅；二楼为培训室、教室、讲堂、影视制作室；三楼为办公室区域。至2014年末，馆内设机构有书记馆长室、副馆长室、办公室、财务室、社会培训部、文艺创作部、辅导视觉部、非物质文化遗产保护中心。

设备与设施

1950年，崇德、桐乡两县人民文化馆设施简陋，主要设备是"文化挑"，即由省文教厅统一制作的60厘米见方的木箱，内有幻灯机、留声机、图书、煤气灯、幻灯幕布等。1958年两县文化馆合并后，馆舍也仅3间平房，100平方米，设备除一些陈旧的办公桌椅及书橱外，只有一台收音机，一只幻灯机和一些旧书刊等。

1964年，文化馆舍原地拆建，新建面积300平方米，活动用房稍有改善，但设备增

桐乡市文化馆（1995年建）

桐乡市文化馆（2000年改建门面后）

添不多。1978年，陆续添置照相机、双卡录音机、钢琴等。

1995年5月10日，文化馆新馆在庆丰南路广福路1号开馆，占地面积7370平方米，建筑面积3500平方米，其中活动用房1817平方米，办公用房190平方米，其他用房397平方米，总投资250万元。馆舍为庭院式结构，集文艺创作、培训、展示、展演、休闲为一体，楼高三层，内设录像厅、排练厅、卡拉OK厅、书画室、台球房、电子游艺室、画廊、艺术档案室等。培训室面积共500平方米，内设器乐教室8间，舞蹈排练教室1间。同时添置彩色电视机、音响、功放、lD放映机等卡拉OK设备。

2000年，购置音响设备和调音台各1台。2007年以后，陆续添置电脑9台、打印机2套、数码摄像机1台、数码照相机1只、公文橱18只、汽车1辆。2011年，投入40多万元，购置移动大舞台、灯光和专业音响设备。到2012年末，馆内设备总资产达75.66万元。2014年1月23日，迁入振东新区环园路399号新馆，改善办公、活动条件，新添活动设备，馆内活动设备总值达98万元，总面积5063平方米，有馆长书记室、副馆长室、办公（档案）室、财务部、培训部、表演艺术部、视觉艺术部、文艺沙龙、书画创作室、舞蹈排练厅、器乐排练厅、合唱排练厅、录音棚、摄影棚、服装道具房、调研室、会议室等。

职能与工作

1950年，以"文化挑"为工具，以宣传人民革命伟大胜利，宣传党和政府政策法令为主要内容。同时，在城关镇开展以夜校为主要形式的成人识字教育，梧桐镇开办5班6级，崇福镇11个居民委员会办起19所夜校。

1951年3月，省人民政府对人民文化馆的工作作如下规定：（1）开展群众的业余补学教育；（2）做好图书馆阅览工作；（3）组织文娱、改革戏曲工作；（4）组织收音广播、办理黑板宣传；（5）宣传科学知识，组织通俗演讲；（6）组织体育活动，进行婴儿健康教育，设立问字代笔处等。1952年5月，文化部明确规定县文化馆的工作是以识字教育、政治宣传、文娱活动及普及科学知识为主要任务，两县文化馆积极协助筹办城镇民校，建立图书室、收音室、辅导业余剧团，开展文化娱乐活动，同时两县均举办首届人民体育大会。

此外还抄收新闻，转登黑板报，配合抗美援朝、农业合作化运动。

1953年12月，文化部通知，文化馆是政府为开展群众文化工作，活跃群众文化生活而设立的事业机构，基本任务是通过各种群众性文化活动，满足当地群众特别是工农群众的文化需要，并以爱国主义和社会主义的精神教育群众，使其成为自觉的积极的保卫者与建设者。1956年2月，文化部又通知，要求文化馆把开展农村文化工作，建立和发展以俱乐部为中心的农村文化网为主要内容。根据要求，崇德、桐乡两县文化馆的工作重点转入农村，并分别确定上市乡和城南乡为重点乡，在高级农业合作社中普遍建立俱乐部，但不久，因遭遇三年"自然灾害"，多数俱乐部停止活动。

1962年，党中央下达《文艺八条》，文化馆工作重点是恢复发展农村俱乐部。

1966—1976年，"文化大革命"期间，馆内正常业务工作被停止，只有少数人员参与绘写宣传标语，辅导学唱"样板戏""语录歌"。

1978年党的十一届三中全会以后，文化事业逐步走上健康发展的轨道。1981年7月，文化部颁发《文化馆工作试行条例》，规定文化馆的工作任务是：通过各种群众文化艺术活动，向广大人民群众进行爱国主义、社会主义思想教育和共产主义理想、道德教育；宣传马列主义、毛泽东思想；宣传党的路线、方针、政策和国家的法令；宣传国内外形势和社会主义建设成就；普及科学、技术和文化、卫生知识；组织辅导群众业余文艺创作和业余文化娱乐活动；搜集、整理当地民族、民间文学、艺术遗产。文化馆工作有了明确的指导方针和工作方法，职能不断拓宽，工作日趋规范。1980年至1995年，先后组织30多次民间文艺采风活动，收集到有关资料200多万字，特别是1987年7月至9月，组织全县200多人参与民间文艺大普查，共采集民间故事1587篇，民间歌谣337首，民间谚语400余条，共约160万字，并于1989年5月，选编出版《中国民间文学集成·桐乡卷》。还举办书法、美术、摄影、戏剧、音乐、舞蹈培训班900多期。2007年10月，党的十七大提出推动社会主义文化大发展大繁荣，对文化馆工作提出新的要求。文化馆发挥组织辅导群众文艺的功能，着力创作编排《凤栖梧桐》《蚕花美眉》《瞻瞻的脚踏车》等节目，还下乡为农民群众演出。同年开始对全市的非物质文化遗产进行普查、登记、整理、立项、建档、申报和保护工作。2009年，全年组织、配合桐乡市和参加嘉兴市大中型文艺演出18场次，全年文化下乡、下户演出35场次，举办各类文艺培训班41期，培训人数1500人次。2010年，启动"你点单，我辅导"的群众文化辅导创新活动，以龙翔街道为试点，在各行政村中开展群众文化辅导。同时还利用艺校阵地，举办各类培训班24期，受训550人次。2011年，启动"心随艺动"桐城民星大舞台，在全市12个镇（街道）演出，共举办海选、复赛、决赛15场，200多个节目登台亮相，22个节目进入决赛，评出最佳奖10名。同时又开展大规模的培训，全年举办排舞培训班25期，受训800多人；利用艺校阵地，举办各类培训班24期，受训536人次。2012年3月28日，馆属艺校在振兴西路小学设立舞蹈教育基地，为馆校文化互动搭建新平台，先后开展排舞训练营、排舞初级培训班,在市区罗马都市广场设立首个公益性排舞教学示范广场,全年共辅导培训排舞骨干800多人。2012年7月10日,市文化馆增设非物质文化遗产保护中心,担负非物质文化遗产保护的业务指导、科研编纂和管理工作。创作的主要作品陆续获奖或入选,如摄影作品《红灯高挂》入选中国第十届国际摄影艺术展;《神歌》入选《中国文化歌谣总集》;舞蹈《瞻瞻的脚踏车》获第四届全国少儿舞蹈"小荷新秀奖";排舞《最炫民族风》《喜娃娃》分获"舞动中国·2012全国排舞挑战赛"一等奖和"洪峰杯"全国排舞邀请赛金奖。到2012年底,桐乡蚕桑生产习俗入选联合国教科文组织非物质文化遗产名录;含山轧蚕花、高杆船技入选国家级非物质文化遗产代表作名录;蓝印花布等18项入选省级非物质文化遗产名录;三跳等43项入选嘉兴市级非物质文化遗产名录。2013年桐乡市文化馆举办大型排舞培训60场次,培训排舞骨干3000余人次,承办了浙江省万人排舞大展演和浙江省第七届排舞大赛,编排的少儿舞蹈《菊娃梦》,参加第七届"小荷风采"全国少儿舞蹈展演,获得最高奖"小荷之星"。2014年,培训基层文艺人才5000余人次,承办了全国全健排舞大赛。

人员与经费

文化馆初建时期人员较少。1949年,桐乡县人民文化馆3人;崇德县人民文化馆1人。1953年至1958年,两县文化馆人员基本保持在5—7人。1958年两县文化馆合并后,工作人员为7人。1960年国家经济困难时期,人员缩编三分之一,后来一直保持在6—8人。1970年7月恢复文化馆机构,工作人员为6人,另有两名工宣队员进驻。1973年1月,工宣队员撤出,4名人员归队,后逐渐增至12人,各业务线都配备专业干部。1980年5月增至14人,1984年图书、博物两部析出,文化馆又充入人员。1985年后,文化馆人员保持相对稳定。1989年,在编16人,其中馆员4人,助理馆员5人;1996年,在编16人,其中副研究馆员1人,馆员3人,助理馆员4人,管理员3人,其他5人。2009年,正式在编人员17人,合同工1人,其中副研究员2人,馆员6人,助理馆员3人,管理员3人,其他人员3人。2012年底,全馆正式在编人员17人,合同工6人,其中副研究馆员1人,馆员4人,助理馆员12人,退休8人。至2014年底,全馆正式在编人员26人,合同工7人,其中在编人员中副研究员2人,馆员3人,管理员19人,退休8人。

20世纪50—60年代,文化馆事业经费未单独建立预结算制,归县文教局(科)管理。70年代开始,由县财政核定数额下达给文教局,由文教局下拨文化馆。1978年县文化局建立后,群文经费由文化局统一向县财政编造预算结算,并按月下拨文化馆。1981年,馆内创办桐文照相馆,以弥补经费不足。进入90年代后,随着经济和群众文化事业发展,经费逐年增多,基本确保人头经费和办公费。1994年,预算新馆建造120万元,实际造价250万元,除省财政厅、文化厅补助及拆迁补助费30万元外,其余由财政拨款解决。2000年后,拨款随着市财政增长而相应增长,增添基本设备和设施,办公和活动条件日益改善。

1970—2014年桐乡市（县）文化馆日常经费财政拨款一览表

年　份	拨款（元）	其中文化站	年　份	拨款（元）	其中文化站
1970	10801		1993	97000	
1971	17498		1994	129600	
1972	21983		1995	229000	
1973	19401		1996	196025	
1974	28706	550	1997	222000	
1975	20960	2370	1998	223000	
1976	33257	3240	1999	275950	
1977	41278	4440	2000	304500	
1978	28178	4400	2001	388500	
1979	51904	4440	2002	469750	
1980	46000	7277	2003	580300	
1981	61000	8420	2004	844396	
1982	93361	9395	2005	894725	
1983	69100	20044	2006	1362160	
1984	76100	18908	2007	1104070	
1985	78685	43142	2008	1284540	
1986	95166	48452	2009	1560748	
1987	115000	56663	2010	1762425	
1988	128111	72977	2011	2486179	
1989	148826	86082	2012	2248673	
1990	162099	97999	2013	3370000	
1991	79390		2014	3850000	
1992	88400				

三、文化站

文化站是国家最基层的文化事业机构，是乡镇人民政府和城市街道办事处设立的群众文化事业单位，是当地群众进行各种文化娱乐活动的场所。

机构沿革

新中国成立初期，基层所办的文化站均称人民文化馆。1950年7月，乌镇率先办起人民文化馆。1951—1952年，濮院、崇德、石门、灵安相继办起人民文化馆。

1953年2月，上述5区、镇所办人民文化馆统一改称民办文化站。4月，濮院改建为城濮区文化站。7月，又全部改为公办文化站。

1954年9月，城濮区文化站迁屠甸镇。

1956 年，撤区并乡，各乡建文化站。11 月，濮院镇又建民办文化站。

1958 年 10 月，建立人民公社，乌镇、濮院、石门、屠甸、灵安文化站改称公社文化站。

1959 年春，崇德公社建文化站。

1961 年春，大公社划分小公社，崇德、乌镇、濮院、石门单列镇，所在地文化站又复称镇文化站。

1962 年 4 月，洲泉公社建文化站。

1964 年，南日公社、梧桐公社建文化站。至此，全县已建 9 个社、镇文化站，均为民办公助文化站（即文化站人员不属国家工作人员编制，但工资由财政拨给文化馆的事业费中列支）。

1966 年，文化站撤销建制，人员调离，所有站舍移作他用。直至 1973 年 11 月，县革委会政工组批复文教局，同意恢复崇德、乌镇、濮院、石门文化站。

1976 年 6 月，留良公社建文化站，9—10 月，乌镇、石门镇先后恢复和建立公办文化站。此后三年，屠甸镇和灵安、南日、河山、高桥、同福公社也先后恢复和建立民办文化站。

1978 年 12 月，党的十一届三中全会以后，文化站建设得到发展。

1980 年，炉头、大麻公社建文化站。

1981 年，上市、义马、青石公社建文化站。

1982 年，虎啸、安兴、百桃、新生、八泉、骑塘、民合、屠甸、晚村、濮院、石门、乌镇、史桥、永秀、羔羊、民兴、芝村公社建文化站。

1983 年 1 月，取消人民公社体制，原公社文化站全部改称镇、乡文化站。至此，全县 11 个镇和 25 个乡，除梧桐镇文化站的职能由县文化馆代管未建站外，都建起文化站，实现了国家"六五"规划中提出的乡乡建有文化站的目标。

1984 年 11 月，梧桐乡划分为梧桐、城南 2 乡，南日乡划分为南日、亭桥、史桥、晏城 4 乡，次年 1 月和 6 月，亭桥、史桥建文化站；1986 年 12 月和 1989 年 6 月，晏城、城南建文化站。至此，全县有文化站 39 个。

1985 年 6 月和 1987 年 2 月，乌镇乡、石门乡分别并入乌镇、石门镇，乡文化站随同并入镇文化站。1987 年，炉头、灵安、大麻、高桥乡改为镇建制，乡文化站改称为镇文化站。

1992 年 6 月，扩镇并乡，梧桐、城南、钱林乡并入梧桐镇，濮院乡并入濮院镇，屠甸乡并入屠甸镇，亭桥乡并入高桥镇，撤销河山乡、八泉乡建制，合并河山镇；撤销南日、晏城乡建制，合并南日镇，全县调整为 13 个镇、17 个乡。文化站也随即调整。梧桐镇始建文化站。

1994 年 11 月 8 日，新生乡撤乡建镇，新生乡文化站随即改称新生镇文化站。

1998 年 10 月，上市乡并入崇福镇，晚村、义马乡并入洲泉镇，安兴乡并入石门镇，民兴乡并入乌镇，史桥乡并入灵安镇。文化站也随即调整。

1999 年 4 月，根据中共桐乡市委（99）23 号文件关于"简政放权，政事分开，凡由乡镇事业单位承担的行政管理职能，原则上均交归乡镇政府机关”的精神，全市24个乡、镇文化站全部移交给所在地政府管理。

2001年10月，行政区域再次调整，撤销民合、新生、百桃、南日、骑塘、羔羊、青石、永秀、芝村、留良、虎啸等11个乡、镇，分别并入乌镇、崇福、濮院、梧桐、屠甸、高桥、石门、洲泉等8镇、街道。撤销梧桐镇、灵安镇、炉头镇建制，设立梧桐、凤鸣、龙翔街道。调整后为9镇：乌镇、濮院、崇福、屠甸、高桥、石门、洲泉、大麻、河山；1乡：同福；3街道：梧桐、凤鸣、龙翔。文化站也随即调整为9镇1乡3街道文化站。

2007年10月，撤销同福乡，并入凤鸣街道，文化站合并为凤鸣街道文化站。同年2月，根据中共桐乡市委办（2007）17号文件《关于印发“桐乡市梧桐街道事业单位综合设置方案”的通知》精神，乡镇文化站与城乡居民合作医疗管理站合并，改名社会事业服务中心，挂文化体育站牌子。2009年底，全市文化体育站建制12个，其中镇文化体育站9个，街道文化体育站3个。至2014年底，全市文化体育站建制不变。

设备与设施

文化站从初建到70年代中期，设备设施都十分简陋，基本上是一间房子、一张桌子、一个书橱和几百册图书。

1978年12月，党的十一届三中全会后，文化站建设进程加快，设施、设备开始逐步改善。1985年2月，乌镇文化站新建和修建264平方米站舍。1989年9月30日，洲泉镇择地新建450平方米的文化站新大楼，内设图书阅览室、台球室、文艺室、电子游艺室等，1990年，率先装上电话机。1989年4月，县文化局开展争创“红旗文化站”竞赛活动，印发考评定级标准，推动文化站的软硬件建设。1990年9月，安兴乡新建1556平方米文化大楼，全县第一个达到省特级站标准。同年，安兴乡文化站经考评验收评为全县首个“红旗文化站”。1991年2月，青石乡改建200平方米的文化站用房。是年末，全县已有省特级站1个，一级站8个，红旗文化站11个。1992年5月，河山镇投资100多万元，新建1030平方米的文化站新大楼。1993年，濮院镇文化站采用与兽医站合作，投资50万元，改造原文化站，开设歌舞厅、卡拉OK厅、录像厅、图书阅览室、文印服务部。1993年9月，青石乡投资100多万元，新建1010平方米的文化新大楼。1993年10月，芝村乡投资70多万元，新建1021平方米的文化站新大楼。1995年，义马乡以30万元买下原信用社营业用房，归文化站使用。到1997年，全市文化站舍面积已达1.3万平方米。1998年，同福乡投资150万元，新建文化大楼1680平方米；1999年，高桥镇投资20万元，改建文化大楼。同年12月，乌镇文化站因乌镇古镇保护开发被拆除，临时迁入北花桥西塆。2001年，石门镇投资20万元，改建文化大楼。2002年后，文化站建设力度更大，13个镇、乡、街道文化站都新建、改建、扩建了文化站舍，藏书各达到1万册以上，还陆续购置电脑，开通信息资源共享工程。群众文艺演出设备也逐步增加，河山镇、洲泉镇、乌镇、龙翔街道专门设立道具室，每个站基本上都有小型演出设备。

其中大麻镇、石门镇和凤鸣街道文化站还购置高档数码照相机。2009年1月，石门镇投资540万元，建文化中心大楼，建筑面积3400平方米。2010年，龙翔街道对原影剧院进行改造装修，扩建文化活动室面积1800平方米。2012年3月，梧桐街道新建文体化中心大楼，面积2000平方米，内设活动室10个。2014年2月，高桥镇建筑面积3300平方米的文化活动中心投入使用；同年12月，乌镇建筑面积3000平方米的文化中心已完成土建工程。至2014年底，全市文化体育站投入使用的站舍总面积达到29757平方米，活动设备总值达783.5万元。

2014年全市镇、街道文化体育站设备、设施情况一览表

文体站	站舍面积（平方米）	设备总值（万元）	文体站	站舍面积（平方米）	设备总值（万元）
梧桐街道	2000	69	石门镇	3200	40
凤鸣街道	2100	105	洲泉镇	2000	100
龙翔街道	2100	60	屠甸镇	3500	26.5
崇福镇	4000	155	大麻镇	1527	45
乌镇	1030	40	高桥镇	3300	45
濮院镇	3000	40	河山镇	2000	58

工作与职能

文化站的主要工作职能和任务是：（1）通过群众性文化艺术、体育活动和文艺手段，向广大群众进行社会主义思想道德教育、科学教育、共产主义理想教育和党的方针政策的宣传教育。（2）组织和举办群众文化艺术、文娱体育活动，繁荣文艺创作，活跃群众文化生活，并辅导和协助村文化室（俱乐部）的工作。（3）普及科学技术文化知识，传递科技、经济信息，为群众致富和振兴农村经济服务。（4）搜集整理民族民间文化艺术遗产；进行文物普查和保护。（5）受当地乡、镇政府委托，对文化市场、文化个体户和民间艺人进行管理。

文化站初建时，工作任务较为单一，以出借、管理图书为主，同时开展一些黑板报宣传，组织一些小型文艺演出。到了7、80年代，组织开展各种文艺活动日益增多，其中1987年7月至9月，文化站工作人员全力投入民间文艺调查，组织业余骨干，走村串户，历时3个月，配合文化馆共采集到民间故事、歌谣、谚语160万字。到1999年底统计，全市24个乡镇文化站共举办各类文化活动313次，出刊黑版报、宣传橱窗574期，嘉兴市级以上发表作品39件，同时还担当管理当地文化市场的任务。

2000年后，文化站陆续开始组建文艺小分队，开展文化下村下户演出活动，共配合参加市11届菊花节的群众文化活动。同时，还创作编排优秀文艺节目，先后参加市五届

群众文艺"菊花奖"调演。2007年，明确规定文化体育站的工作职能为"组织开展群众文化活动，普及科学文化知识；组织开展群众文化艺术创作、表演，开展文化（示范）户、校园、企业、社区、广场文化活动；组织开展群众性体育活动；负责文化体育设施管理；搜集、整理、保护民族、民间文化艺术遗产；协助管理文化体育市场。是

乌镇文化站获全国先进文化站

年，全市文化体育站对辖区内的非物质文化遗产进行普查、登记、整理和上报，同时参与行政村文化活动中心（室）和文化示范户和文化茶馆建设"。2009年底统计，全市各镇、街道文体站全年共举办广场文化活动50场，开展文化体育下户活动666次，组织开展各类群众文体表演、比赛活动90余次。2012年全市各镇、街道文体站在做好文化惠民下村、下户，举办广场文化活动以外，还组织辅导排舞队88个。在全市各镇、街道普遍兴起了排舞热。2014年全市12个镇、街道文体站组织举办大型活动124次；文化下村下户683次。乌镇文化站于1990年12月被文化部评为全国先进文化站。

乌镇文化站、洲泉镇文化站、河山镇文化站、同福乡文化站被省文化厅评为省级群众文化工作先进集体。2009年，洲泉镇文体站被省文化厅评为非物质文化遗产普查工作先进集体。1994年9月16日，文化部常务副部长高占祥到河山文化中心调研视察，2010年8月9日，副省长郑继伟到石门文体站调研视察。

人员与经费

文化站初建时，一人一站，分公办、民办两种类型，公办站人员由上级主管部门选派，民办站人员由当地政府选聘，报主管部门认可。1984年前，由于文化站编制体制长期得不到解决，人员流动性较大，先后进出达162人，其中灵安镇文化站先后调换过11人。

1984年12月，在全县文化站人员中，经考试和考察，在14个乡镇民办文化站中录用14名国家干部，此后乡镇文化站的基本队伍得到稳定。

1992年，经考试和考察，9个乡、镇民办文化站工作人员转为聘用干部。

1993年，转业退伍军人沈浩分配到屠甸文化站工作。

1994年，公办站5名固定职工和17个镇、乡民办站18名工作人员转为聘用干部。至此，除新生乡外，30个乡镇文化站转为公办文化站。

1995年，转业退伍军人范锦元分配到羔羊文化站工作。全市乡镇文化站工作人员定编80人。

1999年4月，中共桐乡市委（99）23号文件下文"简政放权，政事分开"。全市原有30个乡镇文化站，全部划归乡、镇政府管理，文化站长和工作人员由街道、乡、镇政

府统一调配任用。到 2012 年底统计，公务员、教师编制兼职正、副站长 7 人，在编正副站长 7 人，在编工作人员 24 人，聘用人员 33 人，退休 11 人。

至 2014 年底，公务员、教师编制兼职站长 6 人，在编正副站长 8 人，在编工作人员 28 人；自聘 32 人，退休 14 人。

桐乡市（县）乡、镇街道历任文化站工作人员一览表

站　名	建站时间	工作人员	性别	任职时间	备注
乌　镇	1950.7	潘志栋	男	1950.7—1951.11	
		李觉迷	女	1950.9—1951.2	
		潘瑞英	女	1951—1952.7	
		周克勤	男	1951—1952	
		邱荣林	男	1951—1951.12	
		陈振华	男	1952.7—1956.4	
		高亦敏	女	1952.3—1953.1	
		顾金荣	男	1955.8—1956	
		周世康	男	1956—1959	
		丁文炳	男	1959.8—1963.7	
		陈雨冰	男	1963—1964.9	
		沈昌培	男	1964.9—1966.6	
		汪家荣	男	1976.8—1982.12	
		邱学敏	女	1980.12—2013.10	
		费国祥	男	1980.11—1986.6	
		庄松土	男	1985.6—1999.10（退休）	乌镇乡并入
		徐宜锌	男	1981.9—1987.12	调入文化馆
		罗佩英	女	1989.9—	民合站调入
		姚菊清	女	1998.10—	民兴站并入
		章建明	男	2001.10—	民合站并入
		沈亚平	女	2010.2—	

续　表

站　名	建站时间	工作人员	性别	任职时间	备注
濮院镇	1951.3	陈爱英	女	1951—1952	
		周克勤	男	1952—1952.12	
		周其中	男	1951.2—1953.1	
		高亦敏	女	1953.1—1954.9	
		程丽锦	女	1956.11—1966.6	
		施金松	男	1975.11—1976.12	
		李锦玉	男	1976.12—2002.8（内退）	
		沈月园	女	1979.6—1982.7	
		朱莉韵	女	1981.2—1984.4	
		周敬文	男	1985.4—1986.9	
		胡东辉	男	1990.2—1992.3	
		高伟胜	男	1992.6—	濮院乡站并入
		周　丽	女	2001.10—2005.9	新生镇站并入
		沈颖珠	女	2006.3—2007.6	
		许　枫	女	2007.6—2008.7	
		瞿敬颖	女	2008.7—	
		程晓敏	女	2010.2—	
		沈小荣	男	2010.9—	兼站长
石门镇	1952.1	张钰英	女	1952.1—1953.3	
		蔡建明	男	1953.3—1959	
		王锦源	男	1959—1965.1	
		陈雨冰	男	1965.1—1966.6	
		周同仁	男	1976.10—1982.12	
		李　力	男	1982.12—1989.10	
		钟春甫	男	1987.2—2014.6	石门乡站并入
		陈弘刚	男	1990.1 — 2002.6	
		钟惠荣	男	1998.10—	安兴乡站并入
		范锦元	男	2001.10—2013.10	羔羊乡站并入
		杨淑苏	女	2012.5—	
		朱　伟	男	2013.10—	

站　名	建站时间	工作人员	性别	任职时间	备注
灵安镇 （凤鸣街道）	1952.1	范稽康	男	1952.7—1954.4	
		张钰英	女	1953.3—1954.5	
		刘菊娥	女	1955.7—1955.12	
		董正南	男	1958.3—1960.1	
		沈祖方	男	1960.1—1960.5	
		罗燕燕	女	1960.5—1964.5	
		董正南	男	1974.10—1975.9	
		杨家慧	女	1975.9—1975.10	
		陈伏娟	女	1975.10—1978.6	
		朱建文	女	1978.6—1990.6	调入文化馆
		沈济华	男	1981.4—1984.11	兼文化中心站长
		韩金娣	女	1990.7—1994.2	
		高永江	男	1994.2—1999.4	
		祝汉明	男	1998.10—2008.3	史桥乡站并入
		邵国良	男	2007.10—	同福乡站并入
		路洪焕	男	2007.10—2011.3	同福乡站并入
		金建华	女	2011.3—2013.6	高桥乡站调入
		朱炳兴	男	2014.1—	
		朱金梅	男	2014.1—	
屠甸镇	1954.10	高亦敏	女	1954.10—1958.5	
		沈伟明	男	1956.9—1958.10	
		姚建宝	女	1958.10—1962.2	
		曹士明	男	1960.3—19666	
		俞美芬	女	1975.1—1978.2	
		郁淑芬	女	1978.3—1978.4	
		虞美宝	女	1978.5—1980.2	
		诸丽明	女	1980.4—1981.4	
		邱一鸣	女	1981.5—1982.10	调入文化馆
		张振刚	男	1982.10—1984.10	调入文化馆
		赵振云	男	1985.5—	
		徐　洪	女	1990.12—1991.12	
		沈　浩	男	1993.3—	

续　表

站　名	建站时间	工作人员	性别	任职时间	备注
崇福镇	1951	姚敬民	男	1951—不详	
		陈水潮	男	1959.8—1962.10	
		陈雨冰	男	1962—1963.2	
		沈月园	女	1963.5—1966.6	
		罗燕燕	女	1964.5—1966.6	
		沈巾英	女	1974.9—2002.8（内退）	
		陈凤珠	女	1974.9—1979.1	
		杨定国	男	1980.4—198710	
		周同仁	男	1983.1—1983.7	
		吴帼英	女	1987.11—1995.3	
		陈益群	女	1996.2—	大麻镇站调入
		吕松发	男	1999.12—2001.10	兼站长
		李秋妹	女	2001.10—	虎啸乡站并入
		陆爱清	女	2001.10—	留良乡站并入
		胡金林	男	2001.10—	芝村乡站并入
		范蓉霞	女	2010.4—2014.5	
		王海波	男	2012.2—	
		曹银仙	女	2014.5—	
洲泉镇	1962.4	陈水潮	男	1962.4—1966.6	
		朱汉荣	男	1980.7—1980.9	未到站
		叶　林	男	1981.2—2002.8（内退）	
		姚锦仙	女	1990.5—1998.10	
		李金夫	男	1998.10—2002.8（内退）	晚村乡站并入
		李玉春	男	1998.10—	义马乡站并入
		夏祖荣	男	2001.10—2002.8（内退）	永秀乡站并入
		宋娟南	女	2001.10—	青石乡站并入
		赵柏明	男	2002.2—2010.7	
		陈森强	男	2010.7—2012.3	
		沈明星	女	2011.1—2013.9	
		赵柏明	男	2012.3—	

站　名	建站时间	工作人员	性别	任职时间	备注
梧桐乡	1964	张明生	男	1964—1966.6	
		潘宝荣	男	1974.9—1979.5	
		张建平	女	1979.5—1980.12	
		朱金英	女	1980.12—1982.8	
		戚春报	男	1982.9—1983.10	
		沈月仙	女	1983.11—1984.2	
		王云仙	女	1984.3—1985.1	
		李金良	男	1985.1—1986.9	
		顾炳金	女	1986.9—1992.6	并入梧桐镇站
南日乡	1964.2	姚琴标	男	1964.2—1965.3	
		王　建	女	1975.6—1977	
		姚文娟	女	1977—1980.4	
		姚琴标	男	1978—1980.1	
		徐荣泉	男	1980.11—1981.5	兼文化中心站长
		朱妙学	男	1980.11—1988.5	调入文化局
		沈玉芬	女	1984.3—1986.3	
		姚小明	男	1986.3—1987.5	
		施建平	女	1987.5—1990.9	
		张国芳	女	1990.10—1990.12	
		钱金凤	女	1991.1—1994.5	
		吴奕康	男	1994.5—2001.10	并入高桥镇站
高桥镇	1975.6	范明华	男	1975.6—2002.8（内退）	
		沈　宏	男	1992.1—1994.4	
		金建华	女	2001.10—2003.8	骑塘乡站并入
		吴奕康	男	2001.10—2002.8（内退）	南日乡站并入
		计炳祥	男	2002.9 —2012.2	
		庄海杰	男	2012.2—	兼站长
		俞敏克	男	2012.2—	兼副站长

续　表

站　名	建站时间	工作人员	性别	任职时间	备注
河山乡 （河山镇）	1975.2	倪文彬	男	1975.2—1977.9	
		沈万松	男	1977.10—1978.10	
		杨连松	男	1978.11—1989.11	调入河山乡政府
		王新祥	男	1986.1—1991.10	
		张新根	男	1985.6—1996.11	调入文化馆
		范荣明	男	1996.11—2002.8	
		褚红斌	男	1990.4—2011.3	调入文化馆
		许惠良	男	1992.6—2013.3	八泉乡站并入
		张月良	男	2011.3—2012.4	
		蔡月飞	男	2012.4—	
		张月良	男	2013.6—2014.12	
		华晓洲	男	2014.12—	
留良乡	1975.6	季镜清	男	1975.6—1978.9	
		范炳坤	男	1980.1—1981.7	
		计中坚	男	1981.3—1984.3	
		李建芳	男	1982.12—1983.12	
		吕松发	男	1983.7—1988.6	
		俞泉江	男	1984.3—1986.3	
		陆爱清	男	1988.6—2001.10	并入崇福镇站
同福乡	1975.6	冯效良	男	1975.7—1975.10	
		马　利	女	1975.10—1976.11	
		吕森豪	男	1976.12—1978.3	
		胡剑曼	女	1978.3—1979.4	
		张金富	男	1979.4—1998.8	
		吴金元	男	1998.2—1999.5	
		张孝池	男	1990.6—1998.1	
		邵国良	男	1991.2 —2007.10	并入凤鸣街道站
		路洪焕	男	1999.4—2007.10	并入凤鸣街道站
大麻镇	1980.9	薛　莲	女	1980.10—1984.7	
		陈益群	女	1984.8—1996.2	调入崇福镇站
		罗立成	男	1994.5—2014.12	
		倪良海	男	2013.5—	
		朱蕾英	女	2006.3—2013.4	兼站长

站　名	建站时间	工作人员	性别	任职时间	备注
炉头镇 （龙翔街道）	1980.10	程家琪	男	1980.10—2002.8	
		曹燕霞	女	1989.12—2002.8	
		何玉美	女	2002.8—2010.12	
		高　英	女	2002.3—2011.11	兼站长
		李炳贵	男	2012.3—	兼站长
		朱　蔚	女	2010.8—2013.5	调入文化馆
		沈娟琴	女	2013.11—	
青石乡	1981.1	俞正清	男	19681.1—1983.12	
		宋娟南	女	1984.1—2001.10	并入洲泉镇站
义马乡	1981.1	李玉春	男	1981.1—1998.10	并入洲泉镇站
		朱文炳	男	1994.5—1998.10	
上市乡	1981.1	张文祥	男	1981.12—1995.12	病退
		劳明权	男	1992.3—1998.5	调入茅盾纪念馆
屠甸乡	1982.4	陈泰声	男	1982.4—1983.12	
		李锦顺	男	1984.1—1984.11	
		张洪园	男	1984.12—1985.12	
		顾福兴	男	1986.2—1988.6	
		徐坤荣	男	1988.9—1989.12	
		王学明	男	1989.12—1992.6	
骑塘乡	1982.8	沈顺高	男	1982.4—1984.12	
		张凤坤	男	1984.12—1985.6	
		沈汝芬	女	1985.6—1986.7	
		徐玉芬	女	1986.8—1987.6	
		徐　东	男	1987.7—1991.7	
		金建华	女	1991.8—2001.10	并入高桥站
民合乡	1982.8	罗佩英	女	1982.9—1989.9	调入乌镇站
		章建明	男	1989.11—2001.10	并入乌镇站
晚村乡	1982.8	李金夫	男	1982.8—1983.1	
		王兴铨	男	1983.12—1986.10	
		俞新荣	男	1986.10—1989.10	
		李金夫	男	1989.10—1998.10	并入洲泉镇站
濮院乡	1982.8	高伟胜	男	1982.9—1992.6	并入濮院镇站
乌镇乡	1982.8	庄松土	男	1982.8—1985.6	并入乌镇站
钱林乡	1982.8	包锡庆	男	1982.8—1992.6	并入桐梧镇站
永秀乡	1982.8	夏祖荣	男	1982.8—2001.10	并入洲泉镇站

续　表

站　名	建站时间	工作人员	性别	任职时间	备注
羔羊乡	1982.11	汤利根	男	1982.11—1983.10	
		李永兴	男	1983.11—1985.10	
		汤新林	男	1985.8—1999.5	
		范锦元	男	1995.4 —2001.10	并入石门镇站
民兴乡	1982.11	朱　箭	男	1982.11—1983.10	
		吴建忠	男	1983.11—1984.11	
		邱掌荣	男	1984.12—1988.2	
		潘红阳	男	1988.3—1988.11	
		姚菊清	女	1988.12—1998.10	并入乌镇站
芝村乡	1982.11	陆坤祥	男	1982.11—2001.10	
		杨金学	男	1985—1986	
		胡金林	男	1987.2—2001.10	并入崇福镇站
		陆建峰	男	1990.4—1999.4	
虎啸乡	1982.12	王美仙	女	1982.12—1989.2	
		王益明	男	1989.2—1990.8	
		陈明学	男	1990.9—2000.2	
		李秋妹	女	1999.5—2001.10	并入崇福镇站
安兴乡	1982.12	钟惠荣	男	1982.12—1998.10	并入石门镇站
		姚洲鑫	男	1990.8—1998.10	
百桃乡	1982.12	沈学松	男	1982.12—1983.9	
		徐雪坤	男	1983.10—1990.6	
		夏蝉娟	女	1990.6—1991.1	
		杨金汉	男	1992.6—2001.10	并入桐梧镇站
新生乡(新生镇)	1982.12	沈毛娜	男	1982.12—1988.5	调入财政局
		周　丽	女	1994.7—2001.10	并入濮院镇站
石门乡	1982.12	钟春甫	男	1982.12—1987.2	并入石门镇站
八泉乡	1982.12	叶学明	男	1982.12—1989.2	
		张根泉	男	1990.5—1992.6	
		许惠良	男	1991.2—1992.6	并入河山镇站
亭桥乡	1985.1	商福林	男	1985.1—1986.3	
		范兴南	男	1986.3 —1992.6	
史桥乡	1985.6	祝汉明	男	1985.11—1998.10	并入灵安镇站
晏城乡	1986.12	于建梅	女	1986.12—1992.6	并入南日镇站
城南乡	1989.6	程全林	男	1989.6—1990.4	
		杨富明	男	1989.6—1992.6	并入桐梧镇站

续　表

站　　名	建站时间	工作人员	性别	任职时间	备注
桐梧镇 （桐梧街道）	1992.6	顾炳金	女	1992.6—	
		包锡庆	男	1992.6—	
		杨富明	男	1992.6—1993.11	
		杨金汉	男	2001.10—2014.11	
		严春梅	女	2007.12—	
		张琴霞	女	2012.5—	
		王文松	男	2014.8—	

　　文化站初建时，经费主要指人员工资和办公活动经费。公办站、民办站人员工资一直由文化馆在国家下拨的群众文化事业经费中开支。文化站办公、活动经费一直比较少。公办站从20世纪50年代至80年代后期，每站每月50元，民办站每月为30元，30年未变化。1974年至1987年，共下拨文化站经费23.1741万元。

　　1983年8月，同福乡文化站创办照相服务部。1984年10月，洲泉镇文化站创办矿山电器厂。1985年，上市、南日、新生、安兴、灵安、乌镇文化站先后创办文艺工厂和文化企业，以补充文化站活动经费不足。

　　1988年开始，乡镇地方财政与县财政切块包干，各乡镇文化站经费由县文化馆预算，报县财政局统一下达到乡镇财政所。随着乡镇文化事业的发展，经费也相应增加，文化站活动经费的不足部分由乡镇财政补足。

　　1999年4月，根据市委"简政放权，政事分开，原由乡镇事业单位承担的行政管理职能，原则上均交归乡镇政府机关"的精神，全市30个乡镇文化站全部划归乡镇政府统一管理，文化站的人员工资和办公活动经费由乡镇财政列入预算，统一由乡镇财政解决。

文化站考评定级

　　1990年，省文化厅决定在全省推行文化馆、文化站考评定级制度。考评内容为办站条件、工作业绩、管理水平。后又于1992年、1993年、1996年、2000年、2009年组织五次考评定级。

桐乡市（县）乡、镇文化站五次考评定级结果一览表

考评时间 乡镇名 级别	第一次 考评结果 （1992.3）	第二次 考评结果 （1993.3）	第三次 考评结果 （1996.3）	第四次 考评结果 （2000.5）	第五次 考评结果 （2009.12）
特级站	安兴	河山	河山	高桥、河山 同福	石门
一级站	河山、乌镇 同福、洲泉 八泉、青石 史桥、永秀 石门	洲泉、乌镇	洲泉、乌镇 屠甸、濮院 芝村	洲泉、乌镇	乌镇、崇福 洲泉、高桥 河山、大麻 濮院、屠甸 龙翔
二级站	大麻、灵安 屠甸、虎啸 芝村、濮院 高桥、崇福 上市、民兴 民合、留良 义马、钱林 炉头、濮院 屠甸	大麻、屠甸 炉头、南日 梧桐、石门 芝村、民合 高桥、义马 永秀、同福 青石、新生 安兴、史桥 虎啸、濮院	石门、高桥 南日、炉头 大麻、青石 晚村、义马 同福、民合 安兴	芝村、南日 屠甸、石门 崇福、青石 民合、羔羊 炉头、大麻 梧桐、濮院 留良	梧桐、凤鸣
三级站	城南、晏城 百桃、梧桐 晚村、羔羊 南日	崇福、羔羊 民兴、灵安 留良、百桃 晚村、骑塘	灵安、梧桐 崇福、骑塘 永秀、留良 上市、虎啸 民兴、羔羊	灵安、百桃 永秀、新生 骑塘、虎啸	
未上级	新生、亭桥 骑塘				
合计	37个文化站	29个文化站	27个文化站	24个文化站	12个文化站

四、农村文化中心

农村文化中心是由乡、镇党委和政府直接领导，各文化事业或设施实行统一管理的、综合性的基层文化组织。它集文化、科学、体育、广播、宣传、业余教育等为一体，是农村建设社会主义精神文明的重要阵地，是以共产主义思想为指导的社会大学和文化乐园，是与乡、镇的政治中心、经济中心相适应而逐步形成和发展起来的。

1980年1月4日，中宣部、文化部、共青团中央在《关于活跃农村文化生活的几点意见》中，明确提出逐步把小集镇建设为农村文化中心站。是年11月25日，县文化局、文化馆、电影公司、图书馆相关领导去南日公社蹲点调研，率先办起文化中心站，把文化站、广播站、影剧院、电影队、业余教育集合在一起，统一管理，由党委宣传委员徐荣泉任站长。文化中心在精神文明建设中很好地发挥了作用。

1981年至1983年，县文化局在总结南日公社试办文化中心站经验的基础上，灵安、河山、高桥、炉头、虎啸公社也相继办起文化中心站。所在地的文化站、影剧院、电影队、文办企业、成人教育联为一体，实行优势互补。党委宣传委员任站长，文化站长任副站长，负责日常工作，大大推进了小集镇文化事业的繁荣和发展。

1987年底和1988年初，由于文化中心站的经济管理体制与上级有关部门管理体制不相协调等原因，又陆续停办文化中心站，改为分散管理。

五、工人俱乐部

工人俱乐部是工会组织为职工举办的文化福利事业单位，是向广大职工及其家属进行社会主义、共产主义教育、普及科学文化与技术知识的学校和活跃职工文化娱乐的场所。由市总工会主管。

桐乡工人俱乐部建于1952年，次年5月正式对外开放，仅有20平方米，以报刊、连环画阅览为主。1958年并县后，房屋扩大到70平方米左右，有图书、报刊阅览、乒乓球室、棋牌等活动室。"文化大革命"开始，停止活动。1981年10月在鱼行街建成县工人俱乐部新大楼，活动用房面积达950平方米，内设工人茶室、乒乓室、阅览室、老干部活动室、大会议室。1985年以后大会议室改为录像厅，老干部活动室改为多功能活动室，乒乓室一度改为台球室、卡拉OK室等。另有室外简易灯光球场一个。

1994年初，位于中山西路的新工人文化宫大楼竣工，6月迁入。新大楼活动面积达3000平方米。内设溜冰场、舞厅、网吧、图书阅览室、书画展厅、工人茶室、台球室，可以同时容纳活动人员800余人。总投资达500万元。

2003年3月，工人俱乐部更名为桐乡市工人文化宫。每年接待人员约25万人次。在管理好文化宫活动场地的同时，每年组织全市职工体育比赛1次，职工文艺演出两场，服务对象逐渐向新居民倾斜。为广大职工群众提供一个丰富业余文化生活，增进知识的有效平台。

六、青少年宫

青少年宫是面向儿童、中小学生开放的公益性校外教育专门机构，承担着全市青少年的校外素质教育的实施与指导工作。由共青团市委主管。

桐乡青少年宫始建于1989年10月，原址在梧桐街道杨家门58号，占地11.3亩，建筑面积1567平方米。2004年6月15日迁址振兴东路456号，市科技会展中心C区，占地10亩，建筑面积3001平方米，与市妇女儿童活动中心、市科技科普活动中心三家部门共设。

新宫有电子琴、钢琴、电钢琴、古筝、声乐、舞蹈、素描、国画、漫画、书法、跆拳道、围棋、健身房、电脑、多媒体等教室，另有科技沙龙教室以及妇女沙龙教室。

青少年宫多年来坚持广泛开发少年儿童艺术兴趣，全面开展音乐、舞蹈、美术、器乐、体育等综合素质培训，拥有音乐类（声乐、小歌星表演、合唱团预备），书画类（软笔硬笔书法、儿童画、素描、国画、漫画），舞蹈类（拉丁、芭蕾、成人瑜伽等），体育类（跆拳道、健身、围棋），器乐类（电子琴、电钢琴、钢琴、小提琴），学科类（益智项目珠心算）

等项目。2007 年开设培训班次 155 个，参训 3151 人次；举办各类活动 30 次，参与各类活动 2489 人次。2008 年开设培训 152 班次，参训 3236 人次；举办各类活动 19 次，参与各类活动达 3578 人次。2009 年开设培训 183 班次，参训 3972 人次；举办各类活动 13 次，参与各类活动 2869 人次。2010 年开设培训 213 班次，参训 4112 人次；举办各类活动 19 次，参与各类活动 3118 人次。2011 年开设培训 225 班次，参训 5015 人次；举办各类活动 22 次，参与各类活动 3820 人次。2012 年开设培训 242 班次，参训 4950 人次；举办各类活动 15 次，参与各类活动 7206 人次。

第二节　群众文化队伍

群众文化队伍是指群众文化战线上的工作人员，由专业团队和业余团队组成。

一、业余团队

群众文化业余队伍是指在群众文化活动中，一部分具有一定才艺的热心人员所组成的骨干队伍。他们有一技之长，又有较强的组织能力，在开展群众文化活动中有较强的凝聚力和号召力，是宣传、组织和开展各种群众文化活动的骨干力量，是按照各人兴趣爱好所组成的业余文化组织。

新中国成立前群众文艺业余演出团队

崇德丝弦小集

清末民国初，崇德金刚殿裱画店主人褚少南，集聚镇区一批音乐爱好者，在业余时间研究和演奏乐曲，名为"丝弦小集"，人员有释松泉、张志翔、李廷华、李渔卿弟兄、褚少南、彭荣寿、王龙生、夏宝琛、范伯寿，或独奏，或合奏，常为路人驻足欣赏。

崇德王先生打唱班

王先生原名王锡生，住崇德西门吊桥堍。其打唱班建于清末民国初，有五六人组成，只唱戏，不表演。初以唱昆曲折子戏为主，后随京剧兴起，改唱京剧，逢婚丧寿庆或庙会演唱。演唱时，用两只八仙桌接合成长方形，前端幪以桌围，台上放置乐器，先闹场，后唱戏。演员一人能兼多个角色，善奏多种乐器，剧目有数百个之多，常唱的有近百出。

范家里舞龙队

大麻镇范家里舞龙队始建于清朝末年。村人范毛毛去余杭县仓前镇杨乃武家订购蚕种，说起龙蚕而引发舞龙灯的念头，回家后经他牵头，组建 15 人的龙灯队。经过训练，表演技能特好，因此，名声大振。此后，每年吴王庙会都来邀请其参加表演，深受欢迎。

崇德爱国剧团

民国二十年（1931）10 月，"九一八"事变发生后，全国掀起抗日救国运动，崇福镇青年马赞明、马骧哉、徐世英、杨鸿芳等发起组织"崇德爱国剧团"，下设宣传队、演说队，上街宣传抗日，并在西寺金刚殿前临时搭台演出活报剧，激发群众抗日热情，次年停止活动。

乌镇票房

民国二十二年（1933），由乌镇一些京剧爱好者组成，以河西张家花园为活动场所，演唱京剧，兼唱昆曲。一时气氛活跃，吸引了不少参加者，梧桐镇也有人经常去参加演唱活动。

陶社

民国二十二年（1933）冬成立，地点设在梧桐镇庙桥街，社员甚多，行当齐全，拍曲自娱，在下午和晚上举行昆剧曲会，丰富文化生活，常与兄弟曲社交流。抗战期间停止活动，抗战胜利后一度复兴。

语溪票友社

民国二十六年（1937）冬，崇福镇施振民等10余名京剧爱好者创设京剧票友社。以清唱为主，间或亦租借行头登台演出。剧目有《一捧雪》《连环套》等。民国三十二年（1943）停止活动。

梅泾俱乐部

抗战期间，由濮院镇群众自发组织，地点在香海寺。约有30余人，剧目有《打渔杀家》《苏三起解》等。抗战胜利后自行解体。

战地宣传剧团

民国二十七年（1938）春，由石门镇一些爱国青年自募经费成立。自编自演《汉奸的下场》《攻克崇德县》等抗日文艺节目，曾去附近乡镇演出。

杨园话剧团

民国二十九年（1940）夏，国民党62师371团攻克乌镇，一时成为浙西敌后抗日根据地。乌镇抗日青年和上海来的文艺工作者，共同发起组织"杨园话剧团"，开展抗日宣传活动。排练的剧目有《名优之死》《雷雨》等。后因日军大举扫荡，剧团解散。

正风剧社

民国三十四年（1945）10月，崇福镇人邓九如等人发起组建，社址设于东横街。宗旨为"以业余正当娱乐，研究平剧话剧，藉以推进文化事业，改善社会风气"。解放前夕停止活动。

崇德剧艺研究会

民国三十七年（1948）10月29日，由崇德县民教馆发起成立。旨在研究戏剧艺术，提倡正当娱乐。共有成员40人，民教馆馆长徐步云任会长，改建正风剧社，排演话剧和京剧折子戏。翌年停止活动。

新中国成立后群众文艺业余演出团队

新中国成立后，人民怀着翻身得解放、当家作主人的喜悦心情，自娱自乐的积极性十分高涨。1950年底，崇德县建立的业余剧团、腰鼓队有9个，1951年上半年发展到

36 个。桐乡县业余剧团发展到 114 个，腰鼓队、莲湘队 433 个。20 世纪 50 年代中至 60 年代中，各乡镇普遍建立文工团，70 年代又改建为文宣队。1973 年统计，全县 122 个生产大队都建起文宣队。1980 年至 1983 年，梧桐、乌镇、洲泉、义马、青石建业余越剧团。90 年代开始，各乡镇文化站又相继建立各类群众文艺兴趣小组。2005 年起，各行政村的文化活动中心（室）和社区文化活动室建立文艺兴趣小组。到 2006 年，全市已建各类文艺团队 185 支。新中国建立后有代表性的文艺团队有：

青蛙歌咏队

1949 年夏成立，由乌镇一些知识青年组成，成员 30 余人。以演唱革命歌曲为主，并组织过专场文艺演出，还有秧歌剧《兄妹开荒》《朱大嫂送鸡蛋》等。

濮院镇文工团

1949 年下半年，濮院镇大众街等 7 个街道成立文工团，演出节目有折子戏，也有自编的现代戏《送军鞋》等。1955 年，各街道文工团合并组成镇文工团，人员 50 人左右，排练大型传统戏《红楼梦》《玉面狼》《文成公主》以及折子戏《盘夫索夫》《龙凤镇》。自编的现代戏有《党员登记表》《走上新路》《夜战》《好榜样》等，曾在地区汇演中得奖。文工团还在农忙时，到农村演出。1958 年，去嘉兴机场与解放军联欢，《杭嘉湖日报》曾作报道。后改称文艺宣传队，前后进出约有百余人，均为不脱产的业余文艺人员，一直持续到 1975 年。

乌镇工会腰鼓队

建于 1950 年，有队员数十人，以青年职工为主。业余时间排练，每逢节庆进行活动，身着统一服装，红绸带系鼓，边走边表演，欢庆气氛热烈。至今已发展成为女子腰鼓队，曾参加两届菊花节的民俗风情行街活动。

崇德京剧宣传组

建于 1951 年 5 月 20 日，由崇德县工商联发起建立。以西寺 6 号为活动场所，聘有教师 1 人。同年 7 月，在人民剧场公演，出售光荣券，所得票款悉数捐助抗美援朝。后随抗美援朝分会去南浔、湖州、嘉兴等处，为志愿军伤病员和当地驻军慰问演出。1952 年停办。

崇德先锋业余剧团

建于 1951 年秋，由东横街青年姚敬民等发起成立，初名东横街宣传队，后改为先锋业余剧团，团址设在范家厅。曾排演过《杜大嫂》《林则徐》等话剧。1960 年春并入崇德文工团。

石门文宣队

1952 年，由石门镇青年职工发起建立，有 40 多人。白天在街头进行小型宣传演出，晚上编排话剧《刘胡兰》《红灯记》《梁祝抗婚》等，曾去洲泉镇和附近乡镇演出。

崇德文工团

建于 1960 年春,负责人朱文嘉。1962 年 7 月,排演歌剧《三月三》及越剧折子戏等,曾多次为军属慰问演出。1963 年 5 月,创作多幕话剧《雷锋》,同年 12 月参加全县汇演,获优秀演出奖和剧本奖,另有越剧《大麦黄》获演出奖。

文化馆青年剧团

建于 1983 年 8 月。1985 年 1 月,县文化馆在越剧培训班基础上,经过考试,择优选用 14 名学员,培训三个月,结业后,选留 7 人,充入青年越剧团。同年 5 月,进入上海青年宫(大世界)演出一个半月。8 月,更名为小百花越剧团。是年,共演出 389 场,观众达 15.7 万人次,受到县文化局和省文化厅通报表扬。1987 年 1 月,为适应观众需要,改名为"小百花艺术团",从演越剧为主改为演歌舞为主。1988 年 7 月,文企联谊,与晚村乡的嘉兴江南仪表厂合办,更名为"江南歌舞团"。1988 年 11 月,参加嘉兴市首届民间文艺调演,获优秀演出奖。1990 年底,共有人员 16 人,固定资产 4 万元,流动于江、浙、沪一带,共演出 226 场。1991 停止演出活动。

石门中学狮子舞队

石门中学狮子舞队,成立于 1981 年。1984 年,参加石门镇庆祝建国 35 周年文艺演出,获得好评。后参加桐乡市第一、二、三届菊花节,曾获秋狮闹菊表演奖。2001 年,参加嘉兴市庆祝建党 80 周年"五一"广场文艺演出,获南湖行街演出奖。参加桐乡市运动会开闭幕式演出、乌镇香市行街活动、河山镇新年演出和石门镇各类文化活动演出,多次获表演奖、演出奖等。

麻溪村舞龙队

1999 年 12 月,由范华章等人牵头,大麻镇麻溪村重建舞龙队。曾 10 余次参加桐乡市级活动,获"菊花奖"等多种奖项。还多次参加嘉兴市和第五届省农民舞龙赛表演,获得大奖。2001 年 6 月 19 日,参加嘉兴市民广场中央电视台心连心艺术团"你是一面旗帜"庆祝中国共产党成立 80 周年大型广场文艺演出。

2000 年,麻溪村张惠娟等组建巾帼女子舞龙队,有 20 余人。曾多次参加嘉兴市、桐乡市级重大庆典活动,分获二等奖、三等奖。

屠甸东方乐队

创办于 1986 年 5 月,初名屠甸器乐组,由镇文化站组织建立,王松林任指导,排练《三么》《鹧鸪飞》《春江花月夜》等节目。2003 年 12 月,得屠甸东方建筑公司资助,改名。现有人员 14 人,分散训练,定期活动,集中排练,经常演出。每年下乡演出 6 次,广场演出 4 次,敬老院演出 1 次。2012 年 6 月,嘉兴电视台来屠甸镇拍摄电视专题片"乐伴夕阳",在《冷暖人生》栏目中播放。

桐乡市业余艺术团

成立于 1988 年 8 月 21 日,步祖林任团长,叶永盛、张春荣任副团长,下设声乐、舞蹈、创作、器乐 4 个小组。同年 9 月 30 日,在总工会进行首场演出。10—12 月,又去梧桐书场、屠甸影剧院等演出 10 多场,后停止活动。

2005 年,根据《嘉兴市文化名城创建工作 2005 年行动纲领》的要求,市文化广电新闻出版局重新筹建业余艺术团,并于 2005 年 11 月 20 日,在梧桐街道菊花广场举行成立仪式。

新建的市业余剧团由市文化馆和越剧团负责管理和艺术辅导。基本人员以市戏协、曲协、音协、舞协中的文艺骨干为基础,广泛吸收社会业余文艺骨干参加,有演出人员 80 人。2005 年下农村、进社区演出 5 场;2006 年演出 56 场;2007 年演出 56 场;2008 年演出 56 场;2009 年演出 50 场。

桐乡县业余时装模特队

1992 年 3 月,文化局筹建县业余时装模特队。4 月 20 日,通过宣传发动,有 60 多名男女青年踊跃报名,经过测量身高,综合文化素质测试,公开招聘,择优录用女模特 9 名,男模特 3 名。在苏州丝绸工学院模特老师的精心辅导下,经过一个多月的刻苦训练,熟悉各种姿势和表演动作。为全县工业、乡镇企业、二轻、丝绸四大系统和南日越丰制革厂等 13 家企业提供的 35 个时装系列 135 套服装,进行 4 场时装模特艺术表演。9 月 25 日,赴嘉兴参加"92 中国嘉兴时装节"时装模特表演大赛,获优秀组织奖和团体表演二等奖。其中 4 名模特被选拔到嘉兴,与全国名模同台表演。原定这支业余时装模特队挂靠国营丝绸企业,实行半工半艺,后未能落实,于 1993 年 5 月参加庆祝撤县建市演出后自行解散。

邮电铜管乐队

成立于 1993 年 4 月,共有 56 人。聘请杭州师范学院音乐系老师任辅导。排演的曲目有《运动员进行曲》《欢迎曲》《中国人民解放军军歌》《中华人民共和国国歌》《国际歌》《欢乐颂》等。1995 年投入约 10 万元,对部分乐器进行更换。先后参加桐乡市撤县建市庆祝活动等重大迎宾活动 30 多次,还多次参加嘉兴邮电系统的重大活动和文艺演出。1998 年 10 月,自行解散。

东兴女子铜管乐队

成立于 1996 年 11 月,有成员 46 名。先后投入 60 余万元,购置专业管弦乐器 50 多件,聘请中央管弦乐团及省艺术学校专家老师指导,演奏《国歌》《歌唱祖国》等几十首经典曲目,曾获嘉兴市三八妇女节汇演二等奖,先后参加桐乡市建国五十周年庆典等活动。2002 年 1 月停止活动。

巨石威风锣鼓队

成立于 1999 年 3 月,有成员 70 人。投资 2 万元,购置乐器 100 件,邀请镇江市群艺馆老师任辅导。在桐乡首届菊花节上首次亮相,气势磅礴,铿锵有力,受到市民欢迎。先后参加嘉兴南湖市政广场演出、嘉兴戴梦得元宵晚会演出、桐乡菊花节演出等 30 多次。

菊韵剧社

成立于 1999 年 7 月,由梧桐街道陈芝仙、周素英、陈彩仙、唐秀娟等退休人员发起,有成员 36 人,服装、道具、音响等固定资产约 5 万多元。排练传统折子戏 40 多个,大戏 1 部,演出 800 多场次,配合宣传下乡演出 200 多场次,参加各种戏曲大赛,获金奖 3 次,银奖 6 次,铜奖 2 次。还创作现代小戏《小巷情深》,获第三届群众文艺"菊花奖"银奖。

凤鸣京剧社在公园内为群众演唱

凤鸣京剧社

建立于 2000 年 8 月,初建时为凤鸣京剧沙龙,由王今扬、彭海等发起组建,有社员 30 人。以传统京剧脸谱为社徽,以"弘扬国粹,传承文明"为宗旨,自制服装,自购器具,定期活动,经常演出。排练京剧节目 10 个。多次参加社会演出活动,单独举办规模较大的京剧演唱会。

小菊花艺术团

成立于 2006 年 5 月 30 日,由市青少年宫主管主办,由小菊花合唱团和小菊花舞蹈团组成,常年保持在 50—80 人。先后排演合唱《菊海欢歌》、音乐剧《缘·梦》、舞蹈《风雨·阳光》、表演唱《游春》等少儿歌舞节目 20 多个。曾参加桐乡市两届群众文艺菊花奖调演、建党 90 周年文艺汇演、建团 90 周年暨纪念五四运动 93 周年活动以及广场文艺演出,两次获得市群众文艺菊花奖。

老年大学艺术团

成立于 2009 年 12 月,隶属于市委老干部局,以"老有所乐,老有所为,奉献社会大众"为宗旨。初建时团员 57 人,2012 年末,有 82 人,内设歌咏队、舞蹈队、戏曲队、时装队、器乐队、排舞队。排演越剧《打金枝》《十八相送》《送信》《戏曲联唱》,舞蹈《喜洋洋》《祖国的好江南》,时装表演《夕阳红》《红红火火》,歌曲《阳光路上》《祝福祖国》,器乐《南泥湾》《花儿与少年》,排舞《江南丝韵》《芒果树下》等节目,曾参加过中央电视台"星光大道"歌咏比赛、庆祝建国 60 周年、老年大学建校 20 周年等重大演出。先后去嘉善老年大学、嘉兴市南湖区红帆艺术团和省委宣传部、文化厅送文化下乡"戏曲讲座"交流演出。

兴趣小组

群众文艺兴趣小组是指根据各人业余文艺爱好而组成的活动小组。它是 80 年代在全县各乡镇文化站组织指导下建立起来的。1986 年 2 月,全县第一个农村文化团队"同福乡农民文学艺术工作者协会"成立,下设文学、书画、摄影、文艺 4 个组,首批会员 40 人。到 1989 年底,全县各乡镇文化站所属各类群众业余文艺兴趣小组达到 170 多个。2005 年起,在建设村级文化中心(室)和社区文化室的同时,建立 1 支以上群众文艺业余兴趣小组,同时改名为文体团队。到 2007 年底,全市 178 个行政村文化中心(室)和 41 个社区建立了 211 支群众文艺业余文体团队。2009 年底,达到 296 个,4054 人。2012 年全市城乡建立排舞队 239 个,3 万余人。2013 年底,全市 176 个村和各中小学校均建有排舞队。

二、专业队伍

群众文化专业队伍是指从事群众文化工作管理、指导、辅导的文化行政事业单位（文化馆、站）的干部和专业人员。建国初期相当薄弱，行政上由文教科兼管，文化馆专业干部4—5人，文化站4人。1978年10月，设立县文化局后，专门设立文化业务股，加强对群众文化工作的领导和管理。1984年，县文化馆群众文化专业干部增加到16人。到1989年，全县38个乡镇都建立文化站，配备群众文化专职人员50人。到90年代，文化馆、站专业人员，通过自学、函授、电大等培训教育，大部分达到大专以上文化水平。到2009年，全市文化馆、站在职群众文化专业人员中，有副高职称2人，中级职称9人，初级职称22人。到2014年，全市有副高职称3人、中级职称12人、初级职称24人。

2012年6月18日，桐乡市机构编制委员会批准桐乡市越剧团转制，更名为"桐乡市文化艺术服务中心"，转制后为公益性事业单位，核定全民事业编制10名。主要职责：承担全市公共文化服务中的宣传、演出、辅导、文艺队伍培育等工作，同时保护和传承全市传统戏剧和曲艺艺术。到2012年底，文化馆在编专业干部17人，合同工2人；文化艺术服务中心在编专业人员10人，合同工5人；镇、街道文体站在编全民专职干部31人，兼职干部7人，镇、街道自聘管理员33人。其中副高职称3人，中级职称19人，初级职称24人。至2014年底，文化馆在编专业干部26人，合同工7人；文化艺术服务中心在编专业人员10人，合同工6人；镇、街道文体站公务员、教师编制兼职站长7人，在编正、副站长8人，在编工作人员28人；自聘32人。

第三节　群众文化工作

群众文化工作是指群众文化工作部门和有关工作人员所从事的领导、指导、辅导、管理、研究群众文化活动的工作。

一、时政宣传

时政宣传是时事政策宣传和思想、政治、理论以及各项教育的总称。不断向广大人民群众进行文化宣传教育是群众文化工作的基本职能之一。群众文化的宣传教育形式与活动，是随着时代的变化而变化的。直接宣传的形式以文字和语言为主，如利用报刊发表文章、口头演讲、呼口号、召开会议等；间接的宣传教育形式就是运用群众文艺手段，达到寓教于乐的目的。

民国八年（1919）8月，在"五四"爱国运动的影响下。沈雁冰（茅盾）与胞弟沈泽民在乌镇发起成立"桐乡青年社"，用书面的形式，宣传"提倡新思想、新文化；反对旧文化、旧道德和地方恶势力"。

民国二十六年（1937）8月，崇德、桐乡两县先后成立抗日演说团，以唤起民众的抗日斗志。

1950年初，崇德、桐乡两县文化馆帮助创办民校，以宣传人民革命的伟大胜利、宣传党和政府的政策法令为主。宣传橱窗、黑板报是主要宣传阵地，宣传土地改革、农业合作化等政策和法令。据1953年统计，正常开展宣传的黑板报有320块。

1953年12月27日，为加强对农村开展"过渡时期总路线"宣传，编印有关总路线、总任务的"文艺宣传资料"，每月一期。

1954年3月，崇德、桐乡两县文化馆组织农村业余剧团宣传"过渡时期总路线"，其中崇德县文化馆组织35个农村业余剧团宣传，演出49场，观众达3万人次。

1957年至1965年，主要是组织文艺宣传队，宣传《农业发展纲要四十条》和总路线、大跃进、人民公社"三面红旗"。同时配合社会主义教育运动，开展"农业学大寨、工业学大庆、全国学人民解放军"的各类文艺宣传演出。

1966年至1975年，"文化大革命"期间，宣传活动以学唱样板戏、教唱语录歌、书写墙头"红海洋"为主。

1970年11月4日，县文化馆在东大街新建的宣传橱窗首期时政宣传展出版面44块。

1973年，在县城混塘弄新建宣传橱窗57.2米，布置80块宣传版面，配合市政宣传定期更换。

1978年，党的十一届三中全会以后，群众文化宣传主要是宣传党的改革开放政策等，形式以大型群众文艺演出和图文并茂的大型展览为主。

1983年、1987年、1995年，文化馆分别在馆舍大门口、东兴街、庆丰南路建造宣传橱窗49米，每月更换版面，配合党的中心宣传和改革开放成果共140期。后因城建规划调整而被拆除。

1990年，县委宣传部在振兴中路闹市区中心地段，新建宣传橱窗35米，可布置40块宣传版面，进行中心宣传，定期更换。至1999年，因新建菊花广场而被拆除。

20世纪90年代，群众文化宣传活动主要抓中心，抓节庆，为经济建设服务，如1991年建党70周年，1993年纪念毛泽东同志诞辰100周年，1997年香港回归。

进入21世纪后，群众文化宣传更是广泛开展，每年的"三八""五一""五四""六一""七一""八一""十一"元旦、春节，都有不同规模和形式的文艺宣传活动。同时，还配合土地、计划生育的国策宣传和水法、环保、创卫等都有专场

东兴街老文化馆宣传橱窗（1970年建）

文艺宣传演出活动。2003 年，举办桐乡撤县建市 10 周年成就展览。2007 年为庆祝党的十七大胜利召开，还专门创作编排 20 个节目，进行专场演出。2008 年，为纪念改革开放 30 周年和桐乡撤县建市 15 周年，举办《魅力桐乡》大型文艺演出和"走过十五年"——纪念改革开放 30 周年暨桐乡撤县设市 15 周年成就大型图片展览。2009 年，举办"落实科学发展观，节约保护水资源"、"巩固发展创卫成果，"关爱残疾孩子，发展特殊教育"、国庆"红歌会""第 21 个世界禁毒日专场"、"计生进千家，优生惠万家"、"庆祝建军 82 周年"七场时政文艺宣传演出活动。2010 年举办了"第十八届世界水日和 23 届中国水周广场文艺宣传演出"和"世界环境广场文艺宣传演出"。2011 年举办"第十九届世界水日文艺宣传演出"和"第十二次全国助残日文艺宣传演出"。2012 年 9 月 23 日起，由《今日桐乡》报社联合全市各镇、街道开展"喜迎十八大·诗歌献给党"宣传巡演活动，共宣传演出 200 余个文艺节目，营造喜迎十八大的良好文化氛围。据 2009 年底统计，在市区庆丰中路市科协宣传橱窗，宣传版面 27 块；庆丰中路大树广场市健康教育所宣传橱窗，宣传版面 49 块；茅盾东路市卫生局宣传橱窗，宣传版面 20 块；振兴东路市政广场西侧，规划建设宣传橱窗，宣传版面 27 块；桐乡青少年活动宣传橱窗，宣传版面 35 块，除正常宣传外。全市 33 个社区有宣传橱窗 156 个，1143 平方米；黑板报 527 块。全市各行政村宣传橱窗 195 个，2020 平方米，进行正常宣传，定期更换。庆丰中路大树广场的市健康教育所宣传橱窗，宣传版面 49 块，已于 2012 年初拆除。

二、培训辅导

《文化馆工作条例》明确规定，培训辅导群众开展文化的各类文化艺术活动，是群众文化工作的重要任务之一。

民国时期，崇德、桐乡县民众教育馆开办民众学校，举办民众讲座，开建实验区，对民众进行一些生产技术培训。

新中国成立初期，两县文化馆尚无专业干部，只开展一些大众的培训辅导工作。1950 年 7 月 3 日，桐乡县人民文化馆举办全县第一期民校培训班，有 25 人毕业。1954 年 10 月，桐乡县文化馆在梧桐、乌镇辅导组织成立 2 个群众业余创作组，确定为辅导重点。1958 年后，文化馆陆续配备音乐、美术、摄影、民间文艺、文学、舞蹈、戏剧、曲艺、书法等专业干部，开始举办专业性的培训班和下乡辅导。1970 年 7 月恢复文化馆工作，8 月 17 日，举办学唱"革命样板戏"培训班，参加人员 38 人。1972 年 12 月，举办部分镇、公社业余音乐爱好者培训班，参加人员 27 人。1978 年后，群众文化培训辅导工作逐步得到加强，1981 年 8 月，文化馆在濮院举办全县第一期农村越剧爱好者培训班，时间为 30 天，学员 35 人。1982 年 1 月，文化馆举办手风琴培训班，时间 15 天，授课 60 小时，学员 10 人。1986 年 12 月，县文化馆举办《群众文化概论》培训班，时间 6 天，学员 48 人。1987 年 7 月，文化局、文化馆在乌镇举办全县民间文艺大普查培训班，学员

承办全省文化礼堂培训班

200 多人。1985 年至 1987 年，沈伯鸿、鲍菊芬、盛欣夫分别去工人俱乐部、教育局、河山、屠甸、新生、南日、留良、青石等地讲课 21 次，辅导美术、戏剧、书法艺术。1978 年至 1987 年，文化馆共举办培训班、讲座、辅导 300 余次，参加人员 3600 多人次。1990 年，省文化厅决定对文化馆、站进行考评定级，对文化馆的辅导和培训工作提出新的要求。1991 年 9 月 28 日，文化局、文化馆联合教育局在教师进修学校举办文艺表演艺术培训班，学员 80 多人，为期 4 个月，有舞蹈、音乐、乐理、器乐、声乐 5 个专业。2000 年后，文化馆业务干部分社区建立了辅导联系责任制。2012 年后，重点辅导培训排舞业余骨干。据不完全统计，1988 年至 2014 年文化馆共辅导培训、办班讲座 118 次，被辅导培训的群众文化业余骨干达 43148 人次。2014 年，文化馆被列为全国健排舞推广中心和浙江省排舞推广基地。同年，承办了全国健排舞培训班和全省排舞师资培训班及全省农村文化礼堂排舞师资培训班。

桐乡市（县）文化馆1988—2014年部分辅导办班讲座一览表

时　间	内容和名称	人数	讲课人	地　点
1988.5.10	西山煤矿书法讲习班	70	盛欣夫	西山煤矿
1988.12.25	史桥乡书法培训班	21	盛欣夫	史桥乡党校
1988.12.30	县教师进修学校书法讲座	53	盛欣夫	县教师进修学校
1989.3	书画讲座	20	盛欣夫	文化馆
1991.8.29	全县群文理论写作培训班	45	徐冶有	石门镇
1994.11	摄影创作提高班	15	李渭钫	文化馆
1995.3	"水利杯"摄影创作班	20	李渭钫	文化馆
1995.5	舞蹈培训班	30	蒋灵云	文化馆
1995.7	戏剧培训班	25	鲍菊芬	文化馆
1995.7	戏剧表演创作研讨班	28	鲍菊芬	文化馆
1996.7	暑期书法培训班	25	盛欣夫	文化馆
1996.8	暑期舞蹈培训班	30	蒋灵云 李潇娴	文化馆
1997.4	文化站干部业务培训班	15	张新根	文化馆
1997.7	暑期舞蹈培训班	32	蒋灵云 李潇娴	文化馆
1998.7	暑期书法培训班	20	盛欣夫	文化馆
1998.7	暑期少儿舞蹈培训班	35	蒋灵云 李潇娴	文化馆
1999.7	暑期少儿舞蹈培训班	28	蒋灵云 李潇娴	文化馆
1999.8	暑期少儿舞蹈培训班	30	蒋灵云 李潇娴	文化馆
2000.7	暑期摄影培训班	20	李群力	文化馆
2000.8	暑期少儿舞蹈培训班	32	蒋灵云 李潇娴	文化馆
2001.2	老年戏剧、小品培训班	20	鲍菊芬 蒋灵云	文化馆
2001.3	戏曲擂台赛选拔培训班	15	鲍菊芬 蒋灵云	文化馆
2001.5	暑期摄影培训班	15	李群力	文化馆
2001.7	暑期少儿舞蹈培训班	30	蒋灵云 李潇娴	文化馆
2001.7	老年时装表演培训班	30	蒋灵云 李潇娴	文化馆
2001.9	少儿时装表演培训班	20	蒋灵云 李潇娴	文化馆
2002.7.10—7.25	成人舞蹈培训班	21	李潇娴	文化馆排练厅
2002.7.15—7.16	乡镇文化站人员摄影培训班	14	张新根	文化馆
2002.7.20.	暑期舞蹈培训班(民工子弟)	21	李潇娴	文化馆
2002.12.16.	文学创作培训班	60	周敬文	信息技术学校

时　间	内容和名称	人数	讲课人	地　点
2003. 3. 3.	文学创作培训班	49	周敬文	洲泉中学
2003. 7. 8. —22.	暑期青少年摄影培训班	14	李群力	文化馆
2003. 12. 7. —22	文学创作培训班	44	周敬文	石门镇小安兴分校
2004. 7. 10. —7. 25.	成人舞蹈培训班	21	李潇娴	文化馆
2004. 10. 16.	文学创作培训班	44	周敬文	石门镇小学安兴分校
2004. 11. 20	文学创作培训班	21	周敬文	洲泉中学
2005. 3. 12	文学新作者创作辅导班	17	周敬文	崇福镇华光村委会
2005. 3. 8. —6. 25.	老年大学第一学期初级摄影班	35	张新根	老年大学
2005. 4. 16.	文学创作辅导班	16	周敬文	崇福镇新都水泥厂
2005. 5. 8. —6. 27.	老年大学二胡培训班第二期	39	姚文洲	老年大学
2005. 9. 7. —11. 1.	老年大学二胡培训班第三期	39	姚文洲	老年大学
2005. 9. 8. —2. 25.	老年大学第一学期初级摄影班	35	张新根	老年大学
2005. 10. 16. —17.	乡镇文化站人员摄影培训班	14	李群力	文化馆
2006. 3. 4. —4. 27.	老年大学二胡培训班第一期	35	姚文洲	老年大学
2006. 11. 7. —1. 4	老年大学二胡培训班第四期	39	姚文洲	老年大学
2007. 1. 15	有氧健美操培训班	28	蒋灵云 李潇娴	文化馆排练厅
2007. 3. 7. —6. 24	老年大学交谊舞培训班第一学期	30	蒋灵云	老年大学
2007. 3. 8. —6. 25	老年大学二胡培训班第一期	30	姚文洲	老年大学
2007. 7. 10. —7. 25	成人舞蹈培训班	21	李潇娴	文化馆排练厅
2008. 1. 3.	有氧健美操培训班	28	李潇娴	文化馆排练厅
2008. 3. 4.	瑜珈培训班	24	蒋灵云	文化馆排练厅
2008. 3. 4—4. 27	老年大学二胡第一学期	39	姚文洲	老年大学
2008. 3. 8—6. 25	老年大学民族舞第一学期	60	蒋灵云	老年大学
2008. 3. 8—6. 25	老年大学第一学期初级摄影班	35	张新根	老年大学
2008. 3. 30—3. 31	乡镇文化站业务干部摄影培训班	14	张新根 李群力	石门镇文化站
2008. 5. 8—6. 27	老年大学二胡第二学期	39	姚文洲	老年大学
2008. 5. 22—23	排舞培训班	120	邵小媚 罗倩萍	会展中心
2008. 6. 5—8. 10	老年大学交谊舞第二学期	63	蒋灵云	老年大学
2008. 7. 10—25	成人舞蹈培训班	21	李潇娴	文化馆排练厅
2008. 9. 3—9. 22	第二期中老年越剧培训班	22	姚文洲 石莉丽	文化馆排练厅
2008. 9. 7—11. 1	老年大学二胡第三学期	39	姚文洲	老年大学
2008. 9. 8—12. 25	老年大学第一学期初级摄影班	35	张新根	老年大学
2008. 9. 24—1. 7.	老年大学民族舞第二学期	60	蒋灵云	老年大学
2008. 11. 7—1. 4	老年大学二胡第四学期	39	姚文洲	老年大学

续 表

时 间	内容和名称	人数	讲课人	地 点
2008.12.28	老年民族舞培训班	30	蒋灵云	老年大学
2009.1.1—12.30	全市排舞培训班25期	950	蒋灵云 李潇娴	文化馆及社区
2009.3.5—3.24	第一期中老年越剧培训班	22	陆佳耀	文化馆排练厅
2009.3.7—6.24	老年大学交谊舞第一学期	63	蒋灵云	老年大学
2009.3.8—6.25	老年大学第一学期初级摄影班	30	张新根	老年大学
2009.3.8—6.25	老年大学民族舞第一学期	60	蒋灵云	老年大学
2009.6.5—8.10	老年大学交谊舞第二学期	63	蒋灵云	老年大学
2009.7.10—25	成人舞蹈培训班	21	李潇娴	文化馆排练厅
2009.8.15—10.20	舞蹈中级第四期	20	蒋灵云 李潇娴	文化馆艺校
2009.9.7—11.1	老年大学二胡班第三学期	39	姚文洲	老年大学
2009.9.24—1.7	老年大学民族舞第二学期	60	蒋灵云	老年大学
2009.10.25—12.20	舞蹈中级班第五期	20	蒋灵云	文化馆艺校
2010.1—12	艺校各类培训班24期	550	蒋灵云等	文化馆艺校
2010.5.28—29	新农村建设摄影培训班	50	李群力	凤鸣街道
2010.7.6	文化站干部论文写作培训班	15	颜剑明	文化馆
2011.1—12	艺校各类培训班24期	536	蒋灵云等	文化馆艺校
2011.1—12	全市街道、镇文艺骨干培训班	300	蒋灵云等	各镇、街道
2011.3—12	全市排舞培训班25期	800	蒋灵云 李潇娴	机关、社区、农村
2011.5.6	梧桐街道村、社区文体干部业务培训班	30	褚红斌	梧桐街道
2012.3.21—23	桐乡市初级排舞培训班	100	蒋灵云等	桐乡体育馆
2012.5.5—7	排舞训练营初级培训班	110	蒋灵云等	文化馆
2012.6.5—8	第一期排舞培志愿者培训班	100	蒋灵云	体育馆
2012.7.3—4	第一期小学教师排舞培训班	200	蒋灵云	体育馆
2012.7.—11	"天天领舞台"现场辅导	3万	李晓妮	罗马都市广场
2012.9.3—5	第二期小学教师排舞培训班	200	蒋灵云	体育馆
2013.3.5—12.30	舞蹈培训班	28	李潇娴	文化馆排练厅
2013.3.5—12.30	拉丁舞培训班	50	鲍鸣佳	文化馆排练厅
2013.3.5—12.30	古筝培训班	55	陆佳耀	文化馆古筝室
2013.3.5—12.30	钢琴培训班	20	朱正宏	文化馆琴房
2013.3.5—12.30	笛子培训班	30	姚国治	文化馆培训教室
2013.3.5—12.30	二胡培训班	8	姚文洲	文化馆培训教室
2013.3.5—12.30	声乐培训班	7	赵伟平	文化馆琴房
2013.3.5—12.30	电子琴培训班	20	朱慧磊	文化馆培训教室
2013.3.5—12.30	萨克斯培训班	8	柴 筱	文化馆培训教室

续 表

时　　间	内容和名称	人数	讲课人	地　　点
2013.3.29—3.30	桐乡市教育工会排舞培训班	100	蒋灵云	桐高体育馆
2013.4.5	龙翔街道第一期排舞培训班	100	蒋灵云	龙翔街道 中心小学操场
2013.5	洲泉镇摄影骨干培训班	50	李群力	镇政府会议室
2013.5	高桥镇农民画培训班	50	朱荣耀	镇政府会议室
2013.6	濮院镇外来民工排舞培训班	120	李潇娴	镇小学操场
2013.6	龙翔街道中老年秧歌培训班	50	李晓妮	龙翔街道 中心小学操场
2013.7	崇福镇第一期声乐爱好者培训班	80	赵伟平	崇德中学电教室
2013.8	乌镇老年书画培训班	50	朱荣耀	镇政府会议室
2013.9	龙翔街道第二期排舞培训班	100	李潇娴	龙翔街道 中心小学操场
2013.9	凤鸣街道排舞培训班	100	李晓妮	凤鸣街道中心小学
2013.10	大麻镇舞龙舞狮培训班	50	蒋灵云	镇中学操场
2013.11	梧桐街道文学创作培训班	100	颜剑明	茅盾中学会议室
2013.12	崇福镇第二期声乐爱好者培训班	80	赵伟平	崇德中学电教室
2013.12	河山镇三峡移民龙狮队培训班	80	沈富泉	镇中心小学操场
2014.3.26—30	浙江省2014排舞师资培训班， 全国全健排舞培训班	300	孔庆玲 （特邀）	文化馆
2014.6.12—15	桐乡市第一批基层排舞教练员培训	720	蒋灵云 李潇娴	文化馆
2014.7.1—4	浙江省2014农村文化礼堂排舞师资 培训班	150	孔庆玲 （特邀）	文化馆
2014.7.14—31	桐乡市基层排舞骨干培训班	3900	蒋灵云 李潇娴等	全市13镇、街道及 振东新区
2014.7.14—31	基层书法培训班	300	申　伟 费胤斌	崇福镇、大麻镇、 凤鸣街道文体站
2014.7.23	振东新区排舞培训班	50	蒋灵云 李潇娴	桐乡市文化馆 二楼排练厅

　　90年代后期，群众文化艺术培训辅导除文化馆专业培训业余骨干外，社会各类业余艺术培训也相继兴起。

老年大学

　　桐乡老年大学创建于1991年4月，经桐乡县委、县政府同意，由人事局筹办，地点在寿星楼退休干部活动中心，初名为桐乡寿星楼老年大学。1993年桐乡撤县设市，更名为桐乡市老年大学。1995年起，由市人事局、市委老干部局共管，1997年划归老干部局管理。教学大楼1996年8月开始建造，1997年投入使用，建筑面积1670平方米。2009年底，有16个专业、30个班级，聘请了19名专业教师。

桐乡市少儿业余艺术学校

　　桐乡市少儿业余艺术学校（浙江省艺术学校桐乡教育点）创建于1996年，隶属市文化局、教育局、文联领导，地点在市文化馆内，内设校务委员会，由市文化馆负责承办。

首期招收 90 人，开设音乐、舞蹈、器乐 3 个班，聘请专业教师 2 名。2002—2008 年，培训 113 期。2009 年底，有培训场馆 500 平方米，内设器乐教室 8 间，舞蹈排练教室 1 间，聘请教师 8 人，班级 12 个，学生 180 人。业余艺术学校常年办班持续到 2013 年底。2013 年 12 月，文化馆迁至振东新区环园路办公，桐乡市少儿业余艺术学校停办。

江南艺校

江南艺校创建于 2001 年 3 月，位于梧桐街道李家浜路，是经教育局批准的社会力量办学的业余艺术教育机构。开设音乐、舞蹈、美术三大类十余门课程，包括钢琴、电子琴、古筝、笛子、二胡、吉他、萨克斯管、爵士鼓、口琴、声乐、少儿芭蕾、街舞、美术等。由多位艺术家及教育专家组成的顾问团和艺术指导小组，定期来校进行师资培训和业务指导。是省音乐家协会教学考级点，杭州师范大学艺术学院教学实践基地。建校八年来，培养各类学生 2000 余名，在全国社会艺术水平考核中，合格率达 98% 以上，其中 200 余人获优秀证书；多位学生通过嘉兴市 B 级、C 级测试，获得中考加分；选送学生参加全省乃至全国艺术大赛，取得奖项；辅导 20 多位学生参加艺术类高考，进入中国美术学院、上海戏剧学院等高等院校。学校被评为省艺术考评示范单位、考级优秀单位。

金凤凰艺术学校

金凤凰艺术学校创办于 2002 年，是经教育局批准的社会力量办学的业余艺术教育机构。初在庆丰路人武部大楼内，设书法、绘画、声乐、舞蹈等基本艺术教育课程。2009 年，迁至校场西路 667 号，面积 1 万平方米，设儿童画教学部、书法教学部、素描色彩教学部、综合教学部、音乐教学部、少儿美术馆、美术用品商店、少儿欢乐天地演播室等。逐步向周边乡镇学校和镇级幼儿园辐射，设立教育点，定时、定量、有规划地进行艺术教育和培养。特色优势为"激励教学法"和"快乐教学法"，开设少儿美术、儿童水墨画，少儿油画、少儿书法、初级素描、初级色彩、艺术类高考（专业素描色彩）培训，还有成人书画培训等。同时推出自然英语、小主持人、小记者班。为中国美术学院考级中心嘉兴工作考区桐乡考级点、全国青少年书法级别评定委员会考务工作站、杭州电子科技大学信息工程学院大学生就业实习基地等。

三、民间文艺收集整理

民间文艺收集整理是弘扬和传承民间民俗文化，保护非物质文化遗产的重要举措，也是文化馆的基本工作职能之一。

建国前，崇德、桐乡两县没有民间文艺工作组织。

中华人民共和国成立初期，崇德、桐乡两县文化馆曾组织民间文艺收集和整理工作。1957 年，崇德县文化馆收集改编的民间舞蹈《并蒂莲花》和民间小戏《还披风》参加省第二届民间音乐舞蹈演出，获得好评。

20 世纪 70 年代初期，县文化馆确定专人负责民间文艺工作。1980 年 12 月 13 日，由县文化馆牵头，12名民间文艺爱好者自发成立民间文艺研究小组，后归属文联。1980年至1995年，组织民间故事、歌谣、戏曲、舞蹈、美术等采风活动30多次，采集资料200多万字，出版内部刊物《桐乡民间文艺》、《桐乡民间故事》、《茅盾故乡的传说》、《桐乡民间歌谣选编》《桐乡新故事选编》《茅盾故乡——乌镇》等10多种。

《中国民间文学集成·桐乡卷》书影

1987年7月，县委宣传部、文化局在乌镇召开全县民间文学集成工作会议。随后组织开展全县民间文艺大普查，共有200多人参加，采集各种资料160余万字，1989年5月，选编出版《中国民间文学集成·桐乡县卷》，44万字。徐春雷被国家文化部评为先进个人。同年，由文化馆收集整理的民间舞蹈《拜香凳》被编入《中国民间舞蹈集成·浙江卷》。

1994年12月15日，文化馆在百桃乡组织神歌演唱活动，上海、浙江等地10多名民间文艺专家观摩，并拍摄录像片《桐乡神歌》。1995年，《桐乡神歌》录像片被评为全国第二届民俗文艺录像片汇映优秀奖。

1997年7月，由文化馆收集整理的《赞蚕花》等7首民歌和《龙蚕》等4则民间故事编入《中国歌谣集成·浙江卷》。

2000年，市委宣传部、文化局组织广大民间文艺工作者，组建了河山镇高跷队、大麻镇舞龙队、石门镇舞狮队、濮院镇抬阁队、乌镇腰鼓队、屠甸镇马灯队、虎啸乡鱼灯队、梧桐镇莲湘队、新生镇迎花队、同福乡安民队、崇福镇蓝花队伞队、南日乡秧歌队、芝村乡拜香凳队等民间文艺表演方队，在第二届菊花节民俗风情行街活动中一一亮相，展示了菊乡深厚的民间文艺底蕴。

2009年，桐乡蚕歌已被列入浙江省第三批非物质文化遗产保护名录。2012年，徐春雷编著的《桐乡蚕歌》获浙江省第三届民间文艺映山红奖二等奖。

四、群文理论研究

群众文化理论研究是群众文化工作部门的基本任务之一。它对指导群众文化工作的开展和提高群众文化活动的艺术水平具有一定的指导意义。

研讨活动

20世纪80年代开始，省、地、县相继建立群众文化学会（小组）。省群众文化学会首批会员中，桐乡有2人；到1990年发展到4人。1985年8月，嘉兴市群众文化学会首批会员中，桐乡有3人，到1990年发展到12人。县群众文化学会小组于1989年9

月 5 日成立，首批会员 25 人，鲍复兴为组长，张振刚为副组长，朱妙学为秘书长，业务上接受省、嘉兴市群众文化学会指导。1986 年 12 月 1 日，县文化馆举办《群众文化概论》培训班，有 48 人参加。

1990 年 7 月 6 日，嘉兴市首届企业文化理论研讨会在海宁长安镇召开，桐乡有 4 人参加，朱妙学的《浅谈企业文化的引导》一文在会上宣读并获证书。

1991 年 8 月 17 日，群众文化学会小组召开第二次会议，讨论提出 12 个理论研究课题，并决定编辑《茅盾故乡——桐乡群众文化论文选》。是月 29—30 日，县文化局和县群众文化学会在石门镇文化站举办群众文化理论培训班，有 45 人参加，邀请省文化厅《群众文化》副主编、研究员徐治有和省文化厅办公室骆土泉作题为《群众文化论文的选题和写作》《文化业务档案管理》的辅导讲课。

1994 年 3 月 7 日，全国乡镇企业文化委员会第一届年会暨乡镇企业文化理论研讨会在凤鸣宾馆召开，市文化局协助屠甸水泥厂等 9 个乡镇企业提交论文。

2004 年 4 月，文化局组织全市文化站长参加在省艺术职业学院举办的群众文化理论专业培训，为期 3 天，听取《全面小康与文化建设》《大中型群众文化活动策划》《群众文化工作调研》等专题辅导报告，组织文化站长撰写群众文化理论调研文章。是年 10 月，编印出刊《桐乡市群众文化论文选》（内部交流版），入选论文 32 篇。

2005 年 9 月，凤鸣街道文化站祝汉明和乌镇文化站罗佩英、章建明，参加省群众艺术馆举办的群众文化理论中青年骨干培训班。

2007 年 4 月 21—23 日，市文化局承办由文化部社文司、农业部新闻办公室、《人民日报·新农村》周刊、人民网、《讽刺与幽默》和桐乡市人民政府联合主办的"全国新农村文化发展论坛"，50 多位领导、专家和学者参加论坛，就新时期新农村文

全国新农村文化论坛在桐乡召开

化建设这一课题进行广泛而又深入的探讨，收到一批高质量的群众文化理论文章。

研讨成果

群文工作人员深入调研，认真选题，结合自己的工作实践，运用新理念，撰写一批群众文化论文，指导和推动了群众文化工作。

桐乡市（县）群众文化工作者在省级以上发表、宣读、获奖的群文论文一览表
（按发表时间排列）

论文篇目	发表刊物及宣读获奖情况	发表时间	作者姓名
《桐乡"三跳"的演变及特色》	《浙江曲艺》1990年第二期	1990.7	徐春雷
《当前书法群体管窥》和《学书与学养的关系互补》	入选"浙江省群文理论研讨会"并结集出版	1990	盛欣夫
《试论〈春蚕〉的典型提炼》	入选"茅盾国际学术研讨会"	1991.10	徐春雷
《蚕歌与蚕乡习俗》	《中国民间文化》第二集	1991.7	徐春雷
《浅议节日文化的发展》	省文化厅《群众文化论坛》1991年12期	1991.12	徐春雷
《默默耕耘，字字生辉》	发于《书法》杂志1992年第二期	1992	盛欣夫
《桐乡芝村乡蚕花庙会调查》	《吴越文俗》复旦大学出版	1992.6	徐春雷
《浅谈香袋的艺术特色》	入选中国吴越文化民间艺术研讨会宣读交流并发表	1992.6	徐春雷
《品德　学问　化境》	入选"全国书法史学、美学学术研讨会"。	1993.3	盛欣夫
《戏剧小品为群众戏剧开拓了一条新路》	省戏剧家协会《戏文》	1993.5	鲍菊芬
《浅谈蚕歌对养蚕生产的认识价值》	《中国民间文学集成研究》	1993.12	徐春雷
《桐乡神歌概述》	《中国民间文化》14期	1994.8	徐春雷
《双向选择一举所得》	省群文理论征文三等奖	1995.10	徐春雷
《浅论蚕乡民俗旅游的开发》	中国民俗旅游国际学术研讨会	1995.11	徐春雷
《民间美术展览组织程序浅议》	获省群文理论研讨会三等奖	1996.10	徐春雷
《广电文化联合群文如鱼得水》	省文化厅《群众文化》1997年第1期	1997.6	钟惠荣
《市场管理与市场监督》	省文化市场理论研讨三等奖	1997.12	茅威放
《大狗小狗都要叫——繁荣群众文学创作之我见》	获浙江省首届群众文学理论征文二等奖	2000.10	周敬文
《乌镇民间文化的历史现状和发展对策》	省文化厅《群众文化》2001年第5期，省文化厅2002年征文三等奖	2001.10	罗佩英
《村落文化的载体——文化示范户》	获省文化厅群文论文征文三等奖	2002.6	周敬文
《文化站应该是先进文化的传播阵地》	入选省乡镇文化站业务工作暨村落文化研讨会。	2003	高伟胜
《延伸书法，寻找空间》	《美术报》2003年3月22日	2003.3	盛欣夫
《德艺双馨写人生——记著名书法家邹梦禅先生》	《中国书法》2003年第6期	2003	盛欣夫
《拓展文化视野 丰富小康内涵——桐乡市小康文化建设的现实思考》	获省小康文化论坛征文二等奖	2004.1.12	张凌云
《乌镇老年文化活动引发的思考》	获省文化厅、老龄委征文二等奖	2005.1	罗佩英
《寻求城乡文化发展的平衡点》	获省文化厅，群艺馆征文二等奖	2005.5	罗佩英
《对青石蚕文化现状和对策的思考》	中国管理科学研究院人文科学研究所中国新时期人文科学优秀成果评选中一等奖	2005.5	宋娟南
《茅盾的学书之路与书体的形成》	入选"浙江省书法教育理论研讨会"并结集出版。	2005.7	盛欣夫
《茅盾书法小考》	《中国书法》2005年第10期	2005.10	盛欣夫
《百年梦禅 一代师表》	《美术报》2005年11月26日	2005.11	盛欣夫
《试谈群众文化在旅游中的作用》	获省文化厅征文三等奖	2006.4	罗佩英

论文篇目	发表刊物及宣读获奖情况	发表时间	作者姓名
《社区文化是文明社区的润滑剂》	省文化厅《群众文化》月刊2006年10期	2006.6	包锡庆
《民间文化与新农村建设》	入选浙江《新农村建设论文集》	2006.7	沈海清
《梦绕西泠铸人生》	入选《西泠印社早期社员社史研讨会论文集》	2006.10	盛欣夫
《浅谈建设社会主义新农村中的新文化建设构想》	中国群众文化学会、《中国文化报》"新农村文化与新农民培养"征文比赛优秀奖	2006.11	朱妙学
《重建农民的文化自信心——以桐乡洲泉东田村为例》	获省文化厅新农村文化建设论坛三等奖	2006.11	颜剑明
《桐乡市民间艺术家生存状况调查报告》	浙江省第三届非物质文化遗产保护论坛征文二等奖	2007.3	张剑秋
文化专题《古镇与楹联》	《书法导报》2007.3.15-4.30	2007.3—4	盛欣夫
《略论新农村文化建议中的五个关系》	省文化厅《浙江文化》月刊2007年第5期	2007.7	宋娟南
《梅调鼎书法初探》	《中国书法》2007年第9期	2007	盛欣夫
《谈谈桐乡民间曲艺"三跳"的传承、发展和创新》	省曲艺家协会《浙江曲艺》季刊2007年第2期	2007.6	宋娟南
《桐乡市民间艺术家生存状况调查报告》	省第三届非物质文化遗产保护论坛	2007.10	张剑秋
《淡泊名利成奇才——浅析梅调鼎书法的形成与影响》	入选《浙江省第20届书学研讨会暨浙东书学论文》	2007.11	盛欣夫
《发挥乡镇综合文化站在新农村建设中的作用》	获省乡镇文化站长培训班论文三等奖	2007.11	罗佩英
《乡镇文化站档案管理存在的问题与对策》	获省群众文化艺术档案理论征文二等奖	2007.12.26	章建明
《村级文化建设之我见》	发表省文化厅《浙江文化》月刊2008年第5期	2008.5	赵振云
《浅谈广场文化》	发表省文化厅《浙江文化》月刊2008年第5期	2008.5	陈益群
《留住有声有色的"活态文化"》	发表省文化厅《浙江文化》月刊2008年第6期	2008.6	张剑秋
《立足河山地方特色，打造群众自己的文化》	获省乡镇综合文化站建设实践与思考论文赛二等奖	2008.7	褚红斌
《名联解读》	连载于《书法导报》	2008.7起	盛欣夫
《桐乡蓝印花布的保护与传承》	入选省民间文艺家协会主编的《守卫与弘扬》	2008.8	徐春雷
《保护民族民间文化 推动经济文化发展》	入选省民间文艺家协会主编的《守卫与弘扬》	2008.8	范树立
《桐乡"三跳"在社会主义新农村建设中的作用》	入选省民间文艺家协会主编的《守卫与弘扬》	2008.8	沈海清
《浅谈乌镇民间文化的传承创新与发展》	在省群众文化学会二等奖	2008.11	罗佩英 邱学敏
《桐乡乌镇乡镇群众文化建设的实践与思考》	省文化厅《浙江文化》月刊2008年第12期	2008.12	章建明
《三块竹板唱古今——民间艺术家调查报告》	中国文史出版社《守望与传承》	2009.1	徐春雷
《端午习俗与生命尊崇》	在中国民俗文化当代传承浙江论坛宣读交流	2009.5	祝汉明
《千年不经的丰同裕》彩拷	《中华文化画报》	2009.6	祝汉明
《文化茶馆成为江南水乡美景》	《中国文化报》	2009.8.12	祝汉明
《竹刻，海派文化的明珠》	入选《相约世博·全国竹刻艺术邀请展作品集》	2010.3	叶瑜荪
《桐乡端午习俗与生命尊崇》	浙江人民出版社出版《我们的节日》	2010.5	祝汉明

续　表

论文篇目	发表刊物及宣读获奖情况	发表时间	作者姓名
《一代宗师千秋笔墨》	《书法导报》	2010.5	盛欣夫
《文化茶馆成为农村公共文化建设"新酵母"》	中国群众文化学会、《中国文化报》评为二等奖。	2010.10	陈亚琴 祝汉明
《嘉兴洲泉地区蚕桑民俗文化调查报告》	获省民俗文化保护论坛征文一等奖	2011.7	陈亚琴
《"两新工程"布局下桐乡市高桥灶画》保护和传承情况调研	获省非遗保护工作优秀调研报告二等奖	2011.8	陈亚琴
《江南蚕乡里的声声蚕歌》	省群艺馆《公共文化服务通讯》	2011.8	陈亚琴
《桐乡：蚕桑舞春秋·非遗结硕果》	《中国文化报》	2011.12	褚红斌 陈亚琴
《高桥镇灶画保护和传承》	入选《全国非物质文化遗产保护论文集》	2011.12	陈亚琴
《浅谈鼓板在越剧伴奏中的灵活运用》	陕西省戏协主办《当代戏剧》2011年5期	2011.11	沈富泉
《如何拓展现代戏曲表演视觉审美》	省戏协主办《大舞台》2011年3期	2011.10	来荣祥
《桐乡崇福的文物保护》	省文化厅《浙江文化》月刊2013年第4期	2013.4	胡金林
《保护传承桐乡花鼓戏》	省文化厅《浙江文化》月刊2013年第5期	2013.5	徐丽萍
《宋代定窑"尚食局"款刻花龙纹盘》	福建《收藏快报》月刊2013年第11期	2013.11	杨金汉

五、群众文化报刊

群众文化报刊是宣传党和政府的群众文化方针和政策、交流群众文化工作经验、刊登群众文化艺术作品的重要园地，对指导、推动当地的群众文化工作和提高群众文化艺术水平具有重要意义，编辑出刊好群众文化报刊，是群众文化工作的一个重要内容。

早期群文报刊

民国八年（1919）8月，沈雁冰（茅盾）及其胞弟沈泽民在乌镇发起成立桐乡青年社，9月1日创刊号《新乡人》出刊。1922年初，《新乡人》改名为《新桐乡》，1924年停刊。1933年初，乌镇青年张卓然等编辑出刊《新乌镇》四开旬报，1934年9月停刊。1934年6月，杨园学社刊印《杨园菁华录》。1940年10月，北石晖桥吴友堂等发起成立"塘南文化社"，次月编辑出版《塘南半月刊》，共出27期，1945年11月1日停刊。1946年3月，乌镇青年发起成立联谊社，出刊《联谊报》，共出12期，1947年6月停刊。1948春，桐乡简师师生及校友组织成立新羽文艺社，出刊《新羽》。

新中国成立后群文报刊

1957年5月，县文化馆发起创办《桐乡文艺》，32开本。1958年开始编印《宣传资料》。1970年，又编印《革命文艺》刊物。1979年10月编印16开本的庆祝建国30周年《征文集》。80年代开始，《菊乡歌声》《桐乡民间文艺》《凤鸣曲艺》等文艺刊物编辑出刊。1983年5月，文化馆创办《情况交流》16开油印内部交流资料，1984年1月改名为《群文简报》，共编印出刊160多期。1989年10月，编印出刊庆祝建国40周年《文学作品选》。1999

年 10 月，编印出刊庆祝建国 50 周年《文学作品集》。2009 年 10 月，又编印出刊庆祝建国 60 周年《桐乡市优秀文艺作品集》，分文学、美术、书法、摄影 4 卷。濮院《梅泾文学》和崇福《崇德文苑》都定期印刷出刊。其中重点有：

桐乡文艺

1957 年 5 月出刊。文化部部长沈雁冰题字。创刊号为 32 开 22 页，印数 200 份。出刊 2 期后停刊。

1980 年 10 月，经报县委宣传部同意，《桐乡文艺》复刊，由文联、文化馆主办。32 开开本，一般 30—60 页。复刊第一期印数 3036 本，以后因经费不足印数逐步减少，最少时 500 本。1980—1982 年为双月刊。1990 年 3 月，根据省新闻出版局通知，县文化馆不准出刊物。《桐乡文艺》从

《桐乡文艺》书影

42 期起改为《桐乡文化交流》。1994 年秋，恢复《桐乡文艺》刊名。到 1997 年，共出刊 71 期，共发表各类文艺作品 1600 多件，约 210 万字。从 1998 年起改为半年刊，16 开标准本。2005 年第一期起，16 开标准本又改为大 16 开本。2008 年定为季刊，印数从 500 册扩大为 2000 册。到 2012 年底，《桐乡文艺》共已出刊 111 期，为培植桐乡文学新人，繁荣桐乡文学创作起到了积极作用。是年，《桐乡文艺》被浙江省文化厅评为全省群文报刊一等奖。2013 年 6 月，《桐乡文艺》再次改版。至 2014 年底《桐乡文艺》共出刊 125 期。同年，《桐乡文艺》再获浙江省文化厅评为全省群文报刊一等奖。

桐乡文化报

《桐乡文化报》创刊于 2003 年 8 月 28 日，由市文化广电新闻出版局、市文学艺术界联合会联合主办，市文化馆承办。初为 4 开 4 版，1 版为群众文化重大活动信息，2 版为群文论坛，3 版为文学作品，4 版为摄影作品。2006 年，从原来临时性出刊改为季刊。2009 年，改为八开八版，分为四个板块，第一板块：文化视野，群众文化重大活动信息等；第二板块：非遗热点，介绍我市非遗项目、民间艺术家及非遗保护；第三板块：运河来风，文学作品；第四板块：艺术映像，摄影作品。每期印刷 1500 份，分送全市

《桐乡文化报》书影

党政机关、企事业单位、学校、文联部分协会会员以及上级文化部门、兄弟县（市）文化单位等。至2012年末，已印刷出刊44期。2007年被评为全省群众文化优秀报刊一等奖。2013年7月，《桐乡文化报》总第48期起再次改版。改版后，一版重点新闻，二版亮点新闻，三版镇、街道文化，四版文化理论，五版现场，六版美术，七版镜像，八版子夜。至2014年底，《桐乡文化报》共印刷出刊82期。

六、群众文艺"菊花奖"

2003年，市委、市政府设立群众文艺"菊花奖"，目的是进一步繁荣城乡群众文艺，鼓励出人才、出作品。至2012年，共举办五届。

第一届群众文艺"菊花奖"

首届群众文艺"菊花奖"在大剧院举行

2003年10月28日，在桐乡大剧院举行，部门参赛节目21个，乡镇、街道参赛节目23个。

金奖3名：交通局的漫画小集锦《片片落英人间情》，河山镇的民间风情舞《送你一块蚕花糕》，凤鸣街道的民俗小歌舞《上梁新调》。

银奖6名：土管局的舞蹈《月上柳梢头》，教育局的歌伴舞《人生无悔》，财政地税局的独唱《运河画魂》，屠甸镇的越剧画音《菊花赋》，乌镇的摇滚快板《引吭高歌新桐乡》，供电局的少儿舞蹈《一箩麦、两箩麦》。

铜奖9名：巨石集团的舞蹈《巨石畅想》，龙翔街道的歌舞《春天的大运河》，教育局的歌伴舞《春风亲吻我的祖国》，团市委的配乐诗朗诵《因为我们年轻》，人民银行的歌舞《大地飞歌》，农经局的歌伴舞《梦中的运河》，教育局的健美操《激情飞扬》，洲泉镇的舞蹈《蚕娘》，总工会的舞蹈《桑园图》。

此外评选优秀创作奖7名、优秀表演奖15名、表演奖12名、组织奖6名。

第二届群众文艺"菊花奖"

2005年10月25日，在桐乡大剧院举行，部门参赛节目19个，乡镇、街道参赛节目14个。

金奖3名：教育局的舞蹈《过桥桥，快快跑》，濮院镇的音乐小品《回家》，团市委的童声合唱《菊海欢歌》。

银奖6名：石门镇的越剧小戏《故乡情》，河山镇的舞蹈《桑青青、蚕灯明》，乌镇的舞蹈《乌镇影像》，市妇联的表演唱《蚕花美眉》，规划建设局的歌伴舞《携手同心天地新》，梧桐街道的舞蹈《丫丫戏皮影》。

铜奖9名：大麻镇的舞蹈《龙腾菊乡》，高桥镇的舞蹈《小蚂蚁》，巨石集团的男声四重唱《朋友啊，欢迎来巨石》，卫生局的摇滚快板《白衣天使新风赞》，洲泉镇的歌伴舞《洲泉，我们为你歌唱》，总工会的舞蹈《红结儿》，老干部局的舞蹈《看今朝》，财政地税局的小品《税务局长的家事》，民政局的小品《母爱》。

此外评选优秀创作奖4名、优秀表演奖4名、组织奖8名。

第三届群众文艺"菊花奖"

2007年11月22日，在桐乡大剧院举行。部门参赛节目14个，乡镇、街道参赛节目12个。

金奖3名：凤鸣街道的歌舞《水车情歌》，洲泉镇的舞蹈《湘溪读书郎》，教育局的武术舞蹈《狮娃同乐》。

银奖6名：巨石集团的音乐舞蹈诗《巨石人家》，开发区的情景诗朗诵《向您敬礼，可爱的城市建设者》，梧桐街道的越剧小戏《小巷情深》，河山镇的舞蹈《蚕乡喜丰收》，教育局的舞蹈《旋、旋、旋》，团市委的舞蹈《桑果果红了》。

铜奖9名：濮院镇的音乐小品《幽湖恋歌》，规划建设局的三跳表演唱《桐乡是个好地方》，石门镇的三跳《石门湾里好风光》，崇福镇的舞蹈《雏菊竞放香满园》，老干部局的舞蹈《水乡来了模特队》，财政地税局的男声小组唱《春天里的歌》，高桥镇的舞蹈《菊乡娃儿乐》，公安局的小品《我是人民警察》，大麻镇的舞蹈《运河畔的希望》。

此外评选优秀表演奖8名、优秀创作奖3名、优秀组织奖5名。

第四届群众文艺"菊花奖"

2010年10月18—20日，在桐乡大剧院举行。分镇（街道）、部门和社会个人三场。参赛节目社会个人14个、镇（街道）13个、部门14个。

金奖4名：河山镇的舞蹈《喜蚕匾》，教育局的舞蹈与时装《水乡意象》，梧桐街道的舞蹈《织语》，高桥镇（巨匠建设集团）的舞蹈《自豪的建设者》。

银奖8名：经济开发区的哑剧《擦镜子》，乌镇的表演唱《乌镇走桥》，巨石集团的舞蹈《印象西湖雨》，教育局的舞蹈《蚕韵生声》，石门镇的三跳音乐剧《赛娘亲》，龙翔街道的舞蹈《印象杭白菊》，龙翔街道中心小学的舞蹈《庆》，崇福镇崇德艺术幼儿园柴李悦的独舞《雨竹林》。

铜奖13名：团市委的音乐剧《缘·梦》，城管执法局的音乐小品《菊乡情歌》，财政地税局的音乐小品《同画一个圆》，凤鸣街道的小组唱《嫁接》，民政局的歌伴舞《夕阳无限好，何惧近黄昏》，老干部局的舞蹈《船娘》，崇福镇的音画歌舞《运河灯谣》，濮院镇的舞蹈《菊乡韵》，屠甸镇的越剧小戏《石泾喜事》，凤鸣街道徐光飞等的器乐伴唱《运河纤夫》，龙翔街道桐乡十中的舞蹈《青春万岁》，高桥镇严佳煜等的舞蹈《竹林飞歌》，洲泉镇费媛媛的独唱《洲泉，我们为您歌唱》。

此外评选出优秀表演奖 16 名、优秀创作奖 3 名、优秀组织奖 3 名。

第五届群众文艺"菊花奖"

2012 年 12 月 20 日，在桐乡大剧院举行。12 个节目参赛，均由镇、街道选送。

金奖 2 名：龙翔街道的群舞《茭田阿妹》，河山镇的舞蹈《踏船飞歌》。

银奖 4 名：高桥镇的舞蹈《城市建设者》，凤鸣街道的群舞《菊花吟》，梧桐街道的群舞《狼来了》，石门镇的配乐诗歌剧《从那天开始……》。

铜奖 6 名：濮院镇的舞蹈《濮家大院》，洲泉镇的表演唱《剪蚕花》，乌镇的口琴舞蹈《口琴声声话童谣》，崇福镇的舞蹈《剪意江南》，屠甸镇的舞蹈《石泾水乡情》，大麻镇的打击乐《锣鼓声处是故乡》。

第四节　群众文化场所

群众文化场所是公共文化的辅导、培训中心，也是广大群众自娱自乐，组织开展各种群众文化娱乐活动的场地。60 多年来，全市群众文化场所从小到大，从少到多，逐步发展，特别是 1978 年党的十一届三中全会以后，逐步走上稳步健康的发展轨道。到 2007 年底，全市各镇、街道均建起群众文化活动中心，实现东海文化明珠工程建设全覆盖、村级文化活动中心（室）全覆盖，建市级文化示范户 1000 户，农村文化茶馆应运而生。2013 年，实施农村文化礼堂建设。镇、村、户三级农村文化网络协调发展。

一、镇、街道文化活动中心

镇、街道文化活动中心是所在镇、街道文体站组织、辅导、培训当地群众开展各种群众文化活动的中心场所，也是当地群众自娱自乐开展各种文化活动的中心场所。到 2012 年底，全市镇、街道文化活动中心总面积达到 23060 平方米，内设各类文化活动室 118 个。到 2014 年，全市镇、街道文化活动中心总面积达 29958 平方米。

梧桐街道文化活动中心

前身为桐梧镇文化站，初建于 1992 年 6 月，同年，梧桐乡、钱林乡、城南乡并入，2001 年 10 月改称桐梧街道文化站，2007 年 2 月改称桐梧街道文体站。原先仅是镇机关办公楼的两间活动室。2006 年将学前社区综合楼改为街道文化活动中心楼，面积 1500 平方米，内设文化活动室、图书阅览室、乒乓室、健身房、排练厅、培训室、老年活动室，藏书 8500 册。2012 年 3 月 13 日，梧桐街道文化活动中心楼迁至齐福路 1003 号，面积 2200 平方米，内设排练厅、创作室、乒乓室、健身房、多媒体室、图书分馆等。

凤鸣街道文化活动中心

前身为灵安镇文化站，初建于 1952 年 1 月，1998 年 10 月史桥乡并入，2001 年 10 月改称凤鸣街道文化站，2007 年同福乡并入。原先三乡镇文化活动室仅在机关办公楼设一间办公室、一间图书室。1999年同福乡将影剧院改建为文化活动中心，面积1050平方米，内设棋类室、乒乓室、书画室、桌球室、歌舞厅、摄影室、图书室等。2007年凤鸣街道在东片史桥集镇新建文化活动室，面积800平方米，内设乒乓室、棋类室、书画室、图书室等。2008年凤鸣街道投入100多万元，扩建文体中心室，面积达2100平方米，室外场地1200多平方米，内设中心剧场、排练小舞台、教育培训室、健身室、电子阅览室、乒乓球室、综合展览室、图书分馆等。

龙翔街道文化活动中心

前身为炉头镇文化站，初建于1980年10月，2001年10月改称龙翔街道文化站。原先仅有三间平屋，60平方米。2006年文化活动室迁至原财税大楼，面积约400平方米。2007年投入15多万元，改造装修后全部划归文化用房，达到630平方米，内设图书阅览室、排练房、健身房、培训活动室、棋类室、道具室、文化信息资源共享室、老年活动室等，藏书1.9万册，报刊100多种。2010年，对影剧院进行改建装修，面积扩大到1800平方米，内设各类文化活动室10个。

崇福镇文化活动中心

初建于1980年10月。1998年10月上市乡并入，2001年10月留良乡、虎啸乡、芝村乡并入。2007年2月改称崇福镇文体站。崇福镇文化站原文化活动场所设在崇福金刚殿内，仅100平方米。芝村乡文化站在1993年投资70多万元，新建文化活动大楼，面积1021平方米，后划归幼儿园。留良、虎啸、上市三乡文化活动室均仅40平方米。2005年，崇福镇投入30多万元，对原小学教育楼进行改造装修，面积1020平方米，内设排练厅、讲堂、乒乓室、图书阅览室、健身房、书画室、棋类室、道具室、老年活动室、文化信息资源共享室。2008年镇文化中心总面积达到4000平方米，并在全市率先建起图书分馆，藏书3.6万册，报刊200多种。新增电子阅览室、展厅、国民素质测试室等。

濮院镇文化活动中心

初建于1951年春，1990年2月濮院乡并入，2001年10月新生乡并入。2007年2月改称濮院镇文体站。濮院镇文化站原文化活动场所仅2间平屋，40平方米。濮院、新生两乡文化站也只在乡政府内设一间活动室。1993年，濮院镇文化站与兽医站合作，投资50万元，改造活动用房，开设歌舞厅、卡拉OK厅、录像厅、图书阅览室、文印服务部。2005年濮院镇文化中心新大楼面积1900平方米，内设图书阅览室、排练厅、乒乓室、健身房、棋类室、老年活动室、台球室、档案室、文化资源信息共享室等，共有藏书2.9万册，室外配有篮球场一个。

乌镇文化活动中心

乌镇文化站初建于1950年7月，1985年6月乌镇乡并入，1998年10月民兴乡并入，2001年10月民合乡并入。2007年2月改称乌镇文体站。1985年2月，乌镇文化站新建文化活动室，面积264平方米。1990年，西栅景区开发，文化活动室划归景区，文化站迁至北花桥堍乌镇房管所公房，面积800平方米。2005年，乌镇影剧院划归镇政府，投入20多万元，进行改造装修，主体面积达到1030平方米，内设图书阅览室、乒乓室、健身房、排练厅、文化信息资源共享室等6个室，藏书达到10325册。

洲泉镇文化活动中心

洲泉镇文化站初建于1962年4月。1998年10月晚村、义马乡并入，2001年10月青石、永秀乡并入。2007年2月改称洲泉镇文体站。初建时，洲泉镇文化站有两间平房为文化活动室，其余四乡文化站都只在乡政府内设一间文化活动室。1989年9月，洲泉镇择地新建文化站新大楼，面积450平方米。1991年2月青石乡改建200平方米的文化站文化活动室。1992年永秀乡原邮电所划给文化站为文化活动室。1995年义马乡买下原信用社大楼500平方米为文化站文化活动室。2002年，洲泉镇投入20多万元，改建1200平方米的文化中心大楼，内设图书室、阅览室、棋类室、书画室、道具室、歌舞厅、电子游艺室等。2005年，文化大楼迁至新区，新的文化主体楼面积达2000平方米，新增健身房、讲堂、乒乓球室、排练厅、文化信息资源共享室、党史阵列室等，藏书15000多册。

石门镇文化活动中心

石门镇文化站初建于1952年1月。1987年2月石门乡并入，1998年10月安兴乡并入，2001年10月羔羊乡并入。2007年2月改称石门镇文体站。初建时均只有一间文化活动用房，近30平方米。1990年9月安兴乡新建1556平方米的文化大楼，在全县第一个达到省特级站的标准。2002年石门镇投入20余万元，对原影剧院进行改造装修，新建图书室，面积1030平方米，内设排练厅、台球房、电子游艺室、图书阅览室、影剧场、棋类室等。2008年投入500多万元，建造文化中心新大楼，面积3200平方米，设多功能活动厅、教育培训室、排练厅、乒乓室、健身房、文化资源信息共享室、图书分馆等。

屠甸镇文化活动中心

屠甸镇文化站初建于1954年10月。1992年6月屠甸乡并入，2007年2月改称镇屠甸镇文体站。初建时仅一间平屋，30平方米，后迁入镇工会、钱君匋故居。2005年投入了80多万元，对原影剧院进行装修改造，主体大楼面积达到1900多平方米，内设图书阅览室、台球房、乒乓室、健身房、排练厅、培训室、办公室和会议室，藏书1万多册。2010年又新建文化活动室，面积1600平方米，内设台球房、乒乓馆、健身房、排练厅、培训室、党史陈列室等。

高桥镇文化活动中心

高桥镇文化站初建于1975年6月。1992年6月亭桥乡并入，2001年10月南日、骑塘乡并入。2007年2月改称高桥镇文体站。初建时，四乡文化站均在政府内设一间文化活动室。1980年南日文化站活动室迁入南日邮电所，面积100平方米。1999年高桥镇投入25万元，对原影剧院进行装修改造，主体面积达到1020平方米，内设舞厅、录像厅、台球室、图书阅览室、乒乓室、棋类室，藏书1万余册。2009年初，新增文化信息资源工程共享室，藏书达 1.5 万余册。2012 年 11 月，投入 55 万元，对原高桥镇卫生院进行改建，面积达到 1500 平方米，内设乒乓室、棋类室、健身房、排练室、书画室、讲堂、图书阅览室等。

河山镇文化活动中心

前身为河山乡文化站，初建于 1975 年 2 月。1992 年 6 月八泉乡并入。2007 年 2 月改称河山镇文体站。初建时两乡文化站活动室均在乡政府内。1978 年河山乡文化站迁至工业公司，文化活动用房扩大至 110 平方米。1990 年八泉乡工业公司投资 30 多万元，新建 320 平方米文化活动楼。1992 年河山镇政府投资 100 多万元，建文化中心大楼，面积 1025 平方米，设图书室、阅览室、电教室、乒乓室、电子游艺室、卡拉 OK 歌舞厅等室。2006 年投入 15 万元，对文化中心主体大楼进行扩建和装修，扩大到 1500 多平方米，增设文化信息资源共享室、多功能培训室，排练厅。至 2012 年，文化活动中心楼面积达到 2000 平方米，内设各类文化活动室 9 个，藏书 1.16 万多册，配有 1000 多平方米的室外篮球场一个。

大麻镇文化活动中心

大麻镇文化站初建于 1980 年 9 月。2007 年 2 月改称大麻镇文体站。初建时只是镇政府内一间平屋。2005 年投资 30 多万元，对原影剧院进行装修改造，主体面积 1527.5 平方米，内设排练厅、教育培训室、图书阅览室、健身房、道具室、棋类室、文化信息资源共享室，藏书 1 万多册。

二、村级文化活动中心（室）

新中国成立以来，我市村级文化设施建设历经了曲折发展的过程。1959 年，全县建有农村俱乐部 335 个，后因多种原因解散。1984 年，又兴起建农村青年民兵俱乐部之风，到年底，全县 317 个行政村均建立，但大多流于形式，缺乏实质性内容，后陆续停办。

2004 年，市委办出台《关于加强全市农村文化阵地建设的实施意见》，调动了村级文化活动中心（室）建设的积极性。当年，全市建村级文化活动中心（室）17 个，其中文化活动中心 11 个，文化室 6 个。2005 年，全市建村级文化活动中心（室）60 个，其中文化活动中心 29 个，文化室 31 个。2006 年，全市建村级文化活动中心（室）65 个，其中文化活动中心 38 个，文化室 27 个，同年 9 月 27 日，副省长盛昌黎专程来桐乡考察乌镇双塔村文化活动中心和浮澜桥村沈兴坤文化示范户，对农村文化阵地建设给予高度肯定，推动了农村文化阵地建设。

2007 年，全市建村级文化活动中心（室）55 个，其中文化活动中心 40 个，村文化室 15 个。

到 2007 年底，全市村级文化活动中心（室）183 个，其中文化活动中心 116 个，文化活动室 67 个，实现全覆盖。

河山镇石栏桥村文化活动中心

2007—2010 年，有 10 个村级文化中心被评为"嘉兴市级文化示范村"，分别是：河山镇东浜头村、崇福镇五丰村、大麻镇大庄村、崇福镇民利村、屠甸镇汇丰村、高桥镇越丰村、石门镇白马塘村、崇福镇东安全村、河山镇石栏桥村、大麻镇西南村。

2006—2012 年，有 5 个村级文化中心被评为"省级文化示范村"，分别是：河山镇庙头村、洲泉镇东田村、大麻镇大庄村、崇福镇民利村、龙翔街道元丰村。2013 年，崇福镇店街塘村、大麻镇麻溪村、河山镇王家弄村、凤鸣街道环南村、洲泉镇义马村、乌镇民合村 6 个村级文化活动中心被评为"嘉兴市级文化示范中心"。石门镇桂花村文化活动中心被评为"省级文化示范村"。2014 年，屠甸镇汇丰村被评为"省级文化示范村"。

三、社区文化活动中心（室）

2001 年 2 月 3 日至 3 月 3 日，梧桐街道设立凤鸣、环南、复兴、庆丰等 12 个社区居委会。2002 年，文化局会同梧桐街道制订社区文化建设规划，提出"一楼一窗一场"（一个文化楼、一个宣传橱窗、一个文化广场）和"一区一品"（一个社区、一项品牌文化）的社区文化设施建设构想。3 月，各社区建立市级机关部门、单位与社区共建工作领导小组，制订"五有五联"（有一个共建领导机构、有一个共建工作班子、有一个共建工作规划、有一套共建制度和措施、有一笔必要的共建经费）和（教育联抓、社区环境联搞、社会治安联防、文体活动联办、服务设施联用）的社区建设机制，以加快社区文化设施建设。到 2009 年年底，经过改建、扩建、新建，全市 33 个社区的文化活动室面积达到 11450 平方米，有各类活动室 134 个，内设棋牌桌 174 只、电视机 60 台、健身器材 678 件、书报刊 397 份、宣传橱窗 156 个、黑板报 527 块。历年来桐乡市社区文化已获多项荣誉。2005 年 11 月，庆丰社区被中央文明办、文化部评为嘉兴市唯一的"全国文化先进社区"。2007 年到 2010 年，梧桐街道的学前社区、庆丰社区、环南社区、九曲社区、大发社区、文昌社区，振东新区的振东社区、乌镇

梧桐街道庆丰社区获全国先进文化奖牌

的南宫社区已先后被评为"嘉兴市文化示范社区"。 2010年9月，梧桐街道环南社区被评为"浙江省文化示范社区"。2011年，乌镇的南宫社区被评为"浙江省文化示范社区"。2013年，龙翔街道秀溪社区、濮院镇锦苑社区被评为"嘉兴市文化示范社区"。

四、文化示范户

1996年，高桥镇高桥村村民沈华良自发创建文化个体户，订购书报刊，购置台球桌，放映录像，免费提供文化服务，经新闻媒体报道后，反响强烈。

2000年9月，市委宣传部在崇福镇7个行政村中，选择21户进行试点。2001年建340户，同年12月17日，市委召开全市农村文化示范户建设现场会，随即制订印发《关于加强农村思想文化阵地建设在全市农村建立文化示范

屠甸镇文化示范户

户的实施意见》，根据全市农村人口总数，制订全市指导性的文化示范户建设规划，组建市、部门、镇、村、户"五位一体"的工作网络，即市四套班子领导联片联镇，市委宣传部牵头协调，各部门联镇、联村、联户，各镇、乡、街道班子人员联村联户，督促检查，责任到人，为文化示范户建设提供组织保证。2002年扩大为735户，2003年扩大为764户，2004年扩大为882户，到2005年底，为1000户。此后一直巩固在1000户。其中从2003年开始，各部门与乡镇在文化示范户中创建"文体文化示范户""青年文化示范户""妇女文化示范户""民兵文化示范户""家庭教育文化示范户"等。至2009年底，已建各类特色文化示范户783户。2008年、2009年，分别命名"市级文化特色示范户"50户。2008年、2009年，分别有42户、21户被评为"省级文化示范户"。至2012年，全市文化示范户调整为182户。

五、文化茶馆

茶馆是百姓说古论今、议农事、谈生意的场所。早在晚清时期就盛行，一直沿续至今。据统计，目前全市有茶馆350家左右，遍布大小集镇，分布面广而匀称，营业时间长而稳定，人气聚集度高，但由于长期以来一直处在一种原始和自我管理状态，传播信息良莠不齐，个别茶馆甚至出现一些不健康的娱乐方式。针对这种状况，2005年底，市委宣传部和文化部门提出"将先进文化种进农村茶馆，把农村茶馆建设成为集休闲、娱乐、教育、信息交流为一体的农村先进文化阵地"的思路，给传统茶馆辅以新的文化内涵。并在河山镇调研试点后，于2007年初，按照"典型引路，稳步推进"的原则，继续设立试点。到

屠甸镇联星村文化茶馆

崇福镇店街塘村文化礼堂

2008年底，正式命名47个"文化茶馆"，制作统一的标识，适当配备一些文体活动器材和书报杂志，逐步开通数字电视。2009年4月，市委宣传部、文化局组织书画家创作有关乡风文明的书画作品63幅，送到文化茶馆。

六、文化礼堂

农村文化礼堂是以有场所、有展示、有活动、有队伍、有机制为基本标准，集礼堂、讲堂、文体活动场所于一体的村级文化阵地综合体。

2013年8月6日，中共嘉兴市委办公室、嘉兴市人民政府办公室印发嘉委办发（2013）90号《关于推进我市农村文化礼堂建设的实施意见》，提出了"加强组织领导，加大投入保障，强化工作指导，建立激励机制"四条工作措施。中共桐乡市委办公室、桐乡市人民政府办公室于2013年7月3日印发桐委办发〔2013〕48号《关于推进农村文化礼堂建设的意见》提出了三条工作措施，并规划全市农村文化礼堂建设27家。同时还成立以市委宣传部副部长为组长的桐乡市农村文化礼堂建设工作专家指导组。2014年5月13日，市委宣传部又印发桐委宣〔2014〕17号《2014年桐乡市农村文化礼堂建设实施意见》，提出了具体措施和建设标准。2014年5月15日，市委宣传部召开全市农村文化礼堂建设工作现场会，现场参观崇福镇店街塘村和洲泉镇坝桥村两家文化礼堂并听取经验介绍，由于措施得力，各镇、街道立足实际、因地制宜，坚持设施建设与内容建设相同步，专家指导组同步跟踪指导，扎实推进了全市的农村文化礼堂建设。2013年12月，经各镇、街道申报，桐乡市农村文化礼堂建设工作领导小组组织宣传部、文化局等有关部门实地考核验收，梧桐街道桃园村等27个村文化礼堂合格并投入使用。2014年12月，经各镇、街道申报，桐乡市农村文化礼堂建设工作领导小组组织宣传部、文化局等有关部门实地考核验收，梧桐街道逾桥村等23个村文化礼堂合格并投入使用。至2014年底，全市已创建合格并投入使用的农村文化礼堂共有50家。

七、文化广场

文化广场是群众文化在室外开展活动的场所。利用广场开展群众文化活动，既扩大了活动空间，又缩短了演员与观众的距离，互动性强，现场效果好。

从2000年开始，随着桐乡经济的发展，结合旧城改造，市政府大手笔投入，在市区相继建造一批设施完善，绿化配套的文化广场，环境优美，喷泉、假山、雕塑相互点缀，为广大市民组织开展各种各样自娱自乐的群众文化活动提供舞台。

东兴广场

位于东兴广场东侧，1996年投入使用，是全市第一个文化广场。中心活动区700平方米。至2007年，共举办各类公益性文艺演出80余场。2003年后，由于东兴广场位于闹市区，大型广场文艺活动逐渐减少，但逢重大节日，仍举办文艺演出。

菊花广场

位于振兴中路，建于2000年10月。占地6560平方米，总投资1000多万元，分菊花培植、文化广场、赏菊区、入口广场等景点，并配有大型旱喷池一个，铺设地砖2000多平方米，文化中心表演区约1200平方米。至2010年，共举办文艺演出200多场。

广福广场

位于庆丰南路广福路口，建于2000年10月。投资100多万元，包括1000多平方米的广福艺术长廊、古戏台和鲍月景纪念亭。与文化馆、博物馆形成一体。建成后，文化局连续安排系列广场文艺演出，庆丰社区、凤鸣小学、庆丰艺术幼儿园等也多次举办文艺演出活动。2005—2008年，还多次放映露天广场电影。

市政广场

位于振兴东路北侧，建于2000年10月。总投资3950万元，占地100亩，分集会、绿地和休憩三区，其中集会区是广场主体，占地23800平方米，椭圆形状，寓意"圆满、团结、顺利、和谐"，边缘由放射状的步行道组成几何形花坛，北侧正中建有舞台。举办的重要活动有历次"菊花节"、中国"七艺节"等，为桐乡市民广场文艺活动的中心场所。

桐乡市政文化广场

复兴明珠广场

位于复兴路与凤鸣路交叉口北侧，东临康泾塘，北连健身苑点，建于 2002 年，为复兴路改造工程内容之一。中心活动区约 1000 平方米，全部铺设花岗岩石板，安装旱喷池。至 2010 年，共举办文艺活动 60 余场。

复兴北路广场

位于复兴路与中山路交叉口北侧，东临康泾塘，建于 2003 年，为复兴路改造工程内容之一。中心活动区约 1200 平方米，全部铺上花岗岩石板，为市民娱乐，休闲、健身场所。

滨河广场

位于学前路南侧，南临北港河，建于 2004 年，为北港河改造工程内容之一。中心活动区约 1000 平方米，全部铺设花岗石板，配以花坛、古木、水上音乐喷泉等。至 2010 年，共举办文化活动 30 多场。

大树广场

位于北港河南，原大树弄口，与滨河广场隔河相望，建于 2005 年。为北港河改造工程内容之一。中心活动区约 800 平方米，全部铺设花岗石板，装有旱喷池。

镇、街道文化广场

随着各镇、街道经济发展，在市区文化广场的影响下，濮院、洲泉、乌镇、崇福、石门、河山、大麻、龙翔街道因地制宜，量力而行，相继建立一批文化广场。

2014年桐乡市农村文化礼堂建设一览表

镇街道名称	文化礼堂名称	建设时间
梧桐街道	桃园村文化礼堂	2013年
	逾桥村文化礼堂	2014年
	大发社区文化礼堂	2014年
	庆丰社区文化礼堂	2014年
	恒基建设集团文化礼堂	2014年
凤鸣街道	联庄村文化礼堂	2013年
	红旗村文化礼堂	2014年
龙翔街道	元丰村文化礼堂	2013年
	杨园村文化礼堂	2013年
	单桥村文化礼堂	2014年
濮院镇	新联村文化礼堂	2013年
	永越村文化礼堂	2013年
	新星村文化礼堂	2013年
	永乐村文化礼堂	2014年

镇街道名称	文化礼堂名称	建设时间
乌　镇	陈家村文化礼堂	2013年
	民合村文化礼堂	2013年
	陈庄村文化礼堂	2014年
洲泉镇	东田村文化礼堂	2013年
	坝桥村文化礼堂	2013年
	夜明村文化礼堂	2014年
	义马村文化礼堂	2014年
	青石村文化礼堂	2014年
屠甸镇	汇丰村文化礼堂	2013年
	荣星村文化礼堂	2013年
	联星村文化礼堂	2014年
崇福镇	店街塘村文化礼堂	2013年
	东安村文化礼堂	2013年
	联丰村文化礼堂	2013年
	御驾桥村文化礼堂	2013年
	利顺村文化礼堂	2014年
	上市村文化礼堂	2014年
	新桥村文化礼堂	2014年
	五丰村文化礼堂	2014年
高桥镇	越丰村文化礼堂	2013年
	落晚村文化礼堂	2013年
	毛水浜村文化礼堂	2014年
石门镇	墅丰村文化礼堂	2013年
	桂花村文化礼堂	2013年
	民联村文化礼堂	2013年
	叶新村文化礼堂	2014年
河山镇	庙头村文化礼堂	2013年
	东浜头村文化礼堂	2013年
	王家弄村文化礼堂	2013年
	河山村文化礼堂	2014年
	堰头村文化礼堂	2014年

镇街道名称	文化礼堂名称	建设时间
大麻镇	海华村文化礼堂	2013年
	大庄村文化礼堂	2013年
	黎明村文化礼堂	2014年
	麻溪村文化礼堂	2014年
振东新区	革新村文化礼堂	2014年

镇、街道文化广场一览表

镇、街道	广场名称	面积（平方米）	文化活动功能	建造时间
大麻镇	文化广场	600	演出、休闲、健身	2001年
濮院镇	三羊开泰广场	1000	娱乐、休闲、健身	2002年
	行政广场	6000	演出、休闲、健身	2003年
洲泉镇	湘溪广场	10000	演出、休闲、健身	2003年
石门镇	街心广场	500	演出、休闲、健身	2003年
崇福镇	语溪公园广场	10000	演出、休闲、健身	2005年
河山镇	公园广场	10200	演出、休闲、健身	2006年
乌　镇	茅盾广场	15000	戏台演出、休闲、娱乐	2006年
龙翔街道	大桥广场	1000	娱乐、休闲、健身	2006年

八、老年文化活动中心（室）

1990年后，随着人口老龄化，全社会对老年人工作越来越重视，市宣传、文化、民政部门对农村建造老年文化活动室实行补助、奖励政策。市级各部门和单位多数建有老年文化活动室，市区各社区文化活动中心也辟有老年活动室。到2009年，老年文化活动阵地较为巩固，活动正常。

老干部活动中心

老干部活动中心是老干部公共活动场所，属市委老干部局主管。创办于1987年7月，原在南司弄10号，建筑面积近400平方米，为二层旧楼房。1995年12月，南司公园划入老干部活动中心，1998年，建造约300平方米的二层小楼作为活动用房。2000年7月，原城南办事处办公楼划入，经改造作为活动用房，同时原南司弄10号旧楼拆除。2008年，投资1000万元，在原活动用房及书场旧址建造新活动大楼，面积3600平方米，2010年3月投入使用。内设台球、棋牌、书画、健身、电脑、影视等18个活动室，每周一至周六全天开放。

市级各部门老干部文化活动室

大多数初建于20世纪80年代末。据2009年统计，市委办、市府办、市人大办、市政协办、市检察院、法院、公安局、农经局、粮食局、建行、农行、财政局、残联、国土资源局、国税局、广播电视台、供销社、供电局、工商局、发改局、档案局、党校、民政局、劳动保障局、科技局、教育局、交通局、规划建设局、人口与计划生育局、环境保护局、质检局、烟草专卖局、文化广电新闻出版局、卫生局、统计局、司法局、水利局、丝绸公司、史志办等40个部门建有老干部文化活动室，总面积4424平方米，大多数配有电视机、空调、健身器材、电脑、棋牌桌等。

乡镇、街道老年文化活动室

1998年，梧桐镇率先建起150平方米的老年文化活动室，内设棋牌室、电视录像茶室、阅览室等。1999年，同福乡在影剧院右侧建150平方米的老年文化活动室，内设棋牌室、录像室、茶室。据2009年统计，全市12个镇、街道均建有老年文化活动室，总面积3420平方米，有棋牌、电视录像、阅览、茶室等活动室46个，报刊杂志165份，棋牌桌39只，电视机8只。

行政村老年文化活动室

1987年3月，河山乡河山村投资1万元，建120多平方米的老年文化活动室，内设图书阅览室、康乐棋室、象棋室、电视室。2004年，根据市委《关于加强农村文化阵地建设的实施意见》，市委宣传部、文化局有规划地指导乡镇、街道创建村级文化活动室，从而推动和加快了村级老年文化活动室的建设。据2009年底统计，全市178个行政村，共有老年文化活动室183个，总面积24126平方米。

社区老年文化活动室

2001年2月，梧桐街道率先建社区老年文化活动室。据2009年底统计，梧桐街道凤鸣、环南、复兴、庆丰、永宁、东兴、学前、九曲、杨家门、文昌、大发、百乐、同庆社区，凤鸣街道灵安社区，龙翔街道秀溪社区，濮院镇梅园、锦苑、双龙社区，乌镇东苑、南宫、银杏社区，屠甸镇屠甸社区，崇福镇崇德、中山、语溪社区，高桥镇高桥社区，大麻镇大麻社区，洲泉镇朝晖、新洲社区，石门镇玉溪社区，河山镇河山社区，振东新区凤凰、振东社区，均建老年文化活动室，总面积2980平方米，内设各类活动室134个，棋牌桌174只，电视机60台，健身器材678件，报刊397份。

九、东海文化明珠工程

东海文化明珠工程是农村乡镇文化建设的一项实事工程。1992年，河山镇率先投资100多万元，建造1052平方米的文化中心大楼；1994年，濮院镇扩建文化站。1995年，河山镇、濮院镇分别被省文化厅、嘉兴市文化局命名为省级东海文化明珠工程和嘉兴市级东海文化明珠工程。同年，建立创建省级东海文化明珠工程领导小组，决定采用"一统"（统一规划）；"三分"（分层

河山镇获省级东海明珠工程

指导、分工协作、分步实施）；"二结合"（结合先进文化乡镇创建，结合文化站考评定级）的方式进行。到 2010 年底，实现东海文化明珠工程建设全覆盖，其中省级东海文化明珠工程 10 家，嘉兴市级东海文化明珠工程 2 家。文化中心大楼总面积 22417.5 平方米，内设图书室、阅览室、电教室、乒乓室、电子游艺室、书画室、道具室、卡拉 OK 歌舞厅、排练厅、健身房、文化资源信息共享室等 97 个，业余文艺队伍 232 支，藏书达到 216141 册。

桐乡市2010年镇、街道创建东海文化明珠工程情况表

单　位	级　别	面积（平方米）	活动室（个）	文艺队伍（支）	藏书量（册）	命名单位	命名时间
河山镇	省级	1500	7	6	11600	省文化厅	1995
高桥镇	省级	102	6	6	15000	省文化厅	2000
洲泉镇	省级	2000	7	10	15000	省文化厅	2003
石门镇	省级	3200	6	6	30000	省文化厅	2003
乌镇	省级	1030	5	25	10325	省文化厅	2006
濮院镇	省级	1900	9	17	29000	省文化厅	2006
屠甸镇	省级	1900	7	36	10000	省文化厅	2006
崇福镇	省级	4000	10	50	36000	省文化厅	2007
大麻镇	省级	1527.5	7	30	10000	省文化厅	2007
龙翔街道	嘉兴市级	630	7	16	19000	嘉兴市文化局	2007
梧桐街道	嘉兴市级	1500	7	14	8500	嘉兴市文化局	2007
凤鸣街道	省级	1500	7	10	25950	省文化厅	2010

第五节　群众文化活动

　　群众文化活动是人民群众为满足自身精神需求，由人民群众直接参与的各种精神文化活动。境内群众文化活动源远流长，旧时的舞龙、舞狮、高杆、大纛旗等民间传统活动一直延续至今，新中国成立后开始形成并逐步发展的公共群众文化活动都十分活跃。

一、民间文艺

舞龙灯

　　旧时崇福、梧桐、濮院、乌镇等地的元宵灯会，芦母、芝村清明时的蚕花胜会，均有舞龙灯，其中以芦母旱会规模最大，每期有来自虎啸、留良、高桥等地的数十条龙灯参与活动。龙灯分布龙、板龙两种，布龙系当地人所制，一般为13节，基本动作有盘、滚、游、抓痒、抢珠；板龙为客籍金华人所制，龙身少者十节，多者上百节，舞蹈动作一般以串行、盘旋为主。抗战前，乌镇曾有板龙会，舞龙时多用锣鼓等伴奏。1999年12月，大麻镇麻溪村重建舞龙队后，多次参加桐乡、嘉兴的重大群众文化文艺活动。

跑马灯

　　流行于崇福镇西南城郊。旧时，崇福有五月廿四五猖会，上市有五圣堂会等，会上有马灯舞。马灯以竹篾扎成马状，彩纸裱糊。舞者将竹马缚于腰部中间。以四对或

大麻镇麻溪村舞龙队参加第三届菊花节表演

六对为队，交叉奔跑，或盘旋穿插，不时变换队形。舞蹈时有鼓乐伴奏，边舞边唱马灯调。2000年，屠甸镇文化站改编创新，组成黑白64只马灯，参加市第二届菊花节的民俗风情行街活动。

舞狮

　　狮头由竹篾扎制，糊以彩绘纱布，狮身为彩布所制，镶以丝条，悬挂铃铛。舞蹈时，由两人分演狮头和狮身，配以锣鼓，在舞绣球者引诱下表演跑、滚、伏、蹲、抢绣球等动作。旧时梧桐元宵灯会、崇福五猖会均有舞狮。1978年，石门中学组建舞狮队，参加嘉兴、桐乡重大节庆活动7次。

摇荡湖船

　　用木制小橹，橹头系一彩色绸带。一男撑橹，作前后摇状，一女手执绸带，作拉帮状，行进之中边歌边舞，宛如舟行水上。舞蹈表演江南水乡欢快的劳动生活情景，歌曲

以俚俗小调为主，丝竹伴奏。旧时，此项活动以芦母、芝村的蚕花胜会和崇福、梧桐等地的庙会为多。2000年，洲泉镇文化站将它改编为16小1大的摇荡湖船，8次参加嘉兴、桐乡的重大节会。

鱼灯

鱼灯以竹为架，棉纸糊成，彩绘，头上书"王"字，嘴上有双须。整条鱼分三节，头尾两节可灵活摆动，头节中间装有竹节，竹节内插燃蜡烛，后改用干电池灯泡。表演动作有平、侧、卧、翻、沉、浮等，摹仿鱼在水中的形态。鱼灯流传于崇福一带，始于北宋，清代达到鼎盛，20世纪60年代后停止。2000年，虎啸乡文化站重新组建鱼灯队，曾参加第二届菊花节民俗风情行街活动、嘉兴市正月十五闹元宵活动等大型民俗文化活动。

拜香凳

由12名或16名儿童或成人组成一队，身穿红衣绿裤，头戴缀有红球的阔边头巾，双手捧一只凳子，凳上系一小宝塔。表演时分成两队，边行走边歌舞，动作以拜为主，配以丝竹，词曲均为自编。流行于芝村、虎啸、青石、崇福、石门、乌镇、濮院等地庙会。1987年，文化馆整理的《拜香凳》编入《中国民间舞蹈集成（浙江卷）》。2000年，芝村乡文化站将它改编创新，由64人组成，参加第二届菊花节民俗风情行街活动。

迎台阁

濮院镇抬阁队参加第三届菊花节表演

用木架木板装制成台，台后配以纸扎的背景，或亭台楼阁，或假山花木，台前以俊俏儿童扮演各种戏剧人物，如牛郎织女、许仙白娘娘、桃园三结义等。台阁由四名壮汉抬行，配以丝竹，夜间则装配电珠。旧时濮院迎东岳会，镇上24个街坊，各装台阁一座，以珠宝点缀，表演的孩童衣服鞋帽上亦饰以珠玉，故又称珠宝会。2000年，濮院镇文化站将它改编为《红楼梦》《西游记》等8只台阁，曾先后三次参加桐乡民俗风情行街活动。

踏高跷

旧时芦母蚕花胜会、石门元帅庙会、濮院朱天会等均有此活动。表演时，双脚缚于两根木跷之上，离地尺许，踏步行走，或扮演戏剧中角色，或手抛钢叉炫耀功夫。以虎啸中夫庙玉湾村高跷队最为著名，有数十人之多。2000年，河山镇文化站把它改编创新，组成"民族大团结"、"八仙过海"等由64人组成的高跷队，8次参加嘉兴、桐乡重大节庆活动。

打莲湘

在 1 米左右的竹梢棒上，上挖小孔，挂铜钿数枚，两端扎红绸条，称莲湘棒。表演时听哨音指挥，用棒敲击四肢、肩、背等部位，棒上铜钿发出有节奏的响声。常见于芦母蚕花胜会等庙会。2000 年，梧桐街道文化站经改编创新，组成有 64 人参加的莲湘队，3 次参加桐乡民俗风情行街活动。

迎花灯

旧时，元宵节或重阳节，各地均有迎花灯活动，其中以崇福、濮院规模最大。彩灯有小有大，小如鱼灯、蟹灯、兔灯、花篮灯、方灯、圆灯、走马灯等，大如狮虎麒麟走兽灯、亭子灯、春风台阁灯、天女散花抬头灯等。最有特色者，要数崇福的扦工灯和濮院的剔墨纱灯。扦工灯以竹篾彩纸扎糊，用针在灯上扦刺出各种花鸟图案，灯中点烛，纸上映出花鸟，栩栩如生。剔墨纱灯为六角形棱柱体，灯架用红木制作，架上雕刻花纹，绢纱绷蒙，绘以仕女花卉，如天女散花、麻姑献寿等。画成用墨汁涂绢面，墨汁干结后，再以绣花针剔出。迎灯时，灯亮光透，纱陷画显，堪称一绝。2000 年，新生镇文化站经改编创新，组成 64 人的花灯队，参加桐乡第二届菊花节民俗风情行街活动。

扭秧歌

扭秧歌源于插秧耕地的劳动生活，又与祭祀农神，祈求丰收的颂歌有关，是一种集歌、舞、戏于一体的表演艺术。表演者穿着鲜艳，红蓝黄绿，五彩缤纷。旧时元宵节，各地均有扭秧歌活动。1950 年 5 月，桐乡、崇德欢庆解放，城乡扭秧歌盛行。2000 年南日乡文化站组织 64 人的秧歌队，参加桐乡第二届菊花节的民俗风情行街活动。

高杆船

在船头置一石臼作为杆基，用三支粗毛竹绑扎成三角支撑架，以一支较长的带梢毛竹作为主杆，人在杆上翻，杆在船上立，船在河中行。这一民间绝技起自明代，以清末和民国初期为盛，流行于洲泉双庙渚、富墩等地的蚕花胜会。"文革"中断，20 世纪 90 年代中期恢复，洲泉清河村群众自发连续举办 5 届蚕花胜会，均有高杆船表演。2001 年乌镇旅游开发，为增强文化内涵，乌镇旅游公司将它引进至东栅景区，作为一个固定的水上文化表演项目。2011 年，高杆船技已入选国家级非物质文化遗产保护名录。

大纛旗

竖一支粗毛竹，上挂直幅彩旗，上端系四根绳索，下面由四人牵住固定。表演时，一青壮男子单手托起，场面威武壮观。是大麻一带农村传统的民间文艺表演项目，始于清道光时期。原为农历二月廿七、廿八吴王庙会上的表演项目。20 世纪 60 年代停止，90 年代末又恢复。2006—2008 年，大麻连续举办三届民间文艺行街活动，这一表演项目又活跃起来。2005 年 2 月，大纛旗方队参加嘉兴市"吴风越韵"——江南民间文艺行街表演。

乌镇香市节

乌镇香市由来已久,清光绪四年(1878)4月24日《申报》记载:

乌镇西有普静寺,不数武即乌大将军庙,俗名西土地堂,堂前有池,曰"上智潭"。池前筑戏台一座,台后有塔,高七层,虽毁于兵燹,而形迹尚存。塔前为白莲寺,即梁昭明太子同沈尚书读书处,寺前有塘,名"十景塘",旧名纤道,道旁野花参差,古木丛杂,一湾流水,清且涟漪,洵镇之胜地也。每年自清明始至夏止,为烧香市,游人云集,百戏杂陈,三教九流,纷纷罗列,卖饧者箫吹于道;卖酒者帘飘于野,人声沸地,锣鼓喧天,红男绿女,白叟黄童,有不到此一游者,一年中恒抑忧不乐。本镇民家妇女,有色美者,或衣新衣,亦必到此一显。故午前为乡市,午后为街市,乡妇必于池中洗手,谓之"洗蚕花",镇女必于寺中烧香,普静寺前大约百亩,旧为演武场,搭一成十字街,尽开茶肆,男女入肆饮茶,谓之"品蚕苑";寺中开设要货、广货、洋货、扎花、糖色诸滩,入寺购物谓之"儿女乐",游人午前入市,谓之"阅村妹",午后入市谓之"看文章",名目不一,此其大略也。泚笔记之,聊备采风者一粲云尔!

茅盾在《香市》一文中也有详细描述:

香市中主要的节目,无非是"吃"和"玩",旧时茶棚,戏法场,弄缸、弄甏、走绳索、三上吊的武戏班,老虎、矮子、提线戏、西洋镜——将社庙前五六十亩地的大广场挤得满满的。

从中可见规模之盛大,后时断时有。建国后,为城乡物资交流大会所取代。2001年乌镇古镇旅游开发,4月5—29日,由省旅游局、上海电视台、市政府联合举办首届中国·乌镇香市——江南水乡狂欢节,并推出水乡婚礼、瘟元帅庙会、水龙大会等一系列民间表演活动,吸引中外游客16.49万人观看。至2014年已连续举办了14届,而且内容不断增加,形式也不断变化,观赏性和艺术性都有了新的提高。2012年8月,乌镇香市节已被列入浙江省第四批非物质文化遗产保护名录。

洲泉双庙渚蚕花胜会

清光绪《石门县志》记载:"清明日……农船装设旗帜,鸣金击鼓,齐集双庙渚,谓之蚕花胜会,亦击鼓祈蚕之意。"清明前后三至五日,附近村落的摇快船、台阁船、拜香船、打拳船、大刀船、龙灯船、马灯船、敲鼓厅船、戏船、纺纱织布船、高杆船等聚集双庙渚,锣鼓喧天,彩旗招展,村民挤满两岸,争相观看,祈求田蚕丰收。后中断,2002年恢复。2010年4月6日,增添蚕花娘娘祭祀仪式,上高香,献祭品,跳祭舞,读祭文,行祭礼,丰富了蚕花胜会活动内涵。到2012年,连继举办八届蚕花胜会。

芝村龙蚕会

旧时,芝村有龙蚕庙,清明前后三日举行庙会,香火昼夜不断,商贩云集,节目都在船上表演,故又称水会。水上舞台搭于两条农船上,台上搭彩棚,船尾插大旗,旗上书写村名。有打拳船、拜香船、地戏船、高杆船,高潮是摇快船比赛。20世纪60年代,龙蚕庙拆除建丝厂,庙会随即停止,转而参加附近的双庙渚蚕花胜会。

河山轧蚕花

清明节，河山镇一带蚕农特别是蚕姑都要上含山，轧轧闹猛，俗称"轧蚕花"。此俗缘于一个传说：有一日，蚕花菩萨变成一个姑娘来到含山，留下了了蚕花喜气，从此，蚕姑若在清明节上含山，就会将蚕花喜气带回家，养蚕就能获得好收成。上山前，先买一朵纸扎的"蚕花"，插在头上，再到蚕神殿祈拜，然后购物、游玩，此俗从未中断。2008 年，含山轧蚕花已入选国家级非物质文化遗产保护名录。

跳排舞

排舞源于美国西部的乡村舞蹈，具有拉丁舞的奔放和国际舞的优雅，集舞蹈、体育、艺术于一体，具有健身性、娱乐性和大众性。近年来风靡世界。2008 年流入桐乡，由于简单易学，在文化部门辅导培训下，迅速得到普及，2012 年 4 月，启动"排舞健康·幸福共享"大型公益排舞推广活动，辅导培训骨干 800 多人。尔后开展"四进"（进乡镇、进社区、进农村、进校园）推广活动，全市建排舞队 239 个，总人数达到 3 万余人。排舞作为健身舞蹈，越来越受青睐，整齐、简单、好看的排舞成为桐乡市民的一种新时尚。2012 年，有 2 支排舞队在嘉兴市排舞比赛中分获银奖和金奖；有 1 支排舞队在省第六届排舞大赛中获新创节目组奖、青年组二等奖和最佳活力奖；有 2 支排舞队获全国排舞比赛一等奖。2013 年 10 月 27 日，浙江省万人排舞大展演和浙江省第七届排舞大赛历时两天 5 场，在桐乡市政广场举行。同年全市建成排舞小广场 50 个，开展大型排舞培训 60 场次，培训排舞骨干 3000 余人次。2014 年 10 月 24—26 日，全国全健排舞大赛历时 3 天 7 场，在桐乡科技会展中心举行。2014 年 11 月 8 日，浙江省文化礼堂排舞大赛和桐乡市第二届排舞大赛（分文化礼堂组、镇街道组、部门组）在市政广场举行。据 2014 年底统计，全市每天参与跳排舞的群众达 20 万人次。同年，桐乡市文化馆列为全国全健排舞推广中心、浙江省排舞推广基地。

2013 年 10 月 28 日，桐乡市被亚太国际排舞联合会授予桐乡市"中国排舞之乡"称号。

河山镇学跳排舞现场

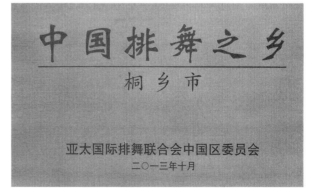

桐乡市获全国排舞之乡铜牌

二、节庆文化活动

传统节庆

春节

旧时有"穿红戴绿半月戏"之说。新中国成立初期，沿旧俗，数村联合搭台演戏。20世纪80年代后，以展览展出活动为主。近年则以举办文艺晚会为主。

2008年1月30日，在大剧院举办"欢乐迎春·和谐桐乡"电视迎春直播文艺晚会，15个节目分"金龙迎春"、"凤栖梧桐"、"运河欢歌"、"和谐家园"、"春到桐乡"五个篇章，桐乡电视台除当晚直播外，后又重播三次。

2009年1月10日，在大剧院举办迎新春文艺晚会，茅威涛、姚笛、徐洪回乡参加演出。

2010年1月10日，与浙江传媒学院联合在大剧院举办"凤栖梧桐"大型新年晚会，分"水墨乌镇""风雅桐乡""魅力江南""和谐家乡"四个篇章。

2012年1月17日，市委宣传部、广电台、文化局在大剧院联合举办"桐昆之夜"迎春文艺联欢晚会，桐乡电视台除当晚直播外，后又多次重播。

2013年2月3日，市委宣传部、文化局、广电台在桐乡大剧院联合举办"奋进2013"桐乡市迎春文艺晚会。

2014年1月14日，市委宣传部、文化局在桐乡体育馆举"2014迎春排舞联欢会"。

元宵

旧时，城镇以灯会为主，乡村则以舞龙狮、踩高跷、划旱船、扭秧歌为主。中华人民共和国成立初期，结合欢庆解放，元宵活动红火，后时断时续。1978年后，又活跃起来。近年来以文体表演活动为主。

2004年2月5日，市文体局在滨河广场举行"中国移动杯"三龙闹元宵民间文体表演活动。空中：省风筝协会3条长80米的彩色龙式风筝在桐乡一中操场放飞。陆上：威风锣鼓、高跷、花环、舞龙、舞狮、腰鼓、板凳龙等队伍从滨河广场出发，沿庆丰路至新世纪大酒店进行表演。水上：平湖两条龙舟、乌镇两条踏白船组成水龙在北港河上表演，同时来自萧山、富阳和本市的110名冬泳队员游泳。

2005年2月23日，在市政广场举办"春到桐乡"民俗风情广场文艺演出，表演节目有：欢庆锣鼓《春到桐乡》、狮舞《菊狮闹春》、灯舞《彩灯映春》、旱船舞《旱船贺春》、越剧表演唱《姐妹观灯》、渔灯舞《鱼跳龙门》、马灯舞《古镇马蹄》、龙舞《双

中国移动杯"三龙闹元宵"开幕式

龙呈祥》，8000 多名观众驻足观看。

2006 年 2 月 15 日，市委宣传部、文化局和农行桐乡支行联合在新世纪公园举办大型元宵灯会，35 个镇、乡、街道和部门制作 35 组大型彩灯，展出 4 天，6 万余人观看。

2009 年 2 月 9 日，市文化局在市政广场、菊花广场、滨河广场举办猜灯谜、看电影等活动，1 万余人参与。

2010 年 2 月 28 日，市委宣传部、文化局在大剧院举办"同享辉煌"元宵晚会，在市政广场、菊花广场、滨河广场、植物园开展放电影、猜灯谜活动，1 万余人参与。

2011 年 2 月 17 日，市委宣传部、文化局在大剧院举办"畅想辉煌"元宵晚会，分"大地情"、"水乡月"、"时代风"三个篇章。市图书总馆与各镇（街道）图书馆分馆开展"闹元宵 猜灯谜"活动。

2012 年 2 月 6 日，市图书馆举办"闹元宵 猜灯谜"活动，镇（街道）图书馆分馆联动活动同时举行。2013 年元宵节（2 月 24 日），桐乡大剧院邀请上海滑稽剧团演出《七十二家房客》和《幸福指数》滑稽剧；电影公司在市政广场、菊花广场、滨河广场和植物园放映电影《人在囧途之泰囧》；图书馆在三楼大厅举办了"闹元宵 猜灯谜"活动。

2014 年元宵节（2 月 14 日），市图书馆在三楼大厅悬挂 500 多条灯谜，举办了"闹元宵 猜灯谜"活动，镇（街道）图书馆分馆"闹元宵 猜灯谜"活动同时举行。

清明节

民间有"清明大如年"之说，清明传统文化活动起源较早，乌镇香市、洲泉双庙渚蚕花胜会在清乾隆年间即已兴盛，后逐渐冷落，1990 年后重新活跃起来。

重阳节

重阳节文化活动的主体是老年人。各部门、单位组织慰问离退休老同志，镇、街道为老年人发放慰问金。文化、民政部门举办"夕阳红"、"老年颂"等广场文艺活动和美术、书法、摄影展览等，还组织文艺队去老年公寓和敬老院慰问演出。

新兴节庆

1949 年 12 月政务院公布的法定节日，通称为新兴节日。

元旦

元旦前后，举办迎新文艺晚会、体育比赛、展览展出等活动。

"三八"妇女节

举行以妇女为主体的各种文体活动，如歌舞比赛、体操、女书画家作品展览等。1990 年代后，一般以择日短途旅游为主。

"五一"劳动节

市总工会、文化局联合企业举办"劳动者之歌"、"五一颂"和家庭才艺大赛等演出活动。

"五四"中国青年节

5月4日，是中国青年节。这一节日是为了使青年继承和发扬"五四"爱国运动的光荣传统而定的。1949年12月，中央人民政府政务院正式宣布规定。从此以后，每年节日期间，我市（县）文化部门和团组织，都举行隆重的纪念活动和以发扬爱国主义传统为主题的各种文艺演出活动及体育比赛、书画展出等纪念活动。

儿童节

团市委、文化局、教育局组织中小学和幼儿园演出文艺节目，展示美术、书法作品和其他手工制品。

建党节

组织、宣传和文化部门举办"七一颂"、"心中的歌献给党"等活动。

建军节

人武部、文化局组织拥军活动，有送图书、送书画、送文艺等。1990年后，举办"鱼水情"、"军旗飘扬"、"钢铁长城"等专场文艺演出。

国庆节

宣传、文化部门举办"祖国颂"、"十一颂"等大型文艺演出活动和各种成就图片展、爱国主义电影周、读书征文比赛等活动。

其他

主要为行业性节日，如5月12日"护士节"，每年5月的第三个星期日"助残日"，每年6月的第二个星期六"文化遗产日"，9月10日"教师节"，农历九月九日"老人节"，11月8日"记者节"等。举办专题性的广场文艺演出、展览、展出和征文等活动。

大型节会

从80年代后期开始，政府为招商引资，提高知名度，推动经济发展，利用文化搭建广阔的平台，组织各类大中型文化艺术活动，人们普遍将这种经济与文化相结合的行为，称为"文化搭台，经济唱戏"。

首届文化艺术节

1989年9月27日，在桐乡影剧院开幕，县四套班子领导和1000余名观众参加开幕式，电影演员薛淑杰和相声演员毛威加盟主持。《西游记》孙悟空扮演者六小龄童表演"猴拳猴棍"，国家一级演员茅威涛、江南笛王蒋国基、演唱家叶彩华等献艺。

历时7天，主要文化活动有：全县职工文艺调演、首届卡拉OK演唱会、庆祝建国40周年美术书法作品展、罗家角遗址发掘成果展、"运河风貌"摄影作品展、计划生育图片展、茅盾生平图片展；举办黄亚洲文学专题讲座，何水法中国画讲座，朱关田、金鉴才书法讲座，滕英盛音乐讲座、张森生读书讲座。

"凤鸣金秋"——第二届文化艺术节暨商品物资交易会

1990年12月20日，在桐乡一中大操场开幕，主要活动是行街，有秧歌、腰鼓、采莲船、龙灯、凤舞、鲜花、花环、彩旗等 18 个方队，巡游路线：一中大操场——梧桐大街北段——鱼行街——城河路——梧桐大街——一中大操场。

历时 5 天，主要文化活动有：文艺晚会，邀请叶惠贤、葛军、梁波罗、于飞、茅善玉、赵志刚等演出，中顾委常委康世恩和省、市、县领导观看。行街，崇福、乌镇、濮院组织龙舞、狮舞、莲湘、腰鼓、管乐、扇子舞、腰鼓花环、江南丝竹、百花台、双龙戏珠、时装模特、丝绸彩车等方队来县城街头表演。

此外，浙江歌舞总团演出大型民族歌舞和大型现代歌舞、七大镇戏剧清唱大奖赛、首届农民卡拉 OK 大奖赛、灯谜竞猜、评弹会书、刘雪樵书画展、博物馆馆藏扇面画展、第四届农民摄影与闽南风情摄影展、集邮展、职工书画展览、凤鸣金秋杯——彩色摄影大奖赛。

"凤鸣金秋"——第三届文化艺术节暨商品物资交易会

1991 年 11 月 27—29 日，主要活动有：街头民间文艺表演，七大镇组织 21 个表演方阵共 1700 人参演；"海鸥热水器杯"卡拉 OK 大奖赛；企业时装表演大奖赛；"两县一市（桐乡、建德、余姚）书法美术展览；商交会摄影作品展览等。

"凤鸣金秋"——第四届文化艺术节暨商品物资交易会

1992 年 10 月 15—18 日，主要活动有：广场文化大展示，12 个乡镇 23 个方队 800 余名群众表演龙舞、狮舞、秧歌舞、腰鼓舞、花环舞、鲜花舞等；本地文艺爱好者和锦州、杭州专业歌星、舞星、笑星同台演出；广州歌舞团演出；邢燕芝评弹专场演出；灯谜和摄影展览。

97 桐乡经贸艺术节

1997 年 10 月 25 日，在市博物馆开幕。君匋艺术院举行建院十周年暨钱君匋先生艺术陈列室落成庆典活动，全国人大常委会委员长乔石、省委书记李泽民等领导以及来自北京、上海、杭州等地的书画艺术家 280 余人参加。

历时三天，主要文化活动有：文艺晚会，著名笑星潘长江加盟南通歌舞团演出；民族音乐欣赏会，演奏《金蛇狂舞》《采茶舞曲》《赛马》《渔舟唱晚》《浏阳河》等；行街，文化局组织腰鼓队，铜管乐队，彩车队等 14 个文艺方队，从庆丰南路至体育馆。此外还有"香港简庆福、桐乡李渭钫"港桐摄影艺术作品展。

98 桐乡经贸艺术节

1998 年 11 月 7—9 日，主要活动有："戏迷乐"戏剧演唱会；优秀业余歌手卡拉 OK 演唱会；"双箭杯"全市曲艺大奖赛；丰子恺先生诞辰 100 周年纪念活动，包括座谈会、漫画馆落成典礼暨雕像揭幕仪式、纪念邮品发行仪式等；纪念改革开放 20 周年成就展；名特优产品展；桐乡名人文化展；桐乡旅游图片展；少年摄影家艺术采风和"千灯百号"迎接新世纪街头文艺表演等。

桐乡市首届菊花节开幕

首届中国·桐乡菊花节

1999 年 11 月 6 日，在市博物馆开幕。举办大型群众文艺行街活动，有"白菊仙子"等 15 辆花车、"龙腾狮舞队"等 16 个文艺方队参加，人数 1000 余人，队伍总长 500 米，路线：博物馆—庆丰路—体育馆。

历时 5 天，主要文化活动有："菊乡丰韵"文艺晚会，茅威涛、徐洪、陈娟红等回乡表演，日本首席小提琴家志村洋子、钢琴家渚田由里子演奏；"一舟之夜"董文华大型演唱晚会；菊花茶道；中日书画交流展；中日插花艺术交流；菊花漫画展；明清书画篆刻艺术大师珍品展；茅盾纪念馆珍藏艺术作品展；文物精品展；"茅盾杯"全国摄影大赛。

第二届中国·桐乡菊花节

2000 年 11 月 9 日，在新落成的市政广场开幕，省长助理徐鸿道、全国人大常委毛昭晰参加。中央电视台张政、周涛主持，开幕式《菊韵千秋》大型广场文艺演出分"菊乡寻真"、"菊乡风情"、"菊乡歌声"三个篇章，宋祖英、乔臻、丁建华、王汝刚、严圣民等献艺，浙江电视台、桐乡电视台联合录制并现场直播。

历时 11 天，主要活动有："菊花仙子"评选。大型民俗风情游演活动，24 个乡镇和 18 个部门、单位参与，有方队 42 个，2200 余人参与，路线：市政广场—振兴东路—庆丰路—体育馆——中大操场。"缘缘杯"优秀歌手汇报暨日本歌手中野良子联欢演出。广场文艺，在东兴广场、市政广场、广福戏楼等演出 24 场。大型烟花晚会，分"灵菊吐蕊，万民同乐"、"甘菊烂漫，宫灯报喜"、"秋菊佳色，风洁月明"、"秋菊满园，共创辉煌"四个篇章，烟花总数达 5000 余发，创历史之最。展览活动，中日少儿书画作品展、首届菊花节图片展、"两思"教育图片展、首届丰子恺故里漫画周活动、"从延安到中南海"——侯波徐肖冰摄影艺术回顾展、博物馆馆藏明清书画精品展、百岁老人岳石尘画展。

20 日举行闭幕式——"蓝色倾情"时装表演晚会，分"韶华烂漫"、"最忆江南"、"职业风雅"、"韵蕴东方"四个主题，展示桐乡民间工艺品蓝印花布的艺术魅力，20 个服装系列 152 套时装，分职业、休闲、晚礼服三种，由杭州喜得宝时装表演队和省老年时装表演队表演。"菊花仙子"皮装表演，陈娟红加盟演出。

第三届中国·桐乡菊花节

2001 年 11 月 9 日，开幕式暨"花开桐乡"大型文艺晚会在市政广场开幕。中央电视台朱军、文清主持，郭蓉、张也、刘欢等演唱。

历时 10 天，主要活动有："域乡风情"全国民俗风情大会踩街，42 个方队参加，包括大理民族歌舞方队、景宁畲族方队、长兴百叶龙方队、海盐滚灯方队、平湖九彩龙方队、嘉善旗伞方队、海宁花灯方队、秀城荷花灯方队。"田野菊海"云南风情演出，分"山野清风"、"情恋婚俗"、"宗教神灵"、"节日狂欢"四个篇章，共演 10 天 20 场。

广场文艺，有巾帼风采专场、戏曲器乐专场、戏曲折子戏专场等。"难忘今宵狂欢之夜"青春组合表演，有金百合婚纱摄影、蓝色感觉青春组合、"印象"青春组合、"甜心"青春组合、"X4·档案"青春组合。

"霓裳物语"工行杯纯天然面料服饰大赛，14 个优秀节目分"良渚的神秘面纱"、"生活"、"生态"、"生机"和"凤栖梧桐"五个篇章，评出优秀创作奖、优秀表演奖、优秀组合奖、优秀服饰奖和优秀组织奖。

第四届中国·桐乡菊花节

2002 年 11 月 1 日，开幕式暨"时尚风采"时装表演在濮院镇三羊开泰广场举行。来自中央有关部门、省、嘉兴市和市四套班子的领导、来宾与 5000 多名观众观看演出。时装表演由重庆市大正模特艺术有限公司时装队演出，分"春、夏、秋、冬"4 个系列展示了菊乡——濮院羊毛衫世界的独特魅力。

历时 3 天，主要文化活动有："世纪花苑·花开桐乡"焰火晚会，分"菊花盛开·喜迎嘉宾"、"吉灯高照、欢乐今宵"、"五谷丰登·百业兴旺"、"前程似锦·再创辉煌"4 个篇章。"华帛金秋"文艺晚会，以广西艺术剧院民族歌舞团为班底，汤灿、徐洋、秦靖红等参加演出。

"时间的记录"——《人民画报》历年摄影精品回顾展，展出照片 195 幅，其中乌镇风光 60 余幅。青年优秀歌手演唱会和戏曲专场广场文艺演出。

第五届中国·桐乡菊花节

2003 月 11 月 8 日，开幕式由"花开桐乡"大型文艺晚会、桐乡撤县建市十周年庆典、浙江电视艺术牡丹奖颁奖文艺晚会三部分组成，由浙江电视台副台长、国家一级导演周羽强担任导演，中央电视台朱军、周涛和上海电视台曹可凡、浙江电视台亚妮主持，阎维文、张惠妹、张燕、林依伦、贺玉堂、腾格尔、赵薇等参加演出。

历时 3 天，主要文化活动有：桐乡撤县建市十周年成就展，分改革开放、经济成就、城乡建设、社会事业和文明生活 5 个部分，展板 92 块，图片 210 幅，实物展台 4 个，实物 115 件。"国土杯"大型摄影展。"缘缘杯"浙江省漫画大赛。吕留良逝世 320 周年纪念活动。闭幕式暨"银色运河湾"群众文艺汇报演出，14 个优秀节目分"蚕乡风韵"，"画乡雅韵"、"菊乡神韵"三个篇章。

第六届中国·桐乡菊花节暨皮草展示会

2004 年 11 月 5 日，开幕式暨"菊花飘香·皮草缤纷"大型广场文艺演出在崇福镇语溪公园广场举行，由林依伦和胡桦主持，蒋大为、韩红、高胜美、文章等参加演出，谢东娜、岳梅及上海逸飞新丝路模特公司演绎皮草时装秀。

历时 3 天，主要文化活动有："丰收的喜悦"广场文艺演出，"金秋放歌"广场音乐会，何韦、雷瑞之水墨漫画展，闭幕式暨"蔚蓝色的浪漫"大型环球风情音乐舞蹈盛会，表演爱尔兰踢踏舞、西班牙响板舞、拉美风情舞等民俗歌舞。

第七届中国·桐乡菊花节

2005 年 11 月 3 日，开幕式暨"花开桐乡·魅力乌镇"大型文艺晚会在乌镇西栅景区水上舞台举行。由上海电视台策划，陈鲁豫、田青主持。分序曲、乌镇记忆、盛世桐乡、世界和弦四个篇章。"世界钢琴王子—理查德·克莱德曼演奏《秋日私语》《梁祝》等名曲，中央有关部门领导、来宾及市民 5000 余人观看。

历时 3 天，其他主要活动有：社区与行政村文化结对共建仪式暨桐乡市业余艺术团成立广场文艺演出；"凤栖梧桐·和谐桐乡"——第二届群众文艺"菊花奖"颁奖暨汇报演出，13 个节目，分序幕、凤栖梧桐、美丽家乡、龙腾菊乡四个篇章；桐乡·常熟评弹流派唱腔交流演出；姚家山遗址出土文物展；馆藏桐乡籍书画名家作品展；"人文桐乡·和谐家园"摄影作品展。

第八届中国·桐乡菊花节

2006 年 9 月 22 日，开幕式暨"时尚的盛会·欢乐的桐乡"中国桐乡皮革城开业庆典大型文艺晚会在市政广场举行，由中国国家歌舞团策划，王培、罗鹏主持，有舞蹈、男女声独唱、对唱、小组唱、器乐等 19 个节目，包括《吉祥三宝》，各级领导、来宾、市民 1 万余人观看演出。

历时一个半月，其他主要文化活动有：广场文艺 7 场，110 个节目，900 多名业余演员参加演出，观众达 2 万余人次。崇德孔庙重新开放仪式。地方文献征集成果展，展出文献资料 2800 余件，5800 多册，包括《濮川所闻记》《归氏家谱》《洲泉金氏家谱》《墨花吟馆诗抄》等。

11 月 5 日，闭幕式暨"锦都名苑杯"浙江省第六届国际标准舞大赛决赛在市体育馆举行。分职业组、业余组、常青组、少儿组和幼儿组 5 个组别，舞蹈种类有布鲁斯、慢华尔兹、快华尔兹、伦巴、孤步、探戈。省、市有关领导、来宾和 1000 余名市民观看。

第九届中国·桐乡菊花节

2008 年 11 月 1 日，开幕式暨民俗文化行街活动在市政广场举行。12 个镇、街道和 19 个部门、单位的文艺表演方队和花车参与表演，路线：市政广场—振兴东路—庆丰中路—庆丰北路—体育馆。

11 月 2 日，第七届茅盾文学奖颁奖晚会在乌镇西栅通安客栈宴会厅举行，中共中央政治局委员、书记处书记、中宣部部长刘云山和浙江省委书记、省人大常委会主任赵洪祝出席颁奖典礼，中国作协主席铁凝致辞。获奖作品：贾平凹的《秦腔》、迟子建的《额尔古纳河右岸》、周大新的《湖光山色》、麦家的《暗算》。

历时 3 天，其他文化活动有：我襟怀古——鲍贤伦书法展，文化部副部长、故宫博物院院长郑欣淼等参加开展仪式；"中都之星"才艺大奖赛决赛。

11 月 3 日，闭幕式暨"魅力桐乡"大型文艺晚会在大剧院举行，茅威涛、徐洪、姚笛、盛小云等参与演出。

第十届中国·桐乡菊花节

2010 年 10 月 23 日，开幕式"电影之歌"——花开桐乡大型文艺晚会在市政广场举行。分"花开桐乡"、"光影乌镇"、"魅力桐乡"三个篇章，谭咏麟、李谷一、萧业轩、童安格、姚笛等参与演出。

历时 3 天，其他主要文化活动有："花开桐乡"焰火晚会；乡土文化大观园，展示乡土文化活动 41 项；书画展览；集邮展览。

10 月 25 日，由中国摄影家协会、市人民政府主办的"徐肖冰杯"全国摄影大展在科技会展中心开幕，展出 171 件作品。同日晚，举行颁奖典礼暨菊花节闭幕式。

第十一届中国·桐乡菊花节

2012 年 10 月 27 日，开幕式暨"时尚盛典"文艺晚会在市政广场开幕，副省长陈加元，嘉兴市长鲁俊出席，潘玮柏、张靓颖、刘惜君、姜育恒、汪苏泷等参与演出。

历时 5 天，其他主要活动有：第二届"徐肖冰杯"全国摄影大展开幕式暨颁奖典礼，大展以"在路上"为主题，共收到 3.5 万张作品，除评选 5 组典藏作品和 14 组入选作品外，还设立深度专题、影像探索佳作等单项奖；"永恒的的旋律"民谣音乐会；金仲华诞辰 105 周年纪念活动,包括座谈会和《金仲华传》首发式；"风雅桐乡"一镇一品文艺展演。

10 月 31 日，闭幕式暨"艺韵传媒"专场文艺晚会在大剧院举行，分"水中花"、"彼岸花"、"蝶恋花"三个篇章，共 13 个节目。

第七届中国艺术节桐乡主干演出场

中国艺术节是全国最高规格的艺术盛会。2004 年 9 月 10—26 日在杭州举行。桐乡大剧院作为第七届中国艺术节嘉兴分会场桐乡主干演出场所，安排 3 个剧团 6 场演出。

9 月 10—11 日，广西柳州歌舞团演出民俗歌会《八桂大歌》。9 月 15—16 日，茅威涛率浙江小百花越剧团演出《藏书之家》。9 月 22—23 日,安徽黄梅戏剧院演出黄梅戏《长恨歌》。

其他活动有："白菊飘香"民俗歌舞表演专场,"运河家园"综合文艺专场,"凤栖梧桐"戏曲专场,"蓝色倾情"时装秀专场。

三、文艺演出

新中国成立后，境内的群众文艺演出一直十分活跃。20 世纪 80 年代后，以"参与、共享、繁荣"为目标，全市群众性文艺演出活动更加活跃，积极参与省级以上及市（地）组织的各类演出比赛活动，多次组织举办市（县）本级综合性演出比赛活动，同时还积极组织开展广场文艺演出。

参加省级以上群众文艺演出

1957年

1月8日，崇德县民间舞蹈《并蒂莲花》和花鼓戏《还披风》参加在杭州举办的浙江省第二届民间音乐舞蹈观摩演出大会。崇德县文化馆胡秋心获民间艺术改编个人奖。

同年，崇德县文化馆吕英参与发掘整理以芝村乡民俗乐曲拜香凳调为主体乐章的《百叶龙舞蹈》，连获浙江省第二届民间音乐舞蹈汇演一等奖、第二届全国民间音乐舞蹈汇演特别奖、莫斯科第六届世界青年与学生和平友谊联欢节演出金奖。

1958年

6月，崇德县曲协创作，徐阿培、郭锦文、王祖良表演的"三跳"《陆巧生》，参加在杭州举行的浙江省第一届曲艺会书，获演唱奖。

1962年

王祖良创作的"三跳"《小工程师》，参加全省曲艺汇演。

1986年

任汴沙的《小村庄》《我们拥有一个名字叫中国》参加省首届音舞节和省青年业余歌手大赛，获演出奖。

1988年

任黎明的歌曲《家乡的歌》《故乡桃》参加上海市归国华侨联合会"华声曲"比赛，分获鼓励奖和纪念奖。

任汴沙的电子琴弹奏参加上海浦奇章电子琴函授班比赛，获第二名。

11月，邱学敏演唱的《家乡沂蒙山》参加省六县二市比赛，获二等奖。

1990年

10月20日，蒋灵云编排的舞蹈《谁不说俺家乡好》参加省计经委职工文艺调演，获优秀演出奖。

潘劲松的《霹雳舞》参加江浙沪"汾河杯"霹雳舞大赛，获最佳优秀奖。

1991年

鲍菊芬编导的折子戏《赴京》参加省小百花调演，获优秀小百花奖。

1992年

6月15日，徐春雷等采录改编，傅尧夫、陈才基谱曲的《撒蚕花》等7首蚕歌在中央人民广播电台播出。

鲍菊芬编导的小品《小巷情深》参加省小品大赛，获二等奖。

任黎明的健身舞《回春》参加省老年体协迪斯科比赛。

1993年

2月，傅尧夫等人的民乐合奏《水乡蚕歌》参加省第二届民乐录音，获演奏奖。

1994年

10 月，席丽萍、石玉琴、宣建英表演的音乐舞蹈《喜烟》参加省烟草系统调演，获演出奖。

蒋灵云、李玲仙的群舞《杭菊飘香》参加省烟草系统调演，获演出奖。

1995年

9 月 21 日，徐洪演唱的《绿叶对根的情意》参加"尊龙杯"第二届全国农民歌手大奖赛，获通俗演唱金奖。

11 月 23 日，电力系统表演的歌舞《光明永远留在人间》参加省电力系统第五届文艺汇演，获二等奖。

1996年

4 月，鲍菊芬编导的小品《都是员》参加省艺校演出，获优秀创作奖。

1997年

10 月，鲍菊芬编导、边国纹等演出的小品《列车就要进站》参加省预备役 30 周年文艺调演，分获优秀创作、演出奖。

李潇娴表演的独舞《十五的月亮》参加省预备役 30 周年文艺调演，获优秀演出奖。

10 月，蒋灵云编导，沈剑宏、陈坚表演的双人舞《亲情》参加省预备役 30 周年文艺调演，获优秀演出奖。

1998年

9 月 15 日，鲍菊芬辅导、杨宇明演唱的京剧《霸王别姬》，鲍菊芬辅导、严旻操演唱的越剧《祥林嫂·洞房》参加省戏剧调演，分获一等奖和二等奖。

1999年

3 月，王卫东的独唱《再见了，大别山》参加省"虎山杯"声乐大赛，获优秀奖。

4 月，严旻操的表演唱《北京的桥》参加省"瓯海杯"演唱大赛，获"希望之星"奖。

6 月，严旻操的表演唱《税务所来了个俏姑娘》参加"爱我中华"全国表演唱汇演，获特等奖。

7 月，蔡钰演唱的《我爱你中国》参加省"雄狮杯"大赛，获优秀奖。

10 月，鲍菊芬编导、严旻操等演出的小品《路边人家》参加省第十届戏剧小品大赛和省交通厅文艺汇演，分获创作二等奖和演出一等奖。

夏宾成的男声独唱《腾飞》参加省"祖国颂"声乐比赛，获银奖。

2000年

4 月 7 日，严旻操的独唱《黄昏放牛》参加省"宁波港杯"演唱大赛，获优秀奖。

4 月 30 日，严旻操、吴玲华的越剧清唱《送花楼会》《碧玉簪》参加省卫视戏迷擂台，分获优秀奖。

8 月 7 日，严旻操创作并演唱的《木盆花轿》参加省"新安江歌曲"演唱大赛，获一等奖。

9月29日，严旻操的独唱《雨巷》参加省电信系统歌唱大赛，获三等奖。

12月，鲍菊芬编导的小品《一毛钱》参加省戏剧小品大赛，获创作表演二等奖。

2001年

1月4日，蔡钰的女声独唱《我轻吻我的祖国》参加21世纪全国农民歌手大赛，获三等奖。

1月6日，蒋灵云编导、刘英表演的独舞《敦煌唐人舞》参加省计量系统文艺会演，获优秀奖。

1月11日，鲍菊芬编导，严旻操、傅晓丽表演的小品《路边人家》参加省安全宣传文艺汇演。

5月21日，徐丽萍创作、严旻操演唱的《白菊，我永远的牵挂》参加浙江省第二届新歌曲创作演唱比赛，获铜奖。

10月24日，徐丽萍创作、严旻操演唱的《白菊，我永远的牵挂》参加省乡镇企业文艺汇演，获三等奖。

10月，朱淑筠的舞蹈《南湖菱灯》参加省灯彩舞蹈大赛，获金奖。

2002年

1月20日，鲍菊芬辅导、严旻操演唱的越剧《桑园访妻》参加浙江省乡镇戏迷擂台赛，获金奖。

2月7日，蔡钰的女声独唱《风筝情》参加中华校园歌曲全国征集会演，获二等奖。

2月8日，夏宾成演唱的《回心转意》参加亚洲华人歌曲大赛，获东方新人奖。

7月14日，严旻操演唱的《同学》、夏宾成演唱的《伴你一生》参加省声乐大赛，分获铜奖。

10月16日，文化局、文联组织的歌舞《蓝色的母亲河》参加2002年中国京杭大运河文化艺术节"相约杭州·情系运河"开幕式演出。

11月10日，夏宾成演唱的《腾飞》、严旻操演唱的《跨越大地的彩虹》参加省创作歌曲大赛，分获金奖、演出奖。

席丽萍演唱的越剧《天上掉下个林妹妹》参加浙江电视台快乐对对碰演出。

2003年

4月4日，李潇娴参加"走进丝路之源"中国·浙江第五届新市蚕花庙会蚕娘选拔赛，获银奖。

6月30日，严旻操表演的《龙须沟》《桑园访妻》《对歌联唱》《步步高》参加华东地区"大众之星"表演大赛，获新星奖。

9月，李潇娴编导、移动公司舞蹈队表演的舞蹈《菊乡情韵》参加省移动公司文艺调演，获优秀奖。

9月26日，叶永盛、严旻操表演的小品《家住村道边》参加省交通系统文艺会演，获一等奖。

2004年

3月28日，严旻操演的《腾飞》参加省青年歌手大赛，获三等奖。

4月11日，夏宾成演唱的《伴你一生》参加省第四届"大红鹰杯"职工歌手大奖赛。

5月20—23日，严旻操的越剧彩唱《祥林嫂·老六成亲》《桃花扇·香祭》参加全国首届"明珠杯"越剧大赛，分获银奖和演出奖。

8月，蒋灵云编导、李潇娴等表演的舞蹈《运河画魂》参加长江三角洲文艺汇演。

9月3日，马跃菱演唱的越剧《北地皇哭祖庙》参加全国戏曲大赛，获银奖。

9月19日，严旻操的音乐小品《承诺》参加省直工会国庆文艺汇演，获金奖。

9月26日，徐小利演唱的《共和国之恋》参加省职工卡拉OK比赛，获三等奖。

9月27日，严旻操的音乐小品《承诺》参加省电信系统国庆文艺汇演，获一等奖。

11月27日，杨一麟演讲的故事《老牛筋交税》参加华东"六省一市"暨"梅陇杯"法制故事演讲比赛，获银奖。

12月，王卫东演唱的《母亲》《神圣时辰》《想家的时候》参加第五届上海国际艺术节城市民歌手邀请赛，获银奖。

2005年

5月8日，席丽萍辅导、陈漪演唱的越剧《金玉良缘》参加全国小梅花奖演出，获小梅花奖。

5月11日，夏宾成等人的组唱《友爱世界》参加省首届组唱类原唱歌曲大赛，获金奖。

8月25日，严旻操的小品《路有真情在》参加省公路系统文艺调演，获银奖。

10月28日，严旻操的小品《葡萄熟了》参加省第二届乡镇文艺汇演，获银奖。

12月10日，严旻操等表演的音乐小品《菊花飘香》参加全国中医系统华东地区文艺汇演，获第一名。

12月20日，严旻操等表演的音乐小品《回家》参加省第16届戏剧小品邀请赛，获表演银奖。

2006年

4月，叶永盛、席丽萍等表演的小品《神算》参加省"平安浙江"文艺汇演，获二等奖。

6月11日，严旻操等表演的音乐短剧《喜车》参加省第一届戏剧小品大赛，获金奖。

同日，文化馆舞蹈《蚕花美眉》《瞻瞻的脚踏车》参加省"群星奖"少儿舞蹈大赛，获银奖。

6月15日，姚文洲家庭才艺组合代表嘉兴市妇联，参加中央电视台"神州大舞台"演出，获单项奖。

6月，席丽萍等表演的小品《神算》参加省"平安浙江"文艺调演，获银奖。

10月24日，杨一麟演讲的故事《猴王复仇》参加上海市第八届国际艺术节演讲比赛，获金奖。

舞蹈《瞻瞻的脚踏车》获第四届全国少儿
舞蹈小荷花金奖

2007年

7月5日，文化馆的舞蹈《瞻瞻的脚踏车》赴深圳参加第四届全国"小荷风采"少儿舞蹈展演，获银奖。

7月9日，蔡钰领唱的《在银色月光下》《共和国之恋》参加省第六届南湖合唱节，获银奖。

赵伟平演唱的《美丽的家园》参加"亚洲明日之星"中国赛区比赛，获三等奖；《唱给你一只歌》参加省青年歌手擂台赛，获银奖。

2008年

7月27日，严旻操主演的音乐短剧《情融田野》参加省建设银行系统调演，获银奖。

8月1日，严旻操演讲的故事《打造服务金牌，迎08奥运》参加浙江电信系统演讲比赛，获二等奖。

11月，李潇娴辅导、先锋机械厂舞蹈队表演的舞蹈《中国红》参加省直机关纪念改革开放30周年文艺演出，获优秀奖。

2009年

5月，桐乡职教中心方秀美参加浙江省中等职业技术学校时装模特比赛，获一等奖；6月，参加在天津举办的全国职业院校中职组时装模特大赛，获三等奖。

10月27日，席丽萍辅导、桐乡东篱下业余合唱团合唱的《祝福祖国》参加中央电视台《CCTV—3梦想剧场》演出，获二等奖。

10月30日，严旻操的小品《一口瓦罐》参加浙江省第20届戏剧小品邀请赛，获银奖。

11月28日，教育局合唱团的大合唱《共和国之恋》《美丽的姑娘》参加浙江省教职工"祖国万岁"合唱比赛，获金奖。

12月6日，严旻操表演的越剧小戏《家情》参加江苏省"联通杯"江浙沪戏迷擂台赛，获一等奖。

2010年

2月1日，教育局合唱团的大合唱《美丽的姑娘》《共和国之恋》参加"爱心浙江"新春慈善音乐会。

2月19日，振兴西路小学师生合作的舞蹈《菊乡童韵》参加全国第五届校园文化文艺汇演，获金奖。

4月8日，严旻操表演的越剧《香祭》参加长三角越剧票友大赛。

5月，桐乡职教中心顾敏霞辅导的舞蹈与时装表演参加浙江省中职技能节时装模特大赛，获一等奖；6月，参加在天津举办的全国职业院校技能节时装模特大赛，获三等奖。

6月11日，汪伟明评话《乾隆下江南》参加省中医健康保健研讨会演出。

8月30日，严旻操表演的小品《守护平安》参加浙江省海事局10周年文艺演出。

10月10日，来荣祥、章菁菁、任秋莲等表演的越剧小戏《大师情》参加江浙沪戏迷联谊会。

11月6日，市越剧团创作表演的越剧小戏《毛估估》参加省新农村建设题材小戏汇演，获表演金奖、创作银奖。

2011年

1月17日，市文化馆组织选送的男女声表演唱《过年啦，骑着摩托回家》参加浙江省新农村建设题材音乐大赛，获银奖。

7月18日，市文化馆组织选送、振兴西路小学表演的舞蹈《爸爸的军帽》参加"光辉的旗帜"庆祝建党90周年全国校园综艺盛典，获金奖。

11月15日，市文化馆组织选送、振兴西路小学表演的舞蹈《爸爸的军帽》《舞动校园》参加浙江省中小学舞蹈节，获金奖。

2012年

10月18日，由国艺幼儿园和丰子恺艺术幼儿园教师排舞队表演的排舞《喜娃娃》参加在嘉善举办的"洪峰杯"全国排舞邀请赛，获金奖。

10月20日，马金松、吴帼英等7人赴南浔参加"喜迎十八大·欢度重阳节"江浙沪评弹票友演唱会，演出《寿堂唱曲》《文武香球》等。

10月24日，市文化艺术服务中心创作排演的越剧小戏《驻村风波》参加省新农村建设题材小戏汇演，获创作银奖、表演金奖。

10月27—28日，市文化馆组织选送的排舞《猫咪嘉年华》和《真酷》参加省第六届排舞大赛，获新创节目组一等奖、青年组二等奖和最佳活力奖。

11月16日，市曲协评弹沙龙社一行10人，去苏州交流演出，节目《伟大的祖国》《赏中秋》《杨乃武》等。

11月24日，教育局菊韵合唱社的大合唱《共和国之恋》《喀秋莎》参加省红色经典歌曲合唱大赛，获铜奖。

11月25日，市城管执法局排舞队的排舞《黑珍珠》参加"佑嘉杯"全国排舞挑战赛，获一等奖。

2013年

3月28日，桐乡市文化艺术服务中心创作编排的《怒放的生命》参加全国第八届残疾人艺术汇演获三等奖。

7月23日，梧桐街道排舞《相约北京》参加浙江省"我爱跳排舞"嘉兴站最佳活力奖。

7月31日，桐乡市文化馆编排的少儿舞蹈《菊娃梦》参加北京第七届"小荷风采"全国少儿舞蹈展演，获得最高奖"小荷之星"。

10月25日，梧桐街道滨河排舞队等四支排舞队表演的《砰、砰、砰》等4个排舞节目，参加"舞动浙江"——2013万人排舞大展演获银奖。

10月27日，桐乡市文化馆编排的排舞《高于生命》《国王的道歉》《燃烧的地板》《菊花台》，参加浙江省第七届排舞大赛，分获青年组、少儿组、中年组、媒体直通组金奖。

10月28日，桐乡市文化馆编排的排舞《国王的道歉》《图兰朵》《天堂岛》参加"中华同心"两岸三地排舞邀请赛，分获金、银、铜奖。

11月3日，桐乡市文化馆编排的排舞《高于生命》参加上海市潍坊杯长三角排舞大赛，获得青年组金奖。

2014年

3月2日，桐乡市文化艺术服务中心戏曲队创作表演的花鼓戏《菊乡戏韵》、戏曲小品《割肉还娘》、越剧折子戏《回十八》参加中央电视台11套戏曲频道"一鸣惊人"展演，顺利进入"一鸣惊人"月赛。

4月27日，莫德娥表演的越剧《玉堂春·大雪纷飞满天飞》，参加由浙江省戏剧家协会主办的纪念戏剧家顾锡东诞辰九十周年暨古镇西塘第五届长三角越剧票友大赛决赛获"十大名票"提名奖。

5月31日，桐乡市文化艺术服务中心戏曲队创作表演的越剧名段《陆游与唐琬·浪迹天涯》、花鼓戏《姑嫂饼》参加中央电视台11套戏曲频道"一鸣惊人"月赛，获月冠军。

9月17日，吴玲华、沈楚涵、钟立强、金丽芬、高红梅、祝晓露分别演唱的越剧《北地王·哭祖庙》等6个节目参加中央电视台11套戏曲频道"过把瘾"桐乡行越剧演唱大赛，分获一金、二银、三铜奖。

9月29日，石门镇桂花村《村歌》参加在北京举办的全国第六届村歌大赛，获2014全国村歌十大金曲。

10月10日，严旻操、任秋莲等表演的微电影《知途难返》参加浙江省检察机关首届预防职务犯罪专题微电影大赛，获优秀奖。

10月15日，梧桐街道文昌社区创作的区歌《好一个文昌社区》参加在温州举办的浙江省村区歌决赛，获银奖。

11月7日，桐乡市文化艺术服务中心创作表现的越剧小戏《毛估估》等5个节目参加第十六届上海国际艺术节南京路"天天演"室外舞台演出。

11月11日，崇福镇联丰村排舞《扎西德勒》、洲泉镇坝桥村排舞《凌波舞》参加"美丽浙江 幸福乡村"浙江省文化礼堂乡村排舞大赛，分获金奖。

11月14日，桐乡市文化艺术服务中心戏曲队创作表演的越剧小戏《婆婆赛亲娘》参加浙江省新农村题材小戏会演，获表演银奖，创作银奖。

11 月 26 日，桐乡市文化艺术服务中心戏曲队创作表演的越剧小戏《献宝》《徐九经升官记·当官难》《红楼梦·金玉良言》参加中央电视台 11 套戏曲频道"一鸣惊人"展演，获年赛六强。

参加嘉兴市（地区）级群众文艺演出

1960 年

2 月 2 日，桐乡县人民文化馆的越剧《在工地上》《好媳妇》参加嘉兴地区业余汇演，《在工地上》获演出奖。

1966 年

崇德丝厂创作排演的《双新姑娘》、崇德农机厂创作排演的《小钢磨》参加嘉兴地区第一次职工文艺调演。

1966 年

1 月 11 日，梧桐、南日、民合、濮院、钱林、芝村、虎啸、大麻、永秀 9 个公社 11 个大队的俱乐部创作表演的《农业纲要开红花》《老和尚圩的变迁》《四老夸队长》等 12 个节目，参加嘉兴地区农村俱乐部文艺观摩演出。

1971 年

9 月 16 日，濮院公社独幕剧《科研道上》、永秀公社创作表演的《一碗米粥》和义马公社创作表演的越剧《批判会上》，参加嘉兴地区革命文艺创作节目调演。

1973 年

4 月 13 日，石门镇的民乐合奏《水利战歌》，濮院镇大庆丝厂的小歌舞《送公粮》、舞蹈《采菊舞》，虎啸公社景卫大队、李家埭大队的小歌剧《两根扁担》，参加嘉兴地区文艺创作节目调演。

1976 年

3 月，汪伟明的评话《平原作战》参加嘉兴地区曲艺调演。

1978 年

10 月 14 日，文化馆编排 3 个节目，参加嘉兴地区群众业余文艺调演第二轮演出。

1979 年

5 月 7—21 日，文化馆编排 6 个节目，参加嘉兴地区首届"南湖之春"音乐会，其中 5 个节目获奖。

1980 年

5 月 1—5 日，文化馆编排 9 个节目，参加嘉兴地区第二届"南湖之春"音乐会，全部获奖。

1981 年

7 月 2—6 日，文化馆编排 9 个节目，参加嘉兴地区第三届"南湖之春"音乐会，其中 5 个节目获优秀节目奖。

1982年

5月8—14日，文化馆编排9个节目，参加嘉兴地区第四届"南湖之春"音乐会。

1984年

8月3日，文化馆小百花越剧团钱月珍参加嘉兴市"小百花"流派唱腔演出，获二等奖。

12月，文化馆组织6人参加嘉兴市"小百花"与曲艺演出，分获一、二、三等奖。

1985年

6月1—5日，文化馆编排15个节目，参加嘉兴市首届"南湖之春"音乐会，其中9个节目获奖。

1986年

11月15日，文化馆编排的舞蹈《白菊飘香》参加嘉兴市文艺工厂"节目、产品、经验"三交流文艺演出，获优秀演出奖。

1987年

7月，越剧团编排的《香壶奇案》参加嘉兴市首届戏曲节演出，获剧本移植整理鼓励奖、演出集体奖。

11月，文化馆编排的5个节目参加嘉兴市法制文艺调演，分获一、二、三等奖。

1988年

4月23日，张剑秋等编导的戏剧小品《现代雕塑》参加嘉兴市职工戏曲小品大奖赛，获三等奖。

5月2日，潘劲松表演的舞蹈《霹雳舞》参加嘉兴市二市四县霹雳舞大赛，获特别奖。

1989年

7月15日，傅华根的二胡独奏参加嘉兴市首届器乐比赛，获二等奖。

9月，沈群、冯小洁排导的舞蹈《赤脚走在田埂上》参加嘉兴市卫生系统文艺游汇演。

10月23日，文化馆编排的小品《自来水》、舞蹈《黛玉伤春》《菊乡健身舞》《回娘家》《欢庆迪斯科》《中国——不朽的民族》《党啊！亲爱的党》，参加嘉兴市"三交流"文艺演出，分别获优秀节目奖和一等奖、二等奖。

1990年

1月5日，鲍菊芬编导的哑剧小品《赌徒》参加嘉兴市小品大赛，获三等奖。

同日，文化馆编排的小品《夜访扬州嫂》、歌舞《全国人口大普查》、舞蹈《人口普查掀高潮》、歌曲《人口普查意义大》参加嘉兴市人口普查文艺调演，分获一、二、三等奖。

潘劲松表演的《霹雳舞》参加嘉兴市现代舞大赛，获演出奖。

1991年

4月，蒋灵云的舞蹈《运河儿女把你歌唱》参加嘉兴市丝绸系统文艺调演。

8月，鲍菊芬编导、来荣祥等表演的小品《先斩后奏》参加嘉兴市工会系统文艺调演，获三等奖；桐乡县总工会的舞蹈《丰收舞》《红梅赞》获三等奖。

9月，文化馆编导、粮食系统表演的小品《那张发票》、舞蹈《喜送公粮》参加嘉兴市粮食系统文艺调演，获二等奖。

10月，何建华的舞蹈《孔雀舞》参加嘉兴市中小学艺术节调演，获二等奖。

同月，邱学敏演唱的歌曲《水乡桥》参加嘉兴市文艺调演，获二等奖。

文化馆编排的越剧清唱《听他一番心酸话》《洞房》，京剧清唱《沙家浜》参加湖州、嘉兴五镇文艺调演，分获二、三等奖。

1992年

2月，吴帼英的新故事演讲《舞厅里的秘密》参加嘉兴市新故事调演赛，获三等奖。

5月，文化馆编排的舞蹈《南湖雨》，小品《凑凑数》，舞蹈《春蚕》《南湖雨》，参加嘉兴市"南湖之春"演出，分获创作奖和演出奖。

9月，县业余时装模特队参加嘉兴市时装表演大赛，获团体表演二等奖。

12月，文化馆编排的小品《小巷情深》《上梁不正下梁歪》参加嘉兴市小品大赛，分获二、三等奖。

郑梓林的京剧清唱《沙家浜》选段参加嘉兴市京剧清唱赛，获三等奖。

1993年

10月，何建华排导，周忆青、茅晴燕表演的舞蹈《绣》参加嘉兴市中学艺术节会演。

文化馆编排的戏剧舞蹈《蝶恋花》、小品《凑凑数》参加嘉兴市纪念毛泽东诞辰100周年会演，获优秀节目奖。

郑梓林的京剧清唱《穷人的孩子早当家》、张剑秋的京剧清唱《望江亭》参加杭嘉湖地区戏曲邀请赛，分获银奖和优秀奖。

蒋灵云排导、电力系统表演的舞蹈《电力之歌》参加嘉兴市电力系统文艺调演。

1994年

5月，郑梓林的京剧清唱《祖国的好山河寸土不让》、卜建明的京剧清唱《大跃进把码头的面貌改》参加杭嘉湖地区戏曲大赛，分获银奖。

9月22日，河山绢纺厂的歌舞《我爱你，中国》参加嘉兴首届乡镇企业文艺调演，获优秀演出奖；桐乡凤鸣化纤厂的戏剧舞蹈《蝶恋花》，河山苎麻厂的小品《宅电》，屠甸水泥厂的合唱《塔松之歌》《太阳最红，毛主席最亲》分获演出奖。

鲍菊芬编导的戏舞《蝶恋花》参加嘉兴市元旦文艺调演，获优秀演出奖。

鲍菊芬排导的小品《他是谁》参加嘉兴市农行系统文艺调演，获优秀演出奖。

蒋灵云排导、建行系统表演的舞蹈《歌唱祖国》参加嘉兴市建行系统文艺调演，获二等奖。

1995年

6月，蒋灵云排导、中行系统表演的舞蹈《长城长》参加嘉兴市中行系统文艺调演，获三等奖。

1996年

8月，文化馆编排的戏舞《金玉良缘》参加嘉兴市第五届南湖艺术节演出，获金奖。

叶永盛的越剧清唱《手心手背都是玉》、张剑秋的京剧清唱《共产党员时刻听从党召唤》、朱剑英的京剧清唱《家住安源》参加杭嘉湖戏曲清唱大奖赛，叶永盛获金奖，张剑秋、朱剑英获银奖。

董君莲创作、李锦玉排导、交通系统表演的小品《运河儿女》参加嘉兴市南湖艺术节交通系统文艺汇演，获优秀奖。

鲍菊芬编导、工商系统表演的小品《所长的二舅》参加嘉兴市工商系统文艺调演，获演出奖。

1997年

1月，鲍菊芬、蒋灵云排导，郑丽霞等表演的戏舞《金玉良缘》参加嘉兴市城建系统文艺调演，获优秀演出奖。

10月，李潇娴编导、桐乡高级中学表演的群舞《战台风》参加嘉兴市中小学艺术节，获优秀演出奖。

蒋灵云编排、骆娜等表演的群舞《荔枝红》参加嘉兴市中小学艺术节演出，获三等奖。

鲍菊芬编导、张剑秋等表演的小品《局长的袜子》参加嘉兴市财政系统文艺调演，获三等奖。

鲍菊芬排导，朱剑英演唱，宣建英、沈红梅等伴舞的戏舞《家住安源》参加嘉兴市交通系统文艺调演，获三等奖。

杨宇明、严旻操的戏剧清唱《霸王别姬》《贺老六》参加嘉兴市"华联杯"演唱大赛，分获二等奖。

1998年

8月24日，鲍菊芬编导、傅晓丽等表演的小品《路边人家》参加嘉兴市交通系统文艺汇演，获一等奖。

10月18日，河山镇的舞蹈《明珠颂》、濮院镇的少儿京剧表演《沙家浜》选段参加嘉兴市首届"东海文化明珠"乡镇文艺会演，分获优秀奖和演出奖。

10月31日，文化馆编排的小品《母子相会在大堤》参加嘉兴市第六届南湖艺术节，获创作、表演二等奖。

吴帼英等演唱的评弹《桐乡人勿认得桐乡城》参加嘉兴市第二届"枫叶情"老干部文艺汇演，获优秀演出奖。

文化馆、教师进修学校的舞蹈《桑园情》参加嘉兴市南湖艺术节会演，分获创作一等奖和演出奖。

1999年

9月，严旻操、夏宾成、王卫东的独唱《去者》《有一个美丽的传说》等参加嘉兴市"大红鹰杯"文艺晚会，夏宾成获一等奖，严旻操获二等奖，王卫东获三等奖。

蔡钰领唱的歌舞《今天是你的生日，中国》参加嘉兴市城建系统文艺调演，获三等奖；独唱《我爱你，中国》参加嘉兴市"大红鹰杯"文艺晚会，获二等奖。

12月，杨晓宏演唱的《三月三,九月九》参加嘉兴市"迎澳门"回归广场文艺演出，获金奖。

文化馆编排的群舞《白菊颂》参加嘉兴市广场文化活动大赛，获金奖。

2000年

2月，大麻镇的舞龙表演《彩龙闹春》参加嘉兴市闹元宵"利群杯"民间舞龙表演，获银奖。

5月2日，严旻操演唱的《步步高》参加嘉兴市"奇声杯"歌唱大赛，获三等奖。

5月20日，严旻操的越剧清唱《桑园访妻》参加嘉兴市戏曲名曲名段演唱赛，获特等奖。

5月，文化馆编排的群舞《春天的故事》参加嘉兴市"水乡情"舞蹈大赛，获银奖。

沈丽芳、张娟萍等表演的舞蹈《雏凤展翅》参加嘉兴市少儿广场舞蹈比赛，获金奖。

7月，杨锦发的京剧清唱《追韩信》、杨宇明的戏舞《虞美人》参加嘉兴市戏曲名曲名段大赛，分获银奖和金奖。

9月12日，严旻操演唱的《雨巷》参加嘉兴市"大红鹰杯"演唱大赛，获二等奖。

9月22日，文化馆编排的小品《一毛钱》、民乐《白菊飘香》、戏舞《小九妹》《迎来春色换人间》、器乐《菊情》、歌曲《白菊，我永远的牵挂》，参加嘉兴市南湖艺术节演出，均获金奖。

9月，蒋月清、曹莉等表演的舞蹈《菊乡舞韵》《春天的故事》参加嘉兴市"水乡情"舞蹈大赛，获银奖。

9月30日，严旻操演唱的《常回家看看》参加嘉兴市抗洪赈灾文艺晚会。

10月12日,严旻操演唱的《愚公移山》参加嘉兴市"大红鹰杯"演唱大赛,获二等奖。

10月,蔡钰演唱的《火把节的欢乐》和《太阳最红,毛主席最亲》分别参加嘉兴市"大红鹰杯"演唱会和嘉兴市中华民歌对唱赛，获一等奖。

2001年

2月5日，严旻操的戏剧表演唱《夫妻观灯》参加嘉兴市元宵文艺晚会。

5月，徐宜锌辅导、指挥，教育系统演唱的《走进新时代》《春天的故事》参加嘉兴市"五月的歌"合唱比赛，获金奖。蔡钰演唱的《火把节的欢乐》参加嘉兴市"五月的歌"合唱比赛，获金奖。

6月19日，大麻镇麻溪村舞龙队参加中央电视台心连心艺术团《你是一面旗帜》庆祝中国共产党成立80周年大型广场文艺演出。

6月，蒋灵云编排、聋哑学校表演的舞蹈《菊韵》参加嘉兴市残疾人汇演，获二等奖。

蒋灵云编导、中行系统表演的歌舞《青年人，中国心》参加嘉兴市中行系统汇演，获二等奖。

8月1日，李潇娴编导、消防中队表演的舞蹈《军魂》参加嘉兴市"消防系统建党80周年文艺比赛，获一等奖。

9月12日，严旻操的戏剧表演唱《孔乙己》参加嘉兴市戏迷擂台赛。

9月，蔡钰演唱的《中国永远收获希望》参加嘉兴市教师节专场演出，获演出奖。

10月，蔡钰演唱的《走进新时代》参加嘉兴市创建优秀旅游城市比赛，获一等奖。

11月25日，文化馆编排的舞蹈《白菊颂》《蚕娘》《鸳鸯湖之恋》，越剧《梁祝》选段，参加嘉兴市南湖船文化节演出，获优秀奖。

2002年

2月，马跃菱、金丽芬表演的《游上林》《金玉良缘》参加嘉兴市戏曲表演，获银奖。

6月，鲍菊芬编导的小品《文明社区你我他》参加嘉兴市老干部文艺调演，获二等奖。

9月6日，文化馆的越剧《孟丽君》《游上林》，歌舞《想家的时候》参加嘉兴市"社区之声"文艺调演，分获银奖和金奖。

9月，河山镇文化站的高跷表演、洲泉镇文化站的舞蹈《蚕娘》参加嘉兴市民间广场舞蹈大赛，分获金奖和银奖。

10月3日，叶永汝、沈巾英、吴帼英、吴国强演唱的《铲除邪教，身心健康》和《铲除邪教"法轮功"》参加嘉兴市"爱惜生命、健康生活"文艺调演，获优秀演出奖。

10月，蒋灵云、李潇娴编导，卫生系统表演的歌舞《党啊，亲爱的妈妈》《秋日的丝雨》参加嘉兴市卫生系统"天使风采"文艺调演，分获特等奖、二等奖。

11月8日，文化馆组织、严旻操等四人演唱的《一起呼啦啦》参加嘉兴市"建设者之歌"汇演，获优秀演出奖。

11月，鲍菊芬编导的小品《您好，我是中国银行》嘉兴市小品调演，获二等奖。

2003年

1月1日，严旻操演唱的《青春舞曲》参加嘉兴市各界人士新春团拜会演出。

1月29日，严旻操演唱的《等你来》参加嘉兴市政协团拜会演出。

9月5日，叶永盛、严旻操表演的小品《家住村道边》参加嘉兴市交通系统文艺调演，获金奖。

9月，文化馆组织的舞蹈《大地飞歌》参加嘉兴市"社区之声"文艺汇演，获银奖。

10月，文化馆组织的舞蹈《红烛颂》《蒙古人》参加嘉兴市"大红鹰杯"舞蹈大赛，获银奖。

11月11日，严旻操演唱的《因为爱你》参加嘉兴市青年歌手大赛，获三等奖。

12月，文化馆组织的舞蹈《月上柳梢头》参加嘉兴市"大红鹰杯"舞蹈大赛，获金奖。

2004年

7月，文化馆组织的小品《水乡模特队》、情景剧《左邻右舍》参加嘉兴市"社区之声"文艺汇演，获金奖。

8月17日，乌镇文化站组织的戏舞小品《水乡模特队》参加嘉兴市第三届"利群杯"社区之声和嘉兴市第三届老年文化艺术周文艺演出，分获金奖和优胜奖。

8月，张学萍的表演唱《感恩的心》参加嘉兴市慈善文艺汇演。

叶永盛编导、人民医院表演的小品《体检之后》参加嘉兴市卫生系统汇演，获三等奖。

9月，文化馆组织的歌舞《运河画魂》参加嘉兴市鸳湖棹歌群众文艺精品展演。

河山镇文化站的情景剧《送你一块蚕花糕》参加嘉兴市鸳湖棹歌群众文艺精品展演。

10月14日，市纪委、文化局组织的小品《关注"亚健康"》参加嘉兴市反腐倡廉文艺小品汇演，获铜奖。

11月6日，文化馆组织的小品《不能逾越的红线》、歌伴舞《心声》参加嘉兴市法制文艺汇演，获银奖和演出奖。

2005年

1月，李潇娴编导、邮政系统表演的舞蹈《山野小曲》参加嘉兴市邮政系统迎春文艺演出。

2月，严旻操等表演的音乐情景剧《五姑娘·轧蚕花》参加嘉兴市迎春团拜会演出。

5月，叶永盛编导、财税系统表演的小品《税务局长的家事》参加嘉兴市税务系统汇演，获银奖。

蒋灵云编导、市聋哑学校表演的舞蹈《缘缘童话》参加嘉兴市残疾人文艺汇演，获金奖。

6月9日，严旻操等表演的音乐小品《葡萄熟了》参加嘉兴市先锋颂专场文艺演出。

9月，严旻操等表演的越剧戏舞《平民市长倪天增》参加嘉兴市第二届社区之声文艺调演，获金奖。

10月16日，洲泉镇旱船舞队，大麻镇大刀队、大纛旗队，河山镇高跷队，参加嘉兴江南文化节开幕式"吴风越韵"——江南民间文艺行街表演。

11月18日，文化馆组织的少儿舞蹈《瞻瞻的脚踏车》参加嘉兴市江南艺术节闭幕式"水墨江南"演出。

2006年

6月9日，王卫东演唱的《丽江行》参加嘉兴市直机关迎"七一"声乐大赛，获银奖。

10月20日，大麻镇光明村、大庄村、西南村的民间武术《大刀与方天戟》和石门镇民联村的桐乡三跳《庵堂相会》参加嘉兴市村落民间文艺表演。

10月26日，乌镇文化站组织的舞蹈《祖国万岁》参加嘉兴市第十九个老人节文艺汇演，获银奖。

10月，叶永盛编导，来荣祥等演出的越剧情景剧《故乡情》参加嘉兴市"群星闪烁"文艺汇演，获金奖。

文化馆组织的《蚕花美眉》《瞻瞻的脚踏车》《丰子恺漫画景象》参加嘉兴市"群星闪烁"舞蹈大赛，获金奖。

11月2日，王卫东演唱的《茉莉花》参加嘉兴市"南湖颂"歌会，获金奖。

12月，叶永盛创作表演的双簧《打电话》、石丽莉等表演的小品《不速之客》参加嘉兴市社区之声文艺调演，获银奖。

2007年

3月，石丽莉、席丽萍、郑丽霞等表演的小品《神算》《不速之客》参加嘉兴市公安系统文艺调演，获二等奖。

6月9日，叶荣汝等表演的三跳《桐乡是个好地方》参加嘉兴市曲艺调演，获银奖。

6月，严旻操的越剧彩唱《回十八》参加嘉兴市姚祖贻从艺40周年演出。

8月，文化馆组织的歌舞《梦中的运河》参加嘉兴社区之声文艺汇演，获金奖。

9月，教育系统的合唱《共和国之恋》《走进十月的阳光》参加嘉兴市第五届南湖合唱节比赛，获金奖。

12月，教育系统的歌伴舞《为祖国干杯》参加嘉兴市职教技能节演出。

2008年

2月21日，大麻镇舞龙队的《龙吟和谐》、河山镇舞龙队《龙狮迎春》参加嘉兴市"中信·闹新春"第二届调龙灯大赛，获铜奖。

3月13日，叶荣汝、蒋斯凤表演的独脚戏《造假专家》参加嘉兴市工商系统文艺汇演。

8月12日，夏宾成等演出的诗画情景剧参加嘉兴市教育系统改革开放30周年文艺演出，获金奖。

10月，严旻操主演的音乐短剧《情融田野》参加嘉兴市合唱节颁奖晚会演出。

11月29日，严旻操的越剧彩唱《浪迹天涯》参加嘉兴学院越剧社成立五周年晚会演出。

12月4日，蔡国银、沈宝文的越剧《祥林嫂》《宝莲灯》选段参加嘉兴市首届戏曲票友之星大赛，分获银奖和铜奖。

文化馆组织的舞蹈《京韵花翎》《水车情缘》参加嘉兴市"石榴奖"校园文化节，获银奖；情景剧《花季的浪漫》参加嘉兴市城市管理系统文艺演出，获展演奖。

2009年

2月9日，巨石集团《中华魂》参加"中信闹新春"第三届嘉兴市调龙灯大赛，获银奖。

5月8日，组织越剧表演唱《梁祝·十八相送》、男声独唱《心碎》参加第三届嘉兴市新居民文艺汇演暨"中邦杯·歌舞新家乡"比赛，分获二等奖和三等奖。

5月27日，文化馆组织的花灯表演《绽放，桐乡》参加2009中国·嘉兴端午民俗文化节行街活动。

9月，蒋灵云编排的排舞《爱尔兰之魂》《满地飞》参加嘉兴排舞比赛，获优秀奖。

9月10日，桐乡三跳《桐乡是个好地方》参加嘉兴市政协"同舟共济60年"文艺演出。

9月26日，老年大学合唱团的大合唱《山丹丹花开红艳艳》参加嘉兴市"唱给祖国的歌"群众合唱比赛，获银奖；教育局合唱团的大合唱《共和国之恋》《美丽的姑娘》，获金奖。

10月12日，朱淑筠编排的舞蹈《我是小小女兵》参加嘉兴市少先队建队60周年优秀文艺节目演出，获演出奖。

11月，张伟编排的舞蹈《映山红》参加嘉兴市劳动局庆祝建国60周年文艺演出，获金奖。

2010年

2月28日，大麻镇舞龙队的《龙舞别样红》《龙吟春醒》参加嘉兴市"中信闹新春"2010年元宵节表演，获铜奖。

3月8日，桐乡菊韵剧社陈芝仙的越剧清唱《王老虎抢亲》参加嘉兴市工商系统文艺演出，获一等奖。

6月16日，桐乡的"大纛旗"、"蚕娘教媳"、"蓝色之梦"三支行街方队参加嘉兴市端午民俗表演大巡游。

2011年

2月17日，桐乡退休工人排舞队参加嘉兴市"中信杯"千人排舞大赛，获银奖。

7月20日，文化馆排导、桐乡教师进修学校表演的舞蹈《琴舞飞扬》和振兴西路小学表演的舞蹈《爸爸的军帽》参加嘉兴市第四届"石榴奖"校园文化艺术节，分获铜奖和金奖。

大麻镇"大纛旗"队参加嘉兴市端午节大巡游

9月2日，桐乡组织的街舞《我的麦克风》、小组唱《红歌联唱》参加第五届嘉兴市新居民文艺汇演，分获铜奖和银奖。

10月14日，桐乡金融系统的舞蹈《甜心恰恰》参加嘉兴市第九届"社区之声"文艺调演，获银奖。

2012年

9月23日，汪为明、马金松等5人去嘉善交流演出，演出节目有弹词开篇《我的家乡在苏州》《赏中秋》和长篇弹词《杨乃武与小白菜》等。

10月26日，洲泉镇朝晖社区排舞队和濮院镇新星村排舞队参加"舞动乡村"嘉兴市新农村排舞大赛，分获银奖和金奖。

10月30日，河山镇的舞蹈《蚕乡喜丰收》、崇福镇的民间舞蹈《龙腾虎跃》参加"魅力乡村"嘉兴市村级文艺队伍精品节目展演暨第六届嘉兴市乡村文化艺术周闭幕式，分获金奖和银奖。

11月2日，梧桐街道东兴社区的舞蹈《菊花台》、崇福镇中山社区的鼓乐《鼓舞天明》第十届嘉兴市"社区之声"文艺调演，分获金奖和铜奖。

2013年

3月23日，桐乡市文化馆选送的舞蹈《菱田阿妹》参加嘉兴市民间艺术优秀节目展演获金奖。

9月29日，梧桐街道庆丰社区排舞《国王的道歉》，参加嘉兴市《社区之声》文艺调演获铜奖。

2014年

11月19日，崇福镇徐莉演唱的民歌《我心为你骄傲》，参加嘉兴市乡村文化艺术周"田园放歌"乡村歌曲演唱大赛，获银奖。

11月23日，崇福镇联丰村排舞《扎西德勒》参加第八届嘉兴市乡村文化艺术周闭幕式暨乡村排舞大赛，获金奖。

在桐乡市（县）内组织举办的主要群众文艺演出

新中国成立以来在本市（县）内的主要群众文艺演出活动情况一览表

时　间	名　称	主办单位	备　注
1950.5.4	全县游艺会	桐乡县人民文化馆	歌舞、莲湘、口琴、清唱等
1950.5.25	全县腰鼓汇演	桐乡县人民文化馆	县城大操场
1951.2.1	全县业余文艺大汇演	桐乡县人民文化馆	16个单位，20多个节目
1951年上半年	全县业余文艺演出230场	崇德县人民文化馆	27个业余团，797人演出
1956.12	全县民间音乐舞蹈汇演	崇德县文化馆	31个节目，选出3个节目参加专区汇演，2个节目省汇演
1956.12.26	全县民间音乐舞蹈汇演	桐乡县文化馆	24个节目，223人演出
1959.10.1	屠甸区文艺汇演	桐乡县文化馆	12个单位，29个节目，68人参加
1965.12	全县第二次农村俱乐部代表会议暨文艺汇演	文化馆	50个节目，历时3天
1970.9.4	全县革命样板戏调演	文化馆	崇福、梧桐、洲泉、石门、乌镇举行，33个公社、镇参加，112个文宣队，节目236个，演员1172人
1971.1.9	全县思想文化战线文艺调演	文化馆	15个公社文宣队和两所学校参加，演员222人
1972	全县革命文艺调演	文化馆	29个公社和崇福、石门镇参加
1973.1.31	全县春节文艺调演	文化馆	演员113人
1973.3.27	全县文艺调演	文化馆	羔羊、虎啸、石门等公社、镇参加
1974.10.5	全县国庆25周年革命文艺调演	文化馆	50个节目，历时3天
1976.3.3	全县曲艺调演	文化馆	82人参加，历时3天

续 表

时　间	名　称	主办单位	备　注
1977.2.5	全县文艺调演	文化馆	14个公社，3个镇，2所学校参加，历时6天
1977.10.1	全县庆国庆文艺演出	文化馆	绸厂、煤机厂等11个单位参加
1978.1.29	全县文艺调演	文化馆	16所学校，4个大队参加
1981.6.28	全县音乐会	文化馆	
1983.9.30	县业余剧团首场演出	文化馆	14个节目
1983.12.18	全县"振兴中华"歌咏比赛	文化馆	17个单位参加，电子仪器厂获一等奖
1984.1.1	县业余剧团赴屠甸镇专场演出	文化馆	屠甸影剧院
1984.10.1	全县庆祝国庆35周年文艺晚会	文化局、文联	桐乡影剧院、梧桐书场、梧桐丝厂同时演出
1985.1.18	馆办"青年越剧团"赴新生首场演出	文化馆	《玉连环》《何文秀》
1986.1.30	乡镇企业文艺调演	文化局、乡企局	25个乡镇参加，节目28个
1986.5.5	全县首届家庭音乐会	文化局、妇联	9个镇的17个家庭参加，9户获奖
1986.7.21	全县首届民间曲艺会演	文化局、河山文化站	26名民间艺人表演
1987.1.16	全县首届戏剧（清唱）曲艺有奖赛	文化局、文化馆	30个乡镇，26名选手参加
1987.2.29	梧桐镇首届业余歌手大奖赛	文化馆	80多人报名，4场预赛，决出29名，5月15日在桐乡影剧院决赛，3人获奖
1987.4.19	全县第二届家庭演唱会	总工会、文化馆、电视台	7个镇10户家庭，30个节目，历时3天5场
1987.9.24—10.4	全县七大镇法制文艺调演	政法委、文化局	共8场、106个节目、演员420人
1987.10.2	全县七大镇法制文艺调演决赛	政法委、文化局	影剧院
1987.12.27	全县革命历史歌曲演唱会	文化局、文联	歌曲25首
1989.2.1	全县"今宵同乐"文艺晚会	文化局、团县委	影剧院
1989.3.24	全县"前进杯"霹雳舞大奖赛	文化馆、工人俱乐部25名参赛者决出13名	
1989.9.28	全县中老年迪斯科比赛	文化局、文联	影剧院举行、七大镇参加
1989.10.1	全县职工庆祝国庆40周年卡拉OK比赛	文化馆、工人俱乐部	20人参加
1989.5.28	全县中小学文化艺术周	教育局、文化局	21个节目参赛，评出14个节目，29日在影剧院专场演出
1989.7.30	全县庆祝建军62周年歌影晚会	宣传部、人武部、文化局	影剧院
1989.9.25	县级机关革命歌曲演唱会	机关党委、文化局、体委、总工会	个人组13人、合唱组7单位参赛，观众1497人
1989.9.27	全县庆国庆40周年文艺系列首场演出	宣传部、文化局	影剧院
1989.9.27	全县曲艺专场汇演	文化馆	演员12人，历时3天
1989.9.28	全县中老年迪斯科比赛	文化馆	影剧院，七大镇参加，观众800人
1990.1.15	全县迎春文艺调演濮院丝厂专场	文化局、文联	影剧院
1990.1.16	全县迎春文艺调演七大镇专场	文化局、文联	影剧院

时　间	名　称	主办单位	备　注
1990.11	全县党的基本路线教育文艺演出	文化局、文联	其中创作节目5个
1991.6.21	"羔羊杯"全县曲艺大赛演出	文联、羔羊乡政府	省曲协专家观摩
1991.6.29	《可爱的桐乡》大型音乐舞蹈演出	文化局、文联	分序曲、沧海良田、建设新桐乡、改革开放的沃土绿洲、尾声五篇章，桐乡影剧院
1991.9.28	全县迎国庆"中华大家唱卡拉曲库"比赛	文化局	影剧院
1992.2.5	全县首届戏剧小品专场演出	文化局、文联	青石乡影剧院
1992.10	"绢麻杯"全县戏剧小品大赛	文联、文化馆	河山乡影剧院
1992.10.13	"华纶杯"文化礼仪小姐评选	文化局、文联	文化馆声美舞厅
1992.10.14	举办"华纶杯"交谊舞大奖赛	文化局、文联	影剧院新月舞厅
1993.1	"金鸡报晓迎春文艺联欢晚会"	文化局、文联	影剧院
1993.5.4	庆祝桐乡撤县建市专场文艺演出	文化局、文联	影剧院，王仁、朱文虎等同台演出；歌舞节目10多个
1993.10.8	全市"人和杯"红太阳颂卡拉OK比赛	文联、文化局、人和俱乐部	人和俱乐部
1993.10.26	全市乡镇骨干企业文艺调演	宣传部、文化局、乡企局	影剧院
1994.6.28	市首届机关艺术节"电力杯""七一"卡拉OK比赛	组织部、宣传部、机关党工委、文化局、文联、供电局	影剧院
1994.8.16	"凤鸣之夜"——民乐欣赏会	文化局、文联	凤鸣宾馆
1994.8.28	市首届机关艺术节"国庆颂"歌咏赛	组织部、宣传部、机关党委、文化局、文联	影剧院
1995.1.2	桐乡·德清迎春文艺联欢晚会	桐乡市委宣传部、文化局、德清县委宣传部、文化局	影剧院
1995.5.10	杭嘉湖五县（市、区）第四届戏曲大赛	省群艺馆、文化局、文联	文化馆
1995.7.27	"雀屏杯"家庭综艺大奖赛	文化局、妇联	文化馆
1995.9.27	全市纪念抗战胜利50周年暨国庆歌咏会	市委、市政府	影剧院
1995.12.20	"兴业娱乐杯"卡拉OK大奖赛	文化局、娱乐业协会	兴业歌舞厅
1996.2.9	全市迎春文艺晚会	宣传部、文化局、文联、	影剧院
1996.10.17	"重阳节"评弹演唱会	市曲协	蝶恋花、新木兰辞等7个节目
1997.6.27	全市各界群众"庆建党76周年和喜迎香港回归祖国"大型文艺晚会	总工会、文联、妇联等8个团体	12个节目
1997.8	"东兴杯"第三届卡拉OK大奖赛	音协、剧协、东兴商厦	分成人、少儿和戏曲三场进行
1997.10	全市七大镇戏剧清唱大奖赛	文化馆、戏协	
1998.5.1	特邀"苏州评弹艺术家"专场演出	曲协、梧桐书场	3场演出，听众200多人

时 间	名 称	主办单位	备 注
1998.7.1	"希望杯"少儿卡拉OK大赛	音协、崇德宾馆	170人参赛，评出28人
1998.10.18	迎春暨东兴十大金嗓子演唱大赛	文化局、供销社	20名选手，评出10名、杨宇明、蔡钰、严旻操、叶林、王卫东、杨晓宏、夏宾城、郑梓林、张学萍、吴玲华
1998.12.18	市纪念改革开放20周年文艺晚会	宣传部、文化局、文联	500多名演员
1999.5.1	南北曲艺交流演出	文化局、文联	扬州评话表演艺术家、国家一级演员惠兆隆等在梧桐书场演出
1999.5.3	庆祝桐乡解放50周年文化艺术一条街活动	宣传部、文化局	庆丰南路，吸引观众3500多人
1999.9.26	庆祝国庆50周年"岁月如歌"大型团体操比赛	宣传部、文化局	"东方风来"、"再创辉煌"、"走进新时代"三个篇章
1999.12.31	"千年好合"世纪集体婚礼文艺演出	文明办、总工会、文化局等	在新世纪大酒店献上《好日子》等歌曲
2000.5.30	"腾飞一舟"2000年新产品展示演唱会	城东制革厂	体育馆演出，毛阿敏演唱《莫忘今宵情》等
2000.6.24	"今昔对比颂家乡"两思教育文艺调演	宣传部、文化局	东兴广场24个节目
2000.9.29	市"信合杯"爱我中华国庆歌咏会	文明办、文化局、信用联社	17个单位参加，影剧院举行
2000.10.20	"缘缘杯"全市业余歌手大奖赛决赛	文明办、文化局	189人参赛，分7场选拔，新世纪大酒店决赛
2001.1.1	新世纪升旗仪式演出	宣传部、文化局	市政广场举行
2001.6.26	全市退休干部纪念建党80周年文艺专场	文明办、人事局、文化局	大合唱等18个节目
2001.7.19	市庆祝建党80周年"豪爵杯"业余青年歌手大奖赛	文明办、文化局	分5片选拔后，市区举行总决赛
2002.1.6	"凯旋杯"少儿卡拉OK大奖	文联、团市委、妇联等	共13场，458人参加，濮院举行
2002.2.27	"金凤凰"迎春文艺晚会	宣传部、文化局、金凤凰大酒店	影剧院演出
2002.7.2	"雏菊绽放"少儿艺校汇报演出	文联、文化局、教育局	14个节目
2002.9.28	市"申宏杯"第二届青年业余歌手大奖赛	宣传部、文体局、金凤凰大酒店	影剧院举行
2003.9.27	庆祝科技会展中心竣工专场演出	文化局、大剧院	大剧院举行
2003.9.28	"银杉杯"江南运河沿岸城市青年歌手邀请赛	宣传部、文化局、石门镇	杭州余杭区、无锡锡山区、苏州吴中区、杭州拱墅区、嘉兴秀洲区、桐乡共14名歌手参加
2003.9.29	"利群杯"道德组歌演唱赛	文明办、文体局、烟草局	分教育、梧桐街道社区、市级机关、镇乡街道4场举行
2003.1.27	"金凤凰杯"少儿卡拉OK大奖赛	文联、教育局	新世纪大酒店
2003.11.29	"大雅之声"桐乡、苏州评弹交流演出	桐乡、苏州曲协	梧桐书场
2004.6.30	"凝聚在党旗下"庆祝建党83周年歌咏会	市组织部、宣传部、机关党工委、文体局	市政广场
2004.8.16	市创建卫生城市文艺专场演出	创卫办、文明办、文化局	市区

时　间	名　　称	主 办 单 位	备　注
2004.9.28	市"迎中秋，庆国庆"文艺晚会	文明办、文化局	
2005.1.8	江浙沪评弹进社区交流演出	文联、烟草局	九曲、学前2个社区
2005.8.25	"不忘历史，爱我桐乡"全市纪念抗日战争胜利60周年文艺晚会	宣传部、人武部、文化局	分"桐乡沦陷"、"抗日烽火"、"大地欢歌"三个篇章，14个节目
2005.11.1	同一片蓝天下——新桐乡人文艺汇演	文明办、文化局	湘、皖、川、蒙、苏籍人表演，13个节目
2005.11.4	全市家庭文化才艺大赛	文明办、文化局、妇联	10户家庭
2006.3	市"巾帼霓裳风采"服饰大赛	文明办、文化局、妇联	市区
2006.5	市企业文化汇演	文明办、经贸局、文化局	市区
2006.6	社区邻里节邻里才艺大赛	文明办、文化局、梧桐街道	市区
2006.12.29	"跃舞迎新，共建和谐"迎元旦文艺演出	文明办、文化局	12个节目
2007.4.22	市群众文艺汇报演出	文化局	大剧院，参加全国新农村文化发展论坛的专家、学者和领导观看
2007.6.29	"企业职工心向党"迎"七一"大合唱比赛	宣传部、组织部、经贸局、文化局、总工会	15个企业的歌咏队参加
2007.9.26	"度中秋，迎国庆"桐乡曲艺走进桂花村演出	文联、石门镇	桂花村，12个曲艺节目
2007.9.27	"庆国庆，迎十七大"全市机关大合唱	组织部、宣传部、机关党工委、文化局	大剧院，22个机关单位参加
2007.11.9	欢庆"十七"大专场文艺演出	宣传部、文化局	十颂党的十七大、万众一心奔小康等创作节目20个
2008.1.1	城乡携手种文化、万众唱响新农村元旦文艺晚会	文化局、河山镇	河山镇首场演出
2008.1.30	"欢乐迎春，和谐桐乡"电视直播文艺晚会	宣传部、文化局、广电台	分开场舞、"凤栖梧桐"、"运河欢歌"、"和谐家园"、"春到桐乡"五个篇章
2008.2.4	"新年我们一起过"慰问新居民演出	宣传部、文化局	凤鸣街道
2008.7.2	全市"劳动者之歌"文艺调演	宣传部、经贸局、文化局、总工会	15个单位参加，大剧院
2008.7.18	桐乡市首届"宝业·凤凰新城杯"少儿拉丁舞大赛	文明办、文化局、振东新区	市政广场
2009.1.10	2009桐乡市迎新春文艺晚会	宣传部、文化局	茅威涛、姚笛、徐洪回乡参加演出，共19个节目
2009.9.5	全市"企业文化月"暨国庆60周年文艺专场演出	宣传部、文化局、经贸局、总工会	市政广场
2009.6.13	桐乡市非物质文化遗产原生态展演	文化局、文化馆	市政广场
2009.9.25	全市庆祝新中国成立60周年"红歌会"	宣传部、文化局、机关党工委	32个部门、单位和镇、街道参加，大剧院，共两场
2010.1.10	"凤起梧桐"2010年大型新年晚会	市委、市府、浙江传媒学院	大剧院，分"水墨乌镇"、"风雅桐乡"、"魅力江南"、"和谐家乡"四大乐章
2010.2.28	2010桐乡市"同享辉煌"元宵晚会	宣传部、文化局	大剧院，分"灯辉煌"、"月辉煌"、"桐乡辉煌"三个篇章
2010.6.25	首届丰子恺漫画节闭幕式暨颁奖晚会	宣传部、文化局	大剧院

时　间	名　　称	主　办　单　位	备　　注
2010.7.6	全市企业职工排舞大赛	宣传部、文化局	市政广场，300多名职工参加
2010.10.25	"徐肖冰杯"全国摄影大展颁奖晚会	宣传部、文化局	浙江传媒学院参与演出
2011.2.17	2011年桐乡市"畅想辉煌"元宵晚会	宣传部、文化局	大剧院，分"大地情"、"水乡月"、"时代风"三个篇章
2011.6.20	"企业职工心向党"红歌会	宣传部、文化局	市政广场，12个镇、街道参加
2011.7.27	2011年桐城"民星大舞台"启动仪式首场演出	文化馆	市政广场
2011.7.1	庆祝建党90周年大型文艺晚会	宣传部、文化局	大剧院，14个节目
2012.1.17	"桐昆之夜"2012年桐乡市迎春文艺联欢晚会	宣传部、广电台、文化局	大剧院，桐乡电视台直播
2012.10.30	"风雅桐乡"一镇一品展演	宣传部、文化局	桐乡体育馆
2012.10.31	"艺韵传媒"专场文艺晚会	宣传部、传媒学院、广电台、文化局	大剧院，桐乡电视台直播
2012.11.7	"恒基建设杯"2012年全市排舞大赛	宣传部、文化局、机关党工委	分镇（街道）、部门两组，29个节目
2013.2.3	奋进2013年桐乡市迎春文艺晚会	宣传部、文化局	大剧院
2013.11.7	纪念丰子恺先生诞辰115周年专场文艺晚会	上海大学、桐乡市人民政府	上海大学
2013.12.20	桐乡市新居民才艺大赛初赛	市新居民事务局、文化局	文化馆
2013.12.27	桐乡市新居民才艺大赛决赛	市新居民事务局、文化局	世贸中心
2013.4.25	桐乡市庆"五一"表彰大会暨"春蚕杯"全市职工合唱比赛	宣传部、总工会、文化局	体育馆
2013.9.13	钱君匋艺术歌曲作品音乐会	君匋艺术院	乌镇景区国乐剧院
2014.1.14	"2014年迎春排舞联欢会"	宣传部、文化局	桐乡体育馆
2014.4.27	全市职工家庭才艺比赛	宣传部、总工会、文化局	市总工会学校
2014.5.1	桐乡市首届戏曲艺术节暨"红五一"购物节	文化局、电视台	会展中心广场，戏曲节目20个
2014.5.18	桐乡市残疾人唱歌比赛	市残联、文化局	市残联
2014.8.21	"三治"建设越剧小戏专场	宣传部、文化局	大剧院
2014.9.25	"我和我的祖国"桐乡市群众合唱大赛（镇街道专场）	宣传部、机关党工委、文化局、妇联	大剧院
2014.9.25	"我和我的祖国"桐乡市群众合唱大赛（部门专场）	宣传部、机关党工委、文化局、妇联	大剧院
2014.11.21	首届世界互联网大会"相约乌镇"欢送午宴演出	市人员政府	民乐演奏、水墨独舞、中华艺术现场秀等10个节目
2015.2.10	"拥抱2015"桐乡市迎春文艺晚会	宣传部、文化局	大剧院，分"梦家园"、"梦绽放"、"梦畅想"三个篇章

广场文艺演出

广场文艺演出，空间大，互动性好，是群众喜闻乐见的一种文艺形式。民国时期的一些庙会即以广场为载体，进行娱乐活动。新中国成立初期到 20 世纪 60—70 年代，农村草台戏盛行一时，选择在广场举行。真正有组织有规划地大规模开展广场群众文艺演出活动，是在 20 世纪末和 21 世纪初。

2000年获省广场文化艺术节优秀广场活动金奖证书

1996 年，市区东兴广场兴建后，市文明办、文化局有计划、有组织地开展广场文艺演出活动，当年演出 7 场。2000 年，市文明办制定《桐乡市加快广场文化建设的实施意见》，加强广场文化的硬件建设，兴建菊花、广福、市政、复兴明珠、滨河等广场，为大规模开展广场群众文艺演出活动搭建广阔的平台。同时，文化局还根据每年的节庆和中心工作提出全年广场文化活动计划，由市文明办下发到各机关、部门、单位、乡镇和街道，做到广场文艺演出年初有计划，周周有演出，月月有活动，季季有高潮。同时确定，广场文艺演出由市文明办、文化局和演出单位的主管部门为主办单位，公安局、广播电视局、桐乡报社和城管办（局）为协办单位。

2000 年，在市区东兴广场，举办的文艺演出有"我们的未来"、"青春的风采"、"巾帼风采"、"职工之夜"、"红烛颂"、"第五次全国人口普查"、"'缘缘杯'业余歌手大赛"等。在濮院镇和河山东浜头村广场举办"今昔对比颂家乡"两思教育文艺演出等 35 场，观众达 35000 人次。同年，第二届菊花节的民俗风情广场文艺活动获省委宣传部、文化厅颁发的金奖。

2001 年，在市政、菊花、东兴等广场举办"世纪颂"、"庆'三八'党在我心中"、"'人寿杯'百只风筝比赛"、"桐乡市商业、供销系统'庆五一'"、"'世纪之声'庆'五一'"、"火红的青春心向党"、"社区之声戏曲专场"、"文明健康，共同之声"、"爱心助残"、"桐乡市退休干部纪念建党 80 周年"、"桐乡市工业、丝绸系统"、"庆丰社区小灵通之夜"、"志愿者自行车环保宣传"、"乡镇企业风采"、"嘉兴市戏曲进万家"、"园丁颂"、"东兴之星"、"庆丰社区庆国庆"、"卫士之光"，"银园之夜"、"国庆、中秋戏曲专场"、"祖国在我心中"、"新世纪大酒店四周年店庆"、"秋之韵"、"花开桐乡"、"创业者之歌"、"田野菊海云南风情"、"难忘今宵"、"巾帼风采"、"戏曲、器乐专场"、"折子戏专场"、"桐菊新韵专场"、"夕阳红专场"、"青春的旋律专场"、"古镇戏韵专场"、"'创建优秀旅游城市，建设美好家园'优秀歌手专场"、"文明之夜专场"、"社区之声专场"、"夕阳红风采专场"、"东方之夜专场"和"'豪爵杯'业余歌手大赛"等广场文艺演出110场，参与演出的文艺骨干9000余人，其中自编自演节目的有1600余人，观众达40万人次。同年，第三届菊花节期间的"域乡风情"42个方队的大型踩街活动，吸引了10万余群众观看。

2002年，在市政、菊花、广福、东兴等广场分别举办"庆'三八'千名女子健身展示大赛"、"永远跟党走"、"华帛之夜"、"中老年广场健身表演"、"走出小家庭，融入大家庭"、"五一颂"、"爱心助残"、"挑战梧桐名厨家庭烹饪大赛"、"我们的未来"、"家和万事兴"、"交通安全宣传"、"金土地"、"雏菊绽放"、"凝聚在党旗下'七一'颂"、"环南之夜、同律之声"、"运动、健康、生活——健身表演"、"振东之夜"、"戏剧票友演出"、"庆祝第18个教师节'红烛颂'"、"田野之声农经系统"、"庆国庆——运河之声"、"迎国庆——让绿色溢满家园环保宣传"、"保护明天"、"创文明城市，建美好家园"中日文化交流演出，梧桐街道社区文艺、"大路通天交通专场"、"霓裳物语"服饰展演；"纪念现行宪法颁布20周年"和"申宏杯"业余歌手大奖赛等广场文艺演出90场，文艺节目1200个，观众达35万人次。崇福、乌镇、洲泉、濮院等镇举办各类广场文艺演出40场。

2003年，在东兴、复兴明珠、市政、滨河、广福、菊花等广场举办"迎'七一'东兴之声曲艺专场"、"迎'七一'暨平安伴你行"、"迎'七一'十六大主题宣传"、"桐乡市'七一颂'革命歌曲演唱会"、"艺术的摇篮"、"北港之夜"、"天使颂"、"绿都之夜"、"戏迷乐"、"鱼水情"、"振东之夜"、"舜大北港绿苑，清凉夏日"、"天目之夜"、"银鹰之声"、"舞动青春，唱响未来"、"红盾之光"、"同力之夏"、"庆丰纳凉晚会"、"园丁颂""杨家门社区中国民盟专场"、"动感地带"、"爱我家园"、"夕阳红"、"交通安全从我做起"、"科普之夜"、"青工之夜"等广场文艺演出40场，演出各类文艺节目1000多个，观众达20万人次。

2004年，在市政、东兴、广福、菊花、复兴明珠等广场举办"三龙闹元宵民间文体表演"、"人、水、法"、"邻里情"、"企业文化月"、"'皮草大世界杯'六一专场"、"老有所乐"、"为了明天"、"凝聚在党旗下"、"迎'七一'梧桐街道专场"、"迎'七一'杨家门、振东专场"、"全球通之夜"、"红丝带飘起来"、"春天花园"、"港华之夜"、"金秋之韵"、"平安之夜"、"老师你好！"、"金秋之夜国庆专场"、"热电之光专场"、"真心真情，关爱明天"、"建行之夜"、"大红鹰之夜"、"夕阳红"、"丰收的喜悦"、"金秋放歌"、"廉政之声"等广场文艺演出48场，演出各类文艺节目580个，观众达21万人次。

2005年，在菊花、广福、市政、复兴明珠、滨河等广场举办"迎'三八'女子健身表演"、"春到桐乡"、"保持先进性，永远跟党走"、"诚信纳税，共建和谐"、"生命之水"、"依法诚信纳税，共建小康社会"、"党在我心中"、"银园之夜"、"护士之歌"、"平等共享，促进残疾人就业"、"迎'六一'"、"欢乐国庆幼儿专场"、"与法同行"、"'济众杯'才艺大赛"、"情系九曲、和谐邻里新桐乡人"、"遵章守法，关爱生命，安全生产日"、"邻里相亲，共育文明"、"梧桐街道邻里专场"、"弘扬婚育新风"、"铸钢铁长城，爱心献功臣迎'八一'"、"光大之夜"、"欢乐暑期才艺秀"、"青苹果乐园"、"不忘历史,爱我桐乡"、"秋之韵"、"人民教师,无尚光荣"、"'梅林机械杯'桐乡十佳青年岗位能手、十佳外来企业青工颁奖文艺晚会"、"夕阳红"、"'中国鞋业杯'才艺大赛"、"清风颂"、"同一片蓝天下"、"社区与行政村结对仪式暨业余艺术团成立文艺晚会"、"桐乡·常熟评弹演唱"、"平安桐乡,走向法治"、"跃舞迎新,共建和谐"等广场文艺演出55场,观众达22万人次。

2006年,在菊花、市政、复兴明珠、滨河、广福等广场举办"红盾之光"、"践行社会主义荣辱观、建设社会主义新农村"、"银园之夜"、"庆'五一',迎奥运"、"母亲颂"、"弘扬白求恩精神,永保白衣天使风采"、"真实了解,真挚关爱"、"庆'六一'小菊花"、"安全发展,国泰民安"、"东方健康之夜"、"文明社区,你我行"、"党是太阳,我是花"、"七一颂"、"启新之夜"、"七一展风采"、"放飞童心,健康成长"、"少儿艺校汇报专场"、"唱响八荣八耻,感受欢乐暑期"、"实施五五普法,建设和谐家园"、"科普之夜"、"创学习型社区,建和谐社会"、"生命·绿色·家园"、"弘扬公民道德,构建和谐社会"、"共建和谐校风,同创美好明天"、"和谐复兴,金秋之夜"、"共建和谐,爱洒诚信家园"、"庆国庆暨五五普法宣传"、"迎国庆,展风采"、"弘扬民俗文化,展示农民风采"、"欢乐梧桐"、"欢乐九九重阳,唱响美好明天"、"敬老情暖夕阳,爱心洒满家园"、"新农村·新女性·新风采"、"夕阳红"、"晚霞情"、"跃舞新年,共建和谐"、"'锦都名苑'滨河广场文化节"、"企业文化月"等广场文艺演出157场。

2007年,在菊花、市政、复兴明珠、学前社区、滨河、广福、碧水云天小区、东兴等广场举办"飞扬的旋律"、"奏响和谐主旋律,共建文明大家园"、"弘扬婚育新风"、"庆祝建军80周年"、"展城西风貌,建和谐家园"、"缤纷暑期,快乐生活"、"少儿艺校、业余艺术团联合汇演"、"关注食品安全,共创健康美好生活"、"创建省级生态市专场"、"桐乡新闻网开通一周年暨廉政文化专场"、"'戏迷乐'嘉善·桐乡专场"、"夕阳红"、"和谐振东,欢乐家园"、"我们是朋友"、"颂歌献给党"、"喜迎奥运,放飞梦想"、"和韵乐舞"、"飞扬的旋律"、"水利发展与和谐社会"、"情系职工庆'五一'"、"搭市民大舞台,奏和谐之夏"、"保障残疾人权益,共建和谐社会"、"奏响和谐主旋律,共建文明大家庭"、"灿烂的童心,和谐的家园"、"飞扬的六月"、"健康快乐起来"、"综合治理保平安"、"巨石之夜"、"播种文明,共建和谐"、"保护明天"等广场文艺演出50场。同时在各镇、街道举行广场文艺演出135场。

2008年,在菊花、市政、滨河、复兴明珠、东兴、环南社区等广场和小区举办"学习宣传十七大专题"、"新年我们一起过"、"畅想春天,欢乐元宵"、"创绿色环境,建美好家园"、"消费与责任3·15之夜"、"颂歌献给党"、"发展水利改善民生"、"清洁家园,绿色桐乡"、"迎北京奥运倒记时100天庆典"、"创生态桐乡,建美好家园"、"童心、童声唱五环"、"治理隐患,防范事故,安全生产月主题宣传"、"党是太阳,我是花"、"劳动者之歌"、"庆祝建党八十七周年"、"7·11人口和计划生育专场"、"恒基建设之夜"、

"'宝业·凤凰新城杯'少儿拉丁舞大赛"、"庆祝建军八十一周年"、"食品安全，你我共同的责任"、"创绿色社区，建和谐家园"、"中都之星才艺大赛"，"迎国庆，爱家园，社区区歌汇演"、"夕阳红"，"菊乡戏韵，桐乡·嘉宝联谊演出"、"桐乡新居民汇演"、"2008省交通安全汇演"、"唱响和谐文明，展示女性风采"、"年轻的朋友来相会"、"唱响文明"等广场文艺演出51场，同时各镇、街道举行广场文艺演出65场。

2009年，在市政、菊花、滨河、桐乡植物园、江南春城、百乐小区等广场和小区举办"元宵'影'、'谜'之夜"、"落实科学发展观，节约保护水资源"、"巩固发展创卫成果，全面建设健康城市"、"关爱残疾孩子，发展特殊教育"、"和你们在一起"、"放歌激情夏夜，共建美好家园"、"6·5生态环保宣传专场"、"祖国我爱你——庆'六一'"、"关爱生命，安全发展"、"文化遗产生态展演"、"放歌新生活，建设新农村"、"学习科学发展观专场"、"情系新区，走进世贸"、"第21个世界禁毒日专场"、"计生进千家，优生两免惠万家"、"庆祝建军82周年专场"、"建设健康城市，共建和谐家园"、"汇聚邻里情，共铸中国心"、"企业文化月暨国庆60周年专场"、"第12届全国推广普通话宣传周专场"、"我爱祖国，我爱家"、"城管之夜专场"、"美丽庆丰，和谐家园"、"'活力多杯'建设健康城市排舞比赛"、"夕阳红"、"喜庆重阳，和谐百乐"、"建设健康城市专场"、"桐乡市文化系统团支部专场"、"'德美彩印杯'桐乡市首届新居民卡拉OK比赛"等广场文艺演出50场。

2010年，在菊花、市政、滨河、复兴明珠、东兴等广场举办"第十八届世界水日和23届中国水周广场文艺晚会"、"缤纷夏日·七彩童年'庆六一'幼儿广场文艺演出"、"6·5世界环境广场文艺演出"等广场文艺晚会47场。

2011年，在菊花、市政、滨河、复兴明珠、东兴等广场等举办"第十九届世界水日文艺晚会"、"第十二次全国助残日文艺晚会"、度"六一"等广场文艺晚会38场。各镇、街道举办广场文艺晚会96场。

2012年，在菊花、市政、滨河、植物园、新世纪公园、复兴明珠等广场举办"第二十届世界水日，二十五届中国水周文艺晚会"、"巩固创卫成果·建设健康桐乡专场演出"、"劳动最光荣—梧桐街道庆五一文艺晚会"、"'劳动者之声'卡拉OK比赛"、"关爱生命·平安出行"、"龙腾虎跃庆六一，经典动漫炫童年"、"倡导生育文明·共建幸福家庭"等专题广场文艺晚会74场。各镇、街道举办广场文艺晚会60场。

2013年，在市区市政广场、菊花广场、滨河广场、植物园、恒基生活操场、复兴明珠广场、沃尔玛小广场等分别举办了建行之夜"学雷锋　讲文明　树新风"、"巩固创卫成果　建设健康桐乡"、"爱旅游 、爱生活—5·19中国旅游日""唱响法治·共享和谐"、"强化安全基础　推动安全发展"、"让爱驻我家"、"像花儿一样绽放"、"走进这里，你就年轻"、"颂辉煌·谋发展 促跨跃——迎七一"、"科技点亮生活·绿色拥抱你我"、"保护生态环境，建设美丽振东"、"同心共筑中国梦·共建幸福新家园"、"夕阳红"、"美丽乡村文化季"、"嘉善·桐乡"文化走亲"、"美丽的心灵·洁净的家园"等专题广场文艺晚会55场。各镇、街道举办广场文艺晚会 42 场。

2014 年，在市区市政广场、菊花广场、滨河广场、百乐小区菜场、环南社区金菊广场、庆丰社区门口小广场、复兴明珠广场等分别举办了"五水共治·法治同行"纪念第二十二届世界水日、"幸福家庭　美丽梧桐"、"桑榆大学梦　晚霞菊乡情"、"扬道德法制、做桐乡好人"、"强化红线意识　促进安全发展"、"忆往昔峥嵘岁月""党群心连心　文化惠万家"、"弘扬婚育新风，共创健康幸福生活"、"城乡文化手拉手·共创幸福新梧桐"、"邻里三治·和美环南"、"文化自治添活力　欢乐文明迎国庆"、"九九重阳夜·璀璨夕阳红"、"文明梧桐·幸福家园"、"文化走亲 —海宁·桐乡曲艺专场"等专题广场文艺晚会 57 场。各镇、街道举办广场文艺晚会 45 场。

四、文化下乡

文化下乡是市区文化下农村，城市文化反哺农村的一项实际工作，也是为广大农民群众输送精神食粮、丰富和活跃农民群众文化生活的一项实事工程。20 世纪 50—70 年代，文化馆组织开展一些文化下乡活动，如：1955 年 12 月 14 日，县文化馆召开全县文化积极分子大会后，组织全馆人员下乡，帮助农村建立俱乐部、图书室、业余剧团、读报组等。1973 年 1 月 28 日，组织王祖良、张文荫、周向明、史阿堂等下乡巡回演出三天。1980 年 1 月 4 日，中宣部、文化部、共青团中央联合下发《关于活跃农村文化生活的几点意见》后，开始有领导、有组织、有计划地开展文化下乡活动。

1988 年 2 月 3—5 日，县文化局、文联组织越剧团、电影公司、新华书店、文化馆、图书馆、博物馆、丰子恺故居、曲艺协会、书协、美协等单位 65 人，带去电影、投影录像、曲艺、三跳、说唱；出售新书、碟带、棋类、乒乓球、桌球、哈哈镜等；举办图书、中国画、农民画、文物展览，与河山乡党委、政府联合举办"桐乡县龙年迎春文化交流会"。交流会上，越剧团演员专门为敬老院、五保老人、退休老师和干部、烈军属等慰问演出 4 场；为省级文明村送春联 500 余对，为各乡办企业送书画 400 余幅。3 天时间，参加交流会活动的农民达 1.58 万人次。

1990 年，为配合党的基本路线教育，文化局组织县越剧团编排《土地管理，保护耕地》《计划生育好》《撞车》等歌舞节目，分别赴高桥、石门、史桥、河山、洲泉、濮院、大麻、灵安等乡镇，进行巡回下乡演出，既宣传了党的基本路线，又丰富了农民群众的文化生活。

1991 年 10 月 29 日，县文化局抽调文化馆、越剧团、图书馆、新华书店、电影公司和文联书画骨干 30 多人，组成农村社会主义思想教育文化工作队，自带音响、灯光、文艺节目、电影、录像、图书和摄影、书画，去八泉乡开展首场下乡文化服务。随后，又分别去屠甸、民合乡进行下乡宣传服务。

1992 年 1—2 月，为配合农村社会主义思想教育和禁赌专项斗争，创作编排小品《三缺一》、快板《赌博害人精》等文艺节目，赴 7 镇和 13 乡巡回演出。是年，县文化局被省委宣传部、省文化厅评为"运用文艺形式配合农村社会主义思想教育"先进单位。

1993年，县越剧团、文化馆赴晚村、河山、羔羊、永秀等乡镇开展纪念毛泽东诞辰100周年文艺演出，全年下乡演出80场。

1994年，组织演出小分队，创作编排贴近生活、农民群众喜闻乐见的一批小型文艺节目，下农村，进乡镇企业，为广大农民和企业职工演出60场，观众达3万余人次。

1995年，文化局组织文化小分队去河山、民兴等乡，文艺演出6场，书画服务5次。新华书店下乡29次，为农民销售图书22万元。

1996年，文化馆、越剧团自带音响设备和文艺节目，下乡、下村和晏城高速公路建设工地，演出100场，观众1.2万余人次。

1997年，春节前夕，文化局组织文化系统各单位开展送"文化年货"活动，文化馆、越剧团组织文艺小分队去晏城高速公路建设工地和石门、梧桐敬老院演出30多场；新华书店派出图书下乡队到石门、河山等乡镇流动销售服务；电影公司免费为乡镇影剧院放映；君匋艺术院、博物馆和市文联的书协、美协派出书画家10多人，到石门、河山等地为农民义务写春联，作年画服务；图书馆到梧桐、石门、河山等地开展为农民送书上门服务和读书有奖猜谜活动。

1998年，市委宣传部要求各部门制订长期计划，在春节前后开展"文化、科技、卫生"三下乡活动。1月20—21日，首次组织去安兴、高桥。文化局全年组织文化下乡624人次、送电影36场、文艺演出43场、录像放映8场，同时还组织书画家摄影家免费为农民群众写春联、作年画900余幅，拍全家福照片80多户。

1999年2月，文化局组织下属16个单位，送文化下乡86次，出动650人次，为农民作年画、写春联2340副，免费拍照350人次，免费为农民放映电影32场，录像8场，观众达3.7万人次。创作排练文艺节目16个，下乡演出35场，观众2.5万人次，赠送、销售图书400多种，10万余册。

2000年，组织文化馆、越剧团、电影公司、图书馆、新华书店、君匋艺术院、博物馆等单位，为农民送戏、送图书、写春联、作年画；创作40多个文艺节目，出动人员690人次，演出67场，观众达5万人次；放映电影47场；送科技图书200多种、1000多册，春联、年画600多件。

2001年8月22日，在乌镇召开全市"情系农家"文化下户工作现场会，组织文艺小分队，创作编排贴近农村的快板、独脚戏和戏曲文艺节目10个，为农户免费放映农村科技片、戏曲片电影，组织流动图书免费上门服务阅读和读书猜谜活动，服务对象为100家市级文化示范户和23家乡镇级文化示范户。文化下户活动8月启动，至12月底，共送戏41场，送书40次，送电影42场，近3万农民参加活动。

2002年，文化体育局组建体育、书画、曲艺、戏剧小分队，新编排12个戏曲、滑稽、快板、歌舞等文艺节目，为全市309户文化示范户送文艺100次、电影100场、戏曲27

场、写春联、年画 26 次，体育 13 次，图书 43 次，参与活动的农民达 4.3 万人次。

2003 年，组织 7 支文体小分队，开展文化体育下户活动 260 次，其中送文艺演出 95 次，送电影放映 70 次，送曲艺演出 22 次，送春联、年画 27 次，送体育 24 次，送图书和读书有奖猜谜 22 次，直接参与活动的农民达 2 万多人次。

2004 年，开展"情系农家"文化下户活动，共送戏、送电影、送曲艺、送体育、送春联年画、送图书 403 户，其中送文艺 120 户，送曲艺 18 户，送电影 190 户，送图书 32 户，送春联年画 30 户，送体育 23 户。

2005 年，组织 7 支文体小分队，开展送戏、送曲艺、送电影、送图书、送春联年画活动，走访 881 户。

2006 年，组织 6 支小分队，文化下户演出 1218 场，放映电影 3718 场。

2007 年，"情系农家"文化下户活动改为"文化育新农"活动，送戏、送电影，到文化户家门口演映 303 户。结合宣传十七大精神，创作专题节目 20 个，组织专场演出和文化下乡演出 25 场，启动农村电影数字化放映试点工作，推荐有文化特色的 42 户文化示范户为省级文化示范户。

2008 年 1 月 15—23 日，文化局组织越剧团、文化馆文艺小分队和 10 多名书法家，先后去 12 个镇、街道和振东新区进行文化下乡活动，为农民书写春联 1300 余对，赠送年画 1500 余幅，十七大文艺宣传演出 13 场。继续围绕"文化育新农"，全年组织越剧团、文化馆、图书馆、曲协等，开展文化下户演出 360 场。

2009 年 1 月，文化局为文化、科技、卫生、法制、计生"五下乡"先行，组织文艺小分队，开展"情暖万家"送书画、送文艺文化下乡活动，共 30 场，参与下乡的书画家 8 人，共 50 多人次；演员、工作人员 40 多人。继续开展"文化育新农"活动，全年组织戏剧、曲艺、图书等 7 支文艺小分队，下乡巡回演出 301 户次。

2010 年开展"文化暖春行"文化下乡活动。1 月 13—21 日，组织书画家 60 余人次，赴全市 12 个镇街道、振东新区的 30 个行政村和示范户送去年画 2000 余幅、书法作品 120 余幅、春联 1500 余对。同时继续组织开展"文化育新农"活动，全年组织市文化馆、越剧团、曲艺、民间曲艺、图书猜谜、体育、送书画春联等 7 支小分队，开展各项文艺表演、送图书、体育活动，全年累计 340 场次。

2011 年开展"文化成果共享"文化下乡活动。1 月 13—21 日组织文化馆、越剧团和 8 名书画家赴 12 个镇、街道及振东新区送去专场文艺演出 13 场，送年画 1500 幅，书写春联 1300 对。全年组织市文化馆、越剧团、体育等 7 支小分队，文化下乡 279 场次。

2012 年实施文化惠民工程。1 月 5—18 日组织文化馆、越剧团和 7 名书画家，赴 12 个镇、街道及社区送去专场文艺演出 15 场，送年画 1500 幅，为村民和居民书写春联 1500 对。全年组织越剧团、文化馆、曲艺、体育、图书、民间曲艺 6 个文艺小分队，文化下乡 310 场次。

2013 年开展"文化暖心"行动。1 月 22—25 日组织文化馆、艺术服务中心和 8 名书画家先后 13 次赴 12 个镇、街道及振东新区送去专场文艺演出 13 场，送年画、春联 1500 余幅。同时还继续实施"文化惠民助力百千万"活动，文化馆、艺术服务中心组织小分队，创作编排戏剧、曲艺、歌舞等 30 多个节目，共下镇、街道、村演出 300 场。

文化下乡在屠甸镇汇丰村演出

2014 年开展"菜单式"文化服务活动。1 月 7—10 日组织文化馆、艺术服务中心和 12 名书画家先后 13 次赴 12 个镇、街道及振东新区送去专场文艺演出 13 场，送年画、春联 1800 余幅。同时实施了"群众点单我服务"的下乡服务方式，围绕"文化惠民助力百千万"文化下乡活动，组织文艺、图书、书画、摄影、辅导、培训等下乡服务 300 余场，实现文化服务供给与群众文化实际需求无缝对接。

五、社区文化

社区文化活动是指由社会群体组织在社区开展的文化娱乐活动。

2001 年 2 月，梧桐街道撤销学前等 19 个居委会，设立凤鸣等 12 个社区。同时，市文化局会同梧桐街道制订社区文化建设规划，提出"一楼一窗一场"（一个文化楼、一个宣传橱窗、一个文化广场）和"一区一品"（一个社区、一项品牌文化）的社区文化设施建设构想。3 月，各社区建立市级机关部门、单位与社区共建工作领导小组，明确市级联系领导，正副组长和成员单位，制订"五有五联"（有一个共建领导机构、有一个共建工作班子、有一个共建工作规划、有一套共建制度和措施、有一笔必要的共建经费）和（教育联抓、社区环境联搞、社会治安联防、文体活动联办、服务设施联用）的社区建设机制，加快社区文化设施建设。到 2009 年底统计，已建戏曲队、舞蹈队、腰鼓队、秧歌队、合唱队等各类社区业余文艺团队 171 个，文艺团队人员 3671 人。依托这些文化设施和业余文艺团队，文化局和梧桐街道每年举办社区各类广场文化活动。据调查统计，2003 年以后，平均每年举办活动在 6 次以上，大型文化活动每年 1 次以上，主要内容是以社区各项创建工作和节庆活动相结合的广场文艺演出，趣味文体活动，诗歌（演讲）比赛和送春联等活动。从 2004 年开始，梧桐街道、市文明办和文化局联合举办社区"邻里节"活动 11 次，形式多样，内容丰富，时间长短不一，短则一周，长则一月。

2006 年 9 月初至 10 月底，市文明办、文化局、房地产协会联合在滨河广场举办"锦都名苑"滨河广场社区文化艺术节，广场文艺演出 7 场，电影放映 7 场，参加演出的有来自梧桐街道 12 个社区的文艺骨干和嘉兴、杭州、上海的专业演员，参与活动居民 3 万余人次。

2008 年 9 月 24 日，市文明办、文化局、梧桐街道联合举办社区区歌比赛，13 个社区参加。至 2012 年底，全市社区建立排舞队 29 个，排舞队员 948 人。2012 年 10 月 26 日，洲泉镇朝晖社区排舞队赴海宁马桥参加"舞动乡村"嘉兴市新农村排舞大赛，获银奖。2012 年 11 月 2 日，梧桐街道东兴社区的舞蹈《菊花台》、崇福镇中山社区的鼓乐《鼓舞天明》参加第十届嘉兴市"社区之声"文艺调演，分获金奖和铜奖。

社区文化获得的荣誉：2005 年 11 月，庆丰社区被中央文明办、文化部评为嘉兴市唯一的"全国文化先进社区"。2007 年到 2010 年，梧桐街道的学前社区、庆丰社区、环南社区、九曲社区、大发社区、文昌社区，振东新区的振东社区、乌镇的南宫社区已先后被评为"嘉兴市文化示范社区"。2011 年，梧桐街道环南社区被评为"浙江省文化示范社区"。2011 年，乌镇的南宫社区被评为"浙江省文化示范社区"。

2013 年 9 月 29 日，梧桐街道庆丰社区的排舞《国王的道歉》参加第十一届嘉兴市"社区之声"文艺调演获金奖。

2014 年 10 月 15 日，梧桐街道文昌社区创作的区歌《好一个文昌社区》，参加在温州举办的浙江省村区歌决赛获银奖。10 月 17 日，梧桐街道百乐社区的小品《应该不应该》参加第十二届嘉兴市"社区之声"文艺调演获铜奖。

2015 年 4 月 24 日，振东新区凤凰区社区首届文化艺术节开幕，以凤凰业余艺术团为主的社区业余文艺爱好者表演 12 个精彩的文艺节目。

六、村落文化

村落文化活动是以村落为载体的农民生活文化，它是以农民群体为对象，以村落为活动空间，以民间传统文化为主要内容的一种文化现象。

旧时村落文化活动以庙会为主。1949 年新中国成立，为欢庆解放，崇德桐乡两县在全县农村广泛开展扭秧歌、踏高跷、舞龙灯、打莲湘等民间村落文化活动热情高涨，到 1951 年 3 月，桐乡县有村级业余剧团 114 个、腰鼓队 9 个、莲湘队 270 个、秧歌队 133 个。崇德县村级业余剧团 27 个、腰鼓队 9 个，参加人员 797 人，1955 年底，桐乡崇德两县农村俱乐部已发展到 110 个。1958 年，崇德桐乡两县合并后全县村级文化活动主要是宣传总路线、大跃进、人民公社三面红旗。1966 年"文化大革命"开始，村级文化活动基本停止。1970 年后，农村开始建立毛泽东思想文艺宣传队，学演革命样板戏，据 1973 年统计，全县 122 个生产大队都建有文宣队，参加人员 1000 多人。

1978 年党的十一届三中全会后，随着农村改革开放，农民物质生活日益富裕，广大农民开始富而思乐，在县（市）文化部门送文化、种文化的培植下，逐步组织建立农村村级业余文艺团队，组织开展多种文化活动。1984 年冬，全县 317 个行政村共建青年民兵俱乐部 315 个。1986 年 2 月，同福乡率先建立全县第一个农民文化社团——同福乡农民文学艺术工作者协会，下设文学、书画、摄影、文艺 4 个协会，首批农民会员 40 人。1988 年底，据洲泉、乌镇 21 个文化站统计，全县农村建立各类文艺兴趣小组 47 个，会员 524 人，到 1989 年底，全县各乡镇文化站所属各类文化兴趣小组 170 多个。2005 年起，在建设农村行政村村级文化中心（室）时，各村都建立了 1 支以上的业余文艺队伍。至 2007 年底，全市 178 个行政村已建各类农民业余文艺团队 211 支。到 2009 年底，上升到 296 支，团队人员达到 4054 人。依靠这批文艺骨干，各镇街道文化站每年组织开展大型群众文化活动 5 次以上。开展文化下户 500 户次以上，举办广场文艺活动演出 50 场以上。河山镇从 1988 年至 2007 年，连续 20 年举办"大年初一闹河山"群众文化活动，村村参与；洲泉镇清河村从 2000 年至 2012 年，举办了 8 届"双庙渚蚕花胜会"；大麻镇 11 个村挖掘整理农村民间传统文艺节目，建立了"一村一品"的农村品牌文化。

2001 年 6 月 19 日，大麻镇麻溪村农民男子舞龙队赴嘉兴市民广场参加中央电视台心连心艺术团"你是一面旗帜"庆祝中国共产党成立 80 周年大型广场文艺演出活动。

2005 年 10 月 16 日，洲泉、大麻、河山镇村民表演的旱船舞、大刀队、大纛旗队、高跷队，参加嘉兴江南文化节开幕式"吴风越韵"——江南民间文艺行街表演。

2006—2011 年，共组织大麻镇、石门镇等 12 个村级文艺节目参加嘉兴市农民文化艺术周和嘉兴市乡村文化艺术周活动。

2010 年 10 月 23 日，在第十届菊花节期间，文化馆在新世纪公园举办乡土文化大观园活动，展示乡土文化活动 41 项。

2012 年 5 月，崇福镇开始实施"一村一艺"（一个村培植一个文艺团队）种文化活动，至 10 月底全镇 26 个村都建起 1 支以上文艺团队，实现村级文艺队伍满堂红。10 月 28 日在语溪公园广场举办了"一村一艺"种文化成果展示会。

10 月 26 日，濮院镇新星村排舞队赴海宁马桥参加"舞动乡村"嘉兴市新农村排舞大赛，获金奖。10 月 30 日河山镇的舞蹈《蚕乡喜丰收》、崇福镇的民间舞蹈《龙腾虎跃》参加"魅力乡村"第二届嘉兴市村级文艺队伍精品节目展演暨第六届嘉兴市乡村文化艺术周闭幕式，分获金奖和银奖。是年底，大麻全镇 11 个行政村已建排舞队 20 支，梧桐街道城东村拥有排舞队员 200 多人。全市村级共建排舞队 88 个，排舞队员发展到 1746 人，跳排舞成为桐乡农民一种新时尚。

到 2012 年，大麻全镇 11 个行政村已建排舞队 20 支，梧桐街道城东村拥有排舞队员 200 多人。全市村级共建排舞队 88 个，排舞队员发展到 1746 人，跳排舞成为桐乡农民一种新时尚。同年 10 月 26 日，濮院镇新星村排舞队赴海宁马桥参加"舞动乡村"嘉兴市新农村排舞大赛，获金奖。10 月 30 日河山镇的舞蹈《蚕乡喜丰收》、崇福镇的民间舞蹈《龙腾虎跃》参加"魅力乡村"第二届嘉兴市村级文艺队伍精品节目展演暨第六届嘉兴市乡村文化艺术周闭幕式，分获金奖和银奖。

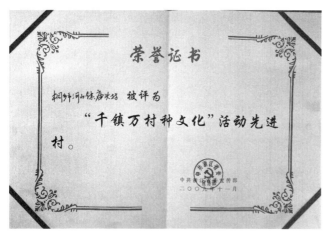

河山镇庙头村获全省"千镇万村种文化"先进村证书

2013年9月25日,梧桐街道"一村一韵"文艺展示在庆丰村举行。

2014年9月29日,石门镇桂花村《村歌》,参加在北京举办的全国第六届村歌大赛,获2014全国村歌十大金曲。同年,崇福镇联丰村排舞《扎西德勒》获第八届嘉兴市乡村文化艺术周闭幕式暨乡村排舞大赛金奖;11月11日,崇福镇联丰村排舞《扎西德勒》、洲泉镇坝桥村排舞《凌波舞》参加"美丽浙江·幸福乡村"浙江省"文化礼堂"乡村排舞大赛分获金奖;11月19日,崇福镇徐莉演唱的民歌《我心为你骄傲》,参加嘉兴市乡村文化艺术周"田园放歌"乡村歌曲演唱大赛获银奖。

2000年来,桐乡村落文化已获多项殊荣。2006年,高桥镇高桥村农民沈华良的灶头画被列入嘉兴市第一批非物质文化遗产保护名录;洲泉镇村民表演的高杆船技、大麻镇村民表演的大纛旗、洲泉镇清河村的蚕花水会列入省、嘉兴市非物质文化遗产保护名录。2007年8月,石门镇民联村邱学良创作的桐乡三跳《踏青》获嘉兴市第三届农民艺术周走笔新农村题材创作三等奖。2008年11月30日,河山镇庙头村被嘉兴市委宣传部、嘉兴市文化广电新闻出版局评为"种文化"先进村。2009年,流传桐乡的蚕歌已被列入浙江省第三批非物质文化遗产保护名录,石门镇民联村邱学良列入浙江省第三批非物质文化遗产保护传承人,河山镇庙头村被中共浙江省委宣传部评为"千镇万村种文化"活动先进村,崇福镇上市村被命名为浙江省历史文化名村。2011年,洲泉镇"高杆船技"列入第二批国家级非物质文化遗产保护名录。2012年8月28日,大麻镇方天戟、乌镇香市节列入省第四批非物质文化遗产保护名录。

七、校园文化

校园文化是以学生为主体,以课外文化活动为主要内容,以校园为主要空间,以校园精神为主要特征的群体文化。

民国二十一年(1932)9月,丰子恺为母校—石门崇德县立第三小学作校歌并谱曲,境内校园始有校歌。但校园文化一直发展缓慢。20世纪80年代初,文化教育部门开始探索校园文化建设。

1981年,石门中学成立狮子舞队。

1983年,乌镇中学成立茅盾文学社。

1986年3月,电大同学会成立语溪文学社。

1987年12月，桐乡一中校园文化节开幕，这是桐乡第一个校园文化节。

1989年3月，桐乡一中成立春蚕文学社。

1989年7月30日，在桐乡影剧院举办全县中小学文艺调演，节目21个，评出14个优秀节目，至2009年，连续20年每年举办全县（市）中小学文艺调演。

1989年3月24日，县文化局、教育局联合发出《关于全县中小学普唱校歌活动的通知》，县文化馆、乡镇文化站和音乐家协会配合学校撰写校歌校词，帮助联系谱曲及校歌教唱活动。

1990年，梧桐镇3所小学建立红领巾艺术团，成立书画、器乐、舞蹈文化兴趣小组。县文化局对校园文化建设进行新的探索，文化馆的专业干部和君匋艺术院书画家11人，兼职担任梧桐镇3所小学的辅导老师和校外辅导员，帮助组织建立文化兴趣小组，还为小学、幼儿园编排节目，组织书画展。

1991—2009年，凤鸣小学建立民乐队，茅盾小学建立管乐队，振东小学建立笛子队，乌镇植材小学建立口琴队，桐乡职教中心建立街舞队，全市60所学校共建各类文化团队127个。

1992年徐宜锌改编创作的《相识在校园》《天地之间》《祖国少年》三首校园歌曲分获全省校园歌曲大赛二等奖。

1993年，徐宜锌作曲的《牛背上的孩子》等三首校园歌曲入选省第三届校园歌曲大赛。

1993年10月，凤鸣小学舞蹈《共同的太阳》参加第三届嘉兴市中小学艺术节，获文艺节目三等奖，梧桐镇小合唱《牛背上的小孩》获文艺节目鼓励奖。

1997年10月，李潇娴编导、桐乡高级中学表演的群舞《战台风》，桐乡第二职业中学的《杭菊飘香》参加嘉兴市中小学艺术节和嘉兴市中学生文艺调演，分获优秀演出奖。凤鸣小学骆娜等表演的群舞《荔枝红》参加嘉兴市中小学艺术节演出，获三等奖。

从2000年起，每年9月10日教师节，市委宣传部、文化局、教育局组织举办"红烛颂"、"园丁颂"、"老师你好"等广场文艺专场演出。

2000年11月7日，为发展桐乡的漫画创作，在凤鸣小学挂牌成立"丰子恺漫画学校"，配专职教师1名，兼职教师2名，聘请辅导老师2名，在三年级以上学生中每周开设一节漫画课，并向学生印发《漫画日记》本，一周一交，由教师批阅，激发学生对漫画的学习兴趣。

2001年，市教育局开展校园文化达标活动。

2002年

2月7日，蔡钰的女声独唱《风筝情》参加中华校园歌曲全国征集会演，获二等奖。

5月，市文联、文体局、教育局联合举办"凯旋杯"首届全市中小学生漫画大赛，收到41所中小学生的漫画参赛作品1583幅，汇编出刊《获奖作品选》。

5月18日，在茅盾中学举办全市中学美术特长生现场美术大赛，100余名学生参加。

2003 年

教育局举办全市中小学校歌比赛,汇编出刊《桐乡市中小学校歌集》,收录 63 首。

2004 年

4 月,举办"河坊人家·缘缘杯"第二届全市中小学生漫画大赛,收到 47 所中小学生漫画作品 2000 幅,入展 135 幅。

2005 年

5 月 30 日,举办"锦都名苑·缘缘杯"第三届全市中小学生漫画大赛,收到 49 所中小学校漫画作品 1165 幅,入展 300 件,编辑出刊漫画集《童心世界》。

2006 年

5 月 3 日,举办"电信宽带·缘缘杯"第四届全市中小学生漫画大赛,收到参赛作品 1470 多幅,入展 156 幅。

2007 年

5 月 31 日,举办第五届全市中小学生漫画大赛,收到 40 所学校漫画作品 1554 幅。

2008 年

5 月 31 日,举办"五丰·缘缘杯·我爱新农村"第六届全市中小学生漫画大赛,收到 43 所学校漫画作品 1200 幅,评出作品 300 幅。

8 月 12 日,茅盾中学夏宾成等演出的诗画情景剧参加嘉兴市教育系统改革开放 30 周年文艺演出,获金奖。

10 月 30 日—11 月 15 日,市文联、教育局、文化广电新闻出版局在市图书馆举办全市中小学漫画教育成果展,展出丰子恺漫画学校、桐乡四中等 7 所学校的漫画作品 70 余件。

2009 年

5 月,桐乡职教中心方秀美参加浙江省中等职业技术学校时装模特比赛,获一等奖;6 月,参加在天津举办的全国职业院校中职组时装模特大赛,获三等奖。

5 月 13 日,举办"人口与计生·缘缘杯"第七届全市中小学生漫画大赛,收到 33 所学校漫画作品 1352 幅,评出获奖作品 145 幅。

11 月 28 日,教育局合唱团排练的大合唱《共和国之恋》《美丽的姑娘》参加浙江省教职工"祖国万岁"合唱比赛,获金奖。

2010 年

2 月 1 日,市教育系统大合唱《美丽的姑娘》《共和国之恋》参加"爱心浙江"新春慈善音乐会。

5 月 25 日,中央电视台播出振兴西路小学的舞蹈《菊乡童韵》,获第五届全国校园文艺调演金奖,并入选中央电视台第十届全国校园春节联欢晚会演出。同日,市文化广电新闻出版局、教育局、市文联在市科技会展中心举办"健康与生活"全市中小学漫画现场比赛。

5月31日，举办"公正与法治·缘缘杯"第八届全市中小学生漫画大赛，收到35所学校漫画1390幅，评出获奖作品105幅。

12月，市区小学生开展"走进校外课堂"活动，市博物馆等12个场馆制作成《桐乡市区未成年人校外课堂集锦》，近7000名小学生参观各校外场馆。

2011年

5月31日，举办"建设美好家园·缘缘杯"第九届全市中小学生漫画大赛，收到43所学校漫画作品753幅，评出获奖作品135幅。

6月10日，市文化馆一批优秀非物质文化遗产项目在桐乡六中展出，邀请竹刻、核刻、书刻、麦秆画、蛋画等代表性非物质文化遗产项目传承人现场表演。

7月18日，振兴西路小学舞蹈《爸爸的军帽》参加中央电视台"光辉的旗帜"庆祝建党90周年全国校园综艺盛典，获金奖。

7月20日，桐乡教师进修学校舞蹈《琴舞飞扬》、振兴西路小学舞蹈《爸爸的军帽》参加嘉兴市第四届"石榴奖"校园文化艺术节，分获铜奖和金奖。

振兴西路小学获全国艺术教学先进单位奖牌

同月，振兴西路小学被评委2011年全国艺术教育先进单位。

11月15日，振兴西路小学舞蹈《爸爸的军帽》《舞动校园》参加浙江省中小学舞蹈节，获金奖。

2012年

3月28日，市文化局、教育局在振兴西路小学设立桐乡市少儿艺术学校舞蹈教育基地。

4月12日，茅盾实验小学邀请浙江歌舞剧院走进学校，50位专业民乐艺术家为师生们表演民乐专场，并与茅盾实验小学的业余民乐队进行面对面的艺术辅导。

5月28日，举办"小城市新崇福·缘缘杯"第十届全市中小学生漫画大赛，收到41所学校漫画作品1068幅，评出获奖作品135幅。

8月22日—9月15日，首届教师漫画展在市博物馆展出，展出作品51幅。

10月18日，国艺幼儿园和丰子恺艺术幼儿园表演的排舞《喜娃娃》参加"洪峰杯"全国排舞邀请赛，获金奖。

11月24日，市教育局菊韵合唱社的大合唱《共和国之恋》《喀秋莎》参加省红色经典歌曲合唱大赛，获铜奖。

11月28日，吕留良研究会与留良中心小学联合举办"以乡贤感召为载体，以品质教育为目标"为主题的"乡贤精神进校园"活动，播放专题片，表演情景剧和诗朗诵，观摩《走进吕园》校本教材综合实践课及参观座谈讨论等活动。

2013年

1月13—18日，市教育局组织的"菊之韵"合唱团一行43人赴奥地利首都维也纳参加"盛世华章"——2013年维也纳金色大厅新春音乐会。

5月30日，举办"梦想高桥·缘缘杯"第十一届全市中小学漫画大赛，收到全市45所中小学校漫画作品，共516幅，评出获奖作品135幅。

2014年

5月14日，北港小学沈楚涵、茅盾小学吴冰瑶演唱的越剧《十八相送》和北港小学沈俊峰表演的越剧音乐剧《菊花飘香》，参加第十八中国少儿戏曲小梅花荟萃浙江赛区选拔赛，其中沈楚涵获一等奖，吴冰瑶、沈俊峰获二等奖。

12月24日，举办"美丽幸福新桐乡·缘缘杯"第十二届全市中小学漫画大赛，收到全市45所中小学校漫画作品1010幅，评出获奖作品135幅。

据60所学校统计：到2009年底，全市各学校先后举办校园文化节445届，各类校园文化活动获嘉兴级奖52项，省级奖20项，国家级奖10项。

八、企业文化

企业文化是企业生存、发展过程中表现出来的文化现象。

1966年冬，崇德丝厂职工自发创作排演的《双新姑娘》、崇德农机厂创作排演的《小钢磨》，去湖州参加嘉兴地区第一次职工文艺调演。

1973年4月3日，濮院大庆丝厂创作排演的小歌舞《送公粮》和舞蹈《采菊舞》参加嘉兴地区群众文艺创作节目调演。

1989年7月，文化局、文联、文化馆组织人员去濮院丝厂作企业文化调研，开始探索企业文化建设，协助濮院丝厂建立文学创作、摄影、文艺等兴趣小组，会员达127人。

1990年，去屠甸水泥厂、华伦化纤厂协助建立职工业余文艺兴趣小组。邀请省音协会员去凤鸣化纤厂、濮院丝厂等12个企业，创作12首厂歌，其中濮院丝厂的《缫丝工人之歌》获全国厂歌比赛二等奖。同年10月3日，县委宣传部、文化局在濮院丝厂召开企业文化建设经验座谈会，嘉兴市委副书记、市人大常委会副主任许国桢，市委常委、宣传部长李旭峥，桐乡县委书记方士荣等参加座谈会。

1991年9月30日，河山镇举行"社会主义好国庆企业文艺调演"，参加调演节目36个，评出20个优秀节目。

1991年11月28日，组织举办"企业时装表演大奖赛"，梧桐丝厂、桐乡丝织厂、崇德丝厂、濮院丝厂、桐乡毛纺厂、桐乡皮毛厂、桐乡立绒厂、天孚制衣有限公司、濮院镇工业公司、桐乡工艺印染厂、桐乡时达服装厂、乌镇绣品厂的 12 支业余时装表演队参加大赛，100 多名业余模特参加，展示服装 500 多套，均为参赛单位的产品，经评选，桐乡丝织厂和桐乡毛纺厂分获甲、乙组一等奖。

1992 年 10 月，县文化局、总工会在河山绢麻厂举办"绢麻杯"企业职工戏剧小品大赛。同月，崇福大戏院为全县乡镇企业举办交谊舞骨干培训班。屠甸水泥厂成立塔松歌舞团和管乐队。徐宜锌创作的厂歌《桐马腾飞》《枫树绢丝万里行》《河山的明天灿烂》，朱国仁创作的《桐乡凤鸣化纤厂厂歌》《石门丝厂厂歌》《前进吧！桐乡衬衫总厂》入选《全国企业歌曲选》，其中《桐乡凤鸣化纤厂厂歌》获三等奖。

1993 年春节，河山镇举办首届乡镇企业文艺调演。年初，文化局、乡企局、司法局联合举办"二五"普法演讲比赛。

1994 年 8 月 8 日，城建系统职工建立 4 个文艺兴趣小组，首批会员 48 人，在嘉兴市率先建立企业文联。11 月 6 日，供电系统职工建立 9 个文艺兴趣小组，首批会员 227 人，建企业文联。3 月 7 日，全国乡镇企业文化委员会第一届年会及理论研讨会在桐乡召开，屠甸水泥厂等 9 个乡镇企业提交论文。同时，组织举办"市重点骨干企业风采摄影图片展览"，参展企业 119 家，版面 156 块。1994 年 9 月 22 日，河山绢纺厂歌舞《我爱你，中国》、桐乡凤鸣化纤厂戏剧舞蹈《蝶恋花》、河山苎麻厂小品《宅电》、屠甸水泥厂合唱《塔松之歌》和《太阳最红，毛主席最亲》参加嘉兴首届乡镇企业文艺调演，分获演出奖。

1995 年 10 月 31 日，浙江先锋机械厂成立企业文联，下设 5 个文艺兴趣小组，首批会员 55 人。1995 年至 2003 年，全市先后组织建立企业文化业余团队 120 多个，每年举办企业职工文艺汇演。

2004 年，由市委宣传部牵头，下发《关于开展企业文化月的通知》，当年组织开展广场文化活动、中国象棋比赛、职工书画展、青年维修电工技能比赛、职工风采大赛。此后，每年举办"企业文化月"。

2005 年，制订《关于加强企业文化建设的指导性意见》，提出企业文化建设"八个有"：有一个企业文化建设的规划；有一支企业文化建设队伍；有一个企业精神；有一份企业报或内部刊物；有一定的经费投入；有一些可供员工休闲娱乐的文体活动场所；有一个企业文化宣传窗或宣传栏；有一支文体队伍。

2006 年 4 月 14 日，市委宣传部、经贸局、文化局、总工会联合印发《关于加强企业文化建设的实施意见》，确定企业文化建设的指导思想和目标。5 月，举办企业文化月启动仪式暨企业论坛，邀请杭州绿盛集团有限公司董事长、总裁林东作《绿盛集团企业文化管理实践》的主题讲座；香港光华管理学院高级讲师、MBA 研修班导师、杭州时代光华培训中心总经理刘星作《企业文化》专题讲座。各镇、乡、街道宣传委员、工业副镇（乡）长和供销社、供电局等 15 个企业的分管领导听取讲座。企业文化月组织开展"企业风采"职工摄影比赛、企业宣传品内部刊物评选和企业精神征文 3 项活动。同年 11 月，首次开展企业文化建设标兵单位的评选，评出 10 家标兵单位。同时还举办工业系统、金融系统、旅游系统、新桐乡人广场文艺演出。

2007 年 6 月，羊毛衫行业成立毛衫企业文化研究会。

2008 年 5 月，开展第二届企业文化建设标兵单位评选活动，巨石集团有限公司、浙江恒基建设发展有限公司、浙江嘉名染整有限公司、浙江鼎坤服装有限公司、桐乡市生辉照明电器有限公司、浙江爵派尔服饰有限公司、嘉兴宏麟皮化公司被评为标兵单位。

2009 年，组织举办"企业文化月"暨国庆 60 周年广场文艺演出的同时，组织开展三星级"企业文化建设单位"的评选、企业网页评比和"共克时艰"企业职工友谊挑战赛等系列活动，共评出"三星级"企业文化建设示范单位 17 家：巨石集团有限公司、浙江恒基建设发展有限公司、浙江威克赛服饰有限公司、浙江嘉名染整有限公司、浙江雀屏纺织化工股份有限公司、桐乡市生辉照明电器有限公司、浙江铭龙控股有限公司、浙江同辉纺织有限公司、嘉兴福斯特服饰有限公司、浙江朝晖过滤技术股份有限公司、浙江中辉皮草有限公司、嘉兴宏麟皮化有限公司、巨匠建设集团有限公司、桐昆集团股份有限公司、桐乡市丰同裕蓝印花布艺有限公司、桐乡市伟邦针织有限公司。优秀企业网页 5 家：桐昆集团股份有限公司 http://www.zjtkjt.com、新凤鸣集团股份有限公司 http://www.xfmpes.com、巨石集团有限公司 http://www.jushi.com、巨匠建设集团有限公司 http://www.jujiang.cnm、浙江恒基建设发展有限公司 http://www.zjhjcc.com。"共克时艰"企业职工友谊挑战赛获奖团体名单 4 名：中国农业银行桐乡支行、桐乡经济开发区、桐乡市国企办、高桥镇。

2009 年 9 月 25 日，桐乡烟草专卖局（公司）建立摄影、书画、声乐、文学、田径、乒乓球、健美操、篮球、羽毛球等 9 个文体团队，建立烟草企业文联。截至 2009 年，全市已建立企业文化团队 150 多个，企业职工文化建设示范创建单位 17 家。

2010 年 6 月 23 日，恒基建设集团有限公司职工小组唱《咱们工人有力量》参加在杭州省工人文化宫举办的全省职工安全生产文艺汇演获铜奖。同年，全市 300 多名企业职工参加全市企业文化月排舞大赛。同时，举办全省职工漫画邀请赛，收到作品 200 余件。

2011 年 3 月，在波力科技复材用品有限公司启动台资企业文化建设创评活动。桐昆集团股份有限公司在全国精神文明建设工作表彰大会上，获第三批"全国文明单位"称号。6 月 20 日，举办"企业职工心向党"红歌会，12 个镇（街道）、振东新区参加。

2012 年 8 月 28 日，市委宣传部、文化局在市政广场举办全市企业职工排舞大赛，12 个镇、街道和振东新区、市国企办共 16 支企业职工排舞队，300 多名排舞爱好者参加比赛。

到 2012 年底，全市已建市级职工书屋 53 家，嘉兴市级职工书屋 48 家，省级示范职工书屋 18 家，全国示范职工书屋 2 家。桐乡市烟草公司职工书屋被评为全国职工书屋先进单位。浙江铭龙控股有限公司、浙江恒基建设发展有限公司、巨石集团有限公司分别被评为 2008—2010 年度的嘉兴市"十佳"企业职工文化建设示范单位。同年，浙江恒基建设集团发展有限公司被中国市政工程协会授予"全国市政行业企业文化建设示范基地"。

恒基建设集团获全国市政行业企业文化建设示范基地铜牌

2013 年，浙江恒基建设集团发展有限公司建起了占地 1000 平方米的桥梁博物馆，同时还成立了桐乡市江南古桥研究会。

九、重大综合展览

展览是集图片、实物、模型于一室，融美术、书法、摄影、图片为一体的形象化宣传。

新中国成立初期，展览以阶级教育展览为主。20 世纪 80 年代后，展览以歌颂改革开放成果为主。综合性展览，一般都由党政机关牵头，各系统分头制作展品，统一组合而成。君匋艺术院、博物馆新馆、文化馆新馆、图书馆新馆的陆续建成，为举办专题性展览提供了场地，特别是 2003 年 8 月，桐乡市科技会展中心建成后，为举办重大综合性展览开辟了新的场地。

桐乡市（县）历年重大群文综合展览一览表

时 间	地 点	名 称	主办单位	备 注
1950.5.4	文化馆	庆祝桐乡解放一周年全县美术展览	桐乡人民文化馆	铅笔画、水彩画等384幅
1952	文化馆	"一贯道"害人罪证展览	桐乡人民文化馆	实物图片
1957.9	上市乡	翻身展览会	崇德人民文化馆	实物图片
1960	文化馆	"江山如此多娇，数风流人物，还看今朝"版画展	人民文化馆	50多幅
1963	文化馆	阶级教育展览	文化馆	实物图片、塑像
1964	文化馆	破除迷信展览	文化馆	实物图片
1968	文化馆	阶级教育展览	文化馆	文革查抄文物为主
1968.7	文化馆	"忠"字展览	文化馆	100余幅
1969	文化馆	"打倒新沙皇"图片展	文化馆	40幅
1972	文化馆	国庆影展	文化馆	30幅
1974.5	文化馆	工业学大庆影展	文化馆	40幅
1976	文化馆	农业学大寨影展	文化馆	80幅

时　间	地　点	名　称	主办单位	备　注
1978.11	文化馆	首期长山河影展	文化馆	50幅
1981	文化馆	春耕影展	文化馆	30幅
1982	文化馆	桐乡县绿化影展	文化馆	42幅
1982.2.2	文化馆	历史文物展览	文化馆	福严寺阳阴镜首展
1983.1	文化馆	科普、计划生育摄影展	文化馆	57幅
1984.1	文化馆	首届农民摄影展	文化馆	35幅
1985.9	文化馆	庆祝第一个教师节"尊重教师"照片展览	文化馆	38幅
1986.5	文化馆	桐乡县第二届青年书画展	文化馆	78幅
1987	文化馆	全县第一个亿元乡——大麻摄影展	文化馆	55幅
1987.3	文化馆	县新华书店成立50周年书画展	文化局、文联	29幅
1987.4.6	文化馆	桐乡县首届西画作品展	文化局、文联	60幅
1987.5.1	文化馆	全县第三届青年摄影展	文化局、团市委	58幅
1987.5.21	图书馆	徐肖冰、侯波摄影作品展	县人大、县政协	223幅
1987.8.15	文化馆	第二届全县农民画展	文化馆	67幅
1988、2	文化馆	第三届全县农民画展	文化馆	42幅
1989.9.27	君匋艺术院	桐乡县庆国庆40周年书画影作品展	文化局、文联	80幅
1989.9.27	县文化馆	运河风貌摄影作品展	文化馆	50余幅
1990.8.10	文化馆	桐乡县国防教育摄影展览	文化局、人武部	54幅
1991.10.5	文化馆	桐乡县首届文化站干部美术、书法、摄影作品展	文化馆	51幅
1992.4.14	博物馆	"昨天的耻辱"大型图片展	市委宣传部、文化局、文联	80幅
1992.5.10	文化馆	首届桐乡民间美术展览	文化局、文联	10大类54种200多件
1993.5	文化馆	"城建奖"桐乡新建筑摄影作品展	文联、城建局、文化局	80余幅
1993.10	君匋艺术院	纪念毛泽东诞辰100周年桐乡市书画、篆刻作品展	文联、文化局、保险公司	100余件
1993.12	摄影艺术馆	纪念毛泽东诞辰100周年大型摄影作品展	省委宣传部、市委、市政府	侯波、徐肖冰作品100幅
1994.9.28	博物馆	"我为桐乡添锦绣"系列展览	市委宣传部、文化局、文联	展板80余块
1995.5.10	文化馆	文化馆新馆开馆名家书画作品征集展	文化馆	30幅
1995.5.10	文化馆	桐乡文化风景摄影展	文化馆	70幅
1995.5.10	文化馆	桐乡民间工艺美术展览	文化馆	实物80件
1995.9.29	君匋艺术院	"爱我中华"书画作品展	政协、文联	58幅
1996.4.5	君匋艺术院	第七届中国粉画展	中国粉画协会、省美协、文化局	全国22个省、市参加
1996.12.8	君匋艺术院	"风神留人间"谭建丞逝世一周年书画遗作展	文化局、文联	80幅
1997.1	君匋艺术院	茅盾诞辰100周年书画精品展	文化局、文联	名人作品50幅

续 表

时　间	地　点	名　　称	主办单位	备　注
1997.4.11	博物馆	谭建丞生平剪影	文化局、文联	楼吾荣作品100幅
1997.6.25	君匋艺术院	桐乡市"庆七一·迎回归"书画作品展	文化局、文联	80幅
1997.11.25	摄影艺术馆	港桐"简庆福、李渭钫摄影作品展"	文联、文化局	44幅
1998.2	摄影艺术馆	"永远的恩来"摄影艺术展	文化局、文联	徐肖冰、侯波作品40幅
1999.7.30	市抗洪救灾表彰会会场	"99桐乡抗洪救灾记实——人民利益高于一切"大摄影型图片展	文化局、文联	200幅
2000.11	君匋艺术院	百岁老人岳石尘画展	省文史馆、市政府	80幅
2001.11	摄影艺术馆	"红色旅程"侯波、徐肖冰摄影展	文化局、文联	徐肖冰、侯波作品20幅
2002.1	会展中心	浙江省反腐倡廉图片展	纪委	90幅
2002.8.11	博物馆	"光辉的历程"党史图片展	南湖纪念馆、市博物馆	110幅
2003.11	图书馆	桐乡市"国土杯"大型摄影展	文化局、文联	80幅
2003.11	会展中心	桐乡撤县建市十周年成果展	市委宣传部	展板130块
2004.12	君匋艺术院	徐畅书画展	市政府、江苏省书协、西泠印社	60幅
2005.9	丰子恺纪念馆	中国水墨漫画邀请展	文化局、文联	70幅
2006.10	图书馆	地方文献征集成果展	文化局	展柜20只、展板52块
2007.4	君匋艺术院	全国新农村建设漫画大赛获奖作品展	文化部社文司、文化局等	58幅
2007.11.8	博物馆	钟旭洲藏品中国历代货币精品展	文化局、文联	200余枚
2008.5	会展中心	桐乡迎春大型摄影图片展	市委宣传部	80幅
2008.10.30	图书馆	桐乡市中小学漫画教育成果展	文化局、文联、教育局	120幅
2008.11	会展中心	"走过十五年"——纪念改革开放30周年暨桐乡撤县建市15周年成果图片展	市委、市政府	95块展板
2009.5	会展中心	"快乐金凤凰与你度六一"师生书画展	会展中心、金凤凰艺术学校	150幅
2009.9.22	博物馆	庆国庆60周年老干部书画摄影、红色收藏作品展	老干部局、文化局、文联	160幅
2009.9.29	君匋艺术院	"为祖国添彩"——桐乡市优秀美术作品展览	文化局、文联	80幅
2009.9.29	会展中心	庆祝国庆60周年桐乡市优秀书法作品展	文化局、文联	150幅
2009.11.8	会展中心	水乡之约·中国书法之乡——绍兴、桐乡书法联展	绍兴县文联桐乡市文联	100幅
2010.6.24	图书馆	"乌镇旅游杯"浙江省职工漫画展览	省美协、浙江工人日报社	70幅
2011.2.12	君匋艺术院	武林旧事——池沙鸿作品展	嘉兴画院、美术馆、杭州恒庐美术馆等	30余幅
2011.3.2	君匋艺术院	嘉兴美术家摄影作品展	嘉兴市美术家协会、摄影家协会	70余幅
2011.3.4	科技会展中心	桐乡市女子书法展	妇联、书法家协会	80幅

续　表

时　间	地　点	名　　称	主办单位	备　注
2011. 3. 8	君匋艺术院	恒基建设杯——第二届桐乡市女画家作品展	文联	60余幅
2011. 5. 30	君匋艺术院	"缘缘杯·桐乡市第九届中小学生漫画大赛" 获奖作品展	文化局、教育局、文联	108幅
2011. 6. 22	浙江美术馆	"伟大的历史记录"——徐肖冰、侯波摄影作品展	省文联、市委宣传部	60幅
2011. 6. 27	科技会展中心	庆祝中国共产党成立90周年桐乡市书画摄影展	宣传部、文化局、文联	180幅
2011. 6. 28	科技会展中心	建党90周年大型党史图片展	市委党史研究室	49块展板
2011. 7. 29	丰子恺纪念馆	弘一法师手迹展	丰子恺纪念馆	55幅
2012. 5. 2	科技会展中心	市青年书法篆刻展	团市委、书法家协会	104幅
2012. 5. 5	君匋艺术院	水流花开——茹峰、赵跃鹏中国画展	浙江画院、市委宣传部等	50幅
2012. 6. 28	君匋艺术院	萧山·桐乡中国画联展	萧山区文联、桐乡市文联	60幅
2012. 8. 22	博物馆	市首届教师漫画展	教育局、文化局、文联	51幅
2012. 8. 31	君匋艺术院	丁聪漫画展	市政府	48幅
2012. 9. 12	君匋艺术院	"华友杯"桐乡市公务员迎十八大书画作品展	市委宣传部、机关党工委、文联	60幅
2012. 10. 27	传媒学院桐乡校区	第二届"徐肖冰杯"全国摄影大展	中国摄影家协会、市政府	5组典藏作品14组入选作品
2012. 11. 6	科技会展中心	喜迎十八大·桐乡书画展	市文化局、文联	102幅
2013. 1. 9	科技会展中心	历代名家书画高仿真展	西泠印社、会展中心	100幅
2013. 5. 26	君匋艺术院	"卖花人去路还香"丰子恺漫画展	文化局、文联	37幅
2013. 12. 27	科技会展中心	"最美嘉兴人"书法美术摄影作品巡展	市文联	132幅
2013. 12. 31	科技会展中心	美丽家园，放飞梦想——桐乡、余杭、桐庐政协书画联展	市政协	90幅
2014. 2. 18	科技会展中心	全市机关"美丽桐乡"摄影大赛获奖作品展	机关党工委、文化局、文联	120幅
2014. 7. 1	科技会展中心	"迎七一"桐乡市老年书画展	市老年书画会	117幅
2014. 7. 18	博物馆	吴蓬画展	市政府	180幅
2014. 10. 23	漫画馆	"子恺杯"第十届全国漫画大展	市政府、中国漫艺委	100幅
2014. 11. 15	科技会展中心	富阳—桐乡书法联展	桐乡市文联、富阳市文联	60幅

十、文化交流

文化交流活动，从交流范围划分，可分国内交流和海外交流；从交流形式划分，可分个人交流和组团交流。

历史上，桐乡文化交流活动频繁，元至顺初（1223年左右），濮彦仁延请诸暨杨维桢来濮院，与会稽江朝宗同馆濮宅桐香室，召集江南名士，举行聚桂文会，赴会者多达

500 余人，杨维桢择优辑印成集，盛极一时。

明崇祯十一年（1638），崇德吕留良联络江浙十余郡士子千余人，成立澄社，开展文学交流。清初，余姚黄宗羲应邀来吕留良梅花阁设馆，常在友芳园水生草堂聚会，诗文唱和，参加者除吕留良、黄宗羲外，还有张履祥、黄宗炎、高旦中等人，浙东浙西学术得以交流。

民国元年（1912），崇德书画家张俊（字伯英）在东京创立中华南画会，被推为会长，举办中华南画展览会，向日本介绍中国书画，影响深远，至今日本仍称中国绘画为"南画"。引荐中国画家施定夫、叶伯常、潘琅圃等十人东渡日本，交流画艺。

民国二十二年（1933），桐乡曹仲陶等创立陶社，邀上海啸社曲友来桐，共研昆曲艺术，并赴嘉兴参加怡情曲社、苏州吴社举办的曲会，学习交流艺术。

民国二十三年（1934），崇德范志云（伯寿）在无锡偶遇民间音乐家华彦钧（瞎子阿炳），邀至旅舍，一起合奏，相与研讨、交流琵琶二胡演奏技艺。阿炳传世琵琶名曲《龙船》系范志云演奏录制，为中国丝竹文物馆珍藏。

民国二十五年（1946）10 月，浙东名画家邵逸轩在崇德县商会举办个人画展，观者千余人。

1949 年，新中国成立后，文化交流日益频繁，尤其 1978 年以后，文化交流形式多样，内容丰富，范围广阔。

国内交流

个人交流

1956 年 8 月，刘雪樵创作的国画《芙蓉》入选第二届全国国画展览。上海人民广播电台举办《天才的民间音乐家华彦钧》专题音乐节目，特邀范志云演奏《龙船》《大浪淘沙》。1986 年，中央人民广播电台播出范志云音乐专题节目——《阿炳琴友的琴声》，录制数首琵琶曲。浙江等 20 多个省市广播电台转播。演奏录音带由中央音乐资料博物馆收藏。

1957 年，鲍月景的工笔仕女画，岳石尘、刘雪樵的花鸟画，仲泳沂的花卉画，分别入选浙江省第一届国画展和第一届美术展。

1959 年，鲍月景创作的国画《木兰从军》入选华东美展。

1980 年，虞自正与卢东明合作的《孤里血泪》和卢东明创作的《琴童》入展"浙江省首届电影宣传画创作展"。

1980—1985 年，沈锦心国画《四大美女》《群仙祝寿》《寿星图》《三星图》等 8 幅作品被杭州都锦生织锦厂采用，织成织锦画后，向全国及海外发行。1983 年 6 月，沈锦心在浙江展览馆北大厅举办"沈锦心书画展"，共展出《四大美女》《凤仪亭》《风潮图》等 32 幅。

1984 年，傅尧夫创作的民歌《上梁诗》、任黎明的《我的家乡在水乡》，入编《浙江省优秀歌曲选》。

1986年2月，吴蓬在杭州西泠印社展出花鸟、山水画作品80幅。

1988年

4月，岳石尘在杭州岳庙举办花鸟画作品展，展出作品100余幅。同年7—8月，岳石尘、岳功立在吉林省博物馆、长春师范学院、沈阳故宫举办"岳石尘、岳功立花鸟山水画展"，展出作品99幅。

5月，袁道厚参加"全国新书法大展"，展出书法作品1件、篆刻作品4方，并传艺讲学。

6月，吴蓬在北京艺术博物馆展出作品100件。同年12月，在浙江展览馆展出山水、花鸟画作品，其中6件被馆方收藏。

10月6日，李渭钫等拍摄的14幅摄影作品入选省"水利电力杯"农村摄影大奖赛。

11月，刘雪樵10幅作品入展省第五届老画家作品展。

1989年

4月20日，朱辛伟扎染作品85件作品在北京美术展览馆展出，中国民间博物馆和北京国际艺苑美术基金会收藏7件。

7月，吴蓬在苏州博物馆展出作品80件。

1990年

4月，吴蓬在上海朵云轩展出花鸟、山水画作品。

4月28日，岳石尘在苏州博物馆举办个人画展。

5月，王晓峰书法作品入选中国文物界书画作品展。

10月6日，鲍复兴、章柏年、袁道厚、沈伯鸿、计安康、王晓峰、范汉光、盛欣夫的作品入选"浙江省五市书法联展"。

是年，陈海舰创作的歌曲《骄傲吧！国旗》在省音协、省总工会主办的比赛中，获创作优秀奖。

1991年

6月，王晓峰书法作品《观潮》入选中国书坛新人展。

10月，鲍复兴书刻《美意延年》、章柏年书法《灵光留片羽·喜气望多云》、马雪野书法《淡泊宁静》入展浙江省首届书刻艺术展。

1992年

2月，王晓峰书法参加全国"武夷星光杯"全国书法大展，获一等奖。

4月，胡少青在海宁工人文化宫举办画展，展出作品40幅。

6月，陈才基创作的歌曲《采桑曲》《蚕乡美》、傅尧夫创作的歌曲《撒蚕花》《龙蚕临门蚕花好》《蚕乡五月送茧忙》《丝绸新歌》《杭菊飘香》在中央人民广播电台播出。

10月，王晓峰书法《武夷山》入展全国怀素书艺研讨会暨草行书法作品展。沈岩松篆刻被收录在《中国印学年鉴》内。

1993 年

9 月 12—14 日，朱妙学应邀赴绍兴参加由文化部《文化月刊》主编张旭召开的全国宣传发行工作座谈会，作题为《群文报刊在桐乡群众文化工作中的指导作用》的交流发言。

11 月，王晓峰书法《步出夏门行》入选第二届中国书坛新人展。

12 月 2—3 日，叶瑜荪参加省文联举办的"纪念毛泽东同志诞辰 100 周年"文艺研讨会，作题为《领袖风采的形象纪录》的发言。

1994 年

沈岩松篆刻收录于《当代书画篆刻家辞典》，书法入展全国青少年书法展，并入编作品集。

1995 年

8 月，鲍复兴、盛欣夫、陈弘刚、祝汉明的书画作品参加浙江省第三届耕耘者书画作品展。

12 月 5 日，盛欣夫书画 50 件在景宁畲族自治县展出。

同日，沈岩松篆刻作品入展全国印社篆刻联展，并入编作品集。

1996 年

2 月 5—10 日，袁道厚、陈蜀平等人的 69 幅书画作品在安吉吴昌硕纪念馆展出。

5 月，王晓峰书法《观海潮》入展全国第一届行草书法作品展。

5 月 18—24 日，盛欣夫在山东淄博艺术馆举办个人画展，展出书画作品 70 余幅。

6 月，王晓峰书法《文心雕龙·神思篇》入展省首届中国青年书法作品展。

6 月 24 日，盛欣夫在平湖陆维钊书画院举办书画展，展出作品 118 件。

6 月 28 日，朱荣耀、吉琳、沈世基的工笔画参加"可爱的家乡"大型美术展览。

8 月，徐建荣、满治理、唐建春的摄影作品参加省第八届黑白摄影艺术展。

9 月 27 日—10 月 4 日，盛欣夫在无锡太湖国家度假村举办书画展。

10 月 24—28 日，陈蜀平在浙江画院举办书画展，展出画作 90 多件。

1997 年

5 月 11 日，盛欣夫在新疆乌鲁木齐群众艺术馆举办书画展。

1998 年

9 月 23—28 日，沈锦心在首届西湖博览会上展出长卷《三国人物》等作品 40 幅。

11 月，王晓峰书法《文心雕龙·原道第一》入展第二届全浙书法大展，获"锐师杯"提名奖。

1999 年

9 月 15—17 日，岳功立、陈蜀平在宁夏举办"岳功立、陈蜀平中国画联展"，展出作品 80 余幅。

2000 年

9 月 6 日，盛欣夫在广州黄埔举办书画展，展出作品 30 余件。

12 月，章伯年隶书《乌镇古诗百首》由华宝斋书社出版。

2001 年

3 月，盛欣夫在安徽省艺术馆和山东淄博艺术院举办个人书画展，展出作品 94 件。

6 月，王晓峰书法《醉翁亭记》入展第三届全浙书法大展。

7 月，胡少青的中国画《晓风》入展浙江省民主党派庆祝建党 80 周年美术作品展，沈林浩的中国画《春天的故事》入展浙江省党校庆祝建党 80 周年美术展览，李照明的中国画《孔雀名花松作屏》入选浙江省花鸟画展。

10 月，朱荣耀的中国画《小花》入选第十五届全国新人新作展，中国画《秋寂》入编《中国实力派美术作品集》。张坤炎的中国画《硕果》参加全国"群星闪耀 2001"群文书画大展，获优秀奖。

10 月 12—16 日，百岁老人岳石尘书画展在浙江西湖美术馆展出，共展出作品 80 余幅。

百岁老人岳石尘画展在西湖美术馆开幕

12 月，张坤炎的国画《秋山鸣泉》参加第四届当代中国山水画大赛，获创新奖。

2002 年

1—3 月，吴蓬在中央电视台教育频道作《兰、竹、石、花鸟、人物技法讲座》，共 50 讲。

6 月 15—23 日，沈海清去湖北、四川参加《今古传奇·故事版》笔会。

7 月 20 日起，吴蓬在中央电视台教育台作《芥子园画谱技法讲座》，共 75 讲。

12 月，章柏年书法隶书立轴入选首届中国书法兰亭奖作品展。

2003 年

1 月 19 日起，吴蓬在中央电视台教育台作《吴蓬画贵州讲座》，共 10 讲。

8 月 30 日，胡少青与嘉兴画家谢仁杰、张建阳、朱樵在浙江开明画院举办"嘉禾四人中国画展"，胡少青展出作品 10 幅。

袁道厚在湖南书画研究院举办"厚道人六十回湘诗书画印汇报展"，展出书画印作品

124件。

2004年

5月24—31日，沈海清、徐秋萍去河南新乡参加"百泉大型采风"活动。

10月28日—11月3日，徐秋萍去武汉参加故事创作笔会。

2005年

章柏年作为浙江省20名著名书法家之一，作品入选《中国书画》提名展。

8月13日，沈海清、徐正风、徐秋萍去上海枫泾参加"320新故事沙龙"活动，交流故事创作。

2006年

4月27日—5月4日，沈锦心在海盐南北湖举办"南谷沈林洁父女中国画联展"，展出作品60余幅。

9月12日，盛欣夫、陆国强等4人在山东泰安画院举办"江南四人书画作品联展"。

9月，朱乐峰、孙正馨在宁波参加首届全国工艺美术博览会，展出作品57幅。

11月9—11日，陈蜀平在普陀山游客中心举办"普陀慈航陈蜀平佛像画展"，展出作品36件。

11月18—24日，朱荣耀在金华举办"水墨江南"画展，展出作品58件。

12月，岳功立在宁波天一阁举办个人画展，展出作品106件。

2007年

1月28日起，吴蓬在中央电视台教育台作《中国画技法讲座》，为期三个月。

6月2日，袁道厚书法篆刻创作专题访谈在浙江卫视播出。

7月18—20日，朱荣耀在山东淄博举办"水乡乌镇山水画作品展"，展出作品40幅，首发《朱荣耀作品集》。

7月30日—8月3日，盛欣夫在福建福鼎市心画书社讲学，交流书画艺术。

9月，徐春雷、范树立、沈海清在海盐参加嘉兴市江南文化节"第二届江南民间文化保护与发展·海盐论坛"，《桐乡蓝印花布的保护和传承》《保护民族民间文化，推动经济文化发展》《让民间文化为新农村服务》入选论文集。

12月，王晓峰书法《元夕》入选中国书协主办的全国老年书法作品展。

2008年

3月，沈岩松书法作品《古诗一首》被国家游泳中心"水立方"永久收藏。

傅华根在上海音乐学院主办的音乐学术网络上发表11篇有关二胡演奏艺术的学术论文。

7月，中国画报出版社出版《人民艺术家章柏年》。

10月16—20日，彭国昌、朱荣耀在海盐举办"彭国昌、朱荣耀中国画作品展"，展出作品70余幅。

12月1—5日，孙正馨、朱乐峰在杭州世贸中心参加"首届美术报艺术节"美术交流活动，展出作品62幅。

12月，沈运闿书画入选《中国当代实力派画家作品精选集》。

章柏年书法《蕉下抚琴庭前赏月》等4件作品在《人民画报》上发表。

袁道厚"海韵江南——厚道人家金石书画展"在海盐书画院展出。

2009年

9月18日，章柏年书法《和柳亚子先生》被北京人民大会堂收藏。

10月18日，章柏年书法《浪淘沙·北戴河》入选新中国国礼艺术家精品展。

10月，王晓峰书法《石钟山记》入选浙江书法60周年大展精英展。

11月17—20日，胡少青在安徽芜湖书画院举办"水墨传情·胡少青花鸟画作品展"，展出作品47幅，并首发《胡少青作品集》。

12月2—6日，沈岩松、曹建平在杭州世贸中心参加第二届美术报艺术节，展出作品9件。

沈运闿国画《长夜》入选《当代中国画家画马作品集萃》。

2010年

5月14日，叶瑜荪《丰子恺抚柳怀师图》等2件竹刻作品、王其伟《仕女》等2件竹刻作品参加在上海嘉定举办的"相约世博"——全国竹刻艺术邀请展。

傅林林《八尺屏行书》、张伟《行书》、申伟《行书条幅》入展第五届浙江省中青年书法展，曹建平《行书册页》、许雅颖《楷书扇面》入选"端午文化"全国中青年书法邀请展。

2011年

4月20日，赵云凤刺绣作品《龙凤呈祥》《菊花》、沈明香麦秆画作品《悦春》入围浙江非物质文化遗产博览会展览。

5月11日起，吴蓬在中央电视台书画频道作传统山水基础教学讲座，共75讲。

6月9日起，中央电视台在"收藏天下·艺术名家"栏目播放《书画大家——吴蓬》，为时一周。

8月，盛欣夫在宁波美术馆举办"致意晚明"——盛欣夫书画展览。

11月3—7日，陈蜀平在安徽九华山化城寺历史文物馆举办"佛光普照·和谐人间"——陈蜀平佛画展。

11月8日，章柏年书法《明道中学校歌》被浙江美术馆收藏。

11月22日，沈岩松在北京参加中国文联第九次全国代表大会。

12月，沈岩松在云南参加中国文联、中国书法家协会组织的"送欢乐，下基层"活动。

是月，盛欣夫在山东烟台画院举办"盛欣夫书画展"。

2012 年

4 月 21 日，叶瑜荪在上海博物馆作题为《浙派文人竹刻》的艺术讲座。

4 月，沈岩松为中共中央办公厅有关场点创作布置书法作品。

5 月，沈岩松书法作品收录在《西柏坡馆藏书画作品精品选》。

6 月 10—24 日，吴蓬在北京奥林匹克森林公园举办山水画高级研修班，首届学员 44 名。

7 月 15 日，沈岩松赴南京参加"2012 中国书法·金陵论坛"，并入展 6 尺行书对联。

8 月 2 日，沈岩松赴山西芮城参加"中国书法进万家"活动，并现场参加书写百米长卷。

9 月 24—27 日，陈蜀平在山西五台山黛螺顶举办"陈蜀平佛画展"，展出作品 28 幅。

10 月，《中国书画》刊登石延平《执古之道，能知古始》一文，介绍沈岩松的书法艺术。

11 月，章柏年在上海海事大学讲授书法艺术。

12 月 3 日，沈岩松应邀参加清华大学美术学院王志安刻字艺术工作室第三届学员毕业作品展。

2013 年

7 月 12 日，胡少青在浙江画院举办"大写如歌·胡少青中国画展"。

8 月 16 日，沈岩松赴安徽参加纪念淮海战役胜利 65 周年"中国书法进万家——走进精致淮北"活动。

9 月 13 日，沈岩松赴厦门参加"中国书法进万家——走进中央苏区(上杭才溪)"和"纪念毛泽东才溪调查 80 周年"活动。

9 月 16 日，陈蜀平在四川峨眉山大佛禅院举办"佛光普照·和谐人间"陈蜀平画展，展出作品 33 幅。

10 月 5 日，徐建荣摄影《古宅·老人》入选 2013 雪花纯生·中国古建筑摄影大赛。

10 月 28 日，朱荣耀在甘肃兰州市美术馆举办"朱荣耀水墨江南艺术展"。

11 月 29 日，沈岩松应邀参加中央电视台书画频道举办的第三届百联迎春——书法名家精品展播。

12 月，计建清在广东东莞市可园博物馆举办"胸有丘壑——计建清山水画展"。

2014 年

1 月 1 日，陆国强在浙江永康参加"当代中青年画家邀请展"。

1 月 10 日，计建清在广东省肇庆博物馆举办"胸有丘壑——计建清山水画展"。

4 月 20 日，沈岩松书法作品应邀参加炎黄艺坛美术院举办的"梦回唐朝·唐人诗意书画印大展"。

4 月 27 日，莫德娥表演的越剧《玉堂春》参加由浙江省戏剧家协会主办的纪念戏剧家顾锡东诞辰九十周年暨古镇西塘第五届长三角越剧票友大赛决赛，获"十大名票"提名奖。

6月22日和10月2日，袁道厚分别在浙江临安天目书院和黑龙江五大连池世界地质公园设立"西泠名家——袁道厚创作基地"。

8月26日，苏惠民拍摄的《乡村婚礼进行中》（组照）摄影作品，入选浙江省第十五届摄影艺术展。

9月17日，吴玲华、沈楚涵、钟立强、金丽芬、高红梅、祝晓露演唱的越剧《北地王·哭祖庙》等6个节目，参加中央电视台11套戏曲频道"过把瘾"桐乡行越剧演唱大赛，分获一金、二银、三铜奖。

9月19日，陈蜀平应邀参加奉化雪窦山弥勒佛文化艺术节，展出陈蜀平作品38幅。

10月10日，严旻操、任秋莲等表演的微电影《知途难返》参加浙江省检察机关首届预防职务犯罪专题微电影大赛，获优秀奖。

12月6日，高逸仙在杭州恒庐美术馆举办"高逸仙花鸟画展"。

12月26日，朱荣耀在甘肃通渭举办"名家水墨——朱荣耀画展"。

组团交流

1982年

4月，钱君匋与上海书画家刘伯年、曹用平、曹简楼、吴长邺、富华、陈舜今等来桐乡进行书画交流活动，与桐乡近百名书画家及爱好者座谈。

1984年

5月，县文化局与省书法家协会在乌镇举行《茅盾笔名印集》篆刻创作活动，省内30余位篆刻家与桐乡数十位书画篆刻家及爱好者进行创作交流，刻制125方茅盾笔名印章。

1985年

4月6日，桐乡书协邀请上海市书协王琪森、汤兆基来桐讲学传艺，80余人参与。

11月，谭建丞、邵洛羊、朱梅村、洪世清等书画家来桐乡参加君匋艺术院奠基仪式，并进行书画交流。

11月2—4日，省书协骆恒光、姚建杭来桐乡讲学传艺，400余人次参加。

1986年

2月18—24日，桐乡书画家135件作品在上海美术馆展出。

4月，桐乡书法协会举办虎年篆刻专题竞赛，24个省、市、自治区及香港等地的500余名作者的2000余件作品参赛。

5月10日，桐乡书画家156幅作品在上海金山石化总厂展出。

11月15日，桐乡文化馆组织南日、河山、同福、新生、留良、乌镇文化站去嘉兴参加文艺工厂产品、节目、经验"三交流"活动。

1987年

3月，桐乡剔墨纱灯入展省工艺美术展。

6月5日，桐乡书画家159件作品在浙江展览馆展出。

11月，上海青年篆刻家王元进、施元亮等6人来桐乡进行篆刻艺术交流。

1988年

春，桐乡工人书画会举办全国职工国画展览活动，收到25个省、市、自治区300多名作者的400余件作品，优秀作品在工人俱乐部展出。

茅盾故乡桐乡文化周在北京石景山公园开幕

9月24日—10月5日，县文化局、文联在北京石景山区雕塑公园艺术馆举办"茅盾故乡——桐乡文化周"活动，文化部社文局局长焦勇夫、北方工业大学校长仇春霖、石景山区党委书记欧阳中石、区长张广亮、桐乡县人大常委主任马传峰参加开幕式。共展出书画作品120件，桐乡风貌摄影作品50多帧，丝绸扎染壁挂32件，《桐乡的故事》《茅盾故乡行》电视录像两部，接待各界群众6870多人次。《北京日报》《文学报》《文汇报》和中央人民广播电台等媒体宣传报道。

1989年

春，君匋艺术院与青石制鞋工业公司举办"足佳怀"龙年全国书法篆刻评展活动，全国28个省、市、自治区的1028名作者的1428件作品参加展评，11个省、市的百余名获奖作者来桐乡进行书法篆刻创作交流。

秋，西泠印社、省书法家协会、君匋艺术院在桐乡举办赵之谦诞辰160周年学术讨论会，来自8个省、市的45名学者和书画家交流研究成果。

9月7日，浙江电视台来君匋艺术院拍摄专题片《凤栖梧桐》。

10月，桐乡13件书法、篆刻作品入展"浙江省庆祝国庆40周年书法篆刻作品展"。

1990年

2月，桐乡青桐印社、杭州西泠印社等12个印社在君匋艺术院举办全国印社作品联展，展出作品166件，召开欣赏品评会。

1991年

7月20—26日，县文联在普陀区文化馆举办书画展，展出作品20余件，并在渔村现场作画20多幅。

1992年

4月2—7日，"茅盾故乡"——桐乡书画摄影展在北京中国革命博物馆展出，展出书法、美术、摄影作品160件，全国人大常委会副委员长严济慈剪彩，中央电视台、《人民日报》《中国文化报》《北京晚报》等10多家新闻媒体进行报道。

12月30日，县文化局、文联组织8名书画家去杭州解放军117医院慰问，现场创作书画38幅。

1993年

2月24—26日，鲍复兴、方志祥、沈伯鸿、岳功立、袁道厚、章柏年在浙江电视台创作书法、绘画和篆刻作品150余件。

5月29日—6月4日，"韩天衡及门弟书画篆刻作品展"在君匋艺术院展出，并举办艺术创作座谈会。

1995年

2月25日，市文联、民协邀请省民协副主席、杭师院副教授顾希佳和省民协《山海经》副主编陈志芳来桐乡讲授故事改编和创作技巧，30多人听课。

7月13日，市文联、文协邀请省作协副主席黄亚洲、嘉兴市文联副主席王福基来桐乡作文学讲座，80多人听课。

8月4日，鲍复兴、岳石尘、章柏年、朱荣耀、周明华、毕宏伟去省武警医院，现场创作40余幅书画、篆刻作品。

1996年

7月1—9日，22件书法、摄影作品入选嘉兴市庆祝建党75周年书画摄影展。

10月7—15日，邱一鸣等3人去四川省什邡市参加第四届全国文化模范（先进）地区联谊会，并作题为《建设名人文化，推动经济发展》的书面交流发言。

10月26—28日，叶瑜荪、傅海铭等14人的36件民间工艺作品在中国民间艺术展览上展出。

君匋艺术院和侯波徐肖冰摄影艺术馆分别去上海虹口区、绍兴市两地举办"君匋艺术院藏品暨钱君匋作品展"和"中国出了个毛泽东"摄影展。

1997年

4月29日，沈伯鸿、朱荣耀、张坤炎、袁道厚、吉琳、沈世基、毕宏伟、沈运闾、胡少青、沈文林的花鸟画作品在浙江省首届中青年花鸟画展上展出。

6月28日，丰子恺纪念馆为杭州举办的"李叔同及弟子丰子恺（藏品）艺术展"提供丰子恺书画、手稿等藏品45件。

7月1日，市民协选送68件民间工艺美术作品参加嘉兴南湖民俗文化节民间艺术展览。

12月12日，市文联组织章柏年、袁道厚、沈伯鸿、朱荣耀等书画家，去省武警驻钱塘江守桥模范中队现场创作书画80余幅。

1998年

7月11日，侯波徐肖冰摄影艺术馆组织53名红领巾摄影小记者，去绍兴县稽东镇，与山娃子摄影艺术学校18名摄影小记者交流摄影技艺。

11月30日，市文联组织部分书画家去嘉兴市公安局，现场创作书画作品100余幅。

12月4—6日，市美协30余名会员去奉化溪口画院进行画艺交流。

1999年

4月23—26日，市茅研会一行6人去湖北省红安县进行采风交流活动。

2000年

6月18—19日，潘亚萍率曲艺代表团10人，去太仓作曲艺交流演出，演出的节目有弹词开篇《蝶恋花》《我的名字叫解放军》、小品《三缺一》等。

11月，市美协15名会员的作品参加浙江省第二届中青年花鸟画展。

同月，市舞协挑选56名学员参加中央电视台《香菊花》的拍摄。

12月6日，市茅研会一行10人去富阳市，与郁达夫研究会进行学术交流。

2001年

7月，市摄协30人的作品参加"南湖之光"全国摄影大赛。

9月，市人民政府、中国美术家协会漫画艺术委员会举办首届"子恺杯"全国儿童漫画大赛，收到5400多幅，出版获奖作品集。

9月15日，桐乡"古镇风韵"花车参加上海旅游节花车巡游展示，获最佳造型奖。

12月6日，第三届中国·桐乡菊花节开幕式大型文艺晚会《花开桐乡》在中央电视台三套全场播出。

2002年

1月11—12日，美协5名会员去吴江参加第三届兰萌书画笔会。

9月17日，由中国美术家协会漫画艺术委员会、桐乡市人民政府主办，市文联承办的"子恺杯"2002年中国漫画大展在北京炎黄艺术馆展出，华君武、丁聪、方成、毕克官、徐肖冰以及艺术界、新闻界200余名专家、学者出席开幕式。

10月6日，"香市之舟"花车参加上海旅游节暨第三届国际音乐烟花大会闭幕式，获最佳仿真效果奖。

12月8日，市作协组队去湖州南浔进行文学采风交流。

12月26日，美协20件作品参加在西湖美术馆举办的嘉兴市美术作品展览。

12月28日，市美协、工艺美协40余名画家去南京军区某部防化部队献艺送书画。

2003年

9月19—20日，市美协和《嘉兴日报》桐乡分社组织11名书画家去温岭石塘进行采风、交流活动。

9月28日，杭州市拱宸区、余杭区，无锡市锡山区，苏州市吴中区，镇江市京口区，嘉兴市秀洲区和桐乡的18名优秀业余歌手聚集石门镇，参加"银杉杯"江南运河沿岸城市青年业余歌手邀请赛。

12月12日，张凌云率曲艺协会9人去苏州市评弹艺术学校进行评弹交流演出，演唱弹词开篇《密室相会》《梁祝》《我的名字叫解放军》等。

2004 年

7 月 15—20 日，由市人民政府与中国美术家协会漫画艺术委员会联合举办的"子恺杯"2004 年中国漫画大展在北京中国美术馆展出，展出作品 211 件。

9 月 10 日，中国第七届艺术节期间，市博物馆收藏的明代宋旭《松壑楼居图》在省博物馆举办的"旷世墨宝——浙江馆藏唐、元、明书画珍品大展"中展出。

12 月 4—5 日，市美协与工艺美术协会 40 多人去缙云县进行采风和画艺交流。

12 月，市美协 13 名作者的油画作品参加嘉兴市第四届油画展，其中 8 件入展浙江油画大展。

2006 年

4 月 8 日，市作家协会一行 30 人去江苏吴江静思园进行文学采风，同时与吴江文联、作协、企业家进行创作交流座谈。

2007 年

6 月 9 日，市漫画协会会员吴孝三、沈谷峰去杭州参加省文化厅主办的"2007 年文化遗产日"活动，现场作画 40 余幅。

2007 年 9 月 3 日，市文联副主席叶瑜荪率曲协 7 人，赴江苏吴江开展艺术交流，两地曲艺家分别演出桐乡三跳《桐乡是个好地方》和评弹《苏州好风光》等节目，还相互介绍曲艺的保护与发展等经验和情况。

10 月 28 日，市戏协一行 6 人去嘉善西塘作交流演出，演出传统越剧《九斤姑娘》等节目。

2008 年

2 月 8 日，市摄影家协会去浦江进行创作和交流活动。

4 月 7 日，画家徐芒耀在市图书馆作油画讲座，嘉兴各县、市、区的画家 100 余人参加。

5 月 16 日，市漫画协会的 17 幅作品入展嘉兴市环境保护漫画大赛。

11 月 3 日，"子恺杯"第七届中国漫画大展在桐乡举行，中国漫艺会主任徐鹏飞和漫画家 100 余人参加开幕式。

2009 年

6 月 13 日，"桐乡三跳"参加"文化遗产日"嘉兴市文化遗产保护宣传系列活动。

9 月 17 日，桐乡竹刻、核刻、木刻以和别墨纱灯参加"中国（浙江）非物质文化遗产博览会"，桐乡竹刻获铜奖。

9 月 24 日，桐乡的蓝印花布、灶壁画、麦秆画、彩蛋画等民间工艺品在宁波参加第二届浙江省"千镇万村种文化"展演展示活动，傅海铭、沈学章参加现场表演。

10 月 10 日，首届浙江文化艺术节"浙江书法 60 年"系列大展在省美术馆开幕，桐乡有 15 件作品入选。

2010 年

2 月 19 日，中央电视台少儿频道播出振兴西路小学的舞蹈《菊乡童韵》。

2 月 25 日，市书协主席傅林林去北京参加中国书法名城（之乡）联艺会一届理事会，并出席中国书法家协会在人民大会堂举行的新春联艺会。

4 月 16 日，市戏协主办"春暖菊乡"桐乡、上海越剧群星会演出活动。

5 月 3 日，桐乡选送的蓝印花布《清明上河图》、核雕《浙江省第十四届运动员标志》、木雕《云龙纹条案》、扇面《西厢故事》、装饰画《迎客松》等 18 件作品参加第二届中国·浙江工艺美术精品博览会，3 件获金奖，5 件获银奖，7 件获铜奖。

5 月 16—21 日，叶荣汝等表演的皮影戏《孙悟空借芭蕉扇》《孙悟空盗金睛兽》在上海世博会演出。

6 月 2—3 日，市作协主席陈伟宏等一行 8 人去云和县采风，与当地文学家交流座谈，互赠书刊，相互刊登作品。

10 月，桐乡剔墨纱灯参加第二届全国非物质文化遗产展示会，获优秀奖。

同月，李晓颖等 5 人的国画作品参加"为世博喝彩"——全国工艺美术精展。

10 月 16 日，市戏剧家协会去江苏昆山参加"相约淀山湖"第三届江浙沪戏曲交流演出。

11 月 11—15 日，桐乡竹刻、核刻、木刻以及剔墨纱灯参加"中国（浙江）非物质文化遗产博览会"。

11 月 15 日，"艺坛瑰宝"——君匋艺术院馆藏篆刻精品展在上海鲁迅纪念馆展出。

11 月 22 日，"菊乡墨韵"桐乡市画展开幕暨作品首发式在苏州美术馆举行。

2011 年

4 月 20 日，丰同裕蓝印布艺有限公司的印染技艺《丰子恺漫画》和王其伟竹刻《荷塘图》参加在义乌举行的中国（浙江）非物质文化遗产博览会，均获银奖。

4 月 27—28 日，市作协、音协一行 9 人去景宁畲族自治县采风，并与当地作协、音协同行交流座谈。

8 月 5 日，君匋艺术院院藏"于右任书法精品展"在杭州西湖美术馆展出。

10 月 12—14 日，丰子恺艺术进大学第一站在浙江商学院举行。

11 月 9 日，嘉兴电视台《小新说事》栏目来桐乡丰子恺纪念馆拍摄"缘缘堂的故事"。

2012 年

1 月，桐乡历史文化丛书第一辑（《桐乡史话》《小镇模样》《风土杂记》《文明留痕》《名物小识》）由浙江人民出版社出版。

3 月，第一部全面介绍桐乡人文历史的大型图片书籍《桐乡文脉》由浙江人民美术出版社出版。

4 月 2 日，浙江电视台经视频道"开心农场"栏目组在石门拍摄第四届石门梨花节有关文化活动。

5月15日，君匋艺术院院藏"于右任书法精品回乡展"在陕西省西安碑林博物馆举行。

5月25—26日，市文联率各协会负责人赴江西鹰潭考察。

5月28—29日，市作协主席陈伟宏一行11人去松阳县采风。

6月7日，桐庐、桐乡两县（市）联合举办丰子恺、叶浅予漫画展，桐乡送展丰子恺漫画50幅。

6月14日，市文联与萧山区文联合举办中国画联展，桐乡参展作品30幅。

6月23日，中央电视台《走遍中国》栏目在石门桂花村拍摄端午习俗"蜘蛛煨蛋"。

7月20日，"明招杯"浙江省第六届"陆维钊奖"中青年书法篆刻展评选揭晓，桐乡有15名书法篆刻家获奖项。

9月3日，中央电视台4套在"走遍中国"栏目中播放古镇百集系列片《古镇乌镇——枕水江南》。

10月23日，"丰子恺艺术进大学"第三站，走进中国美术学院。

2013年

5月24日，市政府在延安枣园革命旧址举办"回延安——徐肖冰、侯波摄影经典回顾展"。

6月17—19日，中国美术家协会漫画艺术委员会主任徐鹏飞一行6人到桐乡采风创作，并与丰子恺漫画学校学生一起作画，集体创作《菊乡清风》漫画册页，赠藏君匋艺术院。

7月31日，市文化馆编排的少儿舞蹈《菊娃梦》参加北京第七届"小荷风采"全国少儿舞蹈展演，获得最高奖"小荷之星"。

10月25日，梧桐街道滨河排舞队等四支排舞队表演的《砰、砰、砰》等4个排舞节目参加"舞动浙江"——2013万人排舞大展演获银奖。

10月27日，市文化馆编排的排舞《高于生命》《国王的道歉》《燃烧的地板》《菊花台》参加浙江省第七届排舞大赛，分获青年组、少儿组、中年组、媒体直通组金奖。

11月3日，市文化馆编排的排舞《高于生命》参加上海市潍坊杯长三角排舞大赛，获得青年组金奖。

12月18日，上海书店出版社与桐乡青桐印社合设编辑室，促进青桐印社印学理论的研究和编辑出版工作。

12月21日，"书乡有约"——中国书法之乡富阳·桐乡书法联展在富阳文化中心展出，桐乡20多位书法家的30幅作品展出。

2014年

3月2日，市文化艺术服务中心戏曲队创作表演的花鼓戏《菊乡戏韵》、戏曲小品《割肉还娘》、越剧折子戏《回十八》参加中央电视台11套戏曲频道"一鸣惊人"展演，进入月赛。

5月31日，市文化艺术服务中心戏曲队创作表演的越剧名段《陆游与唐琬·浪迹天涯》、花鼓戏《姑嫂饼》参加中央电视台11套戏曲频道"一鸣惊人"月赛，获月冠军。

7月9日，中央电视台11套戏曲频道"文化进万家——过把瘾桐乡行"录制了桐乡明星戏迷演唱会多个戏曲节目，于国庆节开始播放，共分七期播出。

9月29日，石门镇桂花村《村歌》参加在北京举办的全国第六届村歌大赛，获全国村歌2014十大金曲。

10月15日，梧桐街道文昌社区创作的区歌《好一个文昌社区》参加在温州举办的浙江省村区歌决赛获银奖。

11月7日，市文化艺术服务中心创作表现的越剧小戏《毛估估》等5个节目参加第十六届上海国际艺术节南京路"天天演"室外舞台演出。

11月11日，崇福镇联丰村排舞《扎西德勒》、洲泉镇坝桥村排舞《凌波舞》参加"美丽浙江 幸福乡村"浙江省"文化礼堂"乡村排舞大赛，分获金奖。

11月14日，市文化艺术服务中心戏曲队创作表演的越剧小戏《婆婆赛亲娘》参加浙江省新农村题材小戏会演，获表演银奖。

11月26日，市文化艺术服务中心戏曲队创作表演的越剧小戏《献宝》《徐九经升官记·当官难》《红楼梦·金玉良言》，参加中央电视台11套戏曲频道"一鸣惊人"展演，获年赛六强。

海外及港、澳、台交流

个人交流

1948年10月，鲍月景为杭州都锦生织锦厂设计绘制30余件人物仕女画，织成织锦画后，传播70余个国家。

1957年，崇德县文化馆吕英参与发掘、整理芝村乡民俗乐曲拜香灯调为主体乐章的《百叶龙》舞蹈，获莫斯科第六届世界青年与学生和平友谊联欢节演出金奖。

1982年，岳功立4幅山水、花鸟画在由加拿大多伦多国家博物馆展出并收藏。

1985年11月，吴蓬创作的国画长卷《流水图》在日本三木日中友好书画交流展上展出。

1986年

3月，章柏年在绍兴参加中日兰亭笔会，隶书《西泠留胜概，东亚共文明》带往日本，刊入《中日兰亭笔会书法专辑》。

12月，张象耕设计的蓝印花布图案《百子图》《百寿图》被日本邮电部门采用，制成明信片发行。

1988年

3月12日，郑彬"神州"一印刊登于《人民日报》海外版。

9月，袁道厚8方篆刻作品参加韩国汉城"国际篆刻艺术大展"，并被韩国篆刻研究会收藏，其中"无量"、"抱厚斋"等 5 方选入专辑。

岳功立 6 幅花鸟、山水画由巴西华侨翁克武带往圣保罗展出，其中 4 幅由圣保罗博物馆收藏。

1989 年

10 月，吴蓬创作的《流水图》被日本出光美术馆收藏。

1990 年

5 月，傅华根在德国萨尔州音乐学院举行民乐独奏会，并参加石勒苏益格——苟尔斯泰因音乐节，演奏二胡曲《江河水》《赛马》。12 月，在曼切格市文化中心举办独奏音乐会。

7 月，吴蓬在加拿大多伦多星岛举办画展，展出山水画、花鸟画 100 幅。

1991 年

3 月，章柏年书法《交以道，接以礼，车同轨，书同文》由嘉兴市人民政府赠给日本富士市市长铃木清见。

3 月 14—20 日，章柏年作为嘉兴市书画家友好代表团成员出访日本富士市，桐乡 12 名书画家的 21 件作品在吉田民会馆展出。

1992 年

11 月，岳石尘、岳功立在日本栃木上野百货店展厅举办"中国浙江省书画展"，展出 80 幅作品。

陈娟红去美国洛杉矶参加"世界超级模特大赛"，获第四名。

1995 年

5 月，日本友人中根章携 100 幅摄影作品，以"我爱新中国"为题，在侯波、徐肖冰摄影艺术馆展出。

10 月 17—22 日，岳石尘和谭建丞在台北国父纪念馆举办"大陆双百老人百幅书画精品展"，展出 55 幅作品。

1996 年

章柏年书法《查济民赠李光耀雁行二首》由查济民转赠新加坡内阁资政李光耀。

3 月 3—10 日，丰一吟、叶瑜荪去新加坡参加"弘丰传人画展"，展出 40 件（套）竹刻作品及一批竹刻拓片、照片和竹刻著作等。

1997 年

12 月 24 日，旅法画家吕霞光的 23 件油画作品和藏品在市博物馆展出。

1998 年

4 月 20 日—5 月 8 日，袁道厚去台湾进行书画篆刻艺术交流。

徐建荣摄影作品《茶馆早市》获中国第八届国际摄影展铜奖。

1999年

4月25日，加拿大华人、乱线画家方免衰在君匋艺术院举办画展，展出作品39件。

11月，沈岩松去韩国参加"国际刻字联盟1999韩国展"，刻字作品《春满楼》入展并入编《作品集》。

12月23日，朱荣耀工笔人物画《欢天喜地》在葡萄牙首都里斯本"99迎澳门回归美术作品展"上展出。

2000年

7月，市书协、美协5名会员的书画作品参加嘉兴市与韩国江陵市书画交流展出，并入选《中韩两国书画作品集》。

11月，袁道厚、沈岩松的刻字作品在新加坡参加国际刻字艺术展。

沈岩松书法作品入展"西泠印社第二届国际篆刻书法作品大展"，获优秀奖，入编《作品集》。

2001年

10月，姚英翔中国画《松鹰图》入展在法国巴黎举办的"第六届国际书画作品展"，获金奖。

12月，朱荣耀中国画《春来江南》参加中日书画交流展。

2002年

5月，袁道厚国画《富鼎富贵图》入选《亚太地区名家书画作品集》。

6月28日，徐建荣摄影作品《乌镇茶馆》参加在上海举办的第六届国际摄影艺术大赛，获金奖。同时，苏惠民摄影作品《乐在其中》《正义》入选作品交流展。

7月4—28日，沈伯鸿、陆国强在新加坡大会堂举办画展，展出作品20幅，并在华侨高级中学传授画艺。

7月，汤士根书法作品入选《"腾龙杯"第二届世界华人书法大展作品集》。

8月，夏宾城演唱的歌曲《回心转意》获亚洲华人歌曲东方新人奖。

11月，卢东明油画《高秋图》、吉琳油画《醉花荫》同时入选上海第六届国际艺术博览会。

2003年

2月26日—3月11日，沈锦心去台湾参加海峡两岸诗、书、画联展，先后在新竹清华大学、台北国民大会展出《三国人物》《金陵十二钗》《六君子》《月夜荷花》等作品12幅，同时，在台南文化会馆向著名画家蔡渔曾送国画真丝围巾。

9月，陈蜀平中国画《观音造像》入选第三届国际民间工艺美术展，卢东明、吉琳油画《福寿平安》《华堂春》入选上海国际艺术博览会画廊邀请展。

10月，计建清中国画《陆山秋牧》入选全国书圣故里国际书画名家邀请展；卢东明油画《春风桃李》，吉琳油画《华堂春》《荷瓶》入选第七届上海国际艺术博览会。

是月，徐建荣摄影作品《纺织》入选奥地利第二届国际影展，《高山流水》入选奥地利第十届中国专题影展。

12月30日，张新根摄影作品《红灯高挂》入选中国第十届国际摄影艺术展。

2004年

4—5月，李荣华去法国参加中法文化交流和2004年"里尔欧洲文化之邦"艺术交流活动。在里尔、拉马特兰纳举办个人画展，展出水彩画40件，被授予拉马特兰纳市政府荣誉勋章和法兰西艺术品勋章。

2005年

5月，沈岩松去新加坡、日本参加第九届国际刻字艺术展，作品《放怀天地间》入展第九届国际刻字艺术展，入编《作品集》。

8月17—27日，胡少青参加浙江开明画院赴俄罗斯艺术交流团，向俄罗斯博物馆赠画交流。

9月12—30日，孙正馨去法国参加文化交流活动，作品被巴黎中国文化中心收藏。

11月25日—12月13日，傅华根去美国参加由国会图书馆、国际中国文化出版社、亚洲文化学院举办的音乐会，演奏二胡曲《良宵》《二泉映月》，古琴曲《梅花三弄》《平沙落雁》等中国名曲。

2006年

8月9—20日，叶瑜荪参加省文联组织的文化交流团，去法国进行文化交流。

袁道厚去泰国参加现代名家书画展。

袁道厚接受台湾中视电视台《大陆寻奇》专题片的访谈。

徐建荣摄影作品《茶馆依旧》获英国皇家摄影学会金奖，同时获上海第八届国际影展金奖。

沈岩松刻字作品《阿里山云海》入展"第十届国际刻字艺术展"，入编《作品集》。

2007年

1月，章柏年的《岳阳楼记》等7件书法作品刊登在《世界知识画报》。

5月31日，叶瑜荪、王其伟在上海参加2008年海峡两岸竹刻艺术交流。

2008年

8月10日，吕燮强刻字作品《大兵不寇》和张伟刻字作品《千虑》参加"全国第七届刻字艺术展暨第十二届国际刻字艺术交流大展"。

10月29日—11月2日，孙正馨、高敏去福建莆田参加"第三届中国（莆田）海峡工艺博览会"，孙正馨扇面作品《竹里煎茶》获银奖，高敏扇面作品《月夜秋声》获铜奖。

10月，沈岩松参加在无锡举办的"中日二十人刻字艺术交流展"。

2009年

11月21—22日，严旻操参加香港阳光卫视台的大型纪录片《中华人文地理》拍摄。

2010 年

4 月 22 日，沈慧兴金石书法展在日本展出。

2010 年，徐建荣摄影作品《农村的婚礼》《茶馆老板》《匆匆茶客》《茶馆画师》入选法国巴黎第六届国际影展，吴炳泉摄影作品《童年》入选上海第十届国际摄影艺术展，苏惠民摄影作品《晨之光》《水乡雪韵》《风雪路上》《小村之恋》入选澳门第十七届国际影展。苏惠民另有多幅摄影作品入选中国香港、中国台湾、法国、澳大利亚、俄罗斯、英格兰、纽约国际艺术影展。

2011 年

1 月，苏惠民摄影作品《林中劳作》、程俊伟摄影作品《中国长城》入选第五十四届澳大利亚梅特兰大国际摄影展。同月苏惠民摄影作品《送礼小兵》等 3 幅入选第 36 届英国伯明翰国际摄影展。

2 月，程俊伟的《捕鱼的小舟》等 4 幅摄影作品入围法国第九届国际摄影展。同月，徐建荣摄影作品《农村婚礼》入选法国巴黎第七届国际摄影展。

3 月，高逸仙的《长相忆》等 8 方篆刻作品入选中、日、韩国际篆刻交流展。同月，苏惠民《风雪路上》等 3 幅摄影作品参加法国佩萨克第九届国际摄影艺术展。

6 月 15 日，陈志农撰写的论文《端午饮食文化的研究与推广》入选"2011 端午习俗国际学术研讨会"。同月，程俊伟摄影作品《农家作坊》、苏惠民摄影作品《冬恋的天鹅湖》等入选第二十届奥地利超级摄影巡回赛。

7 月，苏惠民摄影作品《江南雪韵》参加香港摄影艺术协会第十三届国际摄影展。

9 月 1—10 日，"江南——凌大纶、刘祖鹏、高逸仙中国画邀请展"在马来西亚吉达第一现代美术馆展出。

10 月 7 日，沈岩松参加国际刻字艺术大展赛。

同日，沈岩松参加国际刻字联盟会议。

2012 年

4 月，沈岩松书法作品收录于《中国当代书法》。

同月，台湾国立艺术印书馆出版《当代书坛名家作品典藏集——章柏年》。

10 月，文化部《中外文化交流》杂志第 10 期用 6 个版面介绍章柏年书法艺术。

2013 年

1 月 10 日，徐建荣摄影《古镇七月卅地藏香》获中国原生态国际摄影大赛优秀奖。

10 月 10 日，沈岩松书法参加在全国政协礼堂举办的"两岸情·心连心——中华两岸书画艺术交流展"。

2014 年

6 月，沈岩松书法参加在香港举办的"我们爱和平——两岸四地书画艺术交流展"

8 月 16 日，沈冠群创作的《追梦》篇章"海上丝绸之路"在南京举办的第二届青年奥林匹克开幕式上录用。

10月13日，徐建荣摄影《马鸣茶馆》入选上海第十二届国际摄影展，《长街晏》《平谈的真》入选上海第十二届国际摄影展交流展。

10月13日，苏惠民摄影《小村之恋》入选上海第十二届国际摄影展。

11月5日，徐建荣摄影《三十年农村婚俗变迁》入选第八届国际民俗摄影展。

12月30日，李荣华应西班牙高迪艺术基金会邀请，参加美术作品联展，并在马德利、巴塞罗那分别举办画展。

组团交流

1986年，桐乡丝织厂生产的艺术挂毯《清明上河图》《自由女神》《万里长城》入展美国洛杉矶国际博览会。

1990年5月21日—6月18日，应日本三越百货公司和川濑商事邀请，君匋艺术院所藏吴昌硕篆刻印章60方，在日本名古屋、金泽举办"中国之国宝——吴昌硕原印展"，县文物管理委员会主任方艾、君匋艺术院副院长鲍复兴、藏品保管科科长范仁强随访。

1991年10月，举办"桐乡青桐、台湾印证、香港友声——海峡两岸篆刻作品联展"，共展出桐乡青桐印社16人作品32件，台湾印证小集14人28件，香港友声印社11人22件，编印专辑。

1996年7月，日本铃木将久、河村昌子、荫山达弥，俄罗斯索罗金，斯洛伐克高力克，法国白月桂，韩国朴宰雨、金苏雨等应邀参加茅盾诞辰一百周年国际学术研讨会。

1995—1996年，日本上智大学、中国北京大学和浙江省文物考古研究所组成联合考古队，选定百桃乡和平村普安桥古遗址进行考古发掘。经两次发掘，出土大量陶片、石器、玉器和骨架等良渚与崧泽文化文物。

1996年9月，日本NHK电视台"中华五千年文明史"摄制组来普安桥中日联合考古现场进行实地拍摄。

1998年8月10日—10月30日，北京大学、日本上智大学和浙江省考古研究所12名专家组成中日联合考古队，第三次在百桃普安桥遗址进行考古发掘工作，总发掘面积600多平方米，清理出房屋13座、墓葬41座。

1999年

3月27日，日本鸟取县文化访问团一行9人来桐乡进行友好文化交流。

5月14—27日，袁道厚率省书画交流代表团去赴日本栃木、静冈、福井进行书画艺术交流。

9月9日—10月2日，常务副市长何炳荣一行5人，应邀去加拿大进行艺术交流。

11月12—16日，书协袁道厚、盛欣夫、马雪野、沈岩松随中国书协刻字艺术代表团去韩国参加"第四届国际刻字艺术大展"，桐乡5件作品入展。

2002 年

5 月，桐乡皮影戏去韩国釜山进行艺术交流表演。

7 月 1 日，法国电视台拍摄的大型电视纪录片《徐肖冰、侯波——毛泽东的摄影师》，历时一个月，在桐乡封镜。该纪录片在 2003 年中法文化交流年"巴黎狂欢节"上放映。

2004 年

8 月 17—23 日，市文化局在去台湾

丰子恺画展在台湾云林县展出

云林县举办"漫画大师丰子恺漫画艺术展"，展出丰子恺及其幼女丰一吟、弟子胡治均的作品 88 件，同时举办丰子恺艺术讲座，进行文化交流。

2005 年

3 月，桐乡皮影戏去德国进行艺术交流表演。

5 月，沈岩松去新加坡、日本参加第九届国际刻字艺术展，并参加国际刻字联盟会议。

9 月 14 日，由市人民政府和杭州师范学院弘丰研究中心联合主办的"丰子恺研究国际学术会议"在杭州、桐乡举行，来自日本、中国台湾地区和各地的研究专家、丰子恺亲属、弘一大师后裔共 30 余人参加会议，收到论文 18 篇。

10 月 13 日，乌镇管委会和上海旅游事业管委会组团去日本参加第 22 届御堂筋国际大巡游，乌镇"台阁"民俗方队获特别奖。

2006 年

2 月 17—28 日，杨惠良等 6 人去美国进行文化艺术交流，在旧金山世界画廊举办"沈伯鸿、陈蜀平中国画展"，展出作品 80 余幅。沈伯鸿、陈蜀平在林肯大学举办中国画讲座。旧金山市政府收藏陈蜀平画作《春满人间》。沈伯鸿、陈蜀平获绘画艺术"杰出成就"荣誉奖。

3 月，沈岩松去日本参加第十届国际刻字艺术展暨第二十五届日本刻字展。

7 月 4—6 日，由中国茅研会和市人民政府主办的第八届茅盾国际学术研讨会在桐乡举行，海内外专家学者共 68 人参加，收到论文 50 篇。

10 月 8 日，乌镇"荷花龙"表演队去日本参加第二十三届御堂筋国际大巡游，获表演二等奖。

12 月，桐乡皮影戏去法国进行艺术交流表演。

2007 年

3 月 19 日，市书协、君匋艺术院组织台湾、安徽、桐乡三地书画家进行文化艺术交流。

2008 年

3 月 27 日，国务院新闻办推出广告宣传片《中国国家形象片》在乌镇西栅景区取景拍摄。

3 月，丰同裕蓝印布艺有限公司生产的蓝印布艺参加阿曼第十届马斯喀特艺术节。

4 月，丰同裕蓝印布艺有限公司生产的蓝印布艺在台湾台北世贸中心展出。

6 月 8 日，新加坡亚洲新闻台《亚洲本色》节目在乌镇拍摄。

8 月中旬，韩国 MBC 电视台在乌镇拍摄《中国·江南》纪录片。

2009 年

沈岩松参加由国际刻字联盟、韩国书法家协会主办的"第一届国际刻字艺术大展赛"，并获奖。

2010 年

6 月 1 日，香港屯门天主教中学师生来石门丰子恺纪念馆参观。

7 月 8 日，香港浸会大学电影学院卓伯棠博士一行来石门丰子恺纪念馆参观。

7 月 9—19 日，丰同裕的蓝印花布、沈学章的麦秆画、胡银松的核桃雕刻参加在巴黎举行的"中国嘉兴民间艺术展暨中法文化交流会"。

2011 年

3 月 18 日，香港电视台、香港艺术馆来石门丰子恺纪念馆参观并拍摄丰子恺艺术成就。

2012 年

4 月 11 日，日本学者挪川浩男来石门丰子恺纪念馆探讨丰子恺与竹久梦二的漫画艺术。

5 月 24 日，"有情世界"丰子恺艺术成就展在香港艺术馆展出。

11 月 4 日，台湾台东市长陈建阁率经贸投资文化交流考察团一行来桐进行交流，举行两岸文化走亲联谊活动，文艺工作者以歌舞、戏曲、独唱、古筝书法等文艺节目进行交流演出。

12 月 14 日，由日本各大学退休教师组成的文化代表团一行 14 人来桐乡市博物馆参观，观看罗家角遗址出土文物陈列展。

2013 年

1 月 13—18 日，应奥中文化交流协会和奥地利维也纳市政府邀请，市教育局组织的"菊之韵"合唱团一行 43 人参加"盛世华章"——2013 年维也纳金色大厅新春音乐会。

10 月 28 日，市文化馆编排的排舞《国王的道歉》《图兰朵》《天堂岛》参加"中华同心"两岸三地排舞邀请赛，分获金、银、铜奖。

11 月 20 日，乌镇国际旅游区打造的乌镇馆作为浙江唯一一家"人文历史馆"参加由国家发展和改革委员会、欧盟委员会能源总公司、欧盟地区委员会主办的中欧城市博览会，在北京展览馆展出，通过图片、文字和模型等形式，展示乌镇民俗文化。

2014 年

11 月 7 日，桐乡市文化艺术服务中心创作表现的越剧小戏《毛估估》等 5 个节目参加第十六届上海国际艺术节南京路"天天演"室外舞台演出。

十一、镇、乡、街道特色活动

20 世纪 80 年代，各镇、乡根据各自的文化资源和优势，相继组织举办形式多样、具有鲜明地域特色的群众文化活动。

河山镇迎春文化活动

从 1988 年开始，河山镇连续 20 多年举办"春节闹河山"迎春文化活动。

1988 年 2 月 3—5 日，由文化局、文联与河山乡党委、政府联合举办龙年迎春文化交流会，越剧团、电影公司、新华书店、文化馆、图书馆、博物馆、丰子恺故居、曲艺协会和书协、美协等，带去曲艺表演、画展等 20 个文化项目，进行文化下乡，慰问演出 4 场，送春联 500 余对，送书画 400 余幅。

1989 年 2 月 6 日，举办"迎春戏曲一条街"展演活动。搭建越剧、京剧、黄梅戏、沪剧、桐乡三跳、评弹等小舞台，演出各种戏曲。

1990 年 1 月 27 日，举办"迎春民间文艺行街"展演活动，鼓号队、秧歌队、高跷队、抬阁队等 15 个民间文艺方队巡演，并举办专场文艺联欢晚会。

1991 年 2 月 15 日，举办"迎春企业风采"展演活动，9 个企业组成的彩旗队、花环队、产品展示队等参加巡演，并举办专场春节文艺晚会。

1992 年 2 月 4 日，举办"辉煌河山一条街活动"，30 余个单位搭建"猴子送宝"、"寿星作福"、"孔雀开屏"、"嫦娥奔月"、"西游记"等 18 个景点，并举办"爱家乡，爱小康"文艺调演。

1993 年 1 月 23 日，举办"春节娱乐一条街"活动，主要内容为彩排楼展示、首届乡镇企业文艺调演。在新落成的农民公园邀请浙江小百花越剧团陶慧敏、董柯娣和浙江京昆剧团杨超等举办专场迎春文艺演出。

1994 年 2 月 10 日，举办"迎春灯展一条街"活动，悬挂红灯，搭建景点。

1995 年 1 月 31 日，举办"辉煌河山彩车游艺会"，制作 18 辆彩车，巡游路线：东浜头村—五泾—河山集。并举办大型迎春文艺联欢会。

1996 年 2 月 19 日，举办"千灯喜迎春"活动，嘉河织造厂等 23 个单位悬挂千余红灯，设置越剧、杂技、评弹、流行歌曲、舞蹈、京剧、三跳、灯谜竞猜等 8 个演出娱乐点。

1997 年 2 月 7 日，举办"迎春企业文化交流一条街"活动，由东长集团等 15 个企业搭建 15 个景点，并举办企业文化节暨迎春文节专场演出。

1998 年 1 月 28 日，举办"迎春文艺联欢一条街"活动，搭建越剧、京剧、曲艺、舞蹈、歌曲等 5 个小舞台。

1999 年 2 月 16 日，举办"迎春娱乐一条街"活动，由枫树集团等搭建 18 个景点，并举办"迎春文艺大联欢"。

2000 年 2 月 5 日，举办"河山迎春文艺联欢会"，邀请嘉兴市群艺馆、桐乡越剧团、文化馆演出。

2001 年 1 月 24 日，举办"迎春民间文艺游艺会"，高跷方队、马灯方队、鱼灯方队、抬阁方队等 11 个民间文艺方队巡演。

2002 年 2 月 12 日，举办"迎春街景布置和工农业成就展示一条街"活动，搭建景点 23 个，展出工农业产品。

2003 年 2 月 1 日，举办"迎春十二生肖气模红灯展"活动，搭建 12 个生肖景点，并举办迎春文艺联欢会。

2004 年 1 月 22 日，举办"申河之春"迎春文化艺术节，邀请浙江曲艺杂技总团专场演出。

2005 年 2 月 9 日，举办"伟业之春"迎春文化艺术节，邀请上海人民滑稽剧团专场演出。

2006 年 1 月 29 日，举办"易德之春"迎春文化艺术节，邀请上海人民滑稽剧团专场演出。

2007 年 2 月 18 日，举办"康吉之春"迎春文化艺术节，邀请浙江歌舞团专场演出，同时举办工业成就图片展。

2008 年 2 月 7 日，举办"星辉之春"迎春文化艺术节，邀请浙江小百花越剧团专场演出，同时举办"新农村建设主题教育展"。

2009 年 1 月 26 日，举办"思源之春"迎春文化艺术节，邀请上海综艺剧团专场演出，举办"锦绣河山迎春红灯展"。

石门镇文艺会演暨商交会、梨花节

1990 年 12 月 25—27 日，石门镇举办文艺会演暨商交会。舞龙舞狮、天女散花、腰鼓、秧歌等巡游表演。戚雅仙、毕春芳率上海静安越剧团连演 3 天。吴蓬画展。6 万余人次参加活动，商品零售额超过 100 万元。

2009 年 3 月 26 日，"花开石门湾"首届梨花节开幕。以"赏雪海梨花，品田园风情"为主题，活动内容有民俗风情群众文艺专场演出、"赏梨花，品土菜"春季美食活动、"春满梨园"摄影比赛、湖羊烹饪大赛等。

2010 年 3 月 28 日，举办第二届石门梨花节，活动内容有民间歌舞专场、太极拳表演等。

2011 年 3 月 28 日，举办第三届石门梨花节，活动内容有浙江省科普艺术（漫画）创作基地揭牌仪式、科普体验进梨园漫画系列活动、石门湾里好风光摄影大赛、"丰湖杯"羊肉烹饪大赛、石门镇生态桂园植树活动、企业职工梨园踏青活动、青少年风筝比赛、市民开心梨园认亲活动、杭州市民进梨园踏青活动等。

2012 年 3 月 31 日—4 月 6 日，举办第四届石门梨花节。以"强农·惠农·富农"为主题，活动内容有浙沪苏农科院科技示范基地授牌、嘉兴市科普旅游基地授牌、"梨花飞舞·魅力石门"开幕式文艺演出、"梨园放歌"卡拉OK大家唱、传媒学子梨园采风活动、"梨园好风景,驻村一家亲"梨园观光活动、第三届羊肉烹饪大赛、浙江电视台经视频道"开心农场"栏目组系列活动、驻村干部趣味运动会、市民梨园观光活动、企业职工梨园观光活动、梨树认养活动等。

洲泉镇"湘溪文化艺术节"

1990年12月25—27日,为庆祝工业产值超亿元,洲泉镇举办首届湘溪文化艺术节暨商品物资交流会。省文化厅长钱法成参加开幕式。活动有彩车方队巡街、省小百花越剧团演出、卡拉OK演唱赛等,5万余人次参加活动,商品销售成交额达300万元。

2005年10月18日,洲泉镇第二届湘溪文化艺术节在新落成的湘溪广场开幕,5000余名观众观看"实力洲泉,和谐湘溪"大型群众文艺晚会。

梧桐街道社区"邻里节"

从2004年起,梧桐街道举办社区"邻里节",至2012年,共举办9届。

第一届:2004年4月20日—5月20日,活动内容有文艺晚会、艺术作品展示、评选"十佳好邻居"、演讲比赛,5000余人次参与。

第二届:2005年6月1日—30日,以"邻里相亲、共育文明"为主题,内容以邻里趣味运动会为主,5500人次参与。

第三届:2006年6月3日,以"文明礼仪、你我同行"为主题,内容有邻里风采评比、邻里才艺广场汇演、文明礼仪知识竞赛等,3500人次参与。

第四届:2007年5月19日,以"文明社区、和谐家园"为主题,内容有邻里七天乐、家庭厨艺大赛等,4800人次参与。

第五届:2008年5月17日,以"奥运盛会、文明同享"为主题。内容有"邻里一起来活动"趣味运动会等,5000人次参与。

第六届:2009年8月25日,以"汇聚邻里情、共铸中国心"为主题,内容有才艺展示、盆景展、红歌会、排舞等,6000人次参与。

第七届:2010年10月23日,以"相约菊乡,欢乐邻里"为主题,内容有田野菊海赏菊、画家画菊、诗词爱好者颂菊、摄影爱好者摄菊等。

第八届:2011年10月22日,以"书香传情,邻里相亲"为主题,内容有"读书月"启动仪式、"阅读新高度"码书比赛、"书香传递"图书漂流、"我爱记诗词"趣味比赛、名师讲座进社区等。

第九届:2012年9月21日,以"幸福梧桐,和谐邻里"为主题,内容有才艺大比拼、"风雨同舟携手并进"年代秀、街坊文化展等。

第十届:2013年11月1日,以"和谐邻里·幸福家园"为主题,内容有学最美——道德模范宣讲,秀才艺——百姓舞台年度文艺汇演,比创意——邻里节活动最佳创意奖评选，还有太极拳比赛、摄影展，新居民学说桐乡话比赛等，7300余居民参与。

第十一届：2014年8月7日，以"甜蜜烘培·邻里传情"为主题，内容有圆桌迎宾·邻里共赏"三治"文节盛宴，舞出来的邻里情——楼道排舞比赛，舌尖上的家宴·邻里间的幸福——长桌宴，社区邻里——家亲小故事才艺展示，以德为邻——公民道德知识竞赛，左邻右舍盆栽展示等，7600余居民参与。

崇福镇皮草博览会

2004年11月5日，第六届中国·桐乡菊花节暨皮草展示会"菊花飘香·皮草缤纷"开幕式大型广场文艺演出在崇福镇语溪公园广场举行。以歌舞表演中穿插皮草展示，歌唱家蒋大为、韩红、高胜美、文章等献艺，名模谢东娜、岳梅及上海逸飞新丝路模特公司表演皮草时装秀。

2005年9月28日，首届中国·崇福皮草博览会开幕，在桐乡市政广场举办大型文艺晚会，谢霆锋、斯琴格日乐、熊天平、高明骏、周华健、韩红、林依伦、巩汉林献艺。29日在崇福镇举行"迎祖国华诞，庆皮草盛会"小型广场文艺晚会。

2007年6月23日，CCTV"梦想中国"冠军熊汝霖、海明威来崇福皮草大世界献艺，观众6000余人。

2008年5月6日，崇福镇在语溪公园举办"皮草名镇，魅力崇福"文艺晚会，1000名群众观看。

2009年4月18日，中国·崇福皮草博览会开幕式暨文艺演出在桐乡市科技会展中心举行，沈阳歌舞团表演"二人转"。4月19日晚，"中辉·雄鹰之夜"杂技魔术专场在崇福镇语溪公园举行，上海星光杂技团表演《喜迎皮博会》等13个节目。4月21日晚，"雪球·金狐狸之夜"戏曲小品专场在崇福镇语溪公园举行，上海滑稽剧团表演《楼上楼下》等11个节目。4月23日晚，闭幕式"皮草名镇·魅力崇福"文艺演出在皮草大世界举行，观众达1万余人。

2010年1月28日，第一届中国"崇福杯"皮草小姐大赛总决赛在崇福皮草大世界举行。黄圣依、杨子、关锦鹏、包小柏担任评委。

2011年9月26日，第五届中国·崇福皮草博览会开幕式暨"活力小城市·欢乐皮草夜"大型文艺晚会在崇福镇语溪广场开幕。中国皮革协会、中国皮革和制鞋工业研究院、浙江省皮革行业协会和国内外客商代表出席开幕式。庾澄庆、羽泉、降央卓玛等献艺，联袂放歌，浙江卫视中国蓝《我爱记歌词》栏目9名领唱与本地10名"歌词达人"参与。

2012年9月18日，第六届中国·崇福皮草博览会在皮草大世界举行，活动内容有："时尚桐乡"2012新丝路中国模特大赛华东赛区总决赛、"活力小城市、魅力新崇福"摄影作品展暨"运河最后的魅力古镇——崇福"摄影大赛采风活动、"语溪民星艺术团"和"一村一艺"种文化活动成果展示展演。

濮院镇毛衫针织服装博览会

第一届：2002 年 11 月 1 日，第四届中国·桐乡菊花节暨濮院首届毛衫博览会开幕式在濮院三羊开泰广场举行，重庆大正模特艺术有限公司时装队演出，5000 余名观众观看。

第二届：2004 年 8 月 28 日，在世贸大厦开幕，活动有时装秀广场文艺、濮院羊毛衫市场建设 16 周年图片展等。

第三届：2005 年 9 月 23 日，在镇行政广场举行，活动有毛衫时装秀、"中国毛衫联盟"成立仪式等。

第四届：2006 年 9 月 23 日，在桐乡科技会展中心举行，活动有"中国毛纺织行业十大风云人物"、"中国毛纺织行业最具品牌竞争潜力 50 强"和"中国纺织企业社会责任试点地区"评比，中国（濮院）毛衫文化展示中心开业仪式等。

第五届：2007 年 11 月 27 日，在濮院举行，活动有"中国毛衫第一市"授牌仪式、毛衫时尚秀、毛针织服装流行趋势发布会等。

第六届：2008 年 11 月 2 日，在濮院三羊开泰广场举行，活动有濮院形象标志——"璞玉"启用仪式、国际服装流行趋势研讨会、中国纺织服装"X+1"会议等。

第七届：2009 年 11 月 7 日，在镇行政广场举行，活动有"全国毛针织服装名优精品获奖企业"颁证仪式、毛衫时装秀和歌舞戏曲表演等。

第八届：2010 年 10 月 23 日，在濮院三羊开泰广场举行，活动有毛衫时装秀、濮院国际童装城招商启动仪式、濮院毛衫产业集群与大专院校产学研战略合作签约仪式、"濮院毛衫杯毛针织服装文化创意设计大赛颁奖仪式 等。

第九届：2011 年 11 月 5 日，在镇行政广场举行，活动有毛衫时装秀、毛衫产品展示、中国毛衫产业转型升级论坛、春季时尚面辅料展暨"越丰针织"开针仪式等。

第十届：2012 年 10 月 27 日，在濮院镇举行，活动有"时尚盛典"文艺晚会、中国毛衫之都时装名城启动仪式、浙江省首届新市镇商业发展高峰论坛、濮院时尚产业论坛、"浅秋杯"第二届中国桐乡毛针织服装文化创意设计大赛颁奖典礼等。

"毛衫之都·时装名城"——2013 中国·濮院国际毛针织服装博览会，2013 年 5 月 18 日在濮院镇举行，活动有"女画家笔下的濮院"画展开幕式暨画册首发式，"创新 驱动 升级"2013 针织服装高端论坛，浅秋 2013 针织时装秀，桐乡市"德孝在我家"家庭才艺大赛总决赛暨颁奖典礼，2013"濮院毛衫杯"中国毛针织服装文化创意设计大赛等。

"毛衫之都·时装名城"——2014 中国·濮院国际毛针织服装博览会，2014 年 5 月 16 日在濮院镇举行，活动有中国·濮院 2014 秋冬毛针织服饰流行趋势发布会，针织产业发展论坛，毛衫设计师论坛，濮院羊毛衫市场游客接待中心揭牌仪式，看濮院·写濮院·话濮院——相约濮院主题活动，濮院镇第三届全民运动会闭幕式暨"万家星城"杯太极达人秀颁奖晚会等。

乌镇香市节

全称为中国·乌镇香市——江南水乡狂欢节。

第一届：2001年4月5—29日，由省旅游局、上海电视台、桐乡市政府举办，活动有水乡婚礼、瘟元帅会、水龙大会、古镇夜游等。

第二届：2002年3月28日—4月28日，活动有元帅会、水龙会、水乡婚礼、水上丝竹、蚕花会。

第三届：2003年3月29日—4月28日，活动有水龙会、踏白船、水乡婚礼、瘟元帅会、高杆表演、船拳表演等。

第四届：2004年3月27日—4月20日，活动有水乡婚礼、踏白船、水龙会等。

第五届：2005年4月6日—5月6日，活动有江南丝竹演奏、踏白船、拳船表演、高杆表、水龙会等。

第六届：2006年4月5日—25日，活动有踏白船、拳船表演等。

第七届：2007年3月31日—4月20日，活动有祭蚕娘、提灯走桥、地方戏曲演唱、水龙会、踏白船、鱼鹰捕鱼等。

第八届：2008年4月3日—20日，活动有：祭蚕娘、踏白船、水龙会、提灯走桥、鱼鹰捕鱼等。

第九届：2009年3月27日—4月19日，活动有蚕花会、水乡婚礼、提灯走桥、踏白船、水龙会、瘟元帅会等。

第十届：2010年4月2日—22日，活动有蚕花会、提灯走桥、踏白船、长街宴、水龙会、瘟元帅会等。

第十一届：2011年4月2日—5月8日，活动有蚕圣巡游、开蚕门、蚕仙撒花、汰蚕花手、水乡婚礼等。

第十二届：2012年4月2日—22日，活动有祭蚕神、蚕仙巡游、白莲庙会、跳蚕花杆、水上社戏、清明茶食等。

第十三届：2013年3月30日—4月21日，活动有祭蚕神、蚕花仙子巡游、撒蚕花、杂耍、放荷花灯、插蚕花、水龙大会、水上社戏等。

第十四届：2014年3月29日—4月20日，活动有蚕花圣会、水龙会、民间杂耍、水上社戏、踏白船等，在后市巷设地方风味小吃一条街，推出"清明四青"：挑青（青壳螺蛳）、藏青（野菜嵌油豆腐）、伴青（马兰头拌香干丝）、露青（头刀韭菜炒鸡蛋）。

大麻镇民间文艺行街

第一届：2006年3月26日—27日，表演团队有中心学校鼓号队、鲜花队、彩旗队，麻溪村舞龙队、大纛旗队，光明村方天戟队，崇益村龙灯队、方天戟队，大庄村台阁队、大刀队、舞狮队，西南村马灯队，光明村腰鼓队，居委会木兰剑队、拜香凳队，西南村方天戟队，海华村秧歌队，湘漾村龙灯队、秧歌队、大纛旗队、銮驾队，共800余人。

　　第二届：2007 年 4 月 6 日，表演团体有大庄村大刀队、马灯队、狮子队、台阁队，崇益村青龙队、方天戟队，光明村腰鼓队、方天戟队，麻溪村大纛旗队、龙灯女队、敲鼓亭队，西南村钢叉队、马灯队，湘漾村銮驾队、秧歌队、大纛旗队、八仙队、龙灯队，海华村莲湘队、秧歌队，共 800 余人。

　　第三届：2008 年 4 月 6 日，表演团体有大庄村大刀队、舞狮队、台阁队，崇益村青龙队、方天戟队，光明村腰鼓队、方天戟队；麻溪村舞龙队、大纛旗队、敲鼓亭队，西南村马灯队、钢叉队，湘漾村秧歌队、舞龙队、銮驾队、大纛旗队、拜香凳队，海华村秧歌队、莲湘队，共 700 余人。

第二章 文 博

　　桐乡历史悠久,人文荟萃,先人留下了大量的珍贵文化遗产。保存于地下的文化遗址、古墓葬和地面的古城址、古建筑(包括古桥梁、石坊、私人园宅等),极为丰富。20世纪80年代后,陆续修建、新建、扩建了许多名人故居和文博场馆,藏有石器、玉器、瓷器、书画、金石、钱币等大量文物,其中有许多为国家一级藏品。这些场馆多数成为爱国主义教育基地和中小学校外德育基地。罗家角文化遗址、谭家湾文化遗址和茅盾故居是全国重点文物保护单位。良渚文化时期的玉琮、明宋旭《松壑楼居》山水画、茅盾少年时代作文册《文课》、赵之谦"二金蝶堂"印、战国"齐建邦长法化"六字刀币等35件文物被评为国家一级文物。桐乡民间文物收藏由来已久,20世纪90年代后兴起的收藏热,门类繁多,涉及20余种。20世纪70年代以后,桐乡对地下文化遗址、古墓葬多次进行有计划发掘,发掘出大量珍贵文物,同时对文物多次进行普查、维修,保护意识进一步增强。

第一节　文博场馆

一、博物馆

　　全称桐乡市博物馆,建于1976年8月。前身为设在文化馆内的文物馆。1958年,桐乡籍在沪学者曹辛汉、钱君匋等人无偿捐献168件书画给桐乡县文化馆收藏,成立文物馆。1969年,成立桐乡县文物图书清理小组,负责"文革"查抄物资的整理以及出土文物的接收。到1976年,已有各类文物近3000件。1984年,博物馆从文化馆析出。1986年,博物馆建筑面积近400平方米,库房面积180平方米。1993年12月,博物馆迁至庆丰南路8号,挂桐乡市博物馆、桐乡市蚕桑丝绸博物馆和侯波徐肖冰摄影艺术馆三块牌子,占地面积6400平方米,建筑面积2260平方米,其中展厅1500平方米,库房500平方米,办公及其他辅助用房600平方米。侯波徐肖冰摄影艺术馆藏有侯波、徐肖冰为毛泽东等党和国家领导人拍摄的照片千余帧,包括《毛泽东论持久战》《毛泽东与朱德在七大会议上》《开国典礼》等。

　　至2015年年底,桐乡市博物馆有石器、玉器、瓷器、书画等各类文物近万件,先后举办"秦始皇兵马俑展、罗家角遗址出土文物展、名窑遗珍——馆藏瓷器精品展"、"远古呼唤——新地里遗址出土文物珍品展"、"红色里程——侯波徐肖冰摄影艺术展"等大型展览。

桐乡市博物馆先后获得省文明博物馆、省爱国主义教育基地等称号，2009 年被国家文物局列为三级博物馆。

2013 年 12 月 28 日，迁至振东新区环园路文化中心内。

二、茅盾纪念馆

茅盾纪念馆包括茅盾故居和立志书院，位于乌镇中市观前街。

茅盾故居是茅盾（沈雁冰）出生和度过童年、少年时代的地方。原屋约建于清道光年间。1885 年，茅盾曾祖父沈焕购作住宅。故居坐北朝南，临街四开间两进楼房，建筑面积 541 平方米。分东西两单元，东为老屋，西称新屋。茅盾出生于老屋楼上，楼下为家塾。第二进为客堂和厨房。新屋第一进楼下是饭堂，楼上是卧室；第二进则是茅盾曾祖父住处。楼房后为一小院，有平房三间。20 世纪 30 年代初期，茅盾设计草图，以稿费重新翻造。抗战前，茅盾回乡，曾在此创作中篇小说《多角关系》等。

1981 年茅盾逝世后，浙江省人民政府把乌镇茅盾故居定为省级文物保护单位。1983 年，经中央批准，桐乡县人民政府按照茅盾童年时代故居原貌整修。翌年底竣工。老屋的家塾、客堂、卧室、厨房以及后园的三间书房都作了复原布置；新屋则辟为六个陈列室，展示茅盾在各个时期的 150 多帧照片和作品手稿、信件、遗物及其所著各种初版本及外国译本原版，系统地介绍茅盾一生的革命活动和创作活动。

1984 年 8 月，桐乡县文化局设茅盾故居管理所。1985 年 4 月，陈云题写"茅盾故居"匾额，同年 7 月 4 日茅盾诞辰 89 周年之际，茅盾故居开放。1988 年 1 月，国务院公布为全国重点文物保护单位。

1989 年 12 月，立志书院归入茅盾故居管理所，次年 4 月维修竣工，门楣加"茅盾童年读书处"匾额，塑茅盾少年汉白玉雕像，上方悬"有志竟成"匾。1994 年 8 月，茅盾故居管理所更名为茅盾纪念馆。

三、丰子恺纪念馆

丰子恺纪念馆包括丰子恺故居缘缘堂和丰子恺漫画馆，位于石门镇大井弄 1 号（原为绵纱弄 38 号）。

缘缘堂坐北朝南，是丰子恺于 1933 年春设计建造的宅院，占地 1182 平方米，建筑面积 510 平方米。主体建筑是一幢 10 米进深三楼三底的砖木建筑，室内宽敞明亮，中堂内悬挂弘一法师、吴昌硕、马一浮等名人字画；堂前有小院，院中有花坛，种植芭蕉、樱桃、牵牛、冬青；院外种植桃树、杨柳，颇具田园风光。缘缘堂建成后，丰子恺在此创作了大量散文和漫画。1937年年底，毁于侵华日军炮火。

1984年春，桐乡县人民政府在原址上按原貌重建。堂内正厅、丰子恺卧室兼书房以及三姐丰满的佛堂等都作了复原布置，其余房屋辟为陈列室，展出丰子恺书画、照片、著作及遗物500余件。筹建中得丰子恺挚友、新加坡佛教总会副主席广洽法师资助。叶圣陶为故居题名。1985年竣工，同年9月15日丰子恺逝世十周年之际开放。

1998年春，桐乡市人民政府拨款在缘缘堂东侧建丰子恺漫画馆，面积820平方米，主体两层，局部三层，设置展厅、库房、接待室、办公室等。展厅包括潇洒风神——丰子恺艺术生涯陈列室、丰子恺书画精品陈列室、中国漫画名家陈列室和中国当代漫画家作品陈列室。

2011年，丰子恺幼女丰一吟向纪念馆捐赠丰子恺手稿，计有《丰子恺致广洽法师信札集册》、中篇小说《六千元》、日本长篇小说《竹取物语》《不如归》《肺腑之言》《旅宿》译稿。

四、君匋艺术院

君匋艺术院位于梧桐街道庆丰中路。占地3400平方米，建筑面积1432平方米。1985年6月奠基，1987年11月10日落成开放。为两层建筑，临水而筑，是一座集展览、讲学、研讨、创作于一体的多功能文化设施，收藏钱君匋捐赠的4000余件书画、印章等文物，包括沈周、文徵明、徐渭、金农、郑板桥、赵之谦、黄牧甫、任伯年、吴昌硕、齐白石、徐悲鸿、于右任、张大千、潘天寿、刘海粟等大家的书画、印章。

君匋艺术院院碑为刘海粟所题，碑文为谭建丞所撰。1997年，院内设钱君匋铜像。2011年，市财政拨款600多万元，对原有设施进行改扩建，建钱君匋艺术生涯陈列室、书画创作室和综合楼。2012年，钱君匋之子钱大绪捐赠钱君匋隶书《千字文》册页。

五、钟旭洲钱币艺术博物馆

钟旭洲钱币艺术博物馆是以钱币收藏、展示为主的博物馆，以桐乡籍钱币收藏家钟旭洲命名。2010年5月开工建造，2014年6月28日对外开放。总建筑面积2415平方米，其中展厅面积1500平方米，办公及辅助用房800平方米。分三层，一层为中国纸币展厅，二层为中国历代钱币展厅，三层为青铜器和书画展厅。馆藏文物5600余件，包括历代钱币3800余枚，精品有战国时期的"齐建邦长法化"，西汉金五铢，南北朝时期的"永光"、"景和"二铢钱，南宋金叶子货币，新中国第一套人民币等。有国家一级文物5件，二级文物72件，三级文物2345件。

六、金仲华纪念馆

金仲华故居原位于梧桐街道鱼行街139号，是金仲华出生并度过童年和少年时代的地方，始建于清光绪年间，三开四进。1999年拆迁，移地重建于广福路口，占地1000多平方米，建筑面积400平方米，基本保持原有的格局和风貌。纪念馆分六个部分，介绍展出金仲华藏书1100余册，文房用品等遗物50余件，著作和手稿1400多种（篇），有乔石、邹家华、柳亚子、巴金、爱泼斯坦等名人字画30多件，生前照片400多帧。

七、市文化中心

桐乡市文化中心位于振东新区环园路399号，用地面积15334平方米，总建筑面积23302平方米。分东西两区，西区用地面积7207平方米，三层建筑，建筑面积8974平方米，有文化馆、漫画艺术馆、非物质文化遗产馆；东区用地面积8127平方米，地下一层，地面三层建筑，建筑面积14328平方米，有博物馆、徐肖冰侯波纪念馆、钟旭洲钱币艺术博物馆。2009年12月22日开工，2012年8月主体工程通过验收，2013年2月18日，内装修施工，年内各馆陆续对外开放。

工程概算投资1.5亿元，其中主体工程9000万元，内装修、展览陈列6000万元。

文化广场

文化广场是文化中心的配套设施，旨在改善振东新区生态环境，提升城市品位，为市民提供环保健康的休闲、文化娱乐场地。占地面积23386平方米，投资4000万元，地面主要包括广场、绿化、景观、道路等，地下7000平方米的人防工程建有170个停车位。2013年6月动工，2014年12月建成使用。

桐乡市博物馆新馆

2014年7月18日开馆。建筑面积9518平方米，建有公共服务大厅、报告厅、展陈区、库藏区和办公区等。展陈面积近5000平方米，设"凤栖梧桐——桐乡历史文化陈列"、"琢玉良渚——良渚文化玉器精品展"、"翰墨撷英——馆藏古代书画精品展"三个固定展厅和两个临时展厅。下设徐肖冰侯波纪念馆。

徐肖冰侯波纪念馆新馆

2014年12月16日开馆。建筑面积2391平方米，建有公共大厅、展陈区、放映厅和办公区。设"路——徐肖冰侯波摄影艺术品展"、"凝固瞬间　成就永恒——徐肖冰侯波生平展"、"徐肖冰新闻纪录电影成就展"三个展厅，主要展出徐肖冰、侯波拍摄的从延安时期到新中国成立这一阶段的具有重要文献和史料价值的纪录片和照片。

文化馆新馆

2014年1月23日开馆。建筑面积4625平方米，包括非物质文化遗产陈列馆和漫画馆。具体见"群众文化"章。

非物质文化遗产馆

2014年9月29日开馆。建筑面积2116平方米，展陈面积1300平方米，展厅分传奇·天虫、传说·乡土、传唱·遗韵、传统·风情、传习·百工、传真·乡音六大版块，展出非遗项目 89 项，实物 1000 余件，融展示、展演、传习为一体，运用实物、图片、场景再现、音像资料及现代多媒体等手段展现蚕乡、水乡、菊乡风貌。一层展厅以蚕文化为核心内容，展示双庙渚蚕花水会、高杆船技、拳船、水乡婚俗等；二层展厅以水乡茶馆为中心，展陈杭白菊蒸制、灶头画、剔墨纱灯、年俗等非遗项目。

漫画艺术馆

2014 年 9 月 15 日开馆。面积 1837 平方米，内设公益漫画宣传区、漫画名家展示区、历届"子恺杯"全国漫画大展精品陈列区、漫画名家工作室、漫画报刊编辑室、漫画教学培训室等。

八、其他文博场馆

孔另境纪念馆

孔另境纪念馆位于乌镇西栅景区临水居内，2007 年 4 月 27 日落成。占地 270 平方米，是由三间平房和一个庭院组合而成的江南民居。著名学者王元化题写匾额。庭院左侧房间展出孔另境家族情况、老宅样貌等；右侧房间为书房，陈列孔另境部分文学作品等。庭院正中房间陈列孔另境手稿、生平简介、写作用具、书信往来存稿等物品及照片 160 多件。

大可艺术园

位于市区校场西路 667 号，2013 年 4 月 16 日开放。占地面积约 1 万平方米，建筑面积 1.8 万平方米，是一个集交易、培训、创作和展示于一体的综合性艺术基地，由大可古玩城、大可艺术展览中心、一览阁艺术院和金凤凰艺术学校等组成，为沈岩松独资创办。

大可古玩城建筑面积 5860 平方米，共八层，一至三楼经营古玩玉器、珠宝首饰、瓷杂文房、紫砂钱币等，有商铺 212 间；四至五楼是交易会专用楼层；六楼是国画及书法艺术机构；七楼是画廊与国画、书法艺术机构；八楼是顶上画廊，展出当代油画、雕塑等。至 2015 年 3 月，已举办三届全国古玩交流会。

大可艺术展览中心主展厅面积 1000 平方米。至 2015 年，已举办曾宓写松书画精品展、谭建丞精品书画展、卓鹤君写松作品展、黄欢华竹石小品展、曹建平书法小品展、戴振国书法小品展等。

金凤凰艺术学校建筑面积 6939 平方米，有儿童画教学部、书法教学部、素描色彩教学部、综合教学部、少儿美术馆、美术用品商店、少儿欢乐天地演播室、休闲艺术会所等。为全国艺术教育实践基地、全国青少年书法级别考务工作站、省书法家协会书法教育基地及中国美术学院等级考试点。

木心美术馆

位于乌镇西栅景区入口，毗邻乌镇大剧院。2015 年 11 月开馆。总投资近 1 亿元，建筑面积 6300 平方米，主体呈正方形，分为地下一层和地上两层。美术馆以黑灰色为主，外墙采用清水混凝土粉饰，为保持古朴原貌，不做任何外墙装饰，整体线条简洁，充满艺术气息。为纪念著名画家、作家、诗人木心而建，以展出木心作品为主，包括他后期创作的版画、文学作品《狱中日记》等。

王会悟纪念馆

位于乌镇西栅灵水居北侧。分前后二进，上下二层，正厅有中共一大红船模型和王会悟年轻时的蜡像。展馆分四个部分，展出王会悟生前的一些实物和大量图片史料。

茅盾纪念堂

位于乌镇西栅景区灵水居东侧，建筑面积大约 1000 平方米，分上下两层，陈列茅盾遗物 59 件、书籍 1000 余册、图片 90 多幅。左侧是书房，按照北京茅盾故居的格局还原布置，设有四个播放机，游客戴上耳机，可以聆听茅盾的录音。右侧房间是陈列茅盾遗物的展厅，玉盘、瓷器等为茅盾出访时国际友人所赠。

2006 年 7 月 4 日茅盾诞辰 110 周年之际，茅盾及其夫人孔德沚的骨灰被安放于纪念堂外的高坡上。

余榴梁钱币馆

位于乌镇东栅观前街。分批展出余榴梁所收藏的各种钱币，包括 230 多个国家和地区的历代钱币近 2.6 万余种，材质有金、银、铜、铁、锡、铝、铅、锑、陶、镍、纸、竹、骨、琉璃、塑料等，上起夏商，下至现代，其数量之多、范围之广、品种之全，在全国首屈一指。

恒基文化博览园

位于市区齐福路 398 号，由恒基建设集团有限公司创办，2014 年 10 月对外开放，包括桥梁博物馆、农耕文化展示馆、国学馆、峥嵘岁月馆、企业文化中心等，总面积 7500 平方米。其中桥梁博物馆面积 1000 平方米，展示桥梁模型、建筑器具、设计资料等，有实物 500 余件，比较全面地介绍了江南水乡地区的桥梁历史、种类，形象展现了旧时的地理风貌。农耕文化展示馆展出各种农具 1000 余件，包括稻作、蚕桑、畜牧、渔猎、船运以及大量生活器具，展现了江南农耕社会的生产、生活场景。

江南蚕俗文化博物馆

位于洲泉镇坝桥村，总面积 350 平方米，由原坝桥大礼堂改建而成，投入资金约 50 万元。2010 年布置，2014 年对外开放。展厅分蚕桑生产、蚕丝产品生产和蚕桑文化习俗三个部分，陈列蚕具、纺织工具 600 余件。

金岛书画院

位于洲泉镇众安村野菱滩，面积 500 平方米，由企业家陆富良、杨士成、包金南投资 50 余万元，于 2012 年 8 月建成。是书画收藏、展出和书画爱好者观摩交流基地。

徐悲鸿艺术文化交流中心

位于洲泉镇道村稻乡人家景区内，由李维江，张雪乾出资创办，2014 年 5 月开馆。前期投入 100 余万元，用于馆内装修和文化廊道建造。与北京徐悲鸿艺术委员会合作，展示徐悲鸿的高仿作品。

福严佛教文化苑

位于福严寺南侧，占地 80 余亩，2001 年对外开放，是一个以佛教文化为内涵，集宗教、游览、休闲为一体的文化公园。分东西两苑，西苑建有不二门、照壁、法海三藏、五坊五门、悟道三门等富有佛教内涵的建筑，是人们认知佛教、体会佛教文化的理想场所；东苑是江南水乡园林，有石有水，供游客观光游览，东南角方外楼高 18 米。

庙头村农耕文化博物馆

位于河山镇庙头村文化中心内，2014 年对外开放。总建筑面积 1800 平方米，以农具收藏、展示为主，水车、丝车、风车、稻桶等常用传统农具一应俱全。

九、其他名人故居

吴之振故居

位于崇福镇横街 128 号，为吴之振守愚堂旧址，明代为崇德劳氏旧宅。清顺治年间，吴之振从外家劳氏购得守愚堂，未改堂名，即从洲泉移居于此。后由吴之振之孙吴兰成重题匾额。

清光绪二年（1876），吴学浚撰修《洲泉吴氏宗谱》，卷四载：“守愚堂，橙斋公宅，在石门西门内，西横街第五进，濒河架木为桥，后门通街，直对五桂坊弄，中有兰庆堂，左偏玉纶堂，右偏橙斋书室、寻畅楼，毗连鉴古堂，亦有五进。今唯存守愚堂、兰庆堂、玉纶堂以及门楼、照厅。”

守愚堂西段为寻畅楼、鉴古堂故址。20 世纪 30 年代初，吴之振后人吴乃璋、吴乃琛等重建寻畅楼，建成三楼三底、二厢楼二厢底、四间平房、二间披屋，楼前有花园、假山。

守愚堂东段为玉纶堂，民国时期的主人为吴鸿济，现尚存三楼三底两厢的独门院落，玉纶堂南侧原有的花园及房屋原貌已不可辨。

建国后，守愚堂曾被改作工人俱乐部，寻畅楼于 1955 年改作崇德县烟草公司，随后为崇福供销社租用，其中厢楼、平屋已被供销社拆除，改作商场。

沈梓故居

位于濮院镇坝底头（今大众街 10 号），占地面积 340 平方米，建筑面积 370 平方米，现存 150 平方米，砖木结构。建于清中期，系学者、诗人沈梓故居，沈氏一家数代均居于此。

故居原为三开间三进老宅，第一进平房及第二进平厅尚在，第三进楼房已被夷为平地，后墙已改为围墙，后面的小河已干涸，但仍约略可见当时规模。沈梓之父沈涛《幽湖百咏》有诗云：“家住东河古坝前，当阶红药不知年。屋如舟小春如海，水调歌成自扣舷。”沈梓在《避寇日记》里说的“盖余宅在镇东北”指的即是这幢房子。咸丰十年（1860）三月，沈梓一家逃难避寇始发于此。沈梓故居西北两面以前有河与十景塘相通，河埠设在房子西侧屋内。故居中间有一天井，天井西侧原有一枝数百年的黄杨树，惜已被人锯掉，仅存树根；东侧有一个砖砌花坛，沈梓祖父曾种植牡丹，因此而称为"红药山房"，现花坛仍在。

吴滔故居

位于崇福镇西横街保安桥北堍（今保安弄22—24号），占地约300平方米，建筑面积312平方米，砖木结构，两层建筑。故居呈曲尺形，大门东向，进门小院植有梧桐树，院门上镌"琴材"二字，树旁配以石笋、蔷薇，朝北月洞门门楣上有砖刻"壶天"两字，系俞曲园手笔。过月洞门有楼厅一间，系吴滔当年的会客室，北面有三间楼房，为吴滔的书画坊和起居室。庭院中有假山、花坛、金鱼池。

吴滔是清末著名画家，与吴昌硕交往甚密。吴滔工诗善书，著有《来鹭草堂集》。吴滔去世后，故居为长子吴衡继承作为画室，称忆云草堂。民国时期和建国初，一直为吴氏家屋，吴滔孙女吴碧九十高龄终老于此。2007年，崇福镇政府对吴滔故居进行修缮，部分恢复旧貌。

徐自华故居

位于崇福镇庙弄西侧，前门现为宫前街100号，后门现为庙弄19号。故居原为多进式厅堂建筑。自南而北依次为门厅楼、前墙门、石天井、正厅、过道、前楼厅、石天井、后楼厅、后墙门。门厅楼为上下两层，面阔三间，高约10米，进深约7米，前临宫前河，建有八字形河埠，门楼为骑楼建筑形式。正厅高约10米，三开间，前置轩廊，落地长窗；轩廊东端有洞门，可通东邻待雪楼；厅中四个粗壮立柱，分别称为松柏桐椿。前楼厅面阔三间，有左右厢楼。后楼厅五开间，两侧也有厢楼。正厅已于1960年拆除，改建为四间平屋。前后楼厅及门厅楼现保存尚完整。

故居原名颐志堂，系徐自华曾祖父徐克祥于嘉庆、道光年间购得两幢旧楼后陆续扩建而成的。

清光绪间，徐氏人丁日旺，徐自华祖父徐宝谦与弟福谦、著谦遂于故居以西购地，共建新宅。建成后，老宅一直由徐自华父亲徐杏伯一支居住。

徐自华故居年久失修，除后楼厅尚有二楼二底产权属徐氏后裔外，余皆成公房。

孔另境故居

位于乌镇东栅东大街194号。原占地十余亩，南邻东大街，北临农田桑园，东邻孙宅，西邻孔家弄。

孔家花园又称庸园，建于清同治年间，为孔另境曾祖父孔庆增（1829—1919）所建。之后，孔家中落，园北祠堂鬻与他人，但庸园犹存。进门为三开间长楼，上下两层，二楼是孔庆增放置古玩书画的地方。往北为三开间平厅壶隐厅，向北过一退堂，有步矩亭、皓皓轩、金鱼池、小假山、放鹤亭，再向北过一园门，有竹林、花木丛、花坛、大假山。紧邻假山有一楼，为全园最高处，可眺全镇景色。楼下有一鱼池，蓄养金鱼无数，池中并置有荷花坛。过人寿楼往北，有一长廊直通北后门，长廊两侧种植黄杨、银杏等。长廊西侧，为一大池塘，花木遍布其间。

1939 年，故居及孔家花园被日军付之一炬，仅剩长楼、壶隐厅等少量建筑，留下断垣、残壁、枯池、荒草。

现存建筑面积 140 余平方米，孔家花园遗址约 1000 平方米，仍为孔家后人居住。

木心故居

位于乌镇东栅财神湾孙家花园。1927 年 2 月 14 日，木心出生于乌镇东栅栏杆桥老宅，五岁时迁居于此。

2005 年，木心故居修复，名晚晴小筑，占地面积 2880 平方米，建筑面积 1500 平方米，为砖木结构仿古建筑。其中主楼近 1000 平方米，二楼是木心书房，此外有客厅、陈列室等。主楼前面为庭院，内有小桥、亭台、水榭。2006 年，木心回乌镇定居，此后一直居住于此，直至 2011 年逝世。

附：中小学生校外德育基地、爱国主义教育基地

中小学生校外德育教育和爱国主义教育是政治思想教育的一项重要工作，是青少年了解近百年来中华民族受压迫和求解放的历史，了解中国共产党领导全国各族人民为建设新中国浴血奋战历史的重要方面。1992 年、2000 年、2005 年，嘉兴、桐乡二级市委、市政府先后命名了一批中小学生"校外德育教育基地"和"爱国主义教育基地"。

场馆	命名时间	级别	命名时间	级别
桐乡市图书馆	2005	桐乡	2008	嘉兴
君匋艺术院	1992	桐乡	2000	嘉兴
桐乡市博物馆	1992	桐乡	2000	嘉兴
茅盾纪念馆	1992	桐乡	2000	嘉兴
丰子恺纪念馆	1992	桐乡		
金仲华纪念馆	2000	桐乡		

第二节　馆藏文物举要

一、石　器

良渚文化穿孔石钺

长 15.6 厘米，厚 1.3 厘米，肩宽 10 厘米，刃宽 12.2 厘米，孔径 4 厘米。弧肩，双面弧刃，呈舌形。

屠甸镇松岭村金家浜组金家浜文化遗址出土，二级文物，现藏桐乡市博物馆。

良渚文化刻划纹石耘田器

上宽 13.9 厘米，高 6.45 厘米，厚 0.75 厘米。背内弧，两角起翘，中间有桥形外凸，中钻一孔,孔径 0.7 厘米。两面均有阴刻纹饰,圆圈一大一小,右上为双线大圆,内有纹饰,左上为单线小圆,并有似辐射状的线纹,下面有线,或平行,或交叉。从整体上看,似为日、月、大地的纹饰。这是目前发现的唯一一件有刻划符号的耘田器。

屠甸镇荣星村小六房文化遗址出土,二级文物,现藏桐乡市博物馆。

良渚文化双孔石刀

高 7.4 厘米,刃宽 21.8 厘米,厚 0.8 厘米。青色凝灰岩磨制,略呈长方形,肩部近平直,保留磨制糙面,两肩斜直,略磨薄,双面刃,刃部有使用崩缺痕迹。器身上有二孔,在双面管钻的四周保留有十字形刻线,是钻孔时定位的痕迹。此件石刀是了解良渚文化钻孔工艺的标本。

崇福镇留良村新地里文化遗址出土,现藏桐乡市博物馆。

二、玉　器

玉琮

高 14 厘米,射径上 7.5 厘米,射径下 7.1 厘米,射高各 1.2 厘米,孔径上 6.2 厘米,孔径下 5 厘米。墨绿色阳起石,分四节,四角对称一致,以四条对角线为中心组成十六组相同的简化人面纹。

1979 年高桥镇太平村桃子村平整土地时出土,国家一级文物,现藏桐乡市博物馆。

玉耘田器

宽 11.5 厘米,高 4.5 厘米,厚 0.9 厘米。首次发现的良渚文化玉器种类。下端为弧刃形,上端呈凸形。因久埋地下,色泽已略显昏暗。此器非实用农具,是标志身份以及祭祀的礼器。

屠甸镇荣星村姚家山文化遗址出土,现藏桐乡市博物馆。

刻划纹玉锥形器

长 33 厘米,最宽 1.4 厘米,榫长 1.6 厘米。长条形,方柱体,一端尖锥,另一端有一小榫。在锥体下半部,刻划有简化人面纹,共三节,每一节以边角线为中线,以四条或三条平行凸横棱表示羽冠,以转角上垂直相接的凸横档表示鼻子或嘴巴。此件锥形器受沁蚀,玉质呈白色,制作精细,琢磨光滑。出土时握在死者手中。

崇福镇留良村新地里文化遗址出土,现藏桐乡市博物馆。

玉带钩

长 6.3 厘米,宽 3.7 厘米,厚 1.8 厘米。弧面,平背,整体呈矩形,两端各钻一孔,以线切割方式割成通槽并留有抛物线形的切割痕迹,形成一条斜向沟槽,分成上下两部分,上为钩柄,外弧,下为钩爪,宽扁舌形。

屠甸镇金星村金家浜文化遗址出土,二级文物,现藏桐乡市博物馆。

玉权形器

高 4.5 厘米，最大径 6.3 厘米。呈黑褐色，整体呈平面弧的半球状，顶端钻有三隧孔，可穿绳引线以供提拎。为良渚文化玉器中唯一发现的器种。

崇福镇虎啸村杨梅湾出土，二级文物，现藏桐乡市博物馆。

玉钺

长 15.3 厘米，背宽 9.2 厘米，刃宽 11.5 厘米，厚 0.6 厘米。褐绿色，平面呈梯形，肩端一角有明显缺损，折角圆弧刃，双面锋，钝口，无使用痕迹，制作规整，通体精细抛光。

屠甸镇姚家山文化遗址出土，现藏桐乡市博物馆。

玉璧

直径 21.6 厘米，孔径 4.2 厘米，厚 1.4 厘米。色泽墨绿，间有白筋，器表打磨光滑，器型规整，其中一面留有切割痕迹。中孔对钻，留有错缝台痕。通体厚薄均匀，制作精良。

凤鸣街道白云桥出土，二级文物，现藏桐乡市博物馆。

玉琮

高 4.3 厘米，孔径 5.8 厘米，射径 8.5—8.8 厘米，射高 0.5 厘米。墨绿色阳起石，内圆外方，对钻孔，分上下二节，以四条对角线为中心组成八组相同的简化神面纹。

崇福镇店家埭村出土，二级文物，现藏桐乡市博物馆。

神人兽面玉牌饰

高 2.8 厘米，宽 3.8 厘米，厚 0.7 厘米。透闪石软玉，玉色受沁已变白，局部有黑色沁斑，表面光滑。整器呈扁平工字形，分上下两部分。上部略大呈倒梯形，顶端两侧高起，中间微凹，中央有弓字形凸起；顶端面上钻有三孔，中孔上下垂直对钻贯通，两侧孔斜钻约 1.5 厘米，未通。下部似菱形，下端呈 V 字形尖角状。两面微鼓，琢有人兽面纹饰。

崇福镇留良村新地里遗址出土，现藏桐乡市博物馆。

玉鸟

高 1.3 厘米，宽 2.3 厘米，厚 0.5 厘米。身躯略呈倒三角形，厚实丰满，前端渐细。鸟头间琢出明显分界，鸟首细小，高宽仅在 3-4 毫米，作垂首状，鸟首两面分别以小型桯钻碾出圆形小凹窝状双眼；又以两面相向切割的方式琢出上窄浅、下宽深的 V 字形尖角状鸟嘴；头顶凸起的条形鸟冠，宽不足 1 毫米。鸟尾为扁平条形，顺着身躯后端的弧线逐渐收缩，与身躯连成一体。身躯下端代表足部的小方凸块上对钻一横向小孔，用以穿缀和组装。

崇福镇留良村新地里文化遗址出土，现藏桐乡市博物馆。

玉三叉形器

高 4.3 厘米，上宽 5.5 厘米，厚 1.1 厘米。上端三叉平齐，下端平弧。正面是平整面，背面上端三叉齐平，下端正中部有一凸块，钻有上下贯通的小圆孔。为良渚文化发现最少、分布范围最小的器种，目前仅余杭、桐乡有发现。

屠甸镇荣星村姚家山文化遗址出土，现藏桐乡市博物馆。

三、瓷　器

北宋越窑（牡丹纹）暖碗

口径 17.2 厘米，高 7.2 厘米，底径 4.6 厘米。

国家三级文物，现藏桐乡市博物馆。

此碗造型别致，似卧足浅盘与墩式叠套相接一般，碗腹中空，足底面有一圆孔相通，可利用空气或置入暖水中，起到保温作用。胎体坚实厚重，通体施釉，青中泛黄，色泽光亮，碗心刻划牡丹，茎蔓缠枝，花叶连绵，外壁施牡丹数朵，缠枝与朵花穿插。

南宋景德镇影青贯耳瓶

口径 3.4 厘米，腹径 8.6 厘米，底径 5.8 厘米，高 13.9 厘米。

国家三级文物，现藏桐乡市博物馆。

直口长颈，腹部扁圆，圈足，颈两侧饰两个筒形贯耳，其釉面光润，清澈透亮，器身满布细纹片，形制朴厚凝重，古雅端庄。

南宋黑釉兔毫盏

高 6.2 厘米，口径 12.1 厘米，足径 4 厘米。

国家三级文物，现藏桐乡市博物馆。

敞口深腹，小圈足，紫胎黑釉，碗身内外都有细长的条纹，在黑色釉上透出黄棕色或铁锈色流纹，状如兔毫，呈鱼鳞状结构。在毫两侧边缘上，各有一道黑色粗条纹。

明成化款青花碗

高 6.3 厘米，口径 12.1 厘米，底径 6.2 厘米，胎体最薄处 0.25 厘米。

国家三级文物，现藏桐乡市博物馆。

敞口外撇，深弧腹，下腹微下垂，地心向外微凸，圈足较大，与器高相近，露胎处平整一刀切，圈足外壁转折呈直角，内壁从转折至圈足口略有斜度。有牧童和行人画面，牧童戴笠骑牛，新柳垂绿，燕雀迎风飞行；柳荫深处，酒帘招展，酒家临湖，湖上有扁舟点缀，一人撑伞背包，小跑前行，作欲进酒家歇息之状。在圈足内心，用双圆圈，内有青料书"成化年造"款。

元龙泉窑莲花纹大盘

口径 26 厘米，高 7.2 厘米，底径 14 厘米。

国家三级文物，现藏桐乡市博物馆。

十瓣莲纹口，宽折沿，盘底刻牡丹缠枝，通体施青釉，胎体厚重。器物大而规整，造型优美，为元代龙泉窑佳作。

清康熙霁红胆式瓶

通高 21.6 厘米，口径 8.2 厘米，腹径 13.6 厘米，底径 7.9 厘米。

国家三级文物，现藏桐乡市博物馆。

霁红，称祭红，又名宝石红。侈口，长颈，圆腹下垂，通体施釉，釉面透亮垂流，有均匀的桔皮棕眼，口沿出现轮状白线，俗称"灯草边"。除口沿处呈白色外，全器越往下，红色越浓艳，流釉过足，底足有敲击痕迹。造型敦厚，色泽红艳滋润。

清康熙青花地冰梅纹花觚

通高 46.5 厘米，口径 21.6 厘米，腹径 14.5 厘米，底径 14.7 厘米。

国家三级文物，现藏桐乡市博物馆。

侈口，颈下渐收，鼓腹下敛，足底外撇，有二层台，通体以青花为地，满布白朵梅花。器型折角处的线条较为圆润，无硬折感，鼓腹上下有明显的衔接遗痕，口沿有一线粉白釉，给人以唇厚出边之感。底部满釉，内书"大清康熙年制"青花款。

清乾隆珐琅彩开光花鸟纹瓶

通高 14 厘米，口径 4.4 厘米，腹径 10.2 厘米，底径 5.1 厘米。

国家三级文物，现藏桐乡市博物馆。

珐琅彩开光花鸟纹瓶，侈口，细长颈，溜肩，折腹，圈足。通体以豆绿色作地，彩绘缠枝莲。颈部两面开光，内绘洞石、草菊纹，肩、颈部以弦纹相隔，肩部饰如意云头和莲蕊纹，腹部两面开光处作《惠崇春江晚景图》。

清乾隆粉彩历史人物图梅瓶

口径 3.3 厘米，腹径 10.7 厘米，底径 6.3 厘米，高 16.5 厘米。

国家三级文物，现藏桐乡市博物馆。

口细颈短，肩极宽博，鼓腹偏上，胫收敛而足小。主题纹饰为《三国演义》"关羽斩蔡阳"故事。足内书"大清乾隆年制"篆书图章款。整器造型浑厚端庄，朴茂中隐含秀俊，釉色恬淡雅逸。主题纹饰构思严谨，人物逼真传神，给人静穆敦厚之美感。

明龙泉窑粉青八卦纹炉

口径 13 厘米，高 7.3 厘米，底径 4.8 厘米。

国家三级文物，现藏桐乡市博物馆。

八卦纹炉，由乾、坤、震、巽、坎、离、艮、兑八种基本图形组成，象征天、地、雷、风、水、火、山、泽八种自然现象，以推测自然和社会的变化。凹沿敛口，圆筒腹，束腰，地外凸，有小圈足，下承三蹄形矮足，使圈足束之高阁，成为一种装饰。此炉出土于明万历年间的吕燧墓中。

清康熙釉里红麒麟海水纹罐

口径 3.9 厘米，腹径 8.5 厘米，高 6.5 厘米，底径 3.5 厘米。

国家三级文物，现藏桐乡市博物馆。

小口外撇，短颈，圆鼓腹，圈足，造型秀雅，胎釉温润细腻。器身主题图案为麒麟、祥云、寿石，隐喻吉祥如意。圈足内书"大清康熙年制"青花款。

清乾隆孔雀绿刻划暗花龙纹长颈瓶

口径 3 厘米，腹径 11 厘米，高 18.3 厘米，底径 6.3 厘米，

国家三级文物，现藏桐乡市博物馆。

孔雀绿刻划暗花龙纹长颈瓶，小口，细长颈，丰肩，圆腹，浅足。通体施孔雀绿釉，腹部为暗刻云龙纹，龙头上昂，张口翘舌，双角向后延伸，两眼正视，龙须细长而圆曲，龙鳞细密，四肢粗壮，身躯矫健，凌空飞舞，足有五趾，锐利肆张，刚劲有力。龙纹的上下饰流云纹和火珠纹。整个画面疏密有致，笔意流畅自然。

清乾隆粉彩雕瓷鼻烟壶

通高 6.7 厘米，口径 1.6 厘米，腹径 5.7 厘米，宽 1.1 厘米，底径 1.7 厘米。

国家三级文物，现藏桐乡市博物馆。

浮雕粉彩鼻烟壶，小巧玲珑，双面浮雕，似舟行海上，水用鱼鳞纹表示，天空祥云朵朵，舟及物用粉彩点缀，细腻生动，刻划出"郑和下西洋"的生动画面。底部有"大清乾隆年制"红彩篆书款。

明万历孔雀绿釉盖罐

通高 15.4 厘米，口径 7.7 厘米，肩径 14.5 厘米，底径 8.9 厘米。

国家三级文物，现藏桐乡市博物馆。

孔雀绿釉盖罐，盖顶塑有宝珠纽，通体施釉，有剥釉现象。丰肩，收腹，浅圈足，盖面青花绘变体菊瓣纹，肩部饰锯齿纹，其间青花绘变体菊花，肩腹之间用点相隔，点如流水。腹部分别饰成对的菊花和荷莲，清静高雅，超凡脱俗。

四、书　画

明嘉靖明王彩绘像轴

纸本，纵 148 厘米，横 71.3 厘米。

国家一级文物，现藏桐乡市博物馆。

设色重彩，明王、孔雀座基，两菩萨侍立两旁。明王头戴花冠，额饰粉点，饰璎珞彩带，面容慈祥，头现圆形顶光。袒胸着红色袈裟，双手合十，半跏坐，双脚直立孔雀莲花座，并作开屏状，沿明王身后的光圈张开，上部残。头部左右侧，各有一愤怒相的明王，左者一手持弓，一手持剑；右者一手持剑，一手食指向上。在孔雀座基下的两侧，各立一位侍者，左侧为男性，头戴冠帽，手持莲篷，身着红色宽袖服；右侧为女性，头戴花冠，双手合十，身着红色宽袖服。侍者服饰普通人。图下中绘莲花题名牌一，直书五行；题名牌右侧后加方框款，直书六行。

明嘉靖诸天菩萨彩绘像轴

纸本，纵 149.3 厘米，横 66.3 厘米。

国家一级文物，现藏桐乡市博物馆。

工笔重彩，绘佛像右侧向全身立式，由前至后分三列，均赤足踏莲，额饰粉点，头戴花冠，饰璎珞彩带，面腴体丰，袒胸衣裙，披帛飘绕，手做不同法式，头现圆形顶光。前列左侧者手持折枝莲花，花朵上放置红线束扎的经册，右侧者手呈说法印；中间者手呈结降魔印；后两者双手合十。众佛像之后，绘一侍者，手持幢幞，垂幔柱形，盘盖上系结花长带，自由飘扬。图右下角题名牌一，上有直书楷体题记五行。

明嘉靖诸天菩萨彩绘像轴

纸本，纵 149.3 厘米，横 66.3 厘米。

国家一级文物，现藏桐乡市博物馆。

工笔重彩，绘佛像左侧向全身立式，由前至后分三列，均赤足踏莲，额饰粉点，头戴花冠，饰璎珞彩带，面腴体丰，袒胸衣裙，披帛飘绕，手做不同法式，头现圆形顶光。前列右侧者手持折枝如意，右侧者手相朝下，呈结降魔印；中间者手持宝瓶；后两者双手合十。众佛像之后绘一侍者，手持幢幞，垂幔柱形，盘盖上系结花长带，自由飘扬。图左下角题名牌一，上有直书楷体题记六行。

明宋旭《松壑楼居》山水大堂

绢本，纵 271 厘米，横 186 厘米。

国家一级文物，现藏桐乡市博物馆。

设色山水，右上角空白较多，用隶书题"松壑楼居"，字较大。紧挨标题左边是三行小字："万历乙未日长至，写于南泖旧观书屋，石门山人宋旭初旸识"。钤四印，"檇李宋旭"、"石门居士"，为方形朱文篆书；"初旸氏"为方形白文篆书；"崇德"为长方形朱文篆书起首印。《松壑楼居》是一幅未被著录的佚作，整个画面是一幅高远散点透视图，大致可分近景、中景和远景。

明徐渭《墨梅芭蕉图轴》

纸本，纵 197 厘米，横 98 厘米。

国家一级文物，现藏君匋艺术院。

1987 年钱君匋捐赠。

徐渭（1521—1593 年），字文清，更字文长，号天池、青藤道士，山阴（今浙江绍兴）诸生。诗文、书法皆精，尤擅行草。善画山水、人物、花卉、竹石，与陈道复并称"青藤白阳"。

此画为徐渭 50 岁左右的作品，画轴通幅的梅花、芭蕉、山石，皆以水墨一气呵成，墨韵淋漓鲜润，用笔气韵奔放，左侧自题"冬烂芭蕉春一芽，隔墙似笑老梅花。世间好事难兼得，吃厌鱼儿又拣虾。"款署"徐渭"，下钤印三方："佛寿"、"文长"、"天池山人"，起首章一方"漱仙"。

明陈洪绶《赏梅图轴》

绢本，纵 83 厘米，横 43.5 厘米。

国家一级文物，现藏君匋艺术院。

1987 年钱君匋捐赠。

陈洪绶（1598—1652 年），字章侯，号老莲，浙江诸暨人。书法遒逸，善山水，尤工人物。与崔子忠齐名，号"南陈北崔"。

此画绘有二人，身穿红衣的主人坐于椅子上，客人一袭长袍，袍下隐现方头红鞋，坐一红凳，与主人相呼应。主人右手指着花盆里的梅花，二人似在共赏。画面人景契合，用笔细劲流畅，设色清新淡雅，为陈老莲中后期佳作。左上署款："策秋老道兄，洪绶画。"钤二印："陈洪绶印"、"老莲"。左下角有"曾经钱君匋珍护"、"老氏腾溪书屋"两方收藏印。

明文徵明《窗前鸣佩长卷》

绢本，纵 18.5 厘米，横 118.5 厘米。

国家一级文物，现藏君匋艺术院。

1987 年钱君匋捐赠。

文徵明（1470—1559 年），名璧，字徵明，以字行，更字徵仲，号衡山居士，长洲（今江苏苏州人）。擅山水，工书法，尤精小楷，为"明四家"之一。

长卷引首为文徵明自题"窗前鸣佩"四字，署款"徵明"。画心为设色山水，苍润幽深，气韵生动，具有一种超脱宁静的韵味。起首画篱门内草庐几间，室中简净朴质，一人读书于内，草庐之侧修篁一丛，又与几棵虬曲古松相互掩映。院后一木桥，一人策杖流连其上。湖中山石，上有绿树。山的另一侧，傍岸构一小榭，榭外是广阔湖面，凭栏眺望而生远意。署款"丁卯七月，徵明"，钤"徵明"朱文印。为明嘉靖十年（1531）文徵明 62 岁时的作品。后有文徵明行草书诗二首。卷后有近现代书画家张宗祥、吴湖帆、叶恭绰、潘伯鹰、陆俨少、沈迈士、沈尹默、白蕉题跋。

清华嵒《松竹绶带图轴》

纸本，纵 149 厘米，横 55 厘米。

国家一级文物，现藏君匋艺术院。

1987 年钱君匋捐赠。

华嵒（1682—1756 年），字秋岳，号新罗山人。福建上杭人，后寓居扬州，以卖画为生。善画人物、山水、花鸟、草虫，风格清新俊逸。亦工诗，善书，有"三绝"之称。

图轴绘有松、竹、凌霄花，还绘有一只绶带鸟，在笔法、用墨和敷色上都具有鲜明的个性，勾、勒、点、拂、晕、染、斡、扫，交施互用。用干笔枯墨皴擦技法，运用到绶带鸟的羽毛上，羽毛蓬松空灵。题诗"舍杖憩游履，被褐临幽轩。竹色团野秀，霜气苏寒园。节物谢清旷，流景薄朝喧。感此抱真想，搴毫营孤根。势往欲探赜，神留起抗亢。含芬固不媚，在图苍且尊。一枝假文羽，整翮要飞翔。新罗山人华嵒并题"。钤"幽心入微"朱文印、"布衣生"朱文印，收藏印有"孙慧翼印"白文方印、朱文方印"艳秋阁物"。

清赵之谦《花卉四屏》

纸本，纵 245 厘米，横 60 厘米。

国家一级文物，现藏君匋艺术院。

1987 年钱君匋捐赠。

赵之谦（1829—1884 年），字撝叔，号悲庵，会稽（今绍兴）人。精篆刻，善书画。书法学颜，后师北碑，自成一家。花卉及杂画宽博淳厚，水墨交融。

《花卉四屏》分别绘荷花、紫藤、菊花、牡丹，构图平中求奇，险中求稳，突破前人窠臼，大小、粗细、疏密、刚柔，各得其所，特别是《荷花图》的荷花梗，俱在四尺以上，信手不拘，挺劲潇洒，显示出非凡的艺术功力。荷花屏题句"太华山峰头玉并莲，以意为之，饰非而已，撝叔记"；紫藤屏题句"绥若若金紫作，撝叔"；梅花屏"印溪三兄年大人属，撝叔弟之谦"；牡丹屏题句"富贵昌宜，汉镜铭，撝叔"。钤"赵孺卿"朱文印、"赵孺卿"白文印、"赵之谦印"朱文印、"赵之谦印"白文印。收藏印"曾经钱君匋珍护"朱文印。

清金农《花卉册》

绢本，十开，纵 35.3 厘米，横 23.7 厘米。

国家一级文物，现藏君匋艺术院。

1987 年钱君匋捐赠。

金农（1687—1764 年），字寿门，号冬心，仁和（今杭州）人，流寓扬州。工隶、楷，并自创一格，号称"漆书"。50 岁学画，善画山水、人物、花卉、梅竹。为"扬州八怪"之一。

此册作于乾隆二十三年（1758），是 72 岁时所作的精品，涉笔即古，脱尽画家之习，布局构图，另有心裁，意境深邃，耐人寻味。其中六页梅花，用笔笨拙，枝多花繁，生机勃发，古雅拙朴，册后还有钱君匋题记。

清石涛《苦瓜妙谛兰竹册》

纸本，231 厘米，横 24.5 厘米。

国家一级文物，现藏君匋艺术院。

1987 年钱君匋捐赠。

石涛（1642—?），僧人，俗姓朱，字石涛，号大涤子，自称苦瓜和尚。明靖江王朱守谦后裔。擅画花果兰竹，兼工人物，尤善山水，画名极盛。

《苦瓜妙谛兰竹册》有"大涤子兰竹册，宋纸逸品六帧，吴湖帆题签"字迹。描绘兰花、兰竹、竹笋、兰石等，每一画页上有石涛的画语，用笔松秀，用墨清润，自抒胸臆，不拘成法。钤有"大涤子"朱文印、"前身应画师"朱文印、"清湘遗人"朱文印、"清湘石涛"白文印。收藏印有"曾经钱君匋珍护"朱文印、"君匋心赏"朱文印、"豫堂"朱文印、"钱君匋审定印"朱文印、"朱屺哉图书记"朱文印、"屺瞻"朱文印、"朱屺哉师事"朱文印。

明陈道复《松石图》

纸本，水墨，纵148厘米，横61.5厘米。

国家一级文物，现藏君匋艺术院。

1987年钱君匋捐赠。

陈道复（1483—1544），初名淳，字道复，后以字行，改字复甫，号白阳山人，长洲（今江苏苏州）人，诸生。尝从文徵明学书画，工花卉，亦画山水，书工行草。画擅写意花卉，淡墨浅色，风格疏爽，与徐渭并称为青藤、白阳，有《白阳集》。

此图画面中间青松挺拔，郁茂苍然，古藤盘旋其上，以淋漓水墨挥洒松针，根丛的杂草随意涂抹，湖石则以粗笔斫皴，笔致潇洒，墨色酣畅。右上角自题："秀色扶疏覆野庭，满身鳞甲似龙形。主人依倚醉还醒，城市山林闲宰相。竹篱茅舍老书生，不妨随伴采芝苓。近作得浣溪沙并书图上，白阳山人，嘉靖辛丑中秋前三日，道复写于城南草堂。"钤印："复父氏"白文印、"白阳山人"白文印、"陈道复"白文印、"陈氏道复"白文印。右下角收藏印："元谭公五十八孙纪昌元鉴赏之章"、"曾在朱屺瞻家"、"曾经钱君匋珍护"，均为朱文印。

清王翚设色山水轴

绢本，设色，纵142厘米，横61厘米。

国家一级文物，现藏君匋艺术院。

1987年钱君匋捐赠。

王翚（1632—1717），字石谷，号耕烟散人、剑门樵客、乌目山人、清晖老人等。江苏常熟人。与王鉴、王时敏、王原祁合称"四王"。其画笔墨功底深厚，长于摹古，几可乱真，但又能不为成法所囿，部分作品富有写生意趣，构图多变，勾勒皴擦渲染得法，格调明快，被视为画之正宗，追随者甚众，后人将其称为虞山派。

此图近景有小桥流水，高人徐步缓行，书童携琴相随。中有池塘，荷花盛开。塘后屋舍俨然，竹林繁茂，一鹤伫立，主人临楼远眺，悠然自得。再向上巉岩如屏，叠叠重重，唯山崖空缺处隐现屋宇。景物繁细，使人目不暇接。这幅作品旨在表现夏日山林静穆、清旷的意境。右上角王石谷自题："小阁临溪晚更嘉，绕檐秋树集昏鸦。何时再借西窗榻，抚罢孤琴复品茶。戊辰中秋后二日，仿赵大年法，兼用赵荼禄笔意，虽苍劲不足，而致趣有馀，以博鉴者一粲，乌目山中人王翚。"钤印二方：一为"王翚之印"，朱白文印，另一为"石谷子"，白文印。

清吴昌硕《缶庐诗翰》

纸本，尺寸不一。

国家一级文物，现藏君匋艺术院。

1987年钱君匋捐赠。

吴昌硕（1844—1927），初名俊，又名俊卿，字昌硕。安吉人。西泠印社首任社长。

绘画以篆书笔法入画，线条凝炼遒劲，气度恢宏古朴，浑厚苍莽。书法初法颜真卿，继学钟元常，隶书学汉石刻，篆书学石鼓文，用笔之法受邓石如、赵之谦等人影响。著有《缶庐集》《缶庐印存》。

此书共收书信34通，收信者为施石墨、施少墨等，还有诗笺68件，书法率真雄放，洗尽铅华，不失为精品。

明沈周《寿桃图》

纸本，设色，纵135厘米，横62厘米。

国家二级文物，现藏君匋艺术院。

1987年钱君匋捐赠。

沈周（1427—1509），字启南，号石田、白石翁、玉田生、有竹居主人等。长洲（今江苏苏州）人。与文徵明、唐寅、仇英并称"明四家"。传世作品有《庐山高图》《秋林话旧图》《沧洲趣图》。著有《石田集》《客座新闻》等。

此幅画作浑厚老到，尤精于章法。凌空写桃一枝，以雁来红点缀其下，虚实疏密，极见匠心。叶之偃仰向背，桃之掩映单复，枝干之穿插伸展，生动灵现，画中桃实累累，如见盈盈果汁，如闻馨香四溢。右上角题款："笔底能争造化工，倾时桃熟立东风。任他春夏秋冬变，不改千年长寿容。长洲沈周并题。"下钤"南启"白文印、"白石翁"白文印。右下角钤收藏印："钱氏半青馆藏"朱文印；"外江史上"朱文印；"欝冈精舍"白文印。

明张宏设色山水轴

纸本，设色，纵118.5厘米，横28.5厘米。

国家二级文物，现藏君匋艺术院。

1987年钱君匋捐赠。

张宏（1577—？），字君度，号鹤涧，苏州人。善画山水，笔力峭拔，墨色湿润，层峦叠嶂，秋壑深邃，有元人意，是明末吴门画坛的中坚人物。另据史书称，张宏92岁尚健，仍在作画。他在继承吴门画派风格和特色的基础上，另辟蹊径，师法自然，创作出富有生活气息的作品。

此幅山水署款："天启辛酉新秋，偶见夷门侯先生笔，摹此，愧不能似其毫末，张宏。"下钤"张宏"白文印、"君度氏"白文印，右下角钤有收藏印"瘦铁"白文印、"君匋心赏"朱文印。天启元年即1621年，时张宏42岁。此幅画面以三株老松及小桥流水、扶杖老者，形成第一层次的主体形象；后是竹篱茅舍，半隐半露，淡远含蓄，屋内二老翁，席地而坐；再后是峰峦山径，向上是崇山峻岭，令人置身于千岩万壑之中。

明蓝瑛设色山水轴

绢本，设色，纵170厘米，横88.5厘米。

国家二级文物，现藏君匋艺术院。

1987年钱君匋捐赠。

蓝瑛（1585—约1666），字田叔，号蝶叟，晚号石头陀、山公、万篆阿主者、西湖研民。钱塘（今杭州）人。工书善画，长于山水、花鸟、梅竹，尤以山水著称。其山水法宗宋元，又能自成一家。师画家沈周，落笔秀润。临摹唐、宋、元诸家，师黄公望尤为致力。与文徵明、沈周并重。

此幅画面描绘秋山清景，高耸的主峰中间，挂下一道飞泉，山麓烟岚浮动，树杪隐现，近景杂数丛松，葱苍郁茂，凌寒不凋。林间有二老者闲谈古今，悠然自得。署款"癸巳冬日法赵仲穆画于介福堂，七十山公蓝瑛"，钤"蓝瑛之印"朱文印、"叔田"朱文印，左下角钤"曾经钱君匋珍护"朱文印、"午斋"朱文印，右下角钤"钱君匋审定印"朱文印。

清龚贤水墨山水轴

绢本，水墨，纵160厘米，横44.5厘米。

国家二级文物，现藏君匋艺术院。

1987年钱君匋捐赠。

龚贤（1618—1689），又名岂贤，字半千、半亩，号野遗，又号柴丈人、钟山野老。江苏昆山人，流寓金陵（今南京市），早年参加复社活动，入清后隐居不出。他与同时活跃于金陵地区的画家樊圻、高岑、邹喆、吴宏、叶欣、胡慥、谢荪并称"金陵八家"。工诗文，善行草，源自米芾，又不拘古法，自成一体。著有《香草堂集》。

此幅山水物象简散，墨色平淡，结构松灵，有一股回绝尘寰的静寂之气。画面山石，大小不同，石块上白下黑，富于质感。坡石以淡墨为主，勾皴坚实，渲染浑穆，浓墨点苔，尤见神采。坡上秋树，高低参差，掩映得势，绝无雷同，是得意之笔。中景一泓秋水，空明澄澈，逼人心目；山后松林，掩映小楼，意境冲远。右上角自题："一楼结在万山中，壁挂瑶琴松满空。半夜酒醒闻细籁，不知琴语是松风。野遗。"钤"龚贤印"朱白文印、"半千"朱文印。

清李方膺《梅花册页》

册页，纸本，纵24厘米，宽31.3厘米。

国家二级文物，现藏君匋艺术院。

1987年钱君匋捐赠。

李方膺（1695—1755），字虬仲，号晴江，别号秋池、抑园、白衣山人。为"扬州八怪"之一。工诗文书画，擅梅、兰、竹、菊、松、鱼等，其画笔法苍劲老厚，剪裁简洁，不拘形似，活泼生动。有《风竹图》《游鱼图》《墨梅图》等传世。著《梅花楼诗钞》。能诗，后人辑有《梅花楼诗草》。

该册页共八页，作于乾隆十八年（1753），其时李方膺已罢官，常往返于南京、扬州、合肥之间。其中五页为大写意水墨梅花，第一页写倒垂梅一株，从右上角发干布枝，没骨写干，双勾圈花，疏花冷蕊，孤傲不群，萧索散淡，情思简远，题款："雪意风情逸韵增，淡于秋水洁于冰。知他不是风尘客，位置瑶台第一层。"钤"晴江"朱文印、"仙李"朱文印。

第五页写一支老干，盘旋向上，复作偃塞之态，旁一小枝依附一侧，章法结构，极为奇特，法度谨严，惜墨如金，梅花形态似精心培植、修剪得度的盆栽，枝干以淡墨干笔皴擦，苍老而浑厚，题款："绿萼朱砂刺眼明，巡檐索句最多情。只愁淡墨轻烟色，春到无人问姓名。乾隆十八年写于金陵河亭。"印章："天"，朱文；"画医目疾"白文。收藏印"豫堂"，朱文。

清汪士慎《墨梅图》

纸本，水墨，纵 177 厘米，横 55 厘米。

国家二级文物，现藏君匋艺术院。

1987 年钱君匋捐赠。

汪士慎（1686—1759），字近人，号巢林、溪东外史等。安徽休宁人，寓居扬州，"扬州八怪"之一。工分隶，善画梅，神腴气清，墨淡趣足。暮年一目失明，仍作书画，自刻一印云"尚留一目看梅花"，后双目俱瞽，但仍挥写，署款"心观"二字。有《巢林集》。

此图墨梅疏影斜出，冰清玉洁，笔法顿挫凝秀，出笔轻，收笔缓，细枝看似纤弱，实质遒劲，圈花圆润饱满，神清韵绝。整幅梅花墨色淡雅，疏疏落落，弄影浮香，似不食人间烟火。自题："写梅心抱寒，谁是会心者。安得逃禅翁，晴窗共挥洒。巢林汪士慎。"钤印二方，一为"溪东外史"，白文印；另一为"近人汪士慎"，朱文印。

清郑板桥《墨竹轴》

纸本，水墨，纵 140 厘米，宽 61.5 厘米。

国家二级文物，现藏君匋艺术院。

1987 年钱君匋捐赠。

郑板桥(1693—1765)，名燮，字克柔。江苏兴化人，"扬州八怪"之一。历官山东范县、潍县知县，有惠政。诗书画均旷世独立，人称"三绝"。有《板桥全集》。

此幅画面，数竿墨竹，长短有殊，或左或右，各自独立，却顾盼有情，用笔遒健圆劲，竹后石笋居中直耸，用中锋勾勒，笔致瘦硬秀拔，皴擦较少，而神韵具足。竹用浓笔，石用淡墨，浓淡相映，妙趣横生。纵观全局，气势俊迈，风神萧散，有傲然挺立之概。右侧题款："石乡先生属写，不用题句者，不敢运斤于鲁家门也。板桥弟郑燮。"钤印："郑板桥"，白文印；"歌吹古扬州"，朱文印。左下角钤收藏印"曾经钱君匋珍护"，朱文印。

清伊秉绶隶书联

纸本，纵 134.5 厘米，横 25 厘米。

国家二级文物，现藏君匋艺术院。

1987 年钱君匋捐赠。

伊秉绶（1754—1815），字祖似，号墨卿。福建汀州（今长汀）人。乾隆进士，官扬州知府。善书法，尤精于隶，墨沉笔实，醇古壮伟。

此幅书联："清诗宗韦柳，嘉酒集欧梅"，以颜书笔法作汉隶，魄力宏恢，为精品之作。

印章："客子墨卿"，朱文印；"伊秉绶"，朱文印。收藏章："曾经钱君匋珍护"，朱文印；"君匋心赏"，朱文印。

清任颐《三公图轴》

纸本，纵 135 厘米，横 66 厘米。

国家二级文物，现藏君匋艺术院。

1987 年钱君匋捐赠。

任颐（1840—1895 年），初名润，字小楼，又字伯年，后改名颐。山阴（今绍兴）人，长期寓居上海。擅肖像、人物和花鸟。

此图写桃花盛开，棕榈滴翠，山石上三只公鸡悠然自得，造型准确，比例匀称。此图右上角题款："光绪辛巳十二月下浣。效宋人设色于黄歇浦上飞鸿馆。山阴任颐伯年父。"钤印："任颐伯年"，白文印。左下角印章："曾经钱君匋珍护"，朱文印。

清吴昌硕石鼓联

纸本，纵 135 厘米，横 26.5 厘米。

国家二级文物，现藏君匋艺术院。

1987 年钱君匋捐赠。

此副书联："以朴为秀古原树，其真自写斜阳花。"用笔结体，朴茂雄健，古气盘旋，能破陈规，自成一家。上款："惜篁仁兄属集旧拓石鼓字，时乙卯白露节"，下款："安吉吴昌硕"。钤印章："俊卿之印"，白文印；"仓硕"，白文印；"归仁里民"，白文印。

陈衡恪《墨梅扇面轴》

纸本，水墨，纵 23.5 厘米，横 70 厘米。

国家二级文物，现藏君匋艺术院。

1987 年钱君匋捐赠。

陈衡恪（1876—1923），字师曾，号槐堂，又号朽道人。祖籍江西修水，生于湖南。近代画家。

此轴墨梅巨扇，上有钱君匋横幅隶书"风神秀逸"，其下为墨梅，用水墨写梅主干，枝条茂盛，枝头花朵繁密，或含苞欲放，或盛开怒放，正侧偃仰，千姿百态。自题："姑射仙人冰雪容，尘心已共彩云空。年年一笑相逢处，长在愁烟苦雾中。师曾。"钤印："衡恪之印"，白文印。左上角钤："曾经钱君匋珍护"，朱文印。

弘一法师魏书联

纸本，纵 55 厘米，横 11 厘米。

国家二级文物，现藏君匋艺术院。

1987 年钱君匋捐赠。

李叔同（1880—1942），又名李息霜、李岸，谱名文涛，幼名成蹊，字息霜，别号漱筒，祖籍浙江平湖，生于天津。中国话剧的开拓者之一，在音乐、书法、绘画和戏剧方面造诣甚高。从日本留学归国后，担任过教师、编辑等职，后剃度为僧，法名演音，号弘一，晚号晚晴老人。

此五言联："一法不当情，万缘同镜象"。上联右侧有夏丏尊题记："君匋思得弘公法书，检旧藏赠之，癸酉秋丏翁记"，下钤"丏翁"朱文印。下联左边题记："丏尊居士，己未八月，弘一演音客灵苑"，钤"弘一"朱文印。这副对联是李叔同出家后，写给好友夏丏尊的，后来夏丏尊转赠给钱君匋。此联书法安详明净，朴拙圆满，浑若天成。

于右任魏书联

纸本，纵244厘米，横60厘米。

国家二级文物，现藏君匋艺术院。

1987年钱君匋捐赠。

于右任（1878—1964），原名伯循，别署髯翁，陕西泾阳人。擅长书法，精于笔法，以稚拙简漫出之，善草书，于宽博潇洒中别具神韵。

此副魏书八尺联"时雨光万物，大云庇九州"，上款"君匋先生法家正之"，落款"于右任"，钤印章"关中于氏"，朱文印。收藏印"钱君匋所得金石书画"，朱文印。作品结体宽博，点画深厚，运笔顺锋而入，中宫内收，形体端庄，奇逸质朴，大气磅礴。

丰子恺《设色漫画对题册》

纸本，十二开，纵24厘米，横16.5厘米。

国家二级文物，现藏君匋艺术院。

1987年钱君匋捐赠。

丰子恺（1898—1975），原名丰仁，石门镇人，师承李叔同，曾任上海中国画院院长，擅长漫画。

此册为丰子恺晚年精品，共24幅，漫画、书法对题，漫画以简括、淳朴、流畅的笔调单线平涂，书法潇洒飘逸，气息淳古。

丰子恺《饮水思源》

纸本，纵67厘米，横47厘米。

国家三级文物，现藏丰子恺纪念馆。

1985年丰子恺幼子丰新枚捐赠。

1961年9月，丰子恺随上海政协参观团赴江西南昌、赣州、瑞金、井冈山、抚州、景德镇等地参观，归来后，作《饮水思源——参观江西革命根据地》随笔，配图《饮水思源》，载1961年10月14日《解放日报》。此画左角一棵大树，中有一井，七人分列井旁，右上角题"饮水思源，瑞金沙坪坝红井，丰子恺画"。下钤"石门丰氏"，朱文印；左下角钤有"子恺书画"，白文印。

该画曾收入1963年12月上海美术出版社编印的《丰子恺画集》。

丰子恺《历史人物轴》

纸本，画纵 32.4 厘米，横 24.4 厘米，二页；书法纵 24 厘米，横 33.5 厘米，一页。

国家三级文物，现藏丰子恺纪念馆。

1985 年丰子恺学生胡治均捐赠。

上面一页画一盲人肩背胡琴，手拿锣鼓，由一孩童引路，左上题有"历史人物，子恺画"；下钤"子恺漫画"，朱文；右下角钤有"弟子胡治均赠"，白文。中间的一页画一盲人坐于凳上，设一"文王卦"卦摊，右上题有"历史人物，子恺画"，下钤"子恺漫画"，朱文，左下角钤有"弟子胡治均赠"，白文。下面是书法"移风易俗，弃旧更新，破除迷信，普利民生，测字算命，瞎说无凭，问道于盲，笑煞万人，迷信之害，从来不浅，人人觉悟，其害自免，历史人物，一去不返，描写入画，以博一粲。子恺书并题"，下钤"石门丰氏"，朱文，右上钤有"弟子胡治均赠"，白文。

丰子恺《茶店的今昔》《乞丐的今昔》立轴

纸本，纵 32.4 厘米，横 24.4 厘米，二页。

国家三级文物，现藏丰子恺纪念馆。

1985 年丰子恺学生胡治均捐赠。

第一页《茶店的今昔》，由二幅漫画组成，左边描绘的是旧社会茶店，两名老年茶客坐于凳上，眉头紧锁，表情不悦，柱子上贴有"莫谈国事"，边上站一伙计，同样锁眉，右上题"茶店一角，一九四七年，子恺画"，下钤"缘缘堂"，朱文；右边描绘的是新社会茶店，画有四名茶客，围坐桌子旁谈论，柱子上贴有"鼓足干劲，力争上游，多快好省地建设社会主义"，中间挂着电灯，右上题"茶店速写，一九五六年，子恺画"，下钤"子恺漫画"，朱文。二幅漫画的上方题有"茶店的今昔，丰子恺画"，钤"子恺漫画"，朱文，左边钤"弟子胡治均赠"，白文。

第二页《乞丐的今昔》，亦由二幅漫画组成，左边画小乞丐，向二名穿长衫的人行乞，左上钤"速朽之作"，朱文，左下题"TK 1934"，右上题"今天天气好"；右边画的是两孩子问妈妈"乞丐是什么？"，左下题"TK 1962"，右上钤"子恺漫画"，朱文。二幅漫画的上方题有"乞丐的今昔，丰子恺画"，钤"弟子胡治均赠"。

丰子恺《不畏浮云遮望眼》

纸本，纵 172 厘米，横 44 厘米。

国家三级文物，现藏丰子恺纪念馆。

1985 年丰子恺幼子丰新枚捐赠。

画中一青年骑马站立山头，面对群山，浮云朵朵，山下青松叠翠。左上题"不畏浮云遮望眼，自缘身在最高层。伯庄先生雅属，子恺画"；下钤"丰子恺"，白文印。左下钤"石门丰氏"，朱文印。

丰子恺《香稻》

纸本，纵 33 厘米，横 23 厘米。

国家三级文物，现藏丰子恺纪念馆。

1985 年丰子恺长女丰陈宝捐赠。

画竹匾捕鸟的场景，小孩子在屋里伸头探望，屋后有枯树，点明已是冬季。左上题"香稻，子恺画"，下钤"丰子恺"，朱文印。右下钤"石门丰氏"，朱文印。此画是丰子恺为鲁迅小说作的插图。

丰子恺行书七言联

纸本，纵 98 厘米，横 40 厘米。

国家三级文物，现藏丰子恺纪念馆。

1985 年丰子恺同学顾禹廷夫人捐赠。

上联书"四面云山谁作主"，上款"禹廷同学乡兄正"，下联书"数家烟火自为邻"，落款"戊寅秋子恺同客桂中"，下钤"子恺所作"，朱文印。诗出唐朝朱湾《寻隐者韦九山人于东溪草堂》。

丰子恺《山如眉黛秀》

纸本，纵 136 厘米，横 34 厘米。

国家三级文物，现藏丰子恺纪念馆。

1985 年丰子恺同学顾禹廷夫人捐赠。

画大松一棵，占画面近半，松树下一对青年男女，眺望青山。右上题："山如眉黛秀，水如眼波碧。为念流离苦，好景忽减色。禹廷同学乡兄存念，二七年秋子恺同客桂中"。下钤"丰氏"，白文印。

丰子恺《郎骑竹马来》

纸本，纵 66 厘米，横 33 厘米。

国家三级文物，现藏丰子恺纪念馆。

1985 年丰子恺幼女丰一吟捐赠。

画面上一双燕子柳下低飞，二名儿童屋前游戏，童趣盎然。左上题"郎骑竹马来。癸未百花生日，子恺画。甲原仁弟 秀华女史结褵之喜，甲申四月子恺贺赠"。下钤"丰"、"子恺"、"石门丰"，白文印。

丰子恺《行书七言联》

纸本，纵 98 厘米，横 40 厘米。

国家三级文物，现藏丰子恺纪念馆。

1985 年丰子恺幼女丰一吟捐赠。

上联书"廧公唯有白阳识"，上款"剑云先生雅正"；下联"归舟多载黄华来"，落款"戊辰寒食子恺"；下钤"丰子恺"，白文印。

丰子恺《病起临池试墨新》轴

纸本，纵 33.5 厘米，横 21.5 厘米。

国家三级文物，现藏丰子恺纪念馆。

1985 年丰子恺幼女丰一吟捐赠。

全文为："病起临池试墨新，桃花间院见芳春。采来蒲老仙狐句，赠与城东卖酱人。壬寅中秋前病中读聊斋志，病起取阿英中句作画，赠与酱园工人朱南田。承报此诗，适有画笺，率尔书之，子恺。"下钤"缘缘堂主人酒后作"，朱文长方印。

丰子恺《雪翁图》

纸本，纵 46.5 厘米，横 34 厘米。

国家三级文物，现藏丰子恺纪念馆。

1985 年丰子恺幼子丰新枚捐赠。

画儿童堆雪人，雪人戴帽，笑口大开，手握红旗。右上题"瑞雪映晴空，儿童塑雪翁。雪翁开口笑，预祝大年丰"，左边题"辛丑春节，子恺并题"，下钤"石门丰氏"、"子恺漫画"、"丰氏"，朱文。

丰子恺《行书五言联》

纸本，纵 69 厘米，横 17 厘米。

国家三级文物，现藏丰子恺纪念馆。

1985 年丰子恺外甥女丰宁欣捐赠。

上联"为人民服务"，下联"向工农看齐"。落款"丰子恺书"，下钤"子恺"朱文印、"石门丰氏"白文印。

丰子恺《行书白居易诗》轴

纸本，纵 77 厘米，横 30 厘米。

国家三级文物，现藏丰子恺纪念馆。

1985 年丰子恺同学邹桐初之子邹尉文捐赠。

全文为："桂布白似雪，吴绵软于云。布重绵且厚，为裘有余温。朝拥坐至暮，夜覆眠达晨。谁知严冬月，支体暖如春。中夕忽有念，抚裘起逡巡。丈夫贵兼济，岂独善一身。安得万里裘，盖裹周四垠。温暖皆如我，天下无寒人。白居易诗。"落款"桐初学兄雅正　千九百五十年四月弟丰子恺于上海书"。下钤"丰氏"朱文印、"子恺之印"白文印。

丰子恺《田翁烂醉身如舞》

纸本，纵 34 厘米，横 26 厘米。

国家三级文物，现藏丰子恺纪念馆。

1985 年丰子恺好友舒国华之子舒士安捐赠。

画中一老翁酒醉如舞，由两个儿童相扶上船。左上题"田翁烂醉身如舞，两个儿童策上船。子恺"。下钤"丰子恺"白文印，补款"士安贤侄存赏"。

丰子恺《行书毛泽东词七首》手卷

纸本，纵131.5厘米，横41厘米。

国家三级文物，现藏丰子恺纪念馆。

1985年丰子恺长女丰陈宝捐赠。

所书毛泽东七阕词分别为《沁园春·雪》《西江月·井冈山》《采桑子·重阳》《忆秦娥·娄山关》《卜算子·咏梅》《菩萨蛮·黄鹤楼》和《清平乐·六盘山》。

落款："毛主席词七阕，书贻陈宝、民望永存。丙午春节子恺。"下钤"石门丰氏"、"子恺书画"，白文印。

丰子恺《人民的西湖》

纸本，纵23厘米，横33厘米。

国家三级文物，现藏丰子恺纪念馆。

1985年丰子恺长子丰华瞻捐赠。

画面上近水远山，游人如织。右上题"人民的西湖，子恺杭州作"，下钤"石门丰氏"、"子恺漫画"，朱文印。

丰子恺《杜甫秋兴八首》册页

纸本，纵33厘米，横23厘米。

国家三级文物，现藏丰子恺纪念馆。

1985年丰子恺长子丰华瞻捐赠。

落款"杜甫秋兴八首 乙巳白露书付华瞻保藏 子恺"。下钤"丰子恺"，白文印。

丰子恺《佳节清明绿化城》轴

纸本，纵33厘米，横23厘米。

国家三级文物，现藏丰子恺纪念馆。

1985年丰子恺学生潘文彦捐赠。

全文为："佳节清明绿化城，树色青青，草色青青。室中也有绿成阴，窗上花盆，案上花盆。日丽风和骀荡春，天意和平，人意和平。人生难得两清明，时节清明，政治清明。"落款"癸丑清明时节录旧作一剪梅 子恺"。下钤"石门丰氏"、"子恺书画"，朱文印。

齐白石《残荷轴》

立轴，纸本，设色，纵138厘米，横63厘米。

国家二级文物，现藏君匋艺术院。

1987年钱君匋捐赠。

齐白石（1864—1957），湖南湘潭人，书画篆刻大师，曾任北京国立艺专教授、中央美术学院名誉教授、北京画院名誉院长、中国美术家协会主席等职。

此幅《残荷》作于癸酉年（1933），是齐白石70岁时的作品。画面上莲叶占绝大部分，上有蜻蜓，动静结合。右上角题款"达夫道兄先生请正，癸酉三月画此赠别，弟齐璜"，钤"白石翁"，白文印；右下角钤"海月庵"，朱文印。

吴湖帆《松石图轴》

纸本，设色，纵 69 厘米，横 35 厘米。

国家三级文物，现藏君匋艺术院。

1987 年钱君匋捐赠。

吴湖帆（1894—1968），初名翼燕，后更名万，又名倩、倩庵，字遹骏、东庄，别署丑簃。江苏苏州人。历任上海中国画院画师，上海美术专科学校、浙江美术学院教师，中国美术家协会上海分会副主席。

此图系吴湖帆贺钱君匋 50 岁生日所作。画面中双松偃仰多姿，拔地掀天，松干古厚，松针苍翠，松后湖石屹立，前后掩映。画上题款"君匋兄五十双寿，乙未除夕，吴湖帆写祝"。钤"吴倩之印"，白文印，

潘天寿《指画家禽轴》

纸本，设色，纵 118 厘米，横 40 厘米。

国家二级文物，现藏君匋艺术院。

1987 年钱君匋捐赠。

潘天寿（1897—1971），浙江宁海人，早名天授，字大颐、阿寿，号雷婆头峰寿者等。曾任中国美术家协会副主席、中国美协浙江分会主席、浙江美术学院院长等职。精于写意花鸟和山水，笔墨有金石味，朴厚劲挺，气势雄阔，赋色沉着斑斓；偶作人物，兼工书法、篆刻。

此幅图轴布局奇特，母鸡护持三只雏鸡，只占下半幅，上半幅全部留白，母鸡羽毛松散，神态慈祥，小鸡活泼可爱。右上角题款"高丽皮纸宜作指画，近时甚不易得耳，君匋先生属，一九六一年黄梅开候，大颐寿。"钤印二方"阿寿"、"潘天寿印"，白文印；左下角钤"止止堂"，朱文印。

黄宾虹《致白蕉手札卷》

纸本，纵 21 厘米，横 214 厘米。

国家三级文物，现藏君匋艺术院。

1987 年钱君匋捐赠。

黄宾虹（1865—1955），原名质，字朴存。原籍安徽歙县，生于金华，曾任中国美术家协会华东分会副主席。擅长山水，浑厚华滋，间作花卉，饶有别趣。著有《黄宾虹诗草》《古画微》《黄山画源流考》《画学通论》等。

此手卷为黄宾虹写给白蕉的信函，阐述对中国画学的一些见解，通篇给人以墨气淋漓之感，字迹大小错落有致，轻重平衡，富有动感。

茅盾《致鲍祖宣信札》

纸本，纵 26.5 厘米，横 19.5 厘米，共 2 页。

国家一级文物，现藏桐乡茅盾纪念馆。

1989 年 9 月鲍祖宣捐赠。

此信内容为：鲍祖宣先生：手悉。叶紫兄谈及鲁迅与我联名电贺长征胜利一事，您当时是听他口说，而您编的《女子月刊》大概并没记载。当时，这件事谁也没形之于笔墨，因为这将冒砍头的危险。《鲁迅研究资料》第一辑载有我的《我与鲁迅的接触》一文，是根据一九七五年四月廿二日我在鲁迅博物馆的座谈记录稿整理成的，其中第五节"关于贺长征电"，有比较详细的回忆，但只说到鲁迅同我谈起此事，那时他尚没把电文起草，所以我未见电稿，亦未谈及署名，后来没有再询此事，鲁迅亦未再言及。好像陕北方面亦没有电文原稿，且亦无人知道贺电全文，至今止剩了一句话。我以为此事无关重要，应以鲁迅发电为妥，不必再牵连到我了。此颂健康。茅盾十一月廿八日。

茅盾《致沈德汶信札》

纸本，纵 26.5 厘米，横 19.5 厘米，共 2 页。

国家二级文物，现藏桐乡茅盾纪念馆。

1986 年 3 月茅盾之子韦韬捐赠。

此信内容为：汶妹：七月卅日来信，昨日收到。可惜，我家仅有的一间客房早有人住了，她是小曼的亲戚，请来照顾我的小孙女的。小曼今年五月底就到干校劳动，期为一年。家中无人照管小丹丹。阿桑早出晚归，我同他除了星期天，难得见面。家中人少，白天只我一人在家，而且我又是行动不便（两腿发软，不能站立，走一步要人扶助），自然没有办法照顾小丹丹了。这位亲戚不但管教小丹丹，也招呼来客。她是退休人员，又无子女、孙辈需她照管，所以肯来帮忙。你们想来北京，今年不行，明后年行。而且今年尚未解除地震警报。匆此即颂健康！鸿八月二日。"

沈德汶为茅盾堂妹。

茅盾《致沈德汶信札》

纸本，纵 28 厘米，横 16 厘米，共 3 页。

国家二级文物，现藏桐乡茅盾纪念馆。

1986 年 3 月茅盾之子韦韬捐赠。

此信内容为：汶妹：八月十二日来信敬悉。你打算秋凉后割掉腰间的肿块，不知何时动手，希望一切顺利。兄自五月间检查出目疾严重，当即医治，打针、服药、点眼药，迄今已三个半月，未见好转。因为是老年性白内障（初发期），不能动手术，而左目又患老年性黄斑性盘状变形，则视力几等于零，本右目视力尚有 0.3，故能看大字书及写字，然易疲劳，医昭倘不节用目力，则病将迅速恶化，药石无能为力也，而所以得这些病，亦因过去白天夜间用目时间太多之故。而况我年青时本来就患痧眼，刮痧粒后遗留斑块，见风流泪。现除服西药外又服川友介绍成都眼科名医（中医，已七十多岁）所开之药方，其中一味药（空青石），京、沪大药房均无此物且不知其名，仍从四川中医学院附属医院之药房购得。中药见效慢，现已服半月，须一个多月后看情况。榕侄事，洵弟于月初来信说的较详细,今附上。事隔一个月,洵弟未再来信,我因目疾亦未写信去问,估量黑龙江方面不会那样快就处理。此事关键在黑省矿方,彼处毫无门路,我无能为力也。匆此即颂健康。兄雁冰八月廿八日。

茅盾《致沈德汶信札》

纸本,纵 26.5 厘米,横 19.5 厘米,共 2 页。

国家二级文物,现藏桐乡茅盾纪念馆。

1986 年 5 月 7 日由茅盾之子韦韬捐赠。

此信内容为:汶妹:十五日来信早到,因事迟复为歉。你所说的板蓝根注射液,问过医生,说没有。大家说我们去看病的医院是相当保守的,试验期中的新药是不敢昧然采用的。如果你能把这种药的方单寄给我,我可以叫人持单到市场上药店问问,如有就买来寄给你。左臂疼,面部浮肿,是太劳累之后又缺乏营养的结果,只能吃药。我常年服中药,为的是脾胃不好,大便不正常,不能吸收营养,半年来瘦了好多。眼睛更不行了,写字困难,因为有飞花,看小字书更不行,长期以耳代目。匆此专颂健康! 雁冰四月廿二日。

茅盾《致沈德汶信札》

纸本,纵 26.5 厘米,横 19.5 厘米,共 2 页。

国家二级文物,现藏桐乡茅盾纪念馆。

1986 年 3 月 16 日由茅盾之子韦韬捐赠。

此信全文为:汶妹:六月二日来信收到了。经安于六月七日来信,言曾来我寓三次,均未见。这是因为我从上月廿七日起,上午下午都在开会(全国文联扩大会议),晚上十一时方回家。经安来过,却不留个字条,他于六月七日来信中也未留地址,我无法找他。我们的会是五日结束的,倘他留有住址,我可以派人找他,他说是十一日离京,还能一见,现在真没有办法了,大概他是不看报的,不然,我们的会是个全国性大会,报上有消息。现在会开完了,各省的省报都会登消息。中央广播电台前天来我家采访,录了我的简单讲话的录音,昨晚已放送两次;可能各省的广播台也要转播的。一年来比从前忙得多了,来信(不认识的青年)每日四五封,来访(为各种事从外地来的)上每日有一二次,得有精神支持。打算日内住医院检查,也算休息。即颂健康! 雁冰六月九日。

茅盾《致萧家干信札》

纸本,纵 32 厘米,横 20 厘米,共 2 页。

国家二级文物,现藏桐乡茅盾纪念馆。

1988 年 10 月 22 日由萧家干之子萧正捐赠。

此信全文为:家干先生:大函及发明建议一份均已收到,已将发明建议等转轻工业部核办。读建议书,藉查小小试办,仅十数万元至六十万元即可生产,则浙江省府或有举办之可能,何不直接向浙省府联系?兹附介绍信一封,请直接请见浙省长周建人(乔峰），或者比轻工业部批核较快些。但如您不愿见周省长，则附信投之亦可也。匆此专覆，顺颂健康。沈雁冰二月廿七日。附致周省长一信。

茅盾《致姚树琛信札》

纸本，纵 15 厘米，横 18.8 厘米。

国家二级文物，现藏桐乡茅盾纪念馆。

1987 年 12 月 1 日由姚树琛捐赠。

此信全文为：姚树琛同志：来信早已收到。现在考大学，都要本单位推荐，我是无能为力的。我年老眼花，又有结膜炎，看稿子很吃力；而且煤矿工作生活情况，我全然无知，即使看了你的稿子，也提不出意见，你还是请教对煤矿工作、生活熟悉的人吧。我早已不担任文化部工作，文化部也早已撤消；我现在是政协全国委员会的，同文化工作没有关系。匆匆只写这一点，十分抱歉，顺祝思想进步、工作顺利！茅盾　十一月卅日。

姚树琛系文学青年。

茅盾《致姚树琛信札》

纸本，纵 14.5 厘米，横 19.5 厘米。

国家二级文物，现藏桐乡茅盾纪念馆。

1986 年 3 月 15 日由姚树琛捐赠。

此信全文为：树琛同志：一月四日来信收到了。谢谢您关心我的健康。来信所讲的您那边的一些土产，北京都能买到，用不着老远的到你那边买。写字手抖，老年人都有这个毛病。不过我还算好的，不是经常抖而是偶然抖。你讲到矿上的工作情况，的确我是很感兴趣的。祝愿你在这样劳动锻炼中不但锻炼出一个好身体，也锻炼出好思想。劳动之后，你还坚持练习写作，这很好。祝你在这方面会有进步。明天就是春节，祝你好。茅盾一月二十二日。

茅盾《清谷行》长卷

纸本，纵 11.5 厘米，横 2007 厘米。

国家三级文物，现藏桐乡茅盾纪念馆。

1997 年 3 月赵清阁捐赠。

《清谷行》长卷全文：黄歇浦旁女作家，青才绮貌昔曾夸。风雷岁月催人老，壮志不移路不斜。三十年前山城月，文坛对垒旗高揭。君来奋臂助声威，共向蒋帮张伐挞。江声浩荡奏铙吹，山色参差陈斧钺。风雨凄迷草木秋，倒行逆施蒋光头。孔家小妹弄财柄，宋氏弟兄踞上游。美械精装兵百万，殃民养寇竞贪赇。少爷兵跨大洋来，不敢阵前打硬仗。扬威敌后扫妖氛，□手擎天共产党。八年抗战竟全功，万众讴歌毛泽东。美蒋合谋攫战果，腥风血雨又濛濛。旧地重来寻胜侣，落花飞絮满兰渚。鱼龙混杂激洪波，人心所向谁敢拒。卷地金风欺客梦，风吹梦落浙江潮。丹枫黄叶寻三竺，疏柳寒蝉过六桥。湖山依旧酒旗矗，崦嵫日暮蒋王朝。江城鼓角催离别，地北天南音讯绝。创业艰难百战功，洪炉扇□长坚铁。

东方赫赫耀朝阳,赤县巨人意气扬。建设家园党领导,高原深谷换新装。盛世英才连袂起,竞放千红与万紫。杜兰萧艾岂同畦,香花必扶□必锄。文革风云卷朽腐,触动灵魂涤肠腑。奈何混进四豺狼,□□为幻乱朝纲。洞烛□□红太阳,除奸遗策付周绛。迅雷十月扫妖孽,大地回春正气张。歌颂英明新领袖,百花园里舞婆娑。抓纲治国百年计,神州八亿奋宏图。漫忆昔游倍惘然,别来明月几回圆。手翰常兼诗与画,却怜衰病老江旁。今睹清癯新摄影,冰姿潇洒胜当年。万里鹏程期共奋,愿人长寿月长圆。故旧几人今健在,愿君如菊经霜更鲜妍。七五年十月初稿,七七年六月定稿。茅盾七七年十月北京。

下钤"茅盾",朱文方印。

《清谷行》是1977年6月茅盾为赵清阁所作,长度创茅盾书法墨迹之最。赵清阁系茅盾生前友好。

茅盾《少年时代文课作文册》

长25厘米,宽15厘米,无缺页,分上、下两册。

国家一级文物,现藏桐乡市博物馆。

《文课》作文册成文于清宣统元年(1909),系茅盾13岁在立志小学读书时的作文本,是茅盾现存最早的手迹。用淡黄毛边纸线装订,封面略有破缺,卷边,上册37页17篇,下册28页20篇,合计37篇,1.6万余字。封面用黑色空心字构勒"文课"两字,下方有一方"德鸿"的朱文篆体印。上册的扉页上有"己酉年上学立,第二册,自闰二月初九起自"的字样,还盖有T·H、德鸿、尚宝等五个朱文篆体印和"醒狮山民"、"沈德鸿"两个白文印。折处上方有"国文册"三个字,内页未划条格,均用小楷直书,每篇作文后有老师批注。文章以史论为主,兼有人物论、时事评论和少数散文、古语释。

陈云"茅盾故居"墨迹

纸本,纵62.5厘米,横29.4厘米。

国家二级文物,现藏桐乡茅盾纪念馆。

1986年5月茅盾之子韦韬捐赠。

陈云(1905—1995),原名廖陈云,上海青浦人。曾任中共中央政治局常委、中共中央副主席、国务院副总理、中共中央顾问委员会主任等职。

"茅盾故居"墨迹毛笔直书,左落款"陈云"。系陈云应女作家陈学昭所请于1985年4月在杭州题写。

陈云与茅盾早年曾在上海商务印书馆共事过。

叶圣陶"茅盾故居"墨迹

纸本,纵16.5厘米,横26.5厘米。

国家二级文物,现藏桐乡茅盾纪念馆。

1986年3月叶圣陶捐赠。

叶圣陶(1894—1988),原名叶绍钧,江苏吴县人。著名教育家、作家,曾任教育部副部长、民进中央主席等职。

"茅盾故居"墨迹毛笔横书，字迹工整，未署名。

叶圣陶系茅盾生前友好。

周而复《龟虽寿》轴

纸本，纵 210 厘米，宽 44 厘米。

国家三级文物，现藏桐乡茅盾纪念馆。

1999 年 3 月茅盾之子韦韬捐赠。

周而复（1914—2004），原名周祖式，安徽旌德人。现代著名作家，曾任中国对外友协副会长、文化部副部长等职，代表作有《上海的早晨》等。

落款"曹操诗一首 丁巳夏书 茅盾同志正字，周而复"。下钤"周而复"白文印。

系周而复 1977 年书赠茅盾的书法立轴。周而复系茅盾生前友好。

张静庐《五老松图》

纸本，纵 195.5 厘米，宽 72.5 厘米。

国家三级文物，现藏桐乡茅盾纪念馆。

2001 年 11 月茅盾之子韦韬捐赠。

张静庐（1898—1968），原名张继良，浙江慈溪人。一生致力于出版事业，著有《在出版界二十年》《中国近代出版史料》等。

画中五颗老松，树身斑驳，枝叶稀疏，苍劲挺拔。左下署款"卅一年五月四日写，应茅盾吾兄雅属，静庐时客蜀东璧山"。下钤"张"朱文印。

张静庐系茅盾生前友好。

关良 《武松打虎图》

纸本，纵 212.5 厘米，横 70.5 厘米。

国家三级文物，现藏桐乡茅盾纪念馆。

2001 年 11 月茅盾之子韦韬捐赠。

关良（1900—1986），字良公，广东番禺人。长于国画、油画，曾任浙江美术学院教授、上海中国画院画师。

此画是关良赠茅盾的，图中的武松怒目圆睁，双拳紧握，右脚踩住虎背。右上有肖形鱼图章，左上题"武松打虎图家 丁巳新春 关良 雁冰公法正"，下钤"关良□□□作"朱文长方印，左下角钤"□真"白文方印。

关良系茅盾生前友好。

沈子丞《人物图》

纸本，纵 96 厘米，横 43 厘米。

国家三级文物，现藏君匋艺术院。

1987 年钱君匋捐赠。

沈子丞，原名德坚，别名之淳，号听蛙翁，嘉兴人。早年就职于上海中华书局，后曾任中共一大纪念馆副馆长。擅长人物、山水，笔墨静雅，气格清和。书法学钟繇，奇崛而有灵气。曾为上海市文史馆馆员、上海中国画院画师。出版有《历代论画名著汇编》《沈子丞书画集》等。

这幅《人物图》是沈子丞晚年所作。画面上老翁在柏树下饮酒，超然出世，左侧古柏郁茂苍翠，柏叶以浓墨点簇，浑厚滋润，人物衣褶，笔迹疏放。整幅作品醇厚古雅。上半部题款"感彼柏下人，安得不为乐，子丞"，钤"听蛙翁"白文印，右上角起首钤"白首无成"白文印。

沙孟海"体物立教"轴

纸本，纵 61 厘米，横 33.5 厘米。

国家三级文物，现藏丰子恺纪念馆。

1988 年沙孟海捐赠。

沙孟海（1900—1992），原名文若，字孟海，号石荒、沙村、决明，鄞县沙村人。曾任浙江省文物管理委员会常务委员、浙江省博物馆名誉馆长、中国书法家协会副主席、浙江省书法家协会主席、西泠印社社长等职。

行草书"体物立教"。落款"子恺先生九十冥寿，沙孟海敬题"，下钤"沙村唯印"、"孟海"，白文印。

陆抑非《白猫图》

纸本，纵 67 厘米，横 48 厘米。

国家三级文物，现藏丰子恺纪念馆。

1989 年陆抑非捐赠。

陆抑非 (1908—1997)，名冲，改名翀，字一飞，号非翁、翀叟。江苏常熟人。擅长花鸟画，工写皆能，70 岁后变法，笔势纵放。为中国美术家协会会员、中国书法家协会会员、浙江画院顾问、西泠书画院副院长、浙江美术学院教授。出版有《陆抑非画集》《荣宝斋画谱·写意花鸟部分》等。

画白猫蹲于岩石之上，两眼注视前方，下有月季丛生。题款"为缘缘堂重建作此画奉献，乙丑初冬虞山陆抑非并识于湖上"。钤有"抑非"、"陆翀之印"朱文印，"崇兰草堂"白文印。

唐云《红梅图》

纸本，纵 131 厘米，横 66.5 厘米。

国家三级文物，现藏丰子恺纪念馆。

1988 年唐云捐赠。

唐云 (1910—1993)，字侠尘，别号药城、药尘、药翁、老药、大石、大石翁。杭州人，曾任中国美术家协会理事，中国美术家协会上海分会副主席，上海中国画院副院长、代院长、名誉院长等职。

画中红梅竞放，欣欣向荣。左侧题款："丰子恺先生故居缘缘堂落成于一九三三年春，一九三八年毁于抗日战争炮火，今重建。堂内原有吴昌硕红梅一幅亦毁，现拟其意，以供缘缘堂永存。杭人唐云，一九八四年国庆记。"下钤"药翁"白文印、"药翁"朱文印。右下钤"敝帚"，朱文印。

赵朴初行书轴

纸本，纵 67.5 厘米，横 22.5 厘米。

国家三级文物，现藏丰子恺纪念馆。

1988 年赵朴初捐赠。

赵朴初（1907—2000），安徽太湖人。佛教领袖、书法家。

全文为："恺翁作画有殊徵，笔下常存侧隐心。世界缘缘无有尽，三生松月庆堂成。"落款："余曾向一吟同志假得子恺先生所作青松明月长如此图，留观三年，甫寄归，而喜得缘缘堂重建落成之讯，因拈一偈为贺。公元一九八四年岁次甲子之冬，赵朴初。"下钤"赵朴初印"，白文。

钱君匋《红蕉图轴》

纸本，纵 141 厘米，横 72 厘米。

国家三级文物，现藏君匋艺术院。

1987 年钱君匋捐赠。

画面笔墨简洁，苍劲老辣，意境高古。左上角题款："江南十月似三春，醉酒红蕉笑向人。舞罢秋风犹玉立，欲盼画笔写其真。豫堂君匋并记。末句我来拈误作欲盼画，君匋又记。"钤"君匋私印"、"午斋"，白文印。

五、金石　篆刻

赵之谦"二金蝶堂"印

国家一级文物，现藏君匋艺术院。

1987 年钱君匋捐赠。

赵之谦篆刻初学浙皖两派，后突破秦汉玺印规范，吸取古钱币、镜铭及碑版等篆字入印，章法讲究，古劲浑厚，娴静遒丽，别创新格，印侧刻画像，亦属首创。

青田石，猫钮，一猫蜷曲酣睡，憨态可掬，以浅纹刻出毛感。左侧下端破裂。体高 6.5 厘米，面纵宽均 2.8 厘米。白文。"二金蝶堂"之"二"字破边，"堂"字左竖笔亦破边，恰留一红点。款署内左外三侧，各六行："二金蝶堂，述祖德也。旧有此印，今失之矣。既补刻，乃为铭曰'旌孝子，七世祖，十九年，走寻父，父已殇，负骨归，启殡宫，金蝶飞，二金蝶，投怀中，表至行，大吾宗，遭乱离，丧家室，剩一身，险以出。思祖德，惟下泪。刻此石，告万世'，同治纪元壬戌夏，赵之谦避地闽中作记。"

此印为满白，下刀粗重，线条霸悍，力度感很强，加上年久残破，更显浑厚端庄。

赵之谦"餐经养年"印

餐经养年

国家一级文物，现藏君匋艺术院。

1987年钱君匋捐赠。

青田石，六面方。体高6.1厘米，面纵宽4.3厘米，白文。内侧边款造像，款署左外右三侧，魏书阳文加栏各三行："同治三年上元甲子正月十有六日，佛弟子赵之谦为亡妻范敬玉及亡女蕙、榛，造像一区，愿苦厄悉除，往生净土者。"

此印由一面造像、三面阳文魏碑边款组成，字字严密，笔笔遒劲，严整中有自然之致，端庄里又不乏浑厚。此印作于1864年，赵之谦时年36岁，两年前妻女相继去世，因自号悲庵。

赵之谦"绩溪胡澍川沙沈树镛仁和魏锡曾会稽赵之谦同时审定印"印

国家一级文物，现藏君匋艺术院。

1987年钱君匋捐赠。

青田石，六面方。体高5.3厘米，面纵3.2厘米，宽5.4厘米，白文加栏。款署顶端及内外二侧，魏书加栏，顶六行："同治二年九月九日，二金蝶堂双钩汉碑十种成，遂用之。"二侧各五行："余与菱甫以癸亥入都，沈均初先一年至，其年八月，稼孙复自闽来，四人者，皆癖嗜金石，奇赏疑析，晨夕无间，刻此以志一时之乐。"

赵之谦"赵之谦印"印

国家二级文物，现藏君匋艺术院。

1987年钱君匋捐赠。

青田石，六面方。体高3.3厘米，面纵宽均2.5厘米。朱文，回文式。款署内侧，真书三行："龙泓无此安详，完白无此精悍。"

此印篆法凝练安详，结构娴静稳妥，运刀游刃有余，娟美多姿，生趣横出。

吴昌硕"鲜鲜霜中菊"印

国家一级文物，现藏君匋艺术院。

鲜鲜霜中菊

1987年钱君匋捐赠。

吴昌硕篆刻初学徐三庚，继法吴熙载，追溯秦汉玺印，后获见齐鲁泥封、汉魏六朝瓦甓文字，一变为遒峭古拙，雄浑苍劲，而自创面目。

青田石，狮钮。体高8.2厘米，面纵宽均4厘米。朱文。款署左侧，真书四行："一亭索刻昌黎句，乙卯秋，老缶年七十又二。"

此印为吴昌硕晚年为白龙山人王震而作，结构严谨，线条朴茂，分朱布白，独具匠心。印面厚重坚实，不乏生动别致。

吴昌硕"我爱宁静"印

国家一级文物,现藏君匋艺术院。

1987年钱君匋捐赠。

寿山石,四狮钮。体高5.6厘米,面纵宽4.4厘米。白文。款署左侧,真书六行:"老缶用钝刀作此。辛酉浴佛日,时年七十又八。"

此印为典型的吴昌硕钝刀直入法,线条厚重,古拙浑厚,苍劲郁勃。

我爱宁静

吴昌硕"人生只合驻湖州"印

国家一级文物,现藏君匋艺术院。

1987年钱君匋捐赠。

寿山石,双狮钮。体高8.7厘米,面纵宽均4.7厘米。朱文。款署右侧,真书五行:"甲寅四月维夏,白龙山人属治石,时梅雨初晴,精神为之发越。七十一岁缶翁记。"

此印为吴昌硕晚年力作,篆法圆融雄健,布局疏密参差,体势自然,印面文字穿插有致,掩映成趣。

吴昌硕"能事不受相促迫"印

国家一级文物,现藏君匋艺术院。

1987年钱君匋捐赠。

寿山石,双狮钮。体高8.7厘米,面纵宽均4.7厘米。白文。款署外侧,真书十行:"摘王辋川咏山水幛子句,为一亭老兄刻。时甲寅谷雨。昌硕年七十有一。杜少陵误作王辋川。"

此印亦为白龙山人王一亭所刻,点画遒劲,用刀自然,斑驳处古色苍茫,奇趣扑人,虚实处理极佳,用刀有雷霆万钧、不可阻抑之势。

吴昌硕"双忽雷阁内史书记童嬛柳嬷掌记印信"印

国家一级文物,现藏君匋艺术院。

1987年钱君匋捐赠。

青田石,圆顶。体高5厘米,面纵宽均5.3厘米。白文。款署左外二侧,左真书七行,外五行:"葱石参议避世海上,自号'枕雷道士',盖于京师得唐时大小忽雷,名其阁曰双忽雷,二姬即以大雷、小雷呼之。焚香洗砚,检点经籍,有水绘园双画史风。为作此印,亦玉台一段墨缘也。癸丑暮春之初,安吉吴昌硕记。"

这是一方白文多字印,行云流水,苍劲浑厚,不经意中已达随心所欲不逾矩之境。

吴昌硕"鹤舞"印

国家一级文物,现藏君匋艺术院。

1987年钱君匋捐赠。

青田石，六面方。体高6厘米，面纵3.4厘米，宽3.6厘米。朱文。款署顶端，真书五行："一亭嗜予刻印，老眼昏花，勿笑勿责，则幸甚。"第五行中复作小字双行："乙卯重九，老缶。"

印面结字雍容朴茂，拙中寓巧，重心上移，字形正如双鹤翩翩起舞，叹为观止。

黄士陵"鲲游别馆"印

国家一级文物，现藏君匋艺术院。

1987年钱君匋捐赠。

黄士陵（1849—1908），字牧甫，又作穆甫、穆父，别署黟山人、倦叟、倦游窠主等。安徽黟县人，侨寓广州。晚清书画家、篆刻家，以篆刻成就最高，重浑厚强，秀劲含蓄，刀法大巧若拙，归真返朴。篆刻初学吴熙载，取资于钟鼎泉布、秦权汉瓦、镜铭碑碣，追求铜印本来面目，开创篆刻流派，世称"黟山派"。

六朝管花斋

寿山石，顶端不规则。体高9.5厘米，面纵宽均3.1厘米。白文。款署左侧，真书三行："仿《天玺碑》，为华老制印。穆父时寓羊石。"

黄士陵"六朝管花斋"印

国家一级文物，现藏君匋艺术院。

1987年钱君匋捐赠。

寿山石，云纹。体高13.5厘米，面纵宽6.62厘米，横宽2.9厘米。朱文。款署左侧，真书二行："疆圉作噩且月，刻应六朝管花斋主人清属，牧甫。"

此印取法隋唐官印，印面看似呆板，线条光洁平直，实则变幻无穷，刀法刚劲，力能扛鼎。

黄士陵"吉羊镜室"印

国家二级文物，现藏君匋艺术院。

1987年钱君匋捐赠。

寿山石，六面方。体高5.4厘米，面纵宽均2.9厘米。朱文。款署内侧，真书二行："吉羊镜室主人鉴篆。乙亥重阳先二日，牧甫作。"

此印线条劲挺有力，刀法精娴，老辣干脆，于不经意处见精致，于平实处见灵动。

吴熙载"清宫太保"印

国家二级文物，现藏君匋艺术院。

1987年钱君匋捐赠。

寿山石，三羊钮。体高6.7厘米，面纵宽均3.1厘米。朱文。款署右侧，真书三行："泳芝宫保中丞大人正。熙载。"

吴让之（1799—1870），原名廷飏，字熙载，后以字行，改字让之，号让翁、晚学居士、方竹丈人等。江苏仪征人。包世臣入室弟子。善书画，尤精篆刻。少时即追摹秦汉印作，后取法邓石如，得其神髓，完善"邓派"篆刻艺术，在明清篆刻史上具有举足轻重的地位。

此印运刀如笔，迅疾圆转，痛快淋漓，率直潇洒，方中寓圆，刚柔相济。

钱君匋"钟声送尽流光"印

国家三级文物，现藏桐乡市君匋艺术院。

1987 年钱君匋捐赠。

寿山石，六面方。体高 5 厘米，面纵宽 7 厘米，朱文。五侧均阴刻隶书边款："余幼居屠甸寂照寺西，昕夕必闻寺钟。及长，客杭之吴山，山寺钟声，或透晓雾而漾枕衾，或随暮霭而飘堕几席。期年，徙沪之澄衷中学，讲舍之侧，有层楼巨钟，憩迹其下，至移十霜，报时之音，晨昏不息。一九三七年秋，日寇侵沪，仓皇离校，奔流湘鄂等地，不复再闻钟声。翌年还沪，寓海宁路，每值南风，江海关巨钟犹可隐约而闻。溯自幼而少而壮，钟声送尽流光，回首一事无成。今老矣，初明成事之途，唯与工农结合。壁间小钟滴答，促余践之，余决尽余年以赴。一九五三年冬，君匋刻并记。"

钱君匋印风强烈，率性老辣，其巨印尤为突出。此印为其扛鼎之作，用刀如笔，篆味十足，线条行云流水，得见笔情墨趣，而结体方圆虚实，尤见匠心；更可贵的是自撰文字，优美感伤，满怀诗意，堪称文、书、印三绝。

钱君匋"夜潮秋月相思"印

国家三级文物，现藏君匋艺术院。

1987 年钱君匋捐赠。

寿山石，六面方。体高 5 厘米，面纵宽均 7 厘米，白文。款署顶端及四侧，隶书各七行，有界栏："故里海宁观潮甲天下，在乡之日，每于春泛秋汛之期，登镇海塔瞰钱唐江潮，惊险万状，尤于秋月之夜，银光无际，东望潮来，初则一线横破水天，有声如群蜂鼓翅，俄而白练千寻，亘江之两岸，声若列车运轨，旋即状似粉垣，猛扑而前，作春雷继响之声。移时，但见惊涛高水面数丈，声如千军冲杀，万马奔跃，怒卷长塘，排山倒海而西，咆哮搏突，喧阗动地。至是，恶浪滔天，大江几溢，汹涌澎湃，直指杭州，诚壮观也。今久客都中，每当月夕，不无夜潮秋月相思。一九五四年十二月，钱君匋并记。"

此印为钱君匋巨印中的恢宏绮丽之作，与"钟声送尽流光"朱文印为一对，其句亦为钱君匋自撰。印面满白文出之，结体方圆兼备，疏密有致，沉雄朴茂。

钱君匋"沈雁冰印""茅盾"对章

寿山石，无钮，四侧荷花薄意雕，纵 1.5 厘米，横 1.5 厘米，高 6.7 厘米，二方。

国家二级文物，现藏桐乡茅盾纪念馆。

1984 年 12 月茅盾之子韦韬捐赠。

印面为"沈雁冰印"，白文；另一印面为"茅盾"，朱文。边款："君匋作"、"君匋刻"。

齐白石 "黄冈罗虔"印

国家二级文物，现藏君匋艺术院。

1987 年钱君匋捐赠。

寿山石，顶端不规则，作薄意树石山水。体高 13.7 厘米，面纵宽均 4.5 厘米。朱文。款署左侧，真书："致坡将军正，齐璜刻。"

齐白石 "致坡"印

国家二级文物，现藏君匋艺术院。

1987 年钱君匋捐赠。

寿山石，顶端不规则，四周琢深山古寺小景。体高 13.7 厘米，面纵宽均 4.5 厘米。朱文。款署左侧，真书："白石山人"。与"黄冈罗虔"印为对章。

来楚生"凡事豫则立不豫则废"印

国家三级文物，现藏君匋艺术院。

1987 年钱君匋捐赠。

来楚生（1903—1975），原名稷，号然犀，别号负翁、一技、木人、非叶、楚凫、怀旦等，晚年易字初生。萧山人。书、画、印无不精妙，书法篆、隶、正、草均熟中求生，刚健婀娜，平正憨辣；画从书法得来，清新横逸；刻则运刀如笔，饶有奇致。

青田石，顶端不规则。体高 3.2 厘米，面纵宽均 3.8 厘米。朱文。款署左侧，真书："初升为豫堂。"

此印结体圆融，线条以方笔为主，印面虚实对比，整体气势磅礴，而又精严之极。

来楚生 "冰壶"肖形印

国家三级文物，现藏君匋艺术院。

1987 年钱君匋捐赠。

青田石，顶端不规则，巧琢蛤蟆蜗牛形状。体高 6 厘米余，面纵宽均 2 厘米余。白文。款署左侧，真书三行："君匋兄生于丙午，因别署冰壶。初升刻记。"

来楚生肖形印，融合汉画像意趣，斑驳中颇现古意，左上角"冰壶"两字以方笔为主，线条刀味十足，其残破错落处理与肖形马的古朴相得益彰。

茅盾自刻 "沈大"印

寿山石，顶端不规则，纵 1.2 厘米，横 1.7 厘米，高 3.6 厘米。

国家一级文物，现藏桐乡茅盾纪念馆。

1984 年 12 月茅盾之子韦韬捐赠。

印面刻"沈大"，朱文，为 1910 年茅盾在湖州府中学堂求学时自刻。

茅盾自刻 "德鸿"、"斌"双面印

寿山石，纵 0.85 厘米，横 0.95 厘米，高 2.2 厘米。

国家一级文物，现藏桐乡茅盾纪念馆。

1984 年 12 月茅盾之子韦韬捐赠。

双面印，印面一端为长方形，刻"德鸿"，白文；另一端为圆形，刻"斌"，朱文，为 1910 年茅盾少年时在湖州府中学堂求学时自刻。

茅盾自刻"仲方"、"沈德沚"双面印

寿山石，纵 1.4 厘米，横 1.4 厘米，高 3.9 厘米。

国家一级文物，现藏桐乡茅盾纪念馆。

1984 年 12 月茅盾之子韦韬捐赠。

双面印，印面一端刻"仲方"，朱文；另一端刻"沈德沚"朱文。"仲方"、"沈德沚"分别为茅盾与夫人的姓名（夫人原名孔德沚）。

茅盾自刻"鸿"印

寿山石，圆柱形，无钮，纵 1.3 厘米，横 1.2 厘米，高 3.2 厘米。

二级文物，现藏桐乡茅盾纪念馆。

1984 年 12 月茅盾之子韦韬捐赠。

印面刻"鸿"，朱文。

"沈雁冰"牛角印

牛角，纵 1 厘米，横 1 厘米，高 4.7 厘米。

国家二级文物，现藏桐乡茅盾纪念馆。

1984 年 12 月 8 日由茅盾之子韦韬捐赠。

印面刻"沈雁冰"，朱文。无作者署名，为建国后茅盾常用的印章。

潘主兰"茅盾"印

寿山石，狮钮，纵 2.5 厘米，横 2.5 厘米，高 4.8 厘米。

国家二级文物，现藏桐乡茅盾纪念馆。

1984 年 12 月茅盾之子韦韬捐赠。

边款为"茅盾同志惠存　郭风敬赠　一九七八年潘主兰于福州"。

佚名"茅盾"印

寿山石，无钮，纵 1.3 厘米，横 1.3 厘米，高 7 厘米。

国家二级文物，现藏桐乡茅盾纪念馆。

1984 年 12 月茅盾之子韦韬捐赠。

印面刻"茅盾"，朱文印。无作者署名，为建国后茅盾常用的印章。

邹梦禅"雁冰"印

寿山石，无钮，纵 1.2 厘米，横 1.2 厘米，高 5.3 厘米。

国家二级文物，现藏桐乡茅盾纪念馆。

1984 年 12 月茅盾之子韦韬捐赠。

印面刻"雁冰"，朱文。边款为"七七年元旦为茅盾师制即乞法正。辛之呵冻作"。

辛之即邹梦禅。

六、钱　币

春秋战国"齐建邦长法化"六字刀币

长 18 厘米，宽 3 厘米，厚 0.2 厘米，重 43.8 克，铜质。

国家一级文物，现藏钟旭洲钱币艺术博物馆。

该钱币深坑绿锈，币面铸有"齐建邦长法化"六字，钱文清晰秀美，背面铸有"上"字，保存完好。六字刀出自石范，为青铜铸币，刀体大型厚重，铸造精美绝伦，位列古泉五十名珍。

钱币专家孙仲汇点评：此六字刀文字犀利，肉质平整，只做规矩，绝真无疑，乃泉界之大名誉品。

战国晚期"三孔布"钱币

长 5.1 厘米，宽 2.7 厘米，重 6.3 克，铜质。

国家一级文物，现藏钟旭洲钱币艺术博物馆。

该钱币文字清晰，铜质微红。面、背周沿有边廓，浇口在首部，合范较为准确，铸造精美。面文"安阳"两字左右书写，背文"十二朱"即半两。三孔布铸造精工，形制奇特，品相端美，传世及出土数量极微，为中国古钱五十名珍之一。

汉五铢金质钱

钱径 2.6 厘米，穿宽 1 厘米，重 8.3 克，金质。

国家一级文物，现藏钟旭洲钱币艺术博物馆。

该钱币铸于汉武帝元狩五年（公元前 118）至宣帝黄龙元年（公元前 49），非正式流通币，汉承秦制，以黄金为上币，用作宫廷馈赠或对外贸易等，仿铜五铢形，钱文"五铢"。

南宋王二郎十分金四角王家铺金叶子

长 9.1 厘米，宽 3 厘米，重 40.9 克，金质。

国家一级文物，现藏钟旭洲钱币艺术博物馆。

该金叶子正面朝背沿边折叠，共计 9 页。正面四角各有一处宋体阴文"王家铺"，中央有一处文字"王二郎十分金"。

南宋"宝祐万年"银质宫钱

钱径 2.2 厘米，重 3.8 克，银质。

国家一级文物，现藏钟旭洲钱币艺术博物馆。

该钱币面文"宝祐万年"四个字，楷书，对读，光背。边缘较窄，故正面的文字比较大，张弛有度。

战国中晚期"共屯赤金"圜钱

钱径 4.2 厘米，重 11.3 克，铜质。

国家二级文物，现藏钟旭洲钱币艺术博物馆。

该钱币铸行于魏国，圆形圆孔，背部平整，"共"为地名，战国属魏，"屯"即"纯"，"赤金"即铜，为共邑铸造的纯铜币之意。

新莽"一刀平五千"

通长 7.6 厘米，宽 2.9 厘米，厚 0.5 厘米，重 29.7 克，铜质。

国家二级文物，现藏钟旭洲钱币艺术博物馆。

新莽钱币，铸于东汉居摄二年（公元 7）至初始元年（公元 8）。钱首圆形，身形如刀，面首"一刀"二字用黄金嵌错，与钱肉平，刀身上是阳文"平五千"三字，背无文，亦称金错刀。王莽金错刀形状奇异，制作精美，是我国古代唯一采用错金艺术的铸币。

唐条形周瑞良进伍拾两课盐银铤

铤长 22.5 厘米，上部宽 4.2 厘米，下部宽 4.9 厘米，厚 1.9 厘米，重 1889 克，银质。

国家二级文物，现藏钟旭洲钱币艺术博物馆。

该银铤面刻阴文一行"镇海郡天宝十二课盐银伍拾两一铤江浙道使兼专知官周瑞良进"。背印刻两行文字，第一行"称检陈和生匠人黄尚祖"，第二行"天宝十二年四月二十六日重鉴"。

南朝永光、景和钱币

钱径均为 1.8 厘米，重均为 0.9 克，均为铜质。

国家二级文物，现藏钟旭洲钱币艺术博物馆。

南朝宋钱，前废帝永光元年（465）铸，钱文"永光"，八月改元"景和"，又铸"景和"钱，钱文"景和"，皆篆书，顺读，光背，两者均为小型钱。铸造精致，钱文纤细清晰，分大小样，篆法各异。因铸造时间极短，存世罕见。

北宋皇宋通宝九叠篆铜钱

钱径 2.4 厘米，重 3.7 克，铜质。

国家二级文物，现藏钟旭洲钱币艺术博物馆。

《宋史·仁宗本纪》载：仁宗宝元二年铸行皇宋通宝，钱文分真篆两种，其中九叠篆为篆书中一种特异的版式。钱文"皇宋通宝"，直读，光背，小平钱。因制作精美，久负盛名。

清"桐乡·玖年·振元"银锭

通长 4.7 厘米，宽 4.7 厘米，厚 2.2 厘米，重 179.7 克，银质。

国家三级文物，现藏钟旭洲钱币艺术博物馆。

面横、竖戳印"桐乡"、"玖年"、"振元"，共三戳六字，字体清晰。清代开始，银锭的形状种类繁多，各地区都有自己的代表器形，大体上有元宝形、圆形、长方形等。据此可知该银锭为清代桐乡县铸的银锭。

第三节　文物古迹

一、地下遗址

罗家角遗址

位于石门镇东北 2 公里处，东到小庄桥，北濒大运河南岸的庄背圩南部，西到陈家村庵河圩东部，南达罗家角村，东西长约 400 米，南北宽约 300 米，总面积 12 万平方米。遗址四周全是岗地，中部隆起，分隔成大灰沙圩和小灰沙圩两部分。1956 年，当地农民在大灰沙圩水田中挖出大批兽骨、陶片和镂刻精美的猪獠牙饰品，省文物部门派员实地调查，确定为新石器时代遗址。这是浙江省迄今最大的一处新石器时代遗址。1963 年 3 月公布为省级文物保护单位。2001 年 6 月，列入第 5 批全国重点文物保护单位。

1979 年，省文物考古所对罗家角遗址进行局部发掘，挖掘面积 1338 平方米，遗物堆积厚 0.2—3.5 米不等，上下叠压四个文化层。经"碳 -14"测定，其中第四个文化层距今 6905±155 年，属马家浜文化类型，处原始社会母系氏族公社时期。共发现完整或可复原的石、骨、木、陶器等 794 件，其中石器 320 件，骨器 191 件，陶器主要有斧、罐、盆、盘、钵、盉、豆、鼎、碗、壶、纺轮等。第三文化层中，有少量精美白陶。第三、四层中发现稻谷 156 粒，经科学鉴定，属于迄今发现最早的人工栽培籼稻和粳稻。第四层中的建筑木构件上下多有榫卯和企口等残迹。这种木构建筑，正是我国建筑艺术的核心和源头，也是建筑史上的重大发现。

谭家湾遗址

位于乌镇东南 2 公里的浮澜桥村谭家湾西，东临上塔庙港，西接南蒋村水田，南与戴家埭相邻，北延伸至浮澜桥港，总面积 8.75 万平方米，遗址中心地段在馒头状高阜的荡田里。

1975 年发现。文化层厚 100—150 厘米，共分三层，中下层文化内涵极为丰富，有机质较多，土质松软，色泽深黑。1978 年在遗址西北开挖河道时，出土鹿角钩 2 件及釜、罐、盆、钵、豆等陶器残片，还有麋鹿、水牛遗骸。从典型陶器分析，相当于马家浜文化罗家角类型中晚期。1981 年列为县级文物保护单位。1989 年列为省级文物保护单位。2006 年 5 月 25 日列入全国重点文物保护单位。

吴家墙门遗址

位于原晏城乡庆丰村吴家墙门，文化层厚 100 厘米，曾出土麋鹿、水牛等遗骸，釜、牛鼻式耳、盆、盘等陶器残件。属马家浜文化早期类型。

新桥遗址

位于崇福镇大通新桥南埂东侧，1972 年发现，1982 年试掘，面积约 1.95 万平方米，文化层厚约 160 厘米。出土骨角器、釜、盆、钵、豆等陶器。属马家浜文化类型。

张家埭遗址

位于原濮院乡会龙村张家埭,1975 年发现,面积 2.5 万平方米,文化层厚 30—80 厘米。出土釜、罐、盆、盘、钵等陶器残片和水牛、麋鹿等遗骸。属马家浜文化类型。

小六房遗址

位于原屠甸乡星星村小六房东侧,1971 年发现,面积 3 万平方米,文化层厚 100—140 厘米。出土簋、豆、觯、鱼鳍形和扁凿形鼎足等陶器残件,石镞、石刀、印纹硬陶。下层属良渚文化类型。

金家浜遗址

位于原屠甸乡松岭村金家浜附近,面积 6 万平方米,文化层厚 50—120 厘米。采集有豆、鼎等印纹硬陶片。下层属良渚文化类型。

蔡家坟遗址

位于原骑塘乡龙吟村蔡家坟附过,20 世纪 60 年代发现,面积 2 万平方米,文化层厚 60—120 厘米。出土壶、觯、丁字形鼎足,耜、斧等石器。属良渚文化类型。

杨家车遗址

位于原百桃乡和平村杨家车附近,1975 年发现,面积 1.6 万平方米,文化层厚 100 厘米。出土鼎足、壶、觯等陶器残件和石锛、石斧、石镞、石刀等。属良渚文化类型。

湾里村遗址

位于原留良乡湾里村李家木桥河西。面积 2 万平方米,文化层厚 50—100 厘米,陶片细散,曾征集玉琮 1 件。属良渚文化类型。

杨家大桥遗址

位于原青石乡乐家村杨家大桥北坍。1956 年发现,面积 1.5 万平方米,文化层厚 50—120 厘米。出土耘田器、镞等石器,鼎足、壶等陶器残片。

落晚村遗址

位于高桥镇落晚村,1978 年发现,面积 4000 平方米。出土鼎足、贯耳壶等陶器残件,征集璧、坠、管等玉器。属良渚文化类型。

石山头遗址

位于原永秀乡石山头村北,面积 1.8 万平方米,1971 年发现木壁水井,曾出土黑陶罐、贯耳壶、红陶卷沿瓮等陶器残件。属良渚文化类型。

岑山遗址

位于原青石乡岑山村山前埭东,1956 年发现,面积 1.3 万平方米。出土鱼鳍形、丁字形夹砂红陶鼎足、石锛、原始青瓷和米字格印纹硬陶碎片。下层属良渚文化类型。

路家园遗址

位于原灵安镇路家园,1972 年发现,面积 6 万平方米,文化层厚 80—110 厘米。出土丁字形鼎足、豆把、骨镞、石网坠、玉佩、玉管等。属良渚文化类型。

邵家埭遗址

位于原晚村乡识村村邵家埭，1985 年发现，面积 1.6 万平方米，文化层厚 60—120 厘米。出土夹砂红陶鱼鳍形、丁字形、圆锥形鼎足和泥质陶罐、豆、钵残件、印纹硬陶片等。下层属良渚文化类型。

狮子浜遗址

位于原炉头镇正福村狮子浜，1985 年发现，面积约 3 万平方米，文化层厚 100 厘米左右。出土泥质灰陶残片等。属良渚文化类型。

屈家里遗址

位于原义马乡义马村屈家里，1985 年发现，面积约 3 万平方米，文化层厚 100 厘米左右。出土泥质灰陶残片等。属良渚文化类型。

果园桥遗址

位于原梧桐乡逾桥村果园桥东堍，1987 年发现，面积约 1.2 万平方米，文化层厚 50—80 厘米。出土耜、镢、锛等石器及鱼鳍形鼎足、印纹硬陶残片等。下层属良渚文化类型。

杨梅湾遗址

位于原虎啸乡钱家埭村杨梅湾，1976 年发现，面积 3 万平方米，文化层厚 50—150 厘米。出土印纹硬陶、原始青瓷残片，夹砂红陶鱼鳍形鼎足、泥质灰陶豆、罐等残片件。下层属良渚文化类型晚期。

梵山遗址

位于原骑塘乡龙吟村梵山四周，1976 年发现，面积 6000 平方米。出土印纹陶残片，原始青瓷残片等。

北道桥遗址

位于原晚村乡后塘村东庙头西侧北道桥东堍，20 世纪 50 年代发现，面积 1.6 万平方米，文化层厚 150 厘米。出土印纹硬陶残件、原始青瓷残件等。

小营里遗址

位于原晚村乡后塘村朝南埭，面积 5 万平方米，文化层厚 120 厘米。出土印纹硬陶、夹砂陶、泥质陶、原始青瓷残件等。

何城庙遗址

位于原芝村乡星火村何城庙，面积 15 万平方米，文化层厚 170 厘米。出土印纹硬陶、原始青瓷碎片。

肇家浜遗址

位于原留良乡肇昌村肇家浜，1985 年发现，面积 1.8 万平方米左右，文化层厚 !80 厘米。出土许多印纹硬陶和印纹软陶残件。

窑下田遗址

位于原虎啸乡芦母村方家埭南，1975 年发现，面积 7500 平方米，文化层厚 80—

120 厘米。出土印纹硬陶、原始青瓷、石器等。

新地里遗址

位于崇福镇湾里村四组，东靠圣堂漾，南临马新港、陆家港，西接西浜，北濒中沙渚塘。总面积 1 万多平方米，为一处以墓地为主的综合性高土台类型的良渚文化中晚期遗址。2000 年 11 月发现。2001 年 3 月，由浙江省文物考古研究所和桐乡市文物管理委员会组成联合考古队，对新地里遗址进行发掘，共清理墓葬 140 座，发掘 40 余个灰坑、2 条灰沟、1 个水井、1 个祭祀坑及一处规模较大的红烧土营建遗迹等，出土陶器、石器、玉器、骨牙器、木器等器物 1800 余件（组）。新地里遗址是良渚文化时期墓葬数量最多的一处聚落墓地遗址，为揭示良渚文化中晚期的社会形态提供了详实的实物资料。2006 年公布为省级文物保护单位。2013 年公布为全国文物保护单位。

普安桥遗址

位于屠甸镇和平村普安桥组。主体所处高墩纵横 100 余米，面积近 1 万平方米，1994 年发现。1995 年、1996 年、1998 年进行考古发掘，发掘面积 600 平方米。自上而下有五大层次堆积，早期遗存属崧泽文化，晚期属良渚文化，年代跨度稍大却基本连续。发掘墓葬 41 座，房屋基址 13 座，首次发现良渚文化时期生活区与墓葬区并存，为了解当时人们的生活聚落形态提供了重要资料。2005 年公布为省级文物保护单位。

徐家墩遗址

位于梧桐街道钱林村徐家墩组。东至杨园村浜西岸，南至徐家墩浜北岸，西至徐家墩组西边南北向小路，北至徐家墩组村北农经园区。为良渚文化遗址，遗物丰富，时代延续，2002 年土地平整时遗址北部基本被毁，南部土墩保存完好。勘查采集到夹砂红陶鱼鳍形鼎足、T 字形鼎足、锥形鼎足、泥质黑皮陶竹节形豆把、圈足盘、夹砂灰褐陶缸片、泥质黑皮陶罐、夹砂灰褐陶圈足罐、夹砂红陶袋足鬶等大量遗物。2003 年公布为市级文物保护单位。

竹荡桥遗址

位于龙翔街道杨园村竹荡桥组。面积约 1000 平方米，北部在 2002 年土地平整时基本被毁，钻探发现文化层厚度仍有 80 厘米。遗址南部因有民居而得以保存。采集标本有夹砂红陶鼎口沿、泥质黑皮陶豆把、泥质灰陶盆口沿、口沿带锥刺纹的泥质红陶罐片等遗物。2003 年公布为市级文物保护单位。

老屋沿遗址

位于崇福镇茅桥埭村陆家汇组。面积约 1 万平方米，表土厚 50 厘米，文化层厚 1 米左右，堆筑土，土质紧密，陶片较少，地表采集有良渚文化陶片等遗物，保存现状较好。2003 年公布为市级文物保护单位。

李家横遗址

位于崇福镇陈家埭村李家横组。前贴村庄，后为水田，东西长约 100 米，南北宽约

60 米，文化层堆积近 0.5 米，原始地形保持完好。地表采集有良渚文化陶片。2003 年公布为市级文物保护单位。

董家桥遗址

位于石门镇墅丰村董家桥组、坟头村组、窦家村组。1975 年发现，曾出土青铜矛、原始青瓷碗等器物，为战国时期遗存。2003 年由省考古所和市博物馆联合发掘。2003 年 12 月 15 日公布为市级文物保护单位。

百亩荡遗址

位于濮院镇油车桥村。为高土墩类型遗址，内涵丰富，年代跨度大。南侧土墩保存尚好，高出水田 2 米左右。文化层厚度约 1 米。采集标本有属于良渚文化时期的残石刀、夹砂红褐陶锥形鼎足、泥质红陶罐片、泥质灰陶罐片和属于商周时期的方格纹印纹陶、汉代的席纹罍片等遗物。2003 年 12 月 15 日公布为市级文物保护单位。

黄鹤村遗址

位于洲泉镇小元头村黄鹤村组。东西长 200 米，南北宽约 60 米。遗址文化内涵丰富，边缘解剖处文化层厚度超过 60 厘米，采集标本有石犁残片、鱼鳍形鼎足、锥形鼎足、凹弧形鼎足、牛鼻耳罐片、方格纹陶片等遗物。为崧泽文化晚期、良渚文化和马桥文化堆积。1981 年 6 月公布为桐乡市级文物保护单位。

谢家兜遗址

位于洲泉镇小元头村谢家兜组、马家桥组。遗址内涵丰富，面积较大，良渚文化地层堆积超过 150 厘米，且包含马桥文化——商周时期地层堆积。东西长 300 米，南北宽约 150 米，保存尚好。采集标本有属于良渚文化、马桥文化、商周时期的遗物。2003 年 12 月 15 日公布为市级文物保护单位。

毛滩里遗址

位于洲泉镇岑山村东源组。为高土墩类型遗址，面积较大，东西长 200 米，南北宽约 100 米。东部因为民居所在处，保存较好，与农田高差近 2 米，文化层较厚。内涵丰富，有明确的商周时期地层，采集标本有夹砂红陶绳纹鼎，夹砂红陶锥形足，泥质灰陶方格纹罐，条纹、回纹、叶脉纹、席纹印纹硬陶罐片等遗物。2003 年 12 月 15 日公布为市级文物保护单位。

郁家汇遗址

位于河山镇张褚村郁家汇组。面积较大，东西长约 150 米，南北宽约 50 米，北部基本已被毁，但文化层仍有一定厚度，陶片遍地皆是。南部因上有民居而得以完整保存。采集有大量崧泽文化、良渚文化、商周时期的遗物标本。2003 年 12 月 15 日公布为市级文物保护单位。

王家弄遗址

位于河山镇王家弄村河北组。东至双桥头，南至河北组前小港，西至机埠，北至公路。

地层堆积丰厚，内涵丰富，中心处文化层厚达 1 米，北部已遭机械化取土破坏，东部及南部因上有民居，保存完好。采集有大量马桥文化至春秋、战国时期陶片、原始瓷等遗物。2003 年 12 月 15 日公布为市级文物保护单位。

大园里遗址

位于高桥镇骑力村大园里组。面积较大，东北部略有破坏，曾出土良渚文化玉器，东南部保存完好，文化层厚。2003 年 12 月 15 日公布为市级文物保护单位。

武帅庙遗址

位于高桥镇湘庄村庄里木桥组武帅庙周围。为高土墩类型遗址，东西长约 300 米，南北宽约 50 米，面积大，文化层堆积厚度超过 1 米。采集到属于良渚文化的残石斧、夹砂红褐陶 T 字形鼎足、锥形鼎（盉）足、泥质灰陶罐平底、泥质红陶罐平底和属于商周时期的曲折纹印纹硬陶片等遗物。2003 年 12 月 15 日公布为市级文物保护单位。

石东遗址

位于大麻镇永丰村石东组。面积较大，内涵丰富，地面采集有良渚文化至春秋战国时期陶片，北部稍有破坏，遗址主体在南部村落下，保存完好。2003 年 12 月 15 日公布为市级文物保护单位。

朱家门遗址

位于崇福镇店街塘村朱家门自然村北。东、南、北三面以河为界，西与沙石路为界。2006、2007 年土地平整调查时曾试掘，确定有文化层分布，厚 20—120 厘米，初步判定为新石器时代良渚文化遗址。2010 年 9 月 14 日公布为市级文物保护单位。

鹞子墩遗址

位于崇福镇中夫村鹞子墩小组。主要分布范围为鹞子墩村民小组中西部，东西宽约 230 米，南北长约 340 米。根据采集到的标本推断为新石器时代良渚文化遗址。面积大，保存较完整。2010 年 9 月 14 日公布为市级文物保护单位。

元宝亭遗址

位于崇福镇芝村村元宝亭小组。范围较大，有近万平方米，因土地平整，破坏严重，仅存五六户农民房基及北部土墩。初步判定为新石器时代良渚文化至汉代的遗址，2010 年 9 月 14 日公布为市级文物保护单位。

越茂桥遗址

位于崇福镇五丰村越茂桥北。遗址高出四周地块约 2—4 米。出土滑石珠（俗称矾石珠）、石钺等良渚玉器、石器等。初步判定为新石器时代良渚文化至商周的遗址。2010 年 9 月 14 日公布为市级文物保护单位。

三莲寺遗址

位于崇福镇茅桥埭村三莲寺组。原为高地，因土地平整，破坏严重，剩余面积约 5000 平方米。初步判定为春秋战国的遗址，2010 年 9 月 14 日公布为市级文物保护单位。

西谈家坟遗址

位于河山镇五泾村西谈家坟小组。东西长约 300 米，南北宽约 50 米。2003 年因土地平整，上层已有破坏。现场采集陶片有夹砂圆锥形鼎足、鱼鳍形鼎足、带齿弦纹陶器口沿等。初步判定为新石器时代良渚文化遗址。2010 年 9 月 14 日公布为市级文物保护单位。

陆家下遗址

位于石门镇殷家漾村陆家下小组，无量桥港北侧。2006 年土地平整时，曾出土良渚文化的遗物。保存较好，地面采集陶片丰富，文化层明显。2010 年 9 月 14 日公布为市级文物保护单位。

庙后头遗址

位于石门镇墅丰村庙后头组西侧。东西长 300 米，南北长 50 米，文化层厚约 1 米，采集有马桥文化至唐各时期的遗物。2010 年 9 月 14 日公布为市级文物保护单位。

塔里遗址

位于石门镇殷家漾村塔里村。地表采集有米字纹、回字纹、席纹、米筛纹、云雷纹等印纹硬陶片和鼎足、原始瓷、泥质黑陶、石镰等遗物，断定为商周至汉的遗址，2010 年 9 月 14 日公布为市级文物保护单位。

姚家山遗址

位于屠甸镇荣星村南星桥组。2004 年，市博物馆对遗址进行抢救性发掘，发现良渚文化时期贵族墓葬。后由省文物考古研究所和市博物馆组成联合考古队进行科学发掘，发掘面积 1300 平方米，清理人工堆筑高台 1 处、墓葬 7 座、祭祀坑 21 个，出土陶、玉、石、牙骨器等文物 260 余件。判断为新石器时代良渚文化晚期遗址。2010 年 9 月 14 日公布为市级文物保护单位。

墙里遗址

位于乌镇双塔村墙里组。东西 150—160 米，南北约 60 米，总面积约 9600 平方米。西部已遭破坏，东部因在宅基下保存较好。采集的陶片有 T 字形陶足、黑片陶、鱼鳍纹足以及红陶器物腹片等。为良渚文化时期遗址。2010 年 9 月 14 日公布为市级文物保护单位。

许家村遗址

位于洲泉镇清河村许家村组。东南部土墩因上有民宅，保存完好。采集陶片有夹砂红陶扁圆形鼎足、灰陶豆把、方格纹陶片及小石片等。西部经土地平整，破坏相对严重。为商周时期遗址。2010 年 9 月 14 日公布为市级文物保护单位。

朱家坝遗址

位于洲泉镇马鸣村朱家坝组。北部经土地整理，上层堆积已被破坏，地表有大量商周——汉时期的陶片，下层情况不明。南部因在村民宅下，保存较好。为商周至汉时期的遗址。2010 年 9 月 14 日公布为市级文物保护单位。

二、古城址

垒石弄

在石门镇。据旧志载，春秋战国时期越王在此垒石为门，为吴越两国界限。清时，石门故垒被列为"桐乡八景"之一。

何城

在崇福镇西星火村。相传为春秋末年吴王夫差所筑。明万历《崇德县志》载："在县（今崇福镇）西三里。"明成化二十年（1484）重修，有《何城庙记》："语溪乃吴越交争之地。吴之御越尝用何王宅基以筑斯城，故曰何城，西南凿河隍以遏其冲，东北筑将台以励其众。"（碑存市博物馆）《名胜志》载："勾践拓地，北至御儿，夫差筑何、晏、管、萱四城拒之，何城有何律王庙，相传吴王遣以筑城者。"现城已毁，但西南河道及东北高地尚可辨。

晏城

在屠甸镇汇丰村西晏城。相传为春秋末年吴王夫差所筑。清光绪《桐乡县志》载："晏城在募化乡。越勾践拓地至御儿，吴夫差筑何、晏、管、萱四城以拒之，此其一也……桐境晏城正与海宁交界，有东晏城、西晏城之名。"现城已毁。

檇李城

吴越交战有檇李城。《春秋》载，鲁定公十四年（公元前 496）五月，於越败吴于檇李。杜预注："嘉兴县南檇李城。"明弘治《嘉兴府志》："檇李即桐乡县之濮院。"城久毁，遗址无考。

崇德县城

崇德置县虽久，但建城较迟，元末始有州城之建。元至正二十八年（1368）始筑城。城周五里三十步（旧制五尺为一步），设陆门四扇，水门三扇，凿市地为池，阔七丈，深二丈二尺，其里步之长视城有加。明洪武十九年（1386），倭寇入侵，沿海告急，海防官信国侯汤和急于防守，拆崇德城砖石移筑乍浦城。嘉靖年间，倭寇三次侵崇，百姓备受摧残，民谚有云："崇无城，贼人入境如无人"，又云："崇有城而不守，民随侯而出走；崇有城而有守，平安乃可长久。"嘉靖三十四年（1555），知县蔡本端奉檄筑城御倭，翌年正月初七，万余倭寇破城而入。倭退后，浙江巡抚令速筑城，邑绅吕希周主张运河改道，回环绕城，四周以水为障，以利防守，故民间有"崇德吕希周，直塘改作九弯兜"之说。新筑县城周七里三十步，高二丈七尺，阔一丈五尺，设水旱门各五对（东门称青阳，大南门称丽正，小南门称熏仁，西门称兑泽又称素商，北门称朔义后称拱宸），门垛突出于城墙面，门洞为圆形券门，城楼为单檐重楼顶，城外有濠河长八里五十步。历时五个月，始竣工。翌年倭寇复来，兵民凭城坚守，倭寇遂退。嘉靖三十九年（1560），知县刘宗武再建城楼四、南北瓮城各一座，添筑箭台三十、敌台三。

崇德县城于明、清（咸丰前）经十次修缮加固。清咸丰十一年（1861）二月，太平军攻占县城后，截去东南半城，移筑于治东六十步，亘南北市河，置门义济桥（今春风桥）西。清同治五年（1866）五月，知县杨恩澍依故址重筑并浚池。同治九年（1870），县令陈谟重修朔义门。同治十一年（1872）、光绪三年（1877），县令余丽元重修西水门和西城门。

民国二十五年（1936），为方便交通，在大南门、小南门之间新开中正门。日寇占领期间，封闭东门、大南门，并在其他各门城墙上筑碉炮台。1949年，中正门改解放门。1958年起，因城镇和水利建设需要，城墙陆续被拆，城垣遂废。

桐乡县城

明天顺元年（1457），桐乡初筑城，终未成。嘉靖三十二年（1553），为御倭寇，桐乡知县金燕奉檄筑城，城围五里（一作周一千二百丈），东西最长一里八，与南北略等。城墙下为石筑，上为砖砌。外高三丈一尺，内高一丈四尺，基阔二丈二尺，上宽一丈八尺。设城垛一千零十二个，置水陆门各四，有城楼四座，月城四座，敌台十三座，敌楼八座。城濠宽六丈，深二丈五尺，设吊桥四座。筑城竣工不到一个月，倭寇来犯，围城四十余日，兵民凭城坚守，直至解围，城内免遭浩动，故被称为"金城"。

清代，桐乡城垣屡有废葺，几经修缮而无大变。民国时城垣渐圮，尤其在日军盘踞的八年中，城墙破坏严重。自1958年开始，因市政建设所需，城垣陆续被拆除。

三、古墓葬

李庄汉墓群

在石门镇李庄。1975年3月，平整土地时发现西汉土坑竖穴墓多座，出土4公斤重的青铜鐎斗一件，现藏桐乡市博物馆。

宋家桥汉墓群

在石门镇叶新村宋家桥。1975年3月，平整土地时发现西汉土坑墓群，采集到青铜带钩、青釉陶瓿、壶、罐等器物，现藏桐乡市博物馆。

徐文兜西汉墓群

在龙翔街道杨园村徐文兜西200米。1974年3月，平整土地时发现西汉墓葬群，收集到青铜洗、弩机、青铜镜各一件，釉陶罐、瓿、壶多件，现藏桐乡市博物馆。

李家兜东汉墓群

在崇福镇新益村李家兜。1973年前后，平整土地时发现墓室局部砖壁，出土五铢钱等。

金吾将军钱元弼墓

明万历《崇德县志》载："钱元弼，文穆王元瓘弟，后晋天福三年始置秀州，元弼为刺史，经营新治以惠称，官终金吾上将军。"

清光绪《石门县志》载："冢高数丈，岁久倾圮，下瞰黝深，甃壁广若堂宇，窗牖铁为之，西数十步有侍郎昱坟。绍兴初，使相钱忱来南，访葺诸茔，命族孙鹄专主祭扫，秦鲁国大长公主以亲属奏鹄以官。鹄卒，儒林郎达道继掌祀事。"

赵氏宗室墓群

在濮院镇红旗漾村。1974年平土时发现石椁墓群，出土赵匡胤七世孙、南宋安定郡王赵伯泽及儿媳、长孙墓志铭四方，现藏桐乡市博物馆。

陆德舆墓

在崇福镇五丰村太子塘桥北堍西侧。清光绪《石门县志》载："陆德舆，字载之，号鲁斋。嘉定中登进士，有文名，教授春官。敕赐田三千顷。历两制，知贡举，终吏部尚书，卒赠嘉兴开国侯。"墓葬封土已毁，华表石兽尚存。1976年曾在该墓西侧发现陆德舆祖父陆埙、叔祖陆埈墓志铭，现藏桐乡市博物馆。

吕希周墓

在屠甸镇荣星村小六房。封土高12米，东西长64米，南北宽34米，封土平面呈椭圆形，河流半抱，墓前本有神道，两侧有石兽和翁仲，现已毁。

潘御史墓

在石门镇立新村吴塔村组，原墓冢颇具规模，有石兽、石翁仲、石牌坊等物。抗战期间，墓地诸物被盗卖，仅存石牌坊横额，现藏缘缘堂。

潘御史（1521—1595），名季驯，字时良。乌程（今湖州市南浔区）人。明嘉靖时为广东巡按御史，四任总理河道。著有《两河管见》《两河经略》《河防一览》等。

沈宏墓

在洲泉镇岑山村。原称陈山，明万历《崇德县志》载："陈山在县西北二十五里，高十三丈，周围一里。昔陈氏居此，积土成山，故名。沈廉访宏葬于此。"

沈宏，字惟远，明嘉靖乙未年进士，初授刑部主事，不久即补武选郎，后任广西副使，擢升广东按察使。家居篁墩，俗呼黄泥墩。清光绪《石门县志》载："黄泥墩，在十八都，高数丈，明沈廉访宏家焉，建祝圣台其上，旁有友于轩。"

一指坟

在今洲泉镇东。清光绪《石门县志》记载："庶吉士吴尔埙墓在东田村。"

吴尔埙，字介子，明崇祯十五年（1642）进士，授翰林院庶吉士。清军入关，吴尔埙与海宁举人祝渊南归，在扬州见督帅史可法，誓死守城。吴尔埙与祝渊诀别，拔佩刀断左手一指，托祝渊寄与父母，并说："贼仇未雪，儿不还矣。"不久，扬州城陷，吴尔埙重伤，投井而死。家中遥闻凶讯，以所寄一指及衣冠葬于镇东，人称"一指坟"。

胡滢《语溪棹歌》有诗："太史孤忠胜国闻，谁从汗简考遗文。丹心碧血埋荒草，记认当年一指坟。"

吕留良墓

在洲泉镇晚村村东长板桥。现封土已毁，墓室尚存。据《吕氏家谱》载："墓为三穴，中为养心公（吕焕），左昭为空青公（吕元启），右穆则晚村公（吕留良），三穴右傍别有一穴，则为公忠（吕留良长子）墓也。"

吕留良葬后四十多年，因曾静案牵累，雍正十年（1732）十二月十七日，嘉兴府尹会同石门县知事，奉旨在东长板桥挖开吕留良及长子吕葆中墓穴，破棺戮尸示众。辛亥革命后，吕案昭雪，民国元年（1912），由洲泉人沈湘渔、骑塘人吕梵樵发起，呈准当局，在东长板桥原址重新建墓。墓地环境清幽，有九曲之水，傍一片白杨林，墓前立有一石碑，上书"先贤吕晚村先生之墓"。沈湘渔有《吊晚村墓诗》："白杨瑟瑟草芊芊，长板桥东泣杜鹃。荒冢不容留朽骨，沉冤何竟到重泉。行人有泪挥秋雨，翁仲无言卧晚烟。难得河山光复后，比干遗墓表崇阡。"抗战胜利后，崇德县长吴耐冰曾领衔发起捐资重修，终因财力不济而罢。"文革"中，吕留良墓被毁。

张杨园墓

杨园墓

在龙翔街道杨园村西溪桥西。

杨园先生去世后，初葬于故居东南约半里处。后因墓地低洼积水，迁葬于村北西溪桥高燥地。清康熙六十年（1721），海盐张朝晋、余姚陈梓修杨园墓，并将杨园夫人与二子附葬于墓侧，墓共筑三穴，成品字形，西向，杨园墓穴居中。乾隆十六年（1751），浙江学政雷鋐题墓碑"理学真儒杨园张先生之墓"。嘉庆六年（1801），桐乡县令李廷辉捐俸修墓，二十三年（1818），县令黎恂又重修。此后年久失修，咸丰四年（1854），村人将此情况致函平湖顾征君，顾募捐重修，建墓门，栽松柏，并筑石埠头，以便谒墓者停泊船只。同治三年（1864），浙江巡抚左宗棠捐廉银大修，于墓周以条石筑罗城，从河埠筑一石道直通墓门，还购置祭田四十亩，并题写墓碑"大儒杨园张子之墓"，又树石碣于墓门前，以示乡人永远防护，禁止樵采。

同治十一年（1872），桐乡县令李春和在墓左侧建祠二进，作祭祀之用，并于祠前开凿荷花池。稍后，县令胡日宣又在祠后建屋三椽，供守墓人栖息。

"文革"中，杨园墓被毁，池塘改为水田。2011年，龙翔街道办事处出资修复。

程坟

在石门镇殷家漾村，也称千松坟，清代江西南昌府通判程琳之墓。

清光绪《桐乡县志》记载："赠江西南昌府通判程琳墓在二十都圆津庙东。墓后创建家庙，有保艾堂、念劬斋、东亭、西庄，泉石清幽，花竹葱蒨。"程琳孙程同文，原名拱字，字春庐，清嘉庆四年（1799）进士，历官兵部主事，军机处行走，曾充会典馆提调，承修《大清会典》。他在《千松墓田记》记载："先大父中宪大夫蕴堂公墓在桐乡白马塘之西三里，墓之侧树松凡千株，而间以桐、榆、槐、柏、豫章、女贞之属，郁然青翠，靡有冬夏，葺屋以为祠，垒石置亭，凿池以为园，为亩十有八，又周之以桑坞，为亩三十有一，其余则田也，作祀田为亩六十有七，凡一百六十亩有奇，以输税于官，曰'程千松户'，盖墓之树以松居多，故因以名焉。"

四、古建筑

崇福寺金刚殿

在崇福镇，俗称"西寺"。始建于南朝梁天监二年（503）。现存金刚殿，明永乐初建，坐北朝南，面阔五间，183平方米。屋顶为歇山式，屋面施素面筒瓦，呈倒抛物线状。金柱柱础为覆盆式，檐柱均用正方体花岗石，上有十字形凹榫。殿上有严世藩书"祝延圣寿"四字。永乐元年（1403），"上万寿岁旦，俱习仪于此"。清代屡加修葺，乾隆间复修建，咸丰十一年（1861）寺毁，仅存此殿。民国七年（1918）大修。"文革"中部分屋顶被拆除。1981年列为县级文物保护单位。1983年县文化局拨款重修。现为崇福镇文化站阅览室。

演教寺大殿

在高桥镇西。始建于后晋天福八年（943），初名为保安院，北宋治平元年（1064）更名演教寺。现存大殿为明代晚期建筑，面阔三间13.3米，进深13.1米，面积174平方米。屋顶为歇山式，层面施筒瓦，呈倒抛物线状。明间缝梁架为抬梁式，五架梁为曲梁。檐柱、角柱、山柱均用正方体花岗岩。门窗系明代旧物，格心棋盘形，裙板有浮雕纹饰，线条古朴简练。清雍正四年（1726）、民国十三年（1924）曾大修，替换部分构件。1981年列为县级文物保护单位。

孔庙大成殿

原为崇德县学主体建筑。始建于北宋元丰八年（1085），初在市河西，元至正二十一年（1361）移建于河东。岁久倾圮，历代屡经修筑，现存大殿系清同治四年（1865）重建，面阔三间20.6米，进深14.9米，共307平方米。飞檐翘角，后金柱顶石呈方块形加鼓墩，前金柱顶石用覆盆式加鼓墩，系明代旧物。檐柱用正方形花岗岩，歇山顶，板瓦屋面，脊饰已无。除大殿外，尚有附属建筑大成门（俗称头门）、棂星门（俗称石牌坊）。殿前有石狮一对，南有泮池（俗称荷花池），东有巽塔（俗称文璧宝塔），高低错落有致，大小点缀成趣。"文革"期间，该殿改作工厂车间。1981年列为县级重点文物保护单位。1985年，工厂迁出，修缮一新。现为中山公园景点。

翔云观山门

在濮院镇。元代道观，本名玄明观，始建于元至大二年（1309），清避圣祖（玄烨）讳，改称翔云观。明清时曾加修葺、扩建。清咸丰十年（1860）毁，独存山门。山门坐北朝南，

翔云观

砖石结构，用叠涩法出檐，檐口用沟头滴水，以下施砖刻浮雕斗拱，斗拱下各式透雕花窗装饰。中间正门门楣上有"翔云高眺"四字，系乾隆进士、左都御史、浙江学政窦光鼐所书。两旁边门门楣上，各镌"春和"、"秋爽"。墙脚施1.07米高的青石须弥座，有图案浮雕。1981年列为县级重点文物保护单位。

修真观戏台

在乌镇。修真观是浙北驰名道观，建于北宋咸平元年（998），几经兴废，戏台却保存完好。

据清光绪《桐乡县志》记载，戏台始建于乾隆十四年（1749），咸丰十年（1860）毁于战乱，同治四年（1865）重建，同治十年（1871）和民国八年（1919），两次修缮。占地204平方米，坐南朝北，半入河中，用方柱体花岗岩柱支撑，属干栏式建筑。台分两层，底层用砖石围砌，边门通河，前门通广场。楼台分前后两部，后为化妆室，装有花格矮窗，宽敞明亮，前为戏台。歇山式屋顶，飞檐翘角。正面立有一对台柱，上书对联一副"锣鼓一场唤醒人间春梦，宫商两音传来天上神音"，上方挂一匾"以古为鉴"。1981年列为县级文物保护单位，1986年整修一新。

分水墩

原在乌镇北栅外，车溪、烂溪和横泾港交汇处。原为水中高阜地，三水之汇，又是两省三府七县分界处，地理位置显要。

明万历年间，乌镇同知罗斗听信"风水"一说，认为此地为乌镇之尾闾，须设关拦以固风气，于是在墩上造阁，供文昌君像，万历九年（1581）六月竣工。以后同知全廷训、于琨和宪副徐汝峄都倡捐修葺。民国八年（1919），徐冠南倡修寿圣塔之余，重建分水墩，里人卢学溥、沈耆洛、徐晴梅等力助其成，"自壬戌（1922）兴工，迄甲子（1924）落成"。楼阁呈六角形，上下三层，底层和二层大小高低基本相等，采用西式，嵌五彩玻璃门窗，第三层收缩，用上彩色统窗，更显得灵秀，出檐全用黑色筒瓦、葫芦结顶。

分水墩上建有楼阁之后，仍称分水墩，成为人们郊游之所，历代文人留下不少诗篇，如明王叔承《人日晚登分水亭有感》："白恰浮空坐水天，隔檐墟里一苍然。三溪寒拥孤楼月，双塔晴开万井烟。螺色杯边群鸟过，春风槛底乱帆悬。无端忽洒新亭泣，明日从君理钓船。"清严宝传《分水墩晚眺》："波峙危楼若钓矶，远山黯黯淡斜晖。南来怒浪流频急，北去孤帆驶欲飞。两岸炊烟当暝合，双溪渔火入林微。归时风景还堪忆，临水人家半掩扉。"

大跃进时，分水墩楼阁被拆，现墩已无。

寿圣塔（寺）

在乌镇东栅翠波桥北首。寿圣寺原供奉四大天王、弥勒及韦陀像，共二进，广场宽阔，大殿三间原供有三尊如来和两庑十八罗汉，双檐屋架，四周石柱，高大轩昂。塔、寺建于北宋庆历二年（1042），至和年间（1054—1055）曾设接待讲院。明万历二十八年（1600），李乐倡建张仙殿于大殿东侧。

自南宋至清末，寺塔失火焚毁两次，遭兵匪、倭寇焚毁四次，加上年久失修等原因，650多年中，共修葺丹漆14次，其中以明万历九年（1581）李乐、清乾隆十三年（1748）僧然文、光绪九年（1883）严辰的三次修葺，规模最大。

民国八年（1919），镇绅徐冠南倡议重修，历时四年竣工，耗资二万三千银元，将殿宇、宝塔修葺一新，更将宝塔牮直，六层回廊改装铁护栏，廊外立柱也改为钢管，每层翘角各安铜铃，并请徐期百等文人书写匾额七块，分别为：一方雄镇、两水遥分、三光垂极、四大皆空、五妙境界、六朝遗胜、七宝庄严。1951年被拆除。

白莲塔（寺）

在乌镇十景塘北，天井巷西，俗称西宝塔。建于北宋崇宁间（1102—1106）。

白莲寺九开间三进，山门、正殿格式与寿圣寺相仿，但正殿建在二米高的平台上，更显雄伟。西首为偏殿，供有圣帝像。镇志记载宋代张俊的生祠亦建于此，后秦桧案发，张受株连，祠遂废。

明万历间，同知全廷训建"六朝遗胜"石坊于山门外。

元末，毁于兵火。明代，州判王济、和尚寂然、都宪唐世济多次募建，次第修复。

清康熙十八年（1679），镇绅张贞侯倡修，阅三载，尽复旧观。乾隆初年失火，寺塔尽焚，乾隆十二年（1747）和十八年（1753）有僧格非和硕林苦募复建，恢复原貌。光绪二十九年（1903），僧人募资，铸成大钟一座，重可千斤。

2005年，乌镇古镇保护与旅游开发管理委员会在乌镇西栅环河岛上，按原样易地重建白莲塔。

西寺双塔

西寺即崇福寺。据清光绪《石门县志》记载："东西列二塔，唐无着禅师造。"僧一峰《重建二塔记略》又云："语溪崇福，其来尚矣。寺前二塔，雄伟峻拔，足以壮一方，其有关于乡邦者甚矣。粤自吴越国王赐铜亭银盒，盒内藏舍利、宝贝等物于西塔上。元至元二十二年，僧了恩重修，复置银盒于东塔上。迨我朝正德间，风搜雨涤，本刹僧衡准庵复于缘鸠工，聿新旧制，俾前功不堕于既往，后功克著于将来。了恩之名，不得专其美矣。"

崇福寺几经兴废，而寺前双塔一直保存。因年久失修，塔顶逐渐倾斜。1955年曾作保护性处理。1967年被拆除。

文璧巽塔

在崇福镇中山公园内。明嘉靖年间通政使吕希周始建。原有"坤"、"离"、"巽"三塔，以次相连。万历十七年（1589）重修时仅存巽塔。清道光二十九年（1849），巽塔因长期风化倾坍。咸丰三年（1853），宋成勋等募资重建。塔底花岗岩须弥座，塔高18米，六面七层，仿木实心楼阁式砖构建筑。每层有仿木砖雕塔檐，檐下有仿木浮雕斗拱和立柱，三面槏窗，另三面出壶门，窗门相同。壶门上部阳文砖铭，从残存题刻分析，为"礼、乐、射、御、书、数"六字。壶门内有壁龛原供佛像，"文革"中毁。1981年列为县级重点文物保护单位。

惠云寺双塔

在惠云寺（俗称凤鸣寺）大殿前，基址在今桐乡第六中学内。建于明洪武二十四年（1391），系六面七层实心砖塔。清末仅存一塔。1961年列为第一批县级重点文物保护单位。1970年拆除。

昭明太子读书处

又称"六朝遗胜"，遗迹在乌镇市河西岸。

昭明太子（501—530），即南朝梁武帝萧衍之长子萧统，号德施。梁天监元年（502）被立为太子，时仅两岁。自幼聪颖好学，才识才人，师从沈约（441—513）。沈约字休文，吴兴武康人，助梁武帝萧衍起兵，建立梁朝，历任尚书、仆射，官至尚书令，父母葬于乌镇十景塘西，筑有园舍，每年清明，从京城至乌墩扫墓，守孝数月。梁武帝担心儿子荒废学业，命随读，在兴德桥东辟园建馆，筑"校文台"，为著述编校之所。

萧统读书极为勤勉，乾隆《乌青镇志》载其"终日诵书不辍，夜则使其官属诵而卧听之，遇有脱误，悉识之以责诵者"。曾召集文人编《文选》三十卷，是为中国最早的文章选集，后世称《昭明文选》。

明万历年间，同知全廷训在十景塘原白莲寺山门前建石坊，里人沈士茂题写"六朝遗胜"及"梁昭明太子同沈尚书读书处"横额。

简斋读书阁

在乌镇原寿圣寺东。宋参知政事陈与义，号简斋，曾在芙蓉浦上筑室读书，其室名"南轩"，与密印寺高僧洪智、邑儒叶懋相交甚密。后人为纪念三人之友谊，在"南轩"旁建有"三友亭"。元至正年间，天台法师曾予修缮，室内名"简斋读书处"，室外名"南轩"。亭阁久废，民国十七年（1928），镇人吴宝清建亭于芙蓉浦上，又建平屋三间，名简斋读书处，均沿用旧名。今已无迹可觅。

乾隆南巡行宫

在石门镇东，今名"营盘头"。乾隆六次南巡，均驻跸于此。

行宫建于清乾隆十五年（1750），占地54亩，有御书房、军机房、起居房等，宫前建有河埠，供龙舟停泊。

乾隆六次南巡，驻跸石门行宫的时间是：乾隆十六年（1751）二月，乾隆二十二年（1757）二月，乾隆二十七年（1762）二月，乾隆三十年（1765）闰二月，乾隆四十五年（1780）二月，乾隆四十九年（1784）三月。行宫毁于清咸丰年间。

接待寺与行幄殿

在石门镇。唐始置石门驿，宋改行幄殿。

传说南宋有一名王爷，在石门镇北普寺出家为僧，法号慧梵。往来官员途经石门，停轿下马，停船靠岸，步行至普寺朝见。慧梵既入空门，不喜官场应酬，遂将行幄殿改为接待寺，往来官员将名帖投于寺中，即可离去。寺内原有大佛殿、关帝殿等，抗战中被日军烧毁，仅存关帝殿，解放后为建粮库拆去。

春风楼

元至元《嘉禾志》载："在县东南三十步，宋知县奚士达以观风亭改建。淳祐间，知县黄元直重修。"原楼早废。民国间，遗址上建有总管堂，额上书"春风楼"。建国后，拓宽市河时拆除，原址上建春风大桥。

椿桂堂

明万历《崇德县志》载："在县西，宋莫元忠五兄弟奉亲力学，俱登第，周监丞必正匾其堂。"后在堂址立五桂坊，早废，今仅存地名。

生贤里

在洲泉镇。南宋丞相赵汝愚故里。

赵汝愚系宋太宗长子赵元佐七世孙。靖康之变，宋室南迁，赵汝愚父亲赵善应迁居崇德县洲钱里（今洲泉镇），赵汝愚即出生于此。后世因赵汝愚官至左丞相，以清正贤明名世，故将其出生地称为"生贤里"，东侧小桥称"生贤桥"，又因赵汝愚高中探花，称里中小巷为"探花巷"。清光绪《石门县志》载："探花巷，在洲钱镇，以赵汝愚中探花得名。"

生贤里之北是梁代古寺祇园寺，为纪念赵汝愚，后人在寺内建赵忠定公祠，后毁于火。明隆庆间，崇德县令朱润题额重修，后又废。明万历三十九年（1611），县令靳一派再重建，太仆钱梦得撰《重建赵忠定公祠记》。清同治十年（1871），又重修，邑人胡菊邻刻《重修赵忠定公祠》，惜碑刻已毁。

许归堂

在崇福镇。清光绪《石门县志》载："明吕相判南阳乞归，阮中丞鹗以善人里其门，其子熿尚城南郡主，乞归偕养，诏许之，归而筑堂，颜曰许归。"堂址原在大操场西北隅，早废。

通泉古甃

通泉古甃是明万历年间"乌镇八景"之一，也是清顺治年间"密印寺八景"之一，原名"梁园古甃"。地址在当年寿圣寺后，今乌镇中市石家弄东。至今尚在。

密印寺地广，景色颇多，亭阁、山石、树林、曲径、河湖、水井、僧房遍布，有晋水飞花、高峰灯焰、寿圣文峰、长林消夏、蓉浦寻秋、藏阁溪声、观堂野色、梁园古甓八景。

通泉古甓，顾名思义通泉之井，长用不干，大旱不干，取之不尽，用之不绝，十三房和尚用水均取于此井。从井口下望，下有两口碥大之井水下相通，可见其容量之大。密印寺几经变迁，渐趋损毁，至今湮灭，但其井仍存。

夏家厅

在梧桐街道永宁社区夏家浜。相传为夏尚书府第，旧志无载。分左、中、右三楹，左楹已毁，现存中、右两路。中路五进三开间，隔河设照墙，现照墙已毁，今存头门、仪门、厅屋等。头门现改作民居，原与仪门呈丁字形布局，俗称转弯墙门堂，传为特有规制。门楣叠涩法出檐，水磨青砖砌筑，高约4米。额题已废，额周浮雕戏目人物。底部花岗岩须弥座，两侧镌麒麟、麋鹿及飞马之类动物图案，栩栩如生。仪门入内石板天井，高墙围筑。围墙朝东、北两面置大幅彩绘，画面已颓废。三间厅屋坐北朝南，门面已改动。明间阔5.7米，左右两次间宽各4.3米，进深9米。屋面呈倒抛物线状，脊高8米，拱形轩顶，是典型的明代中后期建筑。第四、第五进建在同一条中轴线上，为木结构楼房建筑。天井内尚有水井一口，为后人所凿。2015年修复为吴蓬艺术院（桐乡书画院）。

劳布政使府第

在崇福镇横街。建于明代晚期，系山东布政使劳永嘉住宅。两层木结构楼房，屋顶悬山式，屋面施土平瓦。民国时犹存第二进五间楼房，面阔14.5米，进深18.4米，柱梁粗壮，松板楼面，杉木望板。解放后为粮管所职工宿舍，现已拆除。

萧家厅

又称萧家花园，在乌镇修真观西侧。民国《乌青镇志》载："萧家花园，孝廉萧仪斌宅，在青镇观后街。凿池叠石，自成园景。"萧仪斌为清道光十一年（1831）举人，官山阴县教谕。其祖萧南金，父萧谦，从商，清乾隆、嘉庆年间，每遇旱涝灾荒，常出金倡捐，设厂施食，里人多称其盛德。

萧家厅占地不广，主轴建筑为三间三进，二进为正厅，供有萧麒等奉旨诰命的两只大红镂金漆木盒。萧家是夏同善外婆家，其继母系萧谦之女，故少时常随母在萧家厅住歇，其舅萧仪斌藏书甚丰，夏同善遍阅所藏，长进不小，咸丰五年（1855）中举人，次年进士及第，钦点翰林。同治十三年（1873），在"杨乃武小白菜"一案中，他与同僚联名奏请刑部复审，后冤案昭雪，声名远扬。

1999年，乌镇古镇保护与旅游开发管理委员会将萧家厅修缮后改建为翰林第。

朱家厅

俗称"厅上厅"，在乌镇西栅通济桥东首。建于民国元年（1912），两层砖石木结构，四周高墙，进门有宽敞的庭院，东西有两厢亭，底厅宽四丈二尺，厅后为石板天井，楼上亦为一厅。底厅方砖铺地，落地长窗上刻有人物花卉图像，楼厅门窗上刻有二十四孝图，构图错落有致，雕工精细，保存完好。

五、古桥梁

望仙高桥（大麻高桥）

在大麻镇。跨京杭大运河，南北走向，单孔石拱桥，桥长 32 米，宽 4 米，净跨 12 米，拱矢 6 米，南北各 36 级石阶，桥面两侧施石栏，桥顶望柱雕石狮两对，顶端两侧置石椅，拱圈石以纵联分节并列式砌置。东侧桥联为"士庶乐捐输干此鸠工尤不缓，东西资利济当今鼍驾又重新"；西侧桥联为"雁齿接云衢舟楫来麻溪之外，虹腰环水国源流溯天目而还"。

据民国《德清县志》载："望仙桥，在大麻村北，因其地有麻姑仙迹，故名。明成化三年（1467）修建。"清光绪二年（1876）重建。1994 年，因运河航道拓宽而拆除，新建钢筋混凝土公路桥。

松老高桥

在崇福镇东安村。跨京杭大运河，南北走向，单孔石拱桥，桥长 41 米，宽 3.9 米，净跨 14 米，拱矢约 7 米，南北各 36 级石阶，桥面两侧施石栏，桥顶望柱雕石狮两对，拱圈石以纵联分节并列式砌置。东侧桥联为"醉李趁帆风戏水鸳鸯分福禄，高松延镜月冲霄鹭鹤会飞来"；西侧桥联为"五百年日往月来修建相目自光绪以溯宏治，九十里风平浪静艰难克济由德清而达仁和"。

始建于宋，明弘治及清嘉庆年间均重建。原桥为光绪十六年（1890）重建。相传，昔有老人于此舣舟作渡，凡五十年，所取渡值，铢积寸累，遂建此桥，后老人化为松，桥因以名。1998 年石拱桥拆除，改建为新钢梁水泥桥。

彭河桥

在崇福镇沈家村。明成化九年（1473）沈丞让重建。1998 年改建为新彭河桥，桥长 34.7 米，净跨 12.9 米，宽 2.5 米，通航高程 8.5 米，河底高程 1.5 米，为单孔钢梁桥。

大通新桥

又名大德桥，在崇福镇新桥村。跨京杭大运河，南北走向，单孔石拱桥，桥长 32.5 米，宽 3.9 米，净跨 12.5 米，拱矢高 7 米，南北各 27 级石阶，桥面施栏板望柱，拱圈石以纵联分节并列式砌置。东侧桥联为"归路出城南百里水程窥省会，虹梁跨塘北重题柱石仿彭河"；西侧桥联为"来往鹢纷飞上下两河分轨道，长空鼍稳驾西南一路达康庄"。

始建于明宣德年间（1426—1435），后数度重修。1992 年拆除，新建钢筋混凝土桥。

包角堰桥

俗称南三里桥，在崇福镇南门外运河与长安塘河交会处，南北走向，单拱石拱桥，两端各 30 级石阶，顶面有长方形平台。始建于南宋嘉定十三年（1220），明正统六年（1441）重建。清康熙六年（1667）夏方昊督建并为记，乾隆五十七年（1792）重建，道光元年

（1821）县令邓廷彩又重建，俗名邓父桥，郡守王凤生为记，同治三年（1864）毁于兵，光绪二年（1876）县令余丽元重建。1954年因长安塘改道拆除。

司马高桥

司马高桥

俗称南高桥，在崇福镇。跨京杭大运河故道，南北走向，单孔石拱桥，桥长29.4米，宽3米，净跨9.7米，拱矢5米左右，两端各28级石阶，桥顶有方形平台，立小石柱，柱端雕有小石狮两对，拱圈石以纵联分节并列式砌置。东侧桥联为"碧浪驾舆梁事隶夏官资共济，白栏依雉堞情深秋水溯伊人"；西侧上联为"司马锡嘉名谁继长卿高凤标题有兆"，下联已风化不可辨。

清光绪《石门县志》载："司马高桥旧名南高桥，在皂林驿东，明洪武间建，清乾隆十四年邑人沈廷槐重建，同治甲子兵毁"。现存石桥系光绪二年（1876）县令余丽元请帑重建。

青阳桥

在崇福镇。桥对原青阳门，故名。东西走向，桥顶有方形平台，两端各有28级石级。始建年代不清，明正德《崇德县志》有"在青阳门外"的记载。清顺治初，许汝扬增修。乾隆五十七年（1792）重建。同治三年（1864）兵毁。光绪二年（1876）县令余丽元重建。1982年拆除，改为钢梁水泥板桥。2002年青阳路拓宽，新建钢筋混凝土公路桥。

迎恩桥

在崇福镇。跨运河，位于北沙渚河出口处，东西走向，两端各有29级石阶。明正统间（1436—1449）县令焦宽建造，崇祯间（1628—1644）、清乾隆四十四年（1779）、宣统元年（1909）三次重建。1971年2月，因市河拓宽拆除，在原址北10米处改建水泥平桥，名人民大桥。

拱宸桥

俗称北三里桥，在崇福镇北。跨运河，东西走向，单孔石拱桥，桥顶有长方形平台，两端各有32级石阶。始建于明天顺六年（1462），嘉靖时（1522—1566），于桥北建分水墩以砥中流。万历间（1573—1620），僧如彩以桥峻不便行者具呈改建，后圮。清乾隆元年（1736）重建，复圮，三十九年（1774）僧杰堂募资重建。同治三年（1864）兵毁。光绪二年（1876）知县余丽元请帑重建，名为"拱宸"。1980年，拆除，铲除分水墩，运河截直。1981年，改建钢筋混凝土双曲拱桥。1998年，运河拓宽，重建。

南高桥

在石门镇。跨运河，高10米，阔4米。初建于明嘉靖二年（1523）。清康熙四十七年（1708），里人吴惟楷、周镐募资重建。清道光十一年（1831），里人募资重修。清同治三年（1864）兵毁，同治十一年（1872）张品山倡捐重建。南侧对联："望一点含山西峙遥看塔影小于针，接三条渚水南来曲抱溪流清似玉。"1972年运河拓宽，拆除，在原桥址北30米处建单孔双曲砼拱大桥，仍名南高桥，桥长114米，阔5.1米，净跨59米，次年夏竣工。1997年运河再次拓宽，拆除，在原桥址南约400米处新建预应力混凝土简支桁架梁结构的新桥，主跨55.13米，两边引桥各长156米，全长367.13米，桥宽4.5米，1996年9月动工，次年8月竣工。

东高桥

在石门镇，跨运河，高9.3米，阔4.7米。西侧对联："接苕水自天目西来，迳玉溪入苏境东折。"明成化十二年（1476）钱浩建。清顺治十年（1653）钱浩孙钱允祉倡资重建。道光二十九年（1849）圮，里人集资重建。咸丰十年（1860）毁于战乱，里人沈保寿募资重建。同治三年（1864）又遭兵燹，同治十年（1870）又重修。1972年运河拓宽，拆除，在原桥址西10米处新建双曲砼拱大桥，仍名东高桥，桥长97米，阔6.7米，净跨56米，1973年秋竣工。1997年运河再次拓宽，拆除，在原桥址东约400米处新建预应力混凝土简支桁架梁人行机动车新桥，主跨55米，桥宽4.5米，1997年6月动工，次年10月完工。

单桥

又名万年高桥、钱店渡桥，在龙翔街道单桥村，跨运河。清光绪《桐乡县志》载："万年高桥即钱店渡桥，亦跨桐、石两界。明嘉靖间重建，寻圮。嘉庆二十三年道士徐铁萧劝募重建，改今名。"抗战期间受损。1956年重建。1985年改建为钢筋混凝土结构，长64米，宽6.3米。1997年运河拓宽，拆除，重建为钢筋混凝土桁架拱桥。

青云桥（西双桥）

即皂林双桥之西桥，原名昌文桥，俗称西双桥，在龙翔街道皂林村。跨运河。清光绪年间（1875—1908）重建，加筑石栏。1976年拆除。1982年10月在原桥址西百米处新建桁架拱桥，沿用西双桥名，长74米，宽8.5米。

便民桥（东双桥）

俗称东双桥，在龙翔街道皂林村。跨运河。明正统（1436—1449）初，建木桥。天顺（1457—1464）时改为单孔石拱桥。桥长63米，宽3.2米，净跨16.7米，拱矢高8米，南北各50级石阶，两侧施石栏，桥顶望柱雕刻石狮两对，拱圈石以纵联分节并列式砌置。东侧桥联早废，西侧桥联为："雁齿双排天际夕阳斜飞鸟，虹腰对峙夜深灯火看行船。"清乾隆二十九年（1764）重修，民国五年（1916）重修。1998年坍塌。

聚宝桥

俗称元宝桥，在洲泉镇义马村张家浜。跨三洞环桥港。三孔石拱桥，桥长61米，宽2.7米，净跨30.6米，中孔拱矢约7米，两边孔拱矢均为4米，东西走向，拱圈石以纵联分

聚宝桥

节并列式砌置。两端各有 36 级石阶。因两边石栏上嵌有四只石元宝而得名。始建年代无考。旧志记载："康熙年间重建三洞，称虎啸桥，雍正十一年（1733）再建，名永镇聚宝桥。"1988年重修。

太师桥

俗称佗师桥，在乌镇北栅。跨江浙界河横泾港。长 37 米，宽 2.8 米，净跨 27.8 米，通航高程 8.4 米，河底高程负 0.8 米。原系单孔石拱桥，相传系南宋时秦桧所建，名为太师桥。明正德年间改建，康熙、雍正、乾隆、光绪诸朝多次重修。1955年拆除，在原桥址西约 200 米处建石墩木桥，后改建为单孔钢梁桥，现新建桁架拱桥。

浮澜桥

在乌镇南栅。跨浮澜桥港，南北走向，长 27.4 米，净跨 11.3 米，宽 3.3 米，通航高程 7.26米。单孔石拱桥，拱圈石砌置方式为纵联分节并列。东侧桥联为："练水西来烟色霏微开爽气，绣溪东去日华荡漾涌晴澜。"西侧桥联为："地接青龙云集成万家井邑，波迎白马星驰来百业舟航。"

相传为明代宣德年间镇人浮澜先生（壶敏）所建，故名浮澜桥。壶敏喜乘舟出游，自号浮澜，为人好义。明正德十三年（1518）重建，改名福昌桥。现桥为清乾隆四十五年（1780）重建。

福兴桥

俗名宫桥，在乌镇南栅。跨宫桥浜，南北走向，桥长 12 米，宽 3.1 米，净跨 4.1 米，单孔石拱桥，拱圈石以纵联分节并列式砌置。东侧桥联为："东迤北汇原泉远，西导南回利泽长。"西侧桥联为："百灵朝拱迎銮日，万姓讴歌利涉年。"始建年代无考，明万历《乌青镇志》载有桥名。清康熙二十七年（1688）、乾隆四十五年（1780）重建。嘉庆九年（1804）、同治八年（1869）重修。

甑山桥

在龙翔街道姚堡里。跨甑山港，南北走向，因桥西北原有甑山而得名。单孔石拱桥，长 24 米，宽 2.5 米，净跨 6.7 米，拱矢约 3.8 米，南北各 18 级石阶，拱圈石以纵联分节并列式砌置。东侧桥联为："一篙春水涵潮旭，十里秋禾接绣溪。"西侧桥联为："柱题白石怀司马，路绕青山驾彩虹。"始建年代无考，明正德《桐乡县志》载有桥名，现存石桥为清嘉庆（1796—1820）年间重建。

善庆桥

旧名芦塘桥，在濮院镇永乐村王家村。跨桐乡港，东西走向，单孔石拱桥。桥长 12.3 米，宽 2 米，净跨 4 米，拱圈石以纵联分节并列式砌置。南侧桥联为："梅泾南下瞻红旭，桐水西流泛绿波。"北侧桥联为："桥连王母仙风送，筏结慈航伟日辉。"创建年代无考。清嘉庆十八年（1813）重建，改名善庆桥。

升平桥

在濮院镇新濮村。跨升平桥港，南北走向。桥北属嘉兴秀洲区。单孔石拱桥，长 18.4 米，宽 2.7 米，净跨 6 米，拱矢约 3 米，两端各有 14 级石阶，拱圈石以纵联分节并列式砌置。桥联东侧为："济寿歌仁乡称永乐，机声渔唱人共升平。"西侧桥联为："桐水西来联十景，梅泾南望慕双贤。"始建年代无考，现存石桥为清道光八年（1828）重修。

通济桥

俗称西高桥，在乌镇西栅，跨西高桥港，东西走向，长 28.4 米，净跨 11.8 米，宽 3.5 米，通航高程 7.92 米。旧时为粮运要道，始建年月无考，据民国《乌青镇志》载，明正德十年（1515）重建，万历三十九年（1611）再建，清康熙四十七年（1708）又重建，到乾隆九年（1744）正月圮，新市僧祖心募资重建。咸丰十一年（1861）毁，同治六年（1867），里人邱雨樵等募建。单拱石拱桥，拱圈砌置方式为纵平分节并列式。南侧桥联为："寒树烟中尽乌戍六朝旧地，夕阳帆外是吴兴几点远山。"北侧桥联为："通雪门开数万家西环浙水，题桥人至三千里北望燕京。"

仁济桥

俗称栅桥，南北走向，在乌镇西栅，与通济桥直角相连，相映成趣，故有"桥里桥"之称。清雍正十二年（1734）重建。咸丰间毁于战乱，同治间重建。

明庆高桥

俗称打铁高桥，在乌镇东栅。跨上塔庙港，东西走向，单孔石拱桥，桥长 35 米，宽 2.6 米，净跨 8 米，拱矢 4 米，两端各 16 级石阶，拱圈石以纵联分节并列式砌置。南侧桥联为："彩虹跨水明如画，白石横空影若环。"北侧桥联为："绮腾大道通中塔，舟泛安流达太湖。"始建年代无考，清康熙、雍正间二次重建，同治六年（1867）又重建。2005 年拆除。

通河桥

旧名通津桥，在乌镇虹桥村，跨通河桥港，东西走向，单孔石拱桥，桥长 31 米，宽 2.4 米，净跨 8 米，拱矢 4 米，拱圈石以纵联分节并列式砌置。南侧桥联为："北去帆墙通帝里，西来士女达康衢。"北侧桥联为："两岸珠光分秀邑，一湾虹影束安流。"始建年代不详，明弘治年间（1488—1505）改建石环洞，清乾隆七年（1742）重建，咸丰年间毁。现存石桥为同治九年（1870）重建，更名通河桥。清乾隆《乌青镇志》载，湖州西来之水，穿此桥入本县，故又名通湖桥。

中塘桥

又名永禄桥，在洲泉镇道村石矶头组。全长 34.5 米，净跨 20 米，宽 3.3 米，通航高程 9.5 米，拱矢约 5 米，东西走向，两端各 27 级石阶，桥顶有石栏，刻有"大清光绪六年重建"字样，单孔石拱桥。清光绪《石门县志》记载："永禄桥，俗呼中塘桥。"南侧桥联为："旧迹著中塘通舟楫往还港分南北，新题仍永禄来轮蹄络绎路别东西。"北侧桥联为："虹影跨石矶紧抱含山依荻岸，鸥波通钱市平分语水下苕溪。"始建年代无考，现桥为清光绪六年(1880)重建。东桥堍有一旧凉亭，四角翘然，石柱石凳，古风犹存。

迎香桥

在龙翔街道，原龙翔寺前。跨横港，单孔石拱桥，南北走向，桥长16米，宽2.2米，净跨6.5米，拱矢3.25米，两端各14级台阶，有石栏望柱，石狮两对，拱圈石以纵联分节并列式砌置。东侧桥联为："九华航渡通兰若，万树炊烟入柞溪。"西侧桥联为："到岸霜钟惊客梦，隔塘风遮引归帆。"始建年代不详，据旧志载，清光绪三十四年（1908）改建石拱桥。

秀溪桥

也作绣溪桥，在龙翔街道，金牛塘与运河交汇处。两侧均有桥联，一为："水驿已交通五夜不须愁失足，风帆休饱挂千樯到此总低头。"另一为："吴越据通津阅尽乘风名利客，霍宗遗故垒占来临水钓游人。"

清康熙十七年（1678）、乾隆四十八年（1783）两次重建。咸丰十年（1860）毁于兵。同治十年（1871），邑人徐之林捐资重建。1964年，改为钢架桥。由于东宗线改造，2003年1月拆除，在原址北约700米处，重建新桥。

大漾桥

在大麻镇西南村。跨大漾河，东西走向。七孔木梁石平桥，长32米，宽1.7米，净跨28.5米。始建年代无考，清乾隆年间重建，现存石桥为道光十年（1830）重建。

御驾桥

在崇福镇留良村御驾桥自然村。跨南沙渚塘，长33米，宽3.5米，净跨25米，通航高程6.5米。

淳安桥

在洲泉镇众安村。三孔石平桥，长25米，宽1.4米，净跨12.6米，通航高程5.7米，南北走向，两端各有石阶3级，跨淳安桥港。建于明隆庆三年（1569）。

淳安桥地处桐乡西南最边陲，桥北属桐乡，桥南属余杭，桥西不远处属德清，是三县交界也是杭嘉湖三市交界处的一座石桥。桥上没有对联，但刻有字，南桥柱刻"南首桥门东西直线杭县界"，北桥柱刻"北首桥门东西直线崇德县界"，中孔桥梁刻"中央桥门为德清县东西连接之水道"。

七星桥

原称永和桥，在洲泉镇晚村村千村自然村。因为七孔石平桥，故俗称七星桥。长40米，宽1.7米，净跨36米，通航高程6.3米，南北走向，桥北属桐乡，桥南属德清。明万历四十一年（1613）建，清光绪三十年（1904）重建。跨大有桥港，水流湍急，东南不远处为吏部太漾,水面开阔,远望七星桥,如飞架于平波之上,十分壮观。清光绪《嘉兴府志》图志有载,亦称七星桥。

语儿桥

在濮院镇横屋街。宋德祐中（1275—1276）濮振垂建,清嘉庆二年（1797）重建。东西向,半圆形单孔石拱桥,长 17.4 米,宽 2.8 米,跨度 7 米,拱长 4 米。拱圈石砌置方式为纵联分节并列式,桥顶两旁有石椅,可供人坐憩。传说濮氏嫁女泾东,特筑此桥以利往来,故称娜儿桥。又传说春秋时吴王夫差督兵拒越,溪人有生子能语者,而吴兵适胜,遂命语儿桥,左有语儿亭。又传说勾践入吴,夫人道产女儿于亭中,故称女儿亭,亭旁之桥称女儿桥。今亭已废,桥尚存。沈涛《幽湖百咏》诗云:"语儿桥下女儿家,南北苏家尽浣纱。王谢堂前春燕去,满街桑影夕阳斜。"

众安桥

在濮院镇仓前街。跨东市河,半圆形单孔石拱桥,东西走向,长 16.9 米,宽 2.2 米,跨度 5.8 米,拱圈石砌置方式为纵联分节并列式,桥东堍原有施全庙,为纪念南宋爱国将领施全而建。现庙已毁,仅存小亭。现桥为清道光四年（1824）重建。1986 年修缮。

永顺桥

俗称土桥,在大麻镇黎明村。跨土桥横港,七孔木梁石平桥,长 40.3 米中,宽 1.5 米,净跨 30 米。始建年代不详,现存石桥系清光绪二十四年（1898）重修。

万年桥

在洲泉镇夜明村杨西浜自然村。单孔石拱桥,长 29 米,宽 2.8 米,净跨 5.5 米,通航高程 7.25 米,跨万年桥港,东西向。明万历《崇德县志》载:"万年桥,永乐中建。"清雍正七年（1729）重建。桥上原有亭子,现毁,然柱石犹存。桥西堍有小庙一座,现移作他用。

六、碑 刻

绉云石碑

绉云石原藏福严寺,与上海豫园玉玲珑、苏州留园冠云峰并称为江南三石。据清人笔记记载,在明朝灭亡后,广东潮州丰顺县有个叫吴六奇的青年,落魄沦为乞丐,流落在浙北苏南一带。他虽是官家之后,也略涉诗书,但对自己的境遇十分灰心,竟自暴自弃。后来得到海宁袁花镇查继佐（伊璜）的指点和帮助,终于重新振作精神,奋发自强,回广东带领结义兄弟 30 人投军于水师。吴六奇勇力过人,机智无比,且对粤中地理险阻无不谙熟,故在清初平定两广的战役中屡建奇功,深得上下信赖,遂接连提升。又在征闽讨蜀的战争中建立功勋,叙功加太子太保,授大力将军衔,擢升为通省水陆提督,驻广东惠州。吴六奇功成名就后并未忘记查伊璜的恩德,特地派人寻访,并迎往广东,要以终生奉侍来报答,但伊璜本是海宁名流,明季孝廉,性不喜官场应酬,宁愿寄情诗酒,觅句于花前月下。在提督府一年，虽受优厚礼遇，但并不舒畅留恋，只对提督府园林中的一座英石峰十分赞赏，还为之题名曰"绉云"。当大力将军挽留不住查伊璜时，就送了很多财物，并用海舟把英石绉云峰运抵袁花。

吴六奇和查伊璜的故事后被蒲松龄收入《聊斋志异》，名《大力将军》。另外，钮琇的《觚剩》，蒋心余的《雪中人传奇》，王士祯的《香祖笔记》等记也有此事，因而使绉云峰成为海内名石。

绉云峰在查家时间并不长，康熙十五年（1676）伊璜死后，查家迅速衰败，绉云峰转至武原(今海盐武原镇)顾家。顾氏衰落后，为海宁长安镇马家所得。嘉庆十六年(1811)秋，马容海（名汶）曾作《绉云石图记》，画石撰文，并刊附于《云林石谱》。不久马家败落，又以千金卖至石门（今崇福镇）蔡锡琳家。道光二十五年（1845），绉云峰迁入福严寺，置天中山。蔡在石背题刻赞曰"具云龙势，夺造化工。来自海外，永镇天中"。《绉云石碑》是福严寺中的著名文物之一。刻碑由蔡锡琳书额，戴醇士画石，刘喜海撰文，达受（六舟）和尚书丹，叙述了绉云峰的来历和流传经过。

1963年，浙江省园林管理处把绉云峰迁到杭州植物园，现在岳庙附近的江南奇石苑，石碑仍在福严寺。

宇文恪青镇兴德桥记

兴德桥在青镇东寺巷口，俗名北花桥，有亭，宋绍兴间建，宋末毁于火，元至正间重建，宇文恪有记，明弘治九年（1496），亭复为火废。现桥碑石无存，碑文记载在清光绪《桐乡县志》卷五"津梁"篇。

李乐寿圣桥记

寿圣桥旧名广福桥，明万历间，乌镇同知全廷训重建。清康熙十五年（1676），徽人吴亦恕重修。李乐有记，碑石无存，碑文记载在清光绪《桐乡县志》卷五"津梁"篇。

吴昂便民桥记

便民桥即皂林双桥之东桥。明正统初建木桥，天顺时改石桥。吴昂有记，碑石无存，碑文记载在清光绪《桐乡县志》卷五"津梁"篇。

陈文便民仓桥记

陈文有记，碑石无存，碑文记载在清光绪《桐乡县志》卷五"津梁"篇。

周拱辰重修皂林昌文桥碑记

昌文桥即皂林双桥之西桥。周拱辰有《重修皂林昌文桥碑记》，碑石无存，碑文记载在清光绪《桐乡县志》卷五"津梁"篇。

许瑶光修桥碑记

登云桥，明万历间县令蔡贵易建。清康熙十年（1671），沈士龙捐资重建。同治三年（1864）兵毁。光绪二年（1876），县令余丽元请帑重建。现碑石无存，碑文记载在崇福蔡一撰写的《崇德县古代桥梁考查记》一文中。

吕廷铸重建吾嘉桥记

何家桥，明弘治间王璋重建，清康熙末圮，雍正间县令吕廷铸劝输兴复，更名吾嘉桥。乾隆六十年（1795）里人集资重建。桥碑无存，碑文记载在崇福蔡一撰写的《崇德县古代桥梁考查记》一文中。

陆埈、陆埙墓志石

南宋秘书郎、和州知州陆埈及承务郎陆埙墓，于1976年在原芝村乡五丰村出土。陆埈墓志石长0.78米，宽0.54米，镌407字，刘宰撰文。陆埙墓志石长0.80米，宽0.51米，镌412字。现存桐乡博物馆。

赵伯泽墓志石

1974年，在原新生乡红旗漾村发现南宋安定郡王赵伯泽及媳、孙之墓，出土墓志石四方。其中赵伯泽墓志石，长0.77米，宽0.56米，镌601字，由其子赵师边撰文并书，俞灏填讳，吴洪刊。现存桐乡博物馆。

重修崇德县儒学记碑刻

明隆庆二年（1568）刻，无额，石质圭形，方座。通政使吕希周撰文，现存崇福镇中山公园大成殿。

待雪楼记砖刻

待雪楼是蔡载槐在道光初年建造的私宅，位于崇福西横街观善桥北。道光十八年（1838）杭州名士孙元培撰建楼记，摹刻砖上，长1.38米，宽0.37米，500余字。另附蔡载槐、孙元培等倡和诗六首，其中有方成圭七言古风《祝颂诗》。现均镶于原宅墙中。

翔云书院碑记碑刻

清光绪二年（1876）刻，无额，圭形，方座，高1.4米，宽0.68米，嘉兴知府许瑶光撰文，嘉兴秀才钟沈霖镌刻。原嵌于敬业小学头门东壁（原翔云书院遗址），1987年因学校拆建，移梅泾公园。

南城郡主墓志石

南城郡主为淮庄王女，生于明正德十五年（1520），殁于万历十八年（1590），吕爆妻，葬在南津乡官村（原上市乡城郊村）。吏、兵二部郎中许孚远撰文。墓早废，墓志石于1987年在崇福镇西南郊发现。

翔云书院碑石

仪宾吕燠墓志石

吕燠字南文，别号心源，官封中奉大夫，宗人府仪宾，生于明正德十六年（1521），殁于万历二十九年（1601）。葬在南津乡官村。翰林院侍读冯梦祯撰文。墓早废，墓志石于1987年与南城郡主墓志石同地发现。

两墓志均由刑、工二部尚书郎中沈文书丹，刑部江西清吏司主事金枝篆额，吴郡沈幼文刻碑。现均嵌于崇福吕园中敞廊后壁。

七、石　坊

六朝遗胜石坊

现位于乌镇市河西昭明书院内。明万历间，同知全廷训为纪念南朝梁昭明太子萧统与尚书沈约而建。石坊为花岗岩，门楼式，高约5米，宽3.8米，门顶石上有中书舍人、刑部给事中、里人沈士茂题刻："六朝遗胜"、"梁昭明太子同沈尚书读书处"。1984年修缮，加抱鼓石及横梁石以下的方柱、雀替。县级文物保护单位。

张玙功德坊

张玙功德坊俗称秋官坊，位于崇福镇中山公园西侧（公园路7幢14号）。建于明正德十二年（1517）。花岗石构成，顶部已毁，残高约4米，宽4米，上有双钩阴文"明正德丁丑科张玙"字样。上额枋有白鹤云纹浮雕，下额枋有狮子滚绣球浮雕，造型生动。张玙，字叔美，明正德丁丑（1517）进士，任南京刑部主事，执法不徇私情，曾罢官居家三十余年，后昭雪，世人为颂扬其功德建此石坊。县级文物保护单位。

贞母阡

贞母阡，为四明山名士吴守正之妻禹淑靖所葬之处。《元史·列女传》载："盗陷崇德，淑靖仓皇携八岁女儿登舟以避，有盗数人奔入其舟，将犯淑靖，淑靖乃抱幼儿投河死。"其子德昂上人长成后来石门镇访墓所，里人告之，且悲且喜，将治墓，遂到京师，将其母死事告于史馆。史馆正纂修元史，遂将贞母列传。贞母阡在石门镇俞家桥北，两旁有石翁仲、石马等，墓前碑文为徐一夔作。其墓在抗战中毁，石碑及石翁仲、石马亦被用于修筑机埠。

牌楼头

洲泉镇南原有一座石牌坊，建于清雍正年间，有对联一副："肃此邦家作贞，异哉姑嫂留芳。"光绪三十一年（1905）重修，1957年毁。清光绪《石门县志》记载："李贞女，十五都十四图李以幼女，矢志不嫁，五岁母亡，继母范氏生弟乐璜。至二十七岁，而继母又卒，遗弟并弟之养媳曹氏，童稚伶仃，赖女鞠育。时父为女择婿，坚辞不允。未几，父亡。为弟毕婚，甫一载，而乐璜夭矣。曹氏有遗腹子君元，女与弟媳抚孤共守，饮蘗茹荼，备尝艰苦，人皆谓其贞孝兼全云。"

刘伯温读书处

在石门镇新桥北面俞家大路（原称东弄）东首，原有一座石牌坊，横额镌刻"刘伯温读书处"。1958年因建机埠拆除。

八、私家园宅

雪筠斋

在濮院幽湖之东，元代濮钦建。濮钦字敬之，天历年间在嘉兴任推官，后辞职回濮，坚绝阿沙不花之聘，隐居此斋，与杨维桢等文人友善。

濮司令园

濮司令园有两处，一处在濮院幽湖西岸，称东园；一处在定泉桥左，名丛桂园。两淮盐场转运司令濮允中辞归后所筑，故名濮司令园。东园中山碉楼台，无不雅洁，有蛇蟠石。丛桂园栽桂树百株，与嘉善魏塘的海棠园争胜。其子彦仁（字仲温）为吴兴典市官，弃职归隐园中，复筑松月寮、桐香室等。

东皋园

在乌镇广安桥荷花池边。南宋处士沈平所筑。园内有东皋园亭、赛蓬莱堂、迷仙径、梅关、钓鱼矶等胜迹。

拳勺园

在乌镇。明代李乐在东皋园原址建真君子第，后筑一园，名拳勺园。园内有餐英馆及长啸、闲吟二亭。后人称此地为"花园头"。

务本堂

明末清初，理学家张履祥隐居于炉头镇杨园村，人称杨园先生。晚年，筑务本堂，作为著书讲学之所。务本堂面临农田，为五椽小平屋。道光年间，此屋犹存，后废为桑园，光绪五年（1879），桐乡知县汪肇敏将此地买作公产，立石为记。1985年，发现"杨园务本堂故址地界"界石及"张杨园先生务本堂故址"石碑各一块。"故址碑"背面镌有汪肇敏《立石记》。

华及堂

在桐乡县城东。清代汪文桂、汪森弟兄所建的别墅。内有竹轩、蕉窗石云居、浮溪馆、桐溪草堂、金粟玉兰山舍等建筑。嘉兴朱彝尊曾题"浮溪环谷"。又另建裘杼楼，以收藏典籍。藏书之富，海内知名。小弟汪文柏又筑古香楼，收藏法书名画。

半壑园

在屠甸镇。清代监生陆鸿所建。在住宅旁开辟空地，架屋编篱。园内四周植以花木，布以泉石，自题"半壑"匾额。后其子思忠曾略作补葺。

宜园

在乌镇马道弄内。清代严大烈所建园第。内有雅宜山房、晖尊楼、瓣香书屋、磊丈轩、题闲处。垒石为山，遍植花木，有诸多胜景。当时文人雅集，拈韵赋诗，列有"宜园八景"。其子宝传复加修葺，常有文酒之会。至宝传之子廷珏，绘有《宜园词隐图》，海内名流题咏甚多。后因严氏常宦游在外，园中亭台山石渐圮。廷珏次子严辰，咸丰进士，授翰林院庶吉士，宅第称翰林第。

友芳园

明代吕炯所居。吕炯字心文，万历五年（1577）任泰兴知县，未半载告归。园在崇福镇西门，园内有长林奇石，河流小山，面积十多亩。又有五柳庄、大雅堂、长林亭等胜景。堂前有梅花石。后其弟吕熯回乡，在园中建许归堂、天盖楼。至清初，吕留良将天盖楼作为藏书楼及刻印书籍之处。

东园与西园

在石门镇。东园为施州刺史张子修所筑。子修尝监石门酒库，遂家于此，其孙复建流杯、遂初两亭。西园为迪功郎张汝昌所筑。两人结社共相娱乐。

濮氏八宅

在濮院镇。宋代著作郎濮凤随高宗南渡，定居于此。至八世孙濮斗南时，因援立理宗有功，擢升吏部侍郎，下诏赐其宅第名为濮院。相传濮氏兴盛时有一千多人，建有八宅，一处称旧宅，在西寺后面；一处称正宅，在寺观原址，后有濮元帅花园；三处称市上宅，在市中心，为集市房舍；一处称南新宅，在南新街左面；一处称东河宅，在渡船汇东岸，内有飧玉亭、碧月堂；一处称南河宅；一处称大墙宅，在陆家桥西；一处称西街宅，在定泉桥左面，内有吉蔼堂、知止堂、百客楼、桐香室。正宅前建大石坊，镌刻"濮院"两字。宅内建有南北更楼。又有百亩园，在镇南越茂桥西，是濮家菜园。有洗碗池，面积有三亩多。有晒酱台，高数丈，以备作晒酱之用。

适园

在乌镇南栅河西。民国时张云伯所建。围廊曲折，有远香亭、双桐花馆、景仲堂、小绿野堂、塔影楼，遍植花木，山石堆砌，景色极好。日军入侵乌镇时，曾为司令部。上世纪50年代后改为医院。

颐园

在乌镇东栅化坛桥北。为清末郎中徐焕藻所建。焕藻曾在刑部陕西司任职，后返乡经商，富甲一乡，而轻财好施。园内有寿萱草堂、只谈风月山房、怡柯室、涵碧池、停云小憩、涉趣廊、蕉绿轩、宜春楼、杨柳楼台、桂窟、菊花圃等。日军入侵乌镇时，遭焚毁。

庸园

在乌镇东栅财神湾，习称孔家花园。清光绪初，孔庆增在住宅后置地辟园亭，引泉成池，叠石为山。凡园中一花一树，无不亲手种植。园内有"花好月圆人寿"匾额，为俞樾所题。1940年9月13日，日军焚毁东栅，庸园亦遭摧毁。

杨家花园

在石门镇。民国九年（1920），水果行老板杨祥甫在南观音堂置地 10 亩，建杨家花园，挖地、建桥、堆山、筑亭，遍植桃树。每逢春季桃花盛开，向外开放。民国十六年（1927）后，几易其主。至抗战时荒芜。

九、名花古木

唐代银杏

在乌镇原乌将军庙遗址。树高 21 米，胸径 1.25 米，杆围 5.3 米，不结果。民国《乌青镇志》载，唐乌赞将军率部讨叛将李锜至车溪（今乌镇市河），力战而死，副将吴起葬乌将军于此，栽银杏为志。

宋代银杏

在濮院镇原桐乡三中校园内。两株，俗称"姐妹银杏"，东株高约 33 米，胸径约 1 米，杆围 4.5 米，冠幅约 5 米；西株高约 27 米，胸径约 0.8 米，杆围 4.15 米，冠幅约 4 米。据民国《濮院志》记载，银杏为南宋濮凤手植。

百年桂树

在石门镇同星村姚家埭。树高约 10.6 米，胸径 0.63 米，杆围约 2 米，树荫半径 6.6 米，覆盖面积达 136.78 平方米，树龄 140 余年。盛时年产桂花 300 余斤。该村种植桂树近万棵，其中树龄在 50 年以上的有 40 棵（金桂 37 棵，银桂 3 棵），30 年以上 50 年以下的有 300 棵。

第四节　民间收藏

桐乡民间收藏源远流长，最早可追溯到宋代，然仅涉及图书、字画之类。明清时期，世家大族多收藏古籍图书、历代宗谱、先人遗泽，少数平民亦爱玉赏画。然民间收藏难聚易散，"文革"中破"四旧"、抄家之风盛行，举凡金石书画、古玩珍藏，皆难逃厄运，或弃掷毁损，或付之一炬，间有冒险藏转隐匿者，亦如劫后遗珠，弥足珍贵。改革开放后，随着社会经济的快速发展，人民生活水平不断提高，文化生活日益丰富，民间收藏者和藏品日渐增多。民间收藏有玉器、字画、瓷器、邮票、唱片、家具、古玩、门券、钱币、工艺品、领袖像章、报纸、地图、印章、奇石、钟表、年画、年历、票证等门类。至 2015 年，收藏者近 500 名，爱好者更多。

一、历代收藏家

王济（1474—1540），字伯雨，号雨舟。元末，六世祖避乱迁居乌镇。王济曾任广西横州州判，晚年因奉养老母而辞官。筑宝岘楼珍藏古籍、书画，藏有《兰亭序》唐冯承素摹本，今藏故宫博物院，上有"王济赏鉴过物"印，清晰可见。

吕留良（1629—1683），字庄生、用晦，号晚村，崇德人。喜藏砚台，平生以砚会友，复精于斫砚，著有《天盖楼砚述》《吕晚村砚铭》等。

吴之振（1640—1717），字孟举，号橙斋。家资殷实，藏书颇富，庋藏宋人集部秘本甚多，尝自订《延陵书目》一卷。黄宗羲《天一阁藏书记》载："甲辰馆语溪，檇李高氏以书求售二千余，大略皆钞本也，余劝吴孟举收之。余在语溪三年，阅之殆遍。"

李嘉福（1839—1904），字鹿苹，号笙鱼，别号北溪老衲、石佛庵主、语溪老民，长期寓居苏州，晚年才回故里。曾谋得苏州候补道一职，却无意仕途，醉心于金石、书画、古籍、碑版。书画印俱佳，嗜古成癖，精于鉴赏，收藏极富，所藏金石有汉黄龙砖、汉地节砖、汉元康行锭、汉元延三斗铹、梁石佛等，皆稀世之物。收藏彝鼎铜镜，量多质佳，铜镜大者直径50厘米。获嘉兴项氏天籁阁旧物甚多，又有项元汴、李日华等名人字画。室名石佛庵、延秋舫。

蔡载福，字寅伯，号鹿宾，精书画、印章，斋名荔香室。喜与士大夫游，与无锡钱泳、秀水计儋石、嘉兴张廷济、常熟蒋宝龄、吴江杨龙石、沈竹宾诸名家过从甚密。精鉴赏，富收藏，尝集清顺治至道光二百余年间画家数百人之书摹勒于石，清初"四僧"、"金陵八家"、"四王"、"扬州八怪"等作品分装成咸、亨、利、贞四册，方兰士、奚铁生墨迹分为乾、坤二册，请海盐张辛（受之）镌刻，名为《国朝画家墨迹》。尚有其他翻刻碑帖多种，好古之勤，为艺林推重。

沈伯云，名庆云，以字行，又字书卿，别号松隐子。清同治四年（1865）乙丑补庚申科秀才。通《说文》，精鉴别，善书画。家有松隐盦，为庋藏书画碑帖之所，曾得西泠丁蒋奚黄四家手札，请胡钁摹勒上石，赠与同好。又集秦汉以来古印百种，摩挲珍秘。尝自谓："余生平无他嗜好，惟喜金石书画。"尝作《嗜古录》，记录其收藏赵孟頫、金农、翁方纲等名人楮帖字画之事。光绪十三年（1887），沈伯云以江苏补用知县署靖江县丞，至交吴滔作《乡关四友图》相赠，不料途中遗失，吴滔闻讯，复作相赠，沈伯云在画后作题记，说明失缘由，一时传为美谈。

吴徵（1878—1949），字春晖，号待秋，又号春晖外史、鹭鸶湾人、袌铹居士、括苍亭长，吴滔次子，金石书画兼长。妻方氏病故，续娶李嘉福之女李隐玉为继室，因得岳父所藏之西汉铜器三斗铹，视为拱璧，乃自号袌铹居士。此铹原为文徵明后裔文后山旧藏，为李嘉福所购得。吴待秋继承岳父所藏，加之旧有家藏，收藏颇丰。民国二十六年（1937），嘉邑举办首届文献展览，吴待秋送展的藏品有万历间项子京《墨兰》、天启间李日华《墨兰》、项子京之孙项孔彰《岘山图》、康熙间南楼老人《红莲图》、乾隆间钱几山《笔墨松篁》、嘉庆间陶惟庵《山水》及道光间张叔未的行书联等。抗战中，不少藏品寄放于德清婿家，日军纵火焚掠，婿家遭灾，藏品尽毁。吴待秋曾手拓"汉元延三斗铹"拓片轴，盖有朱文"吴待秋手拓金石文字"小印。

钱君匋（1907—1998），屠甸人。精鉴别，收藏宏富，所藏明清书画有沈周《桃实图》、文徵明《窗前鸣珮长卷》、徐渭《墨梅芭蕉》、郑板桥《墨竹图》等，近现代有吴昌硕、齐白石、于右任、徐悲鸿、张大千、黄宾虹、潘天寿、丰子恺的作品。收藏的晚清三大家印章尤为宝贵，其中赵之谦104枚，吴昌硕152枚，黄牧甫168枚。1987年春，钱君匋将毕生收藏的书画、印章共计4083件，捐献故乡，桐乡市人民政府特建造君匋艺术院作为珍藏之所。

殳书铭（1918—1995），字戊，濮院人。篆刻家，生于中医世家，家有花朝龛，为庋藏书画之所。曾得弘一法师墨迹较多，其中有"华严经"及"寒笳集"手稿。去世前将"寒笳集"手稿捐献给桐乡博物馆。

二、收藏家协会

2006年9月，张金荣、吴荣荣、寿小钧发起成立桐乡市收藏家协会。12月28日，召开成立大会，浙江省收藏家协会会长林华东、秘书长贺善达，中国收藏家协会理事王旭平，嘉兴市收藏家协会副会长俞星伟、严新荣等到会祝贺。选举产生第一届理事会：会长张金荣，副会长吴荣荣、范汉光，秘书长吴荣荣，理事寿小钧、冯老虎、朱宏中，有会员62名。2015年有会员91名。

三、展览活动

2006年12月28日，在桐乡市博物馆举办谭建丞、江野画展。2009年1月18日至2月18日，在桐乡市博物馆举办迎春民间收藏展，20名会员提供藏品，其中书画43幅、老唱片66件、中国纸币69件、中国古钱币117枚、木雕18件、宣传画10幅、磁卡180枚、老字号商标和毕业证书38件、烟标227枚、古籍书70册、连环画120册、极限邮集8框169枚、毛主席像章297枚，结婚证、帖子、月份牌39幅，报纸4份。2008年4月20日，在桐乡市博物馆举办嘉兴市第四届生肖集邮展，全国生肖集邮研究会周治华会长等出席。2009年，举办俞健中国画展、浙江当代中国画研究院作品展等。

四、报道及其他活动

2007年春节期间，桐乡电视台"民生直通车"播出收藏专题，介绍7名桐乡市收藏家协会会员的收藏情况。2007年6月28日，嘉兴日报桐乡版"收藏人生"专栏，介绍4名桐乡市收藏家协会会员的收藏人生。2007年6月23日，浙江省收藏家协会鉴定专家组一行4人，在桐乡市博物馆为近百名收藏爱好者进行免费鉴定，6月25日，嘉兴日报桐乡版刊登新闻图片。

2007年1月，会刊《桐乡收藏》创刊，至2015年10月已出刊23期。

第五节　文物保护

一、文物保护单位（点）

世界文化遗产

京杭大运河（桐乡段）

京杭大运河（桐乡段）一般指陡门——石门——崇福——大麻一段河道，即杭申甲线，全长42公里。2006年成为全国文物保护单位。2011年成为浙江省文物保护单位。2014年成为世界文化遗产。

国家级文物保护单位

茅盾故居（见文博场馆）

罗家角遗址（见地下遗址）

谭家湾遗址（见地下遗址）

省级文物保护单位

东园遗址

位于石门镇石门中学校园内。张氏东园是南宋石门酒库监酒官张子修修筑的私家园林。2002年发现，并进行抢救性发掘。发掘以假山和池塘为中心的园林遗址区，东西长40米，南北宽30米，面积1200平方米，清理出假山、小径、凉亭基础、园中池塘及池塘护堤等遗迹遗物。东园是迄今为止考古发现保存最完整的一处南宋时期私家园林，具有重要的历史考古研究价值。2011年公布为省级文物保护单位。

普安桥遗址（见地下遗址）

小六旺遗址（见地下遗址）

濮院古桥群

在濮院镇。清至民国时期桥梁9座，沿市河分布，依次为众安桥、女儿桥、栖凤桥、大德桥、大有桥、大积桥、定泉桥、王板桥、秀桐桥，保存完整。2011年公布为省级文物保护单位。

大有桥街章宅

位于濮院镇鸣凤社区大有桥街40—46号。占地面积210平方米，坐西朝东，前临大有桥街，背临西市河，二进三开间天井院式，分前后两院落，第一进为平厅，第二进为楼厅。天井、院墙、厢楼保存完好。房屋梁架结构完整，建筑木构件雕工精细。整体布局保持原状。2011年公布为省级文物保护单位。

崇德城旧址及横街

在崇福镇。明至民国时期遗迹，包括护城河遗迹、古城墙遗迹、横街历史街区、运河古桥梁。2011年公布为省级文物保护单位。

俞家湾桑基鱼塘

在河山镇五泾村俞家湾组。开挖于明末清初，大体呈正方形状，总面积 10 万平方米左右，鱼塘与桑基地错综交杂，其中鱼塘 11 个，大小不等，形状各异，水域总面积约 4 万平方米，塘周高地遍植桑树，面积近 6 万平方米。俞家湾桑基鱼塘保存完整，是杭嘉湖地区桑基鱼塘原始生产形态的一个缩影。2011 年公布为省级文物保护单位。

桐乡市级文物保护单位

徐家墩遗址、路家园遗址、竹荡桥遗址、秀才桥遗存、张杨园墓、迎香桥、新桥遗址、老屋沿遗址、李家横遗址、崇福寺金刚殿、文璧巽塔、孔庙大成殿、横街街区、司马高桥、六朝遗胜牌坊、修真观戏台、董家桥遗址、丰子恺故居、吴家墙门遗址、金家浜遗址、杨家车遗址、吕希周墓、寂照寺、张家埭遗址、百亩荡遗址、众安桥、女儿桥、翔云观山门、黄鹤村遗址、杨家大桥遗址、石山头遗址、屈家里遗址、谢家兜遗址、岑山遗址、毛滩里遗址、北道桥遗址、小营里遗址、聚宝桥、万年桥、中塘桥、郁家汇遗址、王家弄遗址、大园里遗址、蔡家坟遗址、武帅庙遗址、梵山坟遗址、演教寺、石东遗址、伍社庙戏台、朱家门遗址、鹞子墩遗址、元宝亭遗址、越茂桥遗址、三莲寺遗址、西谈家坟遗址、陆家下遗址、庙后头遗址、塔里遗址、姚家山遗址、墙里遗址、许家村遗址、朱家坝遗址、张玙功德坊、节孝吴门姚氏牌坊、福寿桥、华家桥、万兴桥、南社永宁桥、大漾桥、永顺桥、盐官桥、蒋婆桥、染店桥、福严寺桥、瓿山桥、重建双贤桥、升平桥、墅社桥、油车桥、登瀛桥、丰桥、拱文桥、福兴桥、福昌桥、福星桥、北松桥、长宁桥、浪桥、王家弄凉亭、崇福公园路 10 号民居、陈家厅、张同仁宅、金家老宅、福严寺方丈厅、普济寺、太子塘桥石马、洲泉中市路地下党联络点、生贤里 16 号金家宅、单桥村文革大礼堂、毛主席语录碑、向阳院、文革桥、茗溪丝厂旧址、钱君匋故居。

二、文物维修和保护

文物普查，目的是为文物维修和保护提供重要依据。县文管会根据国家文物保护法的规定，确定必须保护的文物，1981 年公布第一批县级重点文物保护单位 18 处，1985 年 7 月公布第二批县级重点文物保护单位 1 处，2001 年公布第三批市级重点文物保护单位 1 处，2003 年 12 月公布第四批市级重点文物保护单位 34 处，2010 年 9 月公布第五批市级重点文物保护单位 56 处。

对一些损伤严重文物古迹，及时采取抢救性保护。1982 年以来，先后修复、重建的有茅盾故居、丰子恺故居缘缘堂、崇福寺金刚殿、昭明太子读书处、孔庙大成殿、翔云观、文璧巽塔、乌镇修真观戏台、立志书院、龙翔寺迎香桥等。先后制止拆毁、毁坏的古建筑、古遗址有屠甸寂照寺金刚殿、观音殿和谭家湾古文化遗址等。

2007 年，市博物馆整理古籍，发现珍贵善本 48 册，经重点鉴选，首次申报"国家珍贵古籍名录"8 件，入选 3 件。

2008—2010年，博物馆收藏的105幅水陆道场画全部修复。共有157幅，为原崇福寺旧藏，起讫时间为明朝嘉靖十年（1531）至民国三十五年（1946），前后长达400余年，为全省博物馆所仅见。由于年代久远，部分画作泛黄、发脆，为了更好地保护这批文化遗产，经省文物局审批同意，并予以经费支持，市博物馆专门聘请原上海博物馆修复部主任戴永吉、苏州吴门画苑纪森发修复，经过清洗、修补、注色、接笔和装裱，恢复原来面貌。

三、文物普查和发掘

桐乡市是古文化较为发达的县市之一，除地面上留存的文化古迹外，埋藏在地下的文物也很丰富。为摸清全市地上地下文物的情况和线索，1982—1985年，先后组织三次文物普查。

第一次文物普查由嘉兴地区文管会和桐乡县博物馆联合进行，组成6人普查组，自1982年9月至12月，重点复查全县已公布的文保单位，勘查一些乡、镇的古文化遗存，调查到一部分文物线索。

第二次文物普查是根据浙江省文物局和嘉兴市文化局指示组织的，共组织120人的普查队，时间为1985年1—10月，分初查、野外复查、资料整理三个阶段进行，共拨经费5000元，并由县政府办公室发出通知，要求各乡镇支持工作。初查以乡为单位，组织2—3人的初查小组，文化局业务办和博物馆组成二个小组，分头进行业务指导。经过20多天的初查，40个乡镇共勘查访问321个行政村3800多个自然村，113条街道147条巷弄，召开各种座谈会320余次，走访知情人1150多人次，勘查文物点650个，共发现文物线索666处，征集到一些出土文物标本。复查由文化局业务办、博物馆和部分文化站干部、业余文保员组成3个复查工作组。通过对全县40个乡镇366处重点文物线索的野外复查，基本上摸清全县文物家底。新发现文物古迹74处，其中古建筑12处，古文化遗址（遗存）6处，名人故居（遗存）3处，古桥梁18处，古戏台1处，古石牌坊2处，古墓葬8处，太平天国革命文物1处，古碑刻（砖刻）11处，古石雕5处，古井1处，古树木16处。其中比较重要的有：太平天国归王府、明代劳布政使府第、五代吴越王钱俶妃子周氏墓、南宋吏部尚书陆德舆墓、清代吴滔故居和蔡锡琳故居、伍社庙古戏台、元宝桥、永顺桥、七星桥等。在初查和复查基础上，积累并整理出392件文物资料，共约20万字，拍摄文物照片650余张，拓制碑刻拓片7份。

第三次文物普查工作开始于2003年，结合农村土地整理过程中和施工建设中发现的文物线索开展调查研究和保护，先后对崇福镇、梧桐街道、濮院镇、石门镇等地出土文物线索进行调查，采集标本，观察地层，分析文化内涵，并向上级部门提出保护建议。其中，石门东园遗址经过试掘并经考证为宋代私家园林，具有很高历史价值。2004年，桐乡市博物馆专业人员，用2个月的时间实地勘察调查了全市计划整理的5万多亩规划区块，共出土 18 处区域有存在地下文物的可能，在对比分析后对 2 处确定的地下文物的区块上报桐乡市政府，及时调整土地整理方案，实施文物保护。至 2009 年年底，普查覆盖率达到 100%，调查登记不可移动文物共 736 处，其中新发现 354 处，复查 67 处，登录 315 处。

上世纪 90 年代后，因实施"箱子田"改造和大面积土地平整，一些地下文物遗址被陆续发现，市文物管理部门进行抢救性发掘。1995 年对普安桥遗址进行挖掘，并于 1995 年、1996 年、1998 年作为中日联合浙北史前考古研究课题的中心工作，进行三期共七个多月的考古发掘，为浙江省首次中外合作考古项目。1996 年在省考古所指导下，市博物馆对金家浜遗址进行抢救性发掘。2001 年由省考古研究所和市文物管理委员会成立考古队，对新地里遗址进行发掘，共清理墓葬 140 座。2004 年对姚家山遗址进行抢救性发掘，发掘面积 200 平方米，发现良渚文化时期高等级墓葬 4 座，出土玉耘田器等文物，填补国内考古空白。2006 年对白墙里遗址进行抢救性发掘，发掘面积 1300 多平方米，清理墓葬 20 多个。历年来桐乡市主要考古发掘遗址有罗家角遗址、普安桥遗址、东园遗址、董家桥遗址、金家浜遗址、徐家浜遗址、叭喇浜遗址、杨家桥明墓、新地里遗址、姚家山遗址、向阳汉墓群、白墙里遗址、濮濮桥遗址。

第三章　图　书

　　桐乡人文底蕴极为深厚，素有读书著书藏书之传统，自宋以后，历代均有藏书家、藏书楼。民国以来，出现了为数众多的报刊杂志，丰富了历史人文。新中国以后，图书发行一直以新华书店为主渠道，基层书店、发行店遍布城乡。20 世纪 90 年代后，图书经营市场开放。1976 年后，图书馆三次移址扩建，藏书数量大幅增加，至 2009 年，采编进入自动化管理系统，全部实行公众免费借阅。至 2012 年，12 个镇、街道均建有图书馆分馆。地方文献特别是地方志书的征集、整理，成绩斐然。

第一节　藏　书

一、藏书楼

　　崇德、桐乡两县文人学者自古有藏书读书著书传统。宋代，诗人陈与义来青镇寓居，筑南轩，尽出藏书而读之，崇德多藏书之家，是浙江刻书重点地区之一。明代，乌镇王济建横山堂，收藏金石书画，祝枝山、文徵明等曾为翰墨游；濮院杨恩筑嘉乐堂藏书。清代，两县藏书家更多，著名者有：

天盖楼

　　吕留良藏书楼。康熙五年（1666），吕留良购得山阴（今绍兴）祁氏澹生堂藏书三千余本，后续有添置。长子吕葆中，字无党，其手抄书之板口有"观稼楼钞书"，并有"吾研斋藏书印"、"无党校正图书"诸印。"吕案"后，其书散失，部分为海宁拜经楼、苏州士礼居等藏书楼收得。

黄叶村庄

　　吴之振家有名园，曰黄叶村庄，藏书多秘本。康熙三年（1664），黄宗羲在语溪讲学，时有高氏以书售三千金，皆抄本，黄劝吴收之。黄设馆三年，阅之殆遍。吴之振曾与吕留良出两家藏本，合选《宋诗钞》行世。嘉庆十二年（1807），黄叶村庄藏书流入海宁钱泰吉家。

裘杼楼

　　汪文桂、汪文梓藏书楼。其祖父汪可镇由休宁迁居桐乡县城，本有华及堂，汪氏兄弟复建裘杼楼，遍访各种典籍，藏书万卷，编有《裘杼楼藏书目》。至文梓曾孙汪孟鋗，藏书犹保存完好。孟鋗子如藻，入翰林，值"四库"开馆，如藻献藏书137种。

古香楼

汪文桂二弟文柏亦好藏书，筑古香楼，收藏典籍名画。藏书多有"古香楼""屐砚斋图书印"等印。

文瑞楼

金檀藏书楼。金檀，字星轺，自幼嗜古，好蓄异书，遇善本，虽重价不吝，积数十年，收藏之富，甲于一邑。有《文瑞楼书目》十二卷。康熙五十八年（1719），校刊《贝清江集》四十卷、《程巽隐集》四卷，皆系精椠，为艺林宝贵。后迁居苏州桃花坞。至其孙心山时，因贫渐将书售出，部分归苏州士礼居收藏。

延古堂

濮梁藏书楼。濮爱聚书，喜对藏书作雠校，探讨源流，分析同异。清雍正六年（1728）曾刻印钱曾《读书敏求记》并为序。

桐华馆

金德舆藏书楼。金好书，精鉴藏，累世所藏法书名迹及宋刻书甚富。四方名士过桐乡者，必造请盘桓而后去。清乾隆四十五年（1780）高宗南巡，德舆择善本以进。曾校正《东观汉记》诸书八种，名《史翼》，刊以行世。但四十年后，其图书彝鼎，皆烟云四散，如所藏宋刻《钱杲之离骚集传》，嘉庆七年（1802）为苏州士礼居主人黄丕烈所得。

贮云居

冯集梧藏书楼。冯为乾隆四十二年（1777）进士，授编修，多藏书，精校刊，曾刻《元丰九域志》《樊川诗集注》等。其兄应榴，亦为藏书家。

知不足斋

鲍廷博藏书楼。鲍氏世居安徽，父经商迁居杭州，廷博再迁青镇东乡杨树湾。父子两代皆好文史，广收古籍，筑知不足斋以储之。书多宋元古刊或珍贵抄本。乾隆时编修《四库全书》，廷博献所藏精本六百余种。曾校刊行《知不足斋丛书》三十集（后四集为子孙续刊），收书207种，使许多几被湮没之珍贵文献得以流传。

思茗斋

宋咸熙藏书楼。宋咸熙，字德恢，号小茗，仁和（今杭州）宋大樽之子，嘉庆十二年（1807）举人，官桐乡教谕。其父藏书甚富，生时借抄不吝。咸熙于桐乡建思茗斋，秉承遗训，守流通古书之约，其有功于载籍者甚大。

读画斋

顾修藏书楼。顾修，字菉崖，居住桐乡，富藏书，以其所藏刊刻《读画斋丛书》，又刻《南宋群贤小集》巾箱精本，为世所珍。

南泉书屋

吴克谐藏书楼。吴克谐,字夔庵,号南泉老人,清雍正十三年(1735)生,道光元年(1821)卒,洲泉镇南泉村(今合兴村姚家角)人。吴终生布衣,年轻时勤于稼墙,闲暇时爱好绘画,尤喜山水,效法清初名画家王翚。三十岁后为幕宾,尤得中丞谢启琨赏识,后谢因案所牵,赖吴四处奔波始脱,二人遂称莫逆。谢为答恩,将乌镇一所典当赠与吴,吴遂家道日殷,

南泉书屋

后在南泉祖居建房,颜其堂曰"树滋",宅后筑有小园,拳石修竹,园中筑有一室,名曰"南泉书屋",作为藏书之所。藏书丰富,较著名的有宋刻《河南二程全书》、明嘉靖刊本《本草纲目》、明刻本《陶渊明集》、明弘治刻本《医学引壳》和《萍湖脉经》等。其旧抄本郑所南著《清隽集》,在首页上有"老屋三间,藏书万卷"及"金石录十卷人家"两个印章,末页上有"周雪容借读过"一印;该抄本原为知不足斋藏书,坊间视为珍本。

二、藏书家

桐乡私家藏书在浙江乃至全国藏书史上占有重要一席,许多著名桐乡籍学者,既以学术业绩称名当世,又以保存古籍,搜书、刊书、护书、校书、藏书嘉惠后人。

据《浙江藏书志》记载,自明代至清代,桐乡藏书家甚多。较著名的有:王济、鲍廷博、吕留良、吴之振、汪文柏等,乾隆修《四库全书》征集天下遗书,鲍廷博命子士恭集其家藏书626种,通过浙江学政进呈四库馆,为当时国内私人藏书家进献最多的四家之一。

新中国成立后,公共图书馆事业发展迅速,民间亦出现不少藏书爱好者,但其藏书规模较小。改革开放后,尤其是进入21世纪后,政府大力倡导读书,民间私人藏书日渐形成风尚。今私人藏书最多者已逾万册。

王济

王济(1474—1540),字伯雨,号雨舟,晚年更号白铁道人。祖籍泗州,元朝末年,六世祖避乱迁居乌镇。父名英,号且闲,曾为苏州卫指挥。王济二十岁入太学,曾任广西横州州判,曾代理知州,有政绩。横州原来多盗,自济受事后,夜不闭户。他能诗善文,公余吟诵不辍,并采集当地与故乡不同的风俗物产,撰编成《君子堂日询手镜》二卷。晚年因奉养老母而辞官。其家虽富,但生活俭朴,而藏书颇多。藏书楼名为"宝岘楼",藏有《兰亭序》唐冯承素摹本,今藏故宫博物院,其上钤有"王济赏鉴过物"。

鲍廷博

鲍廷博(1728—1814),字以文,号渌饮,祖籍安徽歙县长塘,世称长塘鲍氏。少习

会计，以冶坊为世业，家富有。其父鲍思诩娶杭州顾氏女为妻，遂移家杭州。后鲍思诩与妻子卒于杭，葬于湖州。鲍廷博曾移居乌镇杨树湾，故前人称他为桐乡人。

鲍廷博的藏书事业和其父鲍世诩的影响是分不开的。鲍世诩喜读书，廷博就四方搜罗古今典籍供父诵读。积而久之，藏书益富，成为有清一代藏书名家。

鲍廷博的藏书来源主要有二：一为搜购。据其友人朱文藻为其所撰《知不足斋丛书·序》称："君读先人遗经，益增广之。"三十年来他到处访求，于是爱书之名远播于外，近者如嘉兴、吴兴，远者到大江南北，有人如有旧藏抄刻异本到杭州出售，必先到鲍家让廷博挑选。此外他还千方百计通过各种渠道搜购，路远的还通过信函洽购。另一藏书来源则是抄录当时两浙藏书名楼的珍本异籍。他和当时著名的藏书楼如赵氏二林小山堂、汪氏振绮堂、吴氏瓶花斋、孙氏寿松堂、郑氏二老阁、金氏桐花阁等订有互抄之约。例如汪氏振绮堂藏书，廷博就借抄甚多。如有家藏先代哲人手稿的藏家，廷博也千方百计借录。每得一书则欣喜若狂，如获至宝。

鲍廷博精于版本目录之学，又精校勘。清人洪亮吉在《北江诗话》中把鲍廷博和江苏著名藏书家黄丕烈同列为鉴赏家。翁广平在《鲍渌饮传》中说得更具体，谓鲍廷博"生平酷嗜书籍，每一过目，即能记其某卷某叶某之讹字。有持书来问者，不待翻阅，见其板口，即曰此某氏板，某卷刊讹若干字，案之历历不爽"。阮元在《定香亭笔谈》中亦有类似记载，称鲍氏博极群书，家藏万卷，虽隐僻罕见著录者，问之无不知其原委。

乾隆修《四库全书》征集天下遗书，鲍廷博命子士恭集其家藏书626种，通过浙江学政进呈四库馆。《四库全书》成，据统计共著录鲍氏家藏书250种，存目129种。乾隆在三十九年（1774）五月十四日上谕中云："今阅进到各家书目，其最多者如浙江之鲍士恭、范懋柱、汪启淑、两淮之马裕四家，为数至五六七百种，皆其累世弆藏，子孙克守其业，甚可嘉尚。"并下旨"赐内府所刊《古今图书集成》一部""以为好古之劝"，同年七月二十五日乾隆又下谕旨对进书多的藏书家"择其尤雅者，制诗亲题卷端，俾其子孙世守，以为稽古藏书者劝"。发还鲍家的《唐阙史》《武经备要》上，即有乾隆亲笔题诗，其中《唐阙史》上所题诗为：

知不足斋奚不足？渴于书籍是贤乎。

长编大部都庋阁，小说卮言亦入橱。

鲍廷博以进书而蒙乾隆赏赐，于是刻所藏古书善本，公诸海内，以报皇家知遇之恩，造就了他在清代出版史上的重要地位。廷博藏书处称知不足斋，取《大戴记》"学然后知不足"之义。他藏书既富，又精于鉴赏，遂校勘家藏珍籍数百种编为《知不足斋丛书》，加以刊刻。《知不足斋丛书》共30集，收书207种，内容广泛，有经史考订、算书、金石、地理、书画、诗文集、书目等，为我国著名大型丛书之一，世称善本。之后高承勋的《续知不足斋丛书》，缺名的《仿知不足斋丛书》，鲍廷爵的《后知不足斋丛书》，都是在鲍氏《知不足斋丛书》的影响下而编刊的。据清人钱泳《履园丛话》载：清嘉庆十八年（1813），鲍廷博所校刻的《知不足斋丛书》二十四集传入清廷。清仁宗颙琰之书斋亦名知不足斋，嘉庆读到此丛书，颇加赞赏，特传谕抚臣曰："朕近读鲍氏丛书，亦名知不足斋，为语鲍氏勿改，朕帝王家之'知不足'，鲍氏乃读书人'知不足'也。"及至第廿五集至廿八集成，再次进呈嘉庆，时年逾八十的廷博被钦赐为举人，一时传为盛事。

鲍廷博知不足斋藏书楼，所藏宋元刊本称富。鲍氏爱书，但不自秘，常投赠他人，所以其藏书生前就散出不少，尤以流入黄氏士礼居和汪氏艺芸精舍为多。廷博藏有宋周必大所著《周益公书稿》，一日其友严元照来访，谈及此书，廷博即出宋刊残本两册供严鉴赏，严拟借一读，廷博慨然相赠，严十分感动，即于书册后书"良友之惠，不敢忘也"数字。清乾隆五十六年（1791）知不足斋失火，藏书有所损失，后于道光至咸丰间藏书散尽，其中抄校本多流入杭州丹铅精舍和湖州陆心源的皕宋楼。

鲍廷博的藏书印有"世守陈编之家"、"老屋三间赐书万卷"、"歙西长塘鲍氏知不足斋藏书印"、"天留"、"通介叟"、"老眼向书明"、"天都鲍氏困学斋"、"黄金散尽为藏书"（白文方印）、"鲍氏知不足斋藏书"（朱文方印）、"知不足斋鲍以文藏书"（朱文方印）、"曾在鲍以文处"（朱文方印）等。

吕留良　吕葆中　吕补忠

吕留良喜藏书，所藏颇富，尤以清初以三千金购得山阴祁氏澹生堂遗书最为珍贵。又喜刻书，清顺治十年（1653），与陆雯若在崇德办书社，共同选刻时文，刊行全国。十七年（1660）留良选刻己作三十篇，定名《惭书》。康熙五年（1666），创天盖楼刻局，选刻时文发行。八年（1669）应留良之聘，张履祥来崇德南阳村东庄执教，吕、张等刻印程朱理学及先儒遗著数十种行世。留良长子葆中亦刻书，清王士禛对吕氏刻书颇赞赏，以为石门吕氏，雕印古书，颇仿宋刻，坊间皆不逮。清雍正时吕氏遭文字狱，书禁版毁，吕氏印本流传极稀。

吕留良著作甚丰，唯经文字狱毁损甚多，今知有《惭书》（顺治精刻本）、《天盖楼偶评》（康熙十二年刊）、《天盖楼四书语录》（康熙二十三年金陵大业堂刊本）、《评注赵氏医贯》（康熙二十五年天盖楼刊本）、《吕晚村先生四书讲义》（康熙二十五年映旭斋刊本）、《四书朱子语类摘钞》（康熙四十年刊本）、《吕晚村家训》（康熙四十二年精刻本）、《晚村先生八家古文精选》（康熙四十三年吕氏家塾刊本）、《吕晚村论文偶钞》（康熙五十三年刊本）、《晚村吕子评语正编》《晚村吕子评语余编》（康熙五十五年晚闻轩刊本）、《晚村先生古文》（康熙五十九年小濂山房刊本）、《晚村文集》（附《行略》《续集》，雍正三年南阳讲习堂刊本）、《何求老人残稿》（又名《天盖楼诗集》《何求老人诗稿》《晚村诗钞》，有寻乐轩抄本、寒松阁抄本、鸣野山房抄本、吕公忠手抄本），等等。

长子吕葆中、五子补忠亦好藏书。葆中为康熙四十五年（1706）进士，翰林院编修，喜手抄书以藏，所抄有《小畜集》，"留"字皆缺最后一笔，为避父讳。补忠所抄书有《苕溪渔隐丛话》，编中凡"学"、"留"均缺末笔，"学"避祖讳，"留"避父讳。吕氏藏书后散出，大宗流入江苏蒋氏赐书楼。

吕氏父子藏书印有："南阳村庄吕晚村藏书"、"南阳耕钓草堂"、"吕氏藏书"、"耻斋"、"难得几世好书人"、"无党"、"御儿吕氏讲习堂印"、"吕印补忠"、"无咎"、"无党校正图书"、"吕公正印"、"无党手钞"、"构书良不易子孙守勿替"（朱文长方印）、"观稼"（白文腰圆印）、"玉乳山房"（朱文圆印）、"吾研斋藏书印"（朱文长方印）、"南阳"（白文圆印）、"善人里"等。

吴之振

吴之振（1640—1717），字孟举，号橙斋，别号竹洲居士、黄叶村农。少时丧父，年弱冠，补诸生，后官内阁中书。从黄宗羲兄弟游学。工诗、古文辞，擅书画。平生锐意于诗，新不伤巧，奇不涉纤，颇学宋人，不专一家，于圣俞、山谷最为吻合。晚年学问精进，与王渔洋、施愚山诸大家时相唱和。

吴之振有别业在石门城西，名为黄叶山庄，种菜其中，赋种菜诗二章，一时名流和者百数十家，又画《黄叶村庄图》，清初诸老题咏殆遍。之振喜藏书，据钱泰吉《曝书杂记》卷中云："黄叶村庄，石门吴孟举先生之振藏书处。"晚岁拟另筑别业藏书读书，称补衲庵，终未果。吴之振藏书大宗购自嘉兴高氏藏书。

吴之振藏书以宋人文集为多，清康熙二年（1663）夏，与吕留良及侄吴自牧开始选刻宋诗，所采宋人诗百数十家，中多秘本，底本出自吴之振自藏及吕留良所藏，未刻者尚多。藏书印有"黄叶村庄"（白方）、"延陵季子"（朱文）、"吴之振印"、"橙斋"、"黄叶老人"等。

汪森　汪文桂　汪文柏　汪孟鋗　汪仲鈖　汪如藻

汪森（1653—1726），字晋贤，原籍安徽休宁，桐乡（今浙江桐乡）人。清国子监生，历官广西临桂、永福、阳朔知县，桂林、太平知府，后迁河南郑州知事，以丁母忧未赴任。少工诗，与嘉兴周筼、沈进相切磋，复从黄宗羲、朱鹤龄、朱彝尊、潘耒诸大师游，艺业大进。于是乃营碧巢书屋以为吟诗之处，筑华及堂为宴客之所，建裘杼楼以藏书，藏书万卷。又有小方壶亦为藏书之所，据《碑传集》卷五十九载："手钞经籍数百卷，雅嗜古碑碣摹帖，核体象尤朗析，闻元明书画及古器，辄诣藏弆家敬观。"

汪森与嘉兴朱彝尊有藏书互借之谊。官广西时，因舆图缺略，难资考据，遂博采历代诗文轶事记录成帙，归田后复借得曝书亭藏书荟萃订补，成《粤西诗载》二十四卷、附词一卷，《文载》七十五卷《丛语》三十卷。另著有《小方壶存稿》十五卷等，编有《裘杼楼藏书目》。有"休阳汪氏裘杼楼藏书印"等藏书印。

汪文桂，初名文桢，字周士，号鸥亭，与弟森、文柏并负时名，有汪氏三子之誉。文桂由府学贡生考授内阁中书。自幼嗜学，与两弟以学业相砥砺，年弱冠即父亡，以养母不出仕。与弟森共藏书裘杼楼中，有藏书万卷。

汪文柏，字季青，号柯亭。曾官京城东城兵马司正指挥，后改任行人司行人。学问渊博，不亚于两兄。海内名流，皆相结纳。归田后筑古香楼以收藏法书名画。文柏于诗文外善绘事，其所画墨兰，雅秀绝俗。藏书印有"展砚斋藏书印"、"休宁汪季青家藏图书"等。

汪森之孙汪孟鋗(1721—1770)，字唐古，号厚石；汪仲鈖，字丰玉，号桐石，乾隆十五年（1750）同时中举，乡里荣之。然至此时家道已中落，两汪又不事生产，故家遂趋贫。而先世裘杼楼藏书仍在，兄弟俩日搜讨其间，锐意攻诗词。

汪孟鋗之子汪如藻，字念孙，乾隆四十年（1775）进士，曾官山东粮道、翰林院编修，曾入四库馆为总目协勘宫。献裘杼楼藏书271种，《四库全书》著录152种2154卷（其中存目55种）。乾隆三十九年（1774）谕旨有"又如进呈一百种以上之江苏周厚堉、蒋曾莹，浙江吴玉墀、孙仰曾，以及朝绅中黄登贤、纪昀、励守谦、汪如藻等，亦俱藏书旧家，并著每人赏给内府初印之《佩文韵府》各一部，俾亦珍为世宝，以示嘉奖"。

汪森裘杼楼藏书历四世，汪如藻除继承先世裘杼楼藏书外，又有自建的拥书楼。

张森生　徐树民　吴浩然　徐锦才

张森生，藏书1.6万册，主要收藏中国古典文学、中国历史及有关桐乡地方史方面的书籍，2006年，被授予嘉兴市十大藏书家称号。

徐树民，藏书2万册，主要收藏中医药和中国古籍。如《十三经注疏》《二十五史》《资治通鉴》《古今图书集成》《四部丛刊三编》《不列颠百科全书》。2006年，被授予嘉兴市十大藏书家称号。

吴浩然，藏书2万册，主要收藏弘一大师、丰子恺系列、名人签名本、中国漫画和动画系列。2006年，被授予嘉兴市十大藏书家称号。

徐锦才，藏书1万册，主要收藏社会科学理论、嘉兴地区乡邦典籍、文学方面的书籍。2006年，入围嘉兴市十大藏书家评选。

第二节　图书馆

一、建国前图书馆事业

通俗图书馆

民国以前，本县尚无图书馆。辛亥革命以后，各地效法欧美，开展社会教育，通俗图书馆应运而生。

民国十一年（1922），崇德县通俗图书馆成立。

民国十五年（1926），崇德县通俗图书馆和阅报社合并，改称崇德县通俗教育馆，内设图书馆和阅报室。

民教馆图书部

民国十七年（1928）4月，崇德县民众教育馆成立，内设图书部，开展民众图书阅览活动，至民国三十七年（1948年）底，共有藏书1554册。

民国十九年（1930）11月，桐乡民众教育馆成立，内设图书部，开展图书阅览活动，至解放前夕有藏书2549册。藏书内容除经史子集古籍外，还有"五四"以来的当代文学、自然科学和社会科学读物等。

二、市图书馆
机构沿革

1949年11月和12月，桐乡、崇德两县分别建立人民文化馆，内设图书室，担负图书借阅工作。

1958年11月，桐乡、崇德两县文化馆合并，称桐乡县文化馆，内设图书室，确定专职管理员，开展图书出借和报刊阅览活动。

1966年12月，"文革"全面开始，图书室停止对外开放。

1970年7月，文化馆恢复办公，图书室亦于1971年5月1日恢复对外开放。

1976年8月，经中共桐乡县委宣传部批准，建立桐乡县图书馆，馆址设在梧桐镇混堂弄1号，馆舍面积208平方米，藏书22044册，配工作人员1名，归县文化馆领导。

1984年8月，桐乡县图书馆单独建制，隶属县文化局。同年，择址文昌路50号兴建馆舍，投资43.34万元，翌年底竣工，总面积2145平方米。1986年10月17日正式开放。馆内设报刊阅览室、参考咨询室、图书外借室、少儿阅览室及采编、复印、辅导、行政、财会等部门。1990年图书馆有工作人员14名，藏书71584册，其中古籍4000册，有《民国丛书》《四库全书》（影印本）等。

1993年，桐乡撤县设市，桐乡县图书馆改为桐乡市图书馆。2000年增设陆费逵图书馆，两馆名并行。

2001年8月，桐乡市人民政府投资2100万元，易地重建新馆。新馆位于行政大楼西侧，占地5640平方米，建筑面积7200平方米。2003年3月3日对外开放。新馆建筑共四层，一楼中间为成人外借阅览室，北面为少儿外借阅览室，南面为报刊阅览室；二楼中间为书库，南面为电子阅览室和馆长办公室及教室，北面为教室；三楼中间是陆费逵纪念室和中华书局版本图书珍藏室，南面为展厅和采编室，北面为地方文献参考阅览室和古籍室；四楼是报告厅。配置先进的计算机网络系统，实现Intranet与Internet的互联，建立全国文化信息资源共

桐乡县图书馆（1984年建）

享工程。藏书 40 万册,置座席 300 个,全年开放。

人员编制及经费

人员编制:1976 年图书馆成立时,编制 1 人,附属于文化馆,1982 年增至 5 人,仍附属文化馆。1984 年 8 月图书馆单独设立以后,独立编制,人员增至 10 人,1985 年 12 月馆舍建成,人员增至 12 人。1997 年增至 17 人。2003 年易地重建新馆,编制数 25 人。

经费:作为文化馆图书室时,其经费纳入文化馆预算。1984 年图书馆单独设立以后,经费亦单独核算。每年除正常拨款以外,若遇购置重要书籍时,经上级有关部门批准,可申请专款专用。

桐乡市图书馆历年经费情况表

年度	购书经费 (万元)	拨款总额 (万元)	年度	购书经费	拨款总额 (万元)
1976	0.14		1996	11万元	27.93
1977	0.11		1997	10万元	28.68
1978	0.29		1998	12.7万元	38.7
1979	0.36	0.90	1999	12.7万元	52.05
1980	0.50	0.97	2000	9.4万元	58.4
1981	0.56	1.05	2001	10.5万元	56.6
1982	0.45	1.11	2002	10万元	52.59
1983	0.46	1.32	2003	25万元;新馆开馆增拨购书40万元	155.91
1984	0.64	1.53	2004	25万元;捐款5.64万元用于购书	162.46
1985	0.90	2.65	2005	40万元;捐款30万元用于购书	228.49
1986	1.62	8.42	2006	40万元;流动书库3万元	237.99
1987	1.01	4.21	2007	40万元;增拨43.16万元购《续修四库全书》	273.84
1988	4.49	8.75	2008	45万元;分馆购书180万元	281.86
1989	5.47	10.97	2009	50万元;分馆购书210万元	295.79
1990	3.61	9.9	2010	55万元;分馆购书110万元	581.68
1991	2.50	9.57	2011	60万元;分馆购书130万元;分馆建设35万元	648.61
1992	3.0	14.96	2012	60万元;分馆购书经费110万元;一个新馆开设30万元	642.60
1993	5.0	14.13	2013	54万元;分管个私经费108万元	614.88
1994	6.0	15.20	2014	54万元;分管个私经费100万元	627.12
1995	6.0	21.0			

藏书情况

建国初期,桐乡、崇德两县文化馆图书室藏书分别为 2549 和 1554 册,大都为线装古籍,也有些平装书和报刊杂志等。1958 年 11 月两县文化馆合并后,图书室共有藏书

7000 多册，其中通俗读物和连环画较多。以后虽然每年有新书购进，但增长不快，至 1966 年，藏书 1.68 万册。"文化大革命"中，藏书全被封存，其中不少古典和近代文学名著散失，不少历年报纸和杂志合订本也被作废纸处理。1971 年图书室恢复开放时，藏书剩 6000 余册。1976 年县图书馆成立后，藏书逐年有所增加（具体见表）。1990 年购置文澜阁《四库全书》缩印本 1500 册，价值 3 万元。1997 年购置《四库存目丛书》1200 册，价值 23 万元。2007 年购置《续修四库全书》1800 册，价值 43 万元。2014 年市图书馆及各分馆总藏书量为 912644 册（其中总馆为 312990 册），其中古籍图书（包括新版古籍）4000 册，中华书局版本图书 103208 册，地方文献 7131 种、11030 册，报纸 150 多种，期刊 600 多种。

桐乡市图书馆历年藏书情况表

年度	藏书册数	年度	藏书册数
1976	22044	1996	101578
1977	23190	1997	106158
1978	36940	1998	110294
1979	41000	1999	114628
1980	48400	2000	118962
1981	51017	2001	125138
1982	52671	2002	136472
1983	57773	2003	149578
1984	63270	2004	171502
1985	68000	2005	204387
1986	45856	2006	242452
1987	54051	2007	271166
1988	57582	2008	393195
1989	66395	2009	483222
1990	71584	2010	539127
1991	76890	2011	675012
1992	82149	2012	726401
1993	87802	2013	850281
1994	93682	2014	912644
1995	98409		

图书采编

1976年建馆以来，采购图书一直以从本地新华书店选购为主，去外地采购和向外地订购、邮购为辅。在书刊分类编目方面，原采用《中小型图书馆图书分类法》分编。

1979年起，改按《中国图书馆图书分类法》分类，索书号采用分类著者号。

1979年11月起，按《中文普通图书统一著录条例》著录，编制了卡片式目录。

1985年7月起，改用《普通图书著录规则》（国家标准）进行著录，设公务目录两套：一是分类目录，二是书名目录。并设读者分类目录一套，读者笔划笔顺书名目录一套，报刊目录一套。

2000年开始采用计算机著录，2003年前用ilasbib系统，2003年3月改用力博系统。

2010年起，购书专项经费纳入政府采购项目。

图书借阅

图书为读者服务的方法主要有图书外借和报刊阅览。馆内设综合外借室和报刊阅览室与少儿图书阅览室。建馆初期，由于藏书不多，借书证控制发放，1976年仅发300余张。随着藏书的增加，借书证发放数也逐年增多，1985年起实行借书证敞开发放，以1997年为例，全年发出借书证1371张，其中少儿借书证384张，成人借书证987张。全馆有58155册图书可供读者借阅。为解决借书回收率低等问题，从1983年开始，实行借书证押金制度。2006年开通"一卡通"工程，在嘉兴地区的公共图书馆实现图书的通借通还。2009年起，所有开放部门对读者实现免费开放：免费办理阅览证；少儿外借证、成人外借证只收取押金，服务费免收，实现图书的免费借阅。至2012年，发出借书证58741张，其中少儿借书证9166张，成人借书证49575张。全馆有726401册图书可供读者借阅。

阅览室采取凭证阅览的办法。1997年成人阅览室定有各种杂志227种，报纸54种。少儿阅览室定有各种少儿杂志和报纸88种。至2012年，成人阅览室定有各种杂志448种，报纸104种。少儿阅览室定有各种少儿杂志96种，报纸16种。

桐乡市图书馆历年图书借阅情况表

年度	借阅人次	借阅册次	年度	借阅人次	借阅册次
1976	13450	13600	1996	70683	156547
1977	13900	14850	1997	70750	155496
1978	10463	13875	1998	90632	165910
1979	14758	15948	1999	106621	185695
1980	36248	72099	2000	127466	208856
1981	40977	88415	2001	138020	228897
1982	54190	139747	2002	159771	243244
1983	58509	131253	2003	180300	258762
1984	84580	211527	2004	208292	273064
1985	71936	152852	2005	222017	282870
1986	42500	83000	2006	229884	326584
1987	69590	156877	2007	233846	365485
1988	84740	197554	2008	245599	403582
1989	93900	253292	2009	274437	599526
1990	105662	274807	2010	296940	657961
1991	106209	274323	2011	324781	732132
1992	95082	290008	2012	339427	786053
1993	59099	141583	2013	456810	937922
1994	65352	153228	2014	478826	954553
1995	70320	153710			

地方文献征集

　　桐乡市图书馆担负着地方文献收集、整理与提供利用的责任。地方文献征集工作始于上世纪 80 年代。2003 年 3 月新馆落成后，设地方文献参考阅览室，征集入藏具有价值的地方文献资料 8722 册，主要有：《归氏家谱》《洲泉吴氏族谱》《墨花吟馆诗抄》《濮川所闻记》（稿本）《补农书》《幽湖百咏》等；茅盾、钱君匋、金仲华等现代名人著述；明正德以来的《桐乡县志》，民国《濮院镇志》《乌青镇志》，吕留良、丰子恺等名人家族的家谱等。

桐乡地方文献文集、纪念集一览表

书　名	出　版　社	出版日期
《张琴秋纪念文集》	浙江正方设计印刷有限公司承印	2006年8月
《吴之振诗选》	桐乡市高美印务有限公司承印	2007年12月
《太虚纪念文集》	桐乡市高美印务有限公司承印	2008年12月
《严独鹤杂感录》	上海远东出版社	2009年11月
《陆费逵文选》	中华书局	2011年1月
《吕留良诗文集》	浙江古籍出版社	2011年11月
《游苏日记》	浙江大学出版社	2007年11月
《古诗文注释》	浙江大学出版社	2010年2月
《书信》	浙江大学出版社	2011年6月
《子夜》	浙江大学出版社	2011年6月
《日记1961年》	浙江大学出版社	2011年6月
《日记1962年》	浙江大学出版社	2011年6月
《日记1963年》	浙江大学出版社	2011年6月
《日记1964年》	浙江大学出版社	2011年6月
《桐乡史话》	浙江人民出版社	2012年1月
《文明留痕》	浙江人民出版社	2012年1月
《风土杂记》	浙江人民出版社	2012年1月
《小镇模样》	浙江人民出版社	2012年1月
《名物小识》	浙江人民出版社	2012年1月
《水墨乌镇》	浙江人民出版社	2013年9月
《水韵洲泉》	浙江古籍出版社	2013年9月
《人文濮院》	浙江大学出版社	2013年9月
《浅读崇福》	浙江大学出版社	2013年9月
《古韵石门》	浙江大学出版社	2013年9月
《乌镇人物》	浙江大学出版社	2014年3月
《乌镇胜迹》	浙江大学出版社	2014年3月
《乌镇味道》	浙江大学出版社	2014年3月
《乌镇民俗》	浙江大学出版社	2014年3月
《乌镇史话》	浙江大学出版社	2014年3月
《崇福诗文》	浙江人民出版社	2014年4月
《崇福故事》	浙江人民出版社	2014年4月
《崇福史话》	浙江人民出版社	2014年4月
《崇福风情》	浙江人民出版社	2014年4月
《崇福名人》	浙江人民出版社	2014年4月

古籍善本征集

市图书馆根据浙江省古籍善本书目编辑要求对馆藏古籍线装本进行整理，从中挑选出 4 部古籍善本书。

桐乡市图书馆古籍善本书目

书　名	著　辑　者	版刻年代	册　数	备　注
《安雅堂文集》	（清）宋琬	顺治至乾隆刻本	1	集·别集
《安雅堂诗》	（清）宋琬	嘉庆年间刻本	1	集·别集
《安雅堂书启》	（清）宋琬	顺治庚子年刻本	1	集·别集
《龙威秘书》	（清）马俊良编辑	嘉庆元年木刻本	80	本书有缺失

读者服务

为弱势群体服务。2011 年 5 月 16 日，建立盲人阅览室，配备盲人图书 26 种 59 册、有声读物 606 种 610 册，盲人专用电脑 2 台、智能阅读器一台等。

为未成年人服务。充分发挥图书馆的教育阵地作用，开展内容丰富、形式多样的为未成年人免费服务活动。主要有：推荐优秀阅读书目、经典影片、中小学生法制教育，系列讲座、展览活动等。

读者活动。开展元宵灯谜会、世界读书日、图书馆服务宣传周、第七届浙江省未成年人读书节、全民读书周等活动，加强与读者的交流，每年三期《桐图通讯》，对馆藏的家谱、中华版本图书、方志等进行介绍。面向社会，举办不同层次、不同系列的讲座报告会，每年不少于 12 场，内容涉及时政、文学、历史、财经等。精心组织各类展览，每年不少于 10 场，吸引众多读者前来参观。同时把讲座、展览送到各分馆，向基层延伸，扩大服务面。

社会教育与培训服务。充分发挥图书馆的社会教育职能，每年春季、暑期、秋季举办小学生"阅读写作、数学兴趣、素描"，中学生"数学、英语、科学"培训班等各类培训班，受到学生和家长的欢迎。

工作业绩

市图书馆注重在职干部业务学习。馆内每周三上午为业务学习，学习图书馆基础理论，开展学术研究活动，已有 35 篇图书馆业务论文在市级以上刊物发表。具有图书资料职称 23 人，其中副高 1 人，馆员 10 人，助理馆员 12 人。

1983 年，被省文化厅授予"先进集体"。1986 年，被省文化厅授予"85 年度图书馆工作先进集体"。1988 年，地方文献组被省文化厅授予"先进集体"。1989 年，被嘉兴市文化局授予市级"文明图书馆"。1990 年，被县政府评为"县级文明单位"，被省文化厅授予省级"文明图书馆"。1994年，被文化部评为三级图书馆。1998年，被文化部评为二级图书馆。2005年，被文化部评为国家一级图书馆。2006年，获浙江省文化共享工程县级分中心。2007年，获桐乡市"十佳群众满意基层场所（办事窗口）"、嘉兴市卫生先进单位。2008年，获嘉兴市爱国主义教育基地、桐乡市青少年法制宣传教育示范基地、嘉兴市青少年法制教育示范基地。2009年，获嘉兴市2008年服务民生满意站所、桐乡市巾帼文明示范岗（借阅部）、第四届浙江省未成年人读书节组织奖。2010年，获桐乡市语言文字工作先进单位、国家一级图书馆复评合格、嘉兴市服务民生满意站所（办事窗口）。2011年，获嘉兴市服务民生满意站所（办事窗口）、嘉兴市巾帼文明岗、桐乡市"工人先锋号"，陆费逵图书馆被授牌为"中华书局版本图书馆"、嘉兴市文化系统十大文化事件。2012年，获嘉兴市服务民生满意站所（办事窗口）、浙江省"青少年法制教育基地"。2012年，在浙江省地方文献考核中获"省地方文献示范馆"。2013年，国家一级图书馆复评合格，获省卫生先进单位、嘉兴市"第一批国家公共文化服务体系示范项目创建工作"先进集体。2014年，获省卫生先进单位称号。

三、陆费逵图书馆

2000年10月13日，陆费逵图书馆在图书馆三楼挂牌，建筑面积348.8平方米，设陆费逵纪念室和中华版图书珍藏室。

陆费逵先生纪念室主要介绍陆费逵生平事迹及其在教育、文化、出版界所作贡献，以及中华书局历代名人和取得的成就。

中华版图书珍藏室是本馆的一大特色，旨在收集、整理、保存和陈列中华书局近百年来的出版物。陆费逵图书馆得到陆费逵子女及中华书局、辞书出版社和香港中华书局的大力支持，中华书局每出版一种新书，均赠与陆费逵图书馆，图书每年递增。陆费逵图书馆已成为海内外学者研究陆费逵和中华书局的学术资料中心和传承中华文化精髓的重要基地。

四、镇（街道）图书馆建设

新中国成立以后，特别是60年代以后，我县各乡镇（村、街），为满足群众对文化科学知识的需求，以乡镇文化站和村街文化室为中心，曾自办过不少图书馆（室），几十年来，时办时停，时多时少。至1997年，全市30个乡镇，共有图书馆（室）30个，总藏书量为63364册。乡镇图书室附设在乡镇文化站内，大都配有专职或兼职管理人员，开展室内阅览和外借活动。1982年，同福乡文化站图书室采取乡里拨一点、企业助一点的办法，自筹资金购书，被省文化厅授予"省先进农村图书室"。河山镇文化站图书室于1976年建立，1992年新建文化站，共有120平方米，至1997年藏书达1万余册，文化站确定专人管理，坚持经常开放，实行有偿服务，取得良好效果，1988年被省文化厅授予"浙江省农村先进图书室"称号。

镇（街道）图书分馆

为繁荣农村文化建设，满足农民日益增长的精神文化需求。2008年，桐乡市构建城乡一体化公共图书馆服务体系，12个镇、街道相继建成图书馆分馆，均具备图书外借、报刊阅览、电子阅览、文化信息资源共享工程服务等功能。

分馆新增图书由市图书馆负责统一购买、采编、配送，报刊杂志由各镇（街道）自行订阅购买。每开办一个分馆，市财政按30万元的标准，给予市图书馆用于新建分馆图书的购置。分馆建成后市财政按每个分馆每年10万元购书经费的标准划拨给市图书馆。分馆内配备的电脑和书架等设施，由市图书馆提出配备要求，各镇（街道）自行购置。各图书分馆与总馆网络系统整合，进行计算机网络化管理，实现"一卡通"，在嘉兴市地区公共图书馆通借通还图书。各分馆图书室有专人负责，并且根据读者需求保持常年开放。

崇福分馆

位于崇福镇建业南路广电大楼文化中心内，2008年6月20日建成，是嘉兴市首个镇级分馆。面积约800平方米，藏书3.6万册，报刊200种，供读者查询及上网电脑20台，阅览座位114席。

洲泉分馆

位于洲泉镇公园路8号，总面积400平方米，2008年10月14日建成，图书2.3万册，报刊100种，供读者查询及上网电脑20台，阅览座位80席。

濮院分馆

位于濮院镇永越村文体中心，面积500平方米，2008年12月15日建成，藏书2.8万册，报刊100种，供读者查询及上网电脑20台，阅览座位72席。

龙翔分馆

位于龙翔街道文化中心，面积480平方米，2008年12月26日建成，藏书1.6万册，报刊100种，供读者查询及上网电脑16台，阅览座位82席。

凤鸣分馆

位于凤鸣街道同福集镇，面积395平方米，2008年12月31日建成，藏书1.8万册，报刊100种，供读者查询及上网电脑20台，阅览座位88席。

石门分馆

位于石门镇文化体育中心，占地面积800平方米，2009年1月18日建成，藏书1.8万册，报刊100种，供读者查询及上网电脑20台，阅览座位102席。

乌镇分馆

又名严独鹤图书馆，位于乌镇植材小学旁，面积达400平方米，2009年12月3日建成，藏书1.6万册，报刊130种，供读者查询及上网电脑16台，阅览座位84席。

高桥分馆

位于高桥镇镇政府旁，面积 235 平方米，2010 年 2 月 14 日建成，藏书 1.4 万册，报刊 100 种，供读者查询及上网电脑 15 台，阅览座位 50 席。

大麻分馆

位于大麻镇南街老影剧院，面积 420 平方米，2010 年 5 月 5 日建成，藏书 15047 册，报刊 150 种，供读者查询及上网电脑 12 台，阅览座位 120 席。

河山分馆

位于河山镇河山大街老影剧院，面积 350 平方米，2010 年 5 月 31 日建成，藏书 15047 册，报刊 150 种，供读者查询及上网电脑 15 台，阅览座位 150 席。

屠甸分馆

位于屠甸镇文化体育中心，总面积 500 多平方米，2010 年 7 月 28 日建成，藏书 2 万册，报刊杂志 150 多种，阅览座位 94 个。

梧桐分馆

位于梧桐街道齐福路 3008 号，总面积 700 多平方米，2012 年 3 月 13 日建成，藏书 2 万册，报刊杂志 150 多种，阅览座位 100 个。

图书流通点

近年来，图书馆积极开展阅读延伸服务活动，在社区、学校、企业等建立馆外图书流通站，根据各站点的实际需求，有针对性地提供服务，最大化地发挥图书馆的文化传播作用。附（流通站、点名单）

桐乡市图书馆馆外流通点（站）名单

序　号	流通点（站）	开通日期	流通册次
1	学前社区	2005.9	2672
2	庆丰社区	2005.9	1900
3	老年公寓	2005.10	1650
4	洲泉文化站	2005.11	2000
5	实验二小（凤鸣小学）	2006.2	18000
6	凤鸣小学（公园路校区）	2006.2	14500
7	启新学校	2006.2	9000
8	新民学校	2006.2	6000
9	武警中队	2006.6	3800
10	光大城市花园	2006.8	900
11	中山路小学	2006.9	13000
12	振兴西路小学	2007.3	8600
13	屠甸文化路	2007.1	3500
14	文华小学（民工子弟学校）	2007.5	4500
15	华冠集团	2007.8	300
16	文昌社区	2007.9	1200
17	恒基建设	2007.11	4000
18	梧桐文化站	2007.11	3600
19	凤鸣集团	2008.1	2000
20	消防大队	2008.7	2800
21	巨匠建设	2008.12	2000
22	巨石集团	2009.3	2000
23	洋紫荆油墨	2009.6	1913
24	科协	2008.7	900
25	起点教育	2010.1	717
26	经济开发区服务中心	2010.4	1000
27	市纪委	2010.4	500
28	九曲社区	2010.4	100
29	卫生局	2010.5	550
30	建设银行	2010.8	1638
31	中山路小学	2011.2	1200
32	河山镇东浜头	2011.3	562
33	河山镇庙头村	2011.3	560

桐乡市图书馆馆外流通点（站）名单

序　号	流通点（站）	开通日期	流通册次
34	河山镇石栏桥村	2011.3	560
35	浙江同辉纺织	2011.3	3897
36	铭龙控股	2011.4	3000
37	崇福镇五丰村	2011.4	1025
38	中辉皮革公司	2011.4	2580
39	市看守所	2011.8	820
40	高桥镇永安村	2011.11	512
41	石门镇桂花村	2011.11	1038
42	宏麟化工	2011.11	495
43	疾控中心	2012.4	130
44	大麻镇西南村	2012.2	973
45	大麻镇麻溪村	2012.2	900
46	洲泉镇石山头村	2012.2	1000
47	龙翔街道元丰村	2012.2	977
48	屠甸镇联星村	2012.2	826
49	屠甸镇汇丰村	2012.2	1082
50	凤鸣街道环南村	2012.2	1117
51	凤鸣街道新农村	2012.2	650
52	石门镇白马塘村	2012.2	1195
53	乌镇民合村	2012.3	940
54	乌镇浙月村	2012.5	1177
55	梧桐街道新玄村	2012.7	500
56	濮院镇梅园社区	2013.3	1350
57	濮院镇新联村	2013.6	1000
58	濮院镇永乐村	2013.8	1200
59	梧桐派出所	2014.7	600
60	浙江高速公路桐乡管理所	2014.7	480

第三节　图书发行

一、书店沿革

建国前的图书发行

建国前，原桐乡、崇德两县均无经营图书发行的专业书店。旧时，一些文人墨客，为保存和交流学术成果，常私刻著作赠送亲友。清康熙十五年（1676），吕留良曾刻印旧著赠友。清朝末年，镇上开始出现兼营图书、文具、簿册的书纸店。光绪初年，茅盾曾祖父沈焕在乌镇应家桥北岸开设泰兴昌纸店，除销售纸线外，兼营簿册和儿童启蒙图书，如《三字经》《神童诗》等。光绪八年（1882），崇德县城有范长裕文具店，兼营刻售四书五经和《百家姓》《三字经》《千家诗》等。

民国十四年（1925），徽州人俞仲英在崇德东大街79号独资开设俞仲记书店，从业人员2人，主营小说唱本、连环画册，同时经营中华、商务、大东各大书局国定本、审定本教科书，兼营学校用品、文具簿册。书源大都来自沪杭各书店。抗战后，俞仲英病故，其子俞守仁继续经营直至解放。1951年私营工商业登记时估产资本为130万元（旧币）。后国营书店兴起，改营文具小杂货兼售少量图册、历书。1956年公私合营并入文具店。

民国二十三年（1934），桐乡人朱荣基在梧桐镇东大街独资开设文宜斋，资金约100多元。主营文具纸张，兼营小说书籍，如《三门街》《济公传》《彭公案》等，同时供应近郊小学教科书。民国三十七年（1948）曾为县教育特种基金保管会代发全县教科书，书源来自嘉兴昌明、嘉华书局。

民国二十三年，朱荣基兄朱阿宝在乌镇开设文宜斋，主营文具纸张，兼售少量图书，1956年公私合营并入文具店。

民国三十五年（1946），孙蔼人在崇德县前街开设文化服务社，兼营图书、文具和体育用品。因他曾担任过民教馆长，熟悉教育界人士，又以"文化服务"为号召，业务尚称兴隆，城郊学校教科书和簿册，大都由该社供应，书源大都来自嘉兴昌明书局。

其他如石门、洲泉、濮院等镇，也曾出现过书摊。石门董福来书摊无固定地点，以出租小说、连环画为主，兼售小说、唱本。春节期间供应年画，资金约100元，书源来自上海。建国后继续经营，1956年停业。洲泉、濮院等地书摊规模较小。

建国后的图书发行

新华书店建立前，崇德、桐乡两县的图书出版发行工作，主要通过两种方式进行，一种是由文化部门代发销售，一种是设立代销处、分销处销售。解放初期，私营书店和文具店相继停业，为解决交替时期的困难，1949年6月，嘉兴地委派专署实业科科长钱骏到湖州和嘉兴新华书店中心店协助工作，确定中小学课本由各县文教科代发销售，销后结算，新华书店付给5%手续费。崇德县文教科代发1949年秋季和1950年春季两期。1950年秋季由崇德县文化馆代发。1950年初，桐乡人民文化馆动用旧政府教育基金会剩余资金购买图书（主要是马列著作和毛泽东著作）150余册。1951年春，崇德县文教科委派小学教师马再宁、马文虎建供应站代发课本，同年6月间，在新华书店嘉兴中心店的支持下，崇德县文教科推荐马文虎在西寺开设新华书店代销处，同年11月，代销处改为新华书店嘉兴中心店崇德分销处。1951年初，桐乡县文教科安排文化馆与供销合作社建文化服务站，经营图书，地点在云楼阁，负责人先后为蒋汝坤、徐楚才，6月，炉头中心小学教师陈士荣调入文化服务站，8月，服务站改为新华书店嘉兴中心店供销处。

1952 年 4 月，改为桐乡分销处，负责人陈士荣。

二、新华书店

新华书店的建立

新华书店是我国规模最大的图书发行单位，1937 年 4 月 24 日创建于延安。1950 年 8 月，全国第一届新华书店工作会议作出了编辑、印刷、发行专业分工的决定，提出在全国各省、市、县普遍建立新华书店。崇德、桐乡两县的新华书店，分别于 1953 年 1 月和 1954 年 7 月建立。

根据新华书店浙江分店指示，嘉兴中心店于 1952 年 12 月 12 日从湖州书店选调陈绍镛至崇德接收崇德分销处，筹备建店事宜，1953 年 1 月 6 日，经浙江分店批准，崇德分销处自 1953 年 1 月起改为新华书店崇德支店，陈绍镛为负责人，1956 年 3 月，由崇德县委文教部任命为经理。

1953 年 3 月，新华书店嘉兴中心店桐乡分销处改为桐乡门市部。同年 4 月 29 日，嘉兴中心店调派赵震来桐乡门市部负责。1954 年 7 月 1 日，经浙江分店批准，桐乡支店正式建立，赵震被任命为副经理。

1958 年 7 月，桐乡、崇德两县合并，建立桐乡县新华书店，1993 年 3 月撤县建市，改称为桐乡市新华书店。

书店的管理体制

国家出版总署 1950 年 3 月 25 日作出《关于统一全国新华书店的决定》，在北京成立新华书店总管理处（后称总店），隶属出版总署；各大行政区设新华书店总分店，由各大行政区党委宣传部领导；各省设分店，由省委宣传部领导；各县、市设支店，由县、市委宣传部领导。

1950 年 5 月 30 日，浙江分店第一届全省支店经理会议决定：全省各地新华书店的人、财、物，由省分店统一领导管理；专署所在地设中心支店，代表分店负责业务管理和辅导。

1956 年省分店划归省文化局领导。1 月 5 日，省文化局发出第 18 号文件，将市、县支店的人事权交给当地党政部门管理。

1958 年 6 月 26 日，文化部发出《关于改变新华书店体制的决定》，将书店管理权层层下放。中共浙江省委组织部、宣传部联合发出通知，决定自 1958 年 7 月 1 日起，将各市、县新华书店全部下放由当地党委和政府主管部门领导。书店的财务、计划和日常行政事务，概由当地政府的文化、财政主管部门监督和领导。此时起，新华书店桐乡支店就改称桐乡县新华书店。

1962 年 9 月，文化部决定：将原已下放的专署、县书店改为由省店和专署、县文化行政部门双重领导，在业务上以省书店领导为主，在干部教育与管理上以专署、县文化行政机关为主，财务由书店统一管理。

1963年1月18日，浙江省人民委员会批转省文化局《关于分批调整市、县新华书店管理体制的请示报告》。2月11日，省店召开中心店经理、会计会议，按中央和省有关文件精神，部署体制调整的交接工作，并决定于1963年1月1日起，所属县店在业务上由地区店领导。

1970年12月5日，省财政厅、省出版局联合发出通知，将市、县书店财权下放，由当地行政部门管理。与此同时，省出版事业管理局于1971年1月1日成立，省书店与省文化局脱钩，成了出版局下属的一个发行组。

1978年12月6日，财政部和出版局联合发出通知，要求"从1979年起，恢复市、县新华书店财务由省店统一管理"。

1983年6月6日，中共中央、国务院《关于加强出版工作的决定》中提出："基层书店人员的管理，在条件具备时，应由省级新华书店同当地有关部门共同负责，以省级新华书店管理为主"。因为各种原因，这一指示没有得到贯彻。

1999年12月28日，浙江省新华书店发行集团成立，县市级书店成立有限责任公司，加入省发行集团，人、财、物统一管理。

2000年10月10日，桐乡市新华书店改为浙江桐乡市新华书店有限公司，转制为国有独资公司，人、财、物隶属浙江省新华书店集团管理。设置以下分支机构：崇福门市部、乌镇门市部、屠甸门市部。

人员编制

1953年和1954年崇德、桐乡两县新华书店支店建立时，根据省分店定员规定，崇德支店为6人，其中负责人（后改经理）1人；桐乡支店为5人，其中副经理1人。1958年崇德、桐乡两县合并后的桐乡新华书店为15人，1962年贯彻"八字"方针，精简机构，调整为8人，其中经理1人，副经理1人。1969年至1978年先后增加14人，达22人，此后经过调入、招工、离退休，至1996年在编干部、职工共有33人，其中经理1人，副经理2人。

三、机构设置及基层书店

崇德、桐乡两县书店建立后，根据精干高效的原则，一直不设专门机构，而实行分工协作，一人多用，经理兼进货，会计兼发货。为加强图书发行工作，1971年4月，建立农村发行组（不久撤销，1976年重建至今），负责16个乡镇的批发和辅导工作。1977年5月，建立城镇发行组，负责梧桐镇一些单位的图书供应和重点书发行（1983年并入梧桐门市部）。1980年设置业务、财务两组，负责全县书店业务、财务管理。

桐乡新华书店共设业务、财务、行政、农村发行、多种经营等管理部门，以及梧桐、崇福、乌镇、振兴路、庆丰路、梧北、屠甸6个门市部。分梧桐、崇福、乌镇三个片，实行分片经营管理。

梧桐门市部建于 1967 年，位于梧桐大街，总面积 480 平方米，其中营业面积 216 平方米，工作人员 8 人，为全县最大的综合零售门市部，备货品种达 1.2 万余种。2010 年底撤销。

崇福门市部建于 1980 年，位于崇德路，总面积 480 平方米，其中营业面积 200 多平方米，工作人员 6 人，承担 13 个乡镇的批发、零售业务，备货品种约 2500 种。

乌镇门市部建于 1956 年 7 月，位于新华路，总面积 364 平方米，其中营业面积 100 平方米，工作人员 4 人，备货品种约 1500 种，1999 年 10 月，迁至隆源路。

濮院门市部建于 1961 年，1962 年精简机构时撤消。1980 年 1 月，为安排知青就业恢复设立，半年后又撤销。

振兴路门市部位于振兴路 35 号，总面积 1400 平方米，营业面积 240 平方米，1991 年 7 月 1 日开业，备货品种约 3000 余种，桐乡新华书店办公室和业务仓库也同时搬入。

庆丰北路新华书店便民店，于 1997 年 9 月从金信房地产公司租入 61 平方米，为方便读者，适应图书市场竞争而建立，工作人员 4 名，备货品种 2000 余种，于 1998 年 9 月撤销。

梧北教育图书门市部，1998 年 3 月向二轻总公司租入 40 平方米，为提高主渠道图书市场占有率，方便师生就近购书而设立，有职工 1 人。1999 年底撤销。

屠甸门市部，1998 年 10 月 1 日开业，由市店出资 14 万元购入营业用房 80 平方米，委托屠甸供销社代销经营。2010 年底撤销。

四、出版发行

课本发行

建国初期，课本供应由两县文教科代理，建立书店后由书店承担。50 年代初，课本发行采取匡计人数备货供应的方法进行。由于此法极易产生供需脱节，1952 年春季开始实行预订制，即由学校在每学期中，按实际需要向书店预订下学期所需课本；开学时，书店根据预订单发书，此为信用预订，学校不预付书款，不负担经济责任。此法加强了课本发行的计划性，效果较好，一直沿用至今。

为提高课本预订的准确率，上世纪 60 年代初，曾推行省店提出的"三查三对"法，即查遗留、查重复、查错订，对教学计划、对用书品种、对发行纪录，效果很好。

60 年代初期，课本用纸缺额很大。1962 年省教育厅、省新华书店联合发出通知，要求各地回收利用前两年的旧课本，县书店在桐乡三中、濮院镇小、乌镇公社中心小学、羔羊公社中心小学摸底调查，然后组织回收并搭配供应，由于回收困难，学校不欢迎，收效甚微。

为方便学校就近购领课本，书店不断扩大基层供销社销售课本的比例。1956 年占总量 15% 的课本交基层供销社销售，70 年代增加到 40%，80 年代增加到 55%。供应点有石门、洲泉、高桥、濮院、南日、灵安、炉头、新生、亭桥、同福、大麻等地，加上书店自身的梧桐、崇福、乌镇、屠甸4个门市部，其供应网络遍布全市。

除中小学校的课本发行外，书店还担负成人教育、职业教育等课本的供应，如1952年的扫盲识字课本、1953年机关职工学校课本、1956年的农民识字课本、1958年的耕读小学课本、1964年的简易小学课本等。随着国家高考制度改革，1979年起，又增加了电大、函大、自学考试等大专教材的发行。

重点发行

重点发行是指为配合政治活动而发行的学习用书或数量较大的图书。这是新华书店发行工作的特色。建国后第一次发行的重点图书是1949年11月的《中国人民政治协商会议共同纲领》；第一次发到农村的重点图书是1951年的《毛主席像》，发行量达20万套（含对联）；第一次由党委通知发行的重点图书是1951年的《婚姻法通俗图解本》；第一次重点发行的国家领导人著作是1951年的毛泽东选集（第一卷）。此后，从1954年的第一届人大文件和1956年的党的八大文件开始，各个时期、各种运动都有配合学习的重点图书。"文革"时期发行的毛泽东著作最多，10年间共发行226.1万册，人均4.3册；共发行《毛主席像》及单张语录259.2万张，平均每户23张。改革开放以来发行的重点图书有：历届党代会、两会重要文件、普法教育读本、《小学生自然百科》《中华少年奇才》《世界少年奇才》《我的父亲邓小平》《百年巨变》等。

重点图书发行，对宣传马列主义、毛泽东思想和党的方针政策，丰富群众的文化生活作出了贡献。

重点发行中有受欢迎的一般图书，如年画，70年代出现的有图画的单张年历，80年代后期出现的图画挂历。随着乡镇企业的发展，挂历已成为企业做广告和馈赠客户的佳品，发行量颇大。

教学用书自80年代起成为重点发行书，虽非规定必读之书，但颇受教师和学生欢迎，年发行量相当于课本发行量的60%—80%。

门市发行

门市部是书店为读者服务的基本阵地，具有备货品种丰富、门类齐全、购买方便等特点。50年代门市部读者不多。60年代初一些古典和现代文学作品相继出版，备货品种达1500种左右。"文革"时期，书店成为政治读物和"两报一刊"小册子的天下，品种比较单一。70年代末，文化禁锢解除，大批中外文学名著发行，门市部曾出现排队买书挤破橱窗玻璃的场面。80年代随着改革开放推进，读书热不断掀起，"数理化热"、"外语热"、"琼瑶热"、"三毛热"、"武侠小说热"接踵而至，门市部进货品种最多时高达万册之多。

随着销售品牌和数量的不断变化，门市部的服务方式也不断进行调整。1956年前，因营业场地较小，品种不多，全部实行敞架售书，50年代末至60年代初，实行半敞架售书，即单位和基本读者可以入柜内选书。1965年起，推广宁波中心店的经验，实行全拦架，柜台上设小书架陈列新书。1984年5月开始，为方便读者，扩大营业，梧桐门市部实行部分开架售书。1996年起，全部图书开架供应。

农村发行

农村发行源于延安创建时期的优良传统。建国后书店继承了这一传统。农村发行形式多种多样，主要有如下几种：

自力流动供应，即由书店人员自己下乡供应图书。崇福、桐乡支店建店之初，安排3人下乡流动供应图书，规定每人每月下乡不少于20天。后来门市部扩大，下乡人员虽减至2人，但仍坚持流动供应，方式有集镇设摊、送货上门、配合会议等，被称为"被包图书两头挑，寒暑风雨不动摇"。1955年，崇德、桐乡两县的流动销售额达到12563元，占同期一般图书（除课本）总销售额的29%，1956年为12.2%。1956年以后，供销社售书点增多，自力流动供应逐渐减少，直至"文革"，形成店社两种力量的"双轨制"农村发行体制。

供销社网点发行。1956年1月30日，文化部、全国供销合作总社发出《关于加强农村图书发行工作的联合指示》，省、地、县及时作出布置。崇德、桐乡两县支店将季节性的销售书店扩展为常年销售点。1957年，供销社售书网点进一步巩固和发展。1958年，改称公社书店。至1962年5月，除屠甸仍交供销社、石门转为中百公司图文部外，公社书店全部撤销。1963年4月，文化部、供销总社发出《为支援农业进一步加强供销社兼营图书工作的联合通知》，又恢复濮院、洲泉、高桥、南日、灵安供销社售书店及大麻合作商店。"文革"开始，发行毛主席著作成为供销社的重大政治任务，都办起图书专柜，至1967年，网点发展到35个，由于大量发行毛主席著作和毛主席像，1968年，供销社的批发额达到127182元，为书店总销售的42.3%。进入80年代，县书店进一步加强了与供销社的联系，供销社售书网点得以健康发展。至1990年底，比较巩固的供销社网点，有石门图书部、洲泉图书部2个，濮院、屠甸、炉头、灵安、钱林、南日、新生、高桥、大麻、同福图书文具部（兼营）10处，留良、羔羊、安兴、芝村、上市等图书专柜20多个，形成覆盖面较广的全县图书发行网络。

县书店为充分调动供销社网点积极性，采取优惠政策：批发采取经销包存，即折扣享受经销价格，存货按代销处理；学习资料采取转发式销售，即由县书店征订后交网点转发，逐步下放中小学课本发行权。

公社书店

1958年冬，桐乡县先后办起梧桐、濮院、南日、灵安、屠甸、炉头、石门、洲泉、大麻、留良、崇福等公社书店，有工作人员15人。由于领导关系不顺，人员业务生疏，县书店又采取代销包退结算方式，业务难以开展，图书进出手续不清，财务账目管理混乱，结果造成亏损，1958年至1960年，县书店报废图书达28174元，占同期一般图书总销售的 10.3%。1961 年 2 月，省店对公社书店采取撤、转、并，1962 年 5 月完成。

桐乡市新华书店1953—1999年发行量一览表

年　份	册　数	金　额	年　份	册　数	金　额
1953	159680	27151	1977	2825999	360038
1954	250356	42620	1978	1628175	358272
1955	355867	63391	1979	1732750	464829
1956	583305	92340	1980	1839409	586355
1957	463771	81859	1981	2187379	623426
1958	1747282	137803	1982	1966484	590098
1959	2602960	150410	1983	2362640	688898
1960	1759645	182746	1984	2541067	880202
1961	788624	116829	1985	2722500	1350847
1962	747422	104477	1986	2478288	1554578
1963	688171	130650	1987	2664383	1740550
1964	636304	126454	1988	2705350	2413793
1965	804349	140368	1989	3103539	3407682
1966	1923983	180781	1990	2557579	3366468
1967	2615914	219501	1991	2677300	3726700
1968	3729158	301906	1992	3079000	4738400
1969	1601649	200139	1993	2855800	5138300
1970	2140270	219761	1994	2980700	7004900
1971	2096051	350849	1995	4078100	10935300
1972	1351056	162029	1996	3934600	15845200
1973	1674168	205116	1997	3840516	15608169
1974	2118509	249225	1998	3669506	15892308
1975	1971465	283847	1999	4009273	17299600
1976	2369510	251346			

五、收售旧书与出租图书

上世纪 60 年代初，因纸张紧张，新书出版品种少、印数少，书荒严重。为缓和图书供需矛盾，1961 年 4 月，文化部发出通知，要求大力开展旧书回收业务，经过选择、鉴别出售；同年 6 月，商业部、文化部发出《关于加强旧书回收工作的通知》，要求商业部门回收的废书要先经书店挑选。县书店根据上级要求进行部署分工，梧桐门市部重点抓单位回收，崇福门市部重点抓基本读者回收。从 1961 年至 1963 年，共回收旧书 16071 册，价值 3930 元。销出旧书 13371 册，价值 3071 元。1964 年逐渐减少，1965 年基本停止。

为缓解图书供应矛盾，1961 年 7 月，省店发出《关于进一步加强图书出租工作的意见》，县书店根据省店意见，在收售旧书的同时，在 3 个门市部进行图书出租，以外借出租形式为主，梧桐门市部还专辟场地坐租。外借以天计算，出租以本计算收费。除书店自身开展租书以外，还组织供销社网点租书，全县租书点达 25 个。据资料记载，1961年至 1962 年，仅县书店 3 个门市部统计，共出租图书（主要是小说、连环画）125420人次。1975 年 8 月，县书店 3 个门市部和石门、洲泉、濮院、屠甸供销社售书点，开展租书活动，至 1979 年停止。据不完全统计，仅 1976 年至 1977 年两年，共出租图书102926 人次。

第四节　报刊杂志

一、民国时期报纸

《崇德报》，民国十七年（1928）12 月创刊。

《崇德民报》，民国二十一年（1932）6 月创刊。初为周刊，油印 200 份，后改日报。社长张汉英，主编孙文浩。中间一度停刊，三十年 6 月，迁至洲泉镇，恢复出刊。为 8开 4 版油印三日刊。由崇德县政府主办。设主笔、编辑、缮写、校对各一人。主笔金智周。

《桐乡民报》，民国二十二年（1933）10 月 2 日创刊，国民党桐乡县党部主办。初为对开三日刊，后改 4 开周刊，由邻县铅印。12 月，改为对开 4 版日报。社长蔡敏。社址桐乡县城鱼行汇。二十六年，日军入侵，桐乡沦陷，停刊。二十九年 4 月于乌镇和尚浜复刊，8 开油印。社长吴文祺。三十一年，仍为 8 开油印报，日发行 150 份。后又停刊。三十二年 1 月，一度复刊，8 开油印，日出 100 份。三十五年 3 月 12 日再次复刊。社址桐乡县城东大街。自备印刷机，出 8 开 2 版铅印日报。发行人由国民党桐乡县党部书记车同轮兼任（后增加朱玢）；三十七年 4 月，任命刘方渭为社长、沈廷辅为副社长。一版为电讯要闻、社论、县政府公告、沪市商情，二版为社会新闻、短评、政府公告、副刊《凤凰家》等。日出 800 份左右。三十八年 4 月 30 日起，改出 16 开 2 版。5 月 4 日终刊。

《桐乡导报》，民国三十三年（1944）9 月 20 日创刊。桐乡县政府主办，塘南文化社出版，8 开 14 页油印。系综合性报刊。内容有国内外电讯、本县新闻、专论、文艺等。

《啸报》，民国二十七年（1938）9 月 18 日，硖石人吴曼华（名梅）创办于海宁路仲镇郊。受战事影响，迁入桐乡县屠甸附近农村。通过收音机抄收新闻，报道前线消息，宣传团结抗日。日出 8 开 2 版或 4 开 4 版。发行于海宁、崇德、桐乡、平湖等县游击区，初日销二三百份，后增至 500 份左右。采编人员有陆欣夫、李国庆、姚逸凡等。有两名印刷工人、一台印刷机和半副铅字，在船上流动印刷。报纸经费主要靠发行收费，同时靠印账册、单据等收入维持，有两支游击队亦给予零星接济。

《浙西导报》，前身为《啸报》。民国二十七年（1938）冬，绍兴专员公署政工队队长胡云翼率队至海宁、桐乡、崇德一带活动，接管《啸报》，改名为《浙西导报》，胡云翼任社长，吴曼华任副社长兼总编辑。民国二十八年（1939）夏，迁移至洲泉镇郊蒋家浜村，次年11月，报社解散。

《新乌青》，民国二十二年（1933）初创刊。4开4版，铅印，旬刊。至二十二年12月改为对开4版，日报。第一版广告；第二、三版，本地兼及桐乡、吴兴等县新闻；第四版副刊《橄榄》。张卓然创办，新乌青社编辑发行。社址乌镇东栅，后迁观后街。章炳麟题写报名。

《生报》，民国二十六年（1937）12月创刊。社址乌镇。十二年9月终刊。

《无线电新闻》，民国二十七年1月创刊。油印。社址洲泉公和油车，负责人金文楚。同年4月停刊。

《后盾报》，8开双面油印日报。民国二十七年4月10日创刊。社长金文楚、吴立三。每期印300至600份。其前身为《救亡报》，出刊一百多期。次年6月，并入《浙西导报》，辟《后盾》副刊。

《火花报》，民国二十七年春创刊。由第三战区第三游击区某部青年服务团主办。社长郑启新。8开6版，油印，每期800份，发行于桐乡、崇德、嘉兴、湖州一带。共出200多期。社址乌镇。

《民舌报》，民国二十七年6月创刊。由第三战区江南第一挺进队朱希部队主办，负责人徐迪生。8开油印。每期印200份，后增至1000份左右。主要报道战争消息，发行于崇德、桐乡、嘉兴、南浔一带。前后出刊100余期。是年冬停刊。社址乌镇。

《抵抗日报》，民国二十七年5月10日创刊。七十九师主办。社长张性白，主编周纵横。出版二月后停刊。社址洲泉镇。

《战声报》，民国二十七年7月创刊。东南铁血救国团政治部编。社址乌镇。

《铁血日报》，民国二十七年8月创刊。东南铁血救国团政治部编印。社长曹哲民。油印，在桐乡境内出刊。

《战号日报》，民国二十八年（1939）2月创刊。崇德县抗敌自卫后援会主办。总编辑沈昌均。8开2版，油印，日出200份。社址先在洲泉，后迁石门。是年秋终刊。

《浙西日报》（嘉桐崇版），约创刊于民国二十九年（1940）7月。社址桐乡。为抗日战争时期敌后游击区油印报纸，8开2版，报道国内外战事要闻和当地新闻。三十年6月10日已出至314期，终刊日期未知。

《民族新报》，民国三十年（1941）创刊。社长钱万镒。铅印300份，社址崇德。

《新洲泉报》，民国三十五年（1946）7月创刊。4开2版，油印，三日刊。每期印200份，发行于崇德县及沪杭等地。一版为省、县及本地新闻、社论，二版为本埠商情、广告、启事及副刊《湘声》《儿童园地》。社长李佐霖，副社长周禹庵。社址洲泉镇生贤里。三十六年停刊。

《儿童团报》，民国三十六年（1947）4月4日创刊。桐乡县教育科主办。

二、新中国成立后报纸

《崇德报》《崇德日报》，中共崇德县委机关报。《崇德报》1956年7月1日创刊。由县委副书记李汝俊分管，主编沈根生，副主编黄解寄。先为五日刊，后改三日刊。8开2版，铅印。每期印3000份，发行于崇德县及毗邻地区。主要报道国内外大事、党的方针政策以及县委的重大部署措施，报道工农业生产、科教文卫等方面的新闻，以农业生产、农村工作为重点。1958年4月，吴珊接任主编。5月1日，改名《崇德日报》，4开4版，发行5000份。该报先由浙江日报印刷厂印刷，后由崇德印刷厂承印。11月12日，并入《桐乡日报》。

《桐乡报》《桐乡日报》，中共桐乡县委机关报。《桐乡报》1956年8月1日创刊。8开2版，铅印。初为五日刊，后改三日刊。印3000余份，主要发行于桐乡县。负责人、副总编辑张明光。1958年7月1日，改名《桐乡日报》，4开4版，发行近一万份。7月起，王澄藻任副主编。11月，《崇德日报》并入，仍称《桐乡日报》，吴珊任主编，黄解寄任副主编。该报一版要闻、二版经济、三版科教文卫、四版时事和副刊，以宣传党的方针、政策，县委的重大部署措施为中心，报道农村工作、农事动态为侧重点，设党的生活、批评建议、群众文艺、农业技术指导等栏目。先由桐乡印刷厂承印，后建桐乡日报印刷厂专职印刷。1961年2月14日停刊，报社撤销。共发行1192期。1998年4月1日《桐乡报》试刊（4期），1998年5月1日正式复刊，1999年1月4日改为《嘉兴日报》桐乡版。

《今日桐乡》，中共桐乡市委主管主办，向全市党员免费赠阅。2011年12月27日，试刊第1期。至2012年总第192期。

《桐昆报》，桐昆集团股份有限公司主办，2000年11月创刊，是桐乡第一份拥有准印证企业字号的企业报，开创桐乡企业办报先河。至2012年总第144期。

《桐乡文化报》，桐乡市文化广电新闻出版局、桐乡市文联主办，2003年8月创刊，至2012年总第42期。

《巨石报》，巨石集团有限公司主办，2003年1月创刊，至2012年总第139期。

《桐乡文物》，桐乡博物馆主办，2010年7月创刊，至2012年总第10期。

《画风》，桐乡市文联主编，2004年11月创刊，至2012年总第43期。

《桐乡中医院院报》，桐乡市中医院主办，2004年7月创刊，至2012年总第39期。

《铭龙报》，2008年8月创刊，是经浙江省新闻出版局批准的内部出版物，铭龙控股集团主办，至2014年底出刊31期。

三、民国时期刊物

《新乡人》，民国八年（1919）七八月间创刊。由桐乡青年社主办。编辑负责人沈雁冰，干事主任徐仲英。社址乌镇。16开18页，油印。第二期起改为铅印。发行于桐乡县和嘉兴县之新塍等地。该刊以提倡新思想、新文化，反对旧文化、旧道德和地方恶势力为宗旨，设通论、乡事评论、乡谭、新文艺、常识等栏。参与创办者还有孔德沚、沈泽民、杨朗垣、曹辛汉、萧觉先、严家淦、王敏台、王会悟等。出版五六期后停刊。民国十一年春，李焕彬、金仲华等参加桐乡青年社，改名《新桐乡》，仍由沈雁冰负责编辑。16开，铅印，扩大发行。民国十三年停刊。

《新少年》，民国十三年（1924）7月创办。

《吟啸月刊》，民国十四年（1925）春创刊，石湾池耕襄编。共出3期。

《西溪周刊》，民国十五年（1926）12月创刊。负责人郭俊。社址桐乡。

《麦浪》，民国二十一年（1932）创刊。4开一张，铅印，月刊。每期约印500份，赠阅。为私人办文艺性刊物，创办人严德光，编辑陶觉先。共出5期后停刊。

《医药杂志》，民国二十二年（1933）6月创刊。16开，20余页，铅印，季刊，双色封面。内设论坛、学说、笔记、卫生常识、来件等专栏。主编俞福田（喉科、内科医生），编辑钟鹤石、陈叔翰。社址殳山南首。民国十五年12月停刊。

《桐乡抗卫》，民国二十八年（1939）3月创刊。综合性半月刊。由桐乡县动员会（后改为抗日自卫委员会）主办发行。油印200至500份，赠阅。当年6月停刊。

《国魂》，民国二十八年（1939）4月创刊。油印。由屠甸国魂社主办，主编杨靖。

《塘南半月刊》，民国二十九年（1940）冬创刊。塘南文化社主办。社址史家桥。社长郑平（启新），副社长商守先、孙英杰。出至19期，停刊。民国三十三年9月15日复刊，16开油印。10月24日，日军包围该社，郑平殉难。后沈昌间继任社长，主编吴友塘。民国三十四年11月又停刊。民国三十六年11月，再次复刊。

《崇德风》，半月刊，民国三十五年（1946）1月1日创刊。地方综合性刊物，设论述、文艺创作、地方通讯等栏目。16开20余页，铅印，每期500份。崇德县民众教育馆主办。发行人张树德，编辑蒋咏泉。

《泡沫》，民国三十五年（1946）4月创刊。8开油印。乌镇沈罗凡创办，编辑邵传发、孙仰中。共出5期。

《联谊》，乌镇联谊社主办。民国三十五年（1946）3月创刊。1至8期为4开4版半月刊，油印。第9期以后改为32开月刊，设联谊论坛、文学副刊等栏目。社长潘之栋，编辑张森生等。

《碧梧通讯》，桐乡旅外同学会主办，民国三十七年（1948）10月创办。8开2版，月刊。铅印。以培养写作能力、融洽同学感情、报道生活状况、沟通家乡消息为宗旨。出刊前《桐乡民报》曾辟《碧梧园地》2期。

《桐乡评论》，民国三十六年（1947）11月创刊。4开一张，不定期刊。主办单位桐乡县桑梓福利协进会。发行人黄旭初，主编吴文奎。发刊宗旨为发展桑梓文化事业。

《新乌青》，杂志，民国三十五年（1946）11月创刊。初为月刊，后改为双月刊。16开铅印。共出6期。每期刊登评论、杂文等。曾发表《社会主义的理论与实践》长篇译文。社长兼主编沈昌均。社址乌镇。民国三十七年夏，被省政府勒令停刊。

《崇德县记者公会》，崇德县记者公会会刊。民国三十六年（1947）8月创刊。社长叶其蓁。社址崇德。

《新羽》，民国三十七年（1948）5月创刊。桐乡简师学生新羽文艺社主办。铅印。

四、新中国成立后刊物

《桐乡文艺》，1957年5月创刊，办二期后停刊；1980年10月复刊至今。初由县文化馆主办；1986年后，由县文艺爱好者联谊会与县文化馆联办。以繁荣文艺创作、丰富群众文化生活为办刊宗旨。主要刊登小说、散文、诗歌，民间文学、报告文学、评论等。1957年两期，由晋新翔、程柱石编辑；1980—1985年各期，由徐春雷主编；1986—1990年各期，由张振刚主编。32开本，每期五六十页。1980—1990年间，共出刊43期，印4万余册。至2012年总第110期。

《桐乡农技》，1983年3月创刊。时农村实行家庭联产承包责任制，农村掀起学科学用科学热潮，县农林局、农学会为普及农科知识，搞好农技服务，创办该刊。由农林局分管农业的副局长负责，局科教股主办，卜飞任主编，全局业务股站根据农事季节定期送稿，并鼓励各级农科人员投稿。该刊4开4版，半月一期，印5000份，发至全县农村生产队和省、市、县各有关单位。由于及时推广实用农业技术，对指导农业生产起到积极作用，深受农民好评。1983年出版22期，次年20期；1985年出7期，7月停刊。共出49期。

《浙江食用菌》，1983年11月，由浙江省食用菌科研协作组（后更名浙江省微生物学会，1990年又更名浙江省食用菌学会，桐乡县真菌研究所为其所属成员）创办。16开本，双月刊，每期约40页，铅印。发行至全国各省市（除台湾、西藏外），最高发行量为一万册。社址桐乡崇福镇。主编倪宗耀。主要报道食用、药用菌研究、试验信息，经验交流，加工技术等。1983—1990年间，共出刊45期，另有专辑3期。

《桐乡民间文艺》，桐乡县文化馆、桐乡县民间文艺工作者协会编印，16开本，油印。1984年11月创刊，每年出版2至4期。选载民间文艺工作者协会会员及其他业余作者搜集整理的民间故事、传说、歌谣，以及创作的新故事。至2011年第2期。

《桐乡通讯》，中共桐乡市委办公室主办，1995年4月创刊，至2012年总第208期。

《桐乡宣传》，中共桐乡市委宣传部主办，2001年2月第1期，至2012年第7期。

《桐乡统战》，中共桐乡市委统战部主办，2001年1月第1期，现至2012年第9期。

《桐乡史志》，桐乡市委党史研究室、桐乡市地方志办公室主办。2000 年 6 月创刊，至 2009 年停刊总第 148 期。2011 年复刊至 2012 年总第 7 期。

《梅泾文学》，桐乡县濮院镇文体站、濮院镇文学社主办。1986 年 4 月创刊，至 2011 年 12 月总第 29 期。

《杨柳》，丰子恺研究会主办，1984 年 9 月创刊，至 2012 年总第 81 期。

《创安桐乡》，桐乡安全监督局主办，2005 年 8 月创刊，至 2012 年总第 65 期。

《创建动态》，桐乡市创建国家卫生城市工作领导小组办公室编，2004 年 5 月创刊，至 2012 年总第 90 期。

《城管动态》，桐乡市城市管理行政执法局编，2007 年第 1 期，至 2012 年总第 227 期。

《桐乡环保简讯》，桐乡市环境保护局办公室主办，1999 年创刊，至 2012 年总第 229 期。

《桐乡卫生》，桐乡市卫生局主办，1990 年创刊，至 2012 年总第 402 期。

《漫画创作与辅导》，桐乡市漫画协会主办，2006 年 2 月创刊，至 2012 年总第 41 期。

《缘缘漫画》，《缘缘漫画》杂志社主办，2001 年 6 月创刊，至 2012 年总第 64 期。

《凤鸣诗词》，桐乡市凤鸣诗社编辑。1998 年总第 1 辑至 2011 年总第 11 辑。

《桐乡检察》，桐乡市人民检察院、桐乡市检察学会编，2004 年 1 月创刊，至 2012 年总第 34 期。

《杨柳风》，丰子恺艺术研究刊物主办，2010 年 1 月创刊，至 2012 年总第 5 期。

《桐乡名气》，港华燃气主办，2005 年 3 月创刊，至 2012 年总第 15 期。

《桐乡名人》，桐乡市文学艺术界联合会主办，2010 年 5 月创刊，至 2012 年总第 6 期。

《针织科技》，桐乡濮院镇主办，2010 年 2 月创刊，至 2012 年总第 3 期。

《桐乡商界》，桐乡市双城广告有限公司主办，2009 年创刊，至 2012 年总第 18 期。

《桐乡档案》，桐乡市档案局主办，2006 年 1 月创刊，至 2012 年总第 15 期。

《桐乡理论》，中共桐乡市委党校、桐乡市党建研究会编，2009 年 5 月创刊，至 2012 年总第 7 期。

《桐乡知联》，桐乡市党外知识分子联谊会主办，2009 年创刊，至 2012 年总第 7 期。

《桐高人》，桐乡市高级中学主办，1997 年 6 月创刊，至 2012 年总第 40 期。

《梧桐雨》，桐乡一中主办，2005 年创刊，2012 年第 9 期。

《平安梧桐》，桐乡市梧桐街道社会治安综合治理委员会主办，2003 年创刊，至 2012 年总第 81 期。

《崇德文苑》，桐乡市崇福镇人民政府主办，2003 年总第 1 期至 2011 年总第 13 期。

《濮院时间》，濮院镇委员会主办，2008 年创刊，至 2012 年总第 42 期。

《毛衫世界》，浙江省羊毛衫协会主办，2004 年 10 月创刊，至 2012 年第 51 期。

《桐乡市老年大学校刊》，桐乡市老年大学编，1997 年 12 月创刊，至 2012 年总第 31 期。

《桐乡组织人事》，中共桐乡市委组织部、桐乡市人事局主办。2011年创刊，至2012年第10期。

《不老园》，中共桐乡市委老干部局主办，1987年创刊，第1—4期为墙报，至2012年总第108期。

《桐乡慈善》，桐乡市慈善总会主办，2007年12月创刊，至2012年总第18期。

《桐乡收藏》，桐乡市收藏家协会主办，2007年1月创刊，至2012年总第14期。

《桐乡集邮》，桐乡市集邮协会主办，2000年9月创刊（原为桐乡极限），至2012年总第36期。

《桐乡一院》，桐乡市第一人民医院主办，2003年3月创刊，至2012年总第33期。

《桐乡康复》，桐乡市癌症康复俱乐部主办，2005年3月创刊，至2012年总第28期。

《桐乡健康教育》，桐乡市疾病预防控制中心主办，2008年9月创刊，至2012年总第46期。

《桐乡警方》，桐乡市公安局编，2003年创刊，至2012年总第50期。

附：汪伪时期报刊

《崇德新报》，民国三十二年（1943）11月创刊。8开，三日刊。

《和平旬刊》，民国二十九年（1940）11月创刊。汪伪崇德县党部主办。8开，油印。

第五节　历代方志

一、存世旧志

县志（11种）

明正德《桐乡县志》十卷，任洛修，谭桓同纂，现藏上海图书馆。

明嘉靖《桐乡县志》增修本，现藏上海图书馆。

清康熙《桐乡县志》五卷，徐秉元修，仲弘道纂，现藏上海图书馆、宁波天一阁藏书楼。

清嘉庆《桐乡县志》十二卷，李廷辉修，徐志鼎等纂，现藏浙江图书馆（不全）、嘉兴图书馆。

清光绪《桐乡县志稿》，柏岩居士纂，现藏南京图书馆。

清光绪《桐乡县志》二十四卷首四卷，严辰纂，现藏嘉兴图书馆、桐乡图书馆等。

明万历《崇德县志》十二卷，靳一派修，李太冲、张洪儒纂，现藏浙江图书馆。

清康熙《石门县志》十二卷，杜森修，祝文彦等纂，邝世培续修，现藏浙江图书馆（不全）、上海图书馆、宁波天一阁藏书楼。

清嘉庆《石门县志》二十六卷首一卷，耿维祜修，潘文辂、潘蓉镜纂，现藏浙江图书馆。

清光绪《石门县志》十一卷首一卷，余丽元修，谭逢仕等纂，现藏浙江图书馆、嘉兴图书馆（不全）、桐乡图书馆。

民国《崇德县新志稿》五卷，现藏国家图书馆。

其中清光绪《桐乡县志》、清光绪《石门县志》已编入《中国地方志集成》，于1992年影印出版。

镇志（11种）

明《濮川志略》十四卷，濮孟清原辑，清濮侣庄、濮龙锡增订。

清乾隆《濮院琐志》八卷，杨树本纂，现藏浙江图书馆。

清乾隆《濮镇纪闻》四卷首一卷末一卷，胡琢纂，现藏国家图书馆、美国国会图书馆。

清嘉庆《濮川所闻记》六卷，金淮、濮鐄、濮承钧、岳洙传纂。

清嘉庆《濮川所闻记续编》二卷，金淮纂。

清同治《濮录》，岳昭垲纂，现藏南京图书馆。

民国《濮院志》三十卷，夏辛铭纂。

明万历《乌青镇志》五卷，李乐修，颜莲池、沈梅田、唐振川纂，现藏上海图书馆。

清康熙《乌青文献》十卷首一卷末一卷，张园真纂，现藏国家图书馆。

清乾隆《乌青镇志》十二卷，董世宁纂，现藏上海图书馆、北京大学图书馆、中国科学院图书馆。

民国《乌青镇志》四十四卷首一卷，卢学溥总纂，现藏上海图书馆、嘉兴图书馆、桐乡图书馆等。

其中明《濮川志略》、清乾隆《濮镇纪闻》、清嘉庆《濮川所闻记》、清同治《濮录》、民国《濮院志》、明万历《乌青镇志》、清乾隆《乌青镇志》、民国《乌青镇志》已编入《中国地方志集成》，于1992年影印出版。

村志（1种）

清康熙《前朱里纪略》，盛熿纂，现藏台北故宫博物院。

二、已佚旧志

县志（8种）

南宋淳祐《语溪志》，黄元直修，钱达善、朱鹏飞纂。

明正统《崇德县志》，纂修者不可考。

明正德《崇德县志》，洪异修，董遵纂。

明隆庆《崇德县志》，朱润纂修。

明万历《崇德县志》，陈履修，胡其久纂。

明天顺《桐乡县志》，危山修。

明弘治《桐乡县续志》，钱荣纂。

清顺治《桐乡邑乘》，周拱辰纂。

镇志（11 种）

明《濮川小志》，纂修者不可考。

明《濮溪志草》，周志学辑。

清《濮川残志》，濮侣庄辑。

清《檇李稗编》，吴宗泰辑。

清《濮川纪略》，张其是辑。

清《濮院志》，屠本仁纂。

南宋《乌青记》，沈平纂。

南宋《乌青拾遗》，沈平纂。

明嘉靖《乌青志》，陈观纂。

明嘉靖《乌青续录》，胡顺伯纂。

清康熙《乌青镇志》，沈嗣骏纂。

三、新编志书

县志（1 种）

《桐乡县志》，马新正、魏棣华主编，上海书店出版社 1996 年版。

镇志（6 种）

《崇福镇志》，张冰华、蔡一、王春祥编纂，上海书店出版社 1994 年版。

《濮院镇志》，陈兴蒉主编，上海书店出版社 1996 年版。

《乌镇志》，汪家荣、庄子安编纂，上海书店出版社 2001 年版。

《石门镇志》，徐才勋主编，方志出版社 2002 年版。

《洲泉镇志》，俞尚曦主编，浙江大学出版社 2009 年版。

《崇福镇志》，俞尚曦主编，中华书局 2014 年版。

部门志（19 种）

《桐乡县地名志》，魏棣华主编，1989 年 12 月。

《桐乡交通志》，屈楚宝主编，1991 年 10 月。

《桐乡县城乡建设志》，钟鉴明主编，1993 年 2 月。

《桐乡县电力工业志》，王岫宽、肖兰编纂，中国电力出版社 1993 年版。

《桐乡市粮食志》，闵永昌、夏尧庭主编，1993 年 8 月。

《桐乡军事志》，沈松坤主编，1995 年 7 月。

《桐乡卫生志》，沈之城主编，海南出版社 1996 年版。

《桐乡教育志》，潘惠忠、张森生、沈松坤编纂，浙江教育出版社 1997 年版。

《桐乡市财政税务志》，方联翩主编，中国人事出版社 1998 年版。

《桐乡市军事志》，陈熙根主编，浙江方正设计印刷有限公司，1998 年 10 月。

《桐乡市土地志》，姚洪宾、何伯英、连长根主编，中国大地出版社2000年版。

《桐乡市法院志》，周鼎成、袁佩玉、蔡建浩、樊钰清编纂，2005年3月。

《桐乡九三志》，徐锦松、杨承禹编纂，2010年12月。

《桐乡农业志》，杨承禹等编纂，中华书局2013年版。

《桐乡市农业志》，王妙荣主编，中华书局2013年版。

《桐乡市旅游志》，俞尚曦、蔡维明、寿利宏编纂，方志出版社2013年版。

《桐乡市人大志》，俞少杰主编，上海书店出版社2014年版。

《桐乡方言志》，俞允海编纂，方志出版社2014年版。

《桐乡市政协志》，陈英主编，中国文史出版社2014年版。

《桐乡市交通志》，计琪伦主编，吴越电子音像出版社2015年版。

村志（1种）

《民合村纪略》，颜剑明、赵明煜、乐忆英纂，2013年7月。

厂志（1种）

《恒基志》，颜剑明纂，2010年7月。

医院志（3种）

《桐乡市第二人民医院院志》，袁树人主编，2005年5月。

《濮院镇中心医院院志》，陈杰华主编，2007年12月。

《桐乡市第一人民医院院志》，袁树人主编，云南人民出版社2011年版。

第四章　电　影

电影是一种将影像和声音经过后期加工编辑而成的视听艺术，1895年诞生于法国。清末时期始入中国，时称"西洋戏"。境内始有电影是民国十四年（1925），杭州私人"电光影戏队"携带手摇发电机来崇德县城北桥西堍，放映"汽车风光"片和卓别林的滑稽片。后杭州、上海一些电影放映队偶尔来崇德、桐乡、乌镇等地放映新闻和教育片。新中国成立后，电影事业逐步发展，1953年嘉兴电影中队在崇德、桐乡两地设固定放映点。1956年嘉

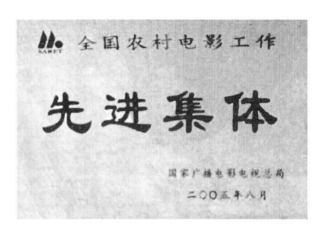

2005年全国电影工作先进集体奖牌

兴电影中队放映队下放到崇德、桐乡两县，由两县文教科管理，两县始有电影放映队。1958年二县合并时全县已发展到7个电影放映队。1960年建立桐乡县电影管理站后，电影事业开始有计划地稳步发展。特别是1978年党的十一届三中全会后，全县的电影放映事业走上了国办、合办、社办、大队（村）办、厂矿（学校）办"五个轮子"一起转的快速通道，至1980年底，全县电影放映单位已发展到63家。至1990年全县共有35毫米放映单位27个（其中固定放映18个），16毫米放映单位20个（其中16毫米影剧院7家），全县29个乡镇都建起影剧院。电影事业出现"从无到有，从弱到强"和"室外转室内，小机换大机"的发展局面。1990年电影公司被国家广电部授予"全国电影发行放映先进集体"称号。1991年全省农村电影工作会议在桐乡召开。2004年农村电影"2131工程"启动，2005年电影公司被国家广播电影电视总局授予"全国农村电影工作先进集体"称号。2008年复兴影城开业，同年农村数字电影启动，提前两年实现农村数字电影全覆盖。

第一节　机构沿革

新中国成立之初，崇德、桐乡两县均无电影放映管理机构，只有嘉兴电影中队在崇德、桐乡两县设两个放映点。1956年嘉兴电影中队下放到崇德、桐乡两县，由文教科管理。1958年11月崇德、桐乡两县合并后，有电影队7个，由桐乡县文教局管理。

1960年7月建立桐乡县电影管理站，由三名行政人员、一名修理员及一名财务会计组成。管理全县电影发行和放映业务。1968年11月成立桐乡县电影站革委会。1978年4月8日县委（78）10号文件决定恢复桐乡县电影管理站建制，下设四个组：宣传组、计划财务组、发行组、修理组，共有行政管理人员13名。

1981年3月，根据浙政（80）54号文件精神，桐乡县电影管理站改称桐乡县电影发行放映公司，隶属于县文教局，内设机构不变。1984年随着公司领导班子调整，内设机构各组改名为股，下设宣传发行股、计划财务股、放映管理股。1993年4月桐乡县撤县建市，改称桐乡市电影发行放映公司，内设机构各股改名为科，下设宣传发行科、计划财务科、放映管理科，负责全市电影放映及电影发行的管理工作。

2004年12月，桐乡市电影发行放映公司改制，更名为桐乡市电影发行放映有限公司，性质为国有独资企业，主营电影放映业务。公司内设经理室、办公室、行政财务部、电影产业部、农村电影管理办公室。行政管理人员9人，共有职工26人。下属单位有复兴影城、崇福电影院、乌镇电影院、濮院电影院。公司位于梧桐街道复兴北路368号复兴文化广场内6楼。

第二节　电影放映

一、民国时期电影放映活动

桐乡县城电影放映活动

1929年11月12日，为纪念孙中山先生诞辰63周年，在梧桐镇南司公园放映由上海海滨影业公司出品的无声武侠片《海滨豪侠》，是为原桐乡县境内最早的电影放映活动。

1934年，浙江省第二学区教育电影巡回讲映队来桐乡县放映《养牛》《玉蜀黍》《遁刑的墨水》《忽略的妻子》等。

1937年2月，省教育电影队在桐乡放映《养牛》《玉蜀黍》等。

1946年10月25日，上海启新流动放映班先后在宗扬庙、梧桐镇放映纪录片《第二次世界大战》。

崇德县城电影放映活动

1925年，杭州有人携带手摇发电机来崇德县城北桥西堍放映"汽车风光"片和卓别林滑稽片，票价为每人 10 个铜板，每场有二三十人。

1933 年，在崇德县城吕正亚医务室放映影片。

1934 年，崇德县城再次放映无声电影"汽车风光"片和卓别林滑稽片。同年，浙江省第二学区教育电影巡回讲映队来崇德县城放映《养牛》《玉蜀黍》《遁刑的墨水》《忽略的妻子》等。

抗日战争期间，驻崇德日军时常放映内部军事片，并在崇德大操场放映日军侵略东南亚的有声影片《大东亚圣战》。

1937 年 2 月，省教育电影队在崇德县城映《养牛》《玉蜀黍》等。

1943 年，在崇德县城放映由华影公司出品的《万世流芳》。

1946 年 9 月 1 日，崇德县民教馆修复，为推行电影教育，去嘉兴民教馆借放映机一台，放映新闻片和教育片，1000 余人观看。

1947 年，在北大街叶家厅放映电影《第二次世界大战》等影片。

1948 年，在太平弄民乐舞台放映有声影片。

其他地方的电影放映活动

濮院：20 世纪 20 年代末，濮院首次放映电影，在翔云观放映英美烟草公司制作的无声广告片。为推销香烟，观众凭二只该公司出品的香烟壳子入场。1934 年下半年，在卢家湾放映无声影片《火烧红莲寺》，稍后又放映无声科教片。

乌镇：1933 年 11 月 5 日，全国"国耻电影宣传团"在密印寺内放映《十九路军光荣史》。1948 年，在杨园祠放映有声电影《花莲港》。

石门：1947 年，在耶稣教堂放映风景影片。

芝村：1929 年底，在芦花庵民众教育馆（实验馆）开馆仪式上放映无声电影《白鹅下蛋》。1935 年，在龙蚕庙戏台放映无声电影《火烧红莲寺》。

宗扬庙：1945 年 10 月，在宗扬庙庙会上，上海启新流动放映班放映纪录片《第二次世界大战》。

上市：1948 年，在吴王庙前广场放映无声片《西游记》。

二、新中国成立后电影放映事业

新中国成立之初，崇德、桐乡两地虽无自己的电影放映队，但杭州、上海、嘉兴等地的放映队时常来崇德、桐乡两地放映电影。1951 年春，浙江省工会电影队来乌镇放映《白毛女》；省文化局电影队、省电影教育工作队、嘉兴电影队先后来崇德、桐乡放映《翠岗红旗》《吕梁英雄传》等故事片。1953 年 11 月，嘉兴 110、112 电影队固定在崇德、桐乡两县巡回放映。1956 年，嘉兴电影中队固定在崇德、桐乡两县放映电影。到 1958 年，全县有 7 个县属电影放映队，使用电影船的方式不定期地城乡巡回放映。

1960 年成立电影管理站后，全县电影放映事业逐步发展。1971 年 5 月，原桐乡人民大会堂改为人民电影院，桐乡始有室内电影院。1977年6月，新建桐乡影剧院。1978年党的十一届三中全会后，全县电影放映事业走上城镇、农村齐发展，国办、合办、社办、大队（村）办、厂矿（学校）办"五个轮子"一起转的快速通道，至1990年，全县共有35毫米放映单位27个（其中固定放映18个），16毫米放映单位20个（其中16毫米影剧院7家），全县29个乡镇都建起影剧院。2004年7月，全市农村电影"2131工程"启动，新组建15个电影放映队。2008年4月，全市农村数字电影启动，提前两年实现全市农村数字电影放映全覆盖。

城镇放映

桐乡人民电影院

人民电影院（1978年建）

1971年，由电影管理站租用桐乡人民大会堂，建立起首家固定放映单位，1978年改称桐乡人民电影院，单位性质为国办，地址在梧桐镇康泾塘大桥西侧，1979年8月进行大修改建，条椅改翻板椅，设座1100席。1981年5月更换放映机。1987年7月安装空调机组和软席座位1000席。1990年5月改建立体声影院和新建镭射影视厅，设软席814席。总投资60多万元，基本实现了"放映自动化，光源氙灯化，座位软席化，夏天冷气化，声音立体化"等城市影院"五化"的要求。1989年、1990年、1993年、1995年被省文化厅评为"全省创建文明电影院全面优胜"单位。2001年1月，因复兴路改造被拆除。

乌镇电影院

坐落于乌镇新华路北端，前身为国乐剧场，1981年8月建成开业，单位性质为国办。建筑面积1739平方米，设木质翻椅1048席，安装5505型座机和30千瓦发电机，配有投影机、镭射机等设备。茅盾题写院名。1988年被省文化厅评为"全省创建文明电影院全面优胜"单位。2001年10月停止放映活动。

崇福电影院

坐落于崇德路，建于1983年7月，单位性质为国办。建筑面积1351平方米，设木质翻椅1016席。安装5502型座机、自动交换机、30千瓦发电机。1990年5月改装软席座椅，安装空调制冷机组，达到"四化"放映要求。1995年被省文化厅评为"全省创建文明电影院全面优胜"单位。2007年11月停止放映活动。

桐乡影剧院

坐落于梧桐镇北大街，1977年7月4日建成开放，地方财政投资37万元，单位性质为国办。主体建筑面积 1759 平方米，设翻板软座 1497 席。安装 5501 型座机、2110-12 千瓦发电、60 万大卡制冷机组、自动交换机、30 千瓦发电机。1990 年配置 300 英寸投影机一套，增加录像放映。1993 重新装修改造后，成为桐乡市集演艺、影视、歌舞于一体的综合文化娱乐场所，2003 年 5 月，因旧城改造被拆除。

桐乡会展中心电影世界

坐落于梧桐街道振兴东路 456 号科技会展中心内，2003 年 8 月对外开业，单位性质为国办。电影世界内设 1 个电影放映大厅和 4 个电影放映小厅，共有座位 1200 席。2010 年 8 月，完成数字化改造，影城加盟上海联和院线。2013 年 11 月加盟浙江时代电影院线。

桐乡复兴影城

2004 年 12 月，复兴文化广场开工，总面积 6800 平方米，内设复兴影城，有电影厅 3 只，拥有高科技数字电影、数码立体声设施等，2007 年 12 月竣工。复兴影城位于梧桐街道复兴北路 368 号。2008 年 2 月 1 日开业。2010 年 3 月 29 日，投资 300 万元进行全面装修和多厅化、数字化改造，并于 9 月 3 日重装开业，是桐乡市区一家多厅化、数字化的新型城市专业影院，拥有

复兴影城

3 个数字 3D 电影放映厅，总座位 348 座，引进最先进的巴可数字电影放映机、GDC 服务器、主动式 3D 设备、高保真数字音响系统和超大面积金属银幕。加盟浙江时代电影院线，实现所有电影全国同步上映。至 2014 年底，已放映电影 16832 场次，观众 465135 人次，票房收入 16189735 元。

濮院电影院

坐落于濮院镇永乐街，1983 年 1 月建成开业，单位性质为县电影公司与濮院乡合资联建，是嘉兴市唯一一家国家与集体经济联营的影院。建筑面积 1354 平方米，设木质翻椅 1013 席，安装 5502 型座机和发电机。钱君匋题写院名。1990 年被国家广播电影电视部等 12 部委评为"人口与健康"科教电影汇映先进集体。2002 年 4 月停止放映活动。

洲泉银河电影城

坐落于洲泉新区小商品城 3 幢 D 区，2011 年 5 月 8 日建成开业，由嘉兴银河影业投资有限公司投资建设。内设 3 个电影放映厅，共有 420 座位，安装 3 套 BARCO（巴可）数字电影放映机。2012 年 5 月影城内 1 号厅放映设备由 1.3 K 升级为 2K 数字机，全部

配有 3D 设备。

桐乡永乐影城

坐落于梧桐街道庆丰中路 85 号中虹天地 4 楼，2012 年 1 月 20 日开业。影城内共设 6 个小厅，共有座位 1059 席，安装 6 套 2K 科视数字电影放映机，配备 3D 放映设备。

城镇电影放映除上述固定的专门放映场所处，还有 1971 年 12 月桐乡麻防站建立的电影队，1974 年 6 月濮院丝厂建立的电影队，1976 年 1 月桐乡一中建立的电影队，1976 年 4 月崇德丝厂建立的电影队，1978 年南皋桥煤矿、石门丝厂和桐乡县委党校建立的电影放映队先后在城镇放映。

农村放映

崇德、桐乡两县境内农村电影放映较早，1955 年至 1958 年有 7 个县属电影放映队不定期地先后在两县农村巡回放映。

1959 年，炉头人民公社办起全县第一个社办 16 毫米电影队。1970 年，虎啸人民公社办起全县第一个 8.75 毫米电影队。1975 年 5 月，义马公社众安大队办起全县第一个大队办 8.75 毫米电影队。1976 年 4 月县良种场办起了电影队。1978 年党的十一届三中全会后，农村电影事业发展更快，至 1979 年底，全县电影放映队已发展到 74 个，除 7 个国办电影队固定于 7 个镇以外，全县 29 个公社有社办电影队 44 个，其中 16 毫米放映队 30 个，8.75 毫米放映队 14 个，大队办电影队 8.75 毫米放映队 15 个。1980 年南日公社影剧院率先安装 35 毫米放映座机，后洲泉、大麻、炉头、灵安、钱林、高桥、同福、虎啸、芝村、民合、新生、留良、河山、永秀、八泉、骑塘、百桃、安兴、羔羊等乡镇影（剧）院陆续建立，安装 35 毫米或 16 毫米放映机。至 1990 年，全县 29 个建立了乡镇影（剧）院，农村电影观众从室外转入室内。1991 年 3 月 19 日，全省农村电影工作会议在桐乡召开，会议高度肯定桐乡农村电影事业的发展成果。

进入 20 世纪 90 年代末和新世纪初，由于受到电视等多媒体的冲击，再加上农村乡镇影（剧）院常年失修转为危房，设施陈旧、设备落后等原因，先后陆续停止放映活动。

石门镇电影队在农村放映露天电影

桐乡市（县）乡镇影（剧）院情况一览表

单　位	建造时间	投　资（万元）	建筑面积（平方米）	座位（只）	建设情况	放映机型	备　注
南日乡	1972.2	13	1156	1091	新建	35毫米座机	2010年拆除
屠甸镇	1981.2	20.6	1557	1125	新建	35毫米座机	2006年改建文化中心
灵安镇	1981.8	20	1150	1017	新建	35毫米座机	1998年危房停业
钱林乡	1981.12	10	677	858	修建	16毫米流动机	1992年停业
高桥镇	1982.1	26	1023	1150	新建	35毫米座机	2012年拆除
炉头镇	1982.2	25	1613	1150	新建	35毫米座机	2010年改建文化中心
同福乡	1982.2	2.5	482	748	修建	35毫米座机	1998年新建
虎啸乡	1983.1	29	1573	1112	新建	35毫米座机	2001年停业
濮院镇	1983.1	30	1354	1013	新建	35毫米座机	2002年停业
民合乡	1983.2	6.5	436	640	新建	35毫米座机	2001年停业
芝村乡	1982.2	10	432	600	改建	16毫米流动机	1995年拆除
新生乡	1983.3	27	1264	1000	新建	35毫米座机	2005年拆除
留良乡	1983.5	6	439	794	修建	35毫米座机	2001年停业
羔羊乡	1983.6	1.5	403	796	修建	35毫米座机	2001年停业
河山乡	1983.10	25	934	925	新建	35毫米座机	2010年改建图书分馆
洲泉镇	1987.1	31.5	1082	721	新建	35毫米座机	2002年改建文化中心
永秀乡	1987.5	6.2	332	299	新建	35毫米提包机	2001年停业
八泉乡	1988.1	1.5	440	560	修建	16毫米流动机	1992年停业
骑塘乡	1988.2	15	420	531	新建	16毫米流动机	2001年停业
百桃乡	1989.2	5.4	463	500	改建	35毫米座机	2001年停业
大麻镇	1989.4	81	1182	916	新建	35毫米座机	2006年改建文化中心
石门镇	1989.10	70	1190	730	拆建	35毫米座机	2002年改建文化中心
安兴乡	1990.9	16	600	486	改建	35毫米座机	1997年停业
晚村乡	1991.3	25	760	500	新建	35毫米座机	2002年停业
青石乡	1993.9	30	900	720	新建	35毫米座机	2004年拆除
义马乡	1990.10	18	760	640	新建	35毫米座机	2005年停业
亭桥乡	1993.6	50	920	550	新建	35毫米座机	2009年停业

三、农村电影"2131工程"

农村电影"2131工程"是国家广电总局、文化部、发改委共同实施的一项农村电影工程和基层文化建设项目，具体是指在21世纪初，广大农村每月每村至少放映一场电影。2004年7月，桐乡市委宣传部、市政府办公室牵头成立"桐乡市农村电影'2131工程'领导小组"，新组建15个放映队，新购16毫米电影放映设备5套、故事片34部、科教片 23 部，挑选 15 名电影放映员，全面实施国家广电总局、文化部、发改委提出的农村电影"2131 工程"。2005 年 7 月 28 日，国家电影事业管理局副局长、全国农村电影"2131 工程"办公室主任谷国庆等一行 6 人，专程来桐乡调研考察农村电影"2131 工程"发展情况，给予高度肯定。

2008 年春，市农村电影"2131 工程"领导小组下文，决定在全市农村全面实施农村电影"2131 工程"数字化放映，规定每个街道（镇）必须配备一套数字电影流动放映机。2008 年 4 月 29 日，桐乡市农村数字电影放映启动仪式在屠甸镇汇丰村举行，从此农村电影"2131 工程"放映告别了传统的 16 毫米胶片放映的历史，进入了农村电影"2131 工程"数字化放映的新时代，提前两年在全省率先实现了农村电影"2131 工程"数字化放映全覆盖。

第三节　电影管理

2014 年电影公司改制前是一个自收自支、独立核算的全民事业单位。为确保公司的经营效益，公司全面加强了经营管理、发行管理、技术管理、宣传营销管理和票房管理。

一、经营管理

电影公司在经营管理上，坚持实行承包责任制、目标管理制、经理任期制。1988 年公司与县财税局、县文化局签订"上缴税利、定额包干、超缴分成、欠缴自补"三年承包合同，连年超额完成。同时县公司与各影剧院和农村放映单位，也签订"承包责任制合同"和推行"业务承包、目标管理"的办法，实行"额定利润，定额包干，超额分成，短额自补"的承包经营责任制，提高了下属及各乡镇放映单位人员的积极性。

至 1990 年底，在册放映单位 41 个，共放映 25263 场，观众 6793168 人次，放映收入 226 万元，发行收入 89 万元，实现利润 19.77 万元，名列嘉兴市第一位。与 1956 年相比，放映单位增长 7.6 倍，场次增长 49 倍，观众增长 104 倍，放映收入增长 23.7 倍。同时在抓好主业的前提下还先后办起招待所、小卖部、台球室、音像发行站、金鸡羊毛衫厂、塑料厂、亚细亚歌舞厅等，同年底全公司多种经营总营业额达 131 万元，实现利润 11.7 万元。1986 年至 1997 年公司连续 12 年被评为省级先进单位。1990 年和 2005 年公司被国家广播电影电视总局授予"全国电影发行放映先进集体"和"全国农村电影工作先进集体"荣誉称号。

二、发行管理

建国初期桐乡无电影放映单位。1951 年 10 月，嘉兴地区农委电影队在桐乡建立巡回放映区。由于交通关系和 16 毫米放映单位尚少，当时的影片发行均由上海供片。1951 年底改由杭州发行站供片。1953年，省属两个巡回放映队固定在桐乡放映，其影片由中国影片经营公司浙江省办事处供应。1956年，嘉兴电影中队将所属5个放映小队，下放给原桐乡和崇德县，由于交通和地理上的原因，仍由省供片，后统一由嘉兴发行站排映。1960年县电影管理站虽然成立，发行业务仍由嘉兴发行站负责。直至1963年8月16日，省电影发行放映公司《关于农村16毫米影片发行工作实行"专县结合、排片到队"的意见》一文下达后，县电影管理站才正式确定2人兼管影片发行工作，影片的调度由县站灵活掌握。到1973年，由于电影放映单位快速增加，原来的发行排片方法已不适应需要，县电影站确定专人负责发行，并决定16毫米影片由县站全面发行。1981年3月11日县电影发行放映公司成立后，随即建立发行组，全面管理影片发行、检片、转片等工作。为搞活发行，提高两个效益，1982年起，采取"一个首轮、一个优先、两个照顾"的排片原则，即影剧院单位新片首轮，效益及出勤率高的单位新片优先，出勤率高主观上努力但效益一般的单位照顾，边沿地区适当照顾。随着发行管理工作的不断加强，发行收入逐渐增加。自1987年起，全县人均发行收入超1元。1988年发行收入达65万元，列全省前十名之一。1989年至1997年均列嘉兴市第一。1991年全县发行收入首次突破百万元。1992年1月召开了全县电影发行收入创百万表彰庆功大会。1996年全县电影发行收入达到137.9万元，创桐乡电影发行收入之最。

　　1985年3月，随着录像队的增多，县电影公司开始发行录像节目。初从杭州、江苏和上海购片发行。为增加购片资金广开片源，1988年与县文化馆联办"桐乡县电影文化音像发行总站"。1990年7月5日，按县府决定，与广电局音像发行总站合并成立"桐乡县音像发行总站"，负责全县音像发行工作。

桐乡市（县）历年电影发行、放映情况一览表

年　度	放映单位活动数	银幕数	放映场次	观众人数（千人）	放映收入（万元）	发行收入（万元）
1957	7	7	1215	618.3	5.1	1.5
1958	7	7	1207	680.6	3.3	0.9
1959	7	7	2379	934	4.4	1.3
1960	8	8	3555	1566.4	3.6	1
1961	8	8	1787	921.6	6.4	1.8
1962	8	8	2125	1128.3	8.2	2.3
1963	8	8	2410	1294.9	9.7	2.5
1964	7	7	2673	1683.4	9.1	2.4
1965	8	8	3166	2167.4	11.1	2.7
1966	9	9	2673	2387.1	7.9	2.1
1967	9	9	860	993.3	1.8	0.5
1968	9	9	807	1157.6	4	1.1
1969	11	11	1058	1726.5	2.5	0.7
1970	11	11	1076	2227.9	4.6	1.2
1971	12	12	1954	3050.9	7.2	1.9
1972	24	24	4290	4041.8	11.7	3.2
1973	25	25	6447	5361.7	15.1	4.2
1974	27	27	6538	5862	15.2	4.2
1975	42	42	8296	7256.1	18.9	5.3
1976	55	55	12895	9388.5	25.2	7
1977	64	64	14246	10329.2	36.1	10.4
1978	73	73	15589	11269.5	46.8	13.7
1979	74	74	24497	18600.3	68.7	23.3
1980	65	65	26562	15963.3	66.2	26
1981	58	58	19009	11356	53.1	19.3
1982	54	54	26695	13424.2	87.2	35.2
1983	57	57	26965	13767.4	99.7	39
1984	53	53	28137	13193	108.3	44.8
1985	55	55	26300	11534.8	125	50
1986	52	52	26540	10365	139	56
1987	49	49	28780	9144	152	60
1988	47	47	28757	8290	165	65
1989	42	42	26317	8015.3	203.4	77.5

年　度	放映单位活动数	银幕数	放映场次	观众人数（千人）	放映收入（万元）	发行收入（万元）
1990	40	40	25263	6793	226.3	89
1991	23	23	26039	6427	268.9	100.1
1992	24	24	25382	4381	254.3	88.9
1993	31	31	17925	2449	221.9	82.8
1994	24	24	13451	1705	276.2	101.7
1995	20	20	11511	1042	299	119
1996	23	23	9145	682	296.4	137.9
1997	15	15	8058	636	239.3	113.8
1998	14	15	6807	434	177.1	85.2
1999	13	14	3398	161.8	60.5	31.5
2000	13	14	2055	101.6	45.2	23.2
2001	5	6	1650	54.6	30.5	15.8
2002	1	2	180	10.4	3.9	2.1
2003	1	2	127	30.4	3.4	0.9
2004	19	19	1218	194.6	0	——
2005	19	19	3806	600	0	——
2006	19	19	3718	475.6	0	——
2007	20	24	5122	521.1	35.6	
2008	16	20	5464	562.8	47.3	
2009	16	20	6118	581.2	85.5	
2010	16	22	6607	514.3	144.8	——
2011	17	25	9898	610.9	539.9	
2012	18	31	18672	745.9	1051.1	
2013	18	31	20186	868.6	1535.2	——
2014	15	17	8531	487.9	504.9	

三、技术管理

技术管理主要是指放映维修设备的技术维修。桐乡电影事业刚刚起步时，没有专业技术管理人员。1958年王志华参加省电影放映修理员培训班培训，第二年学成回来后确定为修理员。1960年被确定为专职修理员。1978设立修理组。1984年设立放管股。1970年10月，始办全县第一期16毫米电影放映技术培训班。1971年11月，举办全县第一期8.75毫米电影放映技术培训班。1987年10月和11月，省电影处在临安县党校先后举办二期电影放映技术培训班，我县学员考试成绩优良，均名列前茅。1988年举办了全县第一期35毫米毫米座机放映技术培训班。自1970年至1990年，全县先后举办

王志华在安装调试35毫米电影放映器

各类放映技术培训班 24 期，培训人员 404 人次。从 1977 年起，公司根据《浙江省电影放映登记和电影放映人员考核暂行办法》规定，每年第四季度对辖区内电影放映单位和人员进行一次年度审验工作，并对各种放映设备进行一次全面保养和测试，做到巡修和年检相结合。确保小修不出队，中修不出县。期间还先后完成了 27 家电影（剧）院 35 毫米电影放映机安装和调试工作。同时还探索了电影技术革新，改革放映光源取得显著成效。公司修理组出席了"全国农村新光源经验交流会"，并在会上作了介绍。王志华撰写的《我们是怎样进行光源改革的》一文在 1984 年第 3 期《电影普及》上发表。1988 年在全省电影专业技术职务评定中，全县有 41 人获得各类专业技术职称，其中主任技师 1 名，放映技师 9 名，放映技术员 16 名。

四、宣传营销

放映单位建立初期，无电影宣传机构和专职人员，也无宣传设施。1973 年开始配备兼职宣传人员。1975 年 12 月配备专职宣传干部。1981 年设立宣传组，1987 年改设宣传发行股，有 5 人分管电影宣传（其中编辑 1 人，美术师 1 人，美术员 3 人）。各国办影（剧）院均有专职美工，各乡镇影（剧）院配有兼职美工（宣传员）。全县有专职宣传员 5 人，兼职宣传员 21 人。宣传设施从无到有。至 1996 年全市国办放映单位有橱窗 14 个，共 108 平方米，广告栏 7 块，计 18.8 平方米。全市 19 家乡镇影剧院均建立了大小不一的宣传橱窗或电影广告栏。各影（剧）院还利用门厅设置电影广告栏等设施。

新中国成立初期，由于电影放映流动性大，放映次数少，一般采用提前张贴海报、当天播放通告、映前放映幻灯等方式进行宣传。随着影（剧）院的普遍建立，阵地宣传逐渐成为主要宣传方式。阵地宣传主要以宣传橱窗、宣传栏、宣传画、广告牌、文字海报等进行宣传。电影宣传工作包括影片宣传和中心工作宣传。影片宣传以阵地宣传和幻灯宣传为主，中心工作宣传以幻灯为主，有时为突出重点，则举办幻灯汇映或专题调映。影片宣传突出主旋律，坚持多样化。1986 年起各放映单位试行"分级宣传"的办法，即根据影片质量和观众兴趣分成三个宣传档次：低档影片常规宣传（制作一般橱窗和文字海报宣传），中档影片突出宣传（使用宣传牌、影院广播、小海报宣传），主旋律和高档影片重点宣传（应用视觉、听觉、时间效应相结合的立体时空宣传），取得了较好的效益。

电影宣传画和幻灯片是电影宣传的重要手段。全市影（剧）院一般每月绘制 1 至 2 幅较大电影宣传画；有条件的乡镇影（剧）院一般每月绘制或剪贴一幅较大电影宣传画。

为提高电影宣传画创作水平，经常举办一些宣传画作品展览。1979年县电影站组织了庆祝建国30周年"电影宣传画创作展览"，参展作品49幅，受到广大电影爱好者的欢迎。1980年县电影站虞自正与桐乡影剧院卢东明合作的《孤星血泪》和卢东明创作的《琴童》等作品入展"浙江省首届电影宣传画创作展览"。1985年桐乡影剧院卢东明创作的《谭嗣同》在华东六省一市举办的"电影海报创作"中获三等奖，并被中影公司编入《电影宣传画集》。1989年9月，卢东明创作的《轮回》、蒋荣祥创作的《大阅兵》和《间谍战与女色无关》、陆忠伟创作的《喜相逢》入展嘉兴市电影公司举办的"电影宣传画创作展览"，其中《轮回》和《大阅兵》于1989年10月获省电影宣传画展览三等奖。1987年12月蒋学文撰写的论文《电影宣传要适应新形势》入选省电影公司《电影宣传论文选》。1997年桐乡人民电影院美工马华君创作的《白粉妹》荣获全省第四届海报创作展一等奖。

在开展电影宣传画的同时，映前幻灯片宣传也十分活跃。从1976至1996年间，共举办15次专题幻灯调映，有505套次幻灯节目曾参加过省市县调映，其中10套获省级（系列）奖励，60套获市级（系列）奖励。羔羊乡电影队曾6次获省市级奖励。

为了提高电影宣传效果，1976年后加强了对电影宣传工作者的专业培训，当年8月首次举办"电影宣传美工培训班"，主要培训乡镇放映单位兼职宣传员，帮助他们提高幻灯制作、宣传画绘制等基础知识。至1996年共举办过18期培训班，有360人次受训。除本县培训以外，还先后选送21人次参加省地市培训。

影评活动也是电影宣传的一种手段。1985年开始建立影评队伍，到1990年全县已有梧桐、乌镇、崇福等7个镇建起影评小组，共有影评员43人。学校影评活动也在一些中学相继开展起来。桐乡一中、二中、三中和乌镇等中学高中部影评活动比较活跃，共有学生影评员100余人。1992年县电影公司创办《桐乡影评》内部刊物，每年一期，选刊影评员的作品，至1996年已出5期，共刊登影评作品152篇。同时据不完全统计，在嘉兴市级以上报刊发表的影评作品有23篇，其中嘉兴市级11篇，省级9篇，全国级3篇。

除编印影评文章外，还编印电影资料、《电影介绍》和重点影片"说明书"。20世纪70年代中期至80年代初期，曾不定期编印《桐影简报》。80年代起编印《电影宣传信息》，1986年起改为《桐乡影讯》，已先后出刊120期，培养了一大批影迷。

进入21世纪后，以电影海报为主要手段的传统电影宣传营销模式逐渐淘汰，一种崭新的电子移动屏幕及网络宣传应运而生。2003年8月桐乡会展中心电影世界对外开业后，安装了电子大屏幕。2008年2月桐乡复兴电影影城对外开业后，安装了电子移动屏幕。2013年桐乡会展中心又在大剧院大门上方新装了电子移动屏幕。这些电子移动屏幕24小时天天滚动宣传，预告电影片名及放映信息，达到了全新的电影宣传营销效果。

五、票房管理

电影票房收入直接决定电影事业的经济效益，县电影管理站建立后，一直十分重视票房管理。

1990年桐乡县电影放映队入场券

境内始有电影票价是民国十四年（1925），杭州私人携带手摇发电机来崇德县城北桥西堍放映汽车风光片和卓别林滑稽片，票价每人10为个铜板。1953年嘉兴16毫米电影队下放给崇德、桐乡两县时规定票价是成人5分，儿童半票3分。1956年调整为成人1角，儿童5分。1958年调整为成人1角2分，儿童6分。1961年调整为成人1角5分，儿童8分。1965年重新调整为成人7分、儿童3分。1966年调整为16毫米放映成人5分，儿童2分；35毫米放映成人8分，儿童4分。1967年调整为16毫米放映人3分，儿童2分；35毫米放映队成人6分，儿童3分。1970年农村8.75毫米电影放映队成人2分，儿童1分。1971年5月1日起，桐乡人民电影院票价为1角。1980年1月起，35毫米座机影院票票价为普通片1角、遮幅片1角2分、宽银幕1角5分。1984年，人民、崇福、乌镇、濮院电影院立体电影，甲座3角5分、乙座3角、学生团体2角。1986年5月29日起，接省文化局、省物价局《关于调整电影票价的通知》调整如下：

1987年7月起，人民电影院经嘉兴市物价局批准，加收冷气费1角，1988年起加收冷气费1角5分，1990年起加收软座费1角。

桐乡县电影票价调整表

1986年5月19日

片种 票价（元） 单位类别	故事片						长纪录片	短纪录片
	普通影片		宽（遮）影片		立体声影片			
	甲座	乙座	甲座	乙座	甲座	乙座		
桐乡人民、乌镇崇福、濮院电影院桐乡影剧院	0.20	0.15	0.25	0.20	0.35	0.30	0.10	0.05
乡镇35毫米16毫米双机影剧院	0.15	0.20					0.10	0.05
16毫米单机影剧院	0.13	0.17					0.08	0.04
16毫米露天放映	0.10	0.15					0.08	0.04

1990 年 6 月 18 日，人民电影院立体声安装完毕，经嘉兴市物价局批准，基本票价为 1 元 2 角，加收冷气费和软席费各 1 角 5 分；1990 年 7 月 18 日，又经嘉兴市物价局批准，镭射片基本价为 1 元 2 角，加收冷气和软座费各 1 角 5 分；录像片每二集（相当于一部故事片）基本票价为 3 角 5 分，加收冷气费和软席费各 1 角 5 分。

除上述外，还有特供价和浮动价，凡经嘉兴市物价局和文化局批准的特供片在原票价上提高 5%；凡经国家和省电影管理部门认定的优质新片，加价 2—3 角，统称中浮价和省浮价。

1987 年全县全电影放映全面实行"包场改售票"，同年县电影公司在福建省三明市召开的全国开发农村电影市场经验交流会，并作了《我们县全部实现售票放映》的经验介绍。随着电影的普及和票价的调高，票房收入逐年递增，至 1990 年，全县电影放映票房收入实现 226.3 万元。进入 21 世纪后，随着人们物质生活水平的不断提高和电影科技的飞速发展，电影票价不断攀升，3D 电影票价全票为 30—70 元。再加上 2012 年后桐乡会展中心电影世界和复兴影城先后实行网上售票，同时陆续发行会员卡 9423 张。全市的电影票房收入创造了全新的辉煌时期，到 2014 年末，复兴影城实现票房收入 1618.97 万元，桐乡会展中心电影世界实现票房收入 709 万元。

第四节　数字电影

数字电影又称数码电影，诞生于 20 世纪 80 年代，是使用数码技术制作、发行、传播的高科技产物。我国的数字电影是 1996 年长沙中国电影工作会议以后，提上议事日程，投入大量资金，引进先进的技术设备，开始研制生产发展起来的。

2004 年 3 月 18 日，广电总局出台了《电影数字化发展纲要》。2006 年 7 月，桐乡新纪元个体数字电影队购进了全市第一套索尼 300 英寸数字电影放映机，同年底桐乡电影公司开始有计划地购进今典数字电影放映机，从此境内数字电影快速发展。到 2012 年全市数字电影放映机已发展到 15 套，到 2014 年底全市数字电影放映机已发展到 34 套。

2014年桐乡市数字电影放映情况一览表

单位名称	单位性质	机型	数量（套）	放映形式	负责人	购置时间
新纪元电影队	私营	索尼300	1	流动	徐建民	2006.7
复兴影城	国有独资	巴可DP2K-20C	3	固定	贾忠义	2010.8
电影世界	国有	巴可DP2K-32B	1	固定	曹建平	2010.8
电影世界	国有	巴可DP2K-20	1	固定	曹建平	2010.8
电影世界	国有	CHRISTIE	3	固定	曹建平	2010.8
洲泉银河影城	有限公司	巴可BARCO	3	固定	吴衍明	2011.5
桐乡永乐影城	有限公司	科视2K	6	固定	章　勇	2012.1
市电影公司	国有企业	上文广HDM-405	4	流动	汪承华	2013.6
崇福电影院	国有企业	上文广HDM-405	2	流动	孙跃华	2013.6
乌镇电影院	国有企业	上文广HDM-405	1	流动	吴再远	2013.6
濮院电影院	国有企业	上文广HDM-405	2	流动	方海清	2013.6
龙翔电影队	集体	上文广HDM-405	1	流动	张永宾	2013.6
屠甸电影队	集体	上文广HDM-405	1	流动	赵振云	2013.6
高桥电影队	集体	上文广HDM-405	1	流动	于敬忠	2013.6
大麻电影队	集体	上文广HDM-405	1	流动	钱永坤	2013.6
洲泉电影队	集体	上文广HDM-405	1	流动	吴胜林	2013.6
河山电影队	集体	上文广HDM-405	1	流动	沈万松	2013.6
石门电影队	集体	上文广HDM-405	1	流动	钟惠荣	2013.6

第五节　电影拍摄

　　桐乡地处杭嘉湖平原，文化底蕴深，文物古迹多，境内乌镇是国家5A级景区，又是我国新闻纪录电影的奠基人之一徐肖冰的故乡，历年来是电影拍摄厂家拍摄外景的首选之地。新中国成立后，曾有多家电影厂家在桐乡取景拍摄。其中浙江电影制片厂的第一部电影《人小志大》，主编王解寄、主演吴晓红都是桐乡人，整部电影的外景全部在桐乡、崇德拍摄完成。1993年，北京电影制片厂《小城之春》在乌镇西栅景区拍摄，获得威尼斯电影节圣马可奖。

桐乡境内拍摄电影情况一览表

拍摄时间	制片厂名	电影片名	拍摄地点
1959年11月	浙江电影制片厂	《人小志大》	洲泉、河山
1959年	北京电影制片厂	《林家铺子》	乌镇
1962年	上海天马电影制片厂	《蚕花姑娘》	濮院农村等
1980年11月	长春电影制片厂	《杜十娘》	乌镇市河等
1981年	上海电影制片厂	《子夜》	乌镇茅盾故居等
1983年	八一电影制片厂	《琵琶魂》	濮院秀桐桥等
1985年	浙江电影制片厂	《烟叶生产》（科教片）	钱林乡
1990年	中国电影合作制片公司等	《菊豆》	乌镇
1991年	金公主娱乐有限公司（香港）	《追日》	乌镇
1991年6月	中国影艺合拍片公司	《曼陀路》	乌镇
1992年6月	浙江电影制片厂	《蚕乡曲》	乌镇、濮院
1992年	台湾电影制片公司	《八千里路云和月》	乌镇
1994年	北京电影制片厂	《红粉》	乌镇
2003年9月	中国影制集团等	《和你在一起》	乌镇景区
2003年	北京电影制片厂	《小城之春》	乌镇景区
2005年	上海电影制片厂	《鲁迅》	乌镇景区
2006年	香港骄阳电影有限公司、中国电影合作制片公司、山西电影制片厂	《犀照》	乌镇景区
2007年	华谊兄弟影业公司	《心中有鬼》	乌镇景区
2008年	华谊兄弟传媒股份有限公司等	《拉贝日记》	乌镇景区
2009年8月	八一电影制片厂 北京擎天盛世影视文化公司等	《情系梧桐》	梧桐、龙翔街道等
2009年	北京东方飞云国际影视公司	《再生缘》	乌镇景区
2012年5月	中央电视台电影频道	《爱@桐乡》	桐乡高级中学等

第五章　文化市场

文化有偿服务,古即有之。文化市场始于20世纪80年代初,至21世纪初,形成规模。文化产业包括文艺演出经营、音像制品经营、歌舞厅、电子游戏机、网吧、图书(刊物)经营、书画装裱、印刷业等。文化产业多系私营性质,经过不断的政策整顿和市场调节,逐步沿着规范、健康、繁荣的方向发展。

第一节　文化市场经营场所

一、概　况

文化市场,是指按价值规律进入文化有偿服务的精神产品和文化服务活动场所。

新中国成立初,境内的文化有偿文化服务仅为剧团演出、电影、书店和少量的印刷业,没有形成文化市场。到20世纪80年代初,国家实施改革开放政策,调整产业结构,支持文化产业,允许私营文化企业发展,继营业性演出后,以音像业、桌(台)球、电子游戏机、歌厅、舞厅文化经营娱乐业相继兴起,境内的文化市场逐步形成。到2000年初,以互联网上网服务的网吧娱乐业和包装彩印业又相继兴起并迅速发展,全市的文化市场形成规模。经过不断整顿、规范,到2012年底,全市实有文化娱乐经营场所451家。到2014年底,在整顿、清理的基础上略有发展,全市实有文化娱乐经营场所539家,其中音像制品经营单位23家,出版物零售单位57家,演出经营单位4家,歌舞娱乐场所75家,电子游戏场所24家,书报刊经营单位57家,报刊亭30家,网吧经营单位96家;其中桐乡市区包装印刷185家,出版物零售单位2家,文印社118家,裱画社12家,包装装潢126家,打字复印单位79家。

二、演出经营场所

境内的营业性演出,始于民国时期出现的"卖戏",即买票看戏,凭买"竹制筹码"入场,以后改为"纸板票"入场。

新中国建立后,政府接管旧有剧场,先后建立桐乡、乌镇、崇福三家县属影剧院,1978年建立县文化局后,由业务办公室负责接待剧团,安排剧场演出。到20世纪70年代末至 80 年代,县政府实行奖励办法,鼓励乡镇建造影剧院。1990 年统计,除桐乡、崇福、乌镇 3 家县属影剧院外,南日、屠甸、灵安、钱林、高桥、炉头、同福、虎啸、民合、芝村、新生、留良、羔羊、河山、洲泉、永秀、八泉、骑塘、百桃、大麻、石门 21 个乡镇都建起影剧院。县文化局指定业务股专人负责场团安排。1990 年,引进剧团 34 个,演出 257 场。1991 年,引进剧团 43 个,演出 305 场。到 1995 年,全市共有演出场所 28 家。1995 年后,梧桐大酒店、新世纪大酒店、国际大酒店、东方大酒店、光明大酒店、崇福阳光大酒店、崇德宾馆、濮院梅泾宾馆等 8 家宾馆夜总会开始举办营业性歌舞演出。到 1997 年,全市演出场所 37 家,境内演出市场城乡联动,十分繁荣。1989 年首届文化艺术节开始邀请明星助兴演出,特别是菊花节期间,来桐乡助兴演出明星众多,先后有国内外及港台明星演出 70 多人次。1991 年至 1999 年间,每年引进剧团 40 多个,在各影剧院演出 300 多场。2000 年引进剧团 112 个,在全市各影剧院演出 482 场,观众 12.7 万人次,此为营业性演出鼎盛时期。同年,桐乡市演出礼仪公司成立,演出业务管理由文化局文化艺术科逐步划归演出公司管理。随后,由于受电视和互联网的冲击,再加上一些乡镇影剧院常年失修列入危房,演出业务开始下降。2003 年,桐乡影剧院因旧城改造拆除。2005 年,乌镇影剧院划归乌镇改办文化中心,停止演出。同年 10 月,崇福大戏院转制后停止演出。

2003 年 8 月,桐乡市科技会展中心大剧院开业,开始接待国家及省、市级剧团演出。2004 年 9 月 10—26 日,第七届中国艺术节组委会安排广西柳州市歌舞团演出民俗歌会《八桂大歌》,浙江小百花越剧团演出《藏书之家》,安徽省黄梅戏剧院演出《长恨歌》共 6 场。大剧院开业后,先后引进接待朝鲜万寿台歌舞团、青岛京剧团、浙江省杂技团、东方歌舞团、山西华晋舞剧团、解放军海政歌舞团、浙江儿童艺术剧团、浙江京剧团、浙江越剧团、浙江话剧团、上海越剧院、中国儿童艺术剧院、国家京剧团、山东省淄博市京剧院、上海演出家艺术团、中国东方演艺集团、波兰华沙大学民族舞蹈团、上海戏剧学院等 30 多个国家及省、市级剧团的演出。至 2014 年底,大剧院已引进国家及省市级以上剧团商业演出 190 场。

2012 年后,境内社会资金积极投入剧院建设。2013 年,乌镇旅游开发有限公司投资建造乌镇大剧院,总建筑面积 6261 平方米,同年在西栅景区内修建改建国乐剧院、沈家戏园、秀水廊剧园、蚌湾剧场、日月剧场、水剧场,5 月 9 日,首届乌镇戏剧节由文化乌镇股份有限公司主办,木心艺术基金会协办。2014 年,浙江嘉博文化发展有限公司在梧桐街道校场东路桐乡世贸中心二期 B 区 4 楼,投资建造嘉博影剧院,同年 2 月,省文化厅批准桐乡市乌镇股份有限公司成立演出经纪机构。

至 2014 年底,全市演出经营场所 4 家,演出经纪机构 2 家。

桐乡市（县）历年明星演出情况一览表

姓　名	国家或区地	演艺特长	演出时间	演出场地
六小龄童	中国	影视明星	1989.9.27	桐乡影剧院
薛淑杰	中国	电影演员	1989.9.27	桐乡影剧院
毛　威	中国	相声演员	1989.9.27	桐乡影剧院
叶彩华	中国	歌星	1989.9.27	桐乡影剧院
蒋国基	中国	江南笛王	1989.9.27	桐乡影剧院
赵志刚	中国	越剧演员	1990.10.20	桐乡影剧院
茅善玉	中国	沪剧表演艺术家	1990.10.20	桐乡影剧院
朱雪琴	中国	评弹艺术家	1990.10.22	梧桐书场
戚雅仙	中国	越剧表演艺术家	1990.12.25	石门影剧院
毕春芳	中国	越剧表演艺术家	1990.12.25	石门影剧院
徐玉兰	中国	越剧表演艺术家	1992.5.12	大麻影剧院
周宝奎	中国	越剧表演艺术家	1992.5.12	大麻影剧院
尹桂芳	中国	越剧表演艺术家	1992.5.12	大麻影剧院
王　仁	中国	毛泽东特型演员	1993.5.6	桐乡影剧院
严仁开	中国	影视明星	1993.5.6	桐乡影剧院
朱文虎	中国	京剧演员	1993.5.6	桐乡影剧院
李　琳	中国	影视明星	1993.5.6	桐乡影剧院
毛　宁	中国	歌星	1995.11.19	桐乡影剧院
那　英	中国	歌星	1996.7.12	桐乡影剧院
屠洪刚	中国	歌星	1996.12.25	桐乡东方娱乐城
潘长江	中国	影视笑星	1997.10.25	桐乡影剧院
茅威涛	中国	越剧表演艺术家	1999.11.6	桐乡影剧院
陈娟红	中国	世界名模	1999.11.6	桐乡影剧院
志村洋子	日本	日本首席钢琴家	1999.11.6	桐乡影剧院
渚田由里子	日本	日本钢琴家	1999.11.6	桐乡影剧院
董文华	中国	歌星	1999.11.10	桐乡体育馆
毛阿敏	中国	歌星	2000.5.30	桐乡体育馆
温兆伦	中国香港	歌星	2000.5.30	桐乡体育馆
宋祖英	中国	歌星	2000.11.9	市政广场
王汝刚	中国	滑稽演员	2000.11.9	市政广场
乔　臻	中国	配音演员	2000.11.9	市政广场
丁建华	中国	配音演员	2000.11.9	市政广场
郭　蓉	中国	歌星	2001.11.9	市政广场
张　也	中国	歌星	2001.11.9	市政广场
刘　欢	中国	歌星	2001.11.9	市政广场

姓　名	国家或区地	演艺特长	演出时间	演出场地
陈佩斯	中国	影视明星	2002.1.15	桐乡体育馆
朱时茂	中国	影视明星	2002.1.15	桐乡体育馆
张　燕	中国	歌星	2003.11.8	市政广场
林依伦	中国	歌星	2003.11.8	市政广场
腾格尔	中国	歌星	2003.11.8	市政广场
赵　薇	中国	影视明星	2003.11.8	市政广场
阎维文	中国	歌星	2003.11.8	市政广场
张惠妹	中国台湾	歌星	2003.11.8	市政广场
林依伦	中国	歌星	2004.11.5	崇福镇语溪公园广场
蒋大为	中国	歌星	2004.11.5	崇福镇语溪公园广场
韩　红	中国	歌星	2004.11.5	崇福镇语溪公园广场
高胜美	中国台湾	歌星	2004.11.5	崇福镇语溪公园广场
谢霆锋	中国香港	歌星	2005.9.28	市政广场
周华健	中国台湾	歌星	2005.9.28	市政广场
韩　红	中国	歌星	2005.9.28	市政广场
林依伦	中国	歌星	2005.9.28	市政广场
熊天平	中国台湾	歌星	2005.9.28	市政广场
巩汉林	中国	小品演员	2005.9.28	市政广场
高明骏	中国台湾	歌星	2005.9.28	市政广场
斯琴格日乐	中国	歌星	2005.9.28	市政广场
赵东海	中国	京剧演员	2005.10.18	洲泉镇湘溪广场
陈鲁豫	中国香港	凤凰卫视主持人	2005.11.3	乌镇西栅景区水上舞台
理查德·克莱德曼	法国	世界钢琴王子	2005.11.3	乌镇西栅景区水上舞台
刘君侠	中国	歌星	2006.9.23	市政广场
胡　雁	中国	影视明星	2006.9.23	市政广场
布仁巴雅尔	中国	《吉祥三宝》原唱组	2006.9.23	市政广场
乌日娜	中国	《吉祥三宝》原唱组	2006.9.23	市政广场
英格玛	中国	《吉祥三宝》原唱组	2006.9.23	市政广场
茅威涛	中国	越剧表演艺术家	2008.11.3	桐乡大剧院
姚　笛	中国	影视明星	2008.11.3	桐乡大剧院
盛小云	中国	评弹艺术家	2008.11.3	桐乡大剧院
黄圣依	中国	影视明星	2010.1.28	崇福镇皮草大世界
谭咏麟	中国	歌星	2010.10.23	市政广场
童安格	中国台湾	歌星	2010.10.23	市政广场
李谷一	中国	歌星	2010.10.23	市政广场

姓　名	国家或区地	演艺特长	演出时间	演出场地
姚　笛	中国	影视明星	2010.10.23	市政广场
庾澄庆	中国台湾	歌星	2011.9.26	崇福镇语溪广场
斯琴高丽	中国	影视明星	2011.9.26	崇福镇语溪广场
降央卓玛	中国	歌星	2011.9.26	崇福镇语溪广场
姜育恒	中国台湾	歌星	2012.10.27	市政广场
潘玮柏	中国台湾	歌星	2012.10.27	市政广场
张靓颖	中国	歌星	2012.10.27	市政广场

三、音像经营场所

音像事业是文化广播电视事业的一部分，也是整个文化市场一个重要组成部分。

1984 年，音像市场开始兴起，至年末，有音像销售点 18 家，营业性录像队 13 家。1985 年，根据国务院文件，音像管理由县广播电视事业局负责，建立音像管理制品小组。同年 3 月，县电影发行放映公司开始发行录像片，配合农村整党工作和爱国主义教育等，赴各乡镇及中小学校放映《老山前线英雄报告》《南征北战》《地雷战》《我歌我泣》等录像片。崇福影剧院、梧桐书场、乌镇书场、县工人俱乐部等 9 家同时被批准建立营业性录像放映队。1986 年 2 月，又先后批准崇福电影院、濮院电影院、濮院书场等 13 家建立营业性录像放映队，至年底，有营业性录像放映队 22 家。同年 6 月，桐乡县音像制品发行站（归属广电局）建立；9 月，桐乡县电影音像制品发行站（归属文化局）建立。根据文化部文件，县文化系统管理全县文化系统音像市场，县广电系统管理全县除文化系统外的社会音像市场，形成两家分口管理的格局。1987 年 11 月，桐乡影剧院、人民电影院和崇福、乌镇、濮院等国办电影院开始兼映录像片，后全县 22 个乡镇电影院全部兼映录像片。1988 年 6 月，桐乡县文化馆音像制品发行站（归属文化局）建立，全县形成三个供片渠道。是年底，桐乡县电影音像制品发行站和桐乡县文化馆音像制品发行站合并，改称桐乡县文化音像制品发行站。

文化、广电两家分口管理后，录像放映业务向全社会开放，音像市场发展较快，至 1990 年年底，全县已拥有营业性录像放映队 58 家，茶室录像放映队 100 余家，音像销售点 64 个。但文化、广电两家发行站均有保护主义倾向，出现争端，由县社会文化管理委员会协调解决。同年 7 月 5 日，文化音像制品发行站与广电局音像制品发行站合并，建立桐乡县音像制品发行总站。

1991 年，桐乡县音像制品发行总站又分为电影音像制品发行站和音像制品发行站，重新分口管理，争端加剧，县社会文化管理委员会协调解决。2001 年 11 月，广播电视局承担的音像市场等管理职能划入文化局管理，音像市场得到健康发展。后经不断稽查、整顿，逐步取消茶室录像。

2002年，整顿166家音像制品零售、出租单位，保留21家，停止经营45家，其余自行停业。

2004年，全市录像放映基本停止，音像发行业务中止。

1992年，崇福大戏院被省文化厅评为全省录像放映先进单位。1994—1996年，桐乡市文化电影音像发行站连续3年被省文化厅评为音像发行先进集体。1992、1997和1999年，桐乡市广电局音像发行站连续3年被省广电厅评为"先进发行站"。

至2010底，全市有音像制品经营单位103家。至2012底，全市仍保留音像制品经营单位35家。至2014底，仅存23家。

2012年桐乡市音像制品经营场所一览表

单位名称	法人	经营地址	经济类型	经营项目	面积
东兴商厦股份有限公司	沈金荣	梧桐街道庆丰中路18号	股份	音像制品零售	98
洲泉欧嘉副食品超市	汪国平	洲泉镇湘溪大道945号	个体	音像制品零售	35
石门东方魔术电器商行	包鸿标	石门镇寺弄路62号	个体	音像制品零售	30
梧桐振东强华电脑经营部	汤强华	梧桐街道和平路39号	个体	音像制品零售	25
龙翔霞凤音像商店	孙霞凤	龙翔街道花石路17号	个体	音像制品零售	20
大麻丽亚音像店	罗亚丽	大麻镇南街	个体	音像制品零售	15
杭州伟佳音像制品有限公司桐乡分公司	任伟强	梧桐街道北港河10号地块	股份	音像制品零售	60
石门阳阳音像店	施晓莉	石门镇人民路	个体	音像制品零售	30
崇福晨诚音像商店	蔡晔	崇福镇宫前路55号	个体	音像制品零售	25
大麻迎翠音像制品店	项迎翠	大麻镇麻溪路366号	个体	音像制品零售	20
屠甸音像制品经营部	陈月松	屠甸镇振兴路	个体	音像制品零售	30
梧桐丽达音像商店	姚明芬	梧桐街道东兴街96号	个体	音像制品零售	36
崇福华韵音像商店	吕林珍	崇福镇崇德中路23号	个体	音像制品零售	15
河山凤清音像商店	毕凤清	河山镇河山大街225号	个体	音像制品零售	30
梧桐庆丰音像制品店	李德芬	梧桐镇宏源路东段	个体	音像制品零售	35
梧桐大中音像总汇	沈继逸	梧桐街道鱼行街28号	个体	音像制品零售	80
崇福东新文化用品商店	牟莉	崇福镇东兴商厦二楼	个体	音像制品零售	20
濮院东成文化用品商店	牟莉	咏梅路东兴购物二楼	个体	音像制品零售	20
梧桐丽声音像店	杨武荣	梧桐街道梧桐大街288号	个体	音像制品零售	45
桐乡市石门宏江钟表商行	王才英	石门镇农贸市场	个体	音像制品零售	30
杭州联华集团有限公司世纪联华桐乡店	姚萍芳	振东新区景雅路753号	股份	音像制品零售	15
崇福东苑影碟店	吴银凤	崇福镇崇德中路17号	个体	音像制品零售	30

单位名称	法人	经营地址	经济类型	经营项目	面积
洲泉菊音音像制品店	沈菊英	洲泉镇中市街夹河里5号	个体	音像制品零售	39
桐乡市百花企业经营管理有限公司	金维宪	濮院镇永乐路66号	股份	音像制品零售	20
濮院滚石唱片行	金崇云	濮院镇咏梅路50号	个体	音像制品零售	42
桐乡市洲泉柏明音像商店	蒋柏明	青石集镇	个体	音像制品零售	30
东兴商厦股份有限公司崇福分公司	沈金荣	崇福镇崇德东路	股份	音像制品零售	40
东兴商厦股份有限公司	沈金荣	梧桐街道庆丰中路18号	股份	音像制品零售	40
屠甸新乐影视文化服务社	王月章	屠甸镇振兴路23号	个体	音像制品零售	15
洲泉童乐数码产品商店	沈海明	洲泉镇湘溪大道816号	个体	音像制品零售	20
高桥零度震撼音响店	王燕	高桥镇亭桥路53号	个体	音像制品零售	40
沃尔玛华东百货有限公司桐乡振兴中路分店	陈杰	梧桐街道振兴中路2号	股份	音像制品零售	50
洲泉崇天碟片屋	朱爱珍	洲泉镇中市街夹河里	个体	音像制品零售	40
梧桐时光书店	方溢	振兴中路润丰新世界广场	个体	音像制品零售	45
浙江桐乡市新华书店有限公司	许文梅	梧桐街道振兴街振兴路35号	股份	音像制品批发、零售	

四、歌舞厅

1991年3月，桐乡市文化馆在梧桐镇金家浜6号租用县工商银行空房，率先试办声美歌舞厅，开展有偿文化娱乐服务。

1992年6月，桐乡影剧院投资23万元，改造门厅楼，经文化、公安、消防、工商、卫生、物价部门审核批准，全县第一家营业性舞厅——桐乡影剧院新月舞厅开业，灯光、音响全部符合技术要求，内设包厢、雅座，可容纳100余人。同年7月25日，崇福大戏院内设的小天鹅舞厅和卡拉OK厅开业。9月，文化馆声美舞厅、梧桐大酒店娱乐城舞厅经有关部门批准后相继开业，到1992年末，全县已有经营性舞厅卡拉OK厅10家。同时，营业性音乐茶庄又开始出现并快速发展。同年县政府正式批转《桐乡县营业性舞厅、音乐茶庄的管理办法》。1993年初，全市宾馆、酒店音乐餐厅迅速兴起，至年末，全市拥有音乐餐厅120家。是年7月30日，举办首期歌舞厅、卡拉OK厅经理上岗培训班。8月19日，市文化局制订《关于加强对全市音乐餐厅的通知》。至1995年，营业性音乐茶庄发展到100多家。同年市文化市场管理办公室为全市130余家卡拉OK餐厅办理文化经营许可证和审验激光视盘。1997年，全市经批准的歌舞娱乐经营场所发展到94家。同年，文化、公安联合对全市已经开办营业和未批准的101家营业性音乐茶庄进行检查，对不符合要求的茶庄发出整改通知书，对不符合开办条件的6家音乐茶庄作出停业关闭的处理决定。1998年春节期间出动20余人次，对梧桐、崇福、乌镇、濮院、洲泉34家歌舞厅进行检查，对个别舞厅通道不畅、无指示标志、LD 激光视盘未审验等现象，开出整改通知书，对 3 家存在严重隐患的场所由公安部门作出停业整顿处罚。是年起，实行娱乐从业人员培训上岗制度，当年经培训发出上岗证 274 人。经不断整顿，至 2010 年全市歌舞娱乐场所有 64 家，2012 年有 70 家，2014 年有 75 家。

　　1993 年，梧桐大酒店娱乐城舞厅被评为"省特级歌舞厅"，桐乡电影公司"亚细亚乐园"舞厅、桐乡供电局电力大厦歌舞厅被授予"嘉兴市文明歌舞厅"称号。1997 年 6 月，桐乡兴业夜总会歌舞厅被评为桐乡市级"文明歌舞厅"。

2014年桐乡市歌舞场所一览表

名　　称	地　　址	负责人
乌镇电影院	乌镇新华路4号	吴再远
崇德音乐茶庄	崇福镇青年路26号	张金仙
梧桐银园娱乐中心	梧桐街道庆丰南路7号	丁丽萍
崇福月光娱乐城	崇福镇宫前路10号4楼	范汉治
星光大酒店有限公司	梧桐街道复兴南路91号	吴思宏
梧桐大酒店有限责任公司	梧桐街道振兴路42号	陈林江
阳光娱乐城有限责任公司	崇福镇崇德东路39号	徐跃清
梧桐长盛舞厅	梧桐街道梧桐大街南段	俞利忠
梧桐聚乐园茶庄	梧桐街道庆丰北路69号	李秀美
梧桐创意娱乐中心	梧桐街道杨家门58号	徐增忠
崇福东方梦园茶庄	崇福镇青年路13号	李成东
银凤来歌舞厅	梧桐街道广福路1号	石小华
国际大酒店有限责任公司	梧桐街道振兴路38号	蔡善琪
羔羊新一代娱乐城	石门镇羔羊集镇	金坤泉
崇福新天地茶庄	崇福镇青年路24-25号	王敏杰
洲泉文化娱乐公司	洲泉镇剧院路	陈金发
梧桐新世纪歌舞厅	梧桐街道庆丰南路	丁力强
金兰大酒店有限责任公司	梧桐街道鱼行街42号	周国荣
光明大酒店有限责任公司	梧桐街道振兴中路11号	阮征宇
梧桐闽达娱乐城	梧桐街道梧桐大街551弄5号	池华芳
崇福金色大地娱乐城	崇福镇开发区建业北路	季发光
崇福梦情茶庄	崇福镇青年路24号	张琼
濮院广电夜总会	濮院镇咏梅路中段	朱明华
玫瑰之约娱乐有限公司	濮院镇工贸大道369号	杜　杰
梧桐南海茶庄	梧桐街道庆丰北路文昌路口北侧	陈加华
梧桐香顺茶庄	梧桐街道庆丰北路文昌路路口	徐月萍

续　表

名　称	地　址	负责人
金碧辉煌娱乐城	梧桐街道物资大楼北侧	李德生
大舞台娱乐有限公司	梧桐街道复兴路124号	杜建明
崇福钻石年代娱乐中心	崇福镇建业北路	张春娥
梧桐豪门歌舞厅	梧桐街道梧桐大街8号	沈雪英
钻石年代餐饮娱乐中心	振东新区景雅路697号	孙　锋
梧桐大舞台歌舞厅	梧桐街道复兴路124号	顾扣才
崇福红太阳娱乐中心	崇福镇崇德路35号	周英华
濮院新百花歌舞厅	濮院镇永乐路1号3楼	金维宪
崇福锦绣时代娱乐中心	崇福镇青阳西路183号	平建国
帝豪娱乐俱乐部	梧桐街道振兴东路388号	林秀玉
红玫瑰舞厅	梧桐街道润丰步行街西108号	姚国强
三帆阿玛尼娱乐中心	梧桐街道中山西路21号	张进强
世纪皇宫歌厅	濮院镇凯旋路981号	胡国萍
金色年华娱乐中心	濮院镇针织机械服饰辅料市场	张军平
金色年华歌厅	梧桐文昌路98号	孔晓云
大忠娱乐城歌舞厅	石门镇南阳庄80号	姚　军
大麻千渔塘休闲茶庄	大麻镇海华村	徐国际
黄金水岸娱乐中心	乌镇青镇路8号	顾　列
盛世豪门娱乐中心	洲泉镇公园路22号	李　松
享温馨餐饮娱乐有限公司	梧桐街道振兴中路2号	曹莹洁
帝豪佳庭俱乐部	梧桐街道振兴中路42号	李剑锋
振东大富豪歌舞厅	梧桐街道香港城1号楼208号	朱建秋
振东皇家娱乐会所	振东新区世纪大道889号	孙庆华
菊神歌舞厅	梧桐街道振兴中路新世界广场	沈爱仙
钱乐娱乐有限公司	梧桐街道庆丰中路时代广场	卢宏鸣
美高美酒吧有限公司	梧桐街道崇福大道商业广场	张先章
世纪豪门娱乐中心	崇福镇世纪大道南侧	许伟国
瑛皇娱乐会所有限公司	梧桐街道香港城7号、8号楼	王良正
鸣聚歌舞厅	洲泉镇南市街新洲路2号	朱晓鸣
唱响明天娱乐中心	乌镇第一坊3幢2楼	陈才根
英皇金樽娱乐中心	崇福镇建业南路183号	戚国梁
爱捌动感慢摇酒吧	濮院镇国际毛衫品牌中心A楼6层	余纪德
魅力金座餐饮娱乐有限公司	梧桐街道振兴东路振石大酒店	吴坚波
鼎红娱乐中心有限公司	梧桐街道复兴南路108号	胡利强
乐逸娱乐中心	梧桐街道复兴北路368号	张高科

名 称	地 址	负责人
金凤凰娱乐有限公司	崇福镇语溪公园北侧	李家亮
金都银座娱乐中心	梧桐街道崇福大道商业广场	吴珠英
东方魅力娱乐城	梧桐街道振兴中路79号	蔡月华
君豪娱乐中心	洲泉镇湘溪大道86号小商品城	曹徐彦
豪庭汇娱乐中心	梧桐街道振兴中路38号	谢洪勇
豪情娱乐中心	洲泉镇湘溪大道86号小商品城	钱红英
振东歌尚娱乐中心	振东新区雅道·商业中心	孙玲敏
金乐迪娱乐中心	梧桐街道庆丰北路539号	陈金珍
大麻佰度娱乐中心	大麻镇麻溪路218号	赵海亮
星尚娱乐有限公司	梧桐街道公园路22号	刘志梁
大麻港湾城娱乐中心	大麻镇发展大道239号	郑祖南
皇妃娱乐会所	洲泉镇公园路128号威尼斯广场	姚继荣
金粉世佳娱乐有限公司	梧桐街道杏南路106号	周林弟
鼎豪娱乐中心	洲泉镇湘溪大道86号小商品城	沈兰丽

五、电子游戏机

电子游戏机是利用电子仪器进行游戏娱乐的一种新玩具。境内电子游戏机最早出现于1990年12月，由福建籍商人孙某携带8台电子游戏机引入，租用桐乡越剧团在羊行头的三间空房，开设桐越电子游娱室。1993年1月3日，县文化局发文《关于同意桐乡县越剧团开办桐越游娱室的批复》，办理证照。由于采用电子仪器进行游戏娱乐活动，是一项全新的娱乐形式，迎合青少年兴趣，电子游戏机房（室）迅速蔓延，形成市场。同年，桐乡影剧院、崇福大戏院、濮院文化站等49家电子游戏机房（室）相继开业。至1995年底，全市电子游戏机和台球室经营场所已发展到102家。到2000年底，全市电子游戏机经营场所已发展到152家。

随着电子游戏机娱乐经营市场的发展，出现了带有博彩性质的荧屏积分功能游戏机经营场所。1993年12月15日，县文化局、公安局根据《浙江省人民代表大会常务委员会关于加强文化市场管理的决定》，与公安部门联合下发《关于停止有奖电子游戏机经营活动的通知》，明确规定从即日起停止有奖电子游戏机经营活动，并办理停业缴证手续。但带有博彩性质的荧屏积分功能游戏机时隐时现。1996年11月，根据国家"二部一局"的规定，市文化、公安联合对电子游戏机娱乐经营市场进行集中整治，限期拆除，查禁具有中奖功能荧屏积分功能的电子游戏机688台。2000年，市文化、公安部门又对电子游戏机娱乐经营市场进行专项整治，检查152家电子游戏机娱乐经营场所，其中查处60家，进行整改68家，停业整顿3家。同年下半年，成立市专项整治领导小组，8次大规模整治，查处违规违法案件 13 起，罚款 16 万元，压缩电子游戏机经营户 56 家，总量压缩 45.5%。2008 年，取缔无证电子游戏机娱乐经营场所 33 家。到 2010 年底，全市电子游戏机娱乐经营场所 17 家。2014 年底，尚有 24 家，但数已属半停业状态。

2014年桐乡市电子游戏机娱乐经营场所一览表

单位名称	经营地址	负责人
梧桐方圆游艺室	梧桐街道复兴北路368号	叶恭贵
崇福星源游戏室	崇福镇县前街35号	林　伟
阳光娱乐城有限责任公司	崇福镇崇德东路39号	徐跃清
濮院新晨游艺中心	濮院镇永乐路42号二楼	池和水
崇福中茂游戏室	崇福镇崇德西路94号	孙忠锋
桐越游娱室	梧桐街道城河路越剧团内	叶淑琴
凤鸣游艺厅	洲泉镇新洲路69号	林振文
石门影剧院	石门镇南市街61号	钟惠荣
屠甸东方游戏厅	屠甸镇振兴路68号	邱建松
梧桐康创游艺厅	梧桐街道迎风路	郑善进
国际大酒店有限责任公司	梧桐街道国际大酒店三楼	蔡善琪
新世纪游戏房	梧桐街道校场路	魏　雨
冠盛时代娱乐有限公司	梧桐街道时代广场三楼C座	兰其俤
浙江东兴商厦股份有限公司	梧桐街道庆丰中路18号	沈金荣
梧桐菲皇游艺室	梧桐街道振兴中路新世界广场1幢2层	林　辉
梧桐闽都娱乐城	梧桐街道梧桐大街84-86号	孙道全
崇福毅辉游戏厅	崇福镇五桂芳弄	邱毅辉
梧桐振东神彩游艺娱乐会所	梧桐街道香港城3幢2层	林希豪
濮院欢乐无限游艺室	濮院永和路九龙港美食一条街2号楼二层	孙道瑞
洲泉欧尚游艺室	洲泉镇湘溪大道名店广场2区三楼	欧天和
濮院卡酷游艺中心	濮院镇凯旋路1923号1幢3-6号	孙枝开
梧桐酷玩游艺室	梧桐街道梧桐大街551号	孙瑞微
崇福兴兴电玩中心	崇福镇花园北路255-259号	杨丰伟
濮院盟幻游艺中心	濮院镇齐宏路408—416号	李玉丽

六、网　吧

随着互联网的兴起和发展，2000 年初，境内以互联网上网服务的网吧娱乐经营市场逐渐兴起，到 2002 年，全市网吧已自行发展到 113 家。同时，根据有关规定，113 家网吧由市电信局正式移交给市文化局管理。同年下半年，桐乡市文化体育局召开全体网吧娱乐经营户会议，宣传有关法律法规，明确制定标准，发出审核通知书 99 份。同时，市文化市场管理办公室根据省文化厅、公安厅、通信管理局、工商行政管理局转发的《关于开展网吧等互联网上网服务营业场所专项整治的通知》精神，对全市113家网吧进行重新审核登记，换发"文化经营许可证（网吧）专用"74家。同年8月暑假期间，对未成年人上网现象，进行检查，共查处34家。

2003年，停止网吧审批，成立网吧行业自律协会，由协会牵头，开展自查自纠，聘请40名网吧督查员进行不定期督查。同年9月，市公安局网监大队在各网吧安装"过滤王"软件、一卡通刷卡系统和网络杀毒软件，实行网吧管理一卡通。2004年，在全市网吧中安装"净网先锋"网吧管理监控平台，提高管理效率。同时查处违规网吧64家，停业整顿13家，吊销网络文化经营许可证2家，举办全市网吧经营管理人员上岗培训，实行从业资格考核，提高网吧管理人员的职业道德素质。2005年，停业整顿13家，注销网络文化经营许可证1家。2006年，对"净网先锋"安装进行检查落实，网吧和计算机终端在线率超过70%。2007年1月，市文化行政执法大队制订《桐乡市星级网吧评比方案》和《桐乡市星级网吧评比标准》，规定星级网吧全年检查不少于10次，年终进行评定星级网吧，是年评出梧桐飞碟网吧等一星级网吧7家，梧桐冠盛网吧等二星级网吧6家，创新网吧等等三星级网吧4家，同时取缔无证网吧34家。2009年，组织开展10轮网吧常规检查，使网吧违规现象明显下降，网吧娱乐业市场信誉度得到提升。至2010年，全市网吧经营单位85家，其中一星级网吧7家，二星级网吧5家，三星级网吧4家。2013年，成立嘉兴市首家连锁网吧，引导网吧迈向规模化、专业化发展之路。2014年底，共有96家，其中桐乡市区37家。2014年，开始放开网吧审批。

2014年桐乡市网吧经营场所一览表

单位名称	经营地址	负责人
凤鸣新概念网吧	凤鸣街道文华小区1653号	姚隽
卓越崇民分公司	崇福镇振福路467号1幢1—6室	徐亚男
零点网吧	梧桐街道民兴路118—128号	高建伟
新天地网吧	梧桐街道城盛小区291号	殳伟
聚友休闲中心	梧桐街道校场路2号	王耿飞
海梦网吧	凤鸣街道文华小区613—614号	张剑兴
情缘网吧	梧桐街道人民路376—382号	朱炳学
悠游网吧	梧桐街道中山东路539号	姚隽
博客网吧	梧桐街道庆丰北路663—669号	方新杰
博客网吧	南日集镇大转盘东	方新杰
天翔网吧	梧桐街道齐福路820—836号	钱文华
绿色森林网吧	梧桐街道文华路1555号	何建萍

续　表

单位名称	经营地址	负责人
乐天网吧	濮院镇桐星大道330号	徐雪良
琴海网吧	梧桐街道庆丰北路碧水云天72幢349、353号	张国琴
湘溪网吧	洲泉镇聚贤路151—155号	冯跃伟
飞龙网吧	梧桐街道中华路中段	吴赟姬
飞鱼网吧	濮院镇凯旋路1666—1690号2楼	徐云峰
绿洲网吧	凤鸣街道环南小区49—50幢	张剑兴
飞速网吧	濮院镇桐星大道477号	沈伟斌
新洲网吧	洲泉镇公园路128号威尼斯广场1幢	俞国强
飞宇网吧	梧桐街道永兴路130—132号	魏　雨
蓉星网吧	梧桐街道梧桐大街283—285号	应亚军
龙吟网吧	振东新区杏南路106号1幢	杨　民
群英网吧	梧桐街道香港城3幢112—117号	唐小华
星达网吧	濮院镇新南路72—78号	朱孙亮
星速网吧	濮院镇凯旋路1093号	孙伟杰
飞碟网吧	桐乡市复兴南路90—8号	贾鹤强
朝阳楼网吧	梧桐街道中山东路748号	高建伟
方圆网络休闲中心	梧桐街道复兴北路368号三楼	孙秀云
创新网吧	桐迎凤路口浙江调速电机有限公司安置房二楼	王　华
科海网吧	梧桐街道中山西路21号	杨金凤
天天网吧	梧桐街道润丰步行街A段三楼	钱文华
鑫锋网吧	振东新区卜振路211—217号	赵鑫程
月兴网吧	梧桐街道城河路129号	叶淑霞
点击网吧	梧桐街道鱼行街8号	郑丽英
博客网吧	振东新区振华路159号	方新杰
好兄弟网吧	河山镇振兴路133—137号	黄　桢
稻乐网吧	梧桐街道稻乐路878号	沈伟斌
三帆网吧	龙翔街道秀溪路	陈月峰
新青年网吧	屠甸镇三门街东侧	蔡林汉
速腾网吧	崇福镇世纪大道860号	陈月明
美好时光网吧	河山镇河山大街南段	褚红斌
卓越振福路分公司	崇福镇开发区振福路220-230号	徐亚男
蓝色梦幻网吧	梧桐街道东兴南区9幢	林朝其
卓越崇福建业路分公司	崇福镇建业南路兴鑫家园	徐亚男
卓越崇福北大街分公司	崇福镇北大街19号	徐亚男
天天电脑网吧	崇福镇青年路9号	李　铭

续　表

单位名称	经营地址	负责人
桐盛网吧	凤鸣街道新兴路71—75号一层	张晓峰
卓越网络科技有限公司	崇福镇锦绣路29-39号	徐亚男
卓越崇福语溪分公司	崇福镇建业路242号	徐亚男
皇佳网络休闲会所	梧桐街道振华路133-141号	姚　隽
辉煌网吧	洲泉镇湘溪大道873-883号	张　伟
光速网吧	屠甸镇山门街中路93号屠甸东方广场2幢	徐晓伟
小城网事网吧	新生集镇中新路	沈志超
舒心网吧	崇福镇五桂芳弄电影院内	孙雪瑜
遇尚网吧	濮院镇凯旋路712号	林佳枫
新浪网吧	濮院镇永乐路绸厂内	陈秋明
今夜星辰网吧	河山镇振兴二路南侧	吕万碧
威盛网吧	濮院镇朝晖路16号	容海燕
飞越梦想网吧	梧桐街道人民路308—318号	王耿飞
四方网吧	濮院镇咏梅社区新南路79号	王亚南
柠檬树网吧	濮院镇凯旋路1168-1190号	沈　红
精英网吧	崇福镇世纪大道南侧	陈小明
天地网吧	濮院镇栖枫路中段	张　兰
沸点网吧	濮院镇咏梅路100号	孙枝强
德玛西亚网吧	梧桐街道桐庆小区8区3幢	张志锋
联众网吧	乌镇甘泉路106号	王　华
国光网吧	乌镇隆源桥南侧	方国光
时代网吧	洲泉镇湘溪大道851号	凌汝荣
新梦网吧	濮院镇工贸大道78幢西6间	沈志超
梦网之恋网吧	洲泉镇青石集镇	林振文
相聚网络休闲吧	洲泉镇金鸡路	夏　军
海浪网吧	凤鸣街道文华小区163-164号	张国琴
超音速网络休闲吧	石门镇丰润水岸联建房商铺二楼	池峰俤
金色飞虹网吧	洲泉镇湘溪大道名店广场二区二楼	池培秋
彩虹网吧	石门镇羔羊集镇	殳　伟
玉溪网吧	石门镇工农桥61号	钟惠荣
百盛网吧	濮院镇九龙港1-2号二楼	许铭杰
源地网吧	大麻镇光明西路	李祖国
宇洲网吧	大麻电影院影城舞厅	林振财
冠盛时代娱乐有限公司	梧桐街道时代广场三楼D区	兰其俤
同益网吧	梧桐街道百乐小区17-18号	殷小清

单位名称	经营地址	负责人
新世纪网吧	屠甸镇联星村西斗里	张剑兴
第四空间网吧	乌镇新华路92号	孙晓伟
飞翔网吧	梧桐街道永兴路250—260号	蔡长庆
精英网吧	崇福镇世纪大道南侧	陈小明
新意网吧	高桥镇中兴路71号	王建德
超越网吧	梧桐街道振兴中路2号新世界广场1幢	沈志超
宏福网吧	凤鸣街道同福经济园区内2幢	邵玉良
五星网吧	濮院镇凯旋路1923号2号楼底楼6号二楼2-6号	庄荣元
虚拟地带网吧	梧桐街道城东小区A区6幢5号	孙道盛
天下无双网吧	梧桐街道校场西路1幢630、632、634、636号	顾建夫
新时代网吧	濮院镇永乐路92号	林佳枫
世纪梦幻网吧	梧桐街道庆丰北路215—221号	王永熙
大众网吧	梧桐街道振兴西路99号	王永熙
极速地带网吧	梧桐街道景雅路727号2幢	蔡林娜

七、图书、刊物经营市场

新中国成立前，崇德、桐乡两县书业衰薄。20世纪30年代，崇德始有俞仲记书店和石门新乐书店，桐乡始有文宜斋等，但都是主营文具，兼营小说、唱本、连环画，同时对附近学校供应教科书，书源大都是嘉兴昌明书局。1949年，两县解放后，为解决人民群众学习文化的需要，桐乡办起"人民文化服务站"，崇德办起"五一文化服务站"，开始经销图书。1952年，新华书店嘉兴支店在崇德、桐乡建立分销处。1953年1月，新华书店浙江分店崇德支店建立。1954年7月，新华书店浙江分店桐乡支店建立。1956年7月，新华书店桐乡支店乌镇门市部建立。1958年，两县合并，书店同时合并，崇德支店改称门市部。1956年，为加强农村图书发行工作，开始在基层供销社代销图书。长期以来，图书一直以新华书店为主渠道。1978年后，允许发展文化个体户，一批个体销售户应运而生。1988年，桐乡邮电局开始在主要街道路口设立书报刊亭。到2010年底，全市图书经营单位有93家，其中新华书店5家、股份有限公司21家、个体书店67家、邮政书报刊亭30家。至2014年底，经清理、整顿，保留57家。

2014年桐乡市图书、刊物经营场所一览表

单位名称	经营地址	负责人
东兴商厦股份有限公司	梧桐街道庆丰中路18号	沈金荣
南风文具经营部	梧桐街道河畔花园1-18号商铺	何小英
光明书店	梧桐街道梧桐大街92号	邵义
益智书社	梧桐街道梧桐大街84号	沈惠秋
梧桐大酒店有限责任公司	梧桐街道振兴中路42号	陈林江
东兴商厦股份有限公司崇福分公司	崇福镇崇德东路	沈金荣
新华书店有限公司崇福门市部	崇福镇崇德路47号	许文梅
东兴商厦股份有限公司乌镇分公司	桐乡市乌镇隆源路北段商住楼	沈金荣
凤新文具店	濮院镇新生中新路62号	冯彩芬
诚信文具店	高桥镇中市街	唐一多
建强书店	高桥镇亭桥集镇	陆建强
大发书店	南日镇北路	范法琴
老徐文化用品商行	濮院镇凯旋路1515号	徐国平
奋发商店书店	洲泉镇新洲路6号	刘莉英
曙光书摊	河山镇镇前路（1号摊）	周井年
缘缘堂小卖部	石门镇大井路	盛群速
伶俐新书文具部	凤鸣街道草庵头集镇中群路	彭伶
炉头百货商场文具部	龙翔街道花石东路20号	邱学良
金诚信文化用品超市	濮院镇中兴路32号底楼北起第1间	陈亚红
爱佳家书屋	石门镇中兴北路233号	姚丽敏
新世纪副食品店	梧桐街道世纪大道1号	陈新江
天才文体用品商店	梧桐街道濮院镇凯旋路1275—1279号	麻鑫社
悠优文具商行	梧桐街道副食品批发市场247号	麻小乐
双龙杭白菊直销部	桐乡市经济开发区屠甸分区	姜如标
励志书店	梧桐街道中山西路151号	刘芬娥
时光书店	梧桐街道振兴中路润丰新世界广场	方溢
乌青斋书店	梧桐街道东兴街南区15幢S10号	王俊翼
小琴书店	梧桐街道求是实验中学	高小琴
子恺文化用品商行	石门镇西园路41号	魏阿兴
圆圆堂书店	梧桐街道梧桐大街1278号	李峰
新知书店	崇福镇崇德东路66号	李郁军
梧桐再兴书店	梧桐街道凤鸣路8号	陈再兴
希望书店	崇福镇晚村路7号	陈再兴
英杰副食品店	大麻镇文昌路（中心学校对面）	刘建强

单位名称	经营地址	负责人
文进书店	屠甸镇山门街延伸段东侧	李文进
沈六英老街书屋	乌镇老街中百隔壁	沈陆英
风雅书店	梧桐街道校场东路733号	胡晓燕
超超书店	大麻镇光明路北侧1幢	金建林
振东恒辉副食品超市	梧桐街道环城东路与校场东路交叉口	李永良
高桥十足副食品商店	高铁桐乡站候车室西侧1号	刘立军
缘缘文百书店	石门镇寺弄路73—75号	李冬生
乌镇旅游股份有限公司东栅连环画书店	乌镇东栅大街389—391号	沈　杰
乌镇旅游股份有限公司西栅连环画书店	乌镇西栅大街228—230号	沈　杰
乌镇旅游股份有限公司拂风阁书屋	乌镇西栅大街236号	沈　杰
桐乡市乌镇同创图书文具用品商店	乌镇陈庄村西邱港禽蛋市场西	姚丽玉
沃尔玛华东百货有限公司桐乡振兴中路分店	梧桐街道振兴中路2号	阙文雄
濮院再兴书店	濮院镇永乐里1号	陈再兴
桐乡市文化产业发展有限公司	梧桐镇广福路3号	沈惠强
东兴商厦股份有限公司崇福分公司	崇福镇崇德东路	沈金荣
东兴商厦股份有限公司	梧桐街道庆丰中路18号	沈金荣
惠琴文具店	崇福镇花园桥西堍	钟惠琴
文轩文体用品店	濮院镇永乐路94号	沈亚球
童乐数码产品商店	洲泉镇湘溪大道816号	沈海明
博雅书店	梧桐街道康乐路38号5幢	姚丽玉
缘缘书店	梧桐街道庆丰南路10—5号	龚俊英
振华图书店	乌镇植材路西侧杏花路北侧	沈振华
桐乡市洲泉欧嘉副食品超市	洲泉镇湘溪大道945号	汪国平

2010年桐乡市书报刊亭一览表

报亭名称	地　址	经营人
梧桐报刊门市部	梧桐街道梧桐大街中段	王忠明
东兴报刊亭	梧桐街道东兴商场西侧	徐秋劲
九曲报刊亭	梧桐街道九曲小区入口处	汤林如
一院报刊亭	梧桐街道人民医院东侧	王琴仙
崇福东兴报刊亭	崇福镇东兴商厦旁	陈志兴
濮院咏梅报刊亭	濮院镇咏梅路口	吴洪辉
濮院南纬路报刊亭	濮院南纬路口	陆建英

报亭名称	地　址	经营人
大发报刊亭	梧桐街道大发小区	方　丽
六中报刊亭	梧桐街道六中西校区	朱月芬
振西报刊亭	梧桐街道振兴西路	陈林江
庆丰报刊亭	梧桐街道庆丰中路	刘贺达
乌镇报刊亭	乌镇新华桥旁	董燕红
振东报刊亭	梧桐街道振兴东路	高红梅
西门报刊亭	梧桐街道西门小区	何志浩
洲泉报刊亭	洲泉镇振兴桥旁	金娟尧
大麻报刊亭	大麻镇麻溪路口	杨永平
邵家桥报刊亭	梧桐街道梧桐大街	陈祖德
汇丰报刊亭	梧桐街道汇丰小区	陈爱芬
屠甸报刊亭	屠甸镇寺桥堍	陈江仙
洲泉报刊亭	洲泉镇湘溪路口	沈炳荣
崇福报刊亭	崇福镇崇德中路	袁　雅
环北报刊亭	梧桐街道庆丰北路	张根荣
鱼行街报刊亭	梧桐街道东兴商厦北门口	洪冬久
时代广场报刊亭	梧桐街道时代广场东侧	任振亚
河山报刊亭	河山镇振兴路	沈方方
新世纪报刊亭	梧桐街道庆丰南路	赵荣杰
崇福报刊亭	崇福镇汽车站旁	高小琴
濮院毛衫市场报刊亭	濮院镇中心路毛衫市场	朱　强
加油站报刊亭	屠甸路加油站对面	吴志琴
润丰报刊亭	梧桐街道润丰步行街	高培林

八、裱画社

桐乡第一家书画装裱社是桐乡书画社，成立于1981年，属县劳动服务公司，胡宗和任经理，胡耀飞为经理助理，刘雪樵为名誉社长，聘请海宁裱画师褚安荪从事书画装裱，并传授装裱技术。地址在劳动服务公司内三楼，对外服务在凤鸣路口，后迁至梧桐大街南路，直至1984年停办。1987年，君匋艺术院设立书画裱画部。随着桐乡书画业发展，书画装裱店逐年增多，至2010年，全市书画装裱社共有11家。

2010年桐乡市书画装裱场所一览表

企业名称	地　址	企业法人
汤金荣书画装裱	乌镇	汤金荣
逸龙书画装裱	梧桐街道北门大街	许振华
馨逸画苑	梧桐街道桐南路39号	王国建
润艺书画装裱	君匋艺术院	徐国林
紫来阁装裱店	梧桐街道屠甸路	钟建夫
崇福书画院书画装裱	崇福镇振兴西路商业街	吕燮强
枫林阁书画装裱画廊	梧桐街道屠甸路东山桥西堍	
朱建南书画装裱	崇福镇	朱建南
钱圣奎书画装裱	梧桐街道振兴西路商业街	钱圣奎
真逸画苑	梧桐街道梧桐大街延伸段农经局南侧	姚建浩
阿云手裱	梧桐街道梧桐大街邵家桥	夏佩云

九、印刷业

境内木板印刷起源较早，明末清初即有。光绪二十四年（1898），梧桐方牲昌纸店开始用石印机印刷账册等。民国二十五年（1936），乌青镇和裕印刷所始置圆盘机，为境内铅字印刷之始。1949年，崇德、桐乡两县有印刷所（店）8家。1951年，乌镇4家私营印刷所联合成立乌镇联合印刷厂。1953年初，崇德建立国营印刷厂。1956年，乌镇联合印刷厂实行公私合营后迁至梧桐镇，与梧桐印刷厂合并建成桐乡印刷厂，承担《崇德日报》《桐乡日报》印刷任务。1979年后，县教育系统办三育印刷厂。1990年，全县印刷厂已发展到14家，并形成以彩色包装品印刷为主的产业结构。至2010年，全市包装印刷企业118家，一般印刷企业54家，文印社91家。2012年发展到177家。2014年底，有186家，文印社118家，其中桐乡市印务有限公司、桐乡市高美印务有限公司为出版业务印刷厂，华广（桐乡）彩印纸品有限公司、东兴彩印包装（桐乡）有限公司、浙江济丰石东纸业有限公司三家为外资企业。2014年，包装装潢印刷企业216家，打字复印单位79家。

2014年桐乡市包装装潢印刷厂家一览表

单位名称	经营地址	负责人
华广（桐乡）彩印纸品有限公司	桐乡经济开发区第三期工业区	林孟呈
东兴彩印包装（桐乡）有限公司	梧桐街道环城南路857号	郑万钦
浙江济丰包装纸业有限公司	梧桐街道凤栖东路518号	郑显俊
桐乡市华鑫印刷有限公司	屠甸镇轻纺工业园区前进路72号	张瑞荣

单位名称	经营地址	负责人
桐乡市乌镇明盛纸制品厂	乌镇彭家村	沈德明
桐乡市创新印刷有限公司	桐乡市经济开发区凤鸣分区富业路130号	陈礼娟
桐乡市汇宇纸业有限公司	梧桐街道康定路7号	戴永清
桐乡市天旺五金塑料制品有限责任公司	洲泉镇道村村	茅新娣
桐乡市华强彩印包装有限公司	梧桐街道环西小区86-87号	吕兴华
桐乡市河山丰成印务化工厂	河山集镇	金国泳
桐乡市青石春晖包装印刷厂	洲泉镇东田村泗水桥	邱金祥
桐乡市正盛包装材料厂	洲泉镇东田村	金志方
桐乡市金点创意印刷包装有限公司	梧桐街道民安村	费树明
桐乡市永秀永发印刷厂	大麻镇黎明村	姚明法
桐乡市高丰包装股份有限公司	高桥镇楼下谷村	沈关林
桐乡市恒兴纸业有限公司	屠甸镇轻纺工业园区前进路1400号	冯金祥
桐乡市佑昌包装材料有限公司	洲泉镇临杭经济区	陈　蕾
桐乡市骑塘赵氏纸制品厂	高桥镇星石桥	赵建华
桐乡市石湾纸箱厂	石门镇工业园区	沈建新
桐乡市青石金泰包装厂	洲泉镇东田村	陈月南
桐乡市凯屹印刷有限公司	洲泉镇鞋业区块	金根楚
桐乡市创益金属彩印有限公司	凤鸣街道同福工业区同业路	朱建荣
桐乡市青石佳杰包装材料厂	洲泉镇东田村	吴建忠
桐乡市天马彩印包装有限公司	洲泉镇永秀工业区	盛笑强
桐乡市金盛彩印包装有限公司	高桥镇河南南面	郎乾坤
桐乡市青石神龙纸箱厂	洲泉镇东田村	王琼雅
桐乡市崇德印刷有限责任公司	崇福镇北塘直街79号	于建荣
浙江天女集团制漆有限公司	凤鸣街道永兴路1号	姚玨铭
桐乡市金龙翔包装印刷有限公司	龙翔街道元丰村	陆伟芳
浙江永和胶粘制品股份有限公司	高桥镇工业园区高架路	朱家炼
桐乡市民合新星包装用品厂	乌镇民合集镇董家桥沐恩桥	钱培根
桐乡市石门恒大包装材料厂	石门镇东池村昂星桥东侧	沈建潮
桐乡市华硕彩印包装有限公司	崇福镇芝村村梅家桥	张玲梅
桐乡市现代印刷有限公司	梧桐街道百福村长山桥桥堍	胡伟忠
桐乡市恒盛包装印刷厂	洲泉镇小元头村	盛伟强
桐乡市双龙彩印有限公司	石门镇立新村	陆建荣
桐乡市天鑫包装有限公司	屠甸镇恒丰村泥司浜	金伟洪
桐乡市石门兴艺印刷厂	石门镇崇安村	薄兴根
桐乡市正太纸业包装有限公司	河山镇工业园区B-1地块	丁发勇

单位名称	经营地址	负责人
桐乡市申华包装印刷厂	梧桐街道城东村	费新华
桐乡市永固胶粘制品厂	高桥镇星石桥曹家浜	徐建国
桐乡市宇峰印务有限公司	崇福镇联丰村汤介桥	俞汉根
桐乡市南日印刷厂	高桥镇南日南新路52号	祝建国
桐乡市桐宁彩印有限公司	凤鸣街道中群村	凌伏明
桐乡市屠甸三友包装有限责任公司	屠甸镇红星村	金林甫
桐乡市腾达包装材料厂	洲泉镇岑山村	严林根
桐乡市三欣彩印包装厂	梧桐街道中山西路环西小区47号	沈海兴
桐乡市玉溪工艺美术服务社	石门镇崇按村富兴斗组	沈兴泉
桐乡市蓝海包装有限责任公司	梧桐街道凤鸣西路28号	高顺宝
桐乡市洲泉飞英包装厂	洲泉镇青石东田村	赵炳洪
桐乡市梧桐金泰来塑业包装厂	梧桐街道百桃工业园区	孙企平
桐乡市洲泉塑料厂	洲泉镇金鸡路58号	袁育新
桐乡市梧桐俩明商标吊牌厂	梧桐街道钱家门有色金属铸件厂内	沈月明
桐乡市龙鑫印刷有限公司	屠甸镇西新南路70号	张金龙
桐乡纸箱厂	梧桐街道中山东路2号	顾晓杰
桐乡市同福富强包装纸业有限公司	凤鸣街道建胜村	吴顺夫
桐乡市富丽华印刷包装有限公司	梧桐街道工业园区内	单建萍
浙江高特印铁有限公司	屠甸镇轻纺工业园区同裕路309号	温致鸣
桐乡市腾飞包装有限公司	高桥镇星石集镇	张毅力
桐乡市洲泉印刷厂	洲泉镇南庄村	吴炳坤
桐乡市洲泉友和印刷厂	洲泉镇晚村集镇	费真海
桐乡市濮院红星印刷厂	濮院镇永乐村周家木桥	王兴中
桐乡市凯瑞包装材料有限公司	屠甸镇石泾西路225号	宋剑良
桐乡市卓怡印刷包装有限公司	凤鸣街道新兴路东端	赵爱荣
桐乡市飞云包装印刷有限公司	梧桐街道经济开发区康乐路21号	姜秀芳
桐乡市星火纸箱包装有限公司	崇福镇星火村	胡掌兴
桐乡市腾龙包装有限公司	河山镇经济园区	李海琴
桐乡市乌镇包装品厂	乌镇南大街南栅外北庄桥堍	李　艳
桐乡市绕都包装有限公司	屠甸镇和平村大场佬	魏建清
桐乡市新旺包装材料有限公司	崇福镇五丰村桃园	夏惠良
桐乡市永业印务有限责任公司	洲泉镇小元头集镇	胡良燕
桐乡市蓝红不干胶印刷厂	洲泉镇南市街庄前桥南	章学乐
桐乡市大江南彩印包装有限公司	濮院镇王母桥	张明
桐乡市金都包装有限公司	河山镇五泾集镇	唐金如

单位名称	经营地址	负责人
桐乡市华盛包装制品厂	梧桐街道民安村戴介桥	谈炯敏
桐乡市濮院星博印刷厂	濮院镇新东村庙桥组原村小学	朱信良
桐乡市天盛彩印包装有限公司	桐乡市经济开发区友谊路西端	李树强
桐乡市盛锋包装厂	洲泉镇西庄村	朱雪根
浙江德美彩印有限公司	石门镇琴秋西路388号	张晓东
桐乡市同创包装印刷有限公司	梧桐街道城西高家湾集镇	莫建新
桐乡市建鑫包装有限公司	石门镇桂花村西塘田	顾建国
桐乡市山豹印业有限公司	大麻镇黎明村	沈树良
桐乡市高桥强兴纸箱厂	高桥镇湘庄村	沈国明
桐乡市凯盛印刷有限责任公司	梧桐街道校场西路786号	徐　英
嘉兴恒都纸业有限公司	洲泉镇小元头村原砖瓦厂内	张根兴
嘉兴市中凯印刷包装有限公司	桐乡市洲泉镇工业园内	卢昌玉
桐乡市明星纸业有限公司	桐乡市梧桐街道桐石公路众善村	吕星明
桐乡市恒宇包装有限公司	桐乡市石门镇运河路89号	沈明学
桐乡市华隆彩印有限公司	石门镇崇安村	钟坤荣
桐乡市锡良罐业有限公司	桐乡市开发区凤鸣分区	张锡良
桐乡市洲泉三叶印刷厂	洲泉镇岑山村华庙组	徐　敏
桐乡市银泰彩印有限公司	梧桐街道凤鸣西路28号	赵甫江
浙江嵘月包装有限公司	凤鸣街道工业园区	吴坤铨
桐乡市宏泰包装厂	梧桐街道城西村谈家浜	杨洪财
桐乡市宏昇印务有限公司	崇福镇上莫村工业区	朱惠良
桐乡市鼎兴纸制品有限公司	高桥镇湘庄村曹介浜	王林兴
嘉兴市东恒包装有限公司	石门镇工业园区育才路	蒋建国
桐乡市石门博弘印刷包装厂	石门镇羔羊工业园区	张娟英
桐乡市洲泉中杰包装材料厂	洲泉镇岑山村原马头砖厂内	庄明南
百丽特包装有限公司	濮院镇凯旋路2700号	沈富强
浙江德兴纸塑包装有限公司	石门镇工贸园区	王　斌
桐乡市鑫洋包装有限公司	高桥镇兴合投资园	钟国英
浙江叶森印刷包装有限公司	桐乡市经济开发区凤鸣分区三期	叶方阳
桐乡市天女印铁制罐有限公司	凤鸣街道红旗村蒋子庙桥南	姚玨铭
嘉兴三宇印刷有限公司	梧桐街道振兴西路526号	吕跃平
桐乡市明辉印刷有限公司	石门镇崇安村	董明学
桐乡市喜洋洋鞋业有限公司	石门镇郜墩农民鞋业创业园	胡文学
桐乡市华盛包装有限公司	石门镇郜墩村工业区羔羊鞋业区	许国学
桐乡市盛世包装有限公司	凤鸣街道同福工业区同圆路188号	王建清
桐乡市悦丽娜印务有限公司	洲泉镇东田村	陈海明

续　表

单位名称	经营地址	负责人
桐乡市伟杰包装有限公司	洲泉镇工业区1幢	杨秀华
浙江华丽达包装有限公司	河山镇工业园区	陆兴华
桐乡市石门天晟包装厂	石门镇崇安村	沈亚海
桐乡市洲泉天裕印刷厂	洲泉镇合兴村匠人湾	俞忠强
桐乡市创伟印刷有限公司	洲泉镇工业园区	沈晓伟
桐乡市洲泉鸿图彩印厂	洲泉镇清河村原砖瓦厂内	蔡伟强
浙江东合印刷包装有限公司	崇福镇工业区1幢	钱国军
嘉兴永青金属制品有限公司	石门镇工业区	蔡纪春
桐乡市派克聚彩印有限公司	凤鸣街道工业园区1幢	章惠峰
桐乡市耀辉包装有限公司	石门镇崇安村南庄村	倪建洪
桐乡市华逸纸制品有限公司	屠甸镇万星路51号1幢	夊培杰
桐乡市石隆包装材料有限公司	洲泉镇青石集镇泗水桥	钟飞虎
桐乡市晶美印刷厂	洲泉镇东田村赵家角	赵仿伦
桐乡市大海包装有限公司	桐乡市石门镇崇安村黄家埭组	王炳海
桐乡市建大包装材料有限公司	高桥镇骑塘星石桥集镇4幢	顾建炳
嘉兴市明跃包装材料有限公司	桐乡市梧桐街道凤翔中路92号	周金燕

2014年桐乡市文印社经营场所一览表

名　称	地　址	负责人
新世纪文印社	崇福镇青阳东路132号	李娟文
建奎文印社	高桥集镇	范建奎
捷达图文店	梧桐镇庆丰新村校场西路	卿　斌
欢欢文印社	梧桐镇校场东路	殷明富
新城文印部	梧桐街道体育路178号	丁杏发
信立文印社	崇福镇青年北路552号	陈　卫
博大文印中心	梧桐街道振兴东路16号	叶银根
楚天文印室	梧桐街道振兴东路市政广场	李晓彬
羔羊文印社	石门镇羔羊集镇	陈梅华
天空电脑工作室	濮院镇中兴街锦苑小区	徐　涛
阳光创意文印社	乌镇甘泉路工商所大门西侧	王　华
百花电脑文印部	濮院镇永乐路66号	金维宪
方正电脑文印部	梧桐街道文昌路8-20号	沈志伟
姐妹文印部	梧桐街道校场路	平　华

名　称	地　址	负责人
世纪印刷行	梧桐街道文昌路26号	吴建梅
美联图文设计中心	崇福镇崇德西路	郑新权
惠萍文印社	高桥镇高架路	沈惠萍
伟良文印部	梧桐街道园林路18号	邬伟良
振东博艺图文文印室	梧桐街道振兴东路612号	刘一生
蓝曼文印社	濮院镇南纬路91号	杨筱华
鑫鑫文印服务部	梧桐镇和平路152号	范向东
新大院轻印刷有限公司	梧桐街道振兴东路	毕建明
亚晓文印社	南日开发区环城北路3号	陆亚晓
新时代文印中心	崇福镇崇高公路口	汪小玲
恒信文印服务部	梧桐街道复兴路校场路口	彭玉国
龙英印务社	崇福镇宫前路65号	朱龙英
兆华工艺设计制作室	梧桐街道广福路83号	诸兆华
欣丰文印中心	梧桐街道茅盾西路41号	张伟红
万图速立文印社	崇福镇崇德东路42号	张建平
京雷文印社	梧桐街道复兴路	黄建强
颂祖名片中心	濮院镇永乐路54号	沈颂祖
长丰文印社	石门镇子恺东路39号	陈丽娟
实力文印部	梧桐街道凤鸣路16号	黄伟萍
国际大酒店有限责任公司	梧桐街道振兴路38号	蔡善琪
加良复印部	龙翔街道桐乌路31号	徐加良
兴达文印社	乌镇新华路南端17号	朱艾萍
灵点图文设计制作中心	梧桐街道中山路2号	费建利
屠甸文化经营服务部	屠甸镇振兴路92-1号	赵振云
金世纪电脑文印社	梧桐街道凤鸣路一中桥南堍	谭筱云
商华印刷服务部	梧桐镇凤鸣路6号	石玲莉
曙光电脑文印部	龙翔街道花石西路72号	周菊蓉
缤纷字牌制作工作室	梧桐街道东头弄3号	孟泉峰
尚美图文设计室	梧桐街道复兴北路918号	郭　雄
明明复印社	石门镇子恺东路67号	张慧明
广艺图文设计室	乌镇隆源路120号	陆建华
建林图文设计社	洲泉镇小元头集镇	王建林
精印图文设计室	洲泉足佳鞋料市场二期	陈笑英
信恒印务社	梧桐街道振兴西路137号	潘国良
洲泉着色剂厂文印室	洲泉镇新洲路	沈迪明

名 称	地 址	负责人
正大文印社	大麻镇杨木桥边	张琪菊
佳和文印部	梧桐街道振兴西路商业街	高小冬
方大文印部	梧桐街道校场路122号	劳建甫
鸿达文印社	河山镇河山大街	褚国梅
南方文印部	梧桐街道振兴街杨家门56号	蔡英南
振东文印室	梧桐街道振兴东路	钟卫东
诚成文印经营部	梧桐街道庆丰北路57号	曹 苡
东方文印社	梧桐街道园林路40号	吕继莲
吉丽文印店	梧桐街道振兴西路79号	沈 炎
飞帆图文设计中心	梧桐街道文昌路	朱 蔚
玉溪字牌店	石门镇中兴南路	程富良
大地文印中心	崇福镇崇德中路41号	周巨全
地高文印部	梧桐街道茅盾东路	沈 韬
伟业文印社	洲泉镇青石集镇75号	王明海
新清图文印社	梧桐街道振兴东路	汪芳芳
创维文印社	梧桐街道庆丰北路107号	厉云峰
新视野图文设计室	梧桐街道梧桐大街16号北	张二娜
新起点图文设计室	梧桐街道庆丰南路37号	阮玲莉
概念文印店	乌镇常庆街隆源北路3	高建华
新动力数码科技有限公司	梧桐街道中山西路南侧	姚月奎
易墨图文设计室	梧桐街道逾桥中路	杨海明
华诚文印社	崇福镇县前街32号	步汉慎
吟梅图文设计室	梧桐街道永兴路161号	费吟梅
宝兴标牌有限公司	振东新区中华东路	陈钦武
宇阳文印中心	崇福镇世纪大道870号	祝美凤
艺点图文设计工作室	梧桐街道逾桥西路	张皓楠
鹏森复印社	洲泉镇青石村钟家桥	陈桂芬
崇新图文设计中心	崇福镇建业中路195号	商雨铃
梦诚文印有限公司	梧桐街道幸福路15号	尹 倩
中正图文设计中心	梧桐街道环北新村东区	陈正瀚

第二节　文化市场管理

一、概　况

新中国建立前，崇德、桐乡两县的文化服务业由教育行政机构批准管理。新中国建立后，文化服务业的行政管理职能由崇德、桐乡两县文教科行使。1958 年两县合并后，全县的文化业务市场由桐乡县文教局管理。1978 年建立县文化局后，设立文化业务股，配备专职干部，专门管理文化业务市场。20 世纪 80 年代初，音像业、桌（台）球、电子游戏机、歌厅、舞厅等文化经营娱乐业相继兴起，文化市场逐步形成。1986 年 1 月，建立桐乡县社会文化管理委员会，统一领导协调全县文化市场管理。1989 年 5 月，县文化局建立文化市场管理办公室。1997 年，市文化局增设文化市场管理科，同年建立文化市场稽查大队。2005 年 10 月，成立桐乡市文化行政执法大队。2007 年 5 月，建立市文化市场管理领导小组，2008 年 12 月，文化局增设市场法制科。逐步健全文化市场管理机构，先后转发国家、省有关文化市场管理的法律、法规和制订桐乡市文化市场管理规章 100 多件，长期与公安、工商等有关部门紧密配合，抓整顿，抓繁荣，确保文化市场始终沿着健康、繁荣的方向发展。

二、管　理

民国时期，崇德、桐乡两县的文化服务业由教育行政机构批准，到税务机关纳税后就可营业。新中国建立后，崇德、桐乡两县文教科管理剧团、电影、书店、民间艺人、文物、娱乐场所、印刷、照相馆等文化业务市场。1958 年两县合并后，由县文教局管理。1978 年建立县文化局后，设立文化业务股，配备专职干部，专门管理文化业务市场。1981 年，桐乡县文化局印发《关于桐乡县各剧场、影〔剧〕院管理工作暂行细则的通知》，分总则、岗位职责、制度和附则共 51 条。1982 年，桐乡县文化局转发文化部、公安部《关于取缔流散艺人和杂技团体表现恐怖、残忍和摧残少年儿童节目的通知的通知》，规范和净化演出市场。

20 世纪 80 年代初，国家实施改革开放政策，调整文化结构，支持文化产业，允许私营文化企业发展，继营业性演出后，音像业、桌（台）球、电子游戏机、歌厅、舞厅文化经营娱乐业相继兴起。1988 年前，全县音像市场由广电局主管。1988 年后，全县音像市场开始由文化局和广电局分口管理。同年初，文化局对全县文化市场进行调查摸底，5 月与县公安、工商部门协调，并制订管理办法，召开全县文化市场管理工作会议，落实管理措施。1990 年全县已有文化娱乐经营场所 215 家，1995 年发展到 661 家，2010 年 644 家。

为了适应文化市场新形势，1986 年 1 月后，在县社会文化管理委员会的统一领导协调下，逐步加强对全县文化市场的管理。1989 年 5 月，县文化局建立文化市场管理办公室。1996年10月7日，市委市政府召开全市音像市场集中整治工作会议。1997年市文化局增设文化市场管理科，建立桐乡市文化稽查大队。2001年11月，原广播电视局承担的音像市场管理职能划入文化体育局管理。后经不断稽查、整顿，逐步取消茶室录像。2003年市编委对桐乡市文体市场稽查大队进行单独配置，增加4名专职稽查员。2005年10月，单独建制成立桐乡市文化行政执法大队，并配备执法汽车1辆、执法摩托车2辆，取证用照相机1台、摄像机1台，办公用电脑8台。2007年5月25日，建立文化市场管理领导小组，由分管党群的市委副书记任组长，市委办、市府办、宣传部、发改局、教育局、公安局、财政局、文化局、卫生局、总工会、团市委、法制办、城管办、广电台、工商局参加协调管理。2008年12月，文化局增设市场法制科。1989年，印发《桐乡县文化市场管理试行办法》《桐乡县娱乐场所管理细则》。1992年5月，县政府印发《桐乡县营业性舞厅、音乐茶座管理暂行规定》，同年11月11日，文化局、公安局联合召开强化歌舞厅规范化管理会议。1993年8月，县文化局、公安局根据文化部、公安部《关于严禁电子游戏机进行赌博活动的通知》，采取"一管二定三包"管理办法，即统一管理，定点定量，包干治安费，加强对电子游戏机的管理。同年制订印发《桐乡市音乐餐厅（卡拉OK伴宴）管理办法》《桐乡市歌舞厅等级标准》《桐乡市有奖电子游戏机管理办法》《关于歌舞娱乐场所禁止吸烟的通知》。1994年4月，制订印发《关于加强书刊市场管理的通知》。1995年，文化市场管理办公室重新修订《文化市场稽查制度》《文化市场稽查人员岗位职责》《申办营业歌舞娱乐场所审批程序》《申办营业性电子游戏机、台球许可证审批程序》，还制订行政执法责任制方案，规范执法文书和执法程序。1996年，编印文化市场法规宣传资料6000册，同年1月16—17日，2月6日对213家经营单位（户）进行集中整治，共收缴非法音像制品1376盒（张）、图书3466件。

1997年9月2—6日，市文化局、公安局联合对全市已开办和有报告未批准的101家营业性音乐茶庄进行全面检查，对不符合要求的91家茶庄，发出限期整改通知书；对不符合条件的6家茶庄作出停业关闭、注销营业许可证的决定；对不够申办条件的4家茶庄作出不予批准的决定。同年聘请8名宣传干部为文化市场管理监督员。2003年，制订《关于实施桐乡市互联网上网服务营业场所经营单位总量和布局规划》。2007年，制订《执法办案制度》《举报受理制度》《"六要六不准"制度》《错案责任追究制度》。2007年，成立由市人大代表、政协委员、退休干部、退休教师、社区干部组成的文化市场义务监督员队伍。2009年，又聘请52名老同志为网吧义务监督员。在不断制定完善文化市场管理规章制度和加强社会监督的同时，抓好对文化经营户法律法规和文明经营的学习培训，1989年至2010年4月底，共举办文化市场经营单位负责人和上岗人员培训班46期，参训人员3680人次。

1989年以来，在市社会文化管理委员会统一领导和协调下，公安、工商等部门密切配合，坚持一手抓净化整顿，一手抓繁荣引导，确保文化市场沿着健康的轨道发展。到

文化行政执法人员在检查音像书刊市场

2012 年底，经过整顿、清理，全市有文化娱乐经营场所 451 家。到 2014 年底，为 639 家。

1989 年和 1997 年，文化局两次被省文化厅评为"文化市场管理先进集体"。2009—2014 年，市文化市场行政执法大队连续 6 年，被省文化厅评为"文化市场行政执法工作成绩优秀（显著）单位"。2014 年，市文化市场行政执法大队获国家版权局"查处侵权盗版案件有功单位三等奖"。

桐乡市1995—2014年文化市场查处情况一览表

时间	出动部门	出动人次	检查家（次）	查处情况
1995	文化局、公安局、工商局	600	700	处罚21家，收缴音像制品773盒，书刊120册，暂扣单放机15台，功放机2台
1996	文化局、公安局	132	269	收缴音像制品、书刊、游戏机电路板共3016件，查禁有奖电子游戏机688台
1997	文化局、公安局	114	478	限期整改38家，注销6家，查扣录像机2台，录像带5盒，LD73张，VCD67张，审验贴证LD1346张
1998	文化局、公安局	45	89	收缴非法出版物305册（盒）；取缔、注销3家
1999	文化局、公安局、工商局	453	242	收缴、扣留录音、录像、DvD和游戏卡片2477盒（张），立案查处2起
2000	文化局、公安局、工商局	320	208	查处60家，收缴非法书刊3318册，音像制品2411盒（张），游戏电路板148块，压缩电子游戏经营户56家
2001	文化局、公安局、工商局	570	837	收缴非法书刊6898册，游戏电路板208块，音像制品8912盒（张），压缩17家，注销72家
2002	文化局、公安局、工商局	200	1824	收缴非法书刊2336册，游戏电路板37块，音像制品15425盒（张），吊销执照45家
2003	文化局、公安局、工商局	800	1100	收缴音像制品13400盒（张），游戏机168台，电路板264块，处罚经营户94家
2004	文化局	80	100	查处违规网吧68家，停业整顿3家，吊销许可证1家
2005	文化局、公安局	160	160	查处违规网吧37家，停业整顿13家，注销1家；收缴赌博机83台，电路板149块
2006	文化局、公安局、工商局、城管局	1892	3269	立案查处38家，停业整顿5家，取缔无证经营63家，收缴赌博机118台，电路板307块，收缴非法书刊1030，音像制品2.71万张（盒）
2007	文化局	1506	3190	收缴音像制品2.35万盒（张），书刊1177册，游戏机177台，电路板148块，软件150件，停业整顿2家，吊销许可证3家
2008	文化局	350	500	收缴音像制品4572盒（张），书刊531册，取缔无证经营110家，扣压电脑226台
2009	文化局	469	326	收缴音像制品1.13万盒（张），书刊1554册，取缔无证经营55家
2010	文化局	1100	1300	收缴音像制品3714盒（张），书刊467册，游戏机电路板8块
2011	文化局、公安局、工商局	1021	1900	收缴音像制品1.37万盒（张），书刊3290册，取缔无证经营11家，停业整顿1家

时间	出动部门	出动人次	检查家（次）	查处情况
2012	文化局、公安局、工商局、教育局	973	1250	取缔无证经营135家，收缴音像制品4.56万盒（张），暂扣电脑主机169台，赌博机20台，书刊3630册，治安处罚19人。
2013	文化局、政法委、公安局、工商局、城管局、教育局、卫生局	990	1457	受理举报8件，立案调查32家、警告23家、停业整顿2家，罚款12.32万元，没收违法所得1.058万元，没收非法印刷制品600件，没收非法音像制品1026件。
2014	文化局、卫生局	879	1226	受理举报8件，行政处罚立案26件、警告19家、停业整顿2家，罚款7.55万元，停业整顿1家，没收非法印刷制品450件，版权美术制品18件。

第六章　非物质文化遗产

2005 年，桐乡开展非物质文化遗产普查工作，基本掌握了全市范围内重要的非物质文化遗产资源的种类、数量、分布状况、生存环境及保护现状。至 2015 年，桐乡蚕桑习俗作为中国蚕桑丝织技艺的子项目列入联合国人类非物质文化遗产代表作名录；含山轧蚕花、高杆船技和蓝印花布列入国家级非物质文化遗产名录；三跳等 18 项列入省级非物质文化遗产名录；大纛旗等 52 项列入嘉兴市级非物质文化遗产名录；皮影戏等 89 项列入桐乡市级非物质文化遗产名录。褚林风、邱学良等 28 人被命名为非物质文化遗产传承人。

第一节　非物质文化遗产普查

20 世纪 80 年代，为编纂《中国民间文学三集成》，桐乡市开展民族民间艺术普查，内容涵盖民间故事、歌谣和谚语，普查成果为最后形成的《中国民间文学集成桐乡县故事·歌谣·谚语卷》，共计 44 万字，共收录民间故事 230 则、民间歌谣 124 首、谚语 900 多条。

2005 年 3 月，桐乡市以国务院《关于加强文化遗产保护的通知》及国务院办公厅《关于加强我国非物质文化遗产保护工作的意见》精神为指针，按照浙江省文化厅关于开展非物质文化遗产普查的统一部署，在嘉兴市文化局及非遗保护中心的大力支持和指导下，坚持"全面普查、摸清家底，健全机制、规范管理，整体保护、传承发展"这一工作目标，贯彻"全面性、代表性、真实性"原则，历经资源线索收集、开展项目调查、成果汇集整理三个阶段，在全市开展非物质文化遗产普查工作，基本掌握全市重要非物质文化遗产资源的种类、数量、分布状况、生存环境及保护现状、资源家底及传承脉络状况。

一、工作网络
市级
2008 年 3 月，桐乡市成立非物质文化遗产保护工作领导小组，确定文化局为主管部门，协调宣传部、财政局、教育局、公安局等为成员单位，加强领导，明确保护责任，分管副市长任领导小组组长，市委宣传部、市府办、文化局主要领导任副组长。

领导小组下设非物质文化遗产普查办公室，主任由文化局副局长兼任。办公室设在市文化馆内，由馆长负责，下设普查指导组、普查联络小组、专家顾问组。

镇（街道）级

各镇（街道）成立相应的领导小组，由分管文化工作的领导担任组长，下设以文化站人员为主体的普查办公室，不少于5人。

村（社区）级

村（社区）普查员不少于3人。

二、普查进程与方法

普查从2007年10月开始至2008年9月结束，历时一年。

2007年10月，桐乡市政府办公室印发《桐乡市非物质文化遗产普查工作方案》。

2008年3月21日，市政府召开全市非物质文化遗产普查动员大会，全市各镇、街道分管文化工作的领导，全市所属178个行政村、41个社区非物质文化遗产普查员共280多人参加会议。

3月27日，举办非物质文化遗产普查培训班，对镇、街道及部分行政村（社区）普查员进行全员培训。培训班邀请省非物质文化遗产保护工程办公室主任王淼作全省普查情况的动态介绍；陈顺水作普查的内容、方法、步骤等辅导。组织文化站站长赴西递、宏村等历史文化遗产保护地进行实地考察。

5月29日，嘉兴市文化局组织各县（市、区）普查办在凤鸣街道召开非物质文化遗产项目调查培训会暨桐乡市项目调查工作部署会。

6月25日至6月30日，市普查办分片召开各镇（街道）普查骨干会议。

8月22日，召开各镇（街道）普查负责人会议，部署开展普查成果的汇编工作，排出普查成果汇编工作的时间表。9月15日前完成市、县两级非物质文化遗产普查的成果汇编，9月底迎接嘉兴市统一验收。

方法是四个结合，即：全面普查与重点调查结合。100%的普查面是非物质文化遗产普查的最基本要求，也是"三不漏"要求的核心内容。在线索排摸阶段，提出每个村100条、每个社区50条以上线索的要求，且不论村的规模大小、历史长短，以数量保证全覆盖，确保做到不留死角。集中座谈与个别走访结合。普查阶段共召开座谈会307多次，参加座谈会对象1664人次，走访调查知情人（传承人）达到4000余人次。田野调查与资料查证结合，线索收集与形成项目结合。

三、生存现状

桐乡非物质文化遗产有以下五个特征：1. 历史积淀深厚；2. 蚕乡风情浓郁；3. 水乡特色鲜明；4. 民间文学丰富；5. 迎神赛会众多。进入21世纪后，其生存现状堪忧，主要表现为：

1. 手工技艺后继无人。如桐乡桑剪的制作技艺，明宋应星《天工开物》载："凡取叶必用剪，铁剪出嘉郡桐乡者最犀利，他乡未得其利。"但桐乡桑剪厂在上世纪80年代已关门歇业。乌镇锅厂，起源于明嘉靖年间的沈亦昌冶坊，产品曾行销杭嘉湖及江苏各市镇，也于上世纪末倒闭；桐乡辣酱，传说为清乾隆帝指定贡品，现在已很少见到；创始于清光绪年间的"朱德大"油纸伞名闻江浙，如今更难觅踪影。

2. 迎神赛会难以持久。如洲泉双庙渚水上蚕花胜会、大麻吴王庙会活动。

3. 戏曲市场严重缺失。花鼓戏只剩下一名传人；桐乡三跳只有二名传承人；皮影戏已无传人。

4. 婚丧习俗流于形式。传统婚俗礼仪逐步被淡化，越来越流于形式。

针对这些现状，桐乡市非物质文化遗产保护工作采取如下措施：突出一批重点项目，补助一批民间艺人，建设一群展示场馆，编制一本分布图册，创建一个经典景区。

四、普查成果

非物质文化遗产普查，市、镇（街道）两级共投入普查经费85.1万元，组织普查员722人，不漏线索，不漏艺人，不漏村镇，开展地毯式、拉网式调查和排摸，全市178个行政村排摸线索基本达到每村100条以上，41个社区达到每社区50条以上；四是"横向到边，纵向到底"的深度。普查根据省文化厅预先设定的调查表式，分门别类地进行相关内容的调查，并运用文字、录音、录像、照片等多种手段，全方位、立体式地对调查内容进行记录，主要重点项目达到凭借调查表及相关录音、录像就可以复制或再现的地步。

经过普查，达到了"五个一"的目标。

一批项目得到发掘。共排摸线索19878条，经过遴选、归并、调整后，正式确认普查项目2022项，其中具有较高文化、历史、科学价值的重点项目为582项，占总项目数的28.8%。除民族语言外，其他17个门类均有所涉及，代表了桐乡市优秀非物质文化遗产全貌，其中：民间文学593项，民间音乐65项，民间舞蹈16项，戏剧8项，曲艺7项，民间杂技3项，民间美术41项，民间手工技艺291项，生产商贸习俗73项，消费习俗80项，人生礼仪224项，岁时节令115项，民间信仰147项，民间知识50项，游艺、传统体育130项，传统医药116项，其他11项。全市非物质文化遗产资源存量第一次有了比较系统、完整、全面、详尽的文字、图片及音像记录。

一批艺人得到关注。走访一大批非物质文化遗产项目的传承人、表演者、讲述者，掌握了极为丰富的非物质文化遗产资源及传承人信息。普查线索基本信息表登记的知情人达到了万人以上，普查项目调查表登记的传承人或讲述人达到750余人，其中对重要项目的传承人，不仅登记了他们的年龄、职业、家庭住址、联系方式及健康状况，还对他们进行拍照存档。通过普查，全市民间艺人现状基本摸清，为建立民间艺术家档案、出台桐乡市民间艺术家保护办法提供了充分的依据。

一批档案得到建立。一是文字档案，建立非物质文化遗产线索排摸文字资料31卷；编纂《镇（街道）普查成果汇集本》12卷30册；编纂《桐乡市非物质文化遗产普查成果汇集本》2卷。二是电子文本，所有普查形成的文字材料在普查中全部录入电脑，总容量5G，对录入数据的电脑还实行专人管理。三是照片档案，共对850余个项目进行数码照相，共拍摄照片3060余张，总容量约10G；四是录音、录像档案，为生动完整地记录非物质文化遗产项目资料，对普查中的重点调查项目全部进行录音或录像，全市共完成录音57.5小时，录像光盘473张。

一支队伍得到锻炼。文化馆（站）专业干部队伍是开展一切基层公共文化服务工作的基础和生力军，普查使这支队伍从知识结构到工作强度都经受了一次严峻考验和挑战。

一个共识得到增强。非物质文化遗产普查不仅是一项普查活动，更重要的意义是进一步强化了全社会对非物质文化遗产保护的责任意识和迫切意识，通过普查，非物质文化遗产保护的共识得到进一步增强。

第二节　非物质文化遗产项目

一、项目选录

含山轧蚕花

为祈求风调雨顺、蚕桑丰收，蚕农自发组织、参与的蚕俗活动，已有数百年历史。传说蚕花娘娘在清明节化作村姑，踏遍含山，留下喜气，蚕农到含山踏青，能把蚕花喜气带回家，得到蚕花"廿四分"（即双倍丰收之意）。因此，每年清明时节，含山周边方圆百里的蚕农都争相上含山，热闹非凡。活动有庙会等，同时在山下水面上进行竞技性活动，如高杆船、打拳船、摇快船等，彩旗招展，锣鼓喧天。

高杆船技

起源于明末清初，以清代后期和民国时期为盛。表演时间为每年清明节前后三日，常在洲泉镇清河村双庙渚、南松村富墩桥和含山蚕花胜会期间进行，是蚕花胜会的一个重要内容。

高杆船技的全套动作有十八个，即：顺撬、反撬、反张飞、硬死撑、扎脚背、扎后脚、扎脚踝、扎脚尖、坐大蒲团、咬大升箩、咬小升箩、扎后脑、围竹、捐竹、蜘蛛放丝、张飞卖肉、田鸡伸腰、倒扎滚灯。动作惊险，讲究技巧，具有观察性。

蓝印花布印染技艺

蓝印花布

又称药斑布、拷花布，是我国传统的民间工艺品，历史久远，流传广泛。印染方法属物理防染印花法，首先设计蓝印花布所需花样图案，将花样描绘在一种特殊的纸板上，用刻刀按花样镂刻成透空的花板，再将镂空花板铺于需染布料之上，用刮刀将石灰和黄豆粉合成的防染浆刮入花板空隙，使浆漏印于布面。上过防染浆灰的料布晾干后放入靛蓝染液缸中染色，再从染缸中取出，挤去水分进行晾晒，然后刮去浆灰，经过整理即成产品。蓝印花布整个印染工艺流程全部采用手工操作，在蓝白分明的图案中，夹有灰干绽裂的冰纹。蓝印花布是以靛蓝作染料印染而成，而靛蓝是从蓼蓝、苋蓝、槐蓝、马蓝、茶蓝等植物中所提取的天然染料。用它印染的蓝印花布，具有耐洗耐晒、色性稳定、花纹愈洗愈明的特点。同时，由于花纹大多取材于民间传统图案，具有鲜明的民族特色。其色彩广泛运用蓝白二色，纯洁朴素、清新明快，自然和谐，典雅大方，深受群众喜爱。蓝印花布传入桐乡已有较长历史，清末民初有印染作坊数十家。

桐乡蓝印花布的图案题材十分丰富，有花草、动物、人物、书画等。

三跳

因其演唱的基本曲调为劝世调，故又名劝书。主要流传于湖州、桐乡、德清一带农村。根据民间传说，三跳起源于隋朝。明代《吴兴掌故集》卷十二记载："近来村庄流俗以佛经插入劝世文、俗语，什伍群聚，相为倡和，名曰'宣卷'。盖白莲教之遗习也，湖人大习之，村妪更相为之。"从表演形式看，宣卷和三跳均为坐唱形式，都由主唱与帮腔伴和配合表演。由此可推测，"三跳"跟曾经流行于江浙一带的"宣卷"有着较为密切的关系，很可能是由"宣卷"衍变而成的。

三跳是以古今通俗小说为主体的叙事性说唱曲艺，曲目内容丰富，分开篇（又称堂书）、正书两类。开篇往往在正书开说前演唱，内容简炼，文字短小，常演的堂书有英雄堂书、烧香堂书、节气堂书、西厢堂书等。正书大多由古代通俗小说及一些地方戏唱本移植而来，以历史演义、武侠故事居多，如《隋唐》《秦香莲》《珍珠塔》《五女兴唐》《庵堂相会》等。最早的三跳是一人独自演唱，无人帮腔，后来发展为两人合演，俗称"双档"。

桐乡"三跳"系湖州传入，时间约在清末民初。

手工彩色拷花

简称彩拷，是应用多重套色方法，在坯布上拷出彩色图案的一种传统民间手工艺术。

明朝时流入桐乡,主要分布在石门、崇福、乌镇等地。创办于清道光二十六年(1846)的石门丰同裕染坊在印染拷花蓝布的同时,也印染彩色拷花布,主要印染大红和墨绿的彩拷被面及包袱,供农家婚嫁所用。

剔墨纱灯

最早出现于濮院,据清《濮院志》记载:"德清沈则庵流寓在镇,善画花鸟,能于纱上用灯草灰作剔墨之画,以纱绷灯,照以火光,则纱隐无质,而花鸟浮动如生,绝技也。海盐黄文光亦寓镇,得则庵画法,故剔墨纱灯,吾镇独多。"清沈涛《幽湖百咏》中有一首描绘剔墨纱灯的诗:

街巷条条结彩缯,普天万寿祝丰登。

则庵花鸟文光画,奇绝人间剔墨灯。

剔墨纱灯由六块灯面与六棱支架组合而成,灯面以绢纱绷蒙,纱上绘有貂婵拜月、天女散花、麻姑献寿及牡丹、玉兰等花卉,架中装有灯火。入夜,灯光透过绢纱,纱隐画现,绚丽多彩,栩栩如生。制作工艺精巧,作画时,在绢纱上面勾定轮廓,用一种特制的胶汁涂于绢面,待胶汁晾干,勾墨着色,并将画外空白绢面剔出,使之透光。"剔墨纱灯"之名就因此而来。

1959年底,县文化馆为挖掘传统工艺美术,请濮院名画家仲光煦、岳石尘根据《濮院志》记载,制成一盏剔墨纱灯,但在十年浩劫中被毁。

乌镇水阁

乌镇现存水阁大多有100年以上历史,构造特别,以木柱或石柱立在河上,架上横梁,再在上面搁上木板。水阁三面有窗,阳光充足,空气流通,凭窗外望,水上风光尽收眼底。

水阁建筑在乌镇市河沿岸随处可见,其中以西栅最为壮观,连绵1.8公里。小桥、流水、人家,成为赏游乌镇的一项重要内容。

桐乡蚕歌

桐乡蚕歌起于何时,目前尚未查到有关记载,但从民间艺人处收集到的长篇蚕歌《马鸣王蚕花》手抄本查证,蚕歌在桐乡流传至少有一百多年的历史。桐乡蚕歌内容丰富,有种桑、养蚕、缫丝,涉及生产、生活、信仰。流传区域主要在洲泉、石门、河山、乌镇等地。

桐乡竹刻

浙江近代竹刻以杭州、嘉兴、湖州为主。2004年12月,省民族民间艺术保护工程专家委员会认定浙江竹刻主要流传地区为桐乡、安吉,代表人物为钟山隐、叶瑜荪。

钟山隐,乌镇人,曾师从金石名家邓散木学篆艺,1953年回乌镇,以刻印为主,兼研刻竹。1977年起,经荣宝斋推介,得到海内外收藏家的好评。2003年被授予中国竹工艺大师称号。钟山隐刻竹题材以花鸟、人物居多,线条流畅,刀法细腻,颇为珍贵,极具收藏价值。叶瑜荪,石门人,十二岁学篆刻,1979年后专攻竹刻,以浅刻和留青法摹刻古今名家书画，尤以擅刻丰子恺作品饮誉海内外，曾应邀赴新加坡举办展览。叶瑜荪在竹刻理论研究上颇有造诣，著有《竹刻漫谈》《容园竹刻》等。1995年，被中国民间文艺家协会授予"一级民间工艺美术家"称号。

除钟山隐、叶瑜荪外，桐乡竹刻家尚有顾军、宋广西、蒋承旨、于雄略、徐云奇、王其伟、陈雅琴、秋明玉、陈建新等。

竹刻

石灰堆塑

也称灰塑、灰批，是用石灰在建筑物上雕塑造型的工艺，属于建筑装饰艺术之一。石灰堆塑出现的时代很早，以明、清两代最为盛行。

石灰堆塑的制作过程如下：用普通熟石灰和入紫金（竹纤维和稻柴纤维）拌匀，放入石臼中捶打，以发韧为止；用木头按所塑形状固定好主体骨架，用钢筋扎好基本轮廓，再将打好的石灰逐步堆上，完成初坯；用"牙脚"将堆塑表面压结实、压平滑，并勾划出线条花纹；涂上颜料。桐乡一带的石灰堆塑主要用于寺院及园林建筑的屋顶装饰，体积大，跨度长，如"咬脊龙头"高近两米，长数十米，横跨整个大殿屋脊。最关键的技术是"牙脚"的运用，"牙脚"是石灰堆塑的主要制作工具，它是用普通的黄杨木做成，除用于将粗坯表面压结实、压光滑外，通过剔、划、刻、压等，细致地勾勒出所塑人物、动物的神韵、动态、图案或花纹。

石灰堆塑的作者多为泥瓦工，高桥镇沈华良是桐乡现在唯一能制作大型石灰堆塑的民间艺人，1945年1月生，年轻时师从大伯沈四安，1978年去苏州古建筑公司工作。他制作的"双龙抢珠"、"十八罗汉"、"十二生肖"、"瓦将军"、"咬脊龙头"等石灰堆塑，无论形状、神态、色彩都堪称一流。福严寺、演教寺、孔庙、香海寺、石佛寺、寂照寺古建筑的大型石灰堆塑，皆出自其手。

濮绸织造工艺

濮绸是桐乡濮院出产的丝绸，是我国历史上著名的丝绸之一，有"天下第一绸"之称。濮绸品种繁多，有花绸、花绢、花绫、花罗等，具有质地细密、柔软滑爽、色彩艳丽、牢度坚强等特点，跟当时的杭纺、湖绉、菱缎合称江南四大名绸，不仅远销海外，而且是历代朝廷的贡品。

濮绸起始于南宋，兴盛于明清。据明《濮川志略》记载："南宋淳熙以后，濮氏经营蚕织，轻纨纤素，日工日多。"

濮绸讲究工艺，分工极细，有络丝、摇纬、牵经、运经、刷边、织手、曳花等。

络丝：络丝之法，用木两根，约三尺许，一木中衔小木，一木穿方孔，将所衔木插入，以便展合。用竹八根，长可四尺，分立两木上，借以绷丝，谓之"络肚"。壁间起细竹，绳系其腰，坠以砖，使竹轩昂空中。竹之颠设半钩引线，谓之"挑头"。削木六片，厚三四分，广一寸，作米形，分两头，用细竹六根，长不盈尺，嵌其木之端，以受丝，谓之"矍子"，矍通其中，插以木柄，长二尺许，左手拈丝，右手持柄，旋转其间，使其丝缠绕于上，所谓络丝是也。

牵经：用木两枝，横二，各丈余；直二，高五六尺。两直木各有齿层累而上，谓之经杆。扒头横竹一根，挂空中，竹上列钩，谓之撩眼。编竹成稜，谓之经窗。以所络经矍布竹下，引丝钩中入，自经复分其绪，两人牵绕木齿，横经其间，谓之牵经。

刷边：以丝横经空处，一人持木器，名边梳，丝用小粉浆往来刷，使匀，谓之刷边。

运经：设木架两处，安机轴，相去二丈余，名安床。以所牵之经布其上。有竹器名寇，视边梳较长，以粉浆刷之。良久，旋转轴，以次收卷，谓之运经。

曳花：机上有木架，谓之"花楼"，拽工座其上。花样另有蓝本，业是者以世相传，需用时，向其家赁之。拽者随其样，两手扯拽，令其开丝，梭跳越而过，则丝浮而亮，凑合成花，无不毕肖。

双庙渚蚕花水会

洲泉镇清河村双庙渚一带举行的蚕花庙会，源于南宋，盛于明清和民国时期。清明节期间，蚕农用农船将蚕神马鸣王菩萨迎至双庙渚，万人祭拜，祈求蚕花丰收。同时进行各种水上表演，有摇快船、拜香船、打拳船、台阁船、龙灯船、高杆船等，人群围河观看，娱神娱人。

双庙渚蚕花水会

大纛旗

流传于大麻一带农村，始于清代道光年间，盛于民国时期，现存于大漾村西程家谷自然村的一面大纛旗上有"上清宫　大漾里众助　泰山青府紫皇上帝　民国念二年公贺"的字样。

　　大纛旗表演是清明迎会的开路先锋，传说大纛旗所到之处，能保一方平安。旗高 12 米，宽 70 厘米，由于旗高兜风，表演时必须在旗顶上拉 4 根绳索，由 4 名男子分别站在四边拉紧，同时根据表演时旗杆的晃动不停调整手中绳索，使旗杆始终保持垂直。大纛旗由一人表演，表演者手扶旗杆亮相，双手捧在腰间，最后发力单手将旗杆托起，反复几次，再换另一人上来表演同样的动作。大纛旗自身重 70 斤，加上四周绳索的拉力及风力，重量超过 100 斤。

　　1958 年，为庆祝人民公社建立，进行过一次规模盛大的表演活动，后因三年自然灾害和"文革"而停办。90 年代末，开始恢复表演。

桐乡花鼓戏

　　桐乡花鼓戏是用桐乡乡音表演的滩簧小戏，其来源有二说，一说是从宁波、余姚的鹦哥班传来；二说是从长兴、湖州的湖滩传来。清代《南浔镇志》和《双林镇志》对花鼓戏有记载。《中国戏曲发展纲要》在《滩簧》一节中说："湖滩受上海东乡调及常州滩簧的影响，搭台演唱，名为花鼓戏。"所以，桐乡花鼓戏与湖剧、锡剧同源。

　　桐乡花鼓戏主要流传于原崇德县一带。1952 年，崇德县文化馆组成爱民花鼓戏小组，组长沈叙发。1959 年，建桐乡县花鼓剧团，团长陈振华，1970 年解散，1979 年重建剧团，团长浦炳荣，副团长屈娟如。

　　1959 年前，桐乡花鼓戏只演小戏，后逐渐发展到演大型戏。演出剧目有《卖草囤》《还披风》《借黄糠》《磨豆腐》《李三娘》《陆雅臣卖妻》。传人屈娟如。

舞方天戟

　　流传于大麻镇一带农村。方天戟铁皮包头，长为 2.8 米，重约 80 多斤。表演的主要动作有四个：开四门是起舞动作，一边舞动兵器，一边绕场一周亮相；盘腰是手握戟柄，借助臂力，在腰间、肩上、胸前上下来回旋转舞动，动作一气呵成，柔中有刚，兵器翼翼生风；拖兵器是表演者手拖兵器奔跑一圈，但刀不着地，速度以快者为佳；手托双花是个高难度的动作，表演者双手托起兵器旋转，并不断加速，最后突然停止，表演者以不喘粗气为佳。

杭白菊传统加工技艺

　　杭白菊与安徽滁菊、亳菊，河南的邓菊并称为我国四大名菊，是国内驰名的茶用菊。杭白菊一向与龙井茶并提，曾作贡品。

　　杭白菊是浙江八大名药材"浙八味"之一，清赵学敏《本草纲目拾遗》记载："茶菊较家菊朵不大，心有黄、白二色……黄菊花，即甘菊花，苦，微甘，性平，益肝肾，去风除热，补血养目，清眩晕头风；白菊花，千叶者佳，通肺气，止咳逆，清三焦郁火，疗肌热入气。"《神农本草经》列菊花为上品，谓其"久服利血，轻身耐老延年"。现代医药药理试验证明，白菊煎剂，具有抗炎降压、通气和脉、养血益神之效；若常以菊汤沐浴，还有去痒爽身、护肤美容之能。

桐乡是杭白菊原产地，种植历史源远流长。明末清初，桐乡学者、农学家张履祥《补农书》中写道："甘菊性甘温，久服最有益，古人春食苗，夏食英，冬食根，有以也。每地棱头种一二株，取其花，可以减茶之半。有黄白两种，白者为胜。"可见，早在300多年以前，桐乡人即以种菊为业。

杭白菊的品种有小洋菊、大洋菊、小白菊、小湖黄等。

姑嫂饼制作技艺

姑嫂饼是乌镇的传统名点，《乌青镇志》有载。姑嫂饼的形状酷似棋子饼，比棋子饼略大。配料跟酥糖相仿，有面粉、白糖、芝麻、猪油等，口味有"油而不腻，酥而不散，既香又糯，甜中带咸"的特点。

据传一百多年前，乌镇有一家名叫"天顺"的糕饼店，制作技艺传媳不传女，姑娘顿生炉意，一天，见阿嫂正在配料，偷偷在里面撒了把盐，谁知歪打正着，配制出来的小酥饼既香又甜，甜中带咸，还有点椒盐味，十分可口，倍受顾客欢迎，销量大增。店主遂改称姑嫂饼。

桐乡一品斋茶食有限公司、乌镇泰丰斋食品饮料有限公司生产的姑嫂饼在省级非遗展、农优产品评选、展销会上多次获奖。姑嫂饼也已成为乌镇主要旅游商品。

乌镇香市

清明至谷雨期间，乌镇及附近百姓为祈求蚕桑丰收，汇集乌镇烧香祈福，商贾广为参与，各路戏班、杂耍齐来助兴。清乾隆《乌青镇志》记载："清明翌日为二明日，村男女争赴普静寺祈蚕，及谷雨收蚕子，乃罢。乌镇水陆齐欢，观者如蚁，场面蔚为壮观，声浪可达三里之外。"乌镇香市形成的原因有二，一为地理位置独特，为二省三府七县交界之地，是浙北水运的枢纽，商业繁华；二为乌镇多寺庙，去杭州烧香的香客有途经乌镇时烧回头香的习惯，明清时期，乌镇的寺、院、庙、观、堂、庵不下40处。

臼打年糕技艺

打年糕在桐乡农村由来已久，每到年底，家家都要打年糕。"年糕"与"年高"谐音，寓意年年高。

臼打年糕的操作工艺如下：选用上等糯米、粳米，按八二比例，淘洗。晾数小时后磨粉。先润粉，即在米粉中加入适量的冷水，揉匀，筛好，再撒粉，即撒入蒸笼中蒸熟。蒸熟的米粉称毛糕，倒入石臼中，以石箍子反复敲打，至呈玉色为止。

彩蛋画

彩蛋画是在鹅、鸭等禽蛋壳上施艺作画的一种民间工艺。清代中期，桐乡一带庙会上已有蛋画出售，是在煮熟的禽蛋上画上简单的戏曲脸谱或十二生肖，以招徕顾客。后将彩蛋画列入七十二行，称为"画蛋匠"。清末民初，蛋画工艺已臻成熟。

20世纪60年代，傅海铭随岳石尘去苏州工艺美术厂习艺，其间学会彩蛋画、通草堆花、通草画等工艺，回乡后即从事彩蛋画创作。其作品在1972年入选浙江省首届工艺美展，后多次获奖。

木雕书刻

木雕书刻源于宋代的刻帖，在明清时期得到发展。目前嘉兴地区从事木雕书刻的民间艺术家仅桐乡华云其一人。华云其19岁赴东阳学习木雕技艺，并随师傅金芦新遍涉江、浙、沪等地，打下扎实的基本功。通过不断实践，自创圆底深浅刻法。这种刻法有深刻、浅刻、粗刻、细刻、连刻、点刻、浅刮等，能把笔墨枯湿、浓淡、飞白等表现出来，可谓凝练流畅，入木三分。其作品入编《中国（国家级）工艺美术大师精品集》《首届西湖艺术博览会精品集》《首届（杭州）国际民间手工艺品展览会获奖作品选集》，并多次获奖。浙江博物馆、茅盾故居、丰子恺漫画馆、福严寺、觉海寺、沈曾植纪念馆有他刻的楹联、匾额、书法屏风、壁挂作品。

桃核雕刻

桃核雕刻是在木雕基础上发展起来的一种微雕艺术，早在明代已达到相当高的水平。桐乡目前仅胡银松一人从事此种工艺。胡银松是从其叔祖父胡记生（1900—1975）传承的。2003年、2004年、2006年曾参加（杭州）国际民间手工艺作品展，获铜奖。

麦秆画

又称麦草画、麦秸画。桐乡从事这种工艺美术的有沈学章，1988年，他开始创作麦秆画，通过不断实践，他的作品在保持麦秆自然、光泽和纹理的基础上吸收国画、版画、剪纸、浮雕等艺术，表现手法结合民间传统工艺和现代装饰艺术，色彩纯朴柔和，格调清新高雅。曾获第四届国际民间手工艺品展铜奖。

桐乡剪纸

在桐乡，从事剪纸工艺的代表人物是张纪民，1931年8月生于石门，1962年自学剪纸，擅长花鸟、人物、鱼虫等，富有浓厚的乡土气息。他创作的农业生产、社会新风、儿童生活、民间舞蹈、传说故事、喜庆窗花等具有较高的艺术性和观赏性。作品多次在全国、省、市剪纸艺术展展出并获奖。有《张纪民剪纸》一书出版。

蚕花马灯舞

流传于大麻镇一带。表演者身背一竹扎马头，一路跑跳，掀动马头，作舞蹈动作。初时，单人走村串户表演，祝蚕花茂盛，后渐形成集体舞蹈，分骑马者、花瓶囡、拾马蛋三组，表演时走长绞索、剪刀索、双腿马等队形，在伴奏声中边走边舞，表演怪异，发挥随意，生动有趣。道具称"马灯"，分前后两部分，用细竹篾编扎成骨架，用细铁丝固定，用白布或棉纸缝制、裱糊在骨架上，再画出嘴、眼、鼻、鬃、尾。马灯以白马为主，亦有红、黄、青等多种。

三珍斋卤制品制作技艺

创始于清道光年间，经博彩众长，逐步形成三珍斋独特的加工工艺。20世纪30年代，三珍斋进入鼎盛时期，在上海大陆商场特设专柜。色泽红亮，肉嫩味鲜，酥香不腻，且包装古朴，别致精美，更有盛夏不馊、严寒不冻的特点。

2007年，三珍斋被国家商务部认定为"中华老字号"。

乌镇木船修理技艺

用木料、麻丝、石灰、拼钉、桐油等材料保养和修复各种木船。

修复木船，需对船体进行清洗、晾干、挖净、修缝、嵌实、上油、晾干、试水等许多繁复工艺。保养木船，需对木船进行清理和抹油。无论修复还是保养，均要将船"拔"进木船修理工场——船寮。

乌镇竹编

乌镇南栅陈庄、古山里自古以竹编闻名，盛于明清和民国时期。各种竹器远销上海等地，特别是陈庄竹篮曾是上海滩上的"竹霸"。以竹子为原材料，纯手工编织，制作各类生产、生活和观赏性的竹制品。

乌镇竹编分大竹和小竹两大类，大竹如竹梯、扁担、竹椅、竹桌等；小竹如箩筐、叶篰、谷箩、竹篮、茧篰、蒸篮、米淘箩、竹漏斗、香篮、罩篮、篾席等。编制方式大致分为交叉形、人字形、方格形、六角形、轮辐形和粘贴形等多种。

道场画

为庙宇墙壁装饰画，有道教、佛教之分，如道教多画三官圣帝，佛教多画善才童子等。民间艺人有周金松，1947年出生，石门镇叶新村人，17岁拜沈祝山为师，学成后在庙宇、墙头、财神堂等处作画，擅长画如来菩萨、三清天尊。

叙昌酱园制酱技艺

叙昌酱园是乌镇现知最早的酱园，创建于清咸丰九年（1859）。以优质黄豆、蚕豆、小麦等为原料，采用传统工艺，经过半年的晒露、发酵，酿制而成，口味独特，行销嘉、湖地区。

除制酱外，叙昌酱园还腌制酱菜。

桐乡榨菜传统加工技艺

榨菜原产四川，1931年由南日顾家桥、顾金山等人引入栽种，目前，桐乡已成为全国榨菜重点产区。桐乡榨菜丰满厚实，加工过程有选菜、剖削、腌制、压榨、拌料、上坛等工序，成品鲜、香、嫩、脆，风味独特，畅销海内外。

除加工传统块形榨菜以外，还通过切丝、切片制成小包装榨菜，清香脆嫩，鲜美可口，既方便食用，又符合卫生，深受国内外消费者的欢迎。

吕留良传说

吕留良，明末清初思想家。明亡后，不满清朝统治，拒绝参加科举考试。中年以后，隐居行医，评选时文，坚守气节。清康熙年间，他拒绝博学鸿儒之荐，削发为僧，隐居吴兴妙山。死后49年，受湖南儒生曾静反清一案牵连，定为"大逆"罪名，惨遭开棺戮尸枭示之刑，其子孙、亲戚、弟子广受株连，无一幸免，铸成震惊全国的文字狱。辛亥革命后，昭雪翻案。其事迹在民间广为流传，主要有《重见天日》《东庄角》《吕留良赈灾济贫》《梳妆石》等。

拜香凳

流传于崇福、大麻、洲泉等地，在庙会上表演。由八名男童表演，每人双手端一只装饰精巧的特制小方凳，上置七层宝塔或凉亭，在拜香调的伴奏下走各种台步，每走一段，行一次礼。

拜香调是从宗教音乐中衍生出来的民间曲调，旋律优美，节奏平缓。唱词内容丰富，除颂五帝、观音等外，还有济公、白蛇等故事。唱词一般六句为一段。传人有戴海林、杜和生等。

风筝制作技艺

风筝在江南称鹞子。桐乡也有春天放风筝的习俗，按形状可分蝴蝶风筝、蜈蚣风筝、老鹰风筝等。制作能人罗俭民，乌镇人，1957年生，喜爱手工工艺，尤其擅长制作风筝、灯笼。他制作的龙筝长达60多米，宽2米，龙头龙须抖动，龙珠转动，整体造型逼真，放飞天空，气势磅礴，堪称一绝。制作的鹰筝、蝴蝶筝等，既可放飞，又可作室内装饰品悬挂，具有较高的艺术观赏性。2005年，在中国·江南文化节民族民间工艺美术博览会上，他制作的龙筝受到好评。

高桥糕点制作技艺

高桥糕是桐乡著名的传统糕点，主要有满桃片、椒桃片、小桃片、麻片糕等。原料优质，做工精良，味美可口，深受青睐，是居家旅游、馈赠亲友的理想食品，远销台湾、香港等地。传人沈华学祖上在海宁硖石、斜桥和桐乡高桥等地开设糕店，已有百年历史。

经蚕肚肠

流传于河山镇一带。女儿出嫁，婚礼次日，在喜娘主持下，新婚夫妻要经蚕肚肠，传说经过这个仪式后，新娘在婆家养蚕才会丰收。仪式在堂屋进行，四张椅子围成一圈，中间放一只栲栳，里面放面条、蚕种纸、秤杆等物，面条象征长寿，蚕种纸象征蚕花茂盛，秤象征称心如意。喜娘手持红绵线，领着新娘边绕椅子绕圈，边将红绵线缠绕于椅背之上，边唱蚕花歌。经蚕肚肠分起经、收蚕肚肠、扫蚕花地、掮栲栳等四个步骤，唱词长达80句。

桐乡皮影戏

因常演蚕花戏，又称蚕花班。桐乡皮影戏的人像用羊皮或牛皮为材料，通过绘图、剪形、勾线、上色、缝制、插签等工序制成，主要特点是少雕镂，重彩绘，单线平涂，脸形圆活，单眼侧面，少夸张，近实像。20世纪50年代，桐乡一地有羔羊孙文浩、高桥钟顺康、留良吕佐良三个皮影戏班。活动范围以石门中心，北达吴江铜锣、桃源等地。1964年，表演革命现代京剧《智取威虎山》《红灯记》《沙家浜》等，成员有孙伯兴、张锦堂、吕佐良等。2005年5月，吕佐良重组皮影戏班，常年在乌镇景区表演。

历本袋（香包）制作技艺

又称香包、荷包，古称香囊、佩帏、容臭。内藏细辛、白芷、丁香等中草药，有驱虫防蚊之功效。在桐乡农村，习惯将桃枝叶晒干研细，再用历本纸包好，藏入香包内，传说能驱邪，所以又称历本袋。端午节佩戴于小孩身上。

吴彩英，人称巧手婆婆，绣历本袋远近闻名，1934 年生，崇福镇芝村南维桥人，10 岁起自学描花刺绣，以刺绣小饰品为主，其中绝大多数为历本袋，形状各异，有方形、正方形、八角形，还有十二生肖和爬山老虎的动物造型，制作十分精细。图案有松鹤、牡丹等花鸟，还有武松、吕洞宾等故事人物。香包大多作为端午节的赠品，以除秽避邪。吴彩英在端午节当天，采摘新鲜桃枝叶，晒干后研碎，用历本纸包好后放入香包。据吴彩英介绍，过去香包佩可作为定情之物，现在人们大多将香包挂在汽车或房间里，有人纯粹是因为香包精致漂亮而要的。

舞大刀

舞大刀

流传于大麻镇一带农村，以大漾里荒田河为盛。始于清咸丰年间。荒田河钟氏家族尤善舞大刀，钟财庆、钟小香、钟叙发、钟庆元均是舞刀好手，族中有铸于民国廿三年（1934）的一把大刀，重约 90 斤。舞大刀主要动作有开四门、盘腰、拖刀、手托双花。开四门是起始动作，一边舞动刀，一边绕场一周亮相。盘腰是手握大刀柄，在腰间、肩上、胸前上下来回旋转舞动，动作一气呵成，柔中有刚，大刀霍霍生风。拖刀是表演者手拖大刀奔跑一圈，但刀不着地，速度以快者为佳。手托双花是个高难度的动作，表演者双手托起大刀旋转，并不断加速，最后突然停止，刀柄落地，表演者一手托腰，一手握刀，若不喘粗气，则表示力气大。

桐乡摇快船

蚕俗活动。又称踏白船。桐乡农船船体稍长，船底呈弧状，涉水阻力小，但急摇时晃动厉害，乡民称之为"活"。摇快船，取其快速、惊险的特性。蚕花水会期间，以村落为单位，自发组织团队进行摇快船竞赛。水上十数条船来回表演，人群围河观看，水面浪花翻腾，岸边呐喊四起，规模宏大，场面热闹。最快者到对岸庙里抢蚕花，预示蚕花丰收。

砖雕

也称砖刻、砖画。主要用于寺塔、墓室、房屋等建筑物的壁面装饰。砖雕分为窑前雕和窑后雕，桐乡砖雕作品多为窑后雕。民间艺人有莫正官、沈华良，莫为濮院人，20 世纪 50 年代开始从事砖雕，作品以小件立体人物为主，所刻弥勒佛、童子、钟馗等形神兼似，十分精巧。沈华良，高桥人，喜在大方砖上作平面浮雕，多用于建筑装饰。他在方砖上雕刻的山水、花卉等，构思精巧，图案漂亮。

桐乡神歌

又名赞神歌。流传于濮院、梧桐、乌镇等地，在举行待神仪式时演唱。清乾隆《濮院琐志》记载："酬神祭先……所酬之神益众，供献肴果樏，分布上下，名大土地……召祝献者，掌坛率子弟鞠躬，再拜毕，祝献者演唱神歌。"演唱神歌时需绘制神像、剪纸花、扎龙船，用米粉塑十二生肖等，整个仪式包括民间歌谣、音乐、美术、剪纸、粉塑等，具有较高的艺术价值。

桐乡民间在谢神、婚嫁、周岁等活动上要进行待神仪式，其规模按筵席而定，少者三筵、五筵，多者十一筵、十三筵不等。仪式上由神歌先生演唱各种神歌。

牮屋

是指依靠木头、石块、绳索等器械将倾斜的木屋间架或墙体进行拨正的修整技术。江南传统民居都为梁架结构，由于没有坚固的基础，年代一久，一般都会出现不同程度的倾斜。屋架移位多为多向倾斜，牮屋匠人巧妙利用墙柱分离的原理，寻找精准着力点，在不拆除墙体前提下，用绳索及各种特殊工具予以纠偏。

牮屋技术分为土牮和洋牮两种，土牮是更早的牮屋技术，仅凭少量木头、石头和麻绳等工具纠偏。洋牮改进工具，用钢绳和特制的螺栓等工具纠偏。

桐乡有名的牮屋师傅范来兴，洲泉人，1928年生，三代从事牮屋。

玻璃雕刻

玻璃自明末传入中国后，即有玻璃雕刻，典型的是清初玻璃鼻烟壶的雕制，玲珑剔透，做工精细，是官绅士商广为爱好的艺术品和收藏品。玻璃雕刻品最初仅在贵族阶层使用，多见于家具制作上，如梳妆台、屏风等。清朝晚期后，由于玻璃在民间的广泛使用，玻璃雕刻工艺也在民间广泛流传。

桐乡玻璃雕刻艺人朱谷良，龙翔街道人，1956年生，父朱一鸣为有名的雕花匠，朱谷良自幼受家庭熏陶，爱好雕刻，18岁随父学艺，1994年自学玻璃雕刻，作品在嘉兴、杭州等地展出，多次获奖。

二、名录清单

（一）联合国人类非物质文化遗产代表作名录（1项）

序　号	申报类型	项目名称	保护单位	备　注
1	民俗	中国蚕桑丝织技艺（含桐乡蚕桑习俗）	桐乡市	2009.9.30

（二）国家级非物质文化遗产名录（3项）

批　次	序　号	申报类型	项目名称	保护单位	备　注
第二批	1	民俗	蚕桑习俗（含山轧蚕花）	河山镇	2008.6.7
第三批	2	传统体育、游艺与杂技	高杆船技	洲泉镇	2011.5.23
第四批	3	传统技艺	蓝印花布印染技艺	石门镇 崇福镇	2014.11.11

（三）浙江省级非物质文化遗产名录（18项）

批次	序号	申报类型	项目名称	保护单位	备　注
第一批	1	民间造型艺术	桐乡蓝印花布	崇福镇 石门镇	2005.5.18
第二批	2	曲艺	三跳	石门镇 洲泉镇	2007.7.20
	3	民间美术	手工彩色拷花	石门镇	2007.7.20
	4	传统手工技艺	剔墨纱灯	乌镇 濮院镇	2007.7.20
	5	民俗	含山轧蚕花	河山镇	2007.7.20
	6	传统技艺	乌镇水阁	乌镇	2007.7.20
第三批	7	民间文学	桐乡蚕歌	凤鸣街道 河山镇	2009.6.22
	8	传统美术	桐乡竹刻	梧桐街道 乌镇	2009.6.22
	9	传统美术	石灰堆塑	高桥镇	2009.6.22
	10	传统技艺	濮绸织造工艺	濮院镇	2009.6.22
	11	民　俗	双庙渚蚕花水会	洲泉镇	2009.6.22
	12	传统体育、游艺与杂技	高杆船杂技	洲泉镇	2009.6.22
	13	传统体育、游艺与杂技	大纛旗	大麻镇	2009.6.22
第四批	14	传统戏剧	花鼓戏	乌镇	2012.6.25
	15	传统体育、游艺与杂技	舞方天戟	大麻镇	2012.6.25
	16	传统技艺	杭白菊传统加工技艺	石门镇	2012.6.25
	17	传统技艺	姑嫂饼制作技艺	乌镇	2012.6.25
	18	民俗	乌镇香市	乌镇	2012.6.25

（四）嘉兴市级非物质文化遗产名录（52项）

批次	序号	申报类型	项目名称	保护单位	备注
第一批	1	曲艺	桐乡三跳	石门镇 洲泉镇	2006.12.4
	2	杂技与竞技	桐乡大纛旗	大麻镇	2006.12.4
	3	民间美术	桐乡蓝印花布	崇福镇 石门镇	2006.12.4
	4	民间美术	桐乡彩色拷花	石门镇	2006.12.4
	5	民间美术	剔墨纱灯	乌镇 濮院镇	2006.12.4
	6	民间美术	桐乡竹刻	梧桐街道 乌镇	2006.12.4
	7	民间美术	嘉兴灶画	高桥镇	2006.12.4
第二批	8	民间文学	桐乡蚕歌	凤鸣街道 河山镇	2008.6.4
	9	传统舞蹈	蚕花马灯舞	洲泉镇	2008.6.4
	10	传统体育、游艺与杂技	高杆船	洲泉镇	2008.6.4
	11	传统技艺	嘉兴剪纸	梧桐街道	2008.6.4
	12	传统技艺	石灰雕塑	高桥镇	2008.6.4
	13	传统技艺	木雕书刻	梧桐街道	2008.6.4
	14	传统技艺	桃核雕刻	梧桐街道	2008.6.4
	15	传统美术	彩蛋画	梧桐街道	2008.6.4
	16	传统美术	麦秆画	河山镇	2008.6.4
	17	传统技艺	乌镇水阁建筑艺术	乌镇	2008.6.4
	18	民俗	含山轧蚕花	河山镇	2008.6.4
	19	民俗	双庙渚蚕花水会	洲泉镇	2008.6.4
	20	民俗	乌镇香市	乌镇	2008.6.4
第三批	21	传统舞蹈	桐乡拜香凳	河山镇 崇福镇	2009.6
	22	传统美术	砖雕	高桥镇	2009.6.12
	23	传统技艺	臼打年糕技艺	河山镇 石门镇	2009.6.12
	24	传统技艺	风筝制作技艺	乌镇 屠甸镇	2009.6.12
	25	传统技艺	高桥糕点制作技艺	高桥镇	2009.6
	26	传统技艺	姑嫂饼制作技艺	乌镇	2009.6.12
	27	传统技艺	历本袋（香包）制作技艺	崇福镇	2009.6.12
	28	传统技艺	濮绸织造工艺	濮院镇	2009.6.12
	29	传统技艺	三珍斋卤制品制作制技艺	乌镇	2009.6.12
	30	传统戏剧	桐乡花鼓戏	乌镇 洲泉镇	2009.6.12
	31	传统戏剧	桐乡皮影戏	乌镇 凤鸣街道	2009.6.12

批次	序号	申报类型	项目名称	保护单位	备注
第三批	32	民俗	经蚕肚肠	河山镇	2009.6.12
	33	民俗	桐乡神歌	屠甸镇	2009.6.12
	34	传统体育、游艺与杂技	踏白船（摇快船）	河山镇 洲泉镇 乌镇	2009.6.12
第四批	35	民间文学	吕留良传说	崇福镇	2010.10.19
	36	传统体育、游艺与杂技	舞方天戟	大麻镇	2010.10.19
	37	传统美术	道场画	崇福镇	2010.10.19
	38	传统美术	乌镇竹编	乌镇旅游股份有限公司	2010.10.19
	39	传统技艺	叙昌酱园传统制酱技艺	乌镇旅游股份有限公司	2010.10.19
	40	传统技艺	乌镇三白酒酿造技艺	乌镇旅游股份有限公司	2010.10.19
	41	传统技艺	杭白菊传统加工技艺	桐乡市	2010.10.19
	42	传统技艺	榨菜传统制作技艺	桐乡市	2010.10.19
	43	传统技艺	传统木船制造技艺	乌镇旅游股份有限公司	2010.10.19
第五批	44	民间文学	马鸣王传说	桐乡市	2015.9.28
	45	民间文学	西施与㰝李传说	桐乡市	2015.9.28
	46	传统体育、游艺与杂技	乌镇童玩	乌镇旅游股份有限公司	2015.9.28
	47	传统技艺	乌镇镴子浇铸技艺	乌镇旅游股份有限公司	2015.9.28
	48	传统技艺	桐乡牮屋（木结构建筑纠偏）技艺	桐乡市	2015.9.28
	49	传统技艺	桐乡晒红莑加工（刨烟）技艺	桐乡市	2015.9.28
	50	传统技艺	桐乡桑剪锻制技艺	桐乡市	2015.9.28
	51	民俗	吴王庙会	桐乡市	2015.9.28
	52	传统体育、游艺与杂技	船拳（乌镇船拳）	桐乡市	2015.9.28

（五）桐乡市级非物质文化遗产名录（90项）

批次	序号	申报类型	项目名称	保护单位	备注
第一批	1	民间曲艺	桐乡三跳	桐乡市	2008.3.20
	2	民间戏曲	皮影戏	乌镇 凤鸣街道	2008.3.20
	3	民间舞蹈	大纛旗	大麻镇	2008.3.20
	4	民间舞蹈	舞大刀	大麻镇	2008.3.20
	5	民俗风情	蚕花庙会	洲泉镇、河山镇 大麻镇、崇福镇	2008.3.20
	6	民俗风情	乌镇香市	乌镇	2008.3.20
	7	民俗风情	桐乡神歌	屠甸镇	2008.3.20
	8	民间造型艺术	蓝印花布	崇福镇 石门镇	2008.3.20
	9	民间造型艺术	竹刻	梧桐街道、乌镇	2008.3.20
	10	民间造型艺术	彩色拷花	石门镇	2008.3.20
	11	民间造型艺术	剔墨纱灯	乌镇 濮院镇	2008.3.20
	12	民间造型艺术	石灰堆塑	高桥镇	2008.3.20
	13	民间造型艺术	麦秆画	河山镇	2008.3.20
	14	民间造型艺术	核刻	梧桐街道	2008.3.20
	15	民间造型艺术	蛋画	梧桐街道	2008.3.20
	16	民间造型艺术	木雕书刻	梧桐街道	2008.3.20
	17	民间造型艺术	灶头画	乌镇、石门镇 河山镇、洲泉镇	2008.3.20
	18	民间造型艺术	剪纸	乌镇	2008.3.20
	19	民间造型艺术	嵌丝漆画	乌镇	2008.3.20
	20	民间造型艺术	艺术编织	凤鸣街道 河山镇	2008.3.20
第二批	21	民间文学	桐乡蚕歌	大麻镇	2008.6.13
	22	民间舞蹈	大麻龙舞	河山镇	2008.6.13
	23	民间舞蹈	拜香橙	崇福镇	2008.6.13
	24	民间舞蹈	经蚕肚肠	河山镇	2008.6.13
	25	民间信仰	吴王庙会	大麻镇	2008.6.13
	26	民间杂技	舞方天戟	大麻镇	2008.6.13
	27	民间杂技	舞钢叉	大麻镇	2008.6.13
	28	民间杂技	高杆船	洲泉镇	2008.6.13
	29	岁时节令	清明轧蚕花	河山镇	2008.6.13
	30	民间戏曲	桐乡花鼓戏	乌镇 洲泉镇	2008.6.13
	31	民间美术	玻璃雕刻	龙翔街道	2008.6.13
	32	民间美术	砖雕	高桥镇	2008.6.13
	33	民间美术	桐乡六神牌画	梧桐街道等	2008.6.13

批次	序号	申报类型	项目名称	保护单位	备注
第二批	34	传统手工技艺	历本袋	崇福镇	2008.6.13
	35	传统手工技艺	风筝	乌镇 屠甸镇	2008.6.13
	36	传统手工技艺	刺绣	河山镇 石门镇等	2008.6.13
	37	传统手工技艺	濮绸	濮院镇	2008.6.13
	38	传统手工技艺	乌镇镬子	乌镇	2008.6.13
	39	传统手工技艺	乌镇水阁	乌镇	2008.6.13
	40	传统手工技艺	牮屋	乌镇	2008.6.13
	41	传统手工技艺	白打年糕	河山镇 石门镇	2008.6.13
	42	传统手工技艺	米酒酿造技艺	高桥镇	2008.6.13
	43	传统手工技艺	杭白菊传统加工技艺	凤鸣街道	2008.6.13
	44	传统手工技艺	姑嫂饼制作技艺	乌镇	2008.6.13
	45	传统手工技艺	三珍斋卤制技艺	乌镇	2008.6.13
	46	传统手工技艺	高桥糕制作技艺	高桥镇	2008.6.13
	47	传统手工技艺	榨菜腌制技艺	高桥镇等	2008.6.13
	48	传统手工技艺	乌镇三白酒酿造技艺	乌镇	2008.6.13
	49	乌镇船寮及木船修理技艺	传统手工技艺	乌镇旅游公司	2008.6.13
第三批	50	民间文学	吕留良传说	吕留良研究会	2009.5.25
	51	民间文学	福严寺传说	凤鸣街道	2009.5.25
	52	民间文学	桐乡蚕桑传说	桐乡市	2009.5.25
	53	民间音乐	桐乡山歌	桐乡市	2009.5.25
	54	民间音乐	桐乡上梁书	凤鸣街道、石门镇 大麻镇、屠甸镇	2009.5.25
	55	民间音乐	锣鼓赞	大麻镇	2009.5.25
	56	民间音乐	敲鼓亭	洲泉镇	2009.5.25
	57	民间音乐	无锡派琵琶	崇福镇	2009.5.25
	58	传统舞蹈	摇荡湖船	洲泉镇	2009.5.25
	59	传统舞蹈	采花落 （五梅花）	凤鸣街道	2009.5.25
	60	曲艺	苏州评弹	崇福镇	2009.5.25
	61	传统戏剧	越剧	桐乡越剧团	2009.5.25
	62	传统体育、游艺与杂技	抛钢叉	大麻镇 梧桐镇	2009.5.25
	63	传统体育、游艺与杂技	拳船（拳坊）	梧桐街道、洲泉镇 河山镇、乌镇	2009.5.25
	64	传统体育、游艺与杂技	水乡童玩	乌镇管委会	2009.5.25
	65	传统体育、游艺与杂技	抛罐子	大麻镇	2009.5.25
	66	传统体育、游艺与杂技	踏白船（摇快船）	河山镇、洲泉镇 乌镇	2009.5.25

批次	序号	申报类型	项目名称	保护单位	备注
第三批	67	传统体育、游艺与杂技	高跷	河山镇	2009.5.25
	68	传统美术	墙头画（壁画）	高桥镇 石门镇	2009.5.25
	69	传统技艺	桐乡辣酱酿造技艺	梧桐街道	2009.5.25
	70	传统技艺	桐乡桑剪锻制技艺	梧桐街道 高桥镇	2009.5.25
	71	传统技艺	叙昌酱园制酱技艺	乌镇管委会	2009.5.25
	72	传统技艺	蚕豆瓣酱制作技艺	桐乡市	2009.5.25
	73	传统技艺	桐乡晒红烝加工技艺	桐乡市	2009.5.25
	74	传统技艺	杜布织造技艺	桐乡市	2009.5.25
	75	传统技艺	压造（白花染色）技艺	河山镇	2009.5.25
	76	传统技艺	经绸、起绢技艺	高桥镇	2009.5.25
	77	传统技艺	传统纽襻制作技艺	崇福镇 乌镇	2009.5.25
	78	传统技艺	乌镇陈庄竹编	乌镇	2009.5.25
	79	传统技艺	清水丝绵加工技艺	桐乡市	2009.5.25
	80	传统技艺	纀土丝	洲泉镇 乌镇	2009.5.25
	81	传统技艺	湖羊肉烹饪技艺（乌镇羊肉、濮院酥羊大面）	乌镇 濮院镇	2009.5.25
	82	传统技艺	水乡石桥建造技艺	乌镇	2009.5.25
	83	传统技艺	草扎农具蚕具（叶墩、蜈蚣簇、米囤、立囤等）技艺	河山镇	2009.5.25
	84	民俗	桐乡蚕桑习俗（含禁忌）	桐乡市	2009.5.25
	85	民俗	桐乡稻作习俗	龙翔街道 大麻镇	2009.5.25
	86	民俗	吃早茶	桐乡市	2009.5.25
	87	民俗	乌镇十二节令习俗	乌镇	2009.5.25
	88	民俗	抬阁	濮院镇	2009.5.25
	89	民俗	茧圆习俗（清明、十二月十二）	河山镇	2009.5.25
	90	民俗	七月三十地藏香习俗	桐乡市	2009.5.25

第三节　非物质文化遗产传承人名录

一、省　级

第一批，共 3 个项目 3 人，2008 年 1 月 22 日由浙江省文化厅公布。

蓝印花布：周继明，男，时 57 岁；

桐乡三跳：邱学良，男，时 60 岁；

剔墨纱灯：傅海铭，男，时 70 岁。

第三批，共 4 个项目 5 人，2009 年 9 月 23 日由浙江省文化厅公布。

桐乡蚕歌：褚林凤，女，时 79 岁；

桐乡灰塑：沈华良，男，时 64 岁；

双庙渚蚕花水会：张建明，男，时 60 岁；

高杆船技：屠荣翔，男，时 59 岁；沈坤寿，男，时 74 岁；

第四批，共 3 个项目 3 人，2013 年 11 月 4 日由浙江省文化厅公布。

桐乡花鼓戏：屈娟如，女，时 73 岁；

灶画艺术：沈华良，男，时 68 岁；

杭白菊加工技艺：曹鉴清，男，时 51 岁。

二、嘉兴市级

第一批，共 11 个项目 14 人，2009 年 6 月 13 日由嘉兴市文化广电新闻出版局公布。

桐乡蚕歌：褚林凤，女，时 79 岁；

桐乡三跳：邱学良，男，时 61 岁；

大纛旗：沈坤寿，男，时 74 岁；

高杆船技：屠桂松，男，时 56 岁；屠荣翔，男，时 59 岁；

桐乡竹刻：钟山隐，男，时 79 岁；叶瑜荪，男，时 61 岁；

蓝印花布：周继明，男，时 58 岁；

彩色拷花：哀隽卫，男，时 39 岁；

木雕书刻：华云其，男，时 59 岁；

麦秆画：沈学章，男，时 46 岁；

桃核雕刻：胡银松，男，时 59 岁；

剔墨纱灯：傅海铭，男，时 71 岁；徐云巧，女，时 61 岁。

第二批，共 14 个项目 14 人，2012 年 9 月 19 日由嘉兴市文化广电新闻出版局公布。

桐乡皮影戏：吕祖良，男，时 79 岁；

桐乡花鼓戏：屈娟如，女，时 76 岁；

舞方天戟：陈松泉，男，时 70 岁；

彩蛋画：傅海铭，男，时 74 岁；

桐乡灰塑：沈华良，男，时 67 岁；

剪纸：张纪民，男，时 81 岁；

三珍斋卤制技艺：徐春桥，男，时 65 岁；

杭白菊加工技艺：曹鉴清，男，时 50 岁；

蓝印花布：哀隽卫，男，时 42 岁；

三白酒酿制技艺：方美荣，男，时 65 岁；

风筝制作技艺：罗俭民，男，时 55 岁；

高桥糕点制作技艺：沈华学，男，时 60 岁；

历本袋制作技艺：吴彩英，女，时 78 岁；

双庙渚蚕花水会：张建明，男，时 63 岁。

第七章　文学艺术

桐乡人文荟萃，向为世人瞩目。然南北朝以前，由于时代久远，史料散佚，少有记载。唐宋以后，记述渐多，据清光绪《桐乡县志》《石门县志》和民国《乌青镇志》《濮院镇志》等地方史籍记载，唐至清，桐乡一地有学者千余人（含寓居之客籍人），著名的如王升、沈晦、赵汝愚、辅广、子温、卫富益、鲍恂、贝琼、朱逢吉、王济、宋旭、冯孜、陆时雍、张履祥、吕留良、吴之振、劳之辨、方薰、董耀、吴滔、胡钁等，计有著作逾二千部，其中多为手稿，几经沧桑，多有散佚。

近现代更是人文璀璨，涌现了茅盾、丰子恺、钱君匋、严独鹤、孔另境、木心、毛谈虎、茅威涛等名家，在海内外具有一定影响。新一代文艺人才不断涌现，逐步成长。

第一节　文　学

一、古代文学作者

沈晦（？—1149），字元用，一字文明，号胥山，成名前迁居崇福寺西赵家巷。宣和六年（1124）状元，授校书郎，迁升著作佐郎，史载其"博闻强记，善于写作"。

赵汝愚（1140—1196），字子直，宋朝宗室，生于洲泉，乾道二年（1166）进士，官至光禄大夫、右丞相。善诗，马端临《文献义考》称其诗"思致清丽逸发，虽古今能文辞者有不逮"。

莫元忠，字子直，崇德（今崇福镇）人，南宋乾道八年（1172）进士，历任历阳主簿、怀宁县丞、德安权知府。史载其"好文辞，为文温雅蔚赡，有古人风致"。

莫若冲，字子谦，元忠五弟，南宋淳熙二年（1175）进士，历任安吉县尉、毗陵教官、岳州知府，居乡后优游觞咏，著有《语溪集》《清湘泮水酬和》。

徐纲，字晞颜，凤鸣里（今梧桐街道）人，南宋乾道八年（1172）进士，历任汉阳教官、淮西总幕、江阴县令。史载其"雅志泉石，时以吟咏自娱"。著有《桐乡居士集》。

徐龟年，字朋老，号云轩，徐纲长子，南宋淳熙十四年（1187）进士，历任江宁知县和肇庆、温州、徽州知府，归里后优游吟咏。著有《潏轩文集》。

鲍恂，字仲孚，千金（今屠甸镇）人，元元统间（1333—1335）得浙江乡试解元，后登进士，荐翰林，不就。入明后，被朱元璋召至京城，拜文华殿大学士，借疾固辞。归里后，筑室于殳山，耕桑自乐，人称西溪先生。工诗，惜流传者极少，《嘉兴府志》录其题画诗："山横红叶晚，寺锁碧云深"。著有《西溪漫稿》。

贝琼（1315—1379），字廷琚、仲琚、廷珍，别号清江，崇德人，师事同乡黄次山、会稽杨维桢。往来于华亭（今松江）、海昌（今海宁）之间，以授徒为生。四十八岁游京师，作《真真曲》，名闻京师。贝琼诗崇盛唐，标举李杜，不取法宋代熙宁、元丰诸家，对明代诗坛影响颇大。诗风温存高秀，文章冲融和雅，朱彝尊说他"足以领袖一时"。著有《清江贝先生集》40卷（文集30卷，诗集10卷）。子贝翱，字季翔，亦能诗，有文名，著有《舒庵集》。

朱逢吉，字以贞，号懒樵，崇德人。因呈《用贤五论》得到赞赏，后官至右副都御史、大理寺右丞、大理寺左丞。曾作《语溪十二咏》，歌咏邑内历史典故、名胜古迹和风物人情。著有《牧民心鉴》《童子习》《文集》。

程立本（？—1402），字原道，号巽隐，程颐后裔，凤鸣里（今梧桐街道）人。师事贝琼、鲍恂。曾宦游云南，后任金都御史，为官清正，人称"清御史"。《四库全书》提要云："本立文章典雅，诗亦深稳朴健，颇近唐音。"《重修浙江通志稿》云："明初嘉兴诗人首推贝琼，次及本立。本立诗格浑气遒，刻意杜甫，下亦不失为陈与义也。"著有《巽隐集》。

王济，字伯雨，号雨舟，晚号白铁道人，乌镇人。授广西横州通判。刻意诗词，高远雅洁，公暇吟诵不辍。晚年寓居苕溪，建崇雅小社，觞咏不绝。与姑苏张天方、张石川父子往来吟唱，有《浙西唱和集》行世。著有戏曲《连环计》，写三国时吕布貂婵事，曲折有致，错综动人。《曲品》评云："词多佳句，事亦可喜。"著有《二溪集》《白铁道人集》《谷应山南词》《铁老吟余》《和花蕊夫人宫词》。

吕希周，字师旦，号东江，崇德人。明嘉靖五年（1526）进士，官至左通政。善诗，著有《东汇诗集》。

李乐，字彦和，号临川，乌镇人。明隆庆二年（1568）进士，宦游赣闽，归里后，筑拳勺园以奉母。著有游记《金川纪略》《见闻杂记》《拳勺园小刻》。

陆时雍，字仲昭，号澹我，皂林（今龙翔街道）人。明崇祯六年（1633）贡生。工诗能文，行文甚速，恣笔所之，淋漓不已。作诗以五言最工，亦善乐府近体，曾游维扬，作诗："仗剑照淮水，寒风吹须眉。幸无漂母饮，不至负恩讥。"其诗论尤具特色，多为后世引用。著有《陆仲昭诗集》《千川遗稿》。

夏薰，字汝翼，号冲寰，乌镇人。明万历十四年（1586）进士，授冀州知州，后宦游黔桂。其诗诗境高淡，有王孟遗风。

孙爽（1614—1652），字子度，号容庵，语儿檀树村（今崇福镇芝村）人。少聪颖，九时作诗。明亡，绝意功名，清贫自守，作《贞女传》以明志。39岁卒。诗文清挺高秀，蕴蓄深沉，不傍篱藩，钱谦益称其诗文有老泉父子与归有光之风。著有《容庵诗集》《辛卯集》。

张履祥（1611—1674），字考夫，号念芝，炉头杨园村（今龙翔街道杨园村）人。明末清初大儒。其著作，后人辑有《杨园先生全集》54卷。

吕留良（1629—1683），字庄生、用晦，号晚村。八岁赋诗作文。为文似朱熹，翻澜不已，善于说理；诗学杨万里、陈师道，深情苦语，令人感怆。近人邓之诚说："以诗文论，诚宗羲劲敌，唯史学不如。"

吴之振（1640—1717），字孟举，号橙斋，别号黄叶老人，洲泉人。平生锐意于诗，兼工书画。诗学宋人，神骨清逸，新不伤巧，奇不涉颇。《清史列传》云："康熙初，山林诗，之振最有名。"又云："课蚕词十六首，推为绝唱。"著有《黄叶村庄诗集》。

劳之辨（？—1714），字书升，号介岩。清康熙三年（1664）进士。任户部主事、岭南道员，曾主试江南，视学山东。诗学白居易，喜以杂律记时事，其《榆树皮行》《红剥船行》等诗，均系为民请命之作。

鲍廷博（1728—1814），字以文，号渌饮，乌镇人。藏书家。作诗天趣清远，其"夕阳诗"30首尤脍炙人口，袁枚、阮元称之为"鲍夕阳"。著有《花韵轩遗稿》。

释明中（1710—1767），俗姓施，字大恒，号啸崖，桐乡人。净慈寺住持。善诗。乾隆十六年（1751），进《南巡颂》18首。

陆费墀（？—1790），字丹叔，号颐斋，桐乡人。任《四库全书》副总裁官、总校官。著《枝荫阁诗集》《颐斋赋稿》《三家长律诗钞》。

金德舆（1750—1800），字玉泉，号春帆，桐乡人。筑桐华馆，邀四方名流谈宴唱酬其中。著《桐华馆诗钞》《桐华馆文》《酿春词》《太平欢乐图说》。

程同文，原名拱宇，字春庐，桐乡人。任大理寺少卿、奉天府丞。著《密斋文集》《密斋诗存》。

陆以湉（1802—1865），字敬安，号定圃，乌镇人。道光十六年（1836）进士。以医名世，亦善诗文，著《杭城纪难诗》《乌镇纪难诗》。

毕春帆，屠甸镇人，著《影庐诗存》，其子毕松、毕槐作诗为文，名闻乡里，时人以"云间二陆（陆机、陆云）"比之，称"屠甸二毕"。毕槐，道光十五年（1835）举人，著《公车日记》《闲月山房》。毕松性喜游历，在吴山楚水间游学十数年，著《江南吟草》《西畴村舍诗钞》《黄犊庵吟草》《三桥诗钞留影》《掏水馆诗钞》。

严辰（1822—1892），字淄生，号达叟，乌镇人。咸丰九年（1859）进士，翰林院庶吉士。纂《桐乡县志》。亦善诗，其《押桑谣》选入《清诗钞》。著《墨花吟馆诗钞》。

刘富槐（1869—1927），字树声，号龙伯，濮院人。光绪二十八年（1902）举人，供职京师。入民国后，任京师大学堂教习。作诗另辟蹊径，名言秀句出于蕴藉之中，其"扼腕难销家国恨，回肠满贮古今愁"一句，哀时寄慨。

二、古代文学社团

聚桂文会

元至正十年（1350）成立，地点在濮院，濮允中、杨维祯、鲍恂、李祁、葛藏之等发起组织，东南名士 500 余人参加。

岌山诗社

活动于元末明初，地点在岌山（今属海宁），贝琼等人发起组织。

西溪社

活动于明初，地点在濮院之西溪，鲍恂、贝琼发起组织。

九老会

活动于明宣德年间，地点在乌镇，漏瑜、壶敏等九人发起组织，参与者均年逾八十，故名。

岌山文社

活动于明万历年间，郭子直发起组织，宋旭等人加入。

澄社

明崇祯十一年（1638）成立，吕愿良、孙爽等发起组织，江浙一带千余人参加。

征书社

明崇祯十四年（1641）成立，孙爽、王晖、陆雯若、吕宣忠等十余人发起组织，论诗作文，评议朝政。时吕留良 13 岁，亦为社员。

冷枫诗社

活动于清嘉庆年间，地点在濮院化坛庵。

三、近现代文学社团

桐乡青年社

民国八年（1919）8 月，沈雁冰（茅盾）、沈泽民在乌镇发起成立。宗旨是倡导新思想、新文化，反对旧文化、旧道德和地方恶势力。编辑出版《新乡人》杂志。1922 年初，改名《新桐乡》。社员分布在桐乡、嘉兴、上海、杭州等地。1924 年停止活动。

新乌青社

民国二十一年（1932）底成立。翌年初，出版《新乌青》（旬报，铅印）。社址设于青镇观后街。抗战爆发后，停止活动。1946 年，乌青镇教育界人士重新发起组织，沿称新乌青社，有社员 60 余人，出刊《新乌青》杂志。

曙光社

民国三十四年（1945），由詹蓉春、王树基等人发起成立，出刊文艺杂志《曙光》。翌年并入联谊社。

联谊社

民国三十五年（1946）3月，青镇知识青年发起组织，有社员33人，出刊《联谊》杂志。主要人员有潘之栋、张森生、徐循等。

新羽文艺社

民国三十七年（1948）春，桐乡简师师生及校友组织成立，有社员10余人，出刊《新羽》杂志。主要人员有张森生、陈振、晋新翔、朱荣培、杨超明等。

桐乡县文学艺术爱好者联谊会

1957年4月成立，有会员119人。同年6月创刊《桐乡文艺》，共出刊两期，约3万字。8月停刊，联谊会亦停止活动。主要人员有晋新翔、张森生、程柱石、戴大铣、汤闻飞、陆富良、朱汝瞳、曹树鸿等。

访庐社

初名乌镇文学社，1979年11月，由镇文化站汪家荣、镇团委朱卫业和文学爱好者杨胜理等发起成立。编印刊物《新芽》。1982年转为影评。1987年与镇团委合编《乌镇青年》。1989年起改办不定期刊物《访庐》，遂名访庐社。有社员12名。

青青文学社

1983年成立。有社员40余人，以爱好文学的高考落第学生为主，出刊《青青》杂志。主要人员有俞泉江、吴富江、吴汉墀、石伟萍等。约在1986年解散。

语溪文学社

1986年3月5日成立。有社员17人，以82届电大文科毕业生为主。主要人员有叶瑜荪、傅林林、潘亚萍、陆一强、陈学忠、谭海屏、施建华、张耘天、王朵金、程新宇、董琴英等。出刊《语溪》杂志，共15期，约60万字。1989年解散。

梅泾文学社

1985年成立。有社员20余人。主要人员有王立、张治生、张松林、陈汉强、陈滢等。出刊《梅泾文学》，至2014年已出刊32期。

四、近现代文学创作书目

王宝铨　《选堂诗文集》

严永华　《纫兰室诗钞》《谍砚庐诗钞》《联吟集》

严寿慈　《白凤吟馆诗稿》《敷教录》

严杏徵　《吕箫楼诗钞》

严昭华　《紫佩轩诗稿》

严颂萱　《淡香吟馆诗钞》

沈庆曾　《湘溪吟草》

沈其渊　《九溪吟草》

陈其元 《庸闲斋笔记》

张景茂 《袜线诗稿》

胡　鑅 《闲闲草堂随笔》《晚翠亭诗稿》《不波小泊吟草》

徐咸安 《韫玉楼遗稿》

徐福谦 《盟梅山馆诗存》

徐蕙贞 《度针楼诗稿》

黄世杰 《文苑导游录》

孔令杰 《迷雾》《昨日》《血债》

汤国梨 《影观诗稿》《影观词稿》

严独鹤 《独鹤小说集》《人海梦》

劳　纺 《织文女史诗词遗稿》

沈承瑜 《游瑞日记》《巴黎记游》

张　长 《洗桐随笔》

张　愫 《愫庵诗文稿》《皋无随笔》

徐自华 《听竹楼诗稿》《忏慧词》《秋心楼诗词》《徐自华诗文集》

徐宝谦等 《语溪徐氏三世遗诗》

徐菊庵 《淡香庐诗草》《淡香庐日记》

徐蕴华 《双韵轩诗稿》

孔另境 《斧声集》《秋窗集》《横眉集》《李太白》《沉箱记》《春秋怨》《凤还巢》《庸园集》《蛊惑》《红楼二尤》《我的记忆——孔另境散文选》

严祖佑 《异域情仇》

沈　沉 《遥远的地方》《驿道上》《晚开的黑玫瑰》

查志华 《无华小文》

钱君匋 《水晶座》《战地行脚》

黄清江 《张望雨的家事》《出嫁》《流浪者的情缘》

黄越城 《泥石流兵马俑》《那场雨那朵云》

程　健 《五日破案》《幕后人》《银色闪光的星》

程柱石 《小河结了冰》

程乃珊 《天鹅之死》《蓝屋》《丁香别墅》《女儿经》《签证》《香江水沪江情》《你好，帕克》《银行家》《让我对你说·寄自灵魂伊甸园的信札》《金融家》《上海探戈》《都会丽人》

五、茅盾文学作品
中长篇小说
《幻灭》（1928 年，商务）

《动摇》（1928 年，商务）

《追求》（1928 年，商务）

《蚀》（《幻灭》《动》《追》）（1930 年 5 月，开明）

《虹》（1930 年 3 月，开明）

《三人行》（1931 年 12 月，开明）

《路》（1932 年，光华）

《子夜》（1933 年 1 月，开明）

《多角关系》（1936 年 5 月，文学）

《腐蚀》（1941 年 10 月，上海华夏）

《劫后拾遗》（1942 年 6 月，桂林学艺）

《霜叶红似二月花》（1943 年 5 月，桂林华华）

《第一阶段的故事》（1945 年 4 月，亚洲图书）

《锻炼》（1980 年 12 月，文化艺术）

《少年印刷工》（1982 年 4 月，少年儿童）

《走上岗位》（1984 年 4 月，花山文艺）

短篇小说

《一个女性》（1929 年 1 月，新文艺）

《野蔷薇》（1929 年 7 月，大江）

《宿莽》（1931 年 5 月，大江）

《春蚕》（1933 年 5 月，开明）

《茅盾短篇小说集》（1934 年 9 月，开明）

《残冬》（1934 年 9 月，生活）

《泡沫》（1936 年 2 月，生活）

《烟云集》（1937 年 5 月，良友）

《茅盾短篇小说集》（第 2 集）（1939 年 8 月，开明）

《耶稣之死》（1943 年 6 月，作家）

《委屈》（1945 年 3 月，建国）

《赛会》（1945 年 9 月，开明）

《茅盾短篇小说选集》（1955 年 12 月，人民文学）

《茅盾短篇小说集》（上、下）（1980 年 4 月，人民文学）

剧本

《清明前后》（1945 年 10 月，重庆开明）

散文、杂文

《茅盾散文集》（1933 年 7 月，天马）

《话匣子》（1934 年 12 月，良友）

《速写与随笔》（1935 年 12 月，开明）

《故乡杂记》（1936 年 6 月，现代）

《印象·感想·回忆》（1936 年 10 月，文化生活）

《收获》（1937 年，生活）

《炮火的洗礼》（1939 年 4 月，烽火社）

《白杨礼赞》（1943 年 2 月，柔草社）

《见闻杂记》（1943 年 2 月，文光）

《茅盾随笔》（1943 年 7 月，文人）

《时间的纪录》（1945 年 7 月，良友复兴）

《生活之一页》（1947 年 3 月，新群）

《苏联见闻录》（1948 年 4 月，开明）

《杂谈苏联》（1949 年 4 月，致用）

《跃进中的东北》（1958 年 10 月，作家）

《脱险杂记》（1980 年 3 月，中国社科）

《茅盾散文速写集》（上、下）（1980 年 12 月，人民文学）

《我走过的道路》（上）（1981 年 10 月，人民文学）

《我走过的道路》（中）（1984 年 5 月，人民文学）

《茅盾少年时代作文》（1984 年 10 月，光明日报）

《我走过的道路》（下）（1988 年 9 月，人民文学）

文学理论

《近代文学理论的研究》（1921 年 12 月，新文化）

《小说研究 ABC》(1928 年 8 月，世界)

《欧洲大战与文学》（1928 年 11 月，开明）

《中国神话研究 ABC》（1929 年 1 月，世界）

《骑士文学 ABC》（1929 年 4 月，世界）

《近代文学面面观》（1929 年 5 月，世界）

《神话杂论》（1929 年 6 月，世界）

《六个欧洲文学家》（1929 年 9 月，世界）

《西洋文学通论》（1930 年 8 月，世界）

《希腊文学 ABC》(1930 年 9 月，世界)

《北欧文学 ABC》（1930 年 10 月，世界）

《汉译西洋文学名著》（1935 年 4 月，中国文化）

《世界文学名著讲话》（1936 年 6 月，开明）

《创作的准备》（1936 年 11 月，生活）

《文艺论文集》（1942 年 12 月，重庆群益）

《怎样练习写作》（1944 年 10 月，文风）

《谈最近的短篇小说》（1958 年 7 月，作家）

《夜读偶记》（1958 年 8 月，百花文艺）

《鼓吹集》（1959 年 1 月，作家）

《创作问题漫谈》（1959 年，北京）

《短篇小说丰收与创作上的几个问题》（1959 年，作家）

《反映社会主义时代，推动社会主义时代的跃进》（1960 年 10 月，人民文学）

《1960 年短篇小说欣赏》（1961 年 11 月，中国青年）

《鼓吹续集》（1962 年 10 月，作家）

《关于历史与历史剧》（1962 年 11 月，作家）

《读书杂记》（1963 年 8 月，作家）

《茅盾评论文集》（上、下）（1978 年 11 月，人民文学）

《茅盾论中国现代作家作品》（1980 年 1 月，北京大学）

《茅盾近作》（1980 年 5 月，四川人民）

《茅盾文艺评论集》（1981 年 2 月，文化艺术）

《茅盾文艺杂论集》（1981 年 6 月，上海文艺）

《茅盾古典文学论文集》（1986 年 12 月，上海古籍）

诗词

《茅盾诗词》（1979 年 11 月，河北人民）

《茅盾诗词集》（1985 年 12 月，上海古籍）

六、丰子恺文学作品

《缘缘堂随笔》（1931 年 1 月，开明）

《中学生小品》（1932 年 10 月，中学生）

《子恺小品集》（1933 年 9 月，开华）

《随笔二十篇》（1934 年 8 月，天马）

《车厢社会》（1935 年 7 月，良友）

《丰子恺创作选》（1936 年 10 月，仿古）

《艺术漫谈》（1936 年 10 月，人间）

《缘缘堂再笔》（1937 年 1 月，开明）

《少年美术故事》（1937 年 3 月，开明）

《漫文漫画》（1938 年 7 月，汉口大陆）

《甘美的回味》（1940 年 12 月，开华）

《子恺近作散文集》（1941 年 10 月，成都普益）

《文明国》（1944 年，作家）

《艺术与人生》（1944 年，桂林民友）

《都是日记》（1944 年 6 月，重庆万光）

《率真集》（1946 年 10 月，万叶）

《丰子恺杰作选》（1947 年 4 月，新象）

《猫叫一声》（儿童故事）（1947 年 9 月，万叶）

《小钞票历险记》（儿童故事）（1947 年 10 月，万叶）

《博士见鬼》（童话）（1948 年 2 月，儿童）

《缘缘堂随笔》（1957 年 11 月，人民文学）

《丰子恺散文选集》（1981 年 5 月，上海文艺）

《缘缘堂随笔集》（1983 年 5 月，浙江文艺）

《耳目一新》（1987 年 4 月，上海文艺）

七、木心文学作品

《散文一集》（1984 年，台湾洪范）

《琼美卡随想录》（1986 年，台湾洪范）

《即兴判断》（1988 年，台湾圆神）

《西班牙三棵树》（1988 年，台湾圆神）

《温莎墓园》（1989 年，台湾圆神）

《木心散文选》（1989 年，三联）

《哥伦比亚的倒影》（2006 年，广西师范大学出版社）

《温莎墓园日记》（2006 年，广西师范大学出版社）

《琼美卡随想录》（2006 年，广西师范大学出版社）

《即兴判断》（2006 年，广西师范大学出版社）

《西班牙三棵树》（2006 年，广西师范大学出版社）

《我纷纷的情欲》（2007 年，广西师范大学出版社）

《鱼丽之宴》（2007 年，广西师范大学出版社）

《素履之往》（2007 年，广西师范大学出版社）

《巴珑》（2008 年，广西师范大学出版社）

《伪所罗门书·不期然而然的个人成长史》（2008 年，广西师范大学出版社）

《云雀叫了一整天》（2008 年，广西师范大学出版社）

八、其他作者部分文学作品

孔令德《茅盾乡土作品选析》，著，中国文史出版社，2006年；《桑林滴翠》》，合著，现代出版社，2004年。

孔海珠《痛别鲁迅》，著，上海社会科学院出版，2004年；《庸园新集·孔另境自述散文》，编，上海文艺出版社，2006年；《秋窗晚集·孔另境文史随笔》，编，上海文艺出版社，2006年。

钟桂松《船头随意泊西东——乌镇》，著，中国林业出版社，2007年。

方伯荣《快乐作文训练百例》，主编，语文出版社，1997年；《写作指导新教程》，著，语文出版社，1997年；《现当代名"记"艺术谈》，编著，浙江教育出版社，1997年；《清代小令品读》，著，团结出版社，1998年；《走过雨雨晴晴》，著，团结出版社，2001年；《狂热年代》，著，中国文史出版社，2004年；《狂野·狂热》，著，中国文史出版社，2004年。

吴骞《东瀛散记》，著，浙江文艺出版社，1996年；《神根随笔》，著，浙江文艺出版社，2000年；《报人论谈》，著，中国文化出版社，2004年；《嘉兴文杰》（第一、二集），合主编，当代中国出版社，2005年。

张振刚《情事陈迹》，著，远方出版社，1999年；《两个地主的秋天》，著，人民日报出版社，2003年；《伴你到朗州》，著，中国文联出版社，2003年；《和丰子恺逃难的日子》，著，浙江文艺出版社，2014年。

陈伟宏《可爱的家乡·桐乡》，主编，浙江教育出版社，2005年；《稻草人》，著，浙江文艺出版社，2013年。

王士杰《河声入梦来》，著，大众文艺出版社，2009年；《水墨乌镇》，著，浙江人民出版社，2013年，著。

王立《无花果》，著，中国文苑出版社，1995年；《爱的私语》，著，中国文联出版社，1999年；《芬芳的岁月》，著，华艺出版社，2003年；《人文濮院》，合著，浙江人民出版社，2014年；《我的江南我的爱》，著，中国文联出版社，2014年。

陆建华《我们都是这样长大的》，著，群言出版社，2004年；《头痛是件头痛的事》，著，吴越电子音像出版社，2014年。

李中《樟树下的回忆》，著，中国戏剧出版社，2002年；《色空》，著，中国文联出版社，2004年。

颜剑明《鉴明去尘垢》，合著，内蒙古人民出版社，1994年；《水韵洲泉》，著，浙江人民出版社，2013年。

王企敖《语溪吟草》，著，中国诗词出版社，2009年；《凤鸣诗词丛书·桐乡古今诗词选》，编，作家出版社，2005年；《崇福风情》，合著，浙江人民出版社，2014年。

徐自谷《崇福名人》，著，浙江人民出版社，2014年；《崇福史话》，合著，浙江人民出版社，2014年。

厉永斌《开天辟地》，著，少年儿童出版社，1991 年。

帅本华《中外文艺家及名作辞典》，编，甘肃人民出版社，1991 年。

孙敏强《闲情偶寄》（清·李渔著），作注，浙江古籍出版社，2001 年；《诗艺与诗心·观照中国古代诗人审美追求与心灵的历史》，著，时代文艺出版社，2001 年；《多维视野中的百部经典·中国古代文学卷》，主编，浙江古籍出版社，2004 年。

朱汝瞳《文学价值的选择》，著，金陵书社出版公司，1992 年；《留耕斋文录》，著，北京燕山出版社，1998 年；《新时期文学思潮研究》，著，当代中国出版社，2004 年；《小说家罗洪》，编，金陵书社出版公司，2009 年。

朱汝衡《心碑》，主编，中国文史出版社，2006 年。

李大略《人生茶味》，著，内蒙古人民出版社，2008 年；《行吟如风》，合著，太白文艺出版社，2008 年。

乐忆英《同桌的你》，合著，吉林人民出版社，2011 年；《乌镇风俗》，著，浙江人民出版社，2014 年。

章建明《乌镇史话》，著，浙江人民出版社，2014 年。

朱绍良《说唐诗·咏物寄寓》，编撰，浙江人民出版社，1997 年；《古今诗人咏菊花》，编注，中国文联出版社，2004 年。

陈志农《弯兜直塘》，著，宁波出版社，2014 年。

陈士章《见底集》，著，百花洲文艺出版社，2006 年。

但及《七月的河》，著，人民日报出版社，2003 年；《自由之门》，著，大众文艺出版社，2007 年；《藿香》，著，中国文联出版社，2013 年；《心在千山外》，著，杭州出版社，2013 年。

陆炳荣《凤栖梧桐》，主编，作家出版社，2002 年。

汪天云《开天辟地》，合著，少年儿童出版社，1991 年。

汪家荣《乌镇茅盾故居》，合著，文物出版社，2002 年。

吴音《真诚的言说》，著，宁夏人民出版社，2007 年。

宋国强《桑林滴翠》，合著　现代出版社，2004 年。

沈玉根《回旋的波涛》，著，广西民族出版社，1993 年。

沈林楚《重游东域》，著，大众文艺出版社，2006 年。

沈坤林《美文赏读》，著，中国文联出版社，2009 年。

沈新甫《湘溪人文》，著，中国文学美术出版社，2010 年。

余荣军《春天的背面》，著，重庆出版社，2004 年。

张金荣《行吟如风》，合著，太白文艺出版社，2008 年；《梦春笔痕》，著，内蒙古人民出版社，2009 年；《梦春诗文》，著，黄河出版社，2014 年。

吴蓬《芥子园画魂》，著，广西师范大学出版社，2014 年。

张涤云《说唐诗·思亲怀乡》，编撰 ，浙江人民出版社，1997 年。

张森生《说唐诗·山水胜迹》，编撰，浙江人民出版社，1997 年;《古今诗人咏桐乡 》，编注，当代中国出版社，2003 年;《崇福诗文》，编撰，浙江人民出版社，2014 年;《桐乡历代诗钞》，编撰，浙江人民出版社，2014 年;《吴之振诗选》，合注，浙江古籍出版社，2015 年。

邹志方《说唐诗·交友酬唱》，编撰，浙江人民出版社，1997 年。

邹汉明《远方光线飞去》，著，百花文艺出版社，1998 年;《在光线上奔跑》，著，人民日报出版社，2003 年;《江南词典》，著，湖南文艺出版社，2007 年;《名物小识》，著，浙江人民出版社，2012 年;《炉头三记》，著，中国文史出版社，2014 年。

金卫其《记忆的村庄》，著，中国戏剧出版社，2002 年;《不可能之可能》，著，重庆出版社，2006 年;《湖畔鸿爪》，著，中国文史出版社，2007 年。

杨玲玲《树叶与漂流》，著，中国戏剧出版社，2013 年。

杨乔《识思堂随笔》，著，延边大学出版社，1999 年;《北京见闻录》，著，内蒙古文化出版社，1999 年。

周易《说唐诗》(丛书)，主编，浙江人民出版社，1997 年;《说唐诗·咏史怀古》，编撰，浙江人民出版社，1997 年;《说唐诗·修身励志》，编撰，浙江人民出版社，1997 年;《图说中国历史》(少年儿童版)，主编，二十一世纪出版社，2000 年;《古今诗人咏桐乡 》，编注，当代中国出版社，2003 年;《古今诗人咏菊花》，主编，中国文联出版社，2005 年;《桐乡古今诗词选》，主编，作家出版社，2005 年;《周易诗文选集》，华艺出版社 ，著，2009 年。

俞尚曦《秋花名市锦桐乡》，合著，中国戏剧出版社，2000 年。

钟云坤《菊地来风》，著,中国文联出版社,2003 年;《桐溪清风》,著,中国文史出版社,2007 年。

晋新翔《晋新翔回忆录》，著，群言出版社，2007 年。

徐正《吕留良诗选》，选注，浙江古籍出版社，1991 年;《吕留良研究与古诗鉴赏》，著，时代文艺出版社，2001 年;《说唐诗·咏物寄寓》，编撰，浙江人民出版社，1997 年;《桐乡古今诗词选》，编注，作家出版社，2005 年。

徐树民《古今诗人咏菊花》，合编注，中国文联出版社，2004 年;《秋花名市锦桐乡》，合著，中国戏剧出版社，2000 年。

徐家堤《乌镇掌故》，主编，上海社会科学院出版社，2003 年。

梁一群《说唐诗·修身励志》，编撰，浙江人民出版社，1997 年。

庾良甫《生命之歌》，合著，百花洲文艺出版社，2010 年。

盛欣夫《西部的诱惑》，著，华夏文化出版有限公司，2002 年;《吴根越角》，著，金陵书社出版公司，2003 年;《黄土黑土·十万里文化拾遗》，著，中国文化艺术出版社，

2004 年；《甫之识联》，著，海天出版社，2008 年；《边画边说》，著，光明日报出版社，2009 年。

蔡明《吕留良诗选》，合作选注，浙江古籍出版社，1991 年；《鸳鸯湖棹歌》，笺注，宁波出版社，1999 年。

毛建翔《三色斋诗钞》，著，中国书籍出版社，2014 年。

李书成《靖恒诗词》，著，中国文联出版社，1999 年。

陈焕华《桐乡楹联集成》，主编，大众文艺出版社，2014 年。

夏春锦《悦读散记》，著，天地出版社，2012 年。

徐玲芬《江南物事》，著，大众文艺出版社，2009 年；《乌镇人物》，著，浙江人民出版社，2014 年；《小镇模样》，著，浙江人民出版社，2012 年；《行走江南》，著，浙江人民出版社，2013 年；《菊香清芬》，主编，浙江人民出版社，2013 年；《桐乡味道》，主编，浙江人民出版社，2014 年。

徐玲芬、徐盈哲《桐乡史话》，著，浙江人民出版社，2012 年。

魏国芳《光阴里的淡淡》，著，大众文艺出版社，2012 年。

章晓燕《乌镇胜迹》，著，浙江人民出版社，2014 年。

李燕萍《尔耳集》，著，中国文史出版社，2005 年；《乌镇味道》，著，浙江人民出版社，2013 年。

闻海鹰《忏慧词人徐自华》，著，团结出版社，2014 年。

徐建利《情感的天空》，著，团结出版社，2014 年。

陈滢《人文濮院》，著，浙江人民出版社，2013 年。

九、学校文学社

科举时代，学子有"文会"组织，以文会友，吟诗作文，切磋学问。"五四"以后，学校设有文学社，创办校刊。20 世纪 50 年代，城镇中小学也设有文学社。

新时期后，学校文学社建设始于 20 世纪 80 年代。1983 年，乌镇中学率先建茅盾文学社，社刊《新月》。1988 年，桐乡一中创办春蚕文学社，社刊《我们》，后改名为《春蚕》，2000 年 7 月被全国中学语文教育学会中学生文学社研究中心评为"全国优秀中学生社团百家""优秀指导教师百家""优秀社报刊"。1988 年 9 月，石门中学创办缘缘文学社，社刊《缘缘》，社员在全国、省、市报刊上发表习作 134 篇（首），2000 年被评为全国优秀文学社，吴德荣被评为全国中学生文学社活动指导教师。1993 年，屠甸中学创办长山河文学社，社刊《长山河》。1996 年，桐乡高级中学创办梧桐树文学社，社刊《梧桐树》，2011 年，"青青校园文学丛书"《凤鸣梧桐》桐乡高级中学卷由作家出版社出版，收录各类文章 217 篇，共计 43 万字。2000 年，市教育局提出各中小学校均要建立文学社，确定指导教师，创办刊物，至 2002 年，学校文学社实现全覆盖。截至 2013 年，除上述外，计有：

中学及以上学校

茅盾中学：茅盾文学社，社刊《菊蕾》。

桐乡二中：语溪文学社，社刊《语溪》。

桐乡市信息技术学校：行知文学社，社刊《银杏树下》。

桐乡市外国语学校：英华文学社，社刊《明天》。

凤鸣高级中学：地平线文学社，社刊《地平线》。

桐乡市技师学院：英华文学社，社刊《英华》。

教师进修学校：风雅文学社，社刊《风雅》。

桐乡卫校：天使文学社，社刊《天使》。

桐乡四中：春芽文学社，社刊《春芽》。

桐乡六中：凤鸣文学社，社刊《凤鸣》。

求是实验中学：菊韵文学社，社刊《菊韵》。

桐乡八中：春笋文学社，社刊《春笋》。

桐乡实验中学：凤凰湖畔文学社，社刊《凤凰湖畔》。

现代实验学校：现代人文学社，社刊《现代人》。

桐乡七中：小树林文学社，社刊《生活作文》。

桐乡十中：杨园文学社，后改名青蓝轩文学社。

桐乡九中：萌芽文学社，后改名花飞凤鸣文学社。

城西初中：晨曦文学社，社刊《萤火虫》。

桐乡三中：流星雨文学社，后改名银杏文学社。

羔羊中学：咩咩文学社。

洲泉中学：湘溪文学社，社刊《湘溪》。

青石中学：青苗文学社，社刊《青苗》。

永秀初中：菱角文学社，社刊《菱角》。

邵逸夫中学：逸群文学社，社刊《逸群》。

崇德初中：崇文文学社，社刊《崇文》。

启新学校：携李文学社，后改名启新文学社。

虎啸初中：禾燕文学社，社刊《禾燕》。

留良初中：南沙塘文学社，社刊《南沙塘》。

民合中心学校：阳光文学社，社刊《阳光》。

民兴中心学校：浪花文学社，社刊《浪花》。

新生初中：河韵文学社，社刊《河韵》。

濮院桐星学校：写吧文学社。

骑塘中心学校：南帆文学社。

芝村初中：灵芝文学社，社刊《灵芝》。

上市初中：春华文学社，社刊《春华》。

乌镇初中：春蚕文学社，社刊《春蚕》。

河山中心学校：晨曦文学社，后改为百灵鸟文学社。

大麻中心学校：麻溪文学社，社刊《麻溪》。

高桥中学：春笋文学社，后改名菊苑文学社。

骑塘初中：有神文学社，社刊《有神》。

南日初中：菊苑文学社，社刊《菊苑》。

同福初中：含露文学社，社刊《含露》。

世纪路学校：新芽文学社，社刊《新芽》。

石门路学校：蒲公英文学社，社刊《蒲公英》。

小学

北港小学：和雅苑文学社。

振东小学：雅韵文学社。

凤鸣小学：子恺文学社。

城北小学：耘梦文学社。

中山小学：小葵花文学社。

茅盾实验小学：立志文学社。

振兴西路小学：菊乡童韵文学社。

龙翔中心小学：童心飞扬文学社。

凤鸣天女中心小学：和乐文学社。

植材小学：小茅盾文学社。

民合小学：澜溪文学社。

翔云小学：梅泾文学社。

毛衫城小学：濮树文学社。

屠甸小学：雏韵文学社。

高桥中心小学：晨曦文学社。

石门中心小学：子恺文学社。

羔羊中心小学：晨露文学社。

洲泉中心小学：湘溪文学社。

洲泉实验小学：晓燕文学社。

永秀小学：陌上文学社。

崇德小学：传贻书院文学社。

上市志华中心小学：心蕾文学社。

留良中心小学：东海夫子文学社。

虎啸中心小学：运河文学社。

芝村中心小学：芝兰文学社。

凤鸣同福小学：菊香文学社。

濮院桐星学校：七彩童年文学社。

高桥小学：南晖文学社。

十、新时期文学创作

小说

1989年5月，张振刚短篇小说《臭镇悲老》编入《浙江新时期优秀短篇小说选》。1992年7月，张振刚小说集《臭镇悲老》由香港易通出版社出版，共收录11篇小说，约11万字。1999年10月，张振刚长篇小说《情事陈迹》由远方出版社出版，约50万字。2003年10月，张振刚长篇小说《伴你到朗州》由中国文联出版社出版。2004年5月，张振刚短篇小说集《两个地主的秋天》由人民日报出版社出版。2004年7月，陆建华短篇小说集《我们都是这样长大的》由北京群言出版社出版。2004年7月，李中小说集《色空》由中国文联出版社出版。2009年6月至2010年10月，王立小说集《玻璃碎片》《蝴蝶梦》《最后一个道士》由台湾秀威资讯科技股份有限公司出版。

1990年后主要作者群：张振刚、陈伟宏、王立、陆建华、费金鑫、乐忆英、李中、吕洪秋、车成杰、金长明等。

诗歌

1998年9月，邹汉明《远方，光线飞去》由天津百花文化出版社出版。2002年5月，李中剧本、诗歌集《樟树下的回忆》由中国戏剧出版社出版。2006年金卫其《不可能之可能》由重庆出版社出版。2007年徐飞《城市边缘》由珠江文艺出版社出版。

1990年后的主要作者群：陈伟宏、邹汉明、张治生、杨胜理、徐金坤、李中、濮建镇、金卫其、王建锋、徐飞、俞伟远、余兮、沈志宏、沈燕萍、傅春梅等。

散文

2000年1月，王立《爱的私语》由中国文联出版社出版。2000年3月，杨乔《识思堂随笔》《北京见闻录》分别由延边大学出版社和内蒙古出版社出版。2002年6月，盛欣夫《西部的诱惑》由华夏出版社出版。2003年2月，钟云坤《菊地来风》由中国文联出版社出版。2003年3月，王立《芬芳的岁月》由华艺出版社出版。2004年7月，陆建华《待花开放的男人》由天马图书有限公司出版。2008年9月，周敬文《散柳集》由珠江文艺出版社出版。2009年8月，徐玲芬《江南物事》由大众文艺出版社出版。2009年11月，王士杰《河声入梦来》由大众文艺出版社出版。

1990 年后的主要作者群：孔令德、周敬文、王士杰、陈伟宏、王立、徐玲芬、钟云坤、陆建华、徐自谷、颜剑明、费金鑫、乐忆英、李肇中、徐承琪、俞翔等。

第二节　民间文学

桐乡一地，以群众口头创作为主的民间文学源远流长，内容丰富，有神话、传说、故事、歌谣、寓言、谚语、俗语等，地方特色浓厚，涉及历史人物、历史事件、地名来历、风物特产、工艺技巧、神仙鬼怪等，主要故事有《白马化蚕》《濮绸的传说》《乌镇姑嫂饼》《崇德吕希周，直塘改弯兜》《宗扬将军》《簖上人不吃鲤鱼》《赤膊囡儿偷鲞》《汪小四与碗底街》《丈二韭菜盘龙笋》《田螺姑娘》等，歌谣有《车水歌》《十二月习俗歌》《数星星》《蚌壳里摇船过太湖》《蚕花歌》《上梁歌》等。

一、收集整理

民间文学的特征之一是口头创作、口口相传，古代地方史志有"丛谈"一章，记载的多为民间流传的故事，但已经文人修改润色，内容多为宣扬因果相报。清末、民国时期，一些书商、文具店曾私印民间歌谣集，如《桐乡古谚五言》《桐乡古谚七言》等，此外少有文字记录。

20 世纪 50 年代后，民间故事、民间歌谣陆续有专集问世。1958 年 6 月，崇德县编写《大跃进歌谣选》，由东海文艺出版社出版。8 月，桐乡县编写《大跃进歌谣选》，由杭嘉湖人民出版社出版。1980 年 12 月，桐乡县民间文学研究小组成立，1984 年，改名为桐乡民间文艺工作者协会，至 1987 年，共编印《桐乡民间故事》《茅盾故乡的传说》《桐乡地名故事》等，以及《桐乡民间文艺》等刊物，约 50 万字。1987 年 7 月，县委宣传部、文化局组织全县民间文学普查，共采集到民间故事 1587 篇、歌谣 337 首、谚语 4000 余条，共约 160 万字，从中精选 230 篇民间故事、124 首歌谣、900 条谚语，共 44 万字，于 1989 年 5 月编辑出版《中国民间文学集成》之《桐乡故事歌谣谚语卷》。

1988 年 4 月，《桐乡地名故事》内部印行，约 8 万字，共印 1200 册。1989 年 8 月 30 日，张纪民剪纸《蚕猫》等 4 幅作品参加全国民间剪纸大奖赛。1991 年，徐春雷的《三珍斋酱鸭》、叶瑜荪的《段七段八段九妹》、朱掌声的《思姑桥》、朱瑞民的《小福勇斗泥鳅精》、蔡一的《吕留良重见天日》、沈海清的《金子久医城隍》、沈新华的《砒霜育儿报父仇》等 48 篇民间故事入选《嘉兴故事卷》。1992 年 2 月，徐春雷整理的《蚕乡的传说》由香港正之出版社出版；张松林整理的《绸乡的传说》作为文联丛书出版；张松林的《私情山歌》、张森生的《三姑娘》、范雪森的《户长号啕大哭》、陆富良的《十二把骰子》、张文祥的《竹叶姐》、吕松发的《看花灯》等 32 首民间歌谣选入《嘉兴歌谣卷》。1993 年 1 月，蔡一编著的《桐乡历史人物传闻》出版，共收录桐乡 60 名历史人物的传闻，约

7 万字；6 月，陆富良著《乡土曲》一书出版，选录作者自 1957 年以来创作的歌谣、曲艺、传说、新故事 52 篇，共约 5 万字；叶瑜荪的民间工艺学术随笔《竹刻丛谈》《雕龙心手》分别刊登于《中国文房四宝》和香港《大公报》；蔡一的《乡史拾遗》由香港天马出版公司出版。1994 年 2 月，徐春雷的《少年茅盾的故事》由甘肃少年儿童出版社出版。1995 年 6 月，市民协和市文化馆拍摄的《桐乡神歌》录像片在全国第二届民俗民艺录像片汇映中荣获优秀奖；10 月，叶瑜荪被联合国教科文组织（北京）和中国民协授予一级民间工艺美术家称号。1999 年 10 月，徐春雷《茅盾故乡名胜风情》由内蒙古人民出版社出版。2003 年 1 月，钟瀛洲专著《茅盾、丰子恺故里乡音录》由中国文史出版社出版；2004 年 12 月再版。2004 年 3 月，余仁、春雷编著的《观赏乌镇》由天马图书有限公司出版；5 月，沈海清传记文学专集《运河儿女》由北京群言出版社出版；7 月，徐春雷编辑的《丰子恺漫画与故乡风情》由中国文联出版社出版。2007 年 10 月，陈志农主编的《梧桐掌故》由天马出版社出版，2009 年 12 月，陈志农主编的《濮院掌故》内部印行。2013 年，钱国平主编，徐春雷、陈志农编辑的《桐乡地名故事》由浙江人民出版社出版。

1990 年后的主要作者群：徐春雷、陈志农、沈海清、徐自谷、朱瑞民、张松林、徐正风、陈滢等。

二、入辑《中国民间故事集成·浙江卷》《中国歌谣集成·浙江卷》目录

民间故事

《大禹育稻》，沈新华收集整理；《陈炭箩》，李恺良收集整理；《濮绸》，张松林收集整理；《乌镇水阁》，朱瑞民收集整理；《田螺姑娘》，葛松明收集整理；《簖上人不吃鲤鱼》，郑善方收集整理；《望蚕讯》，陈泰声、杨富林收集整理；《公鸡为啥要啼》，俞新荣收集整理；《打酒》，张文祥、夏觉民收集整理；《龙蚕》，徐春雷收集整理；《乌镇姑嫂饼》，徐春雷收集整理；《破娘生银鱼》，徐春雷收集整理；《黑鲤头》，徐春雷收集整理。

歌谣

《车水歌》，郑善方、潘启明收集整理；《卖白果歌》，吕孙才收集整理；《十二月习俗歌》，沈新华收集整理；《农村住房歌》，沈新华徐春雷收集整理；《喜娘唱歌》，徐纪坤、宋娟南收集整理；《高利贷》，金子发收集整理；《宣统元年》，余仁收集整理；《娘舅》，张松林、凌晨收集整理；《数星星》，张新根收集整理；《八娘娘门前八株竹》，丰桂收集整理；《花白猫》，李玉春收集整理；《蚌壳里摇船过太湖》，张森生收集整理；《赞蚕花》，徐春雷收集整理；《撒蚕花》，徐春雷收集整理；《经蚕肚肠》，徐春雷、杨连松收集整理；《讨蚕花》，徐春雷收集整理；《接蚕花》，徐春雷收集整理；《送哥》，高伟胜、张松林收集整理；《改革开放百业旺》，曹霍荣收集整理。

三、《桐乡县故事 歌谣 谚语卷》目录
故事

《神鸟造地》《鼠与五谷》《大禹育稻》《白马化蚕》《昭明求学》《钱镠与三刀桥》《武则天吃鱼》《赵匡胤吃眚神》《朱元璋放鸭》《一将换双贤》《乾隆访麻溪》《西宫娘娘认亲》《包公断淫案》《刘伯温遇天子》《莫琼教子》《吕希周直塘改弯兜》《冯孜改斛》《吕熯归里》《吕熯冷落魏忠贤》《颜尚书吃贵果》《吴孟举遇仙》《严淄生仗义执言》《宗扬将军》《飞火将军》《常遇春捉黄鳝》《苏东坡与苏小妹》《张杨园学农》《补农书救驾》《吕留良重见天日》《忠良不绝后》《济贫》《另请高明》《金子久治盗》《金子久医城隍》《吕洞宾赊酒》《吕纯阳治病》《济公题庙名》《郭觉缘发横财》《糙皮怒打武举人》《少年茅盾敢于质疑》《钟英小姐》《丰子恺的传说》《漫画刺匪》《丰镐反对旧习》《汪小四与碗底街》《状元后代不进学》《陆财天逼入太平军》《乌镇董长毛》《抗租暴动》《人和堂血案》《凤凰之家》《含山岑山石山》《白马塘》《猛将塘》《仙人浜》《芦花浜》《网船浜》《木鸭浜》《栅里浜》《石佛寺》《福严寺》《嘉清庵》《修真观》《乌镇水阁》《访卢阁》《思姑桥》《报恩桥》《洛思娘桥》《姐妹双桥》《单桥》《薛婆桥》《铁菱关》《乌镇两塔》《唐代银杏》《七千田》《南高地》《徐家墩》《营盘头》《土城里》《落北里》《中夫庙》《火烧场》《立总管弄》《猫与老鼠》《臭老鼠的来历》《公鸡为啥要啼》《龙蚕》《养夏蚕何时开始》《京娘化作萤火虫》《田蛆的故事》《黑鲤头》《破娘生银鱼》《甘稞》《桑树干上为啥有疤》《蚕豆花为啥是黑的》《何首乌的传说》《杜酿酒》《乌镇姑嫂饼》《酥羊大面》《桐乡甜辣酱》《三珍斋酱鸡》《濮绸》《天下第一绸》《桐乡晒烟》《桐乡槜李》《乌镇镬子》《蓝印花布的传说》《撑腰萝卜撑腰糕》《清明夜为啥吃螺蛳》《清明为啥插杨柳》《望蚕讯》《立夏吃麻团》《七月半吃馄饨的来历》《七月七请杼神》《八月半斋星宿》《重阳赤豆糯米饭》《腊月廿五吃豆腐渣》《糖蛋待女婿》《新娘为啥要回门》《倒茶为啥叩指头》《箭上人不吃鲤鱼》《瘟元帅会的来历》《桐乡花鼓戏》《毛竹板书的来历》《狮子球的传说》《鱼篓子的由来》《十八副盅筷请外堂》《吹牛皮的由来》《拖油瓶的出典》《七里亭与漆里金》《人为财死,鸟为食亡》《路遥知马力》《石门白》《一升八合命》《田螺姑娘》《懒坏阿大射箭》《阿虎》《土地菩萨的来历》《兄弟分家》《掼金石》《百耐爷爷》《钓鱼阿六》《潘烂头得天书》《张烂头的由来》《水没相州城》《李梦真除妖》《青龙桥与黑板桥》《黄四砌灶》《杀猪屠与念佛老太》《母狼请医》《十年雄鸡毒如砒》《老虎与猢狲》《鸡鸭鹅的故事》《甲鱼与蜘蛛》《笋蛇》《鬼绣房》《僵尸精成婚》《鬼捉鬼》《鬼怕人的故事》《赵小姐与乌龟精》《铁拐李与百脚精》《田鸡精报恩》《百脚精舍命救恩公》《两个家堂》《小福勇斗泥鳅精》《四不会的长工》《六斤四两》《泥水匠成亲》《对句选郎》《砒霜育儿报父仇》《三个女婿吃两个糖蛋》《一只甲鱼苦胆》《夺箱子》《贤母育贤子》《没良心》《石蟹脚治眼病》《修行》《一只粪鸡》《贪官碰着强盗》《三个铜钿过年》《落门栅》《郎中医穷》《沈翁与叫花鸡》《义丐》《王先生教书》《龙凤斗》《赤膊囡囡偷白鲞》《千金庙》《吃鱼的诀窍》《没有圣旨的牌坊》《聪明的笨人》《落第秀才》《尼姑与醉汉》《一根椽子两碗饭》

《鸡血引蚂蟥》《姚三智退强盗》《大男与小男》《一对烟篰治财主》《高纳巧治黑心人》《沈强盗智退官差》《吴秀才智罚财主》《丈二韭菜盘龙笋》《打师救师》《撞官船》《罚挑石磨》《猪狗官司》《段七段八段九妹》《段七智毙游方僧》《倪千斤》《挑水阿三》《陈炭篰》《第四个媳妇》《施计偷猪》《豆腐儿巧难老丞相》《少妇智斗渡手》《鹿与虎》《蛇吃蛋》《蚤与虱》《蜒蚰与百脚》《看戏文》《借梯子》《拽渡》《别字秀才》《打酒》《贼样子》《医治肥胖症》《依靠孙子出气》《谁的牛皮大》。

歌谣

《种田歌》《踏车歌》《渔民歌》《摇船歌》《茶堂十八来》《长工苦》《老长工》《搬运工》《造桥歌》《采桑歌》《扫蚕花》《赞蚕花》《唱绵兜》《撒蚕花》《经蚕肚肠》《讨蚕花》《接蚕花》《蚕花谣》《宣统元年》《民国廿三年》《新开共和园》《日寇侵崇德》《瞎子宝元大队长》《高利贷》《荒年景》《苦恼子翻身》《双季稻》《桐乡赞》《选干》《文革》《三扇门》《本事歌》《分香烟》《一菜一汤》《乘车》《求婚十字歌》《改革开放百业旺》《农民的房子》《十二月风俗歌》《习俗歌》《喜娘喝彩歌》《上梁歌（登高）》《上梁歌（唱台子）》《上梁歌（赞花名）》《迎灯山歌》《闹花灯》《试情》《采石榴》《结识私情隔条浜》《烧香情》《单相思》《画眉笼》《五更相思》《竹叶姐》《十请郎》《十送郎》《无情姐》《负心汉》《家家亮，长长》《家家亮，亮婆婆》《摇摇摇，外婆去》《摇到外婆桥》《数星星》《一只麻雀共共飞》《绕口令》《苏州玄妙观》《叫我日后怎靠老》《蚌壳里摇船过太湖》《生炒热白果》《氽来班》《十稀奇》《江南有个大姑娘》《叫讨歌》《花名宝卷》。

谚语

分时政、事理、修养、社交、生活、自然、经济七类，从略。

四、新故事

新故事是一种相对于民间传统故事的新兴民间文学，它贴近生活，贴近大众，为广大群众所喜闻乐见。20 世纪 60 年代初，桐乡的新故事活动主要是配合当时的时政宣传任务编写，在茶馆田间宣讲，很受群众欢迎。后通过举办新故事创作学习班、故事员培训班、新故事比赛等，逐渐扩大了新故事的创作、演讲队伍。

1990 年桐乡文化馆编印《新故事专辑》，同年徐春雷创作的《不开后门开前门》获笑话大奖赛三等奖。

1992 年，吴帼英演讲的新故事《舞厅里的秘密》获嘉兴市新故事调讲赛三等奖。

1993 年，邬富荣、徐正风演讲的新故事《讲演》《遗嘱风波》获嘉兴市新故事调讲赛二、三等奖；沈海清的《新市长受骗》和《小镇“狩猎人”》刊登于《山海经》。

1994 年，徐自谷的《回扣轶闻》《陈倌给回扣》分别刊登于《山海经》和《故事会》；沈海清的《益寿堂两疑案》《放下屠刀，立地成佛》《神算子》刊登于《故事大观》，《花圈风波》刊登于《山海经》。

1995 年，徐自谷的《张倌办执照》《王先生动戒板》刊登于《故事会》，《余倌当腿儿》、

《甄官书龙字》刊登于《山海经》；朱瑞民的《张冠李戴杭白菊》刊登于《山海经》；沈海清的《三个耳光三千元》《八奇缘》《鸡脚爪》刊登于《山海经》。

1996年，徐自谷的《不寻常的回报》《失落的翡翠耳环》《陈朝奉重金购酥糖》刊登于《山海经》；沈海清的《占"上风"占来狐狸精》《食人鲨》《特殊的测验》刊登于《山海经》，《赵子龙之死》《饕餮慈禧》《灵芝草》《妻贤夫祸少》刊登于《民间故事传奇》，《武松重上景阳岗》《顺水推舟度饥荒》刊登于《故事会》。

1997年，徐自谷的《粉碎的玉镯》《紫云讨债》刊登于《故事会》，《出差的两次遭遇》《赠联》刊登于《山海经》；沈海清的《吴越第一战》《樊姬说贤》《段七除恶福严寺》《孙悟空管星星》《预见石的传说》刊登于《民间故事传奇》，《知府大盗落网记》《征厂联》《稀奇古怪的店铺》《老板买萝卜》《老板娘》《两道算术题》刊登于《山海经》。

1998年，徐自谷的《送你一朵红玫瑰》等6篇新故事刊登于《山海经》，《百万离婚补偿》等2篇新故事刊登于《故事会》；沈海清的《四姐妹的名字》等4篇新故事刊登于《山海经》。

1999年7月，徐春雷、陈志农主编的新故事专集《人龟情缘》出版，收录28篇，共约13万字；10月，桐乡市民间文艺家协会成立"新故事沙龙"，新故事创作群体不断扩大，创作势头旺盛；乐忆英的《蜕变》等5篇新故事刊登于《古今故事报》；俞泉江的《途遇狼群》刊登于《山海经》；吕洪秋的《桃花村情事》《飞来的爱情鸟》刊登于《百姓故事》；徐自谷的《碗底街的传说》《神指王倌》《许郎中的药方》刊登于《故事会》，《棉纱线扳倒石牌楼》《敬泉阿爹封刀》刊登于《山海经》；沈海清的《蒋经国上海"打虎"始末》《大才子丰子恺》《世界超级名模陈娟红》刊登于《章回小说》，《"弥勒佛"和他的女儿》等6篇新故事刊登于《百姓故事》。

2000年，徐正风的《瘌子阿三》《小姐与窃贼》刊登于《新民晚报》；乐忆英的《奇异的红痣》等5篇新故事刊登于《中外故事》，俞泉江的《偶遇情人》《哑女凤妹》刊登于《百姓故事》；沈海清的《复仇之蛇》等4篇新故事刊登于《中外故事》；徐自谷的《角顶两师父》等3篇新故事刊登于《故事会》。

2001年，陈志农的《寻找亚马逊蟒》等2篇新故事刊登于《中外故事》；乐忆英的《信箱缘》等6篇新故事刊登于《中外故事》，《头儿的笔记本》等8篇新故事刊登于《古今故事报》；徐正风的《三张照片》《面试》刊登于《百姓故事》，《老人的心愿》等4篇新故事刊登于《故事林》；俞泉江的《床头提刀人》等4篇新故事刊登于《山海经》；徐自谷的《站亮处做人》《滴血救人》刊登于《故事会》，《老宅恩怨》等3篇新故事刊登于《山海经》；沈海清的《做官难》等4篇新故事刊登于《山海经》，《惹祸的小金库》等3篇新故事刊登于《章回小说》。

2002年，陈志农的《赌徒考子》《都起来了》刊登于《中外故事》；朱瑞民的《赌石遗梦》《大墙里的幽默》刊登于《山海经》；乐忆英的《乡里来了个大记者》等4篇新故事刊登于《古今故事报》,《交学费》等4篇新故事刊登于《中外故事》;俞泉江的《宰相肚里难撑船》刊登于《山海经》,《捉漏》刊登于《故事会》;徐正风的《要命的电话》《与狐狸精约会》刊登于《古今传奇》;沈海清的《吴氏传家宝》等3篇新故事刊登于《古今传奇》;徐自谷的《波斯猫有病》刊登于《古今传奇》;吕洪秋的《独眼大侠》刊登于《山海经》。

2003年,陈志农的《水怪》《蟒鳄大战》刊登于《故事世界》;朱瑞民的《杨老板开荤》等6篇新故事刊登于《快活林》;徐正风的《花局长泡妞》等5篇新故事刊登于《故事林》;乐忆英的《银楼劫案》《无声的较量》刊登于《山海经》,《叫人啼笑的校园》《谁举的手》刊登于《快活林》;俞泉江的《丞相蒙皇后》等5篇新故事刊登于《山海经》;吕洪秋的《赔本生意》刊登于《故事家》;徐秋萍的《一副黄杨木雕》刊登于《古今传奇》;陈滢的《不同的命运》刊登于《故事会》;沈海清的《青阳坊命案》等4篇新故事刊登于《山海经》;徐自谷的《血染的箴言》刊登于《山海经》。

2004年,杨一麟演讲的新故事《老牛筋交税》获华东地区六省一市法制宣传故事大奖赛银奖;沈海清的《戏班小王失踪之迷》刊登于《山海经》;朱瑞民的《澡堂惊艳》刊登于《故事会》;徐正风的《深夜奇案》等8篇新故事刊登于《故事林》;俞泉江的《最后一个幸存者》《一滴血除掉一个大汉奸》刊登于《山海经》。

2005年,陈志农编写的新故事集《神丹》由天马出版社出版。

2006年,杨一麟演讲的新故事《猴王复仇》获上海市第八届国际艺术节新故事大赛金奖;同年,沈海清、徐秋萍分别创作的新故事《向市长行贿》和《和妈妈过招》参加首届中国(浙江)廉政故事征文比赛双双荣获优秀奖。10月,陈滢创作的新故事《午夜惊魂》参加嘉兴市第一届农民文化艺术周"新农村·故事会"创作大赛获银奖;沈一创作的新故事《花钱买个贼来做》和沈海清创作的新故事《雄地》分获铜奖;徐自谷创作的新故事《借"福"》、沈竹心创作的新故事《"边点子"开公司》、徐正风创作的新故事《无价之宝》分获优秀奖。

2009年,沈海清创作的新故事《"雄地"还是"财神地"》获浙江省曲艺征文三等奖;2009年12月23日,俞泉江创作的新故事《选你没商量》参加第二届中国(浙江)廉政故事征文比赛获嘉兴市唯一的优秀奖。

2010年,沈海清创作的新故事《传家之宝》和《给粟裕将军送情报》分别获上海市第十二届国际艺术节"金廉杯"廉政故事征文三等奖和"四明山杯"全国廉政故事征文三等奖。

2011年5月27日,杨一麟讲述的新故事《给粟裕将军送情报》和俞丽萍讲述的新故事《菊花宴》在浙江、江苏、上海两省一市"红色口杯——'潇洒桐庐杯'中国长三角故事讲述大赛"中分获铜奖,并获"故事员"称号。

2012年,沈海清主编的《桐乡故事三十年》一书由大众文艺出版社出版,收录新故事 70 余篇 15 万字。据 2011 年底统计：全市在省级以上发表的新故事作品有 245 个；嘉兴市地级以上发表的新故事作品有 180 个，其中 1999 年陈志农创作的新故事《追乡亲》获浙江省曲艺新故事征文二等奖。

新故事创作群：陆富良、徐春雷、朱掌声、朱瑞明、张松林、陈志农、徐正风、邬富荣、沈海清、陆松华、徐自谷、乐忆英、俞泉江、吕洪秋、徐秋萍、陈滢、沈一、陈曼青、范树立、姚镌明、姚海松、李爱华、颜跃华、陈永治等。

五、著　述

钟桂松《中国民间文学集成·浙江省桐乡县卷》，主编，1989 年。

叶瑜荪《竹刻技艺》，著，福建美术出版社，2006 年。

徐春雷《风土杂记》，著，浙江人民出版社，2012 年；《桐乡三跳》，收集整理，中国文史出版社，2006 年；《桐乡蚕歌》，收集整理，中国文联出版社，2009 年；《少年茅盾的故事》，著，甘肃少年儿童出版社，1993 年；《茅盾故乡名胜风情》，著，内蒙古人民出版社，1999 年；《丰子恺漫画与故乡风情》，著，中国文联出版社，2005 年；《含山轧蚕花》，编著，浙江摄影出版社，2014 年；《桐乡地名故事》，合编，浙江人民出版社，2013 年。

沈海清《崇福故事》，著，浙江人民出版社，2014 年；《运河儿女》，著，北京群言出版社，2004 年；《桐乡故事三十年》，主编，大众文艺出版社，2012 年。

钟瀛洲《茅盾丰子恺故里乡音》，著，中国文史出版社，2002 年；《桐乡方言》，编著，中国文史出版社，2002 年。

乐忆英《乌镇民俗》，著，浙江人民出版社，2014 年。

陈志农《桐乡地名故事》，合编，浙江人民出版社，2013 年；《慈善永恒》，编著，中国文学美术出版社，2012 年。

张森生《梧桐树下的辉煌》，著，宁波出版社，2011 年。

沈新甫《湘溪人文》，著，中国文学美术出版社，2011 年。

陆松华《古刹崇庆寺》，著，中国文学美术出版社，2013 年。

徐自谷《崇德风情》，著，浙江人民出版社，2014 年。

王士杰　徐玲芬《桐乡本是凤凰家——桐乡民间故事集》，主编，浙江人民出版社，2014 年。

第三节　音乐　舞蹈

一、民间音乐活动

桐乡一地多民间小调，短小简练，极富生活气息和地方特色，流传的有《杨柳青》《紫竹调》等。旧时一些历史悠久的商号有专门的招揽顾客的《叫卖调》，叫卖者多为学徒，曲调爽朗上口，如濮院邬老大《豆制素食叫卖调》"素鸡素爆鱼，素爆鱼素火腿，素香肠格素肫干，香蕈豆腐干"；宋永祥《生炒热白果叫卖调》"生炒热白果，香又香来糯又糯，一个铜板卖三颗，吃到一颗坏白果，一颗换三颗，还再敲坍我只破炒锅"。

旧时，梧桐、崇福、石门、洲泉等镇上均有善吹拉弹唱之人，不定期聚集，演奏乐曲，研习乐理，乐器有琵琶、二胡、月琴、三弦、箫、笛等。崇福有"丝弦小集"，人员先后有释松泉、张志翔、李廷华、李渔卿、褚少南、彭荣寿、王龙生、夏宝琛、范志云等人，其中夏宝琛善弹琵琶，其"反格弹"独具特色，擅长的乐曲有《凤求凰》《青云直上》《欢乐歌》《十面埋伏》等，抗战前旅居上海，被誉为"琵琶大王"，曾任上海国乐会会长。20世纪50年代初，为国乐研究社骨干，其所传名曲《三六》谱为琵琶考级之必修曲目。各大镇均有京昆票友组织的社团，拍曲自娱，不定期活动，梧桐有陶社，成立于民国二十二年（1933），常于晚上举行昆剧曲会，抗战期间停止活动，胜利后一度恢复。乌镇有票房，成立于民国二十二年，以张家花园为活动场所，气氛颇为活跃，吸引周边城镇爱好者参加。崇福有语溪票友社，成立于民国二十六年（1937）。濮院有梅泾俱乐部，抗战期间群众自发组织，活动地点在香海寺。

民国二十三年（1934），范志云在无锡遇民间音乐家华彦钧（盲人阿炳），邀至旅舍，研讨二胡演奏技艺，得其真传。1956年，上海人民广播电台开设《天才的民间音乐家华彦钧》专题音乐节目，因华彦钧传世的6首乐曲中有3首因录音问题不能播放，遂请范志云演奏《龙船曲》《大浪淘沙》。后遭遇"文革"，范志云被埋没20余年。1986年，中央人民广播电台开设范志云音乐专题节目《阿炳琴友的琴声》，浙江等20多个省市电台相继播出。1993年12月，范志云被省文化厅授予"浙江省民间艺术家"称号。

二、音乐创作

1984年，傅尧夫创作的民歌《上梁诗》、任黎明创作的《我的家在水乡》编入《浙江省优秀民歌选》。任汴沙创作的歌曲《这一条小路通向远方》入选1986年浙江省首届音舞节目，《龙灯》获得上海归侨联谊会征歌纪念奖。

1985—1990年，全市有32件音乐作品在省级以上报刊上发表，110件作品在地市级报刊上发表，91件作品在县市级报刊上发表。1990年，傅华根在德国梅切西举办民乐独奏会，演奏二胡曲《江河水》《赛马》等名曲；陈海舰创作的歌曲《骄傲吧！国旗》获浙江省音协、省总工会征集歌曲优秀奖。

1991年，陈永勤作词的《小溪》《午休》《年轻的奥妙》在《浙江教育报》发表，《可爱的母校》在《中小学音乐教育》发表。

1992年，徐宜锌作曲的厂歌《桐马奔腾》《枫树绢丝万里行》《河山的明天灿烂》、朱国仁的《桐乡凤鸣化纤厂厂歌》《石门丝厂厂歌》《前进吧！桐乡衬衫总厂》入选《全国企业歌曲选》；徐宜锌的《江南》获"江南风"创作大赛二等奖，并在中央人民广播电台播出，《相识在校园》《天地之间》《祖国的少年》在全省校园歌曲大赛中均获二等奖；陈才基、傅尧夫的《采桑曲》《蚕乡美》、傅尧夫的《撒蚕花》《龙蚕临门蚕花好》《蚕乡五月送茧忙》《丝绸新歌》《杭菊飘香》在中央人民广播电台播出。

1993年，徐宜锌作曲的《牛背上的孩子》等三首参加省第三届校园歌曲赛，《五月的枫树，五月的风》获省首届"枫树杯"卡拉OK赛优秀创作奖，并在《中小学音乐教育》发表，作曲的《江南》、作词的《幽幽清香润心田》在《花港》发表；陈永勤作曲的《摇起小船湖里走》在《中小学音乐报》发表，并获全国新歌征集赛创作奖，《在我生日那一天》获《金旋律》金曲奖，《别把老师惊醒》获《金旋律》创作奖；傅尧夫的民乐合奏《水乡蚕歌》获省第二届民乐赛录音演奏奖。

1994年，陈永勤作曲的《问》《采桑椹的妞妞》分获《金旋律》金奖、银奖，《军人的月亮也成双》等8首歌曲在《中小学音乐教育》发表，《雪花》等3首在《校园歌声》发表。

1995年，沈冠生的歌词《幻想》《让我心疼你一次》在《上海词刊》上发表；陈永勤的《我的童年》获首届全国校园歌词大赛鼓励奖，《春雨沙沙》《在我生日的那一天》入选台湾儿童歌曲集《主人翁之歌》，《小小心意》《我多想》《采桑椹的妞妞》在《校园歌声》发表。

1996年，傅尧夫的《绿色信使之歌》获"世纪之声"全国征歌大赛"中国行业金曲"称号；徐宜锌谱曲的专题片《茅盾的故事》获中泰国际电视旅游风光片铜奖，陈永勤的《别把老师惊醒》获省"金向日葵"少儿歌曲电视大赛一等奖，《找妈妈》在《新歌》发表，《郊游》在《音乐大观》发表。

1997年，陈永勤的《老师的生日》入选《当代校园歌曲精选》，《祝老师节日快乐》《别把老师惊醒》入选《中国当代优秀校园歌曲》，《北京娃，香港娃》在《幼儿教育》发表，《雨中的娃娃》在《湘江歌声》发表。

1998年，陈永勤的《老师，今天是你的节日》入选《中小学音乐教育》和《红烛颂·绿叶情》，《多梦的少年》入选《牧笛》。

1999年，陈永勤的《雨蒙蒙》等3首歌曲获"宇宏杯"全国少儿歌曲电视大赛优秀奖，《星期天》《别把老师惊醒》获"卡西欧"杯好词好曲二等奖。

2000年，严旻操的《木盆花轿》获省"新安江歌曲"演唱大赛一等奖，《雨巷》获省电信系统歌唱大赛三等奖，《黄昏放牛》获省"宁波港杯"歌唱大赛优秀奖；陈永勤的《校园里飞来一群百灵鸟》《我们共同的家》《快活的小鸟》《迎春花摇铃》《雪浪花》《吹螺号》在《校园歌声》发表，《少女独白》《星期天》在《音体美报》发表。

2001年，市菊花节组委会特邀总政歌舞团印青、浙江电视台周羽强为桐乡创作了"花开桐乡"一歌，首次在第三届菊花节开幕式公开演唱后，至今仍在全市重大公开场合及机关、企业、学校等单位播放，为广大市民所耳熟能详。同年，徐宜锌任音乐编导的《花开桐乡》在中央电视台和浙江电视台播出，编创的《五月的歌》获嘉兴市合唱金奖；陈永勤的《我在这里长大》在《中小学音乐报》发表，《雨蒙蒙》等 5 首歌曲入选《"宇宏杯"全国少儿歌曲作品集》，《说起我的祖国》等 5 首歌曲在《音体美报》发表。

2002 年，徐丽萍的歌词《白菊，我心中的牵挂》获第五届全国残疾人艺术汇演新作奖，《风筝情》获中华校园歌曲全国征集作品二等奖，并入选《中华歌词选萃》；陈永勤的《走进童话世界》在《中小学音乐教育》发表，并在第五届中国儿童音乐电视大赛上播出，《雨中的娃娃》在《儿童音乐》发表，《2008，我们已经长大》《信仰》《下课了》《老师的红笔》在《音体美报》发表；严旻操、夏宾成演唱的《同学》获省声乐大赛铜奖；夏宾成演唱的《回心转意》获亚洲华人歌曲大赛东方新人奖，《腾飞》获省创作歌曲演唱大赛金奖，《伴你一生》获省声乐大赛铜奖。

2003 年，茅盾中学音乐教师夏宾成被共青团中央命名为"乡村青年文化名人"称号，他的《声乐》获省"明珠杯"歌手比赛银奖；王卫东的《母亲》获长江三角洲城市民歌手邀请赛优秀演唱奖；严旻操的《步步高》获华东地区"大众之星"表演大赛新星奖；徐丽萍的歌词《白菊，我心中的牵挂》获省高校歌手大奖赛银奖；陈永勤的《老师和我》《绿色锦绣浙江》在《中小学音乐教育》发表。

2004 年，徐丽萍作曲的《老师的爱》《快乐成长》分别在《校园歌声》和《少先队小干部》发表；陈永勤的《老师的爱》在《儿童音乐》发表，《绿色浙江》获首届《爱我家园》"蓝天杯"原创歌曲大赛优秀作品奖，《辉煌的七月》在《音乐天地》发表。王卫东的《母亲》《神圣时辰》《想家的时候》获第五届上海国际艺术节城市民歌手邀请赛银奖。

2005 年，傅华根赴美国举办民乐系列讲座及二胡古琴独奏音乐会；陈永勤的《月牙儿弯弯》在《校园歌曲》发表；夏宾成的《友爱的世界》获省届组唱类原唱歌曲赛金奖。

2006 年，陈永勤的《好人，你好难》获省最佳音乐作品奖，《让一让》在《幼教园地》发表，《我发现了我自己》《背水的小姑娘》在《中小学音乐教育》发表。

2007 年，傅华根论著《论二胡演奏》由美国国际中国文化出版社出版。

2008 年，傅华根的《浅谈二胡的发音》在中国音乐网发表；陈永勤的《爱情变奏曲》入选《浙江当代 100 家歌词精选》，《数浪花》在《儿童音乐》发表。

2009 年，陈永勤的《老师，我不想说再见》在《校园歌声》发表，《月牙儿弯弯》获江西省第五届少儿歌曲原创征集三等奖。

1990 年后的主要作曲者群：傅尧夫、傅华根、徐宜锌、陈永勤、徐丽萍、马云娟、杨琦芬、邱学敏、沈冠群等。

三、丰子恺、钱君匋、夏飞云、傅华根音乐作品
丰子恺
《音乐的常识》（1925 年 12 月，亚东）

花 开 桐 乡

—— 桐乡市市歌

作词：周羽强
作曲：印 青
记谱：赵伟平

1=C 4/4

歌词：

走近如诗如画的田园　那是魂牵梦绕的故乡
走近花团锦簇的桐乡　那是凤凰停留的地方

河湖港叉　莺歌燕舞
鱼米菊桑　万千气象
小桥流水书声琅琅
人杰地灵百业兴旺

哦 我的桐乡我的桐乡
哦 我的桐乡我的桐乡

我是你的花朵　你是我的阳光
我是你的航船　你是我的港湾

花开桐乡田野芬芳　花开桐乡香飘八方
花开如潮蓬勃欢畅　花开四海激情奔放

美丽的桐乡　美丽的桐乡　吸引世界惊喜的目光
美丽的桐乡　美丽的桐乡　为你自豪为你荣光

美丽的桐乡　美丽的桐乡　吸引世界惊喜的目光
美丽的桐乡　美丽的桐乡　为你自豪为你荣光

为你自豪　为你荣光

《音乐入门》（1926年10月，开明）

《近世十大音乐家》（1935年5月，开明）

《音乐初步》（1930年5月，北新）

《近代二大乐圣的生涯与艺术》（1930年5月，亚东）

《世界大音乐家与名曲》（1931年5月，亚东）

《西洋音乐楔子》（1932年12月，开明）

《开明音乐讲义》（1934年11月，开明）

《音乐初阶》（1943年11月，重庆文光）

《音乐合谐》（1944年3月，桂林文光）

《音乐十课》（1947年8月，万叶）

《音乐知识十八讲》（1950年7月，万叶）

《近世西洋十大音乐家故事》（1957年11月，东海文艺）。

钱君匋

《深巷中》（1985年，人民音乐出版社）

《恋歌三十七曲》（1992年，上海音乐出版社）

夏飞云（音乐专辑）

《春江花月夜》《小刀会》《夜深沉》《陆春龄笛子艺术荟萃》《迎春接福》

傅华根

《论二胡演奏》（2007年，国际中国文化出版社）

四、民间舞蹈活动

桐乡一地的民间舞蹈多见于节日祭神活动中，旧时元宵节，乌镇、崇福、濮院、梧桐等镇有灯会，表演舞龙、舞狮、马灯舞等。舞龙的基本动作有盘、滚、游、抓痒、抢珠等，中间穿插串行、盘旋等；舞狮的基本动作有奔、跳、滚、伏、蹲、抢绣球等；马灯舞先扎马灯，以竹篾扎成马的形状，以彩纸裱糊，舞者将竹马缚于腰部前后，以四对或六对为队，或交叉奔跑，或盘旋穿插，不时变换队形。清明含山轧蚕花、双庙渚蚕花水会、芦母桥旱会等祈祭蚕神的活动上均有群众自发组织的摇荡湖船、打莲湘、拜香凳等节目，人们着统一服饰，边走边舞边歌。摇荡湖船，用木制小橹，橹头系一彩色绸带，一男摇橹，一男着女装，手执绸带作拉帮状，两人在行进中边歌边舞，宛如行舟于水上，词曲以俚俗小调为主，由丝竹伴奏，表现江南水乡人们的劳动生活和欢快情绪。拜香凳由12名或16名儿童组成，着红衣绿裤，头戴缀有红球的阔边头巾，双手捧一只装有小宝塔的香凳，舞蹈时分成两队，边行走边歌舞，动作以"拜"为主，配以管弦乐，词曲系自编。打莲湘，用长约1米的竹梢，上挂铜钿数枚，两端系红绸条，舞蹈时，听哨音指挥，舞者上下左右扭动身体，并用竹梢敲击四肢、肩、背等部位，铜钿发出有节奏的响声。

另外，葬礼上有拜忏一道仪式，僧人每念完一轮佛忏后必跳一次，边跳边敲铙、磬，互相之间穿插行进，随着节奏的加快，步伐愈加紧凑，最后嘎然而止，俗称"跳花筒"。

解放初，秧歌舞、打腰鼓、打莲湘等很快遍及城乡，成为人们表达欢乐心境的主要形式，每逢节日集会，必有表演。1950年5月25日，为了配合和平签名运动，桐乡县在县城大操场表演群众性的腰鼓会。至1951年，崇德县有腰鼓队9个，桐乡有腰鼓队30个。1956年12月27—28日，桐乡县举行全县音乐舞蹈会演，223人参加演出，有《拜香凳》《走花》等舞蹈，受到群众的热烈欢迎，最多一场观众达1400余人。1957年，崇德县文化馆吕英等人发掘、整理的《百叶龙》舞蹈获浙江省第二届民间音乐舞蹈会演一等奖、第二届全国民间音乐舞蹈会演特别奖、第六届世界青年与学生和平友谊联欢节金奖。《百叶龙》以芝村民俗乐曲《拜香凳调》为音乐，以长兴县《花龙灯》为舞蹈底本，1987年，被编入《中国民间音乐舞蹈集成（浙江卷）》。"文化大革命"时期，以跳"忠"字舞为主。

五、舞蹈创作

1985—1990年，全市舞蹈创作作品，省级以上3个，地市级17个，县市级28个。

1991年，何建华编排的《孔雀舞》、蒋灵云编排的《愉快的假日》分获嘉兴市中小学艺术节二等奖和三等奖；蒋灵云编排，骆卫平、冯小洁、沈勤表演的《丰收舞》《红梅赞》获嘉兴市职工文艺汇演三等奖；蒋灵云编排的《运河儿女把你歌唱》参加嘉兴丝绸系统文艺汇演。

1992年，蒋灵云、沈燕贤编排，沈勤、冯小洁、张如娟、宋吉芳、张娟萍、周忆清、茅晴燕、叶敏表演的《春蚕》获嘉兴市"南湖之春"演出奖；潘劲松、郭术艳、夏晓蓉、朱萍表演的《南湖雨》获嘉兴市"南湖之春"演出奖。

1993年，蒋灵云的《蝶恋花》《凑凑数》参加嘉兴市纪念毛泽东诞辰100周年文艺调演，《电力之歌》参加嘉兴市电力系统调演；何建华编排，周忆清、茅晴燕表演的《绣》参加嘉兴市中小学艺术节；蒋灵云编排的《红梅赞》《大红枣儿》《穷人的孩子早当家》《我的祖国》《妈妈教我一支歌》《桑迎喜雨》《羊毛衫系列表演》获市乡镇骨干企业文艺调演优秀奖；何建华编排的《游击队之歌》获市中小学文艺汇演一等奖。

1994年，蒋灵云、娄玲仙编排的群舞《杭菊飘香》参加省烟草公司文艺调演；蒋灵云编排、沈燕贤等表演的《我爱你，中国》《蝶恋花》获嘉兴市乡镇企业文艺调演优秀演出奖；蒋灵云编排的《歌唱祖国》获嘉兴市建设银行文艺调演二等奖。

1995年，蒋灵云编排的《长城长》获嘉兴市中国银行文艺调演三等奖；张娟萍编排的《希望的田野》获嘉兴市中小学艺术节二等奖。

1996年，蒋灵云编排的《金玉良缘》获第五届南湖艺术节金奖，《光明永远在路上》获市电力系统文艺汇演二等奖。

1997年，李潇娴的《十五的月亮》《列车就要进站》获省预备役部队文艺调演优秀演出奖;蒋灵云编排,沈剑宏、陈坚表演的《亲情》获省预备役部队文艺调演优秀演出奖;李潇娴编排的《杭菊飘香》获嘉兴中学生调演优秀演出奖,《战台风》参加嘉兴市中小学艺术节,《金玉良缘》获嘉兴市城建系统文艺调演优秀演出奖;骆娜的《荔枝红》获嘉兴市中小学艺术节三等奖;蒋灵云的《家住安源》获嘉兴市交通系统文艺调演三等奖,《春天的故事》获嘉兴市中国银行文艺调演二等奖,《毛主席的战士最听党的话》获嘉兴市预备役部队文艺调演优秀演出奖。

1998年,蒋灵云、冯学敏编排的《桑园情》获嘉兴市南湖艺术节创作一等奖和演出奖,获市中小学文艺调演一等奖;蒋灵云《叶儿青青菜花黄》和沈丽芳、张娟萍的《雏凤展翅》获市中小学文艺调演一等奖,李潇娴的《山丹丹开花红艳艳》获三等奖。

1999年,蒋灵云的《走进新时代》获嘉兴电力系统文艺汇演一等奖,《家乡的月亮》获嘉兴市中国银行文艺汇演二等奖,《我属于中国》参加嘉兴建设银行文艺汇演,《生命的港口》参加嘉兴市工商银行文艺汇演;李潇娴的《菊颂》入选嘉兴市外事文艺演出,《蚕娘》入选嘉兴市广场文艺展演;张娟萍、沈丽芳的《雏凤展翅》参加嘉兴市少儿艺术节。

2000年,李潇娴的《菊花仙子》参加在上海举行的菊花节促销活动;蒋灵云的《虞美人》获嘉兴市戏曲名段名曲大赛金奖,《何文秀》获特等奖,《白菊颂》获嘉兴市广场文艺文化活动大赛金奖;蒋灵云和曹莉的《春天的故事》、蒋月清的《菊乡舞韵》获嘉兴市"水乡情"舞蹈大赛银奖;沈丽芳、张娟萍的《雏凤展翅》获嘉兴市少儿广场舞蹈比赛金奖;骆娜的《欢庆锣鼓》获嘉兴市少儿舞蹈比赛金奖;李潇娴的《白菊颂》获嘉兴市船文化节特等奖;朱淑筠的《桑园访妻》获嘉兴市戏曲名段名曲特等奖。

2001年,蒋灵云的《敦煌唐人舞》获省计量系统文艺汇演优秀奖;朱淑筠的《南湖菱灯》获省灯彩舞蹈大赛金奖;蒋灵云的《青年人,中国心》获嘉兴市中国银行文艺汇演二等奖。

2002年,蒋灵云的《高跷》获嘉兴市民间广场舞蹈大赛优秀辅导奖;李潇娴的《好日子》获市卫生系统"白衣风采"演出特等奖。

2003年,李潇娴的《菊乡情韵》获省移动公司文艺调演优秀奖、湖州市第五届蚕花节银奖;蒋灵云的《大地飞歌》获嘉兴市"社区之声"文艺汇演银奖;蒋灵云、冯学敏的《月上柳梢头》获嘉兴市"大红鹰"杯舞蹈大赛金奖;张伟的《红烛颂》《蒙古人》获嘉兴市文艺演出银奖。

2004年,蒋灵云、李潇娴的《运河画魂》参加长江三角洲文艺汇演;徐小利的《共和国之恋》获全省职工卡拉OK比赛三等奖;朱蔚的《一箩麦,二箩麦》参加嘉兴市少儿舞蹈精品专场演出;陈晓云的《心声》获嘉兴法制宣传文艺汇演金奖。

2005年,蒋灵云、李潇娴的音乐舞蹈《瞻瞻的脚踏车》获省"群星奖"少儿舞蹈大赛创作金奖,《缘缘童话》获嘉兴市残疾人文艺汇演金奖。

2006年,《瞻瞻的脚踏车》获全国第四届"小荷风采"舞蹈大赛银奖,《蚕花美眉》获省"群星奖"舞蹈大赛二等奖、嘉兴市"群星闪烁"舞蹈大赛金奖,《瞻瞻的脚踏车》

获省"群星奖"创作金奖、表演银奖,获嘉兴市"群星闪烁"舞蹈大赛金奖,蒋灵云的《荷花龙》参加日本御堂筋大巡街活动表演二等奖。

2008年,沈勤的《半个月亮》获嘉兴市建设银行文艺调演优秀奖;《瞻瞻的脚踏车》获嘉兴市第四届文学艺术成果奖银奖;蒋灵云的《水车情缘》获嘉兴市"春天故事"文艺创作比赛银奖。

2009年,蒋灵云的《爱尔兰之魂》《满场飞》获嘉兴市排舞比赛优秀奖,《心中的情缘》获嘉兴市电力系统文艺汇演一等奖;张伟的《映山红》获嘉兴市劳动局庆祝新中国成立60周年文艺演出金奖。

2011年,市文化馆创作编排的少儿舞蹈《爸爸的军帽》《舞动校园》参加浙江省中小学舞蹈节,同年8月,《爸爸的军帽》参加了由中国教育学会、中国教育电视协会和全国校园春节联欢晚会组委会举办的"光辉的旗帜"庆祝建党90周年校园综艺盛典活动,并获金奖。

2013年,市文化馆少儿舞蹈基地——"菊香童韵"舞蹈团选送的《菊娃梦》在北京举行的第七届"小荷风采"全国少儿舞蹈展演中获得金奖。同时获得"小荷之家""小荷园丁""最佳编导"三项大奖,并代表嘉兴市参加"小荷风采"浙江赛区展演,获得金奖。

1990年后的舞蹈工作者主要有:何建华、蒋灵云、冯学敏、李潇娴、沈丽芳、沈勤、程霄鹰、张娟萍、骆娜、朱蔚、张伟、陈晓云等。

六、排舞活动

2012年后,在全市兴起排舞热,首先启动的是"舞动健康·幸福共享"大型公益排舞推广活动,按照"先进社区,后进校园,再进农村,最后全面开花"的顺序,开展全民排舞推广活动,在全社会倡导"每天排舞一小时,幸福生活一辈子"的健康理念。当年推出"排舞训练营"活动,培训460期,7万多人次,各镇(街道)共开展群众排舞比赛14场。举办的主要活动有:

2012年11月7日,在市政广场举行"恒基建设杯"2012桐乡市排舞大赛,有29支排舞队参加。比赛结果:濮院镇的《至亲至爱》、梧桐街道的《菊花台》、城管执法局的《黑珍珠》以及广电台的《帅气男孩》获金奖,高桥镇的《蓝色婚礼》、国税局的《砰砰砰》等9个节目获银奖,石门镇的《唐伯虎点秋香》等16个节目获铜奖。2012年10月10日,"中国排舞第一人"、上海市排舞专业委员会主任秦建伟来桐乡指导由他创编的排舞《喜娃娃》,《喜娃娃》作为桐乡排舞代表队的作品参加首届全国小康村排舞邀请赛。

2012年10月18日,由市国艺幼儿园和丰子恺艺术幼儿园16名教师组成的排舞队代表桐乡市参加了由中国合作经济协会、农村社区小康建设专业委员会、中国大众音乐协会主办的"洪峰杯"全国排舞邀请赛,并获金奖。

2013年10月27—29日,"舞动浙江——2013浙江省万人排舞大展演"系列活动在市政广场举行，活动由万人排舞大展演、省第七届排舞大赛、"中华同心"排舞邀请赛和排舞经验交流研讨会四大板块组成，来自台湾、澳门、上海以及全省各县市的排舞爱好者1万余人参加展演，分少儿、青年、中年、老年和系统行业、媒体直通6个组别；"中华同心"排舞邀请赛评选出金奖、银奖和最佳活力等单项奖。同年10月28日，亚太国际排舞联合会授予桐乡"中国排舞之乡"称号。

2014年10月24—26日，由中国职工文化体育协会、中国社会工作协会、中国下一代教育基金会、中国老年保健协会共同主办的全国全健排舞大赛在桐乡举行，来自全国各地各系统70支代表队的1500余名队员参加了比赛，桐乡派出3支队伍，获得佳绩，市乐动排舞代表队的《女孩能量》获中老年B组一等奖；市青年排舞队的《科帕卡巴纳》获中青年C组一等奖；市振兴西路小学的《纽约到洛杉矶》获少儿组一等奖。

2015年11月13—15日，由省文化厅主办，市人民政府和省文化馆承办的浙江省第九届排舞大赛在桐乡科技会展中心举行，分创新与少儿组、中年与青年组、系统行业组与老年组、串烧组四个组别。

第四节　书法　篆刻　美术　摄影

一、历代书法家

桐乡一地，书法创作活动由来已久，自宋代王升后，见诸史籍者有150余人，特别是清代及民国时期，更是人才荟萃。解放后，群众性书法创作活动日益活跃，出现了毛谈虎、杨书年、计安康、马雪野等一大批书法家。

宋

王升，见"人物"章。

释智讷，字妙空，崇德县人，早岁出家为僧。工书法。

元

释觉隐，初名文诚，后名本诚，字道原、道玄，别号辅成山人，崇德县人，元僧四隐之一。能草书，得怀素笔法。

明

王济，见"人物"章。

贝翱，字崇翔，崇德人，贝琼子。有文名，善书法，宗法苏轼。

沈如，乌镇崇福宫道士。工书法，慕董其昌体，乞书者接踵。曾手录《三教》等书，装潢成帙。

史汉良（一作汉臣），濮院镇人，诸生。博学好古，诗文潇洒不群，人多宗之。善书法，得苏轼笔意。

冯时昌，濮院镇人，冯敏子，秀水庠生。擅长书法。

冯其隆，濮院镇人，诸生。善书法。明万历《桐乡县志》："其隆善书，神宗朝书《宣圣庙碑》，笔法有唐人逸致。"

沈葩，字东野，桐乡永新乡（今乌镇民合村一带）人。子沈蒸，万历十一年（1583）进士，官应天巡抚，沈葩以子官封奉直大夫。工诗，善钟王书法。

吕炯，崇德人。善书家八法。

沈奇，字无奇，崇德人。工铁笔，摹秦汉，苍古秀劲。

李太冲，崇德人。工颜柳书法。

王如，号阆西，乌镇人，横州州判，王济之甥。工书法。

陆养正，字以宁，号冷臣，又号青霞，濮院人。博学好古，善书，得陆放翁笔意。著有《石鸣集》。

壶敏，字中行，乌镇人，好乘舟而行，故自号浮澜先生。善画，尤擅山水、虫草，亦擅书法。与赵岐、吴焕、孙孟吉等发起九老会。

谭铠，字体仁，桐乡人，弘治十七年（1504）举人。工行草。

戴笠（1596—1672），字曼云，号独立，杭州人，通医学，尝悬壶于濮院北横街。工篆隶。

濮敬，原名彦威，字方南，濮院人。嗜钟、王书法，尽得其妙。

释费隐（1593—1661），名通容，历主天童、径山诸寺，清顺治间应邑绅曹广之邀，住持福严寺，五年后圆寂。善擘窠大字，曾为寺内书写"天中山"三字，立碑于山脚，笔法雄健，生气盎然。多书行草，亦能端写楷体。

清

丁元采，字受五，号掇英，居乌镇，乾隆、嘉庆间人。善楷书。

马文楷，字春恬，石门县人，乾隆五十五年（1790）增广生。善书法，尤工楷书。

马时溥，字答苍，号慎斋，石门县人。书法学董文敏。子马俊良，亦善书。

马焕�，字树人，石门县人，廪生，善医术。工书，楷法端劲。

王凤德，字襄哉，桐乡人。书法宗二王。

王嘉魁，字士超，居濮院镇，乾隆间人，秀水县附贡生。工隶书。

孔广威，乌镇人，监生。工书法。善诗，著有《秋浦诗草》。

叶应麟，字廷莱，濮院人。乾隆四十一年（1777）举人。精书法，尤擅篆隶，其墨迹人争宝之。著有《养蒙术》《竹渔小草》《篆隶考》。子家琬，字琛献，号素堂，亦精书法。

叶桐封，字建屏，石门县人，乾隆五十七年（1792）应乡试，以年届八十，钦赐举人。精行楷书，能作擘窠大字，邑中诸寺院匾额碑版，多出其手。

陆祈绍，字寅绳。善书蝇头小楷，曾于观音像上书《观音经》。

田尹衡，字乐莘，石门县人。喜作大小字，有米芾笔意，为时推重。

冯俊焯，字心贤、吉哉，桐乡人，官广盐大使。善篆、隶书。

朱枢，字秉钧，濮院镇人，诸生，从钮西斋、陈梓游，年三十五卒，陈梓为之撰传。

善草书。

朱来凤，字征羽，桐乡人，庠生。善草书，初学王羲之《十七帖》，后参到怀素笔法，日写数千字，若修蛇赴壑。兼通医。著作有《植槐堂文集》《医学明辨》。

仲浚（1831—1891），字卫郊，号秋坪，濮院镇人。光绪六年（1880）恩贡。善画。喜作小楷，体仿欧阳询，暮年犹日临数百字，未尝间断。与嘉兴石莲舫，秀水沈蒙叔，桐乡卢小菊、沈茂青，石门吴桐村，濮院董念荣友善，为鸳湖雅集，仲浚绘图赋诗，以记其事。

仲锟，字铭山，号勿斋，濮院镇人，诸生。笃于师友，曾刻沈朴园、吴琴逸遗稿及陈蔗香《朱子家训》。喜作汉隶，暇辄临摹不已，常手抄善本古籍。善治印。著有《乐志居诗稿》《印谱仅存》。

汤望久，字雨时，石门县人。工书法，精医理。晚年侨寓湖州。著有《无人爱稿》。

许江，字梦亭，石门县人，庠生。书学赵孟頫，年七十余时作小楷尤工。

许瀚，字紫澜，石门县人，乾隆六十年（1795）拔贡，出知江都、甘泉、阜宁、山阳诸县，为官清正。工诗文，善画，尤精书法。著有《书法集要》。

许生倬，石门县人，善书法。

毕发，字攡庵，居屠甸镇，乾隆间人，国学生。性嗜古，精于鉴别书画。书法宗董其昌。著有《涤砚斋诗存》，后人毕心粹刊入《毕燕衍堂四世诗存》。

孙义忠，字兼山，石门县人。工小楷。

孙光大，号琴溪，濮院镇人，诸生。喜书法，于颜真卿帖无所不临。游幕浙东，晚年归里，所临书法积数十箱。八十岁后，远近乞书"寿"字者，无日不有。九十余岁去世，所遗墨迹，人争宝之。

李兆雄，石门县人，诸生。博学能诗文，工书法。有《苏白堂稿》。

吴拯，字回澜，桐乡人。工书法，以小楷著称。

诸文星，字紫邻，石门县人。各体皆工，甚有时誉，旁涉绘事。

吴潜，字餐霞，石门县人。工书，得米芾笔意。

吴日丰，字宜中，石门县人，乾隆三十九年（1774）庠生。善书法，真草篆隶，诸体皆工。亦善绘事。

吴凤味，字葵园，石门县人，增广生。善书法，得晋人笔法。

吴文照（1758—1827），原名吴英，号香竺，洲泉人，乾隆五十三年（1788）举人。善书去，亦善画。弟文杰，书法亦佳。

吴廷钦，字圣俞，号松岩，石门县人。工书法，擅小楷。善雕刻花鸟，精妙入神。

吴廷镛，字铿华，号水村，洲泉南泉村人，吴克谐次子。乾隆间举人，尝参与纂修嘉庆《石门县志》。字学钟王，笔力雄健。亦善山水。

吴祖生，字竹簃，石门县人。笃嗜经籍，工书法。

汪寿，字子黄、载坤，号季云，桐乡人，占籍秀水。汪孟锔曾孙。道光十二年（1832）举人。书法秀挺，宗董其昌。

汪淮，字小海、兰依，桐乡人，后徙居海宁。工书法，初学黄山谷，继学郑板桥。以分书入行楷，融和篆隶，变其字体，为时人所重。

汪紫澜，别署梧桐乡民，桐乡人。工书法，尤擅汉隶。

汪程鹏，字翰飞，石门县人，嘉庆四年（1799）庠生。书法宗王羲之，尤工小楷。

沈芬，女，字西芬，号诵清，濮院镇人，沈苇汀女，沈梓姐，适归安（今属湖州市）施兼山。值太平军战事，不堪凌辱，投水自尽遇救，复绝食死，年三十六岁。少工笔札，书法学颜真卿，能作擘窠书，又善丹青，白描得李公麟神韵。

沈沄，字茜士，桐乡人。增生，善诗歌，工行、楷、篆、隶及刻印、琢砚，俱臻精妙。

沈钧，字叔陶，号铁山，乌镇人，庠生。善书法。《桐溪诗述》："铁山擅书名，出入欧柳间。"

沈根，字心为，号式庵，濮院镇人，沈鸿逵子，诸生。工书法，精篆刻。性豪放，邻里有不平事，辄为排解，人服其公允。

沈浩（1805—1825），字文渊，号梦花，别署紫石山人，桐乡人，沈云岚子。九岁即能纵笔作大字，骨格挺拔。山水宗董源、董其昌。惜年甫弱冠即病逝。

沈朗，字仲韬，号白山，濮院镇人，庠生，随从叔沈机学习书法，专攻钟王。娶嘉兴王氏，岳祖父王子逸以书法擅名，得以临摹家藏晋唐法帖。后与俞揆千、庄廷占、岳泗庵相砥砺，书法大进。尝作《景孙楼四十种帖》，自汉蔡邕《郭有道碑》至明董其昌《众香堂帖》，凡四十种，或节或全，俱神似。

沈槐，字文渊，桐乡人，庠生。善书法，尤擅隶书。善豪饮，著有诗集《酒边吟》。

沈鈜，字南萍，石门县人。善文，尤工书法，宗董其昌，作大字，濡染淋漓，笔力超迈。

沈元勋，字滨载，号蟠山，濮院镇人，诸生，父沈廷相。工诗，善草书，有声于时。

沈方大，号直夫，濮院镇人，父沈琳，乾隆二十六年（1761）进士。沈方大家学渊源深厚，兼工书法，所书文赋石刻至民国时尚存于家。

沈际飞，字朗亭，号素园，桐乡人，武庠生，年八十犹能弯弓射箭。擅书法。著有《素园吟稿》。

沈经方，字亮夫，濮院镇人。善书法，临摹钟王迨遍，一笔不苟，所书佛经及唐宋人诗卷册页小楷散落坊间，视为法帖。

沈砚耕（？—1928），乌镇人，廪生。书法工整圆润，善书大字，多为人书写匾额、堂名、斋馆、招牌。

沈瀛标，字焕南，石门县人，贡生，陈万青弟子。擅书法，骨力遒秀，有赵孟頫笔意。有《学宫碑记》。

宋恭敬，字胜吉，号惺甫，祖籍桐乡，侨居盛泽，从吴江金作霖游。金善书法，宋恭敬悟其笔法，十余岁能作擘窠大字。亦善画，尤工画梅，喜吟咏，遗稿有《拜石斋》《小壶山馆稿》。

张令，松江人，寓居濮院，书学晋人。

张熊（？—1920），字子恒，号匏瓜，梧桐镇人，居混堂桥，张一鸣父。以书法名世。

张身溥，号两溪，桐乡人，庠生。能诗，善书法，宗欧阳询，当时求者接踵。著有《挹香楼集》。

张宏保，字石村，海宁人，寓居濮院。书法学董其昌，墨迹甚多，尝书赵孟頫《濮鉴墓志铭》《千字文》帖及香海寺碑文，由寺僧豁眉摹勒上石。

张锡麟，字茂叔，桐乡人，邑庠生。八岁能书径尺大字，及长，以书画名于时，尤擅小楷。

陆敬堂，灵安人，入赘吴家，更名吴陆昌，号文熙，吴海山之父。擅行草，常书于扇面。能以右腕书反手字，若将之置于日光中观之，则成正字，笔划圆熟，自然流畅，人叹为绝技。

陈祚，字秋泉，乌镇人，以医为业。素习草书，工画人物、山水。

范敦，字正夫，号半帆，所居屋舍称壶庐室，故又号壶中人，屠甸镇人。自幼父母双亡，从同里徐畿游。精八法，篆隶学秦汉，行楷兼法欧柳。

范云逵，字嘉绩，石门县人，贡生。工书法，笔情倜傥，得黄庭坚笔意。

范玉琳，字润斋，石门县人，陈万青弟子，敏达多才，书法酷肖乃师，陈万青墨迹多出其手。

周士华，字芾庭，石门县人。精书法，得赵孟頫神髓。子周炳镛，亦能书法，大字尤绝，风格与董其昌近。

周让之，字顼人，号若谷，濮院人，乾隆十七年（1752）举人。工篆隶，铁笔尤精妙。

周际华，字逢吉，石门县人，贡生。擅书法，学颜真卿，骨格严谨，肖其为人。

郑梁，字寄亭，江苏靖江人，寓居濮院。书法宗卫夫人、谢太傅，风姿超迈。

袁萼，字舒雯，崇福人。善诗文，尤嗜书，出入于苏黄诸家。子袁福星亦工诗能书，精篆刻，时有"大小袁"之称。

沈沅，字芷亭，崇福人。善铁笔，苍古秀劲，得何雪渔遗意。

方廷瑚，字铁珊，一字汝器，方薰长子，崇福人。楷法皆工。

赵秉金，改名昌祺，字申谷，工书法，作梅兰墨戏皆入妙。

钱卜年，洲泉道村人。善书法，虽足不出户，而名闻远近。

夏书绅，字缙华，号丽笙，濮院人，书法合欧阳询、柳公权、褚遂良、虞世南诸体为一炉，其簪花小楷尤精绝。

夏呈田，青田人，官桐乡训导。书法绝佳。

柴源，号石泉，桐乡人，庠生。书法直逼董其昌，为梁同书所赏识。

徐容，字可大，石门县人。精书法。

钱杞，号鞠邻，石门县人，乾隆五十五年（1790）庠生。长于书法，至晚年尤工，直逼董其昌，名重一时。

唐彝铭，字松轩，石门县人，同治、光绪间以知县入蜀。工书法，直追二王，亦善篆隶。

凌邦显，字支南，号大寒、寒竹，乌镇人。工书法，得晋人笔意。晚年喜画山水，自出机杼。

诸文星，字紫邻，石门县人。精医理，善吟咏，书法各体皆长，旁述丹青，甚有时誉。

曹世球，字鸣虞，石门县人。楷法精工，见者无不称赏。

董采，字载臣，西锦村（今河山八泉村）人，吕留良弟子。工书法，学黄庭坚，饶生动之趣，四方名士多与之游。

程伦，字伯垂，号苇村，桐乡人，岁贡生。工书法，置之赵孟𫖯帖中，几能乱真。

程玮，字硕孚，桐乡人。精书法，遒劲如米芾，又极富逸气。

程荣，字炳堂，号春堂，又号炳烛老人，乾隆五十四年（1789）贡生，官石门训导。作擘窠大字，有米芾遗意。

程士枢，字鼎臣，濮院人。善擘窠大字。

丰鐄（1868—1909），字迎年，号斛泉，又号鹤旋，石门镇人，丰子恺父，清光绪庚子、辛丑恩正并科举人。善书法，石门南庄庙等寺院匾额及西竺庵住持涤尘之墓亭"笠影亭"三字皆其手笔。1960年，书画收藏家于梦全觅得其手书小楷扇面，1972年持赠丰子恺，后藏丰一吟处。

吴肖桐（1848—1935），字宝清，号梅花阁主人，居乌镇，先祖自洲泉迁入。清廪生，光绪庚寅（1890）岁贡。开馆课徒，兴办教育，名噪一时，卢学溥、沈听蕉、严独鹤、茅盾等皆出其门下。工书法，善诗文，为一时之冠。

钟昶日，字鲁阳，石门县人，廪生。擅书法。

钟肇封，字镇川，号古山，又号蕙亩，濮院人。书法宗欧阳询，成就卓著。

俞长缨，字名世，号逊庵，桐乡人，俞长策、俞长城从弟，国子生。工书法，曾北游京师及江淮间，人争乞其书法珍藏。

俞廷谔，初名经，字夒千，号揆轩，濮院人。工书。

俞衍云，女，字则古，号梅花溪女史，濮院人。善书法，尤工小楷。

施坤，濮院人，善书章草。

姚卓，字立卓，桐乡人，举人。善真草书。

姚彦瑛，桐乡人，贡生。工书，法褚遂良。

杨树本（1730—1816），字大立，号荫轩，濮院人。乾隆年间两中副榜，充国子监教习。后授同知衔，历任江西宁州、湖北鹤峰州知州、奉直大夫。著有《濮川琐志》《文房备览》《荫轩诗文钞》《记元备考》《春秋事几终始》等。

陈梓（1683—1759），字敷公、俯恭、一斋，号古铭，又号客星山人，祖籍余姚，迁居濮院。雍正十一年（1733），荐举博学鸿词，坚辞不就。擅书法，行草得晋人精髓，与李锴齐名，时称"南陈北李"。著有《四书质疑》《一斋集》《偶存集》《并心集》。

沈之渠，生卒不详，字笑轩，石门人。工书法，清润秀逸，天然醇雅，他为石门镇及周边商号、寺庙书写的招牌、匾对甚多，颐寿堂国药铺"阆苑长春"、"瑶岛分香"出于其手笔。

蔡涵辉，字大容，号华门，桐乡人，乾隆五十一年（1786）岁贡。善书法，作品绝似董其昌。

蔡履元，本名乾元，字万资，号梓南，石门县人。工书法，论者以为得"二王"神髓。

蔡守正，字咸宜，石门县人。工书法，尤擅楷书，曾手抄先哲格言成帙，以贻后嗣。

濮又华，字纯华，号仙壶，又号他山枚子，濮院人，诸生。工诗文，书法宗赵孟頫，名重一时。

释正闻，康熙间福严寺僧人。善书法，喜吟咏，时与桐乡知县何金閬唱和，著有《自怡集》。

释达如，字肩霞，号普峰、补峰，湖州人，来濮院主持香海寺，因号龙潭僧。工书法。

释质宜，濮院香海寺僧，能作擘窠大字。

释朗闻，名福音，濮院香海寺住持。精书法。

民国

金祖培（1870—1941），字芷祥，萧山人，清末举人，寓居桐乡，任教谕二十余年，民国初年任孔庙奉祀官。秉性耿直，品行端庄，为人所景仰。善书法。

于邦柱（1880—1963），字石泉、石璇，号力行子，居石门镇，清末庠生。工书法，邑中太平庵龙图殿"浩然正气""笑比河清"诸匾、楹联出其手笔。

于渭源（1896—1979），又名金如，崇福镇人。民国初任石门湾育英小学校长，后任职于南京、汉口铁路部门。抗战期间住重庆，任职于农民银行，胜利后迁至上海。善书法，尤善擘窠大字，故里厅堂匾额及店家招牌，多出其手。亦能画，长花鸟。

孙良伯，字两陂，号增禄，屠甸镇人，祖籍绍兴。工书法，少时即能书径尺大字，气势雄健，笔力遒劲，曾书屠甸寂照寺名。善画，以芦雁见长。钱君匋早年尝从之游。

吴鸿济（1879—1958），字汝舟，别署绿天侍者，崇福镇人。工书法，尤善草书。嗜酒，醉后使人磨墨，挥写狂草，颇得张旭神髓。

方锟（1892—1949），字云如，崇福人。精书法，善行楷。

巴鉴非，名遴，以字行，乌镇人。善书法，真草篆隶皆工，以草书为最。亦善花卉、山水。

冯树华（1900—？），号退园，桐乡人。东吴大学毕业，留学国外，回国后致力于教育，有《改良教育刍议》发表于《时事新报》。曾创办青华学校。善书画。

谢养弦（1895—1949），又名养园，字央弦，号无漏居士、殳山逸民，别署心出家人，屠甸人。信佛，其室曰"心无挂碍斋"，业医，颇得盛名。从同里孙增禄游，学业大进，书法不亚于师。喜饮酒，醉后书写，尤见苍劲豪放。

张长，字心芜，又作心抚、心斧，号一鸣，别署洗桐，斋名桐花馆。精诗文，尤其擅长书法。

当代

当代书法家和书法爱好者有：王晓峰、章伯年、傅林林、沈岩松、张伟、曹建平、胡海林、许雅颖、张兴、申伟、吕燮强、范汉光、袁树人、胡强、费秋华、王楚民、王妙荣、李多来、吴锋飞、沈兴邦、沈岩亮、沈惠强、晋鸥、钱国、钱学文、傅其伦、蔡叔之、蔡泓杰、管凌、费胤斌、徐国强、夏佩云、唐亚彬、刘铭、赵肖华、周延清、章沈法、祝汉明、徐杰、钱宜东、周明波、孟艳湘、王勋、范煜铭、蔡建树、倪学莲、高慧星、汤士根、陈震鸣，等等。

二、近三十年书法创作

1985—1990年，县书法家协会会员在省级以上刊物或展览中发表、展出的作品有257件，地市级238件，县级738件。杨书年的书法作品入选《浙江书法选》，盛欣夫的行书多次参加省书法展，入选《书法百家》等书，计安康、晋鸥、马雪野等人的书法也多次参加省级以上展出或发表于《书法》杂志。

1991年，盛欣夫的《行书扇面》《行书中堂》《草书立幅》参加全国书画博览会展出；陈震鸣的《西湖翰苑绽奇葩》获全浙书展优秀奖；毛建翔的《篆书联》获海峡两岸书画展优秀奖；袁道厚的《扇面书法》参加浙江省首届书法艺术节；晋鸥的《中国日本世代友好》获浙江——日本栃木县青少年书法赛一等奖；章伯年的《避誉如谤，以谤为师》入选浙江书法精品展，《巍峨拔嵩岳》《灵光留片羽》参加中日书法联展；王晓峰的《毛泽东诗词三首》获全浙书展铜奖，《采桑子》三首获"西子杯"全国书画大奖赛一等奖；鲍复兴的《茅盾词》、马雪野的《革命声传画舫中》参加全浙书展。

1992年，毛建翔的《咏沙孟海诗二绝》入选《当代书法家诗词墨迹》；盛欣夫的《自撰行书联》入展全国第四届中青年书展；计安康的《六尺汉简篆书》被中央文史馆收藏；计林岐的《古诗词》入选甲骨文书法艺术大展；刘铭的《许瑶咏怀素上人诗》获"金龙杯"书展优秀奖；章伯年的《锄经堂》入选第五届全国书展，《正气纵横，花姿自润》入选浙江——新加坡书法展，《捧着一颗心来，不带半根草去》入选书画集《烛光》；王晓峰的《游武夷》获第二组"武夷星光杯"全国书画大赛一等奖，《小石潭记》获日本国际文化交流书道展优秀奖。

1993年，章伯年的《洞庭有归客，潇湘逢故人》获纪念毛泽东诞辰100周年精品艺术博览会书法展三等奖；盛欣夫的《董必武诗》获国际现代书法大赛优秀奖；毛建翔的《对联》入选《当代书法家楹联墨迹选》；王晓峰的《毛泽东词》被文化部收藏，《曹孟德诗》获"八卦杯"国际书画大赛优秀奖，《毛泽东词》获纪念毛泽东诞辰100周年精品艺术博览会书法展三等奖。

1994年，胡强的《论语》获省"正大杯"青年书法赛优秀奖；王晓峰的《寿山福海》入选《当代书画福寿作品大观》；刘铭的《江村即事》获奥斯卡全国书画篆刻大赛银奖；盛欣夫的《自作咏梅诗》入选全国首届中外咏梅书画展；计安康的《对联》获中日书法交流展优秀奖；袁道厚的《山花传九州》获中日"神内杯"大展银奖；章柏年的《八言对》入选人民美术出版社《精英翰墨》。

1995年，盛欣夫的《自撰联》获全国"健力宝杯"书展优秀奖，《对联》获省耕耘者书画展二等奖；傅林林的《立轴》获兰亭书法节优秀奖。

1996年，章柏年的《集宋人词长联》获全国第二届楹联展铜奖，《桐香宝书》获省首届中青年书展二等奖；王晓峰的《文心雕龙神思篇》获首届中青年书展优秀奖，《诗句》获中日书法交流展铜奖；周延清的《立轴》获省农民春联赛一等奖；汤士根的《对联二件》获省农民春联赛二等奖；毛建翔的《诗品》入选《中国书画家作品精品》。

1997年，章柏年的《澄园题画诗》获第二届全国正书展优秀奖；王晓峰的《赤壁赋》获"温泉杯"全浙书展优秀奖；盛欣夫的《对联》获全国"牡丹杯"书法赛一等奖、日本第67届国际艺术节一等奖，并参加马来西亚中国茶文化节；许雅颖、沈楠的行书入选中日女书法家联展。

1998年，袁道厚的《论语条目》入选《山东孔庙碑刻》；盛欣夫的《行草对联》获中日韩等18国书展金奖，《十三言长联》获省文化厅、文化馆书展一等奖；王晓峰的《对联》获省"交通杯"书画大赛铜奖，《文心雕龙》节录获第二届全浙书展提名奖；曹建平的《隶书立轴》获省"民丰杯"书法大赛二等奖，《行楷对联》获"红岩杯"书画大赛二等奖。

1999年，盛欣夫的《行书对联》获赵孟頫书赛优秀奖、"中华寿星杯"全国书赛佳作奖，《草书立轴》获全国群众书法大赛优秀奖；申根伟的《赵孟頫诗》获首届"西湖杯"赵孟頫奖全国书画大赛优秀奖；汤士根的《隶书》获省"鼎立杯"书法大赛青年组二等奖；钱学文的《炎黄子孙，龙有传人》获"爱我中华"书画艺术世纪大赛一等奖，《龙跳天门，虎卧凤阁》获首届"西湖杯"赵孟頫奖全国书画大赛优秀奖；曹建平的《对联》获中国人民保险公司建国50周年书法大赛一等奖。

2000年，申根伟的《临苏轼手札》获首届临书大展一等奖，《书原叙局部》入选西泠印社第二届国际篆刻书法大展；沈岩松的《吴均诗》获西泠印社第二届国际篆刻书法大展优秀奖。

2001年，章柏年的《郑元燮诗抄》在山西省勒石保存，《明定乌青八景图记》入选省书法大展，《百石斋联语》收藏于湖南齐白石纪念馆；盛欣夫的《行书对联》获文化部书画大赛优秀奖；申根伟的《隶书条幅》获省首届青年临书大展一等奖；许雅颖的两幅行书作品分获全国第五届"希望杯"师生书画赛特等奖和一等奖；沈岩松的《行书立轴》获第三届全浙书展二等奖。

2002年，章柏年的《隶书立轴》入选首届兰亭奖中国书法作品展；盛欣夫的草书条幅获国务院发展研究中心金奖；申根伟的《黄宾虹论画》入选省第二届中青年书法作品展；曹建平的行书立轴获全国美术书法精品大赛金奖。

2003年，袁道厚的书法作品入选《全国书法邀请展作品集》《中华诗词楹联集锦》《首届汉画像题跋书法艺术提名展作品集》《吴越风情全国书画邀请展作品集》《西泠印社百年社庆作品集》；盛欣夫的《对联》获"盛世国风2003中国书画年"三等奖；吕燮强的《赤壁怀古》入选《浙江省青年书法家作品集》；申根伟的《兰亭序》入选"全国百名书家写兰亭"作品展；费秋华的3件楷书作品入选省书法家协会青年书家提名展；张明的《周礼汉官》入选"敦煌杯"全国书法大展，《一语天然万古新》入选《浙江青年书法家作品集》，《抱琴枕石》获"静思园杯"中国书画家作品大赛三等奖；沈慧兴的书法获"橘子洲杯"全国书画大赛三等奖。

2004年，袁道厚的书法联获河南省首届全国比干文化节一等奖，入编《"夏威夷杯"中国书画名家作品精选》；盛欣夫的书法作品获王羲之书法奖、欧阳询书法奖；沈岩松的《唐诗行书》三轴入选全国行草书大展，行书对联入选第八届全国书法篆刻大展、第一届全国大字书法展、首届全国青年书法篆刻展；吕燮强的《东骞西蠹，北俊南英》入选第四届全浙书法大赛，《浣溪沙》获首届"林散之杯"南京书法展优秀奖；张明的《雅室长廊七言联》获全国楹联书法篆刻大赛创作一等奖；胡强的《郭沫若诗》获"盛皇杯"中国书画名家作品大展终身艺术成就奖；费秋华的《小楷册页》获省群星奖银奖，《小楷条屏》获全国教师书法大赛一等奖；曹建平的《行书八尺屏》获全国第三届"华表奖"精品奖；申根伟的《眼里身外》获第20届中国兰亭书法奖，《至道成佛》获第五届全国楹联书法大展二等奖。

2005年，沈慧兴的行书入选西泠印社中国书法大展；毛建翔的《瞻乐山大佛》入选中国书协会员优秀作品选》，《信札》入选《当代名人手札墨迹》；张明的《观沧海》入选《中国书协会员优秀作品选》；申根伟的《篆书对联》获"爱我家园"全国书画大赛银奖；盛欣夫的《草书横幅》获"太湖杯"中国当代名家邀请赛优秀奖；沈岩松的行草立轴获"高恒杯"全国书法篆刻大展银奖。

2006年，傅林林的《龙字》《福字》入选迎奥运金榜题名千龙书展、庆奥运和谐中国千福书展；沈岩松的行书入选全国首届行书展；曹建平的行书手卷入选西泠印社首届手卷展，楷书对联入选西泠印社首届楹联展；吕燮强的小楷扇面入选《西泠印社书法大展作品集》，《楚山汉水草书联》获"爱我中华"全国书画大奖赛金奖。

2007年，吕嘉的《篆书对联》获"爱我家园"全国书画大赛银奖；蔡泓杰的《篆书对联》获第三届新世纪全国教师书法大赛二等奖；盛欣夫的《行书四屏》获全国"蝴蝶之梦"书赛金奖；申伟的《行书手卷》入展第二届兰亭奖中国书法展；许雅颖的小楷书法入选西泠印社手卷展、扇面展。

2008 年，傅林林的中堂行书入展中国书法名家邀请展；沈岩松的《唐诗一首》入选全国四人千作书法大展，《古诗一首》入展杭州——台北书法名家交流展，并被国家游泳中心（水立方）永久收藏，《主善为师》《条屏》入展全国名家邀请展；曹建平的行书入展全国名家邀请展、省优秀作品展；毛建翔的《恩来嵌名联》获纪念周恩来诞辰 110 周年书画赛金奖，《黄河，墨海》获"黄河杯"全国书画展金奖，《嫦娥，大翼》获海内外书画家"嫦娥奖"优秀奖，《白居易大林寺桃花寺》入选《迎奥运中国百家书画家精品集》；胡强的《唐诗》入展浙江青年三十家书法展；申根伟的《行书条幅》获"橘红杯"全国书法大展三等奖、"绿洲杯"全国名家大奖赛优秀奖，《行书册页》获"瑞和杯"中国泰山书画大赛创作奖；许雅颖的小楷册页入展虞世南全国书法大赛；吕燮强的《紫薇碧海》入展全国中青年书法家作品邀请展。

2009 年，傅林林、沈岩松、曹建平作品入展"向祖国汇报"——中国书法名城（之乡）国庆巡礼书法展；傅林林的作品浙江书法 60 年系列特展、嘉兴绍兴书法精品展；沈岩松、马雪野的作品获"红船杯"全国廉政楹联展优秀奖；曹建平的二件行书对联入选"红船杯"全国廉政楹联展；盛欣夫的《行草自作诗》获中国国学研究会一等奖；毛建翔的《"真卿"八字嵌名联》获首届"颜真卿杯"全国书赛二等奖，《焚裘拒腐》入选"红船杯"全国廉政楹联大赛；许雅颖的小楷直幅获首届浙江省青年书法电视大赛银奖；费秋华、沈惠强的作品入选省第四届青年书法选拔赛；申伟的草书条幅获全国首届"杏花杯"书法大赛铜奖；钱学文的行书对联获"情系家园"全国书画大展二等奖；汤士根的隶书对联获第二届"佛缘杯"全国书画大赛优秀奖。

2010 年，吕燮强、沈兴强、章明的刻字作品入展由国际刻字联盟、韩国书协、中国书协主办的第一届国际刻字艺术展；沈岩松当选"中国书坛十大年度人物"；沈慧兴在日本大阪举办桐乡·大阪文化交流会暨沈慧兴金石文化展；范光明的书法作品入展第二届全国名师书画作品展；张明的隶书入展 2010 年书写经典·相约柳河——全国书法名家邀请展。曹建平在省第五届中青年书法篆刻展上获陆维钊奖，沈岩亮获银奖，王勋获铜奖，傅林林等 20 人入展；张伟、吕燮强、吕嘉、孟艳湘、钱学文的艺术刻字入展第八届全国刻字艺术展；申伟的行书条幅入展首届中国王羲之书法艺术（行草）大展；曹建平的行书册页在第七届全浙书法大展中获金奖，沈岩亮的篆刻作品获铜奖。徐国强出版个人篆刻集《徐国强篆刻展》（中国艺术家出版社）。

2011 年，曹建平获《书法》风云榜提名奖；申伟作品入展"邓石如奖"全国书法作品展；王勋作品获"孙怡让杯"全国甲骨文书法大展金奖；申伟作品入展"金色滨湖"全国书画名家作品邀请展；钱国作品入展全国首届手卷展；许雅颖作品入展庆祝中国共产党成立 90 周年全国职工书法作品展；曹建平、费胤斌作品获省第二届群星视觉艺术展书法类银奖；吕燮强、夏佩云、王勋、蔡泓杰入展全国第十届书法篆刻作品展（广西展区）；王勋、申伟、曹建平入展纪念中国书法家协会成立三十周年中国书法家会员优秀作品展。

2012年，曹建平、沈惠强、周延清入展全国第二届册页书法作品展；沈岩亮获第九届全国刻字艺术展优秀奖；吕燮强获优秀提名奖；曹建平获省第六届"陆维钊奖"中青年书法篆刻展金奖，沈岩亮获铜奖；蔡泓杰、费胤斌、张颖入展首届"赵孟頫奖"全国书法作品展；王勋入展"孔子艺术奖"全国书法篆刻作品展。

2013年，沈惠强、周延清、许雅颖、费胤斌、李多来、费秋华、姚晓仑、钱国、沈海峰、吴锋飞、陈一飞入展"沙孟海奖"第八届全浙书法大展；曹建平、申伟入展首届"孙过庭奖"全国行草书大展；曹建平获群星璀璨·全国群众美术书法摄影优秀作品展金奖，沈岩亮获优秀奖；曹建平、沈惠强入展首届"沙孟海杯"全国书法篆刻作品展；许雅颖入展全国首届书法临帖作品展；吕燮强获第十四届国际刻字艺术展暨第九届全国刻字艺术展优秀提名奖；王勋获全国第七届篆刻艺术展优秀作品奖，蔡泓杰、费胤斌、费春祥、徐国强入展；章明、孟艳湘、吕燮强、吕嘉入展"印汇天下——国际印社联展"；费胤斌获"吴昌硕奖"第四届浙江篆刻展三等奖；费胤斌获第三届浙江省视觉艺术大展金奖；徐国强入展"利中杯"全国书画篆刻邀请展；张颖入选第六届浙江省青年书法选拔赛。

2014年，曹建平、许雅颖获美丽浙江·秀水之韵——浙江书法大展三等奖；许雅颖小楷《答颜孝嘉论学十二则》在"祭侄文稿杯"全国书法大展中入展；吕燮强、吕嘉书刻在全国第十届刻字艺术展中入展；沈岩亮、姚亮、俞彦在第十五届国际刻字展中获提名奖；汤士根入展第二届"赵孟頫杯"全国书法作品展；褚妍嫣获浙江省第三届妇女书法展优秀作品奖；费胤斌作品入展"丝绸之路"全国篆刻大展。

三、书法著述

章柏年《章柏年书法选》，上海书店，1994年；《乌镇古诗百首》，华宝斋书社，2000年；《古今百家咏嘉兴》，华宝斋书社，2001年；《朱彝尊鸳鸯湖棹歌书画双璧》，华宝斋书社，2002年；《品味经典》，天津人民美术出版社，2011年。

陈平《傅其伦书法篆刻集》，责编，浙江美术学院出版社，1995年。

鲍复兴、范汉光《濮院名家书画集》，浙江人民美术出版社，2003年。

袁道厚《桐乡文脉——现代书画篆刻作品精选》，2005年；《品味经典》，天津人民美术出版社，2011年。

蔡建树《演绎经典》，西泠印社出版社，2006年。

范汉光《毛谈虎墨迹》，主编，西泠印社出版社，2005年；《钱君匋墨迹》，主编，西泠印社出版社，2007年；《庆祝建国60周年桐乡优秀文艺作品集》（书法卷），西泠印社出版社，2009年；《闲来松间坐——曾宓写松作品精品集》，执行主编，天津人民美术出版社，2014年；《谭建丞书画集》，主编，天津人民美术出版社，2014年。

叶瑜荪《丰子恺墨迹》，主编，西泠印社出版社，2008年。

王晓峰《品味经典》，天津人民美术出版社，2011年。

沈岩松《品味经典》，天津人民美术出版社，2011 年。

张伟《品味经典》，天津人民美术出版社，2011 年。

钱宜东《品味经典》，天津人民美术出版社，2011 年。

费秋华《品味经典》，天津人民美术出版社，2011 年；费秋华、沈掌娥，《金刚经》，中国文艺出版社，2012 年。

盛欣夫《盛欣夫书画》，西泠印社出版社，2011 年；《鱼瓷》，西泠印社出版社，2012 年；《鱼谱》，西泠印社出版社，2012 年。

傅林林《傅林林行书幽湖百咏》，西泠印社出版社，2014 年。

俞尚曦　编著，《桐乡书画篆刻人物》，中国文史出版社，2014 年。

晋鸥《吴昌硕匾额书法集》，西泠印社出版社，2014 年。

四、历代篆刻家

自宋至清，桐乡一地擅长篆刻之人甚多。金石家胡钁被列为"晚清四大印家"之一，与吴熙载、赵之谦、吴昌硕齐名，并与吴宝骥同为西泠印社首批社员。茅盾、丰子恺为文之余，也善治印。钱君匋誉播海内外。清光绪三十二年（1906），钱林印社成立，系境内第一个金石篆刻团体。1986 年 7 月，桐乡成立青桐印社，首批社员 32 人，1990 年发展到 52 人。

明

朱昌祺，字仲子，崇德人。善治印。

朱奎祥，崇德人，工篆刻，收藏古今金石诸刻，集为《印薮》。

沈奇，字无奇，崇德人，工铁笔，摹秦汉文，苍古秀劲，时与文彭齐名。

清

马拱之，字颉云，石门县人，工篆刻，善钟鼎文，为时所重。

王孟安，乌镇人，善刻印。

朱煌，字笑庵，石门县人。善治印。

庄允锡，字廷占，一字浣躬，濮院人。工唐隶、小楷，尤精印章，结构严谨。

阮煜，字轶张，濮院人。工篆刻，有"寿"字印谱凡一百二十。砚、杖、铭尤称得手。

孙庆渠，桐乡人。工篆书，善钟鼎，兼精刻字。

吴殿选，石门县人。善雕刻人物，为人琢小像，神态气韵，栩栩如生。

汪之虞，本名照，字驲卿，桐乡人。曾从顾洛、江介、赵之琛等游，书、画、篆刻均有师承。印入《乐石堂印谱》。

沈沅，字芷亭，石门县人，廪生，以文章驰名。善刻字，苍古秀劲，深得何震遗意。

沈瀚，字源长，号天池，桐乡人。嘉庆时岁贡生。精篆刻，善绘山水。

沈宝柯，桐乡人。善刻印。

朱勇均，字灌园，一字粹也，桐乡人，诸生。精秦汉篆法。历游燕、齐、楚、闽、滇、黔，士大夫争购其图章，以为宝。刊有《爱古堂印谱》。

张宏牧，原名弘牧，字恕夫、柯庭，号懒髯，自号白阳山人，清初人。工篆刻，刀法较张宏牧略异。有图章粉本一册，篆刻八百方。

张亲载，字厚庵，号铁砚，桐乡人。乾隆二十五年（1760）副贡生。工辞赋，精篆刻。

陆子晋，濮院人。精篆刻。

陈芳，字芷香，石门县人。精篆刻，刀法逼近古人。

费成霞，字孙裳，石门县人。工诗文，善制砚，尤精铁笔，工雅绝伦。

殳扬武，字孔威，清初人。精篆刻，工书法。

陆费墀，字丹叔，号颐斋、吴泾灌叟，桐乡人。乾隆三十一年（1766）传胪，官至礼部右侍郎。《四库全书》副总裁官。究心篆刻，深入古人，所作结体工整自然，线条凝练。印入《飞鸿堂印谱》。

沈皋，字六泉，号竹溪，清初归安县人，居乌镇。善刻印，喜作多字朱文印。

程允芳，桐乡人，擅长雕刻图章砚铭，裔孙程沅，字秋涛，诸生。承家学，精篆、隶及金石刻，有《印可》《印存》二书。

沈淮，字眙簪，号均甫，桐乡人。平生好读书，兼工篆刻，作有《求是斋印谱》。

胡枚，字友邹，号梁园，洲泉屠家坝人。善治印。著有《今赋约抄》《石友山房诗文集》《黔中校士录》等。

夏凤衔，濮院人。酷嗜碑帖，晋唐法书无不临摹，工篆刻，直逼秦汉。

倪灏，字元颖，石门县人，善治印。

徐贞木，字士白，号白榆，秀水县人，久寓濮院。性兀傲，不苟附时趋，篆刻古气磅礴，为海内宗仰。孙徐照，字城玉，徐贞木孙，工篆刻。

潘瀚，绍兴人，寓居桐乡。工篆刻。

胡传缃（1881—1924），胡钁子，字小菊，因涉命案，迁居嘉兴莲花桥畔。刻印酷似其父，亦善刻竹。

吴传经，字伯生，篆、隶古雅，精治印。民国四年（1915）刻《淳雅斋印》。

钱介山，号半耕，灵安李王庙人。光绪三十二年（1906）与释允中等在灵安成立钱林印社。

孙涛，字贵孙，桐乡人。擅篆刻，西泠印社早期社员。

释明中，初名演中，字大恒，号啸岩，桐乡人。出家嘉兴楞严寺，后住杭州圣因寺、净慈寺。乾隆南巡，赐紫衣三次，极蒙嘉奖。与厉鹗、杭世骏、丁敬等结吟社，相与唱和。一时名重。《飞鸿堂印人传》云："间亦寄兴篆刻，古劲中含文润。"印入《飞鸿堂印谱》。

释篆玉，字让山，号岭云。杭州净慈寺僧，桐乡龙翔寺方丈。间涉印，不沾于仿秦临汉，别出机杼。印入《飞鸿堂印谱》。

民国

金镧清（1874—1955），字采侯，又名康正，洲泉人。早年从胡钁游，善砖篆、石刻。

钱中，字端父，又字荣德，号五五生，灵安李王庙人。印承家学，自幼得父钱介山启蒙，后参加钱林印社、龙渊印社。作品结体紧凑，刀法爽健，浙派风范，历历在目。

当代

钱君匋，见"人物"章。

强道（1918—1994），字鸿楚，室名寿石斋，桐乡人，业医，好古董，善篆刻，凡玉、石、竹、木、瓷种种雕刻，无不得心应手，玉印尤精。

殳书铭（1918—1995），字戊，号铭翁，濮院人，出身中医世家。嗜好金石书画，早年尝从福建黄葆钺、嘉兴朱其石游。篆刻宗三代古玺，结体雅逸灵动，线条劲挺凝重，刀法严谨老到，气息清隽博雅。偶作巨印，亦能工整悦目，不失玺印规范。潘天寿称其刻印"师古而不泥古，秀丽处显苍劲，流畅处显厚朴，难得静、挺、韵三者兼美，实见功力"。曾珍藏弘一法师《寒笳集》手稿，有人出高价求购，不为所诱，去世前捐赠桐乡市博物馆。

郑彬（1923—1998），字世智，又字纯彬，原籍金华，寓居崇福。室名二喜室。自幼酷爱书法篆刻，得金石名家金维坚、王冰铁指授。篆刻从摹秦汉印入手，刀法遒劲，线条凝练。治印、刻竹、雕木、凿铜无不得心应手。

计安康（1944—1995），笔名复康，号药官，别署勉斋、未斋、梦痕书屋，原籍嘉兴，祖父时迁居屠甸。自幼喜爱书画，尝朝夕临摹《芥子园画谱》。十七岁拜钱君匋为师。书法初从欧阳询，后取北魏《张黑女碑》，结构严谨，草书宗张旭、怀素，尤擅汉简。能画，取法赵之谦、石涛、八大山人，上溯徐渭，以书入画，尤重章法布局，多写花卉，有金石味。篆刻取法秦汉，所作清新爽朗，秀润洒脱。西泠印社社员，任职于君匋艺术院。

此外还有：鲍复兴、袁道厚、王勋、毛建翔、申继鸿、沈慧兴、张明、孟艳湘、徐国强、钱宜东、章明，等等。

五、篆刻著述

袁道厚《道厚书画篆刻选》，上海书店出版社，1993 年；《道厚篆刻》，西泠印社出版社，2000 年；《厚道人六十回湘书画印汇报展作品选》，中国文化艺术出版社，2003 年；《袁道厚书画篆刻集》，天津人民美术出版社，2011 年。

鲍复兴《鲍复兴印存》，上海书店出版社出版，1994 年；《茅盾小说篇目印谱》浙江人民美术出版社出版，1996 年；《鲁迅小说篇目人物印谱》，西泠印社出版社出版，2001 年；《紫玉锦言·鲍复兴紫砂陶印集》，西泠印社出版社出版，2009 年；《吴昌硕书画篆刻集》，西泠印社出版社出版，2008 年；《沙孟海全集·印学卷》，西泠印社出版社出版，2010 年；《邓石如隶书鲍氏五伦述》，西泠印社出版社出版，2012 年；《缘缘堂印谱》，西泠印社出版社出版，2013年。

范方明《桐乡馆藏篆刻精品集》，主编，西泠印社出版社，2011年。

范汉光《书铭印集》主编，西泠印社出版社，2011年。

钱宜东《钱宜东篆刻集》，天津人民出版社，2011年。

沈慧兴《西泠印社小志》，点校，浙江古籍出版社，2011年；《洲泉诗词印谱》，主编，上海科技文献出版社，2014年；《心迹双清 泠君手艺——沈慧兴书法篆刻文房清玩作品集》，著，上海书店出版社，2014年；《温故知新——齐鲁吴越儒家经典名句联展作品集》，主编，上海书店出版社；《红色印记——嘉兴南湖革命纪念馆建馆五十五周年篆刻作品集》，上海书店出版社，2014年。

胡强《胡强篆刻书画》，西泠印社出版社，2014年。

张明《心迹双清·昇庐篆刻》，上海书店出版社，2014年。

六、历代画家

桐乡历史上画家辈出，在《中国美术家大辞典》中列名的画家即有200多名。特别是清代至民国时期，出现了许多画坛世家，如濮院有董氏、潘氏、仲氏，崇福有吴氏，乌镇有孔氏，均一门善画。吴徵精山水、花卉，张伯英善山水，丰子恺善漫画，徐菊庵善人物。此外，近现代又涌现鲍月景、岳石尘、刘雪樵、卢东明等一批省内外有影响的画家。

宋

钱昱（943—999），字就之，吴越国忠献王钱佐长子，官秀州刺史，居洲泉。归宋后，授白州刺史，改秘书监，尝以钟、王墨迹八卷进献朝廷，有诏褒美。好聚书，善吟咏，琴棋书画无所不能。著有《竹谱》《太平兴国录》《贰卿文稿》。

元

子温和尚，见"人物"章。

明

王仁，字乐山，钱塘人，寓居濮院香海寺。善白描人物，尤善泼墨云龙。

孙奕，字闻孙，崇德县人。善画山水，法黄公望，以画遣兴，故深得笔墨之趣。

吴世恩，字肖仙，濮院人，先世由歙县迁入。善以粗笔写人物，笔笔生动，深得吴梅笔意。

费祯，字天兆，嘉靖时崇德县人。长于书画，尤工墨竹。

曾鲸（1564—1647），字波臣，福建莆田人，寓居乌镇。善丹青，擅画人像，其法重在墨骨，烘染层次有致，点睛加毫，俨然如生。传世作品《葛一龙像》，现藏故宫博物馆，其余作品藏天津、浙江、上海、南京、广东、福建等地博物馆。子沂，孙镒，俱能画。

濮梅，字澹仙，号芦庵，濮院人。善山水，尤擅长画鹅，时有"濮鹅"之称。

清

王补云，江苏盛泽人，久寓濮院。画学宋代郭熙，为朱彝尊所赏识。

王守真，字茜石，王原祁五世孙，寓石门县城。写山水有家法，能以率笔作层峦，清空一气，别开生面。

王瑶芬，女，严辰母，出身婺源望族，父王风生官乌镇同知。诗、书、画三绝。八旬后犹能作画，自号写韵楼主人。著有《写韵楼诗稿》。

殳元，号复扬山人，濮院人。工绘事。

方梅，字圣因，号雪屏，方薰父，石门县人。善画梅竹兰菊、水仙，兼善山水，人谓颇得赵孟坚笔意。

方廷瑞，字小兰，石门县人，方薰次子。工花鸟、人物。

孔兰瑛，女，桐乡人。工诗善画，曾绘《燕姬出猎图》。

孔传愿，字友韩，乌镇人，庠生。精绘事，尤善写生，曾自绘《饮仙图》，取饮中八仙之意，行立坐卧，反正欹斜，面面入神，一时题咏甚多。

孔昭读，字典文，号响山，乌镇人。善画，人物学陈蕉石，花卉仿翁小海。

叶直，又名光直，字古愚，号静虚庵主，石门镇人，吴滔内弟，尝从吴滔学画。山水苍茫浑厚，笔意古秀。亦善人物，曾为吴柳堂写照。应同邑徐漱石请，绘《东郭春耕》《柳影横波》

叶子乾，字行健，石门县人，庠生。工画山水，与方薰、许容友善。

叶鸿业，字寿生，号息园，石门县人。善画，设色花鸟生动秀润，间作山水，鬻画杭州，有声于时。

冯钜，字思任，桐乡人。工写真，山水出入宋元诸家。

朱默，字静思，桐乡人。善以墨汁洒纸，成山林、水石、人物。

朱凤辉，洲泉人，善画人物，有《八仙图》，现藏桐乡市博物馆。

朱履端，字端升，号浚谷，桐乡人，乾隆七年（1742）进士，授翰林院庶吉士。工诗文词曲，精绘事，画风近徐渭。晚年筑朴园于梅会里（今王店），著有《朴山吟稿》。

许舟，字十载，洲泉人。工画山水，初学盛子昭，后仿黄公望，其得意处皆毕肖。

许日宏，石门县人。工画兰。

许自宏，字卯君，石门县人，庠生。工书法，善绘事，人物、花鸟、蔬果，俱得古法。

孙枚，字雅衡，号蕙圃，石门县人。善绘山水，所作气势浑厚而有逸致，人以为可步方薰后尘。

孙棣，字亚唐，石门县人。山水宗黄公望。

严森，号范卿，濮院人。工花鸟，得王武笔意，亦善人物仕女。

花成，号九如，濮院人，师从董枯匏，善画山水扇面。

李蕴玉（1876—1919），女，石门县城人，李嘉福女，吴徵继室。自幼受父熏陶，工诗画，擅山水，常作江南远景小品，意境清幽。

杨韵，字仲玉，号小铁、铁公，别署青笠散人、梦梅生，嘉兴人，太平天国时避乱于桐乡。善绘事，作山水空濛淡远，逸趣横生。

杨增，字西溪，号石隐，石门县人。工书画，画境超逸，所作山水，取经高古，不落窠臼。

杨学诗，字耀南，乌镇人。善写生，尤擅细工蝴蝶。

吴临，字雨庄，廪生，石门县人。善画白描罗汉。

吴鸿，字啸琴，石门县人。善花卉翎毛，书法摹王右军。

吴九鹏，字宿东，石门县人。善水墨葡萄，点染有神，有"温葡萄"笔法。

吴玉书（1841—1922），女，字倚槎，嘉兴城南白苎村人，随母居濮院，师从鲍枯匏，得其真传，所作山水多抒写性灵。著有《挹兰室诗》《鸳湖女史画稿》。

吴谷祥（1848—1903），字秋农，初字蓉汀，自号秋圃、秋圃老农，别署瓶山画隐，石门县人，居嘉兴。工山水，善人物，专习文徵明、唐寅、沈周，青绿设色，清劲古雅，气象深沉。亦善人物、花卉，笔墨清逸。

吴翰邦，字季邦，号芍台，乌镇人。善画人物、花卉、鸟兽。

何圣梅，濮院人。工楼台园林，尤喜小影。

邵明虬，字伯先，濮院人，善山水、花鸟，晚年善写佛像。

汪亮，字映晖，号采芝山人，桐乡人，汪文柏孙女。工山水，轻隽秀润，设色淡雅。

汪绳横，字祖肩，号静岩，先世由安徽休宁迁居桐乡。工画山水，得法于吴江徐溶，笔气高远。

沈朴，字雅琴，号渔村。工丹青，画山水尤得倪瓒、黄公望家法。子小渔亦善山水。

沈宋，字则庵，德清新市人，名家沈南苹之孙，寓居濮院近二十年，能于纱上用灯草灰作剔墨之画，以纱绷灯，点燃火光，则纱影无质，而花鸟浮动如生，堪称绝技。

沈珩，字佩芳，号秋崖，石门县人，庠生。喜吟咏，擅丹青，善写花鸟，笔法生动。

沈恕，字子如，嘉兴梅里（王店）人，居濮院。精儿科，著有《幼科述古》。善写兰草。

沈乃洪，字和卿，濮院人，诸生。善画山水，所作多小品。

沈玉佩，字竹墅，石门县人。善绘事，山水学黄公望，花鸟学宗恽南田，人物出入唐寅、仇十洲之间，饶有生趣。

沈甲秀，字凝芝，石门县人，庠生。工绘事，善画花鸟草虫。

沈羽宸，长兴人，寓乌镇。善制夹纱灯，其人物、花鸟俱有飞动之势，声名远播。

沈宏远，字进之，石门县人。工诗善画，尤擅墨兰，笔致秀逸。

沈学濂，号小芸，桐乡人，诸生。善画梅。著有《朗阁吟草》。

沈慕周，又名山林，濮院人，岳石尘舅父。擅人物。

沈澹如，石门县人。工画，尤擅山水，淡远有神。与沈振铭齐名，时称"石门二沈"。

张永，字子久，本姓凌，幼孤，由张氏抚育成长。工山水、人物。

张轸，字次微，号耕坤，濮院人。工山水，尤善写松，人称"张松"。

张嵩，字鹤汀，桐乡人。善写生。

张光裕（1814—1862），桐乡后珠村（今乌镇五星村）人，名医张千里之子，庠生，承家学。兼善山水，着墨不多，颇有意趣。

张授麟，字素臣，号听松，濮院人。善画花草虫鱼，浓涂淡抹，各极天趣，尤精画猫。

陆太瘦，濮院人。擅画花鸟。

陆仲贻，濮院人。善画兔。

陆恭和，字芸圃，别名小散人，石门县（今河山镇东浜头村）人，庠生。工诗画，性喜山水，尤长人物，运笔如风，奇气磅礴，曾绘《钟馗移家》《老莱子图》。著有《友花山房诗稿》。

陈渼，字宛青，号雪樵，乾隆进士，石门县人。山水得元人笔意。

陈涣卿，屠甸人。善画，尤长花卉。

陈曙标，石门县人。善画，工人物仕女，妍丽入神。

范逸，字慎安，号湘渔，桐乡人。善画花鸟。

范铺，字稽山，濮院人。潜心丹青，人称"范痴"。善水墨牡丹。尤精雪蕉寒鹤。

范紫绶，石门县人，岁贡生。善画芦雁。

金宏，号耕山，炉头人。善山水。

周均，字平畦，乌镇人。善画山水，宗法倪瓒、黄公望，出笔苍老，晚年愈发古茂。

周天禄，字受之，濮院人。工花鸟、人物。兼善制剔墨纱灯。

郑为章，字倬云，乌镇人，庠生。精于绘事，花鸟虫草小品，颇有生趣。

胡饮，字师琴，石门县人。工墨梅，疏密有致。

胡炳，字丹生，石门县人。善画壁螗，蠕蠕欲动，见者莫不叹服。

胡毓琦，字二韩，石门县人，庠生。精绘事，擅花鸟、虫草。

茹鸿，字省斋，善写生。

钟亮采，字舜云，号笃庵，董棨弟子。工丹青。

俞芳，字杏苑，道光间崇福城隍庙道士。富收藏，善画兰。

俞振逵，字丹卿，洲泉东田村人。善写翎毛花卉，尤擅蝴蝶，人称"俞蝴蝶"。曾为清光绪《石门县志》绘图。

施嵩，字礼登，石门镇人。善绘事，宗方薰，工山水。弟施禧，号涧芝，工画兰竹，潇洒有致。

施元勋，字翼圣，号韦庄，濮院人。善绘事，尝辟小园，名"东荒"，绘图赋诗，一时题咏甚多。

闻人杰，字瑶圃，桐乡县人。画以山水名，效法王时敏，兼工人物、花鸟。

费暐，字太初，石门县人。精绘事，尤善山水，秀润疏朗，宗法文徵明、董其昌。

姚霁，濮院人。善绘人物、花鸟，兼工写照。

姚銮，石门县人，吴滔弟子，工山水，得师传。曾寓沪卖画。

姚仁煜，号子岩，石门县人。工写照，亦善画山水，间作花鸟。

夏鼎，又名夏宝鼎，字伯铭，工花卉、人物，尤擅肖像画，形神兼备。

倪芥园，石门县人，善画，子倪骧，孙倪耘，均克承家学，善绘事。

徐玉熊，字渭占，号女阳亭畔耕夫，石门县人。善绘，山水、花鸟各臻精妙。

徐祖培，字迴孙，石门县人，吴滔弟子。山水得其师传。

钱渊，女，字大德，号静香，桐乡人。善画山水、花鸟。

凌咨，字正尧，一字正光，濮院人，工花鸟、人物，尤善绘水墨观音。

黄石，字公石，乌镇人。写兰竹师法吴镇，花鸟淡雅超绝，无脂粉气。子黄鹤，字伯也，亦善绘，所作花鸟或过其父。

黄坚，字坤一，濮院翔云观道士。善画。

黄贵，号青村，乌镇人。善绘兰、菊。

黄基，字端揆，号莲溪，乌镇人，黄石从孙。工写牡丹，水墨勾勒，生气逸出，别有一番姿色。

黄行健，字子乾，号西亭，石门县人。擅花鸟、人物，写绘《渡海罗汉图》，精细不减李公麟，与德清沈南苹友善。

黄景昭，字文光，海盐人，寓居濮院。工画，晚年尤精于写真，有添毫欲活之妙。

黄道炎，福建人，寓居桐乡。自幼嗜画，爱写山水，临摹古本尤其擅长。

蒋旭，濮院人。擅画花鸟。

蒋农，濮院人。擅书画。

蒋迳，桐乡人。以画山水见长。

谭学诗，字绍庭，号虚舟、栎翁，桐乡人。善写水墨葡萄。

潘鸿，字雨宾、衡浦，号云谷，濮院翔云观道士。能诗善画，工写真，曾作《梦石图》，陈莲汀题诗其上。

董涵（1735—1819），祖籍海宁，康熙间迁居濮院，董棨父，能诗善文，尤擅书画，曾自绘《面壁图》。

董棨（1772—？），号乐闲，又号石农、梅泾老农，濮院人。父涵，号养中，治《易经》，能诗文，精卜相之术。董棨绘画得方薰指授，山水、人物、花鸟、草虫，无不精妙，尤善蔬果写生，点染有新意。书学颜、赵，兼工刻印。性耿介慷慨，卖画所得多接济穷人，而自奉俭约。达官贵人以重金请其绘画者，常推却。晚年筑嘉会堂，喜作格言以警诫子孙，讽喻规谏寓于图画。著有《养素居画学钩沉》《题画随笔》《乐闲诗集》。

董耀（1800—1883），棨子，字继华，号枯匏、小农。幼时禀赋聪慧，过目成诵，著文洒脱。研习《易经》，兼通《释典》，后研习《近思录》，以理学终老。寄情诗画，著有《养素居文集》《枯匏题画诗》等。

董煜，字用华，号石亭。董耀从弟，善花卉，兼工山水，用笔娟秀。

董熊，字慕白，号兆璋，自号古稀翁，濮院人，董棨从子。善写山水，以青绿胜，尝作《太师少师图》。

董念菜（1832—1899），耀子，原名维城，字味青，一号小匏，少时潜心经史、金石之学，亦工骈文。画承家学，工花卉翎毛，尤善画梅，有"董梅花"之称。书学褚、虞、董、恽。著有《梅泾诗录》《小匏诗存》《两汉金石年表》。

程琳（1669—1730），字丹云，号蕴堂，桐乡人。善花卉，尤工水墨牡丹。

释计位，字艮庵，濮院南隐房僧人。善兰竹及水墨山水。

释观树（？—1685），字声海，号半壑，吴江人，后剃发桐乡凤鸣寺。工吟咏，擅篆刻，精绘事，作山水枯木竹石，皆臻神妙。

释实源，初名三友，号一泉，青浦县人，来福严寺任方丈。善画，作墨梅，疏枝大干，瘦劲多纵横气，笔意古秀。

释寄舟，石门县人，曾住持福严寺，与方梅友善。工画墨兰，颇自矜贵。善绘兰竹，别具风致。

潘楷（1802—1855），濮院人，潘振镛祖父，嗜画，花卉学杭州江石如。长子潘大同（1822—1862），字吉人，善作芦雁。仲子潘大临（1824—1866），字可斋，善画仕女，学松江改琦。三子潘大临（1832—1875），字紫裳，号子常，别名守白居士，善写花卉，秀雅可观。

潘振节（1858—1923），字平仲，号叔和、颂声，潘振镛弟。早年与兄受业于钱塘戴以恒，得其心传，又私淑费晓楼，得其神髓，与兄同游鬻画上海，见者谓"晓楼再世"。

戴信，字子轩，乌镇人。善画，工仕女，风姿娴静。传世作品《和合二仙图》藏桐乡市博物馆。

曹大经（1783—1856），字伯纶，号海槎、秀水布衣，濮院人。幼年丧父，家境贫寒，为人正直诚实，勤奋好学。诗文卓然成家，书法精隶篆，工篆刻，善绘事，曾绘有《山馆吟秋图》，遍征名人题咏。有《吟秋山馆小稿》《味蓼》《衔姜》《嚼梅》《餐菊》等诗集。

陈铣（1785—1859），字春台，号莲汀、幻庵、秀水布衣，濮院人。好古，精鉴赏，书画卓绝一时。师从杭州张山舟，山水花鸟秀逸有致，画梅尤称逸品。有《瓣香档梁帖》六卷。

岳树音（1814—？），字声铿，号筸斋，濮院镇人。善花卉翎毛，书法师从陈铣，而骨格气韵不逮。

戴以恒（1826—1891），字用柏，钱塘（今杭州）人，寓居濮院，戴熙从子。画承家学，工山水，水墨画尤精。亦工治印。著有《醉苏斋画诀》。

仲呈枋（1852—1899），字云乔，濮院人。工仕女，善写照，尤善花卉翎毛。

严森，号范卿，濮院人。工仕女、花鸟，花鸟画得忘庵老人笔意。

濮树榆，字柳卿，濮院人。善人物、花卉。

姜之垣，字宁周，号桑榆小隐，石门县人，乾隆二十年（1755）增广生。善仕女花鸟，尤善画马。

闻铃，字临谷，崇福人。喜藏书，善画花鸟，颇有意趣。

蔡载福，字寅伯，号鹿宾，崇福人。工写花卉，得方薰笔意，曾为蔡砚香绘《待雪楼图》。

沈振铭，字藕船，又号老藕，自号石门乡农，崇福人。擅长花卉翎毛，山水宗黄原祁，墨法苍润，极见工力。书慕董其昌，颇得神似。工诗，精篆刻，所作黄杨木章，为人推重。

金炴，初名镇，字松泉，石门镇人。善画花卉，初师张子祥，后师费以耕，长人物。晚年客寄沪上，声誉甚高。

费金镕，号春浦，羔羊乡张家兜（今属石门镇）人。精绘事，尤善画芥菜，时称"费芥菜"。其子费涛，字子春，继其父学，亦善画芥菜。

涤尘，别号西竺禅子，石门镇西竺庵和尚。喜书画收藏。

马宣谋，字少梅，崇福人。善墨戏，山水秀润有生气，画人物尤工。

吕律，字赓六，崇福人，居吴江，能诗，著有《天涯草》。工隶书。善画，以粗笔写道释人物，奇崛生动，尝为无量禅院写罗汉十八幅，观者叹赏。

吴廷铺，生卒年不详，字铿华，号水村，吴克谐子，洲泉人。乾隆间举人，尝纂修嘉庆《石门县志》。书学钟王，笔力雄健。山水传自家法。性简静，寡交游，以诗书自娱。著有《水村诗草》《杖谱》等。

钱汉钟，洲泉道村人，善画佛像，邻近梵宫道院皆有其墨迹，或慈悲，或勇猛，各臻其妙。

胡骏烈，字芝楣，洲泉人。胡钁之祖。擅山水、花卉。著有《花南书屋吟稿》。

于梅谷（1828—1909），字文澜，号清闲居士，又号梅老人、桐溪逸叟，桐乡人。精鉴别，工篆刻，善画兰石，时称"于兰"。

魏月仙，女，字恒卿，号西园女史，桐乡人。善写生，兼工山水。著有《丛桂吟稿》。

濮潢，字成章，濮院人。善山水、人物，亦善写真。子濮眉山，承传家学。

濮希洛，号鸥乡，濮院人。善花卉。

濮树榆，字柳卿，濮院人。擅绘人物、花卉。

民国

沈泊尘，见"人物"章。

汪尊书（1878—1934），字然青，崇德县人，庠生。善绘山水、花卉，淡远萧疏，饶有韵味。

金练甫（1845—1936），屠甸人。善画。

董宗善（1874—1937），字心壶，号询吾，濮院人，董念莪三子。以花鸟画见长，尤工墨梅。

劳谦（？—1938），又名张康寿，字谦如、崇礼，号西湖居士，崇福镇人，张俊弟子。专攻山水，兼擅画虎。

曹棣（1885—1941），字介眉，别号草庐樵子，崇德县人，随家居海宁。从事丝业，业余学画仕女及书法。

吴衡（1877—1942），字洞秋，吴滔长子，崇福镇人。承家学，擅山水，苍润寥远。

毕心粹（1873—1952），字醇甫，号石泾布衣，屠甸人，毕槐孙。精绘事，善画芦雁，飞鸣宿食，各尽其态。亦擅山水。晚年客寓沪上。著有《殳山老人诗钞》。

潘小雅（1892—1952），名琪，以字行，潘振镛子，濮院人。深得家学，擅仕女、人物。

杨咏裳（1896—1954），字鼎华，崇福镇人。善画，工山水、花卉。弟咏同、咏笙皆能画，抗战前三人曾创办"三杨书画社"。

曹德堡（1881—1956），字翰城，号殳山老人，桐乡人。善绘事，师从仲光勋，以花鸟见长，亦间作山水。

夏邦桢（1902—1958），字贞叔，号雪楼，仲光勋弟子，濮院人。工花卉、翎毛、人物、仕女。

冯荧如（？—1958），字墨龙，濮院人。师从仲小某，善人物，尤长工笔仕女。解放后曾就职于上海人民出版社，专事连环画创作。

吕万（1885—？）原名丕英，字十千、选青，别署青无尽斋，祖籍石门县，寄籍海宁，长期旅居上海，自称淞滨画隐。兼擅工笔、写意，山水仿宋、元人法，工青绿山水。亦擅山法。

沈夏烺，字锦笙，号长风子，崇福镇人。善画人物及花卉翎毛，逼近张熊。尤善绘秋葵，活色生香，人称"沈秋葵"。

吕韵清，女，原名筠青，字逸初，别署韵清女史吕逸、友芳旧主，崇福镇人，为吕留良族裔。工诗画，所绘梅花，不简不繁，颇得诗人清致。嫁杭县王艺为妻，夫妇以书画自遣，杭人以得其合作之扇面为荣。抗战初杭州沦陷后，不知所踪。

郑寿庄（1875—1959），又名日章，号椿老，祖籍新塍，1911年迁居濮院。擅长书画、器物鉴赏，善隶书。新中国成立后，将多年收藏的珍贵书籍捐赠给嘉兴市图书馆。

潘琳（1887—1961），字保之，号琅圃，濮院人，随父潘振节居平湖，少即从父辈习画，工人物仕女、花卉。曾东渡日本，为中华南画会驻会画家。

吴滔、吴徵、张俊、朱梦仙、仲光勋，见"人物"章。

当代

吴䍀木、岳石尘、刘雪樵、卢东明、李志云、木心、商守篯，见"人物"章。

董巽观（1898—1971），原名祥晋，字吉甫，董宗善子，寓居嘉兴。善绘，梅花蒲石，颇有家法。

孙味䒷（1898—1974），原名秉和，后改冰壶，号拥绿村人、谷水野人、山阴樵者、山阴八砖精舍主，屠甸人，孙良伯弟，寓居海宁硖石。工人物、花卉，山水尤超逸脱俗。1950 年后，曾寓苏州，绘扇面、书签等工艺品以供出口。

夏蕙民（1909—1976），濮院人，师从平湖范冬青。擅书画，尤擅水墨山水。

仲光熙（1895—1983），字詠沂，仲光勋族弟，濮院人。善画翎毛花卉，淡雅可爱。

翁炳庸，字子勤，号之琴，濮院人。师从李叔同，精篆刻，书学魏碑。善花卉，水墨淋漓，韵致超越。

翁保祥（1902—1980），字云书，别号研庐，濮院人。师从乌镇张艺城业医。擅诗词，喜操琵琶，好书画，善花卉。

潘燕（1917—1997），女，字文淑，濮院人，居嘉兴，潘振镛孙女。擅画人物、仕女，有《潘燕画集》。

吴哲辉（1934—2009），上市乡人。1950 年入华东军政大学学习，1958 年随军转业赴北大荒屯垦，任农场文化馆馆长，1962 年调入牡丹江日报社，任副总编辑。擅绘版画，《完达山之晨》《山中新客》《牧歌》等作品入选全国美展，并被中国美术馆、辽宁博物馆等收藏。为中国美术家协会会员、黑龙江美术家协会常务理事。

夏廉（？—1988），字仲清，崇福人。张俊弟子，工山水，宗四王，尝客南浔庞氏虚斋，临摹古迹，画艺大进，鬻画终老。

吴海山（1909—1997），灵安人，入上海美术专科学校，师从郑岳、黄宾虹、张善孖、张大千、丰子恺等，习花鸟、老虎、山水，兼攻篆刻。

张舜（1923—2000），字象耕，以字行，高桥镇人，鲍月景入室弟子。工笔仕女深得鲍师真传，有《百子图》《吕留良僧装像》等。

此外还有丰一吟、计建清、王惠玲、吉琳、朱小龙、朱荣耀、朱家华、毕宏伟、孙正馨、李荣华、李昭明、吴宁、吴宏、吴珊、吴蓬、吴大红、吴孝三、吴香洲、李泳章、沈运阎、沈伯鸿、沈雪明、沈锦心、张坤炎、陆坤鑫、周明华、周晓云、胡少青、袁谷人、徐畅、徐循、徐芒耀、徐向东、徐昌酩、徐洁人、徐德森、高逸仙、唐培仁、曹文驰、盛羽、盛欣夫、戴卫中，等等。

七、美术著述

吴徵《吴待秋山水集》《吴待秋花卉集》《吴待秋画集》《吴待秋画册》。

钱君匋《钱君匋书画集》《钱君匋书籍装帧艺术选》。

徐昌酩《徐昌酩水墨画选》《徐昌酩动物画集》《徐昌酩漫画集》《徐昌酩装饰画集》。

吴玫木《中国画技法概论》，著，朝花出版社，1985 年。《山水画传统技法解析》，合著，江苏美术出版社，1984 年。

徐德森《怎样画鱼鹰》，著，上海书画出版社，1989 年。

徐昌酩《徐昌酩漫画选》，编选，上海翻译出版公司，1991 年；《五颜六色·徐昌酩画坛述事》，编著，文汇出版社，2003 年。

吴蓬《鸡唱盛年》，浙江美术学院出版社，1993 年;《砚田耕耘录》，河北教育出版社，2000 年;《兰竹石初步》，广西师范大学出版社，2002 年;《花鸟初步》，广西师范大学出版社，2002 年;《人物初步》，广西师范大学出版社，2002 年;《芥子园画谱·吴蓬本》，广西师范大学出版社，2002 年;《画菊技法》，北京美术摄影出版社，2002 年;《画兰技法》，北京美术摄影出版社，2003 年;《吴蓬画南浔》，古吴轩出版社，2003 年;《嘉兴名迹》，上海人民美术出版社，2004 年;《三十六观自在菩萨》，人文艺术出版社，2005 年;《梅兰竹菊松技法赏析》，上海书店出版社，2006 年;《吴蓬画集》，人民美术出版社，2007 年;《长江三峡长卷》，中国典藏杂志社，2007 年;《嘉兴→湖州→北京（吴蓬）》，人文艺术出版社，2007 年;《甲骨文书法》，上海文艺出版社，2008 年;《白雪斋竹谱、兰谱、菊谱、石谱》，荣宝斋出版社，2010 年;《江南农耕文化系列长卷》，中国书画出版社，2010 年;《百里柳江图长卷》，中国书画出版社，2010 年;《写意画审美·五行品味图鉴》，广西师范大学出版社，2011 年;《东方审美词汇集萃》，上海文艺出版社，2011 年;《笔墨图说》，荣宝斋出版社，2011 年;《乐亭胜概图长卷》，人文艺术出版社，2011 年;《速写艺术》，广西师范大学出版社，2012 年;《颐和园长卷》，广西师范大学出版社，2012 年;《迁安风光长卷》，线装书局，2012 年;《蓬岚阁画谱》，广西师范大学出版社，2012 年;《山水花鸟点睛》，广西师范大学出版社，2013 年;《古陶文书法》，西泠印社出版社，2013 年;《江南农耕风情长卷》，上海文艺出版社，2013 年;《蓬岚阁水墨山水》，荣宝斋出版社，2014 年;《蓬岚阁水墨雏鸡》，荣宝斋出版社，2014 年;《书法甲骨文》，人民美术出版社，2014 年;《吴蓬临六朝碑文》，人民美术出版社，2014 年;《桐乡名迹》，线装书局，2014 年;《嘉院大观》，线装书局，2014 年。

朱荣耀《朱荣耀水墨世界》，绘，辽宁美术出版社，1997 年;《朱荣耀画集》，绘，上海书画出版社，2003 年。

吴孝三《吴孝三儿童漫画选》，编著，陕西人民美术出版社，1998 年。

岳石尘《岳石尘书画集》，上海人民美术出版社，2003 年;《岳石尘画花鸟技法》，绘，北京美术摄影出版社，2004 年。

计建清《计建清山水》，绘，中国国际美术出版社，2003 年。

吴香洲《吴香洲国画作品集》，绘，中国画报出版社，2006 年。

毕宏伟《毕宏伟花鸟画集》，绘，华夏文艺出版社，2008 年。

盛欣夫《万里水乡·乌镇·中国当代书画家盛欣夫水墨写生集》，绘，西泠印社，2000 年。

范方明《桐乡馆藏水陆道场画集》，主编，西泠印社出版社，2010 年;《桐乡文脉》，主编，浙江人民美术出版社，2012 年。

范汉光《卓鹤君写松作品集》，执行主编，天津人民美术出版社，2014 年。

高逸仙《高逸仙甲午画集》，上海书店出版社，2014年。

八、漫　画

桐乡与中国漫画有着极深的渊源，在中国漫画史上有着辉煌的篇章。沈泊尘是中国漫画的开山鼻祖，曾任上海《民权报》编辑，首创《上海泼克》，"泼克"一词系英语，意即"诙谐"，故又名《泊尘滑稽画报》，为中国第一家漫画刊物。曾作《红楼梦图》《新新百美图》，颇具社会影响。虽英年早逝，然创作漫画在千幅以上，在《申报》《民权报》《时事新报》等上海新闻报上发表，被称为"五四时期最具代表性、影响最大的漫画家"。丰子恺是中国漫画大师，画风受陈师曾及日本漫画家竹久梦二影响甚深，1922年开始以毛笔作漫画，1925年，文学研究会机关刊物《文学周报》上辟"子恺漫画"专栏，是为中国"漫画"之名的开端。年底，结集出版《子恺漫画》，成为中国最早的漫画专集。丰子恺漫画笔法简洁，表情生动，寓意深刻，发人深省，开一代画风。早期作品以"古诗新画"为主，后多以暴露旧中国黑暗、丑恶的社会现实为主，有"儿童相"、"民间相"、"都市相"、"战时相"等题材。丰子恺一生著作等身，历年不同版本之著译多达180余种，部分著作被译成外文，在国外发行。

解放初期，美术爱好者创作了不少宣传漫画，以配合党和政府的中心工作，如抗美援朝、土地改革、三反五反等运动。"文革"中，漫画也作为宣传工具，充斥于各种宣传资料甚至墙头。

2001年10月，桐乡市被文化部授予"中国民间艺术（漫画）之乡"，漫画文化迅速兴起。

2002年12月，市漫画协会成立，桐乡漫画创作进入了一个新阶段。此后，建立漫画创作园地，创建漫画学校，漫画创作队伍不断壮大，创作数量不断提高。

2003年3月，桐乡首次与中国美协漫画艺术委员会举办中国漫画大赛，并从此冠名为"子恺杯"，这是新世纪中国漫画第一次大赛，从全国400多件应征作品中精选出181件，著名漫画家华君武、方成、丁聪等参加展览；5月，漫画协会举办"桐乡市漫画提名展"，展出陆松鑫、吴孝三、张坤炎、朱荣耀、黄国良创作的漫画60余幅；6月，举办"我爱家园"漫画大展，展出漫画86幅，印发《大展作品选》；11月9日，由省漫画家协会、市文体局和市文联主办的"缘缘杯"浙江省漫画大展在市图书馆举行；11月10日，著名漫画家缪印堂在丰子恺漫画学校作讲座；12月15日，著名漫画家雷瑞之来桐乡作漫画讲座。

2004年6月，举办"河坊人家·缘缘杯"桐乡市第二届中小学生漫画比赛；7月15—20日，"子恺杯"2004年中国漫画大展在北京中国美术馆举行，朱荣耀的《古镇换新颜》获优秀奖，张坤炎的《童心未泯》入选；8月，丰子恺漫画艺术展在台湾云林县举办，丰一吟、叶瑜荪、陈建明、褚万根、朱荣耀等前往进行文化交流活动；11月，"何韦、雷瑞之水墨漫画展"在君匋艺术院举办。

2005年1月22—24日，组织举办"凤凰新城·漫画进百家"大型赠送活动，现场作画赠群众；3月，漫画协会组织部分会员去雁荡山采风；4月，举办"江浙漫画精品联展"；5月，举办"锦都名苑·缘缘杯"全市第三届中小学漫画大赛；8月，由漫画协会策划，盛欣夫撰文、李昭明绘画的《漫画游乌镇》出版；9月，由省科协、省美协、省漫协举办的浙江省科普漫画展在桐乡展出；10月22日，出席"2005嘉兴国际漫画节"的中国美协副主席尼玛泽仁和漫画家毕克官、李滨声等桐乡参观；10月6日，举办"桐乡房产杯·少儿漫画"现场赛。

2006年2月，漫画协会创办《漫画创作与辅导》，作为《缘缘漫画》的附刊；4月，组织部分会员去江苏溧阳天目湖采风；5月，举办"电信宽带·缘缘杯"第四届全市中小学漫画大赛；7月1日，"知荣辱、树新风"全市中小学漫画现场赛在丰子恺漫画学校举行；7月14—25日，"子恺杯"2006年漫画大展在北京美术馆举办。

2008年5月，举办"五丰·我家新农村·缘缘杯"第六届中小学漫画大赛；6月，漫画协会会员的17幅作品入展"嘉兴市环境保护漫画大赛"；8月，会员吴浩然编撰的《缘缘丛书》《丰子恺书法字典》《丰子恺杨柳画谱》《丰子恺书衣掠影》《缘缘人生——丰子恺画传》由齐鲁书社出版；10月，举办首届水墨漫画展，举办中小学漫画教学成果展；11月，"子恺杯"2008年中国漫画大展在桐乡举行。

2009年5月，"文豪故里·绍兴桐乡漫画联展"分别在绍兴、桐乡举办，举办"人口与计生·缘缘杯"第七届全市中小学漫画大赛；12月，举办全市第二届水墨漫画展。

2010年5月，举办"子恺杯"第八届中国漫画大展、"乌镇旅游杯"浙江省职工漫画展。

2011年，举办"名人世界"——朱自尊、蒋文兵肖像漫画巡回展、"建设美好家园·缘缘杯"全市第九届中小学生漫画大赛、石门湾"蚕文化"科普漫画展。

2012年8月，举办"子恺杯"第九届中国漫画大展、王成喜水墨漫画展、丁聪漫画展。

2013年5月，举办"卖花人去路还香"——丰子恺漫画真品展、第三届中国·桐乡廉政漫画大赛、浙江省首届职工文化艺术节漫画大赛、"梦想高桥·缘缘杯"桐乡市第十一届中小学生漫画大赛。

2014年，举办"讽刺与幽默"——浙江省漫画作品展，"惟妙惟肖"——落子漫像写生展，全国水墨漫画名家邀请展，"子恺杯"第十届中国漫画大展，湖北安陆、河北邱县、浙江桐乡三地漫画作品联展，蒋文兵水墨肖像展，于保勋漫画作品展，常铁钧水墨漫画展。

九、竹刻等工艺美术

桐乡竹刻艺术历史悠久，入艺林志最早的竹刻艺人是沈振名，字藕船，号御儿乡农，清嘉庆、道光间人，曾为李遇孙摹朱彝尊《烟雨归耕图》于竹秘阁，篆刻精妙，款题："道光戊子四月"。此后的胡菊邻则是浙派文人竹刻的代表人物之一，晚年寓居嘉兴，竹刻开一时风气，其子胡小菊也善竹刻。清末吴宝骥善刻扇骨，名入《竹人续录》。民国时，崇德有张学，桐乡有高鉴青、朱历生等均有竹刻、扇骨作品留于世。1949年后，李蓉汀、强道等仍坚持业余竹刻，竹刻技艺未致中断。1973年后，钟山隐、叶瑜荪继承浙派文人竹刻传统，使桐乡竹刻艺术发扬光大。钟山隐擅长浅刻与留青，自1977年起，经荣宝斋介绍和展出，颇受国内书画收藏家赏识，作品远销日本等国，被荣宝斋誉为"竹刻名艺人"，1989年，其留青浮雕《山顶妙香图》入选中华文化丛书《中国绝技》大型画册。叶瑜荪擅长阴刻与留青，作品曾得陈从周、郑逸梅赞赏，1983年，作品流传至美国、日本、德国、新加坡及港台地区，海内外报刊曾作专题介绍。此外，尚有王其伟、秋明玉、陈建新、蒋勤、蒋承昌、蒋培华、于雄略、宋广西、顾君、沈晓红、徐云奇、陈雅琴等人。

桐乡民间工艺美术品种繁多，除竹刻外，还有紫砂壶制作、剔墨纱灯制作、蓝印花布、挂毯、贝雕画、扎染等等。明代，长兴人沈子澈流寓桐乡乌镇，擅长制作瓷器文具，与宜兴时大彬齐名，他于崇祯十五年（1642）制作的葵花棱壶，古雅浑朴，现藏美国弗利尔艺术馆。清代中后期，濮院剔墨纱灯工艺闻名遐迩。道光间，德清新市人沈宋（字则庵）流寓濮院，能于纱上用灯草灰作剔墨之画，以纱绷灯，点燃火光，则纱影无质，而花鸟浮动如生，堪称绝技。1987年，剔墨纱灯曾参加浙江省工艺美术品展览。清末、民国时期，民间蓝印花布印染工艺相当出色。解放后，桐乡工艺印染厂生产的蓝印花布因色调清新明快、图案淳朴典雅，远销日本、美国、法国等十多个国家。鲍月景创作的《百子图》《大观园》《白蛇传》等三十余种图稿，曾由杭州都锦生丝织厂制成织锦，流传四十余国，享誉海内外。1986年，张象耕作图的蓝印花布《百子图》《百寿图》在日本东京印在明信片上。桐乡丝织地毯厂生产的艺术挂毯，工艺精美，富有民族特色，《清明上河图》《自由女神》《万里长城》等5幅艺术挂毯，作为浙江省丝毯代表作品选送美国，参加洛杉矶国际博览会。1989年7月，桐乡艺术挂毯参加在德国法兰克福举办的"1989中国周"商品展览会。桐乡利民工艺厂生产的贝雕画曾参加全国出口商品展，销往日本及港澳地区。1989年，朱辛伟创作的美术扎染《精卫填海》《关山月》《众玄之门》等分别被中国美术馆、北京国际艺苑美术基金会收藏；《盘古开天》入选全国首届民间工艺美术佳品及名艺人作品展，并获"创新奖"。

十、摄影创作

民国十二年（1923）春，杭州人王文坤来崇福镇开设"老宝记"照相馆，摄影业开始传入崇德，初以摄像为主，后渐有风景照等。民国二十三年（1934），石门镇张星逸曾摄有是年大旱影像数帧，弥足珍贵。桐乡籍著名摄影家徐肖冰早年奔赴延安，参加革命，先后拍摄了《彭德怀副总司令指挥百团大战》《毛主席和朱总司令在党的"七大"上》《毛主席赴重庆谈判》《毛主席看到南京解放的消息》等重大题材的照片。上世纪五六十年代，梧桐镇曹高一摄有梧桐、乌镇等地的风景照，如古梧桐树、软桥、凤鸣寺、运河双桥、分水墩等，吴蓬摄有石门镇、古运河照片多帧。70年代，徐家华、李渭钫、汤闻飞等摄有许多工农业生产的照片，甚为珍贵。80年代，摄影器材开始普及，摄影艺术兴起，桐乡出现了一批摄影艺术作者，作品频频参加国内外摄影展览并获奖。沈钰浩的《夜大准时开课》《小巷》先后在全国展览和大展中获奖。严新荣的《嫁妆》《明天更灿烂》在全国大赛中获奖。苏惠民的《瞧新娘》《喜悦》在全国影展中获奖。1986—1990年，沈钰浩、严新荣、苏惠民、李渭钫、徐建荣等的摄影作品参加各种省级影展并获奖；徐家华、李渭钫、史庭钊等人的作品先后为省级、全国性报刊采用。

1990年后，摄影艺术活动经常开展，摄影作者队伍进一步扩大，大量作品在市内外展出、获奖，摄影作品集也陆续出版。

1991年4月3—5日，县文化馆、县影协在河山乡举办摄影培训班，30余人参加；4月28日—5月8日，县影协与平湖县影协在桐乡举办摄影展；11月26日，"花神杯"梧丝一日彩色摄影创作比赛获奖作品在文化馆展出。

1992年2月，沈永初"云南掠影"摄影作品在文化馆展览；4月2—7日，"茅盾故乡——桐乡书画摄影展"在北京中国革命博物馆展出，有摄影作品80幅；5月，哀小亮《丝之卫士》、陆剑峰《春雨催人》获省"大地·主人"摄影作品展铜奖；6月，摄影协会组织会员和摄影爱好者去余杭蒋村拍摄水上龙舟竞渡；7月，苏惠民的《党给了我第二次生命》获《浙江日报》"奇观杯"摄影比赛一等奖；10月，摄影协会举办凤鸣金秋艺术节"江南杯"彩色摄影比赛，评出获奖作品46幅；李渭钫的《东方姑娘》获"福达杯"中国摄影函授学院摄影大赛三等奖；11月7日，摄影协会组织会员和摄影爱好者去石门镇颜井桥村进行菊乡风情采风活动；潘伯才的《龙舞》获《中国共青团》杂志月赛一等奖；徐建荣的《七月三十地藏香》获浙江省"江南民俗风情"摄影赛二等奖；沈永初举办"西双版纳风情"摄影作品展。

1993年5月，市文联、市文化局、市城建局举办"城建杯"桐乡新建筑摄影作品展览；12月，省委宣传部、市委、市政府主办"纪念毛泽东诞辰100周年大型摄影展览"，展出徐肖冰、侯波拍摄的100幅反映毛泽东及其战友工作、生活的珍贵照片。

1994年3月，举办"庆三八"航行杯摄影展；8月，"同城看世界——异国风情摄影展"在君匋艺术院展出，展出摄自德国、荷兰、比利时、中东、泰国等地风光、风情的作品近百幅；9月，"企业风采"大型摄影图片展、"国庆颂"摄影展在市博物馆展出。

1995年5月，鲍复兴、满治理、徐建荣、苏惠民举办"异地风情、风光摄影作品展览"，展出摄自海南、皖南、黄山、浙西等地的民俗风情、风光作品50幅；10月，省对外友好协会、市文联主办"中根章夫妇、徐肖冰夫妇摄影作品联展"，展出作品120幅；7月，苏惠民的《早春二月》入选中国摄影家协会、《中国摄影报》主办的"中国春"摄影艺术大奖赛，徐建荣的《巧媳妇》入选中日友好第十三届摄影作品大赛，唐建春的《家有喜事》获"走向世界的浙江"大赛铜牌奖；8月，钟建华的《龙的传人》在《大众摄影》杂志举办的第九期"体育世界"专题黑白月赛中获三等奖，满治理的《练》获优秀奖，苏惠民的《成功的代价》在省摄影家协会、省公安厅举办的"卫士之光"摄影赛中获三等奖，另有 6 幅作品入选，苏惠民的《夕阳红》在全国"乐凯杯"美好生活摄影作品大赛中获优秀奖。

1996 年 5 月，举办乌镇风情摄影作品比赛，47 幅作品入选，7 幅获奖；7 月 1—9 日，嘉兴市举办南湖艺术节暨庆祝建党 75 周年书画摄影展，桐乡有 8 人 11 件摄影作品入选；8 月，市摄影家协会与平湖市、南湖区摄影家协会在平湖市乍浦镇举办"乍浦一日"摄影比赛。徐建荣、满治理、唐建春的摄影作品在浙江省第八届黑白摄影艺术展览中展出。

1997 年 1 月，市文联、市文化馆举办"东兴商厦一日"彩色摄影作品比赛，201 幅作品参赛；4 月，谭建丞生平剪影——楼吾荣摄影作品展在侯波徐肖冰摄影艺术馆展出；是年，李渭钫的《留良现代化农业示范区》获省摄影家协会举办的摄影作品大赛优胜奖，《市长与摄影家》获华东地区"大红鹰杯"摄影作品大赛佳作奖，《水乡情深》入选省摄影家协会"鸥税杯"摄影作品展，唐建春的《晨练》入选《中国摄影家全集》。

1998 年 2 月，《永远的周恩来》40 幅摄影作品在侯波徐肖冰摄影艺术馆展出；3 月，在首届"理光杯——我是小记者"摄影大赛上，侯波徐肖冰摄影艺术馆"红领巾摄影班"学员 19 幅作品入选，其中 2 幅获优秀奖；4 月 28 日，市摄影家协会组织 30 余名会员去嘉善参加"嘉善艺术节——古镇西塘摄影比赛"，共有 11 幅作品获奖，10 幅作品入选；8 月 8—15 日，侯波徐肖冰摄影艺术馆"红领巾小记者"一行 5 人去北京采风，拍摄 2000 余幅作品。是年，唐建春的《展示》获中国第七届"乐凯杯"摄影赛二等奖，《人像》入选《人像摄影》；沈永林的《独领风骚》《追求》获《人民摄影报》优秀奖和鼓励奖，《切割》获《中国电力报》抓拍赛二等奖，《用电小康村建设》获《中国电力报》三等奖，《波光行》获莫干山国际登山节优秀奖，《过节》《太阳雨》获《香港摄影画报》最佳生活奖；李渭钫的《归途》入选省文化厅、省群艺馆举办的摄影作品展，《邮迷》获莫干山国际登山节三等奖；李群力的《云开雾散》获莫干山国际登山节金奖，《喜庆之夜》入选省文化厅、省群艺馆举办的摄影作品展；张新根的《欢庆之夜》获莫干山国际登山节银奖；苏惠民的《驶向新生活》入选"蓝亿健"杯摄影作品大赛，《给违章婚车挪个窝》入选"金松杯"彩色摄影作品大赛，《挂照相机的孩子们》入选《中国摄影报》；满治理的《节日》入选尼康"人与社会"摄影展，《江南风筝王与香港风筝王》获"欧诗漫"杯摄影作品大赛铜奖，《盛会》获优秀奖；沈金兴的《金色年华》《停电后》入选福建《海峡摄影报》季赛，《哥俩好》入选第十二届富士胶卷杯摄影作品大赛，《古宅童趣》入选全国摄影十杰年度大赛；徐建荣的《茶馆》入选《香港摄影画报》英雄榜，《企业家》在《人民日报》头版刊登，《茶馆早市》获第四届亚洲华人影赛四等奖，《毛主席万岁》获第十一届尼康影赛优秀奖，《茶馆早市》获第八届中国国际影展铜牌奖，《乌镇茶馆》获首届中国国际民俗影展提名奖，《雄风》入选全国摄影十杰年度大赛，《水乡新市》获莫干山国际登山节铜牌奖，《难忘时刻》入选香港回归摄影作品大赛。

1999 年 2 月 28 日—3 月 3 日，市摄影家协会组织 12 名会员参加浦江元宵节摄影抓拍比赛，李荣华的《千钧一发》获优秀奖；4月9日—5月23日，侯波、徐肖冰摄影回顾展《从延安到中南海》在北京、南京展出；7月30日，"99桐乡抗洪救灾纪实——人民利益高于一切"大型摄影图片展在全市抗洪救灾表彰大会上展出，由摄影家协会组织10多名创作骨干拍摄的200幅照片，以感人的场面歌颂了在抗洪抢险斗争中涌现出来的英雄人物和模范事迹。是年，苏惠民的《家乡美景摄不尽》获第三届"我爱我家"全国摄影竞赛优秀奖，《水乡暮景》入选《浙江省50周年优秀摄影作品集》，李荣华的《抗洪》入选《浙江画报》，李渭钫的《农家乐》获省计划生育摄影作品展览三等奖，《顶风冒雪战水利》入选《浙江省50周年优秀摄影作品集》，《蚕忙五月》获省"翻天覆地50年"晋京展二等奖，沈永林的《消防检查》《农户用上电费卡》《安装变压器》《参观网改村》在《浙江日报》上刊登，《粒粒皆辛苦》《渔家女》在《香港摄影画报》上刊登，徐建荣的《茶馆早市》入选南斯拉夫国际影展，《茶馆老板》获全国尼康摄影大赛铜牌奖，《春蚕》获《今日浙江》摄影大赛铜牌奖，《茶老板》获《大众摄影》月赛优秀奖，另有35幅摄影作品参加第四届中国摄影艺术节，沈治国的《课后》获"我是中国小记者"摄影大赛优秀奖，《搏》获浙江省龙舟摄影大赛二等奖，《春韵》获天津"金像奖"大赛三等奖，《蛟龙出水》入选广西"祖国颂"摄影赛三等奖，《捕捉》《力的凝集》获浙江省大学生艺术节摄影比赛铜奖，《雨色》《岁月》获全国高校摄影大赛优秀奖。

2000年10月，市摄影家协会组织会员拍摄交警生活，以参加嘉兴市"创文明行业，当人民满意交警"摄影大赛，市摄影家协会编辑出版《桐乡市艺术摄影作品选》；11月8—12日，市政府与省摄影家协会举办第二届菊花节全国摄影大赛，全国各地128名摄影爱好者参赛，桐乡摄影家李渭钫、苏惠民、李荣华、陈庆玮、崔中华、沈永初、寿平、邱荣奎、钟建华、柏春、程培坚等获奖。是年，李渭钫的《菊景甲天下》获"茅盾杯"全国摄影大赛银奖，苏惠民的《共同的心愿》获省"建设杯"核电摄影大赛三等奖，《后继有人》获"茅盾杯"全国摄影大赛优秀奖，《营救被洪水围困的孩子》获《大众摄影》月赛优秀奖，《爱发传递》获省"沟通从心开始"摄影大赛优秀奖；徐建荣的《画师》获第六届"可爱中华"全国黑白艺术摄影大赛三等奖，《民间纺织》获美国大众摄影第六届国际摄影大赛三等奖，《茶馆老板》入选美国世界摄影家协会第一届国际摄影沙龙，同时获第十二届金尼康摄影赛铜牌奖，《茶馆早市》参加中国摄影家协会赴加拿大影展，《乌镇茶馆》《茶客匆匆》入选上海第五届国际影展，《古镇茶馆》《茶馆胖大嫂》获"中华茶韵"全国摄影赛佳作奖，《1999年12月20日零时》入选澳门回归全国摄影大赛，《茅盾故居》《中国第一长发女》入选"茅盾杯"全国摄影大赛。

2001年3月，为布置桐乡"九五"成就展览，市摄影家协会收集作品150余幅；7月，嘉兴举办"南湖之光"全国摄影大赛，市摄影家协会组织会员参赛，苏惠民的《祖国万岁》获二等奖，李群力的《雨中圣地》获三等奖，李渭钫等10名会员作品获优秀奖；10月，为配合第三届菊花节，市摄影家协会编辑出版摄影集《江南秋梦——桐乡花语》，11月，又出版摄影集《霓裳物语》。是年，苏惠民的《喜看浦东新面貌》获全国第二届网络摄影大赛优秀奖，《赤子之心》《聚集》获全省摄影邀请赛优秀奖；李力群的《布艺》获省"长城建设杯"摄影大赛优秀奖；汤闻飞的《芭蕾舞》获《摄影与摄像》花卉摄影比赛铜奖；寿平的《我的父母》获省妇联举办的摄影大赛三等奖；史庭钊的《寻找保障》《取经》入选省新农村全省摄影大展；徐建荣的《顽猴戏新娘》入选中国第九届国际摄影展，《乌镇地藏香》获香港三十四届国际影展优秀奖，《古镇茶韵》获《中国人》华人风采影赛优秀奖，《春天的路》获省农村摄影大奖赛优秀奖；沈建伟的《乌镇夜色》获《摄影之友》月赛鼓励奖；陆红亚的《匆匆》获"中国移动通信杯"摄影优秀奖。

2002年6月，徐建荣的《茶馆》获上海第六届国际摄影艺术赛金牌奖，苏惠民的《乐在其中》《正义》入选影赛交流展出；7月，"庆丰房产杯"摄影大赛在侯波徐肖冰摄影艺术馆举行；8月，柏春的《人体》等6幅作品入编《中国人体摄影年鉴》；9月，李群力的《晨曦船影》被天马图书有限公司采用，作为明信片发行，汤闻飞的69幅作品作为《缘缘堂随笔》插图，由浙江人民出版社出版；10月，李渭钫摄影、钟桂松撰文的《乌镇》由浙江摄影出版社出版，《古镇赛舟》获省体育摄影大赛铜牌奖，徐建荣的《南栅茶馆》获全国十三届尼康奖，沈治国的《圆梦》入选第十二届全国摄影展；11月，举办"梧桐房产杯"桐乡市城市建设摄影展，展出50余幅；苏惠民的《咱我过节去》获第四届"咱们中国人"全国摄影大赛优秀奖，苏惠民的《乌镇双桥》《桐乡新地里》、徐建荣的《茶馆早市》《巧媳妇》、李渭钫的《菊景甲天下》《春作》、张新根的《运河晚歌》《高杆绝技》、戴建一的《采茧忙》《撒网》、李群力的《雨中行》《春之恋》、程倍铿的《水乡春梦》、沈永初的《春来外婆桥》、邱荣奎的《育珠》、寿平的《运河卫士》、陈庆玮的《双龙吐珠》、汤闻飞的《运河之晨》获中国京杭大运河摄影作品展优秀奖。苏惠民、沈加强的摄影集《乌镇依旧》由江苏美术出版社出版。

2003年，沈永林摄影作品集《走进尼泊尔》由中国摄影出版社出版；张新根的《红灯高挂》入选中国第十届国际摄影艺术展，《红鞋子》《友谊之花》获中国江南风情摄影大赛优秀奖；苏惠民的《南国夕阳》获《照相机》杂志月赛三等奖，《乐在其中》《晨练》获全国"蓝天杯"摄影大奖赛佳作奖，《塔影》《晨恋》获全国首届生态摄影大奖赛四等奖，《乌镇姑娘》获全国第四届网络摄影大赛优秀奖，《江南人》获浙江摄影家走进运河摄影大赛三等奖，《警民鱼水情》《护花使者》获省第三届"东海卫士"摄影大赛三等奖，《山村婚礼》组照获中国·长兴摄影大奖赛优秀奖，《江南之音》获中国江南风情摄影大赛优秀奖；徐建荣的《乌镇七月三十地藏香》获亚洲地区华人摄影大奖赛三等奖，《纺织》入选奥地利第十二届国际影展，《高山流水》入选奥地利第二届中国专题影展，《乌镇的早晨》获全国"蓝天杯"摄影大赛三等奖，《古董与人体》获"咱们中国人"第五届全国摄影大奖赛优秀奖，《毛主席万岁》获"新中国从这里走来"全国摄影大奖赛优秀奖，《早茶》获"华视杯"全国摄影大赛三等奖；李渭钫的《水乡景》获中国江南风情摄影大赛优秀奖,《乌镇》画册获浙江省优秀外宣画册二等奖；李群力的《晨曦船影》获中国江南风情摄影大赛优秀奖;岳荣奎的《云南风情》组照获省首届科普节数字浙江网络摄影赛三等奖;沈建伟的《水乡之晨》获《摄影之友》摄影大赛优秀奖,《小巷之晨》获《照相机》杂志月赛优秀奖,《江南水乡——乌镇》入选全国"蓝天杯"摄影大奖赛,《古镇晨曲》《江南老宅门》获中国江南风情摄影赛三等奖、优秀奖,汤闻飞的《打年糕》、沈金兴的《小镇画师》、崔安华的《巧媳妇》获中国江南风情摄影大赛优秀奖。

2004 年 3 月,李群力的影册《乌镇地图》由天马图书有限公司出版;8 月,李渭钫、李群力、汤闻飞、汤晓的摄影图片《与丰子恺侃缘缘堂》《与茅盾养春蚕》由浙江文艺出版社出版,苏惠民的影册《叙说乌镇》由中国文艺出版社出版。苏惠民的《票友》获《照相机》月赛优秀奖,《礼仪小兵》获《DD 摄影》月赛一等奖,李渭钫的《春蚕》获省文化厅群星奖金奖,《近水楼台》等 6 幅作品作为浙江江南风情照赴法国展出,徐建荣的《乌镇日出》获第十一届"亚洲风采"华人摄影比赛三等奖,《乌镇的早晨》获第十四届全国尼康奖,《乌镇羊肉面》入选上海第七届国际影展,《中国姑娘》入选中国女性 15 年全国摄影大赛,李群力的《晨曦船影》获全国第十三届群星奖浙江推荐作品展银奖,沈永林的《灿烂》《暮归》获《中国摄影报》第六届佳能月赛优秀奖。

2005 年 6 月,市文化馆、金仲华故居举办胡烨、杜镜宣、李渭钫摄影作品联展。是年,苏惠民的《晨练》获浙江省体育摄影大赛优秀奖,徐建荣的《古镇晨韵》获第十二届亚洲地区华人摄影赛二等奖,《京杭大运河》获中国新闻社摄影赛优秀奖,《和谐》获《新之航》全国摄影赛优秀奖,沈建伟的《那个年代》获索尼数码摄影大赛优秀奖,《无题》获中国摄影家协会月赛优秀奖,《小镇之家》获《新之航》全国摄影赛二等奖,《古镇晨韵》获"经典摄影"首届艺术摄影赛二等奖, 张天明的《时代人居》《奥运万岁》入选《建设风采》摄影大赛。

2006 年 2 月,徐建荣的《乌镇茶馆》获嘉兴市文学艺术成果奖;10 月,市美术家协会举办"今日新农村"美术作品展。是年,苏惠民的《晨恋》入选西班牙、德国国际影展, 徐建荣的《纺纱织布》获中国摄影家协会"中华衣锦"全国摄影大赛专业组收藏大奖,《茶馆依旧》获中海第八届国际摄影展金奖,《岁月如歌》获第十三届亚洲地区华人摄影大赛优秀奖,《乡村茶馆》获美国国家地理全球摄影大赛中国赛区银奖,《不好意思》《挠痒》获省农村摄影大赛优秀奖,《中国龙》《中国皮影戏》《跳水冠军从这里开始》入选卡塔尔"阿尔塔尼"国际影展。

2007 年,沈金兴的《沸腾的水利工地》获中共中央宣传部、中国摄影家协会举办的"建设社会主义新农村"影展优秀奖,《老哥俩》入选上海第八届国际影展;李群力的《传统印染》获浙江省民俗风情摄影大赛三等奖;李渭钫的《田园秀色》入选浙江省摄影作品展;沈建伟的《瑞丽江南》获中国数码摄影大赛优秀奖,《无题》《古镇晨典》获《FOTO》专业摄影杂志一等奖、优秀奖。

2008年,张新根的《中国西部》《丰收季节》获卡塔尔国际摄影艺术展,苏惠民的《千年古镇》四幅作品作为"浙江印象"赴英、德、俄展出,徐建荣的《浙江桐乡,跳水》《浙江浦江,乡村乒乓球》获"中国民间体育"摄影大赛收藏奖,《茶馆与面店》《两小无猜》入选上海第九届国际影展,《竹匠师傅》等3幅作品入选奥地利第十七届国际影展,《艰难的历程》获第十五届亚洲风采摄影大赛四等奖,《茶客》等2幅作品入选西班牙国际影展;李群力《乌镇香市——踏白船》《竹刻大师——钟山隐》获省文化厅"根之韵"全国非物质文化遗产传承风采赛优秀奖,崔安华的《水乡阁楼》《枕水人家》入选"人类的记忆"民俗摄影画册。

2009年,市摄影家协会在乌镇华庄举办捕鱼节摄影大赛,3月,组织部分会员去王江泾镇莲泗荡进行网船会摄影采风活动。是年,吴炳泉的《山村早晨》获第二届"相约磐安山水"风情风光摄影大赛优秀奖,《春满山城》获四川旅游摄影网络评选摄影大赛三等奖,《纳鞋底》《童年》入选卡塔尔阿尔塔尼国际摄影大赛,张新根的《丰收的田野》入选江浙沪摄影作品展,徐建荣的《喝早茶》获《摄影世界》季赛大奖,李群力的《牧耕图》入选畲族风情第二届全国摄影大赛,苏惠民的《早春二月》获"中华家家乐——我们的节日"摄影大赛优秀奖,《飞雪迎春到》《蚕花节上》获运河百镇民俗风情摄影大赛佳作奖,《山村晨曦》入围美国国家地理全球摄影大赛中国赛区,崔安华的《冠军从这里起步》获《中国摄影》全国摄影大赛一等奖。

2012年,举办"在路上"——第二届徐肖冰杯全国摄影大展、"古运河最后的魅力古镇——崇福"摄影大赛、"魅力运河湾——石门"摄影大赛、"中行杯"第二届桐乡市外商投资企业摄影比赛、"回眸二十年"——桐乡经济开发区发展历程摄影比赛。

2013年,举办第三届徐肖冰杯全国摄影大展、"美丽桐乡"摄影大赛、"中辉杯"两新组织青春光影摄影大赛、"盛开太平洋"主题摄影大赛、"走过二十年"桐乡市撤县设市二十周年摄影作品展。

至2014年,桐乡有中国摄影家协会会员18名,分别为李渭钫、张新根、苏惠民、徐建荣、沈永林、沈建伟、史庭钊、唐建春、吴炳泉、袁建明、周荣奎、程俊伟、姚毅军、杨惠良、李力群、王建平、吴利民、沈剑峰。

第五节　戏剧　曲艺

一、戏剧概况

戏剧,是以语言、动作、舞蹈、音乐、木偶等形式达到叙事目的舞台表演艺术的总称,是由演员扮演角色在舞台上当众表演故事情节的一种综合艺术。早在宋元时期浙江就流传南戏,时称戏文。境内戏剧舞台演出始于清乾隆十四年乌镇修真观戏台建成后。民国时期崇德首建更新戏班,乌镇创办了杨园剧社;同时乌镇又起办了莫家班、朱家班京剧戏班。在濮院建造了翔云观戏台、崇德城隍庙戏台，抗战时期进步学生排演话剧、活报剧。1945崇德首建了民乐舞台；随即乌镇建立了国乐戏院。新中国成立后，戏剧在境内日趋繁荣。1954年10月桐乡县将在本地演出的以嵊县籍演员为基础的月昇越剧团，经过整顿改名为新光越剧团。1955年4月崇德县将来自绍兴的友好越剧团和建于上海的新生越剧团，进行整顿合并为东方红越剧团。其间还先后建立了桐乡县花鼓戏剧团、桐乡县皮影戏剧团，一批文化馆属的民间职业剧团也相继建立。20世纪50年代至80年代中期间，桐乡戏剧在浙北及上海、江苏一带走红，曾有保留剧目20多本。戏剧演出场所相应得到迅速发展，国有剧场、戏院4家；乡镇影剧院26家。80年代末90年代初，戏剧出开始消退，剧团停止排演大戏。后随着文化下乡开展，又创作了一批小戏剧，并获得省级优秀创作、演出奖。从2000年起，每年戏剧下乡、进社区演出近百场。由于中老年群体中喜爱戏剧的人较多，戏谜陈芝仙等人员发起创办了菊韵剧剧社，王今扬等人员发起创办了凤鸣京剧社，业余戏剧活动至今十分活跃。

2013年5月9日，首届乌镇戏剧节在乌镇大剧院开幕，《如梦之梦》《四世同堂》《鲸鱼骨骸内》《空中花园谋杀案》《最后的遗嘱》《铁轨之舞》等戏轮番上演。"古镇嘉年华"单元有来自五大洲120组艺术表演团体献演。2014年10月30日，第二届乌镇戏剧节开幕式在乌镇拉开帷幕，英国国家剧院与中国国家话剧院共同奉献的乌镇戏剧节贺礼《战马》首先登场，由中国国家话剧院知名话剧导演田沁鑫导演的乌镇水上实景版《青蛇》，为2014年第二届乌镇戏剧节开幕大戏，期间17台国际知名大戏在乌镇惊艳亮相。2014年5月1日，桐乡市首届戏曲艺术节暨"红五一"购物节在会展中心广场举行，有戏曲节目20个。2014年，浙江省文化厅授予桐乡市"浙江省民间艺术戏剧之乡"称号。

二、剧　种

越剧

越剧发源于绍兴地区嵊县一带，即古越国所在地，故名越剧。它由说唱艺术"落地唱书"发展而成，俗称"的笃班"、"绍兴戏"。清光绪三十二年（1906），嵊县6名艺人首次化妆登台演出。后传入境内，因通俗易懂，曲调优美动听，为大家所喜爱。1954年桐乡有演员45人，主要演员有戚全霞、钱文芳、顾丽红、方爱珍、谢惠芳、王一笑、雷月春、徐芝芳等，上演的主要剧目有《打金枝》《三看御妹》《十一郎》《打銮驾》《血手印》《武则天》等。1955年崇德有演员47人，主要演员有俞芳芳、李月英、张剑芳、新艳秋、戴华萍等，上演的主要剧目有《梁山伯与祝英台》《春香传》《红梅阁》《玉堂春》《秦香莲》《点秋香》《何文秀》等。1958年11月崇德、桐乡两县合并，两越剧团分别更名为桐乡越剧一团和二团。1960年又恢复原名。1966年"文革"开始，砸烂女子越剧，越剧停止演出。1970年1月成立桐乡县文宣队，主要演员来自新光越剧团和东方红越剧团，时有人员

鲍菊芬《李慧娘》剧照

57人，主要演员有鲍菊芬、孙国芬、钱小云、郑梓林、倪松发、高雅英、冯富昌等，新排演了越剧《金沙江畔》《半篮花生》等。1979年3月新建桐乡县越剧团，组织部分老越剧艺人归队，同时招考试录用了10名女青年，充入越剧团的演出阵容，熊红霞、茅威涛、郑丽霞、郝利民一批越剧新秀崭露头角。其时有人员54人，演出主要越剧有《梁山伯与祝英台》《打金枝》《李慧娘》《盘夫》《盘妻》《哑女告状》《红楼梦》《家庭公案》等。越剧团成立当年，正是演员和观众刚从戏剧禁锢中解放出来，演员和观众热情都很高，当年共演出378场，观众达42.2万人次。1980年3月鲍菊芬在上海拜著名越剧表演艺术家金彩凤为师。同年鲍菊芬、陈东琳等在上海光华剧院主演越剧《李慧娘》《卖油郎》，连演一个月，天天客满。1981年鲍菊芬在湖州宁长剧院主演越剧《哑女告状》数场，也天天客满。期间金彩凤专程来现场观，看后十分赞赏，并向媒体公开了与鲍菊芬师徒关系，鲍菊芬逐渐在浙北、上海及江苏地区一带走红。1982年鲍菊芬参加全省专业剧团青年演员调演获二等奖；同年，茅威涛、熊红霞参加省越剧小百花调演分获优秀奖和小百花奖；1984年，熊红霞参加嘉兴市小百花调演获"心灵、唱腔、表演"三等奖；同时有6名青年演员获三等奖；1987年，郝利民在嘉兴市越剧青年演员调演中获一等奖；同时有二名演员获二等奖，4名演员获三等奖。直至1988年底，越剧团时有演出保留剧目：《梁祝》《打金枝》《春草闯堂》《盘夫索夫》《李慧娘》《卖油郎与花魁女》《吕布与貂蝉》《穆桂英责夫》《张羽煮海》《红楼梦》《真假太子》《盘妻索妻》《双金印》《哑女告状》《香壳奇案》《家庭公案》《三指谜》《罗衫血泪》《血溅乌纱》《碧血魂》《凤冠梦》《讨饭国舅》等。1989年后，由于受电视、录像等多媒体的冲击，越剧演出观众率急剧下降，剧团停止排演大戏。20世纪90年代后，开始送戏下乡，连续20年，每年近百场。期间又创作了《桐乡是个好地方》《姐妹观灯》《故乡情》《大师情》《毛估估》《驻村风波》等一批越剧小戏，其中越剧小戏《毛估估》，2010年11月6日参加2010年浙江省"新农村"建设题材小戏会演获表演金奖，创作银奖；越剧小戏《驻村风波》，2012年10月24日参加2012年浙江省新农村建设题材小戏汇演获创作银奖，表演金奖。2012年11月28日桐乡市科技会展中心举办了2012桐乡·越剧文化周，特邀浙江越剧院在桐乡大剧院演出了越剧《碧玉簪》《珍珠塔》《三篙恨》《李三娘》，吸引了4000余名中老年观众观看。由于中老年群体中喜爱越剧的人较多，业余越剧活动十分活跃。1999年7月，陈芝仙等人员发起创办了菊韵剧剧社，至今已排演越剧传统折子戏40多个，大戏1本，演出800多场次，配合宣传下乡演出200多场次。严旻操的越剧清唱、彩唱多次获得浙江省、上海市、江苏省和华东地区大奖。

京剧

京剧，由昆曲、汉剧、弋阳、乱弹等剧种经过五六十年的融汇衍变而成，清光绪年间形成于北京，又称国剧。始入境内演出为清末时期的草台班。民国时期，庙戏台演出频繁。40年代初，由乌镇人发起组建的民间职业剧团莫家班、朱家班，常在杭嘉湖一带演出京剧。

新中国成立后，京剧更受人们喜爱，多数乡镇临时搭台邀请外地京剧团来桐乡演出。桐乡虽无专业京剧团，但"文革"期间八亿人民八本戏的革命样板戏年代，

县文宣队演出京剧《杜鹃山》剧照

全县各生产大队都建立了京剧革命样板戏演出组。1970年9月4日，县文化馆在梧桐镇举办了全县革命样板戏调演，分崇福、梧桐、洲泉、石门、乌镇5个片举行，33个公社、镇参加，112个文宣队，节目236个，演员1172人。桐乡县文宣队也挑选出京剧演员排演了京剧《红灯记》《沙家浜》《龙江颂》《杜鹃山》《铁流战士》《红灯照》等巡回演出多场。桐乡县文宣队时任京剧主要演员有钱小云、郑梓林、孙国芬、倪松发、林可升、高雅英、冯富昌等。由于在中老年群体中喜爱京剧的人较多，从20世纪80年代至今，各类群众文艺综合演出少不了要穿插一二个京剧节目，也涌现了一大批京剧戏迷。其中杨宇明京剧清唱《霸王别姬》1998年获浙江省戏剧调演一等奖，1999年获浙江省京剧票友大赛十大票友奖；杨锦发京剧清唱《追韩信》1999年获浙江省京剧票友大赛铜奖。2000年，王今扬、彭海等发起成立凤鸣京剧社，有社员30人，排演京剧清唱、彩唱节目10多个。时常在市区的4个广场和10多个社区及凤鸣公园集会演出。

花鼓戏

花鼓戏，演技简单，两个演员，一把胡琴，一位鼓板就可以演出了，故又名挑担戏，属地方小戏。因其题材来源于农村生活，剧情简洁明快，曲调活泼流畅，表现的都是通俗易懂的民间故事，又是用当地方言演唱，具有浓郁的地方特色，深受农民喜爱。清末民初境内就有花鼓戏演出。但在清代及民国时期花鼓戏均被禁演，因此花鼓戏艺人只能在穷乡僻壤之村落及荒郊野外深夜演出。新中国成立后，1952年崇德县文化馆帮助流散在民间的花鼓戏艺人共14人，组建了民爱花鼓戏小组。1958年崇德、桐乡两县合并后，花鼓戏艺人口口相传，演出人员又有了新的发展。至1959年，全县花鼓戏从艺演出人员发展到40余人。这一年12月，桐乡县文教局将流散在农村的花鼓戏艺人调至桐乡县城，经过整顿培训，并招收有演唱技艺的新学员，正式组建了桐乡县民爱花鼓戏剧团，时有

民爱花鼓剧团演出入场券

屈娟如花鼓戏剧照

演奏人员30余人。花鼓戏剧团组建后，除了演一些并无剧本的民间故事之外，同时开始排演大型戏，有时还演专场。曾演出的主要剧目有《秋香送茶》《双落发》《半夜鸡叫》《红玉》《乌镇小栅头》《门当户对》《抢伞》《卖草囤》《还披风》《李三娘》《陆雅臣卖老娘》等。1966年"文化大革命"开始后花鼓戏逐渐停止演出。1979年"文化大革命"结束，部分花鼓戏老艺人自愿结合，并经考核批准恢复重建，改称桐乡县花鼓戏剧团，属民间职业剧团，骨干20人。主要演员有沈叙发、浦炳荣、屈娟如、王玉坤、刘玉娥、马雪琴、徐小娟、黄娟秋、高如英等，农闲时活跃在桐乡、海宁、余杭、德清等一带演出。至上世纪80年代末，由于受到电影、电视、录像等多种文化娱乐的冲击和人们娱乐欣赏水平的不断提高，欣赏花鼓戏的观众逐渐减少，花鼓戏演出就渐渐消退。1990年5月，桐乡花鼓戏停止演出，剧团自行解散。2001年乌镇东栅旅游开发后，为了丰富旅游的文化内涵，乌镇景区管委会将桐乡花鼓戏引入景区，在修真观古戏台天天为游客演出。2012年桐乡花鼓戏已列入浙江省第四批非物质文化遗产保护名录；桐乡花鼓戏老演员屈娟如已列入嘉兴市第二批非物质文化遗产项目——桐乡花鼓戏传承人。

皮影戏

皮影戏，又称为羊皮戏，俗称纸人头戏，是一种将羊皮或牛皮制作成人物、动物造型的活动剪纸，由艺人用竹签棒将它紧贴在背后透以灯光的白色在影幕上操纵，以此表演故事的民间艺术。据史料记载，中国皮影戏皮影始于春秋战国。至西汉，皮影进入宫中。到了唐代，皮影剪刻日益精致，敷色填彩，用作讲史传经。真正让皮影成为百戏中的正剧，当在宋代。中国皮影戏分南北两派，北派以山西、陕西和河北为代表，而南派则以东南沿海诸省市为代表，其中桐乡、海宁和上海七宝等地流行最广。境内明末清初已有皮影戏演出。1933年8月出生的吕佐良，是桐乡皮影戏的第三代传人。他从13岁随父亲学艺表演皮影戏，一直演至2013年11月卒，亲身经历了桐乡皮影戏的兴衰。建国初期，留良吕佐良、羔羊孙文浩、高桥钟顺康三副皮影戏已有相当影响，并经常去海宁县参加皮影戏演出。1956年6月，在崇德县文化馆努力下，经省文化局批准，建立了

花鼓戏曲谱选段

夫妻问答选段

1= D 中速　　　　　　　　　　　　　　　沈甫泉 谱曲

$\frac{2}{4}$ 合唱

(i – | 2̇ – | i – | 6 – | i2̇2̇ i6 | i2̇2̇ i6 |

i2̇i6 56i2̇ | 6i65 3532 | 1 i | i2̇ 76 | 56 i6 |

2̇6 i6 | 56 15 | 32 15 | 32 1) | i i i | 3 5 |
　　　　　　　　　　　　　　　　　　　　　　吃 过 了　 夜 饭

3 5 3 2 | 1 2 3 | i 5 | 6 5 3 | 2 5 3 | 2 1 6 1 |
　　　　　　　近 黄 昏

$\frac{1}{4}$ 2 | $\frac{2}{4}$ 5 5 | 3 2 3·5 | 3 2 3 | 1·6 3 | 2 3 1 |
　夫 妻　 双　 双　　　　　出　家　 门

1 (i 65 | 32 1) | 3 5 | 5 6 1 | (3 5 3 2 | 1 2 3) |
　　　　　　　　　　要 到 文　 化

稍慢

i 5 | 6·i 5 3 | 2 (53 | 2321 61 | $\frac{1}{4}$ 2) | $\frac{2}{4}$ 3 5· |
中 心　 去　　　　　　　　　　　　　　　　　　读 报

(1 2 3 5

5 2 3 | 5· 6 | 3 2 | 1 – | 6 3 5 6 | ∨i – ‖
听　 书　 看 戏 文

姑嫂和睦饼

D = 1 中速　　　　　　　　　　　　　　　沈甫泉 谱曲

6
ㄣ5　－　｜56ㄣi　－　｜（5 i 6 i｜5 3 2 3）｜6　i 3　｜

　　　　　　　　　　　　　　　　　　　　　　小　姑

5·6　｜i 3 2̇｜i　－　｜i 2 3 5 3｜2 3 2 i｜

阿嫂　一条　心　　和睦　同做

6 i 6 6 5 3｜5　－　｜3 3 5｜6 5 6 i｜5·6 i 2̇｜

小　酥　饼　取名　就　叫　姑　嫂

6 5 3｜i i i 2̇｜6 5　3 2 3｜5 6 3 2｜1 2 3 2｜

饼　乌镇 百年 有　名　声呀 唉嗨 唷唉嗨

1　－　｜3·5 3·5｜6 5 6 i｜5·6 i 2̇｜6 5 3｜

唷　唉 子 唉唷 唉 嗨 唷

i i i 2̇｜6 5 3 1｜5 6 3 2̇｜i 2 3 2｜i　－‖

乌镇 百年 有　名　声呀 唉嗨 唷唉嗨　唷

崇德县皮影戏剧团，由孙文浩任团长，时有 6 名团员。主要上演剧目有《岳飞枪挑小梁王》《唐僧收三徒》《龟蛇斗》《孙悟空大战牛魔王》等传统皮影折子。1958 年 11 月崇德、桐乡两县合并后，改名为桐乡县皮影戏剧团。1966 年"文化大革命"开始，皮影戏停止演出。1979 年恢复演出后，县文化局曾在节目、布景、影人、光源等方面进行扶持、改革，表现艺术有所提高。1983 年皮

桐乡皮影戏演出现场

影戏停止演出。2000 年吕佐良等人重新组织发起皮影戏演出。2001 年乌镇东栅旅游开发后，乌镇景区管委会将桐乡皮影戏这一传统表演艺术引入景区内，专门设立了皮影戏演出馆，从此皮影戏天天为游客演出。其演出的主要剧目有《孙悟空大战牛魔王》《血溅鸳鸯楼》《龙虎斗》《蜈蚣岭》《龟与鹤》《芭蕉扇》《闹龙宫》等。2002 年 5 月桐乡县皮影戏去韩国釜山进行艺术交流；2004 年 8 月桐乡县皮影戏去新加坡进行艺术交流。2005 年 3 月和 2006 年 12 月桐乡皮影戏还先后去德国、法国交流展演；2010 年 5 月桐乡皮影戏在中国上海世界博览会乌镇展馆展演。2009 年桐乡皮影戏已列入嘉兴市第三批非物质文化遗产保护名录；桐乡县皮影老艺人吕佐良 2012 年已列入嘉兴市第二批非物质文化遗产项目——桐乡皮影戏传承人。

除了以上剧种外，桐乡还有沪剧、锡剧、黄梅戏的爱好者，但为数不多，剧目也不多，不予详述。

三、戏剧演出团体

民国时期，崇德、桐乡两县境内均无国有专业剧团，仅有崇德的更新戏班，乌镇的莫家戏班、朱家戏班和杨园剧社。1954 年 10 月，桐乡县将在本地演出的以嵊县籍演员为基础的月昇越剧团，经过整顿改名为新光越剧团，属集体所有制。1955 年 4 月，崇德县将来自绍兴的友好越剧团和建于上海的新生越剧团，进行整顿合并为东方红越剧团，属集体所有制。1970 年 5 月，成立桐乡县越剧团，属全民所有制性质。其间还先后建立了桐乡县花鼓戏剧团、桐乡县皮影戏剧团、桐乡县评剧团，一批文化馆属的民间职业剧团也相继建立。

民国时期戏班、剧社

更新戏班

建于民国十八年（1929），由崇德范幼侠集艺人十余人组建。先在镇区业余演出"文明戏"，后又辗转于附近小镇演出，逐渐发展成为专业剧团。演出以近代小型剧目为主。

30年代曾在上海"大世界"作短期演出。团长范幼侠人矮头大,善演丑角,备受观众喜爱。民国二十六年（1937）抗战爆发后解散。

杨园剧社

建于民国二十九年（1940），由上海爱国文艺工作者冷山、周行、钱亚林、周令媛等人来乌镇，与乌镇抗日青年一起筹建而成，排演了话剧《名优之死》。

莫家戏班

建于40年代。由乌镇人发起组建的民间职业剧团，以演出京剧为主，演出范围在杭嘉湖一带。解放前夕解散。

朱家戏班

建于40年代。由乌镇人发起组建的民间职业剧团，以演出京剧为主，演出范围在杭嘉湖、苏南一带。解放前夕解散。

新中国成立后剧团

桐乡皮影戏剧团

建国初期，留良吕佐良、羔羊孙文浩、高桥钟顺康皮影戏已有相当影响。1956年6月，在崇德县文化馆努力下，经省文化局批准，建立了崇德县皮影戏剧团，由孙文浩任团长，时有6名团员，主要上演剧目有《岳飞枪挑小梁王》《唐僧收三徒》《西游记闹龙宫》《醉打蒋门神》《血袍记》等20余部，活跃于农村演出。1958年11月崇德、桐乡两县合并后，改名为桐乡皮影戏剧团。1966年"文化大革命"开始，演出活动停止。1979年恢复演出后，县文化局曾在节目、布景、影人、光源等方面进行扶持、改革，表现艺术有所提高。1983年停止演出，剧团自行解散，部分皮影戏道具由民间艺人保留。2000年5月，老艺人吕佐良重新组织皮影戏班，从事皮影戏演。2001年乌镇东栅旅游开发后，在东栅景区专门设立皮影戏演出馆，吕佐良等在皮影戏馆演出，常年不断。

桐乡花鼓剧团

桐乡花鼓剧团建于1959年12月，前身是民爱花鼓戏小组。1959年12月，桐乡县文教局将流散在农村的花鼓戏艺人调至县城，经过整顿培训并招收新学员，正式组建了桐乡县民爱花鼓剧团，为县属集体性质，全团为30人。同时开始演大型戏,有时还演专场。1966年"文化大革命"开始后，花鼓剧团一度改名为红卫剧团，后逐渐停止演出。1970年3月，桐乡县文宣队成立，同年5月花鼓剧团建制随之撤销。24名职业演员或改行转业，或返回农村。1979年春，部分花鼓戏老艺人自愿结合，并经考核批准重建桐乡花鼓剧团，系民间职业剧团，团员20人，团长浦炳荣，副团长屈娟如。桐乡花鼓戏剧团主要演员有沈叙发、浦炳荣、屈娟如、王玉坤、刘玉娥、马雪琴、徐小娟、黄娟秋、高如英等，农闲时演出于桐乡、海宁、余杭、德清等地。主要演出剧目有《秋香送茶》《双落发》《半夜鸡叫》《红玉》《乌镇小栅头》《门当户对》《抢伞》《卖草囤》《还披风》《李三娘》《陆雅臣卖老娘》等。1990年5月停止演出,剧团自行解散。2001年，乌镇东栅旅游开发后，花鼓戏这一传统艺术重新在修真观古戏台得到展现。

桐乡县越剧团1979—1989年财政拨款和演出情况一览表

年　度	演出场次	观众人次	业务收入（元）	财政拨款（元）
1979	378	422000	73000	32000
1980	352	277955	65612	32000
1981	289	197000	46000	32000
1982	282	291000	44507	39500
1983	32	202955	48214	37640
1984	299	156281	40429	31000
1985	191	97927	26301	52727
1986	143	78701	28006	60800
1987	252	120134	65782	74000
1988	146	49838	47176	107000
1989	154	46095	81890	76000

新光越剧团

建于1954年10月，由桐乡县文教局将在桐乡演出的以嵊县籍演员为主的月昇越剧团，经整顿改名而成，属集体性质。团址设在桐乡大会堂后面。有人员45人，主要演员有戚全霞、钱文芳、顾丽红、方爱珍、谢惠芳、王一笑、雷月春、徐芝芳等。上演的主要剧目有《打金枝》《三看御妹》《十一郎》《打銮驾》《血手印》《武则天》等。1958年11月崇德、桐乡两县合并，更名为桐乡越剧一团，1960年恢复原名。1966年"文化大革命"开始，剧团停止演出。1970年5月剧团撤销，大部分人员分流转业，部分人员转入文宣队。

东方红越剧团

建于1955年5月，由崇德县文教局将来自绍兴的友好越剧团和组建于上海的新生越剧团，进行整顿合并而成，属集体性质。团址设在崇福剧场，后迁至崇福蒋家弄15号陈宅。有团员47人，主要演员有俞芳芳、李月英、张剑芳、新艳秋、戴华萍等。上演的主要剧目有《梁山伯与祝英台》《春香传》《红梅阁》《玉堂春》《秦香莲》《点秋香》《何文秀》《孔雀东南飞》《龙凤花烛》等。1958年11月崇德、桐乡两县合并，更名为桐乡越剧二团。1960仍恢复原名。1966年"文化大革命"开始，越剧团停止演出。1970年5月越剧团撤销。大部分人员分流转业，部分人员转入桐乡县文宣队。

桐乡县文宣队

桐乡县毛泽东思想文艺宣传队（以下简称文宣队），建于1970年1月，主要演员来自新光越剧团和东方红越剧团。文宣队为全民所有制性质，有人员57人，主要演员有鲍菊芬、孙国芬、钱小云、郑梓林、倪松发、林可升、高雅英、冯富昌等。演出的主要剧目有：京剧《红灯记》《沙家浜》《龙江颂》《杜鹃山》;越剧《金沙江畔》《半篮花生》等。1976年，文艺宣传队在梧桐镇羊行头建造 372 平方米的新用房，随即迁入。1979 年 3 月，文宣队撤销，组建桐乡县越剧团。

桐乡县越剧团

成立于 1979 年 3 月，前身是县文宣队，同年 4 月，经考试录取 11 名女青年，时有人员 54 人。为全民所有制性质。地址设在梧桐镇羊行头 10 号。剧团成立这一年，演员和观众都从长期的戏剧禁锢中解放出来，积极性很高。当年共演出 378 场，观众达 42 万多人次，演出收入达 7.3 万元。演出剧目以传统戏为主，如《梁祝》《盘夫》《打金枝》《盘妻》《李慧娘》《哑女告状》《红楼梦》《家庭公案》等。此后至 1989 年为剧团辉煌时期。

1981 年 11 月 4 日，县文化局批复印发《桐乡县越剧团管理细则草案》，分总则、工作职责、岗位职责和制度，加强对越剧团的管理。1983 年输送茅威涛进浙江省小百花越剧团。1987 年，剧团开始组织歌舞演出。同年初将原排练厅 186 平方米以及原二楼演员宿舍划拨县财政局后，又在原址西面新建排练厅 282 平方米。1989 年后，由于传统越剧观众减少，剧团开始组织小分队，下乡下村下厂演出。1992 年，文化局成立以越剧团为主的文化工作宣传队，进行巡回宣传演出。1993 年 4 月桐乡撤县建市改名为桐乡市越剧团。1996 年，因旧城改造，剧团用房拆除后，在原址新建 736 平方米新用房，内设排练厅 178 平方米，办公室 160 平方米，活动营业用房 368 平方米，位于梧桐镇城河路 311 号。1993 年至 1999 年间，剧团每年配合中心宣传演出在 120 场以上。2000 年越剧团在市文明办、文化局的协调下，由建设银行桐乡支行资助，购建"流动大舞台"，为组织开展广场文艺演出提供了良好条件。2007 年，剧团投入 30 万元，整修流动舞台，新购置一套美国 EV 音响设备。从 2001 年至 2011 年间，越剧团创作小品《三缺一》《神算》，快板《社会主义真正好》《六丫头》，越剧表演唱《姐妹观灯》《桐乡是个好地方》，花鼓戏《夫妻问答》，越剧小戏《故乡情》《毛估估》《大师情》等文艺节目 30 多个，广泛开展宣传演出。同时，越剧团每年在市区和各镇、学校、企业承办广场文艺演出 100 余场；下村、下户"情系农家"、"文化育新农"演出 100 余场。2010 年 11 月 6 日创作表演的越剧小戏《毛估估》，参加 2010 年省"新农村"建设题材小戏会演获表演金奖、创作银奖。

桐乡市文化艺术服务中心

2012 年 6 月 18 日，桐乡市机构编制委员会批复，桐乡市越剧团更名文化艺术服务中心。为公益性一类事业单位，主要职责:承担全市公共文化服务中的宣传、演出、辅导、文艺队伍培育等工作，同时保护和传承全市传统戏剧和曲艺艺术。当年 10 月 24 日，文化艺术服务中心新创作排演的越剧小戏《驻村风波》，参加 2012 年浙江省新农村建设题材小戏汇演获创作银奖，表演金奖。是年"文化惠民"下乡、进社区群众文艺演出 168 场。2013 年 8 月，文化艺术服务中心承办"抒菊乡新韵·创戏剧之乡"民间戏曲演唱大赛，共有 76 人参赛，15 人获奖。同时在北港小学、春晖小学、高桥中心小学和梧桐街道民安村开设戏曲培训班。全年开展"文化暖心"下乡、进社区演出 117 场。2014 年，文化艺术服务中心创作表演的花鼓戏《菊乡戏韵》、戏曲小品《割肉还娘》、越剧折子戏《回十八》《陆游与唐琬·浪迹天涯》、花鼓戏《姑嫂饼》《献宝》《徐九经升官记·当官难》《红楼梦·金玉良言》等节目，三上北京参加中央电视台 11 套戏曲频道"一鸣惊人"月赛、季赛和年赛，最终获年赛六强。同年，文化艺术服务中心创作表演的越剧小戏《毛估估》等 5 个节目，参加第十六届上海国际艺术节南京路"天天演"室外舞台演出。全年开展文化惠民助力百千万文化下乡演出 63 场。至 2014 年末，文化艺术服务中心在编演职员 10 人，合同工 6 人，其中二级演员 2 人，三级演员 5 人，四级演员 3 人。

民间职业剧团

新中国成立之初，为配合宣传中心工作，农村纷纷成立民间业余剧团，城镇成立文工团。1950 年，炉头区民建乡建立桐乡县第一个农民业余剧团；城濮区、屠甸镇建立文工团。到 1951 年，桐乡县业余剧团快速发展到 114 个，崇德县发展到 9 个。到 1952 年，崇德县业余剧团发展到 21 个。1954 年 3 月 6 日和 3 月 13 日，桐乡、崇德两县分别召开会议，对业余剧团进行规范整顿，并对业余剧团的演出剧目和演出时间都作相应规定。到 1955 年末，桐乡县业余剧团 47 个，崇德县业余剧团 30 个。1958 年 11 月，崇德、桐乡两县合并。12 月 11 日，全县文教现场会议在洲泉公社召开，要求各公社都要建立业余剧团，是年底全县正常演出的业余剧团 36 个。后各业余剧团陆续停办。20 世纪 80 年代初，县文化馆组织建立民间业余剧团，1980 年 9 月，首先建立新艺越剧团，同年 12 月又建立春雷越剧团。1981 年，又先后在乌镇、洲泉辅导建立春华越剧团、春华越剧二团和百花越剧团。1982 年和 1983 年又先后帮助义马、青石建越剧团。

四、戏剧演出场所

戏台、剧院、剧场是戏剧的主要演出场所。明末清初，桐乡县境内无排座戏院，依靠寺庙戏台和临时搭建的戏台演出，观众看戏都是室外站立，费用由地方绅董筹集，演戏多数作为酬神活动的辅助项目。20 世纪 20 年代末至 30 年代初，出现"卖戏"，开始凭买竹制筹码入场，以后改为纸板票，称入场券，排座戏院应运而生。新中国建立后，人民政府接管旧有剧场，先后建立一批新的影剧院，特别是 20 世纪 70 年代末至 80 年代，县政府实行奖励办法，全县各乡镇普遍建起影剧院。截至 1990 年，全县国有影剧院、剧场 3 家，乡镇影剧院 24 家。2003 年 8 月，桐乡科技会展中心大戏院建成，为广大市民看戏提供了舒适的条件。2012 年后，境内社会资金大量投入剧院建设。2013 年乌镇旅游开发有限公司在乌镇西栅景区投资 4.5 亿元，建造乌镇大剧院开业，主体建筑面积 21384 平方米，同年还修建改建国乐剧院、沈家戏园、秀水廊剧园、蚌湾剧场、日月剧场和水剧场。2014 年，浙江嘉博文化发展有限公司在梧桐街道校场东路桐乡世贸中心二期 B 区 4 楼，投资建造桐乡中影嘉博影剧院，面积 4500 平方米。至 2014 年底，全市演出经营场所有桐乡大剧院、濮院影剧院、乌镇大剧院、桐乡中影嘉博影剧院 4 家。

民国时期戏院、剧场

万岁戏院

位于崇福镇万岁桥西堍。民国二十年（1931），由镇人孙阿三、何森生、宓寿南合伙筹建，在硝皮作坊晒场上，用芦苇搭棚，以长木板凳为座位，设座440只，设备简陋；以演"文明戏"为主。在演《蔡状元起造洛阳桥》时，首用灯光布景，曾轰动一时。民国二十三年（1934）因场地建房而停办。

民众戏院

位于崇福镇西寺金刚殿后。民国二十二年（1933），利用僧房开设民众茶园，可容纳210人，上午作社会教育宣传，下午和晚上以演戏为主。舞台小，不搭布景，进出场口，只挂彩绣门帘，演出剧团以"儿戏"、"元元班"为多。剧目有《华丽缘》《杀子报》等。花旦程美霞、筱莲英曾来演出。民国二十六年（1937）因抗战爆发停办。

叶万春戏馆

位于崇福镇北大街老当房。民国三十一年（1942），由镇人孙阿三、朱富山等人筹建。因原地系叶万春当栈旧址，故名。因系当房厅屋，四周高墙，光线暗淡，日夜靠汽油灯照明。以演小剧为主。苏州张幻儿方言剧团曾来演出《黄慧如与陆根荣》，李彩凤演出《空谷兰》，上海朱腾云魔术团也演出过大型魔术《空箱换人》，爆满十多场。民国三十三年（1944）停办。

民乐舞台

位于崇福镇牢弄陆家场地。民国三十五年（1946），由张志方、孙阿三人集资建造。设备简陋，场地开阔，水路班子多来演出。次年，为扩建观众厅，添置设备，发起认股筹资，以一担米为一股，共招100股，认股者除年终分红外，每股还分给优待券一张，可长期免费看戏。后改名为民东戏院。演出剧种以京剧为主。民国三十七年（1948）因舞台屋架突然倒塌而停办。

杨园剧场

位于乌镇中市观后街杨园祠。民国二十九年（1940），上海爱国文艺工作者冷山、周行、钱亚林、周令媛等人来乌镇，与抗日青年一起筹建"杨园话剧团"，排演《名优之死》。内有舞台，可容400余人。1949年改名大华戏院。

梅泾剧场

位于濮院镇观前街。民国三十六年（1947），设简易舞台，座位300余席，曾以演出越剧、京剧为主。濮院解放后，由镇政府接管，1951年因属危房停业。

国乐剧场

位于乌镇。民国三十六年（1947）8月，由三青团乌镇区队创办，后由张梅清改建而成，设施简陋。乌镇解放后，由镇政府接管。

另有乌镇冯庵、白莲寺也曾建有戏院，但设备简陋，演出剧目以越剧为主，抗战后停办。

新中国成立后的影剧院、戏院

崇德县人民剧院

1951年4月，在西寺金刚殿建舞台，座位800个，经理谢竞雄。1955年共演533场，观众20.5万人次。1957年转地方国营，经常演出越剧、京剧、魔术等。浙江昆剧团、浙江婺剧团曾演出过昆剧《十五贯》、婺剧《米烂敲窗》《黄金印》等，江苏京剧团也曾来此演出。1958年后，迁入县政府礼堂，同时改名为崇福剧场。

桐乡影剧院

位于梧桐街道梧桐大街北端。1974年1月，县政府投资新建，1977年5月竣工，建筑面积2188平方米，座位1494个。1978年10月，划给县文化局管理。1979年冬，建造演员宿舍一幢。1983年夏，冷气机房建成，实现夏天冷气开放。1989年，配备全套EV音响设备，改善观看条件。影剧院既能放电影，又可外接剧团演出，还能兼作大会场，1977年后全县党代会、人代会均在该院召开。1978年后为文化局直属单位。1993年9月18日，投资23万元，将门厅改建成"新月舞厅"，成为全县第一家营业性舞厅，内设包厢、雅座，可容纳100余人。后又兼放录像。1994年，又开设"百乐门"卡拉OK厅，成为融演出、电影、歌舞、卡拉OK、录像为一体的综合性公共文化娱乐场所。

桐乡影剧院

1991年至2000年，每年接待剧团演出30场以上，著名演员王仁、朱文虎、叶彩华、潘长江、毛宁、六小龄童、赵志刚、茅威涛等曾来演出。2000年7月，文化局决定由桐乡市演出礼仪公司托管。2003年5月，因旧城改造，拆除并转制。

崇福剧场

1957年，崇德县政府把人委礼堂划给文教局，并拨款2万元，全面整修，扩建舞台，新增吊景棚架，设板凳座位1030座，改名为崇福剧场，为地方国营单位，有职工5人。1984年9月，更名为崇福影剧院，以越剧、京剧、沪剧为主，后兼映录像、电影。1988年，安装翻板式座椅，添置投影机和音响、灯光设备，新建卫生设施和演员宿舍。

崇福大戏院

建于1992年，前身为崇福剧场，属国有性质。由文化局和崇福大戏院筹资160万元在原址新建，总面积2200平方米，内设软座席1050个，有舞厅、卡拉OK厅，可容纳

100 余人，融演出、录像、歌舞、卡拉 OK、电影为一体。落成之初，上海人民滑稽剧团、南京歌舞团、浙江歌舞团等曾来院演出，后每年接待剧团演出 50 场次以上。1993—1995 年，又投入 60 多万元，对原小天鹅舞厅进行改造。1999 年 12 月 29 日，举办"庆澳门回归，迎接新世纪"五大镇（梧桐、乌镇、濮院、石门、崇福）文艺汇演。2004 年 12 月，根据有关政策，实行内部竞标转制。

乌镇影剧院

位于乌镇甘泉路官弄内。前身为国乐剧场。1949 年 5 月，由镇政府接管，更名为乌镇剧场，属集体所有制。1966 年停业。1973 年与乌镇书场合并。1976 年 7 月，由县电影管理站租借为固定放映点。1979 年，因属危房而停业。1980 年与书场分设，转为全民所有制，归属县文化局管理。1987 年 11 月，投资 23 万元拆建，改名为乌镇影剧院，建筑面积 1324 平方米，设有楼座，内设翻板椅座位 980 个。以接待越剧演出为主，年演出 30 场以上。1992 年 8 月，县文化局决定由茅盾故居代管。1994 年 7 月，市文化局决定由文化实业公司代管。1998 年，门厅楼改建成舞厅和卡拉 OK 厅，成为剧团演出、歌舞、卡拉 OK 为一体的多功能文化娱乐场所。2005 年 3 月，市政府决定划拨给乌镇政府，改为文化中心。

桐乡会展中心大剧院

位于梧桐街道振兴东路 456 号。建于 2003 年 8 月，占地 3.3 万平方米，建筑面积 3.6 万平方米，总投资 1.7 亿元。内设翻板软座位 1189 个，配有升降移动舞台及一流的灯光音响设备，定为国家甲等标准剧场。内设电影世界，有座位 310 个。大剧院建成后，还成市党代会、人代会会场。

2001 年 2 月，被确定为第七届中国艺术节主干场馆，2004 年 9 月 10—26 日，组委会安排广西柳州市歌舞团演出民俗歌会《八桂大歌》，浙江小百花越剧团演出《藏书之家》，安徽省黄梅戏剧院演出《长恨歌》。先后引进接待朝鲜万寿台歌舞团、青岛京剧团、浙江省杂技团、东方歌舞团、山西华晋舞剧团、解放军海政歌舞团、浙江儿童艺术剧团、浙江京剧团、浙江越剧团、浙江话剧团、上海越剧院、中国儿童艺术剧院、国家京剧团、山东省淄博市京剧院、上海演出家艺术团、中国东方演艺集团、波兰华沙大学民族舞蹈团、上海戏剧学院、俄罗斯少年杂技歌舞团、沈阳话剧院、芝加哥卡内基艺术中心音乐剧团、上海人民滑稽戏团、福建芳华越剧团等国家及省、市级剧团。至 2014 年底，大剧院已引进国家及省市级以上剧团商业演出 190 场，群众文艺演出 123 场。电影世界共放映 17532 场，观众 271071 人次。

乌镇大剧院

位于乌镇西栅景区。2012 年 6 月开工，2013 年 4 月竣工，5 月 9 日投入使用。乌镇旅游开发有限公司总投资 4.5 亿元，主体建筑面积 21384 平方米，为框架剪力墙结构，建筑层数地下一层、地上二层，属集戏剧、音乐会演出和会展、文化艺术交流等为一体的大型社会文化设施。可容纳观众 1500 人。2013 年 5 月、2014 年 10 月，首届、第二届乌镇戏剧节在乌镇大剧院举行。

桐乡中影嘉博影剧院

位于梧桐街道校场东路桐乡世贸中心二期 B 区 4 楼。由浙江嘉博文化发展有限公司兴建，总投资 4000 万元，面积 4500 平方米，建有 5 个专业影厅、1 个豪华 VIP 厅和 1 个巨幕演艺厅，可同时容纳 1200 余名观众。

乡镇影剧院

20 世纪 70 年代末，随着农村经济的发展，为改善农村看戏条件，1977 年 2 月，南日乡率先投资 13 万元，建造了 1156 平方米，设座位 1091 只的南日影剧院。80 年代初，为鼓励各乡镇建造影剧院，县人民政府实行奖励的办法，推动了乡镇影剧院的建设，截至 1993 年，全县乡镇影剧院发展到 26 家，都可承接大型剧团演出。90 年代末开始，演出业务逐渐衰退，乡镇影剧院相继停业。（详见本志《电影章》"农村放映"）

大麻影剧院（1989年建）

新建戏台

20 世纪 90 年代末，在全市乡镇影剧院陆续关闭的情况下，伴随着广大群众自娱自乐广场文化活动的兴起，全市各地络绎新建了一批室外戏台。至 2014 年底，全市已新建室外戏台 38 座。

454 桐乡文化体育志

桐乡市新建戏台设情况一览表（以建造时间为序）

戏台名称	建造时间	建设单位	坐落位置	建筑结构
庆丰广福戏台	2000年	桐乡市文化局	庆丰广福路1号	飞檐翘角仿古建筑
乌镇茅盾广场戏台	2004年	乌镇旅业	乌镇植材路	砖混
河山庙头村戏台	2006年	庙头村村委会	庙头村市头文化中心	砖木混
河山张褚戏台	2007年	石栏桥村委会	石栏桥村文化中心	砖混
石门镇桂花村戏台	2008年	桂花村村委会	桂花村景区	砖木二层
大麻镇大庄村戏台	2008年	大庄村村委会	大庄村文化公园	混凝土
梧桐街道钱林村戏台	2008年	钱林村村委会	钱林村委前	水泥结构
崇福镇五丰村戏台	2008年	五丰村村委会	五丰村文化园	混泥
崇福镇民利村戏台	2008年	民利村村委会	民利村文化中心	混泥
洲泉镇东田村戏台	2008年	东田村村委会	东田村文化中心	砖混结构
屠甸镇汇丰村戏台	2008年	汇丰村村委会	汇丰村农民公园	钢筋混凝土
河山八圣公园戏台	2008年	董国良建筑工程队	八泉村八圣路6号	砖木混
崇福镇东安村戏台	2009年	东安村村委会	东安村文化礼堂	混泥土
河山王家弄村戏台	2009年	巨城建设有限公司	王家弄村新村集聚点	砖混
屠甸镇联星村戏台	2010年	联星村村委会	联星村星园广场	钢筋混凝土
崇福镇湾里村戏台	2010年	湾里村村委会	湾里村文化中心	混泥土
乌镇民合村戏台	2011年	民合村村委会	乌镇民合村墙西组	框架结构
龙翔街道董家村	2012年	董家村村委会	董家新村	砖混
濮院镇永越村戏台	2012年	永越村村委会	永越村活动中心	水泥
龙翔街道金牛村	2012年	恒基建设	金牛新区	水泥结构
龙翔街道杨园村	2012年	浙江新厦建设	新丰南苑	混凝
石门镇墅丰村戏台	2013年	墅丰村村委会	墅丰村村委	二层
石门镇民联村戏台	2013年	民联村村委会	民联村新村点	二层
高桥镇落晚戏台	2013年	落晚村村委会	落晚新村点	混凝
高桥镇龙南村戏台	2013年	龙南村村委会	骑塘集镇北	混凝
崇福镇店街塘村戏台	2013年	店街塘村村委会	店街塘村文化礼堂	混泥土
崇福镇御驾桥村戏台	2013年	御驾桥村村委会	御驾桥村文化礼堂	混泥土
屠甸镇荣星村戏台	2013年	荣星村村委会	荣星村荣湖公园	钢筋混凝土
大麻镇海华村戏台	2014年	海华村村委会	海华村文化公园	混凝土
梧桐街道桃园村戏台	2014年	桃园村村委会	桃园村槜李苑西侧	水泥结构
高桥镇楼下谷戏台	2014年	楼下谷村村委会	楼下谷村委东南30米	水泥
高桥镇高桥村戏台	2014年	高桥村村委会	高桥小学东边	水泥
高桥镇漕泾村戏台	2014年	漕泾村村委会	漕泾村东南100米	水泥
凤鸣街道路家园村戏台	2014年	路家园村委会	路家园村文体小广场	砖混

续　表

戏台名称	建造时间	建设单位	坐落位置	建筑结构
崇福镇上莫村戏台	2014年	上莫村村委会	上莫村文化中心	混泥土
振东南港小区戏台	2014年	振东新区管会	南港小区东苑文化广场	钢混结构
龙翔街道元丰村戏台	2014年	元丰村村委会	元丰佳苑	水泥
龙翔街道单桥村戏台	2014年	单桥村村委会	单桥村村委	砖混

五、曲艺概况

中国曲艺是由民间口头文学和歌唱艺术经过长期发展演变而成的一种艺术形式。主要艺术手段是说和唱,它运用从生活中提炼出来的生动形象、说唱化了的语言来讲述故事,描绘人物,抒发感情。

唐代即流行大曲和民间曲调,明清时期,曲艺日臻成熟。新中国成立前,崇德、桐乡境内流行的曲艺主要有苏州评话、弹词、三跳等,其中三跳为桐乡地方曲种。1956年,崇德县金漱芳、金采芳、吴帼英成立曲艺协会。1965年5月,成立桐乡县曲艺队。1979年10月,成立桐乡县评弹团。这些团队除了保留原有的苏州评话、评弹、三跳外,群众性创作表演的新故事、快板、小品、相声、独脚戏、三句半等一批新作品相继产生。20世纪70年代后,举办的曲艺表演活动有:全县国庆25周年曲艺调演、"羔羊杯"全县曲艺大赛、"东兴杯"全县曲艺创作表演大奖赛等。2005年9月和2006年10月,嘉兴市曲艺家协会、桐乡市文联分别举办"杭嘉湖曲艺家走进桐乡濮院、洲泉"采风创作活动,创作曲艺节目53个,并编辑《杭嘉湖曲艺家走进洲泉》《杭嘉湖曲艺家走进濮院》作品集。2009年9月,嘉兴市曲艺家协会、桐乡市文联举办"巨石之声咏桐乡曲艺征文作品赛",入编曲艺作品29件。2011年11月,市曲艺家协会在梧桐街道庆丰社区建立评弹沙龙,切磋技艺,交流演出。2013年7月6日,市文联、老干部局在老干部活动中心开设"星期六书场",定期开展曲艺交流演出。至2014年底,邱学良、汪伟明、沈震方下村进社区曲艺演出300余场次。

曲艺家协会编印的部分曲艺专辑

六、曲　种

苏州评话

苏州评话早在明末清初即已形成，清中叶进入鼎盛时期，俗称"大书"，只说不唱，兼融叙事和代言为一体，常为一人演说。清末、民国时期常在境内茶室及书场演出。桐乡评弹主要艺人有汪伟明（振武）、张文荫、梁耀良，传统主要书目有《三国》《乾隆下江南》《济公传》等，现代书目有《智取威虎山》《万古红》《江南好》等。20世纪80年代，汪伟明等相继转业，评话演说逐渐停止。2006年汪伟明重操旧业，开始在江浙沪一带说评话《三国》《乾隆下江南》等，2012年演说50场，2013年100场，2014年100场。

苏州弹词

俗称"小书"，流行于江浙沪一带民间。表演手段为说、噱、弹、唱，以说为主，说中夹唱，唱时多用三弦或琵琶伴奏，说的部分融合叙事与代言为一体。早期演出多为一个男艺人表演的"单档"，后常以两人搭档的"双档"和三人搭档的"三档"为主。境内苏州弹词演出在晚清、民国时期较为盛行，弹唱者多为外来艺人。1956年，崇德县曲艺家协会金淑芳、金采芳、吴帼英、张文荫开始从事弹词演出。1965年弹词演员发展到10人，同年成立桐乡县曲艺队。1970年5月，曲艺队撤销，演员转业。1972年10月，建立全民性质的县评弹组。1979年10月成立桐乡县评弹团，有弹词演员10人。主要演出的弹词保留书目有传统长篇《打金枝》《文武香球》《孟丽君》《十美图》《玉玺印》《碧玉龙》《闹严府》《双金锭》，现代长篇《红灯记》《沙家浜》《野火春风斗古城》《青春之歌》等。至20世纪80年代末，由于演员年龄老化，书场锐减，无法维持，演出停止。但从1990年起，为配合中心宣传，群众性的弹词创作活动又活跃起来，表演的弹词有《桐乡人不认识桐乡城》《铲除邪教，身心健康》《铲除邪教"法轮功"》，曾参加嘉兴市曲艺调演，并获优秀创作、演出奖。2003年11月、12月分别举办"桐乡·苏州"、"苏州·桐乡"评弹交流演出活动。2011年11月，市曲艺家协会在梧桐街道庆丰社区建立"评弹沙龙"，每逢周日，老艺人和弹词爱好者切磋技艺，交流演出。

桐乡三跳

因以三块毛竹板作为伴唱道具，故名三跳，又名纤板书；又因说唱的艺人和听众大都为农民，又称农民书；还因其曲调为劝世调，故又称劝书。表演形式有一人独演和二人合演，基本手法是表、赋、敲、唱，曲调有慢板、急板、夹板和哭板。唱词除押韵外，还讲究平仄声的变化。来源于湖州，民国初由湖州艺人沈小方传入，初被视为淫邪俗曲而屡加查禁。新中国成立后，在文化部门扶持下，获得新生，1956年，崇德、桐乡两县文化馆分别成立曲艺家协会，有20余名艺人加入。1966年发展到34人。"文革"期间停演。1979年起，恢复演出。

先后有艺人约50人，比较知名者为沈致和、沈蓉卿、王祖良、蒋玉亭、倪剑平、谢培卿、沈文荣、邱学良、沈震方等。演唱书目大都从古代通俗小说演变而来，大致分两类：

三跳曲谱选段
英雄堂书

1= D 2/4

5·6 55 | 56 53 | 2·3 16 | 6 03 |
一人一马 一条（啊） 枪，　　　（拖）嗯

2·3 16 | 03 55 | 33 216 | 1 - |
哎——　　啊里云 呼哎 郎。

i·6 65 | 3·5 6i | 3·5 21 | 1 - |
两国交战 动 刀 枪。　　（拖略）

53 56 | 55 32 | 2·3 16 | 6 - |
桃园结义 三兄（哎） 弟，　　（拖略）

3iii 56i | 35 6i | 35 321 | 1 - |
杨四郎 回营 见 亲娘，　　（拖略）

66 53 | 35 36i | 55 232 | 16 - |
伍子胥 要把 昭 关 过，　　（拖略）

iiii 65 | 65 6i | 3·5 321 | 1 - |
苏秦 六国 封丞（哎） 相。　　（拖略）

566 653 | 35 30 | 53 66 | 533 32 |
七星（哎）庙里 杨继业，八锤 大闹 朱仙（是）岳家

1 0 | 553 66 | 545 32 | 5i 35 |
将。　九犯 中原 金兀 术，十面 埋伏

5i 156i | 3·5 321 | 1 - ‖
楚霸 王。

西厢堂书

1= D 2/4

5 5　3 6 i | 6 5　3 5 | 2·3　1 6 | 6　- |
一 轮 明 月 　照 西 　　　　厢，

3·5　1 6 i | 6 5　6 i | 3·5　2 1 | 1　- |
二 八 佳 人 　巧 梳（哎） 　　　妆。

5　6 i | 3 5　1 | 1·2　3 5 | 2·3　1 6 |
三 请 　张 生 　来 赴 　宴，

5 6 5　3 5 | 3/6 1　1 | 6 5　3 5 | 7 6 5　6 5 |
四 处 　无 人 　跳 粉 墙。 五 更 天 　崔 氏 　夫 人

3 5　5 3 | 3 3 i　3 5 | i 5　6 i | 3·5　3 2 1 |
闻 知 晓， 六 花 板 拷 打 　小 红（呀） 　　娘。

5 5 3　i 6 5 | 3 5　1 | 5 5　3 5 | 2·3　1 6 |
七（切） 记 　高 中 　佳 期（呀） 　会，

6 5 6　3 5 | 5 6　1 | 5 3 2　3 5 | i 6 i　1 6 |
八 角 　亭 里 　诉 衷 肠。 九 思 　恩 爱 　难 分 　手，

3 5　5 3 | i 3 5　6 6 | 5 3 5　6 i | 3·5　3 2 | 1　- ‖
十 里 亭 　告 别 莺 莺 与 　红 　娘。

一是以家庭故事为主的文书类,如《小金钱》《玉连环》等;二是以公案武侠故事为主的武书类,如《武松》《七侠五义》等。桐乡三跳主要书目有《粉妆楼》《万花筒》《九美图》《绿牡丹》《黄金印》《小金钱》《玉连环》《武松》《双珠球》《双玉结》《包公》《岳传》《杨门女将》《秦香莲》《水浒》《珍珠塔》《何文秀》《麒麟豹》《说唐》《庵堂相会》《白罗衫》《杭州三门街》《刘金定大战南唐》等。20 世纪 50 年代,王祖良曾改编演唱

邱学良演唱桐乡三跳

过不少新书,如《吕梁英雄传》《铁道游击队》《智取威虎山》等。1958 年 6 月,由崇德县曲协创作,徐阿培、郭锦文、王祖良表演的《陆巧生》,参加在杭州举行的省第一届曲艺会书,获演唱奖。

进入 21 世纪,桐乡三跳得到保护、发展和创新。叶永盛、邱学良、沈震方等创作了《桐乡是个好地方》《石门湾里好风光》《踏青》《说唱新农村》《计划生育好》等一批新节目。2005 年 4 月,在石门镇民联村建立"三跳"培训基地,同年市曲艺家协会、石门镇文体站召开"桐乡三跳保护、传承、发展和创新座谈会"。2006 年 4 月,徐春雷搜集整理的《桐乡三跳》由中国文史出版社出版;同年 6 月,邱学良说唱的《杭州三门街》由市档案馆全篇录像存档。2007 年 11 月,《石门湾里好风光》获市第三届群众文艺"菊花奖"铜奖。从 2005 年起,三跳艺人邱学良、沈震方每年下村进户说唱 100 余场。2007 年,桐乡三跳列入第二批省非物质文化遗产保护名录,邱学良列入传承人名单。

附:三跳艺人简介

沈致和(1908—1989),八泉乡(今属河山镇)庙头村水北自然村人,省曲艺家协会会员。家庭贫寒,小学后辍学,自幼爱听戏曲,民国十一年(1922)左右,湖州三跳艺人沈少方常来石门地区演出,沈致和随大人去茶馆听书。当时,庙头村人陈金生(艺名陈金卿)拜沈少方为师,学唱三跳。民国十九年(1930),沈致和在陈金生影响下,也跟沈少方学习三跳,后成为湖州三跳艺人行会组织"明裕社"中桐乡帮的代表人物之一。其演唱特点是口齿清晰,声音洪亮,特别在唱腔方面,在继承前辈艺人基础上有所创新,形成了舒柔、婉转的风格,在听众中享有较高的声誉。他和王祖良演唱的《五女兴唐·夫妻相会》被收入《浙江省曲艺志》。曾演唱过二十余种书目,主要有《小金钱》《粉妆楼》《万花楼》《武九妹》《玉连环》等。他曾收带过不少艺徒,最后一个艺徒邱学良为 1975 年所收。

沈蓉卿(1912—1991),八泉乡(今属河山镇)东浜头村人,桐乡县曲艺工作者协会会员。生于农村,毕业于石门第三小学。他爱听沈少方的三跳,还学着唱,数年之后,竟能独自表演。一年冬天,他随村人到外乡打柴,外乡有个叫朱阿九的艺人正在唱书。同伴鼓励沈蓉卿也摆个场子唱书,他连唱三夜,竟将朱阿九的听众给吸引了过来。但当

时民间艺人之间有个约定，未拜过先生的人不能演出，他只好停演。于是他在 1933 年正式拜沈少方为师，此后一直演了 40 多年。他演出的书目主要有《小金钱》《玉连环》《双珠球》《三门街》《济公》等。特点是说表清楚，即兴编唱能力强，戏曲唱词中常用的 18 个韵脚，他掌握娴熟，可以随编随唱。

王祖良（1922—2005），羔羊乡（今属石门镇）羔羊村王家门自然村人，省曲艺家协会会员，上世纪六七十年代曾任县三跳演出队负责人，1984 年当选为县第一届曲艺工作者协会主席。他出身农民，小学文化程度。16 岁时拜陆伯卿为师。他演唱的书目主要有《五女兴唐》《天宝图》《九美图》《万花楼》《粉妆楼》等。他演唱的《狄青见姑》被收入《浙江省曲艺音乐集成》。曾改编、演唱过《吕梁英雄传》《铁道游击队》《智取威虎山》《雷锋》等新书。特点是说唱结合较好，故事表述清楚。

蒋玉婷（1921—2003），安兴乡（今属石门镇）墅丰村人，后迁居崇福镇，桐乡县曲艺工作者协会会员。读过半年私塾，靠自学达到小学文化程度，从小爱听三跳，16 岁拜沈蓉卿为师。满师后去湖州、德清等地说唱。由于湖州人不大爱听桐乡三跳，喜欢听湖剧，为适应群众需求，他用湖剧唱腔唱三跳，用胡琴伴奏，人称"胡琴书"。他说唱的书目有《小金钱》《隋唐》《薛仁贵征东》《庵堂相会》等。特点是说表清楚，演唱声音亮丽，随编随唱能力强。本来可以三夜唱完的书，他能增加情节说唱六七夜。《小金钱》中刘邦瑞见娘一节，他能用滚板一口气唱半个小时不停。他还会唱花鼓戏，并能将花鼓戏的一些唱腔运用到三跳中。

倪剑平（1912—1992），又名倪耀堂，河山镇肖庄村（今五泾村）人，桐乡县曲艺工作者协会会员。四五岁起在祖父私塾里读书，父亲去世后，家境渐衰，为谋生，18 岁时拜陈金卿为师。因文化基础较好，进步较快，后来被师爹沈少方看中，将寄拜女儿张宝金许配他。他说唱的书目主要有《小金钱》《三门街》《玉连环》《隋唐》《杨家将》《三侠五义》等。他还会唱地方小调。特点是说表详细周到，有时一根衣带能说很长时间，为此，也有听众嫌他说书进展太慢。

姚志亭（1913—1991），又名姚应财，八泉乡（今属河山镇）五泾村姚家汇组人。20 岁拜倪耀堂为师。说唱书目有传统书目《黄金印》《粉妆楼》《天宝图》《小金钱》《万花楼》《武松》，现代书目《烈火金刚》《智取威虎山》等。他交际广泛，常在硖石、长安、嘉兴、嘉善、临平等城镇说唱。特点是唱词答来顺口，常逗人乐。弟子有濮院沈子泉、洲泉沈震方等。

谢培卿（1920—1989），梧桐乡（今属梧桐街道）联新村（今三新村）人，小学文化。14 岁拜沈少方为师。书目有《万花楼》《粉妆楼》《杨家将》《岳传》《薛仁贵征东》等。特点是说表清楚，调子多变。因体弱多病，说唱较少。

沈文荣（1928—?），梧桐乡（今属梧桐街道）联新村（今属三新村）车家埭人。家境贫困，七岁丧父，只读过两年私塾，15 岁时去武庙街三阳楼茶馆听艺人杨鹤鸣唱书，产生兴趣，遂拜杨为师。书目有《小金钱》《三门街》《万花楼》《呼家将》等。特点是他能用胡琴伴奏说唱。

邱学良（1948— ），石门镇民联村泥村人，嘉兴市曲艺家协会会员，桐乡市曲艺家协会副主席。小学文化，自幼酷爱文艺。1965年参加大队俱乐部宣传队，1971年学习排演样板戏，1978年10月拜沈致和为师。书目有《薛仁贵征东》《薛丁山征西》《薛刚反唐》《粉妆楼》《万花楼》《小金钱》《白罗衫》《三门街》《庵堂相会》《刘金定大战南唐》等。2000年后，邱学良创作了《桐乡是个好地方》《石门湾里好风光》《跳清》《赌博招来祸一场》《一场虚惊》等新三跳节目。2006年6月，《三门街》由市档案馆全篇录像存档。2007年11月，主演的新编三跳《石门湾里好风光》获市第三届群众文艺"菊花奖"铜奖，参加嘉兴市新农村文艺调演并获金奖。2008年主演的《桐乡是个好地方》参加浙江省档案系统国庆60周年文艺调演，并获银奖。为桐乡三跳传承人。

沈震方（1953— ），洲泉镇后塘村人，嘉兴市曲艺家协会会员，桐乡市曲艺家协会理事。初中文化，从小喜欢听故事。1978年拜姚志亭为师。书目有《天宝图》《万花楼》《五虎将平西》《五虎将平南》《黄金印》《八美图》《武九美》《麒麟豹》《双钰玦》《粉妆楼》《庵堂相会》等。创作新编节目有《双箭颂》《保护资源》《十七大精神放光芒》《揭穿邪教鬼把戏》《吸毒没有好下场》《消灭四害》《社会保险政策好》《买好保险老来好》《后悔拜佛求神仙》等。从2003年开始，每年下村下户说唱200余场。

小品

小品是说演结合的舞台艺术，基本要求是语言清晰，形态自然，能够充分理解和表现出角色的性格特征和语言特征。小品题材丰富，风格多样，讽刺、幽默、滑稽、荒诞，各显其能，表现手法是篇幅上的"小"和艺术表现上的"巧"，即小巧玲珑、短小精悍、以小见大。20世纪80年代境内小品兴起，90年代渐成热潮，主要创作编导人员有鲍菊芬、董君莲、叶永盛等，表演人员有吴帼英、张剑秋、来荣祥、席丽萍、郑丽霞、董秋丽、石丽莉、严旻操、李锦玉、叶永盛、叶荣汝、蒋斯凤等。作品有《自来水》《赌徒》《普通人家》《夜访扬州嫂》《家与国》《那张发票》《先斩后奏》《上梁不正下梁歪》《小巷情深》《火车上》《好心无好报》《等》《凑凑数》《儿童银行》《阴晴圆缺月儿明》《宅电》《他是谁》《多是员》《光辉形象》《运河儿女》《换位思考》《所长的二舅》《局长的袜子》《列车就要进站》《婆媳情》《母子相会在大桥》《路边人家》《左手握右手》《文明社区你我他》《您好，我是中国银行》《农家乐》《家住村道边》《不能逾越的红线》《关注亚健康》《体检之后》《特殊的见面礼》《毛脚女婿》《路有真情在》《税务局长的家事》《神算》《一口瓦罐》等。其中1989年10月鲍菊芬编导、吴帼英主演的《自来水》参加嘉兴市文艺工厂文艺、产品、经验"三交流"汇演获优秀节目奖，1990年1月5日鲍菊芬编导的《赌徒》参加嘉兴市小品大赛获三等奖，1990年5月《夜访扬州嫂》参加嘉兴市人口普查调演获一等奖，1991年8月《先斩后奏》参加嘉兴市工会系统调演获三等奖，1991年9月《那张发票》参加嘉兴市粮食系统调演获二等奖，1992 年 12 月《小巷情深》参加省小品大赛获二等奖，1993 年 5 月鲍菊芬编导的《火车上》《好心无好报》《等》获省小品大赛优秀创作奖，1999 年 9 月《路边人家》参加省交通系统文艺汇演获一等奖，1999 年 10 月《路边人家》参加省小品大赛获创作二等奖、表演三等奖，2003 年 9 月叶永盛、严旻操表演的《家住村道边》参加省交通系统文艺调演获银奖，2005 年 8 月严旻操等表演的《路有真情在》参加省首届公路系统文艺调演获一等奖，2006 年 4 月叶永盛、席丽萍等表演的《神算》参加省"平安浙江"文艺汇演获二等奖，2009 年 10 月严旻操等表演的《一口瓦罐》参加省第 20 届小品邀请赛获银奖。

快板

快板是节奏明快的韵诵体说唱艺术，因表演时击板伴奏快而流畅而得名，流行于各地。桐乡又称"顺口溜"，形式自由，生动活泼，能叙事、抒情、说理。表演形式有一人表演的单口、两人表演的对口、三人或三人以上表演的群口。主要创作人员有张文祥、杨连松、罗佩英、吴奕康、沈富泉、朱妙学、叶永盛、叶荣汝、沈新甫、马有寿等。主要作品有《讨老婆》《六丫头》《毛丫头》《计划生育好》《没有计划生育要吃苦》《慈父泪》《保护耕地是国策》《两手抓有奔头》《诚心纳税好》《老伍哥打日寇》《红盾亮剑展风采》《邻里好，赛珍宝》《"十七大"是指路灯》《洲泉面貌日益新》《引吭高歌新桐乡》《请到桐乡来》《说唱濮院新农村》《十八大精神传四方》等。其中 1995 年吴奕康创作、沈富泉改编的《六丫头》曾在全市演出 500 多场，2003 年 10 月罗佩英创作的《引吭高歌新桐乡》参加市第一届群众文艺"菊花奖"调演获铜奖，2001 年 11 月《请到桐乡来》参加第三届中国·桐乡菊花节开幕式暨"花开桐乡"大型文艺晚会演出，2005 年 9 月朱妙学创作的《洲泉面貌日益新》获"杭嘉湖曲艺家走进洲泉"采风创作二等奖。

除以上曲种外，桐乡还有相声、独脚戏、三句半、小锣书、双簧等，但曲目不多，表演人员也不多。

七、曲艺表演团体

桐乡评弹团

1956 年，崇德县金漱芳、金采芳、吴帼英开始唱评弹。1957 年，评话演员张文荫从昆山调至桐乡县。至 1962 年底，评弹演员有 14 人。1965 年 5 月，成立桐乡曲艺队，属集体性质，队员 14 人，其中评弹演员 10 人，三跳艺人 4 人。1966 年 6 月，曲艺队停止演出。1970 年 5 月，曲艺队撤销，演员改行转业。1972 年 10 月，在原曲艺队基础上，复建全民性质的评弹组，隶属于县文宣队，有演员 5 人，组长吴帼英。1979 年 10 月，成立桐乡县评弹团，负责人朱国仁、吴帼英，有演员 14 人。传统书目有《水浒》《三国》《济公》《十五贯》《白蛇传》《孟丽君》等，现代书目有《战斗在敌人心脏》《林海雪原》《敌后武工队》等。1981 年 1 月，县评弹团实行经济承包制。1986 年 3 月，评弹团业务由县文化局业务股管理。后因受其他文化娱乐冲击，书场锐减，演员相继转业，评弹团建制自行终止。2012年6月，以原县评弹团退休演员为基础，吸收一批业余评弹爱好者，在梧桐街道庆丰社区成立"评弹沙龙"，定期活动。

民间团队

新中国成立前，崇德、桐乡有流散艺人演唱于街头、茶馆等场所，以卖艺为生。1958年，在县文化馆登记的民间说唱艺人有10多人。从1970年起，县文化馆、县曲艺协会多次组织曲艺创作、演唱比赛活动，培养了一大批曲艺新人，民间曲艺演出十分活跃。从2000年起，市文化局组织业余曲艺小分队随文化下乡巡回演出。2005年11月，成立的桐乡市业余艺术团设有曲艺小分队。评弹老艺人汪伟明、杨一麟、俞丽萍，三跳艺人邱学良、沈震方等一直活跃在社区、农村，每年说书不停，其中汪伟明、沈震方有100余场，邱学良有80余场。

八、曲艺表演场所

早期书场

评弹在桐乡境内早已流行，抗战前后渐盛。境内最早的书场是乌镇万福书场和濮院东厅书场。民国初，濮院增设同福书场。抗战前后，书场发展较快，濮院、梧桐、崇福、乌镇、洲泉、屠甸等镇均有专业书场或茶室书场。

新中国成立后书场

新中国成立后，书场时有变更，淘汰一批，新开一批。梧桐镇新开凤凰家书场、联合书场。乌镇新开艺乐书场、东风市场。崇福镇新开三元书场、红旗书场、崇福书场、北门书场。1956年，濮院镇同福、同乐书场合并，新开濮院书场，乌镇东方、艺乐书场合并，新开乌镇书场，梧桐镇利用县前街节孝祠开办梧桐书场。20世纪50年代末，桐乡书场达到高峰，江浙沪地区的著名评弹、评书演员曾来桐乡演出。1962年10月，乌镇书场由县文教局接管。1966年开始，唱书停止，书场关闭。1978年，各镇书场陆续恢复。1979年12月，乌镇书场重归县文化局管理。1980年12月，新建梧桐书场，属县文化局管理。到1983年底，全县有梧桐、乌镇、濮院、崇福、屠甸等全民和民办书场6家。20世纪80年代末，由于受电影、电视、录像等冲击，听书上座率逐渐下降，书场改行转业，到1989年底，仅剩梧桐、乌镇、濮院3家书场。1994年10月，梧桐书场改建为大雅娱乐城。濮院书场一直坚持唱书业务，至2000年，每年说书300场，2001年后上座率也开始减少，2003年5月停止。2007年8月1日，乌镇旅游公司在乌镇西栅景区新开乌镇西栅书场。

梧桐书场

1956年9月，由县前街节孝祠改建而成，座位300席。1966年停业。1978年恢复。1979年，文化局接收梧桐书场。1980年12月，新建梧桐书场，座位447席，属全民所有制事业单位。1994年10月，投资80多万元，在书场内改建扩建舞厅、录像厅、卡拉OK厅、电子游戏房等，保留书场座位125席。2000年7月，由市电影公司接管。2007年8月，因市老干部活动中心扩建被拆除，梧桐书场撤销，人员并入市老干部活动中心。

濮院书场

1956年，濮院同福、同乐两家书场合并后，在濮院镇庙桥街原同福书场的原址上新开，属民办书场。内设座位300席。江、浙、沪地区的著名评弹、评书演员大多到过濮院书场演出，书场演出业务火爆。到80年代后，在多种文化娱乐业的冲击下，濮院书场一直坚持唱书业务，直至2000年，每年说书保持300场。2001年后，听书上座率逐渐下降，场内开始放录像为主，2003年5月停止说书业务。

乌镇书场

乌镇西栅书场

1956年，由乌镇东方、艺乐书场合并而成，位于常春街，座位320席。1962年10月，由县文教局接管。1966年停业。1978年恢复。1979年12月，归县文化局管理，属全民所有制事业单位。1989年，兼放录像。1992年8月，由茅盾故居代管。1994年7月，由文化实业公司代管。1999年5月，因建造北花桥被拆除，乌镇书场随之撤销，人员并入乌镇影剧院。

乌镇西栅书场

2007年8月，乌镇旅游公司投资100多万元，在西栅景区新建西栅书场，面积300平方米，设座位150席，舞台、灯光、音响齐全，并附设演员宿舍。由乌镇旅游公司管理，每天坚持说书，半月一调档，全年演出360场，向游客免费开放。

第六节　研究学会

一、茅盾研究
组织

1986年5月28日，桐乡县茅盾研究学会在乌镇成立，首批会员37人。1992年3月21日，召开第二次会员大会，改名为茅盾研究会。2008年9月，有会员35人，其中中国茅研会会员19人。第一届理事会会长钟桂松，副会长吴骞、鲍复兴、汪家荣。第二届理事会会长空缺，副会长汪家荣、鲍复兴。第三届理事会会长邱一鸣，副会长汪家荣。第四届理事会会长孔令德，副会长劳明权。第五届理事会会长王耀丽，副会长劳明权、陈荣根，名誉会长韦韬、孔令德，顾问邵伯周、吴珊、吴骞、杨乔、钟桂松、鲍复兴、邱一鸣。第六届理事会会长苏丽琴（后为张丽敏），副会长陈荣根、沈军，名誉会长韦韬，顾问邵伯周、吴珊、吴骞、钟桂松、鲍复兴、邱一鸣、季镜清、汪家荣、严僮伦、王嘉德。

活动

1992年3月21日，纪念茅盾逝世11周年暨茅盾研究学会年会在乌镇召开。

1996年7月3日，纪念茅盾诞辰100周年大会在乌镇举行，省领导梁平波、毛昭晰、徐志纯等出席，各界人士200余人参加，会后，举行茅盾诗碑揭碑仪式。9—11日，在北京出席纪念茅盾诞辰100周年国际学术研讨会的部分中外专家专程来桐乡进行学术研究和参观考察活动。

1997年，协助文化局举办茅盾诞辰100周年书画精品展，周而复、魏巍等人的作品入展。

1998年，"茅盾生平图片展"赴江苏吴江市巡回展示。

1999年，组织部分会员赴湖北红安县采风，收集沈泽民在红安的战斗和生活资料。

2001年，协助举办茅盾逝世20周年纪念活动暨第七届茅盾研究（国际）学术研讨会。

2006年7月4日，纪念茅盾诞辰110周年暨第八届茅盾研究（国际）学术研讨会在桐乡举行。同日，茅盾纪念堂及陵园在乌镇落成。

2009年，征集到安徽省张利华收藏的茅盾题写报头的《歙县报》一份，征集到沈泽民、张琴秋照片67张和一些文字资料；"茅盾生平图片展"在凤鸣小学、新民小学和茅盾实验小学巡回展出；新民小学成为茅盾研究的德育教育基地。

2010年，在上海陈云纪念馆举办"茅盾生平图片展"。

2011年，举办"茅盾生平图片展"；协助中央电视台拍摄中国十大文豪的系列人物纪录片之一的《茅盾》。

2012年，举办"茅盾主要作品展示"图片展。

2013年，征集《茅盾研究》第12辑稿件，三篇研究文章入选；举办茅盾生平图片展；举办茅盾之子韦韬追思会。

2014年，与北京宋庆龄故居、郭沫若纪念馆、鲁迅博物馆、老舍纪念馆在乌镇西栅景区举办"大家风范，中国精神"20世纪文化名人人格与家风图片展；与浙江传媒学院塔读文学院、植材小学、乌镇中学、茅盾中学编辑出版《首届"茅盾杯"作品集》《桐乡梦》。

著述

钟桂松《茅盾少年时代作文赏析》，著，文心出版社，1986年；《茅盾与故乡》，著，四川文艺出版社，1991年；《人间茅盾——茅盾和他同时代的人》，著，河南人民出版社，1993年；《茅盾传》，著，东方出版社，1996年；《茅盾》，著，中国华侨出版社，1998年；《茅盾传——坎坷与辉煌》，著，河南文艺出版社，1998年；《二十世纪茅盾研究史》，著，浙江人民出版社，2001年；《茅盾散论》，著，复旦大学出版社，2001年；《茅盾——行走在理想与现实之间》，著，大象出版社，2004年；《茅盾画传》，著，复旦大学出版社，2005年；《茅盾和他的女儿》，著，东方出版社，2007年；《悠悠岁月——茅盾与共和国领袖交往实录》，著，人民出版社，2009年；《茅盾正传》，著，江苏文艺出版社，2010年；《性情与担当——茅盾的矛盾人生》，著，复旦大学出版社，2011年；《茅盾书话》，著，海燕出版社，2012年；《茅盾的青少年时代》（图文版），著，海燕出版社，2013年；《茅盾评传》，著，南京大学出版社，2013年；《永远的茅盾》，编，浙江文艺出版社1998年8月；《茅盾全集》（42卷），主编，黄山书社，2014年3月。

郑彭年《文学巨匠茅盾》，著，新华出版社，2009年。

汪家荣、劳明权《乌镇茅盾故居》，主编，文物出版社，2002年。

二、丰子恺研究

组织

1992年5月3日，桐乡县丰子恺研究会在石门镇成立，首批会员33人，会友30余人。2008年9月，有会员47人。第一届理事会会长鲍复兴，副会长丰桂、叶瑜荪、张森生。第二届理事会会长傅林林，副会长叶瑜荪、张森生。第三届理事会会长叶瑜荪，副会长张森生、潘亚萍、褚万根。第四届理事会会长叶瑜荪，副会长潘亚萍、褚万根。名誉顾问明川、毛昭晰，顾问毕克官、丰一吟等13人。

活动

1993年11月9日，丰子恺诞辰95周年纪念活动暨丰子恺艺术研讨会在石门举行。

1995年9月15日，丰子恺逝世10周年纪念活动暨缘缘堂重建10周年仪式在石门举行。

1997年，协助丰子恺纪念馆与杭州园文局举办"李叔同及弟子艺术展"，展出丰子恺书画45件。

1998年11月9日，丰子恺诞辰100周年纪念活动暨丰子恺漫画馆开放仪式在石门举行。9月18日，"丰子恺百年诞辰纪念画展"在上海中国画院举行。

2000年10月，协助举办"丰子恺书法真迹展"，其中有国内首次展出的21米长的书法长卷《文人珠玉》；11月6—17日，举办首届丰子恺故里漫画艺术周，同时举行丰子恺漫画学校揭牌仪式。

2001年，配合中国美协漫画艺术委员会等单位举办首届"子恺杯"全国儿童漫画大赛。

2002年5月，举办首届"凯旋杯"中小学生漫画大赛；9月17—22日，"子恺杯"第四届中国漫画大展在北京炎黄艺术馆举行；12月15日，桐乡市漫画协会成立。

2003年，举办"缘缘杯"浙江省漫画大展、"我爱家园"漫画大殿。

2004年，举办"子恺杯"第五届中国漫画大展、"河坊人家·缘缘杯"桐乡市第二届中小学生漫画大展、"何韦、雷瑞之水墨漫画展；赴台湾举办"丰子恺漫画艺术展"。

2005年9月14—15日，丰子恺逝世30周年纪念活动暨丰子恺研究国际学术研讨会在杭州和桐乡举行。举办"江浙漫画精品展"、"中国水墨漫画邀请展"、"永远的丰子恺"中小学生征文活动、"凤凰新城·漫画进百家"赠送活动、"锦都名苑·缘缘杯"全市中小学生漫画大赛。

2006年4月22日，丰子恺骨灰迁葬故里暨丰子恺墓园落成仪式在石门举行。"子恺杯"第六届中国漫画大展在北京举行。举办"电信宽带·缘缘杯"全市第四届中小学生漫画大赛、"知荣辱、树新风"全市中小学生漫画现场比赛。

2007年，承办北京画家刘阳向丰子恺纪念馆赠送书画作品仪式和座谈会；参加在杭州、平湖两地举办的弘一大师逝世65周年纪念活动；举办第五届中小学生漫画大赛、中国·桐乡廉政漫画大赛、全国新农村建设漫画大赛获奖作品展。

2008年5月，协助承办"子恺意趣——和谐杭州"漫画大赛。11月，协助举办丰子恺诞辰110周年纪念活动，包括纪念大会、"子恺杯"第七届全国漫画大展、丰子恺漫画传人作品展、桐乡市首届水墨漫画展、桐乡市中小学生优秀漫画作品展、丰子恺纪念亭揭幕仪式等。协助筹建丰子恺墓园和纪念亭。举办"仿丰子恺漫画展"。参加上海春晖中学百年校庆活动、丰子恺祖籍地金华市婺城区汤溪镇举办的丰子恺诞辰110周年纪念活动。负责选编《丰子恺墨迹》。

2009年6月9—12日，协会派人陪同丰一吟重走逃难路，访问广西河池、东兰县，并作讲座。11月9日，金华婺城区成立丰子恺研究会，协会前往祝贺并作交流。编印会刊《杨柳》。协助举办崔锦钧遗作展。协助丰一吟整理丰子恺捐赠手稿的工作。

2010年3月19日，上海市卢湾区成立丰子恺研究会，协会前往祝贺，并参观试开放的丰子恺旧居日月楼。5月25日—6月24日，协助举办第一届丰子恺漫画艺术节。10月10—14日，参加杭州师范大学弘丰研究中心举办的第三届弘一大师研究国际学术会议等活动，提交论文3篇。10月14—16日，参加在温州举办的弘一大师诞辰130周年系列纪念活动。10月17—20日，参加在天津举办的系列纪念活动，提交论文2篇。12月17—19日，参加在平湖举办的系列纪念活动，提交论文3篇。

2011年5月，启动"丰子恺艺术进大学"活动，首站为浙江商业技术学院。11月4日，参加婺城区丰子恺研究会出版的《丰子恺》一书首发式。编辑出版《子恺漫画精选》。

2012年5月19—22日，参加由杭州师范大学弘丰研究中心和北京大学美学与美育研究中心举办的第二届丰子恺研究国际学术会议。5月24日，在香港展览馆举办"有情世界——丰子恺的艺术"展览，协会派人作讲座。10月8—10日，参加纪念弘一大师圆寂70周年暨《断食日志》影印本首发等活动。协助举办第二届丰子恺漫画艺术节。"丰子恺艺术进大学"活动走进浙江传媒学院和浙江美术学院。

2013年，协助举办丰子恺诞辰115周年纪念活动、省首届职工文化艺术节漫画大赛、

"梦想高桥·缘缘杯"全市中小学漫画大赛。

2014年,"丰子恺艺术进大学"活动走进北京电影学院并参加第十三届北京电影学院漫画节;协助举办桐乡市第三届丰子恺漫画艺术节,包括"子恺杯"第十届中国漫画大展,首届"缘缘杯"中国微动漫大赛,全国水墨漫画名家邀请赛,湖北安陆、河北邱县、浙江桐乡三地漫画联展等活动。

著述

1996年8月,《丰子恺乡土漫画》出版,该书选录丰子恺早年创作的以家乡风土人情为题材的漫画作品,并配有说明文字。1999年,叶瑜荪《丰子恺和他的漫画》刊登在香港《大公报》,《丰子恺放生趣闻》等3篇文章收录在上海书店出版的《文坛杂艺初编》中。2001年,出版《首届"子恺杯"全国儿童漫画大赛获奖作品选》;《缘缘漫画》创刊。

钟桂松《丰子恺:含着人间情味》,著,大象出版社,2002年;《丰子恺品佛》,编,作家出版社,2009年。

叶瑜荪《缘缘堂子女书》,整理,大象出版社,2008年。

郑彭年《漫画大师丰子恺》著,新华出版社,2001年。

潘文彦《若己有居文集》,著,上海人民出版社,2009年。

吴浩然《缘缘丛书》(《丰子恺书法字典》《丰子恺杨柳画谱》《丰子恺书衣掠影》《缘缘人生——丰子恺画传》),齐鲁出版社,2008年。

三、吕留良研究

组织

2004年11月6日,桐乡市吕留良研究会在崇福镇成立,会员42人。第一届理事会会长陈伟宏,副会长王士杰、王国芬、张坤泉、徐正。2007年11月6日,第二次会员大会在崇福镇召开,选举第二届理事会,会长王士杰,副会长张坤泉、徐正、徐玲芬。2013年10月10日,第三次会员大会在崇福镇召开,选举第三届理事会,会长徐玲芬,副会长吴赟娇、杨雪乾、张天杰。

活动

2002年11月20日,嘉兴市电视台"禾风"摄影组、嘉兴日报社桐乡分社和市文联召开吕留良研究座谈会,并拍摄电视专题片。2006年7月,参与筹备成立浙江省儒学学会;副会长徐正去黑龙江寻访吕留良后裔流放地宁古塔和齐齐哈尔市,探望吕氏后裔,长篇采访记《寻访吕留良后裔流放地宁古塔》发表于同年10月13日《嘉兴日报》(桐乡版)和华东师范大学《历史教学问题》2008年第5期上。2007年4月,浙江省儒学学会成立,吕留良研究会被吸收为团体会员,陈伟宏、王士杰、徐正、张宏良、张森生成为首批会员。2008年,协助黑龙江省牡丹江市委宣传部编制的《流人专题片》录制工作。2009年11月,桐乡市人民政府与浙江省儒学学会举办吕留良诞辰380周年暨吕留良学术研讨会。吕氏后裔代表、黑龙江人民出版社副社长吕观仁赴会。同年，留良中心小学成为"乡贤精神进校园"的教育基地。2011 年 12 月，徐正给留良中心小学全体老师作《吕留良教育思想面面观》讲座。2012 年，参与编辑出版《纪念张履祥诞辰四百周年学术研讨会论文集》；参加匡时拍卖公司举办的吴之振书画作品研讨会；协助留良小学完成"以乡贤感召为载体，以品质教育为目标"的课题研究；举办"向乡贤汇报"活动。2013 年，编辑出版《吕留良研究》第五辑；协助留良小学制作的电视片《乡贤感召教育》参加中国教育电视协会、中央电化教育馆主办的第十届全国中小学校园影视评选活动，获金奖；开设"桐溪书院，国学讲会"课堂。2014 年，参加省儒学学会举办的"儒学与民间社团"研讨会；参与《崇福历史文化丛书》的编纂工作。

著述

徐正、蔡明《吕留良诗选》，合著，浙江古籍出版社，1991 年。

徐正《吕留良研究与古诗鉴赏》，著，时代文艺出版社，2001 年；《吕留良诗文选》，主编，浙江古籍出版社，2009 年；会刊《吕留良研究》共 6 辑，编辑，2004—2014 年。

俞国林《天盖遗民——吕留良传》，著，浙江人民出版社，2006 年。

王士杰《吕留良诗文集》，主编，浙江古籍出版社，2012 年。

四、其他名人研究

组织

2009 年 10 月 23 日，名人研究会成立，会员 87 人，首届会长褚万根，副会长王士杰、范方明，秘书长张金荣，理事苏丽琴、朱荣耀、李建芳、沈建法、张新根、陈益群、茅威放、徐金松、徐德昌、盛群速。下设钱君匋、陆费逵、劳乃宣、沈泊尘、金仲华、徐肖冰（侯波）、沈泽民（张琴秋）、张履祥、严辰（严独鹤、孔另境）、太虚、张千里（金子久）、徐自华（徐蕴华）、吴伯滔（吴待秋、吴敔木、鲍月景）、吴之振等 14 个研究小组。

活动

2011 年 10 月 26 日至 28 日，举办了纪念张履祥诞辰 400 周年系列活动，包括学术研讨会、张履祥先生墓园落成仪式、"心忧天下，神交古人——张履祥的生平与思想"专题讲座和"张履祥与浙西学术——纪念张履祥诞辰 400 周年学术研讨会"。2012 年，名人研究会与文化馆联合举办了"金仲华诞辰 105 周年纪念大会"；参与举办"孔另境逝世六十周暨孔另境纪念馆开放五周年座谈会"。2013 年，参与举办"伯鸿书香奖"的启动工作；《钱君匋隶书千字文》首发之时参与，组织笔会活动，邀请本省和北京、广东、黑龙江、河南、福建、江西、上海、台湾等地的书画篆刻艺术家前来参加，还在乌镇国乐剧院举办了钱君匋艺术歌曲作品音乐会；徐肖冰摄影艺术馆投入使用前夕，参与了资料整理等开馆筹备工作；协助文联、文化馆，举办金仲华国际问题论坛。2014 年，配合由市人民政府、中华书局、光明日报社、中国阅读学研究会主办的"伯鸿书香奖"颁奖典礼活动，"伯鸿书香奖"分"伯鸿书香奖人物奖"、"伯鸿书香组织奖"和"伯鸿书香阅读奖"三个奖项,在全国读书界具有一定影响;参与举办"金仲华上海国研杯"征文及颁奖大会和国际问题学术性研讨会活动;在黄岩王伯敏艺术馆举办钱君匋书画作品展;举行《张履祥诗文选注》首发式暨纪念张履祥逝世340周年座谈会;启动《鲍月景书画作品集》编印工作,开展书画作品收集和拍摄工作;与作家协会一起创办《桐乡人文》。2014年12月,组织筹办太虚大师研究会。

著述

2010年创办《桐乡名人》(后改《桐乡文艺》"名人研究"版、"名人文化"版),至2014年底共出刊11期,开设"名人特稿"、"名人生平"、"走近名人"、"名人史料"和"学术交流"等栏目,发表各类文章400余篇,约80万字;出刊《中华书局成立100年·陆费逵纪念专集》《邹蔚文纪念文集》。

钟桂松《沈泽民文集》,合编,浙江文艺出版社,1997年;《沈泽民传》,著,中国文献出版社,2003年;《钱君匋:钟声送尽流光》,著,大象出版社,2006年;《侯波 徐肖冰:瞬间与永恒》,著,大象出版社,2007年;《延安四年——沈霞》,整理,大象出版社,2009年;《钱君匋画传》,著,浙江大学出版社,2012年。

张天杰《蕺山学派与明清学术转型》,著,中国社会科学出版社,2014年12月;《张履祥与清初学术》,著,浙江古籍出版社,2011年4月。

徐正《吴之振诗集》,点校,浙江古籍出版社,2012年。

王士杰《张履祥与浙西学术》,主编,浙江人民出版社,2012年。

褚万根《张履祥诗文选注》,主编,浙江古籍出版社,2014年。

第七节　重大奖项

一、国家级大展、大赛、大奖

"子恺杯"中国漫画大展

2002年7月17—22日,中国美术家协会漫画艺术委员会和桐乡市人民政府在北京炎黄艺术馆联合举办中国漫画大展。中国漫画大展是全国层次最高、规模最大、范围最广的漫画展览活动,原由中国美术家协会漫画艺术委员会主办,已举办过三届,自2002年起,改由中国美术家协会漫画艺术委员会和桐乡市人民政府联合主办,冠名为"子恺杯",每两年举办一次,首展地点为北京,首展后在全国各地巡回展览。双方决定2002年为第四届。展出中国漫画创作的最高水平和最新成果,并评选中国漫画的最高奖——金猴奖。至2014年,已举办7届。

中国·桐乡廉政漫画大赛

2007年5月,桐乡市人民政府与中国美术家协会漫画艺术委员会、浙江省纪委、嘉兴市纪委联合举办"中国·桐乡廉政漫画大赛"。桐乡作为中国漫画之乡，将地域特色文化赋予廉政建设内涵，既丰富了漫画创作题材，又实现了廉政建设与文化建设的双赢。大赛每三年举办一次，地点在桐乡。至2014年，已举办3届。

"徐肖冰杯"全国摄影大展

2010年10月23日，在徐肖冰先生逝世一周年之际，中国摄影家协会、桐乡市人民政府在桐乡科技会展中心联合主办"徐肖冰杯"全国摄影大展。中国文联党组副书记、副主席李牧，中国摄影家协会分党组书记、副主席兼秘书长李前光，中宣部文艺局艺术处副处长汪泽，徐肖冰先生儿媳朱清宇和省、市有关领导及社会各界人士参加仪式及颁奖晚会。此次大展主题为"关注现实"和"艺术探索"。"徐肖冰杯"全国摄影大展每两年举办一次，至2014年，已举办3届。

伯鸿书香奖

2014年4月20日，首届"伯鸿书香奖"颁奖仪式暨伯鸿书香论坛在桐乡市举行。桐乡是中华书局创办人陆费逵（伯鸿）的家乡。"伯鸿书香奖"由光明日报社、中华书局、桐乡市政府和中国阅读学研究会共同设立，意在秉承陆费逵先生的精神，评选和奖励在"全民阅读推广"方面作出突出贡献并产生一定影响的民间团体和个人。"伯鸿书香奖"下设组织奖、个人奖和阅读奖。每两年举办一次。

"金仲华国研杯"国际问题征文奖

原名"国研杯"国际问题征文奖，2014年开始冠名"金仲华国研杯"国际问题征文奖，由上海市国际关系学会、上海国际问题研究院、文汇报社和桐乡市人民政府主办。该奖为国内高端的国际问题论文评选活动。每年举办一次。

全球"丰子恺散文奖"

2015年11月7日，首届全球"丰子恺散文奖"颁奖典礼在桐乡市振石大酒店举行，著名作家李敬泽、吴义勤、施占军、李舫、麦家、穆涛等出席。该奖项由桐乡市人民政府和《美文》杂志社联合主办，石门镇人民政府承办。每两年举办一次。附首届全球"丰子恺散文奖"获奖作品（排名不分先后）

金奖10名：

人散后，一钩新月天如水	熊莺
悲哀中的快乐	顾彬（德国）
执灯人	苏沧桑
标点符号里的人生	尤今（新加坡）
谈文论剑	余光中（中国台湾）
不光是怀旧	李忆莙（马来西亚）
庞贝石与诗	奚美娟
先生	张艳茜

被时间腐蚀过的魅力	白德成
独行	陈伟宏

优秀奖 10 名：

唯水而居	唐　旭
老时光	绿　窗
磁性喉音	赵钧海
师道——再记恩师饶凡子教授	蔡义怀（中国香港）
与一川先生相处的几个窘迫瞬间	马聪敏
我只专注于无法抵达的风景	谢小灵
一个失血的村庄	林纾英
香海寺庙会	陈志农
漂泊在岸上的船	万福建
绣花坳纪事	张诗群

二、文学艺术金凤凰奖

1994 年，设立桐乡市文学艺术金凤凰奖。至 2014 年，已举办 6 届，累计有 18 部（件）作品获奖，49 部（件）获提名奖。

历届金凤凰奖、金凤凰提名奖作品及作者（表演者）名单

第一届

（1994 年 12 月）

金凤凰奖（3 件）：

《家·国》（油画，卢东明）

《经锄堂杂志》（隶书，章柏年）

《人间茅盾》（茅盾研究专著，钟桂松）

金凤凰奖提名奖（9 件）：

《躲》（小说，张振刚）

《文学价值的选择》（文学评论，朱汝瞳）

《少年茅盾的故事》（传奇故事，徐春雷）

《戏剧小品为群众戏剧开拓了一条新路》（戏剧论文，鲍菊芬）

《桐乡蚕歌》（歌曲，傅尧夫、陈才基）

《江南船会》（风俗画，朱荣耀）

《凤兮》（篆刻，袁道厚）

《东方姑娘》（摄影，李渭钫）

《小俩口》（摄影，徐建荣）

第二届

（1997 年 5 月）

金凤凰奖（2 件）：

《君匋艺术院记》（隶书，章柏年）

《绿叶对根的情意》（歌曲演唱，徐洪）

金凤凰奖提名奖（4 件）：

《粗茶淡饭》（油画，卢东明）

《鲍复兴印存》（篆刻，鲍复兴）

《环阶碧水》（行书，盛欣夫）

《无花果》（文学作品集，王立）

第三届

（2000 年 11 月）

金凤凰奖（3 件）：

《情事陈迹》（长篇小说，张振刚）

《茶馆早市》（摄影，徐建荣）

《水墨世界》（中国画集，朱荣耀）

金凤凰奖提名奖（8 件）：

《俞曲园题船山书院》（隶书楹联，章柏年）

《路边人家》（小品，鲍菊芬）

《远方，光线飞去》（诗歌集，邹汉明）

《蚕娘》（舞蹈，李潇娴）

《爱的私语》（散文集，王立）

《追乡亲》（新故事，陈志农）

《顺乎自然》等 6 方（篆刻，胡强）

《赞歌》（配乐诗朗诵，寿平）

第四届

（2006 年 11 月）

金凤凰奖（5 件）：

《西风东渐》（文化专著，郑彭年）

《新时期文学思潮研究》（文学理论，朱汝曈）

《茅盾丰子恺故里乡音录》（方言专著，钟瀛洲）

《金玉良缘》（越剧表演，房莹琪）

《丝路新曲》（国画，计建清）

金凤凰奖提名奖（9 件）：

《我们都是这样长大的》（小说集，陆建华）

《"角顶"两师父》（新故事，徐自谷）

《吴氏传家宝》（新故事，沈海清）

《桑园访妻》（越剧彩唱，严旻操）

《赴美民乐独奏会》（民乐演奏，傅华根）

《春风亲吻我的祖国》（美声演唱，蔡钰）

《桐乡印人传》（印学专著，沈慧兴）

《眼里·身外联》（篆书，申伟）

《红灯高挂》（摄影，张新根）

第五届

（2011 年 10 月）

金凤凰奖（3 件）：

《竹刻技艺》（工艺美术专著，叶瑜荪）

《行书册页》（书法，曹建平）

《河声入梦来》（散文随笔集，王士杰）

金凤凰奖提名奖（9 件）：

《江南物事》（散文集，徐玲芬）

《桐乡三跳》（民间文学专著，徐春雷）

《缘缘人生——丰子恺画传》（丰子恺研究专著，吴浩然）

《故乡情》（越剧，桐乡市越剧团）

《瞻瞻的脚踏车》（舞蹈，蒋灵云、李潇娴）

《菊乡新姿》（农民画，董雅芬）

《鉴真大师画传》（连环画，戴卫中）

《大兵不寇》（书刻，吕燮强）

《佛眼看世界》（摄影，苏惠民）

第六届

（2014 年 7 月）

金凤凰奖（2 件）：

《菊娃梦》（舞蹈，桐乡市文化馆）

《梧桐树下的辉煌》（地方文史专著，张森生）

金凤凰奖提名奖（10 件）：

《稻草人》（文学作品集，陈伟宏）

《驻村风波》（小戏，来荣祥、董秋霞、郑丽霞、叶永盛）

《怒放的生命》（小品，严旻操、来荣祥、赵慧丽）

《猫咪嘉年华》（排舞，蒋灵云）

《崇德修己》（书刻，沈岩亮）

《我和草原有个约定》（篆刻，王勋）

《印屏》（篆刻，费胤斌）

《桥》（系列水彩画，李荣华）

《消逝与留存》（壁画，虞燕燕）

《民国漫画风范》（漫画研究专著，吴浩然）

第八章 体 育

桐乡民间体育源远流长，形式有武术、举石担、爬高杆、舞大刀等，一般在清明、庙会等节会期间进行。近代竞技体育始于民国初年，主要有田径、篮球、足球、乒乓球等，参与者主要为学生、公教人员和城镇工商业者。民国八年（1919）年，百姚乡人朱培生在远东运动会上获跨栏100米冠军。崇福镇人戴麟经曾为上海东华足球队主力，有"第一中锋"之称，多次参加远东运动会。新中国建立后，群众体育兴起。自1950年桐乡、崇德分别举行第一届人民体育运动大会后，相沿成俗，至2011年，已举办16届，规模不断扩大。职工体育主要有球类、田径、棋类、举重等。农民体育除民间传统项目外，主要有田径、球类等。20世纪80年代后，老年人体育兴起，主要有门球、传统武术（太极拳、太极剑等）、健身舞、慢长跑、钓鱼等。学校体育除日常体育教学外，每年举办学校运动会、全市（县）田径运动会和篮球锦标赛等单项赛事。20世纪80年代后期，残疾人运动会兴起，我市运动员多次参加全国性运动会，并取得优异成绩。全民健身月（周）活动始于1991年，后每年举行。新中国建立后，竞技体育前期以举重为主，后期以游泳、皮划艇为主，优秀运动员有万元豹、姚梓芳、赵春荣、钟红燕、潜晓、周密、娄国伟等，其中钟红燕多次参加奥运会等国际比赛。

20世纪90年代后，体育场馆与设施建设进程加快，市、镇（街道）、村级设施遍布城乡。

第一节 民间体育

桐乡民间体育活动源远流长，主要形式有武术、摇快船、举石担、爬高杆、踏白船、放风筝、大纛旗、方天戟、舞大刀、抛钢叉等，不时有见，特盛于岁节、庙会期间。明万历《崇德县志》记有"杨柳青，放风筝"的谚语。清代石门县城郊有"赤膊试拳棒，划船赛清明"，洲泉一带有"清明圆子六堆头，吃了做毒头"的谚语流传，是说清明期间，天气转暖，青壮年男子喜欢各种体育演技活动，显试身手。

武术

爱好者甚众，所宗流派有少林、武当、昆仑等，所习套路有太极拳、太极剑、梅花拳、少林棍、谭氏刀、真和剑、地趟刀等，表演地点在陆上或船中。域内擅武术者众多，清代有谭七、谭八、谭九妹、智南和尚、张指山等，民国时期及以后有黄澄如、姚上枚、李金荣、陆廷鳌、常子松、沈余生、钱久麟、曹剑鹏、陶雪泉、赵有财、李冠雄、胡奇云、徐侠恒、吴庆林、陈民、王学敏、潘之栋、陶新卫、孙越胜、沈贵祺、陆玮声、沈万龙、沈志云等。武术之风盛行的村落有石门槐树头、崇福芝村、民合赵家兜、百桃大宏村、同福三界桥、青石南庄村、晚村南原村等。

新中国成立后，民间武术活动开始有组织开展。1956 年春节，崇德县文化馆在大操场举行武术等民间传统体育表演，1956 年 12 月，桐乡县举行民间武术比赛，共有 80 余人参赛。1987 年，崇福镇女职工马佩娟出席全省太极拳、太极剑比赛，分获冠、亚军，同年参加在湖北孝感举行的全国太极拳比赛。

摇快船

蚕乡的主要民俗活动之一，时间在清明节前后，芝村龙船会、青石双庙渚蚕花胜会、含山轧蚕花、乌镇香市、永秀富墩庙会、濮院十景塘庙会、庙牌庙会上均有此项活动，快船船首设头桨，左右各设 4—6 支木桨，船尾配橹，船梢一人持旗帜指挥，名为"坐龙梢"。以爆竹为号，一时竞发，以先到者为胜，两岸观者如堵。清明摇快船是蚕事活动的演习，"文革"时中断。1990 年清明，县文化局、体委、河山乡举办"桐乡县暨河山乡民间传统体育比赛"，有 9 条船 200 人参加，观众达 2 万人，盛况空前。

举石担

类似现代体育中的举重，遍及城乡。两块相同的圆形石板，中间凿洞，用木杠固定。石板大小厚薄不等，使用时根据能力大小而定。

爬高杆

清末和民国时期，芝村龙船会、双庙渚蚕花胜会、含山轧蚕花等庙会上有爬高杆。两船并拢，船首置一石臼，中竖一支长约 10 米的毛竹，表演者攀竹而上，表演各种惊险动作，有顺撬、反撬、抓脚背、抓脚跟、蜘蛛放丝、苏秦背剑、张飞卖肉等。"文革"时中断，20 世纪 90 年代恢复。

大纛旗

流传于大麻一带农村，始于清代道光年间，盛于民国时期。大纛旗高 10 余米，宽 70 厘米左右，表演时在旗顶上拉四根绳索，由四名男子分别站在四边拉紧，同时根据表演时旗杆的晃动不停调整手中绳索，使旗杆始终保持垂直。大纛旗由一人表演，表演者手扶旗杆亮相，双手捧在腰间，最后单手发力将旗杆托起，反复几次。大纛旗自身重 70 斤，加上四周绳索的拉力及风力，重量超过 100 斤，以举起次数多者为胜。

1958 年，为庆祝人民公社建立，进行过一次规模盛大的表演活动，后因三年自然灾害和"文革"而停办，20 世纪 90 年代恢复。

舞大刀

流传于大麻镇一带农村，始于清咸丰年间。主要动作有开四门、盘腰、拖刀、手托双花。

开四门是起始动作，一边舞动刀，一边绕场一周亮相。盘腰是手握大刀柄，在腰间、肩上、胸前上下来回旋转舞动，动作一气呵成，柔中有刚，大刀霍霍生风。拖刀是表演者手拖大刀奔跑一圈，但刀不着地，以速度快者为佳。手托双花是个高难度的动作，表演者双手托起大刀旋转，并不断加速，最后突然停止，刀柄落地，表演者一手托腰，一手握刀。

第二节　群众体育

一、职工体育

篮球

自民国二十二年（1933）开始，崇福、乌镇、濮院、石门、屠甸等镇的职员、教师分别组建篮球队，其中崇福镇先后组建了多支篮球队，最早为罗汉篮球队，有沈庭华、吴牙琴、马问强等6人，队长马问强，曾获崇德县第一届篮球锦标赛冠军。1934年成立的飞星篮球队，有姚汉民、沈惠庆、陈榕等10人，队长姚汉民，此队实力雄厚，曾出战硖石、嘉兴、临平等队，以1分优势战胜省飞虎队。1946年成立的英星篮球队，有队员12人，领队范继康，队长章士英，曾两次获得崇德县运动会篮球冠军。同时成立的还有县政府职员组成的崇政篮球队、教师组成的学光篮球队。乌镇在1946年夏天组建了黑白篮球队，主要由回乡学生组成，在卖鱼桥东塊开辟球场，曾在桐乡县"昭常杯"篮球赛中获得冠军。石门在1947年组建篮球队，主要成员为教师、职员和高年级学生，在东漾潭开辟球场。濮院镇有3支篮球队：1945年组建的梅泾篮球队，主要成员为工商界青年；1947年组建的梅联篮球队由梅泾同学联谊会成员组成，活动多在学校，寒暑假去外地比赛，多与梅泾队联合，代表濮院镇队；1948年组建的海浪篮球队，队员系离校不久的青年。

新中国成立后，篮球运动在职工中广泛开展，县、镇、行业、系统、厂矿、机关、学校纷纷组建篮球队，比赛频繁。1950年5月，桐乡县人民文化馆组织举办篮球赛，有梅泾、黑白、鹦鹉、邑苗、晨光、海浪、县中、县府8个队参加，梅泾队获冠军，晨光队获亚军。1951年5月，在崇德县第一届体育运动大会上，有7支篮球队参加比赛。但此后一二十年，篮球运动多数为基层职工自发性的娱乐健身活动，体育部门组织的比赛比较少。1972年，桐乡首次女子篮球比赛在梧桐镇举行，梧桐、崇福、乌镇、濮院、石门5支球队参赛。1975年6月，县体委、县工人俱乐部组织全县城镇职工篮球赛，有梧桐、崇福、乌镇、濮院、石门、屠甸、洲泉、西山煤矿、桐乡石矿、县级机关10支球队参赛。1977年，举办全县城镇厂矿职工篮球赛，有梧桐木器社、崇福建筑社、乌镇搬运站、石门丝厂、濮院丝厂、濮院农机修造厂6支球队参赛。1978年6月，举办桐乡县城镇篮球赛，梧桐、崇福、乌镇、濮院、石门、屠甸、洲泉七镇的男队和梧桐、崇福、濮院三镇的女队参赛。1979年国庆期间，举办全县职工篮球赛，七大镇和西山煤矿、县级机关、濮院丝厂共10支球队参赛。1980年后，篮球运动如火如荼开展，盛行各种杯赛，县级有卫星杯、建行杯、保险杯，镇级如崇福的崇德杯、崇兴杯，屠甸的海鸥杯，濮院的梅泾杯，洲泉的洲泉杯、篮协杯，石门的运河杯等。1984年9月，县总工会组队参加嘉兴市第一届职工运动会篮球比赛，有3名运动员入选嘉兴市职工代表队，参加同年10月举行的全省第二届工人运动会；同年11月，由县委宣传部、人武部、总工会、科委、团委联合举办首次县级系统男子篮球赛，有工业、商业、供销、粮食、邮电、教育、公安、交通、银行、二轻10支球队共120人参赛。

乒乓球

乒乓球运动始于20世纪30年代。民国二十五年（1936），崇德县举行乒乓球比赛，有友芳、语溪、崇德等球队参加。三十七年，崇德县乒乓球队参加浙江省第六届运动会。

新中国成立后，乒乓球运动在职工中得到普及，常年开展的比赛有：县总工会和体委组织的腾飞杯、梧桐镇的五一杯、崇福镇的男子双丰杯和女子巾英杯、濮院镇的梅泾杯、屠甸镇的太平洋杯、乌镇的乌镇杯等。1989年国庆期间，县总工会和体委组织了一次较大规模的乒乓球赛，全县有16个代表队、138名运动员参加。1990年，乒乓球列入县第十一届体育运动会，教育、政法、财税、城建、工业、商业、二轻等19个系统和机关共21个球队参加比赛，是全县职工体育中最大的一次乒乓球赛事。

足球

足球运动也始于20世纪30年代，有崇德队、黑鹰队、正风队、双桥、小黑鹰队、晨风队、桐南队等。民国三十五年（1946），桐乡县秋季运动会举行民众组小型足球赛；三十六年（1947），桐乡县春季、秋季运动会均举行民众组小型足球赛。崇德县运动会也设民众组足球赛。三十五年（1946），崇德县民教馆曾组织树德杯足球赛。

1951年，崇德县第一届人民体育运动会设成人组足球锦标赛，崇福、石门、洲泉等镇职工组队参赛。1964年元旦，桐乡县足球赛在乌镇举行。1981年，崇福镇职工率先恢复组建足球队，至1984年，全县各镇、系统，县属工厂相继建立足球队，不定期组织比赛。1986年，桐乡县第十届运动会，足球列入比赛项目，各镇组队参加。常年职工足球杯赛有梧桐杯、崇福杯等。

排球

职工排球运动始于20世纪50年代末。1957年，桐乡县在梧桐镇举行排球锦标赛，10个队共120人参赛。1958年6月，嘉兴专区举行排球分区赛，桐乡队与平湖队、海盐队、嘉善队在嘉兴比赛，崇德队与嘉兴队、海宁队在海宁比赛。1959年，为庆祝建国十周年，桐乡县举行成人组球类运动会，梧桐、崇福等镇以及县级机关组队参赛。同年在嘉兴专区运动会上，桐乡男子排球队获亚军，女子排球队获第三名。1960年5月，县第二届工人运动会，排球列入比赛，崇福、乌镇、梧桐等镇职工及机关组队参赛。

田径

民国三十五年（1946），崇德、桐乡两县运动会上，田径均为主要赛事，春季、秋季运动会均设民众组田径比赛项目。

新中国成立后，县级运动会上都有以职工为主的成人组田径比赛。田径活动多见于比赛中，平日活动不多，但以长跑作为健身锻炼的却不少，乌镇清晨长跑活动比较持久广泛，常年坚持者多达百余人。20世纪80年代，除县级运动会田径比赛外，县级机关、供电系统、崇福印刷厂、桐乡皮毛厂、桐乡第二人民医院等举行的小型运动会，均设有田径比赛部分项目。

棋类

中国象棋适宜业余对弈，历来爱好者甚众。1962年，曾组织4次城镇象棋比赛。围棋，1980年以后，在青年职工中有不少爱好者。1990年，县十一届体育运动会，棋类列入比赛，各系统、单位和机关组队参赛，中国象棋有男队20个，女队13个；围棋有男队19个，女队17个；国际象棋有男队10个，女队3个。

举重

1956年，浙江省首次举办举重比赛，崇德县文化馆万元豹、搬运工人周文荣等参加比赛，万元豹获轻量级冠军。同年5月，万元豹参加全国举重比赛；10月，参加省工人运动会，再获轻量级冠军。此后，现代杠铃举重替代民间传统举石担，在职工中逐步开展。1964年，首次举办举重业余训练班。此后，这项活动长盛不衰，长期作为省重点体育项目训练点之一。1985年，在省工人运动会上，桐乡化肥厂职工沈海英获举重比赛3枚金牌。

射击

1959年，举行射击比赛，梧桐、崇福、乌镇等镇以及县级机关均组队参加，项目为小口径步枪射击。同年，在嘉兴专区运动会上，桐乡射击队获总分第二名。1960年5月，第二届工人运动会在崇福镇举行，设小口径步枪射击比赛。由于受射击条件限制，职工业余体育活动中少见射击。

游泳

1959年，梧桐镇建造游泳池，为嘉兴地区最早，因此，嘉兴地区游泳比赛多在桐乡举行。1966年以后十年，每年在6月底或7月初，组织水上游泳活动。1976年7月16日，为庆祝毛主席畅游长江十周年，在石门镇运河中进行了规模盛大的水上游行，共有7个方队（6个游泳方队和1个仪仗方队），420人参加，观众达3万人。

拔河

此项活动开展甚早。新中国成立后，基层单位组织职工体育活动，常设拔河比赛。20世纪80年代，县妇联、县体委在每年妇女节协同举办女子拔河比赛。

广播体操

自1961年推行第一套广播体操以后，已推行8套，在机关和一些工厂开展。

此外，还有桥牌、气功、钓鱼、自行车等，大多在20世纪80年代开始在职工中流行。许多单位建有桥牌队，县桥牌协会组织培训、推行，与县工人俱乐部和县体育辅导中心协同举办比赛。县气功协会设有辅导站，在梧桐、崇福、乌镇设有辅导点，以中老年职工居多。1985年5—8月和1987年7—12月，濮院缝纫机零件二厂半聋哑人、业余自行车运动员张正明两次周游全国，遍及29个省、市、自治区，行程5万余公里。

1990年以后，职工体育运动蓬勃开展。1991年，全县厂矿企业有职工业余体育运动队524个，队员4958人，职工体育人口占40%以上。全县举办各类厂矿职工体育竞赛1051次，参赛职工21130人次；县级机关77个部门中有39个部门建立业余体育运动队84个，举办体育竞赛142次。1991—2010年，七大镇和各系统（部门）经常组织篮球赛、足球赛。1992年，梧桐镇、崇福镇以厂矿、企业为单位组织足球赛，有十几支球队参加。其中中老年"常青杯"篮球比赛活动每年举行。1994年，各部门（系统）举办各类体育竞赛400余次，参赛人数达8.9万人次。1991年起在机关事业单位推行第七套广播体操。

1991—2008年，县（市）级机关共举办运动会7届。1991年，第二届县级机关运动会设田径、游泳、广播体操、中国象棋、乒乓球、钓鱼6个比赛项目，63部门1200人次参赛。2008年，第八届市级机关运动会设乒乓球、跳长绳、棋类、游泳、投篮、网球、拔河等7个项目，73个部门（系统）2000多人次参赛。

1997年后，企业产权制度改革力度加大，企业改制，企业职工活动和赛事依靠社会赞助，逐渐走出低谷呈活跃态势。市体委、市体育总会（协会）联系落实承办单位和协办单位，经费由承办单位、协办单位、参赛单位共同解决。企业参与社会办体育赛事逐年增多。是年8月，举办首届"建行杯"男子篮球赛，乡镇、基层共17支队伍参赛。至2010年，市体委协同各体协先后举办"建行杯"、"利群杯"、"农行杯"、"胜利杯"、"红西湖杯"、"圣富德杯"、"乌镇旅游杯"、"大富杯"等，涉及篮球、足球、乒乓球、桥牌、冬泳、围棋等项目。

各协会推荐参与省市职工体育比赛，获得良好成绩。1992年，县桥牌协会推荐的两位选手参加全国桥牌比赛，获得第四名，1999年、2000年选派参赛队员参加省级比赛，先后获得省级甲级队资格和全省"桥牌十强县"称号。2003年，市武术协会选派16名运动员参加省国际传统武术大会，获得金牌8枚、银牌3枚、铜牌1枚。

与此同时，县（市）体委积极组织承办和参与各类邀请赛，促进职工体育横向交流。2004年，市围棋协会承办嘉兴市首届"名人杯"围棋赛，我市运动员杨勇、汪以恒分获得第二名和第六名。2009年1月，举办市第二届"胜利杯"冬泳邀请赛，来自江浙沪三地的12支冬泳队共250名冬泳爱好者参加。6月，市围棋协会承办省首届"乌镇旅游杯"县（市区）围棋联谊赛，14县（市、区）15支代表队60余名运动员参赛，桐乡一队、青田队、越城队获得前三名。9月，市冬泳协会组织15名冬泳爱好者参加台湾第27届"日月潭国际万人泳渡嘉年华会"活动。

随着市场经济发展，职工体育组织形式和活动形式不断更新。2008年5月，市总工会举办"春蚕杯"职工迎奥运健身运动会，项目有群体跳绳、二分钟篮球投准接力赛、齐心协力两人行、赶猪、袋鼠跳往返接力、二人背靠背排球往返接力等，43个工会代表队430名运动员参加比赛。2009年5月，举办首届新居民运动会，14支代表队305名新居民参加，项目有三人制篮球赛，拔河、集体跳绳、乒乓球、齐心协力三人行、袋鼠跳迎向接力等，濮院镇、经济开发区、振东新区、乌镇、崇福镇、梧桐街道分获团体总分前六名。9月，举办桐乡市"共克时艰"企业职工友谊挑战赛，23个代表队230名运动员参加6个体育游戏项目竞赛，市农业银行、经济开发区、国企办、高桥镇、屠甸镇、崇福镇分获团体前六名。2012年8月，市总工会组织举办全市职工羽毛球比赛，320人参加；9月，市总工会与市体育局组织举办全市企业工会干部太极拳培训，160人参加。2013年7月，市总工会组织举办全市职工乒乓球比赛，190人参加。2014年11月，市总工会组织举办全市职工羽毛球比赛，350人参加。

二、农民体育

从前，农民体育活动形式有打拳、举石担、摇快船、爬高杆、下棋等，时间一般在清明时节或冬闲时节，多为自发组织。新中国成立后，政府组织的农民体育活动开始兴起，除保留部分民间传统项目外，主要开展球类、拔河等以及军事三项（射击、投弹、越野长跑）活动。

1956年春节，崇德县文化馆在大操场举行民间传统体育表演，项目有武术、爬高杆、跑竹马、荡旱船等，不少农民选手参加，观者如潮。同年12月，桐乡县在梧桐镇举行民间武术比赛，有80余人参赛，其中有农民多人。同时举行的还有桐乡县篮球锦标赛，有民合五星队、梧桐新南队等农民篮球队参加。同年，桐乡县第一个农村体育组织——建丰第一高级农业合作社体育协会建立，有会员50多人，其中女会员10名，经常开展篮球、羽毛球、跑步、体操、掷弹、跳绳等活动，受到共青团浙江省委的表彰。团省委在机关刊物《团的情况》上报道了体育骨干邵金龙的事迹。1957年4月，安兴乡举行第一届体育运动会，76岁的老农民杜吹荣表演拳术。1959年1月，各公社普遍组建篮球队；5月，大麻等4个公社的篮球队、乒乓球队应邀参加县第二届工人运动会；10月，庆祝建国十周年，举行第六届人民体育运动会，各公社组队参加。1960年1月，桐乡县举行篮球分区赛，炉头、洲泉、大麻等12个公社参赛；2月，大麻公社体委举办篮球、划船比赛，有300余人参加；12月，县人民政府下文对农村体育活动提出要求："围绕生产，开展一些田间操、跑步、打拳、举石担以及其他有益身心健康的民间体育活动。"1964年2月，嘉兴地区在平湖举办六县农民篮球、拔河、手榴弹掷弹锦标赛，大麻、义马两公社合组篮球队参赛。

20世纪80年代，农民体育活动再掀高潮，县体委每年组织篮球赛、乒乓球赛和中国象棋赛，间年组织农村民兵军事三项比赛。1984年，安兴乡被省体委、省文化厅和团省委评为"群众体育先进乡"。1986年，安兴乡被评为省群众体育活动先进单位。

1990年，全县各乡镇建立体育运动委员会，设置篮球场、乒乓球室等活动场所，添置器材，农村体育活动更趋活跃。县人武部、县体委举办农民军事三项比赛（军用步枪射击、投掷手榴弹、长跑）和农民乒乓球赛等比赛。各乡镇举办田径运动会和乒乓球、篮球、田径等比赛。1992年，县、乡（镇）二级体委举办篮球、乒乓球等体育竞赛100多次，参赛人数1万余人。河山乡传统民间摇快船比赛被定为嘉兴市级农民体育比赛项目之一，并在嘉兴市农民摇快船（踏白船）比赛中，男女队双获冠军。1993年，省、市、县三级体育先进乡镇已占全县乡镇总数24%，其中，乌镇被国家体委命名为全国群众体育先进集体；屠甸镇、南日镇被省体委、省农业厅命名为省级体育先进乡镇。是年，河山镇、芝村乡率先建造乡镇文化体育中心。1996年5月，选派陆建强、费月红、杨惠清3位运动员参加省第三届农民运动会田径比赛。1999年11月，芝村乡举行"芝村杯"农村乒乓球赛，有7支乡镇代表队参赛。1999年4月、2000年5月，先后2次举办桐乡市"农行杯"民兵军事三项比赛，各乡镇108名运动员参加比赛。2004年，大麻镇农民舞龙队代表嘉兴市参加省第五届农民运动会，获得规定套路二等奖、自选套路三等奖、团体二等奖。2009年5月，举办"建设新农村、小康体育村"三人制篮球赛，17支代表队82名运动员参赛。2010年，洲泉镇屈家浜村、清河村2支摇快船队参加2010中国·嘉兴端午民俗文化节，在南湖踏白船表演赛上，获500米直道竞速和"绕障碍"抢荷花比赛二等奖，并组队参加2010年"五芳斋杯"嘉兴全国龙舟邀请赛。2010年，石门镇先后举办"快乐农家女"乡村趣味运动会、"建丰杯"残废人趣味运动会、拔河赛、老年人象棋赛、羽毛球赛、乒乓球赛、"运河杯"男子篮球赛等，共575人参加；高桥镇举办首届农民运动会，750人参加；大麻镇组织举办"利明杯"篮球赛，160人参加。2011年，石门镇先后举办群众体育运动会、环农业示范区单车赛；高桥镇先后举办首届农民运动会、"权威杯"羽毛球赛、"信合杯"乒乓球赛、"永和杯"男子篮球赛；大麻镇举办"金富仕"杯篮球赛。2012年，凤鸣街道先后举办全民运动会、全市老年人中国象棋寒；大麻镇举办"新天地杯"篮球赛；高桥镇先后举办第二届农民运动会、"捷安特杯"自行车赛、排舞大赛、"帝斯曼杯"男子篮球赛；石门镇举办"运河杯"男子篮球赛、趣味运动会、"兴宏杯"残疾人趣味运动会；梧桐街道先后举办第一届农民排舞比赛、绞柴龙比赛。2013年，高桥镇举办"范桥杯"中国象棋、乒乓球赛、"东润杯"男子篮球赛，大麻镇举办"杭州湾轻纺城杯"篮球赛，石门镇举办"五四"青年运动会、老年人趣味运动会、"运河杯"男子篮球；梧桐街道举办农活大比拼。2014年，凤鸣街道先后举办武术太极下乡活动、全市老年人中国象棋赛，石门镇举办第三届体育运动会、"三八"妇女趣味运动会、三人制篮球赛、"运河杯"篮球赛、"金羊杯"残疾人趣味运动会，大麻镇举办"飞帆杯"篮球赛，高桥镇先后举办第三届农民运动会、乒乓球赛、中国象棋赛、篮球赛、羽毛球赛。

三、老年人体育

20世纪80年代中期开始兴起。1986年9月，县老年人体育协会成立。后逐步向镇、乡延伸，到1991年，有镇、乡老年体协组织8个，会员1715人。2002年，全市老年体协会员增加到3015人。2004年，全市13个镇、乡、街道全部成立老年体协，并做到人员、经费、办公用房三落实。2010年，老年体协组织网络进一步健全，全市37个居民社区，178个行政村全部建立老年体协领导小组，教育、卫生等22个系统建立老年体协分会，会员2.2万人。全市有体育辅导站（点）185个，辅导员215名。

老年体育内容丰富，活动频繁，主要项目有门球、乒乓球、棋类、太极拳、太极剑、气功、健身舞、慢长跑、健步走、钓鱼等。1986年，梧桐镇朱敏贤参加省老年人长跑赛并获优胜奖。门球是桐乡老年人体育活动的主要项目，1987年2月，举行县首届老人门球赛，有梧桐、崇福、屠甸、老干部局和教育系统五个队参赛。1990年，县老年门球代表队在嘉兴市第五届门球赛上获得冠军，并参加同年举行的省老年门球赛，参加华东地区部分城市老年人门球协作赛，获第五名。1995年市老年门球队参加嘉兴市"劲松杯"门球赛，获第一名，参加省老年人门球赛，获第一名，并代表浙江省参加在石家庄举行的全国老年人门球赛，获第七名。1997年9月，举办市十一届老年人门球赛，全市乡镇、系统12支队伍84名运动员参赛。1999年10月，市体委、市老干部局举办老年门球比赛，崇福、梧桐、濮院、石门、乌镇5镇和教育、金融、电力、卫生、邮政、公安、粮食7个行业系统组队参赛。"常青杯"中老年篮球比赛自1989年起，每年不定期在各大镇举行。至2010年共举行21届，每年约60余人参赛。

1990年，县委组织部、县体委等联合举办首届老年人体育运动大会，项目有中国象棋、乒乓球、太极拳、太极剑、五禽戏、健身操、门球、迪斯科健身舞等。1991年，县老年体协组织竞赛23次，参赛人数587人次。1992年，争创"体育先进县"，县财政每年补助老年体协活动经费0.5万元，全年参加竞赛活动8900余人次。开展锻炼项目30多项，近7万老年人经常参加体育锻炼活动，占全市老年人口70%。2006年，梧桐、龙翔、凤鸣3个街道和崇福、石门、屠甸、大麻、高桥、濮院、乌镇、洲泉、河山9个镇分三批获"省小康型老年体育街道（镇）"称号。

2009年，贯彻省老年体协关于老年体育工作要"向农村转移，向基层倾斜"的精神，在崇福镇召开桐乡市农村老年体育工作现场会。至2010年，各级体协举办各类培训班169期，5000余人参加，崇福、乌镇、洲泉等镇把培训班办到行政村。

1994年，梧桐镇建立全市第一支中老年冬泳队——凤鸣冬泳队。2010年，全市有门球队15支、自行车队7支、气排球队26支、太极拳（剑）队50支、健身操队200余支、冬泳队1支。全年参加活动队员7万余人次。

1998年9月，市退教协会举办首届离退休教职工运动会，设乒乓球、篮球定点投篮、托球竞走、飞镖、42式太极拳（剑）等8个比赛项目，200多人参加比赛。2006年，市退教协会举办第五届离退休教职工运动会，近800名老年运动员参赛，至2010年共举办7届离退休教职工运动会，每届近1000人参赛。

2002年，12名运动员代表嘉兴市参加省第四届老年运动会，获门球第三名、乒乓球男子单打第二名、网球团体第七名。2003年9月，市老年体协换届后，举办"庆国庆迎重阳"老年人健身展示活动，项目有腰鼓、太极拳、健身球、太极剑、双环操、武术功夫扇、体育舞蹈、自行车穿城行等，400余人参加。2004年，举办老年人健身展示活动，有1000多名老年运动员参加；组织乒乓球、门球、羽毛球、气排球、太极拳、棋类、桥牌等比赛；参加嘉兴市第二届老年人运动会，获得团体总分第四名。2005年4—12月，举办市第二届老年运动会，这是时隔16年后，举办的较大规模综合性老年运动会，设乒乓球、武术、健身球、门球、棋类、钓鱼、羽毛球、气排球，共8大项14个小项，有44支代表队2100名运动员参赛，年龄最大85岁。此届运动会不设团体总分奖，表彰成绩优秀奖前3名，分别是：崇福镇、教育局、梧桐街道；成绩优良奖5名，分别是：乌镇、濮院镇、石门镇、屠甸镇、农经局、卫生局。2006年5月—10月，举办庆祝市老年体协成立20周年系列活动。是年6月，梧桐、崇福镇老年腰鼓队参加中国·嘉兴江南文化节腰鼓大奖赛，分获金奖和银奖。是年10月，举办市老年人门球赛，12支代表队108名运动员参赛，电信、乌镇、屠甸代表队获前三名。

2007年6月，5千名老年人参加"全民健身与奥运同行"万人健身走活动。市老年自行车队、健身队到社区、农村宣传奥运精神。老年武术爱好者参加第五届省国际传统武术比赛，获24枚金牌。2008年4月，举办迎北京奥运会倒计时100天庆典活动，市老年体协组织表演舞龙、太极拳、团体操等节目，500余人参加。在开展奥运年系列活动中，各级老年体协举办竞赛72次，7161人参加。2009年，组队参加嘉兴市第三届老年运动会，200多名运动员参加14个项目比赛，获男子羽毛球、男子乒乓球第一名；自行车慢车、桥牌第二名；象棋、女子排球第三名；团体总分第三名。是年11月，举办市机关事业单位退休干部运动会，48个机关、镇、（街道）418名运动员参加，项目有定位投篮、一分钟跳绳、推推铅球等12项。2010年3—11月，举办市第三届老年运动会，12个镇（街道）、17个系统的2075名运动员参加，比赛项目有乒乓球、自行车、健身球、钓鱼、排舞、棋类、柔力球、太极拳（剑）、羽毛球、排球、门球等11个。开幕式上进行老年人健身展示，项目有自行车、锣鼓表演、武术表演、团体操等。教育局、梧桐街道、崇福镇、乌镇、卫生局、农经局、濮院镇、屠甸镇分获团体总分前八名；梧桐街道等11个单位或优秀组织奖。2010年，组队参加嘉兴市老年人体育比赛，门球队获第一名，自行车慢车、健身球获第二名。崇福镇被评为"省健身气功之乡"，梧桐街道被评为"省武术之乡"。

四、学校体育

1991年，全县中小学开始贯彻执行《学校体育工作条例》，开展《国家体育锻炼标准》

达标活动,开展以增强学生体质为主、以普及为主、以经常锻炼为主的两课两操两活动（两课即每周两节体育课，两操即广播操、眼保健操，两活动即每周两节课外体育活动）。全市每年有4—7万学生参加《国家体育锻炼标准》测试，达标施行面和达标率从1991年的98.48%和86.98%增加到2003年的100%和99.30%，其中优秀率长期稳定在40%以上。1993年开始实行初中升学体育考试制度。全县中小学每年开展冬季三项运动(长跑、跳绳、踢键子）和广播操比赛；每年召开一次校田径运动会。全市每年举办一次中小学田径运动会；举办"青春杯"中学男、女篮球赛和"希望杯"小学男、女篮球赛，还举办乒乓球、三棋（中国象棋、国际象棋、围棋）等单项比赛，学校体育得到规范发展。

竞赛活动

1992年5月，举办城镇中小学田径冠军赛，19所学校200余运动员参赛；11月，举办县第二十八届中小学田径运动会，78所学校800余名运动员参赛，桐乡一中、屠甸中学、桐乡二中获城镇高中组团体总分前三名；石门中学、桐乡二中、屠甸中学获城镇初中组团体总分前三名；百桃初中、濮院初中、乌镇初中获农村初中组团体总分前三名，植材小学、梧桐镇小、崇福镇小（并列第二名），濮院镇小获城镇小学组团体总分第三名。

1993年7月，举办第三届"希望杯"小学生篮球赛，13支球队参赛。10月，举办市第二十九届中小学田径运动会，73所学校750余名运动员参赛，桐乡一中、桐乡二中、乌镇中学获城镇高中组团体总分前三名；桐乡一中、乌镇中学、屠甸中学获城镇初中组团体总分前三名；梧桐镇小、植材小学、崇福镇小获城镇小学组团体总分前三名；乌镇初中、新生初中、百桃初中获农村初中组团体总分前三名；城南小学、炉头小学、新生小学获农村小学组团体总分第三名。

1994年3—11月,举办市第十二届运动会（青少部）暨第三十届中小学田径运动会，共有79所学校725名运动员参加，项目有游泳、举重、乒乓球、三棋（中国象棋、国际象棋、围棋）、田径等。桐乡一中（625.9分）、乌镇中学（421.8分）、屠甸中学（292分）、桐乡二中（220.5分）桐乡三中9138分）、桐乡四中（133.8分）分获城镇中学组团体总分前六名,城东初中(64.3分)、骑塘初中(17.3分)、大麻初中(11分)、青石初中(9.8分)、永秀初中（9.5分）、虎啸初中（9分）分获农村初中组团体总分前六名，梧桐镇小（381.6分）、崇福镇小（146分）、植材小学（123.3分）、梧桐二小（108分）、濮院镇小（101.9分）、乌镇中心小学（100分）分获城镇小学组团体总分前六名，城南乡小（14.5分）、濮院乡小（14.1分）、百桃乡小（6.3分）、义马乡小（6分）、新生乡小（5分）分获农村小学组团体总分前六名。有8人破7项嘉兴市纪录，21人破32项桐乡市纪录。

1995年5月，举办市城镇中小学田径达标赛，16所学校250余名运动参赛。

1996年4月，举办市城镇中小学田径达标赛，21所学校300余名运动参赛。10月，举办市农村中小学田径运动会，60所中小校600余名运动员参赛，史桥中学、新生中学、炉头中学、同福中学、虎啸中学、城东中学获中学组团体总分前六名；炉头小学、新生小学、濮院乡小、河山一小、安兴小学、上市小学获小学组团体总分前六名。

1997年5月，举办市三十三届中小学田径运动会，81所中小学749名运动员参加。桐乡二中、乌镇中学、桐乡第一职业中学获少年甲组团体总分前三名。乌镇中学、邵逸夫中学、桐乡一中获少年乙组团体总分前三名;第一实验小学、崇福镇小（并列第1名），植材小学，凤鸣小学获城镇小学组团体总分前三名；炉头初中、晚村初中、高桥初中获农村初中组前三名；炉头小学、安兴小学、羔羊小学获农村小学组团体总分前三名。屠甸中心小学姚鑫以2'29"2破桐乡市儿童男子组800米纪录。10月，举办"青春杯"中学生男女篮球赛，共19支队伍参赛，桐乡一中、乌镇中学、桐乡一职获男子组前三名；石门中学、桐乡一职、乌镇中学获女子组前三名。11月，举办桐乡市城镇中小学田径达标赛，21所中小学228名参赛。邵逸夫中学朱雪强以12"1和25"6的成绩破桐乡市少年男子乙级100米、200米纪录，崇福镇小徐振斐以9.62米的成绩破桐乡市儿童男子组4公斤铅球纪录。

1998年3月，举办市第十三届运动会青少年部比赛暨三十四届中小学田径运动会，81所中小学946名运动员参加，项目有田径、游泳、棋类、乒乓球、举重、网球7项，桐乡一中获城镇中学组团体总分第一名，第一实验小学获城镇小学组团体总分第一名，炉头初中获农村中学组团体总分第一名，羔羊小学获农村小学组团体总分第一名。5月，举办市"希望杯"小学男女篮球赛，共15支球队参加，凤鸣小学男、女篮球队双获冠军。10月，举办市"青春杯"中学生男子篮球赛，9支球队参加，桐乡一中、乌镇中学、桐乡高级中学获前三名。11月，举办市"青春杯"中学生女子篮球赛，11支球队参加，桐乡第二职业中学、石门中学、桐乡高级中学获前三名。

1999年5月，举办市三十五届中小学田径运动会，83所中小学696名运动员参赛。桐乡高级中学、桐乡第一职业中学、洲泉中学获高中组团体总分前三名；屠甸中学，桐乡六中、邵逸夫中学（并列第二），洲泉中学获城镇初中组团体总分前三名；虎啸初中、晚村初中、乌镇初中获农村初中组团体总分前三名；乌镇中心小学、第二实验小学、第一实验小学、濮院镇小（并列第三名）获城镇小学组团体总分前三名；百桃小学、炉头小学、濮院镇中心小学获农村小学组团体总分前三名。桐乡高级中学4×100米接力队以45"1破桐乡市成年男子组纪录，乌镇中心小学4×100米接力队以56"2破桐乡市少年女子乙组纪录。10月，举办市"青春杯"中学男子篮球赛，9支球队队参加，桐乡一中、桐乡二中、桐乡高级中学获前三名。11月，举办市"青春杯"中学女子篮球赛，11支球队参加，石门中学、桐乡六中、第二职业中学获前三名。5月，举办市"希望杯"小学男女篮球赛，16支球队参加，石门镇小、梧桐二小、濮院镇小获男子前三名，石门镇小、第二实验小学、植材小学获前三名。

2000年10月，举行市三十六届中小学田径运动会，66所中小学688名运动员参赛，桐乡高级中学、桐乡一中、桐乡二中获高中组团体总分全三名。桐乡四中、桐乡六中、乌镇中学获城镇初中组团体总分前三名，第二实验小学、乌镇中心小学、濮院镇小获城镇小学组团体总分前三名，城东初中、桐乡七中、乌镇初中获农村初中组团体总分前三名，城东小学、梧桐镇小、炉头小学获农村小学组团体总分前三名。共有4人5人次破五项桐乡市少年乙组、儿童组纪录。5月，举办庆"六一"幼儿趣味运动会，14所幼儿园224名幼儿参赛，设9个项目，梧桐幼儿园、濮院幼儿园、崇福幼儿园获团体总分前三名。5月，举行市"希望杯"小学男女篮球赛，18支球队参加，梧桐二小、石门镇小、植材小学获男子前三名，石门镇小、崇福镇小、植材小学获女子前三名。11月，举办市"青春杯"中学男女篮球赛，14支球队参加，桐乡一中，桐乡第一职业中学，桐乡高级中学获男子组前三名，第二职业中学、桐乡六中、石门中学获女子组前三名。

2001年10月，举办第三十七届中小学田径运动会，66所中小学691名运动员参赛，桐乡高级中学获高中组团体总分第一名，桐乡六中、屠甸中学并列城镇初中组团体总分第一名，城东初中、乌镇初中并列农村初中组团体总分第一名，乌镇中心学校获城镇小学组团体总分第一名，百桃小学获农村小学组团体总分第一名。5月，举办"希望杯"小学生男女篮球赛，19支球队参加，濮院镇小、梧桐二小、石门镇小获男子前三名，第二实验小学、石门镇小、崇福镇小获女子前三名。11月，举办"青春杯"中学男女篮球赛，14支球队参加，桐乡一中、信息技术学校、高级中学获男子前三名，石门中学、桐乡六中、邵逸夫中学获女子前三名。

2002年5—11月，举办市第十四届运动会青少年部比赛暨三十八届中小学田径运动会，68所中小学参赛，有棋类、乒乓球、篮球、田径等项目，桐乡高级中学、桐乡四中、第一实验小学、桐乡八中、启新小学分获高中组、城镇初中组、城镇小学组、农村初中组、农村小学组团体总分第一名。5月，举办"希望杯"小学女子篮球赛，10支球队参加，濮院镇小、洲泉镇小、崇福镇小获前三名。8月，举办"希望杯"小学男子篮球赛，9支球队参加，濮院镇小、植材小学、第一实验小学获前三名。10—11月，举办"青春杯"中学男女篮球赛，26支球队参加，信息技术学校、桐乡一中、茅盾中学获高中男子前三名，桐乡六中、桐乡三中、邵逸夫中学获初中男子前三名，石门中学、桐乡四中、桐乡六中获初中女子前三名。

2003年10月，举办市第三十九届中小学田径运动会，68所中小学近千名运动员参赛，茅盾中学、桐乡高级中学、信息技术学校分获高中组团体总分前三名，第四中学、求是中学并列城镇初中组团体总分第一名，第三中学、第六中学分获第二名和第三名，第七中学、第九中学、羔羊中学获农村初中组团体总分前三名。中山路小学、濮院镇小获农村小学组团体总分第一名，南日小学、同福小学分获第二名和第三名。7月，举办"希望杯"小学男女篮球赛，20支球队参加，濮院镇小学、第二实验小学、第一实验小学获男子前三名，濮院小学、植材小学、第一实验小学获女子前三名。10—11月，举办"青春杯"初中男女篮球赛，17支球队参加，第三中学、求是中学、青石中学获男子前三名，第六中学、石门中学、第三中学获女子前三名。11月，举办"青春杯"高中男子篮球赛，10支球队参加，信息技术学校、外国语学校、第一中学获前三名。

2004年，举办第四十届中小学田径运动会，"青春杯"高中、初中男女篮球赛，小学生"希望杯"男女篮球赛。

2005年，举办第四十一届中小学田径运动会，73所中小学952名运动员参赛；举办"青春杯"高中、初中男女篮球赛；举办"希望杯"小学男子篮球赛。

2006年6月，举办市第十五届运动会暨第四十二届中小学田径运动会，73所学校1000余名运动员参赛，茅盾中学、信息技术学校、桐乡高级中学获高中组团体总分前三名，桐乡四中、求是中学（并列第一名），桐乡三中，洲泉中学获城镇初中组团体总分前三名，桐乡七中、桐乡八中、濮院桐星学校获农村初中团体总分前三名，濮院小学、崇德小学、实验二小获城镇小学组团体总分前三名，启新小学、同福小学、青石小学获农村小学组团体总分前三名。"青春杯"、"希望杯"篮球赛列入市第十五届运动会序列，茅盾中学获高中男子组冠军，桐乡高级中学获高中女子组冠军，求是中学获初中男子组、女子组冠军，茅盾小学获小学男子组冠军，洲泉镇小获小学女子组冠军。

2007年10月，举办第四十三届中小学田径运动会，61所中小学892名运动员参赛，茅盾中学、职教中心、桐乡高级中学获高中组团体总分前三名，桐乡四中、求是中学（并列第一名），乌镇中学，桐乡六中获城镇初中组团体总分前三名，桐乡八中、启新学校（初中部）、濮院桐星学校（初中部）获农村初中组团体总分前三名，实验一小、濮院小学（并列第一名），植材小学，屠甸小学获城镇小学组团体总分前三名，启新小学、濮院桐星小学、中山路小学获农村小学组团体总分前三名。

2008年10月，举办第四十四届中小学田径运动会，61所中小学705名运动员参赛，茅盾中学、桐乡高级中学、职教中心获高中组团体总分前三名，桐乡四中、启新学校初中部、桐乡七中获初中组团体总分前三名，濮院小学、启新学校小学部、植材小学获小学组团体总分前三名。茅盾中学丁婷婷、河山中心学校褚沈东、桐乡四中沈佳破三项桐乡市纪录。

2009年10月，举办第四十五届中小学田径运动会，67所中小学763名运动员参赛，桐乡一中学生范玮琛在高中男子组100比赛中以10"88打破已保持30年之久的市男子组100米纪录。5月，举办市"希望杯"小学生篮球赛，19支球队参加，濮院镇小、屠甸镇小分获男、女组冠军。5月，举办市"青春杯"初中篮球赛，20支球队参加，桐乡六中、求是中学、现代实验学校获男子组前三名，求是中学、乌镇中学、屠甸中学获女子组前三名。9月，举办市"青春杯"高中篮球赛，13支球队参加，职教中心、桐乡一中、茅盾中学获男子组前三名，桐乡高级中学、桐乡一中、凤鸣高级中学获女子组前三名。11月，举办市首届中小学乒乓球联赛，分小学男女、初中男女、高中男女6个组，23所中小学140名男女运动员参赛，濮院镇小男女队同获冠军，现代实验学校男队获初中男子组冠军，求是中学女队获初中女子组冠军，茅盾中学男队获高中男子组冠军，桐乡高级中学女队获高中女子组冠军。

2010年10月，举办第四十六届中小学田径运动会，68支代表队800余名运动员参赛，茅盾高中、凤鸣高中、桐乡高级中学获团体总分前三名；桐乡四中、启新初中、桐乡六中、桐星初中（并列第三名）获初中组团体总分前三名；北港城北小学、濮院小学（并列第一名）、启新小学、茅盾小学获小学组团体总分前三名。李耀宇以10"78破嘉兴市成年组100米纪录，2人破3项嘉兴市年龄组纪录，3人2队破5项桐乡市年龄组纪录。

2011年10月14—16日，举办第四十七届中小学田径运动会，63支代表队730名运动员参赛，茅盾中学、桐乡一中、凤鸣高级中学获高中组团体总分前三名，启新学校初中部、桐乡六中、求是实验中学获初中组团体总分前三名，濮院小学、城北小学、启新学校小学部获小学组团体总分前三名。

2012年10月19—21日，举办第四十八届中小学田径运动会，67支代表队773名运动员参赛，桐乡一中、茅盾中学、桐乡高级中学获高中组团体总分前三名，桐乡六中、启新学校初中部、桐乡十中获初中组团体总分前三名，启新学校小学部、濮院小学、城北小学获小学组团体总分前三名。石门路学校初中部刘孝钱以25"84的成绩破嘉兴市男子初中乙组200米纪录，沈菊等5人破桐乡市年龄组纪录。

2013年10月26—28日，举办第四十九届中小学田径运动会，66支代表队769名运动员参赛，凤鸣高级中学、茅盾中学、桐乡一中获高中组团体总分前三名，桐乡六中、桐乡十中、现代实验学校获初中组团体总分前三名，城北小学、濮院小学、中山路小学获小学组团体总分前三名。沈菊等7人破桐乡市年龄组纪录。

2014年10月31日至11月2日，举办第五十届中小学田径运动会，64支代表队761名运动员参赛，桐乡高级中学、茅盾中学、凤鸣高级中学获高中组团体总分前三名，桐乡六中（含少体校学生，第一名）、求是实验中学（不含少体校学生，第一名）、现代实验学校、桐乡七中获初中A组团体总分前三名，石门路学校初中部（含新居民子女，第一名）、桐乡十中（不含新居民子女，第一名）、桐星学校初中部、同福初中获初中B组团体总分前三名，城北小学（含少体校学生，第一名）、濮院小学（不含少体校学生，第一名）、石门路学校小学部获小学A组团体总分前三名，启新学校小学部、志华中心小学、河山中心学校小学部获小学组B组团体总分前三分。李心怡等6人破桐乡市年龄组纪录。

达标活动

1991年，我县各中小学全面施行《国家体育锻炼标准》，施行面为98.48%，达标学生为38190人，达标率86.98%，石门镇小、洲泉镇小被评为省级达标先进学校。1992年，施行面为100%，"达标"学生为44560人，达标率为91.10%，桐乡一中、石门镇小、梧桐镇小、凤鸣小学、崇福镇小被评为全省"达标"先进学校，我县被省体委、省教委评为省级"达标"先进县（市、区）。1993年，施行面为100%，达标学生为47379名，达标率 93.70%，优秀率、良好率比例明显增加，名列嘉兴市第二名，被省体委、省教委评为全省"达标"先进县（市、区）;凤鸣小学、梧桐镇小、崇福镇小被评为省级"达标"先进学校。1994 年，施行面为 100%，达标学生为 45400 人次，达标率 94.60%，其中优秀率为 17.50%，良好率为 29.10%，及格率为 48.10%。1995 年，施行面为 100%，达标学生 43383 名，达标率为 95.80%，其中优秀率为 22.60%，良好率为 33.50%，及格率为 43.90%。

1996 年，施行面为 100%，达标学生 50871 名，达标率为 96.90%。1997 年，施行面 100%，达标学生 57658 名，达标率 98.20%，其中优秀人数 20601 人，占 35.50%，良好人数 20538 人，占 35.40%，被省体委、省教委评为省"达标"先进县（市、区）;桐乡一中、梧桐二小、桐乡第一实验小学、石门镇中心学校、石门村小学校、高级中学、崇福镇小、凤鸣小学、植材小学、乌镇中心小学、乌镇中学、新生中心小学城西中心小学被评为省级"达标"先进学校。1998 年，施行面为 100%，达标学生 60338 名，达标率 98.38%，其中优秀人数 25352 人，占 41.33%，良好人数 21581 人，占 35.18%，被省体委、省教委评为全省达标先进县（市、区），桐乡一中、桐乡六中、高级中学、乌镇中学、第一实验小学、石门镇小、凤鸣小学、梧桐二小被评为省级"达标"先进学校。1999 年，施行面 100%，达标学生 61300 名，达标率 99.10%，其中优秀级 29600 人，占 47.74%，良好级 20000 人，占 32.39%，获嘉兴市第一名，第一实验小学、第二实验小学、高级中学被省体委、省教委评为省级"达标"先进学校。2000 年，施行面 100%，有 6.37 万名学生"达标"，达标率为 99.21%，其中优秀级人数 3.34 万名，优秀率 51.97%，良好级人数 1.92 万名，良好率 29.8%，及格级人数 1.12 万名，及格率 17.41%，列嘉兴市第一名。2001 年，施行面 100%，达标学生 6.73 万名，达标率 99.04%，其中优秀级 3.61 万名，优秀率 53.04%，良好级人数 2.00 万名，良好率 29.46%，列嘉兴市第一名。2002 年，施行面 100%，达标学生 7.27 万名，达标率 98.95%，其中优秀级 3.62 万名，优秀率 49.35%，良好级人数 2.21 名名，良好率 30.20%。2003 年，施行面 100%，施行面 7.68 万名，达标率 99.30%，其中优秀级人数 3.75 万名，优秀率 48.7%，良好级人数 2.36 万名，良好率 30.60%。2004 年，达标学生 80306 人，达标率 99.40%。

体育传统项目学校

1991 年，有体育传统项目学校 6 所，其中省级 1 所:梧桐镇小，项目游泳。地（市）级 2 所:桐乡一中，项目田径;桐乡二中，项目田径。县级 3 所:石门中学，项目田径;乌镇中心小学，项目棋类;濮院镇小，项目篮球。

1997 年，体育传统项目学校有所调整，全市共有 7 所，其中省级 1 所:第一实验小学，项目游泳。嘉兴市级 1 所:桐乡一中，项目篮球。桐乡市级 5 所:桐乡一职，项目篮球兼田径;崇福镇小，项目田径;屠甸中学，项目田径;濮院镇小，项目篮球;乌镇中心小学，项目棋类。班级数 151 个，学生人数 3146 人。

2003年，传统项目学校布局作出新一轮调整，全市共有7所，其中省级1所：桐乡一中，主项篮球，副项健美操。嘉兴市级2所：第一实验小学，主项游泳，副项田径；濮院镇小，主项篮球，副项田径。桐乡市级4所：乌镇中心小学，主项棋类，副项田径；启新学校，项目田径；桐乡六中，主项篮球，副项田径；桐乡高级中学，主项田径，副项健美操。

2008年以后，省、市、县（区、市）教育主管部门积极推进体育特色学校建设，组织开展4次省体育特色学校申报和评审活动。至2010年，我市共有4所学校入围浙江省体育特色项目学校名单，分别是：启新学校，项目田径；桐乡实验小学教育集团城北北港小学，项目游泳；桐乡一中，项目篮球；濮院桐星学校，项目田径。

五、残疾人体育

桐乡残疾人体育始于上世纪80年代。1985年5—8月、1987年7—12月，濮院缝纫机零件二厂残疾工人张正明单车骑游全国29个省、市、自治区，挑战自我，战胜困难，宣传家乡，行程5万余公里，拍摄照片1800余幅，所到之地，当地媒体进行报道，归来后，受到县政府领导接见和勉励。

1991年，县民政局、县残联、县体委首次举办全县残疾人乒乓球比赛，屠甸、高桥、乌镇、洲泉、崇福、濮院6镇16名运动员参加。

1997年11月，市残联从各乡镇和聋哑学校挑选30人，经过短期集训，参加嘉兴市首届残疾人运动会，获金牌9枚、银牌7枚、铜牌7枚，团体总分获第三名，并获组织二等奖。

1999年，黄海涛参加省残疾人运动会，获银牌3枚。同年9月，有32名运动员参加嘉兴市第二届残疾人运动会，获金牌25枚、银牌16枚、铜牌11枚。

2000年，黄海涛参加全国第五届残疾人运动会，与队友合作在r46肢残男子4×400米接力赛中获金牌，还获得个人100米第四名。

2001年9月，举办桐乡市首届残疾人运动会，250名运动员参加，设田径、乒乓球、举重、游泳4个大项12个小项，共决出79枚金牌、66枚银牌、55枚铜牌。机关代表队、灵安代表队、洲泉代表队分获团体总分前三名，乌镇代表队、百桃代表队获组织奖，机关代表队、梧桐代表队获文明奖。

2002年11月，市残联组团参加嘉兴市第三届残疾人运动会，35名运动员参赛，获金牌29枚、银牌10枚、铜牌4枚，团体总分列第二名。

2003年9月，3名运动员参加全国第六届残运会田径、游泳和盲人门球3项比赛，黄海涛及队友在田径比赛以3′52″25的成绩获男子4×400米接力赛金牌，沈月锋获男子4×50米混合泳接力赛铜牌、100自由泳铜牌。3名运动员参加省第六届残疾人运动会，陈水根获铅球银牌、铁饼铜牌、标枪铜牌，黄海涛获200米、400米银牌，张跃清及队友获羽毛球混双银牌。市残联被评为1998—2002年省残疾人体育先进集体，黄海涛获省残疾人体育先进个人。

2004年9月，举办市第二届残疾人运动会，13个镇（乡）、街道代表团130名运动员参加，项目有田径、乒乓球、羽毛球、力举、游泳5个大项12个小项，分聋哑、肢残两类，经三天比赛，决出金牌83枚。濮院镇、洲泉镇、石门镇获团体总分前三名，濮院镇、梧桐街道获组织奖，同福乡、凤鸣街道获体育道德风尚奖。同年组队参加嘉兴市残疾人（青少年）运动会，共获金牌16枚、银牌9枚、铜牌1枚，团体总分列第三名。选送沈月峰、张跃杰分别参加全国残疾人（青少年）游泳锦标赛和乒乓球锦标赛。

2005年，桐乡市承办嘉兴市残疾人游泳比赛，获团体总分第二名。组队参加嘉兴市残疾人田径运动会及特奥运动会，获团体总分第一名。

2006年，选送运动员去上级残联参加集训，并代表嘉兴残联参加省第七届残疾人运动会，沈月峰获3枚银牌。

2007年5月，崇福镇肢残运动员沈月峰在全国第七届残运会上获50米蛙泳金牌，并入选2008年奥运火炬手。9月，举办市第三届残疾人运动会，13支代表团130名运动员参加，项目有田径、游泳、举重、乒乓球、羽毛球5个大项14个小项，共决出金牌89枚、银牌77枚、铜牌59枚。屠甸镇、洲泉镇、同福乡、高桥镇、濮院镇、崇福镇获团体总分前六名，屠甸镇、同福乡、乌镇、洲泉镇、梧桐街道、石门镇获组织奖，凤鸣街道、大麻镇、龙翔街道、河山镇获精神文明奖。9月27日，以"希望之火和谐之光"为主题的2007年世界夏季特奥会执法人员火炬跑途经桐乡，在市菊花广场、滨河广场和市区主要街道举行迎送圣火仪式，市四套班子领导、有关单位代表、社区居民代表、青年志愿者和中外执法者、特奥运动员500余人参加。

2008年，沈月峰参加第28届北京奥运会嘉兴区域火炬传递活动。梧桐街道聋哑人陈禹阳在省第二届聋人运动会上，获男子乙组乒乓球单打第一名、双打第二名，在全国聋奥会乒乓球混合双打中获第五名。

2009年，市残联选送3名优秀残疾人运动员参加省集训活动，备战第八届全国残疾人运动会。

2010年5月，举办市残疾人乒乓球比赛，12支代表队29名运动员参赛，濮院镇、凤鸣街道、洲泉镇、屠甸镇、崇福镇、梧桐街道获团体总分前六名。36名运动员参加嘉兴市第五届残疾人运动会，获金牌25枚、银牌11枚、铜牌7枚，团体总分列第三名。3名运动员参加省第八届残疾人运动会，获金、银、铜牌各2枚。

2011年9月，举办市第四届残疾人运动会，13支代表团127名运动员参加，项目有田径、游泳、举重、乒乓球、羽毛球5大项14小项。濮院、石门、屠甸、凤鸣、梧桐、乌镇获团体总分前六名，有46人次打破32项纪录。同年，在第八届全国残疾人运动会上，崇福镇孟国芬参加游泳比赛，获女子50米仰泳金牌，50米自由泳、100米自由泳和4×50米混合接力赛银牌，200米自由泳铜牌。

2012 年，桐乡市残联、教育局、体育局联合举办市首届青少年特殊奥林匹克运动会，13 个镇、街道的 52 名智障残疾运动员参加了田径、乒乓球、羽毛球、篮球等 4 大项 9 小项的比赛。

2013 年 8 月，市残联、体育局举办市残疾人乒乓球、羽毛球比赛，项目有男子单打、女子单打，分成人组和青少年组，共有 14 个代表队 90 人参加，洲泉镇、振东新区获团体总分一等奖。同年 9 月 14—22 日，残疾人游泳运动员孟国芬在荷兰斯塔茨卡纳尔举行的 2013 年世界轮椅与肢残人运动会上，获 4×50 米混合接力赛金牌、100 米仰泳银牌。10 月 29 日至 11 月 5 日，孟国芬在 2013 年全国残疾人（22 岁以下）游泳锦标赛上，获 S3 级 50 米自由泳、100 自由泳、200 米自由泳、4×50 米混合泳接力 4 枚金牌。

2014 年 9 月，组队参加嘉兴市第六届残疾人运动会，25 名运动员参加了六个大项 74 个小项的比赛，获金牌 39 枚、银牌 15 枚、铜牌 3 枚，团体总分第一名；其中 9 名运动员参加省第九届残疾人运动会，获金牌 4 枚、银牌 2 枚、铜牌 3 枚。同年，孟国芬在韩国仁川第 17 届亚残会上获金牌 1 枚；在全国残疾人游泳锦标赛上获金牌 4 枚。

六、全民健身活动

全民健身周（月）活动

1991 年，随着改革开放逐步深入，经济发展和人民群众物质、文化生活水平的提高，全民健身活动广泛开展，全县 38 个乡镇配备体育骨干 160 多人，有各类体育队伍 96 支，运动员 1788 人，全年举办乡镇压各类体育竞赛 173 次，参赛 14672 人次。

1992 年 1 月 24 日，举办桐乡县争创全国体育先进县火炬接力赛暨迎春营火晚会，由 38 个乡镇领导带队，1500 多人组成的火炬队在振兴路集合，沿振兴路——梧桐大街，到达一中操场，进行联欢。

1996 年 4 月，桐乡市成立实施《全民健身计划》领导小组，由分管副市长任组长。至 1997 年，初步形成以市体育总会为龙头，社会体育指导中心（指导站）、群团协会和俱乐部为依托，社会体育指导员为骨干的全民健身运动组织网络。

1997 年 6 月，首次举办市全民健身宣传周（月）活动，各乡镇、系统（部门）组织各类竞赛和健身活动 47 次，参加人数 3.6 万余人，项目有篮球、排球、乒乓球、中国象棋、围棋、门球、桥牌、太极拳、健美操、健身气功、武术、拔河和趣味运动等。市机关党工委被评为省全民健身宣传周（月）活动组织工作先进单位。6 月 27 日，举办"庆回归·迎七一"全民健身长跑活动，路线：一中大操场——大庆桥——梧桐大街——老汽车站——振兴路——国际大酒店——庆丰路——鱼行街——梧桐大街——大操场，全程 3000 多米，45 个单位 1200 余名运动员参加。

1998 年 9 月，开展"全民健身迎国庆"宣传周（月）活动，乌镇、洲泉、濮院、崇福、石门、屠甸、教委、建设局、乡企局等乡镇、部门组织各类竞赛和健身活动 37 次，2 万余人参与，项目有篮球、飞镖、乒乓球、棋类、长跑、幼儿趣味运动、太极拳（剑）等。市教委被评为省全民健身周活动组织工作先进单位。

1999年11月，开展"全民健身迎澳门回归"全民健身宣传周活动，举办各类竞赛和健身活动52次，有3.77万人次参与，项目有篮球、乒乓球、中国象棋、扇子舞、太极拳（剑）、健身舞、桥牌等。

2000年6—9月，各镇（乡）、街道，各部门（单位）各自开展全民健身宣传月（周）活动，共举办各类竞赛和健身活动232次，项目有乒乓球、棋牌、篮球、广播操、自行车慢车赛、太极拳（剑）、老年健身舞、扇子舞、长穗剑等，约6万人次参与。如，洲泉镇举办了第五届运动会，有5085人参与。

2000年2月26日，举办"新千年、新开象"万人长跑活动，路线：一中大操场——大庆桥——梧桐大街——老汽车站——振兴路——国际大酒店——庆丰路——鱼行街——梧桐大街——大操场，全程3000多米。第二届中国桐乡菊花节期间，组织"百人太极拳"、"百人双扇"、"百人太极长穗剑"展示活动。组织参加嘉兴市首届"南湖船文化节"踏白船、抢荷花比赛和皮划艇表演。

2001年6—9月，各乡镇、部门、机关学校、体育协会举办各类竞赛和体育活动150多次，有3.5万人次参与，项目有篮球、乒乓球、棋类、扇子舞、太极拳、健身舞、桥牌、自行车慢车赛等活动。

2002年6—7月，各镇乡（街道）社区、部门、学校组织体育竞赛和活动150多次，项目有篮球、乒乓球、飞镖、棋类、长跑、门球、太极拳（剑）、健身舞、健美操，2万多人次参与。

2003年，市文体局开展送体育下乡活动，并为首批体育特色户购买器材。7—8月，以小型、多样、分散等形式，组织开展全民健身周（月）活动，各镇乡、街道、系统、部门、协会开展篮球、乒乓球、棋类、桥牌、太极拳（剑）、门球、自行车、足球、健身舞等120多项健身活动。

2004年，13个镇（乡）、街道和15个体育协会开展全民健身周（月）活动，设篮球、乒乓球、棋类、太极拳（剑、操）、自行车、健身舞等10多个项目，开展活动130多次，有2万多人参与。

2005年，以"全民健身计划纲要"颁布实施十周年为契机，开展全民健身活动，组织各类竞赛健身活动100多次，2万多人参与。如，体育局与机关党工委合办二期大众广播操培训班，梧桐街道组织社区干部和居民家庭参加走健身路径、攀云梯等健身活动，1900多人参与，河山镇举办首届全镇运动会，崇福镇举办镇第二届运动会。

2006年8月，开展以"群众体育与奥运同行"为主题的全民健身宣传周（月）活动，项目有桥牌、太极拳（剑）、门球、自行车等，共组织活动200多次，3万余人参与。

2007年6月2日，举行"万人健身走暨全民健身月"仪式，22支方队2000多人参加，路线：市政广场—振兴路—庆丰路—公园路—教育局—市政广场，全程3000余米。各镇（乡）、街道、系统、体育单项协会组织各类竞赛健身活动120次，3万余人参与。

2008年4月30日，举办迎北京奥运会倒计时100天庆典活动，2000名体育爱好者表演太极拳、幼儿体操、中国功夫扇等7个健身项目。

2009年8月8日，举办庆祝全国第一个全民健身日暨健康进万家系列活动仪式，展示的健身项目有体育排舞、抖空竹、健身球、武术、柔力球、广播操等，3000人参与。

2010年8月8日，举办"迎接省运会、庆祝全国第二个全民健身日"活动，1000余人参与。

2011年8月6日，举办第三个全民健身日暨苏沪浙友好城市武术交流展示大会，420人参与。

2012年8月14日，举办第四个全民健身日暨太极拳、少儿武术、排舞、狮子舞、全民健身表演，200人参与；8月15日，举办全市第九套广播体操比赛，205人参与；12月28日，举办全市太极拳比赛，585人参与。

2013年3—11月，举办全市老年人健身表演，745人参与；8月6日，举办第五个全民健身日暨广播操比赛，1117人参与。

2014年3月17日，举办全民健身体育休闲节健步走比赛，156人参与；7月5—6日，举办全民健身体育休闲节游泳比赛，240人参与；7月18日，举办全民健身体育休闲节拔河比赛，168人参与；8月9日，举办全民健身体育休闲节广播操比赛，560人参与；8月8日，举办庆祝第六个全民健身日暨全民健身体育休闲节太极拳（械）比赛，560人参与；8月21日，举办全民健身体育休闲节趣味比赛，52人参与。

社会体育指导员培训

1998年1月，市体委举办市首届三级社会体育指导员培训班，30个乡、镇33名体育骨干参加培训、考核。有国家级社会体育指导员1名，一级社会体育指导员2名，二级社会体育指导员4名，三级社会体育指导员33名。1999年，举办两期三级社会体育指导员培训班，对象为体育经营场所业主、工作人员、乡镇群众体育骨干，共51人接受培训。至2000年底，有国家级社会体育指导员1人，一级社会体育指导员2人，二级社会体育指导员8人，三级社会体育指导员83人，初步形成社会体育指导员网络体系。2005年，培训三级社会体育指导员43人，参加二级社会体育指导员培训44人。2006年，举办三级社会体育指导员培训班两期，培训73人。至2010年，有国家级社会体育指导员1人，一级社会体育指导员19人，二级社会体育指导员36人，三级社会体育指导员234人，共291人。

国民体质监测

1998年7月，根据《全民健身计划纲要》要求，桐乡设立国民体质监测站，另设乌镇、濮院、崇福三个监测点。8月22日，监测站上街为市民免费测试，并进行宣传。

1999年，市体质监测站选择工商局、交通局、土管局为试点单位，进行测试。全年完成成年人体质测试510人，其中104人测试资料作为抽样调查样本上报省体委和嘉兴市体委。

2000年8至9月，根据国家体育总局要求，市体质监测站开展第一次体质监测，共监测644人（成年人332人，老年人24人，幼儿288人）监测年龄3—69岁，监测面广泛，含工人、农民、机关干部、企管人员、知识分子等。

2001年8—10月，组织开展老年人体质监测，监测年龄60—69岁），共监测160人，其中城镇92人，农村68人，测试结果：优秀级54名，占33.75%；良好级38名，占23.75%；合格级42名，占26.25%；不合格21名，占13.13%；很差5名，占3.13%，上报省体育局和嘉兴市体育局。

2005年5—7月，市体质监测站开展第二次体质监测，对144名城镇幼儿、144名农村幼儿、72名城镇老年人、370名农村成年人、288名城镇体力劳动者、288名城镇非体力劳动者进行随机整群抽样测试，设身高、体量、胸围、血压、肺活量、台阶试验、握力、背力、俯卧撑等24个项目。

2007年，市体质监测站选择市财政地税局、崇福镇，对279名干部和农民进行体质测试，测试结果：优秀级61人，占21.86%；良好级99人，占35.48%；及格级109人，占39.07%，不合格10人，占3.58%。

2008年，选择崇福镇、石门镇，对216名城乡居民进行体质测试，测试结果：优秀级47人，占21.76%；良好级83人，占38.42%；及格级74人，占34.26%；不合格12人，占5.56%。

2009年2—12月，选择财政局、梧桐街道、崇福镇、洲泉镇，对1211名机关干部、企业职工和城乡居民进行体质测试，测试结果：1163人达到国家国民体质合格标准以上，占96%，比2005年我市国民体质监测时高出1.9个百分点，其中优秀级311人，占25.7%；良好级415人，占34.3%，及格级436人，占36%，不合格48人，占4.0%。

2010年，在石门镇、河山镇、洲泉镇、凤鸣街道、梧桐街道设测试点。6—7月，按照《2010年国民体质监测工作手册》进行国民体质测试，从机关、企事业单位、幼儿园、行政村抽取测试1258人，测试年龄为3—69周岁，测试结果：优秀级181人，占14.4%，良好级303人，占24.1%，合格级598人，占47.5%，不合格级176人，占14.0%。与2005年相比，优秀率减少2.6%，良好率减少7.1%，合格率增加1.7%，不合格率增加8.0%，其中幼儿优秀率增加1.4%，良好率减少13.2%，合格率减少1.4%，不合格率增加13.2%；成年人优秀率减少3.4%，良好率减少7.4%，合格率增加3.1%，不合格率增加7.8%，老年人优秀率增加1.1%，良好率增加5.7%，合格率减少3.6%，不合格率减少1.0%。

群众体育先进集体和个人（省级以上）

1991年，被省人民政府命名为"全省体育先进县"。1992年12月，被国家体委公布为第四批"全国体育先进县"。

1993年，乌镇被国家体委命名为全国群众体育先进集体，屠甸镇、南日镇、乌镇被省体委、省农业厅命名为省级体育行进乡镇，梧桐镇小杨恩明被评为全国千名优秀体育教师。1994年，屠甸镇、南日镇被评为省级群众体育先进单位，机关党委姚海波、体委李跃敏被评为省级体育先进工作者，桥牌协会潘思源被评为省级群众团体协会先进个人。1995年，洲泉镇、河山镇被命名为第四批省级体育乡镇。1997年，石门镇、濮院镇、炉头镇被命名为第五批省级体育先进乡镇，梧桐镇为省级首批体育先进社区，洲泉镇被评为第八届全运会群众体育先进集体，洲泉镇政府吴文泉被评为第八届全运会群众体育先进个人。1998年，李跃敏被国家体育总局评为全国县（市区）级体育先进工作者荣誉称号，崇福镇、新生镇被评为第六批省级体育先进乡镇，河山镇、巨石集团被评为省级群众体育先进集体，崇福镇小姚益治被评为省级群众体育先进个人。2001年，体委顾铭健被国家体育总局评为第九届全运会群众体育先进个人。2002年，梧桐街道办事处获省第12届运动会群众体育先进集体，植材小学蔡文俊获先进个人。2005年，洲泉镇成为首批省体育强镇（乡），梧桐街道被评为省级城市体育先进街道。2006年，屠甸镇、濮院镇成为第二批省级体育强镇（乡）。2007年，崇福镇、石门镇成为第三批省级体育强镇（乡），市老年体协被省体育局、省体育总会评为2002—2006年省老年人体育工作先进集体。2008年，乌镇、河山镇、凤鸣街道成为第四批省级体育强镇（乡）和省级城市体育先进街道。2009年，市体育总会篮球活动中心被国家体育总局评为第十一届全运会群众体育先进单位，市老年体协被中国老年人体协评为"全民健身与奥运同行全国亿万老年人健步走向北京奥运会"活动先进地区。

2005年，梧桐街道学前社区、大发社区、凤鸣社区、庆丰社区被评为省级城市体育先进社区。2006年，大麻镇光明村成为我市第一个省级体育小康村。2007年，崇福镇芝村村、五丰村、东安村，石门镇民联村、同星村、白马塘村成为体育小康村。2008年，梧桐街道民安村、凤鸣街道西牛桥村、龙翔街道金牛村、乌镇白马墩村、濮院镇永越村、屠甸镇红星村、河山镇石栏桥村、洲泉镇东田村、大麻镇大庄村、高桥镇越丰村成为体育小康村。2009年，梧桐街道城东村、庆丰村，凤鸣街道灵安村，龙翔街道单桥村，乌镇五星村，濮院镇永乐村、新星村、新联村，屠甸镇联星村、荣星村、海星村、汇丰村，石门镇周墅塘村、郜墩村，河山镇八泉村、五泾村，洲泉镇义马村、湘溪村、夜明村、坝桥村、青石村、金家浜村、小园头村、石山头村、屈家浜村，大麻镇西南村，崇福镇民利村、御驾桥村、李家浜村，高桥镇毛水浜村、骑力村成为体育小康村。2010年，凤鸣街道环南村，乌镇双塔村，濮院镇新濮村、油车桥村，屠甸镇恒丰村、万星村、和平村，石门镇东墅村、叶新村、墅丰村、民丰村、殷家漾村，河山镇华台村，洲泉镇南庄村，大麻镇海华村,崇福镇联丰村、南阳村、上莫村、茅桥埭村,高桥镇范桥村成为体育小康村。2010年,市体育局获全国全民健身活动先进单位称号;河山镇东浜头村获全国群众体育先进单位称号;杨恩明、俞凤如获省优秀社会体育指导员称号。2013年,梧桐街道获省群众体育先进单位称号。

第三节　竞技体育

一、县级运动会

建国前

上世纪初,西方近代体育传入中国,桐乡、崇德两县城镇学校相继开展体育竞赛。民国二年(1913),崇德县高等小学举办田径运动会,开境内体育赛事之先河。民国七年(1918),桐乡县百桃乡人朱培生参加省第二届中等学校联合运动会,获田径总分第三名,20世纪20年代参加远东运动会,获100米跨栏冠军。1926年,崇福镇人戴麟经加入上海东华足球队,1930年出征东京第九届远东运动会。

民国二十一年(1932),桐乡、崇德两县组建的足球队有崇德队、黑鹰队、正凤队、小黑鹰队、晨光队、桐南队。民国二十二年(1933),崇福、乌镇、濮院、石门、屠甸等镇组建篮球队,主要成员为职员、教师,次年,崇福飞星队与省飞虎队比赛,以1分优势获胜,与硖石、嘉兴、临平等队比赛,战绩不俗。民国二十五年(1936),崇德县举办乒乓球比赛,崇福、石门、洲泉派选手参加。抗战期间,体育竞赛活动停止。

抗战胜利后,两县体育竞赛活动渐多,每年春季和秋季举办县级运动会,参赛者主要为学校学生,亦有少量民众参与,项目有田径、足球、篮球、乒乓球、体操等。民国三十五年(1946)7月,崇德县民众教育馆举办"树德杯"足球赛,正凤队、黑鹰队、双桥队参加。民国三十六年(1947),崇德县第一届运动会在崇福大操场举行,91所学校参加,表演、比赛项目210个,观众2万余人。同年11月,桐乡县召开秋季运动会,桐乡简师、梧桐完小、濮院中心学校、青镇中心学校、启新中心学校、石湾中心学校、梧桐三保校、简师附属小学及民兵共400余人参赛,项目有30米、50米、100米、200米、400米、800米、1500米、200米接力、400米接力、80米低栏、跳高、跳远、三级跳远、立定跳远、9磅铅球、篮球掷远等。同年,崇德县组建乒乓球队参加省第六届运动会,队员有曹克非、张经邦、吴作新,张经邦获男子单打第三名。

建国后

桐乡县第一届人民体育运动大会

1951年3月18日,桐乡县人民文化馆根据嘉兴专署召开的文教科长、文化馆长会议精神,召开第一次运动大会筹备会议,3月28日召开第二次筹备会议,决定在梧桐镇举行,由县委书记秦泽浦担任大会会长,县长韩永安担任大会副会长,成立工作委员会,主任王东河，副主任陈占泉、叶信潮、钟志僅、文慰高，总干事徐楚才，秘书主任程柱石，评判部主任朱培生，运动部主任浦忆萍，宣传部主任江玉生。大会设成年、中 学、小学三组，共有 412 名运动员参赛。4 月 21 日举行开幕式，24 日闭幕，25 日发奖，奖品有社会各界人士赠送的银盾、锦旗等 233 件。

桐乡县第二届人民体育运动大会

1953 年 11 月在梧桐镇举行。

桐乡县第三届人民体育运动大会

1955 年 5 月在梧桐镇举行。

崇德县第一届人民体育运动大会

1951 年 5 月，崇德县第一届人民体育大会在崇福镇举行，项目设田径、足球、篮球、排球，田径分民众组、中学组、小学组，共有 37 个单位组队参加。

崇德县第二届人民体育运动大会

1953 年 5 月 15 日至 18 日在崇福镇举行，562 名运动员参赛，有 20 个项目打破纪录。

崇德县第三届人民体育运动大会

1956 年 11 月在崇福镇举行。

桐乡县田径运动会

1957 年 5 月在梧桐镇举行。1958 年 11 月，桐乡、崇德两县合并，此次运动会定为第四届人民体育运动大会。

崇德县第一届工人体育运动会

1957 年 5 月在崇福镇举行。1958 年 11 月，桐乡、崇德两县合并，此次运动会定为第五届人民体育运动大会。

桐乡县第六届人民体育运动大会

1959 年 10 月在梧桐镇举行。

桐乡县第七届体育运动会

1963 年 4 月在梧桐镇举行，与民兵田径运动会一起举行。

桐乡县第八届体育运动会

1974 年 12 月在梧桐镇举行，比赛项目为田径，分成年、少年、儿童三组，447 名运动员参赛。首次在新建的一中 300 米跑道田径场进行。

桐乡县第九届体育运动会

1982 年 4 月开始，在梧桐、崇福、乌镇、濮院举行，项目有田径、棋类（中国象棋、围棋）、篮球、乒乓球、举重，开幕式和田径赛在一中操场进行。参赛人数 815 人。次年 1 月举行闭幕式。

桐乡县第十届体育运动会

1986 年 2 月至 10 月在梧桐、崇福、乌镇、濮院举行，项目有田径、举重、游泳、棋类（中国象棋、国际象棋、围棋）、足球、乒乓球、篮球，以镇、区为单位，分年级组进行，参赛人数 1038 人。团体总分前三名分别是乌镇、梧桐、屠甸。乒乓球团体前三名为乌镇、梧桐、崇福。田径团体城镇组前三名为梧桐、石门、乌镇，农村组前三名为城关区、高桥区、石门区。城镇组男子篮球前三名是梧桐、崇福、濮院，城镇组女子篮球前三名为濮院、崇福、屠甸，农村组安兴队获冠军。游泳比赛前三名为乌镇、崇福、梧桐。足球有梧桐、崇福、濮院、石门 4 支球队参赛，崇福队获冠军。

桐乡县第十一届体育运动会

1990 年 3 月至 11 月在梧桐镇举行，项目有田径、游泳、举重、棋类、篮球、足球、乒乓球，分成年部（以系统为单位组队）、青少年部（以学校为单位组队），1119 人参赛。成年部团体总分前三名是工业系统、教育系统、商业系统。青少年部城镇中学组团体总分前三名是桐乡一中、乌镇中学、桐乡二中，农村初中组团体总分前三名是乌镇中学、炉头中学、灵安中学，城镇小学组团体总分前三名是梧桐镇小、崇福镇小、植材小学，农村小学组团体总分前三名是炉头小学、芝村小学、大麻小学。

桐乡市第十二届体育运动会

1994 年 10 月 13 日在梧桐镇举行开幕式，分青少年部和成年部。青少年部以全市各中小学校为单位参加，项目设田径、游泳、举重、乒乓球、围棋、中国象棋、国际象棋七个项目；成年部以系统为单位参加，项目设田径、游泳、乒乓球、桥牌、围棋、中国象棋、国际象棋、篮球八个项目。从 3 月开始，至 11 月结束。共有 79 所学校、18 个系统，1725 名运动员参赛。教育系统（192 分）、工业系统（109 分）、供电系统（102 分）、商业系统（99.5 分）、机关系统 90 分）、金融系统（90 分）分获成年部团体总分前六名。

桐乡市第十三届体育运动会

1998 年 3—11 月在梧桐镇举行。5 月 8 日举行开幕式。分青少年部和成年部，共有 1468 名运动员参赛。青少年部项目有田径、游泳、棋类、乒乓球、举重、网球，81 所中小学参加。成年部项目有田径、游泳、棋类、桥牌、乒乓球、篮球，21 个系统参加。教育系统获成年部团体总分第一名。青少年部团体总分第一名：城镇中学组桐乡一中，城镇小学组实验一小，农村初中组炉头初中，农村小学组羔羊小学。

桐乡市第十四届体育运动会

2002 年 5—10 月在梧桐镇举行。5 月 31 日举行开幕式和大型文体表演。分青少年部和成年部，共有 2959 名运动员参赛。青少年部项目有中国象棋、围棋、国际象棋、乒乓球、篮球、田径，68 所中小学校参加。成年部分系统组和镇乡（街道）组，项目有中国象棋、围棋、国际象棋、保龄球、乒乓球、篮球、桥牌、男子 4×100 米接力，15 个系统、9 个镇乡（街道）参加。教育系统、邮电系统、政法系统分获成年部系统组团体总分前三名。梧桐街道、崇福镇、乌镇分获成年部镇乡（街道）组团体总分前三名。青少年部高中组团体总分前三名是桐乡高级中学、茅盾中学、桐乡一中；城镇初中组团体总分前三名是桐乡四中、桐乡六中、求是中学；城镇小学组团体总分前三名是第一实验小学、濮院镇小、乌镇中心小学；农村初中组总体总分前三名是桐乡八中、新生初中、河山初中；农村小学组团体总分前三名是启新小学、中山路小学、濮院中心小学。有20人次破10项市纪录。

桐乡市第十五届体育运动会

2006年6—12月在梧桐镇举行。6月17日举行开幕式。分青少年部和成年部，青少年部分高中、初中、小学3组，成年部分镇乡（街道）组、系统组和老年组3组。比赛项目有田径、篮球、乒乓球、中国象棋、国棋、羽毛球、拔河、桥牌9个大项，68所中小学和29个镇乡（街道）、部门代表团，4000余名运动员参赛。梧桐街道、屠甸镇、凤鸣街道获镇乡（街道）组团体总分前三名，教育系统、城建规划系统、卫生系统获系统组团体总分前三名。青少年部高中组团体总分前三名是茅盾中学、信息技术学校、桐乡高级中学；城镇初中组团体总分前三名是桐乡四中和求是中学（并列第一名）、桐乡三中、洲泉中学；城镇小学组团体总分前三名是濮院小学、崇福小学、第二实验小学；农村初中组总体总分前三名是桐乡七中、桐乡八中、濮院桐星学校；农村小学组团体总分前三名是启新小学、同福小学、青石小学。有5人5队破4项嘉兴市纪录、5项桐乡市纪录。

桐乡市第十六届体育运动会

2011年5—12月在梧桐镇举行。11月14日在浙江传媒学院桐乡校区体育场举行开幕式。分大众部、青少年部，大众部分镇（街道）组、行业系统组、老年组、新居民组，青少年部分高中组、城镇初中组、农村初中组、城镇小学组、农村小学组。比赛项目：大众部有乒乓球、桥牌、羽毛球、棋类、跳绳、游泳、篮球、太极拳（剑）、气排球、拔河、田径、综合类等12大项；青少年部有篮球、田径、乒乓球。共有20个系统、12个镇（街道）67所学校约3000名运动员参赛。镇（街道）组团体总分前三名是梧桐街道、高桥镇、洲泉镇。行业系统组团体总分前三名是教育、开发区、建设。青少年部篮球第一名：高中男子组、女子组均为桐乡一中；初中男子组是求是中学，女子组是现代实验学校；小学男子组是崇福小学，女子组是濮院小学。青少年部乒乓球第一名：高中男子组、女子组是桐乡高级中学；初中男子组是桐乡六中，女子组是求是中学；小学男子组是濮院小学，女子组是崇福小学。青少部田径比赛团体总分前三名：高中组是茅盾中学、桐乡一中、凤鸣高级中学；初中部是启新学校初中部、桐乡六中和求是中学（并列第二名）、河山中心学校中部；小学组是濮院小学、北港城北小学、启新学校小学部。田径比赛有3人3次破2项嘉兴市纪录，5人5次破4项桐乡市纪录。

民国三十六年(1947)桐乡县秋季运动会田径竞赛成绩总表

项　目	组　别	姓　名	单　位	成　绩	项　目	组　别	姓　名	单　位	成　绩
30米	小学男丙	妙湘琴	梧桐中心	8秒	100米	中学男甲	高善魁	简师	12秒4
	小学女丙	吴金和	石湾中心	6秒		中学男乙	宗振华	县中	12秒9
50米	中学女乙	陆　政	简师	8秒		中学女甲	陆　政	简师	15秒
	中学女乙	俞惠霖	县中	8秒8		中学女乙	吴静宜	简师	13秒
	小学男甲	沈承义	简师附中	8秒		小学男乙	高正明	濮院中心	14秒
	小学男乙	高正明	濮院中心	8秒		小学男丙	马康明	青镇中心	15秒
	小学男丙	马康明	青镇中心	9秒		小学女甲	商燧华	启新中心	14秒
	小学女甲	商燧华	启新中心	8秒		小学女乙	姚爱生	梧桐三保校	14秒
	小学女乙	姚爱生	梧桐三保校	8秒2		小学女丙	吴金和	石湾中心	16秒
	小学女丙	沈　梅	梧桐中心	9秒		民众组	范苍吾		12秒4
200米	中学男乙	高善魁	简师	31秒8	立定跳远	中学女乙	张永宝	简师	0.99米
	中学男甲	宗振华	县中	30秒		小学男甲	沈承义	简师附小	1.25米
	中学女甲	陆　政	简师	33秒6		小学男乙	高正明	濮院中心	1.15米
	中学女乙	张慧铭	简师	40秒6		小学女甲	吴明言	濮院中心	1.01米
	小学男甲	蒋幼泉	启新中心	31秒		小学女乙	仲姜留	濮院中心	1.01米
	小学女甲	商燧华	启新中心	37秒		民众组	吴中彬		1.40米
	民众组	范苍吾		31秒4		中学男甲	翁方烈	简师	4.36米
400米	中学男甲	方振南	县中	1分2秒8		中学男乙	金壮猷	简师	3.58米
	中学男乙	卫江汉	简师	1分23秒6		中学女甲	朱　萍	简师	3.12米
	小学男甲	蒋幼泉	启新中心	1分2秒2		中学女乙	朱明娥	简师	3.06米
	民众组	江守爵		1分8秒5		小学男甲	沈承义	简师附小	4.38米
800米	中学男甲	方振南	县中	2分52秒3		小学男乙	张幼传	屠甸中心	3.56米
	中学男乙	卫江汉	简师	3分27秒		小学女甲	沈娟华	青镇中心	3.08米
1500米	中学男甲	方振南	县中	6分40秒		小学女乙	沈兆闲	濮院中心	2.86米
	中学男乙	归鼎文	简师	7分55秒		民众组	杜品奇		5.01米
	民众组	范苍吾		6分30秒	三级跳远	中学男甲	曹康禄	简师	8.92米
400米接力	小学男子		启新中心	1分52秒		中学男乙	闵　三	简师	7.69米
200米接力	中学男子		县中	57秒		民众组	杜品奇		10.47米
	小学女子		简师	1分6秒4	跳远	中学女乙	朱明娥	简师	3.06米
	小学女子		启新中心	58秒		小学男甲	沈承义	简师附小	4.38米
80米低栏	中学男甲	蒋　诚	简师	15秒9		小学男乙	张幼传	屠甸中心	3.56米
	中学男乙	金壮猷	简师	25秒8		小学女甲	沈娟华	青镇中心	3.08米
	民众组	孙剑华		成绩不计		小学女乙	沈兆娴	濮院中心	2.86米
	小学表演	陈汉良	启新中心	15秒8		民众组	杜品奇		5.01米

续 表

项 目	组 别	姓 名	单 位	成 绩	项 目	组 别	姓 名	单 位	成 绩
跳高	中学男甲	翁方烈	简师	1.37米	三级跳远	中学男甲	曹康禄	简师	8.92米
	中学男乙	卫江汉	简师	1.18米		中学男乙	闵 三	简师	7.69米
	中学女甲	方郁芬	简师	1.06米		民众组	杜品奇		10.47米
	中学女乙	张永宝	简师	0.99米	立定跳远	小学男丙	程达奇	青镇中心	1.76米
	小学男甲	沈承义	简师附小	1.25米		小学女丙	沈 梅	梧桐中心	1.55米
	小学男乙	高正明	濮院中心	1.15米	8磅铅球	中学男甲	施文标	简师	9.23米
	小学女甲	吴明言	濮院中心	1.01米		中学女甲	朱霞英	简师	4.91米
	中学女乙	仲姜留	濮院中心	1.01米		小学男甲	蒋幼泉	启新中心	7.66米
	民众组	吴中杉		1.40米		小学女甲	陈庭珠	屠甸中心	5米
跳远	中学男甲	翁方烈	简师	4.36米		民众组	杜品奇		10.78米
	中学男乙	金壮猷	简师	3.58米		中学女甲	邵 杰	简师	12.71米
	中学女甲	朱 萍	简师	3.12米		小学女乙	龚育秀	简师	9.11米

1951—1990年县级体育运动大会一览表

届 次	年 月	地 点	运动员数	备 注
崇德县第一届人民体育运动大会	1951.5	崇福		设田径（分成年、中学、小学三组）、足球
桐乡县第一届人民体育运动大会	1951.5	梧桐		设成年、中学、小学三组田径比赛
崇德县第二届人民体育运动大会	1953.5	崇福		同上
桐乡县第二届人民体育运动大会	1953.11	梧桐		同上
崇德县第三届人民体育运动大会	1956.11	崇福		同上
桐乡县第三届人民体育运动大会	1955.5	梧桐		同上
崇德县第一届工人体育运动会	1957.5	崇福		
桐乡县田径运动大会	1957.2	梧桐		
桐乡县第六届人民体育运动会	1959.10	梧桐		（第四、五届运动会缺资料）
桐乡县第二届工人体育运动会	1960.5	崇福	196	设田径、球类、射击等项目
桐乡县第七届人民体育运动会	1963.4	梧桐		与民兵田径运动会一起举行
桐乡县第八届人民体育运动会	1974.12	梧桐	447	分成年、少年、儿童组
桐乡县第九届人民体育运动会	1982.4 1983.1	梧桐	663	4月乒乓球、5月篮球赛、1983年1月棋类、田径赛
桐乡县第十届人民体育运动会	1986.2 1986.10	梧桐	1038	设田径、举重、游泳、棋类等起项
桐乡县第十一届人民体育运动会	1990	梧桐	1119	设成年部、青少年部各七项

其他县级运动会

运动会名称	时 间	设 项
桐乡县级机关职工运动会	1989	田径、棋类、游泳、拔河
桐乡县老年人体育运动会	1990	门球、乒乓球、太极剑、五禽戏、健身操
桐乡农民青年军事运动会	1990	军用步枪射击、投手榴弹、越野长跑

1959—1990年桐乡县男子田径最高成绩纪录

项 目	成 绩	创造者	运动会名称	时 间	地点	附 注
60米	7″	魏海鸣	县城镇中学选拔赛	1974.4	崇福	创嘉兴地区纪录
100米	11″	魏海鸣	省少年田径运动会	1974.5	仙居	创嘉兴地区纪录
200米	23″6	魏海鸣	省田径队少体校对抗赛	1974.4	杭州	
400米	52″5	张 军	省八届运动会	1986.9	杭州	创嘉兴地区纪录
800米	2′3″4	郑小川	省七届运动会	1982.9	杭州	
1500米	4′15″7	朱洪斌	省二届工人运动会	1985.5	杭州	
5000米	16′19″2	朱洪斌	省二届工人运动会	1985.5	杭州	
10000米	35′39″6	郑小川	省中长跑锦标赛	1981.3	杭州	
110栏	17″9	蔡卫明	嘉兴市首届工人届运动会	1985.4	嘉兴	
200米栏	28″8	陈永明	县中小学田径运动会	1966.5	梧桐	
440米栏	1′01″7	陈志哲	县二届青年运动会	1988.4	梧桐	
4×100接力	46″5	周炳坤 沈国强 李跃敏 蔡卫明	嘉兴市一届运动会	1986.5	嘉兴	
4×400接力	3′54″6	毛培生 赵 奇 俞健康 潘建俊	嘉兴地区第六届运动会	1974.9	湖州	
跳高	1.89米	陈志哲	嘉兴市中小学田径运动会	1989.11	嘉兴	
撑杆跳高	3.20米	蔡卫明	省八届运动会	1986.9	杭州	
跳远	6.71米	蔡卫明	嘉兴市一届运动会	1986.5	嘉兴	创市纪录
三级跳远	13.86米	蔡卫明	嘉兴市一届运动会	1986.5	嘉兴	创市纪录
铅球（7.26kg）	11.91米	王丰平	县十届运动会	1986.4	梧桐	
铁饼（2kg）	34.38米	李跃敏	省二届工人运动会	1985.5	杭州	
标枪（800g）	48.04米	赵新华	县十届运动会	1986.4	梧桐	
链球	15.04米	程家福	嘉兴地区第四届运动会	1959.10	湖州	
五项全能	1933	王丰平	县中小学田径运动会	1981.5	濮院	
十项全能	5310	蔡卫明	省八届运动会	1986.9	杭州	

1959—1990年桐乡县女子田径最高成绩纪录

项　目	成　绩	创造者	运动会名称	时　间	地　点	附　注
60米	8 "	邢晓燕	嘉兴市二届运动会	1990.6	嘉兴	
100米	12 " 6	邢晓燕	嘉兴市二届运动会	1990.6	嘉兴	
200米	28 " 1	赵月华 钱　桢	县中小学田径运动会	1983.5	梧桐	
400米	1′ 3 " 2	潘忠娥	嘉兴市一届运动会	1986.5	嘉兴	
800米	2′ 27 " 92	周媛燕	省九届运动会	1990.9	杭州	
1500米	5′ 6 " 5	周媛燕	省九届运动会	1990.9	杭州	
3000米	11′ 35 " 9	胡叶花	省青少年运动会	1984.9	杭州	
5000米	19′ 59 " 4	潘忠娥	省马拉松越野跑比赛	1985.2	杭州	
10000米	44′ 21 "	胡叶花	省马拉松越野跑比赛	1985.2	杭州	
110栏	15 " 7	沈亚红	嘉兴市二届运动会	1990.6	嘉兴	
200米栏	35 " 21	蒋健美	嘉兴地区第六届运动会	1974.9	湖州	
440米栏	1′ 06 " 21	沈亚红	省九届运动会	1990.9	杭州	
4×100 接力	54 " 6	朱　伟 钱　桢 周菊清 郑　洁	嘉兴市一届运动会	1986.5	嘉兴	
4×400 接力	34′ 45 "	陈　英 朱小玲 何学利 徐明霞	嘉兴地区第六届运动会	1974.9	湖州	
跳高	1.51米	黄中亚	嘉兴市中小学田径运动会	1987.5	嘉兴	
跳远	5.04米	费月红	嘉兴市中小学达标赛	1987.5	嘉兴	
铅球 （4kg）	10.64米	胡金梅	县十届运动会	1986.4	梧桐	
铁饼 （1kg）	30.70米	沈晓霞	县完中镇小田径运动会	1982.3	濮院	
标枪 （600g）	32.30米	陈　英	县中小学田径运动会	1978.5	濮院	
五项全能	1643	陈　英	县中小学田径邀请赛	1977.5	濮院	
五项全能	2680	唐锦英	嘉兴地区第四届运动会	1959.10	湖州	
十项全能	3821	郑　洁	嘉兴市一届运动会	1986.5	嘉兴	创市纪录

桐乡县男子举重最高成绩纪录

级　别	项　目	重　量（公斤）	创造者	运动会名称	时　间	地　点	附　注
48公斤	抓　举	87.5	钱树青	省九届运动会	1990.7	温州	
	挺　举	107.5	钱树青	省九届运动会	1990.7	温州	
	总成绩	195	钱树青	省九届运动会	1990.7	温州	
52公斤	抓　举	83	郭兴宝	省业余体校举重邀请赛	1980.8	崇福	
	挺　举	115	钱树青	嘉兴市二届运动会	1990.4	海宁	
	总成绩	180	郭兴宝	县举重集训选拔赛	1975.12	乌镇	
56公斤	抓　举	95	张利坤	全国运动学校举重比赛	1986.8	北京	创市纪录
	挺　举	115	赵春荣	全国举重分区赛	1976.6	济南	
	总成绩	207.5	张利坤	全国运动学校举重比赛	1986.8	北京	
60公斤	抓　举	92.5	张利坤	嘉兴市一届运动会	1986.3	海宁	创市纪录
	挺　举	122.5	赵春荣	浙江、上海举重友谊赛	1976.6	海宁	
	总成绩	210	赵春荣	浙江、上海举重友谊赛	1976.6	海宁	
67.5公斤	抓　举	110	曹飞燕	嘉兴市举重比赛	1988.4	海宁	
	挺　举	120	曹飞燕	嘉兴市举重比赛	1988.4	海宁	
	总成绩	230	曹飞燕	嘉兴市举重比赛	1988.4	海宁	
75公斤	抓　举	107.5	张志强	嘉兴市举重比赛	1988.4	海宁	
	挺　举	130	张志强	省八届运动会	1986.7	海宁	创市纪录
	总成绩	237.5	张志强	省八届运动会	1986.7	海宁	
82.5公斤	抓　举	102.5	张志强	全国运动学校举重比赛	1986.8	北京	
	挺　举	130	张志强	全国运动学校举重比赛	1986.8	北京	创市纪录
	总成绩	232.5	张志强	全国运动学校举重比赛	1986.8	北京	
90公斤	抓　举	70	吴学明	嘉兴市一届运动会	1986.3	海宁	
	挺　举	90	吴学明	嘉兴市一届运动会	1986.3	海宁	
	总成绩	160	吴学明	嘉兴市一届运动会	1986.3	海宁	
100公斤	抓　举	83	娄国伟	省业余体校举重比赛		海宁	创市纪录
	挺　举	112.5	娄国伟	省业余体校举重比赛		海宁	创市纪录
	总成绩	195.5	娄国伟	省业余体校举重比赛		海宁	创市纪录
110公斤	抓　举	85	娄国伟	省业余体校举重比赛		宁波	
	挺　举	115	娄国伟	省业余体校举重比赛		宁波	创市纪录
	总成绩	200	娄国伟	全国业余体校举重比赛		海宁	
44公斤	抓　举	65	钱树青	全国业余体校举重比赛		益阳	
	挺　举	80.5	钱树青	全国业余体校举重比赛		益阳	
	总成绩	145.5	钱树青	全国业余体校举重比赛		益阳	
40公斤	抓　举	45	沈利强	嘉兴市二届运动会青少年部		海宁	
	挺　举	62.5	沈利强	嘉兴市二届运动会青少年部		海宁	
	总成绩	107.5	沈利强	嘉兴市二届运动会青少年部		海宁	

桐乡县女子举重最高成绩纪录

级　别	项　目	重　量（公斤）	创造者	运动会名称	时　间	地　点
40公斤	抓　举	32.5	钱建玉	县十一届运动会青少年部	1990.3	崇福
	挺　举	45	钱建玉	县十一届运动会青少年部	1990.3	崇福
	总成绩	77.5	钱建玉	县十一届运动会青少年部	1990.3	崇福
44公斤	抓　举	35	钱建玉	嘉兴市二届运动会	1990.4	海宁
	挺　举	45	钱建玉	嘉兴市二届运动会	1990.4	海宁
	总成绩	80	钱建玉	嘉兴市二届运动会	1990.4	海宁
48公斤	抓　举	40	沈杏英	省女子举重选拔赛	1987.7	宁波
	挺　举	52.5	沈杏英	省女子举重选拔赛	1987.7	宁波
	总成绩	92.5	沈杏英	省女子举重选拔赛	1987.7	宁波
52公斤	抓　举	52.5	胡小元	省九届运动会	1990.7	温州
	挺　举	70	胡小元	嘉兴市二届运动会	1990.4	海宁
	总成绩	122.5	胡小元	省九届运动会		温州
56公斤	抓　举	37.5	陈娟玉	嘉兴市二届运动会	1990.7	海宁
	挺　举	47.5	陈娟玉	嘉兴市二届运动会	1990.4	海宁
	总成绩	85	陈娟玉	嘉兴市二届运动会	1990.4	海宁
60公斤	抓　举	47.5	高霞芬	嘉兴市二届运动会	1990.4	海宁
	挺　举	60	高霞芬	嘉兴市二届运动会	1990.7	温州
	总成绩	107.5	高霞芬	省九届运动会	1990.7	温州
67.5公斤	抓　举	30	杨静艳	省女子举重选拔赛	1987.4	宁波
	挺　举	50	杨静艳	省女子举重选拔赛	1987.4	宁波
	总成绩	80	杨静艳	省女子举重选拔赛	1987.4	宁波

1999年、2009年桐乡市田径比赛最高纪录

级别 性别 年龄 项目	成年组（18岁以上）				少年甲组（15-17岁）			
	男		女		男		女	
	1999	2009	1999	2009	1999	2009	1999	2009
60米					7″	7″		
100米	11″	10″88	12″3	12″3	11″	11″	12″6	12″47
200米	23″6	22″2 23″88（电动）	26″2	26″2	23″6	22″2	26″5	26″5
400米	52″5	50″1	1′01″3	1′00″7	52″5	50″1	1′01″30	1′01″2
800米	2′3″4	2′01″4	2′27″92	2′21″25	2′3″6	2′01″7	2′27″92	2′21″25
1500米	4′15″4	4′15″7	5′6″5	5′01″67	4′35″7	4′16″2	5′6″5	5′01″67

项目	成年组（18岁以上）				少年甲组（15-17岁）			
	男		女		男		女	
	1999	2009	1999	2009	1999	2009	1999	2009
100米栏			15″5	14″91(84cm)			15″5	14″91(84cm)
10米栏	17″9(106.7cm)	17″9(106.7cm)			67″9(100cm)	15″1(100cm)		
跳高	1.98米	1.98米	1.51米	1.55米	1.98米	1.98米	1.51米	1.55米
跳远	6.88米	6.88米	5.31米	5.91米	6.88米	6.88米	5.31米	5.91米
三级跳远	14.06米	14.20米			13.57米	13.57米		
铅球	11.91米(7.26kg)	11.91米(7.26kg)	10.64米(4kg)	11.98米(4kg)	14.59米(6kg)	14.64米(6kg)	10.20米(4kg)	11.98米(4kg)
铁饼	34.38米(2kg)	51.22米(2kg)	31.18米(1kg)	47.67米(1kg)	39.66米(1.5kg)	50.34米(1.5kg)	31.18米(1kg)	47.67米(1kg)
标枪	48.04米(800g)	66.42米(800g)	54.40米(600g)	54.40米(600g)	53.48米(700g)	55.34米(700g)	51.98米(600g)	51.98米(600g)
垒球								
4×100接力	44″3	43″6	54″6	49″7	47″	45″5	55″4	52″3

1999年、2009年桐乡市田径比赛最高纪录

项目	少年乙组（13-14岁）				儿童组（12岁以下）			
	男		女		男		女	
	1999	2009	1999	2009	1999	2009	1999	2009
60米	8″	8″	8″4	8″4	8″2	8″05	8″4	8″4
100米	12″1	11″4	12″6	12″6	12″7	12″5	13″5	13″5
200米	25″6	23″7	27″2	27″2	26″3	26″3	28″2	28″2
400米	56″8	55″4	1′05″3	1′02″4	1′3″8	1′00″0	1′08″7	1′05″7
800米	2′12″1	2′08″37(电动)	2′32″2	2′27″61	2′24″2	2′18″88	2′37	2′37
1500米	4′40″6	4′39″43(电动)	5′12″3	5′12″3	5′16″2	5′16″2	5′41″5	5′41″5
100米栏			17″9(84cm)	14″8(84cm)				
10米栏	18″4(91.4cm)	17″4(91.4cm)						
跳高	1.70米	1.71米	1.49米	1.65米	1.43米	1.46米	1.25米	1.50米
跳远	6.50米	6.50米	5.04米	5.20米	4.86米	5.09米	4.68米	5.12米

续　表

级别	少年乙组（13-14岁）				儿童组（12岁以下）			
性别	男		女		男		女	
年龄	1999	2009	1999	2009	1999	2009	1999	2009
三级跳远	11.67米	12.13米						
铅球	13.74米(5kg)	3.74米(5kg)	9.22米(4kg)	0.59米(4kg)	14.79米(3kg)	14.79米(3kg)	10.89米(3kg)	10.89米(3kg)
铁饼	41.70米(1.5kg)	56.20米(1kg)	30.70米(1kg)	37.63米(1kg)				
标枪	45.84米(700g)	47.31米(700g)	26.64米(600g)	26.64米(600g)				
垒球					63.44米	63.44米	51.32米	51.32米
4×100接力	51″6	51″6	56″2	53″9	57″	53″6	58″1	55″8

2014年桐乡市田径比赛最高纪录

组别	成年组（18岁以上）		少年甲组（15-17岁）		少年乙组（13-14岁）		儿童组（12岁以下）	
性别	男	女	男	女	男	女	男	女
60米			7″		8″	8″21	8″05	8″4
100米	10″78	12″3	11″	12″47	11″4	12″6	12″45	13″4
200米	22″2	26″2	22″2	26″1	23″53	26″67	26″37	28″2
400米	50″1	1′00″7	50″1	1′01″2	52″7	1′01″46	58″68	1′03″58
800米	2′01″4	2′21″25	2′01″7	2′19″41	2′02″96	2′19″41	2′17″46	2′29″65
1500米	4′15″7	4′59″18	4′16″2	5′01″67	4′34″9	4′59″18	4′40″00	5′18″89
100米栏		14″91(84cm)		14″91(84cm)		14″8(84cm)		
110米栏	17″9(106.7cm)		15″1(100cm)		17″4(91.4cm)			
100米	10″78	12″3	11″	12″47	11″4	12″6	12″45	13″4
200米	22″2	26″2	22″2	26″1	23″53	26″67	26″37	28″2
400米	50″1	1′00″7	50″1	1′01″2	52″7	1′01″46	58″68	1′03″58
800米	2′01″4	2′21″25	2′01″7	2′19″41	2′02″96	2′19″41	2′17″46	2′29″65
1500米	4′15″7	4′59″18	4′16″2	5′01″67	4′34″9	4′59″18	4′40″00	5′18″89
100米栏		14″91(84cm)		14″91(84cm)		14″8(84cm)		
110米栏	17″9(106.7cm)		15″1(100cm)		17″4(91.4cm)			
跳高	1.98米	1.65米	1.98米	1.65米	1.72米	1.65米	1.55米	1.50米
跳远	6.88米	5.91米	6.88米	5.91米	6.50米	5.30米	5.09米	5.12米
三级跳远	14.20米	12.46米	13.57米	12.46米	12.29米	11.10米		

组别 性别 项目	成年组（18岁以上）		少年甲组（15-17岁）		少年乙组（13-14岁）		儿童组（12岁以下）	
	男	女	男	女	男	女	男	女
60米			7″		8″	8″21	8″05	8″4
铅球	11.91米 （7.26kg）	11.98米 （4kg）	14.64米 （6kg）	11.98米 （4kg）	13.74米 （5kg）	10.59米 （4kg） 13.11（3 kg）	14.79米 （3kg）	10.89米 （3kg）
铁饼	51.22米 （2kg）	47.67米 （1kg）	50.34米 （1.5kg）	47.67米 （1kg）	56.20米 （1kg）	37.63米 （1kg）		
标枪	66.42米 （800g）	54.40米 （600g）	55.34米 （700g）	51.98米 （600g）	47.31米 （700g）	26.64米 （600g）		
垒球							63.44米 （25.42g）	51.32米
4×100米 接力	43″6	49″7	45″5	51″76	51″6	53″75	53″6	55″8

2011年桐乡市男子游泳比赛最高纪录

项 目	成年组	15岁以上组	13—14岁组	12岁组	11岁组	10岁组
50米自由游	25″92	25″92	30″00	30″00	30″00	32″13
100米自由游	58″04	58″04	1′07″22	1′07″22	1′07″22	1′09″42
200米自由游	2′18″99	2′18″99				
400米自由游	4′39″46	4′39″46	4′39″46	5′10″00	5′10″00	5′04″76
800米自由游	10′20″14	10′20″14	10′20″14			
50米蛙泳	37″57	37″57	41″04	41″04	41″04	42″50
100米蛙泳	1′17″07	1′17″07	1′29″88	1′29″88	1′29″88	1′32″44
200米蛙泳	2′58″14	2′58″14	2′58″14			
50米仰泳	31″99	31″99	35″47	35″47	35″47	36″64
100米仰泳	1′09″85	1′09″85	1′16″90	1′16″90	1′16″90	1′20″34
200米仰泳	2′35″80	2′35″80				
50米蝶泳	28″69	28″69	32″69	32″69	32″69	32″80
100米蝶泳	1′05″41	1′05″41	1′12″71	1′12″71	1′12″71	1′12″59
200米蝶泳	2′27″80	2′27″80				
200米混合泳	2′26″26	2′26″26	2′44″07	2′44″07	2′44″07	2′41″76
400米混合泳	5′24″64	5′24″64	5′24″64			
4×50米自由泳 接力						2′21″37
4×50米混合泳 接力						2′40″76

2011年桐乡市女子游泳比赛最高纪录

项 目	成年组	15岁以上组	13—14岁组	12岁组	11岁组	10岁组
50米自由游	28″70	28″70	28″70		31″40	31″40
100米自由游	1′01″51	1′07″51	1′07″51		1′08″55	1′08″55
200米自由游	2′30″50	2′30″50		2′28″78	2′28″76	
400米自由游	4′39″86	4′39″86	4′39″86	4′45″14	4′45″14	5′12″98
800米自由游	9′34″89	9′34″89	9′34″89			
50米蛙泳	36″10	36″10	36″33	36″33	36″33	45″30
100米蛙泳	1′14″52	1′14″52	1′17″91	1′17″91	1′17″91	1′41″27
200米蛙泳	3′18″20	3′18″20	3′18″20			
50米仰泳	35″66	35″66		34″70	34″70	43″16
100米仰泳	1′10″01	1′10″01	1′10″01	1′10″01	1′10″01	1′31″43
200米仰泳						
50米蝶泳	32″82	32″82	32″82	32″82	32″82	32″82
100米蝶泳	1′12″87	1′12″87	1′12″87	1′12″87	1′12″87	1′12″87
200米蝶泳	2′27″06	2′27″06	2′27″06			
200米混合泳	2′23″08	2′23″08	2′23″08	2′23″08	2′23″08	2′45″90
400米混合泳	5′58″73	5′58″73				

二、机关运动会

20世纪80年代末，桐乡争创全国体育先进县，为带动群众性体育运动蓬勃开展，县委、县政府决定每二年举办一届县级机关运动会，由县级机关党委、县体委承办。

第一届县级机关运动会

1989年5—9月在梧桐镇举办，项目有田径、游泳、拔河、自行车、乒乓球、中国象棋。获团体总分前三名的单位是计经委、检察院、商业局。

第二届县级机关运动会

1991年5—10月，在梧桐镇举办，项目有田径、游泳、广播体操、乒乓球、中国象棋、钓鱼。

第三届县级机关运动会

1992年，为迎接全国体育先进县检查验收，提前举办，地点在梧桐镇，时间在5—10月。项目有田径、游泳、乒乓球、中国象棋、钓鱼、拔河、飞镖，67个单位1500人次参赛，有55人次破27项县级机关运动会田径、游泳比赛纪录。

第四届市级机关运动会

1995年5—7月，在梧桐镇举办，设广播体操、田径、迎面接力、中国象棋、乒乓球、游泳、水中拔河7个比赛项目，有71个部门4200多人次参加比赛，18个单位315人次获奖。

第五届市级机关运动会

1997 年 5—7 月，在梧桐镇举办，设广播体操、田径、游泳、乒乓球、中国象棋五个项比赛项目和门球进门、30 米托球跑、30 米背人托球跑等趣味性比赛，69 个部门（单位）3100 多人次参赛，29 个单位 355 人次获奖，有 18 人次破 14 项市级机关田径纪录；有 14 人次、2 队破游泳纪录。教委、邮电局、供电局、环境保护局、桐乡农行、农林局获团体总分前六名。

第六届市级机关运动会

2000 年 6—7 月，在梧桐镇举办，设广播体操、50 米迎面接力、男子拔河、女子拔河等集体项目，设保龄球、80 米障碍跑、门球进门、手榴弹地环靶投准、1 分钟跳绳、1 分钟投篮、立定跳远、乒乓球单打等个人项目。69 个部门（单位）参赛，参加集体项目 1544 人次，个人项目 1402 人次。教委、交通局、供电局、公安局、邮政局、广电局获团体总分前六名。

第七届市级机关运动会

2005 年 9 月，在梧桐镇举办，设围棋、跳绳、拔河、网球、乒乓球、羽毛球、定点投篮、广播操表演等 8 个项目，80 个部门（单位），2000 多人次参加比赛。建设局、交通局、教育局获团体总分前三名。

第八届市级机关运动会

2008 年 5—9 月，在梧桐镇举办，设乒乓球、跳长绳、棋类、游泳、投篮、网球、拔河等 7 个项目，73 个部门（单位）2000 多人次参赛。

第九届市级机关运动会

2012 年 6—9 月，在梧桐镇举办，设第九套广播体操表演、跳长绳、定点投篮、飞镖、拔河、三人制篮球、游泳、中国象棋、乒乓球、羽毛球 10 个项目，83 个部门（单位），2873 多人次参加比赛。公安局、财政局、交通局、工商局、供电局、国税局、教育局、烟草局获团体总分前八名，法院等 10 个单位获道德风尚奖，市委办等 12 个单位获组织奖。

三、市（地）级以上体育竞赛

1949 年以前，桐乡、崇德两县体育运动员参加省级以上体育比赛的有：百桃乡人朱培生于 20 年代参加浙江省中等学校联合运动会，获田径总分第三名，并入选国家队，夺得远东运动会 100 米跨栏第一名。30 年代崇福镇人戴麟经作为主力队员参加东华足球队，获上海"史考托杯"、"市长杯"冠军，并入选国家队参加第九届远东运动会，获冠军。民国三十七年（1948）崇德县乒乓球队（队员 3 人）参加浙江省第六届运动大会，张经邦获男子单打第三名。

1956—1962 年，56 公斤级业余举重运动员万元豹创造和保持该级别 255 公斤（推举 75 公斤、抓举 75 公斤、挺举 105 公斤）省举重纪录。1963 年 10 月，56 公斤级运动健将姚梓芳在中缅举重对抗赛中，以推举 85 公斤、抓举 90 公斤、挺举 115 公斤总成绩 290 公斤，创当时该级别省纪录。1973 年 12 月，在嘉兴地区第六届运动会上，52 公斤级业余运动员汪森良以 80.5 公斤破全国少年抓举纪录；56 公斤级业余运动员李矛以 100.5 公斤破当时全国挺举纪录。1976 年 5 月，60 公斤级举重一级运动员赵春荣在全国举重比赛中，以抓举 85 公斤、挺举 110 公斤总成绩 195 公斤创该级别省纪录。1982—1985 年，业余运动员娄国伟是 110 公斤级省举重纪录保持者。1987 年 7 月，82.5 公斤级运动员张志强和 56 公斤级运动员张利坤在全国运动学校举重比赛中，分别以抓举 102.5 公斤、挺举 130 公斤总成绩 232.5 公斤和抓举 97.5 公斤、挺举 112.5 公斤总成绩 210 公斤创当时该级别省纪录。1988 年 9 月，少年乙组男子姚亮在省第二届青少年运动会上，以 349 环的成绩破 10 米移动靶射击省纪录。

1991 年，我县有 169 人次参加全国、省、市（地区）级田径、游泳、划船、举重、棋类比赛，其中 6 人参加全国比赛，获得金牌 1 枚、银牌 2 枚，省级比赛获金牌 15 枚、银牌 14 枚、铜牌 21.25 枚，嘉兴市级比赛获金牌 33 枚、银牌 22 枚、铜牌 10.75 枚。有 1 人破 1 项省年龄组纪录，3 人 6 次打破 3 项市（地）年龄组纪录，有 18 人破 13 项县年龄组纪录。

1992 年，我县有 238 人次参加全国、省、市（地区）级田径、游泳、皮划艇、举重、排球、桥牌比赛，其中 10 人参加全国比赛，获铜牌 2 枚，2 人获第四名，11 人参加省比赛，获金牌 3 枚、银牌 2 枚、铜牌 2 枚，嘉兴市级比赛获金牌 34 枚、银牌 14 枚、铜牌 16 枚。有 1 人次破全国青少年举重纪录，3 人 4 次破 4 项市（地）年龄组纪录，9 人 10 次破 10 项县年龄组纪录。

1993 年，我市有 216 名运动员参加嘉兴市级以上的田径、游泳、皮划艇、举重、排球、桥牌比赛。在嘉兴市级比赛中获金牌 33 枚、银牌 18 枚、铜牌 8 枚；在省级比赛中获金牌 5 枚、银牌 5 枚、铜牌 6 枚；有 8 名运动员参加全国田径、划船、举重、桥牌、排球比赛，获铜牌 3 枚，第四名 1 个，第五名 1 个。有 4 人打破 8 项省少年举重、游泳、田径纪录；有 5 人打破 5 项嘉兴市年龄组纪录。

1994 年，组建田径、游泳、皮划艇、乒乓球、中国象棋、围棋、国际象棋 8 个代表队参加嘉兴市第三届运动会青少年部的全部比赛项目，获皮划艇团体总分第一名，举重团体总分第二名，田径团体总分第四名（其中甲组第一名、乙组第二名，丙组第五名），在单项比赛中，获金牌 36 枚、银牌 38 枚、桐牌 48 枚，以 1024 分的总成绩获总团体分第二名。有 21 名运动员参加省第十届运动会青少年部的举重、皮划艇、游泳、田径、中国象棋比赛，获金牌 4 枚、银牌 3.5 枚、铜牌 4.5 枚，贡献有效分 160.90 分。有 11 名运动员参加全国青少年排球、田径、体操、皮划艇、举重比赛，获金牌 1 枚、银牌 3 枚、铜牌 1 枚，第四名 1 个，第六名 3 个。有 10 人 61 次打破 22 项嘉兴市年龄组纪录，有 45 人 148 次打破 121 项桐乡市各年龄组纪录。

1995 年，组建 7 个代表队 143 名运动员参加嘉兴市田径、游泳、举重、乒乓球等项目比赛，获金牌 56 枚、银牌 31 枚、铜牌 23 枚。有 39 人参加省游泳、田径、举重等比赛，获金牌 7 枚、银牌 9 枚、铜牌 8 枚。有 15 人参加全国青少年儿童游泳、排球、田径、体操、举重、皮划艇比赛，获金牌 3 枚、银牌 4 枚、铜牌 8 枚。有 5 人 8 次打破 10 项嘉兴市各年龄组纪录，16 人 23 次打破 21 项桐乡市各年龄组纪录。

1996 年，组建 8 支代表队 150 多名运动员参加嘉兴市级比赛，获金牌 40 枚、银牌 31 枚、铜牌 18 枚。44 名运动员参加省级比赛，获金牌 7 枚，银牌 11 枚、铜牌 6 枚。4 人参加全国比赛，获金牌 1 枚，第五名 2 个，第六名 1 个。有 1 人打破 1 项省青少年纪录，3 人破 4 项嘉兴市年龄组纪录，14 人破 16 项桐乡市各年龄组纪录。

1997 年，有 96 人参加嘉兴市乒乓球、举重、田径、棋类、游泳、皮划艇、网球比赛，获金牌 30 枚、银牌 19 枚、铜牌 17 枚。有 34 人参加省游泳、田径、举重、皮划艇、网球比赛，获金牌 12 枚、银牌 9 枚、铜牌 15 枚。有 6 人参加全国青少年田径、举重、游泳、网球比赛，获金牌 7 枚、银牌 1 枚。钟红燕参加第八届全运会皮划艇比赛，获单人皮艇第六名，双人皮艇第七名。周密参加全国少儿游泳分区赛，获金牌 3 枚、银牌 1 枚。钱海荣参加全国青年举重锦标赛，获抓举、挺举、总成绩 3 枚金牌。冯妍在全国中学生运动会上获 4×100 米接力金牌。周密以 1′17″9 的成绩打破全国 11 岁女子 100 米蛙泳纪录。有 2 人 5 次破 5 项省少儿游泳纪录，有 2 人 6 人次破 6 项嘉兴市游泳、举重纪录。

1998 年，组建 7 支代表队 103 名运动员参加嘉兴市第四届运动会青少年部比赛，获金牌 37 枚、银牌 28 枚、铜牌 9 枚。有 26 人参加省第十一届运动会青少年部比赛，获金牌 1 枚、银牌 3 枚、铜牌 2 枚。有 3 人参加全国比赛，周密获金牌 1 枚、银牌 3 枚，钱立、钱彬渔获短式网球混合双打第四名。有 2 人参加国际比赛，钟红燕获第十三届亚运会（曼谷）女子 500 米双人皮艇金牌，周密获亚太地区少年儿童游泳比赛（马来西业）金牌 1 枚、银牌 2 枚。有 2 人 4 次打破嘉兴市最高纪录，7 人 8 次破 8 项桐乡市纪录。

1999 年，组建田径、棋类、乒乓球、举重、游泳、皮划艇、网球 7 支代表队参加嘉兴市级比赛，获金牌 20 枚、银牌 20 枚、铜牌 8 枚。有 28 人参加省中小学体育竞赛，获金牌 9 枚、银牌 4 枚、铜牌 3 枚。组队参加第四届浙江省县级田径运动会，在全省 89 个单位中，团体总分列 26 位，连续 4 届保持在甲级队行列。钟红燕、周密、潜晓参加全国皮划艇、游泳、排球比赛，获得金牌 2 枚、银牌 1 枚、第四名一个、第七名一个。有 26 名小球员参加全国短式网球大区（桐乡赛区）晋级赛，获金牌 3 枚、银牌 3 枚、铜牌 1 枚。钟红燕参加亚洲皮划艇锦标赛，获女子 500 米单人皮艇金牌。有 1 人 1 次破 1 项嘉兴市纪录，2 队 8 次破 2 项桐乡市纪录。

2000 年，组建田径、棋类、乒乓球、举重、游泳、皮划艇、网球 7 支代表队，120

多人参加嘉兴市级比赛，获金牌 46 枚、银牌 31 枚、铜牌 18 枚，总分 883 分，金牌数列第三名，团体总分列第四名。有 25 人参加省级比赛，获金牌 3 枚、银牌 3 枚、铜牌 2 枚，得分 149.25 分。钟红燕参加全国锦标赛，获女子 500 米单人皮艇和女子 1000 米单人皮艇 2 枚金牌，同时被国家体委授予"运动健将"称号。有 4 人 5 次、1 队 4 人次破 6 项桐乡市纪录。

2001 年，组建 6 支代表队 138 名运动员参加嘉兴市青少年田径、游泳、举重、皮划艇、网球比赛，获金牌 39 枚、银牌 38 枚、铜牌 17 枚。42 人名参加省青少年田径、游泳、举重、皮划艇、网球比赛，获金牌 7 枚、银牌 8 枚、铜牌 8 枚。有 3 人参加第九届全国运动会，钟红燕获女子 500 米单人皮艇银牌，1000 米双人皮艇第六名；参加全国锦标赛，获 1 枚金牌。有 6 人次、1 队破 7 项桐乡市纪录。

2002 年，有 127 人参加嘉兴市第五届运动会青少年部比赛，获金牌 56 枚、银牌 39 枚、铜牌 26 枚、团体总分 1028 分，金牌数列嘉兴市第二名，总分列第五名。有 38 人参加省十二届运动会青少年部田径、游泳、举重、皮划艇、网球比赛，获金牌 8 枚、银牌 5 枚、铜牌 7 枚，总分 241.33 分，金牌数和总分均列嘉兴市第三名。有 39 人参加第五届运动会成年部比赛，获金牌 3 枚、银牌 1 枚，金牌数列嘉兴市第四名，总分列第五名，7 名运动员参加省十二届运动会成年部比赛，获金牌 1 枚、银牌 1 枚。有 2 人 3 次破 3 项嘉兴市纪录，19 人破 11 项桐乡市纪录。钟红燕参加全国皮划艇锦标（千岛湖）、春季冠军赛（上海）、秋季冠军赛（南昌），获 8 枚金牌；参加第十四届亚运会（韩国）获女子 500 米单人皮艇、女子 500 米双人皮艇 2 枚金牌，女子 500 米 4 人皮艇银牌；参加 2002 年皮划艇世界杯比赛（比利时），获女子 500 米双人皮艇金牌，女子 1000 米 4 人皮艇银牌；参加 2002 年皮划艇世界锦标赛（西班牙），获女子 1000 米 4 人皮艇银牌。

2003 年，组建田径、游泳、皮划艇、篮球、网球、棋类、举重等 10 支青少年代表队参加嘉兴市比赛，获得网球团体第一名，初中男子篮球、小学女子篮球第一名，游泳、举重团体第二名，初中女子篮球第二名，获得金牌 38 枚、银牌 40 枚、铜牌 27 枚，总分 857 分，列金牌数第一名、团体总分第二名。参加省网球、初中男篮等比赛，获金牌 5.5 枚，总分 222 分。钟红燕参加全国皮划艇锦标赛、春季冠军赛、秋季冠军赛三次比赛，获金牌 6 枚、银牌 2 枚。破 2 项嘉兴市纪录，破 2 项桐乡市纪录。

2004 年，组建田径、游泳、皮划艇、篮球、网球、举重等代表队参加嘉兴市比赛，获嘉兴市网球团体总分第一名，中学男子组、小学男子组、小学女子组第一名，中学女子组第二名，举重团体总分第二名，游泳团体总分第三名。组队参加省比赛，获网球女子组团体总分第三名、篮球第七名。钟红燕参加全国锦标赛（广东）、春季冠军赛（千岛湖），获金牌 9 枚、银牌 1 枚；参加第 28 届奥运会（雅典），获女子 500 米双人皮划艇第四名，女子 1000 米四人皮划艇第七名。破 1 项嘉兴市纪录，10 项桐乡市纪录。

2005 年，组建 7 支代表队参加嘉兴市比赛，获网球团体总分第一名，举重、游泳团体总分第二名，篮球获三个级别第一名、一个级别第二名，获金牌 66 枚、银牌 10 枚、铜牌 27 枚，金牌数和团体总分均列第二名。参加省网球、篮球、田径、武术比赛，获金牌 7.5 枚，总分 237 分。钟红燕参加全国皮划艇锦标赛、春季冠军赛，获金牌 5 枚；参加第十一届全运会，获女子 500 米单人皮艇、女子 500 米四人皮艇 2 枚金牌，女子 500 米双人皮艇银牌；参加"世界杯"波兰站、杜伊斯堡站比赛，获金牌 2 枚、银牌 1 枚。潜晓参加第 11 届全运会女排比赛，获第五名。破 8 项嘉兴市纪录，13 项桐乡市纪录。

2006 年，有 230 人参加嘉兴市第六届运动会，获网球团体第一名，男子篮球第一名，田径、游泳、举重团体第二名，羽毛球团体第三名，获金牌 69 枚、银牌 65 枚、铜牌 28 枚，总分 1381 分，金牌数和团体总分均列第二名。61 人参加省第十一届运动会青少年部比赛，获金牌 3 枚、银牌 6 枚、铜牌 6 枚。钟红燕参加全国皮划艇春季冠军赛和全国锦标赛，获金牌 6 枚；参加皮划艇"世界杯"波兰站、杜伊斯堡站、广州站比赛，获金牌 4 枚。破 4 项嘉兴市纪录，12 项桐乡市纪录。

2007 年，组建举重、皮划艇、网球、体操、羽毛球、游泳、田径、篮球等 8 支代表队参加嘉兴市比赛，获金牌 60 枚、银牌 28 枚、铜牌 16 枚，总分 988 分。田径、游泳、举重、皮划艇、网球运动员参加省青少年运动会，获金牌 8 枚、银牌 9 枚、铜牌 4 枚。钟红燕参加皮划艇春季冠军赛，获金牌 3 枚；参加亚洲锦标赛（韩国），获金牌 2 枚；参加皮划艇"世界杯"克罗地亚站比赛，获女子 200 米单人皮艇金牌、500 米单人皮艇银牌；参加第三十五届世界静水皮划艇锦标赛（匈牙利），获女子 500 米单人皮划艇银牌。破 12 项桐乡市纪录。

2008 年，组建举重、皮划艇、网球、体操、羽毛球、游泳、田径、篮球 9 支代表队参加嘉兴市比赛，获金牌 69 枚、银牌 56 枚、铜牌 57 枚，总分 1395.5 分，金牌数、总分均列第二名。参加省青少年比赛，获金牌 3 枚、银牌 5 枚。戴林祥参加全国青少年田径锦标赛，获铁饼金牌。钟红燕参加全国皮划艇锦标赛（上海），获金牌 4 枚；参加皮划艇亚洲资格赛，获女子 500 米单人皮艇金牌；参加第 20 届奥运会（北京），获女子 500 米单人皮艇第五名。

2009 年，组建举重、皮划艇、网球、体操、羽毛球、游泳、田径、篮球 8 支代表队参加嘉兴市比赛，获金牌 61 枚、银牌 50 枚、铜牌 48 枚，总分 1406.5 分，金牌数和团体总分均列第三名。参加省青少年比赛，获金牌 5.3 枚、银牌 8 枚、铜牌 7.5 枚。钟红燕参加全国皮划艇冠军赛和锦标赛，获金牌 3 枚、银牌 1 枚；参加第十一届全运会，获女子 500 米单人皮艇银牌、女子 500 米双人皮艇铜牌、女子 100 米四人皮艇铜牌。

2010 年，组队参加嘉兴市测试赛，获得金牌 72 枚、银牌 57 枚、铜牌 49 枚。参加十四届省运会，获金牌 12.33 枚、银牌 18 枚、铜牌 16.5 枚。范珞玲参加全国少儿体操比赛，获金牌 1 枚。

2011 年，举办各类体育竞赛活动 145 场次，52187 人次参加，获省级金牌 9 枚，银牌 6 枚，铜牌 11 枚；获地（市）级金牌 72 枚，银牌 58 枚，铜牌 52 枚。破地（市）纪录 2 人次。

2012 年，举办各类体育竞赛活动 152 场次，53658 人次参加，获国家级银牌 1 枚；获省级金牌 5 枚，银牌 15 枚，铜牌 19 枚；获地（市）级金牌 104 枚，银牌 102 枚，铜牌 71 枚。破地（市）纪录 2 人次。

2013 年，举办各类体育竞赛活动 133 场次，61247 人次参加，获国家级金牌 1 枚，银牌 3 枚；获省级金牌 10 枚，银牌 15 枚，铜牌 15 枚；获地（市）级金牌 84 枚，银牌 93 枚，铜牌 71 枚。破地（市）纪录 2 人次。

2014 年，举办各类体育竞赛活动 204 场次，75421 人次参加，获省级银牌 9 枚，铜牌 13 枚；获地（市）级金牌 99 枚，银牌 77 枚，铜牌 46 枚。破地（市）纪录 2 人次。

1956—1987年参加省级比赛获得前三名名单

时　间	比赛名称	地　点	参赛者	名　次
1956	省举重比赛	杭州	万元豹	最轻量级冠军
1956	省工人运动会	杭州	万元豹	最轻量级冠军
1957	省少年举重比赛	杭州	万元豹	蝉联最轻量级冠军
1959	省庆祝"五一"运动会	杭州	唐锦英（女）	田径五项全能第一名
1970	省青少年运动会	杭州	劳丽芳	80米低栏第三名
1981	省青少年举重比赛	海宁	桐乡代表队	团体第三名
1982	省业余体校举重比赛	宁波	桐乡代表队	团体总分第三名
1984	省马拉松邀请赛	绍兴	朱勇敏	第一名
1987	省小学生步枪射击比赛	金华	张　道 贾笑冬	男甲项第一名、男乙项第一名 男乙项第三名
1987	省春秋两季放飞比赛		县信鸽协会	团体亚军
1987	省太极拳、剑比赛	杭州	马佩娟（女）	杨式太极拳冠军、太极剑亚军

1963—1990年参加全国比赛获得前六名名单

时 间	比赛名称	地 点	参赛者	名 次
1963	中缅举重对抗赛	杭州	姚梓芳	56公斤级冠军
1964	全国举重比赛	福州	姚梓芳	56公斤级第四名
1965	第二届全国运动会	北京	姚梓芳	56公斤级第五名
1973	全国中学生田径运动会	烟台	魏海鸣	4×100米接力第六名
1977	全国举重比赛	武汉	赵春荣	60公斤级第六名
1978	全国举重比赛	广州	赵春荣	60公斤级第五名
1979	全国青少年举重比赛	四平	朱志华 张亦令	60公斤级第五名 56公斤级第六名
1980	全国举重比赛	杭州	赵春荣	60公斤级第六名
1983	全国业余体校举重比赛	长春	娄国伟	110公斤级第五名
1984	全国业余体校举重比赛	重庆	娄国伟	110公斤级第六名
1985	全国业余体校举重比赛	杭州	娄国伟	110公斤级第五名
1986	全国运动学校举重比赛	北京	张志强 张利坤	82.5公斤级第六名 56公斤级第六名
1988	全国举重比赛	开化	钱树青	48公斤级第五名
1988	全国业余体校田径分龄赛	泉州	沈亚红（女）	13岁组跨栏第二名
1989	全国青年举重比赛	福州	钱树青	48公斤级第六名

1991—2010年桐乡籍运动员参加国内、国际重要体育比赛获奖情况

年份	运动会名称	姓名	项目	组别	名次	备注
1991	全国业余体校田径比赛	邢晓燕	田径	女子甲组4×100米接力	银牌	
1997	第八届全运会	钟红燕	皮划艇	女子500米单人皮艇 女子500米双人皮艇	第6名 第7名	
	全国青年举重锦标赛	钱海荣	举重	抓举、挺举、总成绩	3枚金牌	
	全国中学生运动会	冯妍	田径	女子甲组4×100米接力	金牌	
	全国少儿游泳分区赛	周密	游泳	儿童女子100米蛙泳	金牌	破全国纪录
1998	全国短式网球比赛	钱立 钱彬渔	短网	混合双打	第4名	
	亚太地区少年儿童游泳比赛	周密	游泳	12岁女子组	1枚金牌 3枚银牌	
	第十三届亚洲运动会（曼谷）	钟红燕	皮划艇	女子500米双人	1枚金牌	
1999	全国锦标赛	钟红燕	皮划艇	女子500米单人、200米	2枚金牌	
	亚洲锦标赛（湖南）	钟红燕	皮划艇	女子500米单人	金牌	
2000	亚洲锦标赛（四川）	钟红燕	皮划艇	女子500米单人	金牌	
2001	第九届全运会	钟红燕	皮划艇	女子500米单人皮艇	金牌	
2002	第十四届亚洲运动会（韩国）	钟红燕	皮划艇	女子500米单人皮艇 女子500米双人皮艇 女子500米四人皮艇	金牌 金牌 金牌	

年份	运动会名称	姓名	项目	组别	名次	备注
2003	2003年全国举重锦标赛	钱海荣	举重	男子66kg级挺举	第6名	
	2003年全国青年举重锦标赛	俞惠玉	举重	女子69kg级抓举 女子69kg级挺举 女子69kg级总成绩	铜牌 铜牌 铜牌	
	全国青少年网球总决赛	钱　立	网球	男子单打	第5名	
2004	第二十八届奥运会（雅典）	钟红燕	皮划艇	女子500米双人	第4名	
2005	第十届全运会	钟红燕	皮划艇	女子500米单人皮艇 四人皮艇 双人皮艇。	金牌 金牌 银牌	
		潜　晓	排球	排球	第5名	
2006	世界杯波兰站、杜伊斯堡站、广州站	钟红燕	皮划艇	女子500米单人	4枚金牌	
	全国春节冠军赛、锦标赛	钟红燕	皮划艇	女子500米单人	6枚金牌	
2007	第三十五届世界静水皮划艇锦标赛（匈牙利）	钟红燕	皮划艇	女子500米单人皮艇	银牌	
2008	第二十九届奥运会（北京）	钟红燕	皮划艇	女子500米单人皮艇	第5名	
	全国青年田径锦标赛	戴林祥	田径	男子组铁饼	金牌	
2009	全国青少年举重锦标赛	吕陆滢	举重	女子53KG级抓举	铜牌	
	第十一届全运会	钟红燕	皮划艇	女子500米单人皮艇 女子500米四人皮艇 女子500米双人皮艇	银牌 银牌 铜牌	
2010	全国少儿体操比赛	范珞玲	体操	女子乙组跳马 女子乙组团体	金牌 银牌	
	短池游泳世界杯	张思颖	游泳	女子200米仰泳	第5名	
	全国春季游泳锦标赛	张思颖	游泳	女子200米仰泳 女子100米仰泳	铜牌 第7名	
	全国青年男子篮球赛	夏钰博	篮球		铜牌	

1991—2009年桐乡籍运动员参加比赛获奖情况

数量 级别 奖牌 年份	地（市）级			省　级			国家级		
	金牌	银牌	铜牌	金牌	银牌	铜牌	金牌	银牌	铜牌
1991	33	22	10.75	15	14	21.25	1	2	
1992	34	14	16	3	2	2			2
1993	33	18	8/	5	5	6		3	1
1994	36	28	48	4	3.5	4.5	1	3	1
1995	56	31	28	7	9	8	3	4	8
1996	40	31	18	7	11	6	1		
1997	30	19	17	12	9	15	7	1	
1998	37	28	9	1	3	2	1	3	

数量 年份	级别 地（市）级			省　级			国家级		
奖牌	金牌	银牌	铜牌	金牌	银牌	铜牌	金牌	银牌	铜牌
1999	20	20	8	9	4	3	5	4	1
2000	46	31	18	3	3	2	2		
2001	39	38	17	7	8	8	1	2	
2002	56	39	26	8	5	7	8	1	
2003	38	40	27	5.5			6	2	3
2004							9	1	
2005	66	10	27	7.5	10	7	7	1	1
2006	69	65	28	3	6	6	6		
2007	60			8	9	4	3		
2008	69			3			5		
2009	61	50	48	5.3	8	7.5	3	3	1
2010	72	57	49	12.3	18	16.5	1	1	2
2011	72	58	52	9	6	11			
2012	104	102	71	5	15	19		1	

四、国内、国际体育赛事

1993 年前，由于我市体育设施简陋，未承办过高级别体育赛事，随着市体育馆落成和后勤服务设施改善，在 1993—2014 间，举办、承办一些国内和国际体育赛事。

1993—2014年桐乡市举办国内和国际体育赛事

时　间	级　别	比赛名称	参赛队
1993	国际	"电力杯"国际男篮邀请赛	韩国——"八一"
1993	全国	"农行标"全国男篮邀请赛	"八一"、北京、江苏、浙江
	全国	"兴业杯"全国女篮邀请赛	山东、江苏、上海、浙江
	国际	中俄拳击对抗赛	浙江队——俄罗斯队
1995	全国	中国乒乓球明星赛（桐乡站）	中国男女乒乓球队16名运动员
1995	全国	"濮院市场杯"男排四强赛	上海、江苏、福建、浙江
1996	省级	浙江青少年举重比赛（乌镇）	全省17个地（市）
1999	全国	全国短式网球大区晋级赛（华东赛区）	河南、安徽、江苏、浙江、南京5队
2000	全国	全国传统项目学校女子篮球比赛	11个省（市）12支代表队
2002	全国	全国围棋甲级联赛（主场）	浙江新湖——中信大三元

时 间	级 别	比赛名称	参赛队
2002	省级	浙江省健美比赛	省级有关行业体协组队
2004	全国	"东兴杯"全国乒乓球甲级俱乐部精英赛	北京、天津、上海、浙江等8支甲级队
2004	省级	浙江省青少年举重比赛	全省10个地（市）200多名运动员
2005	国际	"东方医院杯"中美国际篮球邀请赛	美国芝加哥时建明星队——浙江广厦猛狮队
2005	全国	鲁能乒乓联赛、"乌镇旅游杯"比赛	浙江省青少年——四川全兴
2007	全国	全国男子篮球MBL联赛	黑龙江青岛重庆等七支球队
2008	全国	全国男排联赛（浙江主场）	全国前八名8友甲级球队
2008	国际	中美国际篮球对抗赛	芝加哥贝斯兰队——浙江广厦队
2009	全国	中国乒超联赛（桐乡赛区）	浙商银行队—宁波北全海天队
2009	省级	浙江省青少年男篮锦杯赛	全省10个市（地）10支篮球队
2009	省级	浙江省青少年武术套路锦标赛	全省9个市（地）18支运动队
2009	国际	"体彩杯"中美男篮对抗赛	华盛顿快时特队——浙江稠州
2009	省级	江省青少年拳击冠军赛	全省9个市（地）10支运动队
2009	省级	浙江省青少年举重冠军赛	全省11个市（地）15支代表队
2010	省级	省14届运动会行业系统部路绳、踢毽子、飞镖；省14届运动会青少年部男子篮球、举重、武术套路比赛	11个行业系统、11个地市71支代表队
2011	国际	中美篮球对抗赛（桐乡站）	
2012	国际	中美篮球对抗赛（桐乡站）	
2012	全国	"巨石杯"全国青年篮球联赛（A组1—8名）	
2012	省级	省级机关与桐乡机关乒乓球友谊赛	
2012	省级	省青少年武术套路冬季锦标赛	
2013	国际	中美篮球对抗赛（桐乡站）	美国堪萨斯基石队、浙江稠州银行队
2013	全国	十二届全运会篮球预赛（青年男子组）	
2013	省级	第四届"卡图拉杯"冬泳邀请赛	上海、江苏、四川、浙江等19支代表队
2013	省级	省少儿围棋精英赛	

五、人才培养与输送

市少年儿童业余体育学校

1985年12月，桐乡市少年儿童业余体育学校成立，属财政全额拨款全民事业单位，属县体委（文体局）管理。2003年划归市教育局管理，现有在编教职工12人，其中专职教练员11人。

学校坐落在梧桐街道学前路22号，占地面积6800平方米，体育场馆（地）有标准400米塑胶跑道田径场（与其他学校合用）、50米×8道标准室外游泳池、25米×4道室内游泳馆、塑胶场地田径风雨房、塑胶场地举重训练馆、皮划艇力量训练房等。

学校贯彻德、智、体、美全面发展的教育方针，坚持"选好苗子、着眼未来、打好基础、系统训练、积极提高"的指导思想，为国家和社会培训和输送具有良好思想品德和文化素质的体育后备人才以及具有体育专项运动技能的体育骨干为主要任务。

学校采用训练、食宿两集中的办学方法，开设田径、游泳、举重、皮划艇、网球5个奥运项目，现有学生200人。

1991年至2008年向省专业体工队（体育职业技术学院）、市（地）级体育运动学校、高等院校输送143名体育后备人才。2005—2010年，连续两次被评为"浙江省高水平体育后备人才基地"。

人才输送

1991年至2008年，共向省体工大队（后改名省体育职业技术学院）输送运动员22名：张丽（田径）、潜晓（排球）、钟红燕（皮划艇）、梁建平（皮划艇）、周密（游泳）、钱汉荣（举重）、徐晓国、蒋丽萍（皮划艇）、俞惠玉（举重）、钱立（网球）、沈斌强（田径）、赵凌强（田径）、戴林强（田径）、吕陆莹（举重）、董婷婷（田径）、沈佳（田径）、詹佳妮（田径）、沈佳炜（田径）、崔笑天（游泳）、沈一兰（皮划艇）、张思琪（游泳）、王波（射击）。

1991年至2008年，共向省体育运动学校输送运动员13名：周卓迪（田径）、李春伟（游泳）、赵广宇（游泳）、冯妍（田径）、夏沈伟（游泳）、徐亮（游泳）、周志杰（游泳）、陈奇（游泳）、陈志坚（皮划艇）、葛雪妹（皮划艇）、李晓伟（田径）、沈晶（田径）。

1991年至2009年，向市（地）级少体校输送运动员54名，考入体育院校59名。

等级运动员、裁判员

1991年至1999年，全市达到国家一级运动员9人，二级运动员30人，三级运动员347人。1999年后未作统计。

1991年至2008年，全市达到国际级运动健将1名（钟红燕，皮划艇），达到国家级运动健将5名（潜晓，排球；钱汉荣、钱树清，举重；周密、张思琪，游泳；张丽，田径）。

1991年至2010年，全市共有等级裁判员282人，其中国际级裁判1人，国家级裁判1人，一级裁判45人，二级裁判89人，三级裁判146人。

桐乡市国际级、国家级、一级裁判员名录

姓　名	项　目	级　别	批准时间	姓　名	项　目	级　别	批准时间
宋晓竞	篮球	国际级	2005	袁晓唯	篮球	一级	2010
卜仁其	田径	国家级	2010	虞宇飞	篮球	一级	2013
邵俊龙	田径	一级	1999	沈垚飞	篮球	一级	2013
陆俊杰	田径	一级	2004	陈志平	篮球	一级	2013
潘志新	田径	一级	2006	管少华	乒乓球	一级	1999
范志家	田径	一级	2006	张喜臻	乒乓球	国家级	2006

姓　名	项　目	级　别	批准时间	姓　名	项　目	级　别	批准时间
沈　晶	田径	一级	2009	汤正明	乒乓球	一级	2014
邱雍羲	田径	一级	2013	顾国平	足球	一级	2000
胡志荣	田径	一级	2013	柯海滨	足球	一级	2002
张伟华	田径	一级	2014	莫少军	足球	一级	2014
雷明虎	田径	一级	2014	钱树清	举重	一级	1997
金通裕	篮球	一级	1993	万德仁	举重	一级	1997
张一强	篮球	一级	1997	宋月忠	举重	一级	2002
钱彬渔	篮球	一级	1998	沈雪伟	举重	一级	2002
娄利明	篮球	一级	2000	程苏华	举重	一级	2000
潘志新	篮球	一级	2002	沈海婴	举重	一级	2000
唐　容	篮球	一级	2002	张海燕	网球	一级	2013
雷明虎	篮球	一级	2001	程怡农	网球	一级	2013
俞振炎	篮球	一级	2005	钱乐隆	网球	一级	2013
陆俊杰	篮球	一级	2005	王宇明	游泳	一级	2007
沈建军	篮球	一级	2005	金　亮	羽毛球	一级	2004
卜仁其	篮球	一级	2006	徐忠伟	羽毛球	一级	2004
沈卫星	篮球	一级	2006	王卫东	羽毛球	一级	2007
范志家	篮球	一级	2006	孙寅儿	羽毛球	一级	2010
张雪华	篮球	一级	2010	汤正明	羽毛球	一级	2013
沈雪伟	篮球	一级	2009	钱乐隆	羽毛球	一级	2013
徐惠春	篮球	一级	2010	张春红	拳击	一级	2009
胡志荣	篮球	一级	2010	陈　忱	拳击	一级	2009
沈正宝	拳击	一级	2009	魏振富	武术	一级	2003
庄琦彪	拳击	一级	2009	徐正伟	武术	一级	2004
金建明	拳击	一级	2009	施　翔	武术	一级	2004
汪周辉	沙排	国家级	2014	陈　忱	散打	一级	2009
王　臻	武术	一级	2003				

第四节　体育设施与体育产业

一、体育设施建设

民国及以前时期，桐乡、崇德两县没有标准的专门体育场所，仅有 5 块空白场地作为群众聚会、演艺和民间娱乐活动场所，即梧桐镇县中操场、崇福大操场、乌镇卖鱼桥东垸白场、洲泉公和浜白场和石门东漾潭白场。崇福大操场原为演武场，民国时期几经扩充改建成公共运动场，面积相当于200米跑道田径场，与梧桐镇县中操场面积相当。乌镇卖鱼桥东垸白场面积相当于300米跑道田径场。洲泉公和浜白场和石门东漾潭白场面积只有一个篮球场大小。城镇学校一般都有简易场地。

新中国成立后，党和政府重视体育事业，但由于百废待兴，经费十分有限，桐乡、崇德两县群众特别是学校师生自力更生，平整土地，开辟跑道，改建球场，至20世纪50年代末，初步形成了以崇福大操场、梧桐镇县中操场为主的公共体育场所。

1959年，为国庆十周年献礼，在梧桐镇县前街街与北港河交叉口建成了第一个游泳池，长50米，宽21米，水泥池体。

1968年，为举行群众集会和运动会，在桐乡一中操场（梧桐镇县中操场）北侧建造主席台。

1970年，县总工会在梧桐镇鱼行街建成室外灯光水泥篮球场。1973年开始，崇福镇在大操场东侧，乌镇在卖鱼桥白场，濮院在公园内，屠甸在镇工人俱乐部内，洲泉在公和浜白场相继建起了灯光篮球场。

1974年，为举办县第八届运动会，桐乡一中操场改建成300米煤渣跑道的田径场。

1975年，各公社在所在小集镇和有条件的生产大队队部，因陋就简，土法上马，自制水泥篮球架、木质拦板，建造简易篮球场。

1982年，为举办县第九届运动会，县长办公会议决定，投资12.8万元，将一中操场改建为400米煤渣跑道的田径场，由县体委负责管理，对外称人民体育场。

1984年，县体委、城建局、教育局出资1.37万元，崇福镇筹措大部分资金，将崇福大操场改建成300米煤渣跑道的田径场，在北侧建造石砌主席台。

1986年，县财政分别投入21.4万元和23.4万元，在人民体育场东建造室外游泳池和室内游泳训练馆；由县体委、老干部局出资在人民体育场东北角建造二片室外门球场。

1988年，县体委、统计局、教育局、总工会对全县体育场地进行普查，1983年之后五年间，共新建小体育场地68处，其中小运动场7个，室内游泳训练馆1个，室外游泳池1个，灯光篮球场3个，举重房1个，棋类房3个，健身房4个，篮球场44个，排球场4个。

1990年，崇福镇在中山公园东侧建造室外标准游泳池，乌镇在乌镇中学内建造400米煤渣跑道的田径场。

1992年，全县新增水泥灯光篮球场、水泥篮球场各16个，煤渣篮球场8个，村级活动室162个。

1993年5月，市体育馆竣工，投入使用，投资435万元。至1994年底，市域范围内有2000座体育馆1个，室外游泳池2个，室内游泳训练馆1个，举重训练馆1个，400米田径场2个，300米田径场4个，篮球场146个，村级活动室162个。

1995年，全民健身运动开始，全市掀起了投资建造体育设施的热潮。濮院镇在320国道旁投资3600万元，建造当时浙北地区最大的水上健身娱乐场，1997年竣工。市体委自筹资金建造2片网球场。市粮食局投资200多万元在乌镇子夜宾馆建造室内游泳池。石门镇在自来水厂内建造室外游泳池。巨石集团投资10万多元建造2片网球场。教委投资300多万元在桐乡高级中学内建造体育馆。新世纪大酒店建造10道保龄球馆。至1998年底，全市拥有体育场地238处，总面积44.57万平方米，人均0.68平方米。

1999年开始，全市各镇（乡、街道）建造体育设施力度不减，洲泉镇投资34万元建造250米跑道田径场1个、篮球场2个，同福乡投资20万元建造200米跑道田径场1个，河山镇投资12万元扩建200米跑道田径场1个，新生镇建造篮球场2个，羔羊乡投资32万元建造篮球场1个、200米跑道田径场1个，桐乡高级中学建造网球场2个。同年，省体委下拨体彩公益金在庆丰社区建成桐乡第一条健身路径。2000年，永秀乡建造200米跑道田径场1个，茅盾中学新建桐乡第一个400米塑胶跑道田径场，桐乡七中新建300米跑道田径场1个。2001年，市体委使用体彩公益金13.9万元在大发社区建成桐乡第一个健身苑。至2004年底，全市有体育场地589处，其中标准场地290处，非标准场地199处，总面积52.47万平方米，人均0.79平方米。

2005年开始，市、镇(街道)两级政府加大对群众性体育场地建设投入，投资506万元，新建体育场地232处。2006年投资494万元，新建体育场地244处。2007年投资1101万元，新建体育场地202处，其中梧桐街道投资480万元在环城北路建造占地面积5000多平方米的街道篮球中心，内设遮雨式灯光篮球场和露天灯光篮球场各1个，观众席500座。2008年投资130万元，新建体育场地80处。同时，全市各学校新建一批现代化塑胶跑道、田径场和健身房、体艺馆。至2010年底，全市有公共体育场地1162处，总面积72.86平方米，按户籍人口计算，人均1.01平方米。

2014年，市财政投资300余万元，在崇福、濮院、洲泉、石门、河山建造拆装式游泳池5个。

进入新世纪后，体育场地建设逐步向高标准、现代化迈进，由于历史演变和城市化水平提高，体育场地不断新建，也有一些旧的场地因拆迁而消失，因此，体育场地数量是动态的。2013年11月，桐乡市启动第六次全国体育场地普查，历时9个月，对全市459家单位进行调查，共有体育场地总面积105.1243.93平方米。

田径场　200米至400米田径场70个，面积614242.46平方米。按跑道周长来分，400米跑道14个，250米跑道27个，200米跑道16个。按跑道层面来分，塑胶跑道58个，煤渣跑道12个。按跑道数量来分，8道田径场12个，6道田径场58个。

体育馆　3个，均为木质地板，总面积3253平方米，总观众席3598个。

游泳池、游泳馆　室外游泳池6个，室内游泳馆1个，总面积5700平方米。

室内场地　标准室内场地270个，其中综合房（馆）12个、羽毛球房（馆）8个、台球房（馆）22个、摔跤柔道拳击空手道房（道）4个、轮滑场1个、棋牌室115个、乒乓球房（馆）18个、篮球房（馆）22个、举重房（馆）1个、健身房（馆）67个，总面积60456.37平方米。按分布单位来分，学校40个，乡镇93个，居民小区54个，机关、企事业单位55个，宾馆、商场7个，其他21个。

室外场地　标准室外场地394处，其中羽毛球场34处、五人制足球场2处、网球场16处、门球场9处、三人制篮球场13处、乒乓球场80处、排球场16处、篮球场224处，总面积252526.94平方米。按分布单位来分，学校150处，乡镇151处，居民小区35处，机关、企事业单位50处，公园2处，宾馆、商场1处，其他5处。另有室外人工攀岩场1处，面积1660平方米。

全民健身路径　604个，其中学校16个，乡镇451个，居民小区116个，机关、企事业单位13个，广场4个，公园2个，总面积29155平方米，器械数量5831件。

非标准场地　433个。其中室内场馆194个，包括羽毛球房（馆）8个、游泳馆6个、武术房（馆）1个、体操房（馆）1个、台球房（馆）4个、棋牌房（室）10个、乒乓球房（馆）145个、健身房（馆）16个，其他3个；室外场地239个，包括羽毛球场44个、小运动场2个、游泳池10个、网球场10个、轮滑场1个、三人制篮球场29个、乒乓球场31个、排球场2个、篮球场110个。

二、各级体育设施

市级体育设施

市体育馆，位于庆丰北路70号，1991年立项，1992年动工，1993年5月竣工，占地面积10619.89平方米，建筑面积3530平方米，内设标准篮球场和其他附属用房，有固定观众席位2100个，财政投入435万元。2008年，市财政投入850万元，对场地、门窗、灯光、音响、记时记分等系统进行全面改造，增加空调系统，成为承办省第十四届运动会的比赛场馆。

市游泳池，1984年在学前路24号原市体委大明院内建成，规格为50×21米8条泳道，附设600座单面水泥看台，2003年市少体校整体划归教育局管理后，成为少体校游泳池。2006年游泳池池体移位重建。2007年市财政投资875万元，在环城北路新建新桐乡市游泳池，占地面积9000平方米，内设标准游泳池、儿童戏水池，2009年夏建成开放。

其他市级体育设施：2007年，财政投入200余万元，在校场东路建造二个露天塑胶地面篮球场，在复兴北路建造二片露天塑胶场地网球场，在景雅路建造二片露天塑胶地面网球场，2008年建成并对外免费开放。2008年，财政投资约1000万元，在中山路菜场二楼建造桐乡市乒乓球羽毛球馆，面积2000多平方米，2010年建成开放。

镇（街道）体育设施

梧桐街道篮球中心，位于市区环城北路，2007年市、街道二级财政投资480万元建造，占地面积 5000 平方米，内设遮雨式顶棚塑胶地面灯光篮球场 1 个，灯光水泥地面篮球场 1 个，设观众席、室内健身房等，2008 年 5 月投入使用。

崇福镇体育馆，位于崇德小学内，2008 年市、镇二级财政投资 280 万元建造，内设标准篮球场和观众席，场地面积 1300 平方米。

石门镇体育馆，位于石门中心小学内，2008 年市、镇二级财政投资 539 万元建造，内设标准篮球场和其他体育设施，场地面积 2700 平方米，2009 年投入使用。

学校体育设施

至 2014 年，拥有体育场地设施 491 处，有标准 400 米塑胶跑道田径场 11 个，标准塑胶跑道田径场 35 个，标准 400 米煤渣跑道田径场 2 个，非标准煤渣跑道田径场 45 个，体育馆（训练房）38 个，室外游泳池 11 个，室内游泳池 6 个，篮球场 205 个，排球场 80 个，网球场 18 个，其他活动场所 39 个体育场地设施经费投入超过 1.5 亿元。

桐乡市公共体育设施统计表

镇（街道）	设施名称										设施合计	投资总额（万元）
	健身路径	篮球场	网球场	门球场	乒乓球室	活动室	健身房	体育馆	游泳池	其他		
崇福	46	20		1	20	27	2	1		18	135	413.3
梧桐	49	11	3	1	20	31	4			26	145	1627.6
凤鸣	26	14		1	17	9				12	79	154.3
龙翔	12	6			5	9	1			8	41	66.3
大麻	16	9			12	2	1			7	47	90.7
河山	19	11			12	11	1			15	69	85.6
屠甸	17	12		1	15	8	3			13	69	121.2
濮院	34	6	1	1	15	20	5			17	99	199.7
高桥	23	10			19	17				9	78	169.5
石门	29	16		1	21	20		1		14	102	346.2
乌镇	37	14		1	26	23	3			29	133	146.3
洲泉	36	15	1	1	11	19	1			19	103	286.8
市属								1	1		2	
合计	344	144	5	8	193	196	21	3	1	187	1102	3707.4

1991—2009年财政列支体育事业经费情况

单位：万元

年　份	金　额	年　份	金　额	年　份	金　额
1991	20.99	1999	71.69	2007	505.00
1992	22.94	2000	74.44	2008	1337.00
1993	26.31	2001	69.26	2009	669.73
1994	49.20	2002	159.00	2010	485.00
1995	67.13	2003	112.00	2011	470.00
1996	47.66	2004	102.00	2012	223.00
1997	60.33	2005	150.00	2013	235.00
1998	76.28	2006	202.00	2014	789.77

三、体育产业

体育彩票

即开型体育彩票。1992年开始发行实物兑奖型体育奖券，采取以奖券组为单位分散销售的办法，至1998年共销售246.90万元。1999年5月首次组织即开型规模销售体育彩票活动，销售896.90万元。2000年11月第二次组织即开型规格模销售体育彩票活动，因受天气影响，销售64.06万元。2004年4月第三次组织即开型规模销售体育彩票活动，销售802.30万元。2009年11月第四次组织即开型规模销售体育彩票活动，销售829.50万元。

电脑体育彩票。2000年3月8日，始设东兴商厦、崇福东兴、濮院东兴、佳橙超市、华星电脑5个销售点，下半年增设乌镇、洲泉2个点，当年销售237.70万元。2010年底，全市设电脑彩票销售网点66个，竞彩网点4个，全年销售额达2333.04万元。

至2010年年底，全市共销售体育彩票25879.82万元，其中即开型体育彩票2840.20万元，电脑体育彩票23039.62万元。

体育市场

1998年2月，省人民政府颁布《浙江省经营性体育市场管理办法》，4月，桐乡市被省体委确定为试点单位，6月，成立市体育市场管理委员会，下设办公室。到年底，审批核发"经营性体育场所许可证"25张，其中游泳场所8个、棋牌室4个、台球室11个、射箭场1个、飞镖室1个，经营性体育场所负责人和专业技术人员取得证书有39人。1999年，为体育经营场所进行换证和新发开场许可证，全市共年检合格场所80个，其中，省发证1个、嘉兴市发证12个、桐乡市发证67个。2000年，对全市经营市场进行年检，合格66家，注销48家。2001年11月，经营性体育市场管理职能并入市文体局文化市场管理办公室。

第五节　体育机构

一、行政管理机构

民国时期，崇德、桐乡两县社会体育事务由教育科下属的民众教育馆兼管。

1949年5月，桐乡、崇德两县新政权建立之初，两县设有文教科，统一管理文化、教育事业。社会群众体育由文教科下属的文化馆主管；学校体育由县文教科根据教育大纲和规定，责成学校体育教师具体施教；职工体育活动则由县工会组织开展。1954年4月桐乡县体育运动委员会建立；1956年7月崇德县体育运动委员会建立，主任由一名县级领导兼任，副主任由人武部和文教科（文教局）负责人兼任，委员由各相关部门主管领导及体育工作者担任，设办公室于文教科内，配备兼职体委秘书和干事。1958年11月撤销崇德县建制，合并称桐乡县，改称桐乡县体育运动委员会，下设办公室于县文教局内。

"文革"开始，机构瘫痪，有组织的体育活动停止。1968年10月，桐乡县革委会成立，下属的政工组兼管全县体育工作。1971年3月设立体育军事接管小组，11月撤销，同时恢复桐乡县体育运动委员会。20世纪80年代初，在县前街游泳池的体委办公室地块划归煤机厂后，搬至梧桐大街大庆桥北塃办公。1984年9月，县体委与县教育局合署办公，始设专职副主任一职。1987年2月，县体委单独设立，11月，办公地点搬至学前路22号的室内游泳训练馆。1990年6月，县体委内设办公室、群众体育股与竞赛训练股，核定人员编制6名。1993年5月，桐乡撤县设市，改称市体委。2001年11月，市体委与市文化局合并为市文化体育局，内设群众体育科与竞赛训练科，办公地点设在广福路3号。2005年10月，设立桐乡市体育局，与桐乡市文化广电新闻出版局合署办公，内设体育科。2014年8月，迁至振东新区环园578号办公。

桐乡县体育运动委员会历届负责人名录

（1954年4月—1958年11月）

主　任

王倍臣（兼）　1954.4—1955.1

周俊泉（兼）　1956.11—1958.5

张连吉（兼）　1958.6—1958.11

副主任

徐楚才　1954.4—1956.11

陈祖让　1956.11—1958.5

倪长庚　1958.6—1958.11

章福荣　1958.6—1958.11

崇德县体育运动委员会历届负责人名录

（1956 年 7 月—1958 年 11 月）

主　任

孙俊芝（兼）　1956.7—1958.6

副主任

顾嘉荣　1956.7—1958.6

徐　林　1956.7—1958.11

桐乡县（市）体育运动委员会历届负责人名录

（1958 年 11 月—2001 年 11 月）

主　任

毛国华（兼）　1963.4—1968.10

王国全（兼）　1971.11—1973.2

高相成（兼）　1973.2—1981.8

孙志顺（兼）　1981.8—1984.2

刘雨亭　1990.6—1998.3

韩祥芬　1998.3—2001.11

副主任

倪长庚　1958.12—1963.4

章福荣　1958.12—1963.4

徐　林　1963.4—1968.10

李延洲　1966.5—下半年

徐安志（军事接管小组负责人）　　　　1971.3—1971.11

马传峰　1971.11—1973.2

朱求云　1973.2—1981.8

徐　林　1976.10—1981.8

蓝金才　1981.8—1984.2

郑梓翔　1981.8—1984.2

刘雨亭　1984.9—1990.6

李跃敏　1992.3—2001.11

王兴铨　1999.1—1999.12

桐乡市文体局（体育局）历届负责人名录

（2001 年 11 月—2012 年 12 月）

局　长

陈建明　2001.11—2004.2

杨惠良　2004.3—2011.12

姚毅军　2011.12—2012.4

吴利民　2012.4—

分管体育副局长

吴建国　2001.11—2007.4

张建方　2007.4—2010.9

钱少华　2010.9—2011.12

沈新方　2011.12—

二、事业机构

桐乡市体育馆

1991年5月，经桐乡县编委办批准设立，馆址在学前路22号县体委内（现为庆丰北路70号）。1993年5月体育馆建成，为我市开展群众性体育活动和举办体育赛事的主要场地之一。上级主管部门为市体委（文体局、体育局），属准公益事业单位，核定编制5人。

桐乡市少年儿童业余体校

1985年12月，桐乡县人民政府批准设立，校址在学前路22号县体委内。1987年秋季开始招生，设田径、游泳训练项目，后增加举重、皮划艇、网球项目，实行业余训练和膳宿集中制，上级主管部门为市体委（文体局），属纯公益事业单位，核定编制11人。2003年，划归教育局管理。

桐乡市体育馆历任负责人、馆长名录

（1991年5月—2012年12月）

顾铭健　1993.5—1995.8

蔡卫明　1995.8—1996.12

宋晓竞　1996.12—1998.12

朱鑫浪　1998.12—2001.11

蔡卫明　2002.2—2003.8

朱鑫浪　2003.8—2006.7

沈继东　2006.7—2013年

管少华　2013年—

桐乡市少年儿童业余体校负责人、校长名录

（1987年9月—2003年8月）

蔡卫明　1987.8—2001.11

蔡卫明　2001.11—2003.8

三、镇（公社、乡、街道）体育机构

镇（公社、乡）体育运动委员会

上世纪 50 年代，镇（公社、乡）陆续一级设有体育运动委员会。至 1991 年，全县各镇（乡）体育运动委员会有 38 个，由镇（乡）行政副职领导或宣传委员兼任主任，成员由工会、共青团、妇联、民兵、文化站等机构负责人和体育教师代表组成。

镇（乡、街道）文体站

1992 年初，在争创"全国体育先进县"期间，县政府批准县体委、县文化局报告，将各镇（乡）文化站更名为文化体育中心。2001 年文化体育局设立后，镇（乡、街道）体育工作由文化体育站具体组织实施。随着机构改革进一步深化和行政区域变动，2007 年 2 月各镇（街道）文化体育站与城乡居民合作医疗站合并，改名为社会事业服务中心，挂文化体育站牌子，各站配备 2—4 名专职工作人员，属纯公益类事业编制。至 2012 年底，全市有 12 个镇（街道）文体站，振东新区由党委办兼理。

四、社会体育组织

崇德国术研究会

民国二十三年（1934）3 月，崇德县民众教育馆成立，县长毛皋坤任会长，订有《研究规则》，规定每年清明节在县运动场进行国术比赛。抗日战争时期，活动停止。1947 年 3 月恢复，在芝村庙会期间进行，吸收邻近地区武术爱好者参加。1948 年 10 月 10 日，曾组织会员在崇福大操场搭台进行国术表演。1949 年停止活动。

正风体育会

民国三十五年（1946）年春，崇德县民教馆发起成立。该会订立《组织章程》，吸收崇福镇体育爱好者为会员，推举徐步云为会长，曹克飞为总干事，组建篮球、足球、田径等运动队。1948 年活动停止。

桐乡县（市）武术协会

1985 年，县工人俱乐部发起成立太极拳爱好者协会。1988 年 12 月县武术协会成立，主席查政荣，副主席潘之栋、茅隽、沈桂荣、陈民，秘书长茅鹤年，副秘书长黄如荣、徐侠恒，聘请武术名家钱久麟为顾问，1995 年因故停止活动。2004 年 8 月经市体育总会和市民政局批准，重新成立桐乡市武术协会，主席黄生年，副主席陈民、张福民、茅健、黄如荣，秘书长茅鹤年，副秘书长马佩娟、洪霞、黄峰。2009 年 9 月换届，主席谢达夫，常务副主席陈民，副主席吕银根、孙越生、陈松贤、金夫、茅健、钟春甫，秘书长茅鹤年，副秘书长马佩娟、黄峰、陈永清、皇甫祥、戚继英。1988 年 8 月乌镇率先成立镇武术协会，聘请老拳师曹剑鹏为顾问。至 2013 年，全市 12 个镇（街道）都成立武术协会。至 2015 年，桐乡武术协会有团体会员 12 个，个人会员 774 人，其中中国武术协会会员 171 人，取得浙江省传统武术教练员资格 57 人，浙江省传统武术培训员资格 23 人，中国武术段

位人员 36 人，中国武术段前级人员 89 人，中国武术段位制指导员 11 人，中国武术段位制考评人员 11 人，桐乡市现有武术教练（辅导）站点 57 个。

桐乡市桥牌协会

1990 年 5 月成立，首届主席全福康，秘书长潘思源，会员 78 人，1992 年乌镇、濮院、屠甸三镇成立分会，会员 231 人。1993 年 7 月，第二届主席徐树伟，秘书长潘思源，会员 267 人；崇福镇成立分会。1997 年 6 月，第三届主席潘思源，秘书长张国强，会员 273 人；洲泉镇成立分会。2002 年 5 月，第四届主席赵春华，秘书长张国强。2009 年，第五届主席赵春华，秘书长张国强。市"桥协杯"团体赛和双人赛作为传统赛事，每年举办不少于 3 次。1997 年起开展各镇联赛制，2006 年 10 月举办全市科局级干部"原子"比赛，2000 年、2001 年获全省桥牌十强县称号，2013 年获省甲级队第三名，队员参加全国、全省、嘉兴市比赛，获得优异成绩。

桐乡市乒乓球协会

1992 年 5 月成立，第一届主席柏利勇，会员 120 人。第二届主席钱凤坤，会员 240 人。第三届主席赵洪亮，会员 380 人。每年举办一届"国贸杯"团体赛，连续举办 16 届，小型比赛不断，连续 5 年承办中国乒乓球俱乐部超级联赛的单项比赛，成年组、老年组乒乓球选手多次参加嘉兴市、浙江省、长三角城市及全国比赛，获优异成绩。

桐乡市体育辅导中心

1992 年成立，主任李跃敏，秘书长沈念慈。2001 年 11 月吴建国任主任，秘书长潘少华、徐晓国。该会成立以来，为推动群众性体育活动开展，提高运动技术水平，积极开展体育骨干培训工作，聘请高水平教练讲课，培训项目有田径、游泳、举重、皮划艇、篮球、网球、短式网球、门球、乒乓、武术、社会体育指导员、国民体质监测。

钓鱼协会

1996 年 11 月 3 日成立，会长俞汉清，副会长万连芳、曹财楚、汤闻飞、郭林荣，秘书长张伏鹤，会员 96 人，分 9 个小组。1999 年 11 月，第二届会长俞汉清，副会长万连芳、曹财楚、汤闻飞、郭林荣，秘书长张伏鹤，2006 年 12 月，第三届会长朱金林，副会长曹财楚、郭林荣、汤闻飞、夏基础，秘书长陈书贤。至 2010 年，协会共有会员 53 人，分 7 个小组。至 2012 年，先后举办 20 届比赛活动，参赛者达 1500 余人次，有 41 人次参加嘉兴市钓鱼比赛。2005 年至 2010 年，有会员 144 人参加桐乡老年人钓鱼比赛，4 次获团体第一名，4 次获团体第二名。

桐乡市体育总会

1997 年 7 月 20 日，市体育总会成立，选举产生第一届委员会，张鑫权、王建荣、俞海根为名誉主席，徐宣芬为主席，吴惠坤、刘雨亭等 17 人为副主席，刘雨亭兼秘书长，李跃敏任副秘书长。2008 年 6 月换届选举，朱红为主席，沈月飞、杨惠良等 13 人为副主席，宋晓竞为秘书长。2013 年 11 月换届选举，吴利民为主席，沈月飞、费坤江、周坚、沈新方为副主席，管少华为秘书长，宋晓竞、茅胜杰、徐晓国为副秘书长。

2008年，市体育总会被评为省首批先进体育总会。2012年通过省级先进体育总会复检。2013年，全市体育协会16个，为市体育总会团体会员，除老年人体育协会外，均为市级法人协会。

桐乡市举重健美运动协会

2001年11月25日成立，主席朱志华，副主席程俊伟、朱鑫浪、薛建树、费洪良、郭兴宝，会员65人。2008年8月，第二届主席朱志华，副主席程俊伟、张建方、杨雪乾、薛建树、沈继文，秘书长郭兴宝，会员65人。

协会成立以来，承办2001年浙江举重协会年会，2002年浙江省健美锦标赛。协办2004年浙江省青少年举重锦标赛等重大活动。2006年，吸收桐乡活力多健身馆为团体会员。2011年，吸收朱箭健身房为协会训练基地和培训中心。2012年，筹建乌镇健美健身训练基地。2005年组队参加省卧举比赛，获团体第十名。2008年选派2名运动员参加在江苏举办的全国健美比赛，获个人第三、四名。2009年，组队参江省健美、健身、健美操比赛，取得团体第四名。2010年至2011年有8名运动员参加省、全国比赛，获全国健美冠军1人，省比赛第四名、第五名各1人。至2012年，协会有个人会员65人，团体会员3个。

桐乡市羽毛球协会

2004年5月成立，会长戴肖雄，副会长沈一兵、陈鹏、钦志强、沈岩松，秘书长金亮，会员67人。2008年第二届，组织机构人员不变，会员130人。2012年，第三届会长沈一兵，副会长陈鹏、钦志强、沈岩松，秘书长金亮，会员200余人。协会每年组织全市各年龄段羽毛球联赛、杯赛7—8次，参加嘉兴市、浙江省、长三角城市举办的各类竞赛，获得较好名次。

桐乡市围棋协会

2004年6月19日成立，会长陈建明，副会长顾妙根、朱政华、沈福林，秘书长蔡文俊，会员143人。2010年1月，第二届会长陈建明，副会长顾妙根、朱政华、沈福林，秘书长蔡文俊，会员160人。协会重点培养少年儿童学习围棋，每年学习围棋的学生达千余人，举办2次少儿围棋段位比赛，参赛人员每次达200—500人，每年暑假举办一届少儿围棋小棋王比赛。2004—2010年举办三届成人棋王赛和一届成人升段赛。2004—2012年3次举办浙北8县（市、区）少儿围棋提升定级（段）比赛，参赛人数达2000余人，参加上级围棋比赛取得优异成绩，徐嘉清是全国比赛团体亚军成员，王峰获少年组个人第三名；桐乡组队参加省比赛获团队第一名1次，团队第二名4次，团队第三名1次，3人获个人金牌，1人获个人银牌；组队参加嘉兴市比赛，获团队第一名3次，团队第二名2次，团队第三名4次，4人获个人金牌，3人获个人银牌，3人获个人铜牌。2011年协会被评为桐乡市首届十佳协会组织。

桐乡市冬泳会

1999 年 11 月成立，会长谢志强，副会长姚新元、王海泳、张建华，秘书长戚继荣，副秘书长姚海伦，会员 50 多名。2003 年 11 月，第二届会长谢志强，副会长姚新元、戚继荣、王海泳、张建华，秘书长姚海伦，副秘书长沈金根，会员 100 多名。2007 年 12 月，第二届会长朱文龙，副会长徐泳、陈建新、姚新元、俞荣昌、王海泳，秘书长刘林，副秘书长沈新根，会员 300 多名。2013 年 1 月，第三届会长朱文龙，常务副会长徐泳，副会长刘林、陈建新、金刘、沈新根、钱宏亮、吴根富、王兴明，秘书长杨晓东，副秘书长沈丽华，会员 800 多名。

协会成立以来，广泛开展群众性游泳（冬泳）活动，选择新世纪公园人工湖和银园大酒店游泳池、李家浜原少体校游泳池作为常年训练基地，制订一系列管理制度，确保游泳（冬泳）活动安全有序开展。每年组织会员在新世纪公园、乌镇景区市河、银园大酒店游泳池、李家浜游泳池及其他水域举办冬泳比赛。组队参加 2001 年 1 月在辽宁抚顺举办的全国第六届冬泳锦标赛、2005 年在安徽铜陵举办的第七届全国冬泳锦标赛、第五届"东信杯"杭州西湖冬泳邀请赛、2 届上海市"海湾杯"公开水域游泳邀请赛、4 届长三角区域冬泳邀请赛、4 届上海市"体彩杯"冬泳比赛、1 届苏州市"中国人寿杯"冬泳邀请赛、4 届绍兴市"中国轻纺城杯"冬泳邀请赛、上海市第一届长三角冬泳邀请赛、哈尔滨第十四届国际冬泳邀请赛。协会被省体育局评为 2006—2009 年度群众体育先进单位。

桐乡市篮球运动协会

1999 年 7 月 28 日，协会成立，葛明洲为主席。2003 年 12 月，第二届主席杨胜奇。2007 年 5 月，第三届主席姚毅军。2013 年 12 月，第四届主席赵月祥。工作机构设办公室、裁判委员会、教练委员会。

至 2015 年，有篮球队 30 支，每年组织市级联赛（杯赛）4—5 次。组队参加嘉兴市、浙江省篮球赛，获得较好名次。同时，我市也建立了一支高水平的篮球裁判队伍，拥有国际级裁判 1 人，荣誉一级 2 人，一级裁判 8 人，2 级裁判 25 人。2011 年被评为全国第十一届运动群众体育先进单位。

桐乡市体育舞蹈协会

2010 年 8 月成立，会长唐寿康，副会长杨兴连、王洪伟、朱丽华，秘书长沈新根，会员 98 人。协会成立后，积极参与全民健身活动，大力开展体育舞蹈推广工作，定期对会员进行舞蹈技术、技巧培训，参加本市节庆和团体表演比赛等。至 2015 年，有会员 300 多人。

桐乡市网球协会

2013 年 12 月成立，名誉会长吴炳泉，会长姚毅军，副会长沈春山、陈再飞、钟天，秘书长顾小波，有会员 60 人。

桐乡市气排球协会

2014年1月成立，会长凌国柱，副会长王兴和、吕国跃、沈新方、张建成，秘书长王兴和，有个人会员220人，团体会员20个。成立以来，举办会员联赛2次，会员参赛率达到90%以上。2014年承办浙江省气排球嘉年华联谊会，组队参加省、嘉兴市举办的比赛。

桐乡市足球协会

2014年4月成立，会长陈东明，副会长张科、谢寅杰、朱君、张晓锋，秘书长余斌，有会员300人。成立以来，组织少年儿童足球比赛2次，成人足球比赛1次。

桐乡市健身舞协会

2013年7月成立，会长俞凤如，副会长徐莉，秘书长袁煜钜，有会员115人。成立以来，组织健身舞竞赛3次，组队参加省、嘉兴市健身舞比赛。

桐乡市老年自行车队

2002年12月28日成立，第一任队长缪昌仁，副队长张乃录、沈关庆，秘书长张乃录，有队员40名。该队是由居住在梧桐街道的机关事业单位离退休干部中的自行车骑游爱好者组成，是自愿参加、自我管理、自负安全、体育健身的群众性组织。2005年12月，第二任队长缪昌仁，副队长金永年、张乃录、沈关庆，秘书长张乃录，下设2个分队，有队员60名。2008年12月，第三任队长缪昌仁，副队长钟振国、金永年、邱印夫、沈水庆，秘书长钟振国，下设3个分队。至2015年底，共有队员130人，平均年龄约65岁，最大82岁。

车队成立以来，坚持每周一次晨练，每次骑行约15公里，累计出动约2万人次，为16个部门进行60多次社会公益活动，串乡走镇3000公里。组织1600余人次到周边城市骑游、观光、访问、交流50余次，总行程达12500公里。2006年以来，派出代表300多人次赴全国各地参加7届全国骑游展示大会、3次全国骑游联谊会。2008年组队参加浙江省赴台湾骑游交流，承办浙江赛车协会老年人骑游分会年会。车队在全国骑游网上开辟网页，共发表文章和照片500多篇，有50万人次浏览。至2012年底，有镇（街道）老年自行车队6支，队员200人。

桐乡市老年人体育协会

1986年9月成立，名誉主席马传峰，主席洪秉康，副主席陈茂昌、王兴和、颜兴源、刘雨亭、蓝金才，秘书长蓝金才，副秘书长周明富、戴自廉、沈念慈，会员178人。1992年，第二届主席朱国勤，秘书长沈念慈，会员1715人。2003年9月，第三届主席周坚，副主席吴建国、章丕成、唐汉昌、张潮明，秘书长杨恩明。2008年9月，第四届主席周坚，副主席张建方、章丕成、沈富春、张春标、徐卫平，秘书长杨恩明，会员2080人。2013年12月，第五届主席周坚，常务副主席沈新方，副主席沈富春、蔡新红、毛少波、魏娟美，秘书长杨恩明。至2013年，全市12个镇（街道）176个行政村、35个社区、

25 个系统（行业）成立了老年体协，有会员 38057 人。

其他社会体育组织

桐乡县钟声体协（教育系统），1956 年 8 月成立。

崇德县钟声体协（教育系统），1956 年 8 月成立。

桐乡县建丰第一高级农业合作社体育协会，1956 年成立。

桐乡县国防体育协会，1960 年成立。

前卫体协（公安政法系统），1985 年 5 月成立。

县信鸽协会，1986 年成立。

县棋类协会，1986 年成立。

智能气功协会 1990 年 8 月成立。

桐乡县农民体协，1991 年 12 月成立。

桐乡县供电体协，1991 年 11 月成立。

桐乡县卫生体协，1991 年 12 月成立。

第六节　体育人物

黄澄如

黄澄如（1879—1943），名振，以字行，小名黄好四。乌镇人。以针灸伤科为主。1927 年被乌镇植材小学教师、中共地下党员温永之发展为党员，成为乌镇党小组成员，不久失去组织联系。黄澄如自幼喜欢武术，结交江湖武师拳友，会卸骨术。1927 年出资在南虹桥创建乌镇公园，翌年又集资创办裕农蚕种制造场，还投资创办南栅电气公司。1928 年 12 月，太湖强盗洗劫乌青两镇，商会自办保卫团，黄澄如特请山东人刘绍平来镇传授拳术。历任保卫团团总、乌镇商会主席等职。1943 年 1 月，日军制造"乌镇大惨案"，在吴江严墓杀害 53 人，黄澄如在其中。

姚上枚

姚上枚（？—1939），乌镇人。以卖五香热豆腐干为生。喜欢武术，晨间在中市河西凤仙圩设场教拳，其马步定式可在身上放七碗水，头上一碗，两肩、两肘、两膝各放两碗。姚上枚的拳术传自镇上白莲寺僧人。

曹剑鹏

曹剑鹏（1931—？），原名倪人杰，籍贯江苏震泽。幼年父母双亡，14 岁师从吉长奎，学习拳艺。抗战后期，吉长奎组织马戏团，曹随马戏团拳师诸金林、张老七学习弹腿、小罗汉、八仙架子、鹰八术等武术。入赘乌镇伤科郎中、武术前辈曹顺江，遂改名曹剑鹏。

常子松

常子松（1900—？），人称关连师太。籍贯四川。1948 年来乌镇西栅花林村踏景里卖艺授徒，后又去民合村赵家兜设点，收赵有财等十余名青年习武，是为民合拳术之始。常子松善轻功，身轻如燕，一个纵跳，可挂于梁上，再一卷身子，则可蹦出屋面。

沈余生

沈余生（1883—1968），芝村陈家埭人。家贫少孤。光绪三十三年（1907），东阳篾竹匠司马强来村上修理家具，租住沈家。司马强粗通伤科医术，会拳术，见沈余生年轻好学，向其传授一些接骨上骱的技能，还教会少林拳术。沈余生后在乡里行医，逐渐出名，成为嘉杭湖一带颇具名望的伤科郎中，因蓄发扎辫，人称"芝村小辫子"。沈余生武功极好，尤其是蹲功，少年练就，至老不衰，双脚蹲于门槛上，三个壮汉也推不动。他常年喝早茶的茶馆里，一条阔板凳上有两个深陷的脚印，就是他平日练功留下的。

朱培生

朱培生（1896—1979），百桃乡（今梧桐街道）百福村蛤巴墩人。初读于长山桥陆蓝田、陆士元开设的塾学。民国四年（1915）8月由省立二中（嘉兴一中）保送至上海青年会体育专科学校（东亚体专）深造，在短跑、跳远、跨栏、足球等项目上成绩优秀。民国七年（1918）在浙江省第二届中等学校联合运动会上，获得440码赛跑第一名，100码短跑、跳远第二名，个人总分名列全省第三名。继而赴上海参加远东奥林匹克运动会，为国争光，荣获100米低栏冠军，国人为此扬眉吐气。朱培生还爱好足球运动，曾代表中华队出国比赛。

1921年起，朱培生先后在省二中、绍兴中学、定海中学、浙东第三中学等校任体育教师、体育主任等职。1942年在温州专区运动会上，由他率领的绍兴中学体育代表团连连夺魁，震惊浙东。1945年抗战胜利后，转入浙大附中任体育主任。1946年暑假，回故乡参与启新小学的建设，指导体育教育。后两次受聘指导桐乡全县中小学运动会，任总裁判。建国后回桐乡定居，先后在屠甸、百桃、梧桐、乌镇各完全小学担任体育教师，晚年定居乌镇。1954年县体委成立时，选为体育委员，并当选为乌镇第六届人民委员会委员和历届县人民代表。1968年退休。1978年，作为特邀代表出席了嘉兴地区教育战线先进集体和先进工作者代表大会。

朱培生一生致力于体育事业，在长达47年的体育教育生涯中，培养了一批批体育人才，如绍兴的俞樟炎、缪遂，嘉兴的文慰高、武士进，杭州的来健等体育健将都出自他门下。俞樟炎在1951年浙江省第一届运动会上夺得200米低栏冠军，并打破全国纪录，稍后入选国家队，后又调任国家田径队教练。

戴麟经

戴麟经（1906—1968），祖籍安徽，出生于崇福镇。父戴鹿岑曾任无锡振信纱厂经理。戴麟经早年就读崇德第一高等小学，后转学上海，南洋大学附中毕业后，考入南洋大学工商管理系。因喜爱足球运动，毕业前一年因被暨南大学足球队看中，转入暨南大学。

民国十五年（1926），戴麟经加入上海东华足球队，任主力。十七年（1928），随上海交大队赴日本比赛。十九年（1930），参加东京远东运动会，被誉为中国第一中锋，后加入新组建的东华足球队，任中锋。东华队三次取得联赛冠军，两次夺得"史高托杯"，曾远征印尼、马来西亚等国，公认为"远东第一强队"。戴麟经以精湛球艺和勇猛作风，令球迷倾倒。上海沦陷后，东华足球队拒绝参加日本队及伪政府主办的比赛，表现出民族气节。

1951年，戴麟经任解放军八一足球队教练。1957年，任国家足球队主教练，同年任全国足球指导委员会副主席。1959年，任八一队部教练。1962年，被授予少校军衔。夫人李爱玲，系南洋侨商。"文革"中戴氏夫妇被迫害致死。1978年8月，平反昭雪，恢复名誉。

万元豹

万元豹，1931年出生，祖籍南京。1950年参加中国人民解放军。1954年12月转业到崇德县文教科工作。业余爱好举重，1956年3月，参加浙江省举重比赛，获最轻量级冠军。同年10月，参加浙江省工人运动会举重比赛，获最轻量级冠军。1957年，进入省举重专业队集训。其间参加省举重比赛，获56公斤级推举、抓举、挺举和总成绩冠军，是当时省纪录的保持者。1960年国家经济困难时期，省体育举重专业队解散，回桐乡县文化馆、桐乡农业中学工作。1962年，分配到桐乡二中任体育教师，积极推广普及举重运动，还不厌其烦地去各镇和部分公社辅导举重训练，人数达百人。浙江省举重比赛和培训班多次在桐乡二中举办。上世纪60年代初至80年代末，培养输送的健将级运动员有姚梓芳、姚春荣、钱树清，优秀运动员有汪森良、李矛、娄国伟、张志强、张利坤、朱志华、张亦令等数十人。曾带队参加全国、省级举重比赛，取得优异成绩，多次被评为省业余体育训练先进个人。1991年被县人民政府评为优秀专业技术人才，同年退休。

钟红燕

钟红燕，女，1976年出生，濮院镇人。1991年7月选入桐乡县少体校皮划艇队，启蒙教练沈利民。1993年被选送浙江省体育运动学校学习，1994年10月转入浙江省体工大队。1997年12月入选国家集训队。1995年至2009年，参加国际、国内重大比赛，取得优异成绩：1998年参加第十三届亚运会获得女子500米双人皮艇金牌；2002年参加第十四届亚运会获得女子500米单人皮艇金牌，女子500米双人皮艇金牌，女子500米4人皮艇银牌；2004年参加第二十八届奥运会(雅典)，获得女子500米双人皮艇第4名；2008年参加第二十九届奥运会(北京)获得女子500米单人皮艇第5名；参加第八、九、十、十一届全运会，获得金牌2枚、银牌4枚、铜牌1枚，参加国际锦标赛、冠军赛曾获得金牌15枚、银牌5枚；参加全国锦标赛、冠军赛，曾获金牌49枚、银牌6枚、铜牌1枚。

宋晓竞

宋晓竞，1966年4月出生，崇福镇人。1987年浙江大学体育系毕业，先后任桐乡二中教师、桐乡市体委干部、桐乡市体育总会秘书长。1990年开始从事篮球裁判，

1991年被批准为篮球一级裁判，1999年被批准为国家级篮球裁判。2001年开始执法CBA和WCBA。2005年经国际篮球联合会批准，成为国际级裁判员，同年执法第十届全运会的篮球比赛。2007年执法第二十五届亚洲男篮锦标赛暨2008年北京奥运会男篮亚洲区预选赛。2009年、2013年执法亚洲篮球锦标赛。2010年执法广州亚运会篮球比赛。2011年执法世界大学生运动会。2009—2014年连续6次获得CBA十佳裁判员称号和WCBA银哨奖。

沈月峰

沈月峰，崇福镇上市村人。因出生时遭遇医疗事故，左臂、左腿受到创伤，造成三级残废。虽然14岁才第一次参加体育课学习，但他热爱体育运动，顽强拼搏，成绩杰出。1998年代表桐乡市参加嘉兴市残疾人运动会，获100米、200米和400米赛跑第一名。2000年初中毕业后，进入浙江金鑫皮鞋有限公司工作。其间，遇有赛事，便被征召，进行短期训练。2002年11月，浙江小残疾人游泳队选拔队员，沈月峰入选，参加杭州集训。2003年全国残疾人运动会在南京举行，沈月峰获100米蛙泳冠军、100米自由泳季军。此后经常代表桐乡、嘉兴、浙江参加残疾人运动会，均取得较好战绩。2006年，入选国家残疾人游泳队。2007年5月18日，沈月峰参加在昆明举行的全国第七届残疾人运动会，与队友一起获男子4×100米混合泳接力赛冠军。

2008年5月19日，奥运火炬传至嘉兴，沈月峰作为嘉兴市第67号火炬手，参加传递。

孟国芬

孟国芬，女，1992年生，崇福镇星火村人。天生肢体残疾，家境贫寒，但自强不息，爱好运动。自2007年开始，在各级残疾人运动会上，先后获仰泳、自由泳、混合接力赛奖牌，特别是2013年9月14—22日在荷兰斯塔茨卡纳尔举行的"2013年世界轮椅与肢残人运动会"上，获4×50米混合接力赛金牌、100米仰泳银牌。同年10月29日至11月5日，在"2013年全国残疾人（22岁以下）游泳锦标赛"上，获S3级50米自由泳、100自由泳、200米自由泳、4×50米混合泳接力4枚金牌。2014年在韩国仁川第17届亚残会上获金牌1枚。

第九章　行政管理

　　文化行政管理是政府文化部门对文化事业的组织、计划、业务、财务、制度、资产的管理。

　　民国时期，崇德、桐乡两县均未专设文化行政机构，文化行政的管理职能由教育行政机构行使。1949年5月，崇德、桐乡两县解放，两县成立人民政府，分别建立文教科，管理文化工作。1956年两县文教科改为文教局，始有专职干部管理文化工作。1958年，崇德、桐乡两县合并后，称桐乡县文教局，内设文化科管理文化工作。1978年10月，撤销县文教局，分设县文化局和县教育局，始建有专门的政府文化管理部门。20世纪90年代后期，文化局的文化行政管理逐步从偏重"办文化"转为"管文化"，扩大了文化行政的管理职能，并从依靠行政手段管理，转向依靠法律、经济、行政手段相结合的综合管理。

第一节　行政机构

一、文化局

　　民国时期，崇德桐乡两县未专设文化机构，文化行政职能由教育行政机构行使。民国元年（1912），浙江军政府公布《浙江地方官制》，规定县公署下设四科，教育为第三科，负责管理教育和文化行政事宜。1921年9月，浙江省教育厅公布《浙江省教育局规程》，规定县文化行政事宜由教育局第三科负责。此间，崇德、桐乡两县均按规定由教育行政机构行使文化行政职能。

　　1949年5月，崇德、桐乡两县解放，成立人民政府，同年7月和9月，崇德、桐乡两县政府分别建立文教科，由一名干部兼管文化工作。1956年，两县文教科先后改为文教局，人员编制增多，始由一名副局长和一名干部负责文化工作。

　　1958年11月，崇德、桐乡两县合并，称桐乡县文教局，由一名副局长和一名干部分管文化工作。1966年后"文化大革命"开始，1968年10月，县革命委员会成立后，下设政工组，直接管理文化工作。

　　1970年12月，县文教局革命委员会建立，管理文化工作。

1971年8月，文教局又更名为教育局，文教局革命委员会改称教育局革命领导小组，管理职能不变。

1973年4月，教育局又复称文教局，教育局革命领导小组又复称文教局革命领导小组，管理职能不变。

1978年6月，恢复"文革"前建制，称文化教育局，其中内设文化股。

1978年10月22日，撤销县文教局，分设县文化局和县教育局。新设的文化局暂借县委宣传部一间办公室办公，后迁入县前街17号文宣队内办公。局内下设业务、人事秘书、财会办公室，开始独立行使政府行政机关的职能。1979年县文化局下设业务、文书、财务、文印四室。1980年梧桐书场建造后，文化局迁至梧桐书场门厅楼上办公。1986年新设人事秘书股、文化业务股；1988年增设计划财务股；1989年增设文化市场管理办公室。1993年4月桐乡撤县建市，县文化局随即改为市文化局，内设各股改称为科。

1995年，开始新建文化局办公楼。1996年10月8日文化局迁入庆丰南路广福路3号。1997年3月31日，桐编委（1997）3号文件，决定桐乡市文化局增挂桐乡市旅游局牌子。文化局、旅游局实行"两块牌子，一套班子"。内设机构：人事秘书科（党委办）、计划财务科、文化艺术科（文管办）、文化市场管理科、旅游开发行业管理科，行政编制16名。其中局长1名，副局长3名，科（股）长5名。2001年2月18日文化局与旅游局分设单列；同年11月，撤销文化局、体育运动委员会建制，组建文化体育局，地址设在原文化局。同时将广播电视局承担的音像市场等管理职能划入文化体育局。新组建的文化体育局主管文化、文物、体育和新闻出版工作。内设6个职能科室：人事秘书科（办公室、党委办公室），文化艺术科（市文物管理委员会办公室），计划财务科，群众体育与竞赛训练科，文化、文物、体育新闻出版市场管理科，文化体育产业管理科。机关行政编制16名，其中局长1名，副局长3名，科（股）长6名。2005年3月组建桐乡市文化广电新闻出版局，设立桐乡市体育局，市体育局与市文化广电新闻出版局合署办公，实行"两块牌子，一套班子"，主管文化、文物、体育、广播电视、新闻出版。10月，调整内设机构，设职能科室6个，办公室（党委办公室）、人事科（监察室）、产业财务科、文化艺术科、体育科、广电新闻出版科。机关行政编制17名，其中局长1名，副局长3名，科（股）长6名。2008年12月经市编委批复，文化广电新闻出版局的内设机构又作调整，增设市场法制科，共设7个职能科室：办公室（党委办）、人事科（监察室）、产业财务科、文化艺术科、体育科、广

文化局广福路办公楼

电新闻出版科、市场法制科。2009年底，文化广电新闻出版局机构名称不变，内设职能科室7个，办公室（党委办公室）、人事科（监察室）、产业财务科、文化艺术科、体育科、广电新闻出版科（行政许可科）、市场法制科。机关行政编制18名，其中局长1名，党委副书记1名，副局长3名，科（股）长6名。2011年12月，新增副局长1名。2012年4月7月18日，产业财务科更名为财务审计科，并增设产业发展科。2014年8月1日，文化广电新闻出版局机关迁入振东新区环园路578号。至是年末，文化广电新闻出版局机构名称不变，内设职能科室8个，办公室（党委办公室）、人事科（监察室）、文化艺术科、产业发展科、财务审计科、体育科、广电新闻出版科（行政许可科）、市场法制科。行政编制18名，在职工作人员23名。其中局长1名，党委副书记2名，副局长5名；主任、科（股）长8名，副主任2名，副科（股）长4名。

二、文物管理委员会

民国时期，崇德、桐乡两县均无文物管理机构。

1952年1月，建桐乡县文物保管委员会。

1961年，成立桐乡县文物领导小组，负责全县文物行政管理工作。

1982年1月，桐政（82）12号文件，批准建立桐乡县文物管理委员会，系文物管理议事协调机构，有委员9人，副县长孙志顺兼主任，吴珊、魏棣华任副主任。办公室设在文化局，张钰昌任办公室主任，范雪森、张梅坤任副主任。

1988年5月，桐政（88）89号文件，调整文物管理委员会领导人员，由副县长方艾任主任，魏棣华任副主任。办公室设在文化局，鲍复兴任办公室主任，周平、张梅坤任副主任。

1995年3月，桐政办（1995）35号文件，调整文物管理委员会领导人员，由副市长徐宜芬任主任，陈建明、鲍复兴任副主任。办公室设在文化局，邱一鸣任办公室主任，同年7月，增加许荣民、周伟民为办公室副主任。

1998年3月31日，桐政办（98）68号文件，调整市文物管理委员会组成人员，由副市长邢海华任主任，吴惠坤、邱一鸣任副主任。办公室设在文化局，叶瑜荪任办公室主任。

2003年10月31日，桐政办（2003）127号文件，调整、撤销部分市级议事协调机构和临时机构，由副市长邢海华任市文物管理委员会主任，施勤高、陈建明任副主任。办公室设在文化局，2005年10月，宋晓竞任办公室主任。

2007年8月2日，桐政（2007）89号文件，调整桐乡市文管会领导成员，由副市长朱红任主任，沈月飞、杨惠良任副主任，办公室设在文化局。

2012年6月19日，桐政办（2012）66号文件，撤销桐乡市文物管理委员会，建立桐乡市社会文化文化管理委员会，由副市长王尧祥任主任，沈月飞、赵裕华任副主任，成员单位有宣传部、发改局、教育局、公安局、文化局、卫生局、广电台、工商局、总工会，办公室设在文化局。

三、文化市场管理机构

20世纪50年代初，崇德、桐乡两县的政府文教科管理剧团、电影、书店、民间艺人、文物、娱乐场所、印刷、照相馆等文化业务市场。

文化市场行政执法大队广福路办公楼

20世纪80年代，国家实行改革开放政策，文化娱乐经营活动悄然兴起，文化市场开始形成和发展。1986年1月，建立桐乡县社会文化管理委员会，由副县长方艾任主任，宣传、文化、广电、工商、公安等分管领导为成员，负责协调管理文化市场。1989年5月，县文化局建立文化市场管理办公室。1994年2月，县文化局建立文化市场稽查队，属文化局内设机构。1997年5月，增设文化市场管理科。同年8月12日，建立桐乡市文化稽查大队，属文化局内设机构。2001年11月，组建文化体育局后，文化市场管理科更名为文化体育出版市场管理科，文化稽查大队更名为文化体育市场稽查大队。2003年，建立桐乡市文体市场稽查大队，增加专职稽查人员1名，共4名。2005年11月，单独建制成立桐乡市文化行政执法大队。1989年、1998年、2007年先后三次调整社会文化管理委员会领导成员，分别由分管文化的副县（市）长担任主任，宣传、文化、公安、工商、广电等部门分管领导为成员。

2007年5月，成立市文化市场管理领导小组，由分管党群的市委副书记任组长，市委办、市府办、宣传部、发改局、教育局、公安局、财政局、文化局、卫生局、总工会、团市委、法制办、城管办、广电台、工商局参加协调管理文化市场。同年4月，桐乡市文化行政执法大队增挂桐乡市文物监察大队牌子。

2008年12月接桐乡市编委通知，撤销桐乡市文化市场管理办公室，在文化局内增设市场法制科，管理全市文化市场。

至2014年底，桐乡市文化行政执法大队在编工作人员16名，其中大队长1名，副大队长2名，中队长2名。

第二节　行政管理职能

一、概　况

民国二十一年（1932）9月，县教育局设立第三科，专司社会教育。同年浙江省教育厅公布《浙江省县教育局规程》，规定第三科的具体事务为：民众教育馆及民众学校，体育场、运动会及其他民众健康教育，科学教育馆、职业补习学校、职业指导及其他民众生计教育，识字运动、民众问字处、民众读物、图书馆及其他民众文字教育，家庭改良及其他民众社交教育，戏剧、音乐、说书、杂艺及其他民众休闲教育，青年、成人的低能及残废者特殊教育，感化教育，中小学校兼办民众教育，社会教育师资训练等。

1949年新中国成立后，崇德、桐乡两县人民政府成立文教科，由一名干部兼管文化工作，行使对全县文化事业的管理职能，其管理职能主要是以文化宣传、教育为主。1956年，两县文教科先后改为文教局，始由一名副局长和一名干部负责管理全县的文化事业，行使文化行政管理职能。主要职能是对戏剧、图书、收音、音乐、宣传和对民间剧团的管理，对剧目的审查和对传统剧目的改革等。"文革"期间，文化行政管理职能一度由县革命委员会政工组负责，主要是负责排练，推广样板戏。

1978年10月22日，文化局单独建制，隶于县政府的职能部门，开始独立行使政府行政机关的职能。其职责：担负全县专业、群众文化和文物等方面的行政管理工作。1980年至1987年底，县文化局所属的文化事业单位为：县文化馆、图书馆、博物馆、茅盾故居、丰子恺故居、君匋艺术院、电影公司、新华书店、桐乡影剧院、崇福剧院、越剧团、梧桐书场、乌镇影剧院。其中濮院影剧院、石门影剧院、屠甸影剧院和各镇、乡文化站与当地乡、镇政府共同管理。1989年3月12日，县文化局召开文化行政管理研讨会，县委书记夏益尝出席会议讲话，并与全体出席会议的成员合影。同年5月，经县编委批准，建立桐乡县文化市场管理办公室，主管全县文化市场。

1997年7月，市编委批准在桐乡市文化局增挂桐乡市旅游局牌子，实行"两块牌子、一套班子"。桐政办〔1997〕113号对文化旅游局的工作职能作了规定：（一）文化管理职能是：（1）贯彻执行党和国家关于文化工作的方针、政策、法规，根据本市的实际情况，制订文化事业发展规划，加强宏观指导，并组织、协调和实施。（2）综合管理文化艺术，组织、指导群众文化、专业文化和文物、博物、图书、电影等工作，策划较大型的示范性的艺术活动。（3）归口管理文化市场，会同有关部门制度文化市场发展规划和管理办法、意见等；审批、审核文化市场经营单位、项目；坚持不懈地开展"扫黄"、"打非"，组织指导文化市场稽查工作，查处违法、违章经营活动。（4）负责文化系统音像制品批发单位设立的审核和放映、零售、出租单位的设立的审批，负责文化系统音像制品批发、放映、零售、出租的管理。（5）根据有关规定，管理全市文化文物文保单位及行使文物执法权。（6）根据本市实际情况，加强对文化经济、文化经营活动的管理，统筹安排文化、文物事业经费，规划、指导文化设施建设。（二）旅游管理职能是：（1）贯彻中央、省、嘉兴市和桐乡市委、市政府关于发展旅游业的方针和政策，与有关部门共同研究制定我市旅游业的发展战略、产业政策及实施措施，结合我市实际，提出和制定全市旅游业发展的中长期规划和年度计划。（2）指导我市旅游行业的经济体制改革，积极培育和完善旅游市场体系。负责全市旅游资源的普查、规划，指导并承担旅游资源的开发利用和保护工作。指导旅游业基础建设和利用外资工作，对市内国家和省级旅游重点建设项目进行审批、协调与监督管理。（3）建立和管理旅游发展资金，主要用于旅游规划、旅游景区（点）的开发建设及配套设施建设、重点旅游商品的开发、旅游市场的宣传促销活动等。（4）负责全市旅游业整体形象的宣传和重大促销活动，组织重要旅游产品的开发。搜集和研究国际、国内旅游市场动态，向旅游企业提供市场信息。归口管理旅游涉外业务及签发旅游邀请函电。（5）负责对从事旅游业务的企事业单位实行行业管理。归口审核，推荐申报经营国内旅游业务和经营国际旅游业务的旅行社（公司）；负责旅游涉外饭店和星级饭店申报的审核推荐，以及旅游饭店、餐馆、商场等旅游涉外定点工作；管理国内居民出国（境）旅游和境外居民来华旅游等涉外旅游业务；监督管理旅游服务质量，受理国内外游客投诉；负责全市旅游统计工作。（6）管理和指导全市旅游教育培训工作；组织旅游行业的岗位资格认证；指导和协调旅游行业的人才交流；参与旅游专业技术任职资格考评。（7）会同有关部门加强对全市旅游市场的管理和监督；协调旅游交通、景区秩序、旅游安全等工作，指导旅游商品的生产销售。

2001年12月，撤销体育运动委员会和文化局，新组建桐乡市文化体育局。桐政办〔2001〕136号文件精神，对桐乡市文化体育局的行政职能作了调整。主要职责：（1）贯彻执行党和国家、省、市委、市政府关于文化、文物、体育、新闻出版的方针、政策，制订文化、文物、体育、新闻出版事业发展规划。（2）综合管理全市文化艺术创作、表演展示和艺术教育、培训、辅导，组织、指导策划具有示范性的重大艺术活动。（3）综合管理全市社会文化和图书馆事业，加强图书馆、文化馆、影（剧）院的建设，指导开展各类群众文化活动。（4）制订和贯彻文化体育产业的发展规划，指导、协调、组织、管理文化体育产业的实践。（5）研究、制订全市名人场馆、博物馆的发展规划，推进"名人文化"建设；指导各馆之间的协作、交流和其他工作，负责各馆藏品的借用、交流、交换、调拨和重大展览项目的审核、报批。（6）负责审核报批全国、省、市级文物保护单位；承担国家级、省级历史文化名城、历史文化保护区、世界文化遗产项目的相关审核、申报和管理工作；依法实施文物保护与抢救工作；依法审核报批考古发掘、文物保护、文物维修项目；编制文物维修预算、申报、核拨、管理文物维修经费。（7）积极推行实施《全民健身计划纲要》，指导并开展群众性体育活动，实施国家体育锻炼标准，指导和协调各部门、乡镇（街道）、各行业、各社会团体积极开展体育活动；负责全市体育社团的资格审查，依法管理健身气功，开展国民体质监测；实施《奥运争光计划》，加强全市训练工作的宏观管理和指导，积极培养输送优秀体育后备人才，不断提高运动技术水平；组织省运会、嘉兴市运会和各种重大竞赛的参赛工作；承办市运会。（8）研究制定全市对外文化体育交流规划，负责审核、报批全市对外文化体育交流项目。（9）宣传和贯彻有关文化、文物、体育、新闻出版市场法律、法规；负责全市文化、文物、体育、新闻出版市场行政执法、管理和稽查；建立、健全文化、文物、体育、新闻出版市场管理制度，监督检查经营活动，维护经营者和消费者的合法权益；按照管理范围和权限，对全市的文化、文物、体育、新闻出版经营单位的设立、变更及其他有关事项进行审批或审核。（10）管理直属文化体育企事业单位；指导文化体育社团的业务活动；负责对乡镇（街道）文化站业务指导。

2005年10月，为深化政府机构改革，桐委办〔2005〕8号文件精神，组建桐乡市文化广电新闻出版局，设立桐乡市体育局，市体育局与市文化广电新闻出版局合署办公。行政管理职能作了调整，增加承担全市广播电视行政管理的职能。主要职责是：（1）贯彻执行党和国家以及省、市委、市政府关于文化艺术、文物、体育和广播电视、新闻出版工作的方针、政策与法律法规；根据本市实际，制定文化、文物、体育、广播电视、新闻出版事业发展规划。（2）综合管理全市文化艺术的创作、表演、展示和艺术教育，培训、辅导；组织、指导、策划具有示范性的重大艺术活动。（3）研究制订全市文化、文物、体育、广播电视、新闻出版产业发展战略和中长期发展规划；培育、发展文化、文物、体育、广播电视、新闻出版产业，管理文化、文物、体育、新闻出版科技工作。制定、组织实施参与或组织实施全市文化、文物、体育、新闻出版事业基本建设规划，管理市级公共文化设施。（4）综合管理全市社会文化和图书馆事业，加强图书馆、文化馆、其他文化场馆的建设，指导开展各类群众文化活动。（5）宣传和贯彻有关文化、文物、广电、新闻出版、体育市场的法律、法规；负责管理全市文化、文物、广电、新闻出版、体育市场；按照管理范围和权限，负责对全市的文化、文物、广电、新闻出版、体育经营单位的设立、变更及其他有关事项进行审批或审核；监督指导文化、文物、广电、新闻出版、体育市场的稽查工作。（6）研究、制定全市名人场馆、博物馆的发展规划，推进"名人文化"建设；指导各馆之间的协作、交流和其他工作，负责各馆藏品的借用、交流、交换、调拨和重大展览项目的审核、报批。（7）负责审核报批全国、省、市级文物保护单位；承担国家级、省级历史文化名城、历史文化保护区、世界文化遗产项目的相关审核、申报和管理工作；依法实施文物保护与抢救工作；依法审核报批考古发掘、文物保护、

县委书记夏益昌与出席文化行政管理研讨
会的全体成员合影

文物维修项目；编制文物维修预算、申报、核拨、管理文物维修经费。（8）依法管理监督全市卫星地面接收设施和社会公共场所大屏幕；负责视频点播业务开办，及对社会上设立的闭路电视、共用天线系统进行审核和管理。做好广电、新闻出版工作的行政许可、行政执法和监督工作。（9）负责全市新闻出版活动、印刷（复制）业、出版物市场的执法监督；负责出版市场、印刷企业的审批、审核；承担著作权行政管理工作，调解著作权纠纷；指导行业协会、中介组织开展业务活动。（10）积极推行实施《全民健身计划纲要》，指导并开展群众性体育活动，实施国家体育锻炼标准，指导和协调各部门、镇乡（街道），各行业、全社会团体积极开展体育活动；负责全市体育社团的资格审查，依法管理健身气功，开展国民体质监测；实施《奥运争光计划》，加强全市训练工作的宏观管理和指导，积极培养输送优秀体育后备人才，不断提高运动技术水平；组织省运会、嘉兴市运会和各种重大竞赛的参赛工作；承办市运会。（11）研究制定全市对外文化体育交流的规划，负责审核、报批全市对外文化体育交流项目。（12）管理直属文化体育等企事业单位；指导文化、文物、体育社团的业务活动；负责对镇乡（街道）文体站业务指导。

1997年后，桐乡市文化局的行政管理职能逐步转变。除加强对全市各项文化事业的宏观管理和调控外，从偏重管理文化直属单位和文化系统，转向管理全社会文化事业；从偏重"办文化"逐步过渡到"管文化"；从主要依靠行政手段管理，转向依靠法律、经济、行政手段相结合的综合管理。加强调查研究，制订和完善本市文化事业发展规划和有关政策，并组织实施；加强对文化事业、文化市场的管理，增强协调、指导、监督、检查、服务功能。

二、社会文化事业管理

1949年新中国成立后，崇德、桐乡两县人民政府成立文教科，行使对全县文化事业的管理职能，管理职能主要是以文化宣传、民众教育为主。1956年，两县文教科先后改为文教局，始由一名副局长和一名干部负责管理全县的文化事业，主要是对戏剧、图书、收音、音乐、宣传和对民间剧团的管理，对剧目的审查和对传统剧目的改革等。同年4月，中共桐乡县委召开第一次全县文化工作会议，提出要大力发展群众文艺创作。

"文化大革命"期间，社会文化事业管理职能一度由县革命委员会政工组负责，主要是负责排练，推广样板戏。1978年10月22日，文化局单独建制。开始独立行使社会文化事业管理职责。1986年1月，建立桐乡县社会文化管理委员会，桐乡县（市）的社会文化事业在（县）市社会文化事业管理委员会的协调下，随着经济的发展而发展。1992年10月6日，桐乡县政府在河山镇召开全县乡镇文化工作会议，县委副书记高梦良作工作报告。会议研究部署了加强农村文化基础设施建设的指导性意见。到1993年统计，市、镇乡两级已共投资620万元，建设文化基础设施。1994年12月22—23日，市政府在凤鸣宾馆召开桐乡市第四次全市文化工作会议，副市长徐宜芬作《繁荣农村集镇文化，促进两个文明建设》报告。1997年2月4日市委〔1997〕10号文件公布《桐乡市（1996—2010）社会主义精神文明建设规划》明确提出"努力发展文化事业,活跃群众文化生活"。1999年10月12日,市政府桐政〔1999〕128号文件,印发《关于加快文化事业发展若干政策的意见》;2001年4月26日中共桐乡市委、桐乡市人民政府桐委〔2001〕11号文件印发《关于加强农村思想文化阵地建设,在全市农村建立文化（示范）户的实施意见》;2002年1月18日中共桐乡市委十届十二次全体扩大会议提出了建设桐乡"经济强市、文化名市、文明新市"的目标定位;2004年9月27日,中共桐乡市委办〔2004〕42号文件,印发《关于加强农村文化阵地建设的实施意见》;2005年8月2日,中共桐乡市委〔2005〕11号文件,印发了《关于加快建设文化名市,打造人文桐乡的决定》;2007年6月29日桐乡市政府桐政〔2007〕50号文件,印发《桐乡市人民政府关于加快桐乡文化名市建设若干文化经济政策的意见》;2008年3月24日桐委发〔2008〕22号文件,印发《关于扎实推进农村公共文化服务体系建设八大工程的实施意见》;2008年7月9日桐政办〔2008〕80号文件,印发《桐乡市构建城乡一体化公共图书馆服务体系的实施意见》。

　　1993年12月,桐乡市博物馆投入使用,面积2600平方米。1995年5月10日,文化馆投入使用,面积2404平方米。2003年3月,桐乡图书馆投入使用,面积7200平方米。2003年8月,科技会展中心投入使用,面积3.6万平方米。2004年12月,复兴电影文化广场投入使用,面积6800平方米。2009年12月,桐乡市文化中心工程在振兴东路植物园北门动工,总占地15334平方米,建筑面积22707平方米。与此同时,从2000年开始,市政府还大手笔投入建设了菊花广场、广福广场、市政广场、复兴广场、滨河广场等。在建设好市属公共文化设施的同时,农村公共文化设施建设也同步发展。1995年,成立桐乡市创建东海明珠工程领导小组,对全市创建东海明珠工程制订了统一规划,确定分年实施的目标。到2007年底,全市13个镇、乡（街道）创建省、市级东海文化明珠工程达到了全覆盖,文化中心主体楼面积达到了20807.5平方米。2000年后,全市行政村村级文化中心（室）逐步有计划推进,到2007年底统计,全市共建村级文化中心（室）183个,实现村级文化中心（室）全覆盖。市级文化示范户稳固建立1000户。到2008年底,新建农村文化茶馆47个。到2009年底,除梧桐街道外全市11个镇、街道都建立了图书分馆。2012年3月13日,桐乡市区梧桐街道图书分馆开馆,实现了全市图书分馆全覆盖。实现了市、镇、村、户四级公共文化设施建设同步发展,为丰富和活跃城乡群众的文化生活创造了广阔的平台。2010年4月15日市委宣传部、文化局联合召开全市农村文化工作推进会。2011年5月5日,桐乡市召开文化建设领导小组第一次会议明确提出:从提高各级领导干部认识、增加财政投入、加强重点文化体育项目的建设、加快文化产业发展和加强工作机构及文化人才队伍建设等五个方面重点推进我市文化建设。2012年6月13日,中共桐乡市委、市政府召开"人文名城"建设推进会,研究公共文化服务体系建设等工作,并决定制订《"人文名城"建设三年行动计划》。7月26日,《光明日报》头版头条刊发通讯《桐乡:根植传统　文化出新景》一文载:"桐乡加大对文化基础设施建设的投入,建成了市、镇、村、户四级文化服务阵地和网络。图书馆、文化馆、博物馆,以及体育馆、大剧院等一大批公共文化服务设施形成了城市'15分'钟文化圈;文化中心、图书分馆、文化广场、文化茶馆和文化示范户形成农村'十里'文化圈,全市176个行政村实现了文化活动中心全覆盖。"同年,君匋艺术院扩建工程竣工,在市区植物园北门新建建筑面积22707平方米的桐乡市文化中心已顺利结顶并完成外墙装修。石门镇被嘉兴市人民政府命名为"嘉兴市公共文化服务体系示范镇",崇福镇被浙江省文化厅命名为"浙江省文化强镇"。2013年,启动实施《桐乡市人文名城建设三年行动计划2013—2015》;同年底,桐乡市获浙江省公共文化服务建设绩效考核一等奖。2014年,总面积22777平方米的文化中心全部竣工落成,文化馆、博物馆、钟旭洲钱币博物馆、非物质文化遗产馆、徐肖冰侯波纪念馆、漫画馆相继对外开放。同年,完成吴篷艺术馆房屋征收和维修方案设计;完成图书馆新馆总体设计和土地整理等前期工作。桐乡市的社会公共文化事业正朝着建设"人文名城"的行动目标迈进。

　　附:2012年7月26日,《光明日报》头版头条刊发的通讯《桐乡:根植传统　文化出新景》

　　在桐乡街头巷尾,你会看到,跳舞的、打太极拳的,群众性文体活动开展得如火如荼;你会体会到,传统文化继承与时代精神倡导、古镇文化保护与现代旅游开发、大众文化普及与精品文艺提升相得益彰、水乳交融。

做深做足做透名人文化品牌

　　桐乡,地处浙江北部,文化底蕴深厚,马家浜文化、良渚文化、运河文化、古镇文化交相辉映;文化名人辈出,茅盾、丰子恺、陆费逵、钱君匋、徐肖冰各领风骚。

　　面对先辈们留下的厚重文化遗产,桐乡人做深做足做透名人文化品牌。

　　1985年,茅盾故居、丰子恺故居相继修复对外开放。1987年,桐乡建造了君匋艺术院,作为书画篆刻家、收藏家钱君匋珍品收藏之库、讲学传艺之院、书画创作之家和展览陈列之馆。此后,桐乡又为摄影界伉俪徐肖冰和侯波建造了艺术馆,重建了国际问题专家金仲华的故居。

　　这5位文化名人的故居馆所被誉为桐乡的"五只金凤凰",每年都吸引数以百万计的海内外游客慕名前来观光游览。

　　会展经济也随之风生水起:仅2011年,桐乡就举办了纪念茅盾先生逝世30周年暨全国第九届茅盾研究学术研讨会、"伟大的历史记录"徐肖冰、侯波摄影作品展、纪念张履祥诞辰400周年学术研讨会、纪念中华书局100周年暨陆费逵诞辰125周年活动。

　　2000年,桐乡市成立了以丰子恺命名的漫画学校,这是全国第一所也是迄今为止唯一一所漫画学校。2001年,桐乡市创办了漫画刊物《缘缘漫画》向全国发行。从2002年开始,桐乡市与中国美术家协会漫画艺术委员会合作,联合举办全国层次最高、范围最广、定名为"子恺杯"的漫画大展,展出中国目前创作水平最高和最新的漫画,并评选出中国漫画的最高奖金猴奖。

这些举措不仅使桐乡漫画艺术后继有人，也让桐乡成为全国乃至世界漫画爱好者心中的圣地。桐乡被有关部门命名为"中国漫画桐乡创作基地"，每年有许多来自海内外的漫画家来桐乡观光、采风、创作。

水乡风光绮丽，中国前摄影家协会主席徐肖冰又是桐乡人，摄影艺术在桐乡有深厚的群众基础。2011年，桐乡被国家文化部授予"中国摄影之乡"的称号。

正是看中了桐乡在摄影与漫画方面的独特优势，浙江传媒学院把分校建在了桐乡。

"桐乡要发展文化产业，提升文化元素对经济发展的贡献率，但不搞空中楼阁。"桐乡市委书记卢跃东说，"要围绕地方特色文化资源优势，集中区域、因地制宜地规划建设产业功能区，如打造乌镇国际文化旅游产业功能区、石门漫画艺术创意产业功能区等。"

不到乌镇不算来过桐乡，谈桐乡文化保护开发也绕不过乌镇。乌镇在坚持水乡古镇风光和文化遗产有效保护的基础上，东栅景区原住民整体搬迁，引进战略投资者，坚持规划引领、品质提升和产品创新，一跃成为我国著名的古镇旅游胜地。

据统计，2001年开放以来，乌镇每年都吸引数以百万计的海内外游客前来游览，成为浙江省年接待外宾数量最多的单个景点。乌镇旅游的繁荣全面带动了服务业的发展，2011年全镇服务业收入实现9.3亿元，同比增长10%，占全镇GDP比重的48%。

文化惠民，让阳春白雪与下里巴人各得其所

桐乡经济发达，随着生活水平的提高，人们对健康和精神生活的需求日益增长。为此，桐乡市提出深入实施"文化惠民"工程。

"要让桐乡市百姓过健康的生活，提振市民的精气神，要在寓教于乐的过程中教育人、塑造人，形成既根植于传统优秀文化，又充满时代风貌的人文精神，构筑起桐乡市人民共同的精神家园。"卢跃东说。

桐乡加大对文化基础设施建设的投入，建成了市、镇、村、户四级文化服务阵地和网络。图书馆、文化馆、博物馆，以及体育馆、大剧院等一大批公共文化服务设施形成了城市"15分钟"文化圈；文化中心、图书分馆、文化广场、文化茶馆和文化示范户形成农村"十里"文化圈，桐乡市176个行政村实现了文化活动中心全覆盖。

硬件齐全了，软件不配套的话，往往是政府出力不讨好，百姓心里不感激。桐乡从不同层次群众的需求出发设计开发相应的文化产品，让阳春白雪与下里巴人各得其所。在城市大剧院里，有波兰华沙大学民族歌舞团的民族舞蹈晚会和东方歌舞团世纪风情音乐会等高雅艺术演出；在农村，除了文化下乡，依托当地农民的喜好，挖掘民俗文化，形成了文化的"一村一品"。

浙江省的基层公共文化服务建设走在全国前列，桐乡市则走在了浙江前列。桐乡基层公共文化服务体系建设获得了浙江省2010年度考核一等奖，桐乡还是全国文化模范城市和全民健身活动全国先进单位。

近日，"桐城民星大舞台"正在凤鸣公园推出。"让群众编、让群众导、让群众演、让群众看、让群众评"——这是桐乡老百姓自己的"星光大道"。

"凤凰鸣矣，于彼高岗，梧桐生矣，于彼朝阳……"学生合唱团的歌声清越高扬。一抬头，看到周围梧桐树上盛开的黄绿色桐花，一句诗涌上记者心头："桐花万里丹山路，雏凤清于老凤声。"

三、文物管理

1949年后，崇德、桐乡两县境内文物，由两县人民文化馆管理，主要是以保管为主。1952年1月，桐乡县文物保管委员会成立，人员都是文化馆兼职，开始征集文物，主要是对书画、书籍的收集整理，但人力单薄，经费短缺。1956年，石门镇罗家角村发现遗址，引起县政府重视。1969年12月21日，县革命委员会政工组发出《关于加强对查抄文物、图书清理工作的通知》，决定在文化馆成立"文物图书清理小组"，同时建立文物室。从原文物收集工作转向接收整理"文革"查抄文物。1971年，文物图书清理小组开始对地下文物进行挖掘。同年3月17日，文化馆召开全县第一次文物保护通讯员会议，研究部署文物调查与保护工作。1975年12月14日，县革命委员会发出《进一步加强文物保护工作》的通知。1976年8月，成立县博物馆。1979年，罗家角遗址发掘，1981年列为省级重点文物保护单位，同年，桐乡县政府公布了第一批文物保护单位名录。

1982年1月，为加强境内文物管理，建立桐乡县文物管理委员会，由分管文化的副县长兼任主任，文化局长和一名县政府办公室副主任任副主任。到2009年底，由于县（市）政府分管文化的副县（市）长变动，先后五次调整。

1990年后，在市文管委的协调下，逐步加强了对文物的管理力度。1993年易地新建了2600平方米的博物馆；1996年在茅盾诞辰100周年之际，全面维修了茅盾故居。1998年在纪念丰子恺诞辰100周年之际，新建了820平方米的丰子恺漫画馆。1995年财政拨专款14万元，维修了市级文保单位崇福金刚殿、孔庙、文璧塔。高桥、屠甸还自筹资金150万元，维修演教寺、寂照寺。2000年由省文物局统一部署，对市域范围内进行不可移动文物普查，共上报文物点30处。其间先后发掘普安桥遗址、金家浜遗址、徐家浜遗址、叭喇浜遗址、东园遗址、新地里遗址、董家桥遗址、杨家桥明墓、姚家山遗址、向阳汉墓群、白墙里遗址、濮濮桥遗址。其中2001年，市财政拨专款100万元（省拨10万元），对留良新地里遗址进行考古发掘，由浙江卫视进行考古发掘现场直播，开启了浙江古文化遗址电视现场直播的先例。2002年市财政拨专款25万元发掘石门安兴董家桥遗址。2003年至2009年，为配合全市农村农业箱子田改造，

2007年全市第三次全国文物普查动员会

对全市在土地平整整理项目内的地下文物进行勘探和调查，划定保护规划范围；编制石门罗家角、乌镇谭家湾文化遗址的保护方案；维修屠甸钱君匋故居。2010年，浙江省人民政府批准通过《罗家角遗址保护规划》。2006年，京杭大运河被列为第六批全国文物保护单位，根据统一部署，对大运河桐乡段沿岸的不可移动文物进行调查，配合大运河申遗工作提供保护规划数据。2007年12月，开始对全市进行为期3年的第三次全国文物普查，共普查文物点831处，其中重点登记的479处不可移动文物中，有古遗址68处，古墓葬3处，古建筑270处，古代石刻（碑刻）3处，近现代重要史迹及代表性建筑135处。至2009年底，共完成全市12个镇、街道，221个行政村、社区及3314个自然村的野外调查任务，普查覆盖率达100%。2009年，市财政拨款10万元对乌镇吴氏节孝牌坊进行维修。2010年开始，市人民政府每年安排常规性文物保护资金50万元，用于野外文物维修保护。在普查、保护、维修、挖掘各类文物的同时，1995年和1996年文物管理委员会会同公安部门对发生在上市乡和屠甸镇的两起地下文物盗卖案进行制止，收缴非法所得2万元。

2011年，对全市113处野外文物保护点全方位巡视检查，发现保护良好。对新增7处省级文物保护单位立保护碑21块；对11次重要遗址设立保护界桩53块；对部分缺损文物保护石碑进行补配。2012年2月23日，市人民政府召开文物管理委员会（扩大）会议，讨论制订《大运河〔桐乡段〕申报世界文化遗产保护和整治工作方案》和《罗家角遗址保护工作方案》，同时桐乡市人民政府与相关镇、街道签订文物保护责任书。

2002年4月，新地里遗址入选全国十大考古新发现的候选名单。2004年4月6日，新地里遗址获2001—2002年度全国田野考古三等奖。2004年，石门南宋东园遗址入选全国十大考古新发现的候选名单。至2012年底，全市拥有国家级重点文物保护单位3个，省级重点文物保护单位9个，桐乡市级重点文物保护单位112个。2013年8月，启动桐乡市第一次可移动文物普查工作，被普查单位682家，发现多件有价值文物。同年修复馆藏残损文物100余件。2014年，组建不可移动文物巡查小组，对全市113处文物保护单位展开安全大巡查。2006年至2008年，桐乡市文物监察大队被省文物监察总队评为省文物执法成绩显著单位。2007年至2008年，桐乡市文物监察大队连续两年被浙江省文物局评为文物执法成绩显著单位。2013年至2014年，桐乡市文物监察大队连续两年被浙江省文物局评为全省文物行政执法成绩显著单位。

四、文化市场管理

新中国成立后，境内文化服务业的行政管理职能由崇德、桐乡两县文教科行使。1958年两县合并后，全县的文化业务市场由桐乡县文教局管理。1978年建立县文化局后，设立文化业务股，配专职干部，专门管理文化业务市场。20世纪80年代初，国家实施改革开放政策后，以音像业、桌（台）球、电子游戏机、歌厅、舞厅文化经营娱

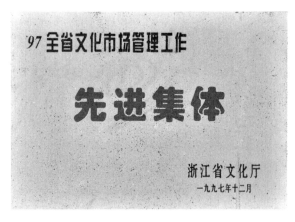

1997年文化局获全省文化市场管理先进集体奖牌

乐业相继兴起，境内的文化市场逐步形成。1986年1月，建立桐乡县社会文化管理委员会，统一领导协调全县文化市场的管理。1989年5月，县文化局建立文化市场管理办公室。1997年，市文化局增设文化市场管理科，同年建立文化市场稽查大队。2005年10月，单独建制成立桐乡市文化行政执法大队。2007年5月，建立市文化市场管理领导小组，2008年12月，文化局增设市场法制科。逐步健全文化市场管理机构，先后转发国家、省有关文化市场管理的法律、法规和制订桐乡市文化市场管理规章100多件，长期与公安、工商等有关部门紧密配合，一手抓整顿，一手抓繁荣，确保境内的文化市场始终沿着健康、繁荣的方向发展。1989年和1997年，文化局两次被省文化厅评为"文化市场管理先进集体"。2009—2014年，市文化市场行政执法大队连续6年被省文化厅评为"文化市场行政执法工作成绩优秀（显著）单位"。2014年，市文化市场行政执法大队获国家版权局"查处侵权盗版案件有功单位三等奖"。

五、广播电视行业管理

1951年，崇德、桐乡两县人民文化馆相继建立广播收音室，收音内容由文化馆工作人员记录后抄写在宣传海报栏中。1952年1月，两县各配备1名专职收音员，8月，两县八个区建立收音站，各配1名兼职收音员。至1954年，民间收音机增多，文化馆收音站停办。1955年，崇德、桐乡两县筹建县广播站，职能从文化馆划出。

2005年10月，新建桐乡市文化广电新闻出版局，新设立广电新闻出版科，承担全市广播电视行政管理职能，依法管理监督全市卫星地面接收设施和社会公共场所大屏幕；负责视频点播业务开办，及对社会上设立的闭路电视、共用天线系统进行审核和管理；做好广电、新闻出版工作的行政许可、行政执法和监督工作的广播电视行政性行业管理职责。2007年1月，文化执法大队与广电新闻出版科对辖区内单位和居民住宅小区、农村地区非法按装卫星电视接收设施进行摸底调查，发现擅自安装卫星电视接收设施137家，经动员、解释，36家自行拆除。同时联合相关部门进行集中整治，确保了"七一"和十七大召开期间广播电视的安全播出。

2009年2月25日，根据省综治办、省广电局《关于创建无非法卫星电视接收设施乡镇（街道）的通知》等有关文件精神，建立由市综治办、文广新局、公安局、国家安全局、工商局、广电台等部门组成的创建"无小耳朵镇（街道）"工作领导小组，各镇（街道）也建立相应的创建小组，制定创建活动实施方案，由各镇（街道）的一把手担任组长，

对整治工作进行合理分工，明确职责。市创
建领导小组办公室与乡镇有关负责人多次召
开会议，讨论对策。介绍创建相关情况总计
25次。充分利用各镇（街道）的镇报、村报、
广播、宣传橱窗，宣传国家管理卫星电视的
法律；制作宣传小册子6000册，介绍拆除
非法卫星电视接收设施的缘由和相关法律依
据；在桐乡电视台在每天的黄金时间播放拆
除非法小耳朵的宣传片段；在桐乡新闻网发
布拆除非法小耳朵的公告，使相关的宣传内

2011年广播电视行业管理先进奖牌

容深入群众，使群众知晓擅自接受境外电视节目是非法行为，并对已经安装小耳朵的用
户发放了自行拆除通知书，由用户签名后取回回执。经过相关工作人员的努力，全市各
乡镇摸底调查数891户，810户居民自行拆除非法安装的卫星电视接收设施，宣传发动
工作取得了良好的效果。同时，各乡镇部门积极做好调查摸底工作，对非法安装、销售
卫星电视接收设施的用户、商户进行信息汇总并及时上报由文化、公安、工商等部门组
成的联合执法行动部门。自创建活动开展后，执法大队联合公安、工商、综治办先后在
屠甸镇、崇福镇、濮院镇、梧桐街道等外来人口密集、非法安装卫星电视接收设施较为
严重的乡镇、街道开展执法，对限期内没有拆除的小耳朵进行强制拆除，暂扣收缴安装、
使用的"小耳朵"72台。在开展联合执法的过程中，坚持以人为本，强制与教育相结合
的原则开展清理工作。2010年1月，排摸出的大部分用户已经拆除完毕，全市尚有9户
用户还未拆除，但经过相关人员的不断劝解，用户们已经同意自行拆除2011年7至9月，
继续抓好回头看工作，分别对河山镇八泉村、高桥镇落晚村、濮院镇九龙港等地的10家
非法安装的地面卫星接收设施予以拆除。2012年2月，市文化市场行政执法大队会同公
安、工商等执法部门又对全市宾馆饭店、集贸市场、家电小商品市场等重点区域进行专
项整治，加大打击非法生产、销售、安装和使用卫星电视地面接收设施的行为，并当场
依法查处了3家。7月中旬，又在全市开展整治非法卫星电视接收设施行动，查获擅自
销售卫星地面接收设施网店8处，查扣卫星电视接收天线22套，拆除用户私自安装卫星
地面接收设施11套。10月，又对非法销售卫星天线的商家依法进行处理，全市广播电
视行业管理取得了阶段性成果。2013年文化市场行政执法大队没收非法安装的卫星地面
接收设施3台。2014年继续对全市广播卫星地面接收设施进行跟踪检查，没收非法安装
的卫星地面接收设施3台，全市广播电视行业管理取得了阶段性成果。2011年，桐乡市
文化广电新闻出版局被浙江省社会综合治理委员会办公室、浙江省文化市场领导小组办
公室、浙江省广播电影电视局评为浙江省创建无非法卫星接收设施乡镇（街道）工作先
进集体。

六、经费管理

新中国成立初期,两县人民政府接管两县文化教育单位,其文化教育经费主要来源于地方税收和省拨款补助。1953 年之后,两县建立财政预算制度,文教经费统一列入县财政预算,每年由财政按预算拨款。随着县地方财政收入的增加,文教经费拨款也随之增加。但文化经费一直包含于全县文教经费之中。1978 年 10 月,文教局分设文化局、教育局。1988 年文化局增设计划财务股,文化经费单独列入县财政预算,每年所需文化经费,由县文化局年初编造预算后,由县财政局列入县财政预算核拨。20 世纪 80 年代中至 90 年代末,文化事业单位开展"以文补文"活动,补充了文化事业经费的不足。随着全市社会经济事业的日益发展,市财政对文化事业经费的拨款也逐渐增加。文化经费每年使用情况,由市(县)审计部门跟踪审计。为加强全市文化系统内部经费管理,2012 年 7 月 18 日经市编委〔2012〕23 号文件批准,局内增设了财务审计科,配备了财务审计人员 5 名,加强了对局属各单位财务经费的管理、监督和审计工作。

1966—2014年全市(县)文化事业经费财政拨款一览表

年　份	金额(万元)	年　份	金额(万元)	年　份	金额(万元)
1966	3.9500	1983	21.9259	2000	305.24
1967	6.5228	1984	63.6330	2001	321.25
1968	5.9186	1985	19.57	2002	403.3
1969	8.4529	1986	33.98	2003	853.03
1970	5.8936	1987	51.18	2004	1601.0
1971	6.1588	1988	40.08	2005	1306.84
1972	6.6320	1989	58.91	2006	1661.78
1973	5.2237	1990	61.37	2007	1894.82
1974	5.7200	1991	92.62	2008	2322.49
1975	5.7004	1992	81.52	2009	2680.92
1976	7.4972	1993	78.02	2010	3163.05
1977	7.4922	1994	115.29	2011	4217.12
1978	5.7984	1995	143.62	2012	4446.39
1979	10.1209	1996	170.07	2013	5607.67
1980	13.3036	1997	195.12	2014	6141.02
1981	12.8576	1998	299.15		
1982	16.7119	1999	397.35		

第三节　行政领导任职

一、文教科（局）、文化局行政领导名录

机　构	姓　名	性　别	职　务	任职时间	备　注
原崇德县文教科（局）	金文楚	男	科长	1949.7—1952.7	
	张雨声	男	科长	1952.7—1953.5	
	石恨秋	女	副科长	1953.5—1954.2	
	吕孙才	男	副科长	1954.2—1954.11	
	徐　林	男	局长	1956.11—1958.11	1956年9月改称文教局
	汪明珠	女	副局长	1956.11—1958.11	
	胡秋心	男	副局长	1956.11—1958.11	
原桐乡县文教科（局）	常俊儒	男	科长	1952.6—1953.8	
	徐楚才	男	副科长	1953.4—1956.7	
	徐楚才	男	副局长	1956.8—1958.11	1956年7月改称文教局
	宣子华	男	副局长	1956.10—1957.2	未到职
	倪长庚	男	副局长	1957.8—1958.11	主持工作
桐乡县教育局	吕孙才	男	局长	1958.12—1959.3	
	倪长庚	男	副局长	1958.12—1960.3	
	徐　林	男	副局长	1958.12—1962.5	
	汪明珠	女	副局长	1958.12—1960.3	
	徐楚才	男	副局长	1958.12—1960.3	
	吴国荣	男	局长	1960.5—1961.3.	
	徐楚才	男	副局长	1960.5—1969.10	
	徐茂昌	男	局长	1961.8—1962.5	
	吴国荣	男	副局长	1961.8—1961.10	
	徐　林	男	局长	1962.5—1969.10	
	陈慧佗	女	副局长	1965.11—1966.5	
文教局革委会	吕孙才	男	主任	1971.1—1971.8	1971年1月建革委会
	徐正珊	男	副主任	1971.1—1971.8	
教育局领导小组	吕孙才	男	组长	1971.8—1973.10	1971年8月更名教育局领导小组
	徐正珊	男	副组长	1971.8—1973.4	

机　构	姓　名	性　别	职　务	任职时间	备　注
文教局革命领导小组	徐楚才	男	副组长	1973.4—1978.6	1973年4月复称文教局革命领导小组
	曾广志	男	副组长	1974.2—1975.12	
	魏老虎	男	组长	1974.5—1975.12	工人代表，未到职
	汪江溶	男	副组长	1974.5—1975.6	群众代表
	徐　林	男	组长	1975.12—1978.10	
	赵恩明	男	副组长	1976.11—1978.6	
县文教局	赵恩明	男	副局长	1978.6—1978.9	1978年6月改称文教局
	施扼蓬	女	副局长	1978.6—1978.9	
	商汝华	男	副局长	1978.6—1978.9	
县文化局	吴　珊	女	局长	1978.10—1984.2	1978年10月，文教局分设，建文化局
	张钰昌	男	副局长	1978.10—1989.7	
	鲍复兴	男	副局长	1984.2—1989.5	1985年3—6月主持全面工作
	张菊炎	男	局长	1985.6—1987.8	
	钟桂松	男	局长	1987.8—1989.6	
	鲍复兴	男	局长	1989.6—1993.6	
	朱国仁	男	副局长	1989.6—1993.6	
	邱一鸣	女	副局长	1991.6—1993.6	
市文化局	鲍复兴	男	局长	1993.6—1996.5	1993年5月，撤县建市
	叶永盛	男	副局长	1993.6—1997.4	
	邱一鸣	女	副局长	1993.6—1997.4	
	叶瑜荪	男	副局长	1996.7—1997.4	
	娄庆典	男	副局长	1996.11—1997.4	
市文化局（旅游局）	邱一鸣	女	局长	1997.4—1998.11	1997年3月，增挂旅游局牌子
	叶永盛	男	副局长	1997.4—1999.9	
	叶瑜荪	男	副局长	1997.4—2001.3	
	娄庆典	男	副局长	1997.4—2001.3	
	陈建明	男	局长	1998.11—2001.3	
	沈筱青	女	局长助理	1999.8—2001.3	
	潘亚萍	女	副局长	1999.9—2001.3	
市文化局	陈建明	男	局长	2001.3—2001.11	2001年3月，文化旅游局分设
	叶瑜荪	男	副局长	2001.3—2001.11	
	潘亚萍	女	副局长	2001.3—2001.11	
	吴建国	男	副局长	2001.9—2001.11	

续　表

机　构	姓　名	性　别	职　务	任职时间	备　注
市文化体育局	陈建明	男	局长	2001.11—2005.3	2001年10月，组建文化体育局
	吴建国	男	副局长	2001.11—2005.3	
	潘亚萍	女	副局长	2001.11—2004.3	
	张凌云	女	副局长	2002.7—2005.3	
	杨惠良	男	局长	2004.3—2005.3	
市文化广电新闻出版局（体育局）	杨惠良	男	局长	2005.3—2011.12	2005年3月，组建文化广电新闻出版局，设立体育局
	吴建国	男	副局长	2005.3—2007.4	
	张坤泉	男	副局长	2005.8—2009.3	
	张　琳	女	副局长	2005.8—	
	张建方	男	副局长	2007.4—2010.9	
	全见方	男	副局长	2007.8—2014.5	
	姚毅军	男	局长	2011.12—2012.4	
	沈新方	男	副局长	2011.12—	
	吴利民	男	局长	2012.4—	
	褚万根	男	副局长	2013.1—	
	陈洪标	男	副局长	2013.5—2015.5	
	吴赟娇	女	副局长	2014.5—	

二、文化局科（股、室）负责人名录

机　构		姓　名	性　别	职　务	任职时间
县文化局	人事秘书股	邵培山	男	股长	1986.9—1993.5
		邱一鸣	女	副股长	1988.6—1991.6
	文化业务股	周　平	男	副股长	1986.9—1988.6
		周　平	男	股长	1988.6—1993.5
		朱妙学	男	副股长	1990.2—1993.5
	计划财务科	许民远	男	副股长	1989.8—1993.5
	文化市场管理办公室	周　平	男	主任	1989.7—1993.5

机　构		姓　名	性　别	职　务	任职时间
市文化局	人事秘书科	邵培山	男	科长	1993.5—1997.3
		范方明	男	副科长	1996.12—1997.3
	文化业务科	周平	男	科长	1993.5—1993.8
		朱妙学	男	副科长	1993.5—1995.4
		朱妙学	男	科长	1995.4—1997.3
		茅威放	男	副科长	1994.2—1997.3
	计划财务科	许民远	男	副科长	1993.5—1995.4
		许民远	男	科长	1995.4—1997.3
		徐冰绮	女	副科长	1995.4—1997.3
	文化市场管理办公室	周平	男	主任	1993.5—1993.8
		叶永盛	男	主任	1993.8—1997.3
		朱妙学	男	副主任	1993.8—1997.3
		茅威放	男	副主任	1994.2—1997.7
市文化旅游局	人事秘书科	邵培山	男	科长	1997.3—1998.3
		范方明	男	副科长	1997.3—1998.3
		范方明	男	科长	1998.3—2001.3
		俞勤	男	副科长	2001.1—2001.3
	文化业务科	朱妙学	男	科长	1997.3—1998.7
		茅威放	男	副科长	1994.2—1997.7
	文化艺术科	朱妙学	男	科长	1998.7—2001.3
	计划财务科	许民远	男	科长	1997.3—2001.3
		徐冰绮	女	副科长	1997.3—2001.3
	旅游开发管理科	沈筱青	女	科长	1998.7—1999.8
市文化旅游局	文化市场管理办公室	叶永盛	男	主任	1997.3—2001.1
		朱妙学	男	副主任	1997.3—1998.7
		茅威放	男	副主任	1997.3—1997.11
		许荣民	男	副主任	1998.7—2001.1
		许荣民	男	主任	2001.1—2001.3
	文化市场管理科	许荣民	男	科长	1998.7—2001.3

机 构		姓 名	性 别	职 务	任职时间
市文化局	人事秘书科	范方明	男	科长	2001.3—2001.11
		俞 勤	男	副科长	2001.1—2002.3
	文化艺术科	朱妙学	男	科长	2001.3—2001.11
		李 力	男	副科长	2001.1—2002.4
	计划财务科	许民远	男	科长	2001.3—2001.11
		徐冰绮	女	副科长	2001.3—2001.11
	文化市场市场管理科	许荣民	男	科长	2001.3—2001.11
	文化市场管理办公室	许荣民	男	主任	2001.3—2001.11
市文化体育局	人事秘书	范方明	男	科长	2001.11—2005.10
		俞 勤	男	副科长	2002.3—2005.10
	文化艺术科	朱妙学	男	科长	2001.11—2002.3
		张富荣	男	科长	2002.3—2005.3
	群众体育与竞赛训练科	管少华	男	副科长	2002.3—2003.11
		管少华	男	科长	2003.11—2005.3
	文化、体育市场管理办公室	许荣民	男	主任	2001.11—2005.3
		徐冰绮	女	副主任	2002.3—2005.3
		宋晓竞	男	副主任	2002.3—2005.3
	计划财务科	许民远	男	科长	2001.11—2002.3
		徐冰绮	女	副科长	2001.11—2002.3
		张 钰	女	副科长	2002.3—2003.11
		张 钰	女	科长	2003.11—2005.3
	文化市场市场管理科	许荣民	男	科长	2001.11—2002.3
	文体出版市场管理科	朱鑫浪	男	科长	2002.3—2003.5
	文化体育产业科	朱鑫浪	男	科长	2003.5—2005.10

机　构		姓　名	性　别	职　务	任职时间
市文化广电新闻出版局（体育局）	办公室	范方明	男	主任	2005. 10—2010. 1
		陆亚琴	女	副主任	2008. 9—2010. 1
		陆亚琴	女	主任	2010. 1—2011. 7
		唐　容	男	主任	2011. 7—2014. 1
		顾燕磊	男	副主任	2013. 5—2015. 12
		吴会金	女	副主任	2014. 1—
		郭建祥	男	主任	2014. 1—
	人事科（监察室）	郁松南	男	科长	2005. 10—2014. 1
		陈　炎	女	副科长	2010. 1—2014. 1
		陈　炎	女	科长	2014. 1—
		顾燕磊	男	副科长	2015. 5—2015. 12
	文化艺术科	张富荣	男	科长	2005. 3—2009. 1
		李　力	男	科长	2009. 1—2012. 8
		沈惠菊	女	副科长	2010. 1—2012. 8
		沈惠菊	女	副科长（主持工作）	2012. 8—2013. 1
		沈惠菊	女	科长	2013. 1—2015. 8
		沈冠群	男	副科长	2014. 1—
	群众体育与竞赛训练科	管少华	男	科长	2005. 3—2005. 10
	体育科	管少华	男	科长	2005. 10—2015. 3
		徐晓国	男	副科长	2005. 10—2015. 5
		徐晓国	男	科长	2015. 5—
	文化市场管理办公室	许荣民	男	主任	2005. 3—2005. 10
		徐冰绮	女	副主任	2005. 3—2005. 10
		宋晓竞	男	副主任	2005. 10—2009. 1
		宋晓竞	男	主任	2007. 10—2009. 1
		许林忠	男	副主任	2007. 10—2009. 1
	广电新闻出版科（行政许可科）	俞　勤	男	科长	2005. 10—2009. 1
		许林忠	男	副科长	2009. 1—2013. 1
		沈国琴	女	副科长	2013. 1—2014. 1
	市场法制科	俞　勤	男	科长	2009. 1—2014. 1
		许林忠	男	副科长	2009. 1—2013. 1
		沈国琴	女	副科长	2013. 1—2014. 1
		沈国琴	女	科长	2014. 1—
		王静霓	女	副科长	2014. 1—

续　表

机　构		姓　名	性　别	职　务	任职时间	备　注
市文化广电新闻出版局（体育局）	行政审批中心（文体窗口）	许林忠	男	负责人	2007.10—2013.1	
		沈国琴	女	负责人	2013.1—	
	计划财务科	张　钰	女	科长	2005.3—2005.10	
	产业财务科	张　钰	女	科长	2005.10—2012.7	
		吴恩敏	女	副科长	2010.1—2012.7	
	财务审计科	张　钰	女	科长	2012.7—2013.5	
		吴恩敏	女	副科长	2012.7—	
		郑　薇	女	副科长	2013.1—2013.5	
		郑　薇	女	科长	2013.5—	
	产业发展科	李　力	男	科长	2012.8—2015.1	
		池　佳	女	科长	2015.1—	
		朱宏中	男	副科长	2015.5—	

三、文化局直属单位行政负责人名录

文化馆馆长、副馆长名录

机　构	姓　名	性　别	职　务	任职时间	备　注
原崇德县文化馆	胡秋心	男	副馆长	1950.3—1956.11	
	侯振明	男	副馆长	1955—1957	
	步祖林	男	馆长	1956.11-1958.11	
原桐乡县文化馆	徐楚才	男	副馆长	1950.6—1951.1	
	徐楚才	男	馆长	1951.1—1952.11	
	戴大铣	男	副馆长	1952.11—1958.10	
桐乡县文化馆	步祖林	男	馆长	1958.11—1969.6	1958年11月，桐乡、崇德两县文化馆合并
	戴大铣	男	副馆长	1958.11—1969.6	
	步祖林	男	组长	1970.7—1980.5	"文化大革命"中设革命领导小组
	步祖林	男	馆长	1980.5—1984.8	1980年5月恢复馆长制
	沈伯鸿	男	副馆长	1983.8—1984.8	
	沈伯鸿	男	馆长	1984.8—1993.5	
	张振刚	男	副馆长	1984.10—1992.9	
	何志发	男	副馆长	1992.9—1993.5	

机　构	姓　名	性别	职　务	任职时间	备　注
桐乡市文化馆	沈伯鸿	男	馆长	1993.5—1994.2	1993年5月，撤县建市
	何志发	男	副馆长	1992.9—1993.5	
	朱妙学	男	馆长	1994.2—1998.4	
	张新根	男	常务副馆长	1996.11—1998.4	
	张新根	男	馆长	1998.4—2010.1	
	徐克平	男	副馆长	1995.1—2000.7	
	徐宜锌	男	馆长助理	1995.2—1995.10	
	鲍菊芬	女	馆长助理	1995.2—1995.11	
	鲍菊芬	女	副馆长	1995.11—2000.7	
	姚文洲	男	副馆长	2000.7—2008.3	
	张金荣	男	副馆长	2001.11—2002.4	
	蒋灵云	女	馆长助理	2000.7—2002.4	
	蒋灵云	女	副馆长	2002.4—2011.1	
	祝汉明	男	副馆长	2008.3—2010.1	
	祝汉明	男	馆长	2010.1—2011.3	
	赵伟平	女	馆长助理	2008.3—2010.1	
	赵伟平	女	副馆长	2010.1—	
	褚红斌	男	馆长	2011.3—	
	陈亚琴	女	副馆长	2013.1—	
	申　伟	男	副馆长	2014.1—	

金仲华纪念馆馆长名录

机　构	姓　名	性别	职　务	任职时间	备　注
金仲华纪念馆	张新根	男	馆长	1999.11—2009.12	
	祝汉明	男	馆长	2009.12—2011.3	
	褚红斌	男	馆长	2011.3—	

图书馆馆长、副馆长名录

机　构	姓　名	性别	职　务	任职时间	备　注
县图书馆	马道连	男	负责人	1976.9—1984.7	
	莫瑞珍	女	副馆长	1984.8—1992.5	
	范方明	男	副馆长	1989.11—1992.8	
	郑梓林	男	副馆长	1992.8—1993.5	
	张振刚	男	馆长	1992.9—1993.5	

机 构	姓 名	性 别	职 务	任职时间	备 注
市图书馆	张振刚	男	馆长	1993.5—1998.6	1993年5月，撤县建市
	郑梓林	男	副馆长	1993.5—2000.7	
	张 琳	女	馆长	1998.6—2000.10	
	朱剑英	女	副馆长	1998.6—2000.10	
市图书馆 陆费逵图书馆	张 琳	女	馆长	2000.10—2005.8	2000年10月，陆费逵图书馆挂牌，两名并用
	朱剑英	女	副馆长	2000.10—2001.12	
	李 力	男	副馆长	2002.4—2009.1	
	苏丽琴	女	馆长助理	2002.4—2003.11	
	苏丽琴	女	副馆长	2003.11—2005.9	
	苏丽琴	女	馆长	2005.9—2010.5	
	杨浙兵	男	副馆长	2005.9—2014.1	
	郑 薇	女	副馆长	2005.9—2013.1	
	沈 炜	女	馆长助理	2010.1—2011.10	
	沈 炜	女	副馆长	2011.10—	
	盛群速	男	馆长	2010.5—2014.1	
	陆冬英	女	馆长助理	2013.1—2014.1	
	唐 容	男	馆长	2014.1—	
	魏衍方	男	副馆长	2014.1—	

博物馆馆长、副馆长名录

机 构	姓 名	性 别	职 务	任职时间	备 注
县博物馆	张梅坤	男	负责人	1976.8—1984.8	
	张梅坤	男	副馆长	1984.8—1993.5	
	王晓峰	男	副馆长	1991.6—1993.5	
市博物馆	张梅坤	男	副馆长	1993.5—1993.12	1993年5月，撤县建市
	王晓峰	男	副馆长	1993.5—1993.12	
	许荣民	男	馆长	1993.10—1993.12	
	许荣民	男	馆长	1993.12—2000.7	1993年12月，桐乡市博物馆、桐乡市蚕桑丝绸博物馆、侯波徐肖冰摄影艺术馆三块牌子同挂
	张梅坤	男	副馆长	1993.12—1994.2	
	王晓峰	男	副馆长	1993.12—2000.7	
	周伟民	男	副馆长	1994.2—2015.1	
	张 琳	女	馆长助理	1994.2—1997.3	
	张 琳	女	副馆长	1997.3—1998.6	
	张 钰	女	副馆长	2000.7—2002.3	

机　构	姓　名	性　别	职　务	任职时间	备　注
市博物馆	朱宏中	男	馆长助理	2001.1—2002.4	
	朱宏中	男	副馆长	2002.4—2015.5	
	张金荣	男	馆长	2002.4—2010.1	
	张新根	男	馆长	2010.1—	
	张丽敏	女	副馆长	2010.1—2011.4	
	张小平	女	馆长助理	2014.1—2015.5	
	沈　军	男	副馆长	2015.1—	
	张小平	女	副馆长	2015.5—	
	张　峰	男	馆长助理	2015.5—	

电影站、电影公司负责人名录

机　构	姓　名	性　别	职　务	任职时间	备　注
县电影管理站	井正高	男	站长	1960.7—1961.7	
	楚兴庸	男	站长	1961.7—1968.11	
	张钰昌	男	副站长	1965.7—1968.11	
县电影管理站革委会	楚兴庸	男	主任	1968.12—1971.6	1968年12月，建立桐乡县电影管理站革委会
	吴惠章	男	副主任	1968.12—1971.6	
	张贵芬	男	主任	1971.6—1972.4	
	楚兴庸	男	副主任	1971.6—1978.3	
	刘　斌	男	主任	1972.4—1977.4	
	陈启发	男	副主任	1974.9—1975.9	
	沈雪松	男	副主任	1974.9—1975.9	
	庄兴华	男	负责人	1977.4—1978.4	
县电影管理站	庄兴华	男	站长	1978.4—1981.3	1978年，重新更名为桐乡县电影管理站
	朱祥生	男	副站长	1978.4—1981.3	
县电影公司	朱祥生	男	经理	1981.3—1984.8	1981年，更名为桐乡县电影公司
	李建东	男	副经理	1981.3—1985.1	
	吴衍明	女	经理	1984.8—1987.12	
	徐建民	男	副经理	1984.9—1988.11	
	徐建民	男	经理	1988.11—1993.5	
	李建东	男	副经理	1989.2—1993.5	
	茅威放	男	副经理	1989.12—1993.5	
	范方明	男	副经理	1992.8—1993.5	

机　构	姓　名	性　别	职　务	任职时间	备　注
市电影公司	徐建民	男	经理	1993.5—2000.7	1993年5月，撤县建市
	李建东	男	副经理	1993.5—2000.7	
	茅威放	男	副经理	1993.5—1994.2	
	范方明	男	副经理	1993.5—1997.11	
	皇甫翔	男	经理	2000.7—2007.7	
	顾骅	男	经理助理	2000.7—2007.7	
	汪承华	男	经理助理	2002.4—2007.7	
	汪承华	男	经理	2007.7—	
	张伟东	男	副经理	2007.7—	

新华书店经理、副经理名录

机　构	姓　名	性　别	职　务	任职时间	备　注
原崇德县新华书店支店	陈绍镛	男	负责人	1953.1—1956.3	
	陈绍镛	男	经理	1956.3—1958.10	
	邹积福	男	副经理	1957.5—1958.10	
	赵震	男	负责人	1954.7—1958.10	
桐乡县新华书店	赵震	男	负责人	1958.10—1963.1	1958年11月，桐乡、崇德两县新华书店合并
	陈绍镛	男	负责人	1958.10—1969.8	
	邹积福	男	负责人	1958.10—1969.8	
	葛怀松	男	经理	1958.11—1960.5	
	邹积福	男	组长	1969.9—1980.4	"文化大革命"中设革命领导小组
	许加泰	男	经理	1980.8—1993.4	
	陈绍镛	男	副经理	1980.8—1984.8	
	徐志祥	男	副经理	1984.8—1993.5	
	吴惠玲	女	副经理	1984.8—1993.5	
桐乡市新华书店	许加泰	男	经理	1993.5—2000.7	1993年5月，撤县建市
	徐志祥	男	副经理	1993.5—2000.7	
	吴惠玲	女	副经理	1993.5—2000.7	
	徐志祥	男	经理	2000.8—2010.1	2000年10月转制为省属
	张少平	男	副经理	2000.8—2010.1	
	张少平	男	经理	2010.1—2010.3	
桐乡市新华书店	许文梅	女	副经理	2010.1—2010.7	2010.3-2010.7主持工作
	许文梅	女	经理	2010.7—	
	邹智勇	男	副经理	2010.7—	

越剧团团长、副团长名录

机　构	姓　名	性　别	职　务	任职时间	备　注
崇德县东方红越剧团	俞芬芳	女	团长	1955.4—1957.4	
	李月英	女	副团长	1955.4—1958.10	
	刘修正	男	指导员	1956.10—1957.4	
	石廷栋	男	副团长	1957.4—1958.10	
	新艳秋	女	副团长	1957.4—1958.10	
桐乡县新光越剧团	朱福根	男	团长	1954.8—1955.9	
	陆家驹	男	副团长	1954.8—1958.10	
桐乡越剧一团	金筱邦	男	团长	1958.11—1961.10	1958年11月，桐乡、崇德两县合并
	钱文芳	女	副团长	1958.11—1961.10	
	钱素珍	女	副团长	1958.11—1961.10	
桐乡越剧二团	俞芬芳	女	团长	1958.11—1961.10	
	李月英	女	副团长	1958.11—1961.10	文革中设革命领导小组
	施琴芳	女	副团长	1958.11—1961.10	
桐乡新光越剧团	沈洪蛟	男	辅导员	1961.11—1970.5	1960年末，两团重新更名为东方红越剧团、新光越剧团
	金筱邦	男	团长	1961.11—1966.5	
	钱文芳	女	副团长	1961.11—1966.5	
	钱素珍	女	副团长	1961.11—1966.5	
桐乡东方红越剧团	徐茂堂	男	辅导员	1961.11—1970.5	
	俞芬芳	女	团长	1961.11—1966.5	
	李月英	女	副团长	1961.11—1966.5	
文宣队	朱国仁	男	组长	1970.3—1979.3	1970年3月，成立文宣队，设革命领导小组

续表

机　构	姓　名	性别	职　务	任职时间	备　注
县越剧团	范雪森	男	团长	1979.3—1980.5	1979年3月，成立县越剧团
	胡秋心	男	副团长	1979.3—1982.12	
	徐芝芳	女	副团长	1979.3—1980.6	
	陈纪英	女	副团长	1979.3—1983.5	
	季鹤鸣	男	团长	1980.5—1981.7	
	任爱宝	女	负责人	1981.8—1984.1	
	鲍菊芬	女	副团长	1984.9—1987.1	
	王晓峰	男	副团长	1984.9—1987.1	
	郑梓林	男	团长	1984.8—1985.8	
	郭敏骏	男	全面负责	1985.8—1987.2	
	姚文洲	男	团长	1987.1—1993.5	
	梁耀良	男	副团长	1987.2—1993.5	
	来荣祥	男	团长助理	1987.2—1993.5	
市越剧团	姚文洲	男	团长	1993.5—2000.7	1993年5月，撤县建市
	梁耀良	男	副团长	1993.5—1994.10	
	来荣祥	男	团长助理	1993.5—2000.7	
	来荣祥	男	副团长	2000.7—2002.4	
	来荣祥	男	团长	2002.4—2012.7	
市文化艺术服务中心	来荣祥	男	主任	2012.7—	2012年6月，称文化艺术服务中心
	熊赵妍	女	副主任	2013.1—	

花鼓戏剧团团长、副团长名录

机　构	姓　名	性　别	职　务	任职时间	备　注
县花鼓剧团	陈振华	男	团长	1959.12—1962.9	1959年12月成立，县文教局派驻
	陆家帮	男	负责人	1962.4—1970.5	
	王熏如	男	辅导员	1963.9—1970.3	
	王玉坤	男	主任	1959.12—1970.5	建立团委员会
	刘玉娥	女	主任	1959.12—1970.5	
	马雪琴	女	主任	1959.12—1970.5	
	王德明	男	主任	1959.12—1970.5	
	浦炳荣	男	团长	1979.8—1990.6	1979年重建
	屈娟如	女	副团长	1979.8—1990.6	

茅盾纪念馆（所）馆（所）长名录

机 构	姓 名	性 别	职 务	任职时间	备 注
茅盾故居管理所	汪家荣	男	所长	1984.8—1993.5	
	章柏年	男	副所长	1987.8—1990.1	
	吴惠泉	男	副所长	1990.1—1993.5	
	汪家荣	男	所长	1993.5—1994.8	
	吴惠泉	男	副所长	1993.5—1994.8	
茅盾纪念馆	汪家荣	男	馆长	1994.8—1998.4	1994年8月，更名为茅盾纪念馆
	吴惠泉	男	副馆长	1994.8—1994.9	
	沈 军	男	馆长助理	1995.4—2000.7	
	程晓岚	女	馆长助理	1995.4—2000.7	
	劳明权	男	馆长	1998.4—2011.1	
	沈 军	男	副馆长	2000.7—2015.1	
	苏丽琴	女	副馆长	2011.1—2011.10	
	苏丽琴	女	馆长	2011.10—2014.1	
	张丽敏	女	馆长	2014.1—	
	费秋华	男	副馆长	2015.1—	

君匋艺术院院长、主任名录

姓 名	性 别	职 务	任职时间	备 注
钱君匋	男	院长	1988.1—1993.5	
柯文辉	男	副院长	1988.1—1993.5	
鲍复兴	男	副院长	1988.1—1993.5	
庄兴华	男	主任	1988.1—1993.5	院内设立办公室
计安康	男	副主任	1988.1—1993.5	
钱君匋	男	院长	1993.5—1998.8	
柯文辉	男	副院长	1993.5—2010.12	
鲍复兴	男	副院长	1993.5—2010.12	
庄兴华	男	主任	1993.5—1994.2	
计安康	男	副主任	1993.5—1995.9	
沈伯鸿	男	主任	1994.2—1996.12	
范仁强	男	副主任	1994.2—2000.7	
范方明	男	主任	1996.12—1997.11	

姓　名	性　别	职　务	任职时间	备　注
茅威放	男	副主任	1997.7—1997.11	
茅威放	男	主任	1997.11—2011.1	
盛群速	男	主任助理	1998.6—2000.7	
盛群速	男	副主任	2000.7—2008.6	
张丽敏	女	副主任	2005.9—2010.5	
苏丽琴	女	副主任	2010.5—2011.1	
劳明权	男	主任	2011.1—2015.1	
申　伟	男	副主任	2011.11—2014.1	
马永飞	男	副主任	2011.11—2015.1	
陆冬英	女	副主任	2014.1—	
沈惠强	男	副主任	2015.1—	主持工作

丰子恺纪念馆（所）馆长、副馆长名录

机　构	姓　名	性　别	职　务	任职时间	备　注
缘缘堂文物管理所	李　力	男	负责人（兼）	1986.3—1989.10	
	李　力	男	负责人	1989.10—1993.5	
	李　力	男	负责人	1993.5—1994.10	
丰子恺纪念馆	李　力	男	负责人	1994.10—1999.11	1994年10月，更名丰子恺纪念馆
	褚万根	男	副馆长	2000.7—2002.4	
	褚万根	男	馆长	2002.4—2008.6	
	盛群速	男	馆长	2008.6—2010.5	
	吴浩然	男	副馆长	2010.5—2011.10	
	吴浩然	男	馆长	2011.10—2014.7	
	费秋华	男	副馆长	2013.1—2015.1	
	马永飞	男	馆长	2015.1—	

影剧院经理、副经理、负责人名录

姓　名	性　别	职　务	任职时间	备　注
吴永火	男	负责人	1977.5—1979.3	
王积明	男	负责人	1979.4—1983.8	
朱国仁	男	负责人	1981.11—1983.8	
李仲锴	男	负责人	1981.11—1983.8	
任爱宝	女	负责人	1983.8—1985.1	
朱祥生	男	经理	1985.1—1993.5	
李仲锴	男	副经理	1987.8—1993.5	
朱祥生	男	经理	1993.5—1997.12	
李仲锴	男	副经理	1993.5—1997.12	
金伟民	男	常务副经理	1998.1—1998.6	
金伟民	男	经理	1998.6—2000.7	由演出礼仪公司代管
吴惠泉	男	经理	2000.7—2003.5	因旧城改造拆除并转制

崇福大戏院（剧场）经理、副经理、负责人名录

机　构	姓　名	性　别	职　务	任职时间	备　注
崇德人民剧场	谢竞雄	男	经理	1951.4—1957.10	
崇德剧场	刘培田	男	经理	1957.12—1958.10	
	刘培田	男	经理	1958.12—1959.4	
崇福剧场	刘培田	男	经理	1959.4—1968.6	1959年4月，称崇福剧场
	王剑虹	男	负责人	1975.9—1986.6	
	郑梓林	男	负责人	1983.7—1984.8	
	甘秀英	女	负责人	1984.9—1988.2	
	何利根	男	经理	1988.2—1992.5	
	甘秀英	女	副经理	1988.2—1992.5	
崇福大戏院	何利根	男	经理	1992.5—1993.5	1992年4月，称崇福大戏院
	甘秀英	女	副经理	1992.5—1993.5	
	何利根	男	经理	1993.5—2003.11	
	甘秀英	女	副经理	1993.5—1995.2	
	沈胜天	男	经理助理	1996.5—2000.7	
	宓丽君	女	经理助理	1996.2—2000.7	
	倪旭东	男	副经理	2000.7—2003.11	
	倪旭东	男	经理	2003.11—2004.12	2004年12月转制

乌镇影剧院（剧场）经理、副经理、负责人名录

机　构	姓　名	性　别	职　务	任职时间	备　注
乌镇剧场	吴竞成	男	负责人	1954—1955.8	
	金镜水	男	负责人	1956.9—1970.6	
	陈振华	男	负责人	1973.2—1983.11	1973年，归属文教局
	沈高荣	男	负责人	1983.12—1985.5	
乌镇影剧院	沈高荣	男	负责人	1985.5—1985.7	1985年5月，称乌镇影剧院
	张培才	男	负责人	1985.8—1987.5	
	陈振华	男	负责人	1987.6—1988.6	
	陆剑虹	男	经理	1988.6—1992.8	
	吴惠泉	男	经理	1992.8—1993.4	
	汪家荣	男	经理	1993.4—1994.7	
	吴惠泉	男	经理	1994.7—2005.3	称文化中心，影剧院撤销

梧桐书场经理、副经理、负责人名录

姓　名	性　别	职　务	任职时间	备　注
房明贤	男	经理	1956.9—1966.5	
王玉波	男	副经理	1956.9—1966.5	
朱国仁	男	负责人	1978.9—1980.11	1979年，归属县文化局
吴建荣	男	负责人	1980.12—1988.3	
吴建荣	男	经理	1988.3—1994.3	
吴建荣	男	副经理	1994.3—2002.7	
高亚英	女	副经理	1992.3—1992.4	
皇甫翔	男	经理	1994.3—2000.7	2000年7月，电影公司兼管
皇甫翔	男	负责人	2000.7—2006.7	2006年7月，书场撤销，并入老干部活动中心

乌镇书场经理、副经理、负责人名录

姓　名	性　别	职　务	任职时间	备　注
孔易宽	男	负责人	1956.3—1962.9	1956年，由乌镇东方、艺乐书场合并而成
陈振华	男	负责人	1962.10—1970.7	
陈振华	男	负责人	1973.2—1981.3	
孔易宽	男	负责人	1973.2—1981.3	1979年12月，归属县文化局
汪伟明	男	负责人	1981.4—1982.9	
戴忠元	男	负责人	1982.10—1984.9	

续　表

姓　名	性　别	职　务	任职时间	备　注
陆剑虹	男	负责人	1984.10—1988.3	
陆剑虹	男	经理	1988.4—1992.8	
吴惠泉	男	经理	1992.8—1993.5	
汪家荣	男	经理	1993.5—1994.7	
吴惠泉	男	经理	1994.7—1999.5	1999年，并入乌镇影剧院

文化旅游演出公司经理、副经理名录

机　构	姓　名	性　别	职　务	任职时间	备　注
文化实业公司	吴惠泉	男	经理	1993.5—2008.10	1993年5月18日成立，2008年10月转制
旅游公司	许民远	男	经理	1997.7—1998.12	1997年7月1日成立、2008年10月转制
	俞春潮	男	副经理	1997.7—1999.4	
	吴惠泉	男	经理	1999.1—2008.10	
	周志鸿	男	副经理	2000.8—2008.10	
	吕继红	女	经理助理	2002.4—2005.7	
	俞小伟	女	经理助理	2005.7—2008.10	
演艺公司	姚文洲	男	经理	1999.5—2000.7	1999年5月12日成立
演出礼仪公司	吴惠泉	男	经理	2000.7—2008.10	2000年7月26日成立，2008年10月转制
	马金松	男	副经理	2000.8—2008.10	

科技会展中心（大剧院）经理、副经理名录

姓　名	性　别	职　务	任职时间	备　注
励德琅	男	主任	2000.3—	筹建办
朱伟宏	男	副主任	2001.8—2003.2	筹建办
曹建平	男	副主任	2004.5—2010.12	筹建办
杨　芳	女	经理	2005.5—2006.5	上海创新文化艺术经纪公司承包经营
曹建平	男	副经理	2005.5—2008.3	
曹建平	男	经理	2008.3—	
金红峰	男	副经理	2008.3—2012.6	
吴洁萍	女	副经理	2013.1—	

文化市场（稽查队、稽查大队、行政执法大队）大队长、副大队长名录

机　构	姓　名	性　别	职　务	任职时间	备　注
文化体育稽查队	茅威放	男	队长	1994.2—1997.11	局内设
	张富荣	男	副大队长	1998.7—2000.3	1998年7月，改称稽查大队
	张富荣	男	大队长	2000.3—2002.3	
	许荣民	男	大队长	2002.3—2003.9	
	徐冰绮	女	副大队长	2002.3—2005.10	
	宋晓竞	男	副大队长	2002.3—2003.9	
	宋晓竞	男	大队长	2003.9—2005.10	
	徐晓国	男	大队长助理	2003.9—2005.10	
文化市场执法大队（文物监察大队）	唐容	男	大队长	2005.10—2011.7	2005年10月，单独建制
	郭建祥	男	副大队长	2007.10—2011.10	
	郭建祥	男	大队长	2011.10—2014.1	
	陈金兴	男	副大队长	2011.10—	
	沈国琴	女	副大队长	2011.10—2013.1	
	许林忠	男	副大队长	2013.1—2014.1	
	许林忠	男	大队长	2014.1—	
	许超	男	副大队长	2014.1—	

体育馆历任负责人、馆长名录

姓　名	性　别	职　务	任职时间	备　注
顾铭健	男	负责人	1993.5—1995.8	
蔡卫明	男	负责人	1995.5—1996.12	
宋晓竞	男	负责人	1996.12—1998.12	
朱鑫浪	男	负责人	1998.12—2001.11	
蔡卫明	男	负责人	2001.11—2003.8	
朱鑫浪	男	负责人	2003.8—2006.7	
沈继东	男	馆长	2006.7—2013.9	
张孝成	男	馆长助理	2013.1—2015.5	
管少华	男	馆长	2015.3—	
张孝成	男	副馆长	2015.5—	
陈忱	女	副馆长	2015.5—	

钟旭洲钱币艺术博物馆办公室主任、副主任名录

姓　名	性　别	职　务	任职时间	备　注
全见方	男	主任（兼）	2010.7—2011.3	筹建办
张丽敏	女	主任	2011.4—2014.1	
苏丽琴	女	主任	2013.12—	
周丽雅	女	副主任	2013.12—	

文化产业发展有限公司经理、副经理任名录

姓　名	性　别	职　务	任职时间	备　注
范方明	男	经理	2014.1—	
沈惠强	男	副经理	2014.1—	

第四节　省级以上先进名录

一、先进集体

历年来，桐乡市（县）涌现了一批先进文化工作集体，现将荣获省、部级以上先进文化工作集体，列表于下：

单位名称	荣誉称号	授予时间	颁奖单位
人民电影院	优良服务月活动一等奖	1980	省文化厅
人民电影院	全省城镇影院优良服务活动一等奖	1981	省文化厅
乌镇电影院	宣传工作"优异成绩"单项奖	1982	省文化厅
图书馆少儿阅览室	图书工作先进集体	1983	省文化厅
乌镇电影院	劳动竞赛宣传工作奖	1983	省文化厅
同福乡文化站图书室	图书工作先进集体	1983	省文化厅
人民电影院	1982—1984年劳动竞赛全面优胜	1984	省文化厅
乌镇文化站	省先进文化站	1986	省文化厅
人民电影院	1988—1996年文明全面优胜单位	1996	省文化厅
同福电影队	浙江省农村电影工作先进单位	1986	省文化厅
乌镇电影院	1986—1987年劳动竞赛文明先进集体	1987	省文化厅
炉头影剧院	全国首届农林科教电影汇映月先进集体	1987	国家农牧渔业部等
大麻影剧院	全国首届农林科教电影汇映月先进集体	1987	国家农牧渔业部等
高桥影剧院	全国首届农林科教电影汇映月先进集体	1987	国家农牧渔业部等

单位名称	荣誉称号	授予时间	颁奖单位
洲泉影剧院	全国首届农林科教电影汇映月先进集体	1987	国家农牧渔业部等
电影公司	全省电影放行放映先进县公司	1988	省文化厅
人民电影院	争创文明先进集体	1989	省文化厅
电影公司	全国电影发行放映先进集体	1989	广播电影电视部
文化局	文化市场管理先进集体	1989	省文化厅
人民电影院	"人口与健康"科教电影放映先进集体	1990	国家广电部等
濮院电影院	"人口与健康"科教电影放映先进集体	1990	国家广电部等
图书馆	文明图书馆	1990	省文化厅
崇福电影院	全面优胜单位	1990	省文化厅
乌镇文化站	全国先进文化站	1990	文化部
新华书店	浙江省农村图书发行先进集体	1990	省新闻出版局
乌镇文化站	浙江省群众文化先进集体	1990	省文化厅
洲泉镇文化站	浙江省群众文化先进集体	1990	省文化厅
河山镇文化站	浙江省群众文化先进集体	1990	省文化厅
同福乡文化站	浙江省群众文化先进集体	1990	省文化厅
新华书店	1988—1991年全省新华书店系统先进集体	1991	省新闻出版局、省出版总社
桐乡县	浙江省文化工作先进县	1991	省人事厅、省文化厅
文化局	"运用文艺形式配合农村社会主义思想教育"先进单位	1992	省委宣传部、省文化厅
崇福大戏院	全省录像放映先进单位	1992	省文化厅
新华书店	全省新华书店系统先进集体	1992	省新闻出版局、省出版总社
桐乡市	全国文化模范市	1995	文化部、人事部
文化局	文化市场管理先进集体	1995	省文化厅
大麻影剧院	浙江省农村电影工作先进单位	1995	省文化厅
博物馆	浙江省文明博物馆	1995	省文物局
乌镇文化站	全国先进文化站	1996	文化部
新华书店	全省十佳门市部	1996	省新华书店
电影公司	浙江省电影发行放映先进集体	1997	省文化厅
电影公司	全省文化系统音像发行先进集体	1997	省文化厅
电影公司	浙江省电影发行放映先进集体	1998	省文化厅
文联	1996—1998年浙江省文联系统先进集体	1999	省文联
新华书店	1998年度浙版图书发行优胜奖	1999	省出版总社
电影公司	浙江省电影发行放映先进集体	1999	浙江省文化厅
电影公司	浙江省"创建文明电影院"先进集体	1999	省文化厅
君匋艺术院	1999年度省级治安安全单位	2000	省综治会、公安厅
君匋艺术院	2000年度省级治安安全单位	2001	省综治会、公安厅

单位名称	荣誉称号	授予时间	颁奖单位
新华书店	2000年度全省图书发行双优先进单位	2001	省新闻出版局
新华书店	2000年度全国图书发行双优先进单位	2001	中国书刊发行行业协会
文体局	浙江省文化下乡、文化进社区工作先进集体	2002	省文化厅
电影公司	全国农村电影工作先进集体	2005	广播电影电视总局
茅盾纪念馆	展出陈列创新奖	2006	省委宣传部
文物监察大队	文物行政执法成绩显著单位	2007	省文物局
文物监察大队	文物行政执法成绩显著单位	2008	省文物局
君匋艺术院	卫生先进单位	2009	省爱委会
图书馆	第五届浙江省未成年人读书节组织奖	2009	省文化厅
文化馆	非遗普查工作先进单位	2009	省文化厅
洲泉镇文体站	非遗普查工作先进单位	2009	省文化厅
文化市场行政执法大队	全省文化市场行政执法优秀单位	2009	省文化厅
文化广电新闻出版局	浙江省创建无非法卫星接收设施乡镇（街道）工作先进集体	2011	省综合治理委员会领导小组办公室、省文化市场管理领导小组办公室、省广播电影电视局
文化市场行政执法大队	全省文化市场行政执法优秀单位	2011	省文化厅
文化市场行政执法大队	全省文化市场行政执法优秀单位	2012	省文化厅
文化广电新闻出版局	全省公共文化服务创新三等奖	2012	省文化厅
文化馆	浙江省申报人类非物质文化遗产和国家非物质文化遗产工作先进单位单位	2012	省人民政府
图书馆	全省公共图书馆地方文献工作示范馆	2012	省文化厅
图书馆	全国公共图书馆信息工作优秀奖	2013	省文化厅
文化广电新闻出版局	浙江省优秀传统文化教育普及活动先进集体	2013	省文化厅
文物监察大队	全省文物行政执法成绩显著单位	2013	省文物局
文物监察大队	全省文物行政执法成绩显著单位	2014	省文物局
文化市场行政执法大队	全省文化市场行政执法工作成绩显著单位	2014	省文化厅
文化市场行政执法大队	2014年度"查处侵权盗版案件有功单位三等奖"	2014	国家版权局

二、先进个人

自新中国成立后，桐乡市（县）涌现了一批先进文化工作者，现将省级以上先进文化工作者，列表于下：

姓名	性别	工作单位	荣誉称号	授予时间	颁奖单位
戴忠训	男	桐乡县越剧团	浙江省先进生产工作者	1956	省总工会
胡秋心	男	崇德县文化馆	浙江省民间艺术改编个人奖	1957.1	省文化局
步祖林	男	文化馆	浙江省文教战线积极分子	1959.2	省文化局
章梓山	男	石门公社	浙江省文教战线积极分子	1959.2	省文化局
夏进甫	男	永秀电影队	浙江省农村电影工作先进个人	1988.1	省文化厅
徐春雷	男	文化馆	编纂地方民间文艺集成贡献奖	1988.10	文化部
朱文炳	男	义马电影队	1988—1990年浙江省电影放映先进工作者	1990.2	省文化厅
朱文炳	男	义马电影队	浙江省电影放映先进个人	1999.1	省文化厅
张富荣	男	文化局	1991年浙江省文化市场管理先进个人	1991.12	省文化厅
罗立成	男	大麻影剧院	全国庆祝建党70周年献礼影片展映活动优胜个人奖	1992.5	广播电影电视部
罗立成	男	大麻影剧院	1991—1993年浙江省电影放映先进工作者	1993.2	省文化厅
徐春雷	男	文化馆	浙江省文化系统先进工作者	1995.2	省文化厅
徐建民	男	电影公司电影公司	浙江省电影放映先进工作者	1996.2	省文化厅
张富荣	男	文化局	1995年浙江省文化市场管理先进个人	1996.2	省文化厅
周伟民	男	博物馆	全国文物安全保卫工作先进个人	1996.1	国家文物局
蔡忆一	男	崇福电影院	浙江省电影系统先进个人	1996.1	省文化厅
张富荣	男	文化局	1997年浙江省文化市场管理先进个人	1997.12	浙江省文化厅
张富荣	男	文化局	1998—1999年浙江省文化市场管理先进个人	1999.12	省文化厅
张富荣	男	文化局	2000—2001年浙江省文化市场管理先进个人	2001.12	省文化厅
许加泰	男	新华书店	全国农村图书发行先进个人	2000.6	国家新闻出版署
张新根	男	文化馆	浙江省非遗保护工作先进个人	2006.6	省文化厅
张剑秋	男	市化馆	浙江省非遗保护工作先进个人	2006.6	省文化厅
钟春甫	男	石门镇文化站	浙江省优秀业余文保员	2006.6	省文化厅、省文物局
周伟民	男	博物馆	浙江省文物保护工作先进个人	2006.6	省文化厅、省文物局
沈万松	男	河山镇影剧院	全国农村电影工作先进个人	2006.6	中宣部
祝汉明	男	凤鸣街道文化站	浙江省民间艺术资源普查工作先进个人	2007.12	省文化厅
钟惠荣	男	石门镇文化站	浙江省非遗普查工作先进个人	2009.3	省文化厅
祝汉明	男	文化馆	浙江省非遗普查工作先进个人	2009.3	省文化厅
祝汉明	男	文化馆	申报人类非遗项目先进个人	2010.4	省文化厅
周伟民	男	博物馆	浙江省第三次全国文物普查实地调查阶段先进个人	2010.6	省文物局

姓名	性别	工作单位	荣誉称号	授予时间	颁奖单位
徐　进	男	博物馆	浙江省第三次全国文物普查实地调查阶段先进个人	2010.6	省文物局
朱宏中	男	博物馆	全国第三次全国文物普查突出贡献个人奖	2010.10	国家文物局
郑　薇	女	图书馆	第六届浙江省未成年人读书节先进个人	2010.11	省文化厅
褚万根	男	文化局	浙江省文联系统先进工作者	2010.12	省人社厅、省文联
褚红斌	男	文化馆	浙江省公共文化服务创新先进个人	2012.12	省文化厅
张　琳	女	文化局	全省申报人类与国家非物质文化遗产个人二等功	2012.12	省人民政府
朱莉韵	女	图书馆	全省公共图书馆地方文献工作先进个人	2012.12	省文化厅
褚洪斌	男	文化馆	浙江省优秀传统文化教育普查先进个人	2013	省文化厅
徐　进	男	博物馆	全省第三次全国文物普查突出贡献个人奖	2014.4	省文物局
姚驹杰	男	博物馆	全省第三次全国文物普查突出贡献个人奖	2014.4	省文物局

第十章　党群组织

　　1980 年以前，文化系统党组织由县级机关管理。1980 年 7 月，建文化局党组，1991 年 5 月建党委，1996 年 11 月建纪委。下属各单位及文化局机关建有党支部，其中文化馆党支部建于 1970 年 10 月，为文化系统最早的党支部。历史上存在过的党支部有越剧团、电影管理站、新华书店、影剧院、演出礼仪有限公司、乌镇文化联合、崇福文化 7 个党支部。2015 年底，有局机关、文化馆、图书馆、博物馆、电影公司、越剧团、君匋艺术院 7 个党支部。桐乡市文学艺术界联合会成立于 1984 年 7 月，至 2013 年 10 月，召开代表大会七次，下属协会（研究会）从 9 个发展到 19 个。

第一节　中共桐乡县（市）文化局党组织沿革

一、局党组、党委

　　1980 年 7 月 1 日前，桐乡县文化系统中共党组织和党员活动由县级机关党委管理。1978 年 10 月文教局分设后，建立桐乡县文化局。1980 年 7 月 1 日，据据县委（80）89 号文件，建立中共桐乡县文化局党组。1984 年 2 月县级机构改革，局党组人员调整。1987 年 8 月，县委宣传部副部长兼任文化局长。1991 年 5 月，根据县委（1991）18 号文件，成立中共桐乡县文化局党委。1992 年 7 月，根据桐委宣干（92）3 号文件，建立文化局党委办公室。1993 年 5 月，桐乡撤县设市后，改称桐乡市文化局党组、党委。1996 年 10 月，根据市委（1996）46 号文件，撤销文化局党组，同年 11 月，建立纪委。1997 年 3 月 31 日，桐编委（1997）3 号文件，决定增挂桐乡市旅游局牌子，实行"两块牌子，一套班子"，改称中共桐乡市文化旅游局党委。2001 年 2 月，旅游局析出，复称文化局党委。2001 年 11 月，撤销中共桐乡市文化局党委和中共桐乡市文化局纪委，建立中共桐乡市文化体育局党委和中共桐乡市文化体育局纪委。2005 年 3 月，根据桐委发（2005）21 号文件，撤销中共桐乡县文化体育局党委和中共桐乡县文化体育局纪委，建立中共桐乡市文化广电新闻出版局党委和中共桐乡市文化广电新闻出版局纪委。至 2014 年末，有局党委书记 1 名，副书记 2 名，党委委员 4 名。

二、局党委办公室

1992 年 7 月，为加强文化系统局党组织建设，根据中共桐乡县委宣传部《关于同意建立中共桐乡县文化局党委办公室的通知》精神，建立中共桐乡县文化局党委办公室，为文化局内设机构，负责管理全系统的党务工作。1997 年改称文化旅游局党委办公室。2001 年改称文化体育局党委办公室。2005 年改称文化广电新闻出版局党委办公室。

三、文化系统党支部

1950 年，文化馆建立，未单独建立党支部，党员参加原文教支部活动。1970 年 10 月，桐乡县文化馆始建党支部。1993 年 5 月，改称中共桐乡市文化馆党支部。

1961 年 11 月，东方红越剧团和新光越剧团率先在文化系统建立党支部，党支部书记由县委直接任命。1970 年，新光越剧团和东方红越剧团终止活动，成立桐乡县文宣队，建立文宣队党支部。1979 年 3 月，桐乡县文宣队终止活动，成立桐乡县越剧团，建立越剧团党支部。1988 年 6 月，因剧团党员人数不足，党支部终止，越剧团党员参加君匋艺术院党支部活动。1992 年 12 月，越剧团党员从君匋艺术院划出，参加文化局机关党支部活动。2006 年 1 月，剧团党员从文化局机关党支部划出，复建越剧党团支部。

1969 年以前，桐乡电影管理站党员划归文卫党支部。1969 年至 1971 年 5 月，电影管理站和与广播站、新华书店建立联合党支部。1971 年 6 月，单独建立电影管理站党支部。1978 年 4 月后，改称电影公司党支部。

1970 年 10 月前，桐乡县新华书店未建立党支部，有专人负责政治工作。1970 年 10 月，建立联合党支部。1976 年 3 月，始建新华书店党支部。

1983 年 8 月前，桐乡影剧院不设党支部，党员参加局机关党支部活动。1983 年 8 月，与越剧团建立联合党支部。1985 年 4 月，单独建立影剧院党支部，直至 2002 年 6 月，桐乡市演艺公司接管影剧院，党支部终止活动，影剧院党员划入演出礼仪有限责任公司党支部。

1979 年 3 月，桐乡县文化局机关建立党支部，桐乡影剧院党员参加局机关党支部活动。1983 年 8 月，桐乡影剧院、越剧团建立联合党支部，影剧院党员划出。1992 年 12 月，越剧团党员又划入机关支部，至 2007 年 7 月越剧团复建党支部止。1997 年 4 月，改称文化旅游局机关党支部。2001 年 3 月，改称文化体育局机关党支部。2005 年 3 月，改称文化广电新闻出版局机关党支部。

1984 年 8 月，桐乡县图书馆建党支部。

1988 年 6 月，桐乡县君匋艺术院建党支部，县越剧团党员参加君匋艺术院党支部活动。1992 年 12 月，越剧团党员从君匋艺术院党支部划出，参加文化局机关党支部活动；县博物馆党员参加君匋艺术院党支部活动。

1991 年 5 月，文化局党委下辖局机关、文化馆、图书馆、新华书店、影剧院、电影公司、君匋艺术院 7 个党支部。

1994 年 5 月，博物馆建党支部。

2000 年 7 月，建立桐乡市演出礼艺公司党支部（含文化实业公司、旅游公司）。

1979 年 7 月，乌镇委批准建文化联合党支部（含书场、剧场、文化站、广播站、新华书店、电影院）。1983 年 12 月，乌镇委批准文化联合党支部划分为书剧场联合党支部和文化联合党支部，茅盾故居党员参加文化联合党支部活动。1987 年 1 月，乌镇委批准书剧场联合党支部并入文化联合党支部。

1984 年 1 月，崇福镇委批准建文化联合党支部（含电影院、新华书店、剧场等）。1996 年 11 月，崇福镇委批准崇福大戏院建立党支部。2002 年 4 月，崇福镇委批准撤销文化联合党支部，所属党员参加崇福大戏院党支部活动。2005 年 9 月，崇福镇委批准撤销崇福大戏院党支部。

2006 年 7 月，体育馆党员并入越剧团党支部。2012 年 6 月，越剧团党支部更名为桐乡市艺术服务中心党支部。2013 年 1 月，文化行政执法大队党员并入桐乡市艺术服务中心党支部。

到 2014 年底，文化广电新闻出版局有局机关、文化馆、图书馆、博物馆、电影公司、君匋艺术院、文化艺术服务中心、文化实业（旅游）公司 8 个党支部。

四、党　员

1980 年 7 月 1 日前，文化系统党员较少，党员活动由县级机关党委管理。1979 年，文化系统有党员 14 名。1980 年 7 月，文化局建立局党组，但文化系统发展党员仍由县级机关党委审批。1991 年 5 月，建立文化局党委后，文化系统党员始由文化局党委直接管理。文化局党委和各党支部注重在文化系统专业人才和女性中培养发展党员，队伍逐步壮大，到 2014 年，已有党员 115 名，其中女党员 44 名，专业技术人员中有党员 56 名。

第二节　中共桐乡县（市）文化系统党组织领导成员名录

一、局党组、党委领导成员名录

机构	姓名	性别	职务	任职时间	备注
县文化局党组	吴珊	女	书记	1980.7—1984.3	1978年10月，文教局分设。1980年7月，建立文化局党组
	张钰昌	男	成员	1980.7—1989.7	
	范雪森	男	成员	1980.7—1989.7	
	鲍复兴	男	副书记	1984.2—1989.7	
	张菊炎	男	书记	1985.4—1987.8	
	邵培山	男	成员	1989.9—1993.6	
	钟桂松	男	书记	1987.8—1989.7	
	鲍复兴	男	书记	1989.7—1993.6	
	朱国仁	男	成员	1989.7—1993.6	
	邱一鸣	女	成员	1991.5—1993.6	
	邢虎春	男	副书记	1992.10—1993.6	
市文化局党组	鲍复兴	男	书记	1993.6—1996.5	1993年5月，撤县建市
	邱一鸣	女	委员	1993.6—1994.1	
	邵培山	男	委员	1991.5—1993.6	
市文化局党委	鲍复兴	男	书记	1993.6—1996.5	1993年5月，撤县建市
	叶永盛	男	委员	1993.6—1997.4	
	邱一鸣	女	委员	1993.6—1994.1	
	邵培山	男	委员	1993.6—1996.10	
	娄庆典	男	委员	1996.11—1997.4	
市文化局（旅游局）党委	邱一鸣	女	书记	1997.4—1998.11	1997年3月，文化局增挂旅游局牌子
	叶永盛	男	委员	1997.4—2001.3	
	娄庆典	男	委员	1997.4—2001.3	
	杨荣明	男	委员纪委书记	1997.4—2001.3	
	章柏年	男	委员	1998.3—2001.3	
	潘亚萍	女	委员	1999.8—2001.3	
	沈筱青	女	委员	1999.8—2001.3	
	范方明	男	委员	1998.4—2001.3	
	陈建明	男	书记	1998.11—2001.3	

续　表

机构	姓　名	性别	职　务	任职时间	备　注
市文化局党委	陈建明	男	书记	2001.3—2001.11	2001年2月，文化旅游局分设
	叶永盛	男	委员	2001.3—2001.11	
	杨荣明	男	委员 纪委书记	2001.3—2001.11	
	章柏年	男	委员	2001.3—2001.11	
	范方明	男	委员	2001.3—2001.11	
	潘亚萍	女	委员	1999.8—2001.11	
	吴建国	男	委员	2001.9—2001.11	
市文化体育局党委	陈建明	男	书记	2001.11—2005.3	2001年11月，组建文化体育局
	张坤泉	男	副书记 纪委书记	2001.11—2005.3	
	吴建国	男	委员	2001.11—2005.3	
	潘亚萍	女	委员	2001.11—2004.3	
	范方明	男	委员	2011.11—2005.3	
	朱鑫浪	男	委员	2001.11—2004.3	
	张凌云	女	委员	2003.1—2005.3	
	杨惠良	男	副书记	2004.3—2005.3	
市文化广电新闻出版局（体育局）党委	杨惠良	男	书记	2005.3—2011.12	2005年3月，组建市文化广电新闻出版局，设立体育局
	张坤泉	男	副书记 纪委书记	2005.3—2005.8	
	张坤泉	男	纪委书记	2005.8—2009.3	
	吴建国	男	委员	2005.3—2007.4	
	范方明	男	委员	2005.3—2013.1	
	张琳	女	委员	2005.8—	
市文化广电新闻出版局（体育局）党委	张琳	女	纪委书记	2009.3—2009.12	
	张建方	男	委员	2007.4—2010.9	
	全见方	男	委员	2007.8—2014.5	
	钱少华	男	副书记 纪委书记	2009.12—2013.1	
	姚毅军	男	书记	2011.12—2012.1.	
	王士杰	男	副书记	2011.12—2015.4	
	沈新方	男	委员	2011.12—	
	吴利民	男	书记	2012.3—	
	李少毅	男	副书记 纪检组长	2013.1—	纪检组长任至2015年6月
	徐玲芬	女	委员	2013.1—2014.5	
	陈洪标	男	委员	2013.5—2015.5	
	吴赟娇	女	委员	2014.5—	
	徐有林	男	委员	2015.6—2015.12	

二、局党委办公室主任、副主任名录

姓　名	性　别	职　务	任职时间
邵培山	男	主　任	1992.7—2001.1
朱妙学	男	副主任	1992.7—2001.1
范方明	男	主　任	2001.1—2011.7
俞　勤	男	副主任	2001.1—2005.10
唐　容	男	主　任	2011.7—2014.1
顾燕磊	男	副主任	2013.5—
郭建祥	男	主　任	2014.1—
吴会金	女	副主任	2014.1—

三、文化系统党支部书记、副书记名录

局机关党支部书记名录

姓　名	性　别	职　务	任职时间
张钰昌	男	书　记	1979.3—1986.11
邱一鸣	女	书　记	1986.11—1992.12
朱妙学	男	书　记	1992.12—1994.6
章柏年	男	书　记	1994.6—1997.8
杨荣明	男	书　记	1997.8—2002.6
吴建国	男	书　记	2002.6—2006.1
张　琳	女	书　记	2006.1—2013.6
李少毅	男	书　记	2013.6—

文化馆党支部书记、副书记名录

姓　名	性　别	职　务	任职时间
步祖林	男	书　记	1970.10—1980.5
黄永德	男	副书记	1970.10—1973.1
范雪森	男	书　记	1980.5—1988.6
沈伯鸿	男	书　记	1988.6—1992.8
张振刚	男	副书记	1988.9—1992.9
何志发	男	书　记	1992.9—1993.9
朱妙学	男	书　记	1994.6—2000.7
张新根	男	副书记	1997.8—2000.7

姓　名	性　别	职　务	任职时间
张新根	男	书　记	2000.7—2010.1
张金荣	男	副书记	2001.11—2002.6
祝汉明	男	书　记	2010.1—2011.3
褚红斌	男	书　记	2011.3—

图书馆党支部书记、副书记名录

姓　名	性　别	职　务	任职时间
庄兴华	男	书　记	1984.8—1988.3
马道连	男	书　记	1988.3—1991.5
莫瑞珍	女	书　记	1991.5—1994.6
郑梓林	男	书　记	1994.6—2006.1
杨浙兵	男	副书记	2006.1—2014.1
苏丽琴	女	书　记	2010.1—2010.5
盛群速	男	书　记	2010.5—2014.1
杨浙兵	男	书　记	2014.1—

博物馆党支部书记名录

姓　名	性　别	职　务	任职时间
许荣民	男	书　记	1994.5—2000.7
张　钰	女	书　记	2000.7—2002.6
张金荣	男	书　记	2002.6—2010.1
张新根	男	书　记	2010.1—

电影公司（站）党支部书记、副书记名录

机　构	姓　名	性　别	职　务	任职时间
电影管理站党支部	张贵芬	男	书　记	1971.6—1972.4
	楚兴庸	男	副书记	1971.6—1978.4
	刘　斌	男	书　记	1972.4—1978.3
	陈启发	男	副书记	1974.9—1975.9
电影公司党支部	庄兴华	男	书　记	1978.4—1984.8
	朱祥生	男	书　记	1984.8—1985.1
	李建东	男	副书记	1985.1—1992.9
	范方明	男	书　记	1992.9—1997.8
	徐建民	男	书　记	1997.8—2006.2
	顾　骅	男	副书记	1998.2—2007.8
	顾　骅	男	书　记	2007.8—

新华书店党支部书记、副书记名录

姓　名	性　别	职　务	任职时间
郑学才	男	书　记	1976.3—1980.8
张庆余	男	书　记	1980.8—1984.8
许加泰	男	副书记	1980.8—1984.8
郑学才	男	副书记	1980.8—1984.8
许加泰	男	书　记	1984.8—2001.11
徐志祥	男	书　记	2002.2—2010.1
许文梅	女	书　记	2010.11—

越剧团党支部书记、副书记名录

机　构	姓　名	性　别	职　务	任职时间
东方红越剧团党支部	徐茂堂	男	书　记	1961.11—1970.5
新光越剧团党支部	沈洪蛟	男	书　记	1961.11—1970.5
文宣队党支部	朱国仁	男	书　记	1971.2—1974.2
	马道连	男	书　记	1974.2—1975.9
	朱国仁	男	副书记	1974.2—1975.9
	朱国仁	男	书　记	1975.10—1979.3
越剧团党支部	范雪森	男	书　记	1979.3—1980.5
	李月英	女	副书记	1979.3—1980.2
	季鹤鸣	男	书　记	1980.5—1981.7
	任爱宝	女	书　记	1983.8—1985.4
	熊红霞	女	副书记	1985.4—1988.6
	来荣祥	男	书　记	2006.1—2012.7
艺术服务中心党支部	来荣祥	男	书　记	2012.7—
	沈甫泉	男	副书记	2012.7—

影剧院党支部书记名录

姓　名	性　别	职　务	任职时间
任爱宝	女	书　记	1983.8—1989.8
李仲锴	男	书　记	1989.4—20002.6

君匋艺术院党支部书记名录

姓　名	性　别	职　务	任职时间
庄兴华	男	书　记	1988.6—1994.5
沈伯鸿	男	书　记	1994.5—2006.1
茅威放	男	书　记	2006.1—2010.12
劳明权	男	书　记	2010.12—

乌镇文化联合、书剧场党支部书记、副书记名录

机　构	姓　名	性　别	职　务	任职时间
乌镇文化联合党支部	陈振华	男	书　记	1979.7—1983.12
	汪家荣	男	书　记	1983.12—1998.4
	陈振华	男	副书记	1987.1—1991.5
	庄松土	男	副书记	1991.5—1999.10
	劳明权	男	书　记	1998.4—2011.8
	苏丽琴	女	书　记	2011.8—2014.1
	沈亚萍	女	书　记	2014.1—
乌镇书剧场党支部	陈振华	男	书　记	1983.12—1987.1

崇福文化、大戏院党支部历任书记名录

机　构	姓　名	性　别	职　务	任职时间
崇福文化党支部	陆　坚	男	书　记	1984.1—1989.1
	费掌年	男	书　记	1989.1—2002.4
崇福大戏院党支部	何利根	男	书　记	1996.11—2005.9

旅游演出礼仪党支部历任书记名录

姓　名	性　别	职　务	任职时间
吴惠泉	男	书　记	2000.7—
金伟民	男	副书记	2000.7—2004.12

第三节　文学艺术界联合会

桐乡市文学艺术界联合会（简称桐乡市文联）成立于1984年7月，是中共桐乡市委领导下的人民群众团体，是党和政府联系文艺工作者的桥梁和纽带，是繁荣和发展社会主义文艺事业的重要力量。成立以来，历届文联积极履行"团结、协调、指导、服务"的基本职能，坚持"两为"方向和"双百"方针，团结和带领广大文艺工作者，围绕"出作品，出人才"这一主题，努力工作，开拓进取，文艺队伍不断壮大，文艺活动丰富多彩，文艺成果日益丰硕，社会影响不断扩大。至2014年底，已发展协会（研究会）18个，企业文联2个，共有各级会员1200多名。市文联机关与市文化局机关合署办公，为正科级单位，人员编制2名。设主席1名，专职副主席1名，兼职副主席2名。2013年4月设立组织联络科。1999年3月，桐乡市文联被省文联评为"浙江省文联系统先进单位"称号。2013年，12个镇、街道相继成立文联。

一、历届文代会

桐乡县文学艺术工作者第一次代表大会

1984 年 7 月 27—29 日在梧桐镇召开，正式代表 244 名，特邀代表 19 名。县委宣传部副部长、文化局局长、县文联筹备组组长钟桂松作题为《团结起来，繁荣文艺，为建设社会主义精神文明而奋斗》的工作报告。

县委常委、宣传部部长许彩英致开幕词；县委副书记邵美温在开幕式上讲话；省文联书记处书记沈虎根，嘉兴市文化局副局长、文联副主席陆殿奎，团县委、县总工会、县妇联、县科协的代表先后致词。县文化局副局长鲍复兴致闭幕词；县人民政府副县长方艾在闭幕式上讲话。中国作家协会浙江分会、中国美术家协会浙江分会、中国书法家协会浙江分会、中国曲艺家协会浙江分会、中国音乐家协会浙江分会、嘉兴市文化局、嘉兴市文联、平湖县文联、海宁县文联、海盐县文联、桐乡县广播电视局、桐乡县电影发行放映公司、桐乡县新华书店和徐肖冰、侯波同志发来贺电、贺信。

大会通过了《桐乡县文学艺术界联合会章程》。

大会选举钟桂松为县文学艺术界联合会第一届委员会主席，吴珊、鲍复兴为副主席。聘请徐肖冰、钱君匋、岳石尘为名誉主席。

桐乡县文学艺术工作者第二次代表大会

1988 年 9 月 8—10 日在梧桐镇召开，正式代表 130 名，特邀代表 57 名。钟桂松代表第一届委员会作题为《发扬改革开拓精神，为繁荣桐乡文艺事业而奋斗》的工作报告。

县委常委、宣传部部长吴骞致开幕词；省委宣传部副部长马守良、嘉兴市委宣传部部长李旭峥、县委副书记杨荣华在开幕式上讲话；中国作家协会浙江分会书记处书记李秉宏，团县委、县总工会、县妇联、县科协、县侨联的代表先后致词。县文联副主席朱国仁致闭幕词，县人民政府副县长方艾在闭幕式上讲话。中国作家协会浙江分会、中国民间文艺家协会浙江分会、中国舞蹈家协会浙江分会、中国戏剧家协会浙江分会、中国曲艺家协会浙江分会、中国音乐家协会浙江分会、省茅盾研究学会、嘉兴市文化局、嘉兴市文联、平湖县文联、海宁县文联、海盐县文联、嘉善县文联、嘉兴市郊区文教局、桐乡县政协文化组、桐乡县科学技术工作者协会、桐乡县新华书店、桐乡县图书馆、桐县文化馆、桐乡博物馆、茅盾故居、君匋艺术院发来贺电、贺信。

大会修改了《桐乡县文学艺术界联合会章程》，通过了桐乡县文学艺术界联合会会徽。

大会选举钟桂松为县文学艺术界联合会第二届委员会主席，鲍复兴、朱国仁、张森生为副主席。聘请徐肖冰、钱君匋、岳石尘、吴珊为名誉主席。

桐乡县文学艺术工作者第三次代表大会

1992 年 9 月 25—26 日在梧桐镇召开，正式代表 150 名，特邀代表 50 名。鲍复兴代表第二届委员会作题为《解放思想，繁荣创作，努力为经济建设服务》的工作报告。

二届文联副主席张森生致开幕词；县委副书记高梦良在开幕式上讲话；省文联主席顾锡东、省作协主席叶文玲、福建省文联组联部主任林蒲生、嘉兴市委宣传部副部长吴骞、嘉兴市文联副主席王福基和团县委、县总工会、县妇联、县科协、县工商联、县侨联、县台联的代表先后致词。县文联副主席孔令德致闭幕词；县人民政府副县长徐宜芬在闭幕式上讲话。浙江省舞蹈家协会、浙江省曲艺家协会、浙江省摄影家协会、浙江省美术家协会、浙江省戏剧家协会、嘉兴市作家协会、嘉兴市戏剧家协会、嘉兴市舞蹈家协会、嘉兴市民间文艺家协会、嘉兴市曲艺家协会、嘉兴市美术家协会、嘉兴市音乐家协会、嘉兴市影视协会、嘉善县文联、建德县文联、余姚市文联、普陀区文联、临安县文联和钟桂松同志发来贺电、贺信。

大会修改了《桐乡县文学艺术界联合会章程》。

大会选举鲍复兴为县文学艺术界联合会第三届委员会主席，朱国仁、叶瑜荪、孔令德为副主席。聘请徐肖冰、钱君匋、岳石尘、吴珊、钟桂松、刘雪樵为名誉主席。

桐乡市文学艺术界联合会第四次代表大会

1998年4月8—9日在梧桐镇召开，正式代表174名，特邀代表70名。邱一鸣代表第三届委员会作题为《继往开来，德艺双馨，为开创桐乡文艺事业新世纪而奋斗》的工作报告。

市委副书记顾政宇在开幕式上讲话；省文联书记处书记蒋建东、省作协主席叶文玲、嘉兴市文联主席范巴陵、嘉兴市文联副主席王福基和团市委、市总工会、市妇联、市科协、市工商联、市侨联、市残联的代表先后致词。市文联主席邱一鸣致闭幕词；市人民政府副市长邢海华在闭幕式上讲话。中国茅盾研究会、浙江省书法家协会、浙江省戏剧家协会、浙江家书法家协会、浙江省民间文艺家协会、浙江省曲艺家协会、上海市美术家协会、嘉兴市作家协会、嘉兴市书法家协会、嘉兴市美术家协会、嘉兴市音乐家协会、嘉兴市影视家协会、嘉兴市舞蹈家协会、嘉兴市曲艺家协会、嘉兴市戏剧家协会、嘉兴市摄影家协会、嘉兴市民间文艺家协会、江苏省太仓市文联、奉化市文联、黄岩区文联、永嘉县文联、绍兴县文联、青田县文联、萧山市文联、普陀区文联、义乌市文联、建德县文联、富阳市文联、慈溪市文联、苍南县文联、兰溪市文联、开化县文联发来贺电、贺信；嘉兴市文联、余姚市文联、嘉善县文联、海宁市文联、平湖市文联、余杭市文联、德清县文联赠送礼品。

大会修改了《桐乡市文学艺术界联合会章程》。

大会选举邱一鸣为市文学艺术界联合会第四届委员会主席，叶瑜荪、孔令德、章柏年为副主席。聘请徐肖冰、钱君匋、徐昌酩、丰一吟、岳石尘、吴珊、钟桂松、鲍复兴、张森生、刘雪樵为名誉主席。

桐乡市文学艺术界联合会第五次代表大会

2003年7月30—31日在梧桐街道召开，正式代表190名，特邀代表80名。陈建明代表第四届委员会作题为《讴颂时代，欢歌人民》的工作报告。

市委副书记张文华在开幕式上讲话；省文联党组成员、书记处书记张华胜，省作家协会党组副书记、秘书长郑晓林，嘉兴市文联秘书长朱樵和市总工会、团市委、市妇联、市科协、市工商联、市侨联、市台联、市残联的代表先后致词。市文联主席陈建明致闭幕词；市人民政府副市长邢海华在闭幕式上讲话。中国美术家协会、中国美术家协会漫画艺术委员会、浙江省文联、浙江省作家协会、浙江省曲艺家协会、浙江省民间文艺家协会、浙江省漫画家协会、浙江省花鸟画家协会、嘉兴市文联、嘉兴市作家协会、嘉兴市美术家协会、嘉兴市曲艺家协会、嘉兴市民间文艺家协会、嘉兴画院、江苏省吴江市文联、江苏省太仓市文联、桐庐县文联、海盐县文联、青田县文联、淳安县文联、平湖市文联、萧山区文联、建德市文联、余杭区文联、嘉善县文联、绍兴县文联、乐清市文联、苍南县文联、义乌市文联、安吉县文联、临安市文联、新昌县文联、开化县文联、黄岩区文联、德清县文联、海宁市文联、云和县文联和徐肖冰、侯波、丰一吟、钟桂松、徐昌酩同志发来贺信、贺电。

大会修改了《桐乡市文学艺术界联合会章程》。

大会选举陈建明为市文学艺术界联合会第五届委员会主席，叶瑜荪、孔令德、潘亚萍为副主席。聘请徐肖冰为名誉主席，徐昌酩、丰一吟、岳石尘、钟桂松、鲍复兴、邱一鸣、叶永盛、章伯年为顾问。

桐乡市文学艺术界联合会第六次代表大会

2008年9月2—3日在梧桐街道召开，正式代表198名，特邀代表80名。杨惠良代表第五届委员会作题为《奋发有为，推动桐乡文艺事业大发展大繁荣》的工作报告。

市委副书记沈海明在开幕式上讲话；省文联正厅级巡视员蒋建东，省作家协会党组副书记、秘书长郑晓林，嘉兴市文联副主席王一伟、海宁市文联副主席任少云和市总工会、团市委、市妇联、市科协、市工商联、市侨联、市残联的代表先后致词。市文联主席杨惠良致闭幕词;市人民政府副市长朱红在闭幕式上讲话。中国美术家协会漫画艺术委员会、浙江省文联、浙江省新闻出版局、浙江省版权局、浙江省作家协会、浙江省戏剧家协会、浙江省美术家协会、浙江省漫画家协会、浙江省音乐家协会、浙江省书法家协会、浙江省舞蹈家协会、浙江省花鸟画家协会、嘉兴市文联、嘉兴市作家协会、嘉兴市美术家协会、嘉兴市曲艺家协会、嘉兴市音乐家协会、嘉兴市戏剧家协会、嘉兴市舞蹈家协会、嘉兴市民间文艺家协会、江苏省吴江市文联、江苏省太仓市文联、海盐县文联、青田县文联、淳安县文联、平湖市文联、萧山区文联、建德市文联、余杭区文联、绍兴县文联、乐清市文联、安吉县文联、临安市文联、新昌县文联、永嘉县文联、黄岩区文联、嵊州市文联、海宁市文联、江山市文联、永康县文联和徐肖冰、侯波、丰一吟、钟桂松、徐昌酩同志发来贺信和贺电。

大会修改了《桐乡市文学艺术界联合会章程》。

大会选举杨惠良为市文学艺术界联合会第六届委员会主席，褚万根、全见方、傅林林为副主席。聘请徐肖冰、池晓明为名誉主席，徐昌酩、丰一吟、钟桂松、鲍复兴、邱一鸣、陈建明、叶瑜荪、叶永盛、章伯年、孔令德为顾问。

桐乡市文学艺术界联合会第七次代表大会

2013年10月23—24日在梧桐街道召开，正式代表229名，特邀代表20名。王士杰代表第五届委员会作题为《继往开来，奋发有为，共创桐乡文艺事业新辉煌》的工作报告。

市委书记卢跃东在开幕式上讲话；嘉兴市文联主席、文化局局长金琴龙，兄弟县（市、区）文联代表，桐乡市群团组织代表先后致词。市文联主席王士杰致闭幕词；市委常委、宣传部长沈建坤在闭幕式上讲话。中国美术家协会漫画艺术委员会、浙江省文联、浙江省作家协会、浙江省美术家协会、嘉兴市文联、嘉兴市作家协会、嘉兴市美术家协会、嘉兴市曲艺家协会、嘉兴市音乐家协会、嘉兴市戏剧家协会、嘉兴市舞蹈家协会、嘉兴市民间文艺家协会、海宁县文联、海盐县文联、平湖市文联、嘉善县文联和丰一吟、钟桂松、徐昌酩同志发来贺信和贺电。

大会修改了《桐乡市文学艺术界联合会章程》。

大会选举王士杰为市文学艺术界联合会第六届委员会主席，徐玲芬、褚万根、全见方、傅林林为副主席。聘请池晓明为名誉主席，丰一吟、徐昌酩、钟桂松、鲍复兴、邱一鸣、陈建明、杨惠良、叶瑜荪、叶永盛、章伯年为顾问。

二、组织机构

桐乡县文学艺术界第一届委员会主席、副主席、秘书长、副秘书长、委员

主　　席：钟桂松（1984.7—1988.9）

副主席：吴　珊（1984.7—1988.9）

　　　　　鲍复兴（1984.7—1988.9）

秘书长：鲍复兴（兼）

副秘书长：朱国仁

委　　员：孔令德、方志祥、王祖良、朱汝曈、朱国仁、朱掌声、刘雪樵、何建华、陈蜀平、邹蔚文、吴珊、吴小红、沈伯鸿、沈钰浩、张钰昌、张振刚、李渭钫、步祖林、范雪森、胡秋心、钟桂松、赵纪方、袁道厚、徐春雷、徐家华、徐楚才、晋新翔、梁耀良、章柏年、傅尧夫、鲍复兴、鲍菊芬、熊红霞

所属协会

文学工作者协会

主　　席：张振刚

副主席：孔令德

民间文艺工作者协会

主　席：徐春雷

副主席：张森生

戏剧工作者协会

主　席：鲍菊芬

副主席：胡秋心

曲艺工作者协会

主　席：王祖良

副主席：吴帼英

音乐工作者协会

主　席：傅尧夫

副主席：任黎明

舞蹈工作者协会

主　席：何建华

副主席：蒋灵云

美术工作者协会

主　席：刘雪樵

副主席：沈伯鸿、卢东明、方志祥

书法工作者协会

主　席：章柏年

副主席：袁道厚

摄影工作者协会

主　席：李渭钫

副主席：徐家华

桐乡县文学艺术界第二届委员会主席、副主席、秘书长、副秘书长、委员

主　席：钟桂松（1988.9—1992.9）

副主席：鲍复兴（1988.9—1992.9）

　　　　朱国仁（1988.9—1992.9）

　　　　张森生（1988.9—1992.9）

　　　　叶瑜荪（1991.12—1992.9）

秘书长：朱国仁（兼）

副秘书长：章柏年

委　员：方志祥、孔令德、叶瑜荪、朱汝曈、朱国仁、朱荣耀、朱掌声、刘雪樵、严新荣、李渭钫、杨乔、吴珊、吴帼英、何建华、汪家荣、沈伯鸿、张治生、张森生、张振刚、

张钰昌、陈蜀平、赵纪方、晋新翔、钟桂松、袁道厚、徐宜锌、徐春雷、徐家华、盛欣夫、章柏年、鲍复兴、鲍菊芬、熊红霞

所属协会

文学工作者协会

主　席：张振刚

副主席：孔令德、朱汝瞳

民间文艺工作者协会

主　席：徐春雷

副主席：叶瑜荪、张森生

戏剧工作者协会

主　席：鲍菊芬

副主席：叶永盛、张剑秋

秘书长：张富荣

曲艺工作者协会

主　席：史松正

副主席：王祖良、吴帼英

秘书长：梁耀良

音乐工作者协会

主　席：傅尧夫

副主席：徐宜锌

秘书长：陈才基

舞蹈工作者协会

主　席：何建华

副主席：蒋灵云

美术工作者协会

主　席：沈伯鸿

副主席：方志祥、卢东明、朱荣耀

秘书长：张坤炎

副秘书长：陈蜀平

书法工作者协会

主　席：章柏年

副主席：袁道厚

秘书长：盛欣夫

摄影工作者协会

主　　席：李渭钫

副主席：徐家华

秘书长：苏惠民

茅盾研究学会

会　　长：钟桂松

副会长：吴骞、鲍复兴、汪家荣

秘书长：汪家荣

副秘书长：孔令德、张振刚

桐乡县文学艺术界第三届委员会主席、副主席、秘书长、委员

主　　席：鲍复兴（1992.9—1996.5）

　　　　　邱一鸣（1997.5—1998.4）

副主席：朱国仁（1992.9—1998.4）

　　　　　叶瑜荪（1992.9—1998.4）

　　　　　孔令德（1992.9—1998.4）

秘书长：章柏年

委　　员：方志祥、丰桂、孔令德、叶永盛、叶瑜荪、卢东明、汤闻飞、朱汝瞳、朱荣耀、朱掌声、朱国仁、刘雪樵、何建华、邱一鸣、吴珊、吴帼英、沈伯鸿、汪家荣、汪伟明、杨乔、张雨声、张振刚、张森生、李渭钫、苏惠民、赵国平、赵纪方、晋新翔、袁道厚、徐宜锌、徐春雷、章柏年、盛欣夫、蒋灵云、鲍复兴、鲍菊芬

所属协会

文学工作者协会

主　　席：张振刚

副主席：孔令德、朱汝瞳

秘书长：周敬文

民间文艺工作者协会

主　　席：徐春雷

副主席：张森生、陈志农

秘书长：朱近仁

戏剧工作者协会

主　　席：鲍菊芬

副主席：叶永盛、张剑秋

秘书长：张富荣

曲艺工作者协会

主　席：吴帼英

副主席：朱近仁、史松正

秘书长：汪伟明

音乐工作者协会

主　席：傅尧夫

副主席：陈才基、徐宜锌

秘书长：陈海舰

舞蹈工作者协会

主　席：蒋灵云

副主席：沈燕贤

美术工作者协会

主　席：沈伯鸿

副主席：方志祥、朱荣耀、张坤炎

秘书长：陆松鑫

副秘书长：陈蜀平

书法工作者协会

主　席：章柏年

副主席：袁道厚

秘书长：盛欣夫

摄影工作者协会

主　席：李渭钫

副主席：苏惠民、潘伯才

秘书长：徐建荣

副秘书长：姜明

茅盾研究学会

副会长：汪家荣、鲍复兴

秘书长：汪家荣

副秘书长：孔令德、张振刚

丰子恺研究会

会　长：鲍复兴

副会长：丰桂、叶瑜荪、张森生

秘书长：叶瑜荪

副秘书长：李力

桐乡市文学艺术界第四届委员会主席、副主席、秘书长、常委、委员

主　　席：邱一鸣（1998.4—1999.9）

　　　　　陈建明（1999.9—2003.7）

副主席：叶瑜荪（1998.4—2003.7）

　　　　孔令德（1998.4—2003.7）

　　　　章柏年（1998.4—2001.11）

　　　　叶永盛（1999.9—2001.11）

秘书长：章柏年（兼）

常　　委：孔令德、叶永盛、叶瑜荪、朱妙学、邱一鸣、张振刚、张新根、邵富强、章柏年、傅林林

委　　员：孔令德、叶永盛、叶瑜荪、卢东明、冯学敏、朱汝瞳、朱妙学、朱荣耀、朱掌声、苏惠民、邱一鸣、汪家荣、汪伟明、沈伯鸿、张伟、张振刚、张新根、陈志农、邵富强、周敬文、赵纪方、俞勤、姜明、姚文洲、袁道厚、徐宜锌、徐剑鸣、盛欣夫、章柏年、蒋永照、蒋灵云、傅林林、鲍菊芬、满治理

所属协会

作家协会

主　　席：张振刚

副主席：孔令德、朱汝瞳

秘书长：周敬文

副秘书长：邹汉明

民间文艺家协会

主　　席：陈志农

副主席：朱掌声、沈海清

秘书长：朱瑞民

戏剧家协会

主　　席：鲍菊芬

副主席：张剑秋、姚文洲

秘书长：张富荣

曲艺家协会

主　　席：汪伟明

副主席：沈巾英、朱近仁

秘书长：朱近仁

音乐家协会

主　　席：徐宜锌

副主席：陈才基

秘书长：徐丽萍

舞蹈家协会

主　席：蒋灵云

副主席：冯学敏

美术家协会

主　席：沈伯鸿

副主席：朱荣耀、张坤炎、陈蜀平

秘书长：陆松鑫

副秘书长：徐仁武、胡少青

书法家协会

主　席：章柏年

副主席：袁道厚、傅林林

秘书长：盛欣夫

副秘书长：张伟

摄影家协会

主　席：张新根

副主席：苏惠民、满治理、戴建一

秘书长：姜明

副秘书长：李群力

茅盾研究会

会　长：邱一鸣

副会长：汪家荣

秘书长：程晓岚

副秘书长：季镜清、俞勤

丰子恺研究会

会　长：傅林林

副会长：叶瑜荪、张森生

秘书长：叶瑜荪

副秘书长：李力

供电局文化体育联合会

主　席：陈全加

副主席：邵富强、施方贵

秘书长：俞少平

先锋机械厂企业文化艺术联合会

主 席：蒋永照

秘书长：朱明

桐乡市文学艺术界第五届委员会主席、副主席、秘书长、副秘书长、常委、委员

主 席：陈建明（2003.7—2005.4）

　　　　杨惠良（2005.5—2008.9）

副主席：叶瑜荪（2003.7—2008.9）

　　　　孔令德（2003.7—2008.9）

　　　　潘亚萍（2003.7—2005.4）

秘书长：潘亚萍（兼）

副秘书长：张新根、朱荣耀、俞勤

常 委：陈建明、叶瑜荪、孔令德、潘亚萍、傅林林、张凌云、张富荣、张新根、朱荣耀、陈志农、劳明权

委 员：孔令德、叶瑜荪、朱妙学、朱荣耀、汪伟明、沈伯鸿、沈海清、沈岩松、张凌云、张振刚、张富荣、张新根、陈伟宏、陈志农、陈建明、陈昌培、来荣祥、宋娟南、劳明权、苏惠民、周敬文、俞勤、钟云坤、胡少青、郭术艳、徐宜锌、盛欣夫、蒋灵云、傅林林、褚万根、潘亚萍

所属协会

作家协会

主 席：张振刚

副主席：周敬文、王立

秘书长：周敬文

副秘书长：陆建华

民间文艺家协会

主 席：陈志农

副主席：沈海清、朱瑞民

秘书长：朱瑞民

副秘书长：张松林

戏剧家协会

主 席：张富荣

副主席：姚文洲、来荣祥

秘书长：严旻操

曲艺家协会

主 席：汪伟明

副主席：叶荣汝、沈巾英

秘书长：马金松

音乐家协会

主　席：张凌云

副主席：徐宜锌、徐丽萍

秘书长：王华春

副秘书长：俞少平

舞蹈家协会

主　席：蒋灵云

副主席：冯学敏

秘书长：李潇娴

美术家协会

主　席：沈伯鸿

副主席：朱荣耀、陈蜀平、胡少青

秘书长：胡少青

副秘书长：钟云坤、李荣华

书法家协会

主　席：傅林林

副主席：盛欣夫、沈岩松、马雪野

秘书长：曹建平

副秘书长：张伟、沈慧兴

摄影家协会

主　席：张新根

副主席：苏惠民、戴建一、徐建荣

秘书长：寿平

副秘书长：李群力

茅盾研究会

会　长：孔令德

副会长：劳明权

秘书长：沈军

副秘书长：季镜清、俞勤、陈杰

丰子恺研究会

会　长：叶瑜荪

副会长：张森生、潘亚萍、褚万根

秘书长：褚万根

漫画协会

主　席：潘亚萍

副主席：朱荣耀、沈春耕、陆松鑫、吴孝三

秘书长：朱荣耀

副秘书长：沈永平、盛志强

桐乡市文学艺术界第六届委员会主席、副主席、秘书长、副秘书长、常委、委员

主　席：杨惠良（2008.9—2011.12）

　　　　王士杰（2011.12—2013.10）

副主席：褚万根（2008.9—2013.10）

　　　　全见方（2008.9—2013.10）

　　　　傅林林（2008.9—2013.10）

　　　　徐玲芬（2013.1—2013.10）

秘书长：李力

副秘书长：朱荣耀、张新根、吴浩然

常　委：杨惠良、褚万根、全见方、傅林林、王士杰、陈伟宏、张富荣、李力、朱荣耀、张新根、劳明权

委　员：马云娟、王士杰、王耀丽、叶瑜荪、全见方、朱荣耀、劳明权、苏惠民、李力、李荣华、杨惠良、来荣祥、吴浩然、沈岩松、沈海清、张凌云、张富荣、张新根、陈伟宏、陈昌培、周施清、周敬文、罗佩英、钟云坤、皇甫翔、徐宜锌、徐玲芬、蒋灵云、傅林林、褚万根、颜剑明

所属协会

作家协会

主　席：陈伟宏

副主席：周敬文、王立

秘书长：周敬文

副秘书长：陆建华、颜剑明、徐金坤

民间文艺家协会

主　席：沈海清

副主席：朱瑞民

秘书长：颜剑明

副秘书长：张松林

戏剧家协会

主　席：张富荣

副主席：姚文洲、来荣祥

秘书长：严旻操

曲艺家协会

主　　席：皇甫翔

副主席：朱妙学、邱学良

秘书长：马金松

音乐家协会

主　　席：张凌云

副主席：徐宜锌、徐丽萍、马云娟

秘书长：马云娟

副秘书长：杨琦芬

舞蹈家协会

主　　席：蒋灵云

副主席：冯学敏

秘书长：李潇娴

美术家协会

主　　席：朱荣耀

副主席：胡少青、李荣华

秘书长：孙正馨

副秘书长：周晓云、计建清、朱小龙

书法家协会

主　　席：傅林林

副主席：盛欣夫、沈岩松、马雪野、张伟

秘书长：曹建平

副秘书长：沈慧兴、许雅颖、张兴、胡海林、申继鸿、申伟

摄影家协会

主　　席：王为民

常务副主席：张新根

副主席：苏惠民、戴建一、徐建荣

秘书长：柏春

副秘书长：李群力

茅盾研究会

会　　长：王耀丽

副会长：劳明权、陈荣根

秘书长：沈军

副秘书长：季镜清、陈杰

丰子恺研究会

会　　长：叶瑜荪

副会长：潘亚萍、褚万根

秘书长：褚万根

副秘书长：吴浩然、姚震天

漫画家协会

主　　席：朱荣耀

副主席：孙正馨、沈建荣、周施清

秘书长：沈永平

副秘书长：周丽雅、王慧玲

吕留良研究会

会　　长：王士杰

副会长：沈永础、张坤泉、徐正、徐玲芬

秘书长：张宏良

副秘书长：陈益群

桐乡市文学艺术界第七届委员会主席、副主席、秘书长、副秘书长、委员

主　　席：王士杰（2013.10—2015.5）

　　　　　吴利民（2015.12—　　　）

副主席：徐玲芬（2013.10—2014.5）

　　　　褚万根（2013.10—　　　）

　　　　全见方（2013.10—2014.5）

　　　　傅林林（2013.10—　　　）

　　　　钟云坤（2015.7—　　　）

秘书长：徐玲芬（兼）

副秘书长：沈慧菊、朱荣耀、王慧玲

委　　员：马云娟、王士杰、王惠玲、毛建翔、朱丽菊、朱荣耀、朱莉韵、全见方、苏丽琴、李荣华、来荣祥、吴浩然、沈惠菊、沈慧兴、张邦卫、张金荣、张新根、陆建华、陈芳、陈滢、陈伟宏、陈洪标、胡少青、胡建勋、赵伟平、皇甫翔、徐建荣、徐玲芬、曹建平、蒋灵云、傅林林、褚万根、褚红斌、蔡泓杰、颜剑明

所属协会

作家协会

主　　席：陈伟宏

副主席：王立、陆建华、张邦卫

秘书长：颜剑明

副秘书长：徐金坤

民间文艺家协会

主　席：褚红斌

副主席：颜跃华、徐正风、陈滢

秘书长：陈亚琴

戏剧家协会

主　席：来荣祥

副主席：褚红斌、严旻操、黄雪洪

秘书长：沈甫泉

副秘书长：熊赵妍

曲艺家协会

主　席：沈甫泉

副主席：马金松、陈永清

秘书长：马金松、陈雪琴

音乐家协会

主　席：赵伟平

副主席：徐丽萍、马云娟、杨琦芬

秘书长：王卫东

舞蹈家协会

主　席：蒋灵云

副主席：李潇娴、张伟

秘书长：李潇娴

美术家协会

主　席：朱荣耀

副主席：胡少青、李荣华、计建清、朱小龙

秘书长：王慧玲

副秘书长：周晓云、刘欢

书法家协会

主　席：傅林林

副主席：沈岩松、张伟、曹建平

秘书长：曹建平

副秘书长：申伟、申继鸿、许雅颖、张兴、胡海林

摄影家协会

主　　席：张新根

副主席：苏惠民、戴建一、徐建荣

秘书长：张新根

副秘书长：李群力、王建峰、陆界峰、陈世忠

茅盾研究会

会　　长：张丽敏

副会长：陈荣根、沈军

秘书长：陈杰

副秘书长：姚雅芳

丰子恺研究会

会　　长：叶瑜荪

副会长：褚万根、吴浩然

秘书长：吴浩然

副秘书长：姚震天

漫画家协会

主　　席：朱荣耀

副主席：孙正馨、钟林、王耀丽

秘书长：杨志华

副秘书长：沈永平、朱丽菊、周丽雅

吕留良研究会

会　　长：徐玲芬

副会长：吴赟娇、杨雪乾、张天杰

秘书长：朱莉韵

副秘书长：陆爱清

名人研究会

会　　长：褚万根

副会长：王士杰、范方明

秘书长：张金荣

副秘书长：苏丽琴

诗词楹联学会

会　　长：陈焕华

副会长：徐玲芬、张金荣

秘书长：毛建翔

副秘书长：方亦盛

收藏家协会

会　　长：张金荣

副会长：吴荣荣、范汉光、沈岩松

秘书长：吴荣荣

青桐印社

社　　长：沈慧兴

副社长：胡强、毛建翔、吕燮强、申继鸿、王勋、高逸仙

秘书长：胡强

副秘书长：徐国强、张明、钱宜东、蔡泓杰

女作家协会

主　　席：徐玲芬

副主席：石伟萍、陈爱秀、闻海鹰

秘书长：闻海鹰、徐晓叶、章晓艳、徐建利

太虚大师研究会

会　　长：叶瑜荪

副会长：褚万根、徐玲芬、周云飞、贤宗

秘书长：吕志江

第十一章 人 物

桐乡人文深厚，名人辈出。唐代以前，缺少记载，自宋朝王昇始，地方史志记载的文化名人逐渐增多，至清末，计有四百余人，其中著名的有七八十人。近代以来，更是群星璀璨，光耀海内外，遍及文学、书画、金石、戏曲、出版、新闻、宗教等领域。本章按人物所处年代、成就、影响分传记、简介、名录三部分，传记循生不立传之成例。

第一节 人物传

王昇

王昇（《史书会要》作王升，1076—？，宋《历代人物年里碑传综表》作"1072—？"，今依《宋元明清书画家年表》），字逸老。草书奇伟绝俗，有张旭转折变态风格。北宋政和宣和间（1111—1125），被召入御书院，补右爵。尝作草书《兰亭禊序》，朱岩塈题其卷云："逸少（王羲之字）作行书，逸老为草字，外人那得知，当家有风味。"本系汴（今河南开封）人，宋室南渡后，徙居崇德羔羊里（今桐乡县羔羊乡），因自号羔羊老人，又号羔羊居士。时高宗赵构留神翰墨，近臣赞其书法，蒙召见垂询，擢官至正使。南宋绍兴十九年（1149），草书千字文卷，时年七十四（一作七十八），翌年又书《饮中八仙歌》。

濮凤

濮凤，字云翔，原籍山东曲阜亲贤乡。宋高宗建炎元年（1127），扈驾南渡，与弟凰（字云隐），寄居广德。三年，至临安（今杭州），任著作郎兼羽林中卫、护圣军右骑尉、驸马都尉。尝撰《宣仁太后实录》。离广德时，悉以家产让弟，后至语溪梧桐乡幽湖（今桐乡濮院镇）。时幽湖为一草市，因历来有"凤栖梧桐"之说，适与名字相符，便定居于此。至六世孙濮斗南，因拥立宋理宗有功，赐第名为濮院。濮凤为濮院开镇始祖。生六子（梧、桐、樘、棣、梓、榛），皆显贵。

赵汝愚

赵汝愚（1140—1196），字子直，宋代汉恭宪王元佐七世孙。原籍饶州余干（今江西余干县），祖父不求，宋建炎间（1127—1130）迁居崇德县洲钱（今桐乡县洲泉镇）。父应善，字彦远，性孝悌，工诗翰，官至江南西路兵马都监。著《唐书遗录》《幸庵见闻录》等。

汝愚出生于洲钱。少年勤学有大志，曾说："大丈夫得汗青一幅纸，始不负此生！"孝宗乾道二年（1166），考中进士第一（状元），授秘书省正字，迁著作郎，知信州、台州，改任江西转运判官司，后入朝为吏部郎兼太子侍讲，迁秘书少监兼代给事中。淳熙八年（1181），代理吏部侍郎，兼太子右庶子。九年，以集英殿修撰出任福建军帅。后进直学士，出任四川制置使兼成都知府。时羌族四出骚扰，汝愚以计分散其势力，始相安多年。孝宗赞扬他有文武全才。光宗继位，进为敷文阁学士，知福州。绍熙二年（1191），召为吏部尚书。四年，升知枢密院事。五年，太上皇孝宗病死，子光宗向与父不和，称病不执丧礼。于是两宫隔绝，大臣累奏不复，迁延多日，朝野忧虑，左丞相留正称病他去，官僚几欲解散，人心益浮动。汝愚以国事为重，临危不惧，屡进两宫疏通，又与工部尚书赵彦逾等密议，派知阁门事韩侂胄进宫禀请宪圣太后垂帘，主持丧事；并逼使光宗退位，拥其子嘉王赵扩即皇帝位。嘉王恐负不孝之名坚辞。汝愚劝道："天子当以安社稷、定国家为孝，今中外忧乱，万一生变，将置太上皇于何地？"于是嘉王即位，是为宁宗，改元庆元。命汝愚兼代参知政事，特进右丞相枢密使。推辞不就，并请召还留正，使续居相位，又荐朱熹待制经筵；召回外出之官员，以安定朝政。留正还朝，汝愚自请免兼职，改任为光禄大夫、右丞相。力辞再三，宁宗不允，遂与留正同心辅政。时外戚韩侂胄以拥戴定策有功，出入皇宫，渐见亲幸，居中用事，乘间争权。待制朱熹、吏部侍郎彭龟年，以韩侂胄窃弄威福，不去必为后患，提出弹劾，未果。朱熹主张以厚赏酬劳，勿使干预朝政，而汝愚为人疏坦，不以为虑。侂胄遍植党羽，垄断言路，排斥贤良，汝愚势孤，天子更无所倚信。侂胄诬汝愚以同姓居相位，必不利于社稷，因而罢右丞相，以观文殿学士出知福州。国子祭酒李祥、博士杨简、太府丞吕祖俭等，以汝愚勋劳卓著，精忠贯于天地，先后上疏挽留，太学生多人伏阙上书，皆遭贬斥。有人以汝愚"倡引伪徒，图为不轨"，诏谪宁远军节度副使，贬放永州（今湖南零陵）。汝愚怡然就道，对送行者说："看侂胄用意，必欲杀我。我死，君等方可无事。"宁宗庆元二年（1196）正月，行至衡州，得病，为守臣钱鍪所窘，暴卒（《庆元党案》作遂服药而卒）。宁宗开禧三年（1207），侂胄被诛，党禁渐解，尽复汝愚原官，赐谥忠定，赠太师，追封沂国公。理宗诏配享宁宗庙廷，追封福王，又进封周王。有子九人。著有《忠定集》十五卷、《太祖实录举要》若干卷、《类宋朝诸臣奏议》三百卷等。

莫元忠　莫若晦　莫若冲

莫元忠，字子直。父莫琮，字叔方，原籍仁和（今杭州）。北宋太学生。南宋建炎三年（1129），因避战乱，迁崇德（今桐乡县崇福镇），遂定居于此。琮有子五人：元忠、若晦、似之、若拙、若冲。家教有方，俱成进士。女嫁陈氏，生三子：之纲、之经、之纯，亦俱登进士第。元忠乾道八年（1172）进士。历官历阳（今属安徽和县）主簿、怀宁县丞。任义乌县令时，适逢荒年，元忠捐俸赈济。旋升德安府（今湖北安陆）通判，两次代理知府。在任内，缉捕盗贼，安定社会，撙节浮费，重建学校。每至一任以及卸任乡居，皆以教养为先务，修葺校舍，增置学田，充实办学经费，促使乡学发展。元忠好文辞，为文温雅蔚赡，有古人风致。

莫若晦，元忠二弟，字子明。南宋绍兴三十年（1160）进士。历任江东帅幕、平江（今苏州）通判，迁升宜春知府。抵任后，力主节俭，清除积弊，蠲免属县宿欠数万缗，以宽民力。一年之内，葺校舍，垦荒田，筑城堞，修浮桥，兴驿站，举办实事甚多。时府城遭火灾，若晦发公款赈济，获百姓称颂。旋升工部郎中。继而以宫观官离任。后，复出任徽州知府，又改任严州。严州素有虎患者，若晦整顿刑政，开发山林，召民驱虚，虎患遂息。又遇洪水，若晦竭力拯救，活民甚多。转任湖广南庾提举，后改授毗陵（今江苏武进）知府。未赴任。终老于家。

莫若冲，元忠五弟，字子谦。南宋淳熙二年（1175）进士。历任安吉县尉、毗陵教官、安吉知县。为政平允，安抚百姓，尽心尽力。后历任吴江知县、闽漕元幕，登文检院司农簿，升任岳州（今湖南岳阳）知府。初至岳州，即办杀人疑案，察访验核，明断如神。属州连年灾荒，饥民骚动，群盗蜂起，若冲督捕首犯，赈济饥民，全境帖然。旋调全州。全州处湘江源头，壤高水浅，客船畏惧而不至，漕司无法解缴军粮，若冲发官款造船装运。次年，洪水泛滥，亦赖此官船济渡百姓。后升任大理寺丞。旋请外调，授永州（今湖南零陵）知府。未赴任，以祠官衔回归故里。若冲生性淡泊，为官清廉，无声色之好。居乡乐善好施，优游觞咏，近二十年。卒祀乡贤祠。著有《语溪集》十卷、《清湘泮水酬和》一卷。

元忠三弟似之，字子饮，四弟若拙，字子才，入仕后俱有政绩。

莫氏五子登科，殊为难得。曾奉旨建五桂坊及椿桂堂。后石坊圮废，今五桂坊弄名尚存。莫氏墓葬在今芝村乡莫墓村。村名由此而来。

徐纲　徐龟年　徐逢年

徐纲，字晞颜，凤鸣（今梧桐街道）人。为人清正，敢于直言。在太学时，朝廷与金人和议，徐纲以为不可，即率同志多人上疏六事，其中有决策亲征及诛误国奸臣等语，皆诸大臣未敢启齿者。人为之担忧，徐纲处之泰然。南宋乾道八年（1172），登进士第。历任汉阳教官、淮西总幕，更任江阴县令。当时岁旱，饥民四集，徐纲条陈利害，请台郡发廪分场便粜，救活饥民甚众。后入京任文思院提辖。在此之前，曾著《时务史论》百篇，又撰《边防兵政十六事》，投诸朝堂包瓯，招忌，被不乐意者寝没不报。后再进《樵歌八事》，因不事私请，亦不能上闻。失望之余，欲辞官离京。即添派任湖州副职、淮东议幕。不久以任宫观官名义归里。徐纲存心诚敬，志操高洁，生活清苦，雅志泉石，时以吟咏自娱。自号桐乡居士，著有《桐溪居士集》三卷。卒祀乡贤祠。子龟年、逢年，皆进士。

徐龟年，字朋老（元至元《嘉禾志》作翔甫），号云轩。南宋淳熙十四年（1187）弱冠登进士。任江宁知县，着重道德教化。遇天灾饥荒，亲自穿行乡村阡陌间，探问贫苦，家赈人给，全活者众。嘉定间（1208—1224），升肇庆知府。上陛辞行时，论君德之要在于"刚明"，宁宗闻之甚喜。在任一郡清净，去时父老挽留。嘉定十二年（1219），授监察御史，抗疏言士大夫之邪正，关风俗之美恶，时下官员给白帖而假官称，徇私情而耗公廪，泾渭混淆，贤能解体，必须别邪正、慎名器，严加禁约。宁宗准其奏请。旋因病求去。授华文阁直学士，先后出任温州、徽州知府。后请祠归里，优游吟咏，卒于家，祀乡贤祠。著有《澹轩文集》十卷。

徐逢年，字耕老。弱冠入国子监。南宋开禧元年（1205）登进士第，授江阴教授。在任鼎新讲堂，整饬学风，鼓励士子上进，郡庠蒋重珍、赵发等皆成进士。后逢年任京官，蒋等皆执门生礼，极受时人赞扬。又出知於潜（今属临安县）、宣城等地，俱有惠政。

辅广

辅广，字汉卿，号潜庵。祖籍赵州庆源。父亲名逵，字彦达，宋高宗南渡时，隶杨沂中麾下，累立战功。历官左武大夫、邵州防御使，后知泰州。晚年迁居崇德永新乡，遂为崇德人。有四子，广居次，生于军中。

广少年倜傥有大志，然而四试不第。专攻周敦颐和二程学说，先后师事吕祖谦和朱熹，深为朱熹器重。与黄干（勉斋）同门，相友善。黄称性有善恶，辅称性无善恶，互相发明，时人称之为"黄辅"。宋宁宗庆元（1195—1200）初，朱熹理学被斥为"伪学"，学者多避去，独广不为所动，甚至卖产业入京师，居太学之南以侍奉朱熹。广以卫道者自任，仍与同志士子质疑问难，志不少屈。朱熹当"年来无朋友共讲，有话无分付处"时，得此独立不惧之弟子，极为嘉叹，说："当此时立得脚定者甚难，惟汉卿风力稍劲。"时以书信往还，有七封信收入朱子文集中。广与魏了翁友善，每相遇，必出朱子文章相诵读研讨。嘉泰年间（1201—1204）归里，在崇德县筑传贻堂（咸淳五年即1269年，改为传贻书院），教授学生。取传之先儒以贻后学之义，以躬行实践挽回颓风为办学宗旨。学者称传贻先生。

开禧年间（1205—1207）朝廷与金兵议和未成，欲请辅广前往。时党禁已解除，广仍以"考亭诸生，老不称使"固辞。开禧三年，韩侂胄被诛杀，明年，"嘉定更化"，人以广卫道扶世有功，推荐入仕，亦力辞不就，只食祠禄。广以著书为己任。有《诗童子问》《晦庵先生语录》《朱子读书法》三种，《四库全书》提要著录，另有《六经集解》《尚书注》《四书纂疏》《论语答问》《孟子答问》《通鉴集义》等。其著作广为时人引用。卒后赠朝奉郎。墓在崇德西门外里许。子大章，嘉定元年（1208）进士。官武冈县令。

子温

子温（？—约1297），俗姓温，字仲元，一作仲言，号日观，又号知归子。原籍华亭（今上海市松江），迁居桐乡石人泾（今屠甸镇）。宋亡后出家。平日嗜酒，豪饮不羁。酒酣，时发愤世嫉俗语。与诗人揭傒斯相友善，每过从，辄对饮。饮醉，辄抱庭前揭所植苍松（名支离叟），或歌或泣。然其律己甚严，治学至勤。作水墨葡萄，先以手泼墨，然后挥毫勾点，枝叶须梗，皆合草书笔法，世称"温葡萄"。又工书善诗，题于画上，富有书卷雅气。元至元二十八年（1291）所作《葡萄图》以及其后所作《折枝葡萄图》，皆为杰作。元代诗人邓文原说温日观所画葡萄"满筐圆实骊珠滑，入口甘香冰玉寒"。鲜于枢有《题寂照温日观葡萄》诗："阿师已把书作画，俗客那知色是空。却忆西湖酒醒处，一棚凉影卧秋风。"子温和尚初主持屠甸寂照寺，后为杭州葛岭玛瑙寺（又称大禅寺）方丈，放浪于西湖三天竺间数十年。子温性情慷慨耿直，得钱即散施于穷人。后因骂江南释教都总统杨琏真伽为"掘坟贼"而下狱，惨遭捶楚，宁死不屈。

卫富益

卫富益，宋末元初崇德人。祖籍华亭（今上海市松江），九世祖淇，宋仁宗至和（1054—1056）间为崇德县令，卒于任所。其后人遂定居崇德。富益少有异质，识见高远，读书不务章句。曾从兰溪金履祥学《易》，复受业于金华许谦，深为业师器重。祥兴二年（1279），张世杰兵败崖山，陆秀夫负帝投海，南宋灭亡。富益闻讯，日夜悲泣，设坛以祭文天祥、陆秀夫、张世杰，词极哀惨，观者无不坠泪。从此决意不仕，隐居石人泾（今屠甸镇）创白社书院讲学。立学规为：只许布衣平民会友赋诗论道；凡缙绅仕元者，不得入内就座。曾对其弟子说："士人品格有三，道德为上，功名富贵何足慕哉？"元至大间（1308—1311），有司推荐，不就。其作为遭人嫉恨，书院被毁。遂挈次子避居乌程（今湖州市）金盖山，继续设馆授徒，然绝口不谈世务，绝足不入城市。至治（1321—1323）中，长子迎养，始还故里，以耕读度余年。遇有求诗文者，皆婉辞之。病危时，焚毁所著书稿，说："我志在晦迹，安用诗文名世？"卒年九十六岁。门人为之安葬于金盖山，祀乡贤祠，私谥为正节先生。著有《易经集说》《四书考证》《读史纂要》《性理集义》《耕课怡情录》等书。

张伯淳

张伯淳（1242—1302），字师道，号养蒙，崇德（今属桐乡）人。祖父汝昌，字士隆，迪功郎，住石门镇玉溪桥西。开封张子修来任崇德县石门酒官，筑宅为邻，俱有园林池馆之胜，号东西园。两人聚友结社觞咏，时称东西二张。戴复古有"东园载酒西园醉"句，一时传为佳话。伯淳父名琥，字子严，宋嘉定十三年（1220）进士（《重修浙江通志稿》注：旧省志选举云张琥建德人，误）。历宰盐官、仁和，守台州、饶州，终朝议大夫、崇德开国男。

伯淳9岁举童子科，以父任铨受迪功郎、淮阴尉，改扬州司户参军。宋咸淳七年（1271）举进士。监临安府都税院，迁升观察推官、太学录。元至元二十三年（1286），授杭州路儒学教授，后迁升为浙东道按察司知事。二十八年，擢为福建廉访司知事。时元世祖诏求江南人才，伯淳与其内弟赵孟頫同被推荐。翌年应召入见。世祖问冗官、风宪、盐策、楮币等大政，伯淳对答如流，独具见地。命至政事堂，将授重任，固辞不就，遂授翰林院直学士，进阶奉训大夫，同修国史。后改任庆元路总管府治中，受命清理衢（今衢州）、秀（今嘉兴）两地刑狱，处置得当，颇有政绩。大德四年（1300），拜翰林侍讲学士。大德六年卒，谥文穆，归葬崇德离字圩（今桐乡石门镇西北）。伯淳幼喜书法，应童子试时，主试者给巨笔大纸命写字，即握管润毫书一大"天"字上缴。主试者询问用意，回答说："惟天为大，惟尧则之，故书此字。"闻者赞叹。著有《养蒙斋集》十卷。

鲍恂

鲍恂，元末明初崇德（今属桐乡）人，字仲孚（明凌迪知《万姓统谱》作仲宁，此从《明史》）。父名德（清秀水县盛枫辑《嘉禾征献录》作德元），曾任归安县丞，住千金、梧桐两乡。鲍恂少年时从临川吴澄学《易》，得其所传。为人慎重，好古力行，学识品行，名传天下。元元统间（1333—1335），得浙江乡试第一名，被荐任平江教授、温州路学正，皆未就。（后）至元元年（1335），登进士第。学士张翥、御史刘彦博荐为翰林，亦婉辞不就。后张士诚占据吴中（今苏州），聘为教授，坚辞不出。

明洪武四年（1371），初以科举取士，与侍读学士詹同、司业宋景濂、吏部员外郎原本同召为会试教官（《明史》、府志均作同考官）。试毕，即辞归乡里。十五年（《濮川所闻记》作洪武初），礼部主事刘庸（《嘉禾征献录》作镛）荐恂与吉安余诠、高邮张长年、登州张绅等明经老儒晋京以备顾问。太祖朱元璋即遣使召至京城，时恂年八十余，诠等亦逾古稀。太祖见之大悦，赐坐垂询，欲拜为文华殿大学士。恂等以年老多疾辞谢。太祖说："朕以卿等年高德邵，故授此职，烦卿等辅导东宫。可免早朝，日晏而入，从容侍对。不久即可致仕还乡，以终天年。如此，庶不负平生所学。"恂仍固辞，遂送归乡。返里后，与贝清江、程柳庄，在嘉兴濮川（今濮院）之西溪，结社讲学，又筑室于𡊄山泾上，耕桑自乐。自号环中老人，学者称西溪先生。后以事累，卒于外，归葬千金乡，祀乡贤祠。事迹附《明史》卷一三七吴伯宗传。

恂工诗，然流传者极少。海盐胡氏曾有刊本，亦已久佚。府志引其题画诗"山横红叶晚，寺锁碧云深"，亦属佳句。著有《西溪漫稿》四卷、《大易钩玄》二十卷、《学易举隅》三卷、《易传大义》《卦爻要义》等书。

贝琼

贝琼（1315—1379），初名阙，字廷臣，一字廷琚、仲琚，又字廷珍，别号清江。曾祖名珪，宋理宗时（1225—1264），由苏州徙崇德（今属桐乡县），筑宅语儿溪上，遂为崇德人。

琼少年时极颖悟，生性坦率，不修边幅而笃志好学，博通经史百家。师事同乡黄次山、会稽杨维桢。元季世乱，隐居教授，往来于华亭（今上海市松江）、海昌（今浙江海宁）间，生徒云集。又曾主教幽湖（今濮院）朱显道家。年四十八，始领乡荐，游京师，遇真德秀之孙女真真。时真真以父事累，沦于乐籍，由承旨姚燧出金赎出，嫁与属官。琼作《真真曲》以赞美之，因而名闻京师。元末，东南战乱，琼不愿仕进，束装南归，屏居于屠甸东南之𡊄山，设馆授徒，时与金华宋景濂切磋交游。张士诚占据平江（今苏州市），自立为吴王，累次慕名征召，琼皆坚辞不就。

明洪武初，开科取士，琼见战事平息，维新有望，入京应试，中进士。应召预修《元史》。琼才学广博，刚正不阿，史官李敏卿称其叙事直而不徇。书成，受赐而归。洪武五年（1372），出任浙江乡试官。六年，任国子助教。与张美和、聂铉齐名，时称"成均三助"。尝见古乐衰废，叹堂堂成均，徒具虚名，乃作《大韶赋》以寄感慨。在史馆时，与宋景濂（时与王祎同为《元史》总裁）友善，凡有著作常互相推让。及景濂为司业，建议祀伏羲、神龙、黄帝、尧、舜、禹、汤、文、武于成均。学者赞成而太祖不用，琼作《释奠》以解辨之。其正直敢言，大多类此。九年，改官中都（今安徽凤阳）国子助教，教育勋臣子弟。琼学行素优，将校武臣，皆知礼重。十一年九月，告老南归。翌年，卒于家，葬语儿乡，入祀乡贤祠。事迹附《明史》卷一三七宋纳传。

琼从杨维桢学诗，取其长而去其短。其论诗，推崇盛唐，标举李杜，而不取法北宋熙宁、元丰诸家。此一见解对明代诗坛影响颇大。贝琼文章冲融和雅，诗风温厚之中自然高秀，朱彝尊说他"足以领袖一时"。著有《中星考》一卷、《清江贝先生集》四十卷（内文集三十卷、诗集十卷。《四库全书》著录）。

有子五人（《两浙名贤录》作三人，误），䎖、翔、翱出仕知名。三人长幼，各书说法不一。䎖字原宪，以人才举，官都督府经历。翔字原翚（明凌迪知《万姓统谱》、清秀水县盛枫辑《嘉禾征献录》作举，误），亦以人才举，授国子监学录。翱字季翔（《嘉禾征献录》作原翚，误），以贡官中书舍人，终楚府纪善，能诗，有文名，著有《舒庵集》十卷。

朱逢吉

朱逢吉，字以贞，号懒樵，崇德（今属桐乡）人。父志道，元末任传贻书院山长，后任吴江州学正。逢吉于明洪武（1368—1398）初年应诏为中书省掾吏，因呈《用贤五论》，得上官赞赏，授宁津知县。在任时，建县治，兴学校，无流亡，振风俗，政绩卓著。升湖广佥事，亦有政声。《湖广通志》为之立传。后以事累，谪屯田关中数年。起补陕西佥事。后召为大理寺丞，同修国史。旋命视察苏州太湖水利和北京屯田，南北巡行，寒暑不怠，官吏臧否，风土利弊，必详询细记以上报。洪武二十一年（1388），升右副都御史。永乐四年（1406），复为大理寺右丞。后为大理寺左丞，与修《高庙实录》，进佥都御史。年八十卒于任所。

逢吉生平清介自持，自掾吏至贵显，未尝易所守。卒后囊无遗钱。祀乡贤祠。著《牧民心鉴》《童子习》及《文集》四卷。

程本立

程本立（？—1402），字原道，号巽隐，宋儒程颐后裔。远祖杞于宋理宗嘉熙间（1237—1240），官承信郎，自开封迁居武林（今杭州）；曾祖鹏再迁至崇德凤鸣里（今桐乡梧桐街道），遂为崇德人。父德刚，字克柔（旧省志作名克柔，字德刚），通法律，负才气，不愿仕元，筑庐张荡，旁植杨柳，郁然成荫，自号柳庄居士。元将路成率兵过皂林镇，大肆抢掠。德刚不顾安危，力陈利害，说服路成，路成乃约束部众，保一方平安。后荐于上司，欲授官，德刚称病辞去。

本立少有大志，曾拜鲍恂、贝琼为师，读书力求通达领悟。闻金华朱克修（《巽隐集》作彦修）

得朱熹之学于许谦，遂元道前往求教。明洪武九年（1376），举明经秀才，授秦王府引礼舍人，受太祖召见，赐楮币、鞍马。值母亲去世，辞官服丧。二十年春，进为长史，随王入觐，因周定王弃其国至凤阳，激怒太祖，受牵连，谪云南马龙他郎甸长官司吏目。本立留家眷于大梁，携一仆从上任。时六诏归附不久，叛服无常。一少数民族首领施可伐煽动数族作乱。本立只身单骑深入其境，晓以利害，且抚且御，当地各族无不感悦归顺，骚乱得以平息。时西南初定，士卒骄横，长官不能约束所部，常因抢掠生变。二十一年正月，西平侯沐英与布政使张紞商议，以为非本立不足以安定边境，特任为守御，主管兵事，本立以安定社会为重，自誓道："我当以一死，救活此一方民众。"于是不避艰险，亲冒暑雨，山行野宿，往来于云南楚雄、姚安、大理、永昌（府治在今云南保山县，万历《崇德县志》作永安，误）、鹤庆、丽江间，安抚赈贷，怀柔绥辑凡九年，百姓得以各安生业。宦滇期间，著《云南西行记》一部。三十一年，回京师，还乡小住。建文帝立（1399），学士董伦、应天府尹向宝（《嘉禾征献录》作向瑶）交荐，征入翰林院，预修《太祖实录》。旋迁升右（《嘉禾征献录》作左）佥都御史。作《御史箴》以自励，俸入之外，从不妄取，不通馈谒。建文三年（1401）坐失陪祀，贬官，但仍留院供职。年底《太祖实录》成，改调江西按察副使，未赴任。在此之前，洪武三十一年（1398）闰五月，朱元璋卒，惠帝朱允炆即位，计议削藩。废周、齐、代诸王，并伺察燕王。燕王朱棣大怒，以"清君侧"为名，发兵南下"靖难"。建文四年六月，燕王兵破京师（今江苏南京），夺取帝位，建文帝亡。本立痛恨骨肉相残，内战不息，于六月初三日（一作初二），与吏部尚书张紞等，至应天府学，自缢以殉。成祖朱棣籍没其家，却见囊无余资，人皆叹为"清御史"。本立殁后，归葬梧桐乡。祀乡贤祠。南明福王时，赠太常卿，谥忠介；清乾隆四十一年，赐谥节愍。《明史》有传。

著有《巽隐集》。《四库全书》提要云："本立文章典雅，诗亦深稳朴健，颇近唐音。"《重修浙江通志稿》云："明初嘉兴诗人首推贝琼，次及本立。本立诗格浑气遒劲，刻意杜甫，下亦不失为陈与义也。"

姚文

姚文，字敏学。永乐十三年(1415)进士。选为庶吉士，改任礼部主事。时营建北京宫殿，奉命采办川蜀木料，办事干练，措置有方。后调行在户曹，督运天下漕粮，皆能按章办事，不行请托。宣德年间（1426—1435），罢调六曹官员，独姚文留任，升稽勋郎中，时朝廷重视郡守人选，经兵部侍郎柴车推荐，出任庆远（今广西宜山）知府。当地汉、瑶、壮等族杂处，时有民族纠纷，姚文结以恩信，缓解矛盾，修治山谷书主怀远桥，瑶壮山民皆乐于参与。调任袁州（今江西宜春）知府，为政平易近民。时以廉明勤慎教育属吏，使狱无留囚，里无横敛。主持修复韩公庙、敦教堂，三阳、尚古诸桥，以及坍损之坛场道路。数年之间，政平讼理，深得士民爱戴。将离任，百姓挽留，文亦不忍去，诏赐三品服俸，仍令守袁。后卒于任所，父老皆会哭于庭，同声哀悼。姚文为官四十年，清苦自持，一介不妄取。在户曹时，有送鲜鱼即离去者，追之不及，即悬挂壁间，任其自腐。其操守之清高，大多类此。卒后归葬南津乡，祀乡贤祠。

潘蕃

潘蕃（1438—1516），字廷芳，号愚叟，崇德（今属桐乡）人。蕃初冒姓钟，成名后，恢复原姓。明成化二年（1466），举进士，授刑部主事，历官员外郎、郎中。时云南镇守太监钱能贪污巨金，为巡抚王恕弹劾，诏蕃复按。蕃不避权贵，返京据实报请惩治钱能。然因触犯中官，外出任安庆知府，在任秉法严明，敢惩豪家恶少，《安庆府志》为之立传。改调郧阳府，时府治初设，界接陕洛，流民归者如市。蕃悉心抚循，使之安家落户，颇多惠政。《湖广通志》亦为之立传。后转贵州左参政。历官山东、湖广左右布政使。弘治九年（1496），以右副都御史（《万姓统谱》作右都御史、《嘉禾征献录》作金都御史），巡抚四川，兼提督松潘等处军务，常单车巡视松、茂一带羌、藏等族聚居地区，宣布威信，安抚各族，人皆畏服。莅蜀五载，西陲宴然。迁南京兵部右侍郎，又改刑部。十四年，进右都御史，总督两广。时帐下士旧不下万人，蕃选留精干，淘汰冗员，政风一新。对属下节制甚严，稍违约速，必绳之以法，故僚属对百姓也未敢擅施威福。十五年至十七年，琼州（今海南岛）黎人及南海等处县民先后起义，蕃发兵镇压，杀戮甚多，屡得朝廷赏奖，升左都御史。正德元年（1506）正月，召为南京刑部尚书。时宦官刘瑾擅权，蕃耻于俯屈，乞归家居，行李萧然。至家杜门谢客。三年，刘瑾挟私恨逮赴京师，谪戍甘肃。逆旅苦寒，人不堪其忧，蕃处之恬如。其时刘瑾矫诏滥捕入狱之朝官多达三百余人。五年，刘瑾被诛，潘蕃官复原职，旋致仕，返崇德故里。

蕃清介端方，生活简朴。在粤时不携家眷，不以功录用子孙，人亦不敢干以私。归里无住宅，租屋以居。《静志居诗话》载：尚书优游林下，简朴如贫士，时人为之诗曰："尚书归来无第宅，税地种花兼种鱼。举网打鱼鱼换酒，花前醉倒老尚书。"病危时，叮嘱其子："我承国恩，无寸效，殁后勿乞赠恤，墓前只树一短碣，令子孙识其处足矣。"正德十一年（1516）卒，年七十九岁，葬石门乡（今石门镇），祀乡贤祠。《明史》有传。

王济　王隆德

王济，字伯雨（清秀水县盛枫辑《嘉禾征献录》作伯舟），号雨舟，晚号白铁道人。祖籍泗州（今安徽泗县），元末，六世祖道辅避兵乱至崇德，定居乌镇（镇曾隶吴兴，明顾元庆《夷白斋诗话》作吴兴人）。父亲名英，明弘治（1488—1505）中，任苏州卫指挥。王济颖敏好学，弱冠为诸生，以高资例入太学。授广西横州通判。时缺州守，由济代理州事。施政亲民务实，熟悉乡土习俗利病，凡有举措，皆衡以法理。州境多盗贼，王济到任后，政宽民平，盗案渐少。王济高远雅洁，刻意诗词。庭中遍植湘竹，公暇吟诵不辍。采集当地风物异于故乡者，编为《君子堂日询手镜》二卷，记风物土产、瘴疬蛊毒，以及民变始末甚详。后以母老辞官归养。时金事龙霓、尚书刘麟、太白山人孙一元诸名士，寓居苕溪（今湖州市），去乌镇不远，邀济为崇雅小社，觞咏不绝。又与姑苏张天方石川父子，往来吟唱，著《浙西唱和集》行世。亦好戏曲，所作《连环计》，以细针密缝，写三国时吕布貂婵事,曲折有致,错综动人,其流行远在《古城记》等传奇之上。《曲品》评为"词多佳句,事亦可喜"。家藏金石书画甚富,尤以嵇康《与山巨源绝交书》真迹、朱熹《小学》原稿为珍贵。王济天性孝友,尤乐施予,以礼让为家法,凡亲戚邻里以贫病婚丧告急者,无不倾囊相助,略无吝色。著作尚有《二溪编》《白铁道人集》《谷应水南词》《铁老吟余》《和花蕊夫人宫词》等。

王隆德,字孟起,号巽吾,王济孙。明万历三十五年(1607)进士。授江西袁州府推官,升南京刑部陕西司主事。历任兖州知府、广西桂平道参议、江西太宁道副使。在任力除弊政,颇有才识。时田赋征收行一条鞭法,而地方官吏,仍以供应往来夫马、置办衙署什物为名,额外苛征。民众不堪勒索之苦。隆德奉命与建昌推官共商对策,建议一切由官收官发,衙吏不许假借私派,民众称便。《江西通志》为之立传。

沈东溪

沈东溪,名铧。世营冶铸业。明嘉靖年间(1522—1566),携七房儿媳,自吴兴县竹墩村,迁居桐乡县柞溪镇(今炉头镇)。于镇两端辟地十亩,设工场,开炉冶铸锅镬,行销远近。其后,留六房儿媳及叔侄辈于柞溪,自率家人移居县城,开炉营业。东溪信佛,嗜酒,爱弈棋,与县城凤鸣寺方丈交往甚密。嘉靖三十三年(1554),倭寇侵扰沿海,东溪将柞溪工场移入城内,借凤鸣寺外地临时经营,为寺院熔铸钟鼎烛台。三十五年,倭寇占嘉兴,攻皂林,围桐乡县城四十余日,守将无法退敌。某日,东溪与方丈对弈于僧舍,扬言:"欲退贼,何必张惶!"时巡抚阮鹗亦在围城中,闻言奇之,即备礼往访,请教退敌方略。东溪说:"目下兵尽矢穷,人无寸铁,惟有集城中锅釜铁器,熔汁泼洒。"巡抚依计聚铁,募工熔汁,又于城上垒大木,以巨索绑结,待敌攻城,冶工以铁汁杂火药,凌空泼洒,毙敌无数。倭寇大惊溃退,桐乡城得以保存。寇平后,巡抚手书"退寇全城"四字,制匾悬于其庐。又授百户,不就。卒后,隆庆间(1567—1572),从祀皂林宗礼祠,后祀县城忠义祠。百姓感其德,尊为飞火将军。其子孙继承冶铸业,开设沈亦昌冶坊于柞溪(后迁乌镇),绵延四百余年。柞溪多炉,俗称炉头,地名沿用至今。

吕希周

吕希周,字师旦,号东江,明崇德(今属桐乡)人。明嘉靖四年(1525)举人、五年进士。授户部主事,改工部营缮,出督清江浦漕运,历任兵刑二部员外郎,吏部文选司郎中。十年,出主广西乡试;十一年,主武会试。十二年调职方郎中;十三年,调文选。一年后,擢升右通政。未几归家闲住。时值倭寇侵扰,奉檄会同知县筑崇德县城。崇德运河旧塘本无折坳,开令屈曲回抱城郭,从此水势回环绕城如带,既通舟楫,又利防卫。时人传说:"崇德吕希周,直塘改作九弯兜。"后倭寇犯皂林,围桐乡,与濮院濮文起、吴兴茅坤共献计退敌。因平倭有功,进迁左通政,多蒙赏赐。致仕南归未久,巡按御史庞尚鹏劾其"居家不法",被削职为民。希周慷慨好施,尝捐田170余亩归学宫,以补助贫寒诸生。著有《东汇诗集》。

宗礼

宗礼又名宗扬,河朔人。少知兵,善骑射,号猿臂王。明嘉靖间,以武闱第一,授游击。嘉靖三十五年(1556)夏,率部赴闽,道经浙江。时徐海、陈东等引倭寇攻乍浦,掠嘉兴、皂林。总督胡宗宪、巡抚阮鹗发兵抗击,见宗部南来,恳切邀留。即命参将宗礼、裨将霍贯道等率客兵八百(明邑令张定志撰《宗都督碑文》作九百)急去崇德追击徐海部数千人。宗部皆壮士,骁勇善战,一胜于崇德,再胜于石门,三战于皂林三里桥,斩获甚多。然而兵情紧急,出战时仅持一日粮,自崇德至皂林数十里,且战且追,竟日未举炊。明日再战于绣溪桥,将士皆有饥色。宗礼仍率众奋力拼杀,屡拙其锋。第三日敌分路夹攻,又无所得食,将士空腹无力持刃,宗礼仍奋怒格杀多人。然因困于垓心,内无粮草,外无援兵,宗礼、霍贯道暨全体将士,皆壮烈殉国。

后诏赠宗礼将军都督同知,世袭指挥佥事。隆庆年间(1567—1572)时,敕建褒忠祠于绣溪桥侧,有司春秋祭祀。后,祠毁于战火,清同治四年(1865)重建,题名宗扬庙。抗战时,庙为日军烧毁,今地名犹存。

宋旭

宋旭(1525—1620),字初旸(一作初阳)。先世本会稽人,家住崇德(今属桐乡)石门湾,因号石门山人。崇德曾隶嘉兴,故亦作嘉兴人。后至武康天池为僧,法名祖玄(一作祖远),又号天池发僧、景西居士。性情洒脱清逸,不求仕进。一生好云游,遍历名山大川,深得天然神韵,精通禅理及养生之道。常禅灯孤榻,飘然去来,世人皆尊为发僧。

宋旭能诗工画,善山水,兼长人物。少年时师事沈周(石田),笔意相近,山石林泉,无不清妙;晚年融董源、巨然及元四家笔法,古拙苍劲,自成风格。其巨幅大幛,层峦叠嶂,邃壑幽林,神韵飞逸,气象恢宏,海内竞相购藏。明万历间(1573—1620),名重一时。年七十八,应苕上(今湖州市)诸名流邀请,至白雀寺(明万历间僧如松重建后更名法华寺),绘名山十二景于殿壁,历时五月而成,时人赞为妙绝。宋旭又工书法,绘画款识喜用隶八分书。书画交辉,相得益彰。万历四十八年卒于苕上天圣寺(《嘉禾征献录》作年八十)。归葬语儿乡。

现存作品有《万山秋色图》《云峦秋瀑图》《松窗读〈易〉图》《天目垂虹图》《潇湘八景图》(八幅)及《雪江独钓图》等。万历三十三年(1605),八十一岁时所作《罗汉图》《平沙落雁图》以及西湖山水,亦极有名。其画后得清乾隆皇帝赏识,曾为之题字。尺幅寸缣,皆奉为至宝。现桐乡博物馆所藏丈二绢画《松壑树石图》,系明万历二十三年、七十一岁时所作,画面清溪幽谷、奇峰峻岭间,苍松耸翠,怪石嶙峋,秋色灿然。其运笔遒劲古拙,蓄意厚郁深沉,堪称珍宝。

冯孜

冯孜,字子渐,号原泉,桐乡县城人。三岁丧父,弟敏系遗腹子,皆赖母亲教养成人。孜读书颖悟,性极孝友,见母亲辛勤操持,立志奋发上进,以图报答。明隆庆二年(1568)

中进士，观政都察院，授太仓州知州。请母亲同去任所，遵母命勤政爱民，遇事必亲自裁处，故下属亦未敢枉法虐民。时值倭寇窜扰东南沿海，州属崇明岛，孤悬外海，易先受侵扰。孜亲往视察，设防守险，极为周全，倭寇不能得逞，在任五年后，擢刑部员外郎，宦官凭势把持朝政，孜秉公处事，不为所屈。旋以郎中检察江西刑狱，查核实情慎重量刑，平反冤案多起。擢河南按察副使，整饬河北兵备，曾遍历关隘防守要地，又练兵积粮，使旌旗营垒，焕然一新。其后历官福建参议、广西按察使、江西布政使。每至一处，必奉母就养，极尽孝道。母亲八十四卒于江西官署。孜奉丧归葬故里。丧服毕，再授湖广左布政使。抵任后，更清操自励，剔除弊政，爱惜民力。时值修建皇宫，紧急向湖广征集建材。孜力陈地方民困财绌，请予减免，上疏十余次，终得略纾民困。后因病辞官返里。弟名敏，以儒士官中书，中年退休在家。兄弟白首同居，友好无间，孜年七十卒，葬于千金乡（今屠甸南），祀乡贤祠。著有《古今将略》四卷、《明刑录》《明儒要录》《宁俭编》等。万历年间（1573—1620）与归安唐枢等合纂《桐乡县志》十四卷。

李乐

李乐，字彦和，号临川，青镇（今乌镇）人，寄居乌程。明隆庆二年（1568）进士，出任新淦知县。初抵任，晋谒知府，守门者傲慢非礼，李乐杖责而入告之。时有南赣兵万余人外调，经临江，旁县官民闻风惊怖，皆关门闭户以躲避。兵士沿途索取薪米鱼盐，不足则四出骚扰。至新淦，李乐命大开城门，准兵士入城，惟不得挟带兵器，市廛交易如常。士兵既得食，亦不扰民，欣然离去。新淦赋税繁重，加之吏胥从中舞弊营私，以至官民俱敝。李乐遵用一条鞭法，令民自封投缴，库吏只须登记入册，无法中饱私囊。且上报巡抚，勒石为禁，庶民称便。在淦三年，搏节一切开支，且调剂有方，官库存金比莅任时增加十倍。又以羡余创尊经阁、便民仓，修练子宁祠及桥梁官舍，皆不添民负担。淦民为之建生祠，《江西通志》为之立传。

后升礼科给事中，首请严肃科场纪律，杜绝贿托积弊。改任吏科给事中，旋出任福建按察司佥事。在任时简约一如为知县时，年省驿马费八百金。改巡福宁，惜军爱民，大减供具，以苏民困。闽督耿楚侗亦为减亲兵十分之四。李乐痛恨官吏贪污，每至一处，必严惩墨吏。而顺昌知县王九皋，为官清廉，被奸民诬陷，李乐竭力为之辩白。再升任江西布政司右参议，奉母就养。履任五月，即以病辞归故里。

李乐在仕籍仅十年，有关吏治民情之荐疏凡十余上，直声清节，著闻朝野。明万历（1573—1620）中，诏起补广西布政司左参议，后又召为南京尚宝司卿，皆未赴任。家居近四十年，筑拳勺园以奉养母亲。立身峻洁俭约，朝服皆以布制，待客菜肴亦不过五盆。居乡关心民间疾苦，凡事关地方利弊，必告知当地官员，而无一语及私。尝自言："无心之失甚多，有意之恶不作。"足以见其为人，里人请祀乡贤祠，复建专祠于镇上。

著有《金川纪略》《见闻杂记》《拳勺园小刻》。明万历二十九年（1601），重修《乌青镇志》，志分五卷，当年完稿付梓。

陆吉　陆时雍

陆吉，字谦六，号五云，祖籍吴兴，先祖徙居桐乡皂林镇。明嘉靖三十五年（1556），倭寇进犯，庐舍被焚，仓促脱难，随父避居乌戍（今乌镇）。少年时因贫困失学，及长发愤读书，万历十年（1582）中举人。授南直隶兴化（今属江苏）教谕。兴化已有近十年无中乡试者，陆吉与知县筹建学舍，兴文教，其后连科得中者共八人。升山东高密知县。时岁凶赋重，民多流亡他乡。陆吉抵任所即于神前宣告誓不渔利病民，并倾全力发展农业，招返流民一万八千余口，开垦荒田七百余顷。高密平旷无山，有奸民捏报富家有矿藏，内官程某急欲开采。按例上报后不论有无矿产可开，皆须年年奉送包银，且矿党往来，为害尤烈。陆吉欲疏请制止，僚友劝其避嫌省事。陆吉慨然道："以我一人之官，博千万姓之福，于心何愧？"力请上官司寝其事，终于免除矿税之扰。再升任北直隶昌平（今属北京市）知州。昌平地寒，陆吉劝民广植棉花，并教以纺织，民赖其利。州北有皇陵，守陵官倚仗宦官权势，擅杀无辜。陆吉据实上报，巡抚、按察使俱搁置不理。陆吉怒极，下令捕杀守陵官，因触犯宦官而被捕下狱。旋放归。后复授以知府职，坚辞不受。家居二十年，足迹不入公门。年八十一卒。祀高密、昌平两地名宦祠及桐乡县乡贤祠。

陆时雍，陆吉子，字仲昭（光绪府志、县志作昭仲，误），号澹我，明崇祯六年（1633）贡生。仲昭天资颖异，性刚直，好使气，不能俯仰于人。常说："须眉男子，应当提三寸羊毫，发愤进取！"然而屡试不中。时乡里有命案，仲昭禀告知县，言辞激昂，知县瞠目未理。仲昭即推案而起，拂袖竟去。后知县惭谢，案情得以据实而断，远近闻之，皆赞其见义勇为，而仲昭仍深自韬晦，闭户读书如常。性格清高自守，不追附流俗，独与同里周拱辰友善。两家檐拱相对，书声相闻。故不论风雨晦明，常相往来。仲昭好先秦及两司马著作，常百读不厌，时而掩卷闭目，湛思冥索，时而正襟危坐，捉鼻孤啸。工诗能文，行文甚速，恣笔所之，淋漓不已。每成一篇，便呼拱辰同从快读，涕笑杂出，竟忘世事之荣枯。两人穷愁落泊，困居著书，希望藏之名山，传诸后世。仲昭注疏《韩非子》《扬子》《淮南子》。又选汉魏至晚唐之诗，分辑为《古诗镜》三十六卷《唐诗镜》五十四卷，书前作总论一篇。《四库全书提要》说该书大旨以神韵为宗，以情境为主，"所言皆妙解诗理"，又说"采摭精审，评释详核"，为明末诸选本中之善本。作诗以五言最工，亦善乐府近体。其诗歌理论，尤具特色，至今仍为时人引用。其后，生计益窘，而诗益工。多愁善感，常对影恸哭，望空谩骂。游维扬时，触景生情，望河吟道："杖剑照淮水，寒风吹须眉。幸无漂母饮，不至负恩讥。"

明末崇祯年间（1628—1644），天下多故，诏各省大臣保举岩穴异能之士，豫抚、越宪同时荐举仲昭应诏。于是束装进京待聘。然而逗留累月，终未得任用。往来两都间，凭吊古迹，慨叹时事日非，愈加郁郁寡欢，于是读屈原《怀沙》《天问》以排遣孤愤。随后为之疏畅大义，参照王叔师、朱考亭两家注本，重新分析折衷，为之注释，成《离骚新疏》（光绪《桐乡县志》作《楚辞新疏》）。在京时，与顺天府丞戴澳（同卿）、大司马范公最相慕爱，常以诗文唱和，一时誉满京城。其后戴澳以事被劾，援仲昭作证，因而牵连被捕，下弄部狱。仲昭另著有《陆仲昭诗集》八卷和《千川遗稿》。

明天启元年（1621）前后，仲昭在桐乡钱店渡张杨园外祖父沈家设馆授徒，张杨园曾亲聆教导。仲昭殁后，杨园为之作传，惜此篇已佚。

孙爽

孙爽（1614—1652），字子度，号容庵，明末诸生。祖籍浙东，八世祖迁至语儿檀树村（今崇福镇芝村村），遂定居崇德。家中颇有资财。祖父良佐，勇武过人，终身不仕。父亲有庆，系儒生，言行端方。子度幼聪慧，入塾未久，即提笔作诗。初从新安程嘉燧游浙南各县，学业大进。崇祯九年（1636）二十三岁，以高等补杭州府廪生，闻名远近。与四明万泰、陆符，余姚黄宗羲、宗炎，钱塘卓回、沈佐等友善。十一年，吕留良三兄愿良集东南十余郡士子千余人，建立澄社，以诗文会友。其中重志节、能文章、好古负奇者，仅数人，子度为其中之一。十四年，子度与王晫、陆雯若、吕宣忠（留良侄）等十余人建征书社于崇福禅院，刊刻选文行世。时子度执教吕家，常与留良、宣忠论列古今，评议诗文，常激昂慷慨，不能自已。与留良结成忘年之交。案头置日本佩刀一把，长二尺，自制铭文："吾与汝俱废置而不试，天下汹汹，太平其可致乎？"十七年（1644），吴三桂引清兵入关，明朝灭亡。明年，清军渡长江，江浙危急，子度与宗羲、留良、宣忠密谋抗清。清顺治三年（1646），明鲁王朱以海监国于绍兴。宗羲建世忠营，拟由海宁取海盐，约子度义军伏崇德作内应，夹击清兵。部署既定，惜清兵遽然进逼，未能实施。四年，宣忠造访，叙谈于墨兵斋，清兵猝入，同被拘捕至杭州，禁锢逾月。其前，宣忠曾入太湖义兵，武装抗清，事败返里。有恶人告密，故被捕。审讯时，面对强暴，子度毫无惧色，据理为宣忠申辩，欲以身家性命保释，致受笞刑而不悔。宣忠被害，凄郁孤愤，绝意进取，矍然清贫以自守，亦不再设馆授徒，教人举业。有劝之出仕者，怒而不答，作《贞女传》以明志。九年，死于贫病，年仅三十九岁。吕留良为之作墓志铭。子度长身玉立，广额修髯，风度翩翩，且博学多才，能文能武。诗文清挺高秀，蕴蓄深沉，不傍篱藩，钱谦益称其著作有老泉父子与近世归太仆之风。著有《容庵诗集》十卷、《辛卯集》一卷行世。

吴尔埙　吴震方

吴尔埙（《甲申传信录》作汝埙）（1621—1644），字介子（旧省志作介之），一字吹伯，洲钱（今洲泉镇）人。少时博览群书，深通经义，且性情豪爽，胆略过人。明崇祯十二年（1639）举人，十六年进士，授庶吉士。是年秋，李自成破西安，张献忠占武昌，明朝廷岌岌可危，尔埙夙夜以国事为念。十七年春，李自成军渡黄河，入山西、下太原。受大学士范景文推荐，崇祯帝召见尔埙，问守御之策。尔埙以河南土司李、祁、鲁三家实力雄厚，足以抵挡，请派遣秘使，许以重爵，约起兵牵制，以待援军。然而计未实行，而自成军已逼京师，尔埙被困军中。及吴三桂引清兵入关，崇祯自缢煤山，尔埙绝食数日以求死。友人海宁祝渊劝说道："徒死何益？应善自爱惜，徐图报复。"自成军进京后，任用前明北都大臣甚多，亦授尔埠为苍溪知县。不久自成兵败，尔埠与祝渊改装南归。原拟向上力陈复仇方略，因马士英当权，排斥忠良，尔埠不愿前往。有人劝其暂归故里，以观时变。尔埠答道："国仇未雪，誓不还家。"五月，福王即位于南京。大臣廷议欲惩办北都投敌诸臣，独史可法力排众议，主张录用脱险南归者，许其戴罪图功。于是吴尔埠去扬州，参见史可法，可法留参军事。与祝渊告别时，拔所佩军刀，断左手一指，说："请转告我父母，他日不归，可以此手指葬。"当时其父子屏督学福建，母亲沈恭人深明大义，知儿一心报国，即献家财，值金二百斤，助史可法军。可法令尔损北上招抚河南各土寨，擒剿李自成军之衙署官史。尔埠跋涉多日，尚未成事，中途闻清兵已围扬州，星夜急返，助史可法守新城。弘光元年（1644）四月二十五日，清兵蜂拥入城，将军刘绍基阵亡，士兵死伤殆尽，可法殉国。尔埠身被重创，投井自尽。尔埠死后，寄棺寺中，遭兵毁。祝渊携一指至洲钱，合家举哀，筑衣冠冢于洲钱北道桥，以指葬之。后人称"一指坟"。

吴震方，尔埠子，字右弨。清康熙十八年（1679），二甲第一名进士。由翰林改陕西道监察御史，性鲠直敢谏。时京师无赖结党争斗，气焰嚣张，震方严加禁止，始较收敛。因参关弊，罢归家居，从事著述。尝辑朱子论定文稿进呈，蒙复原官。

张履祥

张履祥（1611—1647），字考夫，号念芝，世居桐乡县清风乡炉镇杨园村，通称杨园先生。祖父名晦，心地仁厚，乐于为善，幼年未赴科举，却酷好学问，于经史子集、医卜杂著，无不博览。父名明俊，字九芝，明万历邑庠生，品行端庄，生性至孝。母沈氏孺人，有教养。兄名履祯，亦为邑庠生。杨园幼受家庭熏陶，聪明好学。五岁，父亲教读《孝经》。七岁入塾，九岁丧父，哀痛如成人。母亲教导说："孔孟亦两家无父儿，只因有志气，便做到圣贤。"从此更自勉自爱，发奋攻读。明天启元年（1621），至钱店渡外祖家就读。次年，从陆时雍学《易经》，后又拜诸叔明为师。十五岁应童子试，补县学弟子员。与同里颜统（士凤）、钱寅（字虎）、海盐吴蕃昌（仲木）友善，常以文章品德相砥砺。崇祯三年（1630），祖父去世。翌年，母亲亡故，家道中落，与兄相亲相助，勤俭持家。六年，至颜士凤家任塾师。时东南文人结社之风甚盛，皆各立门户，著书讲学，甚至评议朝政。张溥等集文士数千人立复社于苏州虎丘，盛况空前。杨园与士凤相约，不参与其活动。周钟至桐乡设馆授徒，慕名求教者甚众，亦不与交往。十五年，复赴杭州应乡试，惜仍未中。旅杭时见黄道周于灵隐寺，黄以淡泊守志、勿图近名相劝，杨园感佩铭记，终身服膺。十七年，去绍兴拜刘宗周为师。刘氏历任朝廷要职，大节彪炳，时被贬家居讲学，极受士林爱戴。刘氏儒学兼崇朱（熹）王（阳明），重诚意、慎独、穷经、读史，受教后深有所得。惟杨园为学善思考取舍，后专意二程（程颢、程颐）、朱子，其学说以仁为本，以修己为务，而以中庸为依归，穷理居敬，知行并进，亲争平近，不尚辞辩。杨园一生潜心于义理，认为三代以上，孔孟是集大成者，三代以下，程朱是集大成者。时人以其与陆陇其并提，视为闽洛学派之正传。后以刘氏《人谱》一书与程朱学说不合，便另辑《刘子粹言》一书以作补救。

在绍兴数月，忽闻北京之变，思宗自缢煤山，杨园哀恸欲绝，不饮不食，全身缟素，徒步回乡。翌年，清兵入浙，避乱吴兴。时官府苛敛，盗匪蜂起，百姓四散流亡，田园荒芜，杨园忧心如焚，又闻刘宗周绝食而死，痛哭多日。初欲联络同道，反清复明，后见大事已无可为，决心抛弃诸生，绝意科举，息交绝游，抗志不出，隐居乡间，训蒙自给。凡有应科兴试而求教者皆婉言拒之。常告诫学童：须读有用之书，当务经济之学，毋专习科举制义。杨园从教知识德行并重。清康熙八年（1669），应吕留良诚聘，至崇德南阳村东庄执教，主张"学问固重实践，然必自致知格物始"。订《东庄约语》，作行为规范。又与留良等刻印程朱遗书、先儒遗著数十种行世。

杨园主张"治生以稼墙为先"，"门人当务经济之学"，"能稼穑则可以无求于人。无求于人则能立廉耻。知稼穑之艰难则不妄求于人，不妄求于人则能兴礼让。廉耻立，礼让兴，而人心可正，世道可隆矣。"清顺治四年（1647）后，教学之余，亲自务农，岁耕田地十余亩。每届农忙，必停馆返里主持收种，或箬笠草履，送饭下田；或亲率家人，下地劳作。多与农民交谈，故熟谙农情。于艺谷、栽桑、育蚕、畜牧、种菜、莳药诸行，无不精通。顺治十五年，作《补农书》，以补湖州《沈氏农书》之不足。因其有益于民生日用，刊行后流传于东南各省，且为附近各府县方志所摘引。今人评该书为"总结明末清初农业经济与农业技术的伟大作品之一，是我国农业史上的一种最可宝贵的遗产"（陈恒力《补农书研究》）。

杨园立身端直，律己极严，勤劳俭朴，终生布衣蔬食，从不奢侈放诞。热心社会公益，虽誓不与清廷合作，然事关乡梓利弊兴革者，无不昼夜萦怀，勉力促成。顺治年间，浙北水旱频仍，杨园悯灾民凄苦，痛农政失修，屡次上书当局治水未成，乃致函崇德曹射侯纵论水利，建议分崇德桐乡、嘉兴海盐和海宁三区，全局规划，分批疏浚，可保无旱涝之患。此议后为有关当局采纳。

自二十三岁起，先后在故里及菱湖、苕溪、嘉兴、海盐等处执教三十余年。康熙十三年（1674）五月，脾病复发于海盐半逻学塾，始离海盐；七月，稍有起色，仍抱病去东庄学塾，劝勉师生。当月二十八日逝世。葬于故里西溪桥南。乾隆间，浙江学使雷鋐改立巨碑于墓前，题为"理学真儒杨园张先生之墓"。道光四年（1824），入祀乡贤祠。后人赞道："布衣祀两庑，故今能有几？"著有《愿学记》、《读易笔记》一卷、《四书朱子语类摘钞》三十八卷、《言行见闻录》等。后人辑为《杨园先生全集》五十四卷（《四库全书》著录）。《清史稿》有传。

吕留良

吕留良（1629—1683），字庄生，又名光轮（一作光纶），字用晦，号晚村，别号耻翁、南阳布衣。崇德（今崇福镇）人，因清代更崇德县名为石门，故亦作石门人。祖父熯，字南文，号心源，任淮府仪宾，娶淮庄王之女南城郡主，为明王室宗亲。父亲元学，号澹津，明万历举人，任繁昌知县。元学有四子，又娶侧室杨氏。留良为遗腹子，系元学侧室杨氏所生。因杨氏体弱多病，留良由三兄愿良夫妇扶养。三岁，嫂亡，过继堂伯父鸿胪寺丞元启为子。

留良聪颖过人，八岁能赋诗作文。十岁时，三兄愿良建澄社于崇德，南方士子千余人，往来聚会，征选诗文，评议朝政，留良深受影响。明崇祯十四年（1641），孙子度建征书社于崇福禅院。时留良十三岁，以诗文入社，大得子度赞赏，并被视为畏友。十七年，明亡。清顺治二年（1645），清军渡江入浙，沿途肆意杀戮，惨案迭出，江南各地志士纷起组织义军抗清。留良散万金之家以结客，与三兄愿良之子宣忠（长留良四岁）入太湖义师，抗击清兵，图谋恢复。宣忠曾署总兵都督金事。三年，监国鲁王加封宣忠为扶义将军，给与敕印，令其还至太湖，率部抗清。三年三月，大战清兵于澜溪（太湖下游，乌镇附近）。三日三夜，日不得餐，夜不解甲。留良箭伤左股，日后天阴辄痛。五月，兵败。宣忠遣散所部，入山为僧，后因探父病回家被捕。四年三月，从容就义于杭州。临刑，宣忠昂首前行，留良送之。两人谈笑如常，而无一语及家事。国恨家仇，深埋心底。既为"逆犯"亲属，处境自然艰难。顺治十年，二十五岁，被迫易名光轮，应清廷科举考试，成诸生。时陆雯若办书社于崇德，邀留良同选刻时文。经留良提倡，远近百里间，名流携诗文来会者数千人，为复社以来未有之盛事。此后近二十年间，留良借评选时文以宣扬"华夷之分大于君臣之伦"，其民族气节对士人学子影响极大。十六年，先后结识黄宗羲（太冲）、黄宗炎（晦木）、高旦中（斗魁）、黄周星、高世泰等抗清志士、明末遗民。两年后，二兄茂良以留良外务过多，荒废学业，强留于崇德西门内祖居友芳园之梅花阁，教子侄辈读书。康熙二年（1663），黄宗羲应聘至梅花阁执教。留良与宗羲、宗炎、吴之振、吴自牧、高旦中等，相聚于园内水生草堂，诗文唱和。又与之振、自牧共选编《宋诗钞》九十四卷。留良为所选八十余位宋代诗人撰写小传。

此后，清廷统治日趋稳定，而留良反清思想未变，深悔失足科场。康熙五年，浙江学使至嘉兴考核生员，留良拒不应试，被革除诸生。此举震惊社会，而留良怡然自得。从此归隐崇德城郊南阳村东庄（在今桐乡县留良乡），自开天盖楼刻局，继续选刻时文出售，并提囊行医，以自隐晦。其时诗朋文友大半散去，独与张履祥、何商隐、张佩葱，专攻程朱理学，创立南阳讲学堂，设馆授徒，身益隐而名益高。八年，迎理学大儒张履祥至东庄，刊行朱子遗书语类。

康熙十七年，清廷开博学鸿词科，以笼络明朝遗逸。浙江当局首荐留良，留良誓死不受。十九年，征聘天下山林隐逸，嘉兴知府又荐留良。自知难以推脱，然拒不臣清之志不可变，虽平时素憎佛道，权衡轻重，决意出家为僧，取法名耐可，字不昧，号何求老人。去吴兴埭溪之妙山，筑风雨庵，隐居讲学。门人弟子亦甚众。留良早衰，年四十余须发灰白齿落过半，且幼有咯血疾，遇有怫郁即发。隐居妙山后三年，病逝。临终前数日，仍勉力补辑《朱子近思录》及《知言集》。子侄弟子劝其休息，答道："一息尚存，不敢不勉。"葬于识村祖茔（在今晚村乡识村东长板桥之西）。

夫人姓范，有子七人：公忠（葆中）、主忠、宝忠、诲忠、补忠、纳忠、止忠（毅中）。

著有《吕晚村先生文集》八卷、《续集》四卷；《东庄诗存》六卷（《清诗纪事》作七卷）、《浙书》一卷；与吴之振、吴自牧合选《宋诗钞初集》，与张履祥合选《四书朱子语类摘钞》三十八卷；又有《精选八家古文》及后人汇刻其时文评语数种；刻印其遗文墨迹若干卷。此外，《大义觉迷录》中引用其日记多条。留良自幼推崇朱熹，为文似朱熹，翻澜不已，善于说理；诗学杨万里、陈师道，深情苦语，令人感怆。近人邓之诚说："以诗文论，诚宗羲劲敌，唯史学不如。"（邓之诚《清诗纪事初编》，1984年新一版）

卒后受湖南曾静案牵连，雍正十年（1732）被定为"大逆"，毁墓开棺戮尸。时长子葆中（康熙四十五年进士，翰林院编修）已卒，亦株连戮尸；幼子毅中，斩首；家属、亲戚、门人一一治罪，其孙辈大多流放东北宁古塔（今黑龙江宁安县），给披甲人为奴；家产入官；著作禁毁。其实曾静与吕留良素未谋面，因崇仰吕氏，即以吕氏私淑弟子自称。曾静谋划反清，事败，累及吕留良。辛亥革命后，冤案昭雪。浙督汤寿潜改西湖彭公祠崇祀三贤，列留良为三贤之一。知县及地方绅耆，为建新墓，筑纪念亭于孔庙后，蔡元培为之书额及联，立碑以垂不朽。

吴之振

吴之振（1640—1717），字孟举，号橙斋，别号竹洲居士，晚年又号黄叶老人、黄叶村农，石门县（今属桐乡县）洲泉镇人。幼即聪颖过人，文才隽秀。清顺治九年（1652），十三岁，应童子试，即与吕晚村定交。试后，更与黄梨洲兄弟游处。十年，补诸生，贡入成均。后授中书科中书，亦不赴任。性坦率豪爽，淡泊名利。当时重宋诗，之振家富裕，购藏宋人集部秘本甚多。康熙二年（1663），与吕晚村、吴自牧合编《宋诗钞》，收录宋诗成集者八十四家，凡九十四卷。九年，刊行于南京。又选施国章、宋琬、王士禛、陈廷敬、沈荃、程可则、曹尔堪八人诗为《八家诗》，刊刻行世。十二年，去北京访求宋人遗集，与当时名流复社诗人冒襄、博学鸿词长洲尤侗、汪琬、锡山严绳孙、工部尚书汤斌等订文字交。南归前，冒襄等为之饯行。之振于席间赋《种菜诗》以言志，众人和之，后汇编成《种菜诗倡和集》。筑别墅于石门城西，因爱苏子瞻名句"家在江南黄叶村"，就命名为黄叶村庄。十四年，别墅建成，内有亭台楼榭，曲水回廊，竹洲草庐，小山丛桂，极为自然雅致。其后日与亲朋诗友吟咏于园中。之振慷慨好施。康熙十年（1671）江南大旱，浙江尤甚，灾民辗转沟壑，之振改开厂施粥为分区赈米，自正月至麦收，捐粮施食，救活大量灾民。筑路、浚河、育婴、恤孤、施药、助葬等善事，他亦无不乐为。五十六年，卒。葬洲泉镇西学字圩。之振生平锐意于诗，兼工书画。诗神骨清逸，新不伤巧，奇不涉颇，学宋人，又不拘于一家。晚年谢绝交游，诗益精细。著《黄叶村庄诗集》八卷，刊于康熙三十五年，吕晚村为作序文。后集、续集各一卷，为其子佺所编。《清史列传》云："康熙初年，山林诗，之振最有名。"又云："《课蚕词》十六首，推为绝唱。"

劳之辨

劳之辨（？—1714），字书升，晚号介岩，石门县（今属桐乡）人。清康熙三年（1664）进士。由庶吉士散馆，改户部主事。曾主试江南，视学山东，补贵州粮驿道，量移岭南，旋内调，历官至左副都御史。居官竭诚献议，知无不言。四十七年，以上疏保奏废皇太子胤礽，遭革职，交刑部杖责四十板，逐回原籍。时东宫党争甚烈，满人受刑者众多，而事少涉及汉人。邓之诚《清诗纪事初编》说："有清一代，言官受杖者，唯之辨一人。"五十二年，复原职。明年，卒。著有《静观堂诗集》三十卷。诗学香山居士，喜以杂律记时事，状物写情，无不鲜活生动，且多寄寓讽谕。其《榆树皮行》《红剥船行》等诗，述兵役困苦，农家饥馑，皆系嘘唏涕泣，为民请命之作。

俞之炎 俞长策 俞长城

俞之炎，字以除。高才博学，名噪一时。清顺治十五年（1658）进士。授翰林院庶吉士。康熙二年（1663），以户科给事中，充湖文副教官，选拔人才甚众。历升史科都给事中，外调广西桂林道参议。后因事降职。十三年，大学士李文勤保荐，以原官起复，随征四川，未及启程而卒。之炎为官清廉，家无宿储，惟图书数卷而已。教子严正有道。两子长策、长城俱登进士第。一门父子三翰林，为县里少有。

长策，字御世，号檀溪。之炎长子。自幼力学，为人醇谨寡言笑，于书无所不读，尤喜谈兵法。康熙四十一年（1702），应顺天乡试，作五经文二十三篇，因违试例，未取。而主试者赞赏其才华，据实奏闻。康熙下诏赏给举人，准一同参加会试。次年，康熙南巡，长策献《天纵多能颂》一篇，即召令入都，又赐五百金以备行装。四十五年，会试，被放。康熙查问，以举人俞长策会榜无名，责主司审察不明，选拔失当，将总裁官李禄予、胡会淇俱行削职。长策蒙皇恩参加殿试。读卷日，拆第一卷，康熙又问是否为俞长策。如此受皇帝重视，人皆叹为古今罕见。及第，授翰林院编修，充讲官。先后主持四川、陕西乡试，秉公简阅，选拔众多士人。长策为政清廉，生活简朴，一如其父。故任京官数十年，身后亦惟图书数卷而已。著有《檀溪诗文集》六卷。

长城，字宁世，号硕园。之炎少子。康熙二十四年（1685）进士。官编修。入翰林后，更博览群书，识见尤博。三十九年，分校会试，得士甚众。后以疾辞官，侨寓维扬（今江苏扬州），贫居著述。先注《左传》《公羊传》《谷梁传》《国语》《战国策》《吴越春秋》《越绝书》七种史籍，皆能发掘古人书中秘旨。五十五岁，卒于维扬。著有《四书便蒙》《可仪堂文集》《可仪堂时文稿》《先正程墨》《国朝程墨》《可仪堂一百二十名家制义》。

林之翰

林之翰，字宪百（《乌程县志》作宪伯），清康熙年间乌镇人。初习举子业，年既壮而学医，因号慎庵。精求医理十年，四方求医者甚众，乃放弃科举，存心济世，专攻医术。遇岐黄宿硕必虚心求教，从此医术日精，声誉日隆，成为浙北一代名医。平时广搜博采诸家学说，结合临床经验，审慎取舍，治杂症则折衷于四明赵养葵，治感症则祖述震泽吴又可。晚年著《四诊抉微》，主望闻问切四诊并重，经纠偏重切脉之弊，书中辨析寒热真假、指导用药，盛行一时，被时人誉为指渡迷津之"宝筏"。另著有《瘟疫论》《谈症论》《临症元机》等书，皆藏于家，生前无刊本。1989年，上海科学技术出版社据抄本点校出版其所著《温疫萃言》。其所著《嗽证知原》抄本，现存中国科学院图书馆。

汪文桂　汪文梓　汪文柏

汪文桂，初名文桢，字周士，号鸥亭。家原系安徽休宁县巨族。祖父可镇，迁居桐乡县城。文桂由府学贡生，考授内阁中书。与弟文梓、文柏，并负时名，世称"汪氏三子"。弟兄三人，皆自幼好学，朝夕劻勉，各有成就。文桂弱冠丧父，以养母为重，不就铨选。家境殷富，有华及堂在县城中，又筑裘杼楼，聚书万卷，每日校勘不辍。与海内名流黄宗羲、王玠石、朱彝尊、汪纯翁交谊深厚，时有书信往还，探讨学问。与魏冰叔、屈翁山、余淡心、邓孝威、顾侠君、毛大可、姜西溟、吴孟举等亦皆诗札往来不绝。其过从尤密者，有吴江徐瘤庵、俞鹿床，长洲俞旅农，常熟顾雪坡，嘉兴周筜谷、沈蓝村，号称"华及堂六客"。文人雅士，游宴聚会，直可追元代昆山顾瑛玉山草堂之盛。文桂尚义好施。清康熙四十七八年间（1708—1709），旱涝相继，设粥厂、立药局，救活无数灾民。雍正四年（1726）水灾，又倡赈济灾民。他修葺学宫，置义冢，筑城垣，修桥梁，浚河渠等有益乡里的义举，捐资一无吝色。年逾八旬，五世同堂。四举乡饮，子孙科第不绝。著有《鸥亭漫稿》《西湖近咏》《国朝诗风》《六州喷饭集》等。

汪文梓（1653—1726），名森，字晋贤，号碧巢，文桂之弟。清康熙十一年（1672），以恩科贡生入京，肄业于成均，为祭酒昆山徐公所赏识，名噪一时。旋以祖父、父亲相继谢世，归来与长兄共理家政，奉养老母。文梓警敏嗜学，与兄筑裘杼楼藏书外，又筑碧巢书屋，搜罗校勘，日无暇时。虚心求教于曹倦辅、王迈人、曹顾庵三先生，学业大进。常与海内外名流诗简往还，而慕名造访者亦接踵而至。一时文采风流，逸闻吴越间。又于嘉兴角里故址，营建小芳壶别业，奉母游宴。母亲则教以学宜精进，志宜远大。文梓铭记于心，遂由贡班注选，授广西桂林府通判。康熙三十二年莅任，职司军粮，而仓廒大多圮毁，即捐资营葺，并制订出纳条规，使粮政井然有序。上级知其卓有才干，令兼理临桂、永福、阳朔三县。三十八年，摄桂林府；次年，改任太平府通判。四十一年，擢知河南郑州事，以母丧归，未赴任。丧服毕，起补刑部山西司员外郎，擢户部江西司郎中。在任克尽职责。后辞官归里，筑知足轩，与两昆季从容谈宴。居乡多行义举，人感其德。年七十四卒。在粤西多年，遍寻山川遗迹，搜求郡邑志乘及历代名流迁客诗文，辑为《粤西诗载》二十五卷、《粤西文载》七十五卷、《粤西丛载》三十卷，以备修志所需（《四库全书》提要著录）。又增补朱彝尊所编《词综》十卷（原书二十六卷），《四库全书》亦提要著录。另著有《旅行日记》《金石录》《虫天志》《品藻源流》《小方壶存稿》十八卷（古体四卷、今体十一卷、词三卷）、《华及堂诗稿》《裘杼楼稿》《浮溪馆吟稿》《桐溪新咏》《古诗萃钞》等多种。

汪文柏，字季青，号柯庭。文桂二弟。附贡生。康熙中，任东城兵马司正指挥，后调北城。改任行人司行人。学问淹博，不亚两兄。海内名流，皆相结纳。为官正直廉明。诗能抒写性情，反映民生疾苦。康熙三十九年（1700），不顾激怒司空，作《庚辰秋琉璃厂监造屋宇册籍走笔书怀》五言长诗，呈请制止占地扰民。性好清静，任京官三年后，即辞官归里与两兄优游林下。别筑古香楼收藏名家书画，暇时焚香啜茗，摩挲观赏。诗文之外，善画墨兰，亦雅秀绝俗。六十七岁（一作四十七岁），先两兄而卒。著有《柯庭余习》十二卷，朱彝尊为之作序。另有《古香斋书画题跋》《柯庭文薮》《柯庭乐府》《杜韩集韵》三卷（《四库全书》提要存目）、《古香楼吟稿》等行世。

冯景夏　冯钤　冯浩　冯津　冯洽　冯应榴　冯集梧

冯景夏（1663—1741），字树仁（一作树臣），号伯阳，桐乡县城人。少年丧父，设馆授徒，以奉养祖母和母亲。为人精敏有气略，好读史书，历代政曲张弛利病，无不深究，且通晓时务。清康熙三十二年（1693）中举。五十二岁，选授陕西长安县知县。时清军西征准噶尔，景夏奉命筹备军粮车马，政务纷繁，而处置裕如，案无留牍。以督民垦植边地有功，升山东胶州知州。州境滨海，河道多水患，率民筑堤坝以防潮溢，受民爱戴。所筑堤坝被命名为"冯公堤"。后以被诬侵贪军需而革职。雍正四年（1726），复起用为安徽庐州府知府。治庐宽严得中，当年获丰收。旋升苏松常镇太督粮道。此四府一州，粮储甲天下，而粮政混乱，奸弊丛生。景夏小舟微服，杂农民中，入仓厫视察，遇有浮收中饱者，即绳之以法，粮农群情大快。原收粮铁斛，形式方扁，口径八寸五分，难以划一。景夏改制为小口斛（口径五寸五分、底广一尺六寸八分、高一尺二寸五分，容量同于旧制），又于斛口镶以铁脊，不能滞留粒米，使粮吏无法浮收。此法上报漕督，三上三驳回，未有采用。后得江苏巡抚彭维新批示试行，十余年后积弊渐除。后经奏请朝廷命户部按小口式改铸铁斛，颁各省划一改制，通行全国。时人称小口斛为"冯斛"。升安徽按察使，转江宁布政使，未到任，即召为都察院左副都御史。年七十，授刑部侍郎，旋以疾告归，侨居嘉兴，以著述自娱。年七十九卒。苏松乡民闻丧来哭者，数百人。光绪元年（1875），入祀乡贤祠。景夏工文章，善山水画。其画清润淡远，奇秀在骨，深得董其昌笔意，载张庚《国朝画征录》。有子二人：冯钤、冯锦。

冯钤，字咸六，号枯堂。景夏子。清乾隆二年（1737）进士。由吏部主事累升至御史给事中。曾奏请消除漕粮积弊，严定州县征收漕粮的考成办法。视学福建时，纠正考试弊端，士风因之大变。任满后，授贵州贵西道，荐升安徽按察使、山东布政使。外转不到五年，便提升为巡抚，先后在湖北、湖南、广西、安徽四省任职十余年。每至一处，皆以绥靖地方为己任。既曾惩治断路行劫的盗匪，亦曾镇压苗瑶族人的反叛。湖南任上，率民兴修水利，修筑城垣，又调常平仓积谷三十余万石，接济东南各省民食。时浙省歉收，亦受其惠。后以失察属吏，罢职。旋复蒙赏按察使衔，归卒于家。任安徽巡抚时，辟后园种菜植梅，书一匾额"菜根香"于园中，旁悬一联："为恤民艰看菜色，欲知宦况问梅花。"从中可见其怀抱。著有《枯堂奏稿》《公移条约》。

冯浩（1719—1801），字养殖吾，号孟亭。冯锦之子。幼极颖异，深得祖父景夏钟爱。入塾后，好学深思，博通经史。清乾隆十三年（1748），进士，入翰林，充国史馆纂修，与修《续文献通考》。冯浩纂叙精审，为总裁所推重。十七年，两任乡试、会试同考官。其后巡抚湖南。二十一年，任江南副主考。夜以继日，阅卷万余，公慎不苟，以遴选真才。旋升监察御史。天性纯孝，侍养极尽心力。母亲丧事毕，赴任途中，因发心病而归，遂不再出仕。侨寓府城四十年，著述自娱。期间先后主持常州龙城、浙东西崇文、戢山、鸳湖诸书院讲席，着意培育人才。其教学不沾沾讲求文艺，而以敦操行、厚风俗为本。冯浩文行清节，并重一时，士大夫过其地者皆登庐拜谒。乾隆六十年，重宴鹿鸣，封鸿胪寺卿。卒祀张贤祠。著有《孟亭居士文稿》五卷、《孟亭居士诗稿》五卷、《横塘纪闻》。偏好李商隐诗文，作《玉溪生诗详注》（一作《玉溪生诗集笺注》）三卷。清代为李商隐诗作注者有四五家，《中国大百科全书·中国文学》评冯注为"最受人称道"。又据朱鹤龄注《樊南文集》五卷本，遍查唐代史乘，分类按年，增订为八卷《樊南文集详注》，收文一百五十篇。

冯津（《中国人名大辞典》作冯律，误），字绮云，号云槎。冯铃子。自幼随父游数省，好为诗词，喜习骑射，倜傥自喜。以布政司经历，借补河南灵宝县丞。旋随阿文成治理睢宁黄河决口。补授东昌府（今山东聊城），又转任云南剑川知州。历官河北赵州、云南云龙、邓川各州县，皆有政声。后因运铜北上，卒于京邸。冯津工书画，精鉴赏。富收藏。著有《论画编》《画家姓氏便览》。

冯洽（《耆献类征》作治）（1731—1819），字虞伯，秋鹤，冯铃少子。以太学生应京兆试，未取。因心疾，弃科举，以文墨自娱。五岁即学画，后随父、祖宦游，遍画名山大川，兼擅松石及写意花卉。光绪《桐乡县志》作年八十卒。

冯应榴（1741—1801），字贻曾，号星实，晚号踬息居士。冯浩长子。幼承家教，力学砺行。清乾隆二十六年（1761）进士。三十年，乾隆南巡召试，得一等第四名，授内阁中书。一年后入军机处当值，旋迁宗人府主事。三十五年，出任湖北乡试主考官。次年分校京闱。历任四川学政、吏部郎中，后仍回军机处。四十四年，随大学士阿文成治仪封黄河决口。草行露宿，辛苦备尝，心力交瘁。公毕，升御史，转通政司参议、鸿胪寺卿，后出任江西布政使。抵任适值旱灾，为留百姓膏脂与保国家收入，严禁属吏馈赠贪冒，吏治为之一清。又令各州县买补常平仓积谷，次年恰遇歉收，全赖平粜救济。旋以巡抚事牵连罢职。后仍以吏部郎中复用，又转御史，升给事中。五十四年，主考山东。再由参议复任鸿胪寺卿。应榴为人沈毅，宅心仁厚，为官清正，遇事敢言，曾平反冤狱数起，仕途三十年，屡经坎坷，再蹶再起。后以父母年近八十，陈情归养。告归后，益致力于典籍。以苏东坡词注本错舛甚多，乃取诸本重作注疏，成《苏文忠公诗合注》五十卷并附录五卷，嘉定钱大昕为之作序,是为清代佳注之一。另著有《金檀高青丘诗笺注》十八卷、《学语草》(一作《学语稿》)、《湖上题襟集》、《踵息居士诗文集》等。嘉庆五年(1800),编纂《嘉兴府志》,凡八十卷、首三卷。次年卒。

冯集梧,字轩圃,号鹭庭。冯浩幼子,少时聪敏过人,称为"神童"。清乾隆四十二年(1777)二十岁,即以拔贡生执教于慈溪县。四十六年成进士,入翰林院,授编修。遇有鸿篇巨制,同官搁笔推辞,集梧则洋洋洒洒,下笔千言立就,被叹为奇才。五十四年,出任云南乡试主考官,时兄应榴亦主试山东。一门两典试,仕林传为佳话。一年后,吏部考绩,又与其兄并列一等,受相国阿文成公桂赞贺。旋以父亲年高,与兄先后归养。南归后,主持无锡东林、杭州安定、松江云间等书院讲席,孜孜不倦,培育人才。平生见义必为,在京为官时,创办嘉兴会馆,移建育婴堂。归里后,改设府城育婴所,增修试院等皆赖其首创。著有《养志闲吟》,校刊《元丰九域志》。对唐杜牧诗详加校勘辨析,重作注释,嘉庆三年(1798)编撰成《樊川诗集注》,《中国大百科全书·中国文学》誉此注本为"注释本中最通行的"一种。

吴涵

吴涵,字容大。清康熙二十一年(1682),举一甲第二名进士,授编修,历升顺天府丞。三十二年,提调乡试,慈溪姜宸英违反答题格式,吴涵拟允其次场改正,同监试者有难色,涵说:"姜某富有才学,是一宿儒,我为天子爱惜人才,岂有他哉?"不久,姜宸英果得乡试第三名。其后,吴涵升为副都御史。疏请禁止湖南加派漕银,又安插四川流民。升工部侍郎,主管宝源局,当时铜商谋取暴利,官吏勾结为奸,涵改进管理方法,取得成效。转刑部,审案公允。康熙亲书"慎行堂"匾额赐给吴涵。进吏部,兼翰林院掌院。遇朝廷诠选,先于一月前,张贴应选应补者姓名次序,于通衢大街,经办官吏不得上下其手营私舞弊。不久,升左都御史。以病请归,卒于家。

方薰

方薰(1736—1799),字兰士(亦作兰坻、兰如、兰生),一字懒儒,号樗庵,别署语儿乡农。先世由歙县迁石门县(今属桐乡)。父名梅,字雪屏,工诗画,性豪放好游,不事生产,晚岁无住所,清乾隆二十七年(1762),卒于嘉兴梅里(今王店镇)僧舍,后卜葬于桐乡郭公桥。方薰性笃孝,依父墓而居,事继母如所生。家贫,先后设学馆于桐乡程家、金家、濮家,中年入赘梅里王家。阮元视学浙江,见其书画,慕名相招,遂去杭州。

方薰生而敏慧,高逸狷介。十五岁随父游三吴两浙,会贤士大夫,视野开阔,书画大进。其山水画,结构精妙,风致闲逸,人物、花鸟、草虫,运笔赋色,别开生面,娟洁冷隽,卓有余韵。晚年好作梅竹松石,与钱塘奚冈(字铁生,西泠八家之一)齐名,世称浙西两高士。阮元评其画说:"深得宋元人秘法。"陈希濂则说:"兰士作画,繁不重,简不略,厚在神,秀在骨,高旷之气,突过时辈。"乾隆南巡,进《太平欢乐图》百幅,图绘两浙风土,各题以跋语,极蒙嘉奖。生平慎交游,而重友情,诗文相赏,道义相勖,遇疾病患难,尽力扶助,而无少许德色。有慕名求画者,亦稍稍应酬,以资薪水足矣,从不计值,说:"绘画雅事,何须论市价?"方薰书法师褚遂良,篆刻宗文彭、何震,且上窥秦汉,尤精于评画。其论画运笔设色之渊源,片缣巨幛之格局,无不形诸腕底而见之毫端。论荆浩、关仝、董源、巨然而下,某某造就何出,评说一二语,无不确切。又论所见历代名人墨迹,鉴审尤见精当。今人邵洛羊称方薰为著名画学理论家。著述甚富,有《山静居诗稿》八卷、《山静居词稿》一卷、《题画诗》二卷、《山静居画论》两卷等。其论书画数种,刊入鲍廷博《知不足斋丛书》。

鲍廷博

鲍廷博(1728—1814),字以文,号渌饮,祖籍安徽歙县,居邑西长塘,故称长塘鲍氏。世营盐业、冶坊。父亲思诩(一作翊),字敏庵,经商迁寓杭州,后定居桐乡青镇(《辞源》作邬镇,即今乌镇)杨树湾,故亦称桐乡人。思诩商务之余,性耽文史,广收古籍,筑室收藏,取《大戴礼记》"学然后知不足"之义,名其书室为知不足斋。廷博幼聪敏,为歙县诸生,勤学好古,不求仕进,事祖父、父亲极尽孝心,见父嗜读书,亦常购秘籍,献与父亲,藏书益多。收藏既富,便刊刻《销夏记》《名医类案》等书行世。所刻之书,校雠精审,为时人称道。清乾隆三十一年(1766),刻印清柯亭本《聊斋志异》,是为该书现存最早之刻本。三十七年,清高宗诏开四库全书馆,传令天下献书。廷博嘱长子士恭以所藏精本六百二十六种进献。内多为宋元以来之孤本、善本,其数量之多、版本之精,居私人进书之首。从此,知不足斋之名,上达朝廷。其后,内府一书斋命名"知不足",御制诗中有"斋名沿鲍氏"之句。三十九年,得褒奖,赐给《古今图书集成》一部(全书一万卷,仅印六十四部)及《平定回部得胜图》《平定两金川战图》等。明年,发还原书,高宗御笔题诗于《唐阙史》《宋仁宗武经总要》二书上,以示宠耀。诗曰:"知不足斋奚不足,渴求书籍是贤乎。长编大部都庋阁,小说卮言亦入厨。"廷博既受鼓舞,以为一介儒生,无以图报,立志刊刻《知不足斋丛书》,以所藏古书善本公诸海内。前后刊行三十集,二百零七种(《辞源》作二百二十种),七百八十一卷(此据民国《歙县志》;《歙事闲谭》、《古今典籍聚散考》作三十二集)。其中后四集为其子士恭、孙正言续成。廷博采众长,文搜遗编,凡经史考订、算书、金石、地理、书画、诗文集、书目等,皆择优收入。其中既有海内孤本,亦有中土久佚而得自海外者(如古文《孝经》,五代时亡佚,托人访购自日本)。廷博搜求校雠,态度严谨,每得一书,必广借善本,参互考证,择善而从,不妄改一字。朱文藻于《序言》中记道:"一编在手,废寝忘食,丹铅无已时。一字之疑,一行之缺,必博征以证之,文询以求之。有得,则狂喜如获珍贝;不得,虽积思累岁月,不休。溪山薄游,常携简策自随。"丛书校勘既严,雕板亦精,时人视为学者必备之书。乾隆五十六年(1791),芳椒堂主人严元照过乌镇杨树湾,廷博赠给宋刻残本《周益公书稿》两册,纸墨古雅可喜,严氏如获至宝,即手跋三则于书后。是年冬,知不足斋遭火灾，部分书籍被焚。乾嘉之间，阮元任浙江学政，每于按试嘉湖两府时，乘小船至杨树湾造访，观其藏书。其后阮氏晋升巡抚，亦常从廷博访问古籍，或邀至院署，谈论校雠。廷博藏书既多，又勤学博览，熟谙书籍内容、刻藏经历，评价古籍亦极具眼力，深得阮氏称赞。阮元说："古人云读书破万卷，君所读破者奚止数万卷哉？"并赠以诗："清名即是长年诀，当世应无未见书。何处见君常觅句，小阑干外夕阳疏。"（阮元《研经室二集》、《研经室四集》）。丛书每成一集，即进献朝廷。嘉庆十八年（1813），仁宗问浙江巡抚方受畴鲍氏丛书有无续刊。巡抚以新刊之第二十六集进呈。仁宗以鲍氏好古绩学，老而不倦，传旨嘉奖，赏给举人，冀其世衍书香，广刊秘籍。时廷博已有八十六岁高龄。次年，卒于杨树湾。临终，遗命子孙，续刻丛书，以维世业。杨树湾，乌镇郊小村，地处乡僻，咸丰同治年间未遭兵燹，藏书得以保存。光绪六年（1880），修复杭州西湖文澜阁。其曾孙鲍寅，以朝廷赐书之在杨树湾者，献阁存贮，以利宝藏。廷博以校刊古籍为"爱及古人，惠施来学"之盛事，倾毕生精力与全家积蓄为之，遇未见之书，不惜典衣而购买，为保存文化遗产贡献其巨。廷博天性宽厚，好交结，重情谊，时以珍本古籍赠诸同好。遇贫而好学者，往往贻以全套丛书。受其赠书最多者为黄氏士礼居、汪氏艺芸精舍。道光咸丰年间抄校诸本，亦归归安丁氏、仁和劳氏及吴兴陆氏十万卷楼。天趣清远，耽爱吟咏，所著诗文稿，大半散佚。遗诗辑为《花韵轩遗稿》《花韵轩咏物诗存》一卷。其夕阳诗三十首（民国《歙县志》作二十韵），尤脍炙人口，袁枚、阮元皆称之为"鲍夕阳"。

马俊良

马俊良，字嶷山，石门县（今属桐乡）人。清乾隆二十六年（1761）进士。初任衢州教授，后官内阁中书。自幼颖异，九岁能诗，稍长博极群书，下笔千言立就。出仕后，以著书自娱，以育材自任。因其学识广博，教导有方，各地争聘为书院院长。曾主持山东繁露、山西汾阳、江西白鹭、广西秀峰诸院，造就人才极众。晚年主持广东端溪及华越讲席，年最久，培植尤多。诸生登甲乙榜者达数十人。生性慷慨重义，凡以贫困相告，必尽力周济。著有《易家要旨》《春秋传说荟要》《禹贡图说》《龙威秘书》。

释明中

释明中（1701—1767），初名演中，字大恒，号虚、啸崖。俗姓施，桐乡人。自幼素食，七岁于秀水楞严寺出家。祖师含明教读儒释两家书籍，过目成诵，颖悟非凡。参佛之暇，爱好绘画，寄趣篆刻。清雍正十一年（1733），绘有《半堤垂柳图》，颇得元末倪瓒疏秀笔意。十二年入都受戒，禅师等四人自千余僧人中被选入侍，住吉祥苑池南，参究禅学。世宗每日必至，曾赐手敕数千言及钵杖、如意等物。乾隆初年，放还南归。晚年，主持杭州圣因寺、净慈寺。乾隆南巡时赐紫衣三次。十六年（1751），进《南巡颂》十八首，高宗赐诗一首，刻石于净慈寺中。禅师亦善诗，与厉鹗、杭世骏、丁敬等名流结吟社，吟咏唱和。

陆费墀　陆费琼

陆费墀（？—1790），字丹叔，号颐斋。本姓费，先世由吴兴分支赘入桐乡陆氏，遂为桐乡人，并以陆费为姓。清乾隆三十年（1765）举人，授内阁中书。三十一年进士，改庶吉士。三十四年，散馆，授编修。三十五年，充顺天乡试同考官。三十七年，朝廷决定开设四库全书馆，诏求天下遗书，选翰林官专司纂辑，以陆费墀充任总校官。十月，充日讲起居注官。三十九年，因承办《四库全书》及《荟要》处缮录，综核稽查，颇能实心勤勉，且学问优良，升为翰林院侍读。四十年，擢侍读学士，又晋升詹事府少詹事。四十一年，充文渊阁直阁事。四十三年，以纂办各书均能出力，赏缎匹、荷包、笔墨纸砚等物。四十五年，因武英殿遗失《四库全书》底本三十余种，被解任审讯。嗣查明实因书卷浩繁、收发不表所致，别无情弊，仍下部议降一级任用。此为首次因书受罚。九月，受命内阁学士纪昀等纂《历代职官表》。经十年纂修，至乾隆四十七年，《四库全书》编成，继续分抄七套。七月，擢内阁学士，兼礼部侍郎衔。十月，发现书中尚存有悖于清廷之内容未经删改，下部议处，复降一级留任。是为第二次因书受罚。四十八年，母亲高龄九十，请假回家省亲，乾隆赐其母御书匾额。四十九年正月，擢礼部右侍郎。二月，任四库全书馆副总裁官。十一月，充经筵讲官。五十年，仍充文渊阁直阁事。五十一年，转左侍郎。旋因母丧返里。五十二年，又因续抄三分书内仍有触犯清廷之言论，未奏请销毁，且有连篇累牍脱空无字之处，乾隆御批下部严议革职，并罚赔三分书应发文澜、文汇、文宗三阁陈列之书匣、面叶、插架等项。五十五年九月卒（《光绪桐乡县志》作年六十卒）。其罚款，生前已缴出银一万两。卒后复追缴，几罚没其全部田房产业。是为第三次因书受罚。陆费墀为《四库全书》，奔走谋划，纂辑校订，十余年间，辛苦备尝，其结果如此。生平笃志好学，淹贯百家，旁及医卜杂技之书，靡不通晓，尤精鉴赏，亦善书画。著有《经典同文》《历代帝王庙谥年讳谱》《历代月朔考》《枝荫阁诗集》《颐斋赋稿》《三家长律诗钞》。

陆费琼（1784—1857），原名恩洪（一作鸿），字玉泉，号春帆（府志作字春帆），陆费墀之孙。以副贡生任国史馆誊录。清嘉庆二十年（1815），授湖北麻城知县，因父丧离任。道光五年（1825），任枣强知县，救蝗灾，兴文教，有惠政。次年，调清苑（《浙江人物简志》作宛，误），适值清廷征发讨伐张格尔叛乱，后差繁重，官吏巧立名目，乘机敲诈，琼严禁营私舞弊，商民深受其惠。八年，升易州知州。其前任承办皇陵官差暨成庙万年吉地，圈及民地，原应按官价补偿，然多被克扣贪侵，琼亲为校正，且当面付款，百姓欢声雷动。十四年，升正定府知府，修防滹沱河险要，评定谳局结案期限。十五年，调保定，十七年，擢按察使。十九年六月，升广西布政使；八月，改调直隶布政使。二十三年，两广总督林则徐奏请于直隶开垦水田。琼往天津查勘新城（光绪《桐乡县志》作亲城，误）、葛沽等处可种之地，招民开垦，永为民业，照章纳粮，百姓受益。次年水灾，即筹款派员赴各地赈济，设粥厂，施棉衣，借给种子，采购杂粮，活民无数。二十三年四月，调甘肃布政使；五月，改调江宁布政使。旋升湖南巡抚。璨力学敦行，才略出众，所至皆以干练著称，尤善于断疑狱。在枣强时，有山东捕役共殴东明人李庚致死一案，悬数年未决，两省会勘亦难定谳。直隶总督命璨复验。案情终于大白，所有株连者尽行开释，甚得朝野称道。治湘七年间，颇著政绩。曾上疏裁汰冗员九百余名，又力禁漕务情弊。旧制兵饷搭钱二成发放，时钱价日贱，影响兵丁生计，璨改银钱并重章程，以作补救。前绿营兵只演弓剑刀矛，璨则选精锐兼习鸟枪，又于例操外增设月操，并亲临校练。湘西南多汉苗瑶杂处，地方官吏辄浮收钱粮，侵贪民财，县民常抗税抗租，或聚众起义。璨剿抚兼施，绥缉地方。道光二十八年（1848），镇压新宁、乾州苗瑶民起义，又奏请减佃户租谷八千四百余石，以粮种六千石抚恤苗民，民众畏威怀德，遂不再起事。二十九年，因母病，归故里。返里后以在任失察属吏，被革职。同年，浙江大水，倡议粜粮，救济灾民。太平军兴起，奉命督办团练。咸丰七年（1857）卒。祀天津名宦祠。著有《真息斋诗钞》四卷、《真息斋诗续钞》一卷。

陈万全 陈万青

陈万全，字轶群，号梅垞，石门县（今属桐乡）人。清乾隆四十九年（1784）进士。由庶吉士授编修，历升兵部侍郎。当时权贵用事，趋炎附势之朝士皆依附之，独万全不为所屈。曾襄赞中枢机密，保全被诬陷者多人。秉性慎密，事不泄于人，故罕为人知。自幼爱读书，与弟万青同学，兄以天资胜弟，弟以学力胜兄。诗文格调清雅，书法力追晋唐。任职翰林院时，恒为尚书房行走。出主河南、江南乡试时，选拔人才极多。平居敦朴俭约，虽跻身显贵，亦不改儒士本色。后因病辞归，年五十六卒。著有《三得吟馆诗钞》。

陈万青，字远山，号湘南。幼时颖异，家贫力学，十五岁以生员入学宫，七试岁科皆得第一，因而名声大噪。清乾隆四十六年（1781）登京兆榜一甲第二名进士。授编修，历任侍读及乡试会试同考官，四次出京主持江西、山东、广东等地乡试，所取多为积学之士。后擢升陕甘学政。积劳成疾，卒于任上。万青工诗文，精小楷，声望远播，朝鲜使臣至京，必访购其碑刻携归。处事务实，力戒浮华；待人以礼，不骄后进。平民寒士有一言之善、一技之长，必赞誉推荐，使为世用。故时人皆尊之为长者。

金德舆

金德舆（1750—1800），字云庄，号鹤年，又号鄂岩。桐乡县城人。父早丧，德舆为遗腹子，由母亲扶养成人。幼聪敏，七岁学作诗，稍长，好读书，考求金石图史，收藏名人翰墨，兼工书画，为国子监监生。清乾隆四十五年（1780）高宗南巡，献《太平欢乐图说》及宋版《礼记》等书，蒙赏给缎匹。后宦游京师，官刑部奉天司主事，结纳当世贤士大夫。数年后辞官归里，筑桐华馆于县城，邀请四方名流，谈宴唱酬，为一时盛事。生性豪爽，素重友谊，尤喜提携贫寒文士。凡亲友以缓急告施，必竭诚相助，略有积余，即接济他人。读书重考证，以《三国志》《东观汉记》等八种史籍，刊误甚多，于是广搜善本,加以校正,定名《史翼》。另著有《桐华馆诗钞》二卷、《桐华馆文》一卷、《酿春词》一卷及《太平欢乐图说》等书。与知不足斋主鲍廷博友善。嘉庆五年(1800)某日,鲍氏过访,共饮,乐甚,谈笑间忽杯堕于地,暴卒。鲍氏作诗以悼之。

程同文

程同文,原名拱宇,字春庐。先世自安徽歙县迁至桐乡县。父名尚质,举人,曾任盐场大使。因乐善好施,几乎倾尽家业。同文四岁丧父,由母亲教读,思虑敏捷,过目成诵,人皆称为"神童"。入青镇分水书院,经史诗文知识,超过同辈。一日,题字于书桌:"胸中无所不有,下笔千言立就。循吏儒林名宦,待我二十年后。"抱负不凡而骄矜自得。清乾隆五十五年(1790)举人,嘉庆四年(1799)进士。授兵部主事、军机处行走。十余年间,每遇议大政、断大狱、行大典之文告诏令,大多出其手笔,或遇军书匆促,十余纸,倚马可待。阁部诸大臣,亦皆倚重之。后任会典馆提调,承修《大清会典》。嘉庆二十二年,续编成书,凡八十卷。全书裁酌损益,均亲自执笔,不假旁人协助。自称:"平生精力尽于是书。"平时好学博览,尤长于地志,凡外国舆图、古今沿革,皆极熟悉。后擢升大理寺少卿,旋授奉天府丞。秉性疏阔,不加修饰,又好劝人之过。遇事侃侃而谈,易招人妒忌。然其拟稿时,授引旧典,敷缀新词,同僚推让,虽忌者亦不能掩没其才华。因病返里,卒于途中(诗文集梁章巨序作遽卒于任)。著有《密斋文集》一卷、《密斋诗存》四卷。

董棻　董耀　董维城　董宗善

董棻(1772—1844),字汉符,号乐闲,一号石农,别署梅泾老农。祖籍海宁夹山,系明初董御史后裔。明末战乱中避居桐乡濮院横屋街。父董涵能诗文,善书画,清雍正年间,以画名世。乐闲继承父风,行修学博,不求功名利禄,善画花卉翎毛,兼工篆刻。后得石门方兰士指授,其运笔着色,意态俊逸,情致高雅,山水人物,颇见功力。《曲水流觞》长卷,为其中年得意之作。花鸟草虫,亦无不精妙,尤喜画果蔬梅花,结体秀美,点染生动。书法崇颜真卿,行草宗赵孟頫、祝枝山。性情耿介慷慨,有借达官贵人之名以重金求画者,常委婉拒绝。往来嘉兴、湖州之间二十余年,积润资巨万,而自奉甚俭,大多用于求助贫困。晚年建嘉会堂于横屋街连三池之西,濡毫吮墨,编写格言,以训戒子孙,讽世规俗。著有《养素居画学钩沉》《题画随笔》《乐闲诗集》。其画作《草虫图》(长卷、藏桐乡市博物馆)、《唐明皇幸蜀图》尤为珍品。

子耀(1800—1883),字枯匏,号小农。弱冠补诸生,曾馆柞溪(今龙翔街道)。平生寄性诗画,刻有"陶诗欧字倪黄画"章,足见其高怀逸致。著有《养素居诗集》《枯匏题画诗》。

孙维城(1832—1899),名念棻,号味青,一号小匏。潜心经史金石,工于花卉翎毛,尤善画梅,素有"董梅花"之称。著有《梅泾诗录》《小匏诗存》《两汉金石年表》等。

曾孙宗善(1874—1937),字心壶,号询吾。维城三子。与四弟敏藻(号鹿牲),均工书画。宗善以花鸟画见长，工墨梅，疏影横斜，有乃父风格。著有《老子玉屑》书稿。

董氏自董棨以来二百余年为书画名第，收藏书画甚多，解放后，由后裔董巽观献于嘉兴图书馆。

沈炳垣

沈炳垣（约1784—1855），原名潮，字鱼门，号晓沧，炉头人。幼喜读张杨园书，品学兼优。17岁进乡学，清嘉庆十五年（1810）中举人。道光六年（1826），任娄县（今上海市松江）知县。民有诉讼，不轻动刑罚，而约双方调解，言如家人，以息事宁人。时方兴修苏南水利，县西北蒲汇塘久淤，亟待疏浚，而七宝一带地瘠民贫，炳垣便捐俸雇工修筑。离任时民争携果酒送行，以感其恩德。林则徐任江苏巡抚时，每遇大政常邀与共议。历任上海、南汇、元和（今江苏吴县）、崇明知县和太仓直隶州知州。每至一处均以廉惠著称。二十年（1840）秋八月，抵崇明，适值鸦片战争爆发，英国侵略军自粤闽海道北上，袭击崇明东南长安沙。炳垣侦知即率部渡海疾击，斩敌三人，敌知有备遁去。次年，以政绩卓异升为苏州督粮同知，随两江总督牛鉴至沪，综理防务。二十二年，英军连陷浙江沿海郡县，又入侵长江口。五月吴淞失陷，江南提督陈化成血战阵亡，总督退师昆山，奉命返沪，安定社会秩序。二十三年，改任松江府海防同知，仍驻上海。《南京条约》签订后，上海开放为通商口岸，受命管理船政和外交事务。在任五年，处理外事纠纷多起。二十八年秋，母病危，告假归里，遂不复出任。后曾客授上海敬业书院。咸丰三年（1853），小刀会起义，控制上海县城。清政府困于太平军之西征北伐，无力顾及，且军需匮乏，主事者倚重炳垣声户，力请主持筹集沙船捐，以供军用。五年正月，中外反动势力联合攻陷上海县城，小刀会失败。后归故里，不久去世。炳垣政事之余，笃学工书，尤擅长汉隶。著作有《斫砚山房诗草》八卷、《祥止室诗钞》十四卷。

陆以湉

陆以湉（1802—1865），字敬安，号定圃，乌镇人。祖父世埰，曾任密县知县。清道光十二年（1832）举人，十六年成进士。以知县分发湖北。奉父元镩抵任才数月，父以仕途危险，时有忧色，即禀承旨意，欲改就教职，上官挽留不得，选补台州府学教授。二十四年，丁父忧，二十九年服阕，改杭州府学教授。后以母老告归故里。咸丰末年，因浙北有太平军战事，避居上海。先后主持乌镇分水书院、台州近圣书院及杭州紫阳书院讲席。衡文课士，一以清真雅正为宗旨，享誉教坛。陆以湉精医术，熟悉古今方药，重视辨证论治。曾说：论医以"辨证为主，凡述一症，必推究其虚实原委"，"问必细而诉必详"。临床经验丰富，治妇人肝症，有奇效。临诊，善从疑似之间，精微辨析，审慎用药，对症施治。曾辑录验案，广传良方。著有《冷庐医话》《冷庐杂识》《再续名医类案》。《冷庐医话》五卷，记述医药卫生方面之掌故见闻，以及病症、诊法、药物作用等，成书于咸丰九年（1859），至1957年由上海卫生出版社出版，《辞海》《中医名词术语选释》皆列有条目。陆以湉亦善诗文，号有文钞、诗钞、词钞若干卷。其《杭城纪难诗》《乌镇纪难诗》，系以诗记太平天国时事。

严辰

严辰（1822—1893），原名仲泽，字淄生，号达叟，青镇（今乌镇）人。清道光二十三年（1843）举人，咸丰九年（1859）进士。授翰林院庶吉士，入庶常馆学习。同治元年（1862）散馆御试，以赋中用女中尧舜字，触怒慈禧太后，由首列降至十名，改任刑部主事。时江南甫经兵燹，在朝中亦不得志，乃辞归故里。数十年间，服务桑梓，热心地方兴革，重视文教建设。三年春，淮军陷嘉兴，太平军退出桐乡，地方粮荒严重，自上海募米运至青镇，赈济贫民。后又设善后局，修筑运河桥梁，以利交通。四年，创办立志书院于青镇，任书院山长。十年，又于书院前河埠之西，建文昌阁。其后，任桐乡桐溪书院、濮院翔云书院山长多年，建立乡镇义塾六处，为乡梓广育人才。为人刚正不阿，关怀民生疾苦，乡居绝不受人请托，惟事关地方兴革，则无不尽力而为。时征收漕米，官吏常借样盘克扣百姓，牟取私利。光绪元年（1875），奏准革除样盘，立碑永禁，百姓称便。又创建积谷仓，钱谷并储，得谷数千石、金三万余。光绪八年、十五年先后大灾，百姓赖以度荒。

严辰久有志于修志，曾数请人主笔，皆不称意，乃于光绪三年（1877）自任总纂，邀集文友组局从事。历来地方志，多为官修，私家修志，困难重重。严辰肩负重任，亲赴各地采集文献典籍，遍访时人耆宿，无论家居旅次，皆日以编志为务，且时抱病采辑。数年之间，全国十八行省，仅三省未到，省内各府县方志几全备无缺，又至夽山、甑山勘测山川大小高下，以订正旧志讹误。十年辛苦，耗资四千元，至十三年编定付梓，则已垂垂老矣。所编《桐乡县志》共二十四卷、首四卷，内容三倍于旧志。俞曲园为题书名，并赞其"体大而义精，文详而事核"。初为青镇立志书院刊本，订二十四册；台北成文出版社据以影印。严辰亦工诗，著有《墨花吟馆诗钞》。其《押桑谣》选入《清诗钞》（1985年版）。十九年，因病赴皖就医，卒于安庆。

吴滔　吴徵

吴滔（1840—1895），字伯滔，号铁夫，又号疏林，石门县（今属桐乡）崇福镇人。祖居镇西鹭鸶湾，后购屋于西横街。滔自幼聪颖，醉心艺术，无意功名，终年杜门挥毫，不预外事。能诗工画，尤擅山水。山水取法高古，苍秀沉郁，水墨淋漓，一洗枯槁甜俗之习，卓然成家，名重一时。花卉墨色，厚浓淡雅，无不适宜，恰似张安伯。求画者常填门塞户。晚年师法造化，雇舟沿运河北行，遍游名山胜水，沿途赏景写生，归作长卷，将江南水乡风光尽收笔底，被视为珍品。与安吉吴昌硕、秀水（今嘉兴）蒲华、洲泉胡鑼、崇福沈伯云友善。沈伯云赴靖江前，滔作《崇德四石图》相赠。不意沈氏途中将画遗失，又为之另作。沈氏乃作长题记，历叙失补缘由，以表感激，艺林传为佳话。曾为嘉兴张鸣珂作《春柳图》《海上访僧图》，皆备极精妙。今北京故宫博物院、浙江美术学院等处皆珍藏其作品。伯滔不慕荣利，终身布衣，诗亦清丽，著有《来鹭草堂遗稿》。有子二：

长洄秋（衡）、次待秋（徵）。兄弟两人秉承家学，均有画名。

吴徵（1879—1949），字待秋，号襄鋗居士、春晖外史。5岁入学。6岁起作诗习画。辛亥革命时，就读于杭州求是书院，并兼任两所小学美术教师。旋因痧症辍学。一年后赴北京，自订润例，鬻书画为生。喜写梅，亦善制笺。其山水功力深厚，重峦叠嶂，气韵生动。花卉出自徐渭，寥寥数笔，情趣盎然。书法亦有渊源，楷书学欧柳，行书自明人得来，而自成一家。亦擅治印，为光绪年间杭州西泠印社创办人之一。后经陈叔通介绍，至上海商务印书馆编译所任美术部部长，整理出版历代名人画册多种。民国二十年（1931），买屋于苏州装驾桥巷，共三落，八十余间，东有小园，取杜甫诗"红豆啄残鹦鹉粒"意，名为"残粒园"。其中亭台池石，极为雅致，列名苏州十五古典园林。抗日战争爆发，携家属避难于故里崇德，旋因战火延伸，又仓皇出走德清乡间。游离寄食两年后转至上海。抗战胜利后，欣然返苏州，仍回三楹画室，竟日作书绘画。其书画出版者甚多，有《吴待秋画集》《吴待秋山水集》《吴待秋花卉集》《吴待秋画册》《吴待秋藏画集》等。

沈善登

沈善登（1830—1903），字谷成（亦作谷臣、谷人），号未还道人，炉头人。沈炳垣之孙。清同治六年（1867），与弟善经同举于乡，翌年成进士。授翰林院庶吉士。一日，卜筮得"履之乾"，以为有踩虎尾之险，便不再出仕。早年受学于钟文丞；中年涉猎西方学说，又兼通佛学，信奉净土宗；晚年专研《周易》。其学杂糅经学、佛学和西学。所著《需时眇言》（十卷，光绪二十八年刻本），在诠释《周易》中提出光气说，为近世学者所推重。沈善登以为"乾阳而坤阴，光阳而气阴，光本太易，气成浑仑。而气非光不灵，光亦非气不显。光气交融，乃能变化而生天地万物"（《原象》）。光为世界最高本原，有光而后有气。人的生死，由光决定。"人生以光盛生气"，人死"是气还为光"（《图说下》）。提出"凡人之所以能见能闻能思虑者，正是太易本光所思所虑所见闻者，亦正是本光托物而显"（《原象》），将人心、人的认识能力与光合而为二。他批评程朱理先气后说和言气不言光，以为是"不知阳光阴气之分"。另著有《经正民兴说》《论余适济编》（此据光绪二十八年刻本，《辞海》作《论余适桥》，误）等，编有《沈谷成易学》。

沈善登倔强勤学，好与人论辩是非。光绪十年（1884），自上海返里，见老屋破漏，邻舍荒凉，不可复居，一度迁居海盐。年五十九，避地沪上，住美国租界豫顺里寓庐。是年大病后，左目失明。病中仍关怀世道人心，乃支枕吟哦，嘱其子嵩儿（即沈裕君）传写，作《秋雨诗并序》。其后又作《古本大学顺文》一书，亦为其床头口授，由友人写出。今遗著尚在。另由其后人集《先考庶常公遗墨家书》为一函。

辞官返里后曾任桐溪书院山长多年，为家乡培育人才。据《沈氏家乘》载，光绪四年（1878），邀约高僧胜侣，结坛元墓山中，写《弥陀经》全文，摩崖于西湖小霍山，字径六寸，至今传为胜迹。

胡钁

胡钁（1840—1910），一名孟安，字菊邻、菊舲（菊一作匊），号老鞠、废鞠、不枯，又号晚翠亭长、竹外外史，别署不波生，清石门县（今属桐乡）洲泉屠家坝人。清同治八年（1869）秀才。善书画，工诗词。书法初学虞世南、柳公权，后致力于汉魏碑版，古拙遒劲，颇见功力。画山水，峰峦浑厚，笔墨苍茫；画花卉兰菊，亦娟逸有致。与安吉吴昌硕、秀水蒲作英、同邑吴伯滔、沈伯云诸大家相友善。治印媲美吴昌硕，虽苍老不及而秀雅过之。曾和吴昌硕全刻"以鱼得计"闲章，胡作印面朱文，吴作四周边款数百字。50年代初，上海宣和印社出版《晚清四大家印谱》，选集吴熙载、赵之谦、吴昌硕、胡钁四家作品。又善刻竹木，曾缩刻古代书法《大唐圣教序》《九成宫醴泉铭》《麻姑仙坛记》于黄杨木板上，形肖神似，不爽分毫。曾刻扇骨多种，中有吴伯滔《晚翠亭图》，旁为蒋幼节题诗，集名人诗画篆刻于一扇，堪称三绝。亦擅石刻，曾为鉴湖女侠墓刻碑，辛亥前后，墓虽经毁建，而碑至今仍留于杭州西泠桥畔秋瑾塑像背面。又为江南古刹福严寺刻《绉云石护石记》。晚年，以子传湘（字小菊）案累，避居嘉兴莲花桥畔，自号南湖寄渔。后客死于此。胡钁诗词清雅绝俗。有《晚翠亭诗稿》《不波小泊吟草》《晚翠亭印存》《晚翠亭藏印》等。

沈泊尘

沈泊尘（1889—1920），原名学明，乌镇人。"五四"时期具有代表性的漫画家。曾向潘雅声学习中国传统绘画，既能画写意画，也能工笔线描。1918年在上海创办我国最早的漫画刊物《上海泼克》（又名《泊尘滑稽画报》）。对中国漫画事业的发展有很重要的推动作用。主要作品有《长蛇猛兽动地来，冲破和平正义塔》《工学商打倒曹、陆、章》等，曾出版《红楼梦图》和《新新百美图》等，颇有社会影响。

劳乃宣

劳乃宣（1843—1921），字季瑄（《中国历史大辞典·清史》作秀瑄，误），号玉初，别署矩斋，晚号韧叟。先世本山东崂山人，祖父寓居苏州时，始入籍桐乡县。清同治十年（1871）举进士。李鸿章主纂《畿辅通志》，入志局襄助多年。光绪五年（1879）后，历任直隶（今河北省）临榆、南皮、完县、蠡县、吴桥、清苑知县；二十二年，兼理保定府同知。初任临榆，晨起端坐于二堂，洞开重门，读书办事如在书室，民有呼吁申诉者，即亲自唤入询问，以减除官民隔阂。居官二十余年，抑豪强，除积弊，勤政爱民，重农兴学，三次考绩，上司评为卓异。二十五年，义和团运动兴起，直隶、山东民众群起响应，朝廷上下皆视为义民。时任职吴桥，独斥为"邪教"，作《义和拳教门源流考》，告示全县，派吏役捕杀拳民，并疏请惩禁。明年五月，义和团入京，知政见不合，自请卸任。六月，选授吏部稽勋司主事，遂请假南归。二十七年，养疴杭州，时浙江求是书院（浙江大学前身）改建为求是大学堂，巡抚任道镕延请担任监督，任职三年。施教除四书五经纲常大义，新增历代史鉴、中外政治、艺学。三十年，应两江总督李兴锐之聘，去金陵（今南京市），入其幕府。三十四年四月，应召入京，于颐和园进见慈禧太后，晋升为四品京堂，任宪政编查馆参议，兼内阁政务处提调事。宣统二年（1910），选任资政院硕学通儒议员，理藩部咨议官。时法律馆奏进《新刑律》，以其条文"有妨于父子之伦、长幼之序、男女之别者"（《桐乡劳先生遗稿》卷首），与法律馆诸臣相驳难，力主修正，并改号"韧叟"，以示其固执封建礼教之心。三年二月，出任江宁提学使。八月，入京参加资政院会议，恰值武昌新军起义，辛亥革命爆发，清廷处于风雨飘摇之中。十月，任京师大学堂（北京大学前身）总监督。十一月，兼学部副大臣及代理大臣。甫抵任，即闻清帝逊位，遂携家眷居直隶涞水县。民国二年（1913），应德国学者尉礼贤邀请，移家青岛，主持尊孔文社。三年，袁世凯任大总统。解散国会，设参政院以网罗前清遗老，函电交驰，聘为参政院参政，固辞不就。清宣统三年，曾作《共和正解》，污蔑武昌起义为"少数无知妄人所煽动，不轨军队所劫持"（《桐乡劳先生遗稿》卷一），后又作《续共和正解》《君主民主平议》，公然倡言复辟，鼓吹君主立宪。刊行后，舆论大哗，群起谴责。六年，张勋拥溥仪复辟，授法部尚书。时居山东曲阜，以衰老辞谢，然应允以闲散备咨询。函未寄达而张勋事败，复遁居青岛。十年卒，葬于苏州。

劳乃宣笃信程朱理学，其论学以性理为本，以实用为务，而一以孔子之道为依归。其论古今新旧之分，以为"道则古胜于今，器则今胜于古"（《桐乡劳先生遗稿》卷一），器可变而道不可变。故赞成仿学西洋，兴筑铁路，推行电气，而当有悖于礼教伦常，危及"道"，则无不竭力反对。又以为国之大患，在于民智闭塞，故力倡普及教育，开发民智。从政二十余年，所至无不以兴学育人为务，或筹款购书，供人阅览，或重建书院、广设里塾，劝民入学。光绪年间回桐乡，曾主讲桐溪书院。重视中国语音之统一，以汉字难学，提倡简字（汉语拼音字），著《合声简字谱》等书以为倡导，又设简字研究所，办简字学堂、简字讲习所等，以作推广。其简字法，多为民国二年读音统一会制定注音字母所采用。

劳乃宣五十八岁时告假还乡，家居较久。后两年，买屋于桐乡城南门内宏远桥，买田于石门湾。其后几年在家莳花种菜，教子侄辈读书于学稼堂。家居时热心乡里建设，创设山农林公司于百桃乡梧桐村荡田里，附设实验场，以推广新式农业生产。

劳乃宣一生笃学博览，精通经史性理，兼及近代科学、中外时事，著书数十万言，世人目为通儒。著《古筹算考释》等算学书七种，《简字全谱》等汉语拼音书五种，又有《等韵一得》三卷、《遗安录》一卷、《韧叟自订年谱》一卷，文章诗词若干卷；又主辑《各国约章纂要》八卷、襄辑《畿辅通志》、校补《续文献通考》。卒后，其婿陶葆廉辑其书稿为《桐乡劳先生遗稿》，凡为文五卷、诗二卷、词一卷。

潘振镛

潘振镛（1851—1921），字承伯，号亚笙，又号雅声，别署冰壶外史，晚号讷钝、钝叟。秀水县濮院（今属桐乡县）人，后徙居嘉兴城东，筑忘筌草堂，从事笔耕。出身书画世家，祖父名楷，工花卉；父亲大临，工仕女。幼受家学熏陶，立志学画，六七岁时，尝拾碎纸作人物，寥寥数笔，即各具姿态。后遭战乱，家境贫困，去商店当学徒，仍勤奋学书画。一日，持帚绘古装女子于墙，发理衣纹，飘然若真；又作关羽像，神态亦极威武。钱塘画家戴以恒（用柏）见之，大为嗟异，遂收为徒，亲授笔法。经名师悉心指点，画艺日臻精妙，人物仕女尤为擅长。

振镛书法师恽南田，仕女宗费丹旭（晓楼），笔墨简洁生动，设色淡雅清丽，造型准确，神态如生。论者以为与苏州沙山春、吴友如并称"三绝"，而潘振镛居其首。振镛心地善良，画德高尚。曾往来于上海、杭州、南浔、桐乡、平湖间，求画者众多，作画不计润笔多少，一律认真对待。金蓉镜评其生平，说"近视戴重镜，审墨施粉，工类造化，不妄下一拂。"民国初年，与弟振节和高邕之等在上海组织豫园书画善会，以为书画界交流聚会之所，并以鬻画所得，半充义举，赈济孤贫，一时响应者甚众。传世作品甚多，如《贵妃图》（长卷）今存陕西临潼华清池，《明妃出塞》《西施浣纱》《寒江独钓》等，收藏于江南一带博物馆中。另有不少作品，刊印于《芥子园画谱》《海上名人画册》《三希堂画宝》《弢华馆藏扇画册》等书画集中。

刘富槐

刘富槐（1869—1927），字树声，号龙伯，民国后自号矇叟，濮院镇人。自幼好学，十五岁补邑诸生，博览文史，工于词章。镇人朱善祥督学四川时，为其幕僚。光绪二十三年（1897），考取拔贡第一名，依例入资为内阁中书。二十八年，中举，仍供职于京师。与松江沈荫鹤、沈北山（名鹏）昆仲友善。受劳乃宣赏识，为忘年交，时以诗相唱和。

进入民国，弃官从教，历任京师大学堂、盐务学堂教习，以国学根柢教育学生。为人谦和温厚，与世无忤，对家乡教育事业亦极关心。一生耽于读书，终日手不释卷。擅长音韵学，辄寄情于诗词。作诗自辟蹊径，不肯依唐宋诸家门户，名言秀句，以蕴藉出之，戛戛然独铸词章。民国初年，军阀混战，列强蚕食，国贫民困，以"扼腕难销家国恨，回肠满贮古今愁"句，哀时寄慨。

民国十五年（1926），手定诗词稿，计有《瑹园诗录》四卷、《瑹园词录》一卷，均有刊本行世。尚有杂记《矇叟罪言》一部，已佚亡。书成后不久，因脑溢血猝死于京城。

仲光勋

仲光勋（1884—1929，一作1883—1930），字小某，一字小梅，号栀兰外史、绮石室主，濮院镇人。出身望族，其祖辈皆有画名。至光勋时，家道中落，生活清贫。光勋幼承家学，素受熏陶，书画日进。每一画成，常赴市求售以糊口。后去嘉兴新塍镇许记磁杂店作学徒，闲时仍挥毫作画。店主亦喜丹青，见之，颇多鼓励。旋拜潘雅声为师，为潘氏入室弟子，画艺益进。其花卉翎毛，清隽秀逸，有恽南田之风；没骨双钩，色彩丰富，变化灵动，可追任伯年、朱梦庐；仕女画宗费晓楼，笔法秀润，设色淡雅，人物温雅可爱。后蛰居濮川，足不出户而名噪一时。乐于提携后学，桃李甚众。岳石尘、吴野洲、冯墨农、夏尊叔、朱梦仙等画家，均出其门下，各有成就。

夏辛铭

夏辛铭（1868—1933），字颂椒，濮院人。清光绪二十三年（1897）优贡生，次年廷试第一，选为知县。因母年迈多病，未赴任。时欧风东渐，有志之士创导兴学育才救国。二十八年，与里人奔走筹划，集资于翔云书院旧址，创办濮院两等小学校（后改名濮院敬业完全小学）。后又与乡绅筹款创办民义初等小学校于泰石桥（今属嘉兴泰石乡）。三十二年，母丧葬毕，始授例分发直隶知县。在任五年，勤政爱民。辛亥革命后，在家蛰居年余。民国三年（1914）去京任民国审计院协审官。九年，弃官经商，移居沪上，任上海懋业银行秘书长。常以家乡文献抉择未精，同治以来旧闻散佚为憾，乃于民国十四年邀集乡里文人仲子坪、郑寿庄、沈访磻等六七人，分任调查采访，亲自在沪上发箧理书，雪抄露纂，凡三阅寒暑而编成《濮院志》。书分二十六门，三十卷，上自南宋，下迄民国，较历代镇志，更为完备。十六年，独资付梓刊行。

徐自华 徐蕴华

徐自华（1873—1935），女，字寄尘，号忏慧，崇福镇人。祖父宝谦，号亚陶，清光绪六年（1880）进士，官安徽庐州知府；父多镠，号杏伯，国学生，诰封奉政大夫。自华生性敏慧，十岁即解吟咏。十五岁随父亲赴广东叔父任所，与堂姊惠贞切磋诗学，朝夕对吟。徐仲可《清稗类钞》文学门中有《石门徐氏一门能诗》条目，云："自华、蕴华尤著称于时。"光绪十九年（1893）二十一岁，嫁吴兴南浔梅韵笙。生一子一女，婚后七年，夫早亡。年少寡居，以诗赋自遣，并专志树人。任浔溪女学校长。三十二年二月，经褚辅成介绍，秋瑾至南浔浔溪女学任教，与自华相识，两人一见如故，遂订生死之交。是年入同盟会。冬，秋瑾去上海筹创《中国女报》，自华和妹蕴华出资赞助。三十三年二月，自华、秋瑾泛舟西湖，于暮色苍茫中徘徊岳王坟畔，不忍离去。秋瑾唱《满江红》，至声泪俱下，叹息道："苟得葬于此，为福多矣！"自华为之动容。别后，秋瑾赴绍兴任大通学堂总理，密谋举义。五月中，为筹措军饷，着男装至石门与自华密谋。自华犹记秋瑾《柬徐寄尘》诗中"祖国沦亡已若斯，家庭苦恋太情痴"，"时局如斯危已甚，闺装愿尔换弓鞋"之深意，与妹蕴华悉倾奁中饰物约值黄金三十两（《返钏记》张寄涯跋作约五百金）相助。秋瑾感激异常，即脱双翠钏付自华，说："事之成败未可知，姑留此以为纪念。"临行，复以"埋骨西泠"相嘱。六月，秋瑾遇难，家人不敢安葬，草草停厝文种山。自华闻噩耗，悲痛欲绝，作《哭鉴湖女侠》十二首，中有"如何立宪文明候，妄逞淫威任独夫"句，直斥当局者。盖其前不久，慈禧太后已下令"仿行宪政"。自华重然诺。十月幼女夭亡，"哭女伤心泪未干"，十一月即风雪渡江去绍兴，迁柩至杭，买地葬秋瑾于西泠桥畔。后又与陈去病、褚辅成等密结秋社，以继遗志，自华被举为社长（民国成立后，孙中山曾任名誉社长）。三十四年九月，清廷御史常徽奏请削平秋瑾墓，参奏主事者徐自华、吴芝瑛为同党，下令通缉。自华闻讯，避居上海日侨丸乔医院半年。宣统元年（1909），南社成立，与蕴华同入社，以诗词付《南社丛刻》发表。三年十月十日，武昌爆发起义，浙江各县相继光复，而石门仍为清吏所据。时自华居苏州，急电浙江督府政事部长褚辅成乞援。褚辅成派革命军二百人，攻克石门，光复全县。辛亥革命后，自华排除阻力为秋瑾营墓建亭于西泠。民国二年（1913），去上海接办竞雄女校（该校系辛亥革命后由王金发等创办，南社社友陈去病、胡朴安、黄宾虹、叶楚伧均曾执教），惨淡经营，由小学扩充为师范、中学。十五年后，交由秋瑾之女王灿芝接管。又以女侠遗物翡翠钏留置校中，使后人睹物思人以志不忘。二次革命失败，资助同志亡命海外；遇害者陈尸市曹，无人敢收殓，自华则遣人经纪其丧事。五年，袁世凯称帝，自华奔走苏州上海间，策应讨袁斗争。九年，随孙中山先生赴粤。旋奉命回杭，为苏曼殊大师营葬于西湖孤山。其墓地由自华购赠。自华一生任侠好义，赞助革命，其事大率类此。晚年多病，回杭主持秋社，历经艰辛，使秋社、秋祠得以保存。六十三岁卒，葬杭州市第一公墓。柳亚子为书墓表。著有《听竹楼诗稿》《忏慧词》（未刊）。其余诗文散见于南社各集及当时报刊中。卒后有油印本《秋心楼诗词》。今人郭延礼辑校《徐自华诗文集》，1990年出版。早期诗清丽缠绵，多抒闺阁情怀；后期诗爱国忧时，慷慨昂扬，深得时人称誉。柳亚子有《念奴娇》题《忏慧词》，其上阕云："奇才如许，有青陵帐外，谢家琼树。生小语儿溪畔路，弄月评花闲住。漱玉新词，断肠旧恨，谁辨今和古？娥眉绝世，人间脂粉如土。"以自华词与李清照词媲美，足见其评价之高。

徐蕴华（1884—1962），字小淑，号双韵，自华胞妹。七岁作诗与父辈酬谢唱。十岁受学于姐自华。光绪二十九年（1903），随姐入吴兴南浔浔溪女学。三十二年初春，秋瑾至女学任教，小淑呈诗请教，经多方指点。秋瑾劝其立志成女杰，于是关心国事，一改诗风。旋入同盟会。当年夏，秋拟去爪哇，欲偕行，惜双亲未允。冬，秋瑾去上海，即随之转入上海女校就读，并助编《中国女报》。翌年五月，出首饰与姐同助秋瑾起义。六月，秋瑾殉难，小淑悲愤填膺，与姐渡江，亲护送灵柩，安葬秋瑾于西湖。后又共创秋社。三十四年九月，清廷平墓，冒死盗墓碑，为清兵击伤。宣统元年（1909），与闽侯林景行（字亮奇，号寒碧）结婚，双双参加南社。翌年去吴江贞斗女校任教。民国二年（1913），随姐执教于竞雄女校。其后，随夫去辽东。不久，讨袁军起，返沪，仍回女校执教。五年，寒碧不幸车祸殒命。一年后，回故乡任崇德女校校长，集资建校。十六年初，任国民党浙江省党部妇女部长。"四一二"反革命政变后，挂冠回县，仍任校长。二十六年，抗战军兴，避走浙东，次年返沪。三十六年，随女儿北丽去台湾。大陆解放前夕返浙，寓于桐乡。1949年，女儿北丽迎迓至沪。1956年，受聘任上海文史馆馆员，撰写辛亥革命回忆录。翌年，去绍兴参加筹建秋瑾故居。60年代初，《徐寄尘史略》《忆秋瑾》等文先后完稿。1962年7月13日（郭延礼《徐自华年谱简编》作1961年，误），病逝。著有《双韵轩诗稿》。

吕逸

吕逸（生卒生不详），字韵清，吕留良后裔。住崇德县城（今桐乡）。幼年丧母。天资高厚，工诗善画。每成一幅，必题诗于其上，诗画相得益彰。所绘梅花，不简不繁，颇得诗人清致。清末，创文明女塾于县城北街，实开崇德女性解放风气之先，人多羡之。后应徐自华聘，任浔溪女学国学兼图画教员。与秋瑾同事，入同盟会，时有诗词互相唱和，并著文于女报之上以鼓吹革命。辛亥光复以后，呈准蒋都督改县城东岳庙（前吕氏家庙）为吕留良专祠，以颂扬祖德。嫁余杭王艺（字兰仲，别号无愁）为妻。兰仲善书法，有汉魏金石风骨。寓居杭城，杭人以得其夫妇合作之扇面为荣。后移居上海，与包天笑、胡寄尘等著小说在商务、文明两书局出版。

朱梦仙

朱梦仙（1897—1940），原名朱铭，一字蓬仙，号亦僧，屠甸镇人。现代书画家、园艺家。与钱君匋、朱其石友善。师事梅泾仲小某（光勋），花卉娟秀，色泽鲜丽，得师之神韵，尤擅画蝶，有"朱蝴蝶"之称。

朱梦仙成名后，因身体一向羸弱，为养病，亦为远避市嚣，专心绘事，在镇西南郊旱桥头购地3亩，建"晚翠园"，专研檇李培植。室名曰"晚翠堂"。

朱梦仙参照清同治年间嘉兴新篁王苞亭编撰的《檇李谱》，结合自己的栽培经验，重修《檇李谱》。此书分总论、起原（源）、产地、辩证、嫁接、施肥等42节。对研究檇李这一地方珍稀特产有珍贵的参考价值。1937年6月，《檇李谱》书成，著名书法家于右任题写书名，文史掌故学家郑逸梅作序，由上海新中央印刷公司印刷发行。

陆费逵

陆费逵（1886—1941），字伯鸿，幼名沧生，桐乡县人。父芷沧，历任直隶、山东、河南等地幕僚。清光绪十八年（1892）改入江西南昌府幕，遂移家南昌。母为李鸿章侄女，颇识诗书。陆费逵天资聪颖，好学勤思，初由母教读，后即自学经史。二十四年，戊戌变法，受新思潮影响，弃旧学改学史地、算术、外文。二十八年，与人合办正蒙学堂，后因经费不继停办。明年春，以"蓬矢四方，男儿之志"，离家去武汉独立奋斗。三十年，开办书店，出售《革命军》、《警世钟》等革命书籍，并自著《岳武穆传》以抒发反清革命思想。三十一年春，革命党人以日知会为活动基地，陆费逵即参加其活动。是年秋接办汉口《楚报》，任主笔。任职才三月，报社为湖广总督张之洞查封，被迫逃往上海，任昌明公司上海支店（书店）经理。又参加筹建上海书业商会，任评议员兼书记，主编《图书月报》（出版三期）。三十二年，任文明书局职员兼文明小学校长。三十四年秋，进商务印书馆，任国文部编辑。宣统元年（1909）春，升出版部部长兼《教育杂志》主编，著文宣传教育救国论，倡仪改革旧教育制度。其革新精神，倾动一时。又建议整理汉字，主张简化，提倡白话文。二年夏，中国教育会成立，为之起草章程。辛亥革命爆发前，预计革命成功有望，以为欲振兴教育，首当改革教材，乃暗中邀集专家编辑教科书，又与商务印书馆同人沈知方、戴克敦等集资二万五千元，创办中华书局。书局于民国元年（1912）1月1日开业，陆费逵任经理，沈知方任副经理。书局以"教科书革命"和"完全华商自办"为口号，与商务印书馆竞争，及时推出《新学制教科书》和《新编国民教育教科书》。此项教材，以五色国旗作封面，体例一新，风行全国。民国二年，增资至十万元，设分局于北京、天津、广州、汉口、南京等地。同年，去日本考察出版事业，回国后改进经营业务。三年，出版《中华新学制中学教科书》和《中华师范教科书》。四年，中华书局改组为股份有限公司，邀请唐绍仪、王正廷、范源濂和梁启超等任董事，自任局长。由梁启超主编《大中华》杂志，并出版《中华小说界》、《中华实业界》、《中华妇女界》等刊物。五年，资本增至一百六十万元，设分局四十余处，职工千余人，成为国内第二家华商大书局。后因经营失当，几至停业。六年底，得常州大资本家吴镜渊投资，改组董事会，吴任驻局办事董事，于右任、孔祥熙等为董事；陆费逵被免去局长职务。八年起，陆费逵复任总经理兼编辑所长，创办《解放与改造》、《中华英文周报》，编印《新文化丛书》等。十一年起，又先后创刊《心理》、《学衡》、《国语》、《少年中国》和《小朋友》等杂志；刊印《少年中国学会丛书》《儿童文学丛书》。资本增至二百万元。十六年，在香港设分局，规模益大。十八年，陆费逵在上海新办中华教育用具制造厂，制造教学仪器，兼产桅灯。十九年，孔祥熙出任南京政府实业部长，陆费逵推孔氏为中华书局董事长。此后，扩充印刷所，承印国民党政府之证券、钞票。二十三年，新建印刷厂于九龙，其设备之先进，居远东第一。二十五年，陆费逵任中华书局董事长，至翌年春，扩资至四百万元，分局四十余所，沪港两厂职工达三千余人，是为中华书局发展之鼎盛时期。"九一八"事变后，民族危机日益深重。二十二年初，陆费逵著文于《新中华》杂志，呼吁"一致对外"，"长期抵抗"，"将整个财力、人力，准备作战"。二十五年，创办保安实业股份有限公司，生产橡皮船、防毒面具等国防用品。二十六年7月，抗日战争爆发，中华书局上海总厂和编辑所停工遣散，总局迁昆明，保安实业公司迁香港。11月，陆费逵去香港，设立中华书局办事处。此后，香港分局赶印书籍，供应抗战后方。三十年7月，陆费逵病逝于九龙。

陆费逵主持中华书局三十余年，编辑出版聚珍仿宋版《二十四史》、《中华大字典》、《辞海》、《四部备要》、《古今图书集成》（影印）等巨著，以及各类图书近二万种，为中国文化建设作出重大贡献。历任上海书业公会主席、中华工业总联合会委员等职；抗战期间，连任国民参政会第一、二届参政员。著有《教育文存》五卷、《青年修养杂谈》、《妇女问题杂谈》等。

张俊

张俊（1881—1943），原名宝俊，字伯英，号沧海外史。出生于石门县落驾马桥（今属桐乡），后迁居赤沙浜。幼时聪慧多能，读书不受章句束缚，文气纵横，诗画亦工雅。早年山水得叶古愚指授。清光绪二十四年（1898），与吴徵同年入庠，后科举停止，以官费东渡日本，求学于宏文学校。加入同盟会，并秘密组织敢死队，准备回国举行武装暴动。

临行得病,遂由四川人陈可均率领出发。至长崎,为清廷日使馆发觉,全队十五人均遇害,俊遭通缉。后冒已故同学马荣奎之名,仍留日学习,毕业于早稻田大学法政系。学成归国,通缉令尚未解除,仍以马荣奎名,携继室吴月薇东渡避难。辛亥革命后恢复真名。张俊善诗文,工书画,精赏鉴,爱收藏。民国元年(1912),创办中华南画会(《民国人物大辞典》作中国华南画会)于东京,被推为会长,致力于弘扬中国文化,促进中日文化交流。我国画家赴日与会者,有叶伯常、施廷辅、潘琅圃等十余人;邮寄作品赞助者,有吴昌硕、陆廉夫、黄山寿、胡郯卿、高邕之、范守白、李剑泉等数十家。曾开中华南画展览会于东京上野公园。张俊有多幅作品参展,深受推重。十年,归国,回家乡执律师业。为人刚正,有正义感,肯为贫民仗义执言,且能为民申冤而慷慨解囊。乡人戏称为"叫化子"律师。二十五年,与鲍月景联合举办画展于沪杭等地。二十六年,日本发动侵华战争,张俊重民族气节,抛妻别子,背井离乡,随长女、女婿避居湖南。初滞留长沙,后迁安化县。时画风大变,一洗崇古守旧之习,立粗犷、苍莽、简练、沉郁之气。画面气势磅礴,意境深远,抒发离乱中之感受,折射出时代风云。三十二年,病逝安化山中。张俊收藏颇丰,其藏书、藏画、藏砚,初散于抗战,后毁于"文化大革命",其画存世者极少。

郭后觉

郭后觉(1895—1944),原名如熙,又名森雍,字缉人,号后觉。崇德县(今属桐乡)人。幼丧母,寄养于城区姑母家。十七岁父亲去世,有弟妹各一。生性和蔼,刻苦励志,照顾弟妹,备尝艰苦。自幼勤奋好学,曾典卖田地,外出读书,毕业于杭州一师。回乡于留良肇昌桥,办小学一所。民国十一年(1922),入上海中华书局,任国语编辑,参加编辑《小朋友》杂志。又加入上海世界语学会,投身于世界语运动。十二年12月,出版《世界语概论》,是为我国第一部世界语专著。十五年,因脑病离沪休养,与夫人吴瑞英出国,应聘任北婆罗洲亚庇中化学校校长,前后四年。十九年底,回国。次年,又应邀去南洋,先后在马来亚怡保、吉隆坡,出任精武体育会国语夜校主任、柏屏义校校长。数年之间,与欧洲、日本世界语学者,通讯研讨世界语问题,翻译出版世界语名著数种。二十六年日军侵华,爆发全民抗日战争,后觉身居海外,心系祖国,积极宣传抗日救国。三十年12月,日本侵略军迫近吉隆坡,后觉避至新加坡,参加胡愈之、王任叔、郁达夫等人发起的星华文化界战时工作团,任该团秘书。未几,新加坡又告急,与胡愈之等文化界爱国抗日人士,冒炮火撤出围城。后觉至苏门答腊武吉丁宜隔海一小岛上(一说德宾丁宜岛,岛上有一小镇名石叻班让)隐姓埋名,以种菜维持生计。当时环境险恶,而爱国之志弥坚,时以诗词抒怀,遥寄海外游子爱国深情。三十二年作《西江月》(依宋刘过韵)一阕,以纪念抗战六周年:"故国三分忠逆,中原六载干戈,公论正义与人和,寇可灭欤?曰:可。明日由它猖吠,来年还我山河。自由独立共高歌,万国九州来贺。"

后觉体质素弱,在沪时右眼伤废,装有假眼,又患深度近视,常戴眼镜劳作于园中。

民国三十三年（1944）3月16日，为日军侦知逮捕，囚禁于北干峇汝狱中，遭严刑逼审，备受摧残。5月23日，因刑伤死于狱中。二次大战胜利后，移葬新加坡。后觉殉难后，新加坡华侨集资创办后觉公学，以纪念其为国献身精神与对学术之贡献。

胡愈之称郭后觉为我国文字改革工作老前辈、世界语运动之先驱者。其著作尚有《闽粤语和国语对照集》等。夫人吴瑞英，浙江定海人。编著有《实用算术课本》（新加坡出版）。1949年回国，先后任职于《人民日报》社、《光明日报》社和文字改革委员会。1975年病逝于北京。

太虚

太虚法师（1890—1947），俗姓吕，乳名淦森，学名沛林。笔名太、觉、群、泰義、华子、悲华、非心、芬院、昧然、别署昧庵、白平、雪山老僧、缙云老人。崇德县梵山乡（今属桐乡）斗富兜人。清光绪十五年（1889）十二月十八日（1890年1月8日）出生于海宁长安镇。未足周岁，父亲去世，5岁，生母改嫁洲泉，由外祖母抚养成人。外祖母喜修道念佛，常住长安镇外大隐庵。8岁，去二舅张子纲蒙馆，读四书、《诗经》等书。9岁，随祖母朝拜安徽九华山。13岁，又随去普陀山进香，遂萌发出世思想。同年，去长安镇当学徒，暇时，阅读大批古典小说。

清光绪三十一年（1905），16岁，去江苏平望小九华寺出家为僧。不久，去宁波玉皇殿寺，拜奘年老和尚为师，取名太虚。后又转入天童寺，从敬安寄禅和尚（八指头陀）受戒，刻苦研读佛经。又从苏曼殊学英文。时值清末，西方新文化输入，革命思潮日盛，太虚阅读康、梁著作和严复迻译，深受影响，对谭嗣同《仁学》尤为赞赏，遂立下以佛学入世救世的弘愿。

清宣统元年（1909）冬，随寄禅去南京，参加江苏僧教育会。三年，应请赴广州宣讲佛法，任白云山双溪寺住持，与革命党人朱执信等过从甚密。旋因《凭吊黄花岗》一诗遭当局追捕，潜返上海。

民国元年（1912）4月，寄禅召太虚至上海留云寺，筹组中华佛教总会。翌年，寄禅圆寂。上海各寺僧伽，群集静安寺开追悼会，太虚提出"佛教教理革命，教制革命，教产革命"口号。同年中华佛教总会正式成立，太虚任该会机关刊物《佛教月报》总编辑。三年，至普陀山锡麟禅院闭关治学，三年间深究佛教各宗教义，旁及古今中外多种经典书籍，著有《整理僧伽制度论》、《成大乘论》、《法界论》等，佛学观点基本形成。六年，出关，去台湾讲经，又转至日本，考察明治维新以来的佛教。七年，与蒋作宾、黄葆苍、陈元白、章太炎、张謇等成立觉社于上海，主编《觉社丛书》。各省闻风组建居士学佛团体。八年，丛书更名为《海潮音》月刊。移杭州净梵院，继续担任主编，著《新的唯识论》，以新近的学术思想阐释佛法。两三年间，往来于上海、南通、武汉、广州、香港、长沙、北京等地，讲经弘法，又与胡适之、康有为探讨佛学。在北京时，大总统徐世昌颁给"南屏正觉"匾额一方。

　　为改革佛教，太虚热心于筹办教育机构。民国十一年，创办武昌佛学院。其后又办佛学院校多所。十二年以后，太虚的佛学观点有新发展，宣称对佛法的研究"不为旧来宗派所拘束，而欲将释尊流传到现代的佛法，作圆满的判摄"（《我怎样判摄一切佛法》，《海潮间》第二十一卷第一期）。并主张僧尼应受教育，接受新思想，以适应时代要求。此后，太虚被僧众拥戴为新佛教运动的领袖。

　　民国十三年夏，在庐山大林寺召开世界佛教联合会，各省僧俗代表和日、英、德、芬、法诸国佛教界人士参加。在会上，太虚结合大乘佛教利他教义，阐明反对战争、反对侵略的主题。翌年冬，率中国佛教代表团出席日本召开的东亚佛教大会。十五年秋，去新加坡讲经。十六年，任厦门南普陀寺住持，兼闽南佛学院院长。9月，应蒋介石之请，至奉化雪窦寺为之讲《心经》。是年受德国朗福特大学中国学院聘任院董，所著《自由史观》译成英文刊行。太虚在《人生佛教》等著作中表现出对唯物辩证法的仇视。十七年，得蔡元培、戴季陶等赞助，在南京创设中国佛学会。8月，放洋宣讲佛学，历经法、比、荷、英、德、美等国，次年4月回国。是为中国僧侣去欧美传播佛教的第一人。在法国时，曾应名流学者建议，筹组世界佛学苑于巴黎。

　　民国十八年，中国佛教会成立。太虚任常务委员。二十年，创办汉藏教理院于重庆，以汉藏文化，融洽民族感情。二十一年，住持雪窦寺。其后数年，云游全国各地，讲经弘法，其间，二十四年4月，任《佛教日报》社社长。

　　民国二十六年，日军侵华，太虚数次函电日本信教徒，本佛陀大悲兼利精神，向其政府抗议，停息侵略。又劝勉国内佛教徒参加抗战救国事业，8月，赴四川，组织僧众救护队，随军服务。二十八年秋，率中国佛教访问团遍访缅甸、印度、锡兰（今斯里兰卡）、新加坡等国，宣传中国抗日救国政策，争取国际佛教徒对我抗战的同情和支持。当时，缅甸、锡兰的首相、印度总理，以及80高龄的泰戈尔等政府首脑名流学者都亲临欢迎。抗战期间，太虚长住重庆北碚汉藏教理院，主持院务，亦常至各处宣讲佛学。抗战胜利后返沪。民国三十五年元旦，国民党政府授以宗教领袖胜利勋章。年底，任中国佛教整理委员会主任委员。

　　民国三十六年3月17日（农历二月二十五日。《民国人物传》作5月7日，误，此据上海《申报》），因中风圆寂于上海玉佛寺。遗著有《太虚大师全书》。

蔡冠洛

　　蔡冠洛（1890—1955），字丐因，号可园，别署梅花泾寓公。祖籍诸暨，民国十八年（1929）定居濮院寺前街。浙江省立两级师范学校（民国二年更名为浙江省立第一师范学校）毕业。曾赴日本帝国大学攻读。归国后，在杭州、绍兴、上虞、嘉兴等地中学、师范任教。十三年，任上海世界书局编辑。当时提倡实业救国，冠洛不尚空谈，十九年，在濮院西南思家桥创建可园农场和可园蜂场，占地45亩，园内植桃200株、李800株、枇杷、海棠、苹果、石榴各数十株；另辟蔬菜区。有喷雾机、戽水机等新式机械。蜂场有意大利种蜂百余箱。另从国外引进种鸡多只。场内设制造部，制造糖果蜜饯。抗日战争期间被毁。战后重建，并于三十五年重新向嘉兴县政府登记。分为树艺部（果木蔬菜）、畜牧部（蜜蜂）。蜜蜂转地放养，在松江、奉贤、杭县等地各有放蜂场地4亩。蔡冠洛热心养蜂事业，曾任江浙养蜂协会会长（会址在濮院庙桥堍，1952年迁往嘉兴）。协会推广良种，改进饲养方法，促进养蜂事业，曾受江苏省松江专署、浙江省嘉兴专署嘉奖。解放初，协会制定会歌、会旗。1950年，蔡冠洛代表养蜂协会参加上海举办的华东地区第一届农业展览会，展出蜂具和蜂产品，得各界好评。

蔡冠洛亦善治文史。民国二十四、二十五年（1935—1936），蛰居上海，披阅实录，稽核野乘，编撰成《清代七百名人传》（1984年中国书店分三册出版），所收人物史料颇为详实。蔡冠洛终身服膺弘一法师（李叔同），三十二年，又编《养正院亲闻记》，以纪念弘一法师"生西百日周期"（后由夏丏尊增编为《晚晴老人讲演录》）。

卢学溥

卢学溥（1877—1956），字鉴泉，又字涧泉，乌镇人。原籍东阳县，先祖于清康熙年间至青镇（今乌镇）经商。家道殷富，为当地望族。祖父景昌，字小菊，同治十二年（1873）举人，历任青镇立志书院、南浔浔溪书院山长。父亲蓉裳。学溥出生于富绅书香之家，自幼受良好家庭教育，故勤学敏思，才华出众。光绪二十八年（1902），赴杭乡试，以第九名中举人。次年赴京会试落第。时祖父主持立志书院，顺应潮流，改书院为国民初等男学，并以山长职务委诸学溥。学溥年轻气盛，锐意改革，聘名师，增设备，学校生气勃勃。三十四年，去南京，从张曜任职于财政金融界，崭露头角。民国元年（1912），出任奉天教育厅和北洋政府财政部秘书。后历任财政部制用局机要科长、公债司司长，曾参与制订公债条例，整理国内公债。民国九年（1920），任财政部次长，兼北京新亨银行常务董事、中国银行监察人等职。是时年富力强，工作果断而有魄力，深得上司赏识。民国十六年以后，历任南京中国银行监察、交通银行董事长兼浙江实业银行常务董事。时孔（祥熙）、宋（子文）家族谋独揽全国银行大权，既欲借重学溥在金融界之声望，又欲将其排挤出交通银行，乃以官股充入交行，使之成为国家银行，另委学溥为中央造币厂厂长、招商总局监事会主席等职。学溥不愿依附孔宋势力，即辞职回浙，致力于主持浙江实业银行。此后该行发展为实力雄厚之私人银行，与兴业、新华、上海，并列为"南四行"，蜚声于中国银行界。学溥志节高尚，抗日战争期间，深居简出，隐居上海万航公寓，誓不参与敌伪活动。有人逼其出任伪职，乃托病住院以避之。抗战胜利后，续任浙江实业银行董事。解放后，兼任永亨银行、大陆实业公司董事长、盐业银行和中国银行董事、监事等职。1952年银行业全行业公私合营后，任公私合营银行董事和中国银行监察人。1956年12月25日，病逝于上海寓所。

学溥热心家乡建设。早年曾捐资修葺乌镇寿圣塔、分水墩等古迹。又购书寄赠植材学校。民国二十二年（1933），继承祖父遗志，续修《乌青镇志》。请沈雁冰、金笈孙等参与规划，聘嘉兴朱仲璋、武进张季易分任编辑，并亲自总纂，历时三年，耗资一万余元，至二十五年编成刊行。该志体例完善，内容精核，新增套色地图与风景照片，为当时江南名镇志之一。

徐菊庵

徐菊庵（1890—1964），屠甸镇人。原姓钟名兆熊，后因嗣继外家，改姓徐，名兆镛（亦作容），号菊庵，别号枰香馆主、淡香庐主、九百品斋主。题其居室为清风玉婵之室。年轻时曾开酒店、任塾师，然生性好书画，便改学书画。初学松江改琦，后师吴兴费晓楼，书法则宗武进恽南田。所作人物、仕女、山水、花鸟，用笔挺秀，设色典丽，体物精微，意境清远。抗日战争前，因经商去上海，然商务无进展，仍以绘画为主。为人豪爽正直，喜小酌，善品茗。虽生活清贫，却慷慨高雅，广交诗朋画友。与杭州阮性山、杨补之、向金甫等过从甚密，在沪时与丰子恺、钱君匋友善。民国三十六年秋，与钱君匋在上海大新公司四楼合办书画展。其作品亦散见于沪上报刊。解放后，作品多次入选华东美展。一生勤于书画，直至双目将近失明，方始搁笔。菊庵也富收藏。诗文清丽隽永，著有《淡香庐诗草》《淡香庐日记》。解放后，任上海市文史馆馆员。后因病移居海宁硖石，任浙江省文史馆馆员、海宁县人民代表。

朱文叔

朱文叔（1895—1966），濮院镇人。祖父为塾师，父亲习商贾，家道清贫。幼年就读于翔云书院，后入当铺为学徒，工作之暇，仍手不释卷。主人见其勤奋好学，资助入杭州浙江第一师范学校就读，与丰子恺、杨贤江同学。毕业后赴日本深造，学成归国，执教于杭州师范。民国十年（1921），进上海中华书局，任中小学教科书编辑，后又参与《辞海》的编纂与修订工作。平生好学不倦，爱书成癖，治学严谨，工作勤奋。曾编校张相（献之）《诗词曲语辞汇释》一书，张氏于1945年所作之《叙言》中说："书成，由桐乡朱文叔氏磨勘一过，得改订数十事，合为志谢。"六十初度，叶圣陶以诗祝贺，支："旧学蜂成蜜，新知鲸吸川。"盛赞其知识渊博，融会古今。1949年，去北京，入中央人民政府教科书编审机构，先后任教科书编审委员会委员、出版总署编审局编审、人民教育出版社副总编辑。编书之余致力于汉语词汇研究，造诣极深。所著《深与浅》一文，吕叔湘誉为研究汉语辞汇之范例。1959年，中国科学院语文研究所着手编写《现代汉语典》，受聘为审校委员，对词典条目，皆字斟句酌，力求完善。又为中央马恩列斯著作编译局所译之《斯大林全集》校读，对译稿文笔亦作缜密校正。朱文叔1956年加入中国共产党，一生为文化建设奋斗，不求闻达，但作贡献。关心家乡文教事业，曾任私立梅泾中学董事会董事。

金仲华

金仲华（1907—1968），幼名翰如，笔名孟如、仰山，梧桐镇人。自幼聪明好学，民国二年（1913），入崇实小学读书。八年毕业，入嘉兴浙江省立第二中学。十一年，参加沈雁冰（茅盾）、沈泽民等发起组织的桐乡青年社，开始接触新文化运动。十二年，入杭州之江大学，结识共产党人萧项平，十六年毕业，赴沪谋职。十七年春，考入商务印书馆，任《妇女杂志》助理编辑。与主编叶圣陶友善，叶氏离任后，即继任主编。二十一年夏，苏联塔斯社设分社于上海，经萧项平介绍，入分社从事电讯翻译，从此悉心研究国际问题。次年底，辞塔斯社工作，入开明书店，编辑《中学生》杂志。曾在杂志上辟专栏，向中学生系统介绍国际政治经济知识。当时，国际风云变幻，日军侵占东北后，又觊觎华北，中华民族处于危急存亡之秋。二十三年，参与创办《世界知识》，经常撰稿，及时报道时事，剖析国际问题，宣传抗日救亡和反对国际法西斯势力。旋就生活书店聘任专职编辑，协助邹韬奋编辑《大众生活》和《生活日报》，任《永生》周刊主编。二十六年初，主编《世界知识》杂志。抗日战争爆发后，积极主张抗日，参加上海文化界救国会，投入抗日斗争，在国内外报刊撰文呼吁海外华侨与国际组织支援中国抗战。11月12日，上海失陷，与邹韬奋等经香港、广西，辗转至武汉；次年7月，武汉又告急，复经广州，于8月抵香港。虽连年在游离转徙之中，而始终坚持出版《世界知识》杂志。时宋庆龄创办保卫中国同盟于香港，仲华任执委会委员，从事抗日救亡的对外宣传工作，向海外筹募财物，支持解放区和八路军、新四军。同时担任香港《星岛日报》总编辑。该报系华侨巨子胡文虎星字系大报之一。仲华主持编务近三年，本着反法西斯和团结抗日之立场，积极宣传抗战。又参与筹建中国青年新闻记者学会香港分会与国际新闻社香港分社，并分任要职。二十八年春，青记分会创办中国新闻学院，任副院长，主持院务。三十年，《星岛日报》屈服于国民党压力，仲华毅然脱离该报，协助邹韬奋复刊《大众生活》，并为《华商报》撰写专论。是年12月，太平洋战争爆发，日军侵占香港。三十一年初，与夏衍、金山、蔡楚生等文化界爱国人士，乘渔船飘海夜渡，经澳门、台山，去桂林。抵桂林后，时与柳亚子、茅盾、邵荃麟等议论时局，公开讲演，并发表时事分析文章。三十二年，加入中国民主革命同盟（简称小民革）。三十三年夏，日军进攻湘桂，仲华于年底至重庆。由中共党员介绍，任美国新闻处译报部主任，常翻译并刊载《新华日报》之消息、言论。三十四年，把毛泽东在中共"七大"上的报告《论联合政府》译成英文，向世界读者介绍。抗战胜利后，随美国新闻处离渝迁沪。其后与中共地下组织保持密切联系，在译介中外新闻时发挥积极作用。又于同年12月在上海复刊《世界知识》。三十七年，辞去美国新闻处职务。7月，去香港，受中共委托，主编英文期刊《远东通讯》（由新华社香港分社出版）。1949年3月解放大军渡江前夕，离港北上北平。4月，随大军南下。5月27日上海解放，参加军管会工作，接管《新闻报》。6月，改组报社，出版《新闻日报》，任社长兼总编辑。

中华人民共和国成立后，在中国共产党领导下，积极从事人民外交活动和保卫世界和平的斗争事业，广交朋友，让世界了解新中国、支援新中国。曾受命多次出国参加世界和平大会、亚洲国家会议等重大国际会议，又曾率新闻代表团、中国艺术团等文化团体出国访问，足迹遍及欧、美、亚、非二十多个国家。历任第一、二、三届全国人民代表大会代表，第一届全国政协委员，第一至五届上海市人民代表大会代表，第一至四届上海市政协委员、副主席；曾任华东军政委员会文化部副部长、上海市副市长、市人委文教办公室主任；《文汇报》社社长、《中国新闻》社上海分社社长、英文版《中国建设》杂志社社长；中华全国新闻工作者协会副会长，中国人民保卫世界和平委员会副主席和上海分会主席，上海社会科学院国际问题研究所所长等职。仲华为人正直，待人诚恳，一生追求真理，追求进步，对国际问题有精深研究，坚毅执着献身于革命事业。"文化大革命"中，遭残酷迫害，1968年4月3日含冤去世。1978年，平反昭雪，骨灰安放于上海龙华公墓，党和国家领导人邓小平、宋庆龄等敬送花圈。1989年清明节前，骨灰迁葬于上海万国公墓名人墓区。

严独鹤

严独鹤（1889—1968），名桢，字子材，别号知我，或署槟芳馆主。晚年常署老卒、晚晴。乌镇人。清季翰林严辰之侄孙。早年元配夫人卢氏产后得病不治，悲痛之余，自认不克双飞，孤如独鹤，即以独鹤为笔名；书案几席间，遍饰玉雕木刻之丹顶灵禽。少时勤学敏思，操行高洁。14岁，赴科举考试，中秀才。次年，进上海江南制造局所属之兵工学校，接受现代教育。后升入广方言馆，学法文、英文及数理化等科。19岁丧父，离校就业，赡养全家。初任上海南区小学教师，后赴江西上饶，任广倍中学英语教师。辛亥革命后回沪任兵工学校文牍员。民国二年（1913），进中华书局任英文部编辑，并从事文艺创作。时沈知方创办世界书局，延聘独鹤和平海澜等主持编辑英文书刊。三年，应《新闻报》之聘，任副刊主笔。二十年，任该报副总编辑兼文艺副刊主编，后又兼任《新闻夜报》总编辑。副刊原名《庄谐录》，接编后更名《快活林》；"一·二八事变"后，以国家多难，无快活可言，再更名为《新园林》。其时报刊文章多为古体文，独鹤率先以白话行文，并配以时事漫画，又连载张恨水《啼笑因缘》，图文并茂，雅俗共赏，熔趣味性与时代感于一炉，大得读者欢迎。《新闻报》与《申报》为当时沪上两大名报，《新闻报》发行量居全国首位。独鹤以副刊为阵地，激浊扬清，鼓吹进步，于平易中显精警，通俗处透识力，风标独树，自成一家。且每日撰写《谈话》一篇，以犀利幽默之文笔，反映民众疾苦，揭露社会黑暗，抨击政治弊端，宣扬爱国精神。任职三十余年，撰写近万篇数百万字之言论性文章。

30年代初，与洪深、陆澹安等创办电影讲习班于沪上。明星胡蝶、徐琴芳皆出其门下。离世界书局后，该局发刊之《红》、《红玫瑰》两杂志，仍借重其声望，虚列为编辑主任，其实独鹤仅供小说数篇，并未执掌编务。

独鹤秉性耿直，待人诚恳，有胆识，有正义感。编《新闻报》副刊时，因刊发漫画揭露权贵丑态，触动当局，几遭拘禁。太平洋战争爆发，上海沦为"孤岛"，屡接恐吓信，且有内藏子弹者，独鹤仍泰然处之，照常握笔为文，宣传抗日，以致被日本宪兵司令部传讯。汪伪接管报社后，欲假其声望，重金留聘，独鹤重民族气节，不为所动，愤然离去。旋与陆澹安、施驾东创办大经中学，任校长。又不堪汪伪威胁挟持，拒不向伪政权登记，毅然关闭学校，在家过清贫生活。独鹤热心社会公益，抗战期间通过《新闻报》筹集助学金，资助贫寒子弟入学。民国三十七年春，偕夫人陆蕴玉回乡扫墓，见植材小学毁于战乱，力助恢复。解放后，参与筹建上海新闻图书馆，并主持工作，历任上海市报界联合图书馆副馆长、上海图书馆副馆长、《解放日报》编辑顾问。出席第二届全国文代会。任上海市第一至第五届人民代表大会代表和全国政协第三、四届委员。又任上海市文联常务委员、中国作家协会上海分会理事、中国民主促进会上海市委员会委员。"文革"中遭残酷迫害，1968年8月26日含恨去世。1979年2月，平反昭雪。著有长篇小说《人海梦》《严独鹤小说集》等。

岳昌烈

岳昌烈（1889—1970），又名辰烈，字更时，濮院镇人。诗人。岳飞二十七世孙。光绪二十六年（1900）清末科秀才。辛亥革命后毕业于杭州求知中学高中部。曾任绍兴学馆、吴兴县海岛中学、嘉兴秀州中学教师、浙江省文史馆馆员。精通古文，谙熟英语、日语。解放初期，因贫困曾上书毛泽东主席，并四次和毛主席七律《长征》诗韵。毛主席认为其诗文尚有水平，批示地方政府酌情照顾。著有《杜甫研究》《陶诗综考揭微》。

孔另境

孔另境（1904—1972），原名令俊，字若君，笔名东方曦、隽、君玉等。乌镇人。沈雁冰夫人孔德沚胞弟。民国十一年（1922），入上海大学中文系读书，与施蛰存、戴望舒同学。十四年毕业。同年加入中国共产党。翌年，赴广州参加国民革命，随北伐军北上，任武昌前敌总指挥部宣传科长。"四一二"反革命政变后，转入地下，任中共杭州县委宣传部秘书。后因县委遭破坏，与党组织失去联系。此后去上海，从事写作。十八年春，去天津南开中学任教，又转入河北省立女子师范学校，任出版部主任，负责编辑校刊《好报》。二十一年暑假前，因传递革命书刊被当局逮捕，解送北平某军事机关羁押。后经鲁迅托人营救，由李霁野、台静农保释出狱，仍回沪从事写作。二十四年，扩充鲁迅《小说旧闻钞》，编成《中国小说史料》。是年11月，编辑《现代作家书简》，次年5月出版。二十五年9月，出版散文集《斧声集》。是年冬，任上海华光中学教导主任。二十六年，出版散文集《秋窗集》（与人合著）。抗日战争爆发后，上海沦为"孤岛"。二十八年，将华光业余中学戏剧科，改办成华光戏剧专科学校，培养影剧人才。请柳亚子、陈望道等为校董，教师中巴克（戴介民）、列车（陆象贤）皆为中共党员。二十九年开始招生。谢晋、上官云珠皆曾就读于该校。三十年冬，太平洋战争爆发，日军入侵"孤岛"，剧专自动停办。后又与郑振铎、王任叔一起主编《大时代文艺丛书》，鼓吹抗战，共出一套十册。其中《横眉集》《松涛集》中皆收有其作品。三十一年，携带家属，投奔苏北新四军抗日根据地，筹办垦区中学。旋因日军"扫荡"，奉命遣散，仍回上海。三十二年冬，为世界书局主编《剧本丛刊》，先后出版五辑，计五十册，使抗战时期上海戏剧创作得以流布。其中《李太白》《蛊惑》《春秋怨》《凤还巢》《沉箱记》，为其所作。三十四年春，任新中国艺术学院教务长。

因参加抗日活动，5月间被日本宪兵逮捕。在狱中惨遭电刑，日本投降前夕始获释。出狱后，任《改造日报》编辑。三十五年，出版散文《庸园集》及《青年写作讲话》。此后还为大地书屋主编《新文学丛刊》，为春明书店主编《今文学丛刊》，为权威出版社编《新文学》半月刊。为进步文化事业，踏实工作，不遗余力。三十七年，任教于江湾中学，参加反内战斗争。解放后，参加中国民主促进会，历任上海大公职业学校校长、山东齐鲁大学中文系教授、春明书店（公私合营后并入上海文化出版社）总编辑。在春明书店所主编的《新名词辞典》，深受读者欢迎。后调任上海文化出版社编辑部主任。1961年起，任上海出版文献资料编辑所编审。"文化大革命"中（1968年7月4日），以"保护性拘留"为名，被囚于狱中，身心备受摧残，直到生命殆危，方得保外就医。1972年9月18日，含冤去世。1979年4月，平反昭雪。

另境豪爽热情，豁达开朗，广交游，喜怒皆形于色，终生热心文艺事业。其散文朴实率真，爱憎鲜明。所编著的《现代作家书简》《中国小说史料》，1982年皆新版印行。1987年，出版《我的记忆——孔另境散文选》。其未刊著作尚有《五卅运动史料》《中学国文教材丛书》《万古忠义》等。

曹辛汉

曹辛汉（1892—1973），乳名锡昌，学名鸿文，梧桐镇人。在小学中受新思想影响，毕业后，向堂兄借款三十元，外出求学。于清宣统元年（1909）考入杭州私立初级师范。翌年，考入浙江官立两级师范学堂。民国二年（1913）毕业，由学校保送入国立北京高等师范学校史地系。高师毕业后，回家乡任桐乡乙种农业学校校长约一年半。其后去温州十师、杭州弘道女中、省立杭州女中、宁波中学任教。十年，与赵士昂结婚，成家于嘉兴，与沈雁冰、沈泽民、金仲华等乡友交往，共同创办桐乡青年社，宣传新文学，宣传科学与民主。十七年，应上海吴淞中国公学校长胡适之邀请，至该校大学部任文史教师兼校长秘书，并在上海法科大学兼教语文。

上海法科大学后改名上海法学院（简称上法），褚辅成任校长，沈钧儒任教务长，素有爱国进步传统。十九年，中国公学停办，曹辛汉即转入上法，担任教职，兼任该校校董会秘书，前后达二十年。民国二十一年，"一·二八"事变，日军进攻上海，江湾路上法校舍被毁，一度迁移杭州。停战后，始迁回上海复课。二十六年，"八一三"事变，校舍又被日军侵占，学校迁入公共租界，赁屋授课。时褚辅成、沈钧儒奔赴后方，院长由褚凤仪代理，教务长由曹辛汉代理。当时租界犹如孤岛，外有日军围困，内有汉奸骚扰，学校经费既困难，处境更为险恶。曹辛汉勇挑重担，协助褚凤仪，团结教职工，在困境中求生存、图发展。三十年12月太平洋战争爆发，日军入侵租界，学校立即宣布停课，准备内迁。曹辛汉率先带领部分师生，在兵荒马乱中，跋山涉水，颠沛流离，经浙江兰溪、江山等地，辗转到达皖南屯溪，借当地祠堂庙宇为教室宿舍，恢复上课。当时沦陷区爱国学生为摆脱敌人奴役，纷纷奔赴内地求学，学校生额骤增，因而经费更加困难，师资奇缺，曹辛汉身兼教务、总务两副重担，日夜操劳，坚持办学。沈钧儒在重庆闻讯曾致函赞扬。抗战胜利后，学校迁回上海，曹辛汉又不遗余力地担负复校重建工作。曹辛汉对学生管教并重，爱生如子，内迁时与学生同甘共苦，返沪后支持学生进步活动，其鞠躬尽瘁的办学精神，深受时人赞许。

曹辛汉从教四十余年，很少直接参加政治活动，但爱憎分明，有正义感。1949年上海解放前夕，国民党大肆搜捕各大学师生。4月26日，与上法学生16人同被淞沪警备司令部逮捕。受审时不畏强暴，据理力争，严辞斥责敌人的暴行。后经校方营救，于5月4日被保释。而上海法学院从此被迫停课。

解放后，大专院校调整院系，上法停办，曹辛汉曾受聘任金科中学校长，并在上海大学、上海财经学院兼课。1952年，因白内障双目几近失明，又患高血压，乃长休在家。1956年，参加九三学社。1965年退休。1973年病逝于上海。

编著有《汉书刑法志讲疏》《古代法学文选》《实用公文示范》《五行说》等。

丰子恺

丰子恺（1898—1975），原名润，又名仁，号子恺，笔名TK，崇德县石门湾（今属桐乡）人。父鏄，号斛泉，长于诗文，清末科举人，后在家设馆授徒。有子女十人，子恺行七，系长男，备受宠爱，乳名慈玉。六岁随父入学。九岁丧父。子恺自幼聪明好学，尤喜绘画。清宣统二年（1910），入石门湾溪西小学堂。民国三年（1914）考入杭州浙江省立第一师范学校，从单不厂（音an）、夏丏尊学国文，从李叔同学音乐图画，成绩优异，遂以文艺为专业，毕业从事。八年春，与徐力民结婚。同年夏，师范毕业，与同学吴梦非、刘质平创办上海专科师范学校，任图画教师。十年春，自费赴日本游学，入东京川端洋画研究会学画，入音乐研究会学小提琴，入外国语学校进修日语、英语，学习十分勤苦。年底归国，仍执教于原校。十一年夏，去浙江上虞县白马湖春晖中学任教，与夏丏尊、朱自清、俞平伯、朱光潜共事，过从甚密。首次翻译外国文学作品，据英文本转译俄国作家屠格涅夫小说《初恋》。是年起，取中西画艺之长，以毛笔作漫画。所作《经子渊先生底讲演》《女来宾》两幅，首刊于同年出版之《春晖》上。十四年，郑振铎于文学研究会机关刊物《文学周报》上，辟"子恺漫画"专栏，陆续刊登。至年底，结集出版《子恺漫画》，是为中国最早之漫画集。同年，所译之日本厨川白村文艺论著《苦闷的象征》出版，是为子恺出版之第一部译作。在此前一年，即十三年冬，为推行"爱的教育"，离开春晖，与友人去上海创办立达学园，任校务委员兼西洋画科负责人。十五年8月，弘一法师（李叔同于民国七年落发虎跑大慈寺，法名演音，号弘一）云游到上海，下榻永义里丰宅，为其居室题名"缘缘堂"。后从法师皈依佛门，法名婴行。其后为祝弘一法师五十寿辰，作《护生画集》，以劝善戒杀。数十年间共作画450幅，编为六集，分别于上海、香港、新加坡等地出版。子恺既信佛，有超尘出世、静观人生之思想，又有爱国忧民、扶正祛邪、服务人生之志趣。十八年，受聘为开明书店编辑。次年，与夏丏尊、章锡琛等人编《中学生》杂志。二十年，第一部散文集《缘缘堂随笔》出版。子恺善取身边琐事以明快自然之笔墨，细密描绘，畅抒真情，文风恬淡从容，神韵隽永。其儿童题材诸篇，尤为人所称道。二十一年，淞沪战事，立达校舍被毁，即居家以著述为生。二十二年，新建宅舍于家乡石门湾梅纱弄，马一浮为正厅匾额题"缘缘堂"三字。又别租寓所于杭州，从此两地往来，专事绘画著译。此后数年间创作大量散文随笔和漫画。二十六年 11 月 6 日，侵华日军飞机轰炸石门湾，子恺于当晚仓皇率眷辞家，避居乡间南深浜。21 日，开始流亡。23 日，日军占领石门湾，缘缘堂毁于战火。此后，经赣、湘、鄂、桂、黔而至重庆，八年流离，艰苦备尝。二十七年 3 月，赴汉口参加中华全国文艺界抗敌协会，任会刊《抗战文艺》编辑委员会委员。6 月，移家广西桂林，任桂林师范学校教师。二十八年春，应竺可桢校长聘，去宜山浙江大学任教。旋因日军进犯南宁，随校迁至贵州遵义。其间指导学生绘制抗日宣传画，揭发日军侵华暴行。三十一年秋入川，任重庆国立艺术专科学校教授兼教务主任。一年后辞去，租地建屋于沙坪坝庙湾，以画润稿酬为生。在四川期间，于重庆、成都、泸州等地多次举办画展。抗战军兴后，子恺誓以"五寸不烂之笔来对抗暴敌"，创作抗日漫画，编辑抗日歌曲，以鼓舞军民抗日救亡斗志，其散文虽仍具有从容恬淡自然率真之一贯风格，亦多为爱憎鲜明洋溢民族正气之作。抗战胜利后，回到上海，后移居杭州。三十七年 9 月，游台湾，11 月抵厦门，一住数月。时广洽法师居南普陀寺，时相过从，成莫逆之交。1949 年 4 月抵香港。旅游半年余，在台北、厦门、香港等地数次作讲演，办画展。旋闻解放大军将渡江南下，于 4 月 26 日飞返上海。一月后上海解放，作《百年难逢开口笑》一画，以示欢庆。此后数年，一面参加社会活动，一面为鲁迅小说、格林童话绘插图数百幅，又自学俄文。至 1952 年年底，自俄文译出屠格涅夫小说《猎人笔记》。1954 年 9 月，迁居陕西南路，名其室曰"日月楼"。子恺定居于此，直至终老。其时社会稳定，子恺连年出游。1961 年，随上海市政协参观团访问江西革命根据地，所至吟诗作画，赞颂革命。是年起，开始翻译日文巨著《源氏物语》，1965 年完成，译文一百万字。"文化大革命"十年浩劫中，被诬为"反动学术权威"，被抄家批斗，长期关押于"牛棚"，身心备受摧残，致患重病，卧床数月。子恺处此逆境，仍心胸坦荡，刚直不阿，达观而坚定。1970 年秋，大病初愈，监视稍松，即吟诗作画，从事翻译。先后译出日本古典文学作品《落洼物语》《竹取物语》与《伊势物语》。又撰写散文随笔多篇，集成《缘缘堂续笔》。1975 年 4 月，回故乡石门镇寻亲访友，作书画多幅分赠亲友。同年 9 月 15 日，病逝于上海。1978 年，平反昭雪，骨灰安放于上海龙华革命公墓。

解放后曾任上海市第一至第五届人民代表大会代表与市政协委员、全国政协第三、第四届委员，又任中国美术家协会常务理事、上海中国画院院长、上海市文史馆馆员、上海市外文学会理事等。

子恺著作等身，历年不同版本之著译多达 160 余种，部分著作曾译成外文在国外发行。

现在《丰子恺文集》艺术卷、文学卷共七册。《中国大百科全书·中国文学》评其散文曰："感情真率自然，语言朴素洒脱，形式灵活多样，信笔所至，妙趣横生，于平易琐细中寓深意，在淡泊飘逸中见真情。"

1984 年，桐乡人民为纪念丰子恺，在石门原址重建缘缘堂，陈列丰子恺生前遗物、照片、手稿、著作等。翌年 7 月缘缘堂被列为县级重点文物保护单位，对外开放，供国内外友人参观瞻仰。

毛谈虎

毛谈虎（1897—1977），一名毛浩，原名谭甫，字覃勇，改名谈虎，梧桐镇人。1914 年师从名医金子久。1918 年学成归里，悬壶行医。1955 年加入桐乡县人民政府卫生院（后改为桐乡县第一人民医院）为中医内科医师。1952 年任桐乡县卫生工作者协会副主任委员兼秘书组长，1956 年任主任委员，并曾当选桐乡县人民代表大会第一至三届代表。

毛谈虎在行医之余，以书法自娱，其书取法魏晋，结体跌宕奇崛，笔力险劲，南北融化，无所不取，形成了自己独特的风格。他还兼善篆刻，好昆曲，亦喜填词谱曲。受到沙孟海、谭建丞等名家赏识。有《毛谈虎墨迹》行世。

鲍月景

鲍月景（1890—1980），又名张莹，号冰壶外史、石父，晚年又署苦竹老人，骑塘乡星石桥人。九岁入塾求学，十四岁务农，后习木工三年，二十岁才从事绘画。终日勤学苦练而苦无师传，便早出晚归去镇上裱画店，临摹名家作品。后拜崇福夏伯铭为师，诗文画技大进。抗日战争前，曾在上海、常州、无锡等地举办画展，均获好评。日军入侵后，乡居杜门作画。曾作《钟馗史妹弹唱图》，题词："终南进士愤除妖，饮罢蒲觞酒兴豪。诛尽恶魔啖尽鬼，阿兄弹唱妹吹箫"，借以抒发痛恨敌伪的爱国情怀。解放后，曾任浙江省文史馆馆员、中国美协浙江分会理事、县人民代表大会代表。月景画宗费晓楼，书法宗恽南田，且能博采众长，自成一家。九十高龄，尤精神矍铄，作《采菱图》、《黛玉瘗花》等工笔仕女图。其代表作有《唐宫百艳图》长卷（张宗祥题词）、《元春省亲图》（潘天寿题词）、《嫦娥奔月》、《红楼十二金钗》等。《百子图》、《大观图》、《白蛇传》等三十余种图稿，曾由杭州都锦生丝织厂制成织锦，流传四十余国，享誉海内外。著有《冰壶草堂诗文集》。

汤国梨

汤国梨（1883—1980），女，字志莹（邵延淼《辛亥以来人物年里录》作泰莹，误）。乳名引官，笔名影观。青镇（今乌镇）南栅人。原是殷实人家，经清末兵燹，家业夷尽，父亲迫于生计，外出谋生。幼时随父母寄居上海、江阴、汉口等地。九岁父丧，随母亲回故乡，住舅父家中。姊弟三人，国梨居长，自幼助母亲操持家务。聪慧好学，在汉口时曾由父亲教读唐诗，入私塾近二年，其后靠自学至能作诗填词。时新学初兴，革命思潮流入江浙，国梨二十三岁，然渴望求知，不愿走旧式妇女老路，遂谢绝媒妁，去上海务本女校读书。此举颇使乡人惊讶，皆视其为奇女子。在校结识张謇之女张敬庄、张通典之女张默君等，常一起纵论天下大事，颇有男女气概。光绪三十三年（1907），以第一名之优异成绩毕业，应聘于私立吴兴女校，初为教员，后任校长。宣统三年（1911）秋，去上海未久，武昌新兵举行起义，与同学张默君、谈社英等筹组女子北伐队响应。曾募集军费五万元，请示孙中山先生，孙氏指示以宣传教育为急务，遂与张、谈等创办神州女校和《神州日报》于上海。国梨兼任女校教员和报社编辑。民国二年（1913），由张通典（孙中山之秘书长）介绍，与章太炎结婚。婚后月余，"二次革命"爆发，章太炎支持讨袁，遭袁世凯软禁三年，国梨只身在沪，终不妥协，以任家教师自维生计。五年6月，袁死，章太炎重获自由。此后，国梨随丈夫参加社会活动，成章氏得力助手。其先，曾联合各界著名妇女发起成立神话女界共和协济社，最早代表妇女发出"女界参政"之时代呼声。十一年，女权同盟会召开成立大会，被推为大会临时主席，在会上提出"国家、社会、家庭三方面，女子俱有与男子同等参与之必要"等主张，得到社会各界支持。国梨成为中国近代妇女运动中主要领导成员之一。十六年6月，国民党上海市特别党部逮捕章太炎，章氏被迫藏匿，国梨亦受监视。直至二十年"九一八"事变，东北沦亡，章氏夫妇不顾身处逆境，开始奔走呼号，动员抗日。淞沪战起，创办伤兵医院于上海胶州路口，支援十九路军抗战。二十三年春，迁居苏州锦帆路。翌年，章太炎创办章氏国学讲习所，得段祺瑞、宋哲元、冯玉祥等赞助。国梨任教务长。二十五年6月，章太炎病逝于苏州，国梨继承遗志，坚持办学，成立章氏国学讲习所董事会，自任董事长，建立章氏藏书楼，又殚精竭力，整理遗书，筹出《章太炎全集》。二十六年秋，日军入侵苏州，讲习所被迫停办。半年后，至上海创办太炎文学院，自任院长，继续为研究国学培养人才。太平洋战争爆发后，上海沦于敌手，拒向汪伪政权注册，主动停办学院。沦陷期间，数次不顾敌伪威胁利诱，保持民族气节。抗战胜利后，面对国民党的腐败，不受其要职，亦拒去台湾。1950年，出任苏南行政公署专员。1951年，当选江苏省和苏州市首届人民代表，任江苏省文史馆馆员、苏州市妇联执行委员。1958年起，任民革苏州市委副主任、主任。1963年，任苏州市政协委员。"文化大革命"中受到冲击。周恩来总理闻讯，专电指示保护，得以幸免。1979年，国家决定出版《章太炎全集》，汤国梨数十年夙愿终于实现。1980年7月27日，以98岁高龄病逝于苏州。1986年，迁葬于杭州西子湖畔南屏山麓章太炎墓侧。沙孟海题写墓碑。国梨善诗词，工书法。著有《影观诗稿》《影观词稿》。九十高龄后所作书法作品多次在国内外展出。

沈雁冰

沈雁冰（1896—1981），原名德鸿，笔名茅盾，乌镇人。父名永锡，为清末秀才，受洋务运动影响，弃科举，学科学，相信实业救国，赞成变法维新，后随岳父、江南名医陈我如学中医。永锡重视家庭教育，常以"大丈夫当以天下为己任"勉励其子雁冰和泽民立志成才。沈雁冰好学善思，五岁起，由父母教读；八岁入乌镇立志小学，后转入植材高级小学。小学作文中即流露出忧国忧民、扶正祛邪的思想端绪。十岁时丧父，由母亲陈爱珠抚养成人。十三岁小学毕业，考入湖州浙江省立第三中学。一年半后，转入嘉兴省立第二中学。不久辛亥革命爆发，与同学抨击新任学监，被学校除名。民国元年（1912）改入杭州私立安定中学就读，次年毕业。沈雁冰课余爱读古典小说，国文成绩冠于全校，而数学欠佳，未能遵从父命报考理工科，于当年考入北京大学预科第一类（文科）。民国五年毕业，因家庭经济窘迫，便就业谋生。经亲戚介绍，进上海商务印书馆编译所工作。初在英文部，后到国文部，又参加编辑《学生杂志》。初进馆时并无久住之意，后为该馆图书馆丰富藏书所吸引，大量阅读中外书籍，又从《新青年》接受新思潮。七年3月，回乌镇与孔德沚结婚。五四运动开始，思想发生重大变化，更多接触西方书籍，喜爱社会科学。从此积极投身新文化运动和社会革命活动。八年夏秋之交，与胞弟泽民及同乡萧觉先、杨朗垣等，在乌镇组织桐乡青年社，出刊《新乡人》杂志，提倡新思想、新文化，反对旧思想、旧道德和地方恶势力。同时开始业余写作，向《解放与改造》、《新青年》投稿。九年10月（《中国大百科全书·中国文学》作1921年初），经李汉俊介绍，参加上海共产主义小组。翌年7月，中国共产党成立，转为党员，为中共最早的党员之一。九年11月，主编并全部革新《小说月报》。12月，与朱希祖、周作人（皆北大教授）、郑振铎、王统照（时还在求学）、叶圣陶等十二人发起组织文学研究会，倡导"为人生"的写实主义文学。十年1月，文学研究会正式成立。是年以充沛精力，致力于文学革命活动，发表著译约一百三十余篇。十二年，受守旧势力攻击，辞去《小说月报》主编职务，在中共创办的上海大学任教。十二年夏，与泽民等出席崇实小学举办的小学教师暑期演讲会，主讲文学问题。其后又去屠甸崇道小学、乌镇植材小学演讲。当时共产党与国民党之联合战线日益发展。十四年11月，奉中共中央之命，与恽代英等组建国民党左派的上海市党部，任执行委员。年底，被选为左派国民党上海市党部代表，赴广州出席国民党第二次全国代表大会。十五年1月大会结束，留广州，任国民党中央宣传部秘书。时毛泽东为代理部长。3月"中山舰事件"后返沪，任国民党上海市党部宣传长。十六年春，北伐军占领武汉，成立国民政府，被派往武汉任中央军事政治学校政治教官。旋又兼任《汉口民国日报》总主笔。同年4月，上海发生"四一二"反革命政变后，被通缉；7月，武汉政府开始反共时，离开《汉口民国日报》，奉命前往九江。抵九江后却因病未能去南昌，时南昌起义部队已向广东进发。在牯岭养病半月后，潜返上海，失去与共产党组织的联系。在白色恐怖中的上海，转入地下，以写作谋生，创作《幻灭》《动摇》《追求》三个中篇小说（后合为《蚀》三部曲），陆续发表于《小说月报》上。从此以"茅盾"为笔名，开始文学创造生涯。十七年夏，东渡日本，一边养病，一边写作，写成长篇小说《虹》及《中国神话研究ABC》《神话杂论》《西洋文化通论》等书。十九年4月，回到上海，加入中国左翼作家联盟。左联一成立，即遭国民党政府破坏镇压。二十年2月，柔石、胡也频等五位作家被秘密杀害。处于地下的沈雁冰，仍与鲁迅、冯雪峰等继续斗争。是年5月，担任左联行政书记。数月后因病辞职。这一阶段完成长篇小说《子夜》（于二十二年1月出版，二十三年2月被国民党查禁），中短篇小说《路》《春蚕》《秋收》《残冬》《林家铺子》等。又写作杂文、论著，反驳国民党喧闹一时之民族文学。同时担任大型文艺刊物《文学》编委，并协助鲁迅创办《译文》杂志。当左联刊物《萌芽》《拓荒者》被封禁后，与鲁迅、冯雪峰坚持编辑左联秘密机关刊物《前哨》（第二期起改名《文学导报》），并在《申报·自由谈》等报刊上化名写文章，针砭时弊，批评各种反动思想。

民国二十五年（1926）2月，当获悉红军长征胜利到达陕北，与鲁迅发出致中共中央贺电："在你们身上，寄托着人类和中国的将来。"同年10月，和许多文艺工作者一起发表《文艺界同人为团结御侮与言论自由宣言》，号召建立文艺界抗日民族统一战线。二十六年抗战开始，在上海参加《救亡日报》工作，主编《呐喊》（后改名《烽火》）。上海沦陷后，辗转于长沙、武汉、香港、广州等地。二十七年3月，任中华全国文艺界抗敌协会理事；4月，在广州主编《文艺阵地》，又为香港《立报》编辑副刊《言琳》。二十八年3月，抵新疆，在新疆学院任教。4月，任新疆各族文化协会联合会主席。当新疆省省长盛世才反共面目暴露时，借故于二十九年4月离开新疆。5月，抵延安，在鲁迅艺术文学院、陕甘宁边区文化协会讲学。10月抵重庆，任郭沫若主持的文化工作委员会常委。三十年，皖南事变后，国民党统治区政治逆流日趋严重，离开重庆去香港。5月，任邹韬奋主持的《大众生活》周刊编委。9月，创刊并主编《笔谈》半月刊，先后出七期。12月太平洋战争爆发后，日军攻香港，与邹韬奋等经东江游击队的帮助，离港，辗转到达桂林。三十一年底，再赴重庆，投身民主运动。三十一年11月，与郭沫若等联名发信，庆祝苏联十月革命节。三十三年，与老舍等联名要求国民党当局准许言论出版自由。三十四年2月，在郭沫若起草的《文化界对时局进言》上签名，要求结束国民党独裁统治，实行民主，团结抗日。国民党对此大为惊惶，对签名者肆意迫害，沈雁冰毫不畏惧，不为所动。三十五年1月，与巴金等签名发表《陪都文艺界致政治协商会议各委员意见书》，要求结束一党专政，制定和平建国纲领，废止文化统治政策。后又在重庆文化界招待政协代表茶话会上，建议组织全国人民政治协商会议促进会。2月10日，国民党特务捣乱在校场口举行的重庆各界庆祝政治协商会议成功大会，打伤郭沫若、李公朴等六十余人。同月27日沈雁冰与重庆文化界人士一百五十余人发表《为校场口血案告国人书》，要求严惩凶手，实行政协会议的各项决议。抗战期间，主要著作有长篇小说《第一阶段的故事》《腐蚀》《霜叶红似二月花》，散文《风景谈》《白杨礼赞》等。三十四年，创作剧本《清明前后》，当年9月在重庆上演。同年，进步文化界为纪念其五十寿辰和创作活动二十五周年，在重庆举行庆祝会，并发起茅盾文艺奖征文。

抗战胜利后，于民国三十五年（1946）3月离重庆，经广州，5月抵沪。主编《文联》杂志，并参加呼吁和平、争取民主的活动。12月，应苏联对外文化协会邀请，与夫人孔德沚赴苏联参观，次年四五月间回到上海，著《苏联见闻录》《杂谈苏联》。其时国民党当局蓄意发动内战,被迫于年底再赴香港。三十七年7月任《小说》月刊编委。9月,主编在港复刊的《文汇报·文艺周刊》,并创作长篇小说《锻炼》在该刊连载。三十七年底,由香港中共地下组织安排,与夫人和在港民主人士北上沈阳。北平和平解放未久,即赴北平参加中国人民政治协商会议筹备工作。1949年7月,出席中华全国文学艺术工作者代表大会,当选为中华全国文学艺术界联合会副主席、中国文学工作者协会(后改名为中国作家协会)主席。中华人民共和国成立后,任中央人民政府文化部长,并任《人民文学》杂志主编。从此长期担任新中国文化事业领导工作。当选为历届全国人民代表大会代表、历届政协全国委员会常务委员和第四届、五届全国委员会副主席。多次率领中国作家代表团出席国际性会议,当选为世界和平理事会常务委员、中国亚洲团结委员会副主席,为保卫世界和平和发展中外文化交流作出贡献。"文革"中,被迫赋闲。1979年冬,在中国文学艺术工作者第四次代表大会上,当选为全国文联名誉主席、中国作家协会主席。晚年仍不顾衰病,撰写回忆录。

建国后,沈雁冰关心家乡建设,为家乡赋词题字不下十余次。1980年5月在《浙江日报》发表《可爱的故乡》文中说:"漫长的岁月和迢迢千里的远隔,从未遮断过我的乡思。"当年12月,赠给乌镇中学图书一批。

1981年3月27日,沈雁冰病逝于北京。临终致函党中央,表达对共产主义事业坚贞不渝的信念,要求追认为中国共产党党员。中共中央根据其请求和一生表现,决定恢复其中国共产党党籍,党龄从1921年算起。

沈雁冰著作等身,除翻译外,留下一千二百多万字作品(书目见文化编)。自1983年起,人民文学出版社陆续出版四十卷本《茅盾全集》,收录其全部文学著作。

沈雁冰还在临终前把自己的稿酬25万元献给作家协会作为设立一个长篇小说文艺奖金的基金(后定名为茅盾文学奖),奖励优秀长篇小说创作。至今已举行8届。

为纪念沈雁冰(茅盾),1981年浙江省人民政府决定将其故居列为省级重点文物保护单位,后照原貌整修,陈列其生前遗物、照片、手稿、信件、著作等,对外开放。陈云题写"茅盾故居"匾额。1988年,国务院公布乌镇茅盾故居为全国重点文物保护单位。

潘朗

潘朗(1911—1981),字裕璋,笔名潘公昭、潘光祖、宁静、杨义旗等,乌镇人。湖州中学初中毕业后,因家贫入吴兴绮成丝织厂当艺徒,兼靠卖文度日。18岁,考入浙江省兵工讲习所,结业后进省保安队服役。"一·二八"淞沪抗战爆发后,力主奔赴前线,被军方勒令辞职,遂脱离军队。初拟参加抗日救国团体,后又欲徒步北上抗日,皆因故受阻而失望彷徨。民国二十二年(1933)6月,乃以"浙江何君"之名致函上海《申报》"读者顾问"栏,揭露反动军队,倾诉自己衷肠,询问如何继续奋斗。数日后,《申报》全文刊登此信,并指出"真正为民众奋斗,就会得到人民和社会的支持"。此后,各地读者七八十人写信给潘朗,表示同情和鼓励。不久,被《申报》馆录用。初任校对,后被聘为编辑，并参加该报社论起草工作。当时工资不高，生活清苦，潘朗要求进步，好学不倦，工作之余自学文学、历史及英语、日语，研究国际时事。先后被新加坡《南洋商报》聘为通讯员、上海《早报》（马相伯主办）聘为兼任主笔。二十四年夏，由小李（胡乔木）和朱兢洲介绍参加中国共产党地下组织。二十五年，中共领导下的上海职业界救国会成立，被选为理事。后又改任香港《珠江日报》《港报》编辑和主笔。

抗日战争爆发后，以《申报》战地记者身份，到过延安和八路军抗日前线，对八路军英勇抗战，作忠实报道。抗战期间，先在香港，通过《珠江日报》《申报》（港版），向海内外宣传抗日。民国二十九年（1940），去重庆主编《国讯》（即《救国通讯》，黄炎培等创立的中华职业教育社所办）。三十年，复回香港，主持《国讯》（港版）和中国民主同盟的《光明报》编务。

民国二十八年（1939），因与基督教徒赵淑芬结婚，而与中共地下组织失去联系。三十六年 1 月重新参加中共。时任《国讯》《展望》主编和苏商《时代日报》俄文翻译。当时，国民党统治区内进步报刊相继被查封，《展望》是唯一由中共上海地下组织所掌握的宣传阵地。三十七年 12 月，受党派遣去香港，入《星岛日报》及《华商报》社工作。

广州解放后，参与筹建《南方日报》，任编委和总编室主任。1953 年，赴朝鲜战场。朝鲜停战后，调任国务院对外文化联络委员会科长，后改任专员，主管对外宣传和国际文化调研工作。在钻研政策、确定选题、搜集资料情报、组织翻译撰稿，以及接待外宾等方面，作出很大成绩。1963 年 10 月，调外文出版局任业务办公室二处副处长。

"文化大革命"期间，遭严重迫害，心身备受摧残，家属亦受株连。粉碎"四人帮"后，潘朗夫妇（继室张秀龄）得到平反并恢复工作。

潘朗出身贫寒，全赖勤奋刻苦，自学成才，通英、法、俄、日数国外语。为人正直忠厚，襟怀坦荡，待人热诚友善，工作认真负责，任劳任怨。毕生从事新闻出版事业，编著和翻译作品甚丰，然大半在"文化大革命"中遗失，其残存的 1945 年至 1962 年间的著译尚有《越南民族运动史》《今日的台湾》《东南亚各国内幕》等编著 16 种，《现代美国》《美国的政党》《印度游记》等译著 11 种。

沈裕君

沈裕君（1882—1982），名承宽，号待翁，乌镇人。善登之子、炳垣之曾孙。清光绪年间秀才，曾任清朝民政部疆理司图志馆编纂员。民国初年，历任军咨府科员、四川成武将军署秘书、巡按使公署科长、绥远垦务督办衙门实业处处长、江西省长公署秘书长等职。民国十六年（1927），辞官迁居北京。二十一年，举家南迁苏州。当时有人举荐复出为官，约以入国民党为条件，沈裕君拒绝，而以变卖古玩字画度日。二十六年抗战爆发，曾随叔父善保回乌镇小住。后避难临安县青云桥。未经年，仍回上海租界，蜗居于一亭子间。沈裕君性梗直，重民族气节。三十年冬太平洋战争爆发，日军进占租界，汪伪政权托人诱以高官厚禄，沈裕君严辞拒绝，不肯屈节事敌。善书法，尤精篆书。时梅兰芳办画展鬻画，亦邀其展出书法。惟平时惜墨如金，作品罕有传世。建国后，任中央文史馆馆员。60年代，应荣宝斋征购，创作少许。曾与女画家潘素合作《松柏献寿图》赠毛泽东主席。《辛亥革命七十周年书法展览纪念册》《当代楹联墨迹选》等，收其篆书对联。中央文史馆保存其遗墨一幅。

毛树清

毛树清（1917—1997），梧桐镇人。1929年毕业于桐乡县立崇实小学，同年考入嘉兴省立二中。1933年就读于嘉兴秀州中学高中部，1936年毕业，考入中央政治大学新闻系。毕业后，应中央训练团之聘主编团刊。同年赴鄂西恩施，任《新湖北日报》总主笔。嗣后在重庆任《国民公报》主笔，又赴昆明，任《中央日报》总主笔。抗战末期与卜少夫、丁中江等人在重庆创办《新闻天地》。1944年奉令去欧洲，任中国驻欧洲盟国远征军最高司令部联络官，并兼《中央时报》随写记者。三年后定居美国，在纽约创办华文报刊《中国时报》。70年代初，兼任台湾淡江大学、清华大学、中兴大学教授。1979年任中华战略学会常务理事。同年4月兼任《香港时报》董事长。

毛树清除撰写专栏外，出版有多种政论著作，影响遍及海外，是享誉欧美台港的国际著名政论家。主要著作有《美国两党政治》《詹森传》《世界新闻史讲义》《艾森豪威尔总统与美国国会》《世界新闻史讲义》《肯尼迪詹森时代》《水青时论》《美国的蜕变》等。

范志云

范志云（1911—1998），字伯寿，崇福镇人。自幼随当地民间琴师李廷华学琴，先学琵琶，后学二胡、三弦、笛子等。10岁入崇德县立乙种商业学校学习，13岁考入浙江省甲级商业学校，1927年毕业。回家不久便继承父业，在镇上经营范长裕纸张店，业余仍练琴不辍。曾向著名琵琶演奏家汪煜庭虚心请教，刻苦练习，演奏技艺得以提高。

30年代初，范志云去无锡求师，遇见瞎子阿炳（华彦钧）正在街头演奏，即请阿炳到旅馆切磋琴艺，成了阿炳的琴友。

1954年春天，在上海的音乐欣赏会上，范志云演奏了阿炳的琵琶曲《龙船》，得到著名音乐家吴梦飞赞赏。此后，上海人民广播电台热情邀请范志云录制《龙船》和《大浪淘沙》，在上海人民广播电台音乐节目中多次播放。1957年被错划为右派，下放农村劳动。1978年平反，1985年县文联吸收他为会员。1986年12月中央人民广播电台播出了介绍范志云的专题节目和他演奏的《大浪淘沙》《龙船》等琵琶曲，全国各地二十多家电台先后转播。省文化部门还授予他"民间艺术家"称号。

钱君匋

钱君匋（1907—1998），屠甸镇人。原名玉棠，学名锦堂，字君匋，以字行，别署午斋、豫堂，居室名无倦苦斋、抱华精舍、新罗山馆等。1922年就读于上海艺术专科师范学校，由刘质平主授音乐，丰子恺主授素描，吴梦非主授图案，陈抱一主授油画，在校成绩名冠侪辈，1925年毕业后在浙江省第六中学任音乐教师，浙江私立艺术专门学校任图案教授，上海市澄衷中学任图画教师。1927年担任开明书店音乐美术编辑兼书籍装帧设计。1931年任神州国光社专职美术编辑。1937年，与李楚材、陈恭则等合办万叶书店，任编辑主任，并主编抗日救亡文艺期刊《文艺新潮》月刊。同时，又编辑出版《文艺新潮小丛书》。1945年进巴金主持的文化生活出版社任美术编辑。建国后历任新音乐出版社总编辑，音乐出版社副总编辑。1980年以后，分别在北京、上海、长沙举办书画篆刻装帧艺术展。1986年应美国、日本、新加坡、菲律宾等国及香港、澳门等地的艺术院校之请，前往讲学，并举办展览。1987年将毕生收藏的明清及近现代书画篆刻等珍品4083件捐献故乡，桐乡市人民政府为保存这批珍贵文物，建造君匋艺术院，聘任其为君匋艺术院院长。

钱君匋年少聪慧，爱好书画，与时居屠甸的画家孙增禄和徐菊庵成了忘年之交。18岁时随吕凤子拜见吴昌硕，使他获益终身。又有幸接触李叔同、齐白石、丰子恺、鲁迅等，加之钱君匋勤奋好学，终成一代大师。书法涉猎广泛，善于兼取博收，擅多种书体。篆法致力于邓石如、吴让之、赵之谦，隶书宗《乙瑛碑》《史晨碑》旁及汉简帛书，魏书师法《龙门二十品》，草书则得益于怀素、张旭。书作结体精严，笔意酣畅，跌宕生姿，自具风貌。篆刻则功底深厚，风格多样，善刻巨印长跋，尤喜自作散文刻为边款，印面力能扛鼎，边款灵气荡漾。钱君匋的绘画，取八大、青藤、白阳、赵之谦、吴昌硕诸家之长，笔墨简洁，苍劲老辣，意境高古，无时下习。

钱君匋多才多艺，书籍装帧艺术，格调清新，二三十年代鲁迅、叶圣陶、巴金、茅盾、郁达夫著作之封面设计，不少出自他手，曾有"钱封面"之誉。新诗和散文创作亦名重一时，在我国新文艺运动中有其不可磨灭的贡献。

钱君匋以其艰辛的努力，遍涉书籍装帧、音乐、新诗、散文、书法、绘画、篆刻、艺术理论以及教育、编辑、出版、收藏等诸多领域，并取得了高度的艺术成就，成为20世纪中继李叔同、丰子恺之后艺兼众美、才情卓越的艺术家之一。

出版有：《春梦痕》《摘花》《战地行脚》《书衣集》《艺苑论微》《水晶座》《中国儿歌选》《小学校音乐集》《长征印谱》《钱君匋作品集》《鲁迅印谱》《钱君匋印存》《君匋印选》及《海月庵印剩》《无倦苦斋印剩》《钱君匋书籍装帧艺术选》等数十卷。编有：《钱君匋篆刻选》《豫堂藏印甲集》《豫堂藏印乙集》《丛翠堂藏印》。并与叶潞渊合著《中国玺印源流》，有日译本等。曾任中国书法家协会上海分会常务理事，上海音乐出版社副总编辑，上海市政协第三、四、五、六届委员，上海市文联委员，书协上海分会名誉理事，美协上海分会常务理事，上海文史馆馆员，西泠印社副社长，君匋艺术院院长等。

刘雪樵

刘雪樵（1919—2001），原名永杯，四川三台人，寓居桐乡。早年毕业于苏州美专。浙江省美协会员，嘉兴政协书画会、桐乡市美协顾问。擅画写意花鸟。喜书法，爱工艺，能鉴别，对名砚尤有研究。曾任浙江省政协委员，嘉兴市政协常委。

岳石尘

岳石尘（1902—2003），字曼倩，晚号肯堂老人，濮院镇人。为岳飞二十八世孙。十七岁师从仲小某，习山水、人物、花卉。后专攻翎毛花卉，复远宗徐熙、黄筌，近得任颐、张熊、朱偁之精髓，所作清秀磊落，严谨中有古逸气。1937年与夏贞叔、仲咏沂等人创办"梅泾书画社"，1960年应聘任苏州"吴门书院"画师。1975年退休返里，继续从事书画创作。80岁后应邀于北京、上海、杭州、苏州、长春、沈阳、吉林等地举办画展。1992年10月为纪念中日邦交正常化20周年，随浙江省友好代表团出访日本。

岳石尘擅画牡丹、月季、秋菊、松石等，尤以牡丹最为著名，黑牡丹高雅秀润，形神兼备，翎毛以瓦雀最为擅长，得其飞鸣觅食之态，生气盎然，笔墨精到，惹人喜爱。著名书画家谭建丞对岳石尘的花鸟画十分钦佩。曾题诗赞曰："徐黄妙笔有传人，功力谁如岳石尘？底用狰奇争险怪，光明斯世物同春。"

岳石尘多次入选书画篆刻家词典、名鉴，如《中国现代书画家大辞典》《中国现代书画篆刻家名鉴》等。出版有：《岳石尘书画集》《岳石尘画选》《花鸟册页》等。曾任浙江省文史馆馆员、中国美术家协会浙江分会会员、嘉兴市文联副主席、君匋艺术院顾问、桐乡市文联名誉主席。

丰华瞻

丰华瞻（1924—2005），丰子恺长子，小名瞻瞻。1945年重庆中央大学外文系毕业。后任北京图书馆编辑。1947年考入北京大学文科研究所深造。1948年至1951年在美国伯克利加州大学研究院英国文学部留学。1951年后任上海复旦大学教授。

曾任上海外文学会秘书长及常务理事，上海市作家协会、翻译家协会会员，中国比较文学会员。译著有《格林姆童话全集》《丰华瞻译诗集》《中西诗歌比较》《象征主义》《世界童话小说选》《挪威民间故事》等。

商守箴

商守箴（1923—2006），字幼昌，史桥人。1947年毕业于苏州美术专科学校，师从颜文梁、张眉荪。曾任上海虹桥中学美术高级教师，中国美术家协会上海分会会员，民革香山画会会员。擅水彩画，其作品风格朴素，崇尚写实，多为表现上海的风貌人情。

2000年曾应邀在台湾高雄举办画展并出版画集，出版有《商守箴水彩画集》。

徐肖冰

徐肖冰（1916—2009），梧桐镇人。1932年在上海天一、明星影片公司、西北电影公司任摄影助理，参加过《风云儿女》《自由神》《都市风光》《马路天使》《十字街头》等进步影片的摄制工作。1937年抗战爆发后，在太原投身革命。1938年初参加组建八路军延安电影团，参加拍摄大型新闻纪录片《延安与八路军》。1939年1月赴华北敌后抗日前线，先后在晋西北、晋察冀、太行等抗日根据地拍摄电影和照片。1940年参加了著名的百团大战战地摄影采访。1941年返回延安后参加拍摄《生产与战斗结合起来》《党的七大》等影片，同时拍摄了大最新闻照片。1942 年加入中国共产党。1946 年春调东北电影制片厂工作，参加拍摄了《活捉谢文东》《农民翻身》《第六次全国劳动大会》《土地改革》《解放长春》《解放东北的最后战役》《东北三年解放战争》等多部影片。

1949 年，徐肖冰调任北京电影制片厂编导，参加拍摄《毛主席朱总司令莅平阅兵》《新政治协商会议》《筹备会成立》《新中国的诞生》等新闻纪录片。与苏联合作摄制《解放了的中国》纪录片，获 1949—1955 年优秀纪录片一等奖，徐肖冰为中方主创人员之一，1950 年获斯大林奖金一等奖。

1950 年朝鲜战争爆发后，徐肖冰率领新闻摄影队随中国人民志愿军入朝，拍摄了《抗美援朝第一部》《英雄赞》等影片。1953 年任中央新闻纪录电影制片厂摄影队总队长、副厂长，拍摄了《开国大典》《英雄赞》《青春万岁》《解放大陈岛》《美丽的西双版纳》《万象更新》等影片。

1978 年后任中国摄影家协会主席。1989 年与侯波合作出版摄影作品集《路》，获国家图书奖，主编《长江》画册，出版口述自传等。1993 年将自己和侯波拍摄的部分照片一千余幅捐献家乡。桐乡市人民政府为保存这批珍贵摄影作品，建立侯波徐肖冰摄影艺术馆，成为全国首家摄影艺术博物馆。2004 年 12 月与侯波共同出版《毛泽东之路——画说毛泽东和他的战友》。2005 年被人事部、国家广播电影电视总局授予"国家有突出贡献电影艺术家"称号。2006 年获摄影大师称号。2007 年获造型艺术成就奖。2009 年获中国摄影金像奖终身成就奖。曾任中国摄影家协会第二届主席，一、三、四届副主席，北京市第一、二届人大代表，第九届全国总工会执委，中国电影摄影师学会副主席，中俄友好协会、中朝友好协会理事，宋庆龄基金会、中国电影基金会名誉理事，中国根艺美术学会名誉主席等职。

吴𪩘木

吴𪩘木（1921—2009），名彭，号小铕，崇福镇人。幼年随父吴待秋迁居苏州。1943 年毕业于复旦大学经济系，后在上海中国银行国库局任职。1949 年辞去银行职务，离沪返苏，于家研习书画，凡九年。1958 年苏州工艺美术专科学校成立，应聘执教于该校，并任绘画专业组组长。1969 年，工艺美校改为苏州 34 中，改任高中英语教师。1972 年，调苏州市文化创作室，从事国画创作。1978 年苏州国画馆恢复，为该馆画师。1981 年，苏州国画馆升格为苏州国画院，任副院长。1990 年任苏州国画院院长，1995 年任名誉院长。曾为人民大会堂作巨幅《万竿烟雨图》，为周恩来纪念馆作《万顷浩瀚总理情》。作品曾在美国、德国、加拿大、丹麦、比利时等国家展出。主要著作有《山水画传统技法解析》《中国画技法概论》，主编《中国古代画家辞典》。曾任江苏省文史馆馆员、江苏省工艺美术学会会长、吴门画派研究会会长、苏州市文联艺术指导委员会委员，苏州市第九、十届人大常务委员会委员，苏州市政协第二届委员，中国民主促进会江苏省第二、三、四届委员会委员，苏州国画院、苏州工艺美术职业技术学院名誉院长。

丰陈宝

丰陈宝（1920—2010），丰子恺长女，是读者非常熟悉的丰子恺笔下的"阿宝"。1941年在贵州遵义考入内迁的浙江大学。1942年考入内迁重庆沙坪坝的中央大学外文系。1945年毕业后在南开中学任英文教师。1946年返回杭州，任杭州中正中学、浙江大学附中、苏州中学英文教师。1951年考入中央音乐学院华东分院研究室，从事翻译工作。1970年先后调至音乐出版社、上海文艺出版社、上海译文出版社任编辑。1979年退休。1994年被聘为上海文史馆馆员。

著有《丰子恺传》《丰子恺文集》《丰子恺漫画全集》《爸爸的画》《丰子恺随笔精粹》《缘缘堂子女书》等。

木心

木心（1927—2011），本名孙璞，字仰中，号牧心，笔名木心，乌镇人。5岁时迁居东栅财神湾孙家花园。他从小受到很好的传统私塾教育，1946年进入刘海粟创办的上海美专学习油画，后入杭州国立艺专继续探讨中西绘画。曾任杭州绘画研究社社长、上海工艺美术家协会秘书长、上海市工艺美术中心总设计师、《美化生活》期刊主编，以及交通大学美学理论教授。

著有散文集《琼美卡随想录》《散文一集》《即兴判断》《素履之往》《马拉格计画》《鱼丽之宴》《同情中断录》，诗集《西班牙三棵树》《巴珑》《我纷纷的情欲》《云雀叫了一整天》《会吾中》《伪所罗门书》等；小说集《温莎墓园日记》等。自1982年起长居美国纽约，并盘桓南北欧，游历甚广。2006年回乌镇定居。

卢东明

卢东明（1949—2011），安徽宣城人，寓居桐乡。1968年毕业于浙江美术学院附中。职业油画家。浙江省美术家协会会员、浙江省油画家协会会员。作品曾参加第七、第八届全国美展，曾获浙江省美术作品银奖和优秀作品奖。作品先后赴香港、台湾及新加坡、韩国、美国、英国展览。

作品《家园》1989年获浙江省优秀作品奖，入选第七届全国美展。《粗茶淡饭》1994年获浙江省银奖，入选第八届全国美展。《素笋与书卷》入选2001年中国美协中国油画大展。出版有《卢东明吉琳油画解析——高校美术类参考教材》等。

程乃珊

程乃珊（1946—2013），祖籍桐乡。1964年高中毕业后考入上海教育学院英语班，1965年毕业，分配到中学教书十余年。1983年加入上海作家协会，后从事专业创作。1985年加入中国作家协会。1990年定居香港。曾任中国农工民主党上海市委委员，上海基督教女青年会董事，上海市政协第六、七届委员，上海市文学发展基金会理事。

程乃珊从小在上海、香港长大，她的祖父程慕灏是著名的银行家，是上海乃至全国金融界巨子之一，晚年还担任着香港中国银行顾问。程乃珊既有对上层工商、金融界生活的丰富感受，又经历过"文革"十年的变故和磨炼，长期在平民区教书，使她能够用另外一种眼光看待自己的家庭所在的那个社会圈子，这一切都为她的小说创作提供了有利的条件。她的第一篇小说《妈妈教唱的歌》发表于《上海文学》1979年第7期，从此开始了她的文学生涯。

著有《天鹅之死》《蓝屋》《女儿经》《你好，帕克》《香江水　沪江情》《金融家》《银行家》《让我对你说——寄自灵魂伊甸园的信札》《上海探戈》《都会丽人》《上海生死劫》《福乐会》《喜福会》《上海 Lady》《上海 Fashion》《上海罗曼史》《海上萨克斯风》等。

第二节　人物简介

韩世钟

韩世钟（1928—　　），濮院镇人。早年就读于敬业小学。1946年考入南京市立第五中学高中部。1950年考入复旦大学，攻读外文系德国语言文学专业。1952年全国院系调整并入南京大学学习。先后在民主德国工业展览会、波兰经济展览会和民主德国艺术展览会等机构任口译。1954年在上海新文艺出版社任外文助编、编辑。嗣后一直在上海出版系统工作。曾任上海译文出版社第一编辑室副主任、编审。1983年作为文化部代表团成员访问联邦德国，与北莱茵—威斯特法伦州对外协会商谈合作出书事宜，讨论中德文学翻译及文化交流。1989年退休，返聘为译文出版社学术委员。

译著有《鱼从头臭起》《罐头里的孩子》《豪夫童话全集》《冷酷的心》《斯居戴里小姐》《歌德戏剧三种》《世界名诗鉴赏金库》《灰姑娘》《艾菲·布里斯特》《库密阿克一家》《戏剧两种》《雄猫穆尔的生活观》《一个女人一生中的二十四小时》《在最后一节车厢里》《春到人间》《格林童话精选》等。

丰一吟

丰一吟（1929—　　），丰子恺幼女。1943至1948年就读于国立艺术专科学校应用美术系。1953年毕业于中苏友协俄文学校。1961年起历任上海编译所、上海人民出版社编译所译员。1980年进上海社科院文学研究所任翻译。副译审。1994至1996年分别赴新加坡、菲律宾、马尼拉、马来西亚举行个人书画义展。1994年被聘为上海文史馆馆员。

出版《丰子恺文集》艺术卷（丰陈宝、丰元草、丰一吟合编）、《丰子恺文集》文学卷（丰陈宝、丰一吟合编）、《潇洒风神——我的父亲丰子恺》《丰子恺漫画全集》（丰陈宝、丰一吟合编）、《爸爸的画》（丰陈宝、丰一吟合撰）、《天与我相当厚》等。

徐昌酩

徐昌酩（1929—　　），乌镇人。六岁入乌镇植材小学。1946年去上海新大织造厂学习织造纹样设计。1951年至1954年在上海山河美术研究室进修西洋画。1954年至1985年任职上海外贸公司，负责对外宣传、设计、展览等工作。1959年又受聘上海广告公司设计室主任。1972年获美国波明代公司设计奖。1977年当选上海市第七届人大代表。1985 年调入中国美协上海分会工作。1987 年后在美国、比利时、日本、新加坡、马来西亚、香港等地举办个人画展。

曾任中国美术家协会上海分会副主席兼秘书长、上海市文联委员、上海中国画院兼职画师、上海大学美术学院兼职教授、上海城市雕塑艺术委员会副主任、上海广告公司顾问。

出版有《徐昌酩装饰画》《徐昌酩动物装饰画集》《徐昌酩漫画集》等。

王斯德

王斯德（1936—　），乌镇人。早年就读于乌镇第一完小、桐乡县中。1956 年考入华东师范大学。1960 年毕业，留校任教。曾任华东师范大学历史系教授、博士生导师，曾先后担任历史系副主任、主任。现任中国国际关系史研究会理事兼副秘书长，中国世界近现代史研究会、上海国际关系研究会、上海市世界史研究会理事。享受国务院特殊津贴。

王斯德长期从事二十世纪世界史的教学和研究，主要侧重于现代国际关系史和苏联史两大方面的研究。编有《第二次世界大战起源历史文件资料集》《第二次世界大战起源研究论集》《世界现代史》（上册）、《世界现代史参考资料》（上册）、《世界当代史参考资料》《世界当代史》《新编苏联史》《第二次世界大战事件人物》《世界通史》等。

夏飞云

夏飞云（1936—　），濮院镇人。1953 年毕业于梅泾中学（今桐乡三中），同年考入上海音乐学院附中，随王人艺学小提琴。1956 年考入上海音乐学院本科民族音乐系。1961 年毕业于上海音乐学院指挥专业，毕业后留校执教。

1958 年后在上海交响乐团、上海民族乐队、管弦乐队、中央民族乐团、上海京剧团中西综合乐队、上海电影乐团任指挥。1965 年指挥上海音乐学院师生合唱团演唱了具有京剧风格的《回答今日的世界》，蜚声乐坛。1978 年，随上海京剧团《智取威虎山》剧组赴日本八大城市演出。

1978 年以后曾在《乐器科技》《文汇报》《音乐艺术》《人民音乐》《中央音乐学院学报》等刊物上合作发表过《关于我国管弦乐队》《关于我国民族管弦乐队体制改革的探讨》《波姆体系与民族管弦乐器的改革》《乐器工具释》《组键结构逻辑功能推导》等十余篇论文。

方伯荣

方伯荣（1940—　），史桥乡人。早年就读于启新小学、桐乡一中。1963 年杭州大学中文系毕业后从事师范院校教育工作，曾任嘉兴教育学院中文系主任、教授，享受国务院特殊津贴。

编有《历代名赋赏析》《历代散曲鉴赏》《现当代名"记"艺术谈》《快乐作文训练百例》。著有《写作指导新教程》《清代小令品读》《走过雨雨晴晴》《狂热年代》《狂野·狂热》等。

钟旭洲

钟旭洲（1941—   ），百桃乡人。工艺美术师，中国钱币学会、亚洲钱币学会会员。就读于桐乡一中，后考入浙江美术学院（现中国美术学院）国画系。毕业后选送入伍，1979年转业到杭州工作。从事古钱币收藏30余年，尤其在南宋钱币收藏和研究上成果卓著，曾主编《中国钱币大辞典》"南宋卷"。2010年，钟旭洲将其毕生收藏的珍贵钱币悉数捐献给桐乡市人民政府，桐乡市人民政府建造钟旭洲钱币艺术博物馆以收藏其藏品。

吴蓬

吴蓬（1941—   ），字抱虹，又字稚农，室名蓬岚阁、白雪斋。石门镇人。善古琴，精篆刻，创立"五行品味说"。著作颇丰，有《白雪斋画学丛书》《芥子园画谱·吴蓬临本》《蓬岚阁画谱》《研田耕耘录》《五行品味图鉴》《笔墨图说》《东方审美词汇集萃》《速写艺术》《甲骨文书法》《颐和园长卷》《白雪斋兰谱》《白雪斋竹谱》《白雪斋石谱》《吴蓬画集》等。《江南农耕风情长卷》被时人誉为当代的《清明上河图》。

2002年后，曾在中国教育电视台、中央数字电视书画频道作国画讲座。为上海艺术研究所研究员、中央数字电视书画频道特聘教授、中央国家机关美术家协会名誉主席。

曹文驰

曹文驰（1942—   ），崇福镇人。1966年毕业于中国美术学院中国画系山水专业，师承陆俨少、顾坤伯、陆维钊、沙孟海等人。现为浙江省山水画研究会副会长、中国美术学院客座教授、浙江当代中国画研究院副院长、顾坤伯研究会副会长、陆俨少研究会研究员，杭州画院国家一级美术师。

著有《曹文驰山水画集》《中国名家名画——曹文驰水墨山水作品集》《曹文驰山水速写》。

鲍复兴

鲍复兴（1942—   ），别署三西堂主人，濮院镇人。擅篆刻、书法。篆刻师秦汉古玺印，苍浑古茂。书法多作金文，清新古雅。

曾任浙江省博物馆副馆长、浙江西湖美术馆馆长、浙江省书协篆刻创作委员会主任。为西泠印社社员、中国书法家协会会员、省书协篆刻创作委员会顾问。

著有《紫玉锦言印集》《鲍复兴印存》《茅盾小说人物篇目印谱》《鲁迅小说人物篇目印谱》《印之缘》，编有《濮院名家书画集》《沙孟海全集篆刻集》）。

徐芒耀

徐芒耀（1945—   ），祖籍崇德。1966年毕业于浙江美术学院附中；1978年考入中国美术学院油画系研究生班。1980年获全国第二届青年美展银奖，同年毕业，留油画系任教。1984年至1986年由文化部与中国美术学院选派赴法国巴黎国家高等美术学院深造，入皮埃尔·伽洪教授工作室研习现代具象油画。1987年获首届中国油画展金奖。90年代后多次以访问学者的身份赴法国，在巴黎国家高等装饰艺术学院和法国CYAL色彩协会进行学术交流与研讨。1998年调离中国美术学院,任上海师范大学美术学院教授、院长。2002年加入联合国教科文组织所属国际造型协会,2004年受聘为中国艺术研究院中国美术创作院特聘研究员。2006年被中国艺术研究院聘为院外画师。

曹松豪

曹松豪(1947——　),濮院镇人。早年就读于上海市敬业中学和北京第二外国语学院法语系。1978年至2007年供职于中共中央对外联络部,期间曾两次常驻巴黎。业余从事写作和翻译。曾任中共中央对外联络部法语干部、中国法兰西研究会常务理事、中国驻法兰西大使馆政务一等秘书。

译著有《桑戈尔诗选》《密特朗传》《贝洛童话》《法国社会主义简史》《希拉克传》《黎塞留传》《戴高乐传》《希拉克传1986—2006》《见证——萨科齐自述》。著有《叛逆与浪漫——萨科齐传》。

钟桂松

钟桂松(1953——　),炉头镇人。1976年毕业于湖州师范学校中文系。曾任炉头中学教师,桐乡县委宣传部干事、副部长,文化局局长、文联主席,浙江电视台副台长、常务副台长,浙江广播电视集团副总裁、党委委员,浙江电视台台长、党委书记,浙江省新闻出版局(版权局)局长、党组书记,省政协常委、文化卫生体育委员会主席。

笔名金重,1981年开始发表作品,中国作家协会会员,中国茅盾研究会副会长。著有《茅盾少年时代作文赏析》《茅盾的青少年时代》《人间茅盾——茅盾和他同时代的人》《茅盾传》《写意丰子恺》《丰子恺的青少年时代》《永远的茅盾》《茅盾》《茅盾传》《二十世纪茅盾研究史》《天涯归客——陈学昭》《茅盾散论》《丰子恺:含着人间情味》《沈泽民传》《茅盾画传》《与丰子恺侃缘缘堂》《与茅盾养春蚕》《茅盾与故乡》等。

茅威涛

茅威涛(1962——　),梧桐镇人。1979年高中毕业后,考入桐乡县越剧团,由剧团选送,去浙江艺术学校进修。在上海演出《卖油郎独占花魁女》时,得尹桂芳、尹小芳赏识,成为尹桂芳的第三代弟子。1982年毕业于浙江省艺术学校。同年进入浙江小百花越剧团。演出的《盘妻索妻·露真》获优秀小百花奖。1984年赴北京参加国庆演出,获第二届中国戏剧梅花奖,被誉为"五朵金花"之首。1991年9月任浙江小百花越剧团副团长。1997年当选为中国文联委员。1998年当选为中国戏剧家协会副主席。1999年7月任浙江小百花越剧团团长。1999年当选为浙江省戏剧家协会副主席。全国人民代表大会第七、八、九、十、十一届代表。曾多次赴香港、澳门、台湾等地区和泰国、新加坡、日本、美国、西欧多国演出。

1985年《汉宫怨》《何文秀·哭牌算命》获第二届梅花奖。1993年《陆游与唐琬》获文化部第三届文华奖。1994年《西厢记》获文化部第四届文华奖。1995年由文化部、人事部授予全国文化系统先进工作者称号。1998年获浙江省第五届"十大杰出青年"称号、全国百家"艺德双馨"文艺工作者称号、第二届浙江鲁迅文化艺术奖。1999年《孔乙己》获首届"中国曹禺戏剧奖"、文化部第九届文华奖、第十届上海"白玉兰主角奖"、中国戏剧节奖、中宣部第七届"五个一工程奖"。2003年获中日戏剧友谊奖。同年《陆游与唐婉》获国家十大舞台艺术精品工程精品剧目。2004年获国家人事部和中国文联联合颁发的全国30名中青年"德艺双馨"文艺工作者称号。同年《藏书之家》获文华新剧目奖。2005年获浙江省首批特级专家称号。2007年获首届中国戏剧奖"梅花大奖"。同年获"浙江骄傲"最具影响力人物。2008年获浙江省省级文化系统十大岗位模范人物。2009年获第三届华鼎奖。2010年《梁山伯与祝英台》获第十三届文化表演奖。同年获全国劳动模范和先进工作者荣誉称号。

陈娟红

陈娟红（1969—　　），濮院镇人。1981年至1984年在桐乡三中就读。在浙江省第八届运动会上获女子跳高冠军。后在桐乡毛纺厂工作。1990年入选杭州喜得宝时装队，同年去深圳国展中心队。1991年获92世界超级模特大赛中国选拔赛暨第二届中国模特表演艺术大赛冠军。1992年赴美国参加92世界超级模特大赛获得"世界超级模特"称号。1993年作为中国形象代表随中国政府代表团赴意大利访问。1995年作为中国形象代言人随中国政府代表团赴非洲访问。1997年在中国国际服装博览会上被评为"中国最佳模特"。1998年荣获"江汉杯"首届中国时装文化奖——98′最佳时装模特。同年创办北京概念久芭模特公司，开创股份制模特企业。2002年任世界最佳模特大赛中国选拔赛评委。2003年任CCTV模特大赛总决赛评委。2004年任"皮尔·卡丹"国际模特大赛总决赛评委。2005年任国际超模大赛总决赛评委。2006年任国际超模大赛中国区总赛评委。同年被上海国际时尚联合会聘为上海国际时尚联合会副会长。2007年被评为让美影响中国"2007中国最美五十人"。同年成立北京大旗时代文化发展有限公司。2008年被邀请担任中华杰出女性协会常务理事。2009年被评为"中国骄傲·第8届中国时代十大新闻人物"称号。同年在桐乡市开设大旗时代文化传播有限公司。

徐晓冬

徐晓冬（1975—　　），梧桐镇人。演员。北京电影学院94表演系本科班毕业。现任职于北京电影制片厂演员剧团。在《群众演员》《大喜之家》《李知凡太太》《无悔的忠诚》《刑警启示录》《衙门口》《生死兄弟》《跨国阴谋》中饰演角色。

姚笛

姚笛（1982—　　），洲泉镇人。演员。毕业于北京电影学院表演系。曾在杭州市艺校学习越剧专业，一直饰演林黛玉这一角色，参加"红楼梦中人"的选秀，成为新版红楼梦中王熙凤的扮演者。曾在电视剧《护国大将军》《裸婚时代》《孽债》《变身男女》中饰演角色。2009年获最具潜质青年影视演员奖，2010年获最具突破演员奖，2011年获第13届学会奖（金凤凰奖）新人奖等。

第三节　文化系统高级、中级专业技术人员名录

　　1987年，文化系统开始评职称，每年由个人申报，单位初审，文化局审核，人事局资格审查后，报嘉兴市文化局、省文化厅评审通过后，分别由嘉兴市、浙江省人事部门行文公布资格。历年来全市文化系统已有高级职称17人，中级职称114人，现列表如下（以取得资格时间为序，截止日期为2014年底）：

桐乡市（县）文化系统高级专业技术人员名录

职称系列	姓　名	性别	职称	工作单位	取得资格时间	备　注
群文系列	徐春雷	男	副研究馆员	桐乡市文化馆	1995	1996年退休
	罗佩英	女	副研究馆员	乌镇文化站	2007	
	盛欣夫	男	研究馆员	桐乡市文化馆	2008	2009年退休
	张剑秋	男	副研究馆员	桐乡市文化馆	2008	2011年退休
	祝汉明	男	副研究馆员	桐乡市文化馆	2009	2011年调嘉兴
	颜剑明	男	副研究馆员	桐乡市文化馆	2011	
	朱荣耀	男	副研究馆员	桐乡市文化馆	2013	
文博系列	张梅坤	男	研究馆员	桐乡市博物馆	2000	2010年卒
	张丽敏	女	副研究馆员	桐乡市君匋艺术院	2007	2011年调钟旭洲钱币博物馆
	茅威放	男	副研究馆员	桐乡市君匋艺术院	2011	
	周伟民	男	研究馆员	桐乡市博物馆	2012	
	朱宏中	男	副研究馆员	桐乡市博物馆	2014	
图书系列	苏丽琴	女	副研究馆员	桐乡市图书馆	2007	2010年调君匋艺术院
	韩鹤鸣	男	副研究馆员	桐乡市图书馆	2010	2012年退休
电影系列	王志华	男	主任技师	桐乡市电影公司	1988	1995年退休
艺术系列	石莉莉	女	二级演员	桐乡市越剧团	2009	
	来荣祥	男	二级演员	桐乡市文化艺术服务中心	2012	

桐乡市（县）文化系统中级专业技术人员名录

职称系列	姓名	性别	职称	工作单位	取得资格时间	备　注
群文系列	沈伯鸿	男	馆员	桐乡市文化馆	1987	1994年调君匋艺术院
	李渭钫	男	馆员	桐乡市文化馆	1987	1997年退休
	张振刚	男	馆员	桐乡市文化馆	1987	1992年调图书馆
	任黎明	女	馆员	桐乡市文化馆	1987	1987年退休
	王庆渭	男	馆员	桐乡市文化馆	1988	2001年卒
	鲍菊芬	女	馆员	桐乡市文化馆	1994	2002年退休
	史松正	男	馆员	桐乡市文化馆	1996	2001年退休
	徐丽萍	女	馆员	桐乡市文化馆	1998	
	程家琪	男	馆员	龙翔街道文化站	1999	2002年内退
	范明华	男	馆员	高桥镇文化站	1998	2002年内退
	李锦玉	男	馆员	濮院镇文化站	1999	2002年内退
	徐克平	男	馆员	桐乡市文化馆	1999	2011年卒
	李玉春	男	馆员	洲泉镇文化站	1999	
	周敬文	男	馆员	桐乡市文化馆	2004	2008年卒
	钟春甫	男	馆员	石门镇文化站	2006	
	钟惠荣	男	馆员	石门镇文化站	2006	
	包锡庆	男	馆员	梧桐街道文化站	2006	
	高伟胜	男	馆员	濮院镇文化站	2006	
	蒋灵云	女	馆员	桐乡市文化馆	2007	
	宋娟南	女	馆员	洲泉镇文化站	2007	
	陈益群	女	馆员	崇福镇文化站	2008	
	赵振云	男	馆员	屠甸镇文化站	2008	
	姚菊清	女	馆员	乌镇文化站	2008	
	章建明	男	馆员	乌镇文化站	2008	
	邱学敏	女	馆员	乌镇文化站	2009	
	杨金汉	男	馆员	梧桐街道文化站	2012	
	胡金林	男	馆员	崇福镇文化站	2013	
	李群力	男	馆员	桐乡市文化馆	2013	
	范锦元	男	馆员	石门文化馆	2013	
	倪海良	男	馆员	大麻文化馆	2014	

职称系列	姓名	性别	职称	工作单位	取得资格时间	备　注
文博系列	汪家荣	男	馆员	桐乡市茅盾纪念馆	1988	1999年退休
	王晓峰	男	馆员	桐乡市博物馆	1995	2004年退休
	沈秀丽	女	馆员	桐乡市博物馆	2002	
	褚万根	男	馆员	桐乡市丰子恺纪念馆	2003	2008年调市文联
	严雅萍	女	馆员	桐乡市博物馆	2007	2008年退休
	陆丽清	女	馆员	桐乡市博物馆	2008	
	沈　军	男	馆员	桐乡市茅盾纪念馆	2008	
	胡少青	男	馆员	桐乡市君匋艺术院	2008	
	王慧玲	女	馆员	桐乡市君匋艺术院	2009	
	盛群速	男	馆员	桐乡市丰子恺纪念馆	2009	2010年调图书馆
	劳明权	男	馆员	桐乡市茅盾纪念馆	2009	2011年调君匋艺术院
	周丽雅	女	馆员	桐乡市丰子恺纪念馆	2010	2011年调钟旭洲钱币博物馆
	马永飞	男	馆员	桐乡市君匋艺术院	2010	
	陈　杰	男	馆员	桐乡市茅盾纪念馆	2010	
	费秋华	男	馆员	桐乡市博物馆	2011	
	沈伟玉	女	馆员	桐乡市博物馆	2011	
	张小平	女	馆员	桐乡市博物馆	2011	
	徐　进	男	馆员	桐乡市博物馆	2011	
	申　伟	男	馆员	桐乡市君匋艺术院	2012	
	吴会金	女	馆员	桐乡市君匋艺术院	2012	
	庄玉萍	女	馆员	桐乡市茅盾纪念馆	2012	
	鲍　丹	女	馆员	桐乡市博物馆	2013	
	王　燕	女	馆员	桐乡市博物馆	2013	
	张　峰	男	馆员	桐乡市博物馆	2014	
	邱菊文	女	馆员	桐乡市博物馆	2014	
	高逸仙	女	馆员	桐乡市君匋艺术院	2013	
	沈惠强	男	馆员	桐乡市君匋艺术院	2013	
	沈秀丽	女	馆员	桐乡市博物馆	2013	

职称系列	姓名	性别	职称	工作单位	取得资格时间	备 注
图书系列	莫瑞珍	女	馆员	桐乡市图书馆	1987	1999年退休
	张建林	男	馆员	桐乡市图书馆	1993	1997年退休
	郑梓林	男	馆员	桐乡市图书馆	1997	2007年退休
	朱莉韵	女	馆员	桐乡市图书馆	2001	
	杨浙兵	男	馆员	桐乡市图书馆	2007	
	朱惠娟	女	馆员	桐乡市图书馆	2008	
	顾钟梅	女	馆员	桐乡市图书馆	2009	
	郑 薇	女	馆员	桐乡市图书馆	2010	
	沈 炜	女	馆员	桐乡市图书馆	2010	
	陆冬英	女	馆员	桐乡市图书馆	2010	
	吴方方	女	馆员	桐乡市图书馆	2010	
	吴月英	女	馆员	桐乡市图书馆	2011	
	石玉琴	女	馆员	桐乡市图书馆	2012	
	李 晶	女	馆员	桐乡市图书馆	2012	
	徐晓红	女	馆员	桐乡市图书馆	2012	
	徐晓东	男	馆员	桐乡市图书馆	2012	
	宣建英	女	馆员	桐乡市图书馆	2014	
	朱颖伟	男	馆员	桐乡市图书馆	2014	
	魏衍方	男	馆员	桐乡市图书馆	2014	
电影系列	蒋学文	男	编辑	桐乡市电影公司	1988	1998年退休
	王庆裕	男	放映技师	桐乡市电影公司	1988	1995年退休
	沈月仙	女	放映技师	桐乡市电影公司	1988	1994年退休
	颜介生	男	放映技师	桐乡影剧院	1988	1996年退休
	吴鑫民	男	放映技师	桐乡市电影公司	1988	1997年退休
	胡荣楣	男	放映技师	桐乡市电影公司	1988	1997年退休
	孙武英	男	放映技师	桐乡市电影公司	1988	1997年退休
	周松豪	男	放映技师	桐乡市电影公司	1988	1998年退休
	姚元明	男	放映技师	桐乡市电影公司	1988	1998年退休
	钟新高	男	放映技师	桐乡市电影公司	1988	2001年退休
	邱月明	男	放映技师	桐乡市电影公司	1992	2000年退休
	沈志荣	男	放映技师	桐乡市电影公司	1993	2004年退休
	费明江	男	放映技师	桐乡市电影公司	1995	2003年退休
	施锦权	男	放映技师	桐乡市电影公司	1995	2002年退休
	范永春	男	放映技师	桐乡市电影公司	1995	
	张伟东	男	放映技师	桐乡市电影公司	1999	
	钱娟利	女	放映技师	桐乡市电影公司	2004	
	范振飞	男	放映技师	桐乡市电影公司	2008	
	方海清	男	放映技师	桐乡市电影公司	2008	
	王 辉	男	放映技师	桐乡市电影公司	2008	

职称系列	姓名	性别	职称	工作单位	取得资格时间	备　注
艺术系列	姚文洲	男	三级演奏员	桐乡市越剧团	1988	
	郑丽霞	女	三级演员	桐乡市越剧团	1988	
	郝利民	女	三级演员	桐乡市越剧团	1988	1989年调嘉兴越剧团
	袁惠芳	女	三级演员	桐乡市越剧团	1988	1988年离团
	张文荫	男	三级演员	桐乡评弹团	1988	2009年卒
	卢东明	男	三级美术师	桐乡影剧院	1988	2011年卒
	李照明	男	工艺美术师	桐乡市博物馆	2005	2009年退休
	沈甫泉	男	三级演员	桐乡市越剧团	2007	
	董秋霞	女	三级演员	桐乡市文化艺术服务中心	2013	
	熊赵妍	女	三级演员	桐乡市文化艺术服务中心	2014	
舞台工程系列	金红峰	男	工程师	桐乡市大剧院	2007	
	沈小华	男	工程师	桐乡市大剧院	2007	
财会经济系列	陈林松	男	经济师	桐乡市电影公司	1988	1992年退休
	陈世昌	男	统计师	桐乡市电影公司	1992	2005年退休
	许民远	男	会计师	桐乡市文化局	1992	2008年退休
	章丽芬	女	会计师	桐乡市电影公司	1993	2002年退休
	徐建民	男	经济师	桐乡市电影公司	1994	2005年退休
	宓丽君	女	会计师	桐乡市崇福大戏院	1998	2004年调卫生系统
	吴恩敏	女	会计师	桐乡市文化局	2002	

第四节 文联系统国家级、省级协会会员名录

所属协会	国家级	省级
作家协会	杨乔	陈伟宏 王士杰 徐玲芬 王立 张振刚 钟云坤 朱汝瞳 沈海清 陆建华
美术家协会	朱荣耀 计建清 陆国强 计林涛	李荣华 胡少青 孙正馨 周晓云 朱小龙 沈运闾 李昭旻 周明华 沈伯鸿 毕宏伟 张坤炎 陆松鑫 沈锦心 沈世基 高逸仙 吉琳 潘亚萍 沈雪明 杨志华 吴浩然 高敏 董雅芬 刘欢 王慧玲
书法家协会	章柏年 袁道厚 盛欣夫 傅林林 沈岩松 张伟 曹建平 申伟 申继鸿 毛建翔 吕燮强 张明 沈岩亮 沈惠强 胡强 费秋华 王晓峰 蔡叔之 王勋 钱宜东 徐国强 蔡泓杰 钱国 章明 吴锋飞 陈菊明 李多来 孟艳湘 钱学文 沈兴邦	张兴 唐亚斌 胡海林 沈慧兴 高逸仙 姚亮 范煜铭 汤士根 张敏旺 茅明荣 周明波 吴德达 高慧星 祝汉明 章沈法 周延清 陈震鸣 许林岐 沈伯鸿 赵肖华 刘铭 周晓云 柏震球 夏佩云 范光明 张颖 倪惠斌 沈伟 沈兴强 周施清 吕嘉 张德林 张其峰 陈一飞 沈雪明 潘利平 丁林源 范汉光 沈金初 陈世昌 苑丹青 陆晓峰 许雅颖 费胤斌 费春祥 沈海峰
摄影家协会	徐建荣 苏惠民 沈永林 李渭钫 沈建伟 唐建春 吴炳泉 袁建明 张新根 周荣奎 程俊伟 姚毅军 杨惠良 李力群 吴利民 王建平 沈剑峰	戴建一 满治理 姜明 史庭钊 钟建华 沈金兴 陆剑峰 姜明 顾建龙 陈子平 顾根梁 汤闻飞 朱月华 任洪明 张伟民 李群力
戏剧家协会		来荣祥 石莉莉 鲍菊芬 熊红霞 严旻操
音乐家协会		傅尧夫 傅华根 徐宜锌 徐丽萍 马云娟 杨琦芬 陈永勤 蔡钰 沈冠群 顾婷
舞蹈家协会		李潇娴
曲艺家协会		吴帼英 吴国强 周芝琴 朱妙学 陈曦
民间文艺家协会	徐春雷 陈志农 孙正馨 叶瑜荪 沈海清	朱瑞民 徐正风 张森生 朱掌声 傅海铭 徐自谷 颜跃华 陈滢 姚海松 张松林 陆松华 范树立 陈曼青 徐秋萍 乐忆英 罗佩英 姚镌明 程家琪 祝汉明 俞泉江 吕洪秋 哀警卫
诗词楹联协会	中华诗词学会会员 周易 刘铭 毛建翔 方亦盛 樊鈺清 陈焕华 张金荣 薛建树 李远 陈晴晖 中国楹联学会会员 周易 徐树民 沈锦心 姚英翔 李远	徐正 朱绍良 孙贵庆 董临 张冰华 楼琛琦 徐宝鸿 苏辚 孙瑾
茅盾研究会	钟桂松 吴骞 汪家荣 徐春雷 陈伟宏 叶瑜荪 褚万根 潘亚萍 季镜清 严僮伦 王耀丽 劳明权 苏丽琴 张丽敏 陈杰 杨乔 孔令德	无对应协会
收藏家协会	寿小钧 王华春 方炳楚 吴思宏 孙正馨 张金荣 吴荣荣 冯老虎 郑震宇 邹益民 王俊翼 戴镰	姚力强 俞江 王志强 章新江 方志卫 赵少根 汤士根 陆建明 杨金学 唐建华 许建兵 张光荣 张如洪 沈跃平 张国芳 陈寿忠
青桐印社	西冷印社社员 鲍复兴 袁道厚 沈慧兴 傅其伦 晋鸥 王勋 计安康	

第十二章　诗文选

第一节　文　选

进皇朝名臣奏议序

赵汝愚

　　臣窃惟国家治乱之原，系乎言路通塞而已。盖言路既通，则人之邪正，事之利害，皆得以其实上闻。人君以之用舍废置，罔有不当，故其国无不治。言路不通，则人之邪正，事之利害，皆壅于上闻，虽或闻之，亦莫得其实。人君以之用舍废置，不得其当，故其国无不乱。臣尝以是历观前古，上自周秦，下及五季，相望数千载间，或治或乱，俱同一辙。然则天地之至理，古今之常道，无异于是矣。

　　恭维我宋，艺祖开基，累圣嗣业，深仁厚泽，相传一道。若夫崇建三馆，增置谏员，许给舍以封还，责侍从以献纳，复唐转对之制，设汉方正之科，凡以开广聪明，容受谠直，海涵天覆，日新月异，得人之盛，高掩前古。逮至王安石为相，务行新法，违众自用，而患人之莫己从也，于是指老成为流俗，谓公论为浮言，屏弃忠良，一时殆尽。自是而后，谄谀之风盛，而朋党之祸起矣。臣伏睹建隆以来，诸臣章奏，考寻岁月，盖最盛于庆历、元祐之际，而莫弊于熙宁、绍圣之时。方其盛也，朝廷庶事，微有过差，则上自公卿大夫，下及郡县小吏，皆得尽言极谏，无所避忌。其论议不已，则至于举国之士，咸出死力以争之。当是时也，岂无不利于言者，谓其强聒取名，植党于朝，期以动摇上心。然而圣君贤相，卒善遇而优容之，故其治效卓然，士以增气。及其弊也，朝廷大黜陟，大政令，至无一人敢议论者，纵或有之，其言委曲畏避，终无以感悟人主之意，而献谀者，遂以为内外安静，若无一事可言者矣。殊不知祸乱之机，发于所伏，今尚忍言哉！

　　臣仰惟陛下，天资睿明，圣学渊懿，顾非群臣所能仰望，而若稽古训，虚受直言，二纪于兹，积勤不倦。尝命馆阁儒臣，编《类国朝文鉴》，奏疏百五十六篇，犹病其太略。兹不以臣既愚且陋，复许之尽献其书。万几余闲，幸赐䌷绎，推观庆历、元祐诸臣，其词直，其计从，而见效如此；熙宁、绍圣诸臣，其言切，其人放逐，而致祸如彼。然则国家之治乱，言路之通塞，盖可以鉴矣。臣不任惓惓之诚。

龙图阁直学士，朝散大夫，成都潼川府夔州利州路安抚制置使，兼知成都军府事，兼管内劝农使，充成都府路兵马都钤辖，祥符县开国伯，食邑九百户，臣赵汝愚谨上。

乌青镇酒正题名记

沈　平

云起肤寸能雨，天下不书其微，孰考其著？此乌青酒正题名所由作也。阳羡庄君挺，名家秀大，所居官不以佥贵而酤不平，不以物贵而居不葺，薰为和气，播为能声。大司徒侍读史公计使焕章、曾公闻而荐于朝，与余有吟编旧往，日过余曰：惟此榷酤之职，自建炎间创于殿司，归于版曹，隶于计台。置官以来，题名未立，咸无考焉。今将揭石于厅之左，哀前政之名列于上，冀后政之题继于下。他时吏见之曰：是不旷官也。民见之曰：是不病民也。名斯存，道斯存也。今及瓜西山爽气，生即指归请为我言之。余曰：诺！是可书矣。嘉熙己亥中元日，东皋叟沈平记。

《乌青镇志》叙

王　济

昔者先王辨九土，建万国，列国有史，存典章而稽治乱焉。国废而郡县，作史之权归于天子，而郡县则有志，志之义犹夫史也。然其机则由于长吏，故今之天下非郡县无专志。至于名区异境，天下所趋而乐赴者，岩栖谷隐之士或哀而述之，亦莫不有记，其义亦犹夫史也。吾乌青当吴越之交，民物之所萃，贤哲之所生，远方行旅之所趋，阛阓鳞次，宛若巨邑。赵宋南国密迩畿甸，侈靡华丽，闻于江表。其间名儒硕望接武于时，而郡邑图志略无记载，岂非以僻去井邑萧然为野落者耶！然以郡邑视兹土，则兹土为小；以吾乡视兹土，则兹土为大。生斯地也，为斯人也，其将哀而述之，以永兹土于无穷者，固其任也。吾乡陈公有志于此，间尝取东皋撰《记》，增辑为书，属余润色而成之。余方有四方之役，久而未应，壬午岁以乞养归于乡，又期年，乃克成编，示弗专也。呜呼！其义亦犹夫史也，使吾兹土因是编以传，后之为长吏者从而采焉，则何以异乎郡邑之专志哉！书成叙而弁之，以告于后，其庶乎有永也夫。

嘉靖癸未年前横州别驾白铁道人王济撰。

游殳山记

贝　琼

御儿地四平无山，其东北六十里有小山，曰殳山，由殳道人得名。殳山之东曰史山。庚戌春清明，陈君仲谋约予游殳山，适予被召赴京师，而仲谋亦以雨止。今年春三月丁酉，天气澄穆，予与仲谋幸无一事挠，乃相谓曰：不可以不偿所愿。促治酒肉饮食已，帅陈熊、陈鲁两生，泊予子翱，由大溪北折而东，度陌越阡，至垾山之趾。居人四五家，皆棘樊荆扉，鸡犬相应，彷佛桃源中。而里之巨族卜氏有冢在山半，冢后得支径而上。冢下稚松万株，环合无路。俯首松下，伛偻行，而云气相荡，不啻鱼泳波涛中。山回路尽有石崭然壁立者，即垾道人尸解处。其巅有小石突怒土中，类进笋者；有盘互类，木走长根者。方饮酒大醉，昏然欲睡。皆踞石而坐，松风谡谡吹人衣，耳目为醒。欲过山北陆生来青堂，而生以事出，其子闻之，为煮茶来献，乃啜二瓯以沃燥吻。已而复东，其途渐夷。有公主墓，云宋孝宗女葬于此。又行至东山，则所谓史山者。山视垾山稍卑，上建神官祠，人至而祷者，前后相属。余亦倦而休焉。两山之中，求其奇峰之环拱，瀑布之喷薄，如赤城、天姥无有也。然予意在于一适耳。意之所适，亦何异夫赤城、天姥哉！因观寺旁古井，井深二仞，而泉莹可鉴，疑学仙者洗药于此，或云山僧凿石以济三伏之暍者，人获汲以饮焉。山之胜殆尽于是矣。日暮下山，路益峭。或有鸡子石磊磊，至不容足，而山阳王氏巨竹千挺，以非好事者不得造其所。近山又有三湖，青停黛蓄，与天一色，锦凫往来可画。从者舣舟以待，翱与二生皆登舟，仲谋从予徒行归。

新建分水墩记
李 乐

乌青，泽国之下游也。跨三州，控五邑，当三江五湖之冲，众流交汇，非节宣以分杀其势，为害最重。镇北分垒之崎，有孤屿屹立中流，水至此而萦迴旋绕焉，名曰分水，其意深远矣。元季兵燹，墩址湮没，豁无障蔽。乃者我罗侯莅治，募民浚河渠，通水利，因畚筑拓墩址，丘上甃石，上构层楼，周匝栏楯，肖文昌像于其中，因以名阁。懔乎砥柱，亶足回狂澜而挽奔漉矣。自斯墩之废，水无壅砥，民物凋瘁。今而复兹，水钟气聚，民其丰阜，文运将自此而愈昌乎。墩经始于万历七年十月，落成于九年六月。基广三寻，袤如其式，自础及泉源三寻有六，阁高出于墩四寻赢四尺。捐俸资帑金若干，墩成。胥伟侯功，永怀侯德。

绣溪桥吊宗将军赋并序
周拱辰

将军讳礼，河朔人，将种也。少知兵善骑射，号猿臂手。嘉靖间以武闱第一人授游击，之闽便道繇浙。时倭奴万余犯浙西，所在无守城。梅林胡公开幕府临安，总制七省，檄将军尾倭。将军以客兵应檄，率徒三百，持一日粮，仓卒遇倭于桐之绣溪桥。三战三捷，取其两魁，斩获无算。明日复战，士有饥色，将军奋杀，复取其魁。贼狼栗欲窜，中有民而附贼者曰：军锐甚，虽然，孤军，易与耳。教以分族夹攻之，无所得食，可虏也。贼如之。又明日，复战，士饥甚，不能持刀。将军叱之，前望风僵仆，将军奋怒，复格杀数十人，困于垓。倭围益匝，叹曰：臣力竭矣！食绝而援不至，岂非天哉！斩己所乘马足，遂自刎。剿督赵文华隐其功不报，将军鬼见天子，动容询核，白其功，诏赠都督同知，世袭指挥佥事，立庙锡春秋祭，比于功之捍大难者，命史官书"血战第一功"，至于今（本《通记》）。嗟呼！志丰遇啬，李广以数奇不侯；生烈死雄，梁竦以忠毅庙食。辰家绣溪之东，不百武，赫濯伊迩，又自伤有志不遇。每岁时伏腊，未尝不舐戈尝英雄之胆，嗅剑艳侠骨之香。而颓垣草积，荒碑薛剥苔封，战马独立斜阳，簌冒铁衣，长淋宿雷，鸟喧春寂，低回久之。嗟呼！请缨有志，梦花不灵。逐虏被围，鱼肠之健儿，惜汝焚舟不霸虎鬈之战鬼，怜予忾焉慨衷，爰述斯赋。其辞曰：皂林塘兮古战场，绣溪桥兮流血地。杀气缠兮白日愁，青燐熠兮明月避。问将军之战马，独怆然而下涕。东南灾兮欃枪，倭猖獗兮莫当。刚相逢于狭路，严杀酣兮仓皇。仓皇兮狭路，杀倭兮如草。三日夜兮战声，马吼怒兮天老。桐城自近兮闭门，官车佯聋兮不闻。三日不食兮鼓声死，手掷虎头兮报天子。朱功曹丧元不僵，贾太守无头亦美。杜宇作招魂，寒鸥为知己。盼庙貌之如生，犹仗剑其未已。我悼将军兮不淑，将军怜我兮雌伏。径登座兮恸哭，神泪落兮簌簌。同是英雄当日心，一笛牛羊兮风断续。流水鸣兮呜咽，石蚿啼兮吊月。芦尾穿兮燕子颔，黄鹂染兮桃花血。叹声兮压云，鬼灯兮满墀。书声苦兮髑髅知，愁不化兮酒治之。浇将军兮一杯，颜微酡兮风吹。

《钱柏园文集》序
张履祥

　　吾乡自国初基，清江、巽隐两先生并起，一以诗文鸣，一以道德显，盖一时人杰也。嗣是宾兴孝秀，甲乙之科，未尝乏绝，能树立不朽者抑何寥寥？神宗皇帝朝，李尚宝、钱中丞同时而显，然以方诸古之作者，已不能无逊焉。此乡邦典型，所以往往而绝也。

　　予与钱子柏园，幼同师，长同业，嗣徽继响之志，盖亦未尝无也。乃中更丧乱，艰难百历，流离颠踬之余，饥寒愁悴，虽不忍废弃于学，而气亦稍折矣。予株守井疆，足迹不逾浙右。柏园尝走数千里，访名山遗贤逸老，以自补其不逮，其诗若文成卷帙者，盖若干焉。予无所就也，疾病继之矣，人事又拂之，坐见老死而无小成也。柏园抗志强学，丰于才而啬于遇，今也行年六十，意气不稍衰。一旦裒集所著，而属予叙。予谓得失高下，传之异时，自有论定之者，不具论。为叙其本末，以告来世，使知其概，视夫古之英杰，穷然发愤，而图不朽于天壤者，远近何如也！

自题僧装像赞
吕留良

　　僧乎不僧，而不得不谓之僧。俗乎不俗，亦原不可概谓之俗。不参宗门，不讲义录。

既科呗之茫然，亦戒律之难缚。有妻有子，吃酒吃肉。奈何衲裰领方，短发顶秃。儒者曰：是殆异端。释者曰：非吾眷属。咦！东不到家，西不巴宿，何不祖裳以游裸乡，无乃下乔而入幽谷。然虽如是，且看末后一幅。竖起拂子，一喝曰：咄！唠叨个甚么？都是画蛇加足！

语溪月课小引
周云怀

　　一路浓寒，才生荔挺；满城瑞雪，又逼梅花。高卧谁人，闭柴门而不出；行吟未了，跨驴背以归来。当此灯火分宵，正寻竹屋纸窗之趣；何妨研炉破冻，一写冰瓯雪椀之文。噬肯来游，愿安承教。维兹语水者，春秋故垒，吴越名疆。看今日之繁华，水面钱形宛尔；想当年之战伐，冈头马迹依然。聚灵秀于山川，钟奇英于人物。名言凿凿，赵沂国之封章；正气岩岩，辅传贻之理学。韦天邻杜曲，望门第则半属乌衣；邺架接申庄，问图书则都藏黄卷。诸君子抱凤翥龙翔之质，承鹅湖鹿洞之传。梦里怀蛟，书中缫茧。溯文澜而获宝，拾来颗颗皆珠；凿翰岫以搜珍，剖出霏霏是玉。一逢薛烛，有剑皆龙；果遇孙阳，何群不骏。向迹枌榆之社，怅未班荆；翻来苜蓿之盘，快图捧袂。怀家临茗渚，系本濂溪。俎豆江南，旧籍鹦哥之巷；衣冠浙右，久居凤里之滨。先高祖讲学西吴，固已五典笙簧，三坟金玉；先王父著书圣雨，足使小山承盖，大雅扶轮。幼日趋庭，曾记两溪姓氏；曩时进履，争传七子文章。愧祖武之弗绳，受父书而未读。指青峰于江上，小住兰阴；访红叶于秋深，熟游鹫岭。屈指十七载晦明风雨，听残六馆之弦歌；曾偕十一郡竹箭南金，耳熟万松之提唱。久淹带草，仍饱晶盐。落桂蕊兮三升，辄动淮南之想；采莲须兮一掬，恍闻茂叔之香。苍瓮丹文，钟离意阶前之璧；蝌书鸟篆，鲁恭王壁里之经。击鼍鼓而升堂，采齐肆夏；拂龙宾而展卷，秋实春华。伏愿竞洒琼麋，同挥墨沈。或高山流水，鼓成连海上之琴；或白雪阳春，奏巴客郢中之曲。或萧萧秋晚，落木寒鸦；或益益春明，闲花野鸟。或奇探二酉，莫识商彝周鼎之名；或遁比五丁，难留阵马风樯之迹。或淘汰兔园之陋册，气若兰芬；或消磨蠹简之卮言，人如菊淡。新篇欲活，疑从天外携来；逸句遄飞，须倩旁人促着。至于镂金错采，作赋则奴仆庾徐；俪叶骈花，裁诗则衙官沈宋。稍分余绪，总属清音。更有少小凤毛，已辨琅玗之稻；他年麟阁，俱娴渭水之铃。行看载笔以从，敢不迎门而待。于斯时也，清风三尺，棐几无尘；寒月半规，疏篁有影。焚枯快读，斗酒宁足多乎；剪烛狂呼，良夜如何其矣。庶几一斑之见，许我谈心；倘曰五色之迷，从其抚掌。

重建云龙阁碑记

冯景夏

县治东南，云龙阁肇于前明万历间，国朝康熙二十四年何邑侯修之。岁序既更，风雨侵削，蠹木倾础，仅存基址。父老相顾咨嗟，谓阁属巽位，实关文运，奈颓废何。卒以倡率无人，因循不举。漳浦蔡侯之来治桐也，清惠之绩，洽于六乡。既崇文庙，整官祠，葺城垣，增仓廒，饰廨宇。百废具兴，未有宁晷。辛亥秋，过阁旧址，慨然曰：起敝兴坏，莅治者责也，果若人言，是阁一新，而后此科名鼎盛，余所深愿。余何受于薄俸，即捐白金，命吏构大木诹吉兴工，盖将肩任焉。邑之绅士父老，聚而叹曰：侯之嘉惠我邑也至矣，抑其冰蘖自持也甚矣。此不可以重累贤侯，当相率成之。捐资召匠，续废庀材。自辛亥八月朔，迄壬子二月下旬，不数月而斯阁焕然复新。多士跃然以喜，邮书于余，嘱为文记之。余闻前明壬子胡邑侯之建斯阁也，升栋行礼，风雨骤至。侯曰：天不欲竣吾工乎！旁一生应曰：风雨所以助云龙也。侯喜，即颜其额。嗣是而邑之科第名贤，蝉联蔚起，盖历百有余载，逮今三阅壬子矣。废兴有数，待于贤侯。侯其为人文宗主台隍增重哉。余以宦绩三吴，不获从侯于琴筋之暇，一盼高阁形胜，遥为度之。云树郁葱，郊原绣错，登瀛二桥，其如双虹乎！硖石、疌、史诸山，青翠佳丽，其如螺髻可数乎！故乡风物恍惚在耳目间。然余闻侯勤于政治，屏迹燕游。是阁也，盖非为宾从登临之雅，而实为多士奋兴之机，其题于柱云：人赓文酒朱阑上，我爱桑麻绿树间。又以知侯之勤恤民隐有加无已也。夫贤者之为治也，多以令典所不载，寄其慈惠之心。今侯既不惜费新斯阁，以造我桐邑，而绅士父老复鼓舞襄其役，上下相孚，乐事劝功，侯之德化成矣。多士幸生郅隆之世，从此乘时利见，连茹汇征，知必有称盛于昔时者，亦行见侯之奋其龙光，宏其霖雨，高翔于兹阁辉也。是为记。

黄山记

陆思忠

距吾里石人泾三里许，有王山。志云：王氏累土而成，故名。嘉庆辛未春经其地，旷野平芜，土阜突起，高可三四仞，迤逦上下皆恶竹，其半有松树，不成林，无石无溪径，抠衣侧足，人行草棘间。凭高四望，桑麻错杂，阡陌纵横，绝不类山林景象。余心疑异之，揖村叟问焉。叟导余行数百步，土冈窿然，崇数尺，石幢礧或隐或现，土黄色。叟指谓余曰：此黄山也。山之名以土色著，其脉蜿蜒，自紫薇山来。天阴雨时，云气蓬蓬出其上。向所谓王山者，特明代吕氏墓耳。吕系国戚，营墓备极壮丽，后裔式微，不复祭扫，墓道荒废殆尽，土人遂谬指为山。乾隆中，有盗夜发之，及圹，碑志具存。官为勘而掩之，由是人知其为墓。然讹传既久，妄言妄听者仍复呼墓为山。黄与王音同，无识之徒又造为因姓得名之说，而黄山遂无过而问焉者，可怪也。余曰：流俗固不足道，彼修志者何弗深考，遂使黄山之名谬误湮没近百余年。今闻叟言，当为是正之。呜呼！世之无其实而冒其名者，独墓之为山也乎哉！

自题《珠溪渔隐图》记略
张千里

茗霅合流，东北入于泖岸之西，属江苏，东为浙江。蜿蜒太湖之左数十里，曰珠溪，即古烂溪也。旧产珠，故又曰珠溪。世传范大夫载西子入五湖，即此地云。吾家溪之东，曰珠村。先世自禾郡移居耕读于是溪之旁，五百余年于兹矣。予力不能耕，而学又无所成就，乃托于医以谋食。日棹一舟，出入于是溪。江南之苏、松、常，浙之杭、湖、宁、绍，足迹靡不至，而心终不忘是溪焉。予之为医也，无倖获之心，无固求之志，不竞于人，不逐于物，沈静渊默如钓之恭，夷犹澹荡如钓之逸，鼓芦中之枻，放泽畔之吟，非渔而近于渔，非隐而邻于隐。费子之为是图也有以哉。

《听竹楼诗稿》自序
徐自华

诗者言志，所以写性情抒怀抱也。尝读《三百篇》，冠以《关雎》一什，其他若《葛覃》《鸡鸣》诸篇，皆巾帼之言，女子之能诗，宜矣。若谓无才是德，斯亦未免太迂。先祖庐州公性爱词章，命女孙辈读书，习吟咏。余年甫五龄，即从学舅父。性寡慧，日受书六七行，常恐诸兄姐先背诵，勤读不辍。晨兴间或少晏，色便不豫。十岁时，师试以五言八韵诗，构思颇苦。笄年出学，家君曰："汝非男子，何必学此试贴式。"遂命改学唐人近体。愈长愈好，愈好愈专。迨至庐阳郡廨，先祖见诗，以为可教，复加指授。公余辄侍唱和，楮墨遂夥，集成一卷，名曰《小韵轩诗稿》。刺绣馀闲，手自抄录。女伴中戏谓余曰："君写是编，将寿梨枣耶！"余笑答曰："此何敢望！"录存此卷，无非偶尔展观，觉生平际遇，游览踪迹，宛在目前，用以自遣耳。况夫闺阁重德而后重才，古来才媛以诗名者，诗外更有事在，传不传视乎其人。苟其人之可传，虽不能诗亦必传也。且坤德在闺为淑女，出阁为顺妇，为令妻，他日则为贤母。有此四者，始可传，岂在戋戋文墨乎？今余于归十载，为女既惭婉顺，为妇深愧无违，更痛夫子早卒，不逮终事，而为母又乏义方，遗孤孱弱，未识有所成否。女职、妇道、母仪，三者皆鲜。既无实德，敢窃虚名？客冬归宁语溪，小妹蕴华迩益耽吟，出诗就正，余略为修饰。家君见之，语余曰："当年祖父教汝学诗，颇费心血，期望殊切。近知汝抛弃笔墨，诗稿多散佚，何自弃若斯耶？纵不望传，亦不可不略存梗概，以负祖父之心也。"余闻言，怆然感怀。乃遵父命，归家检寻旧作，仅剩十之二三。雪窗枯坐，姑录存之，更名曰《听竹楼诗稿》。盖读钱冰如女史诗，有"夜来风雪里，听得竹声寒"之句，其父湘舲宫詹为撰绘《听竹图》，并撰《甘节记》云："竹节苦而甘。若苦后能甘，余心慰矣。"今余亦取其意云尔。癸卯正月人日，寄尘自序于浔溪听竹楼中。

第二节　诗　选

语儿见月
徐　凝

几处天边见新月，经过草市忆西施。
娟娟水宿初三夜，曾伴愁娥到语儿。

题槜李亭
梅尧臣

土化吴王甲，骨朽越王兵。
五月菖蒲草，千年槜李城。
蒲根蛙怨嚎，城上乌夜鸣。
吴越灭已久，客心空屏营。
落日孤亭间，悠悠钟磬声。

虞美人
陈与义

予甲寅岁自春宫出守湖州。秋杪，道中荷花无复存者。乙卯岁，自琐闼以病得请奉祠，卜居青墩。立秋后三日行，舟之前后如明霞相映，望之不断也。以长短句记之。

扁舟三日秋塘路，平度荷花去。病夫得病得来游，更值满川微雨洗新秋。　去年长恨挐舟晚，空见残荷满。今年何以报君恩，一路繁花相送至青墩。

牡　丹
陈与义

一自胡尘入汉关，十年伊洛路漫漫。
青墩溪畔龙钟客，独立东风看牡丹。

寄题莫氏椿桂堂
范成大

君不见，衣冠盛事今犹昔，前说燕山后崇德。联翩五组带天香，世上籯金贱如砾。
他年诗礼到云来，日日高堂称寿杯。桂长孙枝椿不老，却比窦家应更好。

崇德道中望福严寺
杨万里

一径青松露，三门白水烟。
殿横林外脊，塔漏隙中天。
地旷迎先见，林移眺更妍。
客程坐行役，不得泊春船。

监石门酒税
黄　干

吴越天下富，京畿游侠乡。
陇亩尽膏腴，第宅皆王侯。
世言苏湖熟，沾溉及四方。
自我来石门，触目何凄凉。
清晨开务门，有酒谁复尝？
累累挈妻子，汲汲求糟糠。
父老称近年，十载常九荒。
聚落成丘墟，少壮争逃亡。

晏　城
张尧同

吴越称雄日，区区在用兵。
空余争战地，无处不高城。

寂照石佛
家铉翁

溪上石佛何往矣，山中石佛是其俦。
若教石佛能谈妙，应有石头来点头。

初夏游张园

戴复古

乳鸭池塘水浅深，熟梅天气半晴阴。
东园载酒西园醉，摘尽枇杷一树金。

过崇德县

方　回

枯柳无风影不摇，败墙颓屋意萧萧。
忽然唤醒承平梦，犹有红栏夹画桥。

题桐香室

杨维桢

梧桐生，只在濮之阳；桐之香，只翳凤之翔。翳凤之翔，维君子之乡。
梧桐培，只在濮之除；桐之香，只伊德之符。伊德之符，维君子之居。

题赵子昂竹

卫富益

汉宫日暮风流远，南国秋深水殿寒。
留得一枝烟雨里，又随人去报平安。

梅泾即事

濮彦仁

泾居风味倍萧森，常有流莺送好音。
一夜雨余梅子熟，小庭香满伴清吟。

翔云高眺

宋　濂

凌虚不用跨青牛，拄杖为龙任去留。
极目山川知己在，乾坤冷落片云浮。

石门故垒

陈　润

古塞千年尚有基，断碑残石草离离。
风烟不散英雄气，犹似吴兵百战时。

过甑山

沈　周

林麓萧萧寺，门幽不藉扃。
蒸云山似甑，障日树为屏。
老衲不下坐，对人还诵经。
闲来复闲去，空损石苔青。

怀语溪旧业

贝　琼

不到溪南宅，桃花又一村。
长贫疑造化，已老厌风尘。
直道难容世，虚名只误人。
扁舟即归去，吾岂恋秋莼。

凤鸣梧

程本立

梧桐生高冈，亭亭凌紫霄。
鸣凤丹山来，依此百年乔。
良材中琴瑟，和声合箫韶。
我非汉中郎，讵识爨下焦。

夕次石门

厉　鹗

望望石门县，秋烟路欲迷。
村深忘远近，月出辨东西。
桑影过桥密，虫声傍水低。
吾衰怯风露，敢复暝鸦栖。

鸳鸯湖棹歌之一
朱彝尊

轻船三扳过南亭，蚕女提笼两岸经。
曲罢残阳人不见，阴阴桑柘石门青。

次丙斋过语溪留别韵
劳之辨

苦雨连旬暂放晴，客来屐齿响纵横。
初归倦把蓬门扫，久别忙披野服迎。
风载相思烟树结，一朝重话水云盟。
从今白首同君老，种秫锄瓜买犊耕。

喜吴孟举至东庄看梅
吕留良

何处著花早？南枝胜北枝。
欣当初霁日，佳在半开时。
粉本池中得，宫妆石上知。
莫讥人寂寂，刻竹记新诗。

不是扬州癖，江梅也属官。
僧闲寻佛供，邻厚供人看。
曲径开旋废，疏篱补未完。
尽教攀折好，高髻压团栾。

忆相州旧里
吴之振

夹水花成岸，当门树作林。
往来无异类，怒骂亦同心。
剑佩犹如昔，逢迎自不任。
白云何浩渺，令我费幽寻。

桐　溪
汪文柏

疏篱小屋旧乡风，入郭溪流处处通。
一自凤凰飞去后，只栽桑树不栽桐。

柞溪棹歌之一
陈　沄

家住炉溪曲水前，铸金成釜旧相传。
沿塘时有商船泊，夜半惊看火烛天。

皂林吊宗将军
陆费墀

皂林驿前秋水溜，乌鸦老树阴清昼。
儿童犹说宗将军，社鼓冬冬献村酹。
倭船入犯嘉靖间，沿海仓皇添斥堠。
陈庄乍浦捷未闻，此地千家白日瘦。
乡勇徒能守犬嗥，客兵不计群羊斗。
将军据桥勇莫当，力扑群倭如扑蝗。
三日不食救兵绝，一死保得梧桐乡。
海氛久静人宾贡，村村今日欢春种。
但愿稻麦年年大有秋，老巫醉饱神迎送。

立志书院落成之一
严　辰

不劳分水迹重寻，立志遥遥继正心。
先帝奎章垂大法，乡贤理学有明箴。
四年土木经营苦，两镇科名积累深。
卅里之间双讲舍，桐溪桃李亦成林。

桐溪舟次
徐焕藻

好风一路送归舟，曲曲桐溪水接流。

睡起篷窗知日暮，夕阳红上假山头。

扁舟忽忽渡双桥，小港行来路几条？

两岸暮烟迷去路，隔溪吹出牧童箫。

满天红感怀，用岳鄂王韵，作于秋瑾就义后
徐自华

岁月如流，秋又去，壮心未歇。难收拾，这般危局，风潮猛烈。把酒痛谈身后事，举杯试问当头月。奈吴侬、身世太悲凉，伤心切！

亡国恨，终当雪；奴隶性，行看灭。叹江山已是，金瓯碎缺。蒿目苍生挥热泪，感怀时事喷心血。愿吾侪，炼石效娲皇，补天阙。

过王家庄，在乌镇南栅外
汤国梨

鸡犬声相递，幽幽一径通。

柔桑低碍发，细竹乱惊风。

款语逢村女，行歌羡牧童。

桃源在人境，莫更问渔翁。

第三节　民间故事选

大禹育稻

　　大禹治水以后，地面上的洪水退掉了，但地上长的百草全被水淹死。人无啥好吃，就吃树叶、草根，吃得大家唇焦舌烂生毛病。大禹想，专吃这种东西人勿好，得想办法到另外地方寻些好吃的东西。伊到首阳山去走了一转，看到一枝树丫叉里生出三株草，长出不少果实。格辰光都是吃生胚，这些果实毒汁少，人吃了不大生毛病。后来，大禹又去首阳山寻，寻着五种草，能生五种果实，人称五谷。这些草只有见阳光才放花，阴天就不放花。五谷种下去又生出来，越生越多，大禹就叫他手下七十二名大将当中最没有用的两个也就是田公地母，去管这些草。大禹教他们俩，哪种草往高方撒种。格辰光没有田地之分，要么是个低水潭，要么是个高墩头。田公地母到处去撒，到处都生出来。低水潭里生出来的就是水稻，高墩头上长出来的就是高粱。后来田公地母的两个儿子，

用石头片开出不少低水潭来种稻，越种越好，弟兄俩从南海边种起，种到太湖边歇了歇，阿哥讲：落北勿要去了。阿拉种好格点收起要紧。所以太湖以北过去水稻蛮少。由于弟兄俩是从南种落北，所以南面水稻成熟要早，北面要迟。

讲述者：沈文才　男　文盲　高桥镇农民

记录整理者：沈新华

1987 年 7 月采录于高桥

白马化蚕

嘉湖水乡农民有养蚕的习惯，他们都亲切地称蚕为"宝宝"。蚕宝宝是怎么来的？据说是一位小姐变的。

很久以前，水乡桑园村中，住有一户大户人家，主人早已过世，留下母女二人。母亲刘氏，为人暴戾乖张，惧恶欺善。女儿翠仙，生就沉鱼落雁之貌，闭月羞花之容。许多才子向其求婚，都被刘氏无理拒绝。

一天深夜，忽然闯进一伙强盗，掳去了姑娘。刘氏恸哭不已，悲哀之极。她烧香求佛，对神发誓：谁能救出我家女儿，愿将女儿终身许配与他。她的话正巧被他家马棚里的白马听到了。这匹善良、剽悍的白马，掐断缰绳，跳出马棚，直奔强盗住所，用铁中蹄踏碎盗窝，把姑娘驮回家来。

刘氏见女儿得救回来，欣喜万分，为感谢白马救女之恩，连忙取出精细好料喂给白马，作为酬答。可是白马却引颈长嘶，不肯吃食，后来竟开口说话了。它说："夫人，你说过，谁救回你家女儿，愿将女儿许配给谁，如今为何不守誓言。"刘氏阴险狡诈，不但矢口否认原先的许诺，反而设计陷害，用毒箭将白马射死，并且剥下马皮，放在天井里曝晒。姑娘对白马的救命之恩，恋恋不忘，对母亲的狠毒感到问心有愧。她走到外面去看晒着的马皮，流下了同情的眼泪，说也奇怪，这时，突然刮起一阵狂风，风掀起马皮，直朝姑娘扑来，卷起姑娘飞向云天。刘氏眼看女儿被马皮卷走，哭喊呼救，四邻都被惊呆，过了委长一段时间，刘氏见裹着女儿的马皮，悠悠扬扬地飘落在一株桑树上。她急忙赶过去，只见女儿已经变成一条浑身雪白的虫，身子很小，面孔似马的模样，正在一扭扭地吃桑叶，刘氏一看当场吓得昏死过去。

从此，我们这一带就有了蚕宝宝。

讲述者：沈大宝　女　文盲　濮院镇居民

记录者：庾良甫

整理者：吉　成

濮　绸

春秋时期，越王勾践经历了多年卧薪尝胆之后，在范蠡和文种等贤臣辅佐之下，终于打败了吴国，雪了亡国被俘之耻。经受了几十年战乱之苦的江南百姓，暂时得到了一个安定的生产环境。幽湖（今濮院）这个地方的蚕丝业，也迅速恢复起来。濮院镇上出现了专门从事缫丝织绸的手工业者。濮院及附近乡村，机杼之声昼夜不息，日产绸缎万匹之多。

有一年，在濮院镇南端龙潭漾口西女儿桥畔，一幢半截在水上、半截在岸上的两开间楼房里，新开张了一爿绣缎庄。主人是刚从会稽迁来的名叫范大的夫妻俩。那范大方面大耳，双目炯炯有神，谈吐文雅，待人和气，举止不凡。那范大嫂子，虽然淡妆素抹，却是一个有着沉鱼落雁之貌的美人儿。范大嫂子每天清晨天蒙蒙亮就起床，在矮矮的店楼上，面对龙潭漾清沏的流水梳妆。早饭后，范大就挥笔作画写字，设计丝绣图案。范大嫂子在一旁默默地飞梭引线，织造锦缎。他们设计的锦缎，图案新颖，色彩夺目，有猛虎下山、九龙戏珠、百鸟朝凤等，绚丽多彩，令人眼花缭乱，目不暇接。濮院虽然盛产绫罗绸缎，但缎绣却是冷门。所以，范大的店开张不到一月，声名却已轰动了全镇。西女儿桥堍，每天车水马龙，小船人流，络绎不绝。人们对于店主夫妇出类拔萃的相貌暗暗称羡，对于他们在绣缎上所显露出来的独到技艺更是叹为观止。

人们得知这对相貌不凡的外乡人有惊人的技艺后，纷纷登门求教。一些姑娘、阿嫂，干脆拿着绸缎到女儿桥畔拜师学艺。那范大夫妇总是以礼相迎，热情接待。范大嫂子对前来学艺的姐妹更是赤诚相待，细心传教，毫无保留。她还虚心向"徒弟门"学习缫丝织绸的本领，并一起研究如何把手工绣运用到绸机上。这样一来，濮院一带的丝绸业就更发达起来，濮绸也就从此出名了。

随着濮绸的闻名，那绣缎庄的范大夫妇更是名声远扬。有一天，从越国京城来了一位黄衣使者，打听着范大夫妇的住址，在范大夫妇店铺前张望了好一阵子。范大夫妇对这位不速之客的行踪发生了怀疑。半个月后，当那使者捧着圣旨来濮院宣召范大夫妇进京的时候，那绣缎庄早已人去楼空。这时镇上的人才知道，那范大夫妇不是别人，是范蠡和他的爱妾西施。

原来，越王勾践在打败了吴王夫差，完成复国大业后，渐渐骄傲起来，连他的左右手范蠡和文种的话也听不进去了。范蠡看到这种情况，就私下里对文种说："勾践这个人只能共患难，不能同享受。现在已是兔死狗烹的时候了，你我不如趁早走吧，免得遭受杀身之祸。"文种不听。范蠡只得带着西施改名隐居来到濮院。范蠡走后不久，文种果然被勾践以莫须有的罪名赐死了。范蠡为了躲避勾践的追寻，不得已经常更换住地。他在离开濮院后，又换了好几个地方，最后定居在山东定陶，改名陶朱公，后来成了腰缠万贯的丝绸巨贾。

自从范蠡和西施离开濮院后，小镇百姓十分怀念他们。把西施居住过的楼房改名为妆楼，把西女儿桥改名有妆桥。人们还把西施传下的缎绣技艺发扬光大，织出了驰名中外的濮绸。

讲述者：潘景海　男　初中　退休干部
　　　　姚阿兴　男　初识　退休职工
记录整理者：张松林
1986 年 2 月采录于濮院

簖上人不吃鲤鱼

来到嘉湖水乡，人们可以看到，在那纵横如网的河港里，常有用竹子编排的"篱笆"拦截着。这"篱笆"就是水乡人用来捕鱼的"鱼簖"。

桐乡县同福乡联中村有个小村坊称"簖上"。这里有一些人家以装簖捕鱼为业。说来奇怪，以捕鱼为业的簖上人，却不吃鲤鱼，而且久守成俗。

据传，这习俗是从一次捕鱼开始的。过去每逢春季桃花水发，总有一批鲤鱼顺水东游，去东海接受跳龙门的洗礼。如能跳过龙门，便可入海化为真龙，得道成仙；若是不能跳过，只好返回原地继续修炼。

一年春天，桃花水突发，滚滚混浊的河水向东流去，这正是一年一度捕鱼的大好时机。簖上几户渔家弟兄，修补好鱼簖，准备好网兜，等待捕捉顺水而来的鱼群。这天下午，近傍晚时分，不知从哪里来了个白发银须的老头。老人来到簖边，很有礼貌地对渔民们说："渔家兄弟，我给你们报个信，今朝下半夜，有一批鲤鱼将要游过你们簖上。这些鲤鱼千万不要捕捉，否则，将要发生火灾。"渔民们非常感激，向老人表示深深谢意，并留他吃夜饭，以时新小菜韭菜炒蛋款待。老人吃过夜饭，道谢之后便飘然而去。

时过子夜，簖上果然游来大批鲤鱼，其中有一条特别大的鲤鱼，用身子压在簖上，让其他鲤鱼顺利游过。天近拂晓，渔民们眼看这么多鲤鱼游过，心里感到有些可惜。但想起老人的忠告，都不敢贸然冒险。鱼群快要游光，剩下那条特大的鲤鱼还未游走。一个贪心的渔民不顾老人的忠告，飞起一鱼叉，戳住了那条大鲤鱼。他回到家里剖开肚皮一看，不禁呆住了：里面尽是饭粒和韭菜炒蛋残渣。这时，他才恍然大悟，原来它就是报信的老人。簖上渔民知道这情况后，为了表示对老人的忏悔和防止火灾的发生，立下规矩：从此不吃鲤鱼，慢慢地就形成了习惯。

讲述者：马福娥　女　文盲　农民
记录者：郑善方
1986 年采录于同福乡

乌镇姑嫂饼

"姑嫂饼"是乌镇的传统糕点，名闻下三府。它比棋子略大，油而不腻，酥而不散，既香又糯，甜中带咸。人们一听这名字，总以为这饼是姑嫂商量着做出来的。可是恰恰相反，它竟是小姑和阿嫂斗气斗出来的。

　　一百多年前,乌镇上有户姓方的人家,夫妻俩开一爿小小糕饼店,取名"天顺糕饼店"。因为本钱少,开不起作坊,只好从大作坊里批发点普通糕点来卖,借以糊口度日。后来,两口子生下一男一女,增丁添口,这小本经营已难以养活一家人。夫妻俩千方百计动脑筋,想扩大营业。他们见大作坊里做的酥糖畅销,就想做酥糖卖;再一想,人家作坊大本钱多,牌子老,粥摊说什么也强不过饭馆,总得变个花样啊!后来,他们仿照酥糖的配料,细料精制,用炒过的面粉,熬过的白糖,去壳的芝麻,煎熬的猪油,精心拌匀,放在木蒸笼里蒸煮,然后用模箱压制成一个个小酥饼。这种饼,虽然原料跟酥糖大致相仿,但由于制作考究,吃起来方便,因此一上市就深受顾客喜爱。以后,生意越做越热闹,到儿子讨媳妇的时候,这爿小小糕饼店已经由一间门面扩大到两间门面了。

　　过去做生意是"同道者相爱,同业者相妒"。镇上几家大糕饼作坊,见这爿小店靠几只小酥饼一下发迹起来,分外眼红,就想方设法拆台脚、讲坏话。但人家货色好,你怎么说也没用。大作坊老板见弄不倒这块牌子,就想掏关子,抑生意。天顺糕饼店的店主心里明白,只有独家经营,才能生意兴隆。他为了保住自己的生计,就订出严格的保密条规:自己亲手配料,自家人动手制作;工具不外借;制作方法只传儿子、媳妇,不传姑娘,因为姑娘将来要出嫁,制饼的秘密就要保不牢。这样,制饼方法是保住了,但家庭却不和睦起来。姑娘想想不服气,常在娘耳边嘀咕:"姆妈,阿嫂是别家人,技术倒传给她;我是娘亲生囡,却不让学,爸爸太不公平!"

　　娘无可奈何地说:"你爸爸是秤砣心,他想做方,谁也别想叫他改圆,我也没办法。"

　　姑娘见娘无能为力,对阿嫂更加妒忌。一次,她见爸爸正在向阿嫂传授配料方法,就借个由头走过去,可是才到阿嫂身边,爸爸就一声不响地走开了,姑娘心里气呀,因为怕爸爸,有话也不敢讲,只有把气朝阿嫂身上出。隔了一会儿,姑娘到里面转了转,出来对阿嫂说:"嫂嫂,姆妈叫你有事。"

　　阿嫂连忙放下手里的生活去见阿婆。等阿嫂走开以后,姑娘急忙到灶间里去抓了把盐,在阿嫂调制的那堆粉料里拌了拌。他想,这一回阿嫂做出来的饼,一定咸得跟煎饼一样,看爸爸今后还教不教她做!哪里知道,这次做出来的小酥饼,销路却特别好,吃到这种饼的顾客,个个赞不绝口。都说,这次的小酥饼,既香又甜,甜中带咸,特别可口。这样一来,小酥饼不仅誉满乌镇,而且还传到了外乡,天顺糕饼店的生意更加兴隆了。

　　店主人为了招揽生意,就借题发挥,大加宣扬,说这饼是他家姑娘阿嫂俩合作制成的,并将饼的名称改成"姑嫂饼"。乌镇姑嫂饼就这样出了名。

　　后来,这爿店越开越大,从一爿发展到四爿,四个栅头上都有他们的分店。那单传儿子、媳妇,不传姑娘的规定也取消了。姑娘、阿嫂同心协力制作姑嫂饼,相互之间再也不呕气了。

　　讲述者:陈来法　男　初识　退休工人

　　　　　　沈瑞堂　男　初识　退休工人

记录整理者：徐春雷

1981 年 4 月 9 日采录于乌镇

吕希周直塘改弯兜

本来，大运河经过崇福的那一段（从北三里桥到南三里桥）是一条直塘，后来被吕希周改成了弯弯曲曲的弯兜，从此，崇福地带就流传开这样一首民谣："崇德吕希周，直塘改作九弯兜。"吕希周为啥要将直塘改作弯兜呢？传说很多，有的说，是为了防倭寇；有的说是为了减缓水速，保护堤岸。我这里听到的传说，说他是为了升官。

吕希周是塘东北阳桥人，明嘉靖间进士，先做户部主事，后升为吏部文选司郎中，又升为左通政。虽然他官越做越大，但大了还想大。一天，他找来了一个贴心的人商议升官之道。那贴心人迎合他说："俗话道，祖坟风水好，官位步步高。你要做大官，得请个风水先生，相一块好祖坟。"吕希周听了觉得有道理，就叫那个贴心人去请风水先生。没几天风水先生请来了，风水先生手捧八卦相盘，在崇福镇四城门外转了一转，回来对吕希周说："好坟地找到了，就在县衙南门外的运河塘边"。吕希周一听心里蛮高兴，马上和风水先生一同去实地察看，实地一看，果然不差，前有林木，后有城墙，旁边有运河塘，真是块宝地。那风水先生又说："有钱难买水西流，如果将南来的运河水引向西流，这块地的风水就更好了。"吕希周说："这个便当，只要将直塘改成弯兜，河水就能向西流。"风水先生为了进一步讨好吕希周，还建议在运河上建两座大桥，使塘路上来往的牵夫，都要兜圈上桥、下桥，日夜不停，真是"日间千人拜揖，夜里百盏红灯"。吕希周一听，心花怒放，连连称赞风水先生想得好。于是，他立即叫县官派差役到四乡农村征来民工，为他建造祖坟，改直塘。千万民工冒着严寒，历尽辛苦，终于将直塘改成了弯兜。然而，风水没有保证他官越做越大，吕希周的美梦没有能实现，后来官场倾轧，他与巡安使闹起矛盾，连原有的官职也被削掉了。

讲述者：薛惠清 男 农民

记录者：陆富良

冯孜改斛

明朝江西布政使冯孜的故事流传很广，桐乡是冯布政的家乡，关于他的传说更加完整和生动。

冯孜生活于明朝后期的隆庆万历时期，幼年就死了父亲，靠母亲朱氏纺纱织布，难苦度日。桐乡西门冯家河西，有他祖上留下的几间房子，母子就住在那里。生活虽苦，但冯母很有志向，一心抚养和教育孩子，节衣缩食，设法让冯孜上学读书，希望儿子将来能重振门庭。冯孜从小就聪明异常，又能刻苦攻读，故虽然家道贫寒，却深得塾师喜爱。

冯孜外祖父朱翁住在北门仓桥塌，见外孙聪明好学，当然高兴；又念女儿守寡课子，难辛困苦，因此也常有周济。

朱翁家与漕仓相邻。每年秋后漕仓收粮时，朱翁就开设调节米市的短期粮行。农民每年向漕仓交纳皇粮，限期十八天，故朱翁的粮行也只开十八天，这种粮行实际是漕仓仓隶和粮商合伙开设的，门面独立，后仓相通，农民辛苦一年，来漕仓交纳皇粮，由于仓隶作弊使手段，经仓里斗斛一量，总要大大短缺。如回家再拿，时间有限，逾期受罚。如向别的粮行买来补足，仓隶就要刁难作梗，一补再补，永无完结。故只有向隔壁的短期粮行购取粮票补足短缺之数，最为方便。但短期粮行的卖价要高于市价二成。交粮偶有多余，如要售于粮行，又要低于市价数成。故农民背地里骂仓隶叫"仓老鼠"、"野猫头"，把短期粮行骂作"十八日强盗行"。

朱翁虽与漕仓交往，但心地善良，为人忠厚，对漕仓弊端深为愤慨，对仓隶处处欺压交粮农民很是痛恨。然自叹位卑力微，没有力量解救百姓的这一困苦。他见外孙冯孜聪明异常，前途无量，就有意在漕仓收粮时带他去看农民交粮情景。

明代漕仓收的是米，主要量器是升、斗、斛。五斗为斛，两斛为石。那斛子是一种大口尖底的方形量器。按理，量米时只要刮平就算一斛。但仓隶不讲道理，拼命要加高、往往要在斛面上堆起一个米锥，直到米从四边淌到地上，才算一斛。而且米一掉下到地下就归仓里所有，所以农民拿来五斛米的话，经仓隶一量，也许只有四斛，甚至四斛也不到。冯孜亲眼看到仓隶利用这种量器克扣欺压交粮者，心里非常激动和愤恨。这时外公就有意对冯孜说："漕仓交粮已经成为百姓一大灾难，可惜这种种弊端无人能予革除！"冯孜愤然说："我看害人最毒的是这只大口尖底的斛子，'仓老鼠'拼命来丰满，老百姓怎么能活命呢？有朝一日，我如能面见皇帝，一定要请求使斛子翻身，改为小口大底。"朱翁一听心中大喜，便提醒外孙说："'士贵信行'，读书人须说话算数，讲信用。"于是朱翁马上在家中设香案，要冯孜发誓不忘许诺，为民革除漕弊。冯孜当即发誓："皇天在上，神灵在前，我冯孜若有出头之日，一定致力革除粮弊，以解民困。"朱翁含笑点头。

后来冯孜果然考中进士，官至江西布政使。那时虽然外公已死，但冯孜不忘前言，竭力将粮弊困民之事上奏万历帝，终于得到皇帝准许，斛子翻身。从此，人们所见到的斛子都是小口大底的形状。

讲述者：毛乐庐　男　退休职工

记录者：叶瑜荪

宗扬将军

桐乡县城北七八里地的大运河边，过去有一座宏伟的庙宇，叫宗扬庙。这座庙虽然早在抗日战争时期被日寇烧毁，但人们至今还传诵着宗扬将军的故事。

宗扬将军名宗礼，是明朝的一位抗倭爱国将领。明朝嘉靖时期，海上倭寇经常入侵我国沿海一带，进行骚扰。有一年秋天，桐乡县城遭到倭寇围攻。桐乡如果失陷，石门、崇福、余杭等地也势将难保，杭州就有被攻陷的危险。浙江巡抚见势不妙，急忙派参将宗礼前来桐乡救援。宗扬将军率领三百士兵，携带一些粮草，从杭州方面沿运河而来。当他们来到秀溪桥（今宗扬庙船埠西侧金牛塘与运河交接处）的时候，被入侵皂林的一股倭寇挡住了去路。宗扬将军立即纵马出阵，众官兵一起掩杀过去，连战三个回合，三战三捷，杀死两个倭寇头目，打得敌人抱头鼠窜。

　　第二天，宗扬将军正想起程赶路，敌人却纠合残部拦路挑战。这时，宗扬将军所率部队的粮食已经吃完，士兵们腹中饥饿，无力作战。这时，宗扬将军想到，百姓的苦难，怒火燃胸，激励士兵道："国家遭难，人人有责，为国为民，当竭力捐躯，尽忠报国。"说着他身先士卒，忍饥上阵。士兵们见将军如此忘我奋战，纷纷英勇杀敌，连战几个回合，又杀死一个倭寇头目，打死一批敌人，自己也伤亡不少。敌人连丧三魁，士气低落。这时，一个投靠倭贼的汉奸，向敌人献了"分旅夹击"之计。倭贼得计，立即兵分两路，把宗扬将军围困在一个荒地上。将军想到重任在肩，决定突围出去。于是率领剩下的士兵，奋力冲杀，杀到最后，只剩下将军一个人。他负伤多处，血透衣甲，但仍单骑抗敌，最后终于突围而出，直奔大运河边，准备向桐乡方向进发。但是，因路途不熟，心里十分焦急。这时，正巧河中有一只船驶过，宗扬将军问道："请问渔夫，此去桐乡城多远？"那渔夫回答说："七八里！"宗扬将军一听，心里凉了半截。因为渔民讲的是桐乡土话，宗扬将军把七八里误听作七百里。他想，还有七百里路程，马再快当天也难赶到。再说，如今兵折将损，身负重伤，如何去解围？想到这里，将军长叹一声道："食尽兵损，路远莫及，此乃天意哉！"说着挥刀斩断马脚，跳河自尽。这天正好是九月重阳。

　　将军虽然英勇献身，但皂林一战，给予倭寇以沉重打击，当地百姓无不敬佩，纷纷上书为他请功。但当时奸臣当道，对宗扬将军的战功隐而不报，贪功归己。老百姓非常气愤，大家说，朝廷不给他记功，我们给他记功。于是纷纷捐输募款，在皂林附近建造了一座雄伟的庙宇，取名宗扬庙，并在庙中塑了一座宗扬将军的像。每年农历九月初九，人们便从四面八方赶来，烧香，供拜，做戏，放焰火。渔民们则把这一天定为他们的节日，停止捕鱼一天，上岸参加迎会庆祝，表示对抗倭爱国将领宗礼的深切怀念。

　　讲述者：张才发　男　文盲　农民
　　记录整理者：徐春雷

吕留良重见天日

　　民国初年，崇德城里有所晚村小学。这校名是为纪念明末清初的大学者吕晚村而取的。在晚村小学的纪念厅上，挂有一块匾，上写"重见天日"四个大字。这四个字记载了吕晚村的不幸。

　　明朝末年，崇德出了一个吕留良，号称晚村。吕晚村小时候读书很用功，八岁便能做文章，十三岁就参加了"征书社"，和一些比他年纪大的读书人一道研究学问。后来，他长大了，虽然文才很好，写出了几十部书，但是他不满清朝的统治，所以不愿意出来做官，几次拒绝考试，到南门外的南阳村隐居起来。一次，地方官为了笼络人心，强迫吕晚村去应"山林隐逸"的选拔。他就索性剪短了头发，避到吴兴妙山，做假和尚去了。吕晚村感到生不逢时，忧愁过度，不久就生病死了。

在吕晚村的著作中，有许多流露对清朝统治不满的地方。他生前已预感到清政府一定不会放过他，所以临死前，在一块红绫上写好"重见天日"四个字，交给儿子，并关照在他死后，将红绫放在他的棺材里。当时家里人都不知道他的用意，但是照他的吩咐办了。

四十多年后，吕晚村的大儿子葆中也已死了。这时雍正即位，雍正为了巩固自己的专制统治，大兴"文字狱"，在查办湖南曾静案的时候，发现这件案子和吕晚村有关系，便派人到崇德（当时叫石门县）吕家查抄。去查抄的人为了讨好皇帝，"豆腐里寻骨头"，说吕晚村写的书里，有这样两句"清风虽细难吹我，明月何尝不照人"，一首题墨牡丹是要"反清复明"，应该杀头灭族。但吕晚村已经死了，判了罪也不能执行。怎么办？雍正对死人也不放过，下旨对吕晚村全家问罪。已经死了的吕晚村和吕葆中，也要从棺材里挖出来戮尸示众。

知县官接到圣旨，手忙脚乱，带了忤作、土工，到洲泉识村东长板桥，将吕晚村父子的坟墓扒开。当土工用斧头劈开棺材一看，只见吕晚村的尸体上面，一块红绫上清清楚楚写着四个大字"重见天日"。在场的人个个吓得目瞪口呆，知县官也看得心里"扑、扑"乱跳。县官为了保牢顶子，不敢违抗圣旨，命令刽子手赶快动手。据说，当时吕晚村的尸体未曾腐烂，刽子手动手时，还有血水流出。围观的老百姓私下传说："吕晚村重见天日，冤气不散。"

吕晚村的家属，杀头的杀头，充军的充军，连学生、朋友，甚至印过、买过、收藏过他书的人家，都受到牵连。传说他的孙女儿吕四娘，因为年幼，逃过了这场灾难，后来以出家为尼作掩护，投师学武，练成一身好功夫，最后到北京刺杀了雍正，为祖父、父亲报了仇。

讲述者：孙雪庐　男　教师
记录者：蔡　一

金子久治盗

在古运河大麻塘南面，有个小小的村庄大麻。清朝末年，这里出了一个名医叫金子久。金子久的医术非常高明，服务态度也好，深得周围百姓的敬仰。请他治病的人很多，有的从遥远的北京、山东、福建、安徽等地来邀请他出诊，有的慕名登门拜他为师，他家每天川流不息，门庭若市，连剃头、洗脚的时候也在给病人治病。

一天下午，有两个农民模样的人摇了一只船来，说家中有一个病人病情严重，要求金子久马上去诊治一下，他听说病人病情严重，立即坐上他们摇来的船去了。船摇到大麻北面海卸这个地方，在一条偏僻的小河浜中，突然有一只小船飞快地靠过来。两只船上的人互相递了个眼色，就把金子久捆绑起来，送到太湖里一个小山头上，原来这些人是太湖里的强盗。原来强盗头子得了病，请了好几个医生都没能治好。他们知道，如果实言相告，金子久是不敢去的，所以用这个办法把他"请"了去。

金子久被关在一间幽静的小屋里。他想，这一定是强盗绑票，想敲诈勒索，如不答应他们的要求，就有生命危险。他左思右想，心里像十五只吊桶——七上八下。过了一会儿，进来一个小头目，装成非常恭敬的样子说："今天屈劳金先生到此，十分冒昧，还请原谅。"接着又说："这次请你来，要麻烦你为我们大王治一下病。我们大王得病已久，虽也请过好几位名医，但都未能治好。久闻先生大名，今特相请，谅勿却见。"金子久一听，恍然大悟，原来是强盗头子要他看病，不知生的什么病，厉害不厉害，如果是绝症，那就倒霉了。这时，那个小头目又说："现在就请先生马上去诊治吧！大王已经等得不耐烦了。"金子久没法，只得跟着那人去。他边走边沉思，心事重重。走了一段路，忽然一阵强烈的血腥味扑面吹来，他抬头一看，只见山边有一间空荡荡的房子，里面没有人，四壁墙上钉着几张人皮，还有血淋淋的人头挂在梁上，十分可怕。金子久吓得浑身发冷，但又不敢问。那个小头目大概有觉察，说道："金先生不要怕，那些都是以前给大王治病的医生，因为没有把病治好，大王盛怒之下，把他们杀了。金先生医术高明，一定能妙手回春，不必多虑。不过……"这些话好像是恭维，但也带有几分威胁。意思是说，如果你不把大王的病治好，他们就是他的榜样。金子久越想越气，越想越恨，痛恨这班强盗惨无人道，但又感到无可奈何。

片刻以后到了大王的卧室。经过介绍，他先为强盗头子诊脉。那强盗头子面赤气粗，舌苔厚腻，面部油亮晶晶，好像抹上了一层油脂。开出口来，就是一股浓浊的羊臊气味。他详细询问了病史，得知那强盗头子发病前吃过羊肉，腹部一直发胀。通过望、闻、问、切，金子久诊断是羊肉吃得太多了，辛热之性，积滞化热，肠胃不和，加上外受风寒，肌表腠理失于宣通，所以有此症状。他想，这样的病，一般的药，以前的医生一定用过了，今天要用一种特别的方法，出奇制胜把他治好。他动了动脑筋，对那强盗头子说："这病不要紧，用内外并治之法，可以治好。"说着就拿起笔来，写了一味药。强盗头子以为这一定是什么非常名贵的药物，拿来一看，只见药方上写着"枯桑叶"三个大字，顿时一呆。金子久满有把握对他说："三天可以见效！"并嘱咐他一面煎汤内服，一面煎汤代水，每天以此水洗澡。强盗头子为了活命，只有依此去做。

经过治疗，强盗头子毛病果然好起来了。他非常感激，备了金银财物，厚礼相送。金子久坚决不收，他说："什么礼物我都不要，我只有一个要求，希望大王以后不要乱杀人。"强盗头子答应了他的要求，并送给他一面小旗，告诉他，以后凡在江浙一带水路上往来，只要把这面小旗插在船上，保险没人敢来反劫。说着便叫人把金子久送回大麻。

这样，金子久的名气更大了。

　　记录整理者：褚谨翔

　　1980 年采录于大麻

汪小四与碗底街

　　汪小四是桐乡汪状元汪继明的儿子，大名汪季青，小名叫汪小四。明朝末年，闯王造反，清兵入侵，崇祯皇帝命令汪小四的父亲筹集军饷。当他正要把筹得的大批银子运往北京的时候，崇祯皇帝已经在煤山吊死，明朝灭亡。他趁这改朝换代的混乱时机，把这批银子全部运到桐乡家里，占为私产。从此，汪状元便成了桐乡的巨富。

　　谁知这巨富人家却出了个败家子汪小四。这汪小四挥霍无度，挥金如土。自从父亲死后，更加肆无忌惮，做出了不少荒唐的事。

　　一天，他开了一只船去苏州游玩，故意穿上一件破旧长衫，随带一个书童上街。当他路过一家碗店时，见这爿店生意蛮闹，便佯装顾客，进店买碗。起先，伙计拿给他一只粗花碗，他嫌不好；再拿给他一只细花碗，还嫌不好；又拿给他一只金边细瓷碗，还是嫌不好。这时正巧老板出来，见汪小四并不诚心买碗，只是寻寻开心，看他这模样，不像有财势人家出来的，便不客气地说："瞧侬格付穷酸相，倷看侬连只茶盅也买勿起！"汪小四听老板这样奚落自己，少爷脾气发作，举手在柜台上一拍，高声说道："你别狗眼看人低，你瞧老子买不起你店的碗？你店里一共有多少碗？"店老板说："倷勿要问多少碗，倷买得起可以全部卖给倷！"汪小四说："好！你店里的碗我全买下了。"说着吩咐书童到船上叫人把钱箱子抬来。等钱箱子抬到，汪小四又对碗店老板说："你替我把碗全部敲碎，只留碗底，最后凭碗底数结账。"老板没法，只好硬着头皮照办。后来，这些碗底足足铺了一条街，人们给这条街取了个名字叫"碗底街"，至今还在。

　　讲述者：毛乐庐　男　退休职工

　　记录者：沈锡康

　　1987 年 8 月 3 日采录于梧桐镇

凤凰之家

　　民谣说："金平湖，银嘉善，桐乡是个金钢钻。"桐乡确实是杭嘉湖平原上的一颗明珠，那么，桐乡县为什么要以"桐乡"来命名呢？民间流传一个美丽的传说。

　　在很久很久以前，桐乡境内，遍地是梧桐。在那千百万棵梧桐树之中，有一棵梧桐油树要好几个人才抱得过来。那郁郁葱葱的树冠有好几亩地大。梧桐树古称"佳木"，它能招引珍奇的禽鸟前来栖息。俗称"良禽择木而栖"，所有好鸟仙禽都要拣梧桐那样的佳木筑巢居住，繁衍后代。当时桐乡这个地方，处处是绿树成荫，鸟语花香，好似仙境一般。

　　有一天正午时分，在梧桐树林的上空，突然出现了若烟若雾、飘飘渺渺的瑞云。在那云霞之中还传来阵阵仙乐一般的音响，有如洞箫轻吹，梧桐树上婉转鸣啼的百鸟都停止了啁啾，偏着头，睁着眼，聆听那悦耳的乐声。一会儿，只听见"哗"的一声，所有的鸟一下子都冲天空飞去，飞得一只也不剩。隔了不多一歇，在百鸟的簇拥下，两只翠冠彩衣的鸾凤从绚烂的云端里徐徐落了下来，栖息在那棵大梧桐油树上。百鸟团团转转绕着鸾凤飞舞欢鸣。原来，这两只仙界的鸾凤，去西天赴王母娘娘的蟠桃宴会回来路过这里，被这个人世的仙境迷住了。在百鸟的热情邀请下，就欣然来到这里落了户。当时，这两只仙鸟与当地的百姓相处得很好，成了不愿离散的至友。从此，居民们的日子越过越美满，这对鸾凤也就不愿再回天上去了。它们就在那棵大梧桐树上筑了巢，打算在此永远生息。

但是好景不长，有一个皇亲国戚仗势霸占了这个地方，企图把这对仙禽据为己有，日夜为他奏仙乐。那仙禽怎么愿意做恶人的玩物呢？它们恋恋不舍地腾空而去，在半空中还时时回头望着那棵梧桐树，从此就再也没有回来。那恶棍眼望着鸾凤飞去，又气又恨，发昏地下令砍掉这片梧桐树佳木。居民们闻讯赶来，和那恶棍及其手下的帮凶们进行了斗争，梧桐树总算没有被伐尽，那棵大梧桐树也从恶人的斧头下被救了出来，但是已经被劈去了一半。

百姓们为了永远纪念，就在大梧桐树的北端建造了一座寺庙，叫"凤鸣寺"。以后这里逐渐成了一个小小的集市，叫"凤鸣市"。时间又过了很久很久，这个地方设了县治，就命名为"桐乡县"，以示"梧桐树的家乡"之意，这样就留下了"桐乡本是凤凰家"的佳话。

讲述者：朱连庆　男　小学　退休工人

记录者：朱家炜

1980 年春采录于梧桐镇

访卢阁

茅盾晚年所写的回忆录中,曾提到他祖父每天都到"访卢阁"饮茶的事。这"访卢阁"就是当时乌镇上一爿有名的茶馆。茶馆坐落在乌镇中市应家桥南堍下岸,两开间门面。"访卢阁"茶馆创建于何时，已无查考。但"访卢阁"名称的由来，民间倒有一些传说。

据说在很早以前，那里有一个叫卢同的人，夫妻俩开一爿茶馆，勉强糊口度日。一天，卢同听人说，太湖边山岗上有茶叶树，可以任人采摘，于是对妻子说:"我们是小本经营，没钱买进很多的茶叶，我想到太湖边的山上采点茶叶回来，也可以省点开销。"

妻子说："你放心去吧，店里有我照管。"

卢同来到太湖边的山岗上，虽说他是开茶馆的，每天跟茶叶打交道，可茶树还没见过哩！到哪里去采茶呢？他顺着崎岖的山路走起，想找人请教。走着走着，他突然在山间小路旁边发现一个白发银须的老人倒在地上，身上还背着一只竹篓子。他急忙走上前去伸手一试鼻息，还微微有气，赶紧扶起老人，手掐人中，大声喊道："大伯，大伯，快醒醒！"

过了一会儿，老人才微睁双眼，有气无力地将手伸向那竹篓，做了一个抓的手势，又向嘴里指指。

卢同领会了他的意思，连忙从竹篓里抓起一把不知名的树叶子，一张一张地塞进老人的嘴里。老人慢慢咬嚼着这些树叶子，口中泛起白沫。没过一袋烟工夫，老人便清醒过来。原来这老人姓陆，叫陆羽，也是来采茶的。他去过不少茶山，能识别许多种茶叶，什么清心茶、舒气茶、解毒茶，都是他亲口品尝之后取的名字。今天，他是误尝了一种有毒的树叶，才昏倒在这里的。幸亏碰到卢同，帮他吃了解毒茶叶，才脱离危险。

陆羽得知卢同家中开设茶馆，这次是为谋生前来采茶的，便教给卢同不少关于茶叶的知识，并带领他到附近山岗上采摘茶叶，成了知交。

半年之后，陆羽为了报答卢同的救命之恩，带了不少他亲手采摘的好茶叶，来拜访卢同。他走了很多地方，问了不少茶店，才访到了卢同。二人相见，倍觉亲切。叙过别后经历，乐而忘倦。最后，陆羽将带来的清心茶，全部送给了卢同。

陆羽走后，卢同用清心茶泡茶待客。茶客们吃了这种茶，感到心里特别舒畅。喝醉酒的人一吃这种茶，马上酒醒脑清；胸中忧闷的人一吃这种茶，顿时舒气开怀。茶馆里的消息传起来特别快，一传十，十传百，大家都知道卢同茶馆里有奇茶，纷纷慕名前来品尝。这样，这爿茶馆的生意就特别闹猛起来，茶馆也愈开愈大。卢同为了纪念陆羽的来访，就将自己的茶馆取名"访卢阁"。

讲述者：王春生 男 小学文化 茶店职工

记录整理者：徐春雷

1982 年 7 月采录于乌镇

姐妹双桥

从杭州通往北京的大运河上，架着一座座拱形大石桥。桐乡县城北七八里处的运河上，并排架着两座拱形大桥，人称姐妹双桥。

传说，隋炀帝为了乘龙舟下江南看琼花，下旨开凿大运河。可是大运河一开，土地割成了两爿，隔断了行程，阻绝了交通。要有急事非过河不可，就只能用几根木头，做个小小木筏当作渡船使用。倘遇到风浪，还会打翻木筏，淹死人。所以，运河两岸的庄稼人，都想凑合着造一座桥。

这一年，运河滩头一对双胞姐妹出生了。就在她们七岁的时候，爹娘在一次摆渡过河时淹死了，姐妹俩无依无靠，被村上的李石匠收留下来。姐妹长到十二岁，有些懂事了，有一次就问道："李伯伯，这运河上经常淹死人，你为何不造一顶桥呢？"李石匠叹口气说："孩子，造顶桥不容易呀，要很多石头哩！"姐妹俩天真地说："要多少石头你说好了，我们到附近小山上去搬。"她们的决心还真大，从此每天起早摸黑到山上去抬石头。肩膀抬肿了不嫌苦，手上磨起泡不叫痛。周围的乡亲都被这姐妹俩的精神感动了，便纷纷捐献银钱，帮助她们造桥。不久，姐妹收到不少钱。

有一个财主叫张三虎，也是这里的族长。他知道了这件事，眼睛红啦，抖动着两簇稀疏的灰眉毛，龇着焦黑的耙钉牙齿，对姐妹俩说："你们想造桥呀，真是积善积德的好事情呀！叔祖是一族之长，一定尽力成全你们。来，把银钱都交给我吧！"不料，姐姐说："伯伯、叔叔、婶子、阿姨都相信李伯伯，我们的钱都交给李伯伯了。"妹妹更干脆，说话一点不留面子："你家里有好多好多的钱，也不来捐献一点。大家把钱凑拢了，你却来要钱了，羞！"张三虎被两个小姑娘弄了个大红脸，恨得咬牙切齿，一甩袍袖回家去了。

李石匠拿了钱，又请了几个热心人，一起筹划起造桥的事情来。他们和运河两岸的穷汉们合力齐心，从雁荡山运来大石块，从仙霞岭装来好木料。工匠们得知造桥的钱是两个小姑娘募化来的，做生活也特别卖力。她们姐妹俩年纪小，做不动重生活，就在工地上搭个芦席棚，安上锅灶，给大家烧茶水。

平时冷落的运河渡口，这下子可热闹了。叮叮当当的凿子声，哼唷哼唷的夯歌声响成一片。独有张三虎，一肚子的不高兴。他恶狠狠地说："哼，我定要叫你们磁平不得！"他见一块架桥用的大石头已经凿好配齐，放在河边，就心生一计，回家去对几个奴才悄悄地吩咐了一番。

造桥工程就要合龙了，那块合龙石头偏偏不见了，怎么也找不到，赶紧再凿一块也不难，但剩下的石料却不适合，要是再去山里装运，那要等多少日子呀！大家都着了急，李师傅也发了愁。消息一传开，方圆几十里都知道少了一块合龙石的事。第二天，从各处陆陆续续载来了许多大大小小的石块。不到一天工夫，河边堆起了成百上千的大小石块。李师傅拿尺量来量去，选中了一块，一夜就凿成了。

大石桥造成了，横跨在运河之上，好不巍峨气派。那拱形桥七丈阔，七丈高，从桥堍到桥顶每边都是五十二级石阶，一口气奔到桥顶上，还真有点脚酸哩！

大家看着这样一座大桥，心中有说不出的高兴，提出要举行一个庆祝的仪式，请姐妹俩欢欢喜喜领着众人从桥上走一走。这天，当他们正走到高巍的桥顶时，迎面突然窜上几个大汉，像虎狼般扑向两姐妹，只听得桥下扑通两声，两个小姑娘遭了毒手。人们一阵大乱，有的下水救人，有的揪住几个凶手狠打，凶手当场也丧了命，众人仔细一看，正是张三虎的家奴。

有几个年轻人钻进旋涡，捞起了两姐妹的尸体，同时还发现了那块失落的合龙石也在河底。在场的人全部失声痛哭起来。大家隆重地安葬了两姐妹之后，商量着用大家送来的石块再造一座桥，纪念这两个小姑娘。不久，另一座石桥也造成了。那块从水底打捞起来的合龙石，由李师傅凿成石碑，上刻"姐妹双桥"四个大字，立在两座桥之间。

讲述者：阿牛伯
整理者：程柱石

铁棱关

"楫桨含山竞舟归，又去皂林度若飞。穿梭柞荫秀溪现，铁棱关前群英会。"这是晚清秀才沈菊臣所写的一首诗。

诗中所提到的含山、皂林、秀溪等地名，大家都比较熟悉，唯独铁棱关这个地名知道的人不多。铁棱关其实就是指宗扬庙附近的一条塘路。这塘路为啥称铁棱关呢？这跟抗倭有点关系。

据传，明朝嘉靖年间，日本商人和浪人组织的海盗集团经常侵犯我国沿海，历史上称作倭寇之患。有一年，倭寇入侵炉头皂林，所到之处，烧杀抢掠，无所不为。这一带的百姓恨之入骨，纷纷起来，运用各种方法进行反抗。当时，有户姓沈的人家在炉头开了一爿冶坊，专门浇铸铁锅出售。浇铁锅时常有铁水飞溅或者溢流出来，凝结成有棱角的铁屑。这些铁棱角日积月累，堆得像座小山头似的。冶坊里有个姓沈的浇镬师傅，对倭寇的骚扰掠夺十分气愤。有一天，他听说倭寇又要到炉头皂林一带来抢劫，就对一个徒弟说："这些倭寇强盗实在坏，我们要想个办法治治伊。"徒弟说："有啥办法？"师傅说："倭寇都是从海船上来的，他们长期住在船上，习惯赤脚，有时上岸，连鞋子也不着。我们将那些有棱角的铁屑屑，铺在宗扬庙附近的塘路上。他们要到炉头皂林来，塘路是必经之路，让他们尝尝我们铁棱角的厉害。"徒弟一听觉得这个办法好，跟周围百姓一说，大家一起动手，很快在塘路上铺了一层铁棱角。结果，一批倭寇从西边过来，一踏上这条塘路，脚板就被戳得皮开肉绽，鲜血直流，只得一拐一拐地退了回去。据说，后来倭寇再也不敢到这里来了，人们称这个地方为"铁棱关"，从此这地方叫出了名。

讲述者：董炳瑜　男　小学文化　退休工人
记录者：毛德新
1987 年 8 月采录于梧桐镇

龙　蚕

很早很早以前，大运河边的王家庄上，有妯娌俩。大嫂是本地蚕，有一手本领，会采桑养蚕。二嫂是外乡人，去年刚嫁到这里。

这年春天，刚过清明，桑树枝条上就冒出了一眼眼嫩绿的新芽。大嫂收拾好蚕房，又请来了"蚕花太子"，准备养蚕啦。二嫂也想养蚕，只是什么都不懂，心里很着急。

谷雨过后，养蚕的人家都开始催青收蚁了。二嫂一心想学养蚕，便去求教大嫂说："嫂嫂，我在娘屋里从来没养过蚕，你教教我那格养好吗？"

大嫂心想，哪会这么便当呵！她两只眼珠滴溜一转，装出诚心教她的样子说："养蚕勿难，就是收蚁要留心。你回去把蚕种放在汤罐镬子里沉一沉，然后作被头焐三天三夜，乌娘就出来了。"

二嫂信以为真，就按大嫂的吩咐去做。一天、两天、三天过去了，翻看被头一看，那张烫水泡过的蚕种，灰黄一片，没有一条蚕的影子。二嫂疑心起来，再去问大嫂，可是大嫂连门槛也不让跨进，说什么她家请过"蚕花太子"，陌生人走进去，蚕花要被冲掉，蚕儿就养不好。二嫂无可奈何，只得回家再用被头焐。又焐了三天三夜，还是不见小蚕出来。二嫂有点气糟糟，打算将这张蚕种塞到灶洞里烧掉。正要塞进去烧的时候，她突然发现那张蚕种纸板角上，有一个菜籽那么大的小黑点在蠕动，仔细一看，正是一条蚁蚕。原来，蚕种放到烫罐镬子里沉的时候，捏手的那只角没有浸到水，这是幸存下来的一条小蚕。二嫂有说不出的高兴，连忙用鹅毛把这条小蚕掸到蚕匾里。就这样，二嫂也开始养蚕了。

二嫂没养过蚕，不懂养蚕方法。俗话说：不会种田看上垟。她看着大嫂的样子做。大嫂采叶，她也采叶；大嫂喂蚕，她也喂蚕；大嫂生炭火盆加温，她也生炭火盆加温。她日夜守在蚕房，像抚育婴儿似的照管着蚕宝宝。转眼七天过去了，蚕儿日长夜大，吃叶也越来越多。本来采桑叶用竹篮子，现在要用叶篰了。大嫂见二嫂每天背着一篰篰桑叶回来，猜疑起来：她采格许多叶做啥？难道烫水泡过的蚕种还能孵出蚕宝宝来？这天夜里，大嫂偷偷摸到二嫂蚕房边。二嫂因为日夜忙着采叶喂蚕，有些疲倦，靠在蚕台上睡着了。大嫂轻轻推开一扇门，伸进头去一看，不禁大吃一惊：只见二嫂蚕房中的柴帘上，躺着一条又大又白的蚕宝宝。这条蚕儿总有条凳那么长，廊柱那么粗，浑身雪白油亮，头顶上还生着一对触角，头微微昂起，正在大口大口地吃桑叶。大嫂心里想：哟！这一定是"龙蚕"呢！从前曾经听老人说过，龙蚕很大很大，谁家出了龙蚕就要发，这下子二嫂可要发啦！她越想越烦恼，越想越妒忌，心里在暗暗埋怨：蚕花菩萨没良心，吃了隔壁谢对门，龙蚕不送到我家来……她想着想着，眉毛一拧，嘴巴一撅，忙去找来一根麻绳，趁二嫂熟睡着，用麻绳套住大蚕的触角，想将它拉到自己家里。但左拉右拖，大蚕纹丝不动，照常吃叶。她急起来，便将麻绳朝腰里一缠，两脚撑住门槛，牙齿一咬，头朝前，使尽全身力气向外拖。就在这时，那大蚕突然将头一甩，套在触角上的绳子一滑，大嫂跌了个"扑跟跤"，跌得鼻青脸肿。她唯恐将二嫂吓醒，不敢叫一声痛，连忙拖着麻绳溜了回去。

从这以后，大嫂一想起那条大蚕，心里总有说不出的滋味。又过了一些时候，一天中饭过后，她趁出外采叶的机会，有意挨近二嫂，试探地问：

"二嫂嫂，你家蚕宝宝上山做茧子了吗？"

二嫂回答说："没有呀！"

大嫂装成为难的样子说："我家的蚕宝宝倒是好上山了，可是……"说着叹了口气不说了。

"可是怎么样？"二嫂关心地询问。

大嫂又假惺惺地说："蚕宝宝要吃了催眠药才肯上山做茧子，可这几天我实在分不出身出门。"

"怎么？宝宝上山还要吃催眠药？"二嫂好奇地问，心里在想：怪不得我家的宝宝那么大还不肯上山做茧子，原来没给它吃催眠药。现在既然大嫂没工夫去买药，我何不代她去买一下呢？况且自己也需要，于是便询问了这种药名和喂药的方法。

大嫂告诉她说，这种药叫白砒，买来之后，用水泡了洒在桑叶上，蚕宝宝吃了很快就会吐丝做茧子。

二嫂巴望着蚕儿早点做茧子，就按大嫂说的去做了。谁知那大蚕吃了这种药之后，桑叶也不吃了，一动不动地躺着，身上的皮肤也慢慢枯萎，像死了一样。二嫂伤心呀，趴在大蚕身边哭了三天三夜。说也奇怪，到了第四天，那大蚕脱了一层皮，又动起来，长得比以前更大了，皮肤比以前更嫩了，吃起叶来也比以前更多了。这样，二嫂又忙碌起来。她每天天不亮出去采叶，回来马上喂蚕，有时连饭也顾不上吃。大嫂这几天特别注视二嫂的行动。她见二嫂仍然整天忙着采叶喂蚕，又猜疑起来：难道那大蚕还没被砒霜毒死么？

又过了几天，眼看蚕宝宝就要上山结茧子了，大嫂对二嫂的妒意越来越深。这天夜里，夜深人静，大嫂将自己家里已经成熟的老蚕，捉上了山，便急忙从纺车上取下根锭子，往袖子里一拢，又偷偷摸摸地来到二嫂家蚕房边。她先在窗口张望了一番，见那条大蚕安然地在那里吃叶，二嫂正倒在蚕毛柴上呼呼大睡。她悄悄隐进蚕房，立即从袖管里抽出锭子，朝那大蚕头上狠狠戳了一锭子。那蚕痛得直甩头。接着她又在大蚕屁股上戳了一锭子，只见大蚕扭动了几下便不动了。她怕大蚕还没有死，又在它身上戳了几十下，戳得蚕儿遍体窟窿，这才得意地离开了二嫂的蚕房。

大嫂回到家里，见自己蚕房的"柴龙"上，爬满了又白又壮的蚕宝宝，发出一片窸窸窣窣的声音。看到这些，她很兴奋，躺在床上还在幸灾乐祸地想：要不了几天，这满屋都是雪白雪白的茧子，二嫂蚕房会有的啥呢……想着想着便睡着了。半夜以后，她模模糊糊地听到唢呐声夹着哭泣声，好像谁家在出丧……这一夜翻翻腾腾，做的全是恶梦。

第二天清早，大嫂走到蚕房里一看，猛吃一惊：原来昨夜已经上山的蚕宝宝，一条也不见了，只留下一条条空荡荡的"柴龙"。她再跑到二嫂家蚕房里一看，只见柴帘上，墙壁上，窗棂上到处结满了雪白雪白的茧子。特别是蚕房当中的那个大茧子，更是显眼，好像一只大冬瓜。她看着看着发了呆，突然，只觉得眼前一黑，便倒在地上。

为啥二嫂家一下子有那么多蚕茧呢？原来二嫂家养的那条正是"龙蚕"。龙蚕是蚕中之王。当它被凶残的大嫂戳死之后，它的家族——小蚕，便从大嫂家赶来为它吊孝送葬，并吐丝作棺为它收殓。收殓好龙蚕，小蚕也都吐丝作茧自缚而死。据传，现在蚕宝宝所以眠一次脱一次皮，就是因为当时吃了大嫂的砒霜；身上的一个个斑点，就是大嫂用锭子戳后留下的伤疤哩。

讲述者：朱巧英　女　文盲　农民

记录整理者：徐春雷

田螺姑娘

早先，有个小伙子，爷娘死得早，孤苦伶仃一个人，生得蛮登样，只是屋里穷，讨不起老婆。有一次，小伙子到田里去拔草，拾到个田螺，拿来养在屋里的水缸里。

一日，小伙子田畈里回来，看见几件破衣裳补好了。屋里没有第二个人，这是啥人补的呢？去问邻舍隔壁，都说不曾碰过手。

第二日，小伙子回到屋里，看见热气腾腾一镬子饭烧好了。又去问邻居，都说没有跨进过门。真是稀奇事了。有人同他讲："弄勿好是田螺姑娘做的。倘是真的，你就留心，等她出来后，马上藏过田螺壳，塞个饭团给她吃。因为精怪一食人间烟火，会变成凡人的。"

小伙子就躲在角落里，等呀等，等到夜快边，只见水缸里冒起一股白烟，钻出一个大姑娘，白白嫩嫩的，好登样。田螺姑娘走到灶头边舀水烧饭，小伙子轻手轻脚走过去，藏起了田螺壳，又把饭团塞进了田螺姑娘的嘴里。田螺姑娘吃进饭团，又寻勿着田螺壳，就回勿去了。小伙子把田螺壳摆到家堂里，就同田螺姑娘拜了堂，成了亲。不久，养了个儿子。

过了几年，儿子有点懂事了，看到人家小孩多有外婆，就去同父亲讲："爸爸，我也要去外婆家玩。"父亲告诉他："你娘是田螺精，你哪来的外婆。"这事被村上的小孩晓得了，就编了顺口溜唱起来："笃笃笃，笃了倷姆妈只田螺壳；叮叮叮，叮了倷姆妈只田螺精。"田螺精听得了，心里蛮懊恼，就叫男人把田螺壳拿出来，讲几年勿见了，想要看看。男人心里想，已经有好几年了，总勿会有啥事体了，就真的把藏在家堂里的田螺壳拿了出来。田螺精拿到了壳，"嗤"的一下就钻了进去，再也不出来了。

讲述者：沈荣材　男　文盲　农民

记录者：葛松明

1987 年 7 月采录于炉头杨园村

槜　李

槜李是李中佳品，皮薄汁多，味道鲜美。据传，槜李出自桐乡濮院附近的古槜李城。槜李底部有个小小的指甲印，还是西施留下的呢！

春秋战国时期，吴越交战，越王勾践吃了败仗，上大夫文种提出用美人计迷惑吴王夫差。勾践派范蠡到苎萝山选美人，选中了西施和郑旦；并让范蠡教她们练习宫中的礼仪和歌舞。三年学成，范蠡用香车宝马将西施送往吴国都城姑苏。他们来到幽湖（今濮院），暂停数日，等夫差来接。西施因水土不服，食欲不振，生病了，求医无效，范蠡心里很急。

这天范蠡出去散心，发现有人在卖一种果子。他买了一颗尝尝，味道特别好，问是什么果子，说是槜李。于是他便买了一些槜李带回去给西施吃。西施用指甲轻轻一掐，嘴唇一吮，果汁鲜甜，连吃几颗，毛病不治而愈。因槜李被西施掐过，所以至今还留下一个爪痕。

　　讲述者：张松林
　　记录者：周敬文　俞振宇
　　1987 年 7 月采录于濮院

蓝印花布

　　蓝印花布是桐乡的传统工艺品，俗称石灰浇花布。这种布色彩明快，朴素大方。它是用植物染料靛蓝印制而成的，有洗不褪色的特点，很受人们欢迎。过去，农村人家常用这种布做包头巾、斗方、包袱、被面等，上面还设计了双龙抢珠、麒麟送子、龙凤牡丹、梅兰竹菊等图案，是一种体面的陪嫁品。

　　从前，遍布桐乡各地的染坊、染店，都能染制这种花布。现在，桐乡工艺印染厂生产的蓝印花布，品种多，花样新，远销日本、法国、美国等十多个国家。

　　蓝印花布是怎样来的呢？据说是一个叫葛洪的农夫行出来的。葛洪家里比较穷，夫妻二人靠种几亩地度日。葛洪的妻子美青是个勤劳的妇女。她从家里到地里，起早摸黑做活，日头晒，雨露淋，天长日久，一头黑发变得又枯又黄，像一从野茅草。俗话说"头要紧"，美青为了遮遮自己这头难看的头发，就寻了块绵绸作头巾，朝头上一扎。葛洪见妻子头上包块白头巾，对她说："美青，这头巾白塔塔，像带孝，人家要讲闲话。"

　　美青说："另外又没合适的布，要不你画上几朵花好了。"

　　葛洪想了想说："花嘛，我画勿来，听人说，草的汁水可以染颜色，我去拔株草来试试看。"

　　第二天，葛洪从埂滩上拔来一株辣料草。这草叶子翠绿，梗子殷红。他用这草捣出汁水来染头巾。染出来一看，红殷殷的，扎在头上像只红头苍蝇，美青不喜欢。后来，他又用石榴树叶的汁水来染，染出来黑赤赤的，美青更不中意。

　　有一天，葛洪和美青二人一同下地做活，在岸滩边发现一株青蓝色的草。这草像棵菜，碧青透蓝，看上去蛮舒服。葛洪把它采了回来，放在一只石灰缸上，准备明朝再多采几株一道捣汁染头巾。下一天发现，这株草跌落在石灰缸里，缸里的石灰水也变成了青蓝色。他一看，这草的汁水已经浸出来了，就叫妻子剪了块绵绸揿在缸里泡。三天后晒干一看，这条头巾青里泛蓝，上面还散布着一些白点子，好像一朵朵小白花，仔细一看，却是粘在布上的石灰。葛洪捏牢头巾搓一搓，石灰就搓掉了，但蓝布上仍留下一朵朵白点子，原来这粘牢石灰的地方染不上颜色。葛洪心想，如果用石灰在布上印上花纹，再放到这种蓝靛草汁水里去浸，再刮掉石灰，不就可以染出有花纹的蓝布了。后来，他就用这种方法给妻子染出了好看的蓝花头巾，还染出了蓝花围裙。

葛洪用蓝靛草染出花头巾的消息，很快传了开去。村上的姑娘阿嫂都拿了头巾来请他染，于是他田也不种了，索性开起了染坊。直到现在，染坊师傅还把葛洪拜为祖师哩。

讲述者：周开泰

记录者：徐春雷

1981 年 1 月 23 日采录于乌镇

第四节　　歌谣选

车水歌

旱冲蘽起直苗苗，

扶横架起象仙桥，

四四十六个步柱轮轮转，

木龙起水救青苗。

讲唱者：沈雪荣　男　小学　民间艺人

记录者：郑善方　潘启明

1983 年 4 月 28 日采录于崇福旅馆

卖白果歌

香又香来糯又糯，

一个铜板买三颗，

三个铜板买十颗。

讲唱者：旧时崇福镇上卖炒白果的小贩

记录者：吕孙才

十二月习俗歌

年初一，长辈面前拜个揖。

二月二，吃个萝卜解油腻。

三月三，要吃鲈鱼上河滩。

五月五，家家门前荡昌蒲。

六月六，猫狗众牲澡个浴。

七月七，新麦馄饨真好吃。

八月八，海宁塘上等潮发。

九月九，新白糯米酿着菊花酒。

十月朝，姐妹相会在今朝。

十一月里正冬至。

大年底，叫花子冻煞一大堆。

讲唱者：郑彩琴

记录者：沈新华

1987 年 7 月采录于高桥

农村住房歌

过去是：

单间单埭头，

中央一道漏，

晴天晒日头，

落雨摆钵头，

床背后垒副泥灶头。

现在是：

三间三埭头，

中央一幢楼，

阳台晒被头，

落铁也勿愁，

电视机就在床横头。

记录者：沈新华

喜娘唱歌

筷子一笃，官官坐拢来一桌。

吃发吃发，越吃越发。

吃个肉圆子，养个肉太子。

吃块油肉，造了三直落楼屋。

吃块精肉，造了三直落厅屋。

吃个鱼头，天天夜里游在一头。

吃筷丝粉长又长，又开车来又开当。

吃点海蜇头，买田买地买到海滩头。

吃块笋干，别人生意给你并干。

只只碗里都吃到，爿爿圩圈都买到。

讲唱者：郁惠文　女　小学　职工

记录者：徐纪坤　宋娟南

1987 年 7 月采录于青石

高利贷

按月三分钱，　利上加利算。

金子贵了金子算，大米贵了大米算。

土丝贵了土丝算，蚕豆贵了蚕豆算。

借了高利贷，人家都要完。

讲唱者：沈三多　男　文盲　农民

记录者：金子发

1987 年 7 月采录于羔羊环桥村

宣统元年

宣统元年，水没廊沿，

苦如黄连，豆腐过年。

讲唱者：范才三　男　初识　农民（已故）

记录者：范雪森

娘　舅

娘舅，娘舅，

趟趟空手。

吃酒像漏斗，

吃饭像饿狗，

吃肉像搬乱砖头；

一跤掼到灶门口，

爬起来还要抓把油盐豆。

讲唱者：潘景海

记录者：张松林　凌　晨

1987 年 7 月采录于濮院

数星星

一个星，咯楞登。

二个星，挂油瓶。

油瓶长，掼过梁。

凉伞高，换把刀。

刀没柄，换杆秤。

秤没砣，换面锣。

锣没脐，换床被。

被没角，换个小木铎。

哚哚哚，哚到杨家北。

早晨头，圆子粥。

点心头，鱼和肉。

夜个头，蹄子扑塔东坡肉。

合家团圆坐一桌，

一只乌龟哭，

哭到河里拾个臭鸭蛋，

踏一脚，满间屋里臭煞。

讲唱者：张金兰

记录者：张鑫根

1987 年 7 月采录于河山乡肖庄村俞家湾

绕口令（一）

八奶奶拉门前八枝半竹，

八只拌嘴鹁鸪蹲勒八奶奶拉门前八枝半竹浪宿。

八奶奶拉儿子走出来，

拾了八块半砖头笃（扔），

笃格八只拌嘴鹁鸪勿许蹲来八奶奶拉门前八枝半竹浪宿。

记录者：丰　桂

绕口令（二）

阿啦屋里有只白脚白鼻头白尾巴花白猫，

隔壁大伯啦也有只白脚白鼻头白尾巴花白猫。

阿啦个只白脚白鼻头白尾巴花白猫，

去咬杀了隔壁大伯伯啦这（音葛）只白脚白鼻头白尾巴花白猫，

去赔给了大伯伯啦只白脚白鼻头白尾巴花白猫，

阿拉只白脚白鼻头白尾巴花白猫白里格白养了一遭。

讲唱者：沈明华　女　初中文化　干部

记录者：李玉春

1987 年 7 月采录于义马乡

蚌壳里摇船过太湖

我唱山歌乱说话，

蚌壳里摇船过太湖。

太湖当中央里一支吭根芦，

麻雀飞来飞去要搭窝。

搭个窝来多少大？

笆斗大。

生个蛋来多少大？栲栳大，

放在枇杷篮里望外婆。

外婆有勒摇篮里嗡哇嗡哇哭，

外孙拍手拍脚抱外婆。

讲唱者：沈阿大　女　文盲　农民

记录者：张森生

1971 年 2 月采录于安兴

赞蚕花

青龙到，蚕花好，去年来了到今朝；

看看黄莽龙蚕到，二十四分稳牢牢。

当家娘娘看蚕好，茧子采来像山高；

十六部丝车两行排，脚踏丝车鹦鹄叫。

去年唤个张大娘，今天年唤个李大嫂；

大娘大嫂手段高，做出丝来像银条。

当家娘娘为人好，滚进几个大元宝。

讲唱者：倪惠通　男　初识　农民

记录者：徐春雷

1988 年 11 月 30 日采录于河山乡文化站

撒蚕花

新人来到大门前，诸亲百眷分两边。

取出银锣与宝瓶，蚕花铜钿撒四面。

蚕花铜钿撒上南，添个官官中状元。

蚕花铜钿撒落北，田头地横路路熟。

蚕花铜钿撒过东，一年四季福寿洪。

　　蚕花铜钿撒过西，生意兴隆多有利。

　　东西南北撒得匀，今年要交蚕花运。

　　蚕花茂盛廿四分，茧子堆来碰屋顶。

讲唱者：李德荣　男　小学文化　民间艺人

记录者：徐春雷

1988 年 3 月 8 日采录于县文化馆

经蚕肚肠

　　第一转长命百岁，第二转成双富贵。

　　第三转连中三元，第四转四季发财。

　　第五转五子登科，第六转六路进财香。

　　第七转七世保团圆，第八转八仙祝寿。

　　第九转九子九孙，第十转十享满福。

　　蚕肚肠经得匀，年年蚕花廿四分。

讲唱者：庄阿三　女　文盲　农民

记录者：徐春雷　杨连松

1986 年 1 月 21 日采录于河山乡敬老院

讨蚕花

　　手扯绵兜讨蚕花，亲人阴灵来保佑。

　　手捏鹅毛掸龙蚕，筐筐龙蚕念四分。

　　手捏黄秧种青苗，片片田里三石挑。

　　养只猪，像牯牛，养只羊，像白马。

　　出门碰着摇钱树，进门碰着聚宝盆。

　　脚踏云梯步步高，回步捧进大元宝。

讲唱者：张金兰　女　文盲　农民

记录者：徐春雷

1988 年 12 月 1 日采录于河山肖庄俞家湾

接蚕花

　　四角全被张端正，二位对面笑盈盈。

　　东君接得蚕花去，看出龙蚕廿四分。

　　大红全被四角齐，夫妻对口笑嘻嘻。

　　双手接得蚕花去，一被蚕花收万倍。

讲唱者：沈应龙　男　小学文化　民间艺人

记录者：徐春雷

1988 年 3 月 5 日采录于屠甸茶店

改革开放百业旺

大锅饭，清水汤。

小锅饭，满口香。

联产承包千家福。

改革开放百业旺。

讲唱者：曹霍荣

1987 年 8 月回忆记录

参考书目

清光绪《桐乡县志》，严辰纂

清光绪《石门县志》，余丽元修

民国《乌青镇志》，卢学溥总纂

民国《濮院志》，夏辛铭纂

1949—1989 年《桐乡县文化馆群众文化大事记》（未刊稿），范雪森

1989 年《桐乡县群众文化概况》（未刊稿），范雪森

1989 年《桐乡县地名志》，魏棣华主编

1991 年《浙江省桐乡县革命（进步）文化史料汇编》（1919—1949），桐乡县文化局革命文化史料办公室编

1992 年《中国地方志集成》

1994 年《崇福镇志》，张冰华、蔡一、王春祥编纂

1996 年《桐乡县志》，马新正主编

1996 年《濮院镇志》，陈兴萱主编

1997 年《嘉兴市志》，史念主编

2000 年《嘉兴文化志》，周成龙主编

2001 年《乌镇志》，汪家荣、庄子安编纂

2002 年《石门镇志》，徐才勋主编

2002 年《兰溪市文化志》，李建明主编

2006 年《桐乡三跳》，徐春雷编著

2009 年《洲泉镇志》，俞尚曦主编

2011 年《海盐文化志》，胡永良主编

2014 年《崇福镇志》，俞尚曦主编

2015 年《桐乡书画篆刻人物》，俞尚曦编著

1998—2015 年《桐乡年鉴》

《中国共产党浙江省桐乡县（市）组织史资料》1—5 卷

1984—2011 年《桐乡县（市）文学艺术界联合会年鉴（大事记）》

第一至第五届《桐乡县（市）文学艺术界联合会文集》

资料提供者名单

（按姓氏笔划为序）

马永飞　王巨江　王今扬　王凤娟　王志华　王国斌　王春华
丰　熹　韦彦培　计炳祥　叶瑜荪　庄玉萍　庄海杰　朱丽娇
朱宏中　朱荣耀　朱树强　朱莉韵　朱颖伟　朱蕾英　李玉春
李炳贵　李晟中　李渭钫　李群力　池　佳　劳明权　杨连松
杨恩明　杨淑苏　严旻操　严春梅　吴月英　吴荣荣　吴浩然
宋　瑛　宋娟南　苏惠民　汪伟明　余培新　陈亚琴　陈芝仙
陈　杰　陈金兴　陈　炎　陈益群　陈蜀平　张月良　张伟东
张春红　张　钰　张富荣　张森生　张晓成　张新根　邵　云
邵　宇　邵国良　沈小荣　沈运阎　沈伯鸿　沈甫泉　沈　炜
沈岩松　沈冠群　沈海清　沈国琴　沈锦心　沈燕贤　陆冬英
陆爱清　郏一农　范明华　范雪森　茅威放　罗立成　罗佩英
岳功立　郑丽霞　郑　薇　金红峰　周一红　周伟民　赵永寿
赵佰明　赵振云　费明江　郭建祥　闻海鹰　俞敏克　俞　勤
钟春甫　钟惠荣　顾钟梅　顾炳金　袁道厚　高伟胜　徐冰绮
徐丽萍　徐晓国　徐树民　徐建荣　徐春雷　章柏年　倪海良
程家琪　蒋灵云　韩丽雅　鲍复兴　褚红斌　熊赵妍

后　记

　　2010 年秋，《桐乡市文化体育志》编撰工作正式启动。稍后，因新版《桐乡市志》开始编撰，工作重点转为《市志》资料的收集整理。2012 年，重新配备编撰人员，修订撰写篇目，明确分工，编撰工作步入正轨。2017 年夏，志稿交付出版社。至此，不觉已七易寒暑。其间，局领导多次变动，办公地点数易其址，编撰人员亦有变化，撰写篇目及时限又数度修正和延后，艰辛曲折，惟主事者与编撰者知之。

　　编撰《桐乡市文化体育志》的初衷，主要有以下三点：一是桐乡至今尚无一部文化体育方面的志书，而周边一些县市已陆续修成；二是桐乡文化源远流长，崇文风尚延续至今，特别是改革开放三十多年来，桐乡文化体育事业飞速发展，其中有许多在全省甚至在全国范围内也具有相当的知名度，颇有记录之必要；三是要让后来者明白，桐乡最近三十年余来文化事业的发展，除了桐乡人崇文传统这个因素之外，最重要的原因是桐乡上至市委市政府领导，下至文化阵线普通工作人员数十年孜孜不倦坚持不懈的结果。

　　编撰志书，我们都是门外汉，但深知责任重大，所以七年来，我们诚惶诚恐，一边编撰，一边学习，可以说整个编撰过程，也是学习的过程。七年间特别是前面几年，我们无数次出入图书馆、档案馆和文博场馆，查阅史料；寻访文艺界老前辈，了解史实；召开专题座谈会，征集资料。力求做到翔实准确，明古详今。

　　整个编撰过程中，得到了史志办、档案局（馆）等单位的大力支持，也得到了图书馆、文化馆、博物馆、越剧团、体育馆、电影公司、文化执法大队、科技会展中心和茅盾纪念馆、丰子恺纪念馆、君匋艺术院、钟旭洲钱币艺术馆等文博场馆以及文化局各科室、文联各协会（研究会）、各镇（街道）文化站的鼎力帮助。初稿完成后，文联原主席王士杰先生通读全稿，提出了许多修改意见。还有许多单位和个人献计献策，提供资料。桐乡县文化局老领导、省十一届政协常委、文化卫生体育委员会主任钟桂松先生和市人民政府副市长徐剑东先生，在百忙之中为本书作序。在此，我们一并表示衷心感谢。

　　编撰工作历经七年，杨惠良局长肇其端，吴利民局长毕其功，他们一始一终，先后担任编委会主任，主持此事，功莫大矣。

　　文化界老前辈范雪森先生为启动《桐乡市文化体育志》编撰多次奔走呐喊，是最热心的人士之一，早在上世纪 90 年代初，他就请钱君匋先生书写了"桐乡市文化志"书名，启动之初，他将珍藏的资料全部奉献给编撰办公室，又曾数度来办公室教诲，不料于 2012 年春突遭车祸去世，现在志书告成，而先生不在，不胜唏嘘！

本志采用的图片由李渭钫、李群力、苏惠民、徐建荣等摄影家提供，少数是从其他书籍、资料上翻拍而得，初摄者多不可稽，默默奉献，添彩不少，特此鸣谢。

由于我们都是门外汉，水平所限，精力不济，肯定有许多疏漏、缺陷和谬误，望广大读者不吝指教。

桐乡市文化体育志编委会

2017 年 10 月